甘肃年鉴

GANSU YEARBOOK

2009

甘肃年鉴编委会. 编
（总第十六期）

中国统计出版社
China Statistics Press

开放/创新·务实·发展。

GANSU YEARBOOK

甘肃年鉴

省委书记：陆浩

The Secretary of the Party Committee of Gansu province:Lu Hao

GANSU 创新·务实·发展

省委书记陆浩考察陇南灾后重建工作

The Secretary of the Party Committee of Gansu Lu Hao inspected the work of post-disaster reconstruction in Longnan

省委书记陆浩慰问陇南灾区群众

The Secretary of the Party Committee of Gansu Lu Hao condoled with the people in disaster areas Longnan.

北京奥运会火炬在兰州传递

The Beijing Olympic Torch Relay in Lanzhou

天--平铁路开工建设

Tianshui-PingLing Railway came into Cohstruction

甘肃年鉴

GANSU YEARBOOK

开放/创新·务实·发展。

省长：徐守盛

The Governor of Gansu Province:
Xu Shousheng

省长徐守盛在宕昌检查指导抗震救灾工作

The Governor of Gansu Xu Shousheng inspected the earthquake relief work in Tanchang.

省长徐守盛在嘉峪关市调研

The Governor of Gansu Xu Shousheng investigated at Jiayuguan city.

省长徐守盛在甘南视察慰问

The Governor of Gansu Xu Shousheng inspected at Gannan

甘肃省国家税务局

Gansu Provincial Bureau of National Revenue

地址：兰州市城关区金昌南路353号
Add: NO.353, Jinchang South Road, Chengguan District, Lanzhou,Gansu
电话：0931-8416956 Tel :0931-8416956
邮编：730030 PostCode:730030

现任领导班子：党组书记、局长杨继元（左五），副局长刘金良（右五）、贾曼莹（左四）、纪检组长李华平（右四），副局长李雪松（左三）、副局长梁云才（右三），总经济师董涛（左二），总会计师刘虎（右二），副巡视员王长久（左一）、王天鹏（右一）。

The current leadership : the secretary of the Party Committee and director Yang Jiyuan (the fifth on the left), deputy director Liu Jinliang(the fifth on the right), Jia Manying (the fourth on the left), head of the discipline inspection group Li Huaping (the fourth on the right), deputy director Li Xuesong, Liang yuncai (the third on the right),chief economist Dong Tao (the second on the left),chief accountant Liu Hu (the second on the right), deputy inspector Wang Changjiu(the first on the left), Wang Tianpeng (the first on the right).

国家税务总局副局长王力在陇南市武都区国税局临时搭建的帐篷中听取抗震救灾工作汇报阅读《致纳税人的一封信》

Deputy director of the State Administration of Taxation Wang Li was listening to the report on earthquake relief work in temporary tents set by Wudu district Bureau of National Revenue ,Longnan, and reading "a letter addressed to the taxpayer"

召开深入学习实践科学发展观动员大会

Held the general assembly of study and practice in depth the scientific approach to the economic and social development.

紧急购置救灾物资送往灾区。

Disaster-relief materials and equipment purchased in an emergency were supplied to the disaster areas.

局领导带头捐款，离退休老干部、机关全体干部职工踊跃响应。

Leaders of the bureau took the lead in donations, retired cadres and all cadres and Staff of the agencies responded enthusiastically.

中国人民解放军 甘肃省军区

Gansu Rrovincial Military Region of the People's Liberation Army of China

省军区司令员陈知蔗在甘南指挥藏区维稳行动

Chen Zhizhe, the district commander of the provincial military region, conducted the action in the Gannan Tibetan area.

省军区参谋长李林检查基层战备工作

Li Lin, the chief of staff of the provincial military region, was inspecting the work of grass-roots level of combat readiness.

天水预备役组织现役人员军事训练

Military training of reserve personnel on active service organizations in Tianshui.

组织直属队官兵进行军容风纪检查

The inspection for officers and soldiers to conduct military discipline.

组织现役分队开展军事训练

Organizing the military to carry out training.

省军区政委刘巨魁部署109隧道抢险工作
Liu Jukui,the political commissar of the provincial military region, deployed the rescue work for the no.109 tunnel.

师团职干部读书班
The divisional and regimental cadres reading class.

甘肃徽县嘉陵镇宝成铁路109隧道段堰塞湖提前疏通
Jialing Town ,Hui County in Gansu Baocheng rail tunnel 109 in advance to clear the Yansai lake.

省军区政治部主任兰晓军欢送老兵
Lan Xiaojun ,the political director of the provincial military region , bid farewelle to veterans.

直属队官兵组织文体比赛
The sports competition between officers and soldiers.

兰州军区动员部队临夏州重点民兵应急营进行拉动考核
The assessment in Lanzhou military region and Linxia state.

通信业务传帮带
Communications among soldiers.

中国人民解放军甘肃省军区

Gansu Rrovincial Military Region of the People’s Liberation Army of China

省军区副司令员齐正敏检查直属队全面建设情况

Qi Zhengmin, the deputy commander of the provincial military region, was inspecting the comprehensive building situation .

省军区后勤部刘道成部长检查焦家湾干休所整体改造工程进展情况。

Liu Daocheng,the minister of logistics of the provincial military region, was inspecting the progress of the overall renovation tion project.

省军区机关农场的蔬菜温室

Greenhouse vegetable farms in the military authorities.

文县大唐碧口水力发电厂民兵第一时间抢救伤员

The militia form Datang hydro-electric power plant of Wen county saved the wounded.

甘肃预备役高炮师向灾区运送救灾物资

Gansu reserve anti-aircraft division were transporting the supplies to disaster areas.

省军区樊印光副政委到永昌县河西堡镇检查军分区支援新农村建设情况。

The Deputy Political Commissar Fan Yinguang investigated in Yongchang County and checked the Hexi military sub-district supportting the construction of new rural.

省军区督查办开展工作

Supervision of the provincial military region .

省军区后勤部科学发展观学习笔记展评

The Department of Military Logistics held the exhibition and selection activities of the notes about studying the Scientific approach to the economic and social development.

省军区组织学习贯彻科学发展观活动

The activities about study and implementation of the scientific approach to the economic and social development in provincial military region.

庆阳军分区组织安全知识竞赛活动

The security knowledge contest in QingYang military region.

陇南武都区民兵抢送伤员

The militia of Longnan rescued the injured .

省军区医疗队深入舟曲县八楞乡给受灾群众巡诊

The medical team of the provincial military region treated people in disaster areas of Zhouqu County.

努力超越　追求卓越

甘肃省电力公司

GANSU ELECTRIC POWER CORPOPATION

2008年“5.12”地震后，省委书记陆浩（左一省长徐守盛（左三）在总经理党组书记肖创英（左二陪同下在330千伏成县变电站视察地震灾情。

After12earthquake in2008, Lu Hao(left),the pro incial party secretaryXu Shousheng(third froml the governor of Gansu Xiao Chuangying(second f left),Presidene andparty group secretary,were spect the site of the 330k substation in the C county,Gandu.

不断加大科技投入力度，采用电气设备红外检测等先进适用技术，提高电气设备故障诊断技术。

The increasing investments in science and the use of advanced and applicable technologies such as infrared detection improve the fault diagnosis of electrical equipments.

平凉供电公司员工向社会公众宣传用电常识和优质服务规定

The employees of Pingliang Power suppsy company weregiving publicityto the community.abont commonsense ofelecfricity using and excet ler service.

如火如荼的技术比武活动。

The technology contest was in fau swing.

努力超越 追求卓越

“新思路、新举措、新发展”主题活动。
New ideas, new initiatives, new developments.As the theme of the activities.

党组书记、副总经理尹正民（左一）到临夏电力公司调研检查工作。
Yin Zhengmin(left),the party group secretary and vice presidemfof GSEPC was inspecting Linxia Electric power company.

2008年2月，奔赴湖南的电网抢修队员在清理路障。
In February, 2008, the members of the repairing team were clearing roadblocks in Hunan.

抗震抢险队员在当地群众帮助下搬运电杆上山。
The members of anti-seismic rescue team and the local people were removing the poles to the top of mountain.

220千伏成碧可控串补示范工程荣获2008年度国家科学技术进步一等奖。
220 kV TCSC project won the first prize of national scientific and technological progress.

高峡出平湖-甘肃电力公司刘家峡水电厂
Liujiaxia Hydropower Plant of GSEPC

丰富多彩的职工文化活动
Colorful culture activities

朝气蓬勃的员工队伍
The staff is full of vigor and vitality

地址：兰州市西津东路628号
Address: No. 628,East Xijin Road, Lanzhou
电话：0931-8952314 Tel :0931-2952314
邮编：730050 Post code:730050

日新月异的甘肃电网　The fast pace of Gansu Power Grid

中国移动通信集团甘肃有限公司

Gansu Mobile Communication Co.Ltd

经过前期紧锣密鼓的设备安装和调测，12 月 30 日，我省第一个 3G 语音电话和第一个视频电话在甘肃移动银滩枢纽楼接通，这标志着甘肃移动 3G 业务正式开通。

After intense pre-installation of equipment and transfer test, on December 30, the first 3G voice call and the first mobile video call in Gansu province connected to a hub at Yintan floor, which marks the 3G mobile operations in Gansu Province was formally launched.

奥运火炬在甘肃酒泉东风航天城、敦煌、嘉峪关、兰州进行传递，甘肃移动群情振奋，和全省人民一道共迎“祥云”圣火，以精品的网络和周到的服务为奥运圣火保驾护航，应急通信车全程陪同，成为火炬传递队伍中靓丽的风景线。

Olympic torch transmited in Dongfeng space city in Gansu Jiuquan, Dunhuang, Jiayuguan and Lanzhou, Gansu Mobile provide the good service for the activity, and the emergency communications vehicles accompanied the torch relay team as a beautiful landscape.

甘肃移动始终以“追求客户满意”为宗旨，开展“金牌服务 满意 100”服务提升活动，锻造了由 10086 热线服务、满意 100 营业厅、电子渠道、网上营业厅、客户经理等组成的高品质、全方位的客户服务体系。2008 年甘肃移动的综合客户满意度达到 82%，领先同业伙伴 16.6 个百分点，赢得了广大客户的一致认可。

Gansu Mobile has always taken “the pursuit of customer satisfaction” as the purpose, launched the service upgrade activities by forging 10086 hotline service, setting up the satisfaction with the 100 sales offices, electronic channels, online banking hall, client manager. These composed high-quality, comprehensive customer service system. In 2008 a comprehensive customer satisfaction for Gansu Mobile reached 82%, which leading partners16.6 percentage points, and won the unanimous endorsement of the customers.

地址：兰州市北滨河西路666号
Add: NO.666, North Binhe West Road, Lanzhou
电话：0931-7651188 Tel: 0931-7651188
邮编：730070　Post Code 730070

5.12特大地震发生后，甘肃移动率先抢通灾区通信，同时积极配合政府部门服务好抗震救灾工作，向客户免费发送公益短信，向灾区客户提供免停机、免催缴和10086优先接入服务，在灾区安装了免费报平安爱心电话，成立了爱心流动服务站，开通了免费寻亲热线、心理咨询热线，企业及员工向灾区踊跃捐资捐物献爱心。

After the 5.12 earthquake, Gansu Mobile recovered the mobile communications firstly and cooperated actively with the government to support the earthquake relief work, provided customers free of charge to send public messages, free calls and priority access to 10086 service , installed free phone in the affected areas, set up a mobile service station, launched a free tracing hotline, counseling hotline, the enterprise and the staff enthusiastically donated money and materials to the disaster donation.

甘肃移动开设穆斯林民族特色营业厅，为穆斯林客户提供全方位的贴心服务
Gansu Mobile set up Muslim mobile business Office for the for Muslim customers with a full range of caring services

兰州市城关区人民政府

The People's government of Chengguan District

繁华的城关区商业街

The busy commercial street of the Chengguan District

地址：兰州市城关区武都路480号

Add: No. 480, Wudu Road, Chengguan District of Lanzhou City

电话：0931-8467638 Tel :0931-8467638

邮编：730030 Post Code: 730030

东部新时代购物中心

The shopping malls of eastern new era

兰州东部综合批发市场

The integrated wholesale market of Lanzou

亲水平台

Water platform

甘肃省公路运输管理局

Gansu Management Bureau of Road Transportation

现代科技保障交通运输

Modern science and technology ensure transportation

局长：李潭

Director: Li Tan

10月15日，省交通厅杨咏中厅长与上海城市交通局葛明明副局长签署新亚欧大陆桥东（沪）西（甘）道路运输2008年会合作备忘录。

In October 15th, Yang Yongzhong, director of Gansu Provincial Transport Bureau ,and Ge Mingming, deputy director of Shanghai Municipal Transport Authority were signing a cooperation memorandum about road transportation of New Eurasian Continental Bridge from East (Shanghai) to West (Gansu) in 2008.

2008年6月6日，在中华全国总工会"抗震救灾 重建家园 '工人先锋号'"授旗仪式上，省委副书记刘伟平（二排中）与省运管局干部职工合影留念。

On June 6th,2008, at the flag-conferring ceremony of "workers Pioneer" in "earthquake relief, rebuilding homes" held by All China Federation of Trade Unions, Liu Weiping, deputy secretary of Provincial Party Committee of Gansu (middle in Second row), take a photo with the cadres and workers in Gansu Management Bureau of Road Transportation.

7月15日，在兰州陆上货运交易中心举行的北京奥运志愿者通勤保障甘肃车队发车仪式上，省政府副省长石军宣布发车，这标志着我省交通保障车队服务北京奥运会工作正式启动。

In July 15th, vice governor of Gansu province Shi Jun announced the departure of Beijing Olympic volunteers team of secure commuting at the starting ceremony holding at Lanzhou overland freight center, marking the work of traffic secure team of our province servicing Beijing Olympic Games officially launched.

地址：兰州市东岗东路277号
Add: No.277, Donggang East Road, Lanzhou
电话：0931-8599097　Tel:0931-8599097
邮编：730020 PostCode:730020

中国人民银行兰州中心支行

Lanzhou Central Branch of China People's Bank

兰州中心支行火炬手参加火炬传递

torchbearer participated in the torch relay

人民银行兰州中心支行开展职工趣味活动会

Employees from Lanzhou Central Branch of China People's Bank. held the fun activities.

省政府副省长泽巴足在人民银行兰州中心支行调研

Ze Bazu,deputy governor of Gansu , was inspected the work in Lanzhou Central Branch of China People's Bank.

组织举办征信宣传月活动

Organizing the activities on publicity of honesty.

中国人民银行副行长马德伦在甘肃陇南地震灾区慰问

Ma Delun,deputy governor of People's Bank of China, was conveying greetings in earthquake-stricken area of Longnan in Gansu.

地址：兰州市城关区东岗西路 69 号
Add: No.69, Donggang West Road, Lanzhou City
电话：0931-8800595 Tel :0931-8800595
邮编：730030 Post Code: 730030

人民银行兰州中心支行党委书记、行长：杨明基
Secretary of the Party Committee and President Lanzhou Central Branch of China People's Bank:yang Mingji

甘肃省钱币博物馆新馆开馆仪式
The opening ceremony of Gansu numismatic museum

组织全省金融部门支持扩大内需 促进经济平稳较快增长会议
Holding the conference about supporting the financial sector to expand domestic demand and promoting stable and rapid economic growth.

纪念改革开放30周年暨人民银行成立60周年文艺汇演
The show for commemorating the 30th anniversary of reform and opening-up and the 60th anniversary of the People's Bank

人民银行兰州中心支行向地震灾区捐款
Lanzhou Central Branch of China People's Bank contribute money to the earthquake-stricken area.

党委书记、行长：杨文清
Secretary of theparty committee and president:Yang Wenqing.

国家开发银行甘肃省分行
China Development Bank Gansu Branch

与受灾市州签订灾后重建贷款合同
Signing the post-disaster reconstruction cooperation agreement with the disaster areas.

参加总行文艺汇演
To participate in the Literature and art show.

国家开发银行甘肃省分行贷款支持甘肃“千万千瓦”级风电建设
To support the construction of “10 million kilowatts” wind power in Gansu Province.

杨文清行长赴牙买加与牙买加开发银行洽谈综合授信合作
Yang Wenqing, the president of China Development Bank Gansu branches, discussed the cooperation in a comprehensive credit with Jamaica Development Bank.

地址：兰州市南昌路1716号国家开发银行大厦A区
Add:A Zone,No.1716,China Development Bank Building, Nanchang Road, Lanzhou
电话：0931-8866628 8866511 Tel:0931-8866628 8866511

组织开展深入学习实践科学发展观活动
Organized the study and practice activities of the Seciedfic approach to the economic and social clevelopment.

与大唐甘肃发电有限公司签订开发性金融合作协议
Signed a cooperation agreement with Datang Gansu Power Generation Co.Ltd.

缅怀先烈，重温入党誓词
Cherishing the memory of martyrs and reviewing the pledge to join the party.

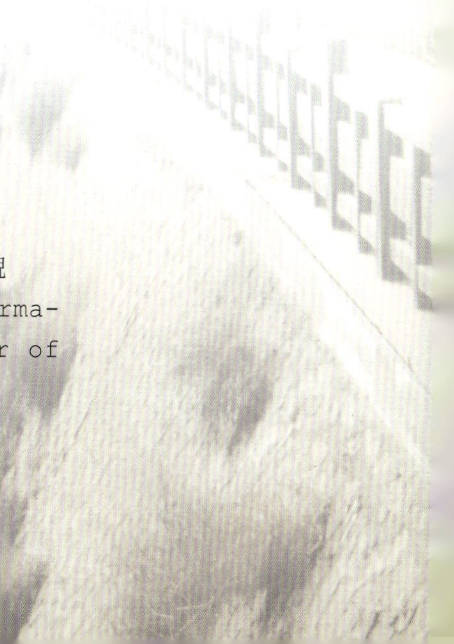

贷款支持改造的兰州市南河道新貌
To support the transformation of the south river of Lanzhou City.

中国银行业监督管理委员会

Gansu Bureau of China Banking Supervisory Commission

甘肃监管局

2008年11月18日，党委书记、局长席前进赴徽县姚坪村农户家中调研

The Secretary of the Party Committee and director Xi Qianjin was investigating farmers home at yaoping village, Hui County in Gansu.

2008年，银监会刘明康主席赴陇南银监分局查看灾情。副省长泽巴足和席前进局长、刘青副局长陪同。

In 2008,the chairman of China Banking Supervisory Commission Liu Mingkang went to Longnan Branch Banking to look at the situation of the disaster, accompanied by the vice governor of Gansu Ze Bazu , the director Xi Qianjin and deputy director Liu Qing.

2008年1月31日召开2008年工作会议

working conference of 2008 was held on January 31, 2008.

地址：兰州市城关区南滨河东路635号
Add: No.635, South Binhe East Road, Chengguan District, lanzhou
电话：0931-8854498 Tel:0931-8854498
邮编：730030 Post Code: 730030

2008年12月26日，组织建局五周年纪念活动

On december 26,2008, organizing the activities for fifth anniversary commemoration of the Bureau establishment

银监会刘明康主席来甘调研召开甘肃省银行业支持灾后重建座谈会。

The Chairman of China Banking Supervisory Commission Liu Mingkang investigated in Gansu and hold a forum of banking sector in support of post-disaster reconstruction.

中国工商银行甘肃省分行

Gansu branch of Industrial and Commercial Bank of China

许海行长出席省政府主办的“全省重点项目银企对接会”并发言

President Xu Hai attended and addressed the “ government-sponsored bank-enterprise abutting joint Symposium on key projects across the province” .

地址：兰州市城关区庆阳路408号
Add: No.408, Qingyang Road, Chengguan District, Lanzhou City,
电话：0931-8434172 Tel :0931 - 8434172
邮编：730030 Post Code: 730030

许海行长带领工作组在陇南分行了解临时网点办理业务情况

President Xu Hai leaded a working group to have an acquaintance with the business handling situation of the temporary point of network in Longnan branch

总行杨凯生行长在陇南成县支行“帐篷银行”内了解震后金融服务工作

President of the head office of the Bank Yang Kaisheng investigated the work of financial services after the earthquake in Longnan branch

召开第一届职工代表大会

Convening the first conference of the representatives of the workers and staff.

举办“工商银行爱心资助西北师大08级大学生仪式暨金秋师韵·工行情文艺会”.

To organized the “ ceremony of Industrial and Commercial Bank love-funded students in 2008 of Northwest Normal University, and the entertainment evening party of teacher rhyme in autumn gala · Bank affection ”

中国建设银行股份有限公司
Gansu Division of China Construction Bank
甘肃省分行

2008年5月总行行长张建国一行抵达兰州，在省分行康义行长陪同下，看望慰问甘肃行受灾员工，了解各机构的受损和灾后重建恢复营业情况。

In May, 2008, Zhang Jianguo, the president of CCB, and his entourage arrived in Lanzhou,accompanied by president Kang Yi, visited the affected employees and agencies by the earthquake to understand the situation of the damage and the post-disaster reconstruction.

2008年建行甘肃省分行把甘肃省交通厅的整体授信额度由71.48亿元扩大到149.66亿元，为省内六条高速公路项目提供资金支持。

In 2008, Gansu Division of China Construction Bank extended the overall credit limit of the Provincial Department of Communication from 7.148 billion to 14.966 billion yuan to provide financial support for the six highway projects in Gansu Province.

地址：兰州市秦安路59号
Add: No.59, Qinan Road, Lanzhou, Gansu
电话：0931-4891555　Tel :0931-4891555
邮编：730030　Post code: 730030

"银关通"业务取得重大突破，填补了甘肃省分行此项业务空白。

" Yin guan tong" project made a breakthrough to fill the empty of the business in Gansu Branches.

2008年1月建行省分行与华亭煤业集团有限责任公司在兰州举行了《全面业务合作协议》签字仪式。

In January ,2008 , signing ceremony about "a comprehensive business cooperation agreement" between Gansu Branch and Huating Coal Group Co.Ltd. was held in Lanzhou.

2008年10月建行甘肃省分行康义行长、孙一顺副行长一行参加了白银分行与白银市公积金管理中型举行的公积金龙卡发卡仪式，白银市委、市人大、市政府、市政协以及省建设厅的有关领导出席了发卡仪式。

In October ,2008, Gansu Branch governor, Kang Yi, vice governor of line Sun YiShun attended the Baiyin Branch and the accumulation fund management medium hold dragon card ceremony, Baiyin committee and the people's congress and the CPPCC provincial and municipal government and the relevant leaders of the Department of Construction of Gansu Province attended the start ceremony.

交通银行甘肃省分行

Bank of Communications Gansu Provincial Branch

分行负责人视察由交通银行资助的天祝县红提葡萄基地
The leading officer of the branch was inspecting the Bank-funded red grape base in Tianzhu County.

召开深入学习实践科学发展观活动动员大会
Held the general assembly of study and practice in depth the scientific approach to the economic and social development

员工向地震灾区捐款献爱心
Staff donated to the earthquake-stricken area.

分行第二家沃德财富中心开业
The second OTO wealth Center of the branch started business.

职工沉痛哀悼汶川地震死难同胞
Staff mourned sadly for compatriots died in Wenchuan earthquake.

地址：兰州市庆阳路129号
Add: No. 129 Qingyang Road, Lanzhou City
电话：0931-8105121 Tel :0931-8105121
邮编：730030 Post Code: 730030

招商银行兰州分行

Lanzhou Division of China Merchants Bank

甘肃省政协副主席兼兰州市市长张津梁视察兰州分行

Zhang Jingliang, the vice chairman of CPPCC of Gansu Province and the Mayor of Lanzhou City, was inspecting the Lanzhou branch.

在甘肃省重点项目银企对接会上签约

Signed a contract at the bank matchmaking symposium on key projects in Gansu.

举办高端客户高尔夫畅达活动

Organized the golf accessible activities for high-end customers.

地址：兰州市庆阳路 9 号
Add: No.9, Qingyang Road, Lanzhou,Gansu
电话：0931-8729832 Tel :0931-8729832
邮编：730030 Post Code: 730030

员工参与奥运火炬传递

Staff take part in the Olympic torch relay.

4位支行行长参加甘肃省银行业优质文明服务表彰大会

Presidents from the four branch banks of Gansu attended the general assembly in recognition of the high-quality and civilized banking services.

积极向地震灾区募捐

Eagerly solicit contributions to the earthquake-stricken areas.

中国证券监督管理委员会甘肃监管局

Gansu Bureau of China Securiticg Regulatory Commission

地址：兰州市张掖路 87 号中广大厦 18 楼
Address:18th floor, zhongguang Building, No. 87, Zhangye Road, Lanzhou
电话：0931-8475182 Tel :0931-8475182
邮编：730030 Post Code: 730030

局长：方向瑜

2008 年 3 月 18 日，甘肃辖区证券期货监管工作会议在兰州召开，副省长泽巴足出席会议并讲话。
On march 18,2008,the securities and futures supervision meeting of Gansu area was held in Lanzhou, Vice Governor Ze Bazu attended and addressed the meeting.

组织员工参加“12・4”全国普及法律知识宣传活动。
Organized the staff to participate in “12 .4” of National Law Popularization campaign.

陈士轰副局长一行在天水视察地震受灾证券经营机构场所。
Deputy director ChenShihong and his entourage inspected earth quake affected places of securities institutionsin Tianshui.

干部职工踊跃为地震灾区捐款。
The cadres and staff donated money to the earthquake-stricken area.

举行党风廉政建设责任书签订仪式。
Signing ceremony of working style of the Party and clean government building responsibility agreement.

中国保险监督管理委员会

Gansu Authority of China Insurance Regulatory Commission

甘肃监管局

雨雪冰冻灾害期间，张瑞局长深入受灾地区实地调研

Zhang Rui ,Director of Gansu Provincial Bureau ,was investigating the areas affected by rain and snow disaster.

张瑞局长赶赴受5.12汶川地震波及的陇南、甘南灾区检查指导抗震救灾工作，现场为受灾群众发放赔款

Zhang Rui ,Director of Gansu Provincial Bureau, was investigating the areas affected by the 5.12 Wenchuan earthquake,and granted the compensation for the affected people on the site.

地址：兰州市静宁路308号

（信托大厦7-9层）

Add: No,308 Jingning Road, Lanzhou,(trust-building7-9)

电话：0931-8831665

Tel:0931-8831665

邮编：730030

Post Code:730030

组织开展“庆七一，　迎奥运”主题活动

Organizing the activities of elebrating the birthday of the party Welcoming the olympic gemes.

召开深入学习实践科学发展观活动动员大会

Holding the general assembly about the depth study of practicing the scientific aproach to the economic and social development

组织辖内8家寿险机构参加以“关注人寿保险，维护保户利益”为主题的“政风行风”热线直播节目

Organized eight agencies to participate in hotline live broadcasts about “concerning the life insurance,protecting the interests”.

副省长泽巴足莅临甘肃保监局检查指导工作

Ze Bazu,vice governor of Gansu , was inspecting the work .

中国人寿保险股份有限公司

Gansu Branch of China Life Insurance Co., Ltd.

甘肃省分公司

党委书记、总经理：王福祥

The secretary of the Party Committee,and general manager: Wang Fuxian

王福祥总经理（右）与甘肃电信负责人签订全面合作协议

General Manager Wang Fuxiang (right) signed the overall co-operative agreement with Gansu Telecom

中国人寿集团公司总裁杨超看望甘肃省分公司员工

President of China Life Insurance Group Yang Chao visited the staff of Gansu branch

召开深入学习实践科学发展观座谈会

Held forum for deeply Studying and practicing the scientific copproach to the economic and social development

在农村小额人身保险试点工作启动会议上王福祥总经理接受媒体采访

General manager Wang Fuxiang was interviewed with the media at the starting meeting on pilot project for rural small per sonal insurance

地址：兰州市南滨河东路719号

Add: No. 719, South Binhe East Road,Lanzhou

电话：0931-8403858 Tel :0931-8403858

邮编：730030 post Code: 730030

永安财产保险股份有限公司甘肃分公司
Yong An Insurance Co. Ltd. Gansu Branch

副总经理：孔凡武（主持工作）
Deputy general manager: Kong Fanwu (presiding)

《崛起》首发式
“The Rise” ceremony

防灾减灾活动宣传日
The publicity on disaster prevention and mitigation

地址：兰州市城关区庆阳路169号陇鑫大厦13、14楼
Add: 13th -14th floor, Long Xin building, No.169, Qingyang Road, Chengguan District, Lanzhou City
电话：0931-2183577 Tel :0931-2183577
邮编：730000 Post Code: 730000

2009年工作会议
Annual work conference of 2009.

中国长城资产管理公司兰州办事处

Lanzhou Office of China Great Wall Asset Management Corporation

党委副书记：白静（主持全面工作）
Deputy secretary of the Party committee (who preside over the work) : Bai Jing

地址：兰州市广场南路77号统办2号楼
Add: 2# Office Building, No. 77, South Square Road, Lanzhou
电话：0931-8418887 Tel:0931-8418887
邮编：730030

公司总裁赵东平视察兰州办事处工作
President Zhao Dongping inspected the work of Lanzhou office.

公司副总裁张晓松赴兰州办事处调研指导工作
vice president Zhang Xiaosong, investigated and guided the work of Lanzhou Office.

副总裁曲行轶会见兰州市副市长杨志武
Vice president Qu xingyi met with vice Mayor of Lanzhou Yang Zhiwu

公司副总裁周礼耀视察指导兰州办事处工作
Vice president Zhou liyao investigated and guided the work of Lanzhou Office.

与甘肃产权交易所签署战略合作协议
Signed the strategic cooperating agreement with Gansu Property Exchange.

2008年7月5日，在甘肃省银行业职工运动会上，办事处全体员工合影
On July 5,2008, Group photo of all staff in the Office at the staff sports meeting of banking sector.

东航甘肃分公司

The Gansu Branch of China Eastern Airline Co.Ltd

机务大修能力不断提升

Ability of the equipment overhaul continuously upgrading

万米高空的小提琴独奏

The violin solo at 10,000 meters high

精湛的维修技术

The excellent maintenanc

优秀的飞行团队

The excellent flight team

细微服务 The fine service

地址：兰州市嘉峪关西路119号

Add: No.119, Jiayuguan West Road, Lanzhou, Gansu

电话：0931-8968148 8969151

Tel :0931-8968148 8969151

邮编：730020 Post Code: 730020

董事长、总经理：虞海燕
Board Chairman and general manager:Yu Haiyan

党委书记：梁传密
The secretary of the party Committee:Liang chuanmi

JISG

酒泉钢铁(集团)有限责任公司

Jiuquan Iron and Steel (Group) Co., Ltd.

不锈钢冷轧成品外发板卷
Cold-rolled Stainless steel products

版面 5—1 碳钢冷轧三段式酸洗槽
Page 5 - 1three-step cold-rolled carbon steel pickling tank

地址：甘肃省嘉峪关市雄关东路 12 号
Add: No.12, Xiong Guan East Road, Jiayuguan, Gansu
电话: 0937-6712505 Tel : 0937-6712505
邮编：735100 Post code: 735100

宏兴一工序棒材生产线
Hongxing a bar production line

紫轩酒业有限公司葡萄酒酒窖
Zixuan Wine Cellar Wine Co. Ltd.

甘肃滨河食品工业（集团）有限责任公司
Gansu Binhe Foodstuff Industry (Group) Co. Ltd

甘肃滨河食品工业（集团）有限责任公司成立于1984年，现为中国白酒工业100强（位居第40位），甘肃省60家重点企业之一。截止2008年底，总资产已达4.9亿元，员工1400多人。集团现拥有全资、控股和参股企业20余个，酿酒基地3处，白酒研发中心1个。滨河集团核心产业是白酒和葡萄酒，年生产能力分别达到2万吨和1万吨。集团在具有显著地域优势的甘肃张掖、四川蒲江和贵州茅台镇均建有优质原酒酿造基地。是目前全国唯一能够生产浓、酱、清等不同香型酒的企业，其生产工艺达到全国白酒行业领先水平。其中“九轮发酵工艺”的若干关键工艺已申报或获得国家专利。集团着力打造的战略性品牌主要有“九粮王”、“九粮液”、“九粮春”、“九粮国风”、“陇派”系列及“国风”干红酒等。滨河牌商标为甘肃省著名商标。滨河牌系列白酒为甘肃省“名牌产品”和“陇货精品”。

Gansu Binhe Foodstuff Industry (Group) Co. Ltd, was established in 1984, it’s the top 100 Chinese Liquor Industry (ranked 40), one of 60 key enterprises in Gansu Province. By the end of 2008, the total assets have reached RMB 490 million Yuan, the staff more than 1, 400. The Group has more than 20 wholly-owned, shares controlling and shares holding enterprises. There were also three wine-brewing bases and one spirits research and development center in Gansu Binhe Foodstuff Industry (Group) Co. Ltd.

The core products of Binhe Group are distilled spirit and wine, which yearly capacity have reached 20 thousand and 10 thousand tons respectively. each year The Binhe Group, has set up high-quality wine base brewing homes at Zhangye in Gansu, Pujiang in Sichuan and Maotai Town in Guizhou, where the natural advantages are significant. it the only enterprise that can produce various types of wine such as thick, sauce and thin with technique of production leading the liquor industry. A number of key processes of “nine fermentation art” have declared or accessed national patents. The major strategic trademark the Group focus on are *Jiuliangwang, Jiuliangye.JiuliangchunJiuliangguofeng ,Longpai* series and *Guofeng* dry red wine and so on. The“BINHE” has became the Gansu famous trademark, while the “BINHE” series liquor gained the Gansu Province “brand-name products” and “elaborate products in Gansu provice.

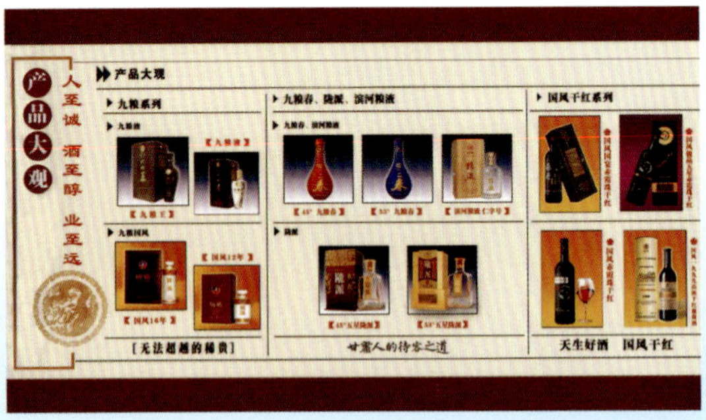

产品大观
A grand view of products

集团一角 An angle view of the Group

集团远景 An establishing shot of the Group

《甘肃年鉴》编纂委员会

Gansu Yearbook Editorial Board

编委：（按姓氏笔划为序）

Editorial Board(in order of strokes of Chinese surname)

《甘肃年鉴》编辑部

Gansu Yearbook Editorial Department

编辑人员：（以姓氏笔划为序）

Editorial Staff(in order to strokes of Chinese surname)

编者说明

一、《甘肃年鉴》是甘肃省人民政府按年连续出版的大型综合性年刊。它以大量翔实可靠的资料，全面记载了甘肃政治、经济、军事、法律及社会发展情况，是各级党政领导、经济管理部门、企事业单位、科研部门和中外投资者了解省情、市情、县情，进行科学决策、咨询和研究的重要工具书。

二、本年鉴是创刊以来的第16卷，全部为中英文对照版并配有电子版。主要记载2008年甘肃社会经济发展情况，但统计资料在时间上有所上溯。

三、本年鉴共分为三部分：第一部分设特载、大事记、概况、政治、法制、地方武装、农业经济、工业、建设测绘环保旅游、交通通信、贸易业、财政税务、金融保险、经济管理、国土资源地震气象、社会事业、地县概况 17 个篇目；第二部分设综合、人口劳动力、固定资产投资、能源消费、财政金融保险、物价、人民生活、城市概况、环境保护、农业、工业、建筑业、交通运输邮电通信业、批发零售贸易业及餐饮业、对外经济贸易及旅游、教育科技及文化、卫生、社会福利及其他、少数民族、企业集团及企业景气指数统计资料；第三部分以彩色插图的形式，介绍了甘肃省名优新特产品，部分机关、企业和事业单位。

四、本年鉴的体例分为篇目、分目和条目三个层次，以条目作为基本结构单元。条目标题均用黑体字加【 】。

五、本年鉴中的统计资料由省统计局提供。由于制度方法改革，有些统计指标的口径、包括范围和计算方法有所变化，使用时请注意。文稿中的数据由各单位提供，部分为初步统计数，如与统计表中不一致，以统计表为准。

六、为了方便读者使用资料，统计资料各篇章前附有简要说明，篇末附有主要统计指标解释。

七、感谢广大读者多年来对《甘肃年鉴》编辑出版工作的支持和帮助，欢迎继续提出宝贵意见，使《甘肃年鉴》的形式和内容更趋完善。

编　者

2009年8月

Preface

1.Gansu Yearbook is a regular large-scale, synthetic annual publication of Gansu Peoples Government. It records Gansu politics, economy, military affairs, law and social development with large, full and accurent, reliable data. It is a important reference book for the Party and government leaders at all levels, the economic management departments, enterprises and institutions, the scientific research departments, China and foreign investors to comprehend provincial, city's and county's situation, carry out scientific decision, consultation and research.

2. Gansu Yearbook 2009 is the fifteen volume since establishment, it is published in complete Chinese-English edition, has electronic edition, mainly records the condition of Gansu social and economic development in 2008 But statistical data has certain tracing to the source.

3.Gansu Yearbook 2008 has three parts. The first part consists of 17 chapters concerning Featured articles, Survey politics, Law, Military affairs, Rural economy, Industry, Construstion Survey drawing Environmental protection and Tourism, Transportation Post and telecommunication, Trade and Tourism, Finance and Taxation, Banking and Insurance, Economic management, Land resource, Earthquake and Meteorology, Social undertaking, Survey of prefectures and counties. The second part consists of General survey, Population and employment, Fixed assets investment, Energy consumption, Finance, Banking and Insurance, Commodity price, People's livelihood, Urban survey, Agriculture, Industry, Construction, Transportation, post and telecommunication, Wholesale and Retail sale, Catering trades, Foreign economy, Trade and Tourism, Education, Science, Technology and Culture, Health case Social welfare and Other, Minority nationality, Enterprise group and economic indicators of enterprise, Economic index of main cities XiLongHaiXian. The third part introduces famous, excellent, new and special products, certain offices enterprises and institutions by the way of color pictures.

4.The style of Gansu Yearbook 2009 is divided into contents, entry three overlapping, the entry is based on basic structure unit. The headline of entry is added 【 】by blackbody word.

5. Basic statistical dates used in Gansu Yearbook 2009 all take the dates of provincial bureau of statistics as the standard. Since the reformation of system and method, scope, statement and calculating method of some statistical dates have been changed, pay attention please. The some figures of the articles are the tentative statistical dates, if inconsistent with the statistical tables, regarding the tables as standard.

6.In order to make readers using materials conveniently, brief introductions are attached at the beginning of the each Chapter. In addition, explanations of major statistical indicators are provided at the end of each chapter.

7.We express thanks to the general readers for supporting and helping to the work of compilation and publication of Gansu Yearbook, welcome continued valuable suggestions, so that the form and content of Gansu Yearbook can be further improved.

Editors

August 2009

目　录

特载

FEATURE DARTICLES

大事记

EVENTS

概　况

SURVEY

政　治

POLITICS

法　制

LOCAL LEGISLATION

地方武装

LOCAL MILITTARY AFFAIRS

农业经济

RURAL ECONOMY

工　业

INDUSTRY

建设测绘环保旅游

CONSTRUCTION SURVEY DRAWING, ENVIRONMENTAL PROTECTION & TOURISM

交通通信

TRANSPORTATION&
TELECOMMUNICATION

贸易业

TRADE

财政税务

FINANCE&TAXATION

金融保险

BANKING & INSURANCE

经济管理

ECONOMY & MANAGEMENT

国土资源地震气象

LANDRESOURCE, EARTHQUAKE & METEOLOGY

社会事业

SOCIAL UNDER TAKING

地县概况

统计资料

STATISTICS

一、综合

General Survey

二、人口、劳动力
Population and Employment

三、固定资产投资
Fixed Assets Investment

四、能源消费
Energy Consumption

八、城市概况

Urban Survey

九、环境保护
Environmental Protection

十、农业
Agriculture

十一、工业

Industry

十二、建筑业

Construction

十三、交通运输、邮电通信业

Transportation, Post and Telecommunication

十四、批发零售贸易业及餐饮业
Wholesale and Retail Sale, Catering Trades

十五、对外经济贸易及旅游
Foreign Economy Trade and Tourism

十六、教育、科技及文化
Education, Science, Technology and Culture

十七、卫生、社会福利及其他

Social Welfare and Others

十八、少数民族
Minority Nationality

十九、企业集团及企业景气指数
Enterpriser Group and Economic Indicators

特　载

甘肃省人大常委会工作报告

——2009年1月14日在省第十一届人民代表大会第二次会议上

甘肃省人大常委会副主任　洛桑灵智多杰

各位代表：

我受省人大常委会委托，向大会报告常委会过去一年的工作和今年的工作任务，请予审议。

2008年的主要工作

2008年，面对复杂多变的国内外经济形势和严重的自然灾害，省人大常委会在中共甘肃省委的正确领导下，坚持党的领导、人民当家作主和依法治国的有机统一，认真贯彻落实党的十七大和十七届三中全会精神，高举中国特色社会主义伟大旗帜，以邓小平理论和“三个代表”重要思想为指导，深入贯彻落实科学发展观，依法履行职权，完成了省十一届人大一次会议确定的各项任务，为促进我省经济社会又好又快发展和民主法制建设做出了贡献，实现了本届常委会工作的良好开局。

一、深入学习实践科学发展观，进一步理清人大工作思路

科学发展观是我国经济社会发展的重要指导方针，常委会在工作中始终坚持认真学习和实践科学发展观。按照中央和省委的统一部署，常委会机关从9月开始，有计划、按步骤、保证质量地集中开展了深入学习实践科学发展观活动。常委会党组和机关各部门切实加强组织领导，全体党员干部充分认识开展深入学习实践科学发展观活动的重大意义，正确把握活动的指导思想、目标要求和基本原则，紧密联系省情和人大工作实际，增强学习实践活动的自觉性和责任感，做到了认识到位、组织到位、措施到位、工作到位，确保了整个学习实践活动深入扎实的开展。学习实践活动达到了“完善体制机制、履行法定职能、提高工作水平”的基本目标，常委会在服务大局意识上有新的增强，在立法质量上有新的提高，在监督工作上有新的成效，在代表工作上有新的举措，在规范化建设上有新的推进，在机关建设上有新的面貌。

一年来，常委会坚持用科学发展观指导各项工作，围绕全省工作大局，准确把握科学发展观对人大工作提出的新的更高的要求，全力支持和促进我省各项改革和现代化建设事业又好又快发展。在立法工作中，坚持以人为本，民主立法，把实现好、维护好、发展好最广大人民的根本利益作为地方立法的出发点和落脚点。在监督工作中，始终把监督的着眼点放到科学发展上来，把监督的着力点放到解决社会发展中的薄弱环节上来，确保经济和社会全面、协调、可持续发展。在决定重大事项工作中，把行使重大事项决定权作为推动科学发展的基础和保障，促进了我省经济社会又好又快发展。在人事任免工作中，把党管干部与人大常委会依法任免干部有机结合起来，增强了干部的大局意识、法制意识和公仆意识。在自身建设工作中，以学习实践科学发展观活动为契机，进一步完善工作制度，努力建设“政治坚定、业务精通、务实高效、作风过硬、团结协作、勤政廉洁”的地方国家权力机关，有效地支持和促进了我省各项改革和建设事业的发展。

二、以人为本，地方立法的民主性、科学性进一步增强

常委会坚持以科学发展观为指导，进一步明确了立法工作的指导思想。在立法工作中，坚持党的主张和人民意志的有机统一，服从服务于党和国家工作的大局；坚持少而精的原则，适当控制立法数量，提高法规的质量；围绕人民群众最关心、最关注、最直接的问题确定立法项目，充分体现以人为本的立法理念。

常委会进一步拓宽了开门立法的渠道，采取召开座谈会、论证会、研讨会等多种形式，扩大公民对地方立法活动的积极有序参与。改进了立法顾问和立法联系点制度，从高校、科研院所、律师事务所和有关部门中，选聘了一批专家学者和具有丰富实践经验的社会工作者担任常委会立法顾问，适当调整了立法联系点。这些工作都较好地促进了立法质量的提高。

一年来，共制定和修订9件地方性法规，批准和批准修订兰州市2件地方性法规，对1件法规草案进行了一审。配合全国人大常委会、国务院对8件法律草案和行政法规草案进行了征求意见工作。

按照促进经济社会和谐发展的需要，常委会围绕我省经济社会发展的一些重大问题加强立法工作，审议通过的《甘肃省高速公路管理条例》，对推动解决我省高速公路管理中运营效率不高、公共服务不到位、相关部门间协调配合机制不健全等问题，将产生较好的促进作用。《甘肃省农产品质量安全条例》将对有效保障农产品质量安全、维护公众身体健康、促进农业和农村经济发展起到重要作用。《甘肃省涉案财物价格鉴定条例》进一步规范了涉案财物价格鉴定管理和涉案财物价格鉴定行为，对维护国家利益以及公民、法人和其他组织的合法权益将起到重要作用。《甘肃省禁止非医学需要鉴定胎儿性别和选择性别终止妊娠规定》，针对我省较为严重的男女性别比问题进行立法，对树立男女平等婚育观念、提高人口质量和计划生育水平、构建社会主义和谐社会将产生较大的促进作用。

按照人与自然和谐发展的要求，常委会加强了有关环境保护方面的立法。安西极旱荒漠国家级自然保护区，是亚洲目前唯一以保护极旱荒漠生物多样性为主的自然保护区，在我国自然地理、物种演化和气候变化等方面的科学研究中具有特殊重要的地位。为了加强对该保护区的建设和管理，常委会审议通过了《甘肃安西极旱荒漠国家级自然保护区管理条例》。我省是一个气象灾害多发省份，特别是近年来，天气气候异常，极端天气气候频繁出现，干旱、大风、沙尘暴、冰雹等气象灾害较多发生，给我省国民经济和人民生命财产安全造成很大损失。常委会审议通过了《甘肃省气象灾害防御条例》，对完善防灾抗灾应急机制、提高公民防御灾害能力、增强全社会防灾意识将起到促进作用。

按照监督法精神，常委会对《甘肃省人民代表大会常务委员会议事规则》进行了修正，制定了《甘肃省各级人民代表大会常务委员会规范性文件备案审查规定》。这两部法规的制定和修正，将对完善我省人大监督制度，推进人大监督工作产生积极作用。

根据我省归侨侨眷工作实际，常委会对《甘肃省实施〈中华人民共和国归侨侨眷权益保护法〉办法》进行了修订，将进一步促进我省归侨侨眷的权益保护工作。

三、围绕大局，关注民生，监督力度进一步加大

一年来，常委会认真贯彻落实监督法，紧扣全省工作大局，围绕党的中心工作和任务，按照科学发展观的要求，以提高经济运行质量为目标，以改善民生和优化经济发展环境为重点，通过听取和审议政府专项工作汇报、执法检查和调研等方式，突出了监督工作的针对性，进一步加大了监督力度，增强了监督实效。

全年针对有关重大济问题和民生问题听取政府专项工作报告 8 项。近年来，我省城乡居民生活低保工作取得了很大进展，但也存在不少差距。常委会在调研的基础上，听取了省政府关于全省城乡居民最低生活保障制度实施情况的汇报和省人大常委会调研组的调研报告，就进一步重视低保工作、合理筹措低保资金、加强资金监管力度、建立对低保边缘人群的临时救助制度、争取做到应保尽保等方面，向省政府提出了审议意见。“5·12”汶川大地震波及我省陇南、甘南等 10 个市州的 70 个县区，造成了重大的人员伤亡和财产损失。抗震救灾是人民的根本利益，也是人大工作最重要的任务。为此，常委会先后两次听取省政府的专题汇报，并作出了《省人大常委会关于省人民政府灾后恢复重建工作情况专题汇报的决议》，要求省人民政府以科学发展观为指导，精心规划，科学组织，认真实施，扎扎实实做好灾后重建各项工作。常委会还重点听取和审议了省政府关于 2008 年上半年计划执行情况的报告，2007 年全省及省级财政决算草案和 2008 年上半年财政预算执行情况的报告、2007 年省级预算执行情况和其他财政收支情况的审计工作报告以及预算外资金收支和管理情况的报告。

在执法检查上，常委会把人民群众最关心的现实问题作为执法检查的重点，突出执法检查的针对性，集中力量开展了对村民委员会组织法、土地管理法、森林法、文物保护法等方面的法律法规执行情况的检查，开展了对全省实施科技进步和科技成果转化方面法律法规情况和对省政府有关部门制定《甘肃省实施〈中华人民共和国民族区域自治法〉若干规定》具体办法进展情况的检查。受全国人大常委会的委托，还对劳动合同法、未成年人保护法的执行情况进行了检查。同时，配合全国人大常委会对义务教育法的执行情况进行了检查。执法检查对推动政府工作、促进热点难点问题的解决，起到了较好的作用。在检查村民委员会组织法执行情况中，常委会审议执法检查报告后，就进一步提高农民群众的法律意识，加强对村委会成员的培训工作，提高村干部待遇，限期完成换届选举等方面提出了建议和要求。省政府对此非常重视，就审议意见办理情况作了书面反馈，并采取切实措施对 86 个未能按时完成换届选举的村委会，逐村制定换届选举方案，帮助、指导换届。对村干部的养老保险和养老补贴问题，制定出台了《甘肃省村干部养老保险试行办法》，解决村干部的后顾之忧。对村级债务，计划利用两年时间基本完成全省农村义务教育债务的化解工作。在检查文物保护法执行情况中，常委会针对存在的问题就加强文物保护工作的规划，做好重点文物的保护维修工作，加大文物保护专项投入，进一步健全文物保护工作责任制，逐步理顺文物保护工作的管理体制等问题，提出了改进意见。在检查森林法实施情况中，常委会针对我省森林资源保护形势严峻、河西地区生态安全问题突出、国有林场生存和发展困难较多等问题，就加大对林业的投入，加强森林资源保护，严禁越权审批占用林地，改善林业职工生活条件等方面提出了建议。在对土地管理法的检查中，常委会针对目前土地违法主体呈现多元化，政府违法、企业法人违法、农村集体违法严重等问题，就进一步完善耕地保护措施、严格依法征地、切实保护被征地农民的利益、加大土地执法监察力度、严肃查处各类违法行为提出了要求。在对全省实施科技进步和科技成果转化等法律法规情况的检查中，常委会针对科技投入不足，自主创新的整体推进能力比较薄弱，企业科技成果转化融资难，科技人才结构不合理、流失严重，服务体系与科技成果转化机制不健全等问题，提出了改进意见。陇原环保世纪行以“节能减排与生态文明”为主题，对我省贯彻实施环境保护法、清洁生产促进法、节约能源法等法律法规和国家有关方针政策的情况进行了检查和宣传报道，对一些污染环境、浪费能源、影响人与自然和谐相处的违法行为进行了曝光，大大增强了全社会的节能减排意识。

常委会十分重视信访工作，实行副主任、秘书长联系信访案件制度，通过信访渠道督促“一府两院”和有关部门解决了群众的不少困难和问题。全年共接待群众来信来访 2818 件次，其中来信 1086 件，来访 1732 人次，包括集体 5 批 333 人次。全国人大常委会转办、交办信访案 248 件，常委会领导批示信访案 12 件。经督办，报来要结果案 269 件。相关专委会收到涉法申诉案件 38 件，已转办 35 件，正在办理的 3 件。

一年来，常委会坚持以人为本，围绕民生、社会稳定和全省大局做了大量调查研究和视察、检查工作。“3•14”甘南不稳定事件发生后，常委会领导深入甘南地区做法制宣传和调研工作，为维护我省稳定做出了努力。“5•12”大地震发生后，常委会领导深入我省灾区指挥抗震救灾，进行调查、视察，两名副主任还带领省上灾后重建指导小组到陇南两个重灾县区帮助、指导恢复重建工作。我省中小企业整体素质不高，发展资金严重不足，社会服务体系不健全等问题，一直困扰着中小企业的发展。对此，常委会组织调研组对中小企业发展情况进行了调研。常委会和各专门委员会还就发展农业特色产业、落实支农惠农政策和支农资金、促进农民增收、扩大内需促进经济平稳较快增长、物价上涨对我省城镇居民生活影响、低收入家庭住房保障、城乡居民生活低保工作、经济鉴证类中介机构发展与管理、民族地区人力资源开发、发展民族地区医疗卫生和教育事业、清真食品管理等进行了调研，提出了大量有价值的意见和建议，受到了省政府及有关部门的高度重视。

四、尊重代表职权，充分发挥代表作用，代表工作进一步改进

人大代表是人大工作的基础。针对换届后新代表比例高、基层代表多的实际，常委会进一步加强和改进了代表工作。

加大代表意见建议办理力度，充分尊重代表的职权。在办理代表意见建议过程中，区分层次，突出重点，事关经济社会可持续发展的建议优先办理，涉及人民群众切身利益的建议重点办理，对有关“三农”问题的建议给予高度关注，涉及灾区建设的建议特事特办。省十一届人大一次会议期间，代表们共提出建议 712 件，已经解决或基本解决的 190 件，占建议总数的 26.69%，其中常委会各位副主任和各专门委员会重点督办的代表意见建议 13 件；正在解决或列入计划逐步解决的 311 件，占建议总数的 43.68%；因条件限制暂时不能解决，留待以后逐步解决的 193 件，占建议总数的 27.11%；供今后工作中参考或需向上级有关部门反映的 18 件，占建议总数的 2.53%。建议的办理情况都及时答复了代表。

突出专题调研和视察，充分发挥代表大会闭会期间代表的作用。去年是本届人大代表初任之年，常委会通过“以老带新”的方式组织人大代表开展集中视察，既引了路子、学到了经验，又促进了工作。上半年，邀请上届的 9 名代表和本届 34 名代表一同开展活动，重点对民族地区的经济社会发展情况、法检“两院”队伍建设和公正司法情况、抗灾救灾情况、兰州铁路局春运安全及铁路枢纽规划建设情况、农业特色产业发展情况、基层卫生院建设情况、兰州市水污染治理情况等进行了视察。先后组织代表对黄河甘肃黑山峡段水电开发、民族地区医疗卫生、教育和人力资源开发、地震灾后重建及重灾区中小学的重建等问题进行了调研，提出了促进我省经济社会发展的意见和建议。

加强代表培训，为代表履行职责搞好服务。常委会先后在嘉峪关市和永靖县举办了两期代表培训班，160 多名代表参加了培训，向受训代表系统讲解了地方组织法、代表法，邀请连任的 15 位省人大代表，介绍了自己履职的经验和体会。举办了全省代表工作座谈会，征求了市、州人大常委会对省人大常委会工作的意见和建议。

拓宽渠道，切实保障代表的知情知政权。常委会坚持给代表订阅寄送《人民之声报》、《人大研究》、《常委会公报》和省委、省政府、省高级人民法院、省人民检察院的有关文件资料。编写了 8 本人大代表学习资料寄送给代表。坚持邀请人大代表列席常委会会议制度，邀请人大代表参加常委会组织的立法、执法检查和专题调研等活动。继续坚持常委会组成人员联系基层人大代表、人大代表联系选举单位和人民群众的“两联系”制度，常委会组成人员大部分都到自己的联系点开展了工作，帮助解决了一些困难和问题。

去年，常委会共任命国家机关工作人员 86 名，决定免职、接受辞职和批准辞职 62 名。其中，任命省人大专门委员会和常委会工作部门负责人 31 名，免职 36 名；决定任命省政府组成人员 26 名，决定免职 1 名；任命和批准任命审判、检察人员29名，批准辞职、免职25名。

五、认真开展学习型机关建设，切实加强自身建设

针对新一届常委会组成人员，大多数是从党委、政府或其他部门来到人大工作的实际，常委会按照科学发展观的要求，从年初开始就把建设学习型机关确定为全年机关建设的首要任务，把学习培训、密切联系代表和群众、完善工作制度、加强队伍建设，作为新一届人大常委会工作开好头、起好步的重要举措，着力推进常委会的思想建设和作风建设。

经过一年的实践，以政治学习和业务学习为主的学习型机关建设总体进展良好，取得了明显成效。省人大各专门委员会和常委会各工作部门制定了创建学习型部门的计划、制度和目标，把学习和本部门所承担的工作结合起来，学习的广度和深度都有了新的提高。新一届常委会组成人员，通过系统学习人民代表大会制度知识，增强了做好人大工作的光荣感、使命感和责任感；通过学习宪法、法律和人大及其常委会的议事规则，掌握了人大工作的特点和规律，基本适应了人大工作的任务和要求，较快实现了职务到位、思想到位、工作到位。常委会组成人员和机关广大干部的思想认识水平和理论水平都有了较大提高，学风、会风、文风、作风得到明显改善，促进科学发展的动力大为增强。

在组织建设上，省十一届人大一次会议闭幕后，依照地方组织法的有关规定，任命了各工作机构负责人，顺利实现了常委会、各专门委员会和各工作部门的工作交接。在机关干部队伍建设上，认真贯彻党政干部选拔任用工作条例，进一步完善干部竞争上岗机制，组织干部实行竞争上岗，比较好的调动了机关干部的积极性。

作风建设方面，进一步发扬民主集中制，无论是常委会审议议案，还是主任会议研究讨论问题，都充分发扬民主，依法定程序办事，自接受人大代表、人民群众和机关职工的监督。在机关内部大力开展厉行节约活动，主任会议通过了省人大常委会机关关于厉行节约支援抗震救灾的决定，制定了具体的节约措施，节约经费用于支援灾区建设。

制度建设方面，制定、修订了一些常委会行使职权方面的法规，制定了《常委会组成人员守则》等制度，促进了常委会和机关工作的制度化、规范化和程序化。

进一步加强了人大理论研究和宣传工作，《人民之声报》和《人大研究》在深度报道、理论研究和人大特色上有新的突破；与全国人大常委会和兄弟省市区人大常委会的交流更加活跃，与市（州）、县（市、区）人大常委会的联系更加密切；机关接待工作、保密工作和老干部工作等都有了新的改进。

2009年的工作任务

各位代表，2009年是我省经济社会发展十分重要的一年。面对国际金融危机的严重冲击和国际国内新形势，常委会要在中共甘肃省委的领导下，高举中国特色社会主义伟大旗帜，以邓小平理论和“三个代表”重要思想为指导，深入贯彻落实科学发展观,全面贯彻党的十七大和十七届三中全会精神，紧紧围绕“保增长、扩内需、强基础、调结构、重民生、促和谐”的全省工作大局，认真履行宪法和法律赋予的各项职权，不断推进我省的社会主义民主法制建设，为加快我省全面建设小康社会的步伐做出新的贡献。

一、地方立法工作

要树立科学立法观，坚持以人为本、民主立法，在立法的科学性上下功夫，创新立法选项机制，把立法重点放在促进我省经济和社会全面发展的重大问题上，放在人民群众普遍关心的重大问题上。坚持深入调查研究、面向社会征集立法建议等形式，科学制定立法计划，使地方立法与经济社会发展同步，与人民切身利益息息相关。

通过各种途径保障人民群众有序地参与立法活动，不断拓宽法规草案的起草渠道，完善法规委托起草、联合起草、招标起草等制度，最大限度地吸收专家学者、法案涉及的利益关系人和公众的参与，实现立法专业化与民主化的有机结合。

创新立法审议机制，注重发挥各专门委员会的作用，进一步提高常委会审议的公开性和透明度，提高审议质量。不断完善和改进立法听证规则。注意防止和纠正部门利益法制化问题，使人大通过的地方性法规在保护人民利益、推动经济社会又好又快发展上发挥积极作用。

二、监督工作

认真贯彻实施监督法，突出监督重点，完善监督机制，改进监督方式，提高监督实效。要把监督的着眼点放在科学发展上来，把监督的着力点放在解决社会发展中的薄弱环节上来，确保经济和社会全面、协调、可持续发展。围绕改革发展稳定中的热点、难点和与群众切身利益相关的主要问题实施重点监督，真正推动解决一些民生问题。按照合法行政、合理行政、程序正当、高效便民、诚实守信、权责统一的要求，加强对依法行政工作的监督，促进法治政府建设。

加强审议专项报告工作，年内听取和审议省人民政府关于应对金融危机所采取的重要措施的落实情况和我省中小企业融资情况的报告，听取和审议省人民检察院关于反渎职侵权工作开展情况的报告。对《中华人民共和国矿产资源法》和《甘肃省矿产资源管理条例》、《甘肃省中医发展条例》、《甘肃省实施（中华人民共和国民族区域自治法）若干规定》等法律、法规的实施情况进行检查。配合全国人大常委会对有关法律的实施情况进行检查。进一步加强对计划和财政预算执行的监督。继续开展对我省部分重点建设项目进展情况的视察。对全省重点自然保护区的管理及保护情况进行宣传报道，搞好陇原环保世纪行工作。健全机构，充实人员，完善制度，认真做好规范性文件备案审查工作。

努力做好信访工作。及时掌握新形势下信访工作的新情况、新问题，从源头上妥善解决群众反映的问题。加强督办信访案件，按时限要求及时上报办理结果，促成一些应解决而悬而未决的问题的尽快解决。

三、调查研究和决定重大事项工作

做好对全省经济运行中出现的新情况、新问题的调研，促进经济平稳较快增长。组织力量对我省内需拉动与项目建设、地震灾后重建、促进农民增收、西部大开发中的人才培养、民族地区新农村建设、侨务工作、发展循环经济等与经济社会发展和民生问题紧密相关的工作进行专题调研。在深入调研的基础上，把行使重大事项决定权作为推动科学发展的基础和保障，对带有全局性、根本性、长远性的重大事项，适时做出决议或决定。

四、人事任免和代表工作

依照法律规定，根据实际工作需要，不断完善任免工作程序，保证常委会任免工作顺利进行。强化代表培训，提高代表素质。召开全省人大代表工作经验交流会，专题研究探索创新代表工作新机制的理论和实践问题。做好代表活动的组织和服务工作，精心组织好代表的专题调研和视察活动。落实好代表参与全国人大和省人大常委会及各专门委员会活动的沟通协调工作，加强与各市、州人大常委会代表工作部门的联络。做好代表议案和建议、批评、意见的办理工作，提高办理质量。完善人代会闭会期间代表建议、意见提出和办理的程序及方式。筛选部分涉及民生问题的代表建议，由常委会副主任和各专门委员会重点督办。

五、自身建设

要以学习实践科学发展观活动为契机，进一步抓好学习型机关建设。要把坚持党的领导、人民当家作主和依法治国有机统一的原则，贯穿人大工作始终。把学习邓小平理论、“三个代表”重要思想、科学发展观和宪法、法律、人大工作基本知识作为学习重点，提高理论素养和知识水平，增强依法履行职责的能力。把维护最广大人民群众的根本利益作为各项工作的出发点和落脚点，进一步密切常委会组成人员与人民群众的联系。不断完善学习制度和工作制度，努力提高常委会机关的工作效率的工作质量，为省人民代表大会及其常务委员会依法行使职权进一步做好服务工作。

适应全省政务信息化建设的需要，加快常委会机关的信息化建设步伐。加强人民代表大会制度和人大工作的理论研究和宣传，做好对人大各类会议和重大活动宣传报道的组织工作，办好《人民之声报》和《人大研究》，开展宣传人大制度好新闻评选活动。加强同全国人大常委会和兄弟省市区人大常委会的联系和交流。加强对市（州）、县（市、区）两级人大常委会工作的指导和日常联系工作，把我省人大工作提高到一个新水平。

政府工作报告

——2009年1月12日在甘肃省第十一届人民代表大会第二次会议上

甘肃省省长 徐守盛

各位代表：

现在，我代表省人民政府，向大会作政府工作报告，请予审议。并请政协委员和列席人员提出意见。

2008年工作回顾

2008年，是我省发展历程中极不平凡、极不寻常的一年。一年来，我们坚持以邓小平理论和“三个代表”重要思想为指导，深入学习实践科学发展观，认真落实中央的重大部署，全力抗击5•12特大地震、雨雪冰冻等自然灾害，及时有效地处置婴幼儿问题奶粉等突发事件，积极应对国际金融危机带来的严峻考验，按照省委、省政府“四抓三支撑”的总体工作思路，奋力开拓，狠抓落实，实现了全省经济社会的平稳较快发展。预计，完成生产总值3100亿元，增长10%；全社会固定资产投资1700亿元，增长30%；社会消费品零售总额990亿元，增长19%；外贸进出口总额61.6亿美元，增长12%；全省地方财政收入完成264.9亿元，增长38.8%。大口径财政收入完成470.9亿元，增长20.2%；财政支出实现965.4亿元，增长43%；城镇居民人均可支配收入达到11010元，农民人均纯收入2680元，分别增长10%、15%；居民消费价格总水平上涨8.5%；城镇登记失业率为3.1%；人口自然增长率6.5‰。

一年来的主要工作：

一、全力抗震救灾，灾后重建取得阶段性成果。5•12汶川特大地震波及破坏我省10个市州、70个县市区，其中烈度在Ⅵ度以上的 8 个市州、44 个县市区。因灾死亡 370 人，受伤 10274 人，居民住房、基础设施和工农业生产受损严重，直接经济损失达 617.7 亿元。灾情发生后，胡锦涛总书记、温家宝总理等党和国家领导人先后亲临我省灾区指导抗震救灾。国家各部委积极调拨救灾物资和资金，兄弟省市区、社会各界和国际社会大力援助。省委、省政府紧急行动，沉着应对，举全省之力抗震救灾；省抗震救灾总指挥部直接协调指挥，高效运作；驻甘人民解放军和武警官兵冲锋在前，承担了急难险重任务；灾区广大干部群众不屈不挠，奋起自救；全省人民万众一心、众志成城，夺取了抗震救灾斗争的重大胜利。在转入恢复重建阶段后，及时编制了专项规划方案，落实中央财政灾后重建基金 289 亿元、特殊党费 10 亿元、深圳市援建资金 27 亿元，接受红十字会、国际友人、华人华侨以及社会各界捐助资金 47.5 亿元，争取世行优惠紧急贷款 2 亿美元，金融机构发放贷款 144 亿元。把农村灾民住房放在灾后重建的首要位置，共完成投资 85.6 亿元，65%的重建户开工建设。已竣工 21.8 万户，占重建总户数的 57%。32.6 万维修户已有 97%完工。通过搭建活动板房、发放棉帐篷、补贴取暖费等措施，基本保证了灾区群众安全过冬。积极推进灾区道路、电力、通信、供水、学校、医院等生命线工程和基础设施恢复建设进度，组织群众开展生产自救，扩大劳务输出和就业援助，保证了群众基本生产生活。

二、全面落实强农惠农政策，促进农民增收农村发展。财政用于支农投入 172.4 亿元，比上年增加 33.6 亿元。启动了促进农民增收的“六大行动”。大力推广农业增产增效先进适用技术，全膜双垄沟播达到 289 万亩。马铃薯等特色优势农产品种植 2500 万亩，增加 60 万亩。预计，粮食总产量实现 877 万吨，增长 6%，创历史最高水平。肉类总产量 81.2 万吨，增长 5.3%。农村基础设施得到改善，解决了 106 万人的饮水安全，建成户用沼气 15 万户，新建改建农村公路 1.4 万公里。培训农民 215 万人，输转 425.9 万人，创收 256.4 亿元。实施了 590 个村的整村推进和 14 个县的连片开发扶贫项目，易地扶贫搬迁 7.5 万人。首批 100 个新农村建设试点村顺利完成任务。

三、扎实推进工业强省，工业经济平稳增长。制定实施新的重大政策措施，加大了支持力度。石化、有色、冶金、电力、建材等一批重大技术改造项目进展顺利，酒钢 150 万吨碳钢冷轧项目土建工程完工，蓝星公司 20 万吨甲醇建成投产。庆阳石化 300 万吨改扩建、连铝环保节能技改工程和金川公司 1.5 万吨海绵钛等项目开工建设。继续推进振兴装备制造业行动计划，加快风力发电机及输变电设备等产品研制和产业化，推动了机械、电子工业的快速发展。加强煤电油运保障，烟草、煤炭、建材、医药、食品工业增速加快。预计规模以上工业完成增加值 1130 亿元，增长 10.5%。大力推进循环经济，《甘肃省循环经济总体规划》通过国家评审，建成了 21 个污染减排重点项目。节能减排完成年度目标，万元 GDP 能耗下降 4.5%，二氧化硫和化学需氧量排放分别下降 2%、1.5%。

四、加大基础设施建设力度，固定资产投资保持快速增长。新开工总投资 500 万元以上项目比上年增加 208 个，重点项目建设步伐加快，全社会固定资产投资增幅是近年来最高的一年。兰渝、西平、天平铁路开工建设，兰青铁路二线建成通车。宝鸡至天水、平凉至定西、康家崖至临夏高速公路完成年度建设任务，兰州南山路工程正式启动。天水军民合用机场投入运营。九甸峡水利枢纽、炳灵等水电站实现预定机组投产，柴家峡水电站竣工，新增水电装机 80 万千瓦。永昌电厂“以大代小”热电联产工程开工。酒泉千万千瓦级风电基地建设取得重大进展，景泰兴泉等风电项目建成投产，新增风电装机 34 万千瓦。引洮供水一期、石羊河流域重点治理工程进展顺利。建成各类小型农田水利工程 1138 项，治理水土流失 2009 平方公里，兴修梯田 64 万亩，造林 216.2 万亩。生态环境保护建设积极进展，环境质量改善。

五、加强财政金融工作，支持发展力度加大。积极推进财政改革，财政管理的精细化、科学化、规范化水平提高，支出的时效性、均衡性明显增强。坚持依法治税，狠抓税收征管，加强了非税收入管理使用和监督，调整优化支出结构，较好地保障了农业、教育、卫生、社会保障、企业改革等重点支出的需要。全年中央各类补助资金达到 739 亿元，比上年增加 226 亿元。各级财政当年均实现了收支平衡，预计可消化历年赤字 4 亿元左右，收支预算执行情况总体较好。全省金融机构本外币各项存款余额 4745.7 亿元，比年初增加 983.2 亿元，增长 26.1%。各项贷款余额 2768.4 亿元，比年初增加 454.4 亿元，增长 18.6%。省级保险公司达到 19 个，全省上市公司达到 21 个，地方金融业健康发展。

六、贯彻扩大内需政策，积极应对金融危机。面对国内外市场环境突变带来的严峻挑战，认真贯彻落实中央扩大内需保增长的十项措施，全力申报中央投资项目，加快项目实施进度，争取到新增投资 37.4 亿元。及时制定实施了支持工业企业生产经营的 16 条政策和促进金融业发展的意见、省长金融奖励基金管理办法。组织银行和担保公司与 250 多个企业就 111 个重点项目签订贷款合同和协议，总额达 1371.5 亿元；农行省分行与 14 个市州签订了战略合作协议，三年投放贷款 1385 亿元。制定实施了促进房地产业平稳健康发展的 8 条政策措施，保持了房地产市场总体平稳。

七、着力改善民生，社会事业协调

发展。省委、省政府承诺为民办的“14件实事”，除陇南、甘南部分建设项目纳入灾后重建计划统一调整建设外，其他均已完成。多渠道开发就业岗位，城镇新增就业25.6万人，安置下岗失业人员再就业11.7万人。全面实施城乡免费义务教育，农村义务教育阶段学生教科书全部免费，为56万名贫困寄宿生发放生活补助4.2亿元，为5.8万名城市低保和残疾人家庭学生发放了免费教科书。完成了卓尼、和政、广河3县“两基”攻坚任务，全省“两基”达标县达到82个，人口覆盖96.8%。普通高校招生录取率达到50.7%，提高了11.7个百分点。理顺职业教育管理体制工作进展顺利。登记省级科技成果788项，专利申请量1980件。社会保障资金投入达到36亿元，增长50.6%，职工基本养老、基本医疗、失业和工伤保险参保人数分别达到220万人、249万人、163万人和109万人。扩大了城乡最低生活保障范围，城市低保和农村低保分别达到72.7万人、161.6万人。城乡医疗保障体系逐步完善，新农合补助标准由每人每年40元提高到80元，参合率达到93.2%。城镇居民基本医疗保险参保人数279.7万人，参保率达到88%。建立了村干部养老保险制度。实施廉租房保障11万户。认真落实计划生育奖励扶助政策，继续保持了低生育水平。文化事业和文化产业快速发展，第三次文物普查和丝绸之路申遗工作有序推进，敦煌莫高窟保护利用等项目开工建设，完成4000个“农家书屋”建设任务，以新排舞剧《丝路花雨》为代表的文艺精品不断涌现，广播电视传输覆盖能力提升。奥运火炬传递顺利圆满，我省运动员在北京奥运会、残奥会和第六届农运会上取得了较好成绩，成功举办了甘肃省第一届大学生运动会，全民健身活动蓬勃开展。新闻出版、文史、参事、地方志、档案、气象、测绘、残疾人事业等工作都取得了新的成就。深入开展隐患排查治理，安全生产形势稳定好转。

八、不断深化改革，对外开放继续扩大。国有企业改革继续深入，省属企业政策性破产重组工作稳步推进，白银公司与中信集团、华亭煤业与华能集团合作顺利。农村综合改革、农信社改革、集体林权制度改革和水管体制、文化体制改革继续深化。以岗位设置管理为重点的事业单位人事制度改革取得新进展。积极推进和新疆的合作，与铁道部、水利部等部委建立了战略合作关系。“招行引资”工作取得新突破，浦发银行兰州分行等正式开业。成功举办了第六届全国乡镇企业、中小企业东西合作经贸洽谈会。实施招商引资项目1100个，到位资金260亿元。新批设立外商投资企业40家，实际吸收外商投资8044万美元，利用国外贷款2.8亿美元。对外经济合作与交流继续扩大，执行多双边无偿援助项目35个。缔结友好城市达到40对，荣获“中国国际友好城市特别贡献奖”。

九、加强民主法制建设，依法行政水平不断提高。自觉接受人大依法监督和政协民主监督，认真办理人大代表建议和政协提案，办结率达到100%。推进落实行政执法责任制，加强行政执法人员培训考核，完成了16部地方法规草案和政府规章的制定工作。努力实现科学决策、民主决策，推进实施政府信息公开制度，强化了应急管理和督查工作，电子政务建设有序推进。注重解决疑难问题和重大历史遗留问题。信访工作继续加强，人民群众的合理诉求得到较好解决。坚持廉洁自律，落实廉政建设责任制。加大惩治和预防腐败工作力度，查处了一批大案要案。加强基层民主建设，积极推进了村务、厂务公开和村民自治、城市居民自治。全面贯彻落实民族区域自治制度，依法加强宗教事务管理。双拥工作、民兵预备役建设取得新成绩。深入开展平安建设，深化矛盾纠纷排查调处工作。加强社会治安综合治理和重点整治，严厉打击刑事犯罪和经济犯罪，严密防范和严厉打击了敌对势力渗透破坏活动。果断处置了“3·14”甘南不稳定事件，妥善处置了陇南“11·17”群体性事件，维护了民族团结和社会稳定。

各位代表，过去的一年，我们遇到了诸多重大挑战和考验，尤其是在国际经济环境迅速恶化、省内困难明显增多的形势下，经济社会发展保持了平稳较快增长态势，的确不易。这是党中央、国务院正确领导的结果，是省委总揽全局、正确决策的结果，是省人大、省政协监督支持的结果，是全省各族人民团结奋斗、辛勤劳动的结果，也是驻甘人民解放军、武警部队无私奉献的结果。我代表省人民政府，向奋战在各条战线的劳动者，向人大代表、政协委员，向驻甘人民解放军、武警官兵和中央在甘单位，向各民主党派、各人民团体和社会各界人士、离退休老同志致以崇高的敬意！向所有关心支持甘肃发展的兄弟省市区，香港和澳门特别行政区，台湾同胞、海外侨胞和国际友人表示衷心的感谢！

在肯定成绩的同时，我们也清醒地看到，经济社会发展中多年积累的深层次矛盾还没有根本解决，受国际金融危机的严重影响又出现了新的困难，政府工作中存在着不少问题。一是经济增速减缓。预计生产总值增速下降1.8个百分点。随着国际金融危机的蔓延，外部环境不确定因素增多，对实体经济的影响日益加重，经济发展的压力加大。二是工业效益严重下滑。石油化工、有色冶金等支柱产业效益大幅下降，规模以上工业实现利润总额下降60%左右，主体税种收入持续走低，财政收入增长乏力。三是结构调整任务艰巨。“两高一资”特征明显，增长方式粗放，企业自主创新能力弱。民间投资和利用外资比重低，非公经济和中小企业发展滞后，多元化发展格局尚未形成。四是制约农民增收问题突出。重特大自然灾害对农村发展造成严重影响，农资涨价、农产品价格下跌等因素冲减了增加农民收入的政策效应。农村贫困面大，因灾返贫问题严重。五是就业矛盾突出。农民工返乡，部分企业减少用工，城镇新增就业人员和大中专毕业生增加，就业压力进一步加大。六是价格上涨负面效应明显。居民消费价格持续高位运行，高于年初预期目标3.5个百分点。食品和居住类价格涨幅较大，影响城乡居民生活质量，尤其是对城乡中低收入群体影响较大。七是社会利益矛盾凸显。城镇房屋拆迁、农村土地征用、国有企业改革、安全生产管理等工作中的问题仍然比较突出，引发的群体性事件时有发生，教训深刻。八是政府工作需要进一步加强。行政管理方式亟需改革创新，社会管理和公共服务职能需要加强。少数公务员缺乏事业心、责任感，对群众利益漠不关心，官僚主义、形式主义和消极腐败现象仍然存在。对于这些问题，省政府将强化措施，认真扎实的逐步加以解决。

2009年工作总体部署

做好今年的工作，对确保完成“十一五”目标任务，加快推进全面建设小康社会进程至关重要。政府工作的总体要求是：全面贯彻党的十七大和十七届三中全会精神，坚持以科学发展观为指导，认真落实扩大内需政策，以保持增长、扩大内需、强化基础、调整结构、改善民生、促进和谐为主线，着力转变发展方式和调整经济结构，着力加强基础设施和生态环境建设，着力推进社会发展和民生工程，着力推进自主创新和改革开放。深入实施工业强省和科教兴省战略，强化农业基础地位，加快发展服务业，切实解决涉及群众利益的热点难点问题，促进经济社会又好又快发展。

经济社会发展的主要预期目标是：生产总值增长10%左右，全社会固定资产投资增长20%以上，社会消费品零售总额增长15%，外贸进出口总额增长15%，财政收入增长11%，城镇新增就业24万人，城镇登记失业率控制在4.6%左右，城镇居民人均可支配收入增长10%，农民人均纯收入增长12%，居民消费价格指数105左右，人口自然增长率控制在7‰以内。

实现上述目标，我们一方面突出面临国际金融危机影响持续加深，经济增长明显放缓，经济社会发展中的不确定因素增多的压力；突出面临外部需求显著减少，优势支柱产业竞争更为激烈的压力；突出面临资源环境约束趋紧，转变经济发展方式和调整经济结构要求更为迫切的压力。另一方面，经过30年的改革和发展，我省经济实力显著提升，发展的内在动力和活力不断增强，基础设施条件得到较大改善，优势支柱产业规模和科技水平不断提高，社会供给能力明显增强，城乡居民收入稳步提高，投资和消费蕴藏着巨大的潜力。特别是中央实施扩大内需政策，为我省强化基础设施建设、调整经济结构和改善民生注入了新的强大动力。只要我们坚持以科学发展观为指导，坚定信心，迎难而上，凝聚全省人民的智慧和力量，发扬甘肃精神，化挑战为机遇，变压力为动力，就一定能够战胜困难，促进全省经济社会平稳较快发展。

按照上述总体思路和目标，今年的政府工作，要坚持改革创新，开拓进取，突出重点，全力抓好九个方面的工作：

一、加快项目建设，努力扩大投资规模。把扩大投资作为促进经济增长的主要着力点，坚持发展抓项目，贯彻落实国家扩大内需政策，准确把握投资重点，完善项目工作机制。超前谋划一批有利于长远发展的铁路、公路、机场、水利和风电、火电、核电、矿产资源开发与主导产业链延伸等重大项目，做好前期工作，加强项目储备。加大项目建设力度，努力扩大投资规模，提高投资质量和效益。加快在建项目进度，争取开工一批新的重大项目，确保固定资产投资较快增长。

一是加快交通和城镇基础设施建设。公路方面：抓好平凉至定西、天水至定西、武都至罐子沟、永登至古浪、康家崖至临夏、西峰至长庆桥至凤翔路口、金昌至永昌等高速公路建设。开工建设瓜州至星星峡高速公路和敦煌至当金山二级公路。争取开工建设营盘水至双塔、雷家角至西峰等高速公路。铁路方面：加快兰渝、西平、天平铁路建设。开工建设兰新线嘉峪关至红柳河段电气化改造、兰新铁路第二双线、成都至兰州和惠农至兰州铁路二线、干塘至武威南铁路二线、宝鸡至兰州铁路客运专线等项目。民航方面：完成嘉峪关机场航站区扩建工程。开工兰州中川、庆阳、敦煌机场改扩建工程和新建金昌机场。管道运输方面：加快兰州至郑州至长沙成品油管道、“西气东输”二线工程建设。争取开工建设兰州商品原油储备库、西部管道永登油库管道、涩宁兰复线、兰州至天水天然气管线等工程。城镇基础设施方面：完成西峰、定西、平凉等城市集中供热及武威、平凉等城市供水管网改造工程和重点镇道路排水工程。推进7个市州医疗废物集中处置和一批县城污水、生活垃圾处理项目建设。开工建设亚行贷款兰州城市交通项目，加快缺水县城供水工程建设。

二是积极推进基础产业重大项目建设。煤炭方面：完成民勤红沙岗一号井建设任务。开工建设红沙岗二号井和23个国有煤矿的安全改造工程。争取尽早实施宁正煤田矿区总体建设规划。电力电网方面：加快在建项目，永昌电厂“上大压小”项目建成投产，抓好黄河河口、乌金峡等在建水电站建设。积极争取前期工作充分、具备开工条件的火电项目取得国家核准，并早日开工建设。全面开工建设750千伏永登—瓜州输变电工程和酒泉风电基地“十一五”风电场升压站项目，继续实施全省城乡电网完善和无电地区电力建设工程。清洁能源方面：争取国家尽早核准建设瓜州风电设备本地化项目和酒泉风电基地首批380万千瓦风电场工程，开工建设敦煌10兆瓦并网型光伏发电示范试点项目。

三是加大重大水利工程和生态保护建设力度。加快石羊河流域重点治理、引洮供水一期等工程建设，推进甘南黄河重要水源补给生态功能区保护与建设项目。开工盐环定扬黄续建、24座病险水库除险加固等工程，推进11个大型灌区续建配套与节水改造。实施荒山造林和封山育林100万亩、三北四期等重点防护林工程150万亩、天然林保护工程公益林建设120万亩，启动巩固退耕还林成果专项规划。加强自然保护区、湿地恢复、野生动植物等生态建设，推动敦煌生态环境保护工作。

二、发挥工业主体作用，切实提高质量和效益。把结构调整和自主创新作为转变发展方式的根本途径，充分利用市场倒逼机制，紧紧抓住国家振兴十大产业的重大机遇，深入实施工业强省战略，坚持用高新技术和先进适用技术改造提升传统产业，大力发展循环经济，全面提升企业的市场竞争力，确保工业经济平稳较快增长。

一是大力推进结构调整，促进优势支柱产业升级。重点推进钢铁、有色、石化、装备制造等骨干企业的发展，启动建设一批新的重大项目。加快兰州石化550万吨常减压装置、庆化300万吨改扩建项目、西北铝板带箔和兰铝、连铝节能降耗改造等一批重大项目建设。启动实施金川公司精密铜镍合金等一批产业链延伸项目，重点推进阳山金矿、张掖钨钼矿等项目建设。狠抓资源开发管理创新，引导省内矿产资源勘探、开采、开发向大企业集团聚集，加强矿山、冶炼企业整合，推进资源深度开发转化。建立省级地质勘探基金，加快重点成矿区带和战略性矿产勘探。

二是积极推进技术进步和技术创新，加快高新技术产业发展。实施建设创新型甘肃行动纲要，发挥企业在技术创新中的主体作用，加强创新型领军人才培养，推进产学研结合。加快自主创新公共研发平台建设，搞好引进消化吸收和再创新，促进科技成果转化。加速推进风电产业开发，突出抓好风电设备的研发、制造和集成。加强新材料、新能源、装备制造、电子信息、生物工程等重点产业的技术攻关，着力支持有色金属、钢铁等行业的新材料和新产品研发，鼓励支持装备制造领域关键零部件和制造工艺攻关，扎实推进跨行业、跨领域的集成创新。积极推进兰州经济技术开发区、高新区和金昌国家新材料产业基地、白银高新技术产业园区建设，抓好兰州生物产业基地培育工作，促进高新技术产业聚集发展。

三是积极推进循环经济发展，加大节能减排力度。实施《甘肃省循环经济总体规划》，提升资源综合利用水平。支持白银等资源型城市转型。实施酒钢矿渣综合利用工程等160个重点循环经济项目。加强对年耗能万吨标准煤以上的178户用能企业的监督管理，加快列入国家财政节能奖励的76个节能改造项目建设进度。对单位产品能耗超过限额标准的用能企业实行限期整改。加大建筑、交通运输、商业民用以及公共机构节能工作力度。加快淘汰炼铁、铁合金、电石、造纸等行业落后产能。组织实施好兰州热电公司脱硫工程等8个二氧化硫减排项目，完成平凉宝马纸业废水处理等36个重点化学需氧量减排项目。做好兰州等重点城市大气污染治理工作，抓紧实施兰州石化公司烟气脱硫等重点污染源治理、银光公司酸雾治理项目。加快污水处理厂配套管网建设，支持兰州城市污水全收集全处理。探索建立完善资源有偿使用制度和生态环境补偿机制，深化供水、污水和垃圾处理、排污等价格和收费改革工作。加大饮用水源地保护力度，进一步做好黄河、泾河、渭河等重点流域水污染防治工作，加快水管体制和水资源管理体制改革，推进节水型社会建设。全年万元GDP能耗下降5.2%，二氧化硫排放量和化学需氧量分别控制在52.3万吨和16.9万吨以内。

四是加强工业运行的协调服务。落实支持工业发展的政策措施，支持工业企业积极应对金融危机冲击，扭转效益下滑局面。科学配置煤电油运气等重要生产要素，加强铁路运力协调，衔接落实新疆等省外煤炭资源，确保电力工业平稳运行。建立提高农资直补与化肥价格联动机制，认真落实国家对农资产品生产、运销的各项优惠政策，支持农资企业加快发展。

三、强化农业基础地位，推进新农村建设。把努力增加农民收入作为“三农”工作的重中之重，全面落实各项强农惠农政策，围绕稳粮、增收、强基础，继续加大投入力度，深入实施促进农民增收“六大行动”，千方百计增加农民收入，统筹公共服务资源，加大基础设施建设力度,扎实推进新农村建设，促进城乡经济社会协调发展。

一是大力发展劳务经济。扩大农业产业链的就业容量，扩大农业农村基础设施建设项目的就业容量，扩大农村二三产业就业容量，加大农村人力资源培训开发，加强农民工技能培训和职业教育，提高组织化程度，拓宽劳务渠道，拓展农民就近就业和增收空间。维护农民工的合法权益，确保农民工工资按时足额发放。全年农民工技能培训达到33万人，输转劳务450万人，创劳务收入330亿元。

二是促进粮食持续增产。稳定粮食播种面积，优化品种结构，提高单产，增加总产。突出玉米和马铃薯两大高产作物，兼顾小麦和小杂粮，实施旱作农业新增粮食示范工程。继续把推广全膜双垄沟播技术作为促进旱作农业发展的革命性措施，在旱作农业区41个县推广500万亩。

三是积极发展现代农业。突出发展草食畜、果蔬、中药材、制种、酿酒原料等具有明显竞争优势的产业，新增特色优势作物面积60万亩以上。着力推进规模化养殖，大力发展以肉牛、肉羊和奶牛为主的草食畜牧业。扶持农产品加工业特别是精深加工业的发展，增强品牌意识，培育一批农业产业化大型龙头企业，壮大农产品加工产业集群。扶持农民专业合作经济组织发展。加强农产品市场体系和仓储设施建设，拓宽市场空间。加快农业科技服务体系建设，大力推广农业适用技术。加强重大动物疫病防控，加强农产品质量安全管理，推进农业标准化生产。加快天水农业高新技术示范区建设。

四是加大扶贫开发力度。针对国家提高贫困线标准后，扶贫开发任务更为艰巨的新形势，调整完善思路，制定新的政策措施，加大扶贫投入，改革资金使用管理，稳步推进扶贫开发。完善实施500个整村推进扶贫开发项目，加大连片开发工作力度，实施易地搬迁5万人以上。加快贫困地区农村水利、交通基础设施建设。继续支持民族地区、革命老区发展。

五是启动推进新一轮新农村建设试点。重点抓好兰州、嘉峪关、金昌3个市和其它市州各选择1个县的试点工作，探索建立城乡一体化的新格局。坚持把新农村建设试点示范与推动全面工作相结合，把加快形成城乡经济社会统筹发展新格局作为根本要求，突出生产发展，切实加快农田基本建设、特色产业培育、农村基础建设、农村危房改造、村庄整治和农村“六小”工程建设进度，整治村容村貌，推进城乡一体化基础设施建设。科学制定乡镇、村庄规划，合理配置公共服务资源，加快小城镇建设。

四、发展现代服务业，扩大消费拉动。把发展现代服务业摆到更加突出的位置,加大服务业引导资金投入，提升传统服务业，发展新兴服务业，拓宽消费领域，增强消费需求对经济增长的拉动作用。

一是努力扩大城乡消费。完善促进合理住房消费的政策措施，鼓励普通商品住房消费，支持房地产开发企业积极应对市场变化，加快发展二手房市场和住房租赁市场,促进房地产市场稳定健康发展。积极开拓农村市场，落实补贴政策，鼓励农民购置农机具、农用车、家用电器等耐用消费品，组织“家电下乡”活动。推进便民服务进家庭、便民商业进社区工程，健全社区服务网络，大力发展家政服务、物业管理等社区服务。引导城乡居民扩大旅游、健身等新型消费。积极发展大型超市、配送中心等新兴业态，发展电子商务，推行连锁经营、营销代理等营销方式。

二是完善城乡市场体系。继续推进县乡集贸市场“退市还路”和农村现代流通网络工程，在重点销区和产区加快大宗农产品专业批发市场建设，继续实施县乡农村集贸市场改造、“万村千乡市场”、“邮政服务三农”和新农村现代流通服务网络工程，新建和改造一批农村商品配送中心，搞活农产品流通。落实好绿色通道政策，加快形成流通成本低、运行效率高的农产品营销网络。推动大型连锁企业到农村建立网点。

三是集中发展现代物流业。进一步放开经营，吸引外资和民间资本投资现代物流业，形成以兰州为中心、覆盖全省、辐射西北的多层次多功能现代物流服务网络体系。积极拓展省际和区域市场，依托我省支柱产业和重点企业，加强省际间的经济联系，扩大市场规模。以兰州东部物流基地、陆港物流园和甘肃会展中心为重点，加快推进兰州商贸中心建设，建设天水、陇西、张掖、平凉、武威、酒嘉物流中心（园区）。整合内外经贸、民航、铁路、邮政、公路等行业的物流资源，促进商流、物流、信息流的联系和沟通，提高物流业现代化水平。

四是大力发展中介服务业和旅游产业。通过规范调整、培育发展和监督管理，鼓励发展咨询、评估、会计、审计、投资、公证、法律、设计、市场营销等中介服务机构。培育行业协会，强化行业自律和法律监督，充分发挥中介组织的桥梁纽带和社会服务作用。充分发掘整合旅游资源，培育精品线路，加大旅游宣传促销和市场开发力度，加快重点景区旅游基础设施建设，改善旅游发展环境，搞好县域旅游产业示范县试点，积极发展乡村旅游、红色旅游，促进旅游产业较快发展。

五、全面推进灾后重建，基本完成灾民建房任务。落实灾后重建规划，明确项目建设的优先领域和建设时序，保证重点，合理制定重建项目年度实施计划，启动基础设施和公共服务设施建设，确保年内全面完成灾民建房任务。优先实施灾区群众饮水、道路、就医、上学等基本生活保障和公共服务项目。合理调整产业政策和投资方向，尽快恢复重建水利和农牧业生产、商贸流通、旅游服务等设施，开工建设灾区水库、河道及堤防除险加固工程和地质灾害防治监测预警系统等防灾减灾基础设施。增加各类消费品的生产和供应，改善生产生活环境，积极扩大灾区群众就业，增加城乡居民收入。按照“确保重点、兼顾一般，条块结合、以块为主，统筹资金配置，实行包干使用”的原则安排使用灾后重建资金，继续多渠道筹措恢复重建和发展资金。巩固对口支援、社会帮扶和专项援助活动成果。

加强灾后重建项目资金的管理和监督，严格执行国家建设标准、技术规范和抗震设防要求。按照国家规定的建设程序，规范运作。加强项目实施的全过程监管，确保灾后重建资金安全和工程质量安全。

六、高度关注民生，加快社会事业发展。把保障和改善民生作为政府一切工作的出发点和落脚点，加强社会事业建设。积极促进全民创业，抓紧解决关系人民群众切身利益的热点难点问题，坚持为民办实事，增强社会和谐基础。

一是努力扩大城镇就业。坚持政府推动，社会参与，劳动者自谋职业、自主创业相结合，完善激励扶持政策，加大就业培训力度，以全民创业带动就业。增加公益性就业岗位，加大就业援助，完善劳动关系协调、保障机制。把高校毕业生就业摆在重要位置，对大学毕业生从事个体经营符合条件的，免收行政事业性收费。协商支持企业不裁员、少裁员和减薪不裁员。重点做好就业困难人群、零就业家庭和受灾地区劳动力就业的帮扶工作。做好转业退伍军人和大中专毕业生就业安置和援助工作。全省城镇下岗失业人员再就业8万人，困难群体再就业3万人。

二是坚持优先发展教育。完善义务教育经费保障机制，合理配置资源，调整学校布局，加强教师队伍建设特别是农村中小学教师培训，做好义务教育学校实施绩效工资工作。保障农民工子女接受义务教育，开展关爱农村留守儿童活动，促进城乡义务教育均衡发展。积极化解农村“普九”债务。大力发展职业技术教育，以提高创业、就业能力为重点，整合市县职教资源，加大中等职业学校和实训基地建设投入力度。稳步发展高等教育，调整专业设置，提高高校办学质量和科研水平。

三是提高公共卫生事业发展水平。加快医药卫生体制改革，建立覆盖城乡居民的基本医疗保障制度，完善公共卫生经费保障机制，促进基本卫生公共服务均等化。加大农村医疗机构建设力度，加强基层卫生队伍建设。积极推进公立医院改革试点，健全医疗质量和医疗安全制度，加强医疗卫生人才队伍和医德医风建设，保障医疗安全。扶持和发展中医药事业。

四是加快文化体育事业发展。深化文化体制改革，推进公益性文化事业单位管理体制、运行机制改革和经营性文化单位转制改革。继续抓好社区和乡镇综合文化站、“农家书屋”建设,完成广播电视“村村通”工程2.24万个自然村建设任务,推进文化信息资源共享工程建设,发挥公共文化设施作用，培育文化产业主体，打造特色文化产业品牌，促进文化产业发展。做好非物质文化遗产国家级项目的保护工作，继续开展第三次文物普查、丝绸之路申遗、长城资源调查等工作，抓好敦煌莫高窟保护利用和大地湾遗址博物馆工程建设。广泛开展全民健身运动，积极备战全国第十一届运动会。推进省科技馆前期工作。继续做好新闻出版、地震预防、气象、测绘、参事、外事、侨务、文史、地方志、档案管理等工作。

五是加快覆盖城乡的社会保障体系建设。完善城镇职工医保和城镇居民医保制度，逐步扩大报销范围，提高报销比例。加快推进农村养老保险制度建设，加强社会保险基金的扩面征缴和监管，进一步完善失业保险金用于促进就业的联动机制。城镇基本养老、失业、基本医疗、工伤和生育保险参保人数分别达到230万人、163万人、270万人、118万人和64万人，城镇居民基本医疗保险参保率达到90%以上。推进城乡医疗救助工作。实施三年城市廉租房和五年农村抗震安居房建设工程。落实优抚政策，做好老龄工作，促进残疾人、社会福利和慈善事业发展。

六是加强人口与计划生育工作。坚持计划生育的基本国策地位，全面落实各项政策措施，完善少生快富、奖励扶助、特殊困难家庭救助制度。实施出生缺陷早期干预措施，提高出生人口质量。突出利益导向、优质服务、流动人口计划生育管理、村民自治等重点，确保完成年度人口控制计划。

七是集中力量为民办实事。从解决群众最现实、最关心、最直接的利益入手，按照“普惠制、量力而行、尽力而为和当年办结，资金主要由中央和省级财力安排”的原则，经向全社会征集，确定为民办好12件、27项实事：一是建设150万农村人口饮水安全项目。二是新增30万户农村沼气用户。三是农村公路建设。包括通乡油路2800公里，地震重灾县区行政村公路通达通畅工程2200公里，7个少数民族自治县农村公路通达通畅工程500公里。四是建设40万户抗震安居房。包括灾后重建农民住房、农村危旧房改造、国有林区棚户区（危旧房）改造、农村贫困残疾人危房改造、游牧民定居工程、矿山塌陷区危旧房改造、生态移民建房。五是通过发放廉租住房补贴和新建150万平方米以上廉租住房,解决城市低收入家庭人均住房10平方米以下住房困难问题。六是实施农村寄宿制初中建设和义务教育阶段中小学危房改造工程。七是对全省普通中等职业学校新招学生实行减免部分学费。八是对城市义务教育阶段学校公用经费以奖代补。九是建设50个城市社区卫生服务中心。十是提高城市、农村低保和五保户供养标准，实现应保尽保。十一是扶持大学生就业。包括安排纯农牧户中零就业家庭未就业的本科以上毕业生就业，招考5000名普通高校毕业生到农村中小学任教，招考5000名普通高校毕业生到乡镇卫生院工作。十二是补助街道办事处、社区经费。办好这些实事共需要资金216亿元，其中省级安排48亿元，当年新增43亿元。省政府将集中财力，逐一制定实施方案,明确责任,落实措施,加强管理,确保把实事办好。

七、做好财税工作，强化金融支持。实施国家积极的财政政策，综合运用多种手段，扩大政府投资,优化支出结构，适当减轻税负，保障改善民生。切实加强财政增收节支工作，依法加强税收征管，推进非税收入管理改革，完善政府非税收入征缴制度。加强重点行业和潜力税源、零散税源管理，大力培植和挖掘新兴税源。将国有资源、行政事业单位国有资产和国有资本经营收益全部纳入财政综合预算，实行收支两条线管理。优化财政支出结构，继续增加教育、医疗卫生、社会保障、就业、保障性住房等民生支出。重点加强对“三农”、中小企业、节能减排、生态环境保护、自主创新的支持力度。完善和规范财政转移支付制度，逐步健全保障民生投入机制。继续深化部门预算、政府采购制度改革，扩大国库集中收付范围，强化预算管理和监督，试编资产配置预算。积极推进分税制财政体制改革，适当提高部分主要税种县市分成比例。有序扩大财政省直管县改革试点范围，继续扩大县级经济管理权限。完善乡财县管管理制度，推行村财乡管管理方式，建立县级基本财力保障机制。积极落实增值税转型和成品油税费改革政策。严肃执行财经纪律，严格控制一般性支出，实行公务购车和用车经费、会议经费、公务接待费、出国（境）经费等支出零增长，严格控制新建楼堂馆所。

充分发挥金融在现代经济中的核心作用，加强货币政策、信贷政策和产业政策的协调配合，进一步加大金融对重点基础设施建设、产业结构升级、自主创新、循环经济和中小企业的信贷资金投入。加大对城市低收入居民廉租房、经济适用房建设和棚户区改造以及灾后重建的信贷支持。推动银企、银政合作，提高信贷资金落实的时效性。培育发展资本市场，加快企业上市步伐，支持企业债券融资，积极推动上市公司资产重组。加快地方金融业发展。进一步完善银行业、证券业和保险业相协调的风险防范机制，确保金融稳定。支持商业银行、政策性银行、农信社多渠道筹措资金，加大“三农”信贷投入，支持农村和县城基础设施建设。继续深化农村信用社改革，提高农村金融服务水平。继续做好“招行引资”工作，支持中信银行尽快开业，争取光大银行、民生银行、中国进出口银行、中国出口信用保险公司在兰设立分支机构。进一步优化融资环境，对地方经济支持力度大的金融机构，政府在财政资金开户、项目安排等方面予以倾斜。

八、积极深化改革，努力扩大对外开放。把深化改革开放作为促进科学发展的根本动力，坚持用改革的办法解决发展中的问题，正确处理改革、发展、稳定的关系，进一步加大重点领域和关键环节的改革力度，推进体制机制创新，创造良好的发展环境，不断提高对外开放水平。

一是深化农村综合配套改革。稳定完善农村基本经营制度，落实党在农村的土地承包政策，搞好农村土地确权、登记、颁证工作，建立土地承包经营权流转市场。按照不改变土地性质、不改变土地用途、不损害农民权益和依法自愿有偿的原则，鼓励引导农民以出租、转包、互换、转让、股份合作等形式流转土地承包经营权，推进土地适度规模化和集约化经营。切实保障返乡农民工土地承包权益。规范征地行为，建立和实行土地征用与经济补偿、社会保障、就业服务同步进行的制度。积极稳妥推进集体林权制度改革试点，发展农村保险事业，全面推进“一册明，一折统”惠农资金支付方式改革。

二是推进国有企业改革。以建立现代企业制度、完善公司治理结构和企业战略重组为重点，加快实现产权多元化。推进装备制造业和高新技术产业快速发展，把引进战略投资与企业兼并重组结合起来，继续推进省内企业与省外企业特别是央企的整合重组，增强可持续发展能力。推进兰通、兰炭等企业政策性破产终结，加快兰石集团、兰州电机破产重组后的二次重组。继续推进酒钢集团与哈萨克斯坦欧亚财团的战略合作，推动稀土集团和包钢集团重组合作，加快省电投集团、华煤集团、稀土新材料公司、兰州银行、佛慈制药等企业的上市进程，理顺长城电工等上市公司管理体制和产权关系。积极推进省属流通、建筑、商业、外贸、医药、农垦等企业的改革改制工作。完成省属骨干企业主辅分离、辅业改制、分离办社会职能和企业破产工作。加强国有资产监管体系，抓好资产评估、业绩考核、企业高管年薪和外派监事等国资管理工作的规范化和监管。

三是大力扶持非公经济和中小企业发展。认真落实支持非公经济发展的政策措施，建立完善社会化服务体系，扩大市场准入，降低准入门槛，优化发展环境。切实解决中小企业和非公经济融资难问题，简化贷款程序，增加信贷规模，建立中小企业信用担保体系。加强对中小企业的财政支持力度，积极争取中央财政中小企业发展专项资金。鼓励中小企业向“专、新、特、精”方向发展，提高延伸产业链和配套协作水平，增强市场竞争力。

四是提升对外开放水平。积极调整进出口经营主体、产品和市场结构，支持资源型产品转型升级。努力扩大机电产品、农产品、医药、高新技术产品和文化产品出口，提高出口产品科技含量和附加值。鼓励企业利用市场机遇，增加先进技术、先进设备和紧缺原材料进口。积极稳妥地推进企业扩大境外资源合作开发，支持金川公司、酒钢集团等大型骨干企业加快海外资源合作项目建设。办好第 15 届“兰洽会”，做好 2010 年上海“世博会”的参展筹备工作。组织好对外招商引资、旅游推介、劳务协作等活动。改善兰州至港口、边境口岸的通关、运输条件，降低企业物流成本。推进天水—关中经济区规划衔接工作。

五是优化投资环境。适当放宽外资项目审批权限，拓宽招商引资渠道，建立招商引资激励机制和协调机制。利用国际国内产业转移的机遇，依托优势资源和支柱企业，积极引进国际国内战略投资者。坚持“走出去，请进来”相结合，突出重点领域、重点项目，抓好产业招商、园区配套招商和节会招商，努力扩大招商引资规模。加强招商引资项目的跟踪服务，提高项目合同的履约率和资金到位率。组织筛选和申报一批新的借用国外贷款项目。

九、推进民主法制建设，维护社会和谐稳定。坚持党的领导，坚持人民代表大会制度，保障人民代表依法行使职权。自觉接受人大依法监督、政协民主监督和社会公众监督。认真落实人大及其常委会各项决议决定，支持人民政协发挥参政议政作用，广泛听取各民主党派、工商联、无党派人士意见，支持工会、共青团和妇联等人民团体更好地发挥作用。认真做好人大代表建议和政协提案办理工作，保证时效，提高质量。全面落实依法治国方略，推进法制建设，加强宣传教育，提高全民法制观念。进一步健全民主管理制度，扩大基层民主和群众自治范围，切实完善企业民主管理和村民自治机制。坚持和完善民族区域自治制度，坚决反对民族分裂，深入开展民族团结进步创建活动，促进各民族共同团结奋斗，共同繁荣发展。全面贯彻党的宗教工作基本方针，依法加强对宗教事务的管理，充分发挥宗教界人士在促进经济社会发展中的积极作用。开展法律援助和司法援助，进一步完善群众利益协调、诉求表达、权益保障和矛盾纠纷调处机制，严格落实信访条例，坚持领导接待和包案制度，强化信访、人民调解和法律服务工作，维护人民群众的合法权益。及时有效地预防和妥善处置群体性事件。广泛开展社会公德、职业道德、家庭美德和个人品德教育，构建社会主义核心价值体系，努力形成爱国、敬业、诚信、友善的良好社会风尚。依法保障妇女儿童合法权益。加强青少年思想道德建设，营造青少年健康成长的良好环境。加强国防教育，积极开展拥军优属、双拥共建活动，支持军队现代化建设，推进民兵预备役和国防动员力量建设。

规范整顿市场秩序，开展关系人民健康的重要产品专项整治和打假活动。切实抓好食品药品质量安全整治，确保食品药品安全。严格落实安全生产责任制，大力整治安全生产隐患，加强安全防范治理，严防重特大安全事故发生，坚决惩处安全事故涉及的失职、渎职行为及背后的各种腐败行为。增强国家安全意识，严密防范和严厉打击境内外各种敌对势力的渗透破坏活动。加强公安机关基层基础建设，着力完善社会治安防控体系，强化社会治安综合治理，深入开展社会治安专项整治和禁毒斗争，大力推进平安建设。努力防范和及时有效地依法打击各种犯罪，增强人民群众的安全感，保持社会和谐稳定。

推进政府自身建设

今年，全省经济社会发展任务十分艰巨，经济形势复杂多变，要完成全年的目标任务，需要全省人民共同努力。政府工作必须坚持以学习实践科学发展观活动为动力，进一步解放思想，转变观念，围绕破解难题、化解矛盾，推进体制机制创新，促进科学发展。必须深化行政管理体制改革，加快政府职能转变，不断提高行政效能和服务水平，以高效务实的作风开创政府工作的新局面，建设让广大人民群众满意的政府。

一、深化机构改革，努力建设服务政府。按照国家统一部署和大部门制的改革方向，认真制定实施省级政府部门机构改革方案，确保上半年完成政府机构改革工作。科学合理配置部门职能，理顺职责关系，规范政府机构设置，调整和完善工业行业管理部门，加强社会管理和公共服务部门，严格行政编制管理。继续推进事业单位分类改革，调整事业单位机构编制管理权限，实行总量控制、下管一级的管理体制。积极推进乡镇机构改革，着力增强乡镇政府社会管理和公共服务职能，完善与农民政治参与积极性不断提高相适应的乡镇治理机制。

按照“精简、统一、效能”的原则与“决策、执行、监督”相协调的要求，加快推进政府职能转变，不断规范政府职能定位。发挥好经济调节、市场监管的职能作用，积极应对国际金融危机的影响；更加注重履行社会管理和公共服务职能，扩大政府公共服务的覆盖范围，提高公共服务的供给能力和质量，着力为市场主体创造良好的发展环境，确保服务到位。加强应急管理能力建设，不断提高处置突发公共事件的能力。加快推进政企分开、政事分开、政资分开、政府与市场中介组织分开，支持社会中介组织、行业协会在社会管理和公共服务中发挥更大的作用。

紧密结合政府机构改革和部门职能调整，加大行政审批制度改革力度，严格界定政府部门行政审批内容与权限。攻坚克难，凡是可以下放的权力一律下放，凡是可以取消的收费一律取消，凡是可以精简的审批一律精简。加强监督检查，对已经取消的审批事项，要落实到位，防止变相设立审批；对保留的审批事项，要改进管理，扩大集中审批，落实现场审批，推行联合审批，切实提高办事效率，确保行政审批权的规范运作。

二、切实加强依法行政，努力建设法治政府。深入实施依法行政纲要，全面贯彻落实依法治省方针，强化法治观念，把依法行政贯穿到政府工作的各个领域、各个环节，努力做到合法行政、程序正当、高效便民、诚实守信、权责统一。坚持用制度管权、管事、管人，健全监督机制。严格按照法定权限和程序履行职责，既不能失职不作为，也不能越权乱作为。强化责任追究，切实做到有权必有责、用权受监督、侵权要赔偿、违法要追究。积极配合省人大及其常委会做好地方立法工作，完善政府规章制度，依法解决经济社会发展中的各种利益矛盾。建立健全依法行政各项配套制度，减少行政执法层次，继续推进相对集中行政处罚权和综合行政执法试点工作。加强行政执法队伍建设，强化对执法人员的管理和监督，进一步规范行政执法行为，完善行政执法程序。加强行政复议和行政应诉工作，不断提高依法处理经济社会事务的能力。

三、加快管理体制创新，着力打造阳光政府。把健全体制机制作为一项系统工程，开拓创新，积极推进。加快政府自身的改革，形成行为规范、运转协调、公正透明、廉洁高效的行政管理体制，不断提高政府的执行力。建立健全有利于转变发展方式和优化经济结构的体制机制，坚持改善民生和促进各项社会事业协调发展的体制机制。着力推进政府运行机制创新，完善重大事项集体决策、专家咨询、社会公示与听证等制度，推进决策的科学化、民主化。探索建立政府公共服务工作绩效评估考核制度，实施政府部门内部处级干部轮岗和竞争上岗制度。进一步加强行政监察工作，强化审计监督，落实行政机关的内部监督，自觉接受司法监督和社会监督。推进实施行政承诺、行政问责、引咎辞职等制度，加大责任追究力度，提高政府的公信力。

把政务公开、提高政府工作和权力运作的透明度作为政府管理创新的基本制度，深入实施《政府信息公开条例》，推进行政权力公开透明运行，做好农村基层政务公开工作，加强化解社会矛盾、解决重大事故事件的政务公开工作。建立健全政务信息发布制度，及时、全面、真实发布政务信息，畅通人民群众了解公共信息的渠道，推行“阳光行政”，切实保障人民群众的知情权、参与权、表达权和监督权。以服务群众、服务基层、服务发展为宗旨，加快电子政务建设，大力推进电子政务在公共服务领域的应用。进一步完善政府门户网站，积极推进政务服务方式创新，改进政务中心管理，拓展网上受理、并联审批和一站式服务。完善政府新闻发布制度，及时向社会公开政府工作中的重大事项。

四、切实改进工作作风，努力建设高效政府。坚持解放思想，开拓进取，勤奋学习，自觉摒弃政府工作中不合时宜的惯性思维和束缚发展的陈旧观念，不断在实践中提高领导科学发展的能力、研究新情况和解决新问题的能力、统筹兼顾的能力、抓好落实的能力。加强公务员队伍建设,坚持培训、教育、管理和监督相结合，努力建设政治坚定、业务精通、清正廉洁、作风优良的公务员队伍。切实提高广大公务员对方针政策的理解力、执行力和操作力，提高破解重点难点问题的能力和水平，提高为基层、为群众办实事、办好事的本领。牢固树立无功就是过错、从政必须有为，不勤政就是最大的不廉政的理念，振奋精神，以对全省发展高度负责、对人民群众高度负责的态度，敢于直面挑战，敢于迎难而上，以不服输、不气馁的坚定信念，恪尽职守，勇挑重担，推动发展。大力弘扬艰苦奋斗的优良作风，厉行节约，勤俭办事，反对铺张浪费，努力降低行政成本。

建立健全作风建设和效能建设的长效机制，围绕中心工作抓服务，围绕基层抓服务，围绕重点、难点、薄弱点抓服务，围绕工作实效抓服务。全面落实责任制，明确责任领导和具体责任人，提出科学合理的时间进度和工作质量要求，确保各项重点工作保质保量地按期完成。省政府对负有项目审批、资金拨付职责的省直部门实行工作进度月通报制度，建立市州对省政府各部门工作年终评议制度。进一步改进工作作风，坚持深入到群众中去，到困难多、问题多的地方去，积极开展调查研究，体察民情、反映民意、集中民智，着力研究解决实际问题，多做打基础、利长远的工作，多办得民心、顺民意的事情。坚持正确的政绩观，重显绩更重潜绩，严禁搞“形象工程”、“政绩工程”。坚决反对形式主义、官僚主义，力戒无所作为、不思进取，力戒浮躁之气、浮夸之风，下大力气精简会议、压缩文件，切实把时间和精力放在狠抓落实上，真正做到知实情、谋实招、重实干、求实效。

五、加强廉政建设，积极构建廉洁政府。认真落实党风廉政建设责任制，深入开展反腐败斗争，推进教育、制度、监督并重的惩治和预防腐败体系建设，致力于从源头上预防腐败。规范建设工程招投标、财政转移支付、土地资源使用、矿产资源配置和招拍挂、政府采购、国有资产转让等公共资源管理权力运行，坚决纠正损害群众利益的不正之风。特别要把扩大内需的各项决策部署、各项惠民强农和灾后重建政策的贯彻落实情况作为重点，加强监督管理，严防腐败现象的发生，维护好人民群众的切身利益。

坚持领导干部以身作则，讲党性、重品行、作表率，带头抵制拜金主义、享乐主义和奢靡之风，严格执行廉洁从政的各项规定，严格管好自己的亲属，管好身边的工作人员。凡是有碍公平、公正和廉洁的事，坚决做到不插手、不打招呼，自觉接受全省人民群众的监督。

各位代表!做好 2009 年的政府工作，我们面临挑战，更面临着难得的机遇。让我们紧密团结在以胡锦涛同志为总书记的党中央周围,高举中国特色社会主义伟大旗帜,全面贯彻党的十七大和十七届三中全会精神,以邓小平理论和“三个代表”重要思想为指导,以深入学习实践科学发展观活动为动力，在省委的坚强领导下，坚定信心，奋力拼搏，以扎实的工作成效迎接建国六十周年，为实现全省经济社会平稳较快发展、夺取全面建设小康社会新胜利而努力奋斗!

关于甘肃省2008年国民经济和社会发展计划执行情况及2009年国民经济和社会发展计划草案的报告（摘要）

——2009年1月12日在甘肃省第十一届人民代表大会第二次会议上

甘肃省发展和改革委员会主任　赵　春

一、2008年经济社会发展计划执行情况

2008年，面对复杂多变的国内外环境和经济运行中出现的新情况、新问题，省委、省政府采取一系列针对性措施，努力化解突发矛盾，坚持一手抓经济社会发展，一手抓抗震救灾和恢复重建，保证了各项任务的顺利完成。初步预计，全年生产总值增长10%。全社会固定资产投资预计完成1700亿元，增长30%；社会消费品零售总额达到990亿元，增长19%；外贸进出口总额61.6亿美元，增长12%。城镇居民人均可支配收入达到11010元，增长10%，农民人均纯收入达到2680元，增长15%。居民消费价格总水平上涨8.5%。

按照年初省人代会的各项部署，主要抓了以下工作：一是全力应对突发灾害，保障灾后恢复重建的有序进行。编制完成灾后重建城乡住房建设等10个专项规划的实施方案，通过衔接和积极争取，募集各类灾后重建资金398.5亿元，重点用于灾区学校、医院等基础设施恢复建设，农村居民住房重建进展顺利。二是推进农业技术革命，农业增产和农民增收成效显著。大力推广旱作农业技术，完成全膜覆盖双垄沟播面积289万亩，预计粮食总产达到877万吨，创历史最高水平。国家分两批安排我省77个县户用沼气建设任务15.5万户；加快解决农村人口的饮水安全问题，建成集中供水工程218处、水窖3825处。对7.5万人实施易地扶贫搬迁。三是深入实施工业强省战略，加快结构调整和产业升级。兰铝自备电厂、电解铝节能降耗改造、金川公司富氧顶吹镍熔炼和蓝星集团20万吨甲醇项目建成投产。继续推进振兴装备制造业行动计划，加快风电设备本地化制造。白银市列入全国首批资源枯竭型城市转型试点，金昌被确定为新材料产业国家高技术产业基地。四是加快基础设施建设，重大项目前期工作全面推进。引洮供水一期、石羊河流域综合治理等农业基础设施建设进展顺利。康家崖至临夏高速公路全面开工，天水过境段、西峰至长庆桥至凤翔路口高速公路启动建设；兰青二线工程竣工投运，兰渝铁路、西平铁路、天平铁路相继开工建设；天水军民合用机场改扩建工程建成通航，兰州中川、敦煌机场站坪改造工程完成。新窑、新柏、山寨煤矿竣工投产；九甸峡水利枢纽工程3台机组全部投产发电，黄河炳灵等水电站和瓜州大梁、景泰兴泉风电场等电源项目并网发电，预计全年新增发电装机210万千瓦。五是着力改善民生问题，促进社会事业协调发展。“14件实事”进展顺利，提高农村低保户补助标准、发放廉租房补贴、提高贫困家庭寄宿制学生生活补助标准、免除城市义务教育阶段学生学杂费、对农村中小学任教的省属师范院校本科生实行以奖代补、村干部养老保险和养老补贴制度等政策得到落实，参合农民补助标准翻一番的目标已经实现。六是各项改革稳步推进，部分领域和行业取得新进展。全省粮食企业有改革任务的80个县市区已有72个基本完成任务，1028户应改企业已完成983户，占95.6%。榆中县和平镇等6个小城镇列入第二批全国发展改革试点小城镇名单。水管体制改革历时五年基本完成任务，全省水管单位公益性人员经费落实94.1%，公益性工程维修养护经费落实73.9%。文化体制改革逐步深化。

总的来看，我省努力化解外部环境变化和严重自然灾害带来的不利影响，基本保持了稳定发展的势头，但是经济运行中仍然存在一些突出矛盾和问题：全省石化、有色工业增速明显低于上年水平，特别是随着金融风暴的蔓延和冲击，三季度以后工业增速进一步下滑，经济发展的下行压力加大；工业主导产品镍、铜、铝等价格大幅回落，原材料、燃料、动力购进价格涨幅持续高于工业品出厂价格涨幅，造成工业企业利润空间缩小；农业生产资料价格持续上涨，抵消了部分农产品价格上涨带来的收益，农民收入水平低的问题依然突出；资源性产品出口受到限制，进出口贸易增速减缓，特别是机电产品、原材料产品出口降幅较大，影响到工业的稳定发展；相继发生的冰冻雨雪灾害、地震灾害等，对部分地区和全省农业、旅游业、有色行业造成了冲击，各种矛盾交织影响到经济社会的稳定发展。

二、2009年经济环境分析和主要预期目标

2009年是贯彻落实党的十七大、十七届三中全会精神的重要一年，也是确保完成“十一五”目标任务的关键一年。目前国际金融危机尚未见底，在国内外经济普遍低迷、贸易需求持续减少、企业效益严重下滑的情况下，我省经济发展面临的外部环境和形势不容

乐观。同时，也要看到保持经济稳定较快发展的有利方面，特别是国家实行积极的财政政策和适度宽松的货币政策，为我省夯实发展基础和调整产业结构带来了新的机遇。今年经济社会发展的主要预期目标为：经济增长预期目标10%左右；财政收入增长11%；全社会固定资产投资增长20%以上，社会消费品零售总额增长15%，外贸进出口总额增长15%；农民人均纯收入增长12%，城镇居民人均可支配收入增长10%；城镇登记失业率控制在4.6%左右；人口自然增长率控制在7‰以内；居民消费价格指数在105左右。

三、2009年经济社会发展的重点和主要任务

2009年，全省要紧紧抓住政策调整的机遇，突出基础设施建设、产业结构调整和改善民生问题等重点，努力保持平稳较快发展的势头。经济社会发展的主要任务是：

(一)抢抓扩大内需机遇，加快基础设施建设步伐。加快宝鸡至天水、平凉至定西等高速公路项目建设，推动兰渝、西平、天平铁路加快建设，完成嘉峪关机场航站区扩建工程；力争红沙岗煤矿1号井建成投产，加快二热电厂扩建、永昌电厂和景泰电厂建设进度。开工建设瓜州至星星峡、营盘水至双塔、雷家角至西峰高速公路；启动建设兰新铁路第二双线、宝鸡至兰州客运专线等铁路项目；尽快建设兰州中川、庆阳、敦煌机场扩建工程和新建金昌机场。继续实施全省城市电网、农网完善和无电地区电力建设工程。积极推进兰州南绕城等高速公路项目前期工作；加大兰新铁路兰州至武威至张掖段扩能改造、敦煌至格尔木等铁路项目前期力度，抓紧完成兰州铁路枢纽总体规划并开工建设相关配套工程；做好夏河机场、陇南机场、平凉机场、张掖军民合用机场等前期工作。改善城镇基础设施，加快全省16万户廉租住房建设，其中实物配租5万户，租赁补贴11万户；加快中心城市和一批县城、重点镇道路、排水、生活垃圾处理、污水处理项目建设。推进灾后恢复重建，加快城乡住房、教育、卫生等民生工程和基础设施的恢复重建，全面完成灾民住房建设任务；利用灾后重建优惠政策，加快实施农居抗震安居工程。

(二)改善农业基本条件，推动农村经济稳步发展。积极筹措资金，在中东部地区推广全膜双垄沟播技术500万亩。加大退牧还草力度，实施草原围栏3600万亩。加强农产品质量安全体系建设，新建县级动物卫生监督站46个、乡镇兽医站255个，建设县级农产品质量安全质检站21个。开工建设盐环定扬黄续建工程，确保黑河流域近期治理工程建成收尾。加快人畜饮水、乡村道路、农村沼气等“六小”工程建设进度，解决150万农村人口安全饮水问题，安排30万农村户用沼气建设任务。推进11个大型灌区续建配套与节水改造项目，完成封山育林100万亩，建设重点退耕还林地区基本口粮田15万亩。通过实施以工代赈项目，新建、改建县乡村道路1200公里，新增、改善有效灌溉面积15万亩。继续推进和落实易地扶贫搬迁5万人以上。

(三)加快推动自主创新，促进产业结构优化升级。组织编制产业振兴规划，推动钢铁、有色、石化、装备制造、电子信息、农产品加工等行业的发展。推进两大能源走廊建设和石化基地建设，即河西风电走廊建设，由庆阳向陇南逐渐延伸的能源走廊建设，力争把兰州建成为西部最大的石油炼化基地。开发利用矿产资源优势，加快文县阳山金矿、岷县寨上金矿的开发。加快兰州石化550万吨常减压装置、庆化300吨改扩建项目、西北铝板带箔、连铝节能降耗改造等一批重大工业项目建设，尽快形成生产能力。围绕风电产业开发，突出抓好风电设备的研发和制造。推进金昌新材料产业国家高技术产业基地的建设，抓好兰州生物产业基地的培育工作，继续推进白银、玉门等资源枯竭型城市转型工作，全面落实支持藏区经济社会发展的规划和各项任务。

(四)积极扩大消费需求，努力稳定对外出口贸易。争取更多的服务业引导资金，推进服务业关键领域、薄弱环节和比较优势产业发展。加强农村流通体系和售后服务体系建设，推动连锁经营向农村延伸，大力推进“万村千乡市场工程”和“家电下乡”。改善住房供应结构，加大对居民购买普通商品住房支持力度，规范发展二手房市场和住房租赁市场。进一步改善消费环境，大力发展社区商业、物业、家政等服务性消费。抓好市场体系建设，组织实施省级储备粮库的改造和粮食现代物流中心建设，加快兰州国家粮食交易中心和油脂加工项目建设，改造提升骨干农产品批发市场的水平。调整出口产品结构，提高出口产品质量和附加值，努力扩大机电产品、农产品、高新技术产品和文化产品出口，扩大先进技术、关键设备和重要原材料等产品进口。

(五)强化节能目标管理，加快推进循环经济试点。抓好重点行业和178户重点企业的节能工作，实现降耗增效。完成酒钢集团公司、大唐八〇三厂、西固热电公司、永昌电厂小火电机组的关停拆除工作，提前完成“十一五”关停77.5万千瓦的任务。加快白银公司“三废”治理、兰州石化公司烟气脱硫等重点污染源治理，抓紧实施银光公司酸雾治理项目。加快中心城市污水管网建设，按要求做到兰州市污水全收集、全处理。抓紧完善循环经济试点实施方案，选择重点行业的重大项目，及时上报国家争取资金和政策支持。督促试点单位抓紧编制实施方案，确保工作取得成效。完成应对气候变化省级方案的编制工作。

(六)强化改善民生举措，促进社会事业协调发展。继续实施农村初中校舍改造工程，加快实施特殊教育学校建设工程。大力发展职业教育，在全省扩建

17 个中等职业学校，加大职业教育基础能力建设，逐步实行免费教育。完善公共卫生服务体系，推进精神卫生防治体系和县级卫生监督机构建设，有重点地加强农村三级卫生服务网络建设，加强重点中医院建设，积极推进城市社区卫生服务机构建设。继续实施乡镇综合文化站建设，推进广播电视村村通、西新工程和农村电影放映等工程。加强文化遗产保护工作，实施历史名城名镇名村、国家文化和自然遗产地的保护设施建设。高度关注城镇初高中毕业生、大中专学生和返乡农民的就业问题，研究制定相关政策措施，促进其就业。进一步整合资源，加快省、市两级人力资源市场和社会保障服务中心建设，积极推进全民创业。关注低收入群体和受灾群众的基本生活，适当提高城乡居民最低生活保障补助标准。

(七)着眼体制机制创新，继续深入推进改革开放。在加快农村土地经营权流转、提高农村金融服务水平、促进农村基本公共服务均等化等涉农重要领域和关键环节，加大探索和创新力度。力争完成兰通厂等 6 户省属企业的破产重组工作，积极推进商贸流通、建筑、农垦、交通等领域省属国有非工业企业改革。鼓励龙头企业、优势企业兼并重组落后企业和困难企业，引导华能集团、中信公司等有实力的企业扩大在甘肃的投资规模，促进资源向省内外优势企业集中。做好国家和省级节水型社会试点工作，争取在河西地区全面推开节水型社会建设，加快水权制度改革步伐。围绕加快新型工业化进程，突出重点领域、重点项目，抓好产业招商、园区配套招商。努力扩大利用外资规模，引导外资投向特色农产品加工、优势矿产资源开发、装备制造业和高新技术产业，积极支持金川公司等国有大型企业“走出去”开发利用境外矿产资源。

(八)立足经济长远发展，启动“十二五”规划编制工作。面向社会各界征集对“十二五”发展的建议，将重大课题研究向社会公开招标，提高规划工作的社会参与度。按照国家部署，完成“十一五”规划中期评估工作。在近两年工作的基础上，依据不同功能区的资源环境承载能力，进一步完善全省主体功能区规划，指导区域合理布局和产业协调发展。立足扩大内需政策的长期实施，谋划今后几年着力抓好的一批重大项目，使之成为规划的主要支撑，为经济社会的长远发展奠定基础。

关于 2008 年全省财政预算执行情况和 2009 年全省及省级预算草案的报告（摘要）

——2009 年 1 月 12 日在甘肃省第十一届人民代表大会第二次会议上

甘肃省财政厅厅长　周多明

一、2008 年全省财政预算执行情况

2008 年全省地方财政收入实现 264.9 亿元，比上年增长 38.8%，其中省级收入 118.6 亿元，比上年增长 69.2%。大口径财政收入 470.9 亿元，比上年增长 20.2%。全省财政支出实现 965.4 亿元，比上年增支 290 亿元，增长 43%。其中省级支出 211.3 亿元，比上年增长 22.2%。各项重点支出得到较好保障，各级财政均能实现当年收支平衡，预计可消化历年赤字 4 亿元左右。

(一)依法组织收入。坚持依法治税，大力加强税收征管，努力挖掘税源，深化征管改革，加强专项检查和税务稽查，促进税收收入应收尽收、及时入库。进一步规范政府非税收入征收管理，推进收缴制度改革，依法依规收取行政事业性收费、罚没收入和国有资产经营收益，切实加强地震捐赠收入、对口援建资金收支两条线管理，保证了全省财政收入任务的完成。

(二)努力争取中央支持。中央对我省各类补助达到 739 亿元，比上年增加 226 亿元。铁路系统分离办社会职能、白银市资源枯竭型城市转型、甘南藏区扶持等补助政策均已落实到位，玉门市有望列入第二批国家资源枯竭型城市扶持范围。省上当年下达市县补助 650 亿元，比上年增加 257 亿元，有效缓解了基层财政困难，保证了工资足额发放、机构正常运转和重点支出需要。

(三)全力支持救灾重建。当年落实中央三年灾后重建基金补助 289 亿元，中组部特殊党费 10 亿元，深圳市援建资金 27 亿元，接受红十字会以及社会各界捐助资金 47.5 亿元，世行优惠紧急贷款 2 亿美元。当年省级共下达救灾应急和灾后重建资金 132.6 亿元。研究制定了抗震救灾物资资金管理等二十多个制度、办法，实行了减免税收、基金、行政事业性收费等各项优惠政策。

(四)有效保障民生资金。当年教育支出179.9亿元，比上年增加56亿元。将免费教科书覆盖范围扩大到所有农村义务教育阶段学生，为56万名贫困家庭寄宿制学生发放了生活补助，在全省范围内免除城市义务教育阶段学生学杂费，为5.8万名城市低保和残疾人家庭学生发放了免费教科书。加大对城市中小学校危房改造和寄宿制学校建设力度。继续推进生源地助学贷款工作，完善高校奖助学金制度，实行省属院校师范生免费教育，启动了省属师范院校本科毕业生到农村中小学任教以奖代补政策。落实资金16.2亿元，积极开展了化解农村义务教育债务工作。社会保障和就业支出209.2亿元，比上年增加102.3亿元。较好地落实了基本养老、基本医疗等社会保险政策。城乡低保和五保供养支出达到23.3亿元，保障对象达到234.2万人。落实资金6.3亿元，支持了企业政策性关闭破产工作。多渠道筹措资金，解决我省企业拖欠职工工资7.9亿元。拨付资金7.6亿元，支持做好创业促进就业工作。下达大中型水库库区移民后期扶持发展基金1.5亿元，较好解决了20.5万库区移民的生产生活问题。争取国家补助廉租住房项目资金6.5亿元，廉租房保障对象达到11万户。医疗卫生支出57.6亿元，比上年增加16.6亿元。将政府补助标准由40元提高到80元，惠及农民1868.9万人，参合率达到93.2%。筹措资金，帮助解决特困群众看病问题，支持农村卫生和疾病预防控制。城镇居民医疗保险参保人数达到279.7万人，参保率达到88%。推进城乡卫生服务基础设施建设，扩大城市社区卫生服务覆盖范围。省委、省政府确定为民办的14件实事，省级共拨付资金18亿元。

(五)认真落实强农惠农政策。2008年，各级财政用于农林水事务、天然林保护、退耕还林、退牧还草、道路建设等方面支出172.4亿元，比上年增加33.6亿元。提高了粮食直补等补助标准，支持实施了天然林保护、退耕还林等生态建设以及整村推进和连片开发扶贫项目。引洮工程、石羊河流域综合治理、病险水库除险加固、农田水利基础设施建设工作进展顺利，公路交通基础设施建设得到有效促进。支持完成了15万户农村沼气工程，解决了106万农村人口的饮水安全问题。加大了农业综合开发力度，启动实施了促进农民增收“六大行动”计划。

(六)着力推进管理改革。研究制定了跨省市和跨市(州)企业所得税征缴、分配管理办法，实行了57县“四税”和10个市(州)营业税基数返还政策，确定了出口退税地方负担部分继续由省级承担办法，实施了“工业强省”战略考核奖励机制。《甘肃省非税收入管理条例(草案)》进入立法程序。省直管县试点改革平稳运行。县级基本财力保障机制总体方案已报财政部审定。部门预算管理得到加强，国库集中支付制度改革不断深化，政府采购规模不断扩大，行政事业单位国有资产管理办法正式实施，国有资本经营预算制度顺利试行。

(七)切实加强监督检查。认真贯彻《监督法》，积极落实《甘肃省预算审批监督条例》，及时向人大和人大常委会报告预算草案、决算草案和预算执行情况。配合完成了预算执行及农业、社保等专项资金审计工作，对审计、检查中发现的问题，积极进行了整改和规范。按照《甘肃省财政监督条例》，开展了为民办实事政策落实、救灾重建资金、农村义务教育经费使用情况等专项检查。

二、2009年全省及省级预算草案编制情况

2009年全省财政收支预算安排的基本思路是：收入预算安排要充分考虑税收政策调整因素，实事求是、积极稳妥，与全省经济发展相适应；支出预算安排要处理好保障运转、解决民生和支持经济发展的关系，量入为出、量力而行、统筹兼顾、保证重点。

按照上述思路，在去年地方财政收入完成情况基础上，扣除一次性收入，考虑政策性减收因素，2009年财政收入按增长11%安排，全省地方收入代编预算为226.3亿元，大口径收入任务为434.4亿元。预计今年地震捐赠收入和“两权”出让收入能入库40亿元。这样，2009年全省地方财政收入代编预算可达到266.3亿元，大口径财政收入任务可达到474.4亿元。全省地方财政收入加上预计中央税收返还、财力性转移支付，全省财力可达到650.5亿元。再加上预计中央专项补助和上年结转支出，全省年度财政支出预算将达到1150亿元以上。

省级预算收入安排为105.7亿元，同比增长11%，省级支出安排为182.7亿元，基本做到了人员经费足额安排，为民办实事资金全面落实，重点支出及改革政策所需资金积极保障。省级当年用于12件实事资金共48.2亿元，当年新增42.9亿元，其中省级财力安排21.3亿元。

三、2009年的重点工作

(一)抓住机遇，积极支持经济发展。围绕保增长、扩内需、调结构、促改革、重民生的要求，积极促进经济平稳较快发展。把握国家扶持重点，配合做好有关项目的论证、筛选、申报工作，做好与中央政策的对接，有效扩大投资规模。认真落实国家增值税、资源税、成品油税费等改革政策，促进企业投资和居民消费。及时向中央反映我省财政困难，争取更多的财力性转移支付补助。优先支持技术先进、带动力强、财税贡献率高的重大工业项目，着力促进节能降耗、污染治理、环境保护，支持循环经济发展。多渠道筹集资金，增加基本建设投入，改善经济发展的环境。

(二)强化征管，确保财政收入应收尽收。强化重点税源监控，认真清理现行的税收优惠政策，依法加强各类潜力税源和零散税源管理，严厉打击偷逃抗骗税行为，切实加大税收征管力度。大力推行政府非税收入收缴管理制度改革，对现有收费基金进行清理、规范，预算外行政事业性收费，要纳入综合预算，实行收支两条线管理。加强行政事业单位国有资产处置、出借、出租收入和土地、矿产等国有资源有偿出让收入的征收管理。依法收缴企业国有资本经营收益，建立完善国有资本经营预算体系，防止国有资本流失。认真落实好国家税费减免政策，切实减轻企业和居民负担。

(三)支持"三农"，加快推进农村改革和发展。扩大公共财政覆盖农村范围，增加农村教育、医疗卫生、社会保障、文化等投入，促进农村社会事业发展。综合运用财政贴息、以奖代补、保费补贴等财税政策措施，引导社会资金投入，形成多元化支农投入格局。积极筹措资金，支持加强农村人口饮水安全、农村沼气和农村公路等基础设施建设。继续增加对农民的补贴，调动农民发展生产积极性。加大农业综合开发力度，努力改善农业基础条件，增强农业综合生产能力。支持实施旱作农业新增粮食示范工程，大力推广全膜双垄沟播和测土配方施肥技术。继续实施天然林保护、退耕还林、森林生态效益补偿等政策措施。整合资金，实施促进农民增收"六大行动"计划。全面推行强农惠农专项资金支付管理和财政补贴"一册明、一折统"发放改革。深化农村综合改革，继续做好化解农村义务教育债务工作，探索化解其他乡村债务的有效途径。积极支持农村劳动力转移培训和新型农民科技培训。完善整村推进扶贫开发措施，加大连片开发力度，支持困难地区加快发展。推进新一轮新农村建设试点，充分发挥试点示范对全面工作的推动作用。落实配套资金，组织实施好"家电下乡"活动。

(四)改善民生，努力促进社会事业发展。继续支持做好灾后恢复重建工作。认真落实各类扶持政策，多渠道筹措资金，保障涉及群众直接利益的学校、医院等公益性设施和基础设施重建的资金需求，保证重建规划的顺利实施。支持做好灾后重建农民住房、农村危旧房改造、国有林区棚户区改造等抗震安居工程。加强资金管理，将各类灾后重建资金统一纳入规划，实行统筹使用，避免重复安排、损失浪费。推动教育事业优先发展。健全城乡义务教育经费保障机制，保障农民工子女接受义务教育。从春季学期开始，实行城市义务教育阶段公用经费以奖代补政策。支持城乡中小学校舍安全工程，加大危房改造和寄宿制学校建设力度。完善家庭经济困难学生政府资助体系，支持招录5000名普通高校毕业生到农村中小学任教。支持职业教育发展和实训基地建设，对普通中等职业学校新生减免部分学费。加强社会保障体系建设。加大社会保障投入，逐步扩大城镇职工基本养老保险、基本医疗保险和城镇居民基本医疗保险覆盖面。进一步提高城乡低保、农村五保待遇和水平，将城市低保标准再提高10%，并提高农村低保户的实际补助水平。提高企业退休人员基本养老金水平，调整优抚对象等人员抚恤和生活补助标准。健全村干部养老保险机制，进一步提高村干部报酬，研究建立农村养老保险制度。支持事业单位养老保险改革试点，继续完善失业保险制度。加大保障性住房特别是廉租住房的投资建设力度，通过发放廉租住房租赁补贴和新建150万平方米以上的廉租住房，解决城市低收入家庭人均10平方米以下的住房困难问题。支持医疗卫生事业发展。积极支持医药卫生体制改革。进一步提高城镇居民医保、新农合筹资标准和财政补助水平，适当扩大报销范围，提高报销比例。妥善解决关闭破产企业退休人员参加基本医疗保障问题。增加公共卫生投入，加强县级中心医院和社区卫生服务中心建设。支持招录5000名普通高校毕业生到乡镇卫生院工作，提高基层公共卫生服务水平。积极促进就业再就业。支持实施积极的就业政策，落实好税费减免、小额贷款财政贴息、社会保险补贴等促进就业措施。支持和鼓励高校毕业生到企业、基层工作，促进自主创业，自谋职业。认真执行困难企业缓缴社会保险费、降低费率等政策，帮助企业渡过难关，稳定用工岗位。支持城乡一体的创业培训基地建设，推动全民创业促进就业。加大文化、体育和人口与计划生育事业投入。继续支持实施广播电视"村村通"、农家书屋等重大文化工程建设。争取中央支持，扩大博物馆、纪念馆免费开放范围。支持全民体育健身工程，推动体育事业发展。继续实施农村计划生育家庭奖励扶持政策，扩大"少生快富"工程实施范围。集中力量办好12件实事。

(五)改革创新，健全完善财政管理体制机制。积极推进分税制财政体制改革。积极调整完善省以下分税制财政体制，进一步理顺省与市(州)和直管县之间的财政分配关系。完善财政转移支付制度，加大对民族贫困地区和财政困难地区的财力性转移支付力度，构建有利于地区协调发展的转移支付体系。提高街道办事处公用经费和社区人员经费补助标准。优化财政激励约束机制，及时调整充实考核奖惩内容。建立县级基本财力保障机制。按照"明确责任、奖补结合、分步实施"的原则，合理确定县级财力保障标准，优先保障基本支出所需财力，逐步实现县级财政由"保工资、保运转"向"保工资、保运转、保民生"的转变。进一步创新财政管理方式。认真总结"省直管县"试点经验，不断研究完善配套制度办法，有序扩大试点范围。完善"乡财县管"管理制度，积极推行"村财乡管"管理方式。推进预算管理制度改革。改革完善定员定额标准体系，逐步细化项目预算内容，增强预算编制的完整性和准确性。推进国库集中收付制度改革，完善国库单一账户体系。深化政府采购制度改革，扩大采购规模和范围，提高政府采购效率。加快建立预算支出绩效考评机制，健全预算支出绩效考评体系。

(六)依法理财，切实加强财政监督。认真贯彻《甘肃省预算审批监督条例》、《甘肃省财政监督条例》，坚持依法理财、依法办事，自觉接受人大监督。积极探索财政专项支出绩效监督检查方式，增强对支出行为的约束与激励。强化部门单位预算编制和执行主体责任，提高财政支出时效性和均衡性。切实加强对灾后重建、扩大内需资金以及“三农”、社保、教育等重点支出的专项检查。建立健全注册会计师行业检查、审理和处理处罚制度，加大会计信息质量检查力度，促进会计信息的真实完整和注册会计师行业的健康发展。

甘肃省党政群团机构及领导人（2008年）

省委及各部门

省委书记：陆浩

省委副书记：徐守盛　刘伟平

省委常委：陆　浩　徐守盛　刘伟平　蒋文兰　励小捷
　　　　侯长安　刘巨魁　冯健身　刘永富　罗笑虎
　　　　刘立军　姜信治　陆武成

省纪律检查委员会书记：蒋文兰（女）

省委秘书长：姜信治

省委办公厅主任：陈田贵

省直机关工委书记：姜信治

省委组织部部长：侯长安

省委宣传部部长：励小捷

省委统战部部长：刘立军

省委政法委员会书记：罗笑虎

省委研究室主任：贾廷权

省委保密委员会主任：姜信治

省委党史研究室主任：史尚唐

省委老干部工作局局长：万鹏举

省档案局局长：刘玉生

省人大常委会及各部门

主任：陆　浩

副主任：洛桑灵智多杰　嘉木样·洛桑久美·图丹却吉尼玛
　　　　朱志良　马尚英　孙效东　崔玉琴

秘书长：张开勋

副秘书长：安晨光　薛金山　朱雪明　张国荣

法制委员会主任委员：杨育荣

民族侨务委员会主任委员：朱同心

内务司法委员会主任委员：梁国安

财政经济委员会主任委员：屠锦敏

农业与农村委员会主任委员：程正明

教育科学文化卫生委员会主任委员：周德祥

环境资源保护委员会主任委员：赵伟民

办公厅主任：薛金山（兼）

研究室主任：安晨光（兼）

法制工作委员会主任：杨育荣

代表工作委员会主任：杨　诚

民族侨务办公室主任：傅九大

内务司法办公室主任：姚爱然

财政经济办公室主任：屠锦敏

农业与农村办公室主任：朱　红

教育科学文化卫生办公室主任：邢同义

环境资源保护办公室主任：赵伟民

省政府

省　长：徐守盛

副省长：冯健身　刘永富　石　军　泽巴足　咸　辉
　　　　郝　远　张晓兰

省长助理：夏红民　何　挺

秘书长：李沛文

办公厅主任：火荣贵

省政府组成部门

省发展和改革委员会主任：赵　春

省经济委员会主任：李　平

省教育厅厅长：白继忠

省科学技术厅厅长：张天理

省民族事务委员会主任：贡保甲

省公安厅厅长：何　挺

省国家安全厅厅长：刘吉银

省监察厅厅长：张光义

省民政厅厅长：田宝忠

省司法厅厅长：王禄维

省财政厅厅长：周多明

省人事厅厅长：庞　波

省劳动和社会保障厅厅长：李　峰

省国土资源厅厅长：张立学

省建设厅厅长：李　慧

省交通厅厅长：杨咏中

省水利厅厅长：许文海

省农牧厅厅长：武文斌

省林业厅厅长：高清和

省商务厅厅长：王　锐

省文化厅厅长：邵　明

省卫生厅厅长：刘维忠

省人口和计划生育委员会主任：苏　君

省审计厅厅长：何振中

省政府直属特设机构

省政府国有资产监督管理委员会主任：马艾武

省政府直属机构

省地方税务局局长：张性忠
省工商行政管理局局长：张绪胜
省质量技术监督局局长：武敬东
省环境保护局局长：冯　杰
省广播电影电视局局长：孙　伟
省新闻出版局（省版权局）局长：张余胜
省宗教局局长：丁军年
省体育局局长：杨　卫
省统计局局长：樊怀玉
省食品药品监督管理局局长：高建邦
省安全生产监督管理局局长：王建中
省物价局局长：吴宝真
省粮食局局长：何水清
省乡镇企业管理局（省中小企业局）局长：王志贵
省国防科学技术工业办公室主任：朱维繁
省政府外事办公室（侨务办公室）主任：郭颖纯
省煤炭安全生产监督管理局局长：刘天明
省政府金融工作办公室主任：张勤和

议事协调机构的办事机构

省人防办公室主任：刘如厚
省扶贫开发办公室（两西建设指挥部）
主任（指挥）：沙拜次力

部门管理机构

省政府参事室主任：卢有治
省政府法制办公室主任：卢效东
省监狱管理局局长：王忠民
省文物局局长：（无正职）
省信访局局长：张兴照

直属事业单位

省政府发展研究中心（研究室）主任：武　毅
省文史研究馆馆长：刘醒初
省旅游局局长：黄周会
省机械设备成套局局长：高建国

部分中央在甘单位和金融、保险机构

省国税局局长：杨继元
省电力公司总经理：肖创英
省通信管理局局长：乔绪富
省邮政管理局局长：高俊有
省储备物资局局长：李满良
省气象局局长：张书余
省地震局局长：王兰民
甘肃煤矿安全监察局局长：张家渔
兰州铁路局局长：吴云天
民航甘肃监管办主任：黄卫国
省烟草专卖局局长：武卫东
甘肃出入境检验检疫局局长：朱宽胜
人行兰州中心支行行长：杨明基
银监会甘肃监管局局长：席前进
开发行甘肃分行行长：杨文清
工商行甘肃分行行长：许　海
建行甘肃分行行长：康　义
中行甘肃分行行长：张凤槐
农行甘肃分行行长：傅志辉
农发行甘肃分行行长：蔺秦生
交通银行兰州分行行长：（无正职）
招商银行兰州分行行长：王纪全
证监会甘肃监管局局长：方向瑜
保监会甘肃监管局局长：张　瑞
人民保险甘肃公司经理：徐加合
人寿保险甘肃公司经理：王福祥
兰州海关关长：盛占省
审计署驻兰办特派员：姚爱然
财政部驻甘办专员：王国利
甘肃省电信有限公司总经理：杨建青
中国移动甘肃有限公司总经理：黄立伟
中国联合通信有限公司甘肃分公司总经理：李伟中
中国网络通信集团公司甘肃省分公司总经理：郭志斌
中国铁通集团有限公司甘肃分公司经理：肖玉火

省政协及各部门

主　席：陈学亨
副主席：邵克文　德哇仓 (藏族)　张津梁　李永军
侯生华　黄选平 (回族)　栗震亚　张世珍
马国瑜 (回族)
秘书长：石　晶
副秘书长：张海亚　杜孟嘉　赵祥明　邢永安　陈　强
办公厅主任：张海亚
研究室主任：邢永安
提案委员会主任：马得成
社会和法制委员会主任：盛世高
文史资料和学习委员会主任：樊佩君
经济委员会主任：孙矿生
人口资源环境委员会主任：张亚生
科教文卫体委员会主任：张家昌
民族和宗教委员会主任：郭长乐
港澳台侨和外事委员会主任：郭颖纯
农业和农村工作委员会主任：葛正芳

大事记

大事记

一月

8日 省长徐守盛出席了全省财政工作会议并讲话，强调，要准确把握形势，发挥宏观调控作用，深化财政改革，完善公共财政体系。

8～9日 省委书记、省人大常委会主任陆浩率领慰问团，到天水市、陇南市，走访了困难企业，看望了困难职工和农村贫困群众。

10日 甘肃电投大容橙子沟水电站工程开工仪式在文县举行。省委书记、省人大常委会主任陆浩宣布项目开工并奠基。

同日，省长徐守盛到宕昌县进行了调研。强调，贫困地区发展要吃透县情，找准特色优势，科学规划发展思路，认真抓好落实。

11日 武都至罐子沟高速公路暨礼县至武都扶贫公路奠基仪式在武都区举行。省委书记、省人大常委会主任陆浩宣布工程开工。省长徐守盛致辞。

14日 全省保障市场供应、加强价格监管电视电话会议在兰州召开，研究分析了当前我省面临的市场价格形势，贯彻落实了全国会议精神。省长徐守盛强调，要切实加强价格监管，保障市场供应。

15日 省长徐守盛到卓尼县九甸峡水利枢纽工程建设现场考察。

16日 全省政法工作会议在兰州召开。省委书记、省人大常委会主任陆浩出席会议并讲话。

17日 省委常委会在兰州召开会议，分别听取了省总工会、团省委和省妇联的工作汇报，传达学习了全国统战部长会议精神，并对工会、共青团、妇联工作和统战工作进行了研究部署。省委书记陆浩主持了会议。

21日 省委书记陆浩，省委副书记徐守盛在兰州会见了最高人民检察院党组副书记、常务副检察长张耕一行。

22日 省委书记陆浩，省委副书记徐守盛在兰州会见了武警森林指挥部副政委焦万瑜少将一行。

23日 省委常委会在兰州召开会议，传达学习了十七届中央纪委二次全会和胡锦涛总书记的重要讲话精神，对我省的党风廉政建设和反腐败工作进行了研究部署。省委书记陆浩主持了会议。

18～24日 政协甘肃省第十届委员会第一次会议在兰州召开。大会通过了政协甘肃省第十届委员会第一次会议政治决议；通过了政协甘肃省第十届委员会第一次会议关于九届省政协常务委员会工作报告的决议；通过了政协甘肃省第十届委员会第一次会议关于九届省政协常务委员会提案工作情况报告的决议；通过了政协甘肃省第十届委员会第一次会议提案审查委员会关于政协甘肃省十届一次会议提案审查情况的报告。会议期间，选举产生了政协甘肃省第十届委员会主席、副主席、秘书长和常务委员。

20～27日 甘肃省第十一届人民代表大会第一次会议在兰州召开。会议通过了关于甘肃省政府工作报告的决议；通过了关于甘肃省2007年国民经济和社会发展计划执行情况及2008年国民经济和社会发展计划的决议；通过了关于2007年全省财政预算执行情况和2008年全省及省级财政预算的决议；通过了关于甘肃省人民代表大会常务委员会工作报告的决议；通过了关于甘肃省高级人民法院工作报告的决议；通过了关于甘肃省人民检察院工作报告的决议；通过了甘肃省第十一届人民代表大会法制委员会、民族侨务委员会、内务司法委员会、农业与农村委员会、教育科学文化卫生委员会、环境资源保护委员会主任委员、副主任委员、委员名单。会议期间，选举产生了甘肃省第十一届人民代表大会常务委员会主任、副主任、秘书长、委员；选举产生了甘肃省省长、副省长；选举产生了甘肃省高级人民法院院长、甘肃省人民检察院检察长；选举产生了甘肃省出席第十一届全国人民代表大会代表。

28日 省委、省政府在兰州举办了春节专家团拜会。省委书记、省人大常委会主任陆浩致辞。省长徐守盛主持。

29日 全省宣传思想工作会议在兰州召开。省委书记、省人大常委会主任陆浩出席会议并讲话。强调，要按照高举旗帜、围绕大局、服务人民、改革创新的要求，扎扎实实做好新形势下的宣传思想工作。

30日 省委书记、省人大常委会主任陆浩，省长徐守盛到兰州理工大学进行了调研，强调，要着力提高教学和科研水平，为实施工业强省战略提供强有力的人才和技术支撑。

同日，甘肃省风力机工程技术研究中心揭牌仪式在兰州理工大学举行。省委书记、省人大常委会主任陆浩，中科院院士胡文瑞为中心揭牌。省长徐守盛等出席了揭牌仪式。

31日 省委、省政府在兰州举行了中央驻甘和省直主要新闻媒体单位负责人迎春座谈会。省委书记、省人大常委会主任陆浩出席会议并讲话。省长徐守盛通报了全省经济社会发展情况。

二月

1 日　省委书记、省人大常委会主任陆浩，省长徐守盛率领省市慰问团，走访慰问了兰州军区、兰州军区空军、甘肃省军区和武警甘肃总队，向驻甘人民解放军全体指战员和武警官兵带去节日的问候和新春的祝福。同日，省委书记、省人大常委会主任陆浩在兰州会见了专程来我省开展“母亲水窖”捐助活动的国际奥委会文化教育委员会主席、北京奥组委顾问何振梁。

2 日　中共甘肃省委、兰州军区、兰州军区空军、省人大常委会、省政府、省政协、省军区在兰州举行党政军春节团拜会。省委书记、省人大常委会主任陆浩，兰州军区司令员王国生出席团拜会并致辞，省长徐守盛主持了团拜会。

13 日　省委书记、省人大常委会主任陆浩在永靖县进行了调研。强调，要认真贯彻落实党的十七大精神，坚持以科学发展观为指导，大力推进科学发展、和谐发展，进一步加快库区和移民安置区脱贫致富步伐，让人民群众共享改革发展成果。

19 日　省长徐守盛在景泰对黄河黑山峡河段甘肃境内三级低坝径流式开发方案进行了现场调研。强调，要统一认识，坚持黑山峡河段多级开发方案，深入做好黑山峡河段规划调整和项目论证工作。

20 日　省委书记、省人大常委会主任陆浩，省政协主席陈学亨在甘南州夏河县检查了抗灾减灾和春耕备耕工作，强调，要抓紧做好抗灾减灾和春耕备耕工作，千方百计把灾害造成的损失减少到最低程度。

21 ~ 22 日　省纪委十一届二次全会在兰州召开，省委书记、省人大常委会主任陆浩出席会议并讲话，强调，要坚持以科学发展观为指导，立足我省的实际，以更加坚决的态度、更加有力的措施推进反腐倡廉建设，为实现全省经济社会又好又快发展提供坚强的政治保证和纪律保障。

22 日　省委常委会在兰州召开会议，传达学习了全国组织工作会议精神，对当前和今后一个时期我省党的建设和组织工作进行了研究部署。省委书记陆浩主持了会议。

23 日　中共甘肃省十一届四次全委会议在兰州召开。会议对部分市州党政领导班子正职的拟任人选和推荐人选进行了票决，研究部署了当前工作。省委书记陆浩主持会议并讲话，强调，要按照对全年工作的既定部署，扎扎实实做好当前的各项工作，努力把我省经济社会发展良好势头继续保持下去。省长徐守盛等领导出席了会议。28 日省委书记、省人大常委会主任陆浩，省长徐守盛在北京参观了“盛世和光——敦煌艺术大展”。

三月

3 日　出席十一届全国人大一次会议的我省代表在北京举行了第一次全体会议。会议由十一届全国人大代表、省委书记、省人大常委会主任陆浩主持。会议推选陆浩为甘肃代表团团长，徐守盛、刘伟平、洛桑灵智多杰为副团长。会议酝酿了十一届全国人大一次会议主席团和秘书长名单(草案)；审议了十一届全国人大一次会议议程；传达了有关会议精神。

同日，省长徐守盛在北京应邀做客中央电视台《小崔会客》栏目，与著名主持人崔永元对话，畅谈了甘肃省节能减排、环境保护的有关情况。

4 日　省委书记、省人大常委会主任陆浩在北京接受了《经济日报》记者专访。强调，甘肃要大力推动产业结构升级，走新型工业化道路。

6 日　中共中央政治局常委、国务院总理温家宝到人民大会堂甘肃厅，同甘肃代表团的代表一起审议了《政府工作报告》。温家宝就甘肃经济社会发展讲了四件事：一是惦记着甘肃的经济结构调整。二是惦记着生态环境改善。三是惦记着社会事业发展，特别是教育卫生文化事业的发展。四是惦记着甘肃人民的生活，特别是少数民族、贫困地区人民的生活。

同日，十一届全国人大代表、省长徐守盛在北京做客小央电视台两会特别节目《小丫跑两会》，和我省部分在京务工人员亲切对话，畅谈甘肃劳务输出工作。

8 日　省委书记、省人大常委会主任陆浩，省长徐守盛在北京同中国核工业集团公司党组书记、总经理康日新进行了会谈。双方表示，将密切合作，共同促进甘肃核能产业的发展。

9 日　省长徐守盛在北京与国家烟草专卖局局长、中国烟草总公司总经理姜成康进行了座谈。双方就进一步发展甘肃烟草业交换了意见。

10 日　省委书记、省人大常委会主任陆浩应邀到美国驻华大使馆会晤了美国驻华大使雷德。双方就加强甘肃同美国的合作以及经济发展、生态建设、中美关系等问题进行了广泛的交谈。

12 日　省长徐守盛在北京与财政部部长谢旭人进行了座谈。

14 日　省委书记、省人大常委会主任陆浩，省长徐守盛在北京与中国石油天然气集团公司党组书记、总经理蒋洁敏座谈。双方对甘肃的天然气供应、石化工业发展等问题进行了磋商，就一些合作项目达成了一致意见。

同日，省长徐守盛在北京与铁道部部长刘志军就兰渝铁路建设和当前铁路运输等有关问题进行了座谈。双方表示，要进一步加强合作，相互支持，加快铁路建设，促进甘肃经济社会发展。

15 日　省政府与中国华能集团公司在北京签署了加强能源领域战略合作框架协议。省委书记、省人大常委会主任陆浩，省长徐守盛，中国华能集团公司总经理李小鹏等出席了签字仪式。

16 日　省委书记、省人大常委会主任陆浩在北京会见了中国中信集团

公司董事长孔丹，双方就开展合作的有关事宜进行了磋商。

18日　省长徐守盛等领导在北京看望了采访报道十一届全国人大一次会议的我省记者。

22日　省委在兰州召开省直单位领导干部会议，通报了近期发生在甘南藏族自治州的不稳定事件及处置情况。省委书记、省人大常委会主任陆浩出席会议并讲话。省长徐守盛主持了会议。

24日　省委常委会在兰州召开会议，传达学习了第十六次全国高等学校党的建设工作会议精神，研究部署了我省高校党的建设工作。省委书记陆浩主持了会议。

25日　省政府廉政工作电视电话会议在兰州召开，会议安排部署了全省政府系统廉政建设和反腐败工作。省长徐守盛强调，要全面把握今年政府系统廉政建设的重点，大力推进廉洁政府建设。

27日　全省农业和粮食生产电视电话会议在兰州召开。省长徐守盛出席会议并讲话，强调，要全面做好农业和粮食生产工作。

28日　全省林业生态建设暨春季造林绿化广播电视动员大会在兰州召开。会议围绕贯彻落实党的十七大"建设生态文明"的要求，安排部署了全省春季植树造林和林业生态建设工作。省委书记、省人大常委会主任陆浩，省政协主席陈学亨出席会议。省长徐守盛作动员讲话。

30日　教育部部长、党组书记周济，省长徐守盛对我省教育系统进行了工作调研。

31日　省委书记、省人大常委会主任陆浩在兰州会见了由国家宗教事务局副局长齐晓飞为组长的中央赴藏区调研协调组一行。

四月

1日　省委在兰州召开省直单位领导干部会议，传达了中央有关精神，通报了我省甘南藏区社会稳定情况。省委书记、省人大常委会主任陆浩主持会议并讲话，强调，要坚持高举维护社会稳定、维护社会主义法制、维护人民群众根本利益的旗帜，进一步统一思想，提高认识，扎扎实实做好维护我省藏区稳定工作。省长徐守盛传达了中央有关精神。

2日　省人大常委会在兰州召开大会，为省政府组成人员和省人大常委会各工作部门负责人颁发任命书。省委书记、省人大常委会主任陆浩出席会议并讲话，省长徐守盛出席会议。

7日　全省组织工作会议在兰州召开。省委书记、省人大常委会主任陆浩强调，要坚持以科学发展观为指导，以改革创新精神加强党的建设和组织工作，为实现全省经济社会又好又快发展提供坚强的政治和组织保证。省长徐守盛出席了会议。

8～9日　省长徐守盛在甘南进行了视察慰问。

10～17日　中共中央委员、中共甘肃省委书记陆浩率中共代表团对越南和马尔代夫进行了访问。

10日　省长徐守盛在兰州主持召开了专题会议，研究了扶持甘南藏族自治州发展生产维护稳定问题。强调，全社会都要支持和帮助甘南藏族自治州恢复生产，加强发展，改善生活，让老百姓得到实惠。

14日　省政府在兰州召开了全省经济形势分析电视电话会议，分析了一季度经济运行情况，安排了经济工作，部署了加强政府自身建设问题。省长徐守盛强调，要全力以赴抓好第二季度工作，确保全年目标任务顺利实现。新一届政府要团结奋进，恪尽职守，勤勉工作，不负重托，推动全省经济社会又好又快发展。

15日　省长徐守盛在嘉峪关市进行了调研，强调，要深入贯彻落实科学发展观，充分发挥优势，加快推进城镇化进程，大力实施工业强省战略，在全省率先实现又好又快发展和小康建设目标。

16日　甘肃省风电开发建设协调领导小组在酒泉召开第一次会议，省长徐守盛强调，要充分认识酒泉风电基地建设的重要意义，加快推进风电基地的建设，做大做强我省装备制造业。

21日　省委书记、省人大常委会主任陆浩，省长徐守盛在兰州会见了中央直属机关工委副书记、中央学习实践科学发展观活动试点工作领导小组办公室检查组孙淦一行。

23日　省长、省编委主任徐守盛在兰州主持召开了省编委第二次会议。强调，要建立健全议事规则和办事程序，进一步严格管理、严肃纪律，切实做好我省机构编制管理工作。

24日　省委书记、省人大常委会主任陆浩，省长徐守盛在兰州接见了全国和甘肃省"五一劳动奖状"、"五一劳动奖章"和"工人先锋号"获得者。

24～25日　省长徐守盛在民勤县就推进石羊河流域综合治理进行了专题调研，强调，要坚持原则以科学发展观为指导，坚定不移地推进石羊河流域综合治理，实现可持续发展和人与自然和谐相处。

25日　省委书记、省人大常委会主任陆浩，省长徐守盛在兰州会见了由中国藏研中心党组书记朱晓明带队的中央统战部调研组一行。

28日　全省科技奖励大会在兰州举行。省委书记、省人大常委会主任陆浩出席会议并为获奖者代表颁奖，省长徐守盛出席会议并讲话。

29日　甘肃省工业强省大会在兰州召开。省委书记、省人大常委会主任陆浩，省长徐守盛强调，要坚持以科学发展观为指导，统一思想，乘势而上，坚定不移地推进新型工业化进程，努力实现全省经济社会又好又快发展。

30日　省委书记、省人大常委会主任陆浩，省长徐守盛在兰州接见了第十二届"甘肃青年五四奖章"标兵、"甘肃青年五四奖章"获得者和第八届"甘肃省十大杰出青年”、“甘肃省优秀青年”。

同日，省委新农村建设工作领导小组在兰州召开第四次会议，研究部署新农村建设首批省定试点的总结验收和下一步新农村建设工作。省长、省委社会主义新农村建设工作领导小组组长徐守盛强调，要认真搞好试点工作总结验收，深入探索新农村建设的路子。

五月

5 日　省委书记、省人大常委会主任陆浩与武警部队司令员吴双战到夏河县、合作市亲切慰问了参加甘南维护稳定工作的武警部队官兵。

6 日　省委书记、省人大常委会主任陆浩，省长徐守盛在兰州会见了武警部队司令员吴双战一行。

12 日　省委、省政府在兰州召开专门会议，紧急部署抗震救灾工作。会议传达学习了胡锦涛总书记的重要批示和温家宝总理的重要讲话，听取了我省部分地区震灾情况汇报，分析了灾情及发展趋势，对抗震救灾工作进行了全面部署。省委书记、省人大常委会主任陆浩主持会议，省长徐守盛等领导参加。

13 日　省委书记、省人大常委会主任陆浩，省长徐守盛到陇南指导抗震救灾工作，强调，要紧张有序地做好抢险救灾的各项工作，尽最大努力把地震造成的损失减少到最低程度。

同日，省长、省抗震救灾总指挥部总指挥徐守盛在兰州主持召开了省抗震救灾总指挥部成员单位主要负责人紧急会议，传达了中央两办关于全力做好抗震救灾工作的通报，安排部署了我省抗震救灾工作。强调，要把全省抗震救灾工作作为当前工作的重中之重，严格按职责分工做好抗震救灾工作，尽最大努力减少人员伤亡和财产损失。

14 日　省委书记、省人大常委会主任陆浩，省长徐守盛到陇南指导抗震救灾工作，强调，各级领导干部要站在第一线，团结一致，共渡难关，坚定信心，重建家园，顽强不屈地夺取抗震救灾斗争的胜利。

15 日　中共中央政治局常委、中央政法委书记周永康到徽县，视察指导我省抗震救灾工作，在视察宝成铁路109 号隧道塌方救险工作时，强调，要全力以赴争取早日实现宝成铁路通车、嘉陵江疏通的“两通”目标。省委书记、省人大常委会主任陆浩，省长徐守盛陪同视察。

同日，省委书记、省人大常委会主任陆浩，省长徐守盛到文县检查指导抗震救灾工作，强调，各级党委、政府要坚持人民利益高于一切，妥善安排受灾群众的生活，抓紧做好抗震救灾工作。

16 日　中共中央政治局常委、中央政法委书记周永康赶赴武都区，深入受灾最为严重的村镇查看灾情。

同日，中共中央政治局常委、中央政法委书记周永康在文县主持召开会议，听取省委、省政府工作汇报，对进一步做好抗震救灾工作进行了研究部署。省委书记陆浩做了汇报，省长徐守盛等领导参加。

16～17 日　受省委书记陆浩、省长徐守盛的委托，省委常委、副省长刘永福带领省委、省政府工作组到受地震灾害的舟曲县察看灾情，看望受伤人员和灾区群众，慰问一线抗震救灾干部群众。

17 日　省委书记、省人大常委会主任陆浩，省长徐守盛到天水检查指导抗震救灾工作，强调，要抓紧安排好群众生活，尽快组织重建家园，恢复生产，同时要进一步做好向陇南重灾区运送救援物资和重伤人员工作。

18 日　省委书记、省人大常委会主任陆浩在兰州会见了澳大利亚新南威尔士州基层产业部、能源部、矿产资源部、州与地区发展部部长伊恩•麦克唐纳一行。

同日，省抗震救灾总指挥部在兰州召开会议，省长、省抗震救灾总指挥部总指挥徐守盛强调，要万众一心，众志成城，打赢抗震救灾硬仗；科学指挥，顽强拼搏，重建新的美好家园。

19 日　省委常委会在兰州召开会议，贯彻落实了胡锦涛总书记和温家宝总理关于抗震救灾工作的重要讲话精神，听取了地震灾情和救灾工作进展情况汇报，对下一步的抗震救灾工作进行了安排部署。省委书记陆浩主持会议。

20 日　全省抗震救灾工作情况视频通报会议在兰州召开，通报了我省地震灾情和抗震救灾工作进展情况，对下一步抗震救灾工作进行了安排部署。省委书记、省人大常委会主任陆浩出席会议并讲话。省长徐守盛主持了会议。

21 日　省委书记、省人大常委会主任陆浩到康县检查指导抗震救灾工作，强调，要精心安排受灾群众生活，坚定信心，及早开展灾后重建工作。

21~22 日　省长、省抗震救灾总指挥部总指挥徐守盛到宕昌县检查指导抗震救灾工作，强调，要千方百计安排好受灾群众的生活，以科学发展观统筹规划灾后重建工作。

22 日　省委书记、省人大常委会主任陆浩到文县中庙乡、碧口镇等重灾区检查指导抗震救灾工作，强调，要一手抓抗震救灾，一手抓当前生产，全力以赴地开展灾后重建工作，努力建设更加美好的新家园。

22~23 日　省长、省抗震救灾总指挥部总指挥徐守盛到甘南检查指导抗震救灾工作，强调，要把灾区群众冷暖时刻挂在心头，多渠道多种方式搞好灾后重建工作。

23 日　中共中央政治局委员、国务院副总理张德江到徽县，视察了宝成铁路嘉陵镇段 109 号隧道抢险工作进展情况。省委书记、省人大常委会主任陆浩陪同视察。

24 日　中共中央政治局委员、国务院副总理张德江到宝成铁路现场检查指导抢险工作，并出席通车仪式。省委书记、省人大常委会主任陆浩也出席了通车仪式。

同日，省委书记、省人大常委会主任陆浩到天水考察了救灾物资转运站，对承担救灾物资转运任务的人民解放军指战员、武警官兵、民兵预备役人员进行了慰问。强调，要继续搞好救灾物资的转运，大力支援陇南重灾区的抗震救灾工作。

25 日　“与爱同行”一甘肃省大型赈灾义演在兰州举行。省委书记、省人大常委会主任陆浩，省长徐守盛出席义演活动。

26 日　省委常委会在兰州召开会议，进一步研究部署了受灾群众生活安置和灾后恢复重建工作。省委书记陆浩主持会议。

同日，省委书记、省人大常委会主任陆浩，省长徐守盛在兰州会见了国土资源部党组书记、部长、国家土地总督察徐绍史一行。

27 日　省委书记、省人大常委会主任陆浩，省长徐守盛到兰州军区总医院、省中医院、兰州大学附属二院，亲切看望慰问了从地震灾区转院治疗的受伤人员。

28 日　省委书记、省人大常委会主任陆浩到甘南藏族自治州迭部县、舟曲县检查指导抗震救灾工作，强调，灾后重建要因地制宜、科学规划，生活安置要全面覆盖、不漏一人。

同日，省抗震救灾总指挥部在兰州召开专题会议，研究灾后重建工作。省长、省抗震救灾总指挥部总指挥徐守盛出席会议并对灾后重建工作提出了明确要求。

29 日　省委书记、省人大常委会主任陆浩在舟曲县主持召开了甘南州县干部座谈会，对甘南下一步的抗震救灾工作进行了研究，强调，要坚持以人为本，务求扎实细致，全力做好当前抗震救灾工作。

30 日　全省灾后重建工作电视电话会议在兰州召开，会议安排部署了我省灾后重建工作。省长、省抗震救灾总指挥部总指挥徐守盛出席会议，并安排了当前抗震救灾工作，部署了灾后恢复重建和当前经济工作。

31 日　“六一”前夕，正在陇南灾区检查指导工作的省委书记、省人大常委会主任陆浩到康县部分受灾学校，看望了灾区儿童。

六月

1 日　中共中央总书记、国家主席、中央军委主席胡锦涛在我省地震灾情严重的陇南市亲切看望慰问了灾区干部群众和救援部队官兵，就进一步做好抗震救灾和恢复重建工作提出了指导意见。强调，要按照中央的决策部署，坚持一手抓抗震救灾工作，一手抓经济社会发展，继续把抗震救灾作为当前最重要最紧迫的任务抓紧抓实，奋力夺取抗震救灾斗争的全面胜利。

2 日　省委书记、省人大常委会主任陆浩，省长徐守盛在康县主持召开抗震救灾工作会议，学习贯彻胡锦涛总书记重要讲话精神，对陇南、甘南重灾区的抗震救灾工作作了进一步的安排部署。陆浩、徐守盛分别讲话，强调，要进一步统一思想，提高认识，动员全社会的力量，以更加顽强的精神，更加迅速的行动，更加密切的配合，全力以赴抓好各项任务的落实，坚决打胜抗震救灾这场硬仗。

3 日　省委在兰州召开常委会议，传达学习了胡锦涛总书记在视察我省陇南地震灾区时的重要讲话精神，进一步研究部署群众生活安置和灾后恢复重建工作。省委书记陆浩主持会议。

同日，省委书记、省人大常委会主任陆浩，省长徐守盛在兰州会见了中央纪委副书记、监察部部长、国家预防腐败局局长马馼。

5 日　全省抗震救灾工作电视电话会议在兰州召开，传达了胡锦涛总书记在视察我省陇南地震灾区时的重要讲话精神，对灾后恢复重建工作作了进一步的安排和部署。省委书记、省人大常委会主任陆浩强调，要以胡锦涛总书记重要讲话精神为指导，进一步凝聚起抗震救灾和恢复重建的强大力量，坚决打胜抗震救灾这场硬仗。省长徐守盛出席了会议。

6 日　中共中央政治常委、国务院副总理李克强在我省地震灾情严重的陇南市亲切看望慰问了受灾群众和救灾人员，实地视察了抗震救灾和灾后恢复重建工作。强调，要按照胡锦涛总书记和温家宝总理的有关指示精神，坚决贯彻党中央、国务院的决策部署，坚持一手抓抗震救灾，一手抓经济社会发展，努力夺取抗震救灾和经济社会发展的双胜利。

7 日　省委书记、省人大常委会主任陆浩，省长徐守盛在天水会见了广东委副书记、深圳市委书记、市人大常委会主任刘玉浦，深圳市委副书记、市长许宗衡一行。双方就对口帮扶我省灾后重建初步交换了意见。

8 日　省委书记、省人大常委会主任陆浩，省长徐守盛在兰州会见了国家审计署审计长刘家义，双方就加强救灾款物的审计监督问题交换了意见。

9 日　省委书记、省人大常委会主任陆浩在兰州主持召开了有关负责人会议，对我省地震灾后重建规划的制定、灾情评估、重建资金的筹措、受灾群众生活安置等问题进行了研究。陆浩强调，要以科学发展观为指导，坚持以人为本，突出重点、统筹协调、合理安排，立足当前、着眼长远、科学谋划，既要加快重建进度，确保受灾群众安全越冬，又要务求扎实细致，使各项工作经得起时间的检验。省长徐守盛等领导出席了会议。

同日，省委、省政府领导同深圳市委、市政府领导在兰州举行会谈，就深圳市对口支援我省地震灾区重灾县恢复重建工作进行了磋商，双方就援建的重点任务达成了共识。省委书记、省人大常委会主任陆浩，省长徐守盛，广东省委副书记、深圳市委书记、市人大常委会主任刘玉浦，深圳市委副书记、市长许宗衡等领导参加了会谈。

10 日　省委书记、省人大常委会主任陆浩在定西检查指导了抗震救灾和灾后重建工作。强调，要坚持以科学发展观为指导，一手抓灾后恢复重建，一手抓经济社会发展，努力把我省来之不易的经济社会发展良好势头继续保持下去。

10～11 日　省委书记、省人大常委会主任陆浩在平凉检查指导了抗震救灾和灾后重建工作。强调，灾后重建离不开国家的支持和各方面的支援，根本的是要大力弘扬自力更生、艰苦奋斗的精神，不等不靠，及早动手，切实抓好灾后重建各项任务的落实。

11～12 日　省委书记、省人大常委会主任陆浩在庆阳检查指导了地震灾后重建工作，强调，抓好抗震救灾和经济社会发展是当前全省工作大局，要坚持两手抓，两促进，努力夺取抗震救灾和经济社会发展双胜利，积极为全省工作大局作贡献。

14 日　省长徐守盛在兰州会见了中国红十字会党组书记、常务副会长江亦曼一行。就中国红十字会援助甘肃地震灾区的有关事宜交换了意见。

14～15 日　受中共中央政治局委员、书记处书记、中组部部长李源潮同志委托，中组部常务副部长沈跃跃对我省检查指导了抗震救灾和灾区基层党组织建设工作，慰问了受灾群众和党员。期间，省委书记、省人大常委会主任陆浩，省长徐守盛在天水与沈跃跃一行进行了座谈。

16 日　省委常委会在兰州召开会议，传达学习贯彻了省区市和中央部门主要负责同志会议精神，进一步研究部署了我省灾后恢复重建和经济社会发展等工作。会议强调，各级党委政府要紧紧围绕搞好抗震救灾和恢复重建，紧紧围绕保持经济平稳较快发展和社会和谐稳定，进一步加强领导，强化责任，严明纪律，科学指挥，确保各项工作任务的落实。省委书记陆浩主持了会议。

19 日　赴我省地震重灾县区帮助指导灾后重建工作组成员会议在兰州召开。省长徐守盛要求，要明确工作纪律和基本职责，切实担负起省委、省政府的重托，认真完成各项预定任务，确保工作取得实效。

20 日　省委书记、省人大常委会主任陆浩，省长徐守盛在陇南地震灾区检查指导了灾后恢复重建工作。

21～22 日　中共中央政治局常委、国务院总理温家宝在我省陇南地震灾区检查指导了抗震救灾和灾后恢复重建工作，看望慰问了受灾群众。强调，要坚持一手抓抗震救灾毫不松懈，一手抓经济建设毫不动摇，举全国之力、举全省之力推进灾后重建，努力夺取抗震救灾斗争的全面胜利。

22～23 日　省委书记、省人大常委会主任陆浩在西和、礼县检查指导了地震灾后重建工作。强调，要认真贯彻落实胡锦涛总书记和温家宝总理视察我省地震灾区时的重要讲话精神，立足自力更生，加快恢复重建，群众生活安置要做到井然有序，新建住房要安全经济适用省地。

23 日　受中共中央政治局常委、中央纪委书记贺国强和中共中央书记处书记、中央纪委副书记何勇的委托，中央纪委副书记李玉赋对我省检查指导了抗震救灾和灾后恢复重建工作，并看望了地震灾区纪检监察干部。

同日，省奥运火炬传递运行指挥部在兰州举行第一次会议，研究安排了火炬传递工作。省长、省奥运火炬传递运行指挥部总指挥徐守盛强调，要恪尽职守，各司其职，各负其责，团结协作，确保奥运火炬传递活动的安全。

25 日　省委书记、省人大常委会主任陆浩，省长徐守盛在兰州亲切接见了全国抗震救灾英模事迹报告团成员。

26 日　全国抗震救灾英模事迹报告会在兰州举行。省委书记、省人大常委会主任陆浩，兰州军区政委李长才，省长徐守盛等领导出席了报告会。

同日，中国人民武装警察部队甘肃省森林总队成立大会在兰州举行。省委书记、省人大常委会主任陆浩，省长徐守盛，武警部队副司令员何映华等领导出席了成立大会。

27 日　省委、省政府在兰州召开全省灾后恢复重建和经济社会发展工作电视电话会议，传达了中央召开的省区市和中央部门主要负责同志会议精神、温家宝总理视察我省地震灾区时的重要讲话精神，对我省灾后恢复重建和下半年经济社会发展工作进行了全面安排部署。省委书记、省人大常委会主任陆浩主持会议并讲话，省长徐守盛作了工作部署。

同日，省委召开电视电话会议，庆祝建党 87 周年，隆重表彰了在抗震救灾斗争中涌现出的文县中庙乡中坪村党支部等 60 个先进基层党组织和文县范坝乡初级中学校长许伟等 120 名优秀共产党员。省委书记、省人大常委会主任陆浩，省长徐守盛等领导出席了会议。

30 日　国家发改委在北京召开《甘肃省循环经济试点实施方案》论证会。省长徐守盛，国家发改委副主任解振华出席了论证会。

七月

1 日　省委书记、省人大常委会主任陆浩在兰州接见了我省荣获全国抗震救灾先进基层党组织和优秀共产党员代表，强调，要认真学习贯彻胡锦涛总书记在抗震救灾先进基层党组织和优秀共产党员代表座谈会上的重要讲话精神，在全社会大力弘扬伟大的抗震救灾精神，努力夺取灾后重建和经济社会发展的全面胜利。

2 日　省残疾人联合会第五次代表大会在兰州召开。省委书记、省人大常委会主任陆浩，省长徐守盛，省政协主席陈学亨等领导出席。

3 日　省政府节能减排专题工作会议在兰州召开，省长徐守盛出席会议并讲话，强调，要扎实推进循环经济试点工作，确保完成节能减排目标任务。

4日　敦煌火车站正式开通运营。省委书记、省人大常委会主任陆浩，省长徐守盛出席了开通仪式并剪彩。

5日　奥运圣火在敦煌传递。省委书记、省人大常委会主任陆浩致辞。北京奥组委圣火使者、中国奥委会副主席、北京奥组委主席助理屠铭德，省长徐守盛等出席起跑仪式。

同日，省委书记、省人大常委会主任陆浩对敦煌市生态保护和新农村建设等问题进行了调研。强调，要下功夫推进节水型社会建设，努力实现科学发展和谐发展。

6日　省长徐守盛在兰州会见了意大利巴尔森公司总裁兼首席科学家马西姆•鲍罗博士一行，并出席了意大利巴尔森公司与兰州生物制品研究所结合疫苗技术合作协议签字仪式。

7日　奥运火炬在兰州传递。省委书记、省人大常委会主任陆浩，省长徐守盛，北京奥组委圣火使者、中国奥委会副主席、北京奥组委主席助理屠铭德参加起跑仪式并分别致辞。

6～10日　中共中央政治局常委、全国政协主席贾庆林，全国政协副主席、中央统战部部长杜青林，在陕西省委书记赵乐际、省长袁纯清和甘肃省委书记陆浩、省长徐守盛的陪同下，先后到陕西、甘肃两省，就深入贯彻落实省区市和中央部门主要负责同志会议精神，做好抗震救灾和恢复重建工作，切实维护藏区稳定，促进经济社会又好又快发展等进行了工作调研。

11日　甘肃、广东两省在陇南市召开对口支援灾后恢复重建工作座谈会，共同商谈和衔接广东省深圳市对口支援我省重灾区的事宜，签署了对口支援框架协议。出席座谈会的广东省及深圳市领导有：中共中央政治局委员、省委书记汪洋，省长黄华华，深圳市委书记刘玉浦等。出席座谈会的甘肃省领导有：省委书记、省人大常委会主任陆浩，省长徐守盛等。

12日　省委书记、省人大常委会主任陆浩，省长徐守盛在天水会见了中国银监会主席刘明康、中国农业银行副行长张云一行。

同日，中国石油兰州红叶公司与江苏金浦集团在兰州举行合资合作协议签字仪式。省长徐守盛出席了签字仪式。

16日　省长徐守盛在北京与铁道部党组书记、部长刘志军就加快甘肃铁路建设问题进行了会谈。

17日　省长徐守盛在北京与民政部党组书记、部长李学举就加快甘肃地震灾区群众安置问题进行了会谈。

18日　省委书记、省人大常委会主任陆浩到临夏回族自治州调研，强调，要做好深入学习实践科学发展观试点工作，全力以赴地推动经济社会又好又快发展。

18～19日　全国人大常委会副委员长、中国科学院院长路甬祥到我省视察，强调，要建立产学研联合体，加速科技成果向现实生产力转化，推进装备制造业发展，提升中国制造在全球竞争力。

19日　2008年中国机械工程学会年会暨甘肃省学术年会主旨大会在兰州召开。全国人大常委会副委员长、中国科学院院长、中国机械工程学会理事长路甬祥作了题为《新形势、新挑战、新需求、新目标——由制造大国走向创造强国》的年会主旨报告。

18～22日　省十一届人大常委会第四次会议在兰州举行。会议通过了《甘肃省气象灾害防御条例》；通过了甘肃省人民代表大会常务委员会关于修改《甘肃省人民代表大会常务委员会议事规则》的决定；通过了甘肃省人民政府灾后恢复重建工作情况专题汇报的决议；通过了甘肃省人民代表大会常务委员会关于批准2007年省级财政决算的决议；通过了甘肃省第十一届人民代表大会常务委员会资格审查委员会关于代表变动情况和补选代表和代表资格审查报告及公告。决定任命张晓兰(女)为甘肃省副省长。

23日　省委常委会在兰州召开会议，分析了当前的经济形势，研究部署了下半年的经济社会发展工作。省委书记陆浩主持了会议。

29日　甘肃省第十二次妇女代表大会在兰州举行。省委书记、省人大常委会主任陆浩致辞，全国妇联党组书记、副主席、书记处第一书记黄晴宜应邀出席大会并讲话。省长徐守盛，省政协主席陈学亨等出席。

同日，庆祝中国人民解放军建军81周年座谈会在兰州举行。省委书记、省人大常委会主任陆浩，兰州军区政委李长才分别发表讲话，省长徐守盛主持会议。

31日　省委书记、省人大常委会主任陆浩到中铝兰州分公司和中石油兰州石化公司进行了调研，强调，要大力推进科技创新与体制创新，加快产业结构的优化升级，不断增强竞争力，争创发展新优势。

八月

1日　省委书记、省人大常委会主任陆浩在兰州会见了中国电力投资集团公司党组书记、总经理陆启洲和副总经理孟振平一行。双方就中国电投公司参与甘肃能源开发事宜交换了意见。

4日　九甸峡水利枢纽建成暨首台机组投产发电庆典仪式在卓尼九甸峡水电站举行。省委书记、省人大常委会主任陆浩出席庆典仪式并宣布：九甸峡水利枢纽正式建成，首台机组并网发电成功。

6日　大型经典民族舞剧《丝路花雨》在北京演出。全国人大常委会副委员长、秘书长李建国，省委书记、省人大常委会主任陆浩等领导观看了演出。

8日　在北京奥运会开幕之际，省长徐守盛到省公安厅指挥中心，检查了解奥运会安全保卫工作情况。强调，一定要以坚定的信心、过细的措施，扎扎实实做好奥运安保工作，为办一届有特色，高水平的奥运会做出贡献。

9 日　甘肃省、铁道部、华能集团加快天水至平凉铁路建设会谈暨会议纪要签字仪式在北京举行。省委书记、省人大常委会主任陆浩出席。铁道部部长刘志军，省长徐守盛，华能集团总经理曹培玺在会议纪要上签字。

12 日　省委书记、省人大常委会主任陆浩，省长徐守盛在兰州会见了专程到我省检查安全生产情况的国务院安委会办公室副主任、国家安全监管总局副局长杨元元一行。

13 日　省委书记、省人大常委会主任陆浩，省长徐守盛在兰州会见了专程到我省调查研究工商联工作和非公有制经济发展问题的中央统战部副部长、全国工商联党组书记、第一副主席全哲洙一行。

15 日　全省对口支援地震灾区灾后重建工作电视电话会议在兰州召开，主要任务是落实全省对口支援地震灾区恢复重建工作任务，按照省委、省政府研究的对口支援原则性意见，进一步动员全省各级党政机关、企事业单位、人民团体和社会各界共同做好对口支援、帮扶重建工作。省长徐守盛主持会议并讲话。

12~16 日　中央统战部副部长、全国工商联党组书记、第一副主席全哲洙到我省调研。强调，工商联要切实加强组织建设，不断增强自身活力和凝聚力。

16 日　省政府在兰州召开了电视电话会议，安排部署了灾区受灾群众安全越冬工作。

20 日　省长徐守盛在兰州进行了调研，强调，要坚持科学发展观，树立“大兰州”理念，加强城市规划建设管理，实现率先发展。

18~21 日　省委书记、省人大常委会主任陆浩到陇南考察了灾后重建工作。强调，要坚持一手抓灾后重建毫不放松，一手抓经济建设毫不动摇，做到两促进，两不误。

21 日　省委理论学习中心组举行了专题学习报告会，分别邀请国家汶川地震灾后重建规划组专家、中国科学院—清华大学国情研究中心主任胡鞍钢教授和清华大学公共管理学院公共政策研究所副所长、国家行政管理学会理事、卫生部突发公共卫生事件应急专家委员会委员彭宗超博士作专题报告。省委副书记、省长徐守盛主持了报告会。

25 日　2008 年西北五省区秦腔艺术节在兰州开幕。省委书记、省人大常委会主任陆浩等出席了开幕式。

27 日　财政部副部长丁学东率国务院督查调研组到我省就劳动保障和企业工资等情况进行了工作调研。

28 日　华能甘肃能源开发有限公司在兰州成立。省委书记、省人大常委会主任陆浩，中国华能集团公司总经理、党组副书记曹培玺共同为“华能甘肃能源开发有限公司”揭牌。省长徐守盛等出席揭牌仪式。

29 日　省委、省政府领导听取了长庆油田和庆阳市关于陇东油区资源开发情况的汇报。省委书记、省人大常委会主任陆浩指出，要全力支持长庆油田勘探开发，加快建设陇东能源化工基地。省长徐守盛主持了汇报会。

31 日　省长徐守盛在兰州会见了国务院扶贫开发领导小组副组长、国务院扶贫办主任范小建一行。

九月

2 日　省委书记、省人大常委会主任陆浩在兰州会见了古巴教育代表团一行。

3 日　全省循环经济工作现场会在金昌召开。省长徐守盛出席会议并讲话，强调，要明确思路，突出重点，加大节能减排力度，扎实推进循环经济又好又快发展。

同日，金昌至永昌高速公路工程联建协议签字仪式在金昌举行。省长徐守盛出席签字仪式。

4 日　金昌国家新材料高新技术产业基地正式揭牌。省长徐守盛出席揭牌仪式。

5 日　省长徐守盛到张掖市和酒钢集团镜铁山矿进行了调研，强调，要以人为本，做好生态环境保护，科学发展，合理开发矿产资源。

6 日　全省旱作农业现场会在兰州召开。省委书记、省人大常委会主任陆浩出席会议，强调，要进一步扩大推广全膜双垄沟播玉米技术，努力提高旱作农业发展水平。

6~8 日　省长徐守盛到酒泉市进行调研，实地察看了风电建设项目、矿产资源开发、九甸峡移民安置和党河流域梯级电站开发等情况。

8 日　甘肃省农业科学院举行建院 70 周年庆典。全国政协副主席罗富和，省委书记、省人大常委会主任陆浩，中国农科院院长翟虎渠，省政协主席陈学亨等出席庆典仪式。

9 日　省委常委会在兰州召开会议，分析了当前形势，对各项重点工作作了进一步的研究部署。省委书记陆浩主持了会议。

10 日　省委、省政府在兰州召开了庆祝第 24 个教师节暨优秀教师表彰大会。省委书记、省人大常委会主任陆浩，省长徐守盛等出席会议。

11 日　第三届“中国•西部法治论坛”在兰州开坛。中国法学会会长韩杼滨出席论坛并讲话。

12 日　2008 年全国乡镇企业中小企业东西合作经贸洽谈会在平凉隆重开幕。全国政协副主席、农工民主党中央常务副主席陈宗兴宣布开幕。省委书记、省人大常委会主任陆浩，省长徐守盛出席会议。

同日，2008 年全国乡镇企业中小企业东西合作经贸洽谈会首批重点项目签约仪式在平凉举行。全国政协副主席、农工民主党中央常务副主席陈宗兴，省委书记，省人大常委会主任陆浩，省长徐守盛出席签约仪式。

14 日　卫生部部长陈竺带领有关司局领导及专家来到兰州，针对我省有关三鹿奶粉事件应急处置工作展开专题调研。

18 日　2008 年中国·定西马铃薯大会在定西开幕。全国政协副主席、民革中央常务副主席厉无畏宣布开幕。省政协主席陈学亨等出席开幕式。

24 日　省委常委会在兰州召开会议，传达学习了全党深入学习实践科学发展观活动动员大会暨省部级主要领导干部专题研讨班精神，研究部署了我省开展深入学习实践科学发展观活动等工作。省委书记陆浩主持了会议。

25 日　庆祝酒泉钢铁集团公司成立 50 周年大会在嘉峪关召开。省委书记、省人大常委会主任陆浩出席会议，省长徐守盛出席会议并讲话。

26 日　兰渝铁路开工动员大会在兰州举行。中共中央政治局委员、国务院副总理张德江出席开工动员大会，为兰渝铁路有限责任公司揭牌，宣布兰渝铁路全线开工建设。中共中央政治局委员、重庆市委书记薄熙来及重庆市市长王鸿举书面致辞。铁道部部长刘志军、甘肃省委书记陆浩、四川省省长蒋巨峰分别讲话。省长徐守盛，省政协主席陈学亨等领导出席大会。

27 日　中核四〇四创建 50 周年庆典仪式在嘉峪关举行。省委书记、省人大常委会主任陆浩出席庆典仪式。省长徐守盛，中核集团公司党组书记、总经理康日新出席仪式并分别讲话。

28 日　省委召开全省深入学习实践科学发展观活动动员大会，对我省开展深入学习实践科学发展观活动进行了全面动员和部署。省委书记、省人大常委会主任陆浩作动员讲话，中央指导检查组组长周声涛出席会议并讲话。省委副书记、省长徐守盛主持会议并传达了全党深入学习实践科学发展观活动动员大会暨省部级主要领导干部专题研讨班精神。

同日，天水机场正式启动并开航。省委书记、省人大常委会主任陆浩出席开航仪式并宣布“天水机场正式开航”。省长徐守盛出席仪式并讲话。

十月

7 日　省委书记、省人大常委会主任陆浩，省长徐守盛在北京看望了前来接受表彰的我省全国抗震救灾英雄集体和模范代表。

13 日　省委在兰州召开党员领导干部大会，传达学习了党的十七届三中全会精神，并对我省学习贯彻全会精神作了安排部署。省委书记陆浩主持会议并讲话，省长徐守盛等出席了会议。

14 日　省委常委会在兰州召开会议，对第一批开展深入学习实践科学发展观活动单位学习调研阶段的工作进行了研究和部署。省委书记陆浩主持了会议。

15 日　省委书记、省人大常委会主任陆浩在兰州亲切接见了即将赴北京出席中国工会十五大的我省代表。

16 日　省委书记、省人大常委会主任陆浩对甘肃洁源风电有限责任公司玉门风电场和中节能风力发电有限公司玉门昌马 20 万千瓦风电特许权项目进行了考察。强调，要积极推进风电装备的国产化，加快河西风电基地建设步伐，努力把我省打造成全国重要的新型能源基地。

16～19 日　省市党政主要领导干部深入学习实践科学发展观研讨班在酒泉开班。省委书记、省人大常委会主任陆浩，省委副书记、省长徐守盛出席会议并讲话，强调，要扎实开展深入学习实践科学发展观活动，解放思想，拓宽思路，总结经验，创新实践，努力实现全省经济社会又好又快发展的新跨越。

20 日　永登至古浪高速公路开工奠基仪式在古浪举行。省委书记、省人大常委会主任陆浩宣布工程开工建设。省长徐守盛作重要讲话。

同日，全球最大的富氧顶吹镍熔炼项目在金川集团公司投产。省委书记、省人大常委会主任陆浩，省长徐守盛等出席项目竣工投产仪式。

21 日　省委书记、省人大常委会主任陆浩，省长徐守盛在兰州会见了国家烟草专卖局副局长李克明一行.

22 日　省委书记、省人大常委会主任陆浩在兰州会见了交通运输部部长李盛霖一行。

同日，省委书记、省人大常委会主任陆浩，省长徐守盛在兰州会见了专程来甘调研水利改革发展问题的水利部部长陈雷一行。

23 日　省委书记、省人大常委会主任陆浩，省长徐守盛在北京与农业部部长孙正才，就我省农业和农村经济发展特别是旱作农业、马铃薯良种繁育和草食畜牧业规模养殖等特色产业项目建设进行了座谈。

24 日　省政府与中国中信集团公司在北京举行战略合作暨白银有色集团公司增资扩股签约仪式。省委书记、省人大常委会主任陆浩，省长徐守盛，中信集团党委书记、董事长孔丹，总经理常振明等出席签约仪式。

同日，省国资委、平凉市国资委在北京与中国华能集团公司签订股权转让协议，将华亭煤业 40%股权转让给华能集团。省委书记、省人大常委会主任陆浩，省长徐守盛，华能集团公司总经理曹培玺，党组书记黄永达出席签字仪式。

23～25 日　水利部部长陈雷对我省石羊河流域重点治理规划实施情况和敦煌生态治理情况进行了考察。强调，要不断加强石羊河流域重点治理，切实做好敦煌生态保护工作。

21～27 日　全国政协副主席张梅颖率领全国政协委员考察团，就我省改革开放 30 年经济社会发展重大成就进行了实地考察。

27～11 月 1 日　省委书记、省人大常委会主任陆浩，省长徐守盛率领甘肃党政代表团到新疆进行为期 6 天的考察学习，实地参观了具有代表性的企业、开发区、农业发展项目和基础设施建设项目，同新疆维吾尔自治区签订了《全面战略合作框架协议》、《煤炭供需和运输保障合作协议》。中共中央政治局委员、新疆维吾尔自治区党委书记王乐泉等党政领导分别陪同代表团进行了考察。

十一月

1日 省党政代表团赴新疆学习考察情况座谈会在兰州举行。省委书记、省人大常委会主任陆浩讲话，省长徐守盛主持会议，省政协主席陈学亨等领导出席会议。

4日 省委书记、省人大常委会主任陆浩，省长徐守盛在兰州会见了到我省进行调研的国家民委主任杨晶一行。

5日 省委书记、省人大常委会主任陆浩，省长徐守盛在兰州会见了专程来我省进行调研的国家电力监管委员会主席王旭东一行。

4～6日 国家民委主任杨晶带领国家民委调研组一行，到我省临夏回族自治州就民族工作进行了调研。

6日 省委书记、省人大常委会主任陆浩到白银调研，强调，要围绕推进科学发展，坚持一手抓传统产业改造升级，一手抓先进制造业发展，努力拓宽西北老工业基地创新发展的新路子。

6～7日 省长徐守盛到定西调研，强调，要坚定信心，树立机遇意识、发展意识、开放意识和责任意识，促进经济快速健康发展。

7日 省长徐守盛在兰州会见了专程到我省开展深入学习实践科学发展观调研活动的武警森林指挥部主任王佐明一行。

12日 省委书记、省人大常委会主任陆浩对兰州市进行了调研，强调，要以开展深入学习科学发展观活动为契机，进一步解放思想，创新思路，努力拓宽科学发展的新路子，更好发挥中心城市带动作用。

13日 省长徐守盛主持召开了省政府第16次常务会议，传达了11月10日国务院召开的省区市人民政府和部门主要负责同志会议、11月12日国务院常务会议精神；研究部署了我省下一步扩大内需，促进经济平稳较快增长工作。

14日 省委常委会在兰州召开会议，传达贯彻省区市人民政府和国务院部门主要负责同志会议精神，分析了当前经济形势，对促进经济平衡较快增长、深入学习实践科学发展观和党校工作进行了研究部署。省委书记陆浩主持会议。

15日 京剧教育纪实剧《国粹砺人》在兰州汇报演出。省委书记、省人大常委会主任陆浩等领导观看了演出。

16日 省上在兰州召开市州和省直部门主要负责同志会议，贯彻落实党中央、国务院关于扩大内需、促进经济平衡较快增长的一系列决策部署，分析我省经济形势，就当前的经济工作和应对措施作了研究安排。省委书记、省人大常委会主任陆浩，省长徐守盛出席会议并分别讲话。

同日，甘肃省第一届大学生运动会在兰州举行。省委书记、省人大常委会主任陆浩宣布开幕。省长徐守盛致开幕辞。

17日 省委常委调研情况交流会在兰州召开。省委书记、省人大常委会主任陆浩强调，要解放思想，遵循规律，把握机遇，大胆探索，在学习实践活动中拓宽科学发展途径。

18日 临夏折桥至兰州达川二级公路开工奠基仪式在永靖举行。省委书记、省人大常委会主任陆浩出席开工仪式，并宣布工程开工建设。省长徐守盛出席仪式并讲话。

同日，省委召开领导干部会议，通报陇南市武都区发生冲击市委机关群体性事件有关情况，研究进一步妥善处置的措施。省委书记、省人大常委会主任陆浩在会上作了重要讲话。

19～21日 省长徐守盛赶赴陇南市武都区，传达中央领导和省委书记陆浩的指示精神，检查指导处置“11•17”群体性事件工作。强调，要全力以赴维护陇南大局稳定，集中精力抓好灾后恢复建设，推动陇南经济社会平衡较快发展。

21日 根据省委对开展深入学习实践科学发展观活动的统一部署，省委书记、省人大常委会主任陆浩在兰州主持召开了在甘“两院院士”和部分专家学者座谈会，征求对省委常务会意见。

21～22日 省长徐守盛到武都、康县、西和、礼县等4县区，就安排好灾区群众安全过冬、进一步推进灾后恢复重建工作和加快陇南经济社会发展等问题进行了专题调研。强调，要确保受灾群众能安全过冬，加快灾后重建和发展步伐。

23日 省委书记、省人大常委会主任陆浩，省长徐守盛在兰州会见了前来参加白银有色股份集团公司成立大会的中国中信集团公司常务董事、副总经理李士林一行。

24日 白银公司与中国中信集团合作组建的白银有色集团股份有限公司在白银正式成立。省委书记、省人大常委会主任陆浩，省长徐守盛，中国中信集团公司常务董事、副总经理李士林出席仪式并揭牌。

25日 省委书记、省人大常委会主任陆浩在兰州会见了专程为我省地震灾区捐赠越冬物资的中华慈善总会会长范宝俊一行。

同日，省长徐守盛主持召开党的十七大代表、省十一次党代会代表、全国人大代表、省人大代表、全国政协委员和省政协委员座谈会，征求对省委常委会贯彻落实科学发展观的意见和建议。

28日 省人民检察院在兰州召开大会，隆重纪念甘肃省检察机关恢复重建30周年。省委书记、省人大常委会主任陆浩出席会议并讲话。省长徐守盛出席会议。

30日 全省重点项目银企对接会在兰州召开，11家银行和3家担保公司与250多家企业就111个重点项目签订贷款合同和协议。省委书记、省人大常委会主任陆浩，省长徐守盛出席签约仪式。

十二月

2日　全省领导班子思想政治建设座谈会在兰州召开。省委书记、省人大常委会主任陆浩与部分代表进行了座谈，强调，要以开展深入学习实践科学发展观活动为契机，努力把领导班子思想政治建设提高到一个新水平。

4日　天水至平凉铁路工程建设动员大会在华亭举行。省委书记、省人大常委会主任陆浩出席大会并宣布开工。省长徐守盛讲话，铁道部副部长卢春房，中国华能集团党组书记、副总经理黄永达致辞。

同日，省委书记、省人大常委会主任陆浩，省长徐守盛到华煤集团有限责任公司、庆阳石化公司进行调研，强调，要围绕能源资源优势做文章，转变增长方式，实现新的突破，为推进工业强省作贡献。

5日　第十二次老区建设工作会议在庆阳召开。省委书记、省人大常委会主任陆浩，省长徐守盛出席会议并分别讲话。

7日　省委书记、省人大常委会主任陆浩，省长徐守盛在北京与铁道部部长刘志军举行会谈，并签署了《铁道部、甘肃省人民政府关于甘肃铁路建设有关问题的会议纪要》。

同日，铁道部、甘肃省、青海省、新疆维吾尔自治区主要负责同志在北京就兰新铁路第二双线建设的有关问题进行会谈，共同签署了关于加快推进兰新铁路第二双线建设的会议纪要。

10日　省委书记、省人大常委会主任陆浩，省长徐守盛在北京与国家电网公司党组书记、总经理刘振亚就甘肃电网发展和增强电力外送能力等进行了座谈。

11日　省委书记、省人大常委会主任陆浩，省长徐守盛在北京和国家发展与改革委员会主任张平进行了座谈，共商甘肃经济社会发展之策。

同日，省委书记、省人大常委会主任陆浩，省长徐守盛在北京与交通运输部部长李盛霖就进一步加快甘肃交通发展问题进行了座谈交流。

17日　省委常委会在兰州召开会议，讨论了准备提交省十一届五次全委会议审议的《中共甘肃省委实施〈中共中央关于推进农村改革发展若干重大问题的决定〉的实施意见》，研究部署了明年的经济工作。省委书记陆浩主持了会议。

同日，省委新农村建设工作领导小组第五次会议在兰州召开。省委副书记、省长徐守盛出席会议并讲话，强调，要把试点与面上工作相结合，扎实推进我省新农村建设。

18日　全省落实党风廉政建设责任制工作电视电话会议在兰州召开。省委书记、省人大常委会主任陆浩出席会议并讲话，省长徐守盛主持会议。

19日　甘肃省纪念改革开放30周年大会在兰州隆重举行。省委书记、省人大常委会主任陆浩在会上发表重要讲话，省长徐守盛主持会议，省政协主席陈学亨等出席。

21日　省委学习实践科学发展观活动领导小组在兰州召开会议，学习了中央深入学习实践科学发展观活动视频会议精神，研究提出我省贯彻落实的措施；回顾总结第一批学习实践活动进展情况，部署了下一步的工作。省委书记、省人大常委会主任、省委学习实践活动领导小组组长陆浩，省委副书记、省长、省委学习实践活动领导小组副组长徐守盛出席会议并分别发表了重要讲话。

22日　省委书记、省人大常委会主任陆浩，省长徐守盛在兰州会见了国家开发投资公司总裁王会生、副总裁冯士栋一行。

22～23日　省委十一届五次全委会议在兰州举行。会议由省委常委会主持。省委书记陆浩发表了讲话。全委会听取和讨论了陆浩受省委常委会委托作的工作报告，审议通过了《中共甘肃省委实施〈中共中央关于推进农村改革发展若干问题的决定〉的意见》。

23日　省委常委会在兰州召开会议，讨论了省委常委会开展深入学习实践科学发展观活动的分析检查报告，传达了学习全国政法工作会议精神，对我省明年的政法工作作了研究部署。省委书记陆浩主持了会议。

23～24日　全省经济工作会议在兰州举行。省委书记、省人大常委会主任陆浩、省长徐守盛出席会议并讲话。

24日　我省参加北京奥运会、残奥会和火炬传递工作总结表彰大会在兰州举行。省委书记、省人大常委会主任陆浩为获奖者颁奖。省长徐守盛讲话。

25日　省委议军会议在兰州召开。省委书记、省人大常委会主任、省军区党委第一书记陆浩出席会议并讲话，省长徐守盛主持了会议。

26～27日　省长徐守盛到甘南、临夏进厂入户，先后慰问了4家困难企业，看望慰问了困难职工和困难群众23户，给他们送去了新年礼物。

27～28日　省委书记、省人大常委会主任陆浩到陇南的成县、武都区、康县，深入乡村农户和困难企业，看望慰问了受灾群众和困难群众。

28日　省长徐守盛在兰州会见了由中国文联党组书记、副主席胡振民带领的慰问团一行。

30日　省委常委会在兰州召开会议，传达学习了中央农村工作会议精神和全国统战部长工作会议精神，研究部署了我省明年的农业农村工作和统一战线工作。省委书记陆浩主持了会议。

31日　省军区第八次党代表大会在兰州开幕。省委书记、省军区党委第一书记陆浩出席了会议

概　况

甘肃省情

【甘肃概况】甘肃，由古甘州（今张掖）肃州（今酒泉）两地首字而得名，由于陇山在境内绵延又简称陇. 位于黄土高原、青藏高原、内蒙古高原三大高原和西北干旱区、青藏高寒区、东部季风区三大自然区域的交汇处，东邻陕西省，南与四川省、青海省接壤，西与新疆维吾尔自治区相邻，北与内蒙古自治区和蒙古国交界，东北部与宁夏回族自治区连接。全省有兰州、嘉峪关、金昌、酒泉、张掖、武威、白银、天水、平凉、庆阳、定西、陇南等 12 个地级市，临夏、甘南 2 个自治州；有 86 个县（市、区），其中，4 个县级市、58 个县、7 个民族自治县、17 个市辖区。甘肃是一个多民族省份，有 55 个民族成份，人数较多的主要有汉、回、藏、东乡、土、满、裕固、保安、蒙古、撒拉、哈萨克等民族，其中裕固、保安、东乡族是甘肃的独有民族。全省总人口 2628 万，其中少数民族人口 240 万人。

【甘肃简史】甘肃是中华文明的发祥地之一。早在 20 万年以前的旧石器时代，先民们就曾在这里生息繁衍。进入新石器时代，甘肃的大地湾文化距约八千年，其后的仰韶文化、马家窑文化创造了彩陶文化的辉煌时代。中华民族的人文始祖伏羲、女娲和黄帝相传就生在甘肃，故有“羲轩桑梓”之称。周秦时期，甘肃的庆阳、天水又是周文化和秦文化的发祥地。早在西汉初年，设有武威、张掖、敦煌、酒泉四郡，河西千里走

廊将中原、黄河上中游地区与西域连接在一起，对祖国版图的形成发挥了重要作用。张骞出使西域是丝绸之路兴起的标志，隋唐时期贯穿甘肃河西走廊的丝绸之路进入了繁荣时期，甘肃的战略地位进一步显现，司马光《资治通鉴》有“天下称富庶者无如陇右”的记载。元代设立甘肃行省，是甘肃设省的开始。明代长城由东向西穿越 9 省区后，抵达甘肃河西地区，嘉峪关成为大西北的重要关隘和前沿阵地，有“天下第一雄关”之称。晚清时期，时任陕甘总督左宗棠曾奏称“陇中苦脊甲于天下”，并在兰州开始兴办近代工业。这一时期，甘肃的重要战略地位再次凸显出来，所谓“欲保关中，先固陇右”，甘肃成为维护中原、连接和支撑大西北的战略基地。

新中国成立后，甘肃经济全面发展。“一五”期间国家重点建设的 156 项工程中，布局在甘肃的有 16 项，被誉为“中国石油工业长子”的兰州炼油厂、“中国石化工业摇篮”的兰州化工厂、“中国石油机械的脊梁”的兰州石油机器厂等都是这个时期投资兴建的。围绕资源开发，先后建成了“石油工业的摇篮”玉门、“铜城”白银、“镍都”金昌、“西北钢城”嘉峪关和新型工业城市兰州等一批工业企业和工业城市。“三线”建设时期，国家向甘肃布局和搬迁了一批国防军工、机械电子、轻工等骨干企业，奠定了甘肃能源、原材料为主的工业基础以及在全国的重要地位。

改革开放以来，甘肃认真贯彻国家的一系列方针政策，坚持以改革开放为动力，全省经济社会取得了长足发展，城乡面貌发生了深刻变化。特别是 2000 年实施西部大开发战略以来，甘肃经济社会发展进入一个新阶段，在国家的大力支持下，加强基础设施和生态环境建设，兴建了一批农林水利、交通能源、生态保护和产业升级项目，基础设施状况明显改善，特色优势产业快速发展，进一步增强了经济发展的后劲和活力。

【地理地貌】甘肃位于祖国地理中心，介于北纬 32° 11′ —42° 57′ ,东经 92° 13′ —108° 46′ ，地貌复杂多样，山地、高原、平川、河谷、沙漠、戈壁，类型齐全，交错分布，地势自西南向东北倾斜。地形呈狭长状，东西长 1655 公里，南北宽 530 公里，复杂的地貌形态，大致可分为各具特色的六大地形区域。

陇南山地：这里重峦叠嶂，山高谷深，植被丰厚，到处清流不息。这一区域大致包括渭水以南、临潭、迭部一线以东的山区，为秦岭的西延部分。

陇中黄土高原：位于甘肃省中部和东部，东起甘陕省界，西至乌鞘岭畔。这里曾经孕育了华夏民族的祖先，建立过炎黄子孙的家园，亿万年地壳变迁和历代战乱，灾害侵蚀，使它支离破碎，尤以定西中部地区成了祖国最贫瘠的地方之一，但蕴含着无尽的宝藏，有丰富的石油、煤炭资源。

甘南高原：它是“世界屋脊”—青藏高原东部边缘一隅，地势高耸，平均海拔超过 3000 米，是个典型的高原区。这里草滩宽广，水草丰美，牛肥马壮，是甘肃省主要畜牧业基地之一。

河西走廊：斜卧于祁连山以北，北山以南，东起乌鞘岭，西迄甘新交界，是块自东向西、由南而北倾斜的狭长地带。海拔在 1000—1500 米之间。长约 1000 余公里，宽由几公里到百余公里不等. 这里地势平坦，机耕条件好，光热充足，水资源丰富，是著名的戈壁绿

洲，有着发展农业的广阔前景，是甘肃主要的商品粮基地。

祁连山地：在河西走廊以南，长达1000多公里，大部分海拔在3500米以上，终年积雪，冰川逶迤，是河西走廊的天然固体水库，荒漠、草场、森林、冰雪等植被垂直分布明显.

河西走廊以北地带：这块东西长1000多公里，海拔在1000—3600米的地带，习惯称之为北山山地，这里靠近腾格里沙漠和巴丹吉林沙漠，风高沙大，山岩裸露，荒漠连片，具有"大漠孤烟直，长河落日圆"的塞外风光。

【自然资源】甘肃地域辽阔，自然条件复杂，大部分地区气候干燥，属大陆性很强的温带季风气候，省内年平均气温在0一16℃之间，年降水量在36.6—734.9毫米，气温差别较大，日照充足，不仅有适于农、林、牧、渔各业综合发展的气候资源、土地资源，更有在全国占据重要地位的矿产资源、生物资源和能源资源。

土地资源：甘肃的土地资源丰富。全省总土地面积45.44万平方公里，居全国第七位，人均占有土地量居全国第五位，土地大体可分为"三山、三草、二沙、一林、一田"。全省耕地面积居全国第十一位，人均耕地2.65亩，居全国第六位。

根据2007年土地利用现状变更调查，全省耕地462.47万公顷；园地20.54万公顷；林地518.25万公顷；牧草地1410.84万公顷；其它农用地129.69万公顷；居民点及工矿用地87.81万公顷；交通用地6.51万公顷；水利设施用地2.87万公顷；未利用土地1849.99万公顷；其它土地58.76万公顷.

植物资源：甘肃是一个少林省区，据第六次全省森林资源清查，全省林业用地面积981.21万公顷，森林覆盖率13.42%。主要树种有冷杉、云杉、栎类、杨类以及华山松、桦类等。甘肃草场有天然草地、人工草地和半人工草地三种，天然草场主要分布在甘南草原、祁连山地、西秦岭、马衔山、哈思山、关山等地，海拔一般在2400-4200米之间，气候高寒阴湿。甘肃是全国药材主要产区之一，现有药材品种9500多种，居全国第二位。目前经营的主要药材有450种，如当归、大黄、党参、甘草、红芪、黄芪、冬虫草等，特别是"岷当"、"纹党"产量大、质量好，是闻名中外的出口药材。

动物资源：甘肃境内共有野生动物650多种. 其中：两栖动物24种，爬行动物57种，鸟类441种，哺乳动物137种。这些野生动物主要分布在文县、武都、康县、成县、天水、两当等地。文县让水河、丹堡一带，已列为全国第十三号自然保护区，出产大熊猫、金丝猴、麝、猞俐、扫雪等世界珍贵动物，并对梅花鹿、马鹿、麝进行人工饲养。野生动物中，属于国家保护的稀有珍贵动物有90多种，其中属一类保护的24种，二类保护的24种，三类保护的4011种。

矿产资源：甘肃是矿产资源比较丰富的省份之一，省内地质环境复杂，成矿条件优越，矿产资源相对丰富。截至2007年底，全省已发现各类矿产173种，包括能源10种，金属矿产56种，非金属矿产105种，水气矿产2种。列入《甘肃省矿产资源储量表》的固体矿产91种、矿区829处、矿产地1084处（含共伴生矿产），其中具有大型矿床规模97个、中型203个、小型784个。据((2007年全国主要矿产资源储量通报》统计，甘肃省有10种矿产居全国第一位，即镍、钴、铂族（铂、钯、锇、铱、钌、铑）、硒矿、铸型用粘土等，有34种矿产居全国前五位，居前十位的有60种。

水利资源：甘肃省水资源主要分属黄河、长江、内陆河3个流域、9个水系。黄河流域有洮河、湟河、黄河干流、渭河、泾河等5个水系；长江流域有嘉陵江水系；内陆河流域有石羊河、黑河、疏勒河3个水系。全省河流年总径流量415.8亿立方米，其中，1亿立方米以上的河流有78条。黄河流域除黄河干流纵贯省境中部外，支流就有36条；长江水系包括省境东南部嘉陵江上源支流的白龙江和西汉水，蕴藏有丰富的水能资源；内陆河流域包括石羊河、黑河和疏勒河3个水系，有15条，年总地表径流量174.5亿立方米，流域面积27万平方公里。

能源资源：甘肃省能源种类较多，除煤炭、石油、天然气外，还有太阳能、风能等新能源。其中，石油可采储量为6亿吨，天然气探明储量31.57亿立方米，集中分布在河西玉门和陇东长庆两油区。全省煤炭预测储量为1428亿吨，已探明125亿吨，保有资源储量120亿吨，煤炭资源集中分布于庆阳、华亭、靖远和窑街等矿区。甘肃风能资源丰富，总储量为2.37亿千瓦，风力资源居全国第5位，可利用和季节可利用区的面积为17.66万平方公里，主要集中在河西走廊和省内部分山口地区，河西的瓜州素有"世界风库"之称。甘肃是我国太阳能最为丰富的三个区域之一，各地年太阳总辐射值大约为4800-6400兆焦／平方米，其中河西西部、甘南西南部是我国太阳能资源最丰富的地区，按现有利用水平测算可开发资源量约为520万吨标准煤／年。

【交通条件】甘肃具有独特的区位优势，是西北地区连接中、东部地区的桥梁和纽带，是贯通东亚与亚州中部、西亚与欧洲之间的陆上交通通道。近年来，甘肃交通基础设施建设发展迅速，已形成以公路、铁路、航空、水运和管道为主体的四通八达的交通网络，交通条件十分便捷。

公路。基本形成了以省会兰州为中心，以连（云港）霍（尔果斯）、丹（东）拉（萨）2条国道主干线和10条国道及32条省道为干线，以县乡公路为分支，沟通全省城乡、连接周边省区的呈放射状的高速公路网。2008年，全省公路通车总里程达到105638公里，其中高速公路1316公里；营运性客货运输车辆达到14.53万辆，客运量1.98亿人，货运量达到2.73亿吨。全省79.49%的乡镇通了油路，92.49%的建制村通了公路。兰州的6条出口公路及京藏高速公路甘肃段全部实现高速化，甘青宁3省（区）省会之间实现了高速公路连通。

铁路。兰州是西北地区最大的铁路枢纽中心，陇海、兰新、包兰、兰青、宝中等铁路干线均交汇于此. 加之正在建设中的兰渝、兰成、兰新二线以及天平铁路，贯通东西南北日益发达的铁路运输网络已初步形成。全省铁路营运里程达到3093公里，复线率和电气化率分别为51%和53%，2008年旅客发送量达到1900万人，货物发送量达到4500万吨。

民航。全省境内有兰州中川、庆阳、敦煌、嘉峪关、天水军民合用机场等5个机场开通了民航运输线路，经营的航空公司达14家，航线45条，可通达全国30多个大中城市。金昌机场、夏河机场、陇南机场等正在抓紧开展前期工作，将陆续开工建设。2008年实现旅客吞吐量达300万人。

管道运输。甘肃是国家重要的能源供应战略通道，以“兰一成一渝”、“西部原油”成品油管道为代表的石油管道，以“西气东输”、“兰州一银力 ⌇”管线为代表的天然气管道，为满足中东部地区的能源需求、促进西部地区经济发展和保障国家能源安全做出了巨大贡献。随着“兰州一郑州一长沙成品油管道”、“兰州一成都原油管道”，以及“西气东送二线”、“涩宁兰复线”试验段工程的建设，到2010年途径甘肃境内的油气管道将达到7000公里，是全国石油天然气管线最长的省份之一。

【特色产业】甘肃是新中国成立后国家重点投资建设工业体系的区域之一。改革开放以来，甘肃大力推进农业产业化、工业化、城镇化、信息化建设，努力走发挥比较优势、发展特色经济的路子，初步形成了石油化工、冶金有色、装备制造、农产品加工和制药五大特色优势产业。

石油化工。甘肃是我国最早的石油化工基地之一，玉门油田是新中国第一个工业油田，培养出了像“铁人”王进喜那样的工人阶级楷模。兰州炼油厂是新中国第一座大型现代化石油炼制企业，兰州化学工业公司的建成投产结束了中国不能生产合成橡胶、西北不能生产化肥的历史，在中国第一次以石油烃为原料生产出合格的乙烯。目前，甘肃石化工业已形成石油勘探与加工、合成橡胶、精细化工产品、化学清洗等25个行业。兰州石化公司生产的烟气轮机、特种橡胶和石油树脂代表着全球同行业核心技术的尖端，其中特种橡胶的生产为我国国防和航天航空事业的发展做出了重大贡献。

冶金有色。甘肃是我国有色金属工业生产的重要基地，从“一五”计划开始，陆续建成了白银有色金属公司、金川有色金属公司和酒泉钢铁公司。目前，冶金有色工业已拥有从地质勘探、采矿、选矿到冶炼加工，从科研、设计、施工到生产、设备制造等完整的工业体系，成为仅次于石化工业的第二大支柱产业。金川公司是我国最大的镍钴及稀贵金属生产基地。酒钢公司已连续多年入围全国工业企业500强和中国制造业500强，成为我国西北最大的钢铁生产基地之一。2008年全省十种有色金属产量达到166万吨，占全国总量的6.6%，居第五位。

装备制造。甘肃的装备制造业有过辉煌的历史。“一五”和“二五”时期，甘肃诞生过我国第一台大型无油超真空抽气机组、第一台大型天文望远镜镀膜机、第一台“92”钻机和第一台电驱动5000米海洋钻机。如今甘肃已经具备了较强的机械、电子产品制造能力和零部件加工配套能力，在石油钻采及炼化设备、数控机床、真空设备、风动设备、电工电器、无线电整机、集成电路封装、矿山机械制造等领域已形成突出的产业优势，拥有兰石集团、兰州电机、星火机床、华天微电子、兰州真空设备、天水风动工具等一大批品牌和知名度较高的国内行业“龙头”企业。

农产品加工。依托丰富的农产品资源，甘肃大力发展农产品加工业，涌现出了以莫高实业、敦煌种业、荣华生化、黄河啤酒、皇台酒业、亚盛集团等上市公司为代表的一大批上规模、上水平、上档次的企业，农副产品加工业和食品工业成为全省新的经济增长点。苹果汁、干酪素、番茄酱、肠衣、籽仁、种子、小杂粮等特色农产品，以其优良的品质源源不断地出口北美、欧盟、非洲、中东及东南亚、港澳台等国家和地区，在国际市场上占有一席之地。

制药。甘肃省充分利用中药材资源和生物制药技术优势，大力扶持和发展特色中成药、生物制品、藏药及中草药饮片和提纯制剂等，形成了兰州生物制品研究所、甘肃奇正实业、甘肃独一味和兰州佛慈等一批竞争力较强的优势企业，开发生产了浓缩当归丸、贞芪扶正颗粒和胶囊、独一味胶囊、奇正消痛贴等一系列产品，并逐步形成品牌优势，甘肃制药工业初具规模。

甘肃坚持发挥比较优势，全面发展特色农业。2008年全省特色优势农产品基地面积达到2500万亩，占农作物播种面积的近50%。玉米制种、啤酒原料、马铃薯等已成为全国特色优势明显、发展势头强劲的产业。

马铃薯产业。以定西、白银、兰州、天水、陇南等市（州）的马铃薯主产县（区）为布局优势区域，发展产业化经营。2008年种植面积达到1000万亩，鲜薯总产量近1200万吨，占全国总产量的13%以上。鲜薯加工能力250万吨。年产脱毒原种3500万粒，居全国首位。全省每年向省外销售鲜薯350多万吨。

制种产业。河西走廊的武威、张掖和酒泉等地已发展为颇具规模的制种基地。2008年，全省杂交玉米种子生产面积110万亩，产种量5亿公斤，占全国玉米种子用量一半左右。瓜菜花卉繁育制种面积12万亩，产种量400万公斤以上，种子销往河南、山东等国内20多个省区和美国、法国、日本、荷兰等10多个国家和地区，年出口种子223万公斤以上。

酿造原料产业。2008年，全省啤酒大麦种植面积200万亩，总产70万吨，面积和产量均占到国产大麦的三分之一。甘肃已成为国内啤酒大麦和麦芽最大的调出省，占有国内麦芽市场35%左右的份额。全省啤酒花面积6万亩，产量1万多吨。酿酒葡萄种植面积达到15万亩左右。

蔬菜产业。以河西走廊、沿黄灌区、径渭河流域、徽成. 盆地为主的蔬菜主产区，大力发展无公害、无污染的绿色瓜果蔬菜。2008年，全省蔬菜总面积552万亩，总产量1082万吨。年蔬菜调出量在200万吨以上，销往全国20多个省区，已成为全国重要的“高原夏菜”基地和西北地区重要的冬春淡季蔬菜生产供应中心。

中（藏）药材产业。2008年，全省药材种植面积227万亩，产量46万吨，自营出口中药材产值达147.5万美元。当归、党参、红黄芪、甘草等道地药材占全国总量的50%以上，其中当归总产量占到全国的95%。目前，上市中药材有350种，其中当归、党参、红芪和大黄四大名贵药材主要销往台湾、香港、东南亚地区，部分远销欧美，出口量占全国的80%。

【文化旅游】甘肃作为我一国远古文明的重要发祥地和中西文化的交流交汇要道，历史文化积淀深厚，民族民间文化特色鲜明，革命文化星光闪耀，现代文化亮点频出，形成了一道神秘而独特的西部文化风景长廊。

伏羲文化. 伏羲是中华民族共同的人文初祖，伏羲文化是距今七八千年的史前文明和中华民族传统文化的源头。甘肃天水是传说中的伏羲诞生地和伏羲文化的发祥地，是以伏羲为代表的华夏先民长期生活的主要地域。天水境内至今保存的伏羲庙、卦台山以及风沟、风谷、风台等与伏羲“风姓”有关的地名，大地湾附近的女娲祠、羲皇故里的砖刻、牌坊、白蛇匾等遗迹，都与伏羲文化密不可分。

丝路文化。闻名于世的丝绸之路，在甘肃东西绵延长达1600公里，占其全程总长度的五分之一。甘肃是丝路古道的黄金路段和枢纽地带，也是中国历史上最早对外开放的地区。东西方文明在这里交融汇聚，西传东渐，陇原各地得以长时期地汲取这条道路上荟萃的各种文明成果来滋养自己，促进自身经济文化的发展和繁荣。丝绸之路及其丰富的文化遗存无疑是甘肃历史文化旅游资源中最有优势、最具光彩和魅力的亮点。

民族民间文化。甘肃节庆习俗丰富多彩。回族的古尔邦节、开斋节；藏族的正月十五晒佛节、五月采花节；哈萨克族的叼羊、“姑娘追,’；土族的“纳顿”节、“二月二”跳神会等。甘肃饮食文化异彩纷呈。兰州牛肉面是最具特色的大众化经济小吃，声名远扬；以手抓羊肉为代表的清真风味食品，独特可口；糌粑、酸奶、奶茶、蕨麻米饭等藏族风味的食物，－值得品尝；还有各种地方小吃，更是独具特色。甘肃民族歌舞多姿多彩。社火歌舞是广泛流传于甘肃民间的一种艺术，尤以兰州的太平鼓舞、武威的“滚鼓子”、张掖的顶腕舞、陇东的秧歌、天水一带的扇鼓舞、腊花等著称，还有莲花山花儿、二郎山花儿、河湟花儿、裕固族民歌等。此外，兰州微雕葫芦，平凉纸织画，庆阳牛皮影、香包、剪纸、刺绣，保安腰刀，天水雕漆漆器，酒泉夜光杯，卓尼洮砚，武威“铜奔马”等民间工艺品也久负盛名。

现代文化。源远流长、底蕴深厚的甘肃历史文化，不断催生着时代精神，培育了《读者》、《丝路花雨》、《大梦敦煌》等一系列著名文化品牌，使甘肃的现代文化日益显露生机和光芒。《读者》杂志创下月发行量1003万册的记录，位居综合类期刊亚洲第一、世界第四，在海内外亿万读者中产生了深远的影响，被誉为“中国人的心灵读本”。诞生于1979年的华人经典舞剧《丝路花雨》，成为中华民族舞剧的里程碑，被海内外誉为“此舞只应天上有，人间难得看几回”。透过敦煌艺术，使世界更深刻地了解了中国、了解了甘肃。由甘肃首创的“农家书屋”工程，是新时期服务新农村建设的知名文化品牌，是千百万农民群众的精神天地。甘肃已建成“农家书屋”4600多家，并在全国广泛推广，深受农民群众的欢迎。

甘肃省旅游资源丰富多彩。中国旅游标志铜奔马和邮政标志释使图就出土于甘肃。众多的历史遗存、独特的自然风貌和浓郁的民族风情，形成了以特色旅游资源为基础的独具魅力的四条黄金旅游线路。

丝绸之路旅游线。丝绸之路全长7000多公里，在甘肃境内有1600多公里。甘肃被誉为“丝绸之路的黄金路段”，这个黄金路段也被国家旅游局称为“永不衰落的旅游产品”，并被列为中国对外推出的九大经典旅游线路之一。丝绸之路甘肃段从东往西连接了甘肃的天水、平凉、兰州、武威、张掖、酒泉、嘉峪关、敦煌八个优秀旅游城市，可以看到“东方雕塑馆”麦积山石窟，纪念华夏民族人文始祖的伏羲庙，气势恢弘的武威雷台汉墓、“石窟鼻祖”天梯山石窟、举世无双的西夏碑和西藏纳入中国版图的见证地百塔寺，世界最大的室内卧佛寺—张掖大佛寺，“天下第一雄关”的嘉峪关，“世界艺术宝库”莫高窟，以及鸣沙山、月牙泉、玉门关和雅丹地质公园等一批世界级的旅游景点，还有森林、草原、大漠、雪峰等独特的风光。

民俗风情和草原风光线路。源远流长的民族传统文化和奇丽多姿的民俗风情，形成了甘肃旅游的又一特色。从兰州南行，经临夏回族自治州、甘南藏族自治州和陇南市，可以欣赏到有“小麦加”之称的临夏浓郁的回族风情，和政古生物化石博物馆，亚洲最美的玛曲草原风光，被誉为“东方小瑞士”的郎木寺，甘南浓郁的藏族民俗风情，世界最大的藏传佛教学府拉卜楞寺和唐蕃古道遗迹，还可以领略到武都万象洞、文县天池、礼县祁山武侯祠、、成县鸡峰山的独特风貌。

黄河风景线路。黄河发源于青海的巴颜喀拉山，纵贯甘肃南北 930 多公里。沿着黄河，可以观赏玛曲天下黄河第一湾、兰州百里黄河风情线、永靖黄河三峡、炳灵寺石窟、景泰黄河石林等名胜古迹和众多黄河文化遗存。特别是黄河穿越甘肃省会兰州市 110 多公里，使兰州成为全国黄河惟一穿城而过的省会城市，形成了独特的百里黄河风情线。“天下黄河第一桥”的中山铁桥、黄河母亲雕塑、羊皮筏子、水车博览园，以及南北滨河路的绿色长廊、亭台楼阁，形成了“黄河之都”的独特风景。

红色旅游线路。甘肃是红军长征经过的主要省份。也是三大主力红军都经过的唯一省份，红军长征在甘肃留下了许多珍贵的遗址遗迹，是全国红色旅游资源大省。这里有打开红军通往陕甘革命根据地胜利之门的迭部天险腊子口；有决定红军长征最终去向和目的地的宕昌哈达铺会议遗址；有纪念三大主力红军长征胜利大会师的会宁纪念馆和会师楼，有抗日战争期间为推进抗日民族统一战线做出巨大贡献的“路军兰州办事处”；有陕甘宁边区最早的红色革命政权—华池南梁苏维埃政权遗址。目前被列为各级文物保护的革命文物有 300 多处，各级博物馆收藏的珍贵革命文物近万件。依托丰富的革命历史资源，已建成各级各类爱国主义和国防教育基地达 1000 多家，在传承革命文化、弘扬民族精神和时代精神中发挥着不可替代的作用。

国民经济运行

【国民经济运行状况】2008 年是国内外经济形势异常复杂、多变的一年。在经历了年初雨雪冰冻灾害和“5.12”地震灾害后，又面临国内外经济环境变化带来的重大挑战和考验，甘肃省委、省政府以科学发展观统揽工作全局，坚定“四抓三支撑”总体工作思路，深入实施工业强省战略，克服重重困难，全力推进各项工作，全省国民经济保持了平稳较快增长态势。初步测算，2008 年全省生产总值比上年增长 10.1%。

（一）经济平稳较快增长，居民消费价格涨幅回落

1. 经济保持平稳较快增长

初步核算，2008 年甘肃省完成生产总值 3176.11 亿元，增长 10.1%。分季度看，一季度甘肃省生产总值增长 10.1%，上半年增长 10.1%，前三季度增长 10.2%，全年增长 10.1%，保持了平稳较快发展态势。

2. 劳动就业形势较好

2008 年末，全省城镇登记失业率 3.20%，比上年下降 0.14 个百分点；城镇新增就业 25.6 万人，增长 12.78%；下岗失业人员实现再就业 11.7 万人，增长 27.17%，其中就业困难对象再就业 4.8 万人，增长 33%。

3. 居民消费价格涨幅持续回落

2008 年，全省居民消费价格总水平比上年上涨 8.2%，涨幅比上年高 2.7 个百分点，比年内最高的前四个月回落 2.1 个百分点。其中食品类和居住类分别上涨 16.2%和 11.3%，是拉动 CPI 上涨的主要动力。分季度看，居民消费价格涨幅持续回落，一季度、上半年、前三季度和全年涨幅分别为 10.2%、9.9%、9.3%和 8.2%。

（二）农业经济运行良好，工业生产平稳增长

1. 农业经济运行良好

随着各项支农惠农政策的落实，全省上下全力做好救灾复产和稳定农业生产工作，农业生产增幅有所提高。初步核算，2008 年全省完成农林牧渔业增加值 462.27 亿元，增长 7.1%，增幅比上年提高 3.1 个百分点。

粮食喜获丰收。全年粮食总产 888.5 万吨，比上年增长 7.77%，达到历史最高水平。

主要经济作物呈现“四增三减”的态势。油料、药材大幅增产，油料、药材产量分别比上年增长 15.48%和 13.86%。蔬菜、水果生产持续增长，全年蔬菜产量首次突破千万吨大关，增长 8.24%，水果产量增长 8.79%。受面积调整影响，棉花减产 4.82%，甜菜产量下降 27.74%。

畜禽出栏继续提高。甘肃省猪、牛、羊出栏分别比上年增长 2.98%、2.7%和 2.1%。肉、奶产量继续增加，分别增长 3.0%、5.35%。

2. 工业生产平稳增长

2008 年，全省规模以上工业增加值突破千亿元，达到 1135.17 亿元，比上年增长 9.5%，是 2000 年以来的最低增速。增幅自前三季度达到年内最高的 10.8%之后，四季度开始持续小幅回落。

电力、装备制造业、煤炭、建材、医药和食品工业等行业对全省工业增长支撑作用明显。2008 年，上述行业共完成工业增加值 447.28 亿元，占全省总量的 39.4%，平均增长 17.62%，高出全省平均增速 8.12 个百分点，拉动全省工业增长 6.33 个百分点，对全省工业增长的贡献率达到 66.75%。

（三）内需增长加快，对外贸易平稳增长

1. 固定资产投资较快增长

2008 年完成全社会固定资产投资 1735.79 亿元，比上年增长 32.47%，这是 1994 年以来的最高增长速度。其中：城镇固定资产投资完成 1495.64 亿元，增长 27.02%；农村固定资产投资完成 202.02 亿元，增长 52.0%。

工业投资增长较快。城镇固定资产投资中，工业投资增长 30.09%，工业投资占城镇投资的 42.65%，比重比上年提高 1.0 个百分点，工业投资的热点仍然是电力、燃气及水的生产和供应业。

房地产开发投资增幅回落。2008 年房地产开发完成投资额 170.69 亿元，比上年增长 27.32%，增幅比上年回落 9.88 个百分点。

2. 消费品市场加快增长

2008 年，甘肃省实现全社会消费品零售总额 990.14 亿元，比上年增长 18.82%，是 1996 年以来的最高增速。其中：批发业零售额增长 22.86%，零售业零售额增长 19.21%，住宿餐饮业零售额增长 19.79%。

城乡市场同步发展。全省市、县和县以下的零售额分别比上年增长 18.52%、19.66%和 19.13%。

3. 对外贸易平稳增长

在金融危机冲击下，出口呈下降趋势，进口增幅显著下滑。全年完成进出口总额 60.94 亿美元，增长 10.87%，增幅比上年回落 32.83 个百分点。其中，完成出口总值 16.02 亿美元，下降 3.44%，增幅回落 13.37 个百分点；完成进口总值 44.92 亿美元，增长 17.06%，增幅回落 48.65 个百分点。

一般贸易平稳发展，加工贸易略有下降。全年一般贸易进出口总值 57.6 亿美元，增长 11.5%；加工贸易进出口总值 3.0 亿美元，下降 3.8%。

资源类产品占进出口商品的主导地位。甘肃省进口商品主要集中在矿产品、镍钴原材料和机电产品上，分别占进口总值的 61.7%、17.4%、6.9%。出口商品主要集中在贱金属及其制品、农产品和机电产品上，分别占出口总值的 47.7%、17.2%、15.5%。

（四）财政收入平稳增长，工业企业效益下滑

1. 财政收入平稳增长

2008 年，全省完成大口径财政收入 470.94 亿元，比上年增长 20.18%，增幅比上年回落 12.67 个百分点。完成一般预算收入 264.97 亿元，增长 38.79%，增幅比上年提高 3.6 个百分点。其中：营业税、企业所得税、个人所得税分别增长 22.47%、14.74%和 13.69%，增值税下降 6.07%。财政支出大幅增长，全省完成一般预算支出 968.43 亿元，比上年增长 43.40%。

2. 工业企业效益下滑

2008 年，全省规模以上工业企业实现利润总额 114.76 亿元，比上年下降 46.57%。亏损企业亏损额 154.0 亿元，比上年增长 1.91 倍。规模以上工业经济效益综合指数为 180.01，比上年下降 25.53 个百分点。其中石油加工、炼焦及核燃料加工业净亏损 116.07 亿元，占全省亏损额的 75.35%。如果剔除石油和天然气开采业、石油加工和炼焦及核燃料加工业，全省工业企业实现利润 230.83 亿元，比上年下降 9.43%。

（五）城镇居民收入平稳增长，农民人均纯收入加快增长

1. 城镇居民收入平稳增长

2008 年，全省城镇居民人均可支配收入为 10969.41 元，比上年增长 9.56%，增速低于上年 2.7 个百分点。转移性收入快速提高，财产性收入所占比重有所降低，工资性收入仍然是城镇居民家庭收入的主要来源。

2. 农民人均纯收入加快增长

2008 年，全省农民人均纯收入为 2723.80 元，增长 16.95%，增幅比上年提高 7.8 个百分点。工资性收入较快增长是农民增收的主要因素。农产品价格上涨带动出售农牧产品的收入提高，支农惠农政策使农民进一步得到实惠。

（六）经济运行环境趋紧，工业品出厂价格涨幅回落

全年工业品出厂价格总水平比上年上涨 4.9%，涨幅比前三季度回落 2.7 个百分点；原材料、燃料、动力购进价格比上年上涨 10.2%。其中 8 月份工业品出厂价格指数为 108.9，为全年价格上涨幅度最高点。9 月份后工业品出厂价格指数开始持续回落，11 月份为 96.8，首次由同比上涨转为同比下降，12 月份为 91.2。

【经济运行中的亮点】

（一）“三农”形势良好

农业运行良好。农林牧渔业增加值增幅比上年提高 3.1 个百分点。粮食喜获丰收，粮食产量达到历史最高水平。

农村投资快速增长。农村投资在灾后重建过程中快速增长，占全社会投资的比重也有所上升。农村固定资产投资增长 52.0%，高于全社会固定资产投资增幅 19.53 个百分点。农村投资占全社会固定资产投资的比重达到 11.64%，比上年提高 1.5 个百分点。

农民人均纯收入加快增长。全省农民人均纯收入增长 16.95%，增幅为 1997 年以来最高的一年，比上年提高 7.9 个百分点。

（二）非公有制工业增势强劲

2008 年，非公有制工业一直保持高位运行，成为甘肃工业增长的亮点。2008 年，全省规模以上非公有制工业共完成工业增加值 168.62 亿元，占全省总量的 14.85%，比上年增长 15.20%，高出全省平均增速 5.7 个百分点，拉动全省工业增长 2.05 个百分点，对全省工业增长的贡献率为 21.57%。

（三）全社会固定资产投资增幅创 1994 年以来的新高

2008 年，甘肃省固定资产投资持续高速增长，全年增速达 32.47%，这是自 1994 年以来的最高增速。

（四）地方工业增长较快

2008 年，全省规模以上地方工业（市及市以下）实现增加值 322.47 亿元，占全省规模以上工业总量的 28.41%，比上年提高 2.06 百分点，比上年增长 10.40%，比全省平均增速高出 0.9 个百分点，拉动全省工业增长 2.8 个百分点，对全省工业增长的贡献率为 29.53%。

（五）金融存贷款增幅不断提高

2008 年，全省金融机构人民币各项存款余额为 4728.82 亿元，比上年增长 26.29%，增幅比上年提高 13.32 个百分点。其中，居民储蓄存款增长 28.6%，企业存款增长 21.57%。

2008 年，全省金融机构各项人民币贷款余额为 2731.89 亿元，比上年增长 19.28%，增幅比上年提高 5.48 个百分点。其中，短期贷款余额增长 21.93%，中长期贷款余额增长 17.68%。

（六）民生问题有所改善

2008 年，全省财政支出中社会保障和就业、教育、医疗卫生等各项支出增长较快，分别增长 95.5%、46.71%和 41.04%。

城镇居民基本医疗保险工作的开展和两免一补政策的实施解除低收入群体的后顾之忧。城镇居民基本医疗保险工作启动实施后，低收入居民认为缴费不高，也有了保障，对普遍实施医疗保障非常满意。两免一补政策的实施，使低收入群体的孩子们享受到义务教育，解除了后顾之忧。

省委、省政府 2008 年承诺的“14 件实事”进展顺利。各级政府大力推进廉租住房建设，将成为低收入居民改善居住条件的主要途径。

【经济运行中值得关注的问题】

（一）工业生产增速减缓，实现利润大幅下降

2008 年，甘肃省规模以上工业增长速度比上年回落了 7.56 个百分点，实现利润总额比上年下降 46.57%。

受价格大幅下降的影响，甘肃省主要产品产量呈下降趋势。镍产量比上年下降 1.70%，粗钢产量比上年下降 21.09%，钢材产量比上年下降 3.31%。有色、冶金两大支柱行业生产大幅下滑。全省规模以上有色工业实现工业增加值仅增长 2.07%，增幅比上年回落 11.77 个百分点；冶金工业实现工业增加值增长 9.39%，增幅比上年回落 21.52 个百分点。

工业企业实现利润大幅下降。2008 年，全省规模以上工业企业盈亏相抵后实现利润总额比上年下降 46.57%。全省利润总额下降的原因，一方面是由于国际原油价格的大幅波动，石油加工、炼焦及核燃料加工业亏损企业亏损额比上年增长 1.90 倍。另一方面是电力和有色行业实现利润大幅下降，其中电力行业实现利润下降 54.84%，有色行业实现利润下降 47.15%。

（二）投资到位资金状况不理想

2008 年，甘肃省城镇固定资产投资到位资金一直低于投资完成额。全年城镇投资到位资金增长 20.7%，增幅比城镇投资低 6.3 个百分点。从到位资金的来源构成看，国家预算内资金增幅达 56.69%，国内贷款和自筹资金增幅较低，分别仅增长 8.39%和 19.34%。

房地产开发投资进入增速减缓期。全年房地产开发投资额增长 27.32%，增速减缓，到位资金仅增长 16.82%，从 8 月份开始，房屋竣工面积和商品房销售面积持续下降。

（三）财政收入增幅回落

受国际、国内大环境的影响，重点企业效益下滑，再加上地震等自然灾害的影响，全省财政收入形势比较严峻，财政收入增幅一直低位徘徊。2008 年，剔除地震灾害捐赠收入和两权价款收入等一次性增收因素后，大口径财政收入和地方财政收入增幅分别为 8.05%、13.91%，依次比上年回落了 24.8 和 21.28 个百分点。

（四）进出口总值增速大幅回落

全省完成进出口总值增幅比上年回落 32.83 个百分点。其中：出口下降 3.44%；进口增长 17.06%，增速比上年回落 48.65 个百分点。

受全球金融危机加剧及各主要工业国家经济增长明显放缓的影响，10 月进出口贸易增速回落，11 月份则开始下降，尤其是 12 月份进口、出口总值的降幅都在 40%以上。

【2009 年展望】

（一）保持经济平稳较快发展面临的困难和挑战

1. 世界经济正濒临全球性衰退

从国际形势看，美国次贷危机仍在继续向纵深发展，其对美国以及世界经济的拖累效应仍在不断扩散，世界经济面临衰退的可能性在增大。各国政府及国际机构（中国除外）最新公布的数据和预测看，全球经济在进一步恶化，且恶化程度和速度超过之前普遍预期。

2. 我国经济增长下滑的压力加重

从国内形势看，世界经济增长周期性变化和国内周期性因素相叠加，增大了 2009 年经济进一步向下调整的压力。目前我国处于本轮经济增长周期的回落期。2009 年我国经济增长下滑的压力在加重，世界经济增速下降将对我国经济增长产生明显的负面影响。

3. 金融危机对甘肃省实体经济的负面影响加深

在经济高度全球化的今天，国内外经济增长放缓必将在一定程度上直接或间接对甘肃加快发展产生影响。国内外经济增长放缓，今后影响工业经济运行的不确定性因素增大。尤其是甘肃省支柱产业属强周期性行业，受世界经济增长放缓的冲击较大。

（二）保持经济平稳较快发展的有利因素

1. 中国经济增长潜力巨大

首先，改革开放以来，我国经济保持了 29 年的高速增长，特别是保持连续 5 年两位数的高速增长，我国经济总量发生了飞跃性的变化。经过长期经济快速增长，我国积累了比较丰富的物质基础，党中央、国务院积累了丰富的宏观调控经验。

其次，虽然发展中国家的经济增长速度 2009 年也将明显放缓，但遭受金融危机冲击的程度将普遍低于发达经济体。

第三，我国拥有大量的外汇储备，金融状况相对稳健，对外部的冲击能起到缓冲作用。

第四，我国的劳动力成本还比较

低，仍然具有比较优势。

因此，只要政策调整适度，我国经济增长就不会发生深度下调。

2. 中央为应对国际金融危机的冲击出台的一系列政策措施，为促进甘肃省经济发展带来新的机遇

为了抵御全球金融危机对我国经济造成的巨大冲击，国务院调整了宏观调控政策，实行积极的财政政策和适度宽松的货币政策，出台了加快民生工程、基础设施、生态环境和灾后重建，提高城乡居民特别是低收入群体的收入水平等10项措施。

一是扩大内需，保持经济稳定增长的10项具体措施，很多都着眼于长期经济发展和改善民生，这对于提振信心，扼制经济进一步下滑具有重要意义，也对甘肃省经济带来一定的发展机遇。

二是随着政策发挥效应，尤其是国家执行适度宽松的货币政策，全面实施增值税转型改革，甘肃省企业生产经营状况会有一定程度改观。

三是灾后重建、新农村建设、风电等投资项目和大中型企业新建、改建和扩建项目投资以及水利、环境和公共设施管理等建设项目在2009年仍将延续，会促进甘肃省投资的快速发展。

四是在扩大内需政策的作用下，在城乡居民收入较快增长、消费结构升级等因素的推动下，消费品市场仍将保持较快的增长水平。

3. 甘肃经济持续较快增长的自身能力增强，经济发展的基础日益巩固

甘肃经济连续6年保持两位数的较快增长，经济发展的质量和效益不断提高，城乡发展的基础日益巩固。随着新农村建设步伐的稳步推进，农业基础设施将不断完善，农业产业化进程不断加快，农业的基础地位将稳步增强，为经济增长提供了有力保障。2008年粮食喜获丰收，继续增产，对稳定社会提供了重要保障。

4. 甘肃省的经济政策有利于经济平稳较快增长

"四抓三支撑"的总体思路是在科学发展观的指导下，并结合甘肃省情提出的战略举措，对于甘肃经济发展不仅具有指导意义，而且可操作性很强，实践证明是完全正确的。对于2009年的全省社会经济发展，省委省政府提出要按照"四抓三支撑"的总体工作思路，继续深入实施工业强省战略，改善基础设施条件，扩大消费需求，加快经济发展方式的转变。这些政策措施是在认真分析甘肃省形势的基础上提出来的，体现了科学发展观的要求。既立足于当前，也着眼于长远，对于促使甘肃省经济继续平稳较快发展意义重大。

（三）2009年甘肃经济发展趋势预测

尽管还面临着一些不容忽视的困难和矛盾，但总体上看，2009年全省国民经济仍将保持平稳较快增长的趋势，初步预测2009年全省GDP增长10%左右。

政　治

中共甘肃省委

【省委常委会议纪要】1月12日，会议听取了省委组织部、省委统战部关于省十一届人大常委会组成人员初步人选，十届省政协常委初步人选，省十一届人大各专门委员会组成人员初步人选、副秘书长及工作机构正副主任初步人选，十届省政协副秘书长及专委会、工作机构正副主任初步人选，省十一届人大一次会议主席团和秘书长初步人选、常务主席初步人选、副秘书长初步人选，省十一届人民代表大会代表资格审查委员会初步人选，省十一届人大一次会议临时党组织初步人选、各代表团团长副团长建议名单、各代表团临时党支部初步人选书记副书记建议名单，政协甘肃省第十届委员会第一次会议主席团和秘书长建议名单、主席团常务主席建议名单、副秘书长建议名单、提案审查委员会建议名单、临时党委组成建议名单，《甘肃省第十一届人民代表大会第一次会议选举办法（草案）》、《政协甘肃省第十届委员会第一次会议选举办法（草案）》的汇报。会议原则同意省委组织部、省委统战部提出的意见，要求按有关规定和程序办理。会议讨论了《中共甘肃省委常委会 2008年工作要点》。会议原则同意《工作要点》。

1月17日，会议听取了省总工会、团省委、省妇联的工作汇报，研究了工会、共青团、妇联工作。会议原则同意省总工会、团省委、省妇联 2008 年工作安排意见，要求认真抓好落实。会议认为，去年以来，在省委的正确领导下，省总工会、团省委、省妇联围绕中心、服务大局，方向明确、思路清晰，工作扎实、效果明显。特别是省总工会、团省委、省妇联根据各自的特点，注重工作创新和制度创新，注重务实和求实，注重调查研究，注重改进作风，引导广大职工、团员青年和妇女积极开展丰富多彩的主题实践活动，为全省改革发展稳定做出了重要贡献，在服务群众和维护群众权益方面取得了明显成效。去年我省经济社会发展保持了增长较快、结构优化、效益提高、民生改善的良好态势，是全省人民共同奋斗的结果，也是与工会、共青团、妇联的努力工作分不开的。会议强调，做好当前和今后一个时期工会、共青团、妇联工作，要重点把握好以下几个方面：第一，深入学习贯彻党的十七大精神，把各级工会、共青团、妇联干部的思想统一到十七大精神上来，把广大职工、团员青年、妇女的智慧和力量凝聚到实现十七大确定的各项目标任务上来。第二，充分发挥工会、共青团、妇联组织的优势，紧紧围绕全省中心工作，团结带领广大职工、团员青年和妇女为实现经济社会又好又快发展创造新业绩。第三，切实维护职工、团员青年、妇女的合法权益，努力为他们搞好服务，在促进和谐社会建设方面发挥好作用。第四，加强对工会、共青团、妇联工作的领导，积极帮助解决工作中存在的困难和问题，努力创造良好的工作环境和条件。会议传达学习了全国统战部长会议精神，研究了我省的贯彻意见。会议原则同意省委统战部提出的贯彻意见，要求认真抓好组织实施。会议指出，全国统战部长会议是一次重要会议。会议全面总结了十六大以来统战工作取得的成绩和经验，研究部署了 2008 年的统战工作。各级党委和统战部门要认真学习和贯彻好会议精神，努力做好全省统战工作。会议强调，统一战线不仅是我们党夺取革命、建设和改革事业胜利的重要法宝，也是我们党执政兴国的重要法宝。要站在全局的高度，充分认识做好统一战线工作的极端重要性和紧迫性，进一步把统一战线工作摆到重要位置，切实抓紧抓好。要高举中国特色社会主义伟大旗帜，深入贯彻落实科学发展观，牢牢把握大团结大联合的主题，正确认识和处理政党关系、民族关系、宗教关系、阶层关系、海内外同胞关系，坚持围绕中心、服务大局，统筹兼顾、突出重点，认真做好民主党派、民族宗教、新的社会阶层人士等各方面的统战工作，不断巩固和壮大爱国统一战线，为推进全省经济社会又好又快发展提供最广泛的力量支持。特别是要从我省实际出发，切实加强宗教工作，各级宗教部门要认真履行好工作职能，不断强化工作措施，依法加强对宗教事务的管理，维护社会和谐稳定。要加强党对统战工作的领导，为统战部门开展工作创造良好的条件。要加强统战部门自身建设，努力提高履职尽责的能力和水平。会议传达学习了中央组织部关于春节前慰问老干部、老党员、老模范和困难党员的通知精神。会议要求省委组织部按照中央组织部的通知精神，认真抓好组织实施。

1月23日，会议传达学习了十七届中央纪委二次全会精神，研究了我省的贯彻意见。会议指出，十七届中央纪委二次全会是一次非常重要的会议。胡锦涛总书记的重要讲话，是对党的十七大提出的反腐倡廉建设重大战略思想和重大战略任务的深入阐述和全面部署，是推进反腐倡廉建设的纲领性文件，不仅对于做好反腐倡廉和纪检监察工作具有现实指导意义，对于做好党建工作和其他各项工作也都具有重要指导意义。我们要认真学习，深刻领会，坚决贯彻执行。会议强调，学习贯彻十七届中央纪委二次全会精神，做好当前和今后一个时期纪检监察工作，要重点把握好以下几个方面：第一，认真学习十七届中央纪委二次全会特别是胡锦涛总书记的重要讲话精神，把思想统一到中央的部署上来。各级党委中心组要专门安排，集中学习胡锦涛总书记的重要讲话和贺国强同志的报告。要把学习贯彻十七届中央纪委二次全会精神与深入学习贯彻党的十七大精神结合起来，把思想统一到中央对当前党风廉政建设和反腐败斗争形势的科学分析和判断上来，统一到中央关于充分认识加强反腐倡廉建设的重要性和紧迫性的要求上来，统一到中央关于当前和今后一个时期加强反腐倡廉建设的指导思想、基本要求、工作原则和主要任务上来，切实增强抓好新形势下党风廉政建设和反腐败工作的责任感和紧迫感。第二，切实抓好十七届中央纪委二次全会提出的各项任务的落实，着力推进惩治和预防腐败体系建设。落实今年的党风廉政建设和反腐败工作任务，总体上要体现继续解放思想、坚持改革开放、推动科学发展、促进社会和谐的要求，加强以完善惩治和预防腐败体系为重点的反腐倡廉建设。要结合我省实际，重点加强对中央和省委重大决策部署贯彻执行情况的监督检查，认真解决损害群众利益的突出问题，抓好反腐倡廉教育和领导干部廉洁自律，加大查办案件工作力度，继续推进体制机制改革和制度创新，强化对领导干部用权行为的监督，加强国有企业党风建设和反腐倡廉工作，为全省经济社会又好又快发展提供保证。第三，按照十七届中央纪委二次全会的要求，进一步加强对反腐倡廉建设的领导。各级党委是反腐倡廉建设的责任主体，要担负起全面领导反腐倡廉建设的政治责任，严格按照党风廉政建设责任制的规定办事，特别是主要领导一定要做到重要工作亲自部署、重大问题亲自过问、重点环节亲自协调、重要案件亲自督办。各级领导班子成员要以身作则、严格要求，带头遵守廉洁从政各项规定，为全省党员干部作出表率。各级党委要高度重视纪检监察干部队伍建设，加强工作指导，支持他们依纪依法履行职责。要加大纪检监察干部培养、交流、使用力度，激励他们更好地发挥作用。会议同意按照中央纪委的要求，根据本级党的代表大会的次数来确定本届纪委的届数，规范省纪委全会名称。同意召开十一届省纪委二次全会。会议要求加强对重点资金、重大投资项目的监管，将监督关口前移，建立健全有效的监管机制，保证资金安全、投资效益、工程质量和干部廉洁。同时要加强对城市市政建设、基础设施建设、安全生产和省委、省政府确定的为民办实事落实情况等方面的监督检查，保证这些工作的顺利进行。会议同意省纪委提出的搞好党风廉政建设责任制考核检查的意见，同意与干部考核、领导班子民主生活会的指导结合进行，要求省纪委、省委组织部认真抓好组织实施。会议讨论了国务院《政府工作报告（征求意见稿）》。会议要求由省政府将讨论意见整理汇总后，上报国务院。

2 月 22 日，会议传达学习了全国组织工作会议精神，研究了我省的贯彻意见。会议原则同意省委组织部提出的贯彻意见，要求认真抓好落实。会议指出，全国组织工作会议是中央在新形势下召开的一次具有全局意义的重要会议。胡锦涛总书记在会议上的重要讲话，站在时代和全局的高度，深刻阐明了党的建设和组织工作改革创新的重大意义、重点任务和主要措施，是对十七大关于党的建设总体部署的进一步丰富和深化，具有很强的思想性和指导性。各级党委和组织部门要认真学习，深刻领会，全面贯彻，以改革创新精神进一步做好党的建设和组织工作。会议强调，贯彻全国组织工作会议精神，做好当前和今后一个时期党的建设和组织工作要重点把握好以下几个方面：一是要把深入学习贯彻党的十七大精神和学习领会全国组织工作会议精神结合起来，不断深化对党的建设改革创新重大意义的认识。面对国际国内形势的深刻变化和党的建设面临的许多新课题、新考验，推进党的建设自身的改革创新，显得更为重要和紧迫。各级党委在深入学习领会党的十七大精神中，要把学习领会十七大对党的建设总体部署与学习领会全国组织工作会议提出的具体任务结合起来，从发展中国特色社会主义的客观要求，从提高党的执政能力、保持和发展党的先进性战略高度出发，深刻认识和全面把握大力弘扬改革创新精神的重大意义，切实增强改革创新的紧迫感和责任感。二是要对照十七大和全国组织工作会议的要求，进一步理清推进党的建设和组织工作改革创新的思路。党的建设改革创新既是一个重大的历史课题，也是一项宏大的系统工程，既涉及党的思想、组织、作风、制度和反腐倡廉建设，也对各级党委、党委各部门和基层组织提出了新任务、新要求。省十一次党代会已经对新形势下加强全省党的建设工作做出了部署，各级党委要对照党的十七大和胡锦涛总书记的讲话精神，认真查找党建工作中存在的差距和不足，理清思路，明确任务，不断推进党的建设改革创新。三是要以更加奋发有为的精神状态和求真务实的工作作风抓落实，努力开创我省党的建设和组织工作新局面。推进党的建设改革创新，精神状态和工作作风至关重要。各级党委和全省广大党员干部，都要进一步解放思想、转变观念、锐意进取、扎实工作，把中央和省委的部署落到实处。组织部门在党的建设中担负着重大责任，要紧密结合实际，认真总结实践经验，深入研究问题，突出重点，攻克难点，切实解决好实践中遇到的新问题、新矛盾，扎扎实实抓好落实，努力使我省党的建设和组织工作再上一个新的台阶。会议原则同意省委组织部提出的关于深入学习实践科学发展观活动试点工作的意见，要求根据省委常委会讨论的意见作进一步完善。

3 月 17 日，会议传达学习了中共中央办公厅、国务院办公厅关于处置西藏自治区拉萨市严重打砸抢烧事件的情况通报和周永康同志在维护藏区稳定处置拉萨“3•14”事件协调小组会议上的重要讲话，对我省维护藏区稳定工作进一步作了研究部署。现将会议研究决定事项纪要如下：会议指出，由境内外敌对势力策划煽动的西藏拉萨严重打砸抢烧事件发生后，党中央高度重视，胡锦涛总书记多次作出重要指示，明确了这次事件的性质，作出了尽快平息事态、确保藏区稳定的决策部署。全省各级党委、政府要坚决贯彻落实胡锦涛总书记的重要指示精神和中央的决策部署，全力做好维护藏区社会稳定工作。会议指出，夏河拉卜楞寺发生僧侣游行活动后，省委、省政府当即作了安排部署，连夜调公安干警和武警维持社会秩序，有效地控制了重点地区事态的发展，整个工作领导是得力的，指挥是得当的，处理是果断的。但不法分子随时在制造破坏活动，我省藏区的维稳形势仍然十分严峻。我们必须充分认识这场斗争的艰巨性、复杂性、长期性，把形势估计得复杂一些，把后果考虑得严重一些，做到态度坚决、果断处置、讲究策略、妥善应对。会议强调，做好下一步维护我省藏区稳定工作，要重点把握好以下几个方面：一是提高认识，进一步把思想统一到中央决策部署上来。要认清这次事件是达赖集团有组织、有预谋、精心策划的，其险恶用心是干扰北京奥运会，破坏我安定和谐的社会政治局面。全省各级党委、政府要高举维护社会稳定、维护社会主义法制、维护人民群众根本利益的旗帜，保持高压态势，形成强大震慑，坚决制止捣乱破坏活动，尽快平息事态。对打砸抢烧分子，要果断处置，迅速缉拿归案，决不能手软。同时要加强社会面的控制，严厉打击各种违法犯罪分子，不给分裂分子以任何可乘之机。二是发挥政治优势和组织优势，做好深入细致的宣传教育工作。甘南藏区的各级党委、政府要紧急行动起来，尽快把党员干部组织起来，在保持本单位本部门正常工作秩序的同时，深入基层，深入群众，包乡、包村、包户、包寺院，做好深入细致的思想政治工作。要教育引导广大群众划清与极少数分裂主义分子的界限，自觉抵制分裂破坏活动，自觉维护法制的权威，自觉维护祖国统一和社会稳定。广大共产党员要增强党的观念，坚持党性原则，在大是大非面前一定要旗帜鲜明，态度坚决，经得起考验。三是进一步加大工作力度，依法加强对寺庙的管理。甘南州委、州政府要安排部署各县组成由领导干部带队，由统战、公安、民族、宗教等部门参加的强有力的工作小组，深入重点寺庙，有针对性地做好宗教界人士和僧侣的工作。要注重工作的有效性，讲清这次事件的性质，教育僧侣认清形势，站稳立场，问题不解决，工作组不撤离。对少数寺庙的不法活动，要依法坚决予以取缔，决不允许任何人打着信教自由的旗号从事分裂国家的活动，决不允许任何人进行破坏宪法、破坏法律、破坏社会秩序的违法犯罪活动。四是密切关注，切实做好高校的稳定工作。省委宣传部会商有关部门，由领导干部带队组成工作组，进驻合作师专和西北民族大学，向广大师生讲清事件真相，做深入细致的思想工作，维护好正常教学秩序，采取坚决措施控制事态的发展，防止向其他高校蔓延。五是加强情报信息工作，深挖幕后黑手。从目前掌握的情况看，这起严重打砸抢烧事件是经过周密策划的，总根子就是达赖集团。要在加强特情工作和审讯工作的同时，抽调必要的力量和装备，务求在获取内幕信息方面取得更大突破，尽快扭转情报信息滞后的状况。各情报信息部门要加强交流，最大限度地用好情报信息资源。六是加强舆论宣传，引导广大群众同分裂主义分子划清界限。要以省委、省政府《通报》的形式，宣传中央的决策部署，揭露达赖集团的反动本质，讲明问题的性质和真相，表明党和政府的态度，教育广大群众明辨是非、站稳立场。七是按照中央有关要求，进一步加强对境外记者和旅游团体的管理。要按照“不予受理、不予批准、不解释原因”的原则，严防境外记者和旅游团体进入甘南藏区。八是加强警力部署，形成强大的威慑力。要根据实际需要，确保足够警力，为处理突发性事件做好充分准备。要加强后勤保障，为干警创造良好的条件。会议强调，各级党委和政府要按照中央要求，精心部署，统筹安排，努力抓好改革发展各项任务的落实，把维稳工作摆在更加突出的位置，力求做到改革发展与维护稳定两不误。会议要求，近期要对甘南重点县市和出入境口实行交通管制；在甘南主要市县的城区实行武装巡逻；组织干部和民兵应急分队昼夜巡逻，保护好机关单位和重要部门。会议强调，要进一步加强领导，明确责任。

3 月 24 日，会议传达学习了全国第十六次高校党建工作会议精神，研究部署了我省高校党建工作。会议原则同意省委宣传部提出的贯彻意见，要求认真抓好落实。会议指出，全国第十六次高校党建工作会议深入贯彻党的十七大精神，研究部署了当前和今后一个时期高校党建工作任务，是一次十分重要的会议。各级党委特别是高校党组织要认真贯彻会议精神，以改革创新的精神推进高校党建工作，努力为高等教育事业的发展提供政治保证和组织保证。会议认为，近年来，我省高校党建工作取得了明显成效，但仍然存在一些问题，特别是最近西藏拉萨和其他藏区发生的打砸抢烧事件中也暴露出高校党建工作的一些薄弱环节，我们要引起高度重视。会议强调，做好当前和今后一个时期的高校党建工作要重点把握好以下几个方面：一是加强高校领导班子建设。要配齐配强高校领导班子特别是党委班子，加强思想政治建设和作风建设，努力建设高素质的高校领导班子。二是加强基层基础工作。要重视高校党支部建设，通过选派政治素质好、业务素质强、热心党务工作的党支部书记等办法，充分发挥党支部的战斗堡垒作用。要加强党员教育培训，提高党员政治素质，充分发挥党员先锋模范作用。要继续做好在青年知识分子和青年学生中发展党员工作，使更多的青年教师和学术骨干加入党组织，使高校党组织不断注入新鲜血液。三是切实做好大学生思想政治工作。要坚持用马克思主义中国化的最新理论成果武装党员、教育师生，引导广大师生员工，树立正确的理想信念，坚定不移地走中国特色社会主义道路。要认真分析当代大学生的思想特点和存在的问题，适应新形势，解决新问题，注重工作实效，有针对性地做好工作。对大学生关心的就业问题，一方面要引导大学生转变就业观念，鼓励大学生自主创业，灵活就业，特别是在基层建功立业；另一方面积极创造条件，疏通就业渠道,增加就业岗位，扩大就业面。要关心贫困家庭大学生的生活，由于物价上涨，为了不使学校伙食价格上涨，政府采取了补贴的办法，要把补贴全部用到抑制价格上涨上，使在校生的实际生活水平不降低，有关部门要加强监督管理。要建立一支专、兼职相结合的思想政治工作队伍，特别是选一些政治素质和业务素质都比较好的青年教师担任政治辅导员，切实发挥好他们的作用，使思想政治工作取得实实在在的效果。四是加强校园周边环境治理。要研究新形势下校园周边环境整治的长效机制，做到集中整治和日常监管相结合，确保校园周边环境得到明显改善。会议研究了我省藏区维护稳定工作。会议认为，在党中央的正确领导下，经过各方面的共同努力，我省甘南藏区局势得到了有效控制，维护稳定工作取得明显的阶段性成果。商业、服务业逐步恢复正常营业，各类学校全部恢复正常上课；在夏河县召开宗教界代表人士座谈会，嘉木样、德哇仓等上层人士公开揭露达赖集团的分裂祖国行径和打砸抢烧犯罪行为，在社会各方面形成了谴责分裂破坏活动的强大舆论氛围；抓紧拘捕与境外联系、指挥打砸抢烧事件的首恶分子，共抓获 541 人，其中有 227 名僧侣自首。但是，维护藏区稳定的形势不容乐观，我们还发现一些不法分子通过短信等形式造谣生事，甚至煽动再次闹事。对此，绝不能放松警惕，要进一步巩固和扩大维稳成果，取得反分裂斗争的彻底胜利。会议要求，各级党委和各有关方面，要认真总结前一段工作的经验，以高度的责任感和使命感切实做好藏区工作。下一步要重点抓好以下几方面：一是尽快对抓获的不法分子进行审讯。对于带头搞打砸抢烧和组织策划的极少数首恶分子要严厉打击、绝不手软，继续深挖后台，折断黑手。对于受胁迫或从众参加一般破坏活动的人员以及自首人员，只要他们认清错误，悔过自新，具结取保，可予以从宽处理，达到教育争取大多数、分化打击极少数的目的。二是抓住有利时机加强对寺庙治理整顿。要从省州县相关部门抽调得力人员，组成工作组，进驻重点寺庙开展工作。要深入揭批达赖集团的反动本质，引导僧众自觉与达赖集团划清界线，坚决抵制其反动图谋。要编写宣传教育读本，对僧众进行爱国主义和法制教育。要依法加强对寺庙的管理，健全规章制度，建立维护稳定的长效机制。三是抓好当前的春耕生产和农牧业生产。要不失时机地抓好当前的农牧业生产，抓好藏区的重点生态建设项目和经济社会发展项目建设，把不稳定事件造成的影响减少到最低限度。四是加大舆论宣传力度。要采取多种形式，进一步搞好舆论宣传，引导广大藏区群众认清这次事件的真相，认清达赖集团政治上的反动性和宗教上的欺骗性，使广大群众更加热爱祖国，珍惜来之不易的大好局面，坚定不移地走中国特色社会主义道路；要大张旗鼓地宣传党的民族宗教政策和藏区翻天覆地的变化，宣传部队官兵和公安干警为维护稳定、帮助群众恢复生产生活所做出的贡献。五是加强武警和公安队伍建设。要进一步完善警力部署，做好应对和处理各类突发事件的充分准备。特别是要以这次事件为契机，积极争取上级支持，配强武警、公安力量，改善装备水平，适应工作需要加强警力部署，为藏区长期稳定提供保证。六是重视藏区干部的培养。要制定具体计划，通过培训、交流、选调、招考等方式，充实藏、汉族干部队伍，优化干部队伍结构，努力造就一支政治上靠得住，工作上能力强，熟悉藏区情况，有广泛群众基础的藏区干部队伍。

4 月 2 日，会议传达学习了《中办通报》[2008]第 7 期和中央领导同志的批示精神，研究了我省维护藏区稳定工作。会议指出，中央对维护藏区稳定工作非常重视，特别是 3 月 14 日西藏拉萨发生严重打砸抢烧严重暴力犯罪事件以来，多次召开会议进行研究部署，胡锦涛总书记多次作出重要指示和批示，我们一定要坚决贯彻中央的决策部署和胡锦涛总书记的指示精神，努力做好我省维护藏区稳定工作。会议指出，我省甘南藏区不稳定事件发生后，省委、省政府在中央的领导下，旗帜鲜明，态度坚决，反应迅速，处置果断，措施有力，应对得当，取得了维稳工作阶段性胜利，也取得了一些经验，得到了中央领导同志的充分肯定。但是，我省藏区还存在不稳定因素，形势依然十分严峻，我们必须认识到同达赖集团进行渗透与反渗透、分裂与反分裂、颠覆与反颠覆斗争的长期性、复杂性、尖锐性，继续巩固维稳成果，树立长期作战的思想。要立足当前，着眼长远，加强组织领导，加强舆论宣传，加强教育引导，加强对寺庙的管理，加强基层基础工作，加强维稳力量部署，坚决稳慎地做好各项工作，努力使我省藏区保持长期稳定。会议传达学习了中发电[2008]1号文件精神，就有关问题进行了讨论。会议要求有关部门将省委常委会讨论的意见和省人大、省政府、省政协党员领导同志讨论的意见整理汇总后，按要求上报。

4 月 17 日，会议传达学习了全国维护社会稳定工作电视电话会议精神，研究了我省贯彻意见。会议决定，近期召开会议，专门研究部署全省维护社会稳定工作。会议认为，全国维护社会稳定工作电视电话会议是中央在北京奥运会举行前夕召开的一次十分重要的会议。周永康同志在会上的重要讲话，深刻分析了当前维护社会稳定面临的复杂形势，全面部署了打好确保国家安全和社会稳定、确保北京奥运会安全顺利举办这场硬仗的工作任务，进一步明确了各级党委、政府在维护社会稳定方面的第一责任，充分体现了党中央、国务院旗帜鲜明、直面挑战的坚定意志和敢于斗争、敢于胜利的坚强决心，为我们做好维护社会稳定和国家安全的各项工作鼓舞了斗志、指明了方向。我们一定认真学习贯彻会议精神特别是周永康同志的讲话精神，进一步认清严峻形势，切实增强忧患意识，真正把思想统一到中央的决策部署上来，以强烈的政治责任感，全力以赴确保国家安全和社会稳定。会议强调，要进一步明确了维护我省社会稳定和国家安全的目标任务，以实际行动为北京奥运会的顺利召开做贡献。要从维护中华民族尊严、维护社会主义制度、维护中国共产党执政地位的高度，充分认识确保奥运会安全顺利举办的重大意义，按照全国一盘棋、举国办奥运的要求，坚决挫败各种敌对势力的捣乱破坏活动，坚决维护社会稳定和国家安全。从现在到 9 月份北京奥运会、残奥会结束，全省维稳工作必须做到“八个确保”。一是确保甘南藏区事态不反弹、不蔓延、不扩散，二是确保不发生暴力恐怖事件，三是确保不发生危害国家安全和社会稳定的政治事件，四是确保奥运火炬传递活动在我省万无一失，五是确保不发生大规模群体事件和进京上访事件，六是确保不发生较大数量的群死群伤事故，七是确保重点单位、重点场所、重点设施和要害部位安全有序，八是确保社会治安大局的持续稳定。会议强调，要采取强有力的措施，把维护社会稳定工作做深做细。围绕实现“八个确保”，要采取以下十项工作措施：一是要及时研判维稳形势。二是要大力加强情报信息工作。三是要进一步做好藏区维稳工作。四是要严密防范和严厉打击各种敌对势力的破坏活动。五是要加强矛盾纠纷排查调处工作。六是要坚持搞好严打整治工作。七是要切实加强社会管理。八是要认真抓好保障和改善民生工作。九是要高度重视安全生产。十是要进一步加强舆论引导。会议强调，各级党委、政府要主动承担责任，切实加强组织领导，狠抓各项任务的落实。要认真完善和落实维稳工作责任制。各地各部门各单位要按照中央关于维护社会稳定工作和奥运安全保卫工作的总体部署和要求，结合各自实际和职责范围，抓紧细化分解任务，一项一项地落实到市县乡，落实到重点部位，落实到基层组织和具体人，建立责任制，签订责任状，确保责任到位、组织措施到位、协调指导到位，做到不消除隐患决不放过、不解决问题决不放过。要扎扎实实做好各项应急准备，抓紧制定完善并实战演练各类应急预案，切实增强预案的针对性、操作性和实战性。各地各部门各单位一定要牢固树立全国一盘棋思想，雷厉风行地贯彻中央统一部署。要主动沟通情况，积极协作配合，处理好跨地区跨部门的问题，决不允许推诿扯皮、敷衍了事。重大情况重大问题要及时上报，决不允许迟报漏报、隐瞒不报，贻误战机。要严格实施责任追究，凡是因工作不落实、不到位、不负责任造成严重后果的，要严肃追究当事人和相关领导责任。会议通报了我省近期对甘南州一些重点寺庙清查的情况，强调要认真贯彻中央领导的指示精神，坚决稳慎地做好藏区各项维稳工作。

5 月 8 日，会议听取了省残联关于全省残疾人工作情况的汇报。会议同意召开省残联第五次全省代表大会。同意以省委、省政府名义出台加强残疾人事业发展的意见，要求省政府研究室、省残联等有关部门做好政策研究和文件起草工作。同意以省委名义召开学习贯彻中央 7 号文件精神电视电话会议。会议认为，近年来，在各级党委、政府的领导下，经过各级残联和有关方面的共同努力，全省残疾人事业得到了长足发展，特别是在扶贫、康复、就业、社会帮扶、组织建设、文艺体育等方面取得了显著成绩，残疾人参与社会生活的环境和条件明显改善，生活水平和质量不断提高，残疾人工作走在了全国前列，多次受到国务院残工委、中国残联和国家有关部委的表彰奖励，为全省改革发展稳定做出了重要贡献。会议强调，做好当前和今后一个时期残联工作，重点要把握好以下几方面。第一，进一步提高认识，增强促进残疾人事业发展的责任感和使命感。第二，采取有力措施，切实促进残疾人事业发展。各级党委、政府要突出工作重点，把握关键环节，针对薄弱环节，着眼于解决残疾人最关心、最直接、最现实的利益问题，促进残疾人事业在新的起点上加快发展。第三，切实加强领导，为促进全省残疾人事业的发展创造良好环境和条件。会议讨论了《中共甘肃省委、甘肃省人民政府关于深入实施工业强省战略的决定（讨论稿）》。会议原则同意《决定（讨论稿）》，要求有关部门根据省委常委会讨论的意见作进一步修改完善后下发执行。会议听取了省委组织部贯彻中组部《关于中国共产党党费收缴、使用和管理的规定》的意见及省管党费收支结存情况的汇报。会议原则同意省委组织部提出的意见，要求各级党委和组织部门认真贯彻中央的精神，做好党费收缴、使用和管理工作。会议听取了省委组织部关于2006－2007年省管领导班子、领导干部考核情况和省纪委关于党风廉政责任制考核情况的汇报。会议同意召开省管领导班子、领导干部“两项考核”总结讲评视频会议。会议指出，搞好领导班子和领导干部考核，对于加强领导班子和干部队伍建设，促进党风廉政建设，具有十分重要的意义。通过考核，要认真总结经验，发现存在的问题，制定有效的改进措施，进一步推动工作。要适应新形势，建立和完善符合科学发展观要求的考评体系，改进考核办法，使考核工作能真正反映出领子班子和领导干部队伍建设的实际状况，达到鼓励先进，鞭策后进，激发工作热忱，调动工作积极性，推进全省经济社会又好又快发展的目的。

5月19日，会议认真学习贯彻胡锦涛总书记和温家宝总理关于抗震救灾工作的重要讲话精神，听取了省抗震救灾总指挥部关于我省地震灾情和抗震救灾工作的汇报，研究部署了我省下一步抗震救灾工作。会议认为，四川汶川“5·12”特大地震波及我省大部分地区，造成了重大人员伤亡和财产损失。面对突如其来的地震灾情，在党中央、国务院的坚强领导下，省委、省政府迅速反应、紧急动员，开展了一系列抗震救灾工作，取得了重要的进展。灾区遇难人员已经得到安葬，受伤人员已得到及时救治，县乡道路、供电、通信已基本恢复，大量救援物资陆续运抵灾区，灾民的生活初步得到安置，救灾工作正在有力、有序、有效地进行。会议指出，最近，胡锦涛总书记在四川召开的抗震救灾工作会议上作了重要讲话，温家宝总理主持召开总指挥部会议对抗震救灾工作作了进一步安排部署，周永康同志视察我省陇南灾区并对我省的抗震救灾工作提出了明确的要求。党中央、国务院的决策部署为我们进一步做好抗震救灾工作指明了方向。从我省灾区的实际情况看，随着救治工作的全面落实，抗震救灾工作将由抢险应急逐步转入到安置群众生活和灾后重建的重要阶段。我们要认真贯彻落实中央的一系列指示精神和决策部署，把抗震救灾作为当前最重要、最紧迫的任务，以更加顽强的精神，更加迅速的行动，更加密切的配合，切实抓好各项工作措施的落实。会议强调，当前和今后一个时期抗震救灾工作要重点做好以下几方面：一要进一步统一思想，提高认识，加强领导，完善措施，全力以赴地打好抗震救灾这场硬仗。二要继续抓好受伤人员救治和疫情预防。三要精心组织安排好群众的生产生活。四要抓紧规划和实施灾后重建工作。五要切实加强次生灾害的监测和预防。六要努力维护好社会秩序和市场秩序。七要进一步做好正面宣传和舆论引导。会议决定，近期召开全省抗震救灾工作电视电话会议，通报我省地震灾情和抗震救灾工作的进展情况，安排部署下一阶段抗震救灾工作。

5月26日，会议听取了省抗震救灾总指挥部和省政府关于灾后重建意见的汇报，研究部署了安置受灾群众生活和灾后重建工作。会议认为，面对这场特大地震灾害，在党中央、国务院的坚强领导下，全省各级党委、政府全力以赴、紧急行动，灾区广大干部群众不屈不挠、奋勇自救，社会各界奉献爱心、无私援助，各族人民万众一心、众志成城，形成了抗震救灾的强大合力，抗震救灾工作取得了重要进展。当前，抗震救灾形势依然严峻，灾民安置和灾后重建的任务十分艰巨而又刻不容缓。我们要坚持以人为本，继续做好受伤人员特别是最近余震中受伤人员的救治工作，把安置受灾群众、恢复生产、灾后重建有机统一起来，摆在更加突出的位置，扎扎实实地抓好各项工作落实。会议强调，要按照“有饭吃、有衣穿、有干净水喝、有临时住处”的要求，深入细致地安排好受灾群众的生活。随着大量救援物资运抵灾区和压埋在废墟中的粮食、衣被等物资的抢挖清理，特别是陇南夏粮丰收并开始收割，基本保证了受灾群众有饭吃、有衣穿、有干净水喝。要积极发动城市群众开展捐助衣被活动。对于个别饮用水设施遭到破坏的要及时组织抢修。解决临时住处的任务目前仍很艰巨，要多渠道、多方式来解决。要千方百计地调运帐篷和活动板房，继续发动群众搭建简易棚。救灾物资的发放要突出重点，向重灾区和重灾户倾斜，特别要重视和安排好灾区五保户、低保户和因灾造成的“三无户”、“三孤”人员的生活。要积极创造条件恢复学校、医院的正常秩序，想方设法争取一批大帐篷和活动板房，保证学生就学和群众就医不受大的影响。会议强调，要按照“加强领导，落实责任，核实灾情，科学规划，突出重点，保证急需，群策群力，多方支援”的要求，尽快全面开展灾后重建工作，努力使灾区群众在入冬以前能够有房子住。一要核实灾情，摸清底数。灾区各市县乡要对受灾和房屋损毁情况作进一步的核实，各级党政主要负责人亲自把关，坚决防止弄虚作假，这要作为一条严肃的纪律来执行。省上要及时组织工作组进行抽查。二是要科学规划，分类指导。要抓紧制定全省灾区住房建设、基础设施建设、公共服务设施建设的指导性意见。要按照受灾程度将灾区划分“重灾区、受灾区、受损区”三种不同类型，有针对性地制定灾后重建政策。省直有关部门要搞好规划指导服务工作，以县为单位，搞好灾后建设规划，要尽快明确受灾群众住房建设的补助标准，发动全社会支持，整合资金，帮助群众搞好住房建设。三是要突出重点，保证急需。灾后重建涉及面广，最紧要、最急需的是受灾群众的住房建设。同时也要安排好学校、医院以及与群众生活密切相关的公用设施建设。四是要群策群力，多方支援。

要发扬“一方有难、八方支援”的精神，没有受灾的地方要支援受灾地方，灾情轻的地方要支援灾情重的地方。要研究帮扶办法，省抗震救灾总指挥部要在调查研究的基础上尽快提出帮扶方案，下达帮扶任务。帮扶单位要在资金、建筑材料等方面支持受灾户的住房建设。省内各建材企业要充分挖掘生产潜力，保证各种建筑材料的供应。要加强建筑材料市场的监管，保证建筑材料价格基本稳定。五是要加强领导，落实责任。灾区重建的主要责任在市（州）和县（区）一级，要具体组织实施好灾后重建工作，省直部门要加强指导和服务。各级领导干部要身先士卒，靠前指挥，站在抗震救灾第一线，带领群众重建家园。现在投入抗震救灾的部队和武警官兵较多，要合理调配力量，支持搞好灾后重建工作。要着力提高资金使用效率，对国家的拨款、省上的补助、各渠道的援助都要统筹安排，集中使用。救灾资金的使用，要公开透明，接受群众监督。会议强调，要坚持一手抓抗震救灾工作，一手抓经济社会发展，全力以赴支援灾区，全力以赴保持经济又好又快发展和社会和谐稳定，努力实现今年经济社会发展目标。会议强调，今年是非同寻常的一年，维护社会稳定工作形势严峻，责任重大。要采取有力措施，切实搞好维护社会稳定工作。有关部门要对维护社会稳定工作作一次比较详尽的安排部署。特别要重视社会面的管理和控制，遇到不稳定的苗头要迅速采取果断措施，坚决防止和打击敌对势力的捣乱破坏活动，为抗震救灾和经济社会发展创造良好的社会环境。

6月3日，会议传达贯彻了胡锦涛总书记视察甘肃时的重要讲话精神，进一步研究部署了我省抗震救灾工作。会议指出，“5.12”地震发生后，胡锦涛总书记一直关心和牵挂着甘肃的灾情和抗震救灾工作，多次作出重要批示和指示。在抗震救灾的关键时刻，总书记委派中央政治局常委、中央政法委书记周永康同志专程来我省灾区视察指导，带来了党中央、国务院的亲切关怀。正值灾后重建的关键时期，胡锦涛总书记又亲临我省康县、武都等重灾区，察看地震灾情，慰问受灾群众，看望人民解放军、武警官兵和医务工作者等救灾人员，面对面地指导我省抗震救灾工作。这充分体现了胡锦涛总书记对甘肃各族人民的深厚感情和深切关怀，极大地鼓舞了全省广大干部群众抗震救灾的信心和勇气。会议指出，胡锦涛总书记在听取省委、省政府工作汇报后发表的重要讲话，高屋建瓴、情真意切，具有很强的思想性、针对性和指导性，为我们做好抗震救灾的各项工作指明了方向。总书记特别指出，甘肃在这次汶川特大地震中遭受了严重损失。面对突如其来的灾害，甘肃省委、省政府坚决贯彻中央决策部署，在人民解放军和武警部队的大力支援下，团结带领全省广大干部群众迎难而上，顽强拼搏，奋起自救，取得了抗震救灾斗争的重大阶段性成果。甘肃的抗震救灾工作措施是得力的，成效是明显的。特别是在自身灾情十分严重的情况下，还积极支援四川重灾区，全力投入宝成铁路109隧道抢险工作，这种讲政治、顾大局的精神十分可贵。总书记对我省抗震救灾工作的充分肯定，既是对全省广大干部群众的鼓舞，也是对我们工作的鞭策。我们一定要把总书记的关怀转化为强大的工作动力，进一步统一思想，提高认识，坚持一手抓抗震救灾工作，一手抓经济社会发展，继续把抗震救灾作为当前最重要最紧迫的任务，动员全社会的力量，以更加顽强的精神，更加迅速的行动，更加密切的配合，全力以赴抓好各项工作落实，坚决打胜抗震救灾这场硬仗。会议强调，在党中央、国务院的坚强领导下，经过全省上下特别是灾区干部群众团结奋斗，我省抗震救灾工作有力有序有效地开展并取得了重要的阶段性成果。从5月20日以后，我省抗震救灾工作的重点已由应急抢险转向恢复重建阶段，这个阶段的任务非常艰巨繁重。我们要按照总书记的重要指示精神，坚持以人为本，立足当前，着眼长远，把安置受灾群众、恢复生产秩序、开展灾后重建有机结合起来，举全省之力抓好各项任务的落实。当前和今后一个时期要重点抓好以下几方面工作：第一，要继续做好受伤人员的救治和疫情预防工作。第二，要精心安排好群众生活。第三，要加快隐患排查和废墟清理。第四，要全面开展灾后重建各项工作。第五，要尽快恢复正常的生产生活秩序。第六，要加强次生灾害的监测和预防。第七，要努力保持灾区社会稳定和人心安定。第八，切实加强对抗震救灾工作的领导。会议传达学习了全国贯彻落实《建立健全惩治和预防腐败体系2008—2012年工作规划》电视电话会议精神，研究了我省贯彻意见。会议原则同意省纪委提出的意见，要求认真抓好落实。会议指出，全国贯彻落实《建立健全惩治和预防腐败体系2008—2012年工作规划》电视电话会议，对贯彻落实《工作规划》进行了全面动员部署，是一次很重要的会议。各级党委和纪检监察部门一定要以这次会议精神为指导，认真贯彻落实好《工作规划》，扎实推进惩治和预防腐败体系建设，努力做好反腐倡廉工作。会议同意近期召开全省贯彻落实《建立健全惩治和预防腐败体系2008—2012年工作规划》电视电话会议。会议同意将甘肃省贯彻落实《建立健全惩治和预防腐败体系实施纲要》领导小组调整为甘肃省惩治和预防腐败体系建设领导小组。会议传达了全国组织系统抗震救灾工作座谈会精神。会议原则同意省委组织部提出的贯彻意见，要求认真抓好组织实施。

6月16日，会议传达学习了省区市和中央部门主要负责同志会议精神，进一步研究部署了我省灾后恢复重建和经济社会发展等工作。会议指出，最近党中央、国务院召开的省区市和中央部门主要负责同志会议，是一次极其重要的会议。胡锦涛总书记的重要讲话，站在党和国家工作全局的高度，全面分析了当前形势，明确提出了做好抗震救灾和恢复重建、推动经济社会又好又快发展、筹办北京奥运会、维护社会稳定、加强和改进党的领导的总体要求和主要任务。温家宝总理的重要讲话对灾后恢复重建对口支援、保持经济发展良好势头等工作做了具体部署。胡锦涛总书记和温家宝总理的重要讲话具有很强的指导性和针对性，为我们做好当前和今后一个时期各项工作指明了方向。我们一定要认真学习，深刻领会，全面贯彻落实。会议强调，贯彻落实省区市和中央部门主要负责同志会议精神，要重点抓好以下几方面的工作：一、全力以赴地做好抗震救灾和恢复重建工作。二、毫不动摇地抓好经济社会发展。三、采取强有力的措施抓好维护社会稳定工作。四、切实加强对各项重点工作的组织领导。会议决定，近期召开一次工作会议，贯彻省区市和中央部门主要负责同志会议精神，进一步研究部署我省灾后恢复重建和经济社会发展等工作。会议传达学习了中央维护西藏及其他藏区社会稳定工作会议精神，研究部署了我省藏区维护社会稳定工作。会议认为，中央在省区市和中央部门主要负责同志会议之后立即召开维护西藏及其他藏区社会稳定工作会议，学习贯彻胡锦涛总书记、温家宝总理重要讲话，专题研究当前西藏及其他藏区维护社会稳定工作，非常重要，十分及时。周永康同志在会上的重要讲话，全面总结了前一阶段藏区维护稳定工作取得的成效，深刻分析了当前藏区维护稳定工作面临的新形势，进一步明确了确保北京奥运会结束前藏区社会大局稳定的任务措施，具有很强的针对性和指导性，为我们做好藏区维护稳定工作指明了方向。我们一定要认真贯彻周永康同志的重要讲话精神，以高度的政治责任感和强有力的工作措施，确保我省藏区大局稳定。会议对当前维护藏区稳定的重点工作从十个方面作了安排部署。

6 月 25 日，会议传达贯彻了温家宝总理在我省视察时的重要讲话精神，进一步研究部署了我省灾后恢复重建和经济社会发展工作。会议指出，温家宝总理在我省视察时的重要讲话，对我省抗震救灾工作给予了充分肯定，这既是极大的鼓舞，也是有力的鞭策，进一步增强了我们战胜困难、搞好恢复重建的决心和信心。温家宝总理对我省灾后恢复重建提出的要求，具有很强的指导性和针对性。我们要认真学习，深刻领会，全面贯彻落实。要把灾后恢复重建同安置群众生活有机统一起来，坚持自力更生同国家支持、社会援助相结合，整体恢复重建同扶贫开发相结合，恢复生产同调整结构相结合，防范次生灾害同建立健全防灾减灾体系相结合。要确保在奥运会举办前受灾群众生活安置井然有序，确保用两年的时间全面完成灾后重建任务。要按照“安全、经济、适用、省地”的原则，集中力量搞好灾区住房建设。要重视灾区群众精神文化生活，确保在奥运会期间能看上电视节目。要坚持一手抓抗震救灾毫不松懈，一手抓经济社会发展毫不动摇，努力把我省来之不易的良好发展势头继续保持下去。会议决定近期召开工作会议，认真贯彻温家宝总理在我省视察时的重要讲话精神，进一步研究部署我省灾后恢复重建和经济社会发展工作。会议要求有关部门就灾区生态移民问题起草专题报告，上报国务院。会议倡导，为了进一步支持灾区恢复重建工作，省委常委、副省长带头再捐出三个月的工资。会议听取了省委组织部关于“七•一”表彰抗震救灾先进基层党组织和优秀共产党员有关情况的汇报。会议原则同意省委组织部提出的意见，要求根据省委常委会讨论的意见对表彰方案作进一步调整完善。会议传达了全国社会治安综合治理工作会议、全国政法系统学习贯彻党的十七大精神和胡锦涛总书记重要讲话专题研讨班精神，进一步研究部署了我省维护稳定工作。会议原则同意省委政法委提出的贯彻意见，要求认真抓好组织实施。会议指出，全国社会治安综合治理工作会议深入分析了当前维护社会稳定面临的特殊形势，全面安排部署了当前和今后一个时期的社会治安综合治理工作。全国政法系统学习贯彻党的十七大精神和胡锦涛总书记重要讲话专题研讨班，进一步统一了对新时期政法工作重大理论和实践问题的认识，为在新的历史起点上开创政法事业的新局面奠定了思想理论基础。我们要充分认识新时期政法工作的重要地位和作用，进一步增强政治意识、大局意识、忧患意识、责任意识，采取切实有效的措施维护社会大局稳定，为推动全省经济社会又好又快发展提供有力保障。当前和今后一个时期要重点抓好以下几方面的工作。一是确保奥运火炬在我省的传递安全顺利进行。7月5日至7日奥运火炬将在我省传递，要充分认识做好火炬传递安全保卫工作面临的严峻形势，精心领导、精心组织、精心指挥，特别要针对各种可能出现的意外情况和突发问题，完善预案，强化措施，反复演练，做到严谨周密，万无一失。二是切实维护我省藏区稳定。要充分认识与达赖集团斗争的长期性、艰巨性和复杂性，合理调配维稳力量，加强情报信息工作，深入开展爱国主义和法制宣传教育，加强基层基础工作，采取强有力的措施，确保事态不反弹、不蔓延。三是全力做好奥运安全保卫工作。当前，北京奥运安保工作已进入关键阶段，要严格落实责任制，严格落实各项措施，确保奥运会期间我省社会大局稳定，为奥运会成功举办做出贡献。四是加强社会面的控制。要深入开展严打整治斗争，保持高压态势。要切实加强流动人口的管理和服务，消除不稳定隐患。要严密开展巡逻防控，及时发现和打击违法犯罪活动。五是强化重点场所、重点部位、重要设施的安全防范。要加强对车站、机场、大型商场等人员密集场所和铁路、桥梁、隧道以及供水、供电等设施的安全保卫工作，防止发生破坏性的活动。六是做好信访工作。要认真落实信访工作领导责任制，加大督查督办和指导协调力度，有效防止群体性事件和进京上访事件的发生。要深入开展矛盾纠纷排查调处，变群众上访为干部下访，从源头上消除不稳定因素。

7月23日,会议听取了省政府关于上半年经济社会发展情况和下半年工作安排的汇报。会议原则同意省政府提出的意见。会议指出，今年以来，我们遇到了种种困难和挑战，经济社会发展外部环境也出现了许多新变化新情况。我们在积极应对的同时，毫不动摇地推进科学发展、和谐发展，采取一系列得力措施，继续保持了经济社会平稳较快发展的良好态势。农业生产稳步发展，夏粮喜获丰收；工业平稳增长，装备制造业快速发展；固定资产投资增速加快，重大项目建设进展良好；民生逐步改善，各项社会事业继续发展；抗震救灾取得重大阶段性成果，灾后恢复重建正在有序推进。在肯定成绩的同时，必须清醒地看到，当前经济社会发展中也存在着不少矛盾和问题。主要是影响工业和企业利润的因素增多，煤电油运对经济发展的制约因素显现，自然灾害对经济发展造成较大影响，价格上涨的压力依然存在，完成全年节能减排的任务十分艰巨。对这些问题，我们必须高度重视，采取更加有力的措施认真加以应对和解决。会议强调，面对灾后恢复重建和经济社会发展的艰巨任务，我们要坚持以科学发展观为指导，认真贯彻落实中央的宏观调控政策和各项决策部署，一手坚持不懈地抓抗震救灾，做好灾区生产自救和恢复重建工作；一手坚定不移地抓经济社会发展，努力实现年初确定的各项预期目标。下半年要重点抓好以下几方面工作：一要抓好灾后重建工作，抓紧实施灾区农民住房重建工程，稳步推进公用和基础设施建设，认真研究易地迁建办法，搞好对口支援和帮扶工作，加强对救灾资金和物资的监管，加快重建进度。二要加大结构调整力度，深入实施振兴装备制造业行动计划，加快企业技术改造，促进产业链延伸，不断提高经济效益。三要切实做好节能减排工作，严格落实责任制，加快淘汰落后产能，搞好循环经济试点，力争完成全年节能减排目标任务。四要加强煤电油运的协调和调度，搞好煤炭生产，增强保障能力，促进工业经济平稳发展。五要保障市场供给，加强市场监管，规范市场秩序，努力抑制物价过快上涨。六要继续强化“三农”工作，大力推广旱作农业技术和高效节水技术，搞好良种补贴，促进农业增产、农民增收。要不折不扣地落实国家的强农惠农政策，加强对政策落实的监督检查，对截留惠农资金、增加农民负担的行为要严肃查处。七要进一步加强和改进项目工作，加强对重大项目建设的监督检查，保证建设质量和建设进度。要积极做好天水至成县、成县至武都的高速公路项目前期工作，争取国家审批和支持，逐步解决陇南交通严重滞后的问题，促进灾区经济社会发展。要做好阳山金矿矿产资源综合开发和建设工作，既要注重经济效益，又要注重生态效益，做到采、选、冶、加工一条龙，提高科技含量和产品附加值，带动地方经济发展。八要加强矛盾纠纷排查调处工作，妥善处理人民内部矛盾，落实社会治安综合治理各项措施，切实维护社会稳定。会议传达了全国领导班子思想政治建设座谈会和全国干部教育培训工作会议精神，研究了我省的贯彻意见。会议原则同意省委组织部提出的贯彻意见。会议指出，全国领导班子思想政治建设座谈会和全国干部教育培训工作会议，对加强新形势下领导班子思想政治建设和新一轮大规模培训干部工作进行了全面部署。我们要认真学习和深刻领会会议精神，准确把握中央提出的新思想、新措施、新要求，切实把思想统一到中央部署上来。要坚持以党的执政能力建设和先进性建设为主线，以改革创新的精神全面推进党的建设，不断增强党建工作的针对性和实效性。要加强领导班子思想政治建设，不断提高各级领导班子领导科学发展的能力。要认真做好新形势下的干部教育培训工作，着力提高干部队伍整体素质。会议要求各级党委、党组近期召开一次以弘扬抗震救灾精神、坚定理想信念为主题的中心组专题学习讨论会。会议听取了省委组织部关于省管领导班子和领导干部定期考核等次调整情况的汇报。会议同意省委组织部提出的意见。

9月9日，会议听取了省推荐评选全国抗震救灾英雄集体和抗震救灾模范领导小组关于我省推荐全国抗震救灾英雄集体和抗震救灾模范的情况汇报。会议原则同意省推荐评选领导小组提出的意见，要求按程序进行公示后，上报全国评选表彰办公室。会议听取了省编办关于省公路局等单位机构升格的汇报。会议同意省公路局由县级升格为副厅级建制，更名为“甘肃省公路管理局”。升格后人员编制不增加，领导职数由省编办另行核定。同意将甘肃警察职业学院、甘肃林业职业学院、甘肃工业职业学院、陇南师范高等专科学校、定西师范高等专科学校由正县级升格为副厅级，其内设机构为副处级建制。升格后人员编制不增加，领导职数由省编办另行核定。会议研究部署了当前工作。会议认为，今年以来，经济社会发展的外部环境发生许多新的变化，前进道路上遇到了许多新的困难和挑战。经过全省上下的共同努力，我省继续保持了经济社会发展的良好势头。会议强调，越是在大事多、困难多的情况下，我们越要振奋精神，锐意进取，要抓住关系全局的重点工作和重点环节，真抓实干，艰苦奋斗，努力开创工作的新局面。现在距年底还有不到四个月的时间，我们必须进一步增强紧迫感，加大工作力度，狠抓工作落实，确保完成全年各项目标任务。会议强调，当前要重点抓好以下几方面工作：一要全力抓好灾后重建工作。二要继续抓好“三农”工作。三要努力把我省良好的发展势头继续保持下去。四要进一步加大改善民生力度。五要维护好社会稳定大局。六要组织开展好深入学习实践科学发展观活动。

9月24日,会议传达学习了全党深入学习实践科学发展观活动动员大会暨省部级主要领导干部专题研讨班精神，研究部署了我省开展深入学习实践科学发展观活动工作。会议原则同意《中共甘肃省委关于在全省开展深入学习实践科学发展观活动实施意见(讨论稿)》和《甘肃省第一批开展深入学习实践科学发展观活动实施方案(讨论稿)》，要求认真抓好组织实施。会议认为，全党深入学习实践科学发展观活动动员大会暨省部级主要领导干部专题研讨班，是在经过全党全军全国各族人民团结奋斗，四川汶川特大地震抗震救灾斗争取得重大胜利，北京奥运会、残奥会取得圆满成功的形势下举行的，这对于我们弘扬伟大的抗震救灾精神，充分利用北京奥运会、残奥会成功举办的好形势，推动全面贯彻党的十七大精神、做好改革发展稳定各项工作，具有十分重要的意义。胡锦涛总书记在这次大会和研讨班上的重要讲话，站在党和国家工作全局和战略的高度，科学分析了世情国情党情的深刻变化，深刻阐明了在全党开展深入学习实践科学发展观活动的重大现实意义和紧迫性，对在全党开展深入学习实践科学发展观活动提出了明确要求。温家宝总理的重要讲话，围绕破解制约科学发展的矛盾和难题，深刻阐述了深入贯彻落实科学发展观需要进一步解决好的若干重大问题。这两个重要讲话，是开展深入学习实践科学发展观活动、把贯彻落实科学发展观提高到一个新水平的重要指导文件。我们要认真学习领会，坚决贯彻落实，扎扎实实搞好学习实践活动，推动科学发展观在我省全面深入的贯彻落实。会议强调，开展深入学习实践科学发展观活动，当前和今后一个时期要重点把握好以下几个方面：一是提高认识，统一思想。二是突出主题，务求实效。三是领导带头，做出表率。四是加强领导，精心组织。会议同意成立开展深入学习实践科学发展观活动领导小组。会议同意近期召开全省深入学习实践科学发展观活动动员大会、全省第一批深入学习实践科学发展观活动指导检查组工作会议、全省第一批深入学习实践科学发展观活动工作会议。会议听取了省安全生产监督管理局和省煤炭安全生产监督管理局关于安全生产工作情况的汇报，研究了进一步加强安全生产工作重点任务和举措。会议原则同意省安全生产监督管理局和省煤炭安全生产监督管理局提出的意见，要求认真抓好落实。会议指出，近一个时期以来，在一些省份相继发生了重特大安全生产事故，给人民群众生命财产造成了严重损失。胡锦涛总书记、温家宝总理等中央领导同志多次作出重要批示和指示，要求有关部门迅速采取有效措施，切实加强安全生产，坚决遏制重特大事故多发势头，确保人民群众生命财产安全。我们一定要坚决贯彻落实中央领导的重要指示精神，切实加强安全生产工作。会议指出，近年来，全省各级党委、政府高度重视安全生产工作，各级安全生产监督管理部门和生产经营单位做了大量工作，取得了较好的成效。但我们应该看到，我省高危行业多，企业安全生产基础建设薄弱，存在着较多安全隐患。对此，我们一定要高度重视，始终保持清醒的头脑，继续强化措施、做好工作，严防重特大安全生产事故的发生，确保人民生命财产安全。会议强调，做好当前和今后一个时期的安全生产工作要重点把握好以下几个方面：一要正确处理好加快发展与保证安全生产的关系，切实把安全生产摆到更加突出位置抓紧抓好。二要坚持分层分级管理，强化安全生产的责任。三要抓住薄弱环节，加大专项整治工作力度。四要健全安全生产管理机制，进一步提高安全生产的管理能力。会议听取了省应急处置三鹿牌婴幼儿奶粉事件领导小组关于应急处置三鹿牌婴幼儿奶粉事件的情况汇报，研究了进一步加强食品安全监督管理的措施。会议原则同意省应急处置三鹿牌婴幼儿奶粉事件领导小组提出的意见，要求认真抓好落实。会议指出，最近一段时间，三鹿奶粉事件在全国引起了强烈反响，国际舆论比较关注。对此，党中央、国务院高度重视，采取了一系列有效的措施加以整治。我省是受三鹿奶粉事件影响较重的省份，省委、省政府迅速行动，有力有序地开展救治工作，取得了明显成效，得到了中央有关部门的充分肯定。但我们也要充分认识到三鹿奶粉事件还存在潜在的不稳定因素，情况还比较复杂。我们必须高度重视，切不可掉以轻心。会议强调，当前要重点做好以下几方面的工作：一要加大诊治力度，保证每一个患儿得到及时救治。二要进一步加强市场清查监管，保证问题奶制品处置工作顺利进行。三要强化政策支持，保证乳品产业的健康发展。　四要坚持正确的舆论引导，切实维护社会稳定。

10月14日,会议研究了省委举办学习实践科学发展观活动研讨班有关事宜，安排部署了第一批开展单位学习调研阶段工作。会议决定，10月16日至19日举办全省深入学习实践科学发展观活动研讨班。会议指出，参加第一批学习实践活动的省级机关，是我省各项事业的主要领导者和组织者，搞好这次学习实践活动，进一步坚定党员领导干部理想信念、理清发展思路、转变工作作风、提高领导科学发展能力和水平，对于推动全省科学发展、和谐发展具有十分重要的意义。 会议强调，搞好学习调研阶段的工作，要重点把握好以下几个方面：一是充分认识搞好学习调研的重要性，切实打好整个学习实践活动的基础。二是认真落实中央和省委的安排部署，切实抓好学习调研阶段的各项工作。三是领导班子和领导干部要率先垂范，努力为广大党员干部作出表率。四是要切实加强组织领导和工作指导，确保学习实践活动扎实有效推进。会议传达了五省区藏区工作会议精神，研究了我省的贯彻意见。会议原则同意省委统战部提出的贯彻意见，要求认真抓好落实。会议指出，最近中央召开的五省区藏区工作会议，深刻分析了当前藏区工作的形势，并对进一步做好今后的藏区工作提出了明确的要求。我们要认真贯彻落实中央会议精神，切实做好我省藏区工作。会议强调，去年9月昆明会议以来，我省认真落实中央精神，藏区各项工作取得了新的成效。特别是采取坚决果断的措施，迅速平息了藏区打砸抢烧事件，逐步恢复了藏区生产生活秩序。之后，省委、省政府进一步加强了维稳力量部署，深入开展寺庙法制宣传教育，尤其是由藏族省级领导干部带队深入寺庙，摆事实、讲道理，进行了面对面地宣传教育活动，取得了良好的效果，得到了中央领导同志的充分肯定。我省藏区工作之所以能取得较好的成绩，是中央正确领导的结果，是我们政治优势和组织优势得到充分发挥的结果，也是我省多年来藏区工作扎实基础的体现。目前，我省藏区总体上是稳定的，但我们必须清醒地认识到，藏区深层次的问题还没有得到根本解决，同达赖集团和西方敌对势力的斗争将是长期的、复杂的、艰巨的。各级党委、政府要充分认识做好藏区工作的重要性，切实加强对藏区工作的领导，努力实现藏区长治久安。要推动藏区经济社会又好又快发展，为藏区提供坚实的物质基础。要继续开展寺庙法制宣传教育工作，为藏区稳定提供牢固的思想防线。要加强基层党组织和基层政权建设，为藏区稳定提供坚强的政治保障。要引导藏传佛教与社会主义社会相适应，认真学习借鉴外省区好的经验，研究加强寺庙的宗教职业人员的管理问题，切实解决不愿管、不敢管、不会管的问题。会议讨论了《中共甘肃省委关于进一步规范市（州）、县（市、区）党委工作机制的办法（试行）》。会议原则同意《办法》，要求有关部门根据省委常委会讨论的意见作进一步修改后，下发试行。

11月16日,会议传达了省区市人民政府和国务院部门主要负责同志会议精神，研究了我省经济工作。会议指出，实施积极的财政政策和适度宽松的货币政策，出台扩大国内需求的政策措施，这是党中央、国务院为有效应对当前国际国内急剧变化的经济形势作出的重大决策部署。认真落实中央这一决策部署，事关大局，事关长远，是我们当前各项工作的首要任务。我们一定要认真贯彻中央决策部署以及省区市人民政府和国务院部门主要负责同志会议精神，采取有效措施，确保全省经济平稳较快发展。会议强调，应对当前复杂局面，做好我省经济工作，要重点把握好以下几方面：一要统一思想认识。今年以来，我国面临着复杂多变的国内外形势，特别是9月份以来，国际金融经济形势风云突变，对我国经济增长、就业、企业效益、财政收入等方面产生的影响逐步显现。从我省来看，总体上经济保持了良好的发展势头，但由于受经济大环境影响，出现了工业经济增速减缓、效益下滑现象。面对当前的形势，有效防止经济出现大的波动，是对我们的重大挑战和考验。我们一定要把思想和行动统一到中央对经济形势的分析和判断上来，统一到中央的决策部署上来，统一到贯彻落实科学发展观的要求上来，坚定发展信心，切实作好扩大内需、保持经济平稳较快增长的各项工作。二要抓好用好机遇。挑战和机遇总是相伴而生。中央出台的扩大内需的10项举措，对我们欠发达地区来说，是促进发展的宝贵机遇。我们一定要利用一切有利条件，变压力为动力，化挑战为机遇，不畏艰险，迎难而上，把各方面的工作搞上去，在应对国际金融经济危机中实现我省经济社会的又好又快发展。三要加强项目工作。能不能抓住这次扩大内需的宝贵机遇，归根到底取决于我们的工作。当前，要比以往任何时候更加重视项目工作，全力以赴地抓好项目建设。各地各部门要强化组织领导，明确责任分工，加强协调配合，责任要靠实，反应要快，思路要宽，措施要得力，务必把项目工作做深做细做好。四要加快结构调整。推进结构调整，转变发展方式，是应对国内外环境变化、实现可持续发展的根本出路。我们要在国家宏观调控下，进一步加大传统产业改造力度，下功夫延伸产业链，大力发展循环经济和先进制造业，积极承接产业转移，努力改变我省经济结构单一的状况，实现速度、结构、质量相统一的发展。会议强调，要及早谋划好明年的经济工作。要结合不断变化的新形势，深入调查研究，敏锐地发现和把握倾向性、苗头性问题，关注热点难点问题，在此基础上，统筹兼顾，突出重点，谋划安排好明年的经济工作，千方百计把我省经济社会发展的良好势头继续保持下去。会议传达了全国党校工作会议精神，研究了我省党校工作。会议原则同意省委党校提出的贯彻意见。要求认真抓好落实。会议指出，全国党校工作会议，以科学发展观为指导，总结了改革开放三十年以来党校工作经验，研究和部署了当前和今后一个时期的党校工作，是一次很重要的会议。胡锦涛总书记在同与会代表座谈时发表的重要讲话，准确分析了当前干部队伍状况的新形势，高度评价了党校的历史性贡献，对以改革创新精神全面推进党校工作提出了新的要求，为加强和改进党校工作指明了方向。我们要认真贯彻会议精神特别是胡锦涛总书记的讲话精神，充分认识新形势下做好党校工作的重大意义，进一步增强责任感和使命感。

要坚持以改革创新的精神全面推进党校工作，充分发挥党校在党和国家事业发展中的重要作用。要牢固树立大局意识、党的意识、创新意识、勤俭意识、纪律意识，切实推动学校工作不断上新台阶。会议研究了关于召开甘肃省第十一届人民代表大会第二次会议和政协甘肃省第十届委员会第二次会议有关事项。会议原则同意省人大、省政协提出的意见。同意 2009 年 1 月 12 日至 16 日召开甘肃省第十一届人民代表大会第二次会议，2009 年 1 月 11 日至 15 日召开政协甘肃省第十届委员会第二次会议，要求认真做好会议筹备工作。会议听取了省委学习实践活动领导小组办公室关于全省学习实践活动进展情况的汇报。会议原则同意省委学习实践活动领导小组办公室提出的意见，要求认真抓好落实。会议指出，按照中央的总体部署，我省第一批学习实践活动在中央指导检查组的指导下，开局良好，正在扎实有序推进。各级党组织和广大党员、干部要进一步深化对学习实践活动的认识，把开展学习实践活动作为统一思想、应对挑战、加快发展的重大契机，进一步把党的政治优势和组织优势转化为推动经济社会又好又快发展的强大力量，不断提高坚持改革开放、推动科学发展、促进社会和谐的能力，为实现全面建设小康社会奋斗目标进一步奠定重要的思想基础、政治基础、组织基础。会议强调，做好下一步工作，要重点把握好以下几方面：一是深入实际，调查研究。调查研究是指导工作的基本方法，是一项长期的工作。要着眼于解决事关全省改革发展全局的重大问题，进一步深化调查研究，特别是在围绕解放思想、创新思路、完善体制机制上下功夫，努力走出一条欠发达地区、西部老工业基地创新发展的新路子。二是突出实践，解决问题。要对照科学发展观的要求，认真分析全省经济社会发展中存在的问题，找出解决问题的办法，使解决问题的过程成为推动科学发展的过程。省委常委要根据分工对自己分管领域工作多做深入思考和研究，加强对分管领域部门的指导，解决存在的突出问题。三是把握规律，促进发展。面对当前复杂的经济形势，我们最重要的是要树立信心。要通过深入学习实践科学发展观活动，进一步强化对经济发展规律的认识和把握，制定正确的应对措施，促进经济社会又好又快发展。四是加强宣传，形成氛围。要及时宣传报道学习实践活动进展情况和典型经验，形成学习实践科学发展观的浓厚氛围。同时要结合改革开放三十周年纪念活动、对怎样应对当前遇到的挑战等，加大宣传力度，进一步鼓舞广大干部群众战胜困难、加快发展的信心。

组织工作

【全面谋划部署】按照党的十七大和全国组织工作会议的总体部署，围绕推进改革创新，深入分析全省经济社会发展面临的形势和任务，广泛开展调查研究，认真听取意见建议，组织召开全省组织工作会议，对今后几年的工作作出了全面谋划部署，提出的总体思路是："抓住一条主线、落实一个要求、做到四下功夫、实现三大目标"，就是牢牢抓住加强党的执政能力建设和先进性建设这条主线，认真落实改革创新这一根本要求，下功夫提高各级领导班子的领导水平和执政能力，下功夫造就善于促进科学发展的党员队伍、干部队伍和人才队伍，下功夫增强基层党组织的创造力、凝聚力和战斗力，下功夫营造民主团结和谐和充满活力的党建工作氛围，努力使组织工作时代特色更鲜明、保证作用更突出、党和人民更满意。

【强化理论武装工作】把十七大精神作为干部教育培训的重要内容，督促指导有关部门累计举办轮训班 121 期、集中轮训县处级以上干部。按照中央的统一部署，组织指导平凉、临夏、华亭、永昌四个市县，认真开展深入学习实践科学发展观活动试点工作；及时对全省学习实践活动作出全面安排部署，启动第一批省直部门和单位的学习实践活动，围绕省委"坚持解放思想，拓宽思路，努力走出欠发达地区、西部老工业基地创新发展新路子"的总要求，突出实践特色，精心组织、加强指导、扎实推进，学习实践活动取得了阶段性成果。继续落实大规模培训干部任务，在省委党校、行政学院开设主体班次 33 个，选送干部参加各类培训班次的学习。积极推进干部教育培训改革，开展培训机构主体班次培训效果问卷调查，提出骨干教师挂职锻炼的意见。进一步提高干部教育培训的针对性，起草加强藏区干部教育培训的意见，及时调研总结处置突发公共事件典型案例，安排部署了领导干部处置公共事件能力培训相关工作。认真贯彻落实全国干部教育培训工作会议精神，筹备召开全省干部教育培训工作会议，突出改革创新要求，对新一轮大规模培训干部、大幅度提高干部素质工作作出全面部署。

【应对重大自然灾害和突发事件】5•12"特大地震灾害和"3•14"藏区不稳定事件发生后，快速作出反应，连夜、连续发出通知，第一时间向各级党组织和党员干部发出"动员令"，动员组织他们在抗震救灾和藏区维稳工作中充分发挥领导核心、战斗堡垒和先锋模范作用。及时部署开展"当主心骨、做贴心人"主题实践活动和藏区党员干部理想信念教育活动。发掘总结抗震救灾先进典型事迹，在新闻媒体进行大力宣传，省委组织部通报表彰 5 个先进基层党组织和 13 名优秀共产党员，省委在"七•一"前夕专门召开会议，表彰了 60 个先进基层党组织和 120 名优秀共产党员。及时向灾区下拨省管党费，并做好中管党费的拨付工作，支援抗震救灾，慰问受灾党员干部；认真做好党员自愿交纳“特殊党费”工作，严格收缴、使用和管理。及时了解掌握干部在特殊时期的德才表现，对在维稳和救灾一线发展党员工作进行部署。深入救灾和维稳一线进行慰问指导，派出工作小分队到灾区帮助工作，选派后备干部到灾区挂职，做好中组部“博士服务团”成员到灾区挂职工作。摄制《挺立的脊梁》、《震灾无情》等2部抗震救灾专题片，及时反映地震灾区情况和各级党组织、党员干部在抗震救灾中的表现。摸排基层党校、村级组织活动场所受损情况，对维修和恢复重建工作作出规划安排。专门组织力量深入藏区，认真总结不稳定事件的经验教训，细化落实省委关于加强藏区工作的《意见》，提出了进一步加强和改进民族地区党建工作和干部、人才队伍建设的措施办法。

【加强领导班子和干部队伍建设】圆满完成了省人大、省政府、省政协领导班子换届工作，顺利完成了省政府组成部门主要负责人任命和部分市州、省直部门、省属企事业单位领导班子调整补充，指导完成了部分省级群团组织换届工作，认真做好领导班子日常调整配备工作。及时把领导班子建设的重点转移到思想政治建设上来，组织召开全省领导班子思想政治建设座谈会，进行全面安排部署，提出了具体措施和要求。认真调研总结换届以来领导班子运行情况，对市县党委工作运行机制作出了规范。运用体现科学发展要求的党政领导班子综合考核评价办法，对管领导班子和省管领导干部进行了定期考核，召开讲评大会通报考核结果。进一步建立健全促进科学发展的领导班子和领导干部实绩考核体制机制，修订完善《省管领导班子和领导干部定期考核办法》，起草下发《国有企业领导班子和领导人员年度考核评价办法》。建立“三方面”干部年度工作报告和工作通报制度。开展差额选任领导干部试点工作。选派干部到中央部委和省外挂职，选派市州、县市区干部到省直机关挂职。对省管后备干部人才库进行调整补充，继续在省直机关全面推进中层干部竞争上岗。完成了优秀大学生的选调任务。继续抓好《公务员法》实施和配套制度建设，召开座谈会对省直六大机关及群团组织等参照管理单位加强公务员管理工作作出部署，围绕省直党群系统处级非领导职务现状等问题进行调研分析，制定下发《进一步加强和改进公务员考核工作的意见》，完成从优秀村干部中考录乡镇公务员试点工作。

【统筹推进各类人才队伍建设】加强人才工作宏观指导，起草《2008年工作要点》，分解细化任务，明确责任单位，并研究提出了《甘肃省2010—2020年人才队伍建设中长期规划编制方案》。继续推进“新农村建设人才保障工程”，组织实施医疗卫生专业大学生进农村计划，完成医疗卫生专业大学生的招录工作；启动“甘霖计划”，选派县乡农业、卫生、教育专业技术人员到省内对口单位进修学习；对选派科技副职进行了考察了解，积极开展科技特派员培训工作；深入基层对“新农村建设人才保障工程”实施情况进行调研督查，提出了深入推进工程的建议。统筹抓好各类人才队伍建设，研究制定《甘肃省领军人才队伍建设实施办法》，启动实施“陇原青年创新人才扶持计划”，为青年人才创新创业搭建了平台；会同省劳动和社会保障厅实施新技师培养带动计划，建立健全评价和激励机制，进一步加大高技能人才培养力度；围绕我省“十一五”期间重点产业，有针对性地确定“博士服务团”挂职单位、推荐“西部之光”访问学者，并不断加强日常管理工作。

【增强干部监督工作的针对性和实效性】加大整治用人上不正之风工作力度，召开座谈会进行部署，组织实施干部选拔任用工作满意度万人问卷调查，形成了《统计报告》，了解掌握存在的突出问题，研究起草了《深入整治用人上不正之风进一步提高选人用人公信度工作的实施方案》，进一步明确了整治工作的目标、任务和措施。继续加大《干部人用条例》贯彻执行情况监督检查，对部分市州、县区、省直部门和省属单位进行了集中检查，对部分单位的整改情况进行了回查。组织召开干部人事和编制工作专项汇报会，促进了整治工作的深入开展。研究起草了《科学规范和有效监督领导干部用权行为的暂行规定》，启动“科学规范和有效监督县（市）委书记用人行为”试点工作，探索了有益经验，取得了明显成效，一些做法得到了中央领导同志的批示和肯定。认真做好日常监督工作，坚持拟提拔干部征求意见和任前公示制度，及时办理各类信访举报。

【加强基层党组织和党员队伍建设有了新的加强】继续抓好保持共产党员先进性四个长效机制文件的贯彻落实，对基层党员干部进行十七大精神培训，组织全省农村党员开展冬训，制定下发《流动党员管理暂行办法》，完善了流动党员教育管理机制，协调筹措资金广泛开展慰问帮扶工作。积极探索加强农村基层党组织建设的措施办法，着眼于解决农村基层干部难选难留、后继乏人问题，在深入基层开展调研、召开会议听取意见建议的基础上，率先建立村干部养老保险制度，首批选聘高校毕业生担任“村官”。扎实推进农村党员干部现代远程教育工程，省市平台、终端站点、教学资源建设和管理人员培训等工作取得较大进展，高质量地完成了工程建设年度任务，党员电教片在全国评比中获得9个奖项。认真指导村“两委”班子换届工作。坚持分类指导、分领域推进基层党建工作，狠抓已有部署的贯彻落实，对部分市州农村党建工作进行调研，对村级组织活动场所管理使用和社区活动场所建设情况进行了抽查，对部分中央在甘单位党建工作进行督查，反馈了综合评价意见。筹备召开全省非公有制企业党建工作座谈会，制定出台《关于加强和改进非公有制企业党的建设的意见》，提出了加强和改进这一领域党建工作的措施办法。

宣传工作

【理论武装工作】深入学习宣传贯彻十七大精神，理论武装工作进一步深化。

（一）深化领导干部对十七大精神的学习。以县处级以上领导干部为重点，以“一面旗帜、一条道路、一个体系”和科学发展观、党的十七届三中会精神等为主要内容，采取中心组学习、举办报告会、组织专题研讨培训等多种形式，不断把学习活动引向深入。省委理论学习中心组进一步创新形式，开办“陇原大讲堂”，扩大学习面，增强针对性，邀请国内知名专家作专题辅导，安排集中学习9次。

（二）深入开展中国特色社会主义理论体系“进乡镇、入社区，进企业、入校园”宣讲对谈活动。理论普及继续扩大覆盖面，组织省、市、县三级宣讲团，深入全省乡镇、社区、学校和企业等基层单位，组织开展了多层次集中宣讲和现场解答，全省共举办理论对谈和各类宣讲报告会7000多场次，受教育干部群众达150多万人次。

（三）提高社科研究服务决策水平。组织力量认真研究我省经济社会发展的重大理论和现实问题，开展了实现基本公共服务均等化、节能减排等重大课题研究，形成了一批有价值的成果。精心组织国家社科基金项目申报工作，立项数和经费资助数再创历史新高。举办了3期全省社科教学科研骨干研修班。组织了第十一届省社科优秀成果评选。编辑了反映全省经济社会发展和社会舆情预测的蓝皮书。

【舆论引导工作】提高舆论引导能力，进一步营造全省经济社会又好又快发展的浓厚氛围。

（一）精心组织开展“高举旗帜、科学发展”主题宣传，主要新闻媒体多层次、多角度地宣传解读十七大、十七届三中全会精神，深入宣传省委省政府推进工业强省战略、调整经济结构、着力改善民生等重大部署。精心组织北京奥运会的主题宣传，对火炬甘肃段传递活动进行全程直播。精心组织“六大行动促农增收”主题宣传，甘肃日报每三天刊发一个专版，省电台、电视台每天播发一组有关报道。精心组织学习实践科学发展观活动宣传，在省直主要媒体统一开设“学习实践科学发展观巡礼”等专栏，突出实践特色，及时报道各部门开展活动的经验和取得的成效。

（二）围绕中心工作，大力加强和改进经济宣传。召开经济宣传工作座谈会，研究部署加强改进经济宣传工作。各媒体围绕中央扩大内需、促进经济增长的决策，加大报道力度，辩证分析形势，全面反映各地各部门应对挑战的思路办法，形成了高密度、大容量的报道态势。

（三）加强网络监管，发挥网络作用。推进以中国甘肃网为龙头的重点新闻网站建设，组织了系列网上主题宣传活动，实现了新闻发布会和重要会议、重大活动的网上直播。加强了网评队伍建设，健全了网上舆情搜集研判机制 。积极引导网上舆论，保持了主流舆论在网上的主导地位。（四）积极应对突发事件，有效维护社会稳定。及时报道“3.14”事件的真相，揭露达赖集团制造事端、分裂祖国的政治图谋。及时报道陇南“11•17”群体性事件真相，做到先声夺人、定性准确，达到了引导国内外舆论的目的。问题奶粉事件是《兰州晨报》、《西部商报》率先在媒体上披露的，为引起患儿家长的广泛注意和政府部门的高度重视起到了重要作用。

【思想道德教育和精神文明创建】大力推进思想道德教育和精神文明创建活动，进一步提高公民思想道德素质和社会文明程度。

（一）深入宣传甘肃精神，不断推出重大典型。总结推广平凉等地开展典型宣传工作的经验做法，以“难忘2008”为主题，成功举办“感动甘肃.2008十大陇人骄子”评选活动。集中宣传了田宇、许伟、赵彦龙等典型人物的事迹。会同有关部门组织开展了全省首届道德模范评选表彰活动，选出了20道德模范。

（二）以大学生和未成年人为重点加强改进思想政治工作。组织了全省大学生自主创业典型事迹巡回报告，举办了全省企业科学发展高峰论坛。启动了甘肃省青少年校外活动阵地建设，武威、兰州校外综合训练基地建设全面展开。组织实施了“留守儿童帮扶教育”、“万家社区图书室”援建、“社区资源共享”等工程。加强爱国主义教育，对通渭榜罗镇、迭部腊子口、高台西路军、南梁革命等纪念馆的陈展进行了完善，开展了博物馆、纪念馆免费开放工作。

（三）深入开展群众性精神文明创建活动。金昌市连续3届被评为创建全国文明城市工作先进城市，兰州市首次获得这一称号。全省140多家文明行业、文明单位、文明村镇得到中央文明委命名表彰，省上命名表彰了第九批500多家各类文明单位。深入开展“迎奥运、讲文明、树新风”活动，举办120多场文明礼仪知识竞赛。在全省商贸企业、个体工商户中开展了“百城万店无假货”活动，有11家获得全国示范商场、示范市场命名，35家获省级命名。开展“三下乡”集中示范活动，为农民群众送项目、送资金、送设备达400多万元。

【抗震救灾宣传和纪念改革开放30周年工作】抗震救灾宣传工作。一是全力开展抗震救灾新闻宣传。迅速成立抗震救灾宣传组织机构，实行新闻宣传每日会商制度，组织记者第一时间赶赴灾区采访报道，想方设法畅通广电传输渠道。甘肃日报、省广电总台、中国甘肃网等主要媒体和各类都市类报纸，及时主动地调整宣传安排，拿出主要版面和时段，大幅度地增加报道量，省直各主流媒体共出动采访报道人员 870 多人次，我省有 2 个新闻单位和 8 名新闻工作人员被评为全国抗震救灾宣传报道先进集体和先进个人，省上表彰抗震救灾宣传报道先进集体 25 个、先进个人 92 名。抗震救灾转入灾后重建阶段后，新闻宣传一手抓抗震救灾、一手抓经济社会发展，营造了灾后重建的良好氛围。二是大力弘扬伟大抗震救灾精神。会同有关部门组建了“甘肃省抗震救灾先进事迹报告团”，赴全省各市州和部分企业、大专院校巡回报告 28 场，听众达 16000 多人，反响热烈。中央和省市有关单位，举办了“甘肃省抗震救灾大型图片展”、“2008 中国抗震救灾大型新闻图片展”、“陇南市抗震救灾大型图片展”等展览，各界群众 15 万人前来参观。组织开展了“抗震救灾英雄少年”选树活动，4 位同学荣获全国荣誉称号，62 位同学被评为“陇原好少年”。以“多难兴邦”为主题，深入灾区开展专题宣讲活动，帮助干部群众振奋精神、坚定信心，为重建家园献计献策。编辑出版了《铭记 5•12》、《震撼》、《陇原好少年》、《守护家园》、《我们在一线》等旨在记录见证抗震救灾历程和反映展示抗震救灾英雄事迹的一批图书、摄影集，其中《铭记 5•12》、《震撼》、《陇原好少年》获得第二届中华优秀出版物抗震救灾特别奖。三是积极开展抗震救灾文化活动。省直宣传文化单位组织了“情暖中国”、“诗慰亡灵”、“音乐追思”等多种形式的义演活动，特别是“与爱同行”大型赈灾义演，现场募集捐款 7600 多万元，物资 2780 多万元。《诗忆国殇》被中国文联评为抗震救灾优秀节目文艺类一等奖。兰州市率先组织了“烛光祈福”义演，各地也纷纷组织赈灾活动。省委宣传部及时为灾区送去 3150 台收音机，保证灾区群众听到党中央的声音。省广电局为重灾 8 县区 7689 个行政村和自然村配送了电视机，完成了省委、省政府交给的保证灾区群众收看奥运节目的任务。组织省抗震救灾文艺演出小分队赴灾区演出，先后演出 70 余场，为灾区干部群众送去了信心和欢乐。

纪念改革开放 30 周年工作。开展主题宣传，开设“改革开放 30 年”、“经典中国•辉煌甘肃 30 年”等专题专栏，设置“陇原巨变话沧桑”、“我这三十年”、“亲历”等特色栏目，大力宣传了改革开放以来我省经济、政治、文化、社会建设和党的建设取得的巨大成就；摄制《跨越——甘肃改革开放 30 年》大型电视系列片，编辑出版《辉煌的历程——甘肃改革开放 30 年巡礼》大型图书，举办大型主题文艺晚会——《陇原春潮》，召开“回顾与展望——甘肃省纪念改革开放 30 周年理论研讨会”。

【公共文化服务体系建设和精神文化产品生产】努力建设公共文化服务体系，着力推动精神文化产品生产。

（一）加强文艺精品创作生产。继续实施重点文艺创作、生产项目资助工作，对全省 27 个项目予以资助。舞剧《丝路花雨》创新修排，作为北京奥运会献礼节目晋京演出；京剧《丝路花雨》，获得全国戏剧节和京剧节两个金奖；舞剧《大梦敦煌》在国外演出创下 104 场的新纪录；电视剧《老柿子树》在央视播出后反响良好。杂技剧《敦煌神女》坚持演出 270 场；陇剧《苦乐村官》列入文化部 20 台农村现代题材扶持项目；酒泉摄制的大型电视纪录片《黑戈壁•黑喇嘛》在央视播出；定西创排的以艾滋病防治为题材的现代秦剧《百合花开》荣膺第四届中国秦腔艺术节一等奖。加强精品图书出版，启动“农家书屋文库出版工程”，与宁夏合作出版的《回族典藏全书》填补了我国历史上无系统整理研究回族汉文古籍的空白。

（二）加强文化基础设施建设。积极构建农村公共文化服务体系，全省 4000 家农家书屋建设任务圆满完成，79 个乡镇综合文化站基本建成，文化信息资源共享工程进展顺利。有线电视数字整体转换工作步伐加快，兰州、酒泉两市已完成整体转换工作，全省已转换的用户超过 40%。白银、平凉、金昌、庆阳等地普遍加大文化基础设施建设力度，投入大量资金建成或在建一批文化体育设施。

（三）开展“千台大戏送农村”等多种形式的群众文化活动。采取集中采购方式，组织省市县文艺表演团体，演出经典传统节目和新创的歌颂农村改革、弘扬抗震救灾精神的节目。全省共赴农村乡镇、村社和部分街道演出 5449 场次，观众达 530 多万人次。“情系陇原”艺术团赴军营、灾区和重点项目建设工地进行慰问演出。省文联配合中国文联组织的“送欢乐、下基层”慰问演出受到热烈欢迎。

【文化体制改革和文化产业发展】深化文化体制改革，进一步促进文化事业和文化产业发展。

（一）推动文化体制改革向纵深发展。在武威、平凉召开了试点单位和部分市州文化体制改革工作座谈会，加强对改革工作指导。各试点市和单位抓住关键、重点突破，取得了新进展。读者集团启动上市工作。举办了全省文化体制改革配套政策培训班。在抓好试点工作的同时，有序展开了面上的改革，非试点市州和单位在创新体制机制、促进事业产业发展、制定完善政策等方面取得了一定成效。

（二）大力发展文化产业。制定并实施《甘肃省文化产业发展专项资金管理暂行办法》，确定对 25 个文化产业项目给予贴息，贷款总额 1.5 亿元。我省参加第四届深圳文博会取得丰硕成果。制定了甘肃省文化产业基地、园区申报和管理办法，启动了申报评审工作。筛选了一批文化产业项目。修改完善了《甘肃省非公有资本投资文化产业指导目录》，为社会资本投资文化产业提供服

务。

【对外宣传工作】抓住北京奥运会的机遇，进一步扩大我省的对外宣传。

（一）加强对外新闻宣传。组织开展"春到陇原"、"用心让陇原回归绿色"等主题宣传。认真实施"采访线工程"，邀请50多家境外媒体来甘采访报道。积极"走出去"开展宣传，《大梦敦煌》远赴荷兰、法国、比利时、西班牙等国进行了为期2个月的巡演；《敦煌韵》赴叙利亚、巴林等国进行演出；在墨西哥举办了"甘肃省少数民族风情摄影展"，扩大了甘肃文化的影响。

（二）加大新闻发布力度。围绕重大公共突发事件、公共食品安全等热点和省委省政府为民办实事等举措，积极、规范、有序开展新闻发布，全省共组织召开各类新闻发布会198场，及时准确向社会发布权威信息，有效满足了公众的知情权。

【调查研究和舆情信息工作】加强调查研究和舆情信息工作，进一步增强服务决策的能力。

（一）围绕宣传文化领域重大问题深入调查研究。完成了10个中宣部课题的调研任务。组织开展了欠发达地区公共文化服务均等化、当代大学生和民营企业从业人员心理和谐状况调查等三项重点调查课题，形成了有价值的成果。

（二）围绕中心工作和重大事件加强舆情分析研判。围绕"两会"前干部思想动态、"3.14"事件、"5.12"汶川特大地震、北京奥运会等开展专题分析研判，形成了一批舆情分析报告。健全完善舆情信息网络，在社科研究单位、部分高校选聘了一批舆情分析员，将工作的触角延伸到每一个社科研究机构。编印了《舆情信息工作手册》，帮助基层进一步掌握舆情信息知识。

（郭锦诗）

统战工作

【深入学习实践科学发展观活动】从2008年10月份开始，围绕"提高思想认识、解决突出问题、创新体制机制、促进科学发展"的目标要求，精心安排部署，认真组织开展了学习实践科学发展观活动。通过反复研读重要篇目、集体研讨交流、实地调研考察，机关干部对科学发展观的科学内涵、精神实质和根本要求有了进一步的理解和把握。通过解放思想大讨论，广泛听取各方面的意见，召开部机关各处室负责人及系统有关单位负责同志座谈会、有关市州统战干部座谈会、有关方面党外代表人士座谈会共17次，把征求到的392条具体意见梳理归纳为25个需要认真研究解决的问题，并制定相应的整改措施，思想认识有了新的提高，推动工作有了新的举措，科学发展有了新的思路。

【多党合作事业】认真贯彻落实中央5号文件和省委《实施意见》精神，以政治交接学习教育活动为主线，进一步推动多党合作事业的发展。一是组织各民主党派、无党派人士认真学习贯彻胡锦涛总书记在各民主党派中央、全国工商联新老主要领导人座谈会上的重要讲话精神，召开纪念"五一口号"发布60周年座谈会和全省统一战线纪念改革开放30周年座谈会，召开各民主党派、无党派人士政治交接教育学习恳谈会、思想交流会等，着力抓好组织动员、教育引导、交流沟通、调研培训、典型宣传、总结多党合作的宝贵经验，继承和发扬优良传统，政治交接学习教育活动取得新成果。二是组织各民主党派，工商联围绕全省经济社会发展中的重大问题调查研究，建言献策，形成一批有价值的重要调研成果。支持各民主党派、工商联开展对"全膜双垄沟播"项目落实情况的调研检查，引进推广"秸秆生物反应堆技术"。三是定期与民主党派领导班子开展谈心活动，指导各民主党派加强班子建设，队伍建设，制度建设和机关建设。推荐安排党外副厅级干部3名，省直部门关党外领导干部达到9名，是多年来党外干部安排的最好时期。重视党外干部培训基地建设，加快了甘肃社会主义学院搬迁新建工程进度。四是以实施"烛光工程"、开展"手拉手"助学活动、捐建"爱心水窖"等为载体，支持各民主党派积极开展智力支边和社会服务，收到了良好的社会效益。

【民族工作】深入贯彻落实中央和全省民族工作会议精神，围绕加快民族地区经济社会发展，民族工作深入开展。一是继续深入开展民族团结进步创建活动，积极解决少数民族群众生产生活中的突出困难和问题。与兰州市联合举行了2008年度全省，全市"民族团结宣传月"暨西园街道第五届"邻里节"主题宣传活动，取得了良好的社会效果。通过协调落实帮扶资金，开展结对帮扶、组织"三下乡"活动等，进一步丰富了内容，创新了形式，增强了实效。二是举办第13期少数民族干部培训班，选派32名少数民族和民族地区干部到中央国家机关和沿海发达地区挂职锻炼。三是积极争取国家对我省藏区的政策和项目支持，认真贯彻省委，省政府《关于进一步加强藏区工作的若干意见》（省委发[2008]40号），督促检查各项扶持优惠政策的落实。

【宗教工作】认真贯彻落实党的宗教工作方针政策，依法加强管理，宗教工作稳步推进。一是寺庙法制宣传教育工作扎实推进。按照中央和省委的统一部署，认真履行牵头协调作用，及时成立工作机构，制定工作方案，派出由1113名工作人员组成的137个工作组进驻寺庙开展了法制宣传教育工作。经过各方面的共同努力，实现了中央提出的"进得去、站得住、有成效"的目标要求，提高了僧人的思想认识和法制观念，掌握了寺庙的基本情况。在此基础上，及时总结成功经验和有效措施，深入研究基层宗教工作管理体制和把寺庙纳入社会化管理的机制，初步建立以属地管理为主的宗教工作管理体制和寺庙管理长效机制。二是对宗教领域重点、难点问题进行专项治理，做好督查推动，取得了阶段性成果。三是召开全省伊斯兰教工作重点地区联席会议和宗教工作联席会议，明确有关部门的任务，加强协作配合，做好相关工作。召开 2008 年度甘肃、宁夏两省区宗教工作联席会议，推动有关市州签订跨地区宗教工作协议，加强了对跨省区大型宗教活动的规范管理。四是加强对宗教界人士的爱国主义、社会主义教育，组织伊斯兰教等宗教界代表人士参加中央统战部举办的培训班和研讨班，协助中央统战部对我省藏传佛教界代表人士进行培训，共培训宗教教职人员 2000 多人（次）。

【其他领域统战工作】坚持统筹兼顾，全面推进，各领域统战工作全面发展。一是非公有制经济工作方面，举办了第 3 期非有制经济代表人士高级培训班和纪念改革开放 30 周年甘肃民营经济发展论坛，不断加强对非公有制经济人士的教育引导。深入非公有制企业调查研究，听取意见和建议，帮助解决存在的困难和问题。组织开展"光彩陇原行"高台大型系列活动，共捐款捐物 240 多万元，培训技术人员和农民 2000 多人次。对省工商联作为非公有制经济商会、行业协会主管单位问题进行深入研究，提出意见和建议，加强了对工商联工作的指导。据初步统计，一年来，全省共实施光彩事业项目 132 个，到位资金 10.6 亿元，解决就业 1.8 万人，帮助 8.4 万人摆脱贫困。二是党外知识分子工作方面，开展了以"自觉接受中国共产党的领导、坚持走中国特色社会主义道路"为主题的政治交接教育活动。围绕全省经济社会发展的重点问题，组织开展了百名无党派人士专题调研活动。加快筹建甘肃省党外知识分子联谊会和甘肃省留学人员联谊会的步伐，不断拓展党外知识分子工作的有效途径。进一步完善高校统战部长联席会议制度和科研院所、国有企业统战工作联席会议制度，组织开展了观摩活动，不断加强高校、科研院所和国有企业统战工作。三是统一战线抗震救灾工作成效显著。"5•12"汶川地震发生后，组织全省统战干部和统一战线广大成员，积极行动，通过多种方式和渠道，向有关方面反映情况，积极寻求支持和帮助。截至 2008 年年底，全省统一战线成员捐款捐物、联系引进援助资金累计超过 2 亿元。四是加强海外和港澳台统战工作，以省海联会为平台，全年共招商引资 1.5 亿元，筹集慈善款 461 万元。五是加大对新形势下新情况新问题的调查研究力度，举办了以"全球化背景下的中国宗教问题"高层论坛和"抵御境外利用宗教进行渗透问题"专题研讨会，形成了一批重要的研究成果。此外，统战信息、宣传、督察等各方面工作也进一步加强。

（姬安岳）

甘肃省人民代表大会

【甘肃省第十一届人民代表大会第一次会议】2008 年 1 月 20 日——27 日，甘肃省第十一届人民代表大会第一次会议在兰州召开。会议听取和审议了省长徐守盛作的甘肃省人民政府工作报告、省人大常委会副主任程有清作的甘肃省人大常委会工作报告、省高级人民法院院长郝洪涛作的甘肃省高级人民法院工作报告和省人民检察院代理检察长乔汉荣作的甘肃省人民检察院工作报告；审议了甘肃省发展和改革委员会主任邵克文关于甘肃省 2007 年国民经济和社会发展计划执行情况及 2008 年国民经济和社会发展计划（草案）的报告（书面），甘肃省财政厅厅长周多明关于甘肃省 2007 年财政预算执行情况和 2008 年全省及省级财政预算（草案）的报告（书面）。

会议表决通过了甘肃省第十一届人民代表大会第一次会议关于甘肃省人民政府工作报告的决议，关于甘肃省 2007 年国民经济和社会发展计划执行情况及 2008 年国民经济和社会发展计划的决议，关于甘肃省 2007 年财政预算执行情况和 2008 年省级预算的决议，关于甘肃省人大常委会工作报告的决议，关于甘肃省高级人民法院工作报告的决议，关于甘肃省人民检察院工作报告的决议。

会议审议通过了《甘肃省第十一届人民代表大会第一次会议选举办法》和《甘肃省第十一届人民代表大会第一次会议关于甘肃省第十一届人民代表大会常务委员会组成人员名额的决定》，通过了《甘肃省第十一届人民代表大会第一次会议关于设立甘肃省第十一届人民代表大会法制委员会、民族侨务委员会、内务司法委员会、财政经济委员会、农业与农村委员会、教育科学文化卫生委员会、环境资源保护委员会的决定》和《甘肃省第十一届人民代表大会第一次会议关于甘肃省第十一届人民代表大会法制委员会、民族侨务委员会、内务司法委员会、财政经济委员会、农业与农村委员会、教育科学文化卫生委员会、环境资源保护委员会主任委员、副主任委员、委员人选表决办法》。

会议选举陆浩为甘肃省第十一届人民代表大会常务委员会主任，洛桑灵智多杰（藏族）、嘉木样•洛桑久美•图丹却吉尼玛（藏族）、朱志良、马尚英（东乡族）、孙效东、崔玉琴（女）为甘肃省第十一届人民代表大会常务委员会副主任，张开勋为甘肃省第十一届人民代表大会常务委员会秘书长；选举徐守盛为甘肃省省长，冯健身、刘永富、陆武成、石军、泽巴足（藏族）、咸辉

（女，回族）、郝远为甘肃省副省长；选举梁明远（藏族）为甘肃省高级人民法院院长；选举乔汉荣为甘肃省人民检察院检察长（报中华人民共和国最高人民检察院提请全国人民代表大会常务委员会批准）。会议选举丁生才等45人为甘肃省第十一届人民代表大会常务委员会委员，选举温家宝等48人为甘肃省出席第十一届全国人民代表大会代表。会议还表决通过了甘肃省第十一届人民代表大会法制委员会、民族侨务委员会、内务司法委员会、财政经济委员会、农业与农村委员会、教育科学文化卫生委员会、环境资源保护委员会主任委员、副主任委员、委员名单。

在本次会议期间，代表们以党的十七大精神和科学发展观为指导，以满腔的热情、高度的责任感和使命感，求真务实，紧紧围绕全省经济建设和社会发展的重大问题、围绕解决民生和人民群众普遍关注的热点问题，积极向大会提出议案55件。根据《中华人民共和国地方各级人民代表大会和地方各级人民政府组织法》和《甘肃省各级人民代表大会议事规则》的有关规定，将"关于修订《甘南藏族自治州实施〈甘肃省计划生育条例〉变通规定》的议案"作为议案处理，交由省人大民族侨务委员会审议，并将审议意见和办理结果书面报告下一次省人民代表大会；将其他54件议案全部转为建议、批评和意见处理，分别由省人大常委会办公厅和省人民政府办公厅交有关部门办理。

【甘肃省人大常委会主要会议】甘肃省第十届人民代表大会常务委员会第三十三次会议　甘肃省第十届人民代表大会常务委员会第三十三次会议于2008年1月17日——18日在兰州召开。省人大常委会副主任丁泽生主持了开幕式暨第一次全体会议，副主任李德奎主持了第二次全体会议暨闭幕式。会议听取了省人大常委会秘书长朱志良关于甘肃省第十一届人民代表大会第一次会议筹备工作情况的汇报；听取和审议了省十届人大常委会代表资格审查委员会关于代表变动情况和补选代表的代表资格审查报告，表决通过了关于代表变动情况和补选代表的代表资格审查报告及公告；审议通过了甘肃省第十一届人民代表大会第一次会议列席范围；审议并原则通过了省人大常委会工作报告（审议稿），省人大常委会2008年工作要点（草案建议稿），甘肃省第十一届人民代表大会第一次会议议程、日程（草案），甘肃省第十一届人民代表大会第一次会议主席团和秘书长名单（草案）、主席团常务主席名单（草案）、大会执行主席分组名单（草案）、大会副秘书长名单（草案），关于甘肃省第十一届人民代表大会常务委员会组成人员名额的决定（草案），关于设立甘肃省第十一届人民代表大会法制委员会、民族侨务委员会、内务司法委员会、财政经济委员会、农业与农村委员会、教育科学文化卫生委员会、环境资源保护委员会的决定（草案），甘肃省第十一届人民代表大会第一次会议选举办法（草案），关于甘肃省第十一届人民代表大会法制委员会、民族侨务委员会、内务司法委员会、财政经济委员会、农业与农村委员会、教育科学文化卫生委员会、环境资源保护委员会主任委员、副主任委员、委员人选表决办法（草案）。会议还决定免去杨志明的甘肃省副省长职务。

甘肃省第十一届人民代表大会常务委员会第一次会议　甘肃省第十一届人民代表大会常务委员会第一次会议于2008年1月28日上午在兰州召开。省人大常委会副主任洛桑灵智多杰主持了会议。会议审议通过了甘肃省人大常委会2008年工作要点。省委书记、省人大常委会主任陆浩在会上作了重要讲话。

甘肃省第十一届人民代表大会常务委员会第二次会议　甘肃省第十一届人民代表大会常务委员会第二次会议于2008年3月25日——27日在兰州召开。省人大常委会副主任洛桑灵智多杰主持了开幕式暨第一次全体会议，副主任朱志良主持了第二次全体会议暨闭幕式。会议传达了十一届全国人大一次会议精神；审议了《甘肃省高速公路管理条例（草案）》和《甘肃安西极旱荒漠国家级自然保护区管理条例（草案）》。

会议任命：安晨光为甘肃省人大常委会副秘书长；薛金山为甘肃省人大常委会副秘书长；朱雪明为甘肃省人大常委会副秘书长；张国荣为甘肃省人大常委会副秘书长；薛金山为甘肃省人大常委会办公厅主任(兼)；苏秦川为甘肃省人大常委会办公厅副主任；吕发成为甘肃省人大常委会办公厅副主任；安晨光为甘肃省人大常委会研究室主任（兼）；邹通祥为甘肃省人大常委会研究室副主任；杨育荣为甘肃省人大常委会法制工作委员会主任；许华为甘肃省人大常委会法制工作委员会副主任；李高协为甘肃省人大常委会法制工作委员会副主任；杨诚为甘肃省人大常委会代表工作委员会主任；李世红为甘肃省人大常委会代表工作委员会副主任；傅九大为甘肃省人大常委会民族侨务办公室主任；马占元为甘肃省人大常委会民族侨务办公室副主任；姚爱然为甘肃省人大常委会内务司法办公室主任；姚恭荣为甘肃省人大常委会内务司法办公室副主任；明连成为甘肃省人大常委会内务司法办公室副主任；屠锦敏为甘肃省人大常委会财政经济办公室主任；任继东为甘肃省人大常委会财政经济办公室副主任；马洪滨为甘肃省人大常委会财政经济办公室副主任；朱红为甘肃省人大常委会农业与农村办公室主任；盛维德为甘肃省人大常委会农业与农村办公室副主任；于效庆为甘肃省人大常委会农业与农村办公室副主任；邢同义为甘肃省人大常委会教育科学文化卫生办公室主任；冯云海为甘肃省人大常委会教育科学文化卫生办公室副主任；郝宗维为甘肃省人大常委会教育科学文

化卫生办公室副主任；刘士华为甘肃省人大常委会教育科学文化卫生办公室副主任；赵伟民为甘肃省人大常委会环境资源保护办公室主任；同京允为甘肃省人大常委会环境资源保护办公室副主任；雪毓萍为甘肃省人大常委会环境资源保护办公室副主任。

会议决定任命：李沛文为甘肃省人民政府秘书长；赵春为甘肃省发展和改革委员会主任；李平为甘肃省经济委员会主任；白继忠为甘肃省教育厅厅长；张天理为甘肃省科学技术厅厅长；贡保甲为甘肃省民族事务委员会主任；何挺为甘肃省公安厅厅长；刘吉银为甘肃省国家安全厅厅长；张光义为甘肃省监察厅厅长；田宝忠为甘肃省民政厅厅长；周多明为甘肃省财政厅厅长；庞波为甘肃省人事厅厅长；李峰为甘肃省劳动和社会保障厅厅长；张力学为甘肃省国土资源厅厅长；李慧为甘肃省建设厅厅长；杨咏中为甘肃省交通厅厅长；许文海为甘肃省水利厅厅长；武文斌为甘肃省农牧厅厅长；高清和为甘肃省林业厅厅长；王锐为甘肃省商务厅厅长；邵明为甘肃省文化厅厅长；刘维忠为甘肃省卫生厅厅长；何振中为甘肃省审计厅厅长。

会议还通过了省高级人民法院和省人民检察院提请的有关人事任免事项。

甘肃省第十一届人民代表大会常务委员会第三次会议　甘肃省第十一届人民代表大会常务委员会第三次会议于 2008 年 5 月 27 日——29 日在兰州召开。省人大常委会副主任嘉木样•洛桑久美•图丹却吉尼玛主持了开幕式暨第一次全体会议，副主任孙效东主持了第二次全体会议，副主任崔玉琴主持了第三次全体会议暨闭幕式。会议审议通过了《甘肃省高速公路管理条例》和《甘肃安西极旱荒漠国家级自然保护区管理条例》，审议了《甘肃省气象灾害防御条例（草案）》。审议通过了甘肃省第十一届人民代表大会常务委员会代表资格审查委员会主任委员、副主任委员、委员名单。听取和审议了省人民政府关于全省抗震救灾情况的专题汇报，关于全省城乡居民最低生活保障制度实施情况的汇报；审议了省人大常委会调研组关于兰州、定西、武威、金昌四市落实城乡居民最低生活保障制度工作情况的调研报告（书面）。会议还通过了省高级人民法院和省人民检察院提请的有关人事任免事项。

甘肃省第十一届人民代表大会常务委员会第四次会议　甘肃省第十一届人民代表大会常务委员会第四次会议于 2008 年 7 月 18 日——22 日在兰州召开。省人大常委会副主任嘉木样•洛桑久美•图丹却吉尼玛主持了开幕式暨第一次全体会议，副主任洛桑灵智多杰主持了第二次全体会议，副主任朱志良主持了第三次全体会议暨闭幕式。会议审议通过了《甘肃省气象灾害防御条例》，通过了甘肃省人民代表大会常务委员会关于修改《甘肃省人民代表大会常务委员会议事规则》的决定，审议了《甘肃省禁止非医学需要鉴定胎儿性别和选择性别终止妊娠规定（草案）》。听取和审议了省人民政府关于灾后恢复重建工作情况的专题汇报，通过了甘肃省人民代表大会常务委员会关于甘肃省人民政府灾后恢复重建工作情况专题汇报的决议。听取和审议了省人大常委会执法检查组关于检查《中华人民共和国村民委员会组织法》和《甘肃省实施〈中华人民共和国村民委员会组织法〉办法》执行情况的报告。听取和审议了省人民政府关于甘肃省 2008 年上半年国民经济和社会发展计划执行情况的报告，省人民政府关于 2007 年全省及省级财政决算草案和 2008 年上半年财政预算执行情况的报告，省人民政府关于 2007 年度省级预算执行及其他财政收支情况的审计工作报告；审议了省人民政府关于甘肃省 2007 年预算外资金收支和管理情况的报告（书面），省人大财政经济委员会关于 2007 年省级财政决算的审查报告（书面）；通过了甘肃省人民代表大会常务委员会关于批准甘肃省 2007 年省级财政决算的决议。会议审议了省十一届人大常委会代表资格审查委员会关于代表变动情况和补选代表的代表资格审查报告（书面），表决通过了关于代表变动情况和补选代表的代表资格审查报告及公告。会议决定免去陆武成的甘肃省副省长职务，决定任命张晓兰（女）为甘肃省副省长；会议还通过了省高级人民法院和省人民检察院提请的有关人事任免事项。

甘肃省第十一届人民代表大会常务委员会第五次会议　甘肃省第十一届人民代表大会常务委员会第五次会议于 2008 年 9 月 23 日——26 日在兰州召开。省人大常委会副主任朱志良主持了开幕式暨第一次全体会议，副主任崔玉琴主持了第二次全体会议，副主任朱志良主持了第三次全体会议暨闭幕式。会议审议通过了《甘肃省禁止非医学需要鉴定胎儿性别和选择性别终止妊娠规定》，通过了甘肃省人民代表大会常务委员会关于批准《兰州市粮食流通监督管理条例》的决定，审议了《甘肃省实施<中华人民共和国归侨侨眷权益保护法>办法（修正案草案）》、《甘肃省农产品质量安全条例（草案）》和《甘肃省涉案财务价格鉴定条例（草案）》。会议听取和审议了省人大常委会执法检查组关于检查全省实施科技进步和科技成果转化等法律法规情况的报告；听取和审议了省人民政府关于省十一届人大一次会议期间代表建议办理情况的报告，省高级人民法院关于省十一届人大一次会议期间代表建议办理情况的报告，省人民检察院关于省十一届人大一次会议期间代表建议办理情况的报告。会议还通过了省人民检察院提请的有关人事任免事项。

甘肃省第十一届人民代表大会常务委员会第六会议　甘肃省第十一届人民代表大会常务委员会第六次会议

于2008年11月24日——28日在兰州召开。省人大常委会副主任嘉木样•洛桑久美•图丹却吉尼玛主持了开幕式暨第一次全体会议，副主任马尚英主持了第二次全体会议，副主任孙效东主持了第三次全体会议暨闭幕式。会议审议通过了《甘肃省农产品质量安全条例》、《甘肃省涉案财务价格鉴定条例》和《甘肃省实施<中华人民共和国归侨侨眷权益保护法>办法（修订）》，通过了甘肃省人民代表大会常务委员会关于批准《兰州市燃放烟花爆竹安全管理规定》的决定，审议了《甘肃省各级人民代表大会常务委员会规范性文件备案审查规定（草案）》和《甘肃省促进中小企业发展条例（草案）》。会议听取和审议了省人大常委会执法检查组关于检查全省实施《中华人民共和国森林法》和《甘肃省实施〈中华人民共和国森林法〉办法》情况的报告，省人大常委会执法检查组关于检查《中华人民共和国文物保护法》和《甘肃省文物保护条例》实施情况的报告，省人大常委会执法检查组关于检查全省实施《中华人民共和国土地管理法》和《甘肃省实施〈中华人民共和国土地管理法〉办法》情况的报告；审议了省人大常委会执法检查组关于对制定《甘肃省实施〈中华人民共和国民族区域自治法〉若干规定》具体办法的进展情况进行检查的报告（书面），省人大常委会调研组关于全省农业特色产业发展情况的专题调研报告（书面），以及省人大常委会关于省十一届人大一次会议期间代表建议、批评和意见办理情况的报告（书面）。会议审议了省人大常委会代表资格审查委员会关于代表变动情况和补选代表的代表资格审查报告（书面），表决通过了关于代表变动情况和补选代表的代表资格审查报告及公告。会议审议通过了甘肃省人民代表大会常务委员会关于召开甘肃省第十一届人民代表大会第二次会议的决定，通过了甘肃省人民代表大会常务委员会关于许可对甘肃省第十一届人大代表张畅钰采取强制措施的决定。会议还通过了省高级人民法院提请的有关人事任免事项。

【深入学习实践科学发展观】科学发展观是我国经济社会发展的重要指导方针，省人大常委会在工作中始终坚持认真学习和实践科学发展观。按照中央和省委的统一部署，省人大常委会机关从2008年9月开始，有计划、按步骤、保证质量地集中开展了深入学习实践科学发展观活动。常委会党组和机关各部门切实加强组织领导，全体党员干部充分认识开展深入学习实践科学发展观活动的重大意义，正确把握活动的指导思想、目标要求和基本原则，紧密联系省情和人大工作实际，增强学习实践活动的自觉性和责任感，做到了认识到位、组织到位、措施到位、工作到位，确保了整个学习实践活动深入扎实的开展。学习实践活动达到了“完善体制机制、履行法定职能、提高工作水平”的基本目标，常委会在服务大局意识上有新的增强，在立法质量上有新的提高，在监督工作上有新的成效，在代表工作上有新的举措，在规范化建设上有新的推进，在机关建设上有新的面貌。

一年来，省人大常委会坚持用科学发展观指导各项工作，围绕全省工作大局，准确把握科学发展观对人大工作提出的新的更高的要求，全力支持和促进我省各项改革和现代化建设事业又好又快发展。在立法工作中，坚持以人为本，民主立法，把实现好、维护好、发展好最广大人民的根本利益作为地方立法的出发点和落脚点。在监督工作中，始终把监督的着眼点放到科学发展上来，把监督的着力点放到解决社会发展中的薄弱环节上来，确保经济和社会全面、协调、可持续发展。在决定重大事项工作中，把行使重大事项决定权作为推动科学发展的基础和保障，促进了我省经济社会又好又快发展。在人事任免工作中，把党管干部与人大常委会依法任免干部有机结合起来，增强了干部的大局意识、法制意识和公仆意识。在自身建设工作中，以学习实践科学发展观活动为契机，进一步完善工作制度，努力建设“政治坚定、业务精通、务实高效、作风过硬、团结协作、勤政廉洁”的地方国家权力机关，有效地支持和促进了我省各项改革和建设事业的发展。

【全力支持抗震救灾和灾后恢复重建】“5•12”汶川大地震波及我省陇南、甘南等10个市州的70个县区，造成了重大的人员伤亡和财产损失。抗震救灾是人民的根本利益，也是人大工作最重要的任务。为此，常委会分别在5月份和7月份召开的第三次、第四次会议上，先后听取和审议了省人民政府关于全省抗震救灾情况的专题汇报和关于灾后恢复重建工作情况的专题汇报，并作出了《甘肃省人民代表大会常务委员会关于省人民政府灾后恢复重建工作情况专题汇报的决议》，要求省人民政府以科学发展观为指导，精心规划，科学组织，认真实施，扎扎实实做好灾后重建各项工作。常委会领导还多次深入我省灾区指挥抗震救灾，进行调查、视察，两名副主任还带领省上灾后重建指导小组到陇南两个重灾县区帮助、指导灾后恢复重建工作。

【地方立法】常委会坚持以科学发展观为指导，进一步明确了立法工作的指导思想。在立法工作中，坚持党的主张和人民意志的有机统一，服从服务于党和国家工作的大局；坚持少而精的原则，适当控制立法数量，提高法规的质量；围绕人民群众最关心、最关注、最直接的问题确定立法项目，充分体现以人为本的立法理念。

常委会进一步拓宽了开门立法的渠道，采取召开座谈会、论证会、研讨会等多种形式，扩大公民对地方立法活动的积极有序参与。改进了立法顾问和立法联系点制度，从高校、科研院所、律师事务所和有关部门中，选聘了一批专家学者和具有丰富实践经验的社会工作者担任常委会立法顾问，适当调整了立法联系点。这些工作都较好地促进了立法质量的提高。

一年来，常委会共制定和修订9件地方性法规，批准和批准修订兰州市2件地方性法规，对1件法规草案进行了一审。配合全国人大常委会、国务院对8件法律草案和行政法规草案进行了征求意见工作。

按照促进经济社会和谐发展的需要，常委会围绕我省经济社会发展的一些重大问题加强立法工作，审议通过的《甘肃省高速公路管理条例》，对推动解决我省高速公路管理中运营效率不高、公共服务不到位、相关部门间协调配合机制不健全等问题，将产生较好的促进作用。《甘肃省农产品质量安全条例》将对有效保障农产品质量安全、维护公众身体健康、促进农业和农村经济发展起到重要作用。《甘肃省涉案财物价格鉴定条例》进一步规范了涉案财物价格鉴定管理和涉案财物价格鉴定行为，对维护国家利益以及公民、法人和其他组织的合法权益将起到重要作用。《甘肃省禁止非医学需要鉴定胎儿性别和选择性别终止妊娠规定》，针对我省较为严重的男女性别比问题进行立法，对树立男女平等婚育观念、提高人口质量和计划生育水平、构建社会主义和谐社会将产生较大的促进作用。

按照人与自然和谐发展的要求，常委会加强了有关环境保护方面的立法。安西极旱荒漠国家级自然保护区，是亚洲目前唯一以保护极旱荒漠生物多样性为主的自然保护区，在我国自然地理、物种演化和气候变化等方面的科学研究中具有特殊重要的地位。为了加强对该保护区的建设和管理，常委会审议通过了《甘肃安西极旱荒漠国家级自然保护区管理条例》。我省是一个气象灾害多发省份，特别是近年来，天气气候异常，极端天气气候频繁出现，干旱、大风、沙尘暴、冰雹等气象灾害较多发生，给我省国民经济和人民生命财产安全造成很大损失。常委会审议通过了《甘肃省气象灾害防御条例》，对完善防灾抗灾应急机制、提高公民防御灾害能力、增强全社会防灾意识将起到促进作用。

按照《中华人民共和国各级人民代表大会常务委员会监督法》精神，省人大常委会对《甘肃省人民代表大会常务委员会议事规则》进行了修正，制定了《甘肃省各级人民代表大会常务委员会规范性文件备案审查规定》。这两部法规的制定和修正，将对完善我省人大监督制度，推进人大监督工作产生积极作用。

根据我省归侨侨眷工作实际，常委会对《甘肃省实施〈中华人民共和国归侨侨眷权益保护法〉办法》进行了修订，将进一步促进我省归侨侨眷的权益保护工作。

【监督工作】一年来，常委会认真贯彻落实监督法，紧扣全省工作大局，围绕党的中心工作和任务，按照科学发展观的要求，以提高经济运行质量为目标，以改善民生和优化经济发展环境为重点，通过听取和审议政府专项工作汇报、执法检查和调研等方式，突出了监督工作的针对性，进一步加大了监督力度，增强了监督实效。

全年针对有关重大经济问题和民生问题听取政府专项工作报告8项。近年来，我省城乡居民生活低保工作取得了很大进展，但也存在不少差距。常委会在调研的基础上，听取了省政府关于全省城乡居民最低生活保障制度实施情况的汇报和省人大常委会调研组的调研报告，就进一步重视低保工作、合理筹措低保资金、加强资金监管力度、建立对低保边缘人群的临时救助制度、争取做到应保尽保等方面，向省政府提出了审议意见。常委会还重点听取和审议了省政府关于2008年上半年计划执行情况的报告，2007年全省及省级财政决算草案和2008年上半年财政预算执行情况的报告、2007年省级预算执行情况和其他财政收支情况的审计工作报告以及预算外资金收支和管理情况的报告。

在执法检查上，常委会把人民群众最关心的现实问题作为执法检查的重点，突出执法检查的针对性，集中力量开展了对村民委员会组织法、土地管理法、森林法、文物保护法等方面的法律法规执行情况的检查，开展了对全省实施科技进步和科技成果转化方面法律法规情况和对省政府有关部门制定《甘肃省实施〈中华人民共和国民族区域自治法〉若干规定》具体办法进展情况的检查。受全国人大常委会的委托，还对劳动合同法、未成年人保护法的执行情况进行了检查。同时，配合全国人大常委会对义务教育法的执行情况进行了检查。执法检查对推动政府工作、促进热点难点问题的解决，起到了较好的作用。在检查村民委员会组织法执行情况中，常委会审议执法检查报告后，就进一步提高农民群众的法律意识，加强对村委会成员的培训工作，提高村干部待遇，限期完成换届选举等方面提出了建议和要求。省政府对此非常重视，就审议意见办理情况作了书面反馈，并采取切实措施对86个未能按时完成换届选举的村委会，逐村制定换届选举方案，帮助、指导换届。对村干部的养老保险和养老补贴问题，制定出台了《甘肃省村干部养老保险试行办法》，解决村干部的后顾之忧。对村级债务，计划利用两年时间基本完成全省农村义务教育债务的化解工作。在检查文物保护法执行情况中，常委会针对存在的问题就加强文物保护工作的规划，做好重点文物的保护维修工作，加大文物保护专项投入，进一步健全文物保护工作责任制，逐步理顺文物保护工作的管理体制等问题，提出了改进意见。在检查森林法实施情况中，常委会针对我省森林资源保护形势严峻、河西地区生态安全问题突出、国有林场生存和发展困难较多等问题，就加大对林业的投入，加强森林资源保护，严禁越权审批占用林地，改善林业职工生活条件等方面提出了建议。在对土地管理法的检查中，常委会针对目前土地违法主体呈现多元化，政府违法、企业法人违法、农村集体违法严重等问题，就进一步完善耕地保护措施、严格依法征地、切实保护被征地农民的利益、加大土地执法监察力度、严肃查处各类违法行为提出了要求。在对全省实施科技进步和科技成果转化等法律法规情况的检查中，常委会针对科技投入不足，自主创新的整体推进能力比较薄弱，企业科技成果转化融资难，科技人才结构不合理、流失严重，服务体系与科技成果转化机制不健全等问题，提出了改进意见。陇原环保世纪行以“节能减排与生态文明”为主题，对我省贯彻实施环境保护法、清洁生产促进法、节约能源法等法律法规和国家有关方针政策的情况进行了检查和宣传报道，对一些污染环境、浪费能源、影响人与自然和谐相处的违法行为进行了曝光，大大增强了全社会的节能减排意识。

一年来，常委会坚持以人为本，围绕民生、社会稳定和全省大局做了大量调查研究和视察、检查工作。“3•14”甘南不稳定事件发生后，常委会领导深入甘南地区做法制宣传和调研工作，为维护我省稳定做出了努力。我省中小企业整体素质不高，发展资金严重不足，社会服务体系不健全等问题，一直困扰着中小企业的发展。对此，常委会组织调研组对中小企业发展情况进行了调研。常委会和各专门委员会还就发展农业特色产业、落实支农惠农政策和支农资金、促进农民增收、扩大内需促进经济平稳较快增长、物价上涨对我省城镇居民生活影响、低收入家庭住房保障、城乡居民生活低保工作、经济鉴证类中介机构发展与管理、民族地区人力资源开发、发展民族地区医疗卫生和教育事业、清真食品管理等进行了调研，提出了大量有价值的意见和建议，受到了省人民政府及其有关部门的高度重视。

【人事任免】一年来，常委会共任命国家机关工作人员 86 名，决定免职、接受辞职和批准辞职 62 名。其中，任命省人大专门委员会和常委会工作部门负责人 31 名，免职 36 名；决定任命省政府组成人员 26 名，决定免职 1 名；任命和批准任命审判、检察人员 29 名，批准辞职、免职 25 名。

【代表工作】人大代表是人大工作的基础。针对换届后新代表比例高、基层代表多的实际，常委会进一步加强和改进了代表工作。

突出专题调研和视察，充分发挥代表大会闭会期间代表的作用。去年是本届人大代表初任之年，常委会通过“以老带新”的方式组织人大代表开展集中视察，既引了路子、学到了经验，又促进了工作。上半年，邀请上届的 9 名代表和本届 34 名代表一同开展活动，重点对民族地区的经济社会发展情况、法检“两院”队伍建设和公正司法情况、抗灾救灾情况、兰州铁路局春运安全及铁路枢纽规划建设情况、农业特色产业发展情况、基层卫生院建设情况、兰州市水污染治理情况等进行了视察。先后组织代表对黄河甘肃黑山峡段水电开发、民族地区医疗卫生、教育和人力资源开发、地震灾后重建及重灾区中小学的重建等问题进行了调研，提出了促进我省经济社会发展的意见和建议。

加强代表培训，为代表履行职责搞好服务。常委会先后在嘉峪关市和永靖县举办了两期代表培训班，160 多名代表参加了培训，向受训代表系统讲解了地方组织法、代表法，邀请连任的 15 位省人大代表，介绍了自己履职的经验和体会。举办了全省代表工作座谈会，征求了市、州人大常委会对省人大常委会工作的意见和建议。

拓宽渠道，切实保障代表的知情知政权。常委会坚持给代表订阅寄送《人民之声报》、《人大研究》、《常委会公报》和省委、省政府、省高级人民法院、省人民检察院的有关文件资料。编写了 8 本人大代表学习资料寄送给代表。坚持邀请人大代表列席常委会会议制度，邀请人大代表参加常委会组织的立法、执法检查和专题调研等活动。继续坚持常委会组成人员联系基层人大代表、人大代表联系选举单位和人民群众的“两联系”制度，常委会组成人员大部分都到自己的联系点开展了工作，帮助解决了一些困难和问题。

【代表意见和建议办理】常委会加大代表意见建议办理力度，充分尊重代表的职权。在办理代表意见建议过程中，区分层次，突出重点，事关经济社会可持续发展的建议优先办理，涉及人民群众切身利益的建议重点办理，对有关“三农”问题的建议给予高度关注，涉及灾区建设的建议特事特办。省十一届人大一次会议期间，代表们共提出建议 712 件，已经解决或基本解决的 190 件，占建议总数的 26.69%，其中常委会各位副主任和各专门委员会重点督办的代表意见建议 13 件；正在解决或列入计划逐步解决的 311 件，占建议总数的 43.68%；因条件限制暂时不能解决，留待以后逐步解决的 193 件，占建议总数的 27.11%；供今后工作中参考或需向上级有关部门反映的 18 件，占建议总数的 2.53%。建议的办理情况都及时答复了代表。

【信访工作】常委会十分重视信访工作，实行副主任、秘书长联系信访案件制度，通过信访渠道督促“一府两院”和有关部门解决了群众的不少困难和问题。全年共接待群众来信来访 2818 件次，其中来信 1086 件，来访 1732 人次，包括集体 5 批 333 人次。全国人大常委会转办、交办信访案 248 件，常委会领导批示信访案 12 件。经督办，报来要结果案 269 件。相关专委会收到涉法申诉案件 38 件，已转办 35 件，正在办理的 3 件。

【自身建设】针对新一届常委会组成人员，大多数是从党委、政府或其他部门来到人大工作的实际，常委会按照科学发展观的要求，从年初开始就把建设学习型机关确定为全年机关建设的首要任务，把学习培训、密切联系代表和群众、完善工作制度、加强队伍建设，作为新一届人大常委会工作开好头、起好步的重要举措，着力推进常委会的思想建设和作风建设。

经过一年的实践，以政治学习和业务学习为主的学习型机关建设总体进展良好，取得了明显成效。省人大各专门委员会和常委会各工作部门制定了创建学习型部门的计划、制度和目标，把学习和本部门所承担的工作结合起来，学习的广度和深度都有了新的提高。新一届常委会组成人员，通过系统学习人民代表大会制度知识，增强了做好人大工作的光荣感、使命感和责任感；通过学习宪法、法律和人大及其常委会的议事规则，掌握了人大工作的特点和规律，基本适应了人大工作的任务和要求，较快实现了职务到位、思想到位、工作到位。常委会组成人员和机关广大干部的思想认识水平和理论水平都有了较大提高，学风、会风、文风、作风得到明显改善，促进科学发展的动力大为增强。

在组织建设上，省十一届人大一次会议闭幕后，依照地方组织法的有关规定，任命了各工作机构负责人，顺利实现了常委会、各专门委员会和各工作部门的工作交接。在机关干部队伍建设上，认真贯彻党政干部选拔任用工作条例，进一步完善干部竞争上岗机制，组织干部实行竞争上岗，比较好的调动了机关干部的积极性。

作风建设方面，进一步发扬民主集中制，无论是常委会审议议案，还是主任会议研究讨论问题，都充分发扬民主，依法定程序办事，自接受人大代表、人民群众和机关职工的监督。在机关内部大力开展厉行节约活动，主任会议通过了省人大常委会机关关于厉行节约支援抗震救灾的决定，制定了具体的节约措施，节约经费用于支援灾区建设。

制度建设方面，制定、修订了一些常委会行使职权方面的法规，制定了《常委会组成人员守则》等制度，促进了常委会和机关工作的制度化、规范化和程序化。

进一步加强了人大理论研究和宣传工作，《人民之声报》和《人大研究》在深度报道、理论研究和人大特色上有新的突破；与全国人大常委会和兄弟省市区人大常委会的交流更加活跃，与市（州）、县（市、区）人大常委会的联系更加密切；机关接待工作、保密工作和老干部工作等都有了新的改进。

（邵建斌）

甘肃省人民政府

【省政府全体会议】1月29日，省政府召开了第一次全体会议。会议兑现了2007年目标责任书，省政府与各市州政府签订了2008年目标责任书，分解了政府工作主要任务；安排部署推动各项工作的措施。徐守盛省长做了重要讲话。他提出：一、必须在加强政府作风建设上采取新举措。一要统一思想，振奋精神。二要转变职能，创新模式。三要转变作风，强化责任。二、必须在加强政府廉政建设上树立新形象。一要坚持廉洁自律。二要规范权力运行。三要深入开展商业贿赂专项治理。四要狠刹损害群众利益的不正之风。五要不断加强政风行风建设。三、必须在抓重点工作上要实现新突破。一要在转变经济发展方式上有新突破。二要在抓项目上有新突破。三要在推进新农村建设上有新突破。四要在改善民生上有新突破。五要在加强财政管理创新上有新突破。四、必须在完成工作目标管理责任上取得新成绩。一要坚持稳定低生育水平。二要强化国土资源管理。三要大力推进环境保护。四要全力以赴实现节能减排目标。五要确保安全生产。

7月24日，省政府召开第二次全体会议。会议通报了上半年经济社会发展情况，分析了存在的问题，安排部署了下半年工作。徐守盛省长做了重要讲话。一、关于上半年全省经济社会发展情况。一是农业生产稳步发展，夏粮喜获丰收。二是工业平稳增长，装备制造业快速发展。三是投资增速逐月加快，基础设施项目建设进展良好。四是消费需求趋旺，进口快速增长。五是“14件”实事进展顺利，社会事业稳步推进。六是抗震救灾取得阶段性成果，灾后恢复重建有序推进。二、经济运行中的突出矛盾和困难增多。一是工业经济发展面临的环境和形势不容乐观。二是财政收入增幅持续降低。三是自然灾害对经济发展造成较大影响。四是完成全年节能降耗的目标任务比较艰巨。五是煤电油运对经济发展的制约因素显现。六是价格上涨的压力依然存在，出口持续下滑。七是惠农政策落实不力，影响农民增收。三、关于下半年工作安排。一要强化组织领导，扎实做好灾后重建工作。二要突出提速增效，促进工业经济平稳发展。三要围绕农民增收，促进农村经济全面发展。四要抓好项目建设，确保投资较快增长。五要加大节能减排工作力度，确保完成全年目标任务。六要大力发展现代服务业，抓好物价稳定。七要加强财税金融工作，抓好各项资金筹集落实。八要推进体制机制创新，提高开放水平。九要以全面落实“14件实事”为重点，加快社会事业发展。

【省政府常务会议】第1次 1月31日，徐守盛省长主持召开。会议研究了省长、副省长、省长助理、秘书长的工作分工；通过了人事任免事宜。

第2次 3月25日，徐守盛省长主持召开。会议传达学习了温家宝总理在参加全国人大十一届一次会议甘肃代表团审议时的讲话精神，研究了贯彻意见；研究了2008年省级预算内基建投资计划；研究了调整全省最低工资标准问题；审定了2007年度甘肃省科学技术奖名单；审定了甘肃绿化模范城市、县区、单位和甘肃绿化奖章获得者名单；通过了人事任免事宜。

第3次 4月11日，徐守盛省长主持召开。会议讨论并原则通过了《甘肃省人民政府关于实行国有资本经营预算的意见》、《甘肃省政府信息公开试行办法》、《甘肃省文物重大安全事故行政责任追究规定》；讨论了《中共甘肃省委甘肃省人民政府关于大力推进工业强省的决定(讨论稿)》、《甘肃省人民政府大力推进工业强省考核奖励试行办法(草案)》；通过了人事任免事项。

第4次 4月28日，徐守盛省长主持召开。会议专题讨论研究了《北京奥运火炬接力甘肃省传递总体路线方案》。

第5次 5月7日，徐守盛省长主持召开。会议讨论了《中共甘肃省委甘肃省人民政府关于深入实施工业强省战略的决定》、《甘肃省人民政府关于加快矿产资源开发转化的意见》、《甘肃省人民政府深入实施工业强省战略考核奖励试行办法》；讨论并原则通过了《省级政府部门第六批、中央在甘单位第三批拟取消和调整行政审批项目》；审定了解决甘肃农业职业技术学院和甘肃省艺术学校校址问题的意见；讨论并原则通过了《甘肃省禁止非医学需要鉴定胎儿性别和选择性终止妊娠规定（草案）》；通报了《中共甘肃省委甘肃省人民政府关于启动六大行动促进农民增收的实施意见》的起草情况和主要内容；安排了石羊河流域治理有关工作。

第6次 5月27日，徐守盛省长主持召开。会议研究了抗震救灾和灾后重建工作有关问题；研究了深圳兰光电子集团有限公司重组有关问题；讨论了《甘肃省人民政府和中国华能集团公司关于正宁南煤田、天平铁路、庆阳矿区水利工程等项目的合作协议（初稿）》；通过了人事任免事项。

第7次 6月18日，徐守盛省长主持召开。会议传达学习了胡锦涛总书记、温家宝总理在省市区和中央部门主要负责同志会议上的讲话精神，研究了贯彻意见；分析了经济形势，研究部署当前主要工作；研究了灾后重建农民住房补助标准问题；研究了酒钢集团与哈萨克斯坦国欧亚财团所属国际矿产资源公司共同出资组建中外合资企业有关事宜；讨论了2008年享受政府特殊津贴候选人；审定了第七届甘肃省优秀图书奖获奖者；讨论并原则通过了《甘肃省促进中小企业发展条例(草案)》、《甘肃省实施<中华人民共和国归侨侨眷权益保护法>办法（修正案草案）》、《甘肃省规范性文件管理办法（草案）》。

第8次 7月13日，徐守盛省长主持召开。会议讨论了甘肃省2008年上半年国民经济和社会发展计划执行情况的报告；讨论并原则通过了2007年全省及省级财政决算草案和2008年上半年财政预算执行情况的报告；讨论并原则通过了2007年预算外资金收支和管理情况报告；讨论并原则通过了2007年度省级预算执行和其他财政收支情况的审计结果报告；讨论并原则通过了《甘肃省人民政府关于地震灾后恢复重建政策措施实施办法》；通过了人事任免事项。

第9次 7月23日，徐守盛省长主持召开。会议讨论并原则同意《汶川地震甘肃重灾区恢复重建总体规划》、《甘肃省农村集体经济审计办法（草案）》；宣布了冯健身、泽巴足、张晓兰副省长和李沛文秘书长工作分工。

第10次 8月6日，徐守盛省长主持召开。会议讨论了对口支援资金筹集及安排意见；讨论并原则通过了《甘肃省农产品质量安全条例（草案）》、《甘肃省部门统计管理规定（草案）》；通过了人事任免事项。

第11次 8月19日，徐守盛省长主持召开。会议研究了将我省移民中绝对贫困人口纳入农村低保问题；讨论了《落实工业强省战略为省内大型国有企业配置矿业权有关问题的意见》；研究了表彰奖励2007年度节能降耗先进市州和企业的意见；讨论并原则通过了《甘肃省民用建筑节能管理规定（草案）》；研究了陇南市级行政中心灾后异地重建问题。

第12次 9月1日，徐守盛省长主持召开。会议研究了省属企业改制破产重组有关问题；讨论并原则通过了《甘肃省涉案财物价格鉴定条例（草案）》、《甘肃省建设项目规划许可办法（草案）》、《甘肃省人民政府关于进一步规范和改进政府表彰奖励工作的意见》；通过了人事任免事项。

第13次 9月10日，徐守盛省长主持召开。会议讨论了《中共甘肃省委甘肃省人民政府关于加强藏区工作的若干意见（讨论稿）》；研究了理顺省直部门职业学校管理体制问题；审定了2008年甘肃省外国专家敦煌奖候选人。

第14次 10月21日，徐守盛省长主持召开。会议研究了国营敬东机器厂等3户企业破产补助资金有关事宜；听取了中国中信集团公司战略投资白银有色集团有限公司及中国华能集团公司参股华亭煤业集团有限公司有关情况汇报；研究了《关于推行惠农财政补贴“一册明、一折统”发放管理意见》及《甘肃省强农惠农专项资金支付管理暂行办法》；讨论并原则通过了《甘肃省政府非税收入管理条例（草案）》、《甘肃省耕地占用税实施办法（草案）》。

第15次 11月4日，徐守盛省长主持召开。会议研究了华亭黄庄煤矿等10个采矿权设置问题；听取了当前我省机场建设有关问题的汇报；听取了省宗教局机构分设后工作情况汇报；安排了当前工作。

第16次 11月13日，徐守盛省长主持召开。会议传达了11月10日国务院召开的省区市人民政府和部门主要负责同志会议、11月12日国务院常务会议精神，研究部署了我省下一步扩大内需、促进经济平稳较快增长工作。

第 17 次　11 月 27 日，徐守盛省长主持召开。会议讨论并原则通过了《甘肃省探矿权采矿权价款收入管理办法》；听取了《甘肃省循环经济总体规划》有关情况汇报；研究了庆阳老区建设有关问题；《甘肃省人民政府贯彻落实<国务院关于加强市县政府依法行政的决定>的意见（送审稿）》、《甘肃省行政事业单位国有资产管理暂行办法（草案）》；通过了人事任免事项。

第 18 次　12 月 16 日，徐守盛省长主持召开。会议分析了今年经济形势，研究了 2009 年全省经济工作；听取了省政协《关于省政府为民办 14 件实事落实情况的视察报告》；听取了参加北京奥运会、残奥会和火炬传递总结表彰奖励有关问题汇报。

第 19 次　12 月 25 日，徐守盛省长主持召开。会议讨论了《政府工作报告（讨论稿）》；听取了白银市资源型城市转型工作有关情况汇报。

（张旭中）

外事侨务

【外事管理】认真贯彻落实中央关于加强因公出国（境）管理的有关文件精神，制定了省级干部、地厅级干部和县处级以下人员因公临时出国（境）管理实施细则，并与省纪委共同牵头，在全省开展为期一年的制止党政干部公款出国（境）旅游专项工作。全年，全省共取消和压缩公费出国（境）团组 245 批，减少出国（境）人员 902 人次。建立健全涉外应急机制，先后制定了《甘肃省涉外突发事件应急预案》、《甘肃省北京奥运会残奥会期间处置突发重大涉外事件应急预案》，进一步规范了涉外工作的有效开展。

【对外交往】根据省委、省政府的决定，压缩全年出国（境）经费 50%，从严控制党政干部因公出国（境）团组和一般性考察团组。全年，全省因公出国（境）团组 822 批 2407 人次，其中党政干部 822 人次，企事业人员 1585 人次，出国（境）人数同比减少 37%。接待外宾团组 38 批 428 人次，其中部长级以上的团组有捷克众议院副议长杨·卡塞尔、利比里亚团结党全国主席查尔斯·克拉克等 6 批 48 人次。办理邀请外宾函电 254 批 395 人次，涉及 46 个国家和地区；批准留学生手续 220 人次。

4 月 10 日至 17 日，中共中央委员、省委书记陆浩率中共代表团对越南和马尔代夫进行了访问，受到两国高度重视和热烈欢迎。期间，越共中央书记、国会副主席丛氏放和马尔代夫人民议会议长扎西尔分别会见了代表团一行，出访取得圆满成功。

5 月 24 日至 26 日，捷克众议院副议长扬·卡塞尔率众议院农业代表团一行 8 人来我省访问，参观考察定西马铃薯脱毒快繁中心、露天蔬菜基地和兰州南北两山绿化工程，并与有关单位座谈洽商农业领域合作事宜。25 日，省委书记、省人大常委会主任陆浩在兰州会见了代表团一行。

11 月 3 日至 6 日，匈牙利绍莫吉州州长格拉茨·阿提拉一行 5 人来我省访问。5 日，省委副书记、省长徐守盛在兰州会见了格拉茨·阿提拉，双方就进一步加强两省州的友好关系、促进各领域的交流合作交换了意见。

【友城发展】10 月，促成金昌市与美国俄克拉何马州邵尼市建立友好城市关系，使我省国际友好城市总数达到 40 对，其中省级 21 对，市县级 19 对。通过友城渠道，先后选派 3 人赴日本、韩国研修。2 月，派员参加了在匈牙利布达佩斯举行的“中匈友好城市交流大会”，并签署了两省州人员交流协议。4 月，协同有关单位在兰州举办了商务论坛和教育、商贸对口洽谈以及“匈牙利节”。9 月，举办了甘肃省第三期国际交流员研习班，来自 10 个国家的 21 名交流员参加了为期 4 个月的研习。11 月 8 日，在中国国际友好城市大会上，我省荣获“中国国际友好城市特别贡献奖”。

【项目外事】积极争取到日本资生堂集团在兰州市城关区罗汉山建立绿化造林基地，自 2007 年起，每年投资 100 万日元，为期 10 年；日本真如苑在民勤县苏武山资助 100 万日元，造林 52 亩；日中绿化——小渊基金项目每年接受日方资助 700 万日元绿化兰州南北两山，共执行 6 年。4 月，组织百名外宾开展“热爱兰州、绿化兰州”友好植树活动，进一步将“国际友好山”项目引向深入。目前该项目绿化面积已达 7500 亩。经全国友协牵线搭桥，法国人民援助会在天水市清水县郭川乡赵那村捐资 22 万元修建集雨水窖 100 眼，解决了 100 户 518 人的生活饮水问题。为纪念巴基斯坦共和国对我省抗震救灾工作的无私援助，用好该国医疗队援甘结束后所捐价值约 120 万元人民币的医疗设备，12 月 18 日“中国巴基斯坦友好医院”在天水市第二人民医院揭牌。协助有关单位促成荷兰考森·爱味客集团投资 1.5 亿元人民币与张掖市民乐县开展 1.5 万吨马铃薯全粉加工项目合作，并顺利投产。

【对外宣传】认真落实《中华人民共和国常驻新闻机构和外国记者采访条例》，建立了“甘肃省外国记者采访协调机制”。全年，共接待安排外国记者来甘采访 15 批 52 人次。配合省委宣传部、省外宣办做好了国务院新闻办组织的外国记者团赴甘南藏区采访工作；为 9 家境外媒体的 19 名记者采访奥运火炬在甘传递提供了热情周到的服务。协助日本宽步传播公司完成了《老敬的皮影剧团》和《长城（甘肃段）》大型记录片的摄制，并在日本播出后引起热烈反响，为宣传我省历史文化起到了积极作用。利用“甘肃外侨网”发布各类新闻、信息200余条、图片100多幅，网站访问量累计达17万人次。编辑印刷了《甘肃省外宾参观点手册》(中英文版)、《甘肃省“友好城市”概况》，分送外交部、中联部及有关国家驻华使馆，进一步扩大了甘肃的对外宣传范围。

【侨务工作】深入推进侨法贯彻实施，制定了《甘肃省实施<中华人民共和国归侨侨眷权益保护法>办法》，经省十一届人大常委会第六次会议审议通过，于2009年1月1日颁布实施。全年共受理海外侨胞、归侨侨眷来信来访84件(人)次，办结率82%。争取国侨办华侨事业费和其他费用46万元，下拨扶贫资金和慰问救济款39万元，扶持和救济贫困户150户近500人，并对酒泉、庆阳、临夏、张掖、武威等市州的扶贫项目进行了检查和新一轮滚动。配合有关单位举办3次经贸洽谈和2次海外联谊活动，促成签订了4个意向合作项目，合同金额1.25亿元人民币。协调争取并接收海外侨胞、港澳同胞捐赠4100万元，修(改)建侨爱学校106所、卫生院12所、水窖500眼，资助贫困学生70名。

【港澳事务】进一步加强了同国务院港澳办和中央驻港联络办的联络沟通，促进了我省同香港、澳门在经济、文化、教育等领域的交流与合作。经积极协调争取，与香港特区政府公务员事务局达成了公务员培训协议，11月底，我省8名处级以上公务员参加了“第四期香港公共服务管理研习班”。

【抗震救灾】“5.12”汶川大地震发生后，按照省抗震救灾工作的总体部署，迅速启动涉外涉侨应急机制，及时协调有关部门和单位，将在灾区工作的5名外籍教师和在灾区考察、旅游的34名外国游客及海外侨胞转移到安全地带。先后争取、接收并向我省灾区转交了巴基斯坦、哈萨克斯坦、乌兹别克斯坦、土库曼斯坦、吉尔吉斯坦、塔吉克斯坦、日本、斯里兰卡、希腊、罗马尼亚、沙特阿拉伯王国等11个外国政府和挪威MAZ技术有限公司及海外华人华侨、港澳同胞的救灾捐赠约合人民币2.29亿元，其中，海外华人华侨、港澳同胞捐赠3100多万元。协调配合巴基斯坦、印度尼西亚两支医疗队完成了在我省陇南灾区为期10天的医疗救援服务，期间，两支医疗队共接诊病人2109人次，开展手术治疗20例。6月1日，胡锦涛总书记在陇南灾区视察时，亲切看望了巴基斯坦医疗队全体队员。会同有关部门圆满完成了我省地震灾区两批183名中小学生赴俄罗斯疗养活动，并组织陇南、天水、甘南灾区的50名中小学生参加了由国侨办在西安组织的“中外青少年心连心夏令营”活动。广泛开展“送温暖、献爱心”活动，压缩办公经费，向陇南市外办支援25万元开展抗震救灾，广大干部职工踊跃捐款64470元，衣物553件，力所能及地支援了灾区。

6月18日，外交部专门致信省委、省政府，对我省外事系统在抗震救灾中所做的工作提出表扬。6月24日，在省直机关抗震救灾暨“双优一文明”表彰大会上，办侨务工作处党支部被授予“抗震救灾先进党支部”，1名同志被授予“抗震救灾优秀党员”。9月28日，在全国侨办系统抗震(雪)救灾先进表彰大会上，我省陇南市侨办被授予“侨爱工程——抗震救灾先进集体”，8名同志被授予“抗震救灾先进个人”。

【深入学习实践科学发展观活动】按照省委深入学习实践科学发展观活动的总体部署和要求，在省委第16指导检查组的精心指导下，从9月底开始，围绕“努力提高甘肃的对外开放层次和水平”这一主线，在全体党员干部中深入开展了学习实践科学发展观活动。活动中，组织党员干部原原本本学习了规定的内容，并针对学习中遇到的疑难问题，积极开展学习讨论、心得体会交流和专题辅导。围绕确立的7个调研课目，采取党组成员带队、对口落实调研课目的方法，深入基层和有关单位开展调查研究，形成了9份质量较高的调研报告。深入开展解放思想大讨论，积极发动群众建言献策，广泛征求各方意见建议69条。认真召开党组专题民主生活会，进一步查找了影响和制约外侨港澳工作科学发展和党性党风党纪等方面存在的突出问题，深刻分析了主客观原因，组织专人撰写了领导班子贯彻落实科学发展观情况分析检查报告，经群众评议，满意率为95.6%，为下一步的整改落实工作奠定了基础。

(卢云钊)

政协甘肃省委员会

【全体委员会议】十届一次会议于2008年1月18日至24日在兰州举行。本次会议应到委员570人，实到529人。会议听取并审议了陈学亨同志代表九届省政协常务委员会所作的工作报告、邵克文同志代表九届省政协常务委员会所作的关于提案工作情况的报告；审议通过了政协甘肃省第十届委员会第一次会议政治决议、政协甘肃省第十届委员会第一次会议关于九届省政协常委会工作报告的决议、政协甘肃省第十届委员会第一次会议关于九届省政协常委会提案工作报告的决议、政协甘肃省第十届委员会第一次会议提案审查委员会关于提案审查情况的报告。会议选举陈学亨为十届省政协主席，邵克文、德哇仓、张津梁、李永军、侯生华、黄选平、栗震亚、张世珍、马国瑜为副主席，石晶为秘书长，丁雨田等103人为常务委员。

中共甘肃省委书记陆浩在开幕大会上发表重要讲话，充分肯定了九届省政协的工作，并对新一届政协提出希望和要求。十届省政协主席陈学亨在闭幕大会上发表重要讲话。强调新一届常委会要发扬人民政协的优良传统，开拓创新，扎实工作，努力推进人民政协事业不断发展。会议期间，委员们列席了甘肃省第十一届人民代表大会第一次会议，听取和讨论了政府工作报告及其他重要报告。委员们以高度的责任感，通过小组讨论、大会发言、联组会议发言和提交提案等方式，围绕我省经济、政治、文化、社会建设的重要问题和群众关注的热点、难点问题，提出了许多有价值的意见和建议，25 名委员作了大会发言。陆浩、徐守盛等领导同志分别参加了小组会和联组会，听取了委员大会发言，就推进经济发展方式转变、促进特色优势产业快速成长及民生问题等与委员们一起共谋甘肃发展大计。会议期间共收到提案 766 件，立案 744 件。参与提案的委员占委员总数的 61.58%。甘肃省党政军领导和部分老同志应邀出席了开幕和闭幕大会，在甘十届全国政协委员，九届省政协各委办负责同志，省委组织部、统战部副部长，各市州政协主席列席了会议。

【常务委员会会议】第 1 次会议 2008 年 1 月 25 日在兰州召开。114 名常委会组成人员出席了会议。会议审议通过了政协甘肃省第十届委员会常务委员会 2008 年工作要点、《政协甘肃省第十届委员会常务委员会关于设置研究室、专门委员会的决定》和人事任免事项。省政协主席陈学亨主持开幕会并就做好十届常委会工作发表重要讲话。邵克文副主席主持闭幕会。

第 2 次会议 2008 年 4 月 28 日在兰州召开。85 名常委会组成人员出席了会议。会议传达学习了全国“两会”精神；审议通过了《政协甘肃省委员会关于进一步发挥委员作用的意见》。省政协主席陈学亨主持开幕会并就进一步发挥委员主体作用、不断提升委员履职能力和水平发表重要讲话。邵克文副主席主持闭幕会。

第 3 次会议 2008 年 7 月 23 日至 25 日在兰州召开。90 名常委会组成人员出席了会议。会议传达学习了中共中央政治局常委、全国政协主席贾庆林在看望甘肃省政协、统战部机关干部及各民主党派、工商联负责人时的重要讲话和全国政协十一届二次常委会议精神；听取了省委常委、常务副省长冯健身关于全省上半年经济社会发展情况及抗震救灾情况的通报；审议通过了省政协《关于加强产学研结合促进中小企业自主创新的建议案》和人事事项。陈学亨主席主持开幕会并就加强产学研结合、促进我省中小企业自主创新发表重要讲话。省委副书记刘伟平、副省长石军出席会议并讲话。12 名常委围绕加强产学研结合、促进我省经济社会发展等问题作了大会发言。邵克文副主席主持闭幕会。

第 4 次会议 2008 年 11 月 4 日至 5 日在兰州召开。94 名常委会组成人员出席了会议。会议传达学习了中共十七届三中全会精神和全国政协十一届三次常委会议精神；听取了副省长泽巴足关于全省农业农村工作情况的通报和省政府秘书长李沛文关于省政协十届一次会议以来提案办理情况的通报。陈学亨主席主持开幕会并就深入学习贯彻三中全会精神、认真开展学习实践科学发展观活动发表重要讲话。省委副书记刘伟平到会听取大会发言并讲话。15 名常委分别代表省政协农村土地流转、劳务输转等专题调研组作了大会发言。邵克文副主席主持闭幕会，陈学亨主席向不再连任的在甘全国政协常委李宝祥、周宜兴、俞正三位同志颁发了纪念牌。

【专门委员会工作】提案委员会全年共收到提案 788 件，经审查立案 752 件，参与提出提案的委员 351 人，参与率达 61.58%。752 件提案已全部办复，其中所提问题已经解决或基本解决 564 件，占 75%。加大重点提案督办力度，精选 16 件提案，由省政协领导阅批和督办。配合承办单位在兰州、天水等 15 个市州县现场办理提案 26 件，促进了平凉市人民医院医疗综合楼建设、罗长高速公路辅道建设和甘南州乡镇卫生院建设等问题的解决。参加了西部十二省（区、市）政协提案工作第 19 次联席会议，提交了会议材料。学习考察了河南、安徽和山东省政协提案工作。赴酒泉、定西及敦煌、通渭等市县政协就贯彻《进一步加强和改进政协提案工作的意见》情况进行专题调研。在《人民政协报》、《甘肃日报》、《民主协商报》刊登提案工作消息 200 余篇（条）。编发《提案工作反映》5 期。

社会和法制委员会深入全省 6 市州 12 个县（区）42 个社区，对我省城市社区组织建设及运行机制进行专题调研，形成《关于我省城市社区组织建设和运行机制的调研报告》，省委办公厅以参阅件的形式转发。对兰州监狱和省女子监狱等 5 所监狱进行了视察，完成了《关于视察我省监狱工作情况的报告》，报送省委省政府和相关部门。组织委员参与省政协关于省政府 14 件实事落实情况的视察活动，重点视察了新型农村合作医疗参合农民补助标准翻一番和提高农村义务教育阶段贫困家庭寄宿制学生生活补助标准等办理进展情况，撰写了视察报告。参与省委省政府“五五普法”专项督察。组织委员和专家参加省人大、省政府有关部门法律、法规（草案）的协商讨论，通过《甘肃政协信息》对 2 部国家和地方性法律法规(草案)征求意见稿提出了修改意见和建议。联系委员提出提案 20 件，提交全委会议和常委会议发言材料 4 份。参加全国政协社会和法制委员会工作研讨会，并提交会议交流材料。

文史资料和学习委员会筹备召开了省政协文史工作座谈会，学习传达全国政协文史工作座谈会精神，审议通过《认真贯彻全国政协文史会议精神不断提高全省政协文史工作水平》的工作报告，对过去五年省政协文史资料工作进行了回顾总结并提出了新的任务。学习了《新一届全国政协文史资料选题协作规划》，研究拟定了本届政协文史资料工作初步规划，制订了文史资料征编方案。完成了《核工业在甘肃》的后续征稿和编辑出版任务。完成了《甘肃民族区域自治》专辑的后续征编任务。完成了《亲历改革开放30年》一书部分稿件的征集任务。参与了全省加强惠农政策的落实情况和文化企业改制中职工权益保障等问题的调研，向有关领导提出了意见建议。参与完成了省政协委员学习培训班的相关任务。编辑印发《学习参考资料》6期。

经济委员会根据常委会工作安排，就我省实施城市发展带动战略情况进行专题调研，并形成了调研报告。牵头举办了"推动全民创业与促进中小企业发展论坛"，编印了《推动我省全民创业与中小企业发展论坛交流文集》。全国政协副主席陈宗兴在论坛开幕式上发表重要讲话，全国政协常委、经济委员会副主任胡德平作主旨报告。综合论坛成果和关于我省中小企业发展困难及对策专题调研的成果，形成了《关于促进我省中小企业发展的几点建议》，报送省委、省政府。参与省政协关于省政府14件实事落实情况的视察活动，起草了视察报告。发挥委员各自优势，积极参加地震灾区恢复重建工作。参加全国二十三省（区、市）政协经济委员会第16次联系会议，提交了会议交流材料。

科教文卫体委员会按照常委会工作安排，深入兰州、天水、白银3市30多家高校院所、科研机构和企业进行调研，赴江苏、浙江和山东3省进行学习考察，完成了加强产学研结合、促进中小企业自主创新的专题调研，形成了《关于加强产学研结合促进中小企业自主创新的建议》，经十届三次常委会议通过后报送省委、省政府。省委书记陆浩、省长徐守盛作出重要批示。配合全国政协教科文卫体委员会，完成我省县乡村三级公共卫生服务体系建设的调研。参与省政协关于省政府14件实事落实情况的视察活动，并提交了视察报告。与办公厅一起承办西部十二省（区、市）政协科教文卫体工作联系会议。组织舟曲、康县地震灾区27名学生赴广州进行三年免费学习。向上海市政协港澳委员会提供了我省地震灾区有关文化建设方面的援建项目。编辑完成九届省政协科教文卫体委员会资料汇编。

人口资源和环境委员会对兰州、金昌、玉门等多家重点用能企业进行视察，形成了全省重点单位节能减排工作视察报告，报送省委、省政府及有关部门，石军副省长作出了批示。就我省河西内陆河流域湿地保护问题开展视察调研，提出了5个方面的对策建议，形成了关于保护河西内陆河流域湿地的报告，报送省委、省政府及有关部门，并通过《甘肃政协信息》报全国政协后专报国务院。《甘肃日报》和甘肃电视台《今日聚焦》对此次视察进行了专题报导。参与省政协关于省政府14件实事落实情况的视察活动，就甘南、庆阳、白银部分县（市）农村100万人口饮水安全问题进行视察并形成了视察报告。参加了全国政协和省政府有关资源城市可持续发展论坛、全省循环经济工作现场会、全省节能减排专项督察汇报会等。反映我省人口、资源、环境方面工作动态和社情民意信息6篇。

民族和宗教委员会配合全国政协民族和宗教委员会对我省甘南、临夏两州经济社会发展情况进行了调研，共同提出了甘肃民族地区应与周边民族省份同等享受国家优惠扶持政策等意见建议。组织了省内民族地区经济社会发展和民族地区寄宿制学校建设的调研，就民族地区宗教法制教育缺乏藏文学习材料和民族地区学生教科书翻译不准确等问题，分别以报告和政协信息形式向省委省政府反映，郝远副省长在《甘肃政协信息》上作出批示。组织了关于发挥宗教界人士、信教群众在促进经济社会发展中积极作用的专题调研和加强宗教队伍建设的视察，提出了将灾区宗教活动场所列入灾后重建规划等五个方面的意见和建议。召开了省级五大宗教团体负责人座谈会。坚持在民族和宗教节日期间走访慰问民族、宗教界上层人士和委员。以构建和谐社会为主题，鼓励民族和宗教界委员坚定立场，积极协助党委和政府做广大僧俗群众的工作，维护团结稳定。参加了全国政协部分省（区、市）政协第10次民族和宗教工作研讨会。

港澳台侨和外事委员会对平凉、庆阳、金昌、酒泉四市外资和台资企业的发展情况，以及调整招商引资政策、拉动经济发展进行调研，形成了《关于对我省外资和港资台资企业情况调研的报告》，呈送有关领导和部门。与平凉市政协及泾川县委、县政府、县政协领导就举办2009年第三届海峡两岸西王母文化论坛事宜进行了专题协商，形成了会议纪要。学习考察了海南、福建两省外资和港澳台资企业的发展情况。参加了全国政协港澳台侨工作研讨会，提交了会议发言材料。认真贯彻中共中央《关于进一步加强因公出国（境）管理的若干规定》精神，开展省政协对外友好交往工作。

农业和农村工作委员会进行了强化农业基础地位与发展现代农业的重点调研，撰写的调研报告中有54篇提交省政协十届四次常委会议交流，15名同志作大会口头发言，形成9条建议报省委、省政府参考，省委陆浩书记和刘伟平副书记作出重要批示。参与了陇南、甘南地震灾区灾后恢复重建工作和省政协关于省政府14件实事落实情况的调研视察。对白银、临夏两市州4县区的沼气和农家书屋建设情况进行了视察调研。对甘肃农垦集团公司黄羊河农场工作进行了视察。多次参加"三农"重点提案的督办。组织在兰农业界委员和部分特邀委员举办了委员活动日。反映社情民意信息6篇。

【重要活动】深入开展学习实践科学发展观活动，2008年9月至2009年2月，在省政协党组的直接领导和省委第十七指导检查组的指导帮助下，省政协在机关16个党支部285名党员中开展了深入学习实践科学发展观教育活动。教育活动按学习调研、分析检查、整改落实三个阶段进行,完成了各阶段的工作任务，取得了明显成效，达到了“党员干部受教育，机关工作上水平，服务大局见成效”的总体目标要求。

举办省政协委员学习培训班 4月9日至12日，十届省政协委员学习培训班在兰州举行。陈学亨主席在开班会上作了动员讲话。全国政协副秘书长卞晋平作了《学习<中共中央关于加强人民政协工作的意见>推进新世纪新阶段人民政协事业的发展》的辅导讲座。学习期间，省社科院院长范鹏作了学习党的十七大精神辅导讲座，省委副秘书长、政研室主任冉万祥作了省情介绍，九届省政协提案委员会主任雷水贤作了提案工作讲座。10位委员作了大会发言。在兰全国政协委员、省政协委员，在临夏、甘南州的省政协委员和部分兰州市政协委员，以及省政协和兰州市政协机关干部230多人参加了学习培训。15日至23日，省政协还分别在天水（陇东片）和金昌（河西片）举办了委员学习培训班。

加强产学研结合促进中小企业自主创新的调研，3月至7月，根据省政协常委会工作要点，省政协主席和副主席带领调研组，先后深入兰州、天水、白银三市30多家高校院所、科研机构和企业开展调查研究。调研期间，召开20多次座谈会与省直有关部门、专家学者、企业管理人员共同研究探讨我省加强产学研结合，促进中小企业自主创新的问题。同时组织3个调研组赴江苏、浙江和山东三省进行学习考察。在此基础上，围绕影响和制约我省产学研结合、科技创新的主要问题，形成了《关于加强产学研结合促进中小企业自主创新的建议案》，提出了19条建议，经省政协十届三次常委会议通过后报送省委、省政府。省委书记陆浩、省长徐守盛作出重要批示，省科技厅等有关部门采纳落实。

关于省政府为民办14件实事落实情况的视察，11月7日至19日，省政协主席陈学亨，副主席邵克文、侯生华、黄选平、栗震亚、张世珍，秘书长石晶带领7个视察组分赴全省11个市州的24个县区，就2008年省政府为民所办14件实事中的新型农村合作医疗参合农民补助标准翻一番等8件实事办理情况进行了为期10天的集中调研视察。调研采取召开座谈会、实地查看、走访农户、问卷调查和直接听取意见建议等多种形式，全面了解了项目和政策的落实情况，形成《关于省政府为民办14件实事落实情况的视察报告》，并向省委、省政府作了专题汇报，对加强改进为民办实事工作和2009年办实事项目提出了具体意见和建议。省委书记陆浩、省长徐守盛对报告作出重要批示。

积极开展抗震救灾工作，“5.12”特大地震发生后，陈学亨主席迅即主持召开主席会议，研究安排省政协抗震救灾工作。省政协就积极开展抗震救灾工作向全省各级政协组织和政协委员发出倡议书。省政协主席会议成员每人为灾区捐助一个月工资。陈学亨主席带领有关人员深入平凉、庆阳部分县区，察看灾情，指导抗震救灾工作；栗震亚副主席带领医疗专家慰问团，赶赴陇南灾区，捐赠了10万元现金和价值3万元的药品，开展救治和慰问工作。6月上旬，陈学亨主席，副主席邵克文、侯生华、黄选平分别带队赴我省受灾最严重的文县、武都、康县、舟曲等4个县区，就灾民过渡安置和灾后重建工作进行调研，并向省委省政府报送了《关于文县、武都区、康县、舟曲县灾后重建工作的调研报告》，省委书记陆浩、省长徐守盛作出重要批示。抗震救灾期间，省政协积极动员组织全省各级政协组织、广大政协委员和机关工作人员为抗震救灾建言献策、为地震灾区捐款捐物。共捐款人民币8795万元、港币4万元，捐助价值近百万元的帐篷、衣物、药品等物资。省政协机关中共党员共缴纳特殊党费144975元。联系全国政协和中华慈善总会为陇南、甘南灾区12个县区捐赠价值516万元的图书30多万册，捐款360万元援建4所学校。

全国政协主席贾庆林一行来甘视察，7月7日至10日，中共中央政治局常委、全国政协主席贾庆林，全国政协副主席、中共中央统战部部长杜青林一行，在省委书记陆浩、省长徐守盛、省政协主席陈学亨的陪同下，就贯彻落实省区市和中央部门主要负责同志会议精神、抗震救灾和灾后重建工作等在甘肃进行调研。贾主席一行先后深入陇南市文县了解受灾情况，看望灾区群众，指导抗震救灾和恢复重建工作；赴天水风动机械有限公司、兰电电机有限公司、兰州大学和航天公司510研究所等企业和科研院校，了解生产经营、自主创新等情况；慰问甘南少数民族干部群众，并同藏传佛教界人士进行了座谈；看望甘肃省政协、统战、民族、宗教工作部门机关干部和各民主党派、工商联负责人并发表重要讲话。

全国政协副主席张梅颖率团来甘考察，10月21日至27日，全国政协副主席张梅颖带领全国政协委员考察团来甘考察。陈学亨主席主持了甘肃省工作情况汇报会，省委常委、常务副省长冯健身汇报了我省改革开放30年来经济社会发展的主要情况。副主席邵克文、张世珍及秘书长石晶参加汇报会。随后，考察团深入兰州和河西地区城市、乡村及企业，考察了改革开放30年来甘肃在深化农村改革、促进农村经济社会发展以及现代化建设等方面的情况。陈学亨主席，副主席邵克文、李永军、张世珍，秘书长石晶分别陪同考察。

全国政协民族和宗教委员会调研

组来甘调研。9月7日，全国政协民族和宗教委员会副主任仲兆隆带领“改革开放30年民族地区经济社会发展情况”调研组一行来甘调研。调研组在兰州召开甘肃民族地区经济社会发展情况座谈会，陈学亨主席主持会议，副省长泽巴足介绍了改革开放30年来我省民族地区经济社会发展的成就，并就当前民族地区发展存在的困难和问题提出了建议。副主席德哇仓、马国瑜出席会议。之后，调研组深入临夏、甘南两州考察了解改革开放30年来我省民族地区经济社会发展和农牧区建设情况。

在甘全国政协委员赴内蒙古考察。8月22日至29日，陈学亨主席带领在甘全国政协委员赴内蒙古自治区，就经济社会发展情况和人民政协工作进行学习考察。全国政协委员、兰州军区原副政委孔瑛，全国政协委员、省政协副主席德哇仓、马国瑜参加了学习考察。

举办推动全民创业与促进中小企业发展论坛。9月10日至11日，由省政协主办，省中小企业局、省劳动和社会保障厅协办的“推动全民创业与促进中小企业发展论坛”在兰州开幕。全国政协副主席陈宗兴出席开幕式并讲话，全国政协常委、经济委员会副主任胡德平作了题为《民营企业的回顾与意义》的主旨报告。省政协主席陈学亨，省委副书记刘伟平，省委常委、统战部部长刘立军，省政协副主席李永军、张世珍、马国瑜，全国政协委员、九届省政协副主席李宇鸿，秘书长石晶出席论坛。省政协副主席邵克文主持开幕会，黄选平副主席主持闭幕会并作总结讲话。

省政协召开反映社情民意信息工作座谈会。9月17日至18日，省政协反映社情民意信息工作座谈会在兰州召开。会议传达学习了全国政协反映社情民意信息工作座谈会精神，总结交流了人民政协反映社情民意信息工作的做法和经验，讨论了《政协甘肃省委员会关于加强和改进反映社情民意信息工作的意见》。会议邀请全国政协研究室信息局负责人作了辅导报告。陈学亨主席出席开幕式并发表重要讲话，邵克文副主席在闭幕会上作了总结讲话。副主席德哇仓、秘书长石晶出席了会议。

省政协召开人民政协理论研讨会。11月6日，由省政协理论研究会承办的人民政协理论研讨会在兰州召开。会议就县级政协如何更好地发挥作用进行了交流研讨。陈学亨主席发表了讲话，邵克文副主席主持会议。副主席德哇仓、黄选平、栗震亚、张世珍、马国瑜，秘书长石晶、省政协理论研究会会长薛映承出席会议。省社科院院长、省政协理论研究会副会长范鹏作了《关于县级政协工作现状、存在的主要问题及创新对策的几个问题》的主旨报告。

西部12省市区政协科教文卫体工作联席会议。9月22日至24日，西部12省市区政协科教文卫体工作联席会议在兰州召开。会议围绕“加强产学研结合、促进科技成果转化、推动经济发展”进行了交流和探讨。邵克文副主席出席了开幕式并致辞，栗震亚副主席主持会议。青海、宁夏、新疆、西藏、内蒙古、重庆、贵州、云南、广西、甘肃等西部省市区和特邀的河南、江苏、山东省政协科教文卫体委员会负责同志参加会议。

【重要文件】第九届委员会常委会工作报告（2008年1月18日）（摘要）。报告分两大部分。第一部分回顾总结了九届政协5年的工作。5年来，共召开全体会议5次、常委会议21次、主席会议56次，组织调研视察141次，形成调研报告和专项建议101份，共向省委省政府报送建议案13件，提出提案3632件。省委省政府12位领导先后对35件建议案和调研报告的办理落实作出65次批示，许多意见建议转化为党政决策，在促进我省经济、政治、文化和社会建设，巩固和发展爱国统一战线，加强社会主义民主政治建设中，发挥了不可替代的作用。

一、始终坚持把学习摆在突出位置，深入领会中共中央和省委关于加强人民政协工作的新要求。

二、始终坚持围绕大局履行职能，为促进我省经济社会发展议政建言。

三、始终坚持充分发扬民主，努力增进广泛团结。

四、始终坚持积极了解和反映社情民意，切实维护广大人民的根本利益。

五、始终坚持加强“三化”建设，推动各项工作活跃有序发展。

六、始终坚持加强自身建设,履职能力和水平有了新的提高。报告第二部分对今后的工作提出了6点建议。第一，坚定不移地学习贯彻十七大精神，不断巩固团结奋斗的共同思想基础。第二，坚定不移地贯彻落实科学发展观，为实现全面建设小康社会目标的新要求献计出力。第三，坚定不移地践行履职为民的理念，把关注民生、反映民意贯穿于人民政协工作的始终。第四，坚定不移地坚持团结和民主两大主题，充分发挥人民政协协调关系、汇聚力量的重要作用。第五，坚定不移地推进政治协商、民主监督、参政议政制度建设，不断完善保障人民政协事业健康有序发展的机制。第六，坚定不移地加强政协自身建设，不断提高履行职能的能力和水平。

十届一次会议政治决议（2008年1月24日）（摘要）会议认为，过去的五年，全省各族人民在省委省政府的正确领导下，认真贯彻落实中共十六大精神和中央一系列方针政策，以科学发展观为指导，抢抓机遇，开拓进取，改革开放和经济建设取得重大成就，综合经济实力显著增强，社会事业全面发展，人民生活水平得到较大改善，民主法制和精神文明建设不断加强。委员们对我省过去五年取得的成绩表示满意；对经济和社会发展中的一些问题高度关注，进行了充分协商讨论，提出了许多建设性意见建议；对实现今后五年经济社会发展的奋斗目标充满信心。会议认为，政协甘肃省第九届委员会及其常务委员会，认真贯彻中共中央和中共甘肃省委关于人民政协工作的方针政策和意见要求，牢牢把握团结和民主两大主题，紧紧围绕省委省政府的中心工作、关系人民群众切身利益和改革发展稳定的重大问题，认真履行政治协商、民主监督、参政议政职能，各项工作取得显著成绩，为促进全省经济、政治、文化和社会建设发挥了积极作用，作出了重要贡献。

会议指出，认真贯彻落实十七大精神，以科学发展观统领经济社会发展全局，自觉坚持省委确定的“四抓三支撑”的工作思路，着力转变经济发展方式和培育新兴优势产业，着力加强基础设施和生态环境建设，着力推进以改善民生为重点的社会建设，对于实现我省经济社会又好又快发展尤为重要和迫切。会议强调，全省各级政协组织和广大政协委员，要把学习贯彻十七大精神作为首要政治任务，用十七大精神武装头脑、指导实践、推动工作。要高举中国特色社会主义伟大旗帜，坚持以邓小平理论和“三个代表”重要思想为指导，不断巩固参加人民政协的各党派团体和各族各界人士团结奋斗的共同思想政治基础；要深入贯彻落实科学发展观，把促进科学发展作为履行职能的第一要务，紧紧围绕实现省第十一次党代会和今年政府工作报告确定的今后五年目标任务履行职能，为促进经济发展和社会进步议政建言、献策出力；要牢牢把握团结和民主两大主题，巩固和壮大我省爱国统一战线，为发展社会主义民主政治、构建和谐甘肃尽心竭力；要坚持以人为本，履职为民，把实现和维护广大人民的根本利益作为工作的出发点和落脚点，为保障和改善民生发挥积极作用；要切实加强自身能力建设，积极推进政治协商、民主监督、参政议政的制度化、规范化、程序化。会议号召，全省各级政协组织、政协各参加单位和广大政协委员，要紧密团结在以胡锦涛同志为总书记的中共中央周围，在中共甘肃省委的正确领导下，全面贯彻落实中共十七大和省十一次党代会精神，坚定不移地高举中国特色社会主义伟大旗帜，深入贯彻落实科学发展观，求真务实，开拓创新，同心同德，群策群力，为推进我省政协事业的新发展，实现全面建设小康社会目标的新要求而努力奋斗！

常务委员会 2008 年工作要点（2008 年 1 月 25 日）(摘要)。2008 年 1 月 25 日十届一次常委会通过。常委会工作的总体思路是：高举中国特色社会主义伟大旗帜，以邓小平理论和“三个代表”重要思想为指导，以科学发展观为统领，以学习贯彻中共十六大精神为主线，牢牢把握团结和民主两大主题，紧紧围绕省第十一次党代会和今年政府工作报告确定的目标任务履行职能，坚持解放思想，积极开拓进取，突出工作重点，创新工作方式，提高工作实效，努力在协调关系、汇聚力量、建言献策、服务大局上取得新成绩，为促进我省经济社会又好又快发展作出贡献。一、深入学习贯彻中共十七大精神，坚持用中国特色社会主义理论武装头脑、统一思想、指导工作。二、围绕省第十一次党代会确定的目标任务，积极开展调研视察，协商议政、建言献策，充分发挥政协在促进经济社会又好又快发展中的重要作用。三、紧扣团结和民主两大主题，做好协调关系、团结各界、汇聚力量的工作，为我省改革发展营造民主和谐的环境和氛围。四、关注民生，进一步做好提案和反映社情民意工作。五、积极探索实践政治协商、民主监督、参政议政的有效形式，推进履行职能的制度化、规范化、程序化建设。六、适应新形势、新任务的要求，进一步加强自身建设，不断提高履行职能的能力和水平。

中共甘肃省委书记陆浩在十届一次会议上的讲话(2008 年 1 月 18 日)(摘要)。讲话从四个方面充分肯定了省政协九届委员会卓有成效的工作。一、着力提高议政建言的水平，为推动全省经济社会发展做出了积极贡献。几年来，特别是关于围绕制定“十一五”规划、深入实施工业强省战略、推进和谐社会建设和新农村建设、资源型城市转型、加快非公有制经济发展、加强生态环境建设、加大技术创新力度等方面的调研，为省委、省政府的正确决策提供了重要依据，有效地促进了我省经济社会的发展。二、充分发挥联系面广的优势，为巩固全省各族人民大团结发挥了重要作用。省政协及全省各级政协组织，始终把增进团结、凝聚力量作为中心任务，充分发挥具有广泛代表性和包容性的独特优势，协助党委政府在协调关系、理顺情绪、化解矛盾方面做了大量工作。三、不断增强民主监督的实效，为党委政府改进工作给予了很大帮助。省政协重视拓宽民主监督的渠道，创新民主监督的方式，开辟了界别委员座谈会、委员约谈会、委员论坛、委员异地视察、专题议政会等新的活动方式，加强了专委会间的协调配合以及民主党派和政府部门的联系合作。四、积极拓宽反映社情民意的渠道，在关注民生方面做了大量工作。坚持以人为本，关注人民群众的切身利益，竭尽所能协助党委、政府解决民生问题，有效地扩大了人民政协的社会影响。省委希望新一届省政协以及全省各级政协组织，发扬优良传统，不断开拓创新，积极履行职能，充分发挥作用，共同致力于全省经济社会的又好又快发展。第一，认真学习贯彻中共十七大精神，坚持用科学发展观统领政协工作。第二，紧紧围绕全省工作中心，始终做到一心一意谋发展。第三，牢牢把握团结和民主两大主题，努力促进社会和谐。第四，切实加强自身建设，不断提高履行职责的能力和水平。

陈学亨主席在十届一次会议上的讲话(2008 年 1 月 24 日)(摘要)十届省政协要高举中国特色社会主义伟大旗帜，深入学习贯彻中共十七大精神，以科学发展观为统领,始终保持人民政协工作的正确方向。要把促进科学发展作为履行职能的第一要务,为实现省第十一次党代会和今年政府工作报告确定的奋斗目标作出不懈努力。牢牢抓住推动科技进步和自主创新、大力培育特色优势产业等关系转变经济发展方式的重大问题，深入调查研究，积极建言献策，在促进经济又好又快发展上作出新贡献;密切关注基础设施和生态环境建设项目的实施情况,跟踪了解,推动落实,努力使政协的重点视察取得新进步;把关注民生、保障民生、改善民生作为政协工作的重要内容,广泛了解和积极反映社情民意,在促进解决关系人民群众切身利益的问题上展示新作为;紧紧围绕发展现代农业、繁荣农村经济、增加农民收入,在服务新农村建设上创造新业绩。要进一步推进政协工作的制度化、规范化、程序化，切实加强自身建设，着力提升履职能力，奋力开创我省人民政协事业的新局面。

（郭巍丽）

甘肃省工商业联合会

【民营经济发展】今年是改革开放30 周年，也是我省发展历程中极不寻常、极不平凡的一年，接连经历了 3.14甘南不稳定事件、5.12 汶川特大地震、婴幼儿奶粉事件、11.17 陇南群体性事件等一系列重大挑战,同时也遇到了国际国内经济形势急剧变化带来的诸多困难。但是，在省委、省政府的正确领导下，在社会各界的共同努力下，深入贯彻落实科学发展观,我省的民营经济继续保持平稳的发展势头,在确保经济增长、缓解就业压力、增加财政收入、优化经济结构等方面发挥着越来越重要的作用,为社会的稳定做出了积极的贡献。一是民营经济的规模和经济总量继续保持平稳发展。截止 2008 年底，全省实有私营企业 60184 户，从业人员 607884 人，注册资金 854.5 亿元，与上年同期相比分别增长 27.8%、3.9%和 26%。全省共有个体工商户 416282 户，从业人员 753980 人，注册资金 89.6 亿元，分别比上年同期增长 14.3%、19%、30.2%。其中，城镇个体工商户 268574 户，同比增长 15.3%；农村个体工商户 147708 户，同比增长 11.4%。到 2008 年底,全省实现生产总值 3176.11 亿元，比上年增长 10.1%，其中非公有制经济实现经济总量 1172 亿元，占国民生产总量的 36.9%。二是民营经济成为财政收入的主要来源之一。2008 年全省进出口总额 60.97 亿美元，比上年增加了 6 亿美元。全省民营企业外贸进出口总额 6.33 亿美元，占进出口总额的 10.4%。其中私营进出口总额 5.32 亿美元，同比增长 27.74%；出口 4.21 亿美元，同比增长 28.74%；进口 1.11 亿美元，同比增长 24.09%。甘肃民营经济实现税收收入 45.45 亿美元，比 2007 年净增 11.76 亿美元，增长了 25.8%。其中,在全省国税收入 255.4 亿美元中，私营、个体共缴纳 27.55 亿美元，占全省国税收入的 10.7%；在全省地税收入 137.14 亿美元中，私营、个体共缴纳 17.91 亿美元,占全省地税收入的 13%。三是民营经济发挥解决社会就业的主渠道作用。民营企业是民生经济，百姓经济，具有就业方式灵活，吸纳劳动力容量大的特点,在解决社会就业和维护社会中发挥了积极的作用。截止 2008 年底，个体、私营企业共吸纳下岗失业人员、高校毕业生、复转(退)军人 136.2 万人,承接了 50%以上的农村劳动力转移,全年新增就业岗位的 75%左右由非公有制经济提供,民营企业成为城乡居民就业的主渠道。

【参政议政】为了解非公有制经济发展状况，应对金融危机，郝远主席亲自主持召开了农业产业化龙头企业座谈会，省农牧厅、省中小企业局、酒泉市和定西市政府领导及全省 35 家农业产业化龙头企业参加了座谈会,会后形成的《关于加大对我省涉农企业政策扶持积极应对当前金融危机影响的建议》，报送省委、省政府主要领导。紧紧围绕促进非公有制经济健康发展和引导非公有制经济人士健康成长,开展调查研究,完成《以人为本，统筹兼顾，大力培育个体工商户健康发展》、《2007年民营经济发展报告》、《制约我省非公有制经济发展的几个主要问题》、《民营经济为农业特色优势产业注入强劲活力》等调研报告。编辑出版了 2007 度《甘肃民营经济发展报告》一书，增加了政府相关厅局的专题报告，增加了“企业风采”篇的彩页，使《报告》从内容到形式都有所提升。完成了《关于大力发展个体工商户促进社会就业的建议案》、《关于理顺体制、加强对非公有制经济宏观管理的建议案》、《关于大力宣传非公有制经济企业和企业家的建议案》、《关于取消不合理税费，帮助矿产企业度过难关的建议案》、《关于应对金融危机加大非公有制经济专项资金扶持力度的建议案》、《关于落实中发[2006]9 号文件,解决工商联部分干部公务员身份的建议案》等提案。

【思想政治工作】充分发挥工商联在非公有制经济人士思想政治工作的重要作用,积极探索非公有制经济人士的思想政治工作的新形式新途径,以纪念改革开放 30 周年为契机，开展了内容丰富形式多样的系列活动,引导非公有制经济人士健康成长。一是编辑了出版《改革开放涌春潮，民营经济兴陇原—甘肃省工商联纪念改革开放 30 周年征文汇编》。全书共收集征文 195 篇，约 50 万字，从多角度反映了各级工商联组织和民营企业家在改革开放历史中的奋斗历程。二是在兰州举办了全省工商联系统为纪念改革开放 30 周年的《建设者之歌》大型文艺汇演，展示了当代非公有制经济人士的精神风貌。三是撰写纪念改革开放 30 年宣传和理论文章数十篇。其中有8篇被分别收录在省政协编辑的《推动全民创业与促进中小企业发展论坛交流文集》、省委宣传部《辉煌历程》、省委统战部《凝聚》和省委的《调查与研究》等杂志上。四是为宣传非公有制经济和非公有制经济人士的先进典型，营造有利于“两个健康”的舆论环境，创办了甘肃省首个非公有制经济领域电视栏目——《新财富》。五是为加大对非公有制经济和工商联工作的宣传力度，对《甘肃工商》进行了改版增刊，由原来的2期改为4期，发行量由原来1000份增加到2000份。

【商会组织建设】为进一步引导商会规范健康发展，加强各类商会之间的联系，整合商会资源，为非公有制经济发展服务，省工商联与省内24家商会组织协商，建立了甘肃省商会联席会议制度。6月份，甘肃省商会联席会议第一次会议在兰州召开，交流探讨了新形势下如何发挥商会职能和作用问题。12月初，召开了第二次会议，隆重举办了“纪念改革开放30周年暨甘肃民营经济论坛”，同时开展了我省民营企业应对金融危机的研讨活动。商会组织已成为我省工商联开拓工作新局面的一支重要力量，为我省经济的发展做出了积极贡献。截止2008年底，我省县以上工商联组织101个，共有各类会员52842个，其中企业会员10252个，团体会员836个，个体会员41754个；组建的各类基层组织共718个，其中行业商会417个，乡镇分会478个，街道分会38个，异地商会31个，市场商会51个，其他类型的商会105个。

【培训教育工作】为提高非公有制经济人士和工商联干部的综合素质，创建学习型企业和学习型机关，采取多种形式，具有针对性的进行培训教育。一是组织各市州担任新一届人大代表、政协委员的非公有制经济代表人士和商会会长，在中央党校举办了第三期非公有制经济人士高级培训班；二是组织市州工商联、商会负责人赴深圳、香港、澳门学习考察，并举办了两期商会会长培训班；三是采取以会代训方式，邀请专家学者专题辅导党的十七大精神和企业科技创新；四是对市州工商联和部分商会的信息员进行了培训；五是举办了《甘肃民营经济发展报告》编前研讨会和工商联系统数据库建设培训班。

【履行社会责任】随着非公有制经济的快速发展，一大批非公有制经济代表人士成长起来，他们致富不忘社会、致富不忘国家，致富思源，富而思进，积极投身光彩事业、社会公益事业，全省非公有制经济人士承担社会责任意识明显增强。热心公益事业、向社会奉献爱心，已成为我省广大民营企业家的自觉行动。一是抗震救灾。5.12汶川特大地震发生后，全省各级工商联组织反应迅速，纷纷在第一时间组织和动员广大会员向灾区献出爱心。5月13日，省工商联及时召开会议对支援灾区工作进行安排部署。5月14日与省委统战部、省光彩会共同组织了抗震救灾献爱心捐赠活动，民营企业家现场捐款330万，药品物品价值140万，并于当天送往陇南、甘南灾区。各市州工商联也积极行动，发出赈灾倡议或公开信，组织捐赠仪式、赈灾义演、书画义卖等活动。据统计，全省工商联系统共捐款捐物5670万元。二是“光彩陇原行”。省工商联与省委统战部、省光彩会连续两年举办了“光彩陇原行”大型公益服务活动。在“2008迎奥运‘光彩陇原行’高台大型系列活动”中，有30多位非公有制经济人士和140多位党外专家学者参加，以“奉献、和谐、发展”为主题，以“公益捐赠、咨询服务、项目洽谈、观摩学习”为主要内容，捐款221.5万元，捐赠的款物全部用于高台县光彩职教、光彩劳务、光彩农业项目。同时，专家学者分别开展了19项有关县域经济发展、农户种养技术和教育卫生等方面的咨询服务。三是在冰冻灾害发生后，省工商联与省慈善总会等部门联合举办了《情暖人间》甘肃省慈善赈灾义演活动，组织企业家现场捐款，本次活动合计捐款679万元。与省绿化基金会省、林业厅等单位共同发起，开展了主题为“让绿色托起陇原——情系民勤治沙行动”大型系列公益活动，共捐款126.5万元。组织甘肃湖北商会向我会扶贫点广河县水泉乡捐赠了价值二十万元的医疗卫生设备和药品。

（张文军）

甘肃省总工会

【综述】一年来，甘肃省总工会和各级工会坚持以邓小平理论和“三个代表”重要思想为指导，认真学习贯彻党的十七大和中国工会十五大精神，深入学习实践科学发展观，突出维护职工合法权益主线，抓住贯彻《劳动合同法》契机，深入开展基层工会组织建设年、“五好”县区工会创建、职工技能素质提升、劳动关系和谐企业创建、困难职工帮扶救助活动，加强工会能力建设，围绕中心、服务大局，发挥优势、履行职能，为全省经济社会发展作出了积极贡献。

【学习贯彻中国工会十五大精神不断深入】各级工会把学习贯彻中国工会十五大精神作为重要而紧迫的任务，举办了一系列形式多样的学习宣传贯彻活动。省总工会及时向省委领导汇报了大会精神，省委就省总学习贯彻的意见做了批复；举办了不同层次的宣讲会、座谈会、培训班，形成了学习贯彻的浓厚氛围。各级工会通过专题汇报、召开会议、学习讨论、辅导培训和网络宣传、舆论引导等多种形式，及时把会议精神汇报到党委、传达到工会干部、宣传到职工群众，掀起了学习宣传贯彻的热潮。不少地方还结合实际，提请党委出台了加强工会工作的意见办法，推动了工作的深入发展。

【职工素质提升活动】围绕实施职工技能素质提升活动第二个三年规划确定的年度任务，各级工会举办了多层次、多形式的技能比赛、岗位练兵、技术培训等活动，促进了职工技能素质的提高。省总工会会同有关部门举办了9个工种的省级决赛，各市州、省级产业（系统）和大企业集团开展了72个通用工种、60个特殊工种的技能大赛，举办各类培训活动6000多期（次），参与职工30余万人次；有2300多名职工被分别晋升技术等级。此外，还组织开展了职工优秀合理化建设征集活动、“安康杯”竞赛、“我为节能减排做贡献”活动，开展了全省首届创建“工人先锋号”和“五一双奖”以及职工职业道德建设、“创建学习型组织、争做知识型职工”评选表彰活动，对抗击冰雪灾害、特大地震灾害中涌现出来的先进集体和个人，即时授予了“五一双奖”称号，对经济社会发展产生了很好的促进作用。

【基层工会组织建设】各级工会坚持建会和发挥作用两手抓，推动了工会组建和会员发展工作。全省基层工会委员会达到2.44万个，比2007年净增2700多个，超目标130多个；涵盖法人单位数4.81万个，比2007年净增5400多个，超目标300多个；会员数达到281.12万人，净增24.44万人，超目标2.88万人。在280多家外商及港澳台投资企业建立了工会组织，占应建会企业的86%，其中在我省的13家肯德基连锁经营门店全部建立了工会。市州和县区工会还通过继续开展“五好”县区工会创建活动，强化了工作基础，提高了工作效能，发挥了应有作用。

【维权工作】各级工会积极完善维权机制，努力增强维权实效。省总工会参与了省上有关部门举行的《劳动合同法》执法检查，各级工会开展了职工劳动工资、权益保障、农民工工资支付等多方面的维权工作调研，向政府部门提出了意见建议；强化了劳动争议处理和法律援助工作，化解了大量矛盾纠纷；开展了“劳动关系和谐企业”创建活动，推进了集体合同、劳动合同工作。全省共签订集体合同8393份，覆盖企业8465家、职工133.4万余人，签订劳动合同的国有企业为71%，集体企业为52%，非公企业为45%。加强以职代会为主要形式的民主管理工作，组织开展了《甘肃省厂务公开条例》的学习宣传贯彻活动和全国、全省厂务公开工作互检互查活动，提高了职工民主管理工作水平。

【帮扶救助工作】各级工会努力为职工群众办好事、实事。全省建成县区工会困难职工帮扶中心76个，争取和自筹资金3395万元，帮扶救助困难职工9.16万余人次；建立职工职业介绍机构18个，成功介绍职工就业2.63万人次；建立工会职业培训机构14个，培训职工1.09万人次；筹集元旦、春节送温暖资金6700多万元，走访慰问困难企业2500多户、困难职工家庭17.3万余户、困难劳模900多户、困难农民工2500多人；向900多名省级劳模、290多名全国劳模发放生活困难补助金、特殊困难帮扶金、春节慰问金700多万元；强化了对雨雪冰冻、地震灾区的帮扶救助工作，解决了一些困难职工和基层工会的实际问题。

【省总工会十届八次全委（扩大）会议】3月4至5日在兰州召开。会议传达了全国总工会十四届五次执委会议精神，省人大常委会副主任、省总工会常务副主席、党组书记孙效东作了题为《高举中国特色社会主义伟大旗帜，团结动员广大职工为推动全省经济社会又好又快发展贡献力量》的工作报告，省总工会副主席、经审会主任朱亚丽作了经费审查工作报告。会议认真总结了2007年全省工会工作，研究确定了2008年全省工会工作主要任务：一是深入学习贯彻党的十七大精神，努力推动工会工作健康发展；二是大力开展职工技能素质提升活动，团结动员广大职工为促进经济社会又好又快发展建功立业；三是切实维护职工合法权益，努力发展和谐劳动关系；四是加强基层工会组织建设，不断夯实工会工作基础；五是不断提高工会帮扶能力，努力为职工办实事、解难事、做好事；六是下功夫做好工会财务工作，切实增强工会经济实力。会议还兑现了2007年工会重点工作目标责任书，签订了2008年工会重点工作目标责任书，审议通过了有关人事任免事项。

【甘肃省庆“五一”国际劳动节大会】4月24日在兰州召开，省委、省人大、省政府、省政协领导出席大会，省人大常委会副主任、省总工会党组书记、常务副主席孙效东主持大会。大会开始前，省委书记、省人大常委会主任陆浩、省长徐守盛，省委副书记刘伟平，省委常委、省委秘书长姜信治，原省人大常委会副主任、省总工会主席李德奎，省政协副主席邵克文等领导亲切接见了我省荣获2008年全国、全省“五一双奖”和“工人先锋号”荣誉称号的代表。陆浩发表了热情洋溢的讲话。省委副书记刘伟平在会上作了重要讲话，强调当前和今后一个时期，要全面实现省党代会确定的奋斗目标，需要凝聚全省各族人民的智慧和力量，需要最大限度地调动和激发广大职工的积极性和创造性，充分发挥广大职工的主力军作用。各级工会要认清肩负的重大责任，团结带领广大职工认真贯彻党的十七大精神，深入开展学习实践科学发展观活动，把广大职工群众的智慧和力量、积极性和创造性凝聚到推动全省经济社会又好又快发展上来。一是要组织广大职工为推动全省经济发展建功立业；二是要引导广大职工积极促进和谐社会建设；三是要充分发挥劳动模范的示范引领作用；四是要切实加强和改进党对工会工作的领导。会上，省总工会代全国总工会向14名个人颁发了全国五一劳动奖章，向10个单位颁发了全国五一劳动奖状，向 21 个先进集体颁发了全国“工人先锋号”奖牌，并授予抗冰抢险的兰州供电局等 5 个先进集体、5 名先进个人甘肃省五一劳动奖状、奖章，授予 45 个先进集体甘肃省“工人先锋号”称号，授予 8 个先进集体甘肃省“劳动先锋号”称号。

【甘肃省第四届职工运动会】4 月 28 日，在兰州举行开幕式。省委副书记刘伟平，省委常委、省军区政委刘巨魁，省人大常委会副主任孙效东，副省长泽巴足、省政协副主席侯生华等出席开幕式。开幕式由孙效东主持，泽巴足致开幕词，他希望各级党委、政府以此为契机，认真贯彻落实《全民健身计划纲要》，广泛组织开展群众性体育活动，营造“劳动光荣，创造伟大”的良好环境，引导广大职工顽强拼搏，忠于职守，团结协作，以崭新的精神风貌，投身中国特色社会主义伟大事业，为促进社会和谐、夺取全面建设小康社会新胜利而努力奋斗。

【支援地震灾区大行动】5 月 12 日，发生在四川汶川的特大地震，波及我省 10 个市州，陇南、甘南尤为严重。地震灾情发生后，甘肃省总工会按照省委、省政府的统一部署和全总的要求，积极行动，全力投入抗震救灾、恢复重建工作，在全省工会系统发起开展了“抗震救灾、奉献爱心”支援地震灾区大行动，得到了全省各级工会和广大职工群众的积极响应。5 月 15 日，省总工会召开抗震救灾企业工会主席会议，省总工会副主席朱亚丽主持，副主席马方传达了王兆国同志关于做好抗震救灾工作的重要批示、全国总工会《关于全力做好抗震救灾工作的紧急通知》、省委办公厅、省政府办公厅《关于开展募捐活动支援地震灾区群众生产生活的通知》，纪检组长王家驹宣读了省总工会《关于号召我省全国、省五一劳动奖状优秀企业和劳动模范、五一劳动奖章获得者踊跃为灾区捐款的通知》。会上，兰州铁路局、省电力公司等近 40 家大中型企业工会当场捐款 150 多万元。从 5 月 20 日起，全省 9 个市州、30 个产业系统、百余家企事业单位的职工陆续捐赠棉被、衣物、食品、用品等物资 53 万多件（箱）、价值约 3000 万元。5 月 24 日，省总工会举行大行动出发仪式。省总工会副主席朱亚丽主持，省人大常委会副主任、省总工会党组书记、常务副主席孙效东讲话，并宣布援助灾区物资车队出发，共有 85 辆大型汽车组成的物资车队分别送往陇南、甘南、庆阳等灾区。7 月 2 日，省总工会举行“抗震救灾重建家园志愿服务队”出发仪式，按照省委要求，组织了 100 余名建筑行业的工程技术人员，赶赴陇南、甘南灾区，帮助指导受灾群众建房。

【甘肃省总工会十届九次全委会议和全省工会代表会议】6 月 26 日在兰州召开。省委组织副部长吴明明，省总工会副主席朱亚丽、马方、张其定，纪检组长王家驹、副巡视员李兆林，党组书记陈琳、党组成员李惠泽出席会议，全省 170 多名代表参加会议。会上，按照《中国工会章程》有关规定，以无记名投票方式选举孙效东为省总工会十届委员会主席；陈琳、李惠泽分别为常务副主席、副主席；选出我省出席中国工会十五大代表 28 名。会议结束时，孙效东作了重要讲话，总结了上半年工作，安排了下半年主要任务，一是认真做好抗震救灾和灾后重建工作，把广大职工的积极性引导到生产自救和灾后重建上来。二是扎实推进工会重点工作，深入学习宣传贯彻中国工会十五大精神，提高职工技能素质提升活动质量，加强基层工会组织建设，强化维权机制建设，加强困难职工帮扶中心规范化建设，抓好工会经费的收缴与管理。三是切实落实三项保障措施，即抓学习，长才干；抓班子，带队伍；抓作风，促落实。

【全省工会帮扶工作会议】8 月 26 日在兰州召开。各市州总工会主席（常务府主席）、保障部部长（帮扶中心主任）、省级各产业及部分系统工会、县区工会主席，省总机关各部门主要负责人约 130 人参加会议。省总工会副主席马方主持会议，省总工会常务副主席、党组书记陈琳出席会议并讲话。会上，传达学习了全国工会帮扶工作会议精神，表彰奖励了全省帮扶工作先进集体和个人。陈琳在讲话中，回顾了近年来全省工会帮扶工作的主要成绩和经验，提出了今后一个时期工会帮扶工作的主要任务，一是努力实现帮扶中心建设规范化；二是努力实现帮扶资金管理制度化；三是努力实现困难职工档案管理动态化；四是努力实现帮扶救助活动经常化；五是努力实现帮扶效果最佳化；六是努力实现帮扶工作社会化。并要求各级工会采取有效措施，推动工会帮扶工作创新发展，一要进一步提高认识；二要进一步完善工作机制；三要进一步健全奖惩措施；四要进一步加大监管力度；五要进一步转变工作作风。

【甘肃省大企业工会工作研讨会】9 月 27 至 28 日在重庆举行。省内部分大企业工会、省级产业（系统）工会、省总直属基层工会和省总有关部门、单位负责人 50 余人参加会议。纪检组长王家驹主持会议。省总工会党组书记、常务副主席陈琳出席会议并讲话，回顾了近两年来大企业工会工作的主要成绩和经验，强调充分认识新形势下加强大企业工会工作的重要性，更好地发挥大企业在全省工会工作中的骨干带动作用，一是要认真学习宣传贯彻中国工会十五大精神；二是要深入贯彻落实《企业工会工作条例》；三是要继续深化职工素质提升工程；四是要进一步加大依法维护广大职工合法权益的力度；五是要大力发展职工文化和企业文化；六是要不断加强工会干部队伍和工会组织建设；七是要以开拓创新精神推进工作；八是要努力形成大企业、地方和产业工会的工作合力。

【甘肃省总工会十届十次全委会

议】11 月 5 日在兰州召开。省人大常委会副主任、省总工会主席孙效东出席会议并讲话。全省各市州总工会、省级产业工会、省总直属基层工会主席和省总、兰州市总机关干部，兰州市部分企业劳模、工会干部和职工代表 400 多人参加会议。会议由朱亚丽主持，会上，陈琳传达了胡锦涛总书记在与全总新一届领导班子成员和工会十五大部分代表座谈时的重要讲话和中国工会十五大精神，介绍了工会十五大召开的盛况。孙效东就学习宣传贯彻中国工会十五大精神提出了四点要求：一是认真学习领会精神；二是切实完善工作思路；三是努力创造工作环境；四是全面抓好实际工作。

【纪念改革开放 30 周年座谈会】 12 月 9 日在兰州召开，部分市州总工会、省级产业工会，部分大企业党政工领导、省总机关各部门负责人和劳模代表参加会议。省总工会党组书记、常务副主席陈琳、副主席朱亚丽、纪检组长王家驹出席会议，李惠泽主持会议。座谈会上，与会代表结合本行业、本企业实际和个人亲身经历，畅谈了改革开放 30 年来，政治、经济、文化、社会、民生以及工运事业的巨大变化和令人瞩目的伟大成就。陈琳在讲话中指出，改革开放 30 年来，我省工会工作思路不断创新，群众性经济技术创新活动成果喜人，职工队伍的综合素质大幅提升，企事业民主管理向纵深发展，职工合法权益得到较好维护，工会组织的自身建设不断加强。改革开放所取得的伟大成就给我们以重要启示，即：必须坚持走中国特色的社会主义道路；必须坚持改革开放；必须坚持解放思想；必须坚持科学发展观；必须坚持和谐发展。结合金融危机对我国经济影响的新形势，当前和今后一个时期工会工作的主要任务，一是要团结动员广大职工充分发挥主力军作用，为推动全省经济平稳较快发展贡献力量；二是要全面贯彻以职工为本的理念，推动党和政府扩大内需、保障和改善民生政策的贯彻落实；三是要高度重视并密切关注各类矛盾和问题，做好维护职工队伍稳定的工作。

【全省职工职业道德建设“双十佳”及“创争”活动先进表彰大会】 12 月 11 日在兰州召开，省人大常委会副主任、省总工会主席孙效东出席会议并讲话，省总工会党组书记、常务副主席陈琳，省委宣传部副部长陈青、省教育厅副厅长王萍、省劳动和社会保障厅副厅长王淑仁、省国资委副主任吴万华，省总工会副主席李惠泽、张其定，纪检组长王家驹及省职工职业道德建设指导协调小组成员单位相关处室负责人，各市州总工会、部分产业工会（系统）和省总直属基层工会领导，省总机关和直属单位负责人 100 余人参加会议。陈琳主持会议，陈青、李惠泽分别宣读《关于表彰第十二次甘肃省职工职业道德建设十佳单位、十佳标兵和先进单位、先进个人的决定》和《关于表彰 2008 年度全省“创建学习型组织、争做知识型职工”活动先进集体和先进个人的决定》，授予兰州房地产交易中心等 10 个单位“甘肃省职工职业道德建设十佳单位”称号，王玉兰等 10 名同志“甘肃省职工职业道德建设十佳标兵”称号，金川公司化工厂等 20 个单位“甘肃省职工职业道德建设先进单位”称号，韩万喜等 22 名同志“甘肃省职工职业道德建设先进个人”称号；授予中石油兰州石化公司等 5 家单位“全省学习型组织标兵单位”称号，平凉公路总段等 15 家单位“全省学习型组织优秀单位”称号，金川公司化工厂硫酸一车间烟气制酸班等 5 个班组“全省学习型标兵班组”称号，镇原县平泉邮政支局等 10 个班组“全省学习型标优秀班组”称号；授予蔡天印等 5 名同志“全省知识型职工标兵个人”称号，马春梅等 15 名同志“全省知识型职工优秀个人”，魏佩琴等 24 名同志“全省知识型职工先进个人”，天水市总工会等 3 家单位“全省创争活动优秀组织单位”称号，王东明等 3 名同志“全省创争活动优秀组织者”称号。孙效东在讲话中，就进一步加强全省职工职业道德建设和“创争”活动提出了具体要求，一是要切实提高对职业道德建设和“创争”活动重要性的认识；二是要不断提高全省职工职业道德建设水平；三是要全面推进“创争”活动深入开展；四是要进一步加强对职业道德建设和“创争”活动的组织领导。

【甘肃省政府省总工会第十二次联席会议】 12 月 19 日在兰州召开。会议由副省长张晓兰主持，省委副书记、省长徐守盛，省人大常委会副主任、省总工会主席孙效东，副省长冯健身、刘永富、泽巴足、咸辉、郝远，省政府秘书长李沛文出席会议，省发改委、省财政厅、省劳动保障厅、省建设厅、省政府国资委等有关方面负责同志和省总工会常务副主席、副主席、各部门负责人参加会议。孙效东代表省总工会介绍了省政府、省总工会第十一次联席会议以来全省工会工作的进展情况，并结合实际，提出了 4 点工作建议，一是重视解决企业职工工资增长问题；二是进一步做好农民工权益保护工作；三是切实抓好《劳动合同法》的贯彻实施工作；四是支持工会做好困难职工帮扶救助工作。徐守盛在讲话中要求，一要促进建立完善企业职工工资正常增长机制，逐步增加职工收入；二要认真贯彻落实《甘肃省人民政府关于解决农民工问题的意见》，切实依法维护农民工合法权益；三要积极推行劳动合同制度，构建和谐劳动关系；四要继续加大支持力度，努力提高困难职工帮扶工作水平。

（冯继波）

法　制

地方立法

【省人大常委会立法】甘肃省人大常委会 2008 年共制定和修订地方性法规 9 件，批准和批准修订地方性法规 2 件。

（一）制定的地方性法规（7 件）

1.《甘肃省高速公路管理条例》

2.《甘肃安西极旱荒漠国家级自然保护区管理条例》

3.《甘肃省气象灾害防御条例》

4.《甘肃省禁止非医学需要鉴定胎儿性别和选择性别终止妊娠规定》

5.《甘肃省农产品质量安全条例》

6.《甘肃省涉案财务价格鉴定条例》

7.《甘肃省各级人民代表大会常务委员会规范性文件备案审查规定》

（二）修订的地方性法规（2 件）

1.《甘肃省人民代表大会常务委员会议事规则》

2.《甘肃省实施<中华人民共和国归侨侨眷权益保护法>办法》

（三）批准和批准修订的地方性法规（2 件）

1.批准：《兰州市粮食流通监督管理条例》

2.批准修订：《兰州市燃放烟花爆竹安全管理规定》

公安工作

【维稳工作】果断处置了甘南藏区不稳定事件。坚决贯彻落实中央和省委、省政府、公安部的一系列重大决策部署，高举“三个维护”的旗帜，与参战的武警、国安部门密切配合，果断、稳妥地处置了甘南藏区不稳定事件，迅速平息事态，恢复了正常秩序。之后，采取一系列维稳措施，进一步巩固了维稳成果。

严厉打击“涉疆”暴力恐怖及法轮功等邪教组织违法犯罪活动。严密防范、严厉打击新疆“三股势力”的渗透破坏活动，迅速处置了“3•07”南航班机涉恐事件，加大打击力度，沉重打击法轮功等邪教组织的嚣张气焰。

深入开展矛盾纠纷排查化解及信访突出问题集中整治行动。按照“发现得早、控制得住、处置得好”的要求，认真组织开展矛盾纠纷排查调处工作，配合卫生、质检等部门，认真做好“三鹿”牌婴幼儿奶粉重大食品安全事故应急处置工作，有效避免了问题奶粉可能引发群体性事件等问题的发生。坚持法、理、情多策并举，全力推进公安重点信访案件化解工作，全省公安信访案件呈现出总量、初信、初访、重信和重访“五个下降”的良好态势。

【社会治安防控工作】严厉打击各类刑事犯罪，确保了社会治安大局平稳。全省破获刑事案件同比上升 8.7%；抓获刑事案件作案成员同比上升 1.8%；批准逮捕人数同比上升 1.4%；公诉犯罪嫌疑人数同比上升 5.5%。收缴罚没财物总价值同比上升 13.2%。

坚持多措并举，确保了奥运火炬省内传递活动安全顺利进行。分层次、分警种制定了奥运火炬传递实施方案和处置突发事件、防爆炸、反恐怖等应急预案，组织完成了公安部下达的火炬手及奥运相关人员背景审查任务和火炬传递城市的安全风险评估，开展了治安、消防、交管奥运保卫攻坚战和治安大清查，切实加大了管控力度，及时消除了各种安全隐患，有效防止了追、堵、停、熄、伤等问题的发生，确保了火炬传递的安全顺利。

【保障民生工作取得新进展】坚持人民利益高于一切，积极投入抗击冰雪灾害和地震灾害工作。坚持把保安全、保畅通、保春运作为第一任务，采取有力措施，全力疏导交通，救助被困群众，确保了在冰雪灾害环境下道路交通的安全畅通。“5•12”汶川大地震发生后，省厅立即成立了抗震救灾指挥部，启动了应急预案，全力开展救援行动。紧急调拨救灾物资、组织未受灾或灾情较轻的市州公安机关对口支援陇南、甘南灾区公安机关，共计帮扶资金 338 万元，组织全省广大民警为灾区捐款 450 余万元。加强对通往灾区道路的交通管理，保证了运送伤员和抗震救灾物资车辆的畅通无阻。积极帮助灾区恢复重建，紧急出台服务灾区群众的一系列便民、利民、惠民措施，开辟了领取居民身份证的“绿色通道”。

坚持执法为民，全面推进公安执法规范化建设。持续开展社会主义法治理念教育，坚持“以案析理”、以案说法，进一步增强了广大民警理性、平和、文明、规范执法的自觉性。认真组织开展“两整顿两规范”专项治理活动，及时发现整改了一批在取保候审、监所管理、道路技术监控、公务枪支弹药管理等方面存在的突出问题，建立完善相关规章制度 180 多个，初步形成了用制度管人、用制度管事的长效机制。

坚持服务大局，进一步加强交通及

消防安全管理。组织开展了“平安斑马线”以及创建“千里安全文明线”活动，有效遏制了重特大交通事故的发生。全省道路交通事故起数和受伤人数同比下降了11.7%和14.1%，没有发生一次死亡10人以上特大事故。狠抓火灾隐患排查整改，有效预防和遏制重特大火灾事故的发生，火灾事故起数、死亡人数、受伤人数同比分别下降了22.5%、40%和11.1%，无重特大火灾事故发生。特别是成功处置了宝成铁路109隧道事故，受到了中央和省上领导的高度评价。

【公安机关自身建设】“三基”工程建设取得阶段性成效。初步实现了“三基”工程建设阶段性目标任务，警务机制改革进一步深化。全省86个县级公安机关全部完成规范机构设置工作、内设机构精简，社区和农村警务战略深入实施，基层实力明显增强。公安科技水平进一步提高，建成了全省公安系统移动免费虚拟网、警务移动查询系统、三级视频会议系统和两级视频指挥系统；电信资源覆盖的基层所队全部接入了公安网；7个市州公安局、63个县公安局实现了“三台合一”；120个责任区刑警队、14个市州公安局技侦支队全部晋级达标，互联网侦控系统升级改造工作初步完成。

公安队伍建设取得新进步。组织开展了大学习大讨论及学习实践科学发展观活动，积极推动市、县两级公安机关主要领导“进班子”工作，85.7%的市州、39.5%的县市区公安局主要领导由党委常委、政府副职（含市、县长助理）或上级公安机关副职兼任。在全省公安机关普遍开展了中层领导干部竞争上岗工作，积极开展省、市、县三级公安民警双向交流挂职锻炼工作，有效激发了队伍活力。贴近实战需要，创新训练机制，全面推行了“轮训轮值、战训合一”训练模式；组织全省公安民警开展了基本法律法规网上考试、计算机应用技能考试、警务实战技能和战术考核工作，进一步提升了广大民警的职业素养。切实推进公安队伍正规化建设步伐，深入开展党风廉政建设和反腐败斗争，反腐倡廉工作取得明显成效。

和谐警营建设呈现新局面。立足警务工作实际，深入开展“警务阳光进万家”活动，全省公安机关出台便民利民惠民措施866项，为群众办实事、做好事10万余件，捐款1260万余元、捐物5万余件。切实落实从优待警措施，加强民警身心健康保护，建立民警健康档案。大力开展表彰奖励活动，有3名民警被授予全国公安系统“二级英雄模范”称号，有104个集体、273名民警获得全国、全省荣誉称号，有280个集体、2856名个人立功受奖。深入开展植树造林活动，建成“公安林”基地89处，种植各类苗木64万余株，产生了良好的社会效应。

（禄涛）

检　察

【依法打击刑事犯罪，全力维护社会和谐稳定】全省检察机关切实贯彻稳定是第一责任的要求，坚持从政治和全局的高度认识维护社会和谐稳定的极端重要性，充分发挥审查逮捕和起诉职能，及时有力地打击各种刑事犯罪。全年共受理公安、国家安全和监狱机关提请批准逮捕犯罪嫌疑人12642人，经审查批准逮捕11451人，同比上升0.2%；受理移送起诉刑事案件10582件17067人，经审查提起公诉11210件17403人，同比分别上升7.1%和4.8%。

着力解决影响社会政治稳定的突出问题。“3·14”甘南不稳定事件发生后，省检察院和甘南等地检察机关坚决贯彻中央、省委和高检院的部署要求，迅速抽调检察干警在当地党委领导下参与恢复社会秩序工作，有关检察院加强与公安、审判机关的协调配合，适时介入侦查，严把事实、证据和法律政策关，依法妥善处理了一批打砸抢烧严重暴力犯罪案件，取得了良好的政治果、法律效果和社会效果。

着力打击严重危害社会治安的刑事犯罪。深化打黑除恶专项斗争，始终保持对严重暴力犯罪、毒品犯罪和“两抢一盗”等多发性犯罪的高压态势，坚持对重特大案件挂牌督办，依法快捕快诉；全年共审查批捕上述“四类”案件犯罪嫌疑人8432人，提起公诉6679件10264人。

着力惩治破坏市场经济秩序的犯罪。积极参与整顿和规范市场经济秩序工作，督促加大对破坏市场经济秩序犯罪的打击力度。共批准逮捕金融诈骗、偷税漏税、侵犯知识产权、制售假冒伪劣食品药品和农资等经济犯罪嫌疑人265人，提起公诉203件308人，维护了市场经济秩序，促进了公平竞争和守法经营。

着力保障社会和谐。高度重视解决检察环节可能影响社会稳定的问题，突出解决重信重访问题，对排查出的15件赴省进京信访案件，领导包案，因案施策，努力化解信访人心中的“法结”、“心结”，已办结14件，其中息诉10件。依法快速办理轻微刑事案件，积极探索检察环节刑事和解和办理未成年人犯罪案件的途径、方式，对不符合逮捕条件的1011人作出了不批捕决定，对不符合起诉条件的436人作出了不起诉决定。积极参加社会治安防控体系建设，与有关部门配合，加强对涉嫌犯罪青少年的教育挽救和对监外执行、刑释解教人员的帮教考察工作。

【坚决惩治和积极预防职务犯罪，促进惩防腐败体系建设】全省检察机关认真贯彻中央《建立健全惩治和预防腐败体系2008－2012年工作规划》，加大力度查办和预防职务犯罪，努力提高办案质量。全年共立案侦查职务犯罪案件574件720人，同比分别上升1.8%和

2.7%；其中，贪污贿赂489件623人，渎职侵权85件97人；提起公诉389件534人；加强追逃追赃工作，抓获潜逃的职务犯罪嫌疑人40人，通过办案为国家挽回直接经济损失9100余万元。为259名受到错告、诬告的同志澄清了事实。

强化办案措施。针对我省实际，省检察院提出了“稳步扩大办案规模，努力提高案件质量”的工作要求；进一步加强举报宣传，完善举报线索的评估、交办、督查和反馈机制，着力解决案源不足和线索利用率不高的问题；完善侦查一体化机制，对重大案件采取督促办理、异地交办、提级办理、集中办理等措施，增强了突破案件的整体能力。

突出办案重点。集中精力查办职务犯罪大案要案。立案侦查贪污贿赂大案208件，查处涉嫌职务犯罪的县处级干部62人、厅级干部3人，大案和要案同比分别上升11.2%和35.4%。查办影响民生的职务犯罪227件307人，城镇建设等领域商业贿赂犯罪83件85人，涉农职务犯罪114件177人。

严查渎职犯罪。立案侦查徇私舞弊、滥用职权等渎职侵权犯罪案件同比上升13.3%，其中，查处行政执法人员19人，司法人员54人，同比分别上升35.7%和17.4%。深入开展查办危害能源资源和生态环境渎职犯罪专项工作，查处此类案件18件18人。积极介入重大安全生产责任事故调查，查办重大安全事故背后的职务犯罪案件6件7人。

深化预防工作。结合查办案件，督促协助有关部门搞好防控治理，向发案单位和行业系统发出预防职务犯罪检察建议200件。省检察院创办并向有关机关、企事业单位赠阅《甘肃省预防职务犯罪专刊》，预防工作的影响力和辐射力不断增强。

【强化对诉讼活动的法律监督，切实维护司法公正】坚持把解决人民群众反映强烈的执法不严、司法不公问题作为诉讼监督的重点。全年共监督侦查机关立案151件，纠正不当立案41件。依法追加逮捕犯罪嫌疑人39人，追加起诉27人。对认为确有错误的刑事判决裁定抗诉95件；审查处理民事行政申诉案件898件，抗诉154件，提出再审检察建议61件。复查刑事申诉案件35件，纠正原错误决定4件。立案审理刑事赔偿案件10件，决定赔偿10件。

认真落实“把功夫下在监督上”的要求，强化诉讼监督措施。一是把审查逮捕、起诉、备案审查等日常检察业务与诉讼监督结合起来，发现问题及时依法纠正。二是把纠正执法不严、司法不公问题与查处其中隐藏的职务犯罪结合起来，共查处此类案件11件12人。三是把日常监督与专项监督结合起来，集中解决突出问题。四是把解决个案问题与解决工作中的倾向性问题结合起来，提议建立了省级公检法“三长”联席会议制度，共同研究解决影响公正执法的重点难点问题。

【规范自身执法行为，不断提高执法水平和办案质量】全省检察机关更加重视强化内部监督制约。制定实施了《甘肃省检察机关绩效考评办法（试行）》、发挥各级院检察委员会对职务犯罪案件审查把关作用的规定等一系列制度规范，进一步健全检察工作运行、执法质量保障机制，引导各级检察院正确处理执法办案力度、质量、效率和效果的关系，促进提高办案质量。全省职务犯罪案件的撤案率、不起诉率同比分别降低了0.9和11.7个百分点，刑事案件不批捕率、不起诉率同比分别下降了3.5和2个百分点；公诉案件法院判无罪6人，同比减少2人。

【加强自身建设，夯实检察工作的发展基础】全省检察机关坚持把队伍建设和基层基础建设作为事关检察工作全局的战略任务和紧迫现实任务来抓，进一步强化思想政治建设、领导班子建设、队伍专业化建设和基层基础建设，努力造就严格、公正、文明、廉洁执法的检察队伍。

加强思想政治建设。全面贯彻党的十七大精神和中央领导同志对检察工作的重要指示，深入开展胡锦涛总书记在全国政法工作会议代表和全国大法官、大检察官座谈会上的重要讲话大学习、大讨论活动，认真查找和整改不符合科学发展要求的思想观念和影响制约检察工作科学发展的重点问题，进一步坚定了政治方向，进一步理清了检察工作科学发展的思路。

加强领导班子建设。认真贯彻民主集中制原则，坚持“一把手”做表率，努力做到决策民主、用人民主和经济民主。省检察院对张掖、庆阳、兰铁等市级院领导班子、10个市级院对所辖基层院领导班子进行巡视，切实落实上级院负责人与下级院负责人谈话、派员参加下级院党组民主生活会、述职述廉等制度。加大干部协管力度，部分市县院调整充实了领导班子，配备了检委会专职委员，选拔补充了一批后备干部。

加强专业化建设。省检察院举办培训班13期，培训干警1274人次。投入24万元，对全省参加司法考试的检察人员集中进行考前辅导，有188人通过了考试，通过率达到36.4%，同比提高11个百分点。加快建立各类专门人才库，有284名各级院业务骨干分别录入全省侦查监督、公诉、职务犯罪侦查和理论研究等人才库。分三批组织基层检察干警到省检察院挂职锻炼，统一安排兰州、白银、临夏和甘南四地互派干部挂职学习，部分市级院也开展了与所辖基层院互派干部挂职工作。

加强基层基础建设。制定实施《全省基层检察院建设工作指导意见》，全力推进基层检察院规范化建设和业务、队伍、信息化“三位一体”机制建设。努力缓解基层人才短缺、检察官断档问题。加快信息化建设步伐。

法　院

【加强审判执行工作】2008年，全省法院紧紧围绕党和国家工作大局，按照省委“四抓三支撑”的总体思路，充分发挥审判职能作用，切实提高审判质量与效率，为全省经济社会又好又快发展提供了有力的司法保障。共受理各类案件135138件，同比上升9%；审（执）结128378件，同比上升9.3%；结案率95%，同比上升0.2%。其中省法院受理各类案件1766件，审（执）结1622件，结案率91.8%。

以维护稳定为重点，加强刑事审判。正确执行宽严相济刑事政策，坚持该严则严、当宽则宽、宽严相济、罚当其罪。全年共审结案件12235件，结案率98.4%。其中省法院审结366件，结案率94.8%。

依法严厉打击严重刑事犯罪。突出打击故意杀人、抢劫、绑架、强奸等严重暴力犯罪，爆炸、放火等危害公共安全犯罪，黑社会性质组织犯罪、毒品犯罪和抢夺、盗窃等多发性犯罪，全力维护社会稳定。共审结案件4147件，判处犯罪分子6865人，判决发生法律效力的5511人，其中被判处五年以上有期徒刑、无期徒刑和死刑的2210人，占40.1%。如被告人冉周平持刀、持枪先后杀死6人、致伤2人，在逃期间抢劫并杀害出租车司机1人，依法被判处死刑并报最高法院核准；被告人胡松玉等22人、胡斌声等12人在兰州市七里河区、城关区大肆进行违法犯罪活动，构成黑社会性质组织犯罪、故意伤害罪、敲诈勒索罪等多项罪名，分别被判处有期徒刑、无期徒刑，有力地打击了犯罪分子的嚣张气焰。在党委统一领导和上级法院指导下，本着团结大多数、孤立打击极少数的原则，依法稳妥审理了“3.14”甘南不稳定事件中刑事犯罪案件，维护了藏区社会稳定。

依法严惩职务犯罪和经济犯罪。共审结职务犯罪案件460件，判处犯罪分子591人，其中县(处)级以上人员11人。依法审结了最高人民法院指定管辖的原陕西省政协副主席庞家钰受贿、玩忽职守案，原陇南市政协副主席任登宏受贿、巨额财产来源不明案，原兰州大学第一医院副院长杨若中受贿案等有较大影响的职务犯罪案件，推动反腐倡廉深入开展。共审结生产销售伪劣商品、偷税抗税、制贩假币、走私等破坏社会主义市场经济秩序犯罪案件132件，判处犯罪分子222人，保障市场经济秩序健康运行。

坚持依法从宽，宽以济严。对犯罪情节较轻、社会危害不大、主观恶性不深，具有自首、立功等情节和未成年人犯罪，予以从宽处理。共判处缓刑3431人，免予刑事处罚231人。加强刑事人权保障，依法指定辩护人176人（次）、宣告无罪46人。

积极参与社会治安综合治理。通过公开审判、法制宣传、发送司法建议等方式，延伸审判职能，预防和减少犯罪。依法办理减刑5747人、假释327人，促进罪犯改过自新。

以促进发展为重点，加强民事审判。共审结案件83757件，结案率95.6%。其中省法院审结577件，结案率93.4%。审结婚姻家庭、财产继承、人身损害赔偿纠纷等案件32476件，切实保障民生，促进社会和谐。如刘彩玲与甘肃水利机械化公司人身损害赔偿纠纷一案，一审判决其管理人承担赔偿责任、水利机械化公司承担连带责任，省法院二审中，准确界定法律关系、变更责任主体，依法改判水利机械化公司承担刘彩玲残疾赔偿金等费用68万余元，较好地保护了弱势群体的合法权益。审结借款、租赁、买卖、承包等合同纠纷案件36286件，依法制裁违约行为，促进市场信用体系的建立；审结企业破产兼并、产权转让等案件52件，防止国有资产流失，保护职工和债权人合法权益，促进企业改制顺利进行；审结涉及国家不良金融债权清收等金融证券纠纷案件355件，报批并指导省内两家金融机构进入破产程序，保障金融安全，维护投资者的合法权益；审结房地产开发、商品房买卖、物业管理等纠纷案件785件，促进房地产业健康发展；审结劳动争议案件1471件，保护用人单位和劳动者的合法权益；审结“三农”纠纷案件401件，保护农民利益、推动新农村建设；审结专利、商标、著作权纠纷等知识产权案件132件，制裁侵权行为，保护智力创新成果，其中审结植物新品种纠纷案件20件，促进甘肃省特色优势产业健康发展。

以促进依法行政为重点，加强行政审判。共审结案件1480件，结案率96.6%，其中省法院审结146件，结案率100%。坚持监督和维护并重，依法保护行政相对人的合法权益，促进行政机关依法行政。加强与政府沟通、协调，召开省政府、省法院联席会议，建立行政复议应诉与行政审判工作联系制度。注重运用协调和解机制解决行政争议，共协调解决案件384件，占36.4%。如郑永沧等10户村民诉兰州市人民政府征地及颁证一案，历经三年六审，省法院积极协调，最终与案外人达成和解协议，当事人自愿撤诉，收到了较好的法律效果和社会效果。审结国家赔偿案件61件，赔偿金额78.9万元。根据行政机关的申请，依法审查非诉行政执行案件2250件，执结2067件。

以维护法律权威为重点，加强执行工作。共受理案件33934件，执结29325件，执结率86.4%，标的金额21.5亿元；依法审查执行异议、复议、案外人异议及申请变更执行主体等案件85件。认真落实中央政法委《关于完善执行机制，加强和改进执行工作的意见》，从健全执行体制机制、完善执行制度、严格执行程序、强化公开监督等方面进一步加强和改进执行工作。通过执行工作考核、案件质量评查、督办催办、定期通报、提级指定执行等方式，进一步完善省法院统一管理、统一协调的执行工作管理体制。不断探索执行方法，加大执行力度，加强和解工作，扩大执行效果。如中国东方资产管理公司兰州办事处申请执行甘肃亚盛实业（集团）股份有限公司借款合同纠纷案，经执行人员多方努力，促使双方当事人执行和解，清偿申请执行人债权 4500 万元，最大限度实现了胜诉方的合法权益。贯彻落实全国集中清理执行积案活动电视电话会议精神，按照省委陆浩书记的重要批示，在各级党委的领导下，认真部署并全面启动了全省清理执行积案活动。已执行积案 1188 件，执结率 31.4%，标的金额 3.35 亿元。

以解决“告状难、申诉难、再审难”为重点，加强立案、监督工作。去年 4 月 1 日修改后的民诉法实施后，省法院及时调整了民事案件级别管辖标准，中、基层法院审理的民事一审案件大幅增加，同比上升 8.7 个百分点，省法院申请再审案件增幅五倍以上。根据工作需要，经省编办批准，省法院增设立案二庭、审监二庭,合理配置审判资源，着力解决打官司难、申诉难、申请再审难的问题。全省法院共审查申诉、申请再审案件 1464 件；符合再审事由提起再审程序的案件 427 件，审结 396 件，改判 151 件,其中受理人民检察院按照审判监督程序提起抗诉的案件 163 件，审结 148 件，改判 54 件。

【加强队伍建设】认真开展学习教育活动，着力强化队伍的政治意识。全省法院认真开展了以学习贯彻党的十七大精神、胡锦涛总书记在接见全国政法工作会议代表及大法官、大检察官座谈会上的重要讲话为主要内容的“大学习、大讨论”活动。举办中级、基层法院院长研讨班、培训班，开展“公正司法、一心为民”主题演讲比赛等活动，努力在人民法院举什么旗、走什么路、以什么样的精神状态、朝着什么目标前进等重大理念和实践问题上统一认识、统一思想、统一行动，进一步坚定法院工作的政治方向，牢固树立“三个至上”指导思想，始终保持人民法官忠于党、忠于国家、忠于人民、忠于法律的政治本色。根据中央和省委的统一部署，省法院机关认真开展了“深入学习实践科学发展观”活动。通过学习调研、分析检查和开展解放思想大讨论、专题民主生活会等活动，着力在提高认识、把握规律、创新理念、转变作风、破解难题、完善机制上下功夫，努力在解决法院工作如何实现自身科学发展、如何服务全省科学发展的问题上形成共识，广大法官服务保障科学发展的使命感、责任感不断增强，行动更加自觉和坚定。

强化业务培训和岗位练兵，着力提高队伍的业务能力。制订下发《全省法院 2008 年度教育培训计划》，选送中级、基层法院领导干部和业务骨干，参加国家法官学院举办的各类培训班 28 期 145 人。举办全省法院预备法官、新进人员及审判业务等培训班 17 期 616 人。筹建中国法官培训网甘肃教学工作站，配合国家法官学院举办晋升高级法官网络培训班 2 期 235 人，完成北京大学远程“专升本”学历教育 163 人。重视司法考试，签订目标责任书，举办考前培训班，通过司法考试 318 人，占全省通过人数的 34.8%。广泛开展庭审观摩、裁判文书制作、案件归档等业务竞赛活动，创办机关刊物《法刊》，组织演讲比赛、主题征文、学术讲座、理论研讨等活动，提高法官和其他工作人员的司法能力。

加大表彰和查处力度，着力加强队伍的廉政建设。认真贯彻落实中央《建立健全惩治和预防腐败体系 2008—2012 年工作规划》，扎实推进人民法院内部惩治和预防腐败体系建设。抓好思想教育、落实制度、表彰先进、查处案件、有效监督等环节，层层签订责任书，落实党风廉政建设责任制，确保司法廉洁。开展争先创优活动，全年有 12 个集体、20 名个人获省部级以上奖励。重视案件查处，认真办理群众来信来访、电话举报案件，立案审查 27 件 32 人，其中澄清举报失实 18 件 18 人，涉嫌犯罪 9 案 14 人，办结 1 案 6 人，2 人受到刑事处罚，4 人受到党纪政纪处分。

【稳步推进法院改革】全省法院按照积极稳妥、循序渐进、自上而下、总体规划、分步推进的总体要求，全面落实各项改革措施，建立健全科学的审判工作机制。一是按照最高法院的要求，在全省 13 个基层法院推行法官助理试点工作，探索建立以法官为中心、法官助理和书记员积极辅助的审判工作新模式。二是改进审判委员会工作制度，设立刑事、民事行政专业审判委员会，进一步规范审判委员会议事规则，提高审判委员会工作质量和效率。三是健全和完善人民陪审员制度，加强培训、管理、考核，规范陪审程序，发挥陪审功能，弘扬司法民主。去年，人民陪审员参与审理各类案件 2315 件，其中 80% 以上调解结案。四是全面落实公开审判制度，实行立案公开、庭审公开、裁判公开、执行公开，以公开促公正。五是明确和细化申请再审事由，规范复查案件审查方式和再审案件审查、审理程序，平等、公开、高效地保障当事人申请再审的权利。六是加强审判流程管理，运用信息网络技术对案件审理情况进行全程监管，有效防止超审限问题发生。七是完善司法鉴定管理制度，规范对外委托鉴定、评估、审计、拍卖等工作制度和程序。八是制定岗位目标管理考核办法，建立法官业绩档案，细化、量化岗位目标责任，建立科学、合理、有效的约束、激励、考核、评价机制。九是做好遴选法官和拓宽招录、定向培训，规范进人制度。去年，省法院面向社会公开选调法官、书记员 30 名，充实了审判执行力量。

【践行司法为民宗旨】全省法院牢固树立人民群众主体地位的意识，积极探索建立科学、畅通、有效、简便的民意沟通表达机制，以公正、高效、优质、公开、便民的审判执行工作，切实保障民利、减轻民忧、满足民需、赢得民心。

细化司法为民举措。进一步加强立案场所规范化建设，设立立案大厅，简化立案程序。把人民法庭作为司法便民的直接窗口，根据群众需要预约立案、开庭。实行繁简分流，推广速裁方法，提高诉讼效率。弘扬“马锡五审判方式”，巡回审判、即时调解、当庭结案，方便群众诉讼。设立审务公开栏，编印诉讼指南，强化诉讼引导，提高群众的诉讼风险意识。

实行司法救助制度。加强对下岗职工、残疾人、农民工等追索保险金、抚恤金、劳动报酬等纠纷案件的审判和执行，尝试建立刑事被害人救济制度和执行特困群体救助等制度，帮助弱势群体维护合法权益，彰显人文关怀。积极采取缓、减、免交诉讼费的措施，确保经济确有困难的群众打得起官司，全年共缓交诉讼费 352.89 万元，减、免诉讼费 48.23 万元。

加大调解工作力度。按照“能调则调、当判则判、调判结合、案结事了”的要求，不断探索调解方法，总结调解经验，加大调解结案比重。继续拓宽调解范围，试行立案前调解、推行执行案件和解、行政案件协调及刑事附带民事案件、自诉案件调解解决的新模式。加强对人民调解工作指导，探索建立人民调解协议诉前确认机制，进一步完善以人民调解、行政调解、诉讼调解和司法审判为内容的多元纠纷解决机制。依法调处各类民商事纠纷案件 35403 件，调撤率为 61.6%。

重视涉诉信访工作。切实提高一、二审案件审判质量和效率，实行判前释明、判后答疑，完善涉诉信访预防机制。推行“定领导、定方案、定专人、定时限和包处理”的“四定一包”工作模式，认真做好接访、审查、立案、复查、回复、劝息等工作。实行首问负责制，做好初信初访。实行复查听证制，疏通上访申诉渠道。实行上下联动，加强监督指导。省法院成立了由党组成员牵头的 8 个信访督导组，全面负责信访案件的协调和督办。一年来，共处理来信 9128 件，接待来访 15215 人（次）；督办中央政法委交办的重信重访案件 135 件，息诉 98 件；办结最高法院交办的重信重访案件 2 件、省信访联席会议办公室交办的 225 件以及省法院摸排的 46 件。

【继续夯实基层基础】按照去年第十八次全省法院工作会议提出的“精力向基层集中、力量向基层加强、政策向基层倾斜、工作向基层贴近”的工作思路，紧紧依靠各级党委的领导和政府的支持，不断加强基层基础建设，下大力改善基层法院物质装备条件。继续推进“两庭”建设，，全省 101 个人民法院共争取到审判法庭国债计划项目 97 个，建成 53 个，在建 33 个，即将动工 11 个；全省 344 个人民法庭共争取到国债计划项目 313 个，建成 287 个，在建 26 个，“两庭”建设规模达到 69 万多平方米。进一步加大对基层法院的扶持力度，不断完善基层法院经费保障机制，改善基层法院和人民法庭的办公、办案条件，共为基层法院配备办案用车 251 辆、办公桌椅 3718 件（套）、专用法台法椅 135 组（套）、证据展示及安检设备 40 套。

【全力以赴做好抗震救灾工作】受四川省汶川特大地震灾害波及，我省陇南、甘南等市州法院受灾严重。灾区法院干警不怕困难，顽强奋战，尽最大努力把地震灾害造成的损失减少到最低程度。涌现出了一批抗震救灾先进集体和先进个人，其中文县法院碧口法庭书记员张雷雨被最高法院授予“抗震救灾英雄”称号，武都区法院、文县法院被授予“抗震救灾先进集体”称号。陇南部分法院在审判综合楼已成危房的情况下，搭建帐篷法庭审理案件 802 件，保证了审判、救灾工作两不误。全省法院干警为灾区累计捐款 100 多万元，其中省法院干警先后四次共捐款 32.9 万元，支持了灾区的恢复重建。

【自觉接受人大及其常委会的监督】全省法院始终坚持党的领导，重大部署、重点工作和重要问题及时向党委汇报，紧紧依靠党委解决法院工作中的难点问题。自觉接受人大的权力监督和政协的民主监督，共办理人大代表、政协委员建议、提案 280 件，邀请代表、委员旁听案件 42 次，省法院 3 次邀请在甘全国人大代表和省人大代表进行座谈，汇报工作、征求意见，不断加强和改进法院工作。

（杨　魏　黄祥忠）

司　法

【监狱劳教工作】监管场所持续安全稳定。监狱劳教单位牢固树立安全稳定首位意识，坚持把安全稳定作为第一政治责任，明确监管安全责任，落实防控、排查、应急处置和领导责任追究四项安全稳定长效机制，实行重大事件报告制度，开展“十项”检查活动，加强安全生产大检查和专项整治，与武警部队联合开展“共建共管共保安全”活动，绝大多数监狱劳教所实现了无罪犯脱逃、无狱所内重特大案件、无重大安全事故、无重大疫情的“四无”目标，安全稳定创历史最好水平。在“3.14”突发事件和“5.12”大地震中经受了考验，确保了监管场所的安全稳定。教育改造质量不断提高。认真贯彻监管工作的“首要标准”，把教育改造人放在第一位，推行罪犯劳教人员教育改造质量评估体系，创新教育改造方法手段，大部分监狱建立了服刑指导中心，加强心理咨询和矫治工作，加大罪犯思想教育、文化教育和职业技能培训力度，积极开展科学施教、情感施教、社会施教，既稳定了罪犯劳教人员的情绪，使其安心接受教育改造，又保证了监所的安全稳定。同时，以维护罪犯劳教人员合法权益为重点，规范减刑、假释和保外就医程序，建立罪犯劳教人员劳动报酬制度，促进了严格公正文明执法。2008年，罪犯劳教人员的认罪服法率达到98%，狱所内改好率达到95%以上，吸毒劳教人员所内戒断率达到100%。稳步推进监狱体制改革和监狱布局调整，监狱体制改革试点工作基本全面完成，初步实现了监企分开、规范运行。布局调整工作加快推进，完成了女子监狱、天水监狱扩建改造项目的竣工验收，定西、武威、病犯等监狱在建项目进展顺利。监狱劳教企业生产经营不断发展，基本实现监企分开、收支分开和规范运行，没有发生生产安全事故，既为罪犯劳教人员劳动改造和习艺提供了岗位，又为教育改造工作提供了一定经费支持。

【基层基础工作】全面推进司法所规范化建设。认真落实省委办发[2006]18号文件精神，加大协调落实力度，逐步理顺了司法所管理体制，管理体制基本理顺，95%的司法所初步实现了由县区司法局的直接管理，工作人员达到4100多人，有90个司法所被命名为“省级规范化司法所”，300个司法所被命名为“市级规范化司法所”，司法所组织机构、人员、业务工作、制度建设都逐步实现规范化。全力抓好第四批司法所国债项目建设，2008年建成司法所134个。争取资金为基层配发车辆90台、办公设备2560件，为1200名司法助理员配发了标志服，进一步改善了基层司法所办公条件落后的状况。同时自筹经费290万元，对55个县区司法局和省级规范化司法所进行了以奖代补，解决了基层司法行政机关的实际困难。人民调解工作成效显著。在全省组织开展了“我为和谐做贡献”人民调解主题实践活动和“人民调解百日会战”活动，集中时间开展矛盾纠纷排查调处，累计调处各类矛盾纠纷近7万件，调处数量比去年同期提高了20%，调解成功率达96%以上，有效维护了基层社会和谐稳定。人民调解工作机制不断创新，定西市的人民调解协议司法确认机制，张掖、金昌市的人民调解个案补助制度，庆阳市的乡镇干部全员调解矛盾纠纷制度等典型经验逐步推广，进一步发挥了人民调解在社会矛盾纠纷调解体系工作中的基础性作用。刑释解教人员帮教安置工作取得了新的成效。指导监狱劳教所举办服刑在教人员职业技能培训班107期，培训服刑在教人员9063名，使他们学得了一技之长，为回归社会创造了有利条件。庆阳、平凉、嘉峪关、张掖、定西等五个市，加大了帮教安置工作在社会治安综合治理考核中的权重，硬化了帮教安置工作措施。继续实行对有吸毒史的罪犯劳教人员由监狱劳教人民警察送回户籍地的制度，强化衔接阶段的工作，各地全年共衔接刑释解教人员7100多名，落实帮教措施的达到95%，有效预防和减少了重新违法犯罪，积极维护了社会稳定。

【普法依法治理】扎实开展“法律七进”活动。以党委党组中心组学法、政府常务会会前十分钟学法、举办法制讲座等形式，推进法律进机关、进单位活动；以开展青少年大型普法系列活动、创建“诚信守法企业”为载体，推进法律进学校、进企业活动；运用送法下乡、法制文艺演出等群众喜闻乐见的方式，推进法律进乡村、进社区活动，有效拓宽了法制宣传教育的覆盖面。积极创新法制宣传教育形式方法。高台县的法德进家、法律资料袋，肃南、玛曲县的马背普法宣传队，兰州等地法制长廊、法制公园以及网络普法、媒体说法、“12.4”集中宣传等普法形式不断丰富，进一步增强了普法工作的实效。加强普法依法治理工作制度建设，省上制定了《甘肃省普法依法治理工作考评体系》，庆阳、酒泉等10个市州相继出台考评办法，为深化普法工作提供了制度保障。“五五”普法中期督导检查顺利完成，有力推动了普法依法治理工作进程。省、市、县三级都严格标准、严格程序，自下而上开展了督查活动，表彰了一批先进典型，有力促进了普法工作任务的落实，受到了全国普法办的充分肯定。突出领导干部的学法用法，省厅与省委组织部、省委宣传部组织1700多名地厅级领导干部参加了统一法律知识考试，在省委党校建立了甘肃省领导干部法制教育基地。

【法律服务工作】法律服务领域不断拓展。深入开展“法律服务和法律援助工作为构建社会主义和谐社会服务”主题实践活动和律师公证法律服务进社区活动，不断拓宽服务领域，引导律师、公证、基层法律服务人员围绕服务民生、新农村建设、抗震救灾、国企改革、知识产权保护、环境污染治理、对外贸易、非公经济发展开展法律服务工作，全省律师共办理各类诉讼案件1.63万件、非诉讼法律服务2.34万件，公证机构办理各类公证事务4.2万多件，为人民群众提供了及时有效的法律服务。法律服务能力有了新的提高。推行律师公证质量评估体系，全省有39名律师担任各级人大代表和政协委员，有5名律师担任省政府应急专家小组成员，担任各级政府法律顾问的律师事务所有126家，比去年增长了10%，为党委政府依法决策、依法行政提供了法律咨询服务。律师参与处理涉法涉诉信访案件成为经常性工作，省上领导参加的重大信访接待和省、市有关部门组织的信访听证会都有律师参加，并提供法律意见和建议，全年参与涉法涉诉信访接待2000多人次，发挥了律师维护稳定的优势和作用。法律援助工作有了新的发展。省政府批转了《甘肃省法律援助事项补充范围和公民经济困难标准的意见》，进一步扩大了法律援助的受援范围，规范了法律援助的程序和标准。组织开展了“法律援助专项行动”，扩大了法律援助覆盖面，全年办理案件6641件，受援人数达到9125人，接待咨询4.4万人次。司法鉴定工作不断发展。组织开展了主题为“促发展、讲规范、促服务、强管理”的推动司法鉴定大发展活动，新核准司法鉴定机构4家，新增司法鉴定人107名，截至2008年底，共有司法鉴定机构29家，司法鉴定人502人，全年办理鉴定案件4200多件，同比上升30%。司法考试工作进一步规范，报名人数和通过人数均达到历年新高。2008年参加考试5012人、成绩合格的1351人、符合授予法律职业资格人数1202人，合格率为25.1%，较2007年增长了1.2个百分点。

【应对突发性事件】“3.14”事件发生后，厅党委在第一时间就对监狱劳教单位的维稳工作作出了部署，全系统迅速启动了应急预案，厅党委领导同志靠前指挥，及时化解合作监狱出现的不稳定苗头，确保了监所安全稳定。编发印制了藏汉双语的《维护稳定法律知识问答》等宣传资料3万多册，免费发放到藏区，有力配合了藏区开展法制宣传教育进寺庙活动。对甘南藏区发生的严重暴力犯罪案件的审理，指定律师依法进行了辩护。为维护藏区稳定做出了积极贡献。扎实开展抗震救灾和灾后重建工作。“5.12”特大地震发生后，省厅迅速成立了领导小组，全系统快速反应、周密部署，灾区各单位广大干警始终坚守在抗震救灾第一线，全力维护灾区社会秩序，积极疏导化解矛盾纠纷，确保了各项工作的有力有序有效开展。灾区监狱劳教单位没有发生一起监管安全事故，没有一名干警、职工和罪犯劳教人员受重伤，受到了司法部的表彰和省委、省政府领导的充分肯定。积极组织协调，大力开展了抗震救灾和灾区重建，全系统先后三次捐款320多万元，对口支援帮扶资金200多万元。

【队伍建设工作】狠抓队伍的思想政治建设。开展了学习党的十七大精神和胡锦涛总书记的重要讲话“大学习、大讨论”、深化社会主义法治理念教育、“继续解放思想，推动科学发展”等一系列活动。特别是2008年9月份以来，组织开展了深入学习实践科学发展观活动，完成了学习调研和分析检查两个阶段、六个环节的工作任务，取得了一定的成效，各级领导班子和司法行政队伍的思想政治素质和理论素养进一步提高，对科学发展观的理解进一步深化，司法行政工作科学发展的思路和举措进一步丰富完善，为开创全省司法行政工作新局面奠定了坚实的思想基础。狠抓各级领导班子建设。严格执行《党政领导干部选拔任用工作条例》，修订完善了《关于选拔任用处级非领导职务干部的实施意见》和《关于公开选拔厅管副处级后备干部的实施意见》等制度。加强厅管领导班子的考核和日常管理，先后三次集中开展了全面的考核工作。严格选人用人的程序和标准，调整充实了厅管后备干部人才库和部分监狱、劳教所领导班子。狠抓干部教育培训工作。开展了“岗位大练兵”和“大学习、大讨论”活动，重点加强县处级以上领导干部的培训和新招录干警的培训，同时，还对司法鉴定机构管理人员、律师、公证员和监狱劳教人民警察警衔晋升进行了培训，全年累计举办省级各类培训班75期次，培训干警5049人次，其中处级干部600多人次。狠抓党风廉政建设。召开全系统党风廉政建设会议，认真落实党风廉政建设责任制，强化反腐倡廉教育和制度建设，加强了警务督察工作，促进了工作落实，年内没有发生重大违法违纪案件，党风廉政建设取得了明显进步。全面推进行政执法责任制和政务公开，促进了依法行政。开展学先创优活动。在年初组织王长利、李成安等全省司法行政系统先进模范，到兰州、白银、临夏、甘南、武威等5个市州开展巡回演讲，先后共有2000多人听讲。积极开展部级现代化文明监狱、文明劳教所创建活动和省级文明机关、文明窗口创建活动，涌现出了一批先进集体和个人，有21个集体、25名个人受到省部级表彰奖励，省司法厅被司法部命名为“全国抗震救灾先进集体”。加强律师行业党的建设工作。认真贯彻中组部、司法部党组关于加强律师行业党建工作的要求、全国律师行业党的建设工作会议和第七次全国律师代表大会精神，大抓了律师行业党的建设，党组织的覆盖面达到71%，党的组织优势和政治优势在律师行业得到进一步发挥。

地方武装

武警甘肃省总队

【工作概述】2008年，武警甘肃省总队深入贯彻落实科学发展观，坚持一手抓党委，一手抓基层，关键抓干部，重点抓风气的要求，科学谋划指导，积极改革创新，狠抓各项工作落实，思想政治建设不断加强，基层建设整体推进，后勤保障能力明显增强，经常性执勤和藏区维稳、抗震救灾、奥运安保等重大任务完成圆满，部队全面建设呈现稳步推进、科学发展的良好局面。

【思想政治建设】坚持把学习贯彻十七大精神作为首要政治任务，采取党委中心组学习、课题研究、网上集训、宣讲辅导等形式，保持大事大抓的强劲势头。认真抓好中国特色社会主义理论武装，组织开展"坚定理想信念、忠实履行使命，永远做党和人民忠诚卫士"主题教育、"我为奥运做贡献，我为祖国添光彩"和纪念党的十一届三中全会30周年活动，官兵高举旗帜、听党指挥、履行使命的思想政治基础进一步牢固。深入贯彻武警部队经常性思想教育座谈会精神，全面落实经常性思想工作《实施意见》，开展法律服务到基层、心理教育咨询、"三互"、"双四一"和谈心活动，确保官兵思想稳定。突出抓好任务中政治工作，坚持用党中央、国务院、中央军委和胡主席的决策指示统一官兵思想，为圆满完成任务提供坚强的政治、思想和组织保证，涌现出"全国抗震救灾英雄集体"三支队五中队、"全国抗震救灾英雄模范"王青松等一大批忠诚使命、献身使命、不辱使命的先进典型。

【战备执勤训练】始终把履行职责使命放在高于一切的位置，认真贯彻"十六字"执勤工作思路，举办作战值班网上集训，开展正规化执勤等级评定活动，排查治理执勤隐患，确保固定执勤目标绝对安全。高效稳妥地处置各类群体性突发事件，担负重大安全保卫、押解、押运任务，积极参加抢险救灾，有力地维护了社会稳定。扎实推进信息化建设，完成二级网扩容、三级网监控系统升级，综合通信网初具规模。认真贯彻落实武警部队新一代《军事训练与考核大纲》，加强军事训练和针对性演练，举办两级机关《司令部条例》、《司令部建设纲要》网上培训和各类专项业务集训，部队遂行任务能力有新的提高。

【正规化建设】认真贯彻武警部队反恐维稳暨安全工作会议精神，着眼实现"六个确保"，突出防范"八个方面"重大安全问题，狠抓从严治警和重大任务中的安全工作，确保了部队内部安全稳定。开展"条令学习月"、"百日安全无事故"竞赛和安全工作教育整顿，抓好《安全条例》学习贯彻，官兵的条令意识、服从意识和安全意识进一步强化。深化"五个重点问题"治理，开展打击假冒军车号牌专项斗争，抓好动态条件下安全管理，增强安全工作的针对性有效性。进行安全隐患大排查，治理各类安全隐患，打牢了部队安全稳定的基础。稳步推进正规化建设，甘肃省委、省政府2次召开推进总队正规化建设会议，安排部署任务，协调解决困难。高标准抓好正规化建设试点工作，推广试点成果，正规化建设向更高层次发展。

【基层建设】集中精力抓基层打基础，狠抓《纲要》和《三十条》落实，深入贯彻武警部队基层党支部建设座谈会精神，通过认真选拔、搞好培训、加强锻炼、从严管理等措施，支部书记队伍素质有新的提高。开展学《纲要》、用《纲要》活动，集中对基层大、中队政治主官、支队机关政工干部进行网上集训，指导各单位抓好其他基层干部培训，提高按纲抓建的能力。开展党支部、团支部和武警委员会"联创联建"活动，基层组织建设不断加强。加强基层民主建设，抓好密切内部关系经常性教育，开展"中队是我家、建设靠大家"活动，规范"双争"评比活动，官兵民主意识和主人翁意识普遍增强。注重培养和树立先进典型，发挥典型的示范引路作用，营造争先创优的浓厚氛围。三支队党委和一支队四中队党支部被武警部队表彰为先进党组织。陇南支队文县中队指导员戚涌泉被中宣部确定为重大宣传典型，25家中央级媒体对他的先进事迹集中进行了报道。

【后勤保障】坚持把保障部队遂行重大任务作为重中之重，加强应急保障力量建设，修订完善保障预案，灵活实施保障行动，为一线部队增拨经费，补充物资，千方百计解决好部队吃、住、行、医等实际困难。始终把保障重心放在基层，在财力、物力的投向上始终向基层倾斜，巩固发展"四配套"建设成果，完全配套率达到90%。加强后勤规范化管理，严格落实"四类经费"管理规定，推广运用财务信息化管理系统，有效防范经济风险。积极探索新的管理方法，抓好生产生活和公用设施管理，物资使用效益明显，后勤综合保障能力有新的提高。

【党委班子建设】按照十七大对党

的建设新要求，认真落实“两个武装”，组织两级党委机关集中开展“讲党性、重品行、作表率”学习教育，有效解决存在问题，领导科学发展、履行职责使命的素质本领进一步提高。精心组织总队党委机关学习实践科学发展观活动，开展集中学习、专题调研、解放思想大讨论，召开专题民主生活会，学习实践活动按计划有力有序有效推进。以胡主席倡导的理想信念、根本宗旨、民主集中制和廉洁从政教育为主要内容，狠抓党课教育，强化党员干部的党性观念。深入贯彻武警部队党委书记座谈会精神，重视民主集中制经常性建设，开展专题检查调研，及时发现解决问题，各级党委班子贯彻民主集中制的质量进一步提高。加强党风廉政建设，开展党纪条规学习和警示教育，严格执行领导干部重大事项报告、述学述职述廉、经济责任审计等规定，在选人用人、工程招标和大宗物资采购上，坚持按原则办事，树立了党委班子和领导干部的良好形象。

【正规化建设会议】1 月 14 日，省委、省政府在武警总队召开推进武警部队正规化建设电视会议。会议由副省长泽巴足主持，武警部队副参谋长牛志忠，甘肃省委常委、省委政法委书记罗笑虎出席会议并作重要讲话；庆阳市政府、省储备物资管理局和平凉支队领导分别介绍了抓部队正规化建设的经验做法。省直有关领导，武警总队部门以上领导，14 个市（州）领导、发改委、公安局、财政局主要负责同志，目标单位领导参加了会议。

【抗震救灾】5 月 12 日 14 时 28 分，四川汶川发生 8.0 级特大地震。受其波及破坏，甘肃陇南等 10 个市州的 70 个县（市、区）受灾，人民群众生命财产遭受重大损失。灾情发生后，武警甘肃总队迅速调集兵力，以最快的速度赶赴甘肃省陇南市和四川省青川县重灾区，担负抗震救灾和灾后重建任务。抗震救灾部队先后从废墟中搜救幸存者 10 人，转移疏散群众 15590 人，救治伤病员 1903 人，拆除危房 1223 间，搭建帐篷 1600 顶，抢修道路 147 公里，清理废墟 12548 立方米，搬运救灾物资 4040 吨，挖掘黄金 10 公斤、现金 139.4 万元、粮食 260 余吨、送水 1850 吨。先后受到胡锦涛总书记、温家宝总理、中央政法委周永康书记、中央军委徐才厚副主席等领导的亲切接见和充分肯定，赢得了灾区人民群众的高度赞誉。

【奥运安保】7 月 5 日至 7 日，第 29 届奥运火炬在甘肃敦煌、嘉峪关和兰州传递，武警甘肃总队出动兵力，担负奥运火炬传递安保任务，圆满完成了奥运火炬安保预演、奥运圣火传递路线、活动现场、火种存放点、运行团队住地警卫和火炬手护跑、包机监护、核心车辆驾驶、机动备勤等任务，总队选拔 12 名火炬手参加火炬传递，实现“三个确保、一个展示”的目标，受到了北京奥组委和甘肃省委、省政府领导的充分肯定。

【正规化建设观摩讲评会议】7 月 15 日，省委、省政府在武警总队召开武警部队正规化建设观摩讲评电视会议。武警总部后勤部副部长许世宽，甘肃省委常委、省委政法委书记罗笑虎，副省长泽巴足，省长助理、省公安厅厅长何挺，武警总队部门以上领导以及省发改委、财政厅、储备物资管理局、监狱管理局、广电局、电力公司、兰州铁路局及所属目标单位的有关领导在主会场参加会议。兰州、平凉、武威等 14 个市（州）有关领导在分会场参加会议。武警总队政委傅永照主持会议，武警总部后勤部副部长许世宽、副省长泽巴足、武警总队总队长左宗国分别作重要讲话。会上，观看了武警总队正规化建设录像片，刘家峡水电厂和永靖县领导分别介绍了支持部队正规化建设的经验做法。

【抗洪抢险】8 月 20 日，甘南州夏河县发生特大洪涝灾害，山洪引发大面积山体滑坡和泥石流，交通和电力中断、部分商铺淹没、房屋倒塌，数人失踪。武警甘肃总队第三支队、甘南支队官兵视灾情如命令，第一时间出动兵力投入抢险救灾，官兵连续奋战 52 个小时，解救被困群众 85 人，转移群众 380 人，抢运物资 24 吨，加固河道 8 处，清理淤泥 6500 立方、疏通道路 31 公里，挽回经济损失 2000 余万元。

【“扶贫助困”捐助活动】9 月 10 日，武警甘肃总队驻甘南藏区部队在合作市举行“扶贫助困”捐助仪式。总队先后投资资金 450 万元，为 285 户特困农牧民购买太阳能光伏电源 100 套，奶油分离机 100 台，电视机 85 台，修建 2 座“连心桥”，修补 28 公里“爱民路”，解决 356 名僧人饮水问题，为 6 所藏族中小学赠送电脑 80 台、双层床 200 付、课桌椅 500 套，资助贫困学生 622 名。

【“送温暖、献爱心”活动】“5•12”地震发生后，武警甘肃总队积极响应党中央、中央军委和胡主席的号召，广泛开展向灾区人民“送温暖、献爱心”活动，先后向灾区群众赠送 5 万元的药品，12 万元的食品，建造 2 所帐篷学校，捐款 143.6 万元，捐赠衣物 10086 件，交纳“特殊党费”202.4 万元。投资 200 万元，在陇南市康县吴家坝村援建一所武警爱民小学。

【全国抗震救灾英雄集体——武警甘肃省总队第三支队五中队】10 月 7 日，中共中央、国务院、中央军委决定，授予武警甘肃省总队第三支队五中队“全国抗震救灾英雄集体”荣誉称号。武警甘肃省总队第三支队五中队（甘肃省地震灾害紧急救援队），主要担负处突反恐和地震灾害紧急救援任务。中队连续 6 年被总队树立为“基层建设标兵（先进）中队”，党支部 6 次被总队表彰为“先进党支部”，先后有 19 人荣立个人三等功。2008 年，中队先后出色完成了藏区维稳、抗震救灾等急难险重任务。在执行抗震救灾中，中队先后转战四川青川、甘肃陇南文县等 2 省、2 县、3 个乡镇、32 个村庄，拆除危房、排除险情227处，在四川青川县姚渡信用社废墟中挖出现金 135.53 万元、黄金 10 公斤、33 吨粮食及价值 20 余万元的贵重物品，搭建帐篷 513 顶，搬运救灾物资 355 吨，清理废墟 2500 立方米、易燃易爆品 41 件，抢收小麦 20 亩，转移安置受灾群众 3500 余人，派出警戒巡逻兵力 335 人（次），为维护灾区秩序、保护人民生命财产、灾区重建做出了积极贡献。5 月，中队被武警部队表彰为“抗震救灾先进单位”，荣立集体一等功。中队长张小平被评为“感动甘肃十大陇人骄子”，入围第十二届中国武警“十大忠诚卫士”30 名候选人。

【全国抗震救灾模范——王青松】10 月 7 日，中共中央、国务院、中央军委决定，授予武警甘肃总队陇南市支队一中队中队长王青松“全国抗震救灾模范”荣誉称号。。在执行抗震救灾任务中，他服从命令、大胆管理、果断决策、正确指挥、英勇顽强，模范带头，忘我工作，始终奋战在抢险救灾第一线，哪里最危险他就出现在哪里，哪里任务最重他就战斗在哪里，带领分队出色地完成抢修山路、拆除危房、清理废墟、转运物资、抢收夏粮和灾后重建等各项抗震救灾任务。6 月 1 日，在甘肃陇南受灾最重的马街镇姜家山村执行抗震救灾任务中，受到中共中央总书记、国家主席、中央军委主席胡锦涛的亲切接见。10 月 8 日，参加中共中央、国务院、中央军委召开的全国抗震救灾总结表彰大会时，再次受到党和国家领导人的亲切接见。

【抗震救灾优秀共产党员——戚涌泉】6 月 30 日，中共中央组织部决定，授予武警甘肃省总队陇南市支队文县中队政治指导员戚涌泉 “抗震救灾优秀共产党员”荣誉称号。。5 月 12 日，受四川汶川地震影响，陇南市文县成为甘肃省受灾最严重的地区，造成重大人员伤亡和财产损失。戚涌泉同志果断处置，组织官兵成功避险，并迅速成立 3 路抗震救灾突击队，在第一时间带领中队 20 名官兵，奔赴文县城关镇元茨头村、大渡坝村和中庙乡中坪村等重灾区，展开救援行动，从废墟中搜救被埋群众 12 人，转移伤员 23 人，疏散群众 400 余人，拆除危房 128 间，搭建帐篷 68 顶，清理废墟 30 余处，抢修道路 6.7 公里，抢挖粮食 2000 多公斤，挖出现金 2 万余元。他还带领官兵担负 22 架次救灾物资空投地的外围武装警戒任务，帮助民政部门搬运和分发物资 35 吨，出色完成了任务。

【抗震救灾优秀团干部——李格松】7 月 14 日，共青团中央决定，授予武警甘肃省总队第三支队政治处副主任、团委副书记李格松“抗震救灾优秀团干部”荣誉称号。 5•12”地震发生后，他奉命从藏区维稳一线带领救援队赶赴四川青川县执行抗震救灾任务，冒着滑坡、滚石、塌方、陷落的危险，连续行军 28 小时，途经 30 余处险地，行程 1200 公里，是从北线进入地震灾区的第一支紧急救援队。执行任务中，他带领团员青年先后在四川青川县、甘肃省文县 5 个乡镇、36 个村排除险情 262 处，搭建帐篷 513 顶，协助当地政府安置灾民 3500 余人，搬运救灾物资 355 吨，清理建废墟垃圾 2500 余立方，抢收小麦 26 亩，协助信用社抢出现金 135 万元，黄金 10 公斤，帮助群众从危房中抢出现金 15300 元、粮食 33 吨，彩电、冰箱等价值 50 余万元贵重物品，为维护灾区人民生命财产安全做出了突出的贡献。8 月，被甘肃省委、省政府表彰为“抗震救灾先进个人”，荣立三等功。

【全国三八红旗手——王霞】6 月 16 日，全国妇联决定，授予在抗震救灾战斗中做出突出贡献的武警甘肃省总队医院医务处助理员王霞“全国三八红旗手”荣誉称号。 “5•12”特大地震发生后，王霞同志主动请缨，要求随同医疗救援队到一线参加抗震救灾工作，被任命为总队医疗救援队副队长。5 月 13 日，她和队长带领医疗救援队，在通信、道路中断的情况下，冒着余震、泥石流、滚石等危险，边疏通道路边开进，连续奋战 29 个小时，行程 700 多公里，以最快的速度到达受灾最为严重的陇南文县，成为震后第一支到达文县的医疗救援队。到达灾区后，她立即带领医疗分队赶赴受灾严重的碧口镇，开展卫生防疫工作，争分夺秒抢救伤员，挨家挨户送医送药。在文县救援的 7 个日日夜夜里，她和医疗队的同志，先后救治伤病员 513 人，开展大手术 3 例，清创术 55 例，抢救危重伤病员 43 例，协助县医院接诊 1792 人次，开展心理疏导 167 人次，为夺取抗震救灾全面胜利做出了积极贡献。

（侯忠山　杨定武）

农业经济

农　业

【综　述】2008 年，全省各级认真贯彻中央和省委 1 号文件精神，主动应对冰冻和地震等自然灾害，突出加强农业基础建设，加快推广关键农业技术，大力发展特色优势产业，农村经济整体运行平稳。粮食生产创历史新高，全省粮食总产量 888.5 万吨，实现连续五年增产；油料实现恢复性增长，总产 51.8 万吨，比上年增 5.4 万吨。养殖业生产保持增长势头，全年肉、蛋、奶总产量分别达到 98 万吨、17 万吨和 37 万吨，同比增长 6.0%、6.3%和 5.1%；水产品产量达到 1.17 万吨，同比增长 2.4%。农机化事业稳定发展，全省农机总动力达到 1686 万千瓦，增长 6.9%。农民收入大幅增长，全省农民人均纯收入达到 2723.8 元，增长 16.95%。

【强农惠农政策】安排粮食直补 2.55 亿元，农资综合直补 12.9 亿元。新增水稻良种补贴资金 114 万元，落实小麦良种补贴资金 8000 万元，补贴面积 800 万亩。马铃薯良种补贴试点资金 500 万元，补贴面积达到 3.3 万亩。农机购置补贴资金 1.1 亿元，投入规模、补贴机具投放数量和受惠农民均超过前四年总和。继续实施生猪和奶牛良种补贴、能繁母猪补贴、能繁母猪和奶牛保险补贴，扩大补贴规模，提高补贴标准；实施了蛋鸡规模养殖以奖代补扶持。全年扶持生猪、奶牛、蛋鸡等政策性补贴和项目资金 1.52 亿元。

【促农增收“六大行动”】围绕落实由我厅牵头的特色优势产业增产增收计划、规模化养殖计划等 6 项工作，分别成立了 6 个联席会议工作机构，分产业、分年度、分地区制订了特色优势产业增产增收计划、提高特色优势农产品质量安全水平、规模化养殖计划、龙头企业培育计划、发展合作经济组织、农村劳动力转移培训阳光工程 6 个促进农民增收的实施方案，采取切实措施促农增收。

【新农村建设试点】帮助试点村衔接争取项目资金 87.7 万元，社会帮扶资金物资 116 万元。2008 年 50 个试点村农民人均纯收入 4458 元，人增收 840 元以上。各村普遍形成了 1-3 个特色支柱产业。发展合作经济组织 73 个，整修硬化村道 783.91 公里，建设水利设施 503.3 公里，铺设人饮工程 607.7 公里，新建住宅 134.36 万平方米，村容村貌有了明显变化，村级民主管理得到加强，基本达到了“平安乡村”建设标准。

【农业基础建设】建成农村沼气 15 万户，农村沼气用户累计达到 45 万户。完成了 50 个村的乡村清洁工程试点，实施规模是上年的 3.3 倍。建成标准化养殖小区 520 个，全省养殖小区总数达到 2050 个。继续实施退牧还草工程，加强草原生态建设与保护，扩大人工种草面积。开通了“12316 三农”服务热线，较好地解答了农民关于政策法规、种养技术、市场信息等方面的诸多问题，拓展了政府了解农民诉求的新渠道。组织申报了 11 大类 80 多个项目，落实投资 8.1 亿元，为历年之最。

【全膜双垄沟播技术推广】省上筹措专项资金 5000 万元，集中统一采购地膜 3000 吨，起垄机 2450 台。市县筹集和整合其他项目资金 6500.8 万元，采购地膜 5413.8 吨，化肥 31060 吨，种子 75.49 万公斤。切实加强组织领导，靠实目标责任，增加资金投入，落实种植地块，强化宣传培训，开展巡回督导，技术推广取得了重大进展。全省共完成全膜双垄沟播技术推广面积 289.5 万亩，增产粮食 8.7 亿斤。

【农业产业化经营】全省各类农业产业化组织发展到 3100 个，其中龙头企业 1618 个。龙头企业销售收入 244.3 亿元、净利润 20.8 亿元、上缴税金 6.2 亿元。省级农业产业化重点龙头企业 206 个。各类产业化组织带动农户 185 万户，占全省农户总数的 39.9%，参与农业产业化经营的农户户均增收 1941 元。全年特色优势作物面积达到 2500 万亩，同比增加 60 万亩。

【农民专业合作社发展】重点扶持了 200 个农民专业合作组织的规范化建设，确定了 41 个合作社示范项目，推进了合作社财务制度建设。全省发展各类农民专业合作组织 4758 个，其中依法登记的合作社 1296 个，带动农户 119 万户，年统一购销农产品和生产资料总值达 37.9 亿元，入会农户平均增收 20%以上。

【农产品质量安全】加快推进农产品认证，加强农业投入品监管，开展了重要农时农资打假护农专项治理行动和“放心农资下乡进村”宣传周活动，检查农资经营门点 2 万多家，整顿农资市场 2203 个（次），查处案件 557 起，挽回直接经济损失 1400 多万元。集中开展了奶制品三聚氰胺检测、生鲜奶质量监管和奶站专项整治。组织开展了饲料质量安全专项整治行动，加强动物卫生监督工作。开展农产品例行监测 4 次，全省农产品质量安全水平保持在 97%以上。强化农产品品牌培育，启动了农产品地理标志登记工作。

【农业科技推广应用】全省推广农作物新品种 250 多个，累计示范推广 4500 多万亩；推广节水灌溉、抗旱增产、病虫害综合防治等高效增产技术 1100 多万亩。开展苹果套袋集成技术示范推广 12.5 万亩，完成灌区农田节水技术推广 58.2 万亩，实施科技入户工程，培育科技示范户 3000 户。落实测土配方施肥补贴资金 3820 万元，完成测土配方施肥面积 2100 万亩。大力推广农业机械化技术，完成农作物机播 1530 万亩、机耕 2412 万亩、机收 740 万亩、保护性耕作 70 万亩。

【农民培训输转】加强农村实用人才及农业专业人才培养，从农民科技培训、转移就业培训和创业培训三个层次上全力推进农民培训，完成农民科技培训和技能培训 72 万人次。落实农民培训补助经费 5035 万元，新型农民科技培训工程项目的实施范围扩大到 21 个县（区），培训示范村增加到 1050 个。推行“请进来、走出去”、“以工代训”、订单培训、定向输转、校企联合、培训单位与用人单位对接等多种培训输转方式，创业培训得到了农业部的肯定，在全国 11 个省（区）推广。

【农业应急管理】针对严重冰雪冻害和特大地震灾害，各级农业部门紧急行动，启动了应急预案，下达救灾资金 3700 万元，支持灾区恢复了生产。组织 300 名农业科技人员，开展了抗灾减灾和春耕生产科技行动。派出专家组分赴灾区调查核实灾情，评估灾害损失，指导恢复生产。成立动物防疫专业工作队，开展消毒灭源工作。组建农机作业服务队，开展抢收抢种。编制了灾后建设规划，推进了恢复重建。

【动植物疫病防控】组织开展了动物疫病集中防控行动，强化基础免疫，完善补免制度，定期开展免疫效果检测与评价。加强小麦条锈病防治，及时下拨了 200 吨防治农药、下达了 510 万元小麦条锈病防治补助资金，较好地控制了小麦条锈病的发生流行。加强苹果蠹蛾防控，组织开展了“百日防控行动”，下达了 450 万元的防控农药，苹果蠹蛾虫口密度大幅下降，危害程度明显减轻。

（王 勤）

水 利

【综述】2008 年全年完成各类水利建设投资 30.26 亿元，其中水利基本建设项目 25.82 亿元（包括农村水电项目 3.65 亿元），小型水利水保项目 4.44 亿元。全省水利工程供水能力累计达到 141.34 亿 m3，当年向全社会供水 122.07 亿 m3，解决了 128.33 万人饮水安全问题，净增灌溉面积 14.48 千公顷，发展节水灌溉面积 35.88 千公顷，完成集雨补灌面积 8.06 千公顷，治理水土流失面积 0.21 万平方公里，新修梯田 42.93 千公顷，建成堤防 115.74 公里，新增中小水电装机 26.7 万千瓦，其中小水电装机 21.6 万千瓦。蓬勃发展的水利建设为全面建设小康社会的宏伟目标做出新的贡献。

【农村饮水安全项目成效显著】“解决 100 万农村人口的饮水安全问题”是 2008 年省委、省政府确定的 14 件实事之首。全省各级水利部门高度重视，周密部署，作为重点任务全力落实，解决了全省 128.33 万人的饮水安全问题，超计划完成建设任务。农村饮水安全工程建设亮点纷呈，涌现出了定西、平凉、临夏三市州“高起点规划、高标准设计、高质量建设、高效能管理”的区域典型，环县、会宁、靖远为代表的解决干旱山区饮水极度困难典型以及和政、华亭、临洮、肃州四个整县推进典型，抓 点带面，分类推进。切实加强饮水安全工程建设管理，将庄浪、榆中、和政三县作为全省饮水安全工程建设管理改革试点，积极探索饮水安全工程投资管理、项目前期管理、建设管理、运行管理的新经验和新做法，在全省推广，取得了良好的效果。

【石羊河等重点流域治理加快推进】以落实《石羊河流域重点治理规划》为核心，以水权制度改革为突破口，强化水资源配置和计量管理，狠抓重点治理项目建设，严格落实关井和压减配水面积等措施，全面推进节水型社会建设，石羊河流域重点治理工作呈现 出良好开局。已改建干支渠 133 公里，完成田间节水 30 万亩，关闭机井 1933 眼，安装地下水智能控制计量设施 1.2 万套，压减配水面积 33 万亩，建成日光温室 7 万多亩。2008 年，通过水量统一调度向民勤下泄水量 7708 万 m3，景电二期向民勤输水 6117 万 m3，蔡旗断面总过水量达到 1.5 亿 m3。2008 年武威市水权配置总量 19.9 亿 m3，比水权制度改革前的 2006 年实际用水量减少 3.4 亿 m3；武威辖区农业灌溉用水量 16.5 亿 m3，较 2007 年同期减少 2.3 亿 m3，同比减少 12%。通过三年治理，累计减少总用水量 5.9 亿 m3，其中减少地下水开采量 3.4 亿 m3。

黑河下游生态修复成效不断扩大。2008 年张掖市共组织向下游实施了 4 次“全线闭口、集中下泄”等措施，累计调水 123 天，正义峡下泄水量累计达 11.8 亿 m3，下泄比例创历史新高。黑河调水 9 年来，正义峡累计下泄水量 88.09 亿 m3，东居延海累计进水 3.73 亿 m3，形成最大水面面积 40.5 平方公里，实现了自 2004 年 8 月以来持续不干涸。黑河下游周边生态环境已恢复到上世纪 80 年代的水平。

积极推进敦煌党河流域生态保护。认真落实温家宝总理重要指示精神和省政府批复的近期工作实施方案，先期开展了节水工作，实施党河灌区续建配套与节水改造，发展滴灌面积 4.2 万亩，启动了关井和压田等措施，已关闭各类机井 167 眼，压减耕地 2.5 万亩。

【引洮等重点工程建设进展顺利】

引洮主体工程已累计完成隧洞掘进及一次支护 37.72 公里，其中主洞掘进及一次支护 32.96 公里，占总干渠隧洞总长的 34.2%。引大入秦工程供水结构优化调整方案已报水利部，水规总院正在复审，尖山庙调蓄水库建成并正式蓄水运营。疏勒河农业综合开发项目收尾工作进展顺利，昌马水库通过水利部组织的竣工验收，流域信息化系统工程开通运行。东乡南阳渠灌溉工程已完成田间配套面积 9.81 万亩，追加投资 3182 万元已落实到位，牙塘水库正式移交临夏州管理。病险水库除险加固进度加快，及时与市州水利部门签订了病险水库除险加固责任书，明确了任务，落实了责任；严把病险水库除险加固安全鉴定核查、初步设计审批关，认真落实项目法人责任制、招标投标制、建设监理制和竣工验收制，确保工 程质量和安全。列入全国规划的 131 座病险水库已全部批复初步设计，已安排投资 107 座，有 73 座水库完成除险加固任务，24 座正在建设，10 座准备开工。

【节水型社会建设深入推进】一是继续巩固和扩大张掖试点成果。张掖市大力推进用水结构调整优化，全面推行总量控制和定额管理，强化农业节水，全市累计建成常规节水灌溉 230 万亩，高新节水 66 万亩，农业用水由 88%降低到 81%；在 101 个企业、校园和社区开展了节水型社会创建活动。二是继续推进全省试点工作。加大了对 43 个省级节水型社会建设试点工作的指导和投入力度，各试点县（区）普遍完成了制度建设和初始水权分配工作，因地制宜地开展了水价改革、计量设施安装、示范区建设、用水者协会组建等工作。三是敦煌、武威两市新一批全国节水型社会建设试点全面展开。敦煌市认真落实试点方案确定的年度建设任务，重点开展了地下水监测、取水计量和削减农业用水等工作。武威市制定了节水型社会建设试点工作大纲，围绕石羊河流域重点治理，大力开展农业节水和节水型社会建设宣传动员工作。四是节水型社会建设成效明显。金昌、嘉峪关、白银市节水力度进一步加大。全省节水灌溉普及率达到 62%，年节约水量 1.1 亿立方米，农业用水实现了负增长。万元 GDP 用水量为 460 立方米，比上年下降 15%。

【抗旱防汛工作取得新成效】2008 年，庆阳、平凉、天水、白银等地和河西地区先后出现春末夏初干旱和夏伏干旱。汛期，一些地方出现局地暴雨。据统计，干旱高峰期全省农作物受旱面积 1245 千公顷，有 73 万人出现程度不同的饮水困难。汛期全省共 发生 72 次局地暴洪灾害，59 个县 363 个乡镇受灾，水毁堤防 44 公里、灌溉设施 439 处。

各级水利部门以确保饮水安全、防洪安全和水利工程运行安全为重点，全面落实各项抗旱防汛减灾措施。完成春灌 340 千公顷，夏灌 981 千公顷，秋灌 533 千公顷，冬灌 907 千公顷。逐级落实防汛责任制，向社会公布了防洪责任人，明确了防洪安全职责，加强了责任监督，认真组织开展汛前大检查。重新编制审批了水库防汛调度计划和度汛方案，加强了水库防洪调度管理。积极向水利部汇报争取中央特大抗旱防汛补助资金 7000 万元，落实省级专项资金 1153 万元。启动了全省抗旱应急预案编制工作。基本完成兰州等五座重点防洪城市和刘家峡等 7 座大型水库防洪应急预案编制，完成全省 82 个县级预案、520 个乡镇级预案和 144 个村级山洪灾害防御预案编制。

【农村水利基础建设不断加强】一是灌区配套与节水改造加快实施。完成景电一期等 8 处大型、 3 处中型、29 处 1～5 万亩小型灌区节水改造项目，实施了 8 个农牧区节水灌溉示范项目，共改建衬砌干支渠道 530 公里，建筑物 2590 多座。在全省 40 个 县（区）实施“民办公助”小型水利项目，新建水源 54 处，新增和恢复灌溉面积 17 万亩。二是水土保持生态建设取得新进展。黄土高原水土保持淤地坝、庆阳蒲河二期、天水藉河二期、“长治”工程、英国赠款小流域治理管理项目、刘家峡库区水土保持综合治理一期工程建设加快推进，全省共完成水土流失治理面积 2074.7 平方公里，建成各类淤地坝 176 座，各类小型水土保持拦蓄工程 2339 处。天水、平凉、庆阳等市梯田建设力度大。三是农村水电建设继续保持良好发展势头。全省有 56 座小水电站投产发电，装机容量 21.6 万千瓦。小水电站累计达到 674 座，装机容量 127.6 万千瓦，实现年发电量 46.73 亿千瓦时。新开工建设小水电站 23 座，装机容量 31.78 万千瓦。舟曲、迭部等 22 个“十一五”水电农村电气化县建设稳步推进。东乡县小庄等 3 个小水电代燃料项目建设进展顺利。

【水利管理和改革取得新进展】水管体制改革工作基本完成，全省 359 个水管单位改革方案经 当地政府批准实施，其中 352 个水管单位完成了改革验收，占总数的 98%，省级验收工作也已全部完成。已落实公益性人员经费 18973.5 万元，占 94.1%；落实公益性工程维修养护经费 7284 万元，占 73.9%，临夏、白银、兰州等市已将“两费”纳入财政预算，庆阳、天水市“两费”到位率较高； 妥善安置分流人员 1047 人，占应分流人员的 95.9%，水管单位参加社会保险人员 1.2 万人，参保率达 85%。改革后的水管单位普遍实行了聘用制和竞争 上岗制，强化了内部管理，初步建立起了重实绩、重贡献、形式多样、自主灵活的考核制度和分配制度，水利工程管理水平和效益明显提高。

水资源管理工作进一步加强。对《甘肃省实施〈取水许可和水资源费征收管理条例〉细则》进行了修改完善，完成《甘肃省石羊河流域地下水资源管理办法》和《甘肃省讨赖河流域水资源管理条例》的初稿。对 20 多个新建、改建、扩建取水项目组织开 展了现场查勘和水资源论证，石羊河、黑河以及黄河流域内的工业项目用水普遍推行了水权转让。认真落实《甘肃省水功能区划》管理规定，核准公布了全省第一批重点水源地名录，开展了水源地保护工作。会同省环保局启动了入河排污口调查及纳污能力核定和限排方案制定工作，制定了重大水污染事件预警预案及应急管理制 度。中英合作水资源需求管理项目进展顺利。

【水利抗震救灾扎实有效】“5•12”特大地震造成陇南、甘南等地 28 座水库、93 座水电站、1835 处农村供水等工程不同程度震损。按照省委、省政府的统一部署，水利系统各单位各部门迅速反应、积极行动，全力以赴开展抗震救灾，及时排除了堰塞湖险情，解决了灾区群众饮水困难，有效地防范了次生灾害。全省累计维修震损供水工程 1316 处，修复水源工程 319 处、供水管道 984 公里、蓄水池 501 座、水塔 55 座、水窖 2 万眼，解决了 129 万人的应急和临时供水。有 10 座水库完成应急除险加固任务，13 座水库已开工建设，5 座水库正在做开工准备，修复加固和重建堤防 31 公里。在认真核查灾情的基础上，及时编制完成了《甘肃省 5.12 地震水利灾后恢复重建规划》，我省 8 个重灾县区的水利灾后重建项目纳入全国总体规划，规划水利灾后重建总投资 15.05 亿元。目前，重灾区农村供水、堤防加固、渠道维修、农村水电设施修复等灾后重建工作正在有序推进。

【全力争取拉动内需新增水利项目】中央关于进一步扩大内需、促进经济增长的十项措施出台后，按照省委省政府的部署和要求，水利部门认真分析研究中央补助资金项目的重点和投向，迅速行动，抢抓机遇，全力争取拉动内需 新增水利项目。通过积极努力，共落实新增水利投资计划 4.51 亿元，其中中央资金 2.76 亿元，地方配套 1.75 亿元，主要用于农村饮水安全、石羊河流域 重点治理西营专用输水渠、引洮供水一期工程、长治水土保持七期工程、水资源监测能力建设等。为确保新增投资及时到位实施和发挥应有效益，会同有关部门及时 按要求分解下达资金，集中力量审查批复实施方案，安排开展专项督查，确保按期保质保量完成建设任务。

（肖丽丽）

抗旱防汛

【综述】 2008 年，全省降水与历年基本持平，干旱范围、干旱历时和受旱程度相对较小，主要江河汛情平稳，总体属一般干旱和较轻洪灾年。但由于降水时空分布不均，庆阳、平凉、天水、白银等地部分地方和河西地区先后出现春末夏初干旱和夏伏干旱，给群众生活、农业生产造成了一定影响。汛期，一些地方出现大强度局地暴雨，山洪、泥石流灾害给群众生命财产、基础设施和工农业生产造成了比较业重的损失。同时，“5•12” 地震波及我省，震区水库、堤防工程损坏，一度出现险情，影响防洪安全。

【旱洪灾情】2008 年的旱情主要发生在4月中旬至6月上旬和5月初至7月底两个干旱时段。4 至 6 月，河东大部分地方降水偏少，庆阳、白银、天水等地降水比历年同期偏少 4～6 成，庆阳市大部及会宁、安定、靖远、成县等地耕作层墒情在 40%以下，庆阳市中北部耕地干土层普遍在 20～40 厘米。5 至 7 月，河西地区气温持续偏高，河道来水锐减，水库蓄水不足，导致农作物严重缺水，夏伏旱严重。据统计，全省有 1868 万亩农作物受旱，重旱面积 1154 万亩，成灾 860 万亩，绝收 192 万亩；有 73 万人一度出现程度不同的饮水困难。

2008 年的旱情主要特点一是气温整体偏高，河西地区突破历史极值。1～10 月，全省平均气温比历年同期偏高 0.1～1.2℃，大部分地方比历年同期偏高 0.5℃以上。5～7 月，河西地区平均气温比历年同期偏高 1～4℃，各县区最高气温都突破了历史同期最高温；6 月下旬至 7 月初，各市县持续出现 10 多天气温超过 32.0℃，加快了土墒失墒，庆阳大部及会宁、安定、靖远和成县的耕地土壤相对湿度普遍在 40%以下，镇原、环县、华池、宁县等出现 20～40 厘米的干土层。

二是河东地区降水严重偏少，河西地区灌溉水源不足。4 月中旬至 6 月上旬，河东 61 个雨量站累计降水量 13.6～117.1 毫米，除兰州、永登、景泰、靖远、永靖、东乡、广河、临夏、文县等 9 个雨量站降水略偏多外，其余 52 个雨量站与历年同期相比偏少 1～6 成，其中庆阳、平凉、天水、白银等地降水量 13.6～52.4 毫米，比历年同期偏少 4～6 成。5 月初至 7 月底，河西地区主要河流来水持续偏少 2～5 成，其中，黑河干流及讨赖河、梨园河偏枯 3～5 成，7 月中旬河西地区水库蓄水 7.22 亿立方米，比上年同期少蓄 4897 万立方米，导致灌用水不足，影响灌溉面积 160 万亩。

2008 年汛期，全省共发生 72 次局地暴洪灾害，有 59 个县 363 个乡镇受灾，受灾人口 140.7 万人，因灾死亡 11 人，倒塌房屋 7500 间，农作物受灾 248 万亩、成灾 170.6 万亩、绝收 52 万亩，水毁公路 1829 公里，损坏堤防 44 公里、灌溉设施 439 处，造成直接经济损失 9.6 亿元，其中，防洪工程、水利设施 1.22 亿元。主要灾情过程有两次：

—— 8 月 20 日，夏河县突发局地暴雨，县城北部的尕寺沟、颜克沟、曼克沟、门乃合等沟道暴发山洪泥石流，淤塞洪道，冲毁堤防，涌进县城，城区两条主干道及五条街道进水被淹，街道两侧大部分商铺、房屋进水，部分倒塌，城区一度大面积停电 2 小时处于瘫痪状态。洪灾造成拉卜楞镇、达麦乡等11个乡镇25个村4156户17165人受灾，倒塌房屋3459间，死亡4人，受伤100人,死亡各类牲畜3.1万头(只)，农作物受灾面积1.4万亩，损毁堤防10.4公里、拦沙坝7座、拦沙坎390处、桥梁4座，造成直接经济损失1.95亿元。

——7月18日，定西市部分地方出现大范围暴雨天气，临洮县1小时降雨量63.6毫米，山洪沟道普遍暴发洪水，造成全县10个乡镇106个村、18.40万人受灾，农作物受灾面积23.7万亩、绝收5.4万亩，冲毁渠道建筑物62处，冲垮八里铺镇通村公路桥梁，造成2人死亡，直接经济损失1.1亿元。

2008年汛情灾情的特点主要是局地暴雨强度大、发生时间早。临洮县“7•18”暴雨1小时降雨量达到63.6毫米，7月21日镇原县新集乡40分钟降雨量达90毫米，均达到了特大暴雨标准。夏河县“8•19”暴雨，20钟降水量为23.5毫米，10分钟降水量达15.5毫米，均超过了夏河县有气象纪录以来的最大值。

临夏州的康乐县和东乡县、广河县于4月7日、18日，先后出现局地暴雨洪水。

【地震险情】“5•12”汶川特大地震波及我省10个市（州）70个市县区，震区部分堤防、水库等防洪工程受损，山体滑坡堵塞河道，一度影响防洪安全。主要险情有四处，一是徽县嘉陵江山体大面积滑坡（嘉陵镇下游1公里，宝成铁路桩号150+300处），滑坡体阻断嘉陵江形成堰塞湖，压埋正由此经过的油灌列车并起火。堰塞湖滑坡体土石方约4~5万立方米，长约100米、宽约30米、高6~8米，蓄水60~80万方。形成回水淹没和堰体可能溃决的防洪险情。二是文县境内白龙江中下游碧口水库，震后水库大坝迎水面出现多处裂缝，坝顶后坡侧防护墙部分倒塌，坝后混凝土框格隆起等险情，坝体最大垂直沉降量24厘米，向上游最大水平位移28厘米，影响下游3公里处为碧口镇人口47218人防洪安全。三是位于碧口水库上游白水江上的汉坪咀电站水库，地震后大坝下游坝坡约50米护坡倾斜位移50厘米，下游坝脚处长约150米的护坡松动鼓包，位于坝后坡的上坝公路出现位移现象。四是西和县黄江水库震后渗漏异常，下游坝趾处渗流量明显加大，水质变黑，并携带有大量的粉质泥沙。

【抗旱工作】坚持以科学发展观为指导，服务于建设社会主义新农村和构建和谐社会的大局，以确保饮水安全、粮食安全和群众生命安全为中心目标，超前谋划，提早安排，主动协调，积极应对。一是坚持民生为本，妥善解决了群众饮水困难。对干旱地区人饮困难进行调查摸底，以长效措施解决为重点，制定人饮解困规划和实施方案；积极组织动员社会各界重点解决缺劳力、缺资金的特困户、五保户等弱势群体的饮水困难。酒泉、武威、庆阳、白银等地重旱县旱区自发组织机动车辆拉运送水，解决了18万人的饮水困难。同时采取动员群众亲邻相帮、相互调剂用水、购置发放拉水器具、调整水利工程运行时间等措施，缓解群众饮水困难。二是狠抓用水管理，发挥了水利工程抗旱作用。加强水资源调度管理，河西地区坚持“河水、库水、井水”三水统筹，统一管理，统一调度，在充分有效用好河水、库水的前提下，适度开启机井，补水抗旱；加强灌溉管理。各地根据水情，合理调低灌水定额，实时调整配水计划，公平、公开、公正分配水量，认真落实“死比例、硬轮期、保重点、不调剂”的用水制度，动员群众采取“薄浇浅灌”抗旱应急的灌水方法，帮助群众采取喷灌、沟灌、畦灌等节水灌溉方式，千方百计节水抗旱，尽力扩大灌水面积，减低水地失灌程度。同时协调好村与村、户与户之间的用水关系，防止发生用水矛盾，维护正常的灌溉秩序，确保抗旱灌溉顺利进行。三是着眼抗旱增效，全面落实了综合抗旱措施。今年以飞机增雨为主，抢抓有利天时，积极开展人工增雨作业，累计增雨作业23个架次，飞行53小时；进行高炮、火箭、焰弹增雨（雪）和防雹作业900多次。实施镇压保墒、增施农家肥等传统抗旱保墒措施；推广松土免耕、配方施肥等农业科技保水技术；调整种植结构，扩大马铃薯、地膜玉米等大秋作物种植面积，继续推广应用地膜覆盖、种子包衣、抗旱品种等适用抗旱技术。

【防汛工作】坚持“安全第一，常备不懈，以防为主，全力抢险”的方针，树立和落实科学发展观。一是超前安排部署，加强防汛工作指导。2月29日，省抗旱防汛指挥部下发《关于认真做好2008年防汛准备工作的通知》，对汛前检查、责任制落实、水库防洪调度计划、防汛值班、物料储备、应急除险加固、防汛通讯设施维修等防汛准备工作和做好防春汛工作做了安排。4月30日，省抗旱防汛指挥部召开2008年第一次成员会议，原总指挥、副省长陆武成做了重要讲话，全面安排部署了防汛工作。4月底又对水库安全度汛工作进行了专题安排，进一步明确目标，落实了责任和措施。二是加强监督管理，着力推行了防汛安全责任制。

以水库、城防、河道险段、局地暴洪防御为重点，逐级落实责任人，签订防洪安全责任书，落实了防洪安全责任制。4月10日，省抗旱防汛指挥部向社会公布了41座重点水库，6座在建水库，黄河、洮河、渭河、泾河、大夏河、黑河、白龙江等38处重要河段，省列5座重点防洪城市等防洪重点的市（州）及县（市、区）防洪责任人，明确了防洪安全职责，加强了责任监督。4月15日起，全省各级防办开始防汛值班，24小时坚守工作岗位，全面落实了防汛值班岗位责任。7月中旬，发出致水库防洪安全责任人的一封信，严肃阐明防汛形势和行政首长防汛工作职责，敦促、组织搞好水库防汛保安工作。三是分级管理负责，认真组织开展了汛前大检查。各地采取县（区）全面自查，市（州）重点抽查的方法，由市（州）和县（区）抗旱防汛指挥部主要负责人带队，对辖区内大中型水库、重点城防、重要河段等防洪重点的安全度汛状况、防汛预案制定、物料储备、队伍组织、行政首长责任制、需要完善的措施等进行了认真检查，对发现的问题及时落实整改措施和责任，限期进行整改，落实了防洪保安措施。四是强化水库防洪调度监管。各地按照管理权限和程序，核查水库工程指标、水文资料，进行分析演算，重新编制审批水库防汛调度计划和度汛方案，加强了水库防洪调度管理。汛期，各级防汛部门实时监督水库水情，发现超汛限蓄水，立即严令下泄，督促水库管理单位严格执行防洪调度计划，科学合理蓄泄。

【抗旱防汛效益】2008 年尽管发生了一定的旱洪灾害，但全省仍超计划 7.1 万亩完成春灌，完成夏灌 1377.3 万亩，超计划完成 7.3 万亩，秋灌 678.31 万亩，冬灌任务完成顺利，安全度汛。全年粮食产量稳定，预计达到 87.7 亿公斤，解决了 70 多万人的饮水困难，抗旱防汛取得了一定成效。一是由于旱防汛投入力度进一步加大。今年全省共筹措落实中央补助资金 7000 万元、省级专项资金 1153 万元，全年抗旱防汛投入达到 8153 万元，是近年来投入最多的一年。二是基础工作得到加强。全省抗旱应急预案编制全面启动，已基本完成预案初稿，正在进一步咨询论证。水库、城市专项防洪应急编制工作已经开展，基本完成兰州等五座重点防洪城市和刘家峡等 7 座大型水库预案编制、咨询、审查工作。已完成全省 82 个县级预案、520 个乡镇级预案和 144 个村级山洪灾害防御预案编制工作。三是防洪安全责任落实到位。暴洪灾区防汛责任人及时到岗到位，组织疏散群众、值守险点险段、营救遇困群众，有效保障了群众生命安全。

乡镇企业

【综述】2008 年，全省乡镇企业保持了较为平稳的发展势头，主要经济指标呈平稳上升态势，经济运行健康有序发展。2008 年乡镇企业完成增加值 327.7 亿元，同比增长 8%；其中工业增加值 202 亿元，同比增长 10%；上缴税金 24.1 亿元；完成出口交货值 25.7 亿元；企业户数 3.36 万户，从业人员 112 万人。

【发展规划】为提高全省乡镇企业发展的能力，实施好工业强省战略，2008 年省乡镇企业局在深入调查研究、摸清家底的基础上，编制了以《甘肃省乡镇企业 2008—2012 年发展规划》为主，农产品加工业发展规划、循环经济区发展规划等相互配套、体系完整的“三个规划和四个实施意见”，构建了科学的发展目标体系，夯实了工作基础，增强了工作的科学性和前瞻性。各级主管部门都较好地完成省局分解的规划指标，“三个规划四个意见”的实施开局良好。

【项目建设】2008 年，全省各地狠抓项目落实工作， 项目建设取得明显成效。兰州市开工的乡镇企业、中小企业各类建设项目共有 226 项，其中农业产业化项目 27 项；完工或部分生产建成投产项目 84 项；项目设计总投资 89.9 亿元，其中固定资产投资 81.4 亿元，到位资金 26.5 亿元，资金到位率达到 32.5%。甘南乡镇企业开工建设各类项目 34 项，总投资 51 亿元，完成固定资产投资 8.1 亿元。白银市在建项目 21 个，投资资金 671 万元。一大批上规模、科技含量高、拉动能力强的项目相继开工建设，为全省经济发展注入了新的活力。

【招商引资】2008 年，全省招商引资及扶持项目资金落实情况较好。在平凉市召开的全国乡镇企业、中小企业东西合作经贸洽谈会取得了圆满成功。此次贸洽会是我省成功举办的第六次全国性的经贸洽谈会，会议成果丰硕，共签订招商引资合同项目 749 个，投资总额 405.7 亿元。其中，投资总额上亿元的项目达到 166 个，上 5 亿元的项目达到 24 个，上 10 亿元的项目达到 9 个，签约项目、投资总额为历届之最。

从全国乡企贸洽会签约项目的进展情况看，总体履约率较高。平凉市共签约项目 99 个，签约资金 70.26 亿元，目前已开工 65 项，履约率达到 66%。庆阳贸洽会签约项目达到 27 个，签约资金 97 亿元，签约项目中有 80%已开工建设。天水市中小企业、乡镇企业共建设项目 134 个，完成投资 25 亿元；陇南市开工建设项目 484 个，完成投资 8.58 亿元。陇南市围绕灾后恢复重建，新建各类砖瓦沙石项目 300 多个，为灾后恢复重建发挥了重要作用，做出了积极贡献。

【农产品加工】2008 年，由于大宗农产品价格波动较大，我省部分面粉、食品、饲料加工、脱水蔬菜加工企业受国内外市场需求下降、消费疲软的影响，出口通道不畅，部分乡镇企业出现减产或停产的情况。张掖市“甘绿”等脱水蔬菜企业遭遇美元、欧元贬值，使这些企业的产品售价降低，生产经营陷于困境，被迫停产。武威市新茂公司 3 万吨双歧因子项目搁置多年至今未恢复生产。嘉峪关市鑫海纺织公司是我省同行业中规模较大的一家以纺纱为主的中型棉纺企业， 2008 年下半年起，由于其下游的服装企业销售及出口严重下滑，使其产品销售受阻。受此影响，该市投资 20 亿元的彩棉设备技术改造，因基建和设备成本上涨而被迫下马。农产品加工企业由于生产季节性强，资金占用量大，市场回暖速度较慢，情况仍然严峻。

【新农村建设】全省大力扶持龙头企业发展，促进新农村建设。2008年，省局向省政府和省工业强省领导小组办公室上报了《甘肃省2008—2012年特色农产品加工业发展规划》和《关于促进甘肃省特色农产品加工业发展的实施意见》，加大了对农业产业化龙头企业的扶持力度，推动了特色农产品加工业的发展，有4户龙头企业被农业部命名为全国农产品加工创业基地。同时积极开展“万企联村助建新农村”活动，帮助农村基础设施建设。金昌市有96个企业与77个试点村、122个企业与93个非试点村建立了结对帮扶关系；直接为新农村建设捐款捐物2800万元，为农村基础设施建设、修桥铺路、兴修水利、教育捐款、扶贫济困投入2.2亿元。

注：根据中华人民共和国农业部《全国乡镇企业统计报表制度》(2008年度)规定，乡镇企业主要经济指标数据不含个体工商户。

（薛　峰）

中小企业

【综述】2008年，全省中小企业继续保持良好的发展态势，完成增加值1000亿元，同比增长15.8%；上交税金86.6，同比增长11.6%。全省中小企业达8.85万户，从业人员165万人。

【发展规划】为提高引领全省中小企业发展的能力，实施好工业强省战略，2008年省局在深入调查研究、摸清家底的基础上，编制了以《甘肃省中小企业2008—2012年发展规划》为主，中小企业成长工程、出口工程、服务体系建设、科技创新教育培训实施意见等相互配套、体系完整的“三个规划和四个实施意见”，构建了科学的发展目标体系，夯实了工作基础，增强了工作的科学性和前瞻性。各级主管部门都加大了工作力度，促进了“三个规划四个意见”的落实。

【项目建设】2008年，我省加大对中小企业的政策支持，中小企业项目建设进展顺利。全年有2533个项目开工建设，总投资850亿元；完成投资291.4亿元，占总投资的34.3%；已建成投产项目1449个，占在建项目的57.2%。积极争取国家支持，共争取各类专项资金2468万元，创历年来新高。同时，按照保增长、扩内需的要求，省中小企业局向工信部、农业部、财政部申报项目631个。省级专项资金重点用于贷款贴息和扶持信用担保机构，拉动银行贷款13亿元、担保贷款16.27亿元，使扶持资金起到了“四两拨千斤”的作用。在项目建设上，酒泉市完成固定资产投资64.46亿元，较上年增长87%。武威市建成投产项目55个，完成投资占总投资的62.3%。张掖市开工建设各类项目118个，其中投资千万元以上的项目有87个。庆阳紧紧围绕当地四大产业，新上项目390个，完成投资近20亿元。

【服务体系建设】根据“政府扶持中介，中介服务企业”建设服务型政府的工作理念，2008年全省大力推进中小企业服务体系建设工作，省中小企业局提出了构建创业孵化、信用与融资担保、公共技术、科技成果与专利开发、信息化、市场开拓、管理咨询和法律服务、教育培训、专业技术人才和企业基地等十大社会化服务体系建设的目标，制定了省级公共服务平台认定管理办法，围绕信用担保、创业孵化、公共技术、培训等认定了31个省级服务平台。信用担保体系建设初见成效，全省各类担保机构已发展到75家，累计为4400多家中小企业提供担保贷款105亿元。加强了银政合作、银企合作，在去年11月底举办的全省重点项目银企对接会上，与省农发行、浦发银行、省农村信用联社、兰州银行签订了合作协议，协议信贷总额147亿元，并向金融机构推介信贷融资需求项目415个，贷款需求101亿元。

【科技培训】全省中小企业不断推进产学研相结合的发展方式，科技成果转化进一步加快，兰州、白银、临夏等市州先后成立了专家顾问团，2008年全省共开展5次产学研对接活动，53家企业与专家签订了合作协议，签约总金额112万元。加强了职工培训，通过加强培训基地建设，举办各类形式的培训班，累计为企业培训职工10万人次以上；其中省局在兰州、张掖、定西、金昌、临夏、天水、白银等地分片举办“银河培训”班10期，培训企业家及中层以上经营管理人员1005人，超出计划205人。

【外贸出口】受国际金融危机影响，全省中小企业外贸出口企业受到较大冲击。2008年，我省中小企业出口量出现萎缩，效益下滑，全省外贸出口企业都受到了较大的影响。二、三季度，国际铅锌价格大幅下滑，陇南市成县、徽县铅锌工业受影响很大，成州集团、宝徽集团、洛坝集团等铅锌冶炼深加工企业产品出口量、企业利润较往年出现负增长。庆阳市驿马出口创汇企业示范园区作为我省出口创汇的重点示范园区，08年出口创汇整体下降20%。由于银行贷款困难，出口产品国际市场价格大幅度下降，果汁出口价格同比上年下降40%，企业利润空间缩小，园区内80%的外贸出口企业处于停产或者半停产状态。同时，受出口退税政策和三聚氰胺事件的影响，甘南州和临夏州的乳制品业农副产品、有色金属和塑料制品等传统出口商品受到较大冲击。

【灾后重建】2008年受汶川地震灾害影响，陇南、甘南、庆阳、平凉、天水五市的企业遭受不同程度的破坏和损失。据统计，此次地震造成的直接经济损失近26亿元，陇南市企业受损最为严重，全市424户中小企业受灾，有81户企业停产，直接经济损失23.42

亿元，作为龙头骨干企业的甘肃锌宇集团大部分厂房设备严重受损，累计经济损失高达3700多万元。

地震灾害发生后，受灾市（州）积极做好地震灾后重建和恢复生产工作。陇南市坚持“一手抓抗震救灾，一手抓经济社会发展”，引导企业开展生产自救，该市20户重点龙头企业全部恢复生产，特别是为适应灾后恢复重建和兰渝铁路、兰海高速公路的需要，围绕建材工业，狠抓项目建设，建成砖、瓦、沙、石企业300多户。甘南州2008年接连受到冰冻雪灾、“3.14”打砸抢烧事件、“5.12”特大地震、特大泥石流等一系列不利因素的影响，但在抓好企业生产经营工作的同时，迅速将工作重点转向抗震救灾和维护稳定上来，及时了解掌握重灾区中小企业震后受灾情况，安排抗震救灾各项工作，在平凉乡企贸洽会上还专门组织了歌舞演出宣传甘南，积极参加第五届中博会并带去了藏族歌舞表演、积极参加广州的地震灾区中小企业投资项目推介会、成都的地震灾区中小企业投资项目签约会等一系列的活动，努力克服种种困难，全力以赴做好藏区维护稳定和灾后恢复重建工作。

【科学发展观】按照中央和省委的总体部署，省中小企业局作为全省第一批开展学习实践科学发展观活动的单位，认真扎实地开展了学习实践活动。深入到全省14个市州的30县、116个企业、67个服务机构、7个工业园区进行了深入的调研，形成了22篇调研报告；通过多种渠道征集到涉及16个方面的64条意见建议，查找了问题存在的原因，坚持了即知即改，调整优化了干部队伍，加强了机关党的建设和自身建设，创新了工作的体制机制，明确了科学发展的方向、思路、任务和举措，形成了局党组分析检查报告。在离退休党员干部、局下属事业单位、企业界代表、全局干部职工四个层面，着重从领导班子对科学发展观的认识深不深、问题查找得准不准、原因分析得透不透、发展的思路清不清、工作措施实不实等方面进行了认真评议，满意率达到98%，基本满意率达到了100%。

（薛　峰）

工　业

金川公司

【综述】2008 年，受美国次贷危机影响，全球范围内经济衰退逐步向实体经济蔓延，增长放缓、需求减弱成为经济发展的主要特点。由于处于上游基础产业，有色金属行业受到了严重冲击，金属价格大幅下挫。作为国内镍、钴行业龙头企业，金川集团有限公司面对严峻的外部经济环境，在各相关部门的大力支持下，积极应挑战，认真贯彻科学发展观，落实工业强省战略，准确判断形势，科学决策，调动一切积极因素，攻坚克难，较好地完成了生产经营任务。2008 年，公司实现营业收入 550.6 亿元，比上年增长 5.73%，达到历史最好水平；完成工业总产值 343.4 亿元，下降 20.6%；工业增加值 95.9 亿元，下降 30.62%；利税总额 61.8 亿元，其中利润 41.6 亿元，分别下降 51.55%、47.13%。

【产品产量】虽然受市场因素影响，下半年有所限产，但全年有色金属总量仍突破 40 万吨，再创历史新高。生产镍产品 10.4 万吨，比上年下降 7.28%，铜产品 29 万吨，增长 15.91%，钴产品 6445 吨，增长 6.84%，铂族金属 1201 公斤，下降 24.97%，黄金 802 公斤，下降 46.32%，白银 71.2 吨，增长 7.8%，精硒 40 吨，与上年基本持平；化工产品总量 146.2 万吨，其中硫酸 125.5 万吨，分别增长 7.33%、8.95%。

【重点项目建设】以重点项目建设带动企业发展是金川公司始终坚持的经营理念。2008 年，公司共完成固定资产投资额 26.2 亿元，富投顶吹镍熔炼、1.4 万吨/日选矿等重点项目顺利投产，使公司的产能得以进一步提升。三厂区基础设施建设稳步推进，40 万吨/年离子膜烧碱、精密铜镍合金节能降耗技术改造、10 万吨/年铜材深加工节能降耗技术改造、1.5 万吨/年海绵钛等新项目进入建设阶段。

【技术进步】全年共安排技术开发课题 200 项，用于科技进步的费用超过 15 亿元。公司分层级的科研攻关体系不断完善，科技成果转化能力进一步增强，自主创新能力显著提高。11 项课题获有色行业协会科学进步奖，5 项课题获甘肃省科技进步奖，公司的技术实力持续增强。以企业技术标准升级为重点的标准化工作成效显著。完成 12 项国家标准、22 项行业标准的修、制订，主持、参与 4 项国际标准的制订。公司的知识产权和技术保密工作进一步加强，申请专利 30 件，公司被命名为全国首批创新型企业。

【资源战略和大经贸战略】自有矿山矿石回采率达 95%，低品位矿石开采量超过 310 万吨，占总出矿量的 47.7%。采用多种方式，在全球范围内积极控制资源，各项国外资源开发项目稳步推进。与各方合作的地质勘查工作进行顺利。

针对急剧变化的市场形势，公司采取灵活的营销策略，积极拓展贸易范围，抢抓市场机遇，加快产品变现，实现贸易收入 162 亿元，进出口总额 33 亿美元，分别比上年增长 195%和 6.68%。

【节能减排】公司能耗指标进一步优化，全年节能 1.94 万吨标煤，万元产值能耗环比下降 2.41%。循环经济试点工作稳步推进。成功举办了全省循环经济现场工作会议。

二氧化硫烟气综合治理、污水处理及回收利用、冶炼炉窑排烟收尘设施技术改造等项目建设按计划进行，中水、固体废物利用量达到历史最好水平，环境质量得到改善。

【企业管理】积极推进卓越绩效模式的导入和运用，使公司经营绩效和管理水平得到大幅提升，成为全国有色行业和西北地区首家获得“全国质量奖”的企业。完成了“三标”管理体系整合，并顺利通过了第三方审核。

深入开展增收节支活动，公司全年可比产品总成本同比降低 4.14 亿元。通过建立科学规范的制度体系，初步实现了业务管理体制健全、分工明确、流程顺畅、监督考核到位的管理目标。对 ERP 项目一期工程进行完善升级，公司信息化建设步伐加快。

劳动用工不断优化，全员培训率达 67.7%。“零伤害”安全生产活动效果显著，防止了较大安全事故的发生。内部组织结构调整和资产重组不断深化，母子公司管理体制进一步规范。组织机构和劳动力配置持续优化，绩效管理体系进一步完善。

【相关产业】镍都实业公司实现营业收入 43 亿元、利润 1.7 亿元。兰州金川金属材料技术有限公司实现营业收入 12.15 亿元，利润 1.63 亿元。装备制造、工程建设及建筑材料、工业包装材料、劳动保护用品、自动化工程、印刷等产业快速发展，共实现营业收入 20.24 亿元，占总营业收入的 3.99%。

【党建工作】“解放思想、转变观念、推动科学发展”大讨论取得实效；“我与公司同进步”主题活动和纪念改革开放 30 周年系列活动深入开展。领导班子建设、职工队伍建设和廉政建设富有成效。内部治安综合治理、信访等工作进一步加强。企业文化建设扎实推进。公司获全国精神文明建设工作先进单位。

【积极履行社会责任】在金昌老城区改造、新农村建设和重大项目建设中给予大力支持，并与地方政府一道，共同谋划新材料工业园区建设并开展招商引资工作，合作共赢的地企关系进一步发展。公司积极参与抗震救灾，为甘肃地震灾区捐款捐物价值近 1.2 亿元，公司获抗震救灾全国五一劳动奖状。

酒泉钢铁（集团）有限责任公司

【基本情况】　酒泉钢铁（集团）有限责任公司（以下简称酒钢）位于甘肃省嘉峪关市，始建于 1958 年，是国家“一五”期间重点建设项目之一。2008 年底已形成以钢铁业为主，兼营煤电、机械制造、建筑安装、建材耐材、焊接材料、房产开发、酿酒、种植养殖等多种产业，是西北地区具有较大影响力的钢铁联合企业之一，拥有嘉峪关本部、兰州榆中和山西翼城三大钢铁生产基地，集团公司铁、钢、材综合产能达到 800 万吨水平，技术装备水平进入国内同行业先进行列，资产总额 570 余亿元。下属二级单位 50 余个，其中分、子公司 22 家。营销实体分布在嘉峪关、兰州、西安、银川、乌鲁木齐、太原、郑州、天津、成都、上海、无锡、佛山等地市。为充分利用国外资源，在南非、菲律宾和蒙古国设有办事机构。

酒钢的“铁山精神”为全国冶金系统树立和推广的六种企业精神之一。具有国家认定企业技术中心。收入排 2008 年中国企业 500 强第 172 位，中国制造业 500 强第 88 位；钢产量排中国钢铁企业第 16 位。2008 年末，员工总量 38501 人，其中在岗 28847 人。

【生产经营情况】　2008 年，酒钢集团公司生产铁矿石 552.38 万吨，同比增长 38.88%，生产铁精矿 303.56 万吨，增长 14.78%，发电量 55.24 亿千瓦时，增长 60.61%；生产生铁 609.1 万吨、转炉钢 700.19 万吨（其中不锈钢 30.61 万吨）、钢材 679.9 万吨。产销率完成 100.26%,全年营业收入 379.14 亿元，实现利润 2.22 亿元。53 项主要技术经济指标比 2007 年进步的有 31 项。全员劳动生产率达到 27.49 万元/人•年，受四季度全球金融危机的影响，普通员工人均年收入比 2007 年仅增长 4%，中层以上高管人员人均年收入同比降低 34%。

【投资与技改】　2008 年，酒钢集团公司固定资产投资计划 55 亿元，实际完成投资 41 亿元，投资完成率 75%。主要建设项目中，不锈钢工业园区项目、铁合金一期工程、干熄焦工程、职工休闲中心、50 万吨矿渣资源综合利用工程均已建成投用，碳钢冷轧工程、不锈钢二期工程、碳钢炼钢工艺优化工程正按计划有序实施。稳步推进矿产资源项目建设，努力加大外部矿产资源开发力度，与青海、新疆、西藏、内蒙、张掖等建立了资源开发战略合作关系，获得了青海、西藏部分地区的探矿权，取得了内蒙古福华煤矿的开发权，山西蒲县裕源煤矿、哈密 M1033 铁矿、天湖东铁矿等重点资源开发项目进展顺利。

【技术创新】　围绕提升技术经济指标、增强产品竞争力，开展科技攻关与产品研发工作，着力解决制约生产的瓶颈问题，努力提高科技创新能力。2008 年，共安排各类技术创新项目 140 项，实际完成 120 项，项目结题率 86%；全年开发具备批量生产的新产品 3 项，实现产量 31.37 万吨；完成 15 项主要技术经济指标攻关项目，指标攻关完成率 75%；取得专利权 3 项，省级以上科技创新项目立项 9 项，省市级科技成果 7 项。完成各类培训 36700 人次，新增高级技师 37 人、技师 204 人、高级工 909 人，初次选聘高技能人才 139 人。

【节能减排与循环经济】　积极落实国家节能减排的目标要求，进一步加大节能减排工作力度，全员节能环保意识不断增强，节能减排工作进展良好。投入 4.36 亿元，完成了干熄焦工程、中板加热炉改造、市区热网优化改造、镜铁山矿污水处理工程等一批节能和环保整治项目。实施了以宏达公司 80 万吨超细粉为代表的一批循环综合利用项目，设立循环经济管理办公室，促进了循环经济发展，延伸了产业链。2008 年，吨钢综合能耗完成 684.8 千克标煤，较上年降低 17.8 千克标煤；完成节能量 8.45 万吨标煤，完成年度节能目标的 105.6%，超额完成国家千家重点耗能企业 8 万吨标煤的年度节能量责任目标；全年污染物排放合格率达到 95.32%，并保持了环境污染事故为零的纪录。

【改革与创新】　适应急剧变化的市场形势，稳步推进管理创新工作。建立健全了董事会各项决策支持系统，在董事会设立了战略投资、财务审计、人事薪酬委员会，对职能处室进行了优化调整，集团公司法人治理结构不断完善；恢复了部分生产单位的厂级建制，进一步明确了专业管理责任主体；加强分子公司的自主管理，母子公司管理体制不断规范；完成了耐材公司、冶建公司、机制公司及紫玉酒店管理公司等单位的改制工作；稳步分离企业办社会职能。

【和谐企业建设】　围绕构建和谐企业目标，深入开展矛盾纠纷排查调处，加大资金投入，改善低收入和困难职工生活条件，增加职工文化生活设施。全年共走访职工家庭 1332 户，调处解决各类矛盾和问题 241 件；慰问、补助低收入和困难职工家庭 1595 户，发放慰问金和补助金150余万元；利用助学圆梦基金，资助28名考入大学的低收入家庭子女人均5000元；组织职工体检11044人；开工新建职工商品住宅81万平方米、5676套，已竣工2670套；完成了32000户职工住宅数字电视的免费开通转换；建成了嘉峪关大剧院、森林公园、大学生公寓二期工程等一批福利公益项目，职工物质文化生活条件得到了显著改善。“5•12”汶川大地震后，捐款1022万元，缴纳特殊党费555万元，集团公司党委被授予“全省抗震救灾先进基层党组织”称号。酒钢被评为省“2007-2008年度信访工作成绩突出企业”和“2008年维护稳定和信访工作先进企业”。

中国石油兰州石化公司

【综述】中国石油天然气股份有限公司兰州石化分公司是中国石油天然气股份有限公司的地区分公司，是集炼油、化工、机械仪表制造、工程技术、工程建设、检维修及矿区服务为一体的大型综合炼化企业，是中国西部重要的炼化生产基地，能源战略地位非常突出。公司拥有权属土地总面积27.84平方公里，总资产340亿元，年营业收入超过620亿元。公司原油一次加工能力达到1050万吨/年，乙烯生产能力达70万吨/年，化肥、合成树脂、合成橡胶、炼油催化裂化催化剂产能分别达到52万吨/年、124.5万吨/年、17.5万吨/年和5万吨/年。现有炼化生产装置90套，加工7种原油，能生产汽煤柴油、润滑油基础油、化肥、合成树脂、合成橡胶、炼油催化剂、精细化工、有机助剂等多品种、多牌号、多系列石化产品。拥有汽油加氢、丁二烯抽提、丁苯橡胶、丁腈橡胶、C5加氢石油树脂成套技术，炼化主要工艺技术和炼油催化裂化催化剂领域达到国内领先水平。具有装备制造优势技术，拥有石油化工工程施工总承包一级资质、大型炼油化工施工能力，工程设计的成套技术，以及完备的矿区配套系统和综合服务业务。可生产2000-33000千瓦8个类别的烟气轮机、5大类11个系列的石油化工机械产品、6大类100多个品种的仪表产品。重组改制以来，申请专利266项，获授权专利181项，荣获国家科技进步奖3项，省部级科技奖励82项。

【产品产量】2008年，公司累计加工原油1001.89万吨；生产汽煤柴油674.14万吨；乙烯70.15万吨；合成树脂114.39万吨，树脂产能居国内第一；合成橡胶12.22万吨；合成氨21.86万吨；炼油催化剂5.40万吨，国内市场占有率超过30%；烟气轮机16台；特殊阀门120台，国内市场占有率超过90%。

【主要技术经济指标】在成品油市场萎缩、炼油装置低负荷运行情况下，炼油综合商品收率、炼油综合能耗仍然保持较好水平，分别达到93.37%和75.58千克标油/吨；原油加工损失率0.64%；乙烯“双烯”收率46.40%；乙烯综合能耗742.04千克标油/吨；合成氨综合能耗43.06吉焦/吨。公司全年实现营业收入622.39亿元；化工业务实现利润6.43亿元，位居中国石油炼化企业前列；受政策性影响，炼油业务累计亏损77.58亿元；全年实现税费15.97亿元。

【生产运行】公司紧紧围绕炼化生产经营计划，落实“安全、平稳、清洁、节约、优化、效益”运行措施，统筹原料进厂、生产加工、产品出厂的关系，供、产、销整体平衡，生产全面受控，炼化一体化优势得到充分发挥。优化原油加工，做到加工手段多样化，增加原油管道输送量，努力降低原油损耗和加工损失率，实现了炼油的高价位低成本运行；优化资源利用，优化加工工艺，优化公用工程，以原料互供为突破口提升整体效益；以装置达标为手段，严格工艺管理，不断提高装置运行水平；适时调整产品结构，科学安排原料进厂，全面掌握主要装置和产品的边际效益，努力增产高档厚利产品；加强原材料进厂、生产、产品出厂、销售和服务的全过程质量管控，产品出厂合格率始终保持100%；强化产销衔接，完善应急运输机制，不断拓展销售渠道，催化剂及自销化工产品市场份额得到持续提升；工程技术、工程建设和工程质量监督等业务立足石化、兼顾系统内外市场，开拓市场的能力不断提升，主要业绩大幅攀升；装备制造业务不断增强研发能力，努力提高主导产品的市场占有率，巩固了烟气轮机等拳头产品的国内市场影响力，有序推进仪表产品与日方的技术合作。

【安全环保】公司始终坚持“安全第一、环保优先、以人为本”，持续开展“安全环保基础年”活动，全面启动“学禁令、反三违、查问题、全员管”安全主题活动，总体安全生产形势持续稳定好转。强化安全第一责任人职责，全面落实和执行中国石油《反违章禁令》，在生产、施工、服务过程中推行《停止作业卡》制度，安全环保的基础更加牢固；强化全员安全技能培训，全年组织各类安全培训41期、应急演练700余次，参加演练人员2万余人次，员工安全意识、安全操作技能和风险辨识防范能力得到提升；持续改进QHSE体系，将炼化生产全过程纳入体系管理，并顺利通过体系认证和证后监查，使体系运行更加适应管理实际和需要；加强应急管理，形成了由1套总体应急预案、13套专项应急预案组成的应急预案体系，应急反应、处置能力不断提高；强化对施工现场的监督检查，加强重点工程的安全监护，严格危险化学品的生产、经营、储存和运输管理，重点领域、要害部位的安全管理得到持续加强；认真开展安全专项检查和安全隐患排查整治，企业安全生产基石不断夯实；加强环境风险管理，加大环境监督检查力度，加快环保隐患治理，完善“三级防控体系”，环境风险得到有效控制。

【节能减排】公司按照“勤俭节约，挖潜增效”的原则，狠抓企业社会效益，大型国有企业的良好形象得到持续提升。积极投身能量优化梯级利用和水资源循环使用，17 项重点节能节水项目得到实施，在炼化能力不断提升的情况下，全年节能 12 万吨标准煤、节水 466 万吨，炼化系统新鲜水用量、生活水用量大幅降低，吨原油水耗下降到 0.86 吨。加强对重点项目、重点污染源的监控，加大源头节水和污水回用力度，全年厂区废水排放总量 2051 万吨，同比减少 187 万吨，全年厂区工业废水排放综合合格率达到 99.15%，主要污染物中 COD、石油类等均低于系统内控制指标。

【工程建设】高度重视发展项目的规划和实施，企业竞争能力得到明显提升。公司积极落实“十一五”后两年发展项目，推进“十二五”发展规划，组织完成了 550 万吨/年常减压、180 万吨/年催化汽油加氢、350 万吨/年柴油加氢、5 万吨/年丁腈橡胶等重点项目的可研和初步设计等前期工作；集中精力抓好重点工程项目建设，10 万吨/年丁苯橡胶、8 万吨/年丙烯酸及 10 万吨/年丙烯酸酯、催化干气、液化气脱硫及硫磺回收等项目陆续建成投产；5 万吨/年丁腈橡胶、3 万吨/年甲乙酮等项目进入安装阶段，550 万吨/年常减压项目进入基础施工阶段。

【科技进步】持续推进科技创效与科技进步，促进科研开发与科研成果转化，企业技术实力得到明显提升。注重新产品开发，加速科研成果转化，拓展对外科技合作交流，全年工业化试生产 30 个品种，首次开发生产出瓶盖专用料、环保型丁苯橡胶等 8 个新产品，乳聚丁苯橡胶成套技术开发等 8 个项目分获中国石油集团公司科技进步一、二、三等奖，取得国家专利申请号 21 项，成为中国石油唯一的国家知识产权示范创建单位；积极实施技术攻关和技改技措，多项关键技术取得突破，生产难题和技术瓶颈得到有效解决；信息化建设步伐加快，ERP（企业资源管理）系统顺利实现单轨运行，MES（制造执行管理系统）项目通过二期整合开发，初步实现了生产经营数据“统一标准、统一流程、统一制度、统一证据表单”的管理目标。

【企业管理】以制度建设为核心，不断调整管理思路，改造管理流程，逐步解决管理中存在的深层次矛盾和问题，公司的整体管理效能明显提高。完善了公司规章制度管理平台，重新修订了 15 篇、36 个方面的规章制度；以“三重一大”事项集体决策制度为抓手，对现有管理制度进行全面梳理，为完善管理制度、加快流程再造奠定了基础；全面引入对标管理思想，按照建标、立标、对标、达标、创标的思路，初步建立了公司级 3 大类、175 项对标指标，确定了重点工作阶段及任务，对标管理工作有序启动；积极推进内控体系建设，统一了财务管理内控流程，狠抓管理审计和风险控制，完善法律风险防控体系，加强合同管理力度，严格工程项目可研估算及初设概算审核，内部经营行为得到进一步规范。

【队伍建设】把员工队伍建设摆在企业可持续发展的重要位置，认真落实员工发展战略和人员转移战略，积极推进内部重组整合，控制机构编制，压缩用工总量，规范薪酬分配，人力资源得到优化。对 25 个单位的相关业务进行了整合，提高了管理效能；科学抓好“五定”，规范编制机构和岗位设置，优化人力资源配置；将有流动愿望、有更大发展需求的优秀员工输送到新的地区、新建企业和新的业务领域，先后为广西石化、四川石化输送管理人员 51 人；完善和规范薪酬分配，健全了以贡献和业绩为导向的薪酬激励机制；继续加大培训投入，坚持岗位练兵、操作技能培训、技能鉴定与考试，全年共举办各类培训班和讲座 658 期，培训员工达 3.4 万人次，轮训班组长 448 人。

【关注民生】继续改善员工生活环境和条件，大力推进员工住房建设改造，先后完成 3372 套住房的配售和认购工作；加大生活区环境改造力度，利民设施陆续开工建设；物业管理及幼教水平显著提高，公司下属 4 个小区分获省市、中国石油集团公司“绿化模范小区”称号，2 所幼儿园成为首批省级“示范性幼儿园”。

【企业文化】持续加强内部《企业文化手册》、《企业文化培训教程》宣贯，制定实施了《进一步加强和推进公司企业文化建设的实施意见》，初步形成了各单位积极推进、职能部门分工落实、领导干部和管理人员率先垂范、员工广泛参与的企业文化建设格局；以“讲形势、转观念、强素质、促发展”主题教育活动为主线，加大政策引导和宣传力度，不断创新思想政治工作，把解决实际问题与思想政治工作相结合，坚持抓生产从思想入手，抓思想从生产出发，拆墙建桥、消除障碍，为构建和谐、凝心聚力创造了条件。

【履行社会责任】主动承担社会责任，按照甘肃省委省政府和中国石油集团公司的总体部署，支援四川绵竹、甘肃陇南等重灾区的抗震救灾和灾后重建工作，向灾区捐助急需重要物资近百万元，捐助爱心款 414 万元，交纳特殊党费 271 万元，抢险救援分队被中华全国总工会授予抗震救灾重建家园“工人先锋号”荣誉称号。

中国石油甘肃销售分公司

【概述】截止 2008 年底，中国石油天然气股份有限公司甘肃销售分公司（以下简称公司）拥有 19 个所属分公司、1 个控股公司和 12 个机关处（室）。固定资产原值 20 亿元；运营油库 13 座，总库容 18.13 万立方米；拥有铁路专用线 9.7 公里，输油管线 22.6 公里，铁路自备槽车 110 辆；运营加油站 647 座（其中：资产型站 628 座，租赁站 19 座），加气母站 1 座、子站 4 座。在岗员工 8398 人，离退休、内退员工 2298 人。

【经营业绩】全年实现成品油销售总量 277 万吨，同比增长 14%；实现零售量 246 万吨，同比增长 39%；实现销售收入 157 亿元，同比增长 33%；实现内部考核利润 3.47 亿元；上缴各种税费 3.45 亿元，同比增长 43%。销售量、零售量、销售收入、实现利润和上缴税收五项经营业绩指标创历史最好水平。

【资源调配】坚持做到用资源控用户、保市场、增效益。在资源紧缺时，控批保零，禁止大桶、大单销售，保障所属加油站、机构用户及区内市场重点行业、重点用户、重大事件的平稳供应；严格执行油品国家定价，价格到位率 100%。在甘南藏族自治州“3.14”暴乱期间，公司周密部署，强化执勤，该州全部加油站正常营业、油品正常供应。开展“微笑服务 2008”系列活动，独家承担、顺利完成了奥运火炬在甘传递的油品保障任务。全年购进成品油 275.7 万吨，同比增加 28.83 万吨，确保了甘肃市场油品无脱销、未断档。

【加油站管理】落实“一站一策”的经营理念，提升单站营销能力和创效水平。实施“精品加油站”培育工程，确定 100 座站作为精品站培育目标。从现场、营销、服务、费用等方面全方位加强管理，提高培育水平。细化精品目标，落实培育责任和考核机制，严考核、硬兑现。推行神秘顾客访问检查制度，畅通顾客投诉渠道，促进加油站服务水平的提高。通过优化和培育，2008 年底，万吨站达 42 座，5000 吨以上站达 103 座，3000 吨以上站达 304 座，加油站创效和竞争能力显著提升。3000 吨以上加油站零售量占公司零售总量的 74.74%。

【抗灾救灾】在冰冻灾害、汶川特大地震等自然灾害面前，公司积极承担政治责任、社会责任，努力克服资源严重紧缺、保供难度加剧等困难，全力以赴组织资源、保障供应，做到了救灾用油资源充足、调运通畅、服务优良、保障有力。5 月份向甘肃地震灾区增加资源投放量 3 万吨，缓解了资源压力。在保障甘肃救灾和灾后重建用油的同时，第一时间为四川地震灾区提供“生命油”、“希望油”，累计向四川灾区输送油品 26 批次 4001 吨。160 座加油站开辟了抗震救灾用油“绿色通道”，简化加油手续，优质高效服务。公司领导班子和灾区所属分公司领导班子分赴受灾一线，现场指导抗震救灾和市场保供工作。广大员工冒着余震危险坚守岗位，热情服务。编制公司灾后重建规划方案，落实油库、加油站重建资金 1000 万元，落实办公及职工生活设施恢复专项费用 1993 万元，指导和推动了灾后恢复重建工作顺利开展。公司及员工向地震灾区捐款 247 万元，交纳“特殊党费”66 万元。

【网络建设】按照“有魄力、兼稳妥、讲和谐”的原则和“有进有退”的工作思路，实施“4332”网络优化工程。关停、退租低效加油站 112 座，退租和不续租油库 14 座，减少租赁费和运营费用 5565 万元。加油站数量下降，但质量提高、效益提升，单站日销售量从上年的 6.74 吨提高到 10.24 吨，人均零售量同比提高 69 吨，增幅 27.24%。争取网络建设及专项改造资金 2.7 亿元。在高效市场新建加油站 9 座，改造有发展潜力的加油站 7 座，收购股权加油站 2 座，改造加油站 39 座。张家川分输库建设按计划进行。销售网络整体布局更合理、更具竞争力。

【非油品业务】将非油品业务全部纳入公司统一核算和管理。加快非油业务“标准化设计、集约化采购、模块化建设、规范化管理”的发展步伐，全年共投入 2000 万元，建设中央仓 1 座，在 42 座重点加油站改造完成“uSmile”便利店。对销量大、销路好的部分商品实行统一采购、统一结算、统一配送，毛利率提高 10%，最大限度的提高了经营效益。推行税控收款机实现对非油品业务商品成本自动结转，提升加油站非油品业务财务管理水平。全年实现非油品销售收入 5775 万元，实现利润 513 万元。

【HSE 建设与管理】以确保 QHSE 管理体系持续有效运行为主线，大力开展反违章“六条禁令”的宣贯落实和“安全生产基础年”活动。坚持“谁主管，谁负责”的原则，着力落实安全生产责任制。及时开展安全生产大检查，堵塞管理漏洞，减少“三违”现象。强化安全培训，提高了员工的安全技能。对全系统安全环保隐患进行全面排查和治理，投入 2.96 亿元整治库站各类安全隐患，提高本质安全系数。在抗震救灾期间和奥运会前后等特殊时期，公司健全机构，完善措施，落实责任，加强与地方公安等部门的联系，构筑起了坚固的库、站安全稳定屏障。全年实现零伤害、零事故、零污染的安全生产目标。公司连续五年荣获集团公司“安全管理先进单位”荣誉称号。

【财务管理】逐步推行“大预算”管理体制、企业内部控制风险管理、会计核算集中管理等先进管理技术。确定以目标利润为核心的预算管理动态考核分析指标体系。细化成本费用核算，严控各项费用开支，有效降低了成本费用。吨油批发现金营销成本 129.92 元，同比减少 24.62 元，较预算下降 19%；吨油零售现金营销成本 144.8 元，同比减少 28.23 元，较预算下降 14%；办公费、会议费、业务招待费与上年相比分别减少 764 万元、67 万元、193 万元。推行加油站单站五项指标全口径会计核算及业绩考核工作，激励和约束作用得到有效发挥，加油站创效能力显著提升。财务“网上报销”系统全面运行，财务管理信息化水平得到提升。

【油品数质量管理】严把油品采购、储存、运输等环节的数质量关，继续落实“升进升出”管理办法，制定实施“专罐专用”运输制度。对全系统加油站卸油接头进行了全面改造，从硬件设施上消除混油事故的风险。加强油罐、加油机计量器具检定期校准工作，全年共检定立式油罐 22 座、卧式油罐 512 座、汽车罐车 211 辆，校准流量计 24 块，检定器具 6029 支，油品计量误差控制在法定范围内。年内未发生任何油品数质量事故和顾客投诉事件。在国家质检局和集团公司组织的抽查中，油品质量合格率均达 100%，实现了计量准确、质量合格的管理目标。

【信息化管理】突出 ERP 系统、信息安全管理和网络基础建设三个重点，推进全局性的信息系统建设。从发展规划、管理制度、网络基础设施、基础应用系统等方面加强统一管理，加快公司信息化基础建设步伐。17 家分公司、13 座油库、75 个片区、493 座加油站的联网工作全面完成，网络用户已达 1515 个，公司骨干网基本建立。ERP 系统项目建设全面上线运行。21 座加油站的 IC 卡管理系统升级项目建设进展顺利。将信息安全与信息系统建设应用有机结合，同步推进，公司 1515 台网络终端全部安装信息安全管理系统，公司数据资产和信息系统安全运行。

【员工培训与技能鉴定】把对员工的培训作为最好的福利和奖励，举办各类培训班 273 期（含外培、所属公司培训），培训 14193 人次，培训内容涉及企业经营管理的各个层面。层层组织岗位练兵和技能比武，成功举办公司第三届员工技能竞赛。15 名优秀选手参加集团公司技能决赛，公司取得 6 枚铜牌，2 人获优秀选手。成立公司技能鉴定中心，制定技能鉴定实施方案，922 名加油站员工通过了技能鉴定。干部考核、劳动用工、薪酬分配等激励、约束机制的建立取得重要进展，管理机制趋于完善，队伍结构得到改善、员工素质明显提高，发展基础进一步夯实。

（安得军）

甘肃省电力公司

【企业概况】甘肃省电力公司（简称公司）成立于 1990 年 2 月，是国家电网公司的全资子公司，主要规划、建设、运营、管理甘肃电网，担负着全省电力供应、服务与保障的重任。截至 2008 年底，公司资产总额 267.6 亿元。公司本部设 22 个职能部门，下设 32 个基层单位，其中，水力发电厂 1 个、超高压输变电公司 3 个、供电单位 14 个，施工修造、科研设计、教育培训等单位 14 个。

近年来，公司认真贯彻落实科学发展观，按照国家电网公司“两个转变”（推进电网发展方式和公司发展方式转变）部署和“四化”（集团化运作、集约化发展、精益化管理、标准化建设）工作要求，坚持“稳健经营、持续发展”理念，以实施绩效管理、市场开拓、文化塑造“三大工程”为总抓手和突破口，积极推进各项工作，“一强三优”现代公司建设迈出坚实步伐。公司先后荣获全国“五一”劳动奖状、全国模范劳动关系和谐企业、全国实施用户满意工程先进单位、全国厂务公开先进单位、首届甘肃省“五一”劳动奖状、甘肃省助推社会主义新农村建设先进单位等称号。

【电网概况】甘肃电网是西北电网的枢纽，与宁夏、陕西、青海等西北区域电网和华中四川电网联网运行，水火风电并济，具有较好的电力电量余缺互济能力。截至 2008 年底，全省发电装机容量 1496.035 万 kW，其中：水电 529.43 万 kW，占 35.39%；火电 906.9 万 kW，占 60.62%；风电 59.71 万 kW，占 3.99%。2008 年公司投产 110kV 及以上线路 1850km、变电容量 382 万 kVA，同比分别增长 11.46%和 67.16%。截至 2008 年底，甘肃电网基本规模达到水电厂 1 座，装机容量 116 万 kW；750kV 变电站 1 座，容量 150 万 kVA，线路 272.64km；330kV 变电站 29 座，容量 1338 万 kVA，线路 5773.01km；220kV 变电站 11 座、开关站 1 座，容量 315 万 kVA，线路 1042.8km；110kV 变电站 215 座，容量 1189.96 万 kVA，线路 13574.71km。

【人力资源】截至 2008 年底，公司系统长期职工 22626 人。公司代管县供电企业 77 家，共有长期职工 16191 人。

2008 年公司深入推进绩效管理工程，建立并试运行绩效管理体系，员工队伍的积极性进一步提高。推进全员持证上岗，举办专业技术比武，开展 ERP 周讲座，组织“名家讲大课”，全年培训经费投入同比提高 1.65%，全员培训率同比提高 8.12%，人才当量密度同比提高 0.076 个百分点。8 人入选国家电网公司高级人才专家库。

【电网建设与发展】根据全省资源禀赋现状和甘新联网工程、西北电网建设要求，公司加快建设 750/330kV 骨干网架，全力推动主网结构转型升级。完成电网抗灾能力及差异化设计、酒泉风电输送、重点城市配网改造等规划。加强工程建设安全、质量、进度和造价管理，超额完成年度前期和工程建设任务。公司投资、建设、管理的首个 750kV 工程（永登—白银）进展顺利，完成 60%的施工任务。困扰十余年的兰州市西关什字变电站建设等问题取得突破。开展的配网典型通用设计填补了国家电网公司空白。灾后恢复重建和拉动内需电网项目进展有序。历史性投产330kV工程6项、110kV工程50项，达标投产率达100%，优质工程率达100%，黑河330kV变电站工程被评为国家电网公司优质工程。

【突发事件】在南方雨雪冰冻灾害中，公司1300余名干部员工远赴湖南，与冰雪抗争、与时间赛跑，创造电网恢复重建的奇迹。"5•12"大地震发生后，2600余名干部员工冒着生命危险，沉着应战、奋力抢修，第2天，除受灾最严重的陇南地区外，其他市州全部恢复供电；第9天，灾区全部恢复供电，为夺取抗震救灾全面胜利提供有力保障。在奥运保电期间，公司261名队员顶风雨、冒酷暑，圆满完成支援北京奥运保电任务。各项工作得到上级领导机关和社会各界的广泛赞誉。先后有24个集体和150人次受到国务院国资委、国家电网公司、省委省政府抗灾救灾表彰，6个集体和24人次受到国家电网公司奥运保电工作表彰。公司干部员工被省委省政府赞为"指挥过硬、队伍过硬、技术过硬的电力铁军"和"光明的使者、抢险的英雄、建设的功臣"。公司被国家电网公司誉为"特别能吃苦、特别能战斗、特别能奉献、特别负责任"的队伍。

【经营管理】2008年公司设立物资管理部（招投标管理中心）、750建设办公室、大客户服务中心、风电技术中心，成立投资风险管理委员会，规范供电单位机构设置，改革物资管理体系，管理组织进一步优化，管理关系进一步理顺，管理效率进一步提升。

坚持开展"四化"工作，积极应对严峻经营形势，出台《关于进一步加强经营管理工作的决定》，经营状况总体保持平稳。加强经济调度，节水发电量7.29亿千瓦时。强化财务预算与业务预算的结合，预算的准确性、执行率大幅提高。加强审计监督，完成26个单位经济责任、财务预算等审计56项。持续开展"新思路、新举措、新发展"主题活动，创新活动形式，丰富活动内涵，制约公司发展的因素查找并逐步解决。

【安全生产】严格落实安全生产责任制，强化现场管控和风险防范，安全生产防线更加牢固。大力开展"隐患治理年"和"守规章、无差错"活动，坚持开展"三抓三反"，注重安全教育，强化安全生产奖惩，员工安全行为更加自觉。依靠科技进步，加大设备更新改造力度，积极推广实用先进技术，设备健康水平日益提高。颁布反违章禁令，全面推广现场标准化作业，推行现场作业行为"二十禁"、管理行为"十不准"，现场安全管理更加规范。开展安全主题DV、漫画等大赛，编发电力生产事故案例，"互相关爱、共保平安"安全文化氛围日益浓厚。修订《应急管理工作规定》等规章制度，参加电网大面积停电事故应急联合演练，克服电煤供应紧张、自然灾害频发等困难，安全生产风险防范和应急管理能力进一步提升，确保了电网安全稳定运行。全年一般电网、设备事故同比下降50%，一类障碍同比下降18%，城市供电可靠率99.808%、同比升高0.014个百分点，省调安全生产记录突破20年。

【市场营销】按照电网建设坚持与负荷同步发展、业扩报装坚持"一口对外"、服务大客户坚持"特事特办"的"三个坚持"原则，全力推进市场开拓。2008年公司省内售电量529.22亿kWh、同比增长6.49%。充分发挥大市场、大营销机制作用，密切关注全省招商引资活动，敏锐捕捉市场信息，有效促成项目落户。实行业扩报装例会制度，计划、生产、基建、调度等部门全力协调配合，市场开拓联动机制作用明显。成立省公司大客户服务中心，全省重点大客户报装供电效率进一步提高。加强跟踪服务，加大重点大客户报装信息监控力度，全年跟踪报装进度的大客户累计49家，申请容量546.6万kVA。加强客户工程管理，完善公开信息平台，规范客户受电工程服务管理和市场管理。积极维护客户自主选择设计、施工、供货单位权益，"三指定"治理成效显著。在应对危机中千方百计开拓市场，对全省1000kVA以上用电项目进行摸底，采取力所能及的措施帮助企业渡过难关。出台市场开拓指导意见、清洁能源推广方案、增售电量考核办法等多项措施。积极服务家电下乡，开拓终端用电市场。

【农电工作】开展"农电管理年"活动，出台33项制度，全面规范农电企业各项管理。组织实施农电企业资产、客户、人员"三清理"，农电家底进一步摸清。开展整顿抄核收管理、整顿供电所收支管理、整顿电价秩序、整顿供电服务行为"四项整顿"活动，农电营销管理逐步规范。2008年全省县级供电企业完成售电量169.6亿千瓦时，同比增长7.6%。全年未发生农电事故，实现了安全目标。农网供电可靠率、供电电压合格率、综合线损率分别为99.313%、95.226%、8.71%，全部达到国家电网公司下达年度计划指标。

2008年县城电网遗留工程、一二期农网节余资金工程和国家拉动内需追加资金工程等9项工程整体进展顺利。在实施农网工程的同时，有效解决灾区过渡安置房通电等紧急问题，会同省发改委完成全省农网完善总体发展规划、农网完善2009年至2011年三年发展规划、2009至2010年无电地区电力建设规划编制等，着力解决农网突出问题，确保了农村发展对电力供应的需求。山丹、高台县电力局通过国家电网公司验收，被命名为"一流县供电企业"。民勤、临泽、平川县电力局被国家电网公司命名为安全生产和线损管理标杆单位。

【科技信息】坚持"三个面向"（面向国家电网发展重点领域、面向生产一线、面向世界电力科技前沿），健全科技创新体系，优化科研资源，加大科技、信息投入，科技创新能力明显提升。深入实施"SG186"工程，正式启动ERP

项目并完成蓝图设计，一体化的门户、数据中心信息平台建设有序。整合科研力量，加强风电接入及 750kV 电网技术研究。承担国家电网公司的 11 项科技项目进展顺利，电网降损技术实验室项目通过评审。重视知识产权申报，全年获得国家授权 3 项、申请受理 22 项，创历史最好水平。"输电系统中灵活交流输电（可控串补）关键技术和推广应用"项目获得国家科学技术进步一等奖。

【优质服务】以"服务升级"和"百问百查"活动为载体，积极向政府有关部门和电力监管机构汇报工作，定期走访市场交易主体，利用季度厂网协调会、交易信息发布网站、座谈会等渠道及时准确披露各种市场信息，公平、公正、透明的电力市场交易平台逐步形成。充分发挥 95598 调度职能，优化 95598 服务流程，出台服务调度规程，加强营业窗口软硬件建设，创建优质服务城市规范化窗口达标率达 100%，农村规范化窗口达标率达 88%。

【党群工作】出台了《关于加强和改进思想政治工作的决定》，以"三建设一规范"为核心，大力加强思想政治工作。设立思想政治工作创新奖，积极开展思想政治工作对标、"电网先锋党支部"创建、"人人讲诚信"教育、"廉政教育月"等活动，党的基层组织更加巩固，思想政治工作对生产经营的保障作用进一步显现。"六好党支部创建"、"党员双卡制度"成果被国资委党委和省委确定为先进典型，2 个基层单位跨入"全国文明单位"行列。加强信访、维稳和保密工作，及时排查不稳定因素，积极维护企业稳定。充分发挥工青妇组织作用，关心离退休人员生活，关注困难员工，企业发展的合力进一步增强。加强新闻宣传和公共关系工作，与社会各界的沟通联系更加紧密，发展环境进一步优化。主动履行社会责任，在抗灾救灾中捐款捐物、缴纳特殊党费累计 1350 万元，捐资 800 万元建设 10 所爱心希望小学。科学制定《企业文化发展纲要》，"安全文化、营销文化、服务文化、廉洁文化、团队文化、和谐文化"六个子文化框架体系逐步形成。成功举办"文化的力量"主题论坛、改革开放 30 年成就展、抗灾救灾先进事迹巡回演讲，企业文化的管理效力逐步显现。公司荣获改革开放 30 周年"全国企业文化优秀单位"称号，文化塑造工程被评为"全国电力行业企业文化优秀成果"。

（赵若瑜　孙镇）

烟草业

【综述】2008 年，甘肃烟草专卖商业系统坚持以科学发展观总揽全局，紧紧围绕建设"严格规范、富有效率、充满活力、优质服务"甘肃烟草的目标，克服特大自然灾害、国际金融危机等诸多因素的不利影响，坚持一手抓抗震救灾，一手抓科学发展，团结一心，沉着应对，深化管理，稳中求进，各项工作迈上了新的台阶，经济运行质量进一步提高，经济效益持续快速增长，继续保持了平稳较快的发展态势。

2008 年，全省烟草商业系统销售卷烟 377.65 亿支（75.53 万箱），同比增长 4.32%，其中省产烟 265.68 亿支（53.14 万箱），省外烟 111.97 亿支（22.39 万箱）。销售三类以上卷烟 73.14 亿支（14.63 万箱），占总销量的 19.37%，同比增长 1.39%。

2008 年，全省烟草商业系统实现销售收入 73.10 亿元，同比增长 13.02%。实现"两烟"税利 16.63 亿元，同比增长 13.45%；其中，实现税金 4.16 亿元，同比增长 14.53%；实现利润 12.47 亿元，同比增长 13.09%。种植烟叶 4.38 万亩，收购烟叶 10.43 万担。

【卷烟营销】适应工业企业品牌整合发展，完善品牌引进退出制度，重点选择适销品牌规格，加大重点骨干品牌的引进和培育力度，提高全国大品牌市场占有率，丰富卷烟市场品牌供应，满足消费者差异化、多样化、个性化需求。年底，全省市场在销卷烟共 36 个品牌 87 个规格。全年销售全国重点骨干和视同品牌 56.91 万箱，占总销量的 75.35%，同比增长 6.57%。推行零售客户供货总量浮动管理，从年度商定供货总量、半年调整供货总量、新入网客户商定供货总量、浮动上限维护四个方面制定零售客户供货总量浮动管理的具体操作流程。加强销售大户管理，对销售大户的界定、审批、备案和监管工作进行具体规定，进一步规范卷烟市场秩序。完善统一规范的工商协同营销机制，与工业企业协同研究市场、协同需求预测、协同品牌培育、协同服务客户，实现组织人员对接、规则流程对接、营销信息对接。

【营销网络建设】围绕"突出服务、注重效率、优化流程、提高素质"的要求，进一步完善网建运行机制，不断提升客户经营指导和服务水平。组织编写卷烟销售网络业务规范并在全省推广，从规范决策、规范操作、强化支持三个层次，统一业务流程、统一系统标准、统一操作规范，加强电访、分拣、送货、资金管理、货源分配等流程的衔接，提高网络运行效率。加强服务监督和服务评价，高度重视客户投诉处理工作，认真调查解决投诉问题，客户投诉问题解决率达到了 100%。对零售客户开展有针对性服务营销指导，提高送货服务质量，大力开展"门对门"送货服务。推进按客户订单组织货源工作，创新预测方式方法，积极探索开展零售客户与消费者信息采集，为宏观调控提供依据。按照"合理规划、统一标准、经济实用、综合配套"的方针，积极开展物流配送中心建设规划，加强物流配送现场管理，降低成本运行，提高配送效率。全省 10.53 万户卷烟零售户中，电话订货率达到100%，电子结算率达到35.2%，卷烟配送直送到户率达到97.8%，初步实现了传统商业向现代流通的转变。

【卷烟打假】协调成立由省政府统一领导、有关部门参与的甘肃省卷烟打假打私工作领导小组，把专卖管理纳入各级政府市场秩序整顿规范的大格局中，加大对制售假烟犯罪行为的打击力度。完善公安、检察、法院、烟草部门打假联席会议和案情分析会议制度，及时通报案情，分析形势，研究措施，初步形成行动迅速快捷、技术支持有力、法律保障到位、配合密切有效的工作局面。规范涉案烟草制品的价格鉴定工作，与省物价局联合印发《甘肃省涉烟案件物品价格鉴定管理办法》。完善系统内跨行政区域联动办案机制，发挥甘肃省打假破网协调指挥中心督导、协调、组织功能，为跨地区查破假烟网络案件提供有力支持。突出信息收集和案件经营，注重延伸办案、跟踪打击，打假破网取得了新的进展。2008年，全省共查获各类卷烟违法经营案件16454起，查获卷烟5097万支，捣毁贩假窝点61个，移交公安、司法机关拘留、逮捕51人，判刑20人。破获案值在20万元以上的制售假烟网络案件11起，其中案值在100万元以上的假烟网络案件6起。武威市局查破了全省迄今为止最大的假烟网络案件，涉案金额达400万元。

【烟叶产销】严格计划种植，稳定种植规模，2008年落实烤烟种植面积4.38万亩，收购烟叶10.43万担，均控制在国家计划之内。投入烟叶生产扶持资金664万元，积极推广双层施肥、漂浮育苗等适用技术，提高烟叶生产科技含量。严格合同收购管理，加强对烟叶收购、调拨各环节的过程控制。加强烟叶收购监督检查，组织第三次陕甘宁三省（区）专卖行政执法暨烟叶收购边界协调联席会议，进一步加强边界协调和烟叶专卖管理，规范烟叶收购秩序。认真贯彻中央“工业反哺农业，城市带动农村”方针，全年投入2718万元，修建基础设施建设项目790个，新增集约化烘烤面积1.77万亩，新增可灌溉烟田面积1.7万亩，同时解决了当地1万多人的饮水问题。按照“一基四化”的要求，在庆阳正宁县永正乡纪村和陇南两当县兴华乡槐树村分别建立800亩、2000亩建立两个现代烟草农业试点村，在生产组织形式、土地流转、规模化种植、集约化经营、专业化服务等方面进行有益探索，取得初步成效，户均种植面积增加4.2亩，亩均纯收入提高856元。

【企业管理】深入开展“深化管理年”活动。围绕市州公司市场营销主体地位和县级局专卖执法基础地位建设，紧紧抓住“市场监管、营销服务、运行效率”三个环节，进一步规范制度流程，推进管理创新，建立长效机制，夯实各项管理基础。全面启动ISO9000质量管理体系建设，建立组织机构，制定实施方案，开展体系调研、体系策划和流程识别，完成文件编写，部分单位进入体系文件发布阶段。狠抓现场管理、财务管理和安全管理，全省系统职业健康安全管理体系通过认证。认真组织开展物资采购、广告促销和工程投资项目“三项检查”，建立健全广告促销、物资采购、工程项目等方面管理制度，规范决策流程。建立科技创新制度，推动自主创新活动，网建全面提升、专卖内部管理、企业文化建设、工程项目监管、财务核算管理、绩效考核、党建等重点联系点工作，都取得阶段性成果。

【体制改革】理顺酒泉、嘉峪关两市烟草专卖管理体制。原辖酒泉市烟草专卖局（公司）的嘉峪关市烟草专卖局升格为县处级建制，同时成立甘肃省烟草公司嘉峪关市公司，与嘉峪关市烟草专卖局“一套机构、两套牌子”，负责嘉峪关市的烟草专卖管理和卷烟经营工作。酒泉市烟草专卖局、甘肃省烟草公司酒泉市公司的住所迁移至酒泉市肃州区，负责肃州区、玉门市、金塔县、瓜州县的烟草专卖管理和卷烟经营工作。敦煌市烟草专卖局（公司）隶属关系变更由酒泉市烟草专卖局（公司）管理。临夏、甘南两个州局（公司）及永靖、康乐、和政、清水、张家川5个县局（公司）上划至烟草行业管理。成立临夏回族自治州烟草专卖局（公司）临夏市、临夏县、广河县、东乡县4个县级烟草专卖局（营销部）。

【人力资源】在总结试点经验的基础上，全面推广以“分类管理、科学设岗、明确职责、严格考核、落实报酬”为总体要求的用工分配制度改革，深化岗位分析，明确岗位职责，分类设计薪酬体系，开展全员竞争上岗，在全省初步建立了能进能出、能上能下的人事用工机制和分类管理的岗位绩效工资体系，实现了员工由身份管理向岗位管理、单一行政职务晋升向多通道发展、以身份和职务定薪向以岗位和贡献定薪的转变。开展不同形式业务知识和岗位技能培训与鉴定，全年举办专卖、营销等各类培训班369期，培训人员10160人次，有681人通过职业技能鉴定，760多人取得质量管理体系和职业健康安全管理体系的内审员资格。

【党风廉政建设】紧密联系企业管理实际和党员干部思想实际，把反腐倡廉教育同理想信念教育、法制教育、职业道德教育和“两个至上”行业价值观教育相结合，同企业文化建设工作相结合，广泛开展先进典型示范引导与反面典型警示教育等多种形式的教育活动。各级党组按规定召开以科学发展观为内容的专题民主生活会，安排反腐倡廉专题学习活动。全年开展各类专题教育29次，举办讲座、报告会34场次，受教育总人数4380人次。

（王永青）

建设 测绘 环保 旅游

建 设

【综述】2008 年是极不平凡的一年，面对历史罕见的自然灾害和复杂严峻的经济形势，全省建设工作坚持以科学发展观统揽全局，紧紧围绕促进城镇化进程、加快重点项目建设、解决民生问题、推进节能减排等重点工作，创新思路、强化措施，周密安排、狠抓落实，积极处理好改革发展稳定的关系，各项工作进展顺利，成效明显。

【抗震救灾】5.12 地震发生后，按照党中央国务院的决策和省委省政府的安排部署，我厅组织房屋建筑应急鉴定及安全评估工作，共鉴定建（构）筑物 3941 项，建筑面积 566 万平方米；建成过渡安置房 4.9 万套，确保了灾区学生高考和秋季按时开学，没有一个灾区学生在帐篷内上课；编制完成灾后重建城镇体系规划、农村建设规划和城乡住房建设规划，为我省地震灾区恢复重建提供了科学的指导；编制完成了抗震农宅设计图集并印制 3000 册无偿赠送灾区，为灾后农村建设过冬房提供技术支撑；研究制定了《汶川地震甘肃灾区农村居民住房重建维修管理办法》和《甘肃省地震灾区城镇居民住房恢复重建实施意见》，对灾区城乡居民住房恢复重建提供了政策支持。由于在抗震救灾和灾后重建工作中卓有成效的工作和突出表现，我厅 1 名同志被党中央、国务院和中央军委授予抗震救灾模范，7 个集体和 15 人被建设部评为先进集体和个人。

【落实国家扩大内需政策】国务院拉动内需、促进经济发展的十项措施出台后，我们结合学习实践科学发展观活动，分别召开厅辅助决策委员会会议和党组会，对与建设工作有关的措施进行了认真分析研究，并提出了向国家争取建设项目资金的意见。拟定以住房保障、城乡基础设施建设、关系国计民生和推进节能减排工作为重点争取项目和资金。共向住房和城乡建设部、国家发改委申报廉租住房建设项目 222 项、66255 套，申请中央预算内投资 8.99 亿元。经过积极争取，目前已落实 3.52 亿元。25 个城镇污水处理项目申请中央财政投资补助 14.1 亿元，其中在建污水处理设施配套管网申请中央投资补助 6 亿元；52 个城镇垃圾无害化处理项目申请中央投资补助 6.4 亿元。建筑节能改造项目 9 项，申请建筑节能资金 9.09 元。这些项目实施后，将会缓解全省城市基础设施欠帐多的压力，为提升城市的服务功能、改善民生、拉动经济增长发挥重要作用。

【廉租住房建设】2008 年，省政府把实施廉租住房保障列入关注民生的 14 件实事之一，要求对全省城市低保住房困难家庭人均住房建筑面积 6 平方米以下的 29992 户应保尽保，新建廉租住房 15 万平方米、3000 套。4 月份，省政府与 14 个市州政府签订了廉租住房保障目标责任书。8 月，省政府办公厅印发了我厅代拟的《甘肃省廉租住房保障和住房公积金管理目标责任考核办法》，得到了住房和城乡建设部的充分肯定，要求全国各地建设部门学习推广。全年分两次对 14 个市州政府的廉租住房保障和公积金管理工作进行了督促考核。超额完成了国家下达的廉租住房保障任务。2008 年全省实施廉租住房保障 11.05 万户、35.36 万人，保障户数比年初任务增长 2.7 倍；已开工建设廉租住房 1.26 万套、64.25 万平方米，总投资额 6 亿元。全年落实国家廉租住房专项资金 6.5458 亿元，比 2007 年增长了 5.2 倍。

同时，我们加快经济适用住房建设和棚户区改造。2008 年，全省经济适用住房房屋施工面积 190.76 万平方米，完成投资 42.95 亿元，同比增长 30.19%。棚户区（危房）改造摸底工作全面完成，全省共有棚户区（危房）总户数 252226 户，危旧住宅总户数 247913 户。2008 年，全省已累计出售公有住房 90.77 万套，5923.18 万平方米，占可售公房的 92%。全省归集总额 277.56 亿元，归集余额 189.32 亿元，个人贷款余额 43.67 亿元，累计向 22.16 万户职工发放了个人贷款，均有较大幅度增长。全省个贷余额占归集余额的平均比例为 23.06%，同比增加 0.42 个百分点。住房公积金专项治理取得显著成绩，收回多年拖欠的项目贷款 813.6 万元，进一步减低了资金风险；经我们研究决定，今后每年从住房公积金增值收益分配中增加廉租房建设资金 5000 万元。

【房地产业】针对国际金融危机对房地产造成的影响，我厅结合贯彻国家宏观调控政策，及时向省政府提交了促进全省房地产业平稳健康发展的八条政策意见，11 月份，由省政府办公厅印发执行，对稳定全省房地产市场、遏制房地产下滑局面产生了积极的作用和影响。2008 年，全省完成房地产投资 207.98 亿元，占全省全社会固定资产完成投资的 11.3%。其中房地产开发完成投资 170.69 亿元，同比增长 27.31%。在房地产开发完成投资中，住宅完成投资 95.48 亿元，占房地产开发投资的 75.35%。商品房实际销售面积 471.32 万平方米，同比下降 20.42%。全省商品房空置面积 130 万平方米，其中空置 3 年以上的面积 19.64 万平方米。全省城镇人均住房面积达到 26 平方米。物业服务企业有 769 家，服务项目 3924 个，管理面积 8233.23 万平方米，从业人员约 3.6 万人。

【建筑节能工作】按照《甘肃省民用建筑节能管理规定》要求，在全省积极实行新开工项目民用建筑节能质量监督专项备案制度，对新建项目的建筑节能从规划、设计、施工、验收各环节均已纳入法定的建设程序管理，建筑设计中已规定了建筑节能设计专篇，设计审查中设有建筑节能专项审查，并严格按照国家强制性节能标准、规范实施。2008 年，国家下达我省 350 万平方米既有居住建筑节能改造任务，通过组织项目的申报、评审工作，全省共审定改造项目 305 项。对既有居住建筑节能改造制定了相应措施，会同财政厅及时下拨既有居住建筑供热计量及节能改造奖励资金。目前，全省已完成改造面积 143 万平方米。

【重点项目建设】2008 年全省重点建设项目 48 项，计划总投资 1640.5 亿元，年度计划投资 376.4 亿元。全年共完成投资 433.56 亿元，占计划的 115.2%，其中续建项目计划投资 203 亿元，实际完成投资 209.2 亿元，占计划的 103.02%；新开工项目计划投资 173.4 亿元，实际完成投资 224.37 亿元，占计划的 129.43%；14 个重点投产项目计划投资 65.84 亿元，实际完成投资 72.34 亿元，占计划的 109.86%。全省重点建设项目突出加强基础设施、基础产品及社会公益性项目建设，加大了国有大中型企业更新改造力度。及时协调、积极解决项目建设中的突发事件和各种问题，既妥善保护人民群众的切身利益，又保证重点项目建设的顺利进行，不断改善建设与发展环境。同时，进一步加强和提高重点建设项目的管理水平，使重点工程质量、安全得到有效控制，为全省工程建设起到了示范带动作用。

【城乡规划管理】积极督促兰州市城市总体规划的修编，总结评估兰州市现行第三版城市总体规划实施情况，形成了评估报告；审查完成天水市城市总体规划，对天水市空间发展提出了具体要求；组织专家对现行《金昌市城市总体规划》的实施情况进行全面评估；督促陇南市完成城市总体规划报批的基础工作。结合我省贯彻落实《城乡规划法》工作实际，有序推进城乡规划管理工作，起草了上报了《甘肃省城乡规划条例》和《甘肃省建设项目规划许可管理办法》，其中《许可办法》已由省政府发布执行。全面开展规划工作调研，为城乡规划机制体制建设奠定基础。指导完成了临泽县、景泰县、宁县等 3 个试点县的县域村镇体系规划编制工作；继续推进了全省 100 个重点镇和 100 个重点村规划编制。建立完善城乡规划督察制度。组织起草了《甘肃省城乡规划督察试行办法》，公布了第一批“甘肃省城乡规划督察员名单”，组织规划督察员对各城市的城乡规划效能进行了全面督察。报请省政府批准公布了渭源县渭河源风景区等 4 处为省级风景名胜区和兰州市为甘肃省省级历史文化名城，我省省级风景名胜区达到 20 处。

【城乡建设管理水平】积极推进全省城市基础设施项目建设。2008 年完成城市建设投资 110 亿元，比上年增长 19.5%，占全省全社会固定资产投资完成的 6.34%。积极推进市政公用事业改革，加大城市管理力度。一是大力推进主要污染物减排，做好城市节约用水工作，全省节能减排指标生活污水污染物减排年度计划任务基本完成。指导酒泉、张掖、金昌、兰州、定西等城市积极开展创建节水型城市工作。二是继续推进城镇供热体制改革。大部分城镇根据当地实际情况建立了针对城镇困难家庭冬季采暖的保障体系，改“暗补”为“明补”。协调省物价部门出台了《甘肃省城镇供热计量收费暂行办法》，推行供热计量收费。三是继续推进城市生活污水处理、垃圾处理产业化。各城市相继制定污水、垃圾处理收费管理办法和实施意见，合理确定和调整了污水、垃圾处理收费标准，提高城市生活污水垃圾处理费的收缴力度；推动垃圾分类收集，提高生活垃圾减量化和资源化水平。四是创建省级园林城市活动深入开展。各城市加强城市中心区绿化和居住区绿化建设，努力增加城市绿量、改善城市生态环境，提高城市绿化覆盖率和城市园林绿化水平。五是城市环境综合整治工作向纵深发展。兰州市、嘉峪关市、张掖市等城市加大城市环境综合整治力度，促进城市环境改善。六是城市市政基础设施应急能力经受住了考验。年初雨雪冰冻灾害和“3.14”藏独事件对我省部分城市基础设施造成了较大损失和影响，及时指导各地建设行政主管部门，紧急启动应急预案，抓紧抢修受损基础设施，保证城市居民的生产生活不受影响，应对突发事件的能力得到了提高。

2008 年，村镇建设完成投资 157.16 亿元，同比增长 54.26%。继续抓紧抓好全省 100 个重点镇基础设施和公共服务设施建设；全面推进全省 100 个新农村试点村的基础设施和农宅建设工作。召开村镇建设定西现场会，推广定西市村镇建设的经验。组织各地完成了第四批中国历史文化名镇申报工作，我省临潭县新城镇、秦安县陇城镇获批为第四批中国历史文化名镇。

【建筑业】2008 年全省全社会建筑业完成总产值 1020 亿元，比上年增长 28.31%，约占全省全社会固定资产投资完成的 58.8%。我省建筑企业有 335 家（次）到全国 15 个省、市、自治区参与工程投标，外出施工企业参加投标次数逐年增长，企业竞争力逐步增强。建设工程招投标工作得到加强，房屋建筑和市政基础设施工程公开招标率达到95.7%，各级有形建筑市场运行健康，为工程建设提供了良好的服务。各级建设主管部门加大执法监督力度，严肃查处违法违规建设工程，对市场主体的违法违规行为起到了震慑和教育作用。加强工程造价管理，认真贯彻《甘肃省建设工程造价管理条例》。

严把建筑安全生产准入关，严格审批建筑施工企业的安全生产许可证，核发建筑职工“三类人员”安全生产考核合格证36797人。深入开展建筑安全生产隐患排查治理活动，积极推动建筑安全生产百日督查专项行动。完善制度，制定建筑施工生产安全事故应急报告和调查处理程序。2008年，全省共发生建筑施工安全死亡事故11起，死亡人数13人，事故起数同比下降45.5%，死亡人数同比下降46.2%，伤亡人数连续5年保持下降，确保了建筑安全生产总体平稳的态势。

【学习实践科学发展观】结合全省建设工作实际，及时成立活动领导机构，制定学习实践活动实施方案，要求厅系统全体党员干部，以“严、实、细、活”四个字，做到两手抓、两不误，在活动中坚持高标准、严要求，领导有力、启动及时，注重学习、强化调研，查改结合、扎实推进。坚持以学习促工作，以工作成效检验学习效果，认真开展学习实践科学发展观活动，各阶段工作取得了明显成效，达到了预期目的。我厅作为参加第一批学习实践活动的单位，从2008年9月开始共有1个党组，5个直属党委，61个党支部，在职党员1220人，离退休党员244人，共1464名党员参加了学习实践科学观活动。目前，梳理的问题已解决87%，其余问题正在按照要求逐步解决。

（杨仲泰）

测　绘

【贯彻落实《国务院关于加强测绘工作的意见》】下发《关于认真学习贯彻<国务院关于加强测绘工作的意见>的通知》，对市州测绘行政主管部门学习贯彻意见提出了具体要求；2月份省政府印发《关于加强测绘工作的实施意见》（以下简称《实施意见》），明确了五个方面的目标任务、九项具体措施。在充分调研和协调的基础上，结合甘肃实际，起草了《关于理顺省市县测绘管理机构的初步意见》，经省国土资源厅党组同意后报省编委。与市州测绘行政主管部门签订了目标责任书。各市（州）按照省政府的要求和我的具体部署，结合各地实际，在测绘日常监管、实施基础测绘规划、提升测绘保障服务水平等方面做了大量有效的工作，截至2008年底，陇南、庆阳、兰州、白银、张掖、酒泉、武威、天水、甘南、定西、金昌、平凉等12个市（州）出台了市政府《关于加强测绘工作的实施意见》。各市州意见强调要加强测绘统一监管，理顺和健全市县测绘行政管理体制，落实测绘管理与执法机构、职能、人员、职责、经费，明确测绘行政执法主体资格。要建立稳定的基础测绘分级投入机制，逐步加大各级财政对测绘工作的投入，确保基础测绘规划顺利实施。加快基础测绘建设，推进地理信息资源共建共享，切实提高测绘保障能力和服务水平。加强测绘工作的组织领导和统筹协调，为甘肃省测绘事业发展打下了基础。

【甘肃地震灾区恢复重建测绘保障规划】5.12汶川特大地震发生后，省测绘局在积极做好测绘保障的同时，按照省灾后恢复重建工作总体安排方案和国家测绘局对灾后重建测绘保障工作部署要求，针对灾区险情排查、预报监测、基础设施修复及灾后恢复重建等工作的需求，编制了《灾区恢复重建测绘保障规划》，该规划作为《汶川地震灾后恢复重建甘肃防灾减灾专项实施规划》的子规划，已经省政府批准分部门组织实施。测绘保障规划从2008年起分三年实施，主要任务是对灾区进行一期全面的航空遥感影像覆盖，测绘1∶1万、1∶5万、大比例尺重点城镇及乡村重建等各类地形图，建设灾区地理信息数据库及地理空间平台，适当补充应急测绘装备，初步形成测绘应急保障机动能力。通过规划的实施形成以航空遥感影像覆盖、基础地理信息数据采集及地理空间平台建设为重点，提高测绘应急保障能力，初步建立测绘应急保障体系，为防灾减灾、灾害评估、科学制定灾后恢复重建规划等提供科学依据，保障防灾减灾、灾后重建工作实施的测绘需求。

【省级基础测绘】2008年，经过省基础测绘队伍的艰苦努力，完成了陇南、甘南1∶1万数字化影像地图25000平方公里，河西地区1∶1万数字化地图更新25000平方公里，全年完成总成图量近50000平方公里。完成了陇东测绘航空摄影覆盖、全省1:25万矢量地图重点要素更新。完成了白银市等13个市县城区坐标系统验收工作。完成了国家支持的边远地区和少数民族地区甘南合作市基础测绘项目的航摄和测图工作，数据入库和管理平台建设完成了年度任务。完成了西部测图工程青藏高原西部B2区域14800平方公里的测图任务，已完成了野外测绘工作，A6区域19600平方公里测图任务，已完成全部测图数据采集工作；完成了西部测图1∶5万无图区测绘C1、C2区域外业测绘监理项目；完成了国家1∶5万32000平方公里数据库更新年度任务。完成了新农村建设测绘保障服务金昌试点项目的测图任务。完成了《甘肃省地图集》、《庆阳市地图集》和张掖等9市县行政区划图的编制出版工作，《甘肃省地图册》、《兰州市地图集》、《张掖市地图集》编制工作进展顺利。开发编制了《甘肃电力调度系统通信图册》和《兰州市交通旅游图》等一批专题地图、电子地图及公共地图产品，促进了地图市场的繁荣。

【市县基础测绘】2008 年，省测绘局继续认真贯彻落实《基础测绘计划管理办法》，会同省发改委联合下发了《关于编报 2009 年基础测绘计划有关事项的通知》，截至年底，98%的市县落实了 2009 年基础测绘计划。同时，省测绘局深入市县进行督导，促动了市县基础测绘规划的实施。各市州测绘行政主管部门结合市县经济建设对基础测绘的需求，加大了基础测绘规划的实施力度，随着白银、定西、庆阳、平凉、陇南、天水、甘南等市县城市规划区的基础测绘项目的实施，带动了全省市县基础测绘规划的全面实施，这批基础测绘成果已广泛应用于第二次土地大调查、城市规划、基础设施建设等项目中，市县测绘保障服务水平进一步提升。

【抗震救灾应急和灾后重建测绘保障】5.12 四川汶川特大地震发生后，省测绘局迅速启动了测绘保障应急响应预案，坚决贯彻省委、省政府和国家测绘局的有关指示精神，迅速组织测绘应急保障服务工作，全局上下立即调整工作重心，取消节假和双休日，坚持 24 小时值班制度，局院（中心）两级党委始终坚持在工作一线协调指挥，一线职工不间断轮班作业，及时提供了救灾急需的测绘资料和灾后恢复重建测绘保障，突显出了测绘职工的精神风貌和测绘工作的重要保障地位，受到了国土资源部、国家测绘局、省政府及灾区政府的赞扬。

抗震救灾应急测绘保障。5.12 四川汶川特大地震发生后，省测绘局立即组织力量第一时间为甘肃省委省政府、省抗震救灾总指挥部、省军区、地震、民政、交通、国土、地质、建设等部门提供了涉灾地区的基本地形图、行政挂图、各种抗震救灾专题图件，确保了救灾应急对测绘资料的需求。积极协助市县为空降保障量测提供了地理坐标，保证了抗震救灾应急指挥、现场处理中的测绘资料急需。突击编制了震区影响范围图、灾区交通图等 20 多种抗震救灾专题图，突击为民政厅标编了抗震救灾民政信息专题图系列，为交通部门标编了主要交通抢修图，第一时间送省委主要领导，突击制作了汶川地震甘肃灾区三维演示系统，并及时在甘肃省政府专网上运行使用，突击编绘印制了陇南 1 市 9 县和甘南 1 州 4 县地图 5110 幅，冒雨急送陇南市和甘南州政府，为抗震指挥、协调和信息交流提供了便利。在抗震救灾中，省测绘局共提供各种类型的地图 9000 多幅，近 3 万平方公里遥感影像，确保了救灾应急对测绘资料的急需，为抢险救援赢得了时间。

灾区影像数据生产。5 月中旬抢险救灾工作对基础测绘成果的需求十分迫切，省测绘局按照冯健身常务副省长作出的“请测绘部门对灾区进行一次航拍，防止出现救灾盲区”的批示精神，紧急报请国家测绘局安排 90000 平方公里航摄计划。为了及时提供成果，省测绘局整合了航空摄影测量的全部力量，保证测绘工作高效有序开展，广大一线测绘职工夜以继日，密切配合，当月突击制作了重点城镇 30 余幅彩色专题影像图，提供救灾使用，同时陇南部分城区影像图上网，第一批 5200 平方公里 1 米分辨率正射影像地图及时用于救灾抢险、救灾物资运送、灾害排查防治等方面。为了早日完成任务，全局测绘职工突击 110 天，完成了 25000 平方公里的 1 米正射影像测绘。与此同时，国家测绘局还急调翼展飞机对甘肃陇南灾区 20 个城镇共 292 平方公里低空航空摄影，测绘工作也同步展开，7 月上旬全部完成影像地图测绘 292 平方公里，开创了省测绘局测绘生产和迅速保障的先河。这些测绘成果分批送交国土资源部和国家测绘局分发使用，为领导了解甘肃灾情及全面详细的地质灾害调查提供了急需的测绘保障，也全部提供给陇南市政府，在陇南灾后重建规划和土地利用现状调查工作中发挥作用。2008 年，陇南基础测绘成果的取得，是我省首次实现整区域彩色正射影像地图覆盖，使陇南由全省测绘资料最为薄弱的地区一跃成为测绘资料最好的区域之一。

灾区村庄重建测绘。省测绘局根据陇南市、甘南州电报求援农村重建测绘，立即连夜从各个测区调集技术人员，组成 40 个技术组，冒着余震完成了第一批 221 个村的全野外测绘工作，测绘成果立即提交规划建设部门使用，保证了村庄重建急需，为第一批灾区重建工作在冬季来临之前完成建设任务奠定了基础、赢得了时间。

【边远地区和少数民族地区基础测绘项目】由财政部、国家测绘局批准立项的甘南合作市基础测绘项目，经过省测绘工程院技术人员的艰苦努力完成了航摄和测图工作，数据入库和管理平台建设正在进行。通过项目实施，对加快合作市的基础设施建设、推动城区建设发挥了基础性保障作用，促进合作城市地理信息应用和信息化建设。甘南黄河补给区生态保护地理信息系统，经国家测绘局和财政部批准，列入 2008 年度边远地区和少数民族地区基础测绘项目，各项工作已按计划推进。

【甘肃省政务地理信息平台及专题应用系统建设】按照甘肃省人民政府与国家测绘局的合作协议，省测绘局与中国测绘科学研究院签定了甘肃省政务地理信息平台科技实施协议，促进了甘肃省政务地理信息平台建设步伐，经过技术人员的艰苦努力，顺利完成了平台建设的年度计划。同时，省测绘局通过甘肃省主体功能区规划管理平台、石羊河治理、重点农田保护动态监测等一批有影响的专题应用系统的建设，促动了地理信息在政务工作中更广泛有效地应用。

【数字白银地理空间框架建设】经过省测绘局与白银市政府及有关部门

的密切配合，在省测绘工程院技术人员的艰辛努力下，数字白银建设已完成了航摄测图工作，项目建设已进入平台整合，将结合需求开发一批重点应用示范系统，展示地理信息平台的效应，为白银市经济社会发展服务，也为全省数字城市建设积累经验。

【西部测图项目】2008 年，省测绘局积极参与国家西部测图工程的招投标，承担了西部测图工程青藏高原西部B2区域14800平方公里的测图任务，已完成了野外测绘工作，转入内业工作；A6 区域 19600 平方公里测图任务，已完成全部测图数据采集工作；完成了西部测图 1：5 万无图区测绘 C1、C2 区域外业测绘监理项目；积极参与国家 1：5 万数据库更新任务，2008 年承担的 32000 平方公里更新任务已基本完成。

【新农村建设测绘保障服务金昌试点项目】省测绘局积极组织实施，在合作各方的共同努力下，金昌试点项目已进入地理空间基础平台建设阶段，进一步推动了县域可视化浏览平台建设，通过整合部门信息，形成应用专题示范，构建专题要素标编工具，为新农村建设、重大项目论证、县域经济布局提供科学决策工具，为全省县域地理空间平台建设积累经验，带动更大范围的发展。

【甘肃明长城资源调查和测量工作】省测绘局与甘肃省文物局合作，通过两年的共同努力，完成了明长城资源调查和测量工作。甘肃明长城长度测量分项成果 11 月 28 日顺利通过了国家验收，甘肃省测绘局在开展项目中制定的质量控制流程、采取的合作模式等得到了专家的充分肯定，绝大多数省市区采用了甘肃省试点技术方案。

【测绘成果应用与服务】紧紧抓住成果应用求实效，取得了良好的效果，2008 年向 700 多个用图单位提供了基础测绘成果，提供总面积达 353 万平方公里，基础测绘成果应用持续增长，在全省经济社会发展中发挥了重要的保障作用。在测绘成果应用方面，省测绘局所属各单位在完成基础测绘、抗震救灾应急和灾后恢复重建及国家西部测图等重点项目的同时，围绕重大工程建设、国土资源调查、资源开发、城市规划、土地整理、生态环境监测保护、防灾减灾、文物保护等方面提供了及时服务，进一步提升了全省测绘服务保障能力和水平。通过成果的广泛应用，发挥了测绘在管理社会公共事务、处理经济社会发展重大问题中的作用。

【地图编制与出版】开展的市州地图集编制工作，在市州测绘行政主管部门努力下，取得了市（州）政府的支持，张掖、兰州、定西等市成立了由市政府领导亲自牵头的编辑委员会，加强了对地图集编制工作的协调领导；省基础地理信息中心设立了图集编辑部，开展资料整理和编辑工作，截止 2008 底，完成了《庆阳市地图集》出版工作，《兰州市地图集》、《张掖市地图集》编制工作进展顺利；省基础地理信息中心完成了《甘肃省地图集》出版印刷和张掖等 9 市县行政区划图的编制工作；《甘肃省地图册》编制工作进展顺利；省基础地理信息中心立足应用，结合需求，开发编制了《甘肃电力调度系统通信图册》和《兰州市交通旅游图》等一批专题地图、电子地图及公共地图产品，促进了地图市场的繁荣。

【测绘资质管理】2008 年，省测绘局按照国家测绘局的部署，完成了测绘资质注册工作，按期注册 253 个，因注册资料不全缓注 19 个，吊销测绘资质证 1 个，截至 2008 年底，省测绘资质持证单位增加到 289 个。注册工作结束后，及时通报情况，引导测绘单位依法测绘。按照国家测绘局的安排，清理了地理信息从业单位无资质测绘及超证载测绘，同时对第二次土地大调查中测绘单位资质的情况进行了清理整顿，及时纠正了违法测绘行为，保证了测绘质量，规范了测绘市场，初步建立了测绘市场信用体系登记公示制度。

【地图管理】2008 年，按照国家整顿和规范地图市场办公室部署，全省各级测绘行政主管部门对 235 个单位开展了测绘执法检查，重点督查了街头、网上展示的地图，共依法查处了 25 起地图违法案件。继续开展了国家版图意识教育活动，与有关八部门联合开展了全省互联网地图和地理信息服务网站监管工作，依法查处了互联网用户上传、标注涉密地理信息的行为，依法限制和查处地图有偿标载的行为。提前介入一些大型活动，主动协商沟通，对宣传涉及的版图、地图插图进行严格把关，预防了问题地图的出现，对存在的问题逐一提出了整改措施，并要求整改单位限期将整改情况上报甘肃省测绘局；针对地图编制中存在的不规范行为，又一次重申了地图编制中不得收取标名费，并向社会公示，进一步规范了全省地图编制行为。

【测绘成果管理】2008 年，省测绘局按照《中华人民共和国测绘成果管理条例》规定，修订完善了测绘成果分发服务管理制度，在局网站上开通了测绘成果提供预审查业务，加大了测绘成果网络分发服务系统的规划和建设工作，完成了与国家测绘局网站互联互通，方便了远途用户，提高了服务效率。为了掌握保密测绘成果的应用和流向情况，进一步加大了测绘保密成果的监管力度，2008 年初，与甘肃省国家保密局联合下发了《关于开展 2008 年保密测绘成果检查的通知》，对检查的意义、范围、内容、时间做了具体安排。全省各级测绘行政主管部门和保密局联合对省内 258 个测绘成果使用单位进行了保密检查，其中省级抽检 14 个单位，市(州)检查 244 个单位，涉及不同比例尺地形图 7231 幅。从抽查的结果看，大多数单位保密意识比较强、制度比较健全、管理比较规范；但也存在一些问题，对检查中发现的问题，提出了限期整改意见。同时，加快了测绘成果脱密处理的技术政策和方法研究，在全省开展了基础地理信息数据安全管理与使用检查，动态跟踪监督成果应用和流向情况，确保了基础测绘成果和数据安全。完善了测绘成果目录汇交制度，全省测绘单位汇交测绘成果15673项，我局从中遴选1002项上网公布，促进了应用共享，受到了社会的好评。

【测绘特有工种职业技能鉴定】甘肃省测绘行业特有工种职业技能鉴定工作进一步规范化，全年共开展了五批测绘行业特有工种职业技能培训考核，有871人参加了培训和鉴定考试，合格率95%，分批报国家测绘局审批发证并在甘肃测绘网上公布。

【科技创新与人才培养】2008年，省测绘局积极参与省部级科技立项，带动了全系统科技进步和创新；积极开展与院校、高新技术企业的协作，结合应用服务，通过引进、消化和吸收先进测绘技术，组织科技攻关和创新，进一步解决了图库一体化和应用服务的关键技术和难题。结合数据库建设，选择引进高性能航空航天遥感数据处理系统、地理信息网络服务系统等科技成果，提高了测绘生产水平，促进了信息化测绘体系的建设进程。通过一批数字化测绘工程、数字化专题地图的生产、数字测绘成果的提供与服务，展示了测绘保障新面貌和新技术体系的运行活力，带动了测绘系统的技术进步和全省地理信息产业的发展。省测绘局继续贯彻《甘肃省事业单位实行聘用合同制管理办法》，进一步加大了人才的培养力度，局系统共举办各种专题讲座和培训20场（次），人员素质明显提高，硕士层次的人员继续增加，有国家测绘局青年科技带头1人，甘肃省555人才工程队伍1人，省测绘局科技带头人9人。

【党的建设】省测绘局两级党委中心学习组带头结合工作实践学理论，在1月和10月，局党委分别组织了两期领导干部集中培训学习，通过学习增强了以科学发展观统领测绘工作的自觉性和坚定性。通过加强基层党组织建设，党组织的凝聚力和战斗力进一步加强，党员先锋模范作用在工作中得到了进一步发挥。通过完善制度、开展活动、通报工作、交流情况，加强了离退休职工工作。在抗震救灾应急阶段，各级党组织充分发挥了核心保证作用，广大党员干部率先垂范，全局职工在本职工作中加倍努力，一线工作人员夜以继日、连续轮班加班生产，克服了各种困难，出色地完成了任务，涌现出了大量的感人事迹。在全国测绘局长会议上，国家测绘局表彰了一批在抗震救灾测绘服务保障中表现突出的单位，省测绘局获得“四川汶川地震抗震救灾测绘保障工作先进集体”荣誉称号。在全国市县测绘管理工作经验交流会上，张掖市国土资源局、华池县测绘管理局分获全国市县测绘管理工作先进单位。省测绘工程院地籍测量分院党支部、工程测量分院党支部、省基础地理信息中心遥感与地图部党支部分获省直机关优秀党组织、抗震救灾先进党组织称号，蒲天瑜等4名同志荣获优秀共产党员称号；3个优秀党支部、17名优秀共产党员和45名抗震救灾优秀职工获得局党委的表彰。

【精神文明建设】2008年，省测绘局以争创省级文明单位为目标，积极开展了精神文明创建、构建和谐单位活动。经过持续努力，甘肃省测绘局2008年进入省直机关文明单位行列。同时，结合测绘工作特点，把思想政治工作融入职工工作和生活中，积极采取措施创建文明单位、和谐单位。机关进一步改进了工作作风，提高了办事效率；在局属单位中继续推进院务公开，加强民主管理和民主监督；健全和落实了预防制度，从源头上约束干部廉洁自律。在全系统大力弘扬“爱祖国、爱事业、艰苦奋斗、无私奉献”的测绘精神，大力倡导爱岗敬业、开拓进取、诚实守信、团队协作的新风尚，增强了测绘凝聚力，激发了职工创新活力，提升了测绘综合竞争力。我局直属单位各群众组织积极开展了“以测绘文化建设促和谐促发展”为主题的群众活动，工会开展了以“我与测绘”为主题的征文书法摄影活动和以“参与、团队、文明”为主题的体操健身操活动；妇委会举行了“三八”文艺演出；团委开展了以“走出困惑、奋发有为”为主题的座谈交流，通过一系列积极向上的创建活动，丰富了精神文明建设的内容，凝聚了队伍，促动了测绘事业健康发展。

（赵君钱）

环境保护

【综述】2008年，在省委省政府的正确领导下，全省环境保护工作以学习实践科学发展观为指导，按照“四抓三支撑”的总体要求，坚持“以环境保护为手段优化经济社会发展、以污染减排为抓手促进经济结构调整”的工作思路，克服重重困难，开拓创新，真抓实干，全面完成了以污染减排为中心的各项环境保护任务，为今后环保工作的开展初步奠定了思想基础和工作基础。坚持从加快全省经济社会发展的迫切需要来谋划环保工作，按照“优化发展、促进调整”的工作思路，协调办理兰渝、天平铁路、庆阳石化、西气东输二线工程、聚银公司TDI等一批事关全省经济社会发展的重大项目，为加快我省经济发展创造了较好条件，得到了省委、省政府领导的充分肯定。各地党委、政府把环境保护摆上了更加突出的战略位置，进一步推动了环境保护进入综合决策，有力促进了政府环保目标责任书的全面落实。2008年省环保局协助环保部共计审批20个重点项目，项目总投资553亿元；全省各级环保部门审批建设项目1684个，项目投资总额761亿元，全省36家开发区规划环评工作完成率达78%。环保工作已成为各级政府工作的重要内容，初步形成了政府主导、各部门协同、社会公众参与的工作格局。

【污染减排】省政府下发了《甘肃省人民政府关于进一步加强污染减排工作的通知》，批转了我局编制的《甘肃省"十一五"主要污染物总量减排规划》、《甘肃省2008年主要污染物减排计划》等相关文件，为全面推进我省"十一五"和年度污染减排工作提供了行动指南。各地不断完善污染减排相关经济政策，继续对高污染、高耗能行业实施差别电价，在火电行业全面执行了脱硫电价，对城市生活污水处理收费价格进行了调整，设立了"省级主要污染物减排专项资金"。我们实施了全省火电行业污染减排情况月调度统计监管、污染减排情况调度和通报制度，全面核查了各地2007年度污染减排数据，对2008年度已完成的减排项目进行了初步核查，并向社会公布了各地减排完成情况。经环保部核查确认，2008年我省全面完成省政府下达的二氧化硫和化学需氧量排放分别下降2%和1.5%的年度减排目标。

【重点流域区域环境】认真督促有关市州实施《黄河中上游水污染防治规划》(2005-2010年)，黄河甘肃段水质逐年好转，实现了全河段按功能区稳定达标，兰州段水质稳定达到III类水质，白银段水质较往年有所好转。泾河和石羊河水质较上年明显改善，国家考核的黄河、渭河两个出省断面水质连续多年达到考核指标要求。全省全年监测的26条河流(段)中，达标河段有17条，较上年增加2条。进一步强化了国控二氧化硫区城市大气污染治理工作，全省市州政府所在地城市空气质量总体较上年有所好转。平凉、庆阳、天水、定西、酒泉、武威、张掖、嘉峪关、合作9个城市空气质量达到国家二级标准，达标城市较上年增加了4个，全省有11个城市的空气质量呈逐年好转趋势，白银、张掖二氧化硫年均浓度达到国家二级标准，金昌二氧化硫年均浓度达到国家三级标准。

【环境执法】全省各级环保部门广泛开展整治违法排污企业保障群众健康环保专项行动和环保后督察，认真开展环境隐患排查工作和奥运会期间百日环境安全大检查。向有关市政府下发了环境监察建议书、限期落实整改措施。督促平凉市政府取缔了崆峒区峡门乡138座石灰窑，改善了区域环境质量。加大了对全省淀粉、麦芽类加工企业的专项整治，关停淀粉、麦芽类加工企业29家。为确保奥运期间我省核与辐射环境安全，进一步加大了对全省放射源的监管力度，对火炬传递路经的敦煌、嘉峪关、兰州等城市进行了全面排查，加大了对废旧放射源、放射性废物和铀矿山尾矿库安全监管力度。2008年全省共出动环境执法人员21073人次，对7306家企业进行了现场检查，立案查处环境违法单位168家，环境问题挂牌督办75家，办理环保投诉举报2210件，全年未发生重大环境安全及核与辐射环境污染事件，有效保障了全省环境安全。

【农村环保】为全面加强我省农村环境保护工作，省政府批转了《甘肃省人民政府关于进一步加强农村环境保护工作的意见》，提出了以奖促治、以奖代补等政策性措施。开展了临夏州永靖县等3个国家级农村环境保护规划试点，甘州区党寨镇和临泽县芦湾村被环保部命名为"全国环境优美乡镇"和"国家级生态村"。平凉市健全了市、县、乡三级农村环保监管网络，配备了人员和执法设备。张掖、定西等地分别以开展建设黑河流域张掖湿地、启动乡镇农村环境保护试点工作作为促进生态文明建设的有效载体，全面加强农村环境保护工作。目前，全省自然保护区总数为57个，其中国家级13个，全省自然保护区面积占到国土面积的22.1%以上。

【环境保护能力】紧紧抓住当前国家扩大内需、大幅增加环保投入的难得机遇，前后三次赴京就"申请新增中央环保投资项目"有关情况向环保部作了汇报和衔接。目前，我省上报环保部争取2008年四季度中央扩大内需专项资金项目，已落实资金2.89亿元，用于支持省内重点污染减排项目、城市污水处理设施及管网建设项目、城市垃圾处理项目。我们还通过积极协调，争取并下达各类环境保护专项资金2.38亿元，其中1.05亿元用于市县级环境监测和环境监察能力建设项目，1.33亿元用于重点污染治理项目。2008年是省环保局历史上争取资金最多的一年。全省36个环境监察机构的环境执法车辆、现场取证设备已全部到位，省级和12个市州级环境监控中心已建成并投入试运行，67%国控重点污染源在线自动监测项目已安装完毕。在扩大内需项目服务方面，坚持高效有序、绿色通道、特事特办原则，在短时间内完成了91个拉动内需和节能减排国债项目的环评审批工作，项目总投资110亿元，为争取国家对我省资金支持创造了条件。

【环保基础工作】2008年是污染源普查的关键阶段，在各级政府和环保部门的共同努力下，完成了人员培训、入户调查、督促检查、技术核查、数据审核等环节工作，确保了我省普查工作进度和质量。目前已经完成7604个工业污染源、85824个农业污染源、23084个生活污染源和60个集中式污染治理设施，以及5150台电磁辐射设备和477家伴生矿企业普查表填报、数据录入、审核、汇总和上报等工作，为摸清我省污染底数打下了坚实基础。

【政风行风建设】一是精心组织开展了学习实践活动。按照省委学习实践科学发展观的统一部署，加强学习培训，邀请环保部领导举办专题讲座，广泛征求各方面的意见和建议，就影响和制约我省科学发展的重大环保问题进行调研，明确了推进科学发展的总体目标和工作重点，努力做到工作学习两不误、两促进。二是积极推进机制体制创新工作。为圆满完成省委赋予我局建立环境保护约束激励机制的重要任务，我们邀请专家献计献策、赴环保部和外省学习考察机制体制创新工作，形成了甘肃环境保护约束激励机制创新的基本框架。三是组织局系统广大党员干部深入学习党的十七大精神，加强了各级党组织建设。研究制定了《省环保局贯彻落实<建立健全惩治和预防腐败体系2008-2012年工作规划>实施方案》，广泛开展警示教育活动，进一步筑牢了拒腐防变的思想防线。四是精神文明建设得到加强。全面开展了“我为灾区献爱心”活动，全局系统广大职工共为灾区捐款53050元，交纳“特殊党费”53450元，表彰了全省环保系统抗震救灾期间涌现出的先进单位和个人，全省环保系统有5个单位跨入国家和省级文明单位行列。五是积极推进干部人事制度改革。开展了省局机关处级领导干部竞争上岗工作，坚持公开、公平、公正原则，选拔任用了2名副处长。

旅 游

【总体情况】2008年是甘肃省旅游业不同寻常的一年，相继发生的冰雪灾害、“3•14”事件和“5•12”地震灾害及诸多因素，对全省旅游市场、企业经营环境造成了极大影响。面对突如其来的灾害和各种不利因素，甘肃省旅游局始终坚决贯彻落实省委、省政府及国家旅游局的各项工作部署，坚持以科学发展观统揽旅游工作，进一步统一思想，完善发展思路，明确发展目标和工作重点，结合旅游产业转型升级需要和全省旅游工作实际，努力改善旅游产业发展内外部环境，加大行业监管和宣传促销力度，重视旅游规划和项目建设，狠抓旅游安全，加强旅游队伍建设，积极稳妥推进企业改制工作，开拓创新，真抓实干，全省旅游工作在迎接挑战中有了新的起色，在克服困难中有了新的发展，全省旅游行业总体上保持了安全平稳发展的态势。

2008年全省旅游接待总人数为2490.6万人次，比上年增加67.55万人次，增长2.8%。全省旅游业总收入为137.5亿元人民币，比上年增加21.59亿元，增长18.6%。

【旅游行业规模】截至2008年年底，全省共有旅行社341家，其中国际社33家，国内社308家；旅游星级饭店280家，其中五星级2家，四星级30家，三星级104家；A级旅游景区108家，其中5A级2家，4A级28家；中国优秀旅游城市8座；工农业旅游示范区10家。

【旅游抗震救灾】2008年上半年连续发生的冰雪灾害、“3•14”事件和“5•12”地震给全省旅游业造成经济损失6.56亿元，严重削弱了全省旅游产业的发展基础，也影响了全省旅游业健康、平稳的发展步伐。

在系列灾害面前，特别是地震灾害发生后，在省委、省政府的坚强领导和国家旅游局的指导及各市州的支持下，全省旅游行业广大干部职工服务大局、团结协作，积极开展抗震救灾和恢复重建工作。甘肃省旅游局先后为受灾地区拨付150万元冰雪灾害补助资金，争取国家旅游局400万元地震灾害应急专项资金；灾区党委、政府积极组织旅游战线广大职工开展生产自救，及时修复损毁的旅游公路、步道、桥涵、游客中心等旅游基础设施和接待设施，清除景区内安全隐患。

【旅游规划】《甘肃省旅游业发展规划》已正式交付出版。甘肃省旅游局组织专家组编制《甘肃省旅游厕所建设规划》、《甘肃省旅游业灾后恢复发展规划纲要》和《甘肃省旅游十一五规划中期评估及后期发展规划纲要》，配合国家旅游局召开《丝绸之路旅游区总体规划》集中征求意见会，并指导评审了多个市县级地区旅游业发展规划和风景名胜区规划。

【国内旅游市场】面对接待人数减少、省内及周边市场旅游活力下降、全省旅游形象受到较大损害等不利因素，甘肃省旅游局及时采取针对性措施，调整宣传促销工作计划，加大宣传促销工作力度，减轻和消除灾害对全省旅游市场造成的不利影响，全力恢复和重振全省旅游市场。同时适应旅游产业转型升级的需要，加大全省乡村游、红色游、生态游、民俗游、自驾车游、体育健身、登山探险、沙漠越野等特色旅游产品的开发力度。

先后参加国内旅游交易会、深圳文化产业博览会、西北旅游网上博览会和大连东亚旅游展；6月份省旅游局出台恢复和发展旅游市场十大举措；奥运期间在北京举办甘肃特色旅游产业新闻发布会；组织省内8个市州，赴秦、晋、豫8个城市开展宣传促销；邀请广东和环渤海地区主要旅行商和新闻媒体考察踩线，体验平安绿色旅游产品，促进全省灾后旅游市场恢复。

2008年，全省国内旅游人数2482.3万人次，比上年增加92.37万人次，增长3.86%；国内旅游收入136.4亿元，比上年增加25.76亿元，增长23.3%。

【入境旅游市场】2008年，甘肃省旅游局先后参加国家旅游局组织的第11届（桂林）海峡两岸旅行业联谊会、第42届德国柏林国际旅游交易会、日韩宣传促销、香港国际旅交会、国际旅游交易会及新马泰专题促销活动；举办第五届“心手相连－陇台旅游联谊会”，继续巩固台湾市场。

2008年全省累计接待入境旅游者83196人次，比上年下降74.9%；外汇收入按照2008年入境旅游者甘人均花费154.41美元/人天的抽样调查值测算为1603.42万美元，比上年下降77.2%。

【假日旅游】2008年春节、“十一”黄金周，全省接待游客302.01万人次，同比增加 14.36 万人次；旅游收入 8.63 亿元，同比增加 1.32 亿元。

【**旅游市场监督管理**】2008 年全省开展以市州旅游局、工商局为主，为期半年的旅游市场专项治理工作，对投诉率高、游客满意率低的旅游景区（点）及各种无证照经营行为、虚假旅游广告、旅行社超范围经营、旅行社门市部挂靠承包行为、“零负团费”及削价竞争等群众关心、游客关注的突出问题进行重点整治，使全省旅游市场秩序进一步好转，游客满意度进一步提高。

2008 年全省各级旅游质监所（旅游执法支队）共出动检查人员 3040 人次，出动检查车辆 920 辆次，检查旅游运营车辆 1541 辆、导游 5056 人次、旅行社 332 家、旅游宾馆和饭店 555 家、购物点 386 个。2008 年全省各级旅游质监（执法）机构共接到投诉 171 起，正式受理 148 起，结案 148 起，结案率 100%，赔偿金额 15420 元。

【**旅游安全管理**】积极应对“3•14”突发事件和“5•12”地震灾害，保障游客安全，全力维护旅游行业稳定；认真落实旅游安全监管措施，大力开展旅游安全隐患排查工作；紧紧围绕奥运旅游的主题，本着对人民群众及游客高度负责的精神，牢固树立“没有安全就没有旅游”的责任意识，把旅游安全作为各项工作的重中之重，认真落实旅游安全生产责任制，强化旅游安全监管措施，加大各种旅游场所的安全检查，确保旅游安全。

【**旅游行业管理**】2008 年，在开展 2007 年度旅行社业务年检、旅游星级饭店复核、导游人员年审工作的过程中，实行旅行社年检公告、饭店复核通报制度和对不合格的旅行社、旅游星级饭店、导游人员坚决退出旅游市场的退出机制。

对全省 332 家旅行社进行业务年检，其中对 22 家旅行社作出暂缓通过年检、对 16 家旅行社作出不予通过年检、注销旅行社业务许可证的处理。2008 年批准设立国内旅行社 26 家，审查并报请国家旅游局批准了 2 家出境旅游组团社，注销国内旅行社 5 家，换发到期经营许可证 77 份。

对全省 3668 名导游进行年审，其中对连续两年未参加年审的 158 名导游作出暂缓通过、限期培训整改的处理，对连续三年未参加年审的 62 名导游作出不予通过、注销导游证的处理。2008 年核发导游证 1500 多个。

对全省 274 家星级饭店按照职责分工进行年度复核，其中对 8 家饭店给予限期整顿的处理，对 2 家酒店取消星级。推荐上报五星级饭店 1 家，评定三星级饭店 3 家、四星级饭店 3 家，申报待评四星级饭店 2 家。

【**旅游投资**】全省旅游行业坚持以科学发展观统揽旅游工作，明确发展目标和工作重点，积极拓展投融资渠道，加大招商引资力度，使全省旅游投资得到了较快增长。2008 年全省旅游项目开工建设投资总额达 741738.42 万元。完成建设投资总额达 292669.67 万元，其中：主要服务与旅游业的基础设施（不包括景区内）占 22.01%；旅游饭店项目占 15.82%；旅游景区项目占 52.11%；旅游车船项目占 0.11%；人力资源培训项目占 0.02%；旅游演出点项目占 2.2%；旅游购物（场所）项目占 5.74%；其他占 1.98%。

【**旅游基础设施建设**】确定将旅游厕所建设作为加强旅游基础设施建设的突破口，集中人力、财力、物力在全省重点旅游线路、场所、景区，建设一批旅游星级厕所。经过各市州旅游局和相关部门的共同努力，2008 年确定建设完工的 145 座旅游厕所于 8 月底全部投入使用，基本解决旅游交通主干线和风景区的厕所问题，进一步改善全省旅游发展环境。

【**旅游信息化建设**】确定“政府主导、政企联建、合作运营”信息化工作思路，引入国有企业投资，共同开发建设甘肃旅游信息化平台，取得全省旅游信息化建设模式新突破。通过注册世界旅游资讯网络专属 www.gansu.travel 域名和 12301 旅游服务热线工程建设，指导各市州完善网络体系建设，加强甘肃旅游网信息数据库服务功能，实现资源共享和效益优化，进一步夯实旅游信息化建设基础。

【**旅游教育培训**】遵循“一切为考生服务、为基层服务”原则，努力推进导游队伍建设，积极开展送教上门服务，强化从业人员在岗教育培训，不断提高从业人员的综合业务素质。全年共计培训 800 多人次，答复电话咨询 8000 余个，接待来访考生 5000 多人。2008 年甘肃省旅游行业 1 家单位被评为“巾帼文明岗”、7 名同志被评为“巾帼建功标兵”，其中 1 名同志被省妇联推荐为全省旅游系统妇女代表。

交通通信

交　通

【抗击特大自然灾害和应对突发事件】2008 年是极不寻常、极不平凡的一年。在年初应对雨雪冰冻灾害中，全省交通系统各单位迅速启动应急预案，组织上万名职工开展清雪除冰、排障保畅和应急救援工作，并组织力量紧急疏散滞留的旅客，确保了公路畅通和春运安全。5•12 汶川特大地震对甘肃陇南、甘南等地的交通基础设施造成严重损毁，按照省委、省政府和交通运输部的部署和要求，全省交通系统紧急行动，组织干部职工迅速投入到抗震救灾和抢险通路的战斗中，以最快的速度抢通被地震损毁阻断的公路，构筑了一条条摧不毁、震不垮的“生命运输线”。按照“内保陇南、外援四川”的公路抢险方案，组织三支抢险救援突击队从三个方向进入四川，率先打通了通往四川九寨、青川和经松潘、茂县到汶川的公路通道，为四川抗震救灾提供了交通援助。调动公路、水路运力实施运输大救助，参与陇南及四川九寨沟、汶川、松潘等灾区受困群众转运和救灾物资的运送工作。全省收费公路开辟抗震救灾专用通道，为 198 万辆抢险救灾车辆减免通行费 1.95 亿元。及时编制了交通基础设施灾后恢复重建规划及实施方案，落实中央专项灾后重建资金 55 亿元。组织兰州、武威等 7 个公路总段联合实施了灾区公路抢险保通养护维修工程，用 100 天时间完成了对灾区 12 条 1128 公里国省干线公路的抢险保通养护维修任务。省交通厅被中共中央、国务院、中央军委授予“全国抗震救灾英雄集体”称号，一批抗震救灾先进集体和个人受到省委、省政府和交通运输部的表彰。在应对甘南不稳定事件中，交通部门通过加强路况信息掌控、搞好公路巡查维修、实施公路交通管制、在高速公路服务区免费提供食宿、开辟公路专用通道等措施，为维护藏区稳定提供了一条“钢铁运输线”。在奥运火炬甘肃传递活动中，通过加强公路养护整修、改造完善服务区设施、开辟奥运火炬传递专用通道和开展安保大检查，为奥运火炬甘肃传递转场提供了交通运输保障。组建了北京奥运会通勤保障车队，赴北京完成了奥运会志愿者通勤服务保障任务。

【交通发展规划和重点项目建设】《甘肃省内河水运发展规划》已由省政府批准实施，《甘肃省干线公路网规划》编制完成并在北京组织有关专家进行了咨询论证。开展了甘肃省公路水路交通“十一五”规划的中期评估工作，启动了“十二五”规划的研究编制工作。交通重点项目前期工作取得较大进展，瓜州至星星峡高速公路、敦煌至当金山二级公路工可已批复，初步设计已上报待批。兰州南绕城、营盘水至双塔、雷家角至西峰、临洮至渭源等高速公路项目的工可报告已报国家发改委待批。十堰至天水高速公路甘肃段、白疙瘩至明水、平凉至天水、成县至武都、临夏至合作、渭源至武都等高速公路项目的前期工作正在进行。

交通基础设施建设投资保持稳定增长。全年完成交通基础设施建设投资 144.67 亿元，比上年增长 6 %。其中公路重点建设项目完成投资 77.49 亿元，路网改造及农村公路项目完成投资 51.97 亿元，运输站场及装备建设完成投资 14.71 亿元，水运设施完成投资 0.5 亿元。全年新开工建设高速公路 4 条 354 公里，全省建成和在建的高速公路里程达到 2380 公里。续建重点项目进展良好，宝鸡至天水、平凉至定西、天水至定西、康家崖至临夏高速公路完成年度投资任务。西峰至长庆桥至凤翔路口高速公路开始施工，武都至罐子沟高速公路施工通道工程开始实施，甜水堡至木钵二级公路全线建成通车。天水过境段、永登至古浪、金川至永昌高速公路和临夏折桥至达家台二级公路先后开工建设。迭部至九寨沟、会川至宕昌公路、铁尺梁隧道、祁家黄河大桥等路网改造项目进展顺利。运输站场及水运项目建设稳步推进。兰州客运中心站、定西维修救援培训中心、酒嘉物流中心等 13 个客货运站场项目建成投入使用；省道路运输指挥中心、定西客运中心站等 21 个项目开工建设；省道路运输从业培训中心、兰州集装箱中转站等 19 个项目前期工作取得积极进展。兰州港水上搜救中心建成投入使用，黄河兰州段航道延伸整治工程、黄河盐锅峡库区航运工程等水运建设项目进展顺利，中央车购税投资改造的 27 个农村公路渡口改造工程全部完成。认真贯彻落实中央扩大内需保经济增长的十项措施，积极研究谋划和申报投资项目，加快项目实施进度，争取到新增中央预算内投资 4.4 亿元，并形成有效的投资工作量。高度重视工程质量监督管理，正确处理扩大投资与工程质量、施工安全的关系，推动了交通建设质量的稳步提高。到 2008 年底，全省公路通车总里程达到 105638 公里，公路密度达到 23.25 公里/百平方公里；二级以上公路达到 6539 公里，其中高速公路达到1316公里,公路桥梁达到7346座。

【农村公路建设和客运发展】充分发挥地方政府在农村公路建设中的主体作用，提前完成了省委、省政府“14件实事”确定的农村公路建设和客运发展任务。全年完成农村公路建设投资42.5亿元，新建、改建农村公路2344项14117公里。全省农村公路通车里程达到90817公里,79.49%的乡镇通了油路，92.49%的建制村通了公路，27.24%的建制村通了油路。首批100个新农村建设试点村道路建设项目全部完成，省委新农村办组织检查验收时给予充分肯定。继续深入开展了农村公路建设“质量年”活动，加大农村公路巡回督查和质量检测力度，促进了农村公路建设质量的提高。继续推进“千乡万村”农村客运网络建设工程，大力发展城乡公交、农村客运。全年新建乡镇汽车站153个，行政村汽车停靠站2500个。开通了以城市、城际、城乡、乡村公交为主体的第二批城乡客运一体化公交网络，新增10条城际公交示范班线、10个城乡公交示范区、34个乡村公交示范网。到2008年底，全省乡镇汽车站达到738个，行政村汽车停靠站达到4548个，覆盖了全省60.14%的乡镇和27.6%的建制村。已开通农村客运班线1698条，全省乡镇通班车率达到99.84%，建制村通班车率达到87.49%。

【交通运输服务保障】一是加强运输组织协调，认真做好电煤、原油、粮食等国家重点物资和鲜活农产品运输，“春运”及节假日旅客运输工作保持安全有序。二是加强运输市场监管，继续整顿客运、危险货运及出租汽车市场秩序，联合公安、安监等部门在全省开展了“打黑车除隐患，构建和谐交通”百日联合执法行动。针对一些市县发生的出租车群体性事件，认真贯彻国办和交通运输部、省政府通知精神，会同地方政府及交通部门采取有力措施，切实维护出租车行业稳定，提出了加强管理促进出租车行业健康发展的意见。三是继续推进道路运输区域合作和开放交流。积极落实沪甘道路运输合作协议，开通了兰州、天水、平凉至上海的高速客运班线，启动了沪甘陆上货运交易信息平台。与新疆交通厅签署了交通运输合作协议，西部省际间道路运输交流与合作进一步深化。四是运输行业调控能力不断加强。建立了公路客运运价和燃油价格联动机制。加强运输市场价格指导，保证了抗震救灾期间物资运输价格稳定。开展了公路水路运输量专项调查和第三次港口普查工作。完成了道路运输承运人责任险统保工作。

交通运输生产保持稳定增长。到2008年底，全省营运性客货运输车辆达到14.53万辆，其中客车4.15万辆、货车10.38万辆。全省道路运输产值达到291亿元，增加值140亿元，分别增长7.8%和7.7%。全社会公路运输完成客运量1.98亿人次,旅客周转量129.62亿人公里，货运量2.73亿吨，货物周转量169.04亿吨公里，分别增长7.23%、7.19%、7.83%和8.03%。全省内河通航里程达到873.77公里，其中七级以上等级航道347.2公里。全社会水路运输完成客运量234万人，旅客周转量2204万人公里，货运量116万吨，货物周转量337万吨公里。

【公路养护管理】坚持全面养护、预防性养护和病害快速修复相结合，大力开展公路标准化养护示范活动，国省干线公路病害得到有效整治。进一步加大养护大中修工程实施力度，投入资金2.5亿元，在23条普通干线和8条高等级公路实施养护维修工程451公里；在14条普通干线公路上实施安保工程352处653公里；加固改造国省干线公路危旧桥梁130座、涵洞27道、隧道2道；加固改造农村公路危旧桥梁50座。继续以治理车辆超载超限运输为重点，加强公路路政管理。全年查处各类路政案件14130起，路政案件查处率达到98%以上。查处超限超载车辆46698辆，卸载货物2.7万吨，超限超载率控制在5%以下。各级交通部门积极配合商务部门实施了乡村城镇“退市还路”改造工程，开展了公路环境综合整治活动。全省路网整体服务水平进一步提高，普通干线公路平均好路率达到82.1%，综合值79；农村公路好路率达到59.6%，综合值67.9。

【交通规费征收】全年征收各类交通规费39.95亿元，完成年计划的104.65%，比上年增长13.14%。其中，征收车辆通行费22.68亿元，公路养路费13.35亿元，公路客运附加费1.10亿元，公路货运附加费1.60亿元，公路运输管理费1.22亿元。各级交通征稽部门坚持依法征费、文明执法，不断夯实征管基础，创新征管手段，促进了各项规费的及时、足额、有序征收。高等级公路运营管理部门加强收费管理，开展了偷逃通行费专项治理活动和文明收费优质服务活动。完成了兰州至中川机场高速公路ETC不停车收费和电子缴费工程建设。建立了高等级公路区域联防新机制，提高了应对雨雪灾害和突发事件的能力。对高等级公路14个服务区的23个厕所及其他附属设施进行了改造和完善，出台了《甘肃省高速公路服务区管理办法》，进一步加强了高速公路服务区管理。加强“绿色通道”、抗震救灾专用通道建设，全年减免车辆通行费32785.27万元。计重收费方案已经省政府批准，计重收费站点改造前期工作正有序进行。加强对交通规费的使用管理和监督，强化预算约束。加大内部审计监督力度，对重点建设项目、财政预算资金、专项资金、特别是抗震救灾资金使用情况进行了全面审计，全年完成各类审计项目434项。

【交通战备工作】认真贯彻“平战结合、军民融合”的原则，着眼于改善部队快速机动条件，加强国防交通基础设施建设，重点抓了天水麦积区风动厂至南崖、临夏永靖至八盘峡、嘉峪关至黑鹰山、临洮白塔至清水等公路项目的建设和监督，开展了关山至张家寺、夏河县甘加至甘同桥等部队出口道路项目的前期工作。继续加大“军营畅通工程”实施力度，对重点部队的营（库）外道路进行了改建和养护。坚持在公路、站场建设中贯彻国防要求，增强了交通基础设施的国防功能。加强国防交通专业保障队伍建设，经省国防动员委员会批准，组建了甘肃省国防交通专业保障旅，下辖8个保障大队。先后组织了公路水毁、塌方路段紧急抢修、道路紧急封闭、堵塞疏导等多次综合演练，在抗震救灾和突发事件处置中充分发挥了应急服务保障作用。

【交通体制机制改革】一是积极推进农村公路养护管理体制改革。总结推广了庆阳市推进农村公路管理养护体制改革试点的经验。各试点市、县区政府都出台了农村公路管理养护体制改革实施方案，改革试点工作取得明显成效。二是全面启动机场投资管理有限公司的组建工作。根据国家实行大部门制的改革方向和我省民航管理发展的实际，省政府批准组建甘肃省机场投资管理有限公司，归口省交通厅管理，作为省政府机场建设和管理的业主，负责承接国家对我省机场建设的投资，组织实施项目建设。目前，公司注册及筹建工作即将完成。三是积极配合推进成品油价格及税费改革。省交通厅成立了燃油税费改革工作领导小组，对配合税费改革工作作了精心部署。配合财政部专员办完成了对全省规费收入的稽核认定工作。全省交通征稽系统各单位自觉维护和服从改革发展的大局，把思想和行动统一到中央的决策部署上来，做到了人心不散、队伍不乱、章法不变，各项工作有条不紊进行。四是继续深化交通企业改革。坚持一企一策的原则，引导企业调整经营结构，强化主导产业，企业自主创新能力和抗风险能力进一步增强，保持职工队伍稳定和效益稳步增长。高等级公路运营管理、站场投资管理体制改革等也取得积极进展。

【交通法制建设和行业创新】《甘肃省高速公路管理条例》已经省人大颁布实施，《甘肃省出租汽车管理条例》等法规、规章的调研和起草工作取得积极进展。继续开展交通“五五”普法活动，特别是加大交通法律法规的宣传贯彻力度。进一步加大行业依法治理工作力度，把安全生产摆在十分重要的地位，深入开展安全生产隐患排查年活动和百日督查专项行动。海事部门强化水上交通安全监管，在刘家峡库区组建了7个由专业搜救和社会力量共同参与的应急救援站。道路运输源头管理不断加强，交通基础设施建设安全生产责任进一步落实，全系统安全生产形势保持了持续稳定。各单位深入开展矛盾纠纷排查调处活动，交通平安创建工作取得明显成效。继续加强交通建设领域清理拖欠工程款和农民工工资工作，维护了施工单位和农民工的合法权益。

继续加强交通行业科技创新，以强化科研成果的转化和应用为着力点，在高等级公路运营管理技术、农村公路建养技术、特殊地质条件下的公路修建技术、交通运输安全保障技术等领域开展科技攻关与研究。全年共实施各类科研项目22项，投入科研经费2388万元。加强交通信息资源的整合力度，启动了省级交通应急处置平台与信息服务工程项目建设。加大交通系统节能减排宣传和落实工作力度，重点在交通工程建设、公路水路运输、公路运营与养护以及机关办公等方面深入开展了节能减排工作。

（胡殿弼　张志泰）

公　路

【综述】2008年是甘肃公路事业发展中极不平凡、极不寻常的一年。省公路局带领全省公路系统以科学发展观为指导，以养好公路为第一要务，做到了抗震救灾、抢修保通与正常养护、公路建设工作两不误，为全省抗灾救灾和经济社会发展提供了安全、畅通、便捷的道路交通保障。全年路网建设、公路养护及农村公路建设等完成投资59.13亿元，占年计划的106.5%。截止2008年底，全省公路通车总里程达到105638公里，其中二级以上公路达到6539公里。

【高等级公路养护】积极组建精干高效、技术全面、训练有素、机械配套的高等级公路养护中心，初步建立起了职责明确、管理高效、运行顺畅、反应快速的高速公路养护机制。加强养护人员的技术培训，养护专业化水平有了提高。积极开展“迎奥运、保畅通”公路养护活动，加强高等级公路预防性养护力度和绿化工作，高等级公路路容路貌明显改善。投资6734.3万元，在巉柳、凤嵋、徐古等8条高等级公路上精心组织实施养护维修工程，有效提升了高等级公路通行能力。

【普通国省干线公路养护管理】在加强路面日常养护的基础上，加强养护质量控制，重点整治路容路貌，积极推进养护标准化进程。进一步完善公路水毁应急抢修预案，积极安排实施防汛抢险工作和水毁修复工程，共处治翻浆面积62.2万平方米，路面灌缝646万延米。普通干线公路平均好路率达到82.1%，综合值79。投资1.24亿元，在23条普通干线上实施养护维修工程296公里，在危险点段较多的重要路段、交通量大的旅游路段及主要路段等14条路线上实施安保工程352处653公里，公路总体服务水平和安全保障能力进一步提高。以开展“桥梁养护质量年”活动为契机，强化桥梁养护和监管措施，投资6026万元加固改造干线公路危旧桥梁130座，加固改造农村公路危旧桥梁50座，桥梁技术等级和通行能力有所提升。

【防滑保畅与抗震抢险】面对年初60年罕见的冰雪天气，认真组织开展公路清雪防滑工作，最大限度地降低了冰雪天气对公路正常运行的影响。5•12汶川特大地震发生后，在省交通厅的周密部署下，第一时间调集人力、财力和物力投入抢修，在最短时间内抢通了全省受阻的公路。按照“内保陇南，外援四川”的抗震抢险命令，组成三支抢险队赶赴四川重灾区，为四川公路抢险保通工作提供有力的援助。省公路局被交通运输部授予“全国交通行业抗灾保通工作先进集体”、“全国交通运输行业抗震救灾先进集体”，省公路局党委被省委授予“全省抗震救灾先进基层党组织”。同时，在全面完成国省干线公路灾后恢复抢险保通维修工程任务的基础上，认真组织开展公路灾后路况调查，编制了《甘肃省公路基础设施汶川地震灾后恢复重建规划》，确定并启动了干线公路灾后重建项目。

【路网建设改造】针对路网改造项目数量大、任务重的实际，科学组织生产调度，严格推行“质量责任卡”制度，加强项目资金、安全管理，有力保障了工程建设顺利开展。重点项目中，金永高速公路已开工奠基，敦当路、瓜星高速公路工可已批复，初步设计已上报交通运输部审查待批。续建项目中，甜木路建成通车，迭九路一期工程二、三标路基工程已完工，铁尺梁隧道顺利贯通，祁家黄河大桥主体工程已合龙，会宕路路基、路面底基层、涵洞、中小桥、防护工程、大部分路面基层已完工。新建项目中，兰阿路全部完工，马安路、庄莲路、靖会路、元白路、折达路、柔远至南梁至太白、迭部至红星路已开工建设，东双路、礼武路、酒泉市酒航公路至火车站工可已评审，初步设计已完成。省交通厅下达的16项339公里路网改造项目中，和平至官滩沟、忠和至树坪已完工，定西至内官营、沙木多黄河大桥等其余14个项目开工建设。

【农村公路建设】紧紧围绕社会主义新农村建设，进一步落实农村公路建设责任，加快农村公路建设步伐，新建、改建农村公路2344项14117公里，全省79.49%的乡镇通了油路，92.49%的建制村通了公路，27.24%的建制村通了油路。以开展农村公路建设“质量年活动”为切入口，加强项目管理，规范和强化了农村公路巡回督查工作，有效保障了农村公路建设质量。同时，根据省政府办公厅转发的《甘肃省农村公路养护管理改革实施意见》和省交通厅制定的《甘肃省农村公路养护管理改革实施办法》，深入推进农村公路管养体制改革，并督促各地落实机构、人员和资金，有效促进了农村公路养护管理工作。

【通行费征管】以规范化管理、队伍建设、文明服务为突破口，加大了对通行费票据、财务管理的监督检查力度，整治各种偷、逃、抗费行为，全年共征收通行费6.37亿元。完成了计重收费部分前期准备工作，为启动计重收费工作奠定了基础。在抗震抢险期间，结合现有“绿色通道”等专用收费路道口，紧急开通了“黄色通道”，对所有运输抢险救灾物资和人员的车辆免费优先放行，保障了救援灾区工作的顺利进行。

【科技教育】组织开展了《高等级公路冬季养护及路面修补技术研究》、《干线公路桥梁检测技术研究》等课题研究，较好解决了公路养护管理中遇到的难题。先后举办了新农村试点村道路建设、养护机械操作、路况评定检测等培训班，大力推广、普及公路建设和养护实用技术。以“全省公路系统筑养路机械操作技能竞赛”为契机，结合机械设备投入，加强筑养路工机械操作和机械管理培训，全省筑养路机械化施工水平进一步提升。加强全省公路数据库维护工作，公路管理科学化、信息化水平进一步提高。

【基础管理】认真编报2009年各项建设和养护等各类年度计划，完成了“2010年—2020年”农村公路建设规划，加强计划管理，维护了计划的严肃性。深入开展财务预算支出交叉检查，严格资金拨付，加强内部审计，保证了各项资金安全有效使用。严格落实安全生产责任制，全省公路系统安全生产形势稳定。深入推行政务公开、限时办结制、首问责任制等，认真落实省人大建议、政协提案办理任务。加强了公路信息、信访接待、档案管理等工作，获得“全省档案管理工作先进单位”称号。

【行业文明】以学习贯彻党的十七大精神和科学发展观为动力，积极开展“公路文化年”活动，通过举办全省公路系统第三届职工运动会、参与全省交通系统职工运动会等活动，不断推进公路行业文明创建工作。制定了省公路局2008至2012年惩防体系工作规划，进一步加强党风廉政建设和反腐败工作，不断提高各级党组织的执政能力和建设水平。大力弘扬甘肃公路人团结协作、顽强拼搏、吃苦耐劳、舍身忘我的抗震救灾精神，并努力转化为做好各项养护生产工作的不竭动力，增强了公路系统干部职工做好公路工作的使命感和责任感。

道路运输

【综述】2008年，全省道路运输行业在省交通厅和地方各级党委、政府及交通主管部门的正确领导下，深入贯彻落实科学发展观，全面落实全省交通工作会议、公路运输工作会议精神，努力克服和应对自然灾害、藏区不稳定事件、奥运保障带来的严峻挑战和考验，积极应对国际金融危机冲击，团结拼搏，迎难而上，扎实工作，圆满完成了年初确定的各项目标任务。到2008年底，全省道路运输产值达到291亿元、增加值140亿元，分别比上年增长7.8%和7.7%；全社会公路运输完成客运量1.98亿人、旅客周转量129.62亿人公里、货运量2.73亿吨、货物周转量

169.04 亿吨公里，分别比上年增长7.23%、7.19%、7.83%和 8.03%，分别占综合运输体系的 90.06%、34.86%、85.67%和 14.71%。

【道路运输服务保障能力】加强运输组织和运力调度，确保客运尤其是春运、黄金周运输安全、有序、优质，确保重点物资及粮食、蔬菜等鲜活农产品运输，保障了国民经济发展和人民群众出行运输需求。

【道路运输基础设施建设】2008 年全省完成道路运输固定资产投资14.71 亿元，其中站场建设项目投资6.93 亿元，是年计划的 101.46%；运输装备投资 7.78 亿元，是年计划的101.43%。

【道路运输市场监管】认真贯彻国家和省上关于安全生产工作的部署和要求，认真履行“三关一监督”安全源头监管职责，开展行业安全生产隐患排查治理，有效杜绝了安全事故隐患。

【道路运输科技信息创新】进一步加快道路运输信息系统开发应用，改版启用了新的办公自动化系统，加快标准协同式运政管理系统应用，实现了省级行政许可业务网上办理，开发启用了“96779”综合语音服务系统和道路运输站场资产管理系统，完成了智能道路运输 IC 卡系统、客运信息系统、物流信息系统的软件开发及测试工作。

【道路运输改革开放步伐】深化对外开放和区域合作，甘肃道路运输行业形成了“东联西拓、南联北展”的对外开放格局。积极推进沪甘运输协作，甘肃首批 8 名运政干部赴沪交流挂职，开通甘肃兰州、天水、平凉至上海的高速客运班线，启动沪甘陆上货运交易信息平台。

【道路运输基础管理】进一步强化政策规划对行业的指导作用，编制上报兰州、酒嘉、天水和张掖等 4 个国家级公路运输枢纽规划和《甘肃省道路运输灾后恢复重建及灾区“十二五”运输枢纽建设规划》，上报《关于促进道路运输业又好又快发展的若干意见》、《关于对城乡客运一体化发展给予相关扶持政策的报告》等政策意见。

【行业精神文明和廉政建设】积极开展行业文明创建活动，完成了全省道路运输行业“文明单位”的验收和复查工作，命名了 55 家行业“文明单位”。联合省交通广播电台举办了“十佳出租汽车文明驾驶员”、“十佳班线客运文明驾驶员”评选活动，在全行业深入开展“抗震救灾迎奥运、保障运输树新风”百日竞赛活动，大力推进行业精神文明建设，当年 3 个单位、10 人次受到省部级以上表彰。

中国移动通信集团甘肃有限公司

【数字见证卓越】甘肃移动始终以“追求客户满意”为宗旨，锻造了由10086 热线服务、满意 100 营业厅、电子渠道、网上营业厅、客户经理等组成的高品质、全方位的客户服务体系。全省已建成营业厅 2 万多个，乡镇覆盖率高达 94.9%，行政村覆盖率达到 63.6%，基本解决了偏僻农牧区的业务办理难、交费难和终端维修难等问题;全省自助终端总数已达 1300 多台，24 小时服务营业厅达到 109 个，城乡一体化服务水平遥遥领先同行业。近年来连续开展“诚信服务，满意 100”、“金牌服务，满意 100”、“便捷服务，满意 100”系列服务提升活动，针对服务“短木板”采取提升措施，并不断固化成果，赢得了广大客户的一致认可。2008 年甘肃移动的综合客户满意度达到 82.24%，领先竞争对手的优势继续扩大。2008 年客户发展再创历史新高，两年内客户总数翻了一番。

【信息技术服务社会】为满足不同层次用户的移动通信需求，对于数据及信息业务，甘肃移动从用户感知出发，推出了短信、彩信、手机上网、随 e 行、飞信、无线音乐、手机报、手机支付、12580 综合信息服务平台、手机游戏、号簿管家、手机地图、手机视频、手机医疗、信息管家、手机邮箱、手机搜索等上百种增值业务和附加业务，满足了广大用户的通信需求。2008 年数据增值业务收入占比进一步提高。甘肃移动除为集团客户提供基础的 VPMN 语音通话优惠外，还可以为集团客户提供专线/互联网接入、移动 OA，手机邮箱、集团彩铃、企信通、集团手机报、企业通讯录、移动商务、联合 VPMN 等信息化产品服务，为集团单位提供更加优惠、实效的集团客户服务。

【精品网络覆盖陇原】在工程建设时间紧、任务重、难度大、突发事件多、原材料供应困难的情况下，公司圆满完成 2008 年固定资产投资计划，网络能力全面提升，已建成了一个覆盖范围广、通信质量高、业务品种丰富、服务水平一流的移动通信网络，覆盖了全省十四个市、州，所有县市、乡镇、重点旅游景区、高速公路沿线和大部分农村、林场、牧区，全省人口覆盖率达99%，乡镇覆盖率达 100%，行政村覆盖率达 96%,自然村覆盖率达 91%，第三方调查网络综合客户满意度领先竞争对手 19.42 个百分点。近年内还将投入 30 多亿元，全力以赴推进我国自主创新的第三代移动通信技术TD-SCDMA 在甘肃的建设、运营工作，打造全新的“G3”业务品牌，开启无线宽带通信的新纪元。

【责任铸就品质】在关注企业自身经济效益的同时，甘肃移动模范践行社会责任，努力争做优秀企业公民。2008 年，全面完成村通工程建设任务，解决了 200 个自然村、180 个农林牧场的网络覆盖，有效解决了 200 多万偏僻农村群众的通信难问题；实施“移动惠万家，助建新农村”工程，建成了 700 多个信息化示范乡（镇）、村，配备了8000台农村信息机，有效提高了农村信息化水平，惠及农民上千万；投资1600万元，为80万农民朋友补助“农村合作医疗保险费”，推进农村合作医疗工作；开展“送文化下乡”活动，演出戏曲2000多场，放映电影10000多场，丰富了广大农民群众的文化生活；开展“情系陇原，助建新农村”大型公益活动，捐助200万元，建成50个乡镇“科技致富平台”、25个“留守儿童之家”；此外，还资助建成了24个“爱心图书馆”；建成了临夏县新集镇杨坪村“移动希望小学”、景泰县寺滩乡失学女童“春蕾班”；资助330名白内障患者实施了复明手术；捐资培训了315名农村中小学校长；积极开展“春节关怀行动”，走访了1300多个乡镇、5000多位贫困孤寡老人，发放慰问金50多万元；积极响应国家节能减排的号召，完成了1471个基站的智能通风改造，基站单载频耗电由最高时的212度下降到163度，降低了无线基站能耗；连续五年派出工作人员为参加全国“两会”的甘肃代表和委员全天候提供完善的通信保障服务。甘肃移动积极参与社会公益事业，助力地方经济发展，赢得了当地政府、社会各界和广大用户的一致好评。公司先后荣获“甘肃省优秀企业”、“省级文明单位”、“甘肃省精神文明建设‘双十’典型单位”、“甘肃省诚信行业建设示范点”、“全国诚信单位”、“全国精神文明建设先进单位”、“全国五一劳动奖状”等荣誉称号。

【关键时刻保证畅通】在关键时刻，为抗震救灾、北京奥运火炬传递等危急任务和重要活动提供了强有力的通信保障。汶川大地震波及甘肃南部、东部和中部地区，导致公司交换机出现不同程度拥塞，由于大面积停电和传输阻断，全省304个基站退服。地震发生后，公司迅速成立了抢险救灾应急保障小组，果断启动了重大灾害应急预案，及时向省委、省政府和省通信管理局报告了公司的受灾情况，并第一时间抢通灾区通信，成为首个恢复险情所在地通信的电信运营商，震后15天，就将灾区通信恢复到震前水平。为缓解人民群众的紧张情绪，协助政府发布了地震情况公告短信。联合甘肃省红十字会在全省范围内开展了“情系灾区，众志成城，我们和灾区群众心连心”大型爱心传递主题活动。同时，积极配合政府部门服务好抗震救灾工作，向客户免费发送公益短信，向灾区客户提供免停机、免催缴和10086优先接入服务，在灾区安装了免费报平安爱心电话，成立了爱心流动服务站，开通了免费寻亲热线、心理咨询热线，企业及员工向灾区踊跃捐资捐物献爱心。在中华全国总工会“抗震救灾重建家园‘工人先锋号’”（甘肃）授旗仪式上，中国移动甘肃公司陇南分公司、陇南碧口镇公司获得“抗震救灾重建家园‘工人先锋号’”殊荣。奥运火炬在甘肃酒泉东风航天城、敦煌、嘉峪关、兰州进行传递期间，我公司全力以赴，组建专门网络整治、优化技术小组对火炬传递沿线网络进行优化整治，并派出移动应急通信车全程陪同，确保奥运火炬在甘肃传递期间通信的安全、畅通。

贸易业

贸易经济合作

【综述】2008 年，对全省商务领域来讲，是极不寻常、极不平凡的一年。先后经历了低温雨雪冰冻灾害、“3.14”甘南不稳定事件、“5.12”特大地震灾害和问题奶粉事件，以及国际国内经济形势急剧变化尤其是国际金融危机对我省实体经济、支柱产业和外贸进出口形成的较大冲击和带来的诸多困难及挑战。在省委、省政府的正确领导和商务部的大力支持下，全省商务系统深入贯彻落实科学发展观，按照省委、省政府“四抓三支撑”的总体思路，通力合作，共克时艰，开拓进取，保持了全省商务事业稳定持续发展。

【商品流通及市场体系建设】2008 年，全省商务系统扎实推进城乡市场体系建设，不断扩大消费品市场规模，有效拉动了国内消费。积极实施“万村千乡市场工程”、“双百市场工程”、“县乡集贸市场升级改造（“退市还路”）工程”、“东桑西移工程”和“新农村商务信息工程”等农村商务惠民工程，大力推广城市便民服务经营方式，推进“零售业节能活动”，积极探索大宗农产品的产销衔接和葡萄酒产业的后续发展。全年实现社会消费品零售总额 990.14 亿元，比上年增长 18.82%。占全省 GDP 的 32%，人均实现社会消费品零售额 3768 元。其中，市的零售额 638.87 亿元，增长 18.52%；县的零售额 158.56 亿元，增长 19.66%；县以下零售额 192.71 亿元，增长 19.13%。分行业看，批发业实现零售额 121.16 亿元，增长 22.86%；零售业实现零售额 683.46 亿元，增长 19.21%；住宿和餐饮业实现零售额 163.79 亿元，增长 19.79%。在“2008 年中国葡萄酒经济年会”和“烟台博览会”上，莫高酒业公司被评为中国葡萄酒榜样企业，紫轩公司被评为最具有竞争潜力品牌，祁连酒业生产的祁连冰白葡萄酒荣获 4 个金奖。

【对外贸易】2008 年，全省商务系统继续完善“抓大、促小、育新”的工作思路，加大政策支持力度，采取有效应对措施，积极创造贸易便利环境，妥善应对贸易摩擦，及时帮助企业解决运营中的资金、运输等困难，努力保持对外贸易稳定增长。全省进出口总额首次跨上 60 亿美元台阶，实现 60.84 亿美元，比去年增长 10.7%，外贸依存度 13.65%，其中，出口总值为 16.0 亿美元，下降 3.5%；进口总值为 44.82 亿美元，增长 17%。一般贸易出口 13.5 亿美元，下降 9%；加工贸易出口 2.36 亿美元，增长 34%。机电产品出口 2.7 亿美元，增长 12.4%；农产品出口 2.77 亿美元，增长 23%；高新技术产品出口 0.3 亿美元，增长 25.4%。

【招商引资和吸引外资】2008 年，全省商务系统紧紧围绕优势产业，创新招商引资方式，建立推行招商引资目标责任制，努力提高项目签约率和资金到位率，招商引资规模日趋扩大。全省签订省外招商引资合同项目 1280 个，实际到位资金 296.80 亿元，增长 44%。占全省固定资产投资的比重由 15.7% 提高到 17.5%。其中引资额在 1 亿元以上的项目有 234 项，实际到位资金占到投资总额的 64%。新批设立外商投资企业 37 个，实际使用外资 1.28 亿美元，增长 8.8%。投资开始向农牧业、化工、风电、食品和商业贸易等新领域拓展。组织参加了“西洽会”、“津洽会”、“青洽会”、“乌洽会”、“东北亚博览会”和“厦门投洽会”等重点展会，共签约 33.2 亿元。在香港举办了“甘肃省投资环境暨项目推介会”，与香港贸发局签订了《进一步促进双方经贸合作备忘录》；省贸促会加强同境外对口机构建立合作关系，先后与美中友好促进会等 7 家组织签署友好合作协议。

【对外经济技术交流与合作】2008 年，全省商务系统继续加大实施“走出去”战略力度。在对金川公司、酒钢集团等大型资源型企业大力支持的同时，积极引导兰州海默科技股份有限公司、甘肃华羚干酪素有限公司等民营企业成为新生力量。对外投资和外经合作的领域不断扩大，已逐步扩展到资源开发、建筑工程、石油化工、工业制造、机械租赁、商业服务和科技研发，基本形成了“非洲为主，发展亚洲，拓展欧美、大洋洲”的多元化市场格局。全年全省完成对外承包工程、劳务合作营业额 3.03 亿美元，增长 25%。境外投资总额 3.24 亿美元，增长 30%，在全国排第五位，而且比上年的位次上升了 5 位。2008 年，继续大力争取国际多、双边无偿援助项目，全年共执行多、双边无偿援助项目 21 项，受援金额 820 万美元。项目涉及农业、水利、文教、卫生、扶贫和社区综合发展等领域，对当地的经济社会发展起到了积极的推动作用。

【整顿规范市场秩序】围绕肉食品、酒类产品、奶制品等食品质量安全开展专项整治，着力打击制售假冒伪劣商品行为，规范市场经济秩序。全省共出动执法人员 103 万人（次），检查经营单位 115 万户（次），查处违法违规商户3.6万户，依法取缔5826户，查获违法违规物品标值5.4亿元，行政处罚2万户，追缴税款3.36亿元，罚金6292万元；配合工商、质检等部门开展奶制品检查，下架查封含三聚氰胺的婴幼儿奶粉20余万袋，为消费者退换奶粉3.8万公斤。

【积极应对重大突发事件，全力保障市场供应】“5.12”汶川大地震发生后，在全省抗震救灾指挥部的统一部署下，立即成立了由厅领导带班的24小时值班制度，启动生活必需品、成品油、商贸流通和服务业灾情监测日报制度；紧急组织总价值200多万元的5批救灾物资，在第一时间送往灾区，并在陇南市文县等6个重点灾区的安置点，搭建临时网点，确保灾区重要生活用品不脱销、不断档、不涨价；先后两次组织抗震救灾物资，连夜送往四川，支援灾区，并启动与四川省汶川、茂县、黑水的商务对口帮扶工作。积极争取商务部拨付我省抗震救灾资金1100万元、救灾帐篷100顶，为灾区购置90辆流动售货车，想方设法争取国际组织援助资金400多万元。配合国家发改委、商务部制定了《灾后恢复重建市场服务体系专项规划》。同时，建立完善我省市场监测和调控体系。在全省建立以四大监测系统、173个商务运行监测点为支撑的城乡市场监测体系以及《地方商务天气预报》，加强市场分析；落实我省承担的中央储备和省级储备（其中：中央储备冷冻牛肉300吨、冷冻羊肉100吨、活体生猪储备400吨、边销茶3.5万担；省级储备冷冻牛羊肉500吨、活体生猪500吨、食糖2000吨），制定《甘肃省商务厅关于突发公共事件引起市场异常波动应急处理预案》，细化了肉、菜、酒等专项商品的供应应急预案。

【深入开展学习实践科学发展观活动】按照省委的统一部署和要求，商务厅以推动商务事业实现又好又快的跨越式发展为主题，本着“正视历史，敢于负责，面向未来，勇于创新”的精神，将深入学习实践科学发展观活动同积极扩大内需、建立完善城乡市场体系，保持外贸稳定增长，加大招商引资力度有机结合，认真开展学习实践活动，圆满完成学习调研、分析检查、整改落实三个阶段的各项任务。广大党员干部贯彻落实科学发展观的意识明显增强，推动商务事业科学发展的思路进一步理清。经过群众测评，满意度达96.6%，比较满意3.4%。同时，积极推行依法行政和政务公开，干部队伍和党风廉政建设进一步加强。还想方设法解决企业改制遗留问题，健全机制，加大帮促力度，筹措资金、处置债务，全力维护社会稳定大局，其中对飞天工贸公司、省百货公司、省地毯进出口公司和兰山外贸开发公司等4户改制企业遗留的突出问题，已找到了正确的解决途径，进入了改制的实质性阶段。

供销合作

【主要经济指标全面完成】全省供销合作社完成商品总购进95.1亿元，比上年增长20.6%；农产品收购总额20.1亿元，增长25%；实现商品总销售102.1亿元，增长28%；售给农民的农业生产资料26.8亿元，增长16%；销售化肥243.8万标吨、农药2618吨、农膜1.2万吨，供销社化肥销售量占全社会的80%以上；实现利润3318万元，增长25.3%；资产负债率下降1.16个百分点；所有者权益增长15.4%；上缴国家税费增长7.3%；社会贡献总额增长22%；各项主要经济指标全面完成。

【“新网工程”建设步伐加快】根据中央和省委省政府的有关指示精神，积极推进经营创新，加快实施以农资、农村日用消费品、农产品和再生资源为重点的四大网络建设。全省性的农资连锁经营服务网络基本形成，连锁经营量占总经营量的比重达到80%以上。区域性的日用消费品、农产品和再生资源现代经营网络建设步伐加快。全系统连锁企业总店达到140个（其中新增40个），配送中心135个，连锁、配送经营网点4750个。全系统各类批发市场发展到140个。认真落实国家财政部和全国总社“新网工程”项目扶持政策，年初下拨的975万元专项资金已全部拨付项目实施单位。“新网工程”项目申报工作取得突破性进展，至年末，全省各级供销社共向省社项目库推荐各类项目133个，经筛选已向全国总社上报“新网工程”建设项目25个，总投资额达10.64亿元。“新网工程”的实施，有效地推动了农村市场建设，保证了商品质量，平抑了市场价格，改善了农民消费环境。

【基层组织恢复重建初见成效】以“三社一会”为重点，加快基层组织恢复重建，夯实供销社的组织基础。一是通过组建中心社、发展股份合作社、专业合作社改造和参股经营等多种形式加快恢复重建基层社。二是积极发展和规范农民专业合作社，努力为农民社员的专业生产提供系列化服务。三是在村级兴办以商品供应、收购和各种便民服务为主要内容的村级综合服务社。四是组建和办好农产品、农资和再生资源等行业协会，努力搞好行业服务和行业自律。2008年，全省恢复重建基层社132个，其中当年新建18个，总数达到750个；新办专业合作社214个，总数增加到883个；新办各类专业协会89个，总数增加到410个；新办村级综合服务社277个，总数达到2550个。基层组织恢复重建工作的扎实开展，有力带动了全系统服务体系建设，促进了经营状况的改善。全省基层社销售额和实现利润分别比上年增长23%和25%。各类经济协会、专业合作社帮助农民销售农产品7亿元。同时，全系统认真实施以农产品经纪人、专业合作经济组织领办人为重点的“绿色农业培训服务工程”。

先后举办各类培训班492期，培训农民11.3万多人、农产品经纪人1.6万多人，有821人获得农产品经纪人资格鉴定认证。

【参与农业产业化经营进展良好】 一是采取自办、联办、扶持农民办等形式，重点以中药材、葡萄、花椒和蚕豆等特色商品为主，培育了一批具有区域优势的特色商品基地。新发展特色基地4万亩，累计达到490万亩，据不完全统计，这些特色商品基地扶持带动农户28万户，年帮助农民实现收入32亿元。二是继续抓好龙头企业建设，推行“龙头企业+专业合作社+农户”、“龙头企业+基地”的产业化经营模式，扩大农产品加工转化能力，帮助农民增加收入。至年末，全省供销社已办起龙头企业139户，其中国家级龙头企业2户、省级龙头企业7户、总社级龙头企业12户、年销售1000万元以上的龙头企业有77户、年销售亿元以上的有9户。三是大力推广农业标准化示范基地。重点抓了金川啤酒大麦、古浪啤酒大麦、甘谷养鸡、永靖百合、皋兰西甜瓜和定西马铃薯等农业标准化示范基地项目的实施工作，已列入全国总社标准化示范项目库的项目有15个，其中正在组织实施的项目6个、验收合格的3个、已争取到示范扶持资金61万元，示范面积达到21.4万亩。

【项目建设再上新台阶】 全省供销社认真贯彻省委省政府“发展抓项目”的重大战略决策，把项目建设同参与产业化经营、发展网络体系、推进企业发展等工作结合起来，层层制定目标任务，广泛开展招商引资，积极挖掘潜力，寻求合作伙伴，利用多种渠道申报立项，有力地推动了项目建设。据统计，全系统申报项目222个，总投资额23.7亿元，已完成投资7.2亿元。其中：已批复立项217个，总投资21.8亿元；投资千万元以上的项目57个，总投资18亿元；已竣工项目121个、在建项目101个。一批骨干项目的实施，增强了供销社参与产业化经营的基础，有效地提升了供销社的发展能力。

【社属企业改革稳步推进】 按照改造发展一批、搞活一批、破产关停一批的思路，分类推进社属企业改革改制，通过转换机制、发展联合与重组，着力做大做强一批骨干企业，同时，全面推进产权多元化改革。至年末，全系统社属企业改制面达到65%，其中改制为股份有限公司的企业14户、有限责任公司116户、股份合作制及合伙制企业113户。省直5户特困工业企业依法破产已基本完成，1082名职工得到了妥善安置，7200万元债务得到了有效化解。社属企业改革的有力推进，进一步拓宽了发展路子，为实施“二次创业”奠定了较为有利的基础。

【改善民生取得积极成果】 各级供销社坚持以人为本，科学发展的思想，着力解决历史遗留的突出问题，帮助困难职工实现再就业，积极主动搞好信访工作，上下联动争取政策支持，努力改善发展环境。特别是在学习实践科学发展观活动中，着眼长远目标，认真查找不符合、不适应供销合作事业科学发展的症结和突出矛盾，通过解决职工切身利益问题，为职工办实事、解难题，着力营造有利于科学发展的良好环境。据统计，全系统共帮助2130名职工解决了就业岗位。职工和离退休人员参加养老、失业和医疗保险统筹工作也有一定进展。全系统在册职工中，参加养老保险、医疗保险和失业保险的分别达到了80％、60%和73%，其中退休人员中，参加养老保险和医疗保险的分别占97.8%和80.7%。省直单位在册职工参加社会养老、医疗、失业保险工作已基本完成，离退休人员已全部参加了养老、医疗保险。在参与抗震救灾工作中，省社先后筹措33万元救灾资金和120吨化肥、20顶帐篷送往受灾地区帮助救灾，全国供销总社捐献的245.5万元和国际社会捐助的43.5万元救灾款也及时交付灾区供销社用于灾后重建。同时，省社动员直属单位及个人捐款11.71万元、缴纳特殊党费13万元，为抗震救灾，促进和谐社会建设做出了积极的努力。

（张正谦）

财政　税务

财　政

【预算执行情况总体较好】财政收入增幅较高。2008 年，受国际金融危机以及特大自然灾害的影响，我省经济增速减缓，重点企业效益下滑。加之企业所得税“两法”合并、提高个人所得税扣除标准、停征个人储蓄利息所得税等税费减免政策因素，严重影响了财政收入增长，增加了组织收入工作难度。面对困难，各有关部门坚持依法治税，努力挖掘征管潜力，加强专项检查和税务稽查。进一步规范非税收入征收管理，依法依规收取行政事业性收费、罚没收入和国有资产经营收益，切实加强地震捐赠收入及援建资金收支两条线管理，较好地完成了财政收入任务。全省地方财政收入实现 264.9 亿元，完成汇总预算的 124.6%，比上年增长 38.8%，其中省级收入 118.6 亿元，完成预算的 146.3%，比上年增长 69.2%；市县收入 146.3 亿元，完成汇总预算的 111.3%，比上年增长 21.2%。大口径财政收入 470.9 亿元，完成任务的 105.7%，比上年增长 20.2%。

各项重点支出得到较好保障。从年初开始，我们就把支出作为重点工作，订计划、定目标、抓考核，加强督促检查，加快资金拨付，提高资金到位率，财政支出的时效性、均衡性明显提高，各月支出增幅一直位居全国前列。全年实现支出 965.4 亿元，完成变动预算的 92.3%，比上年增支 290 亿元，增长 43%。其中省级支出 211.3 亿元，完成变动预算的 82.9%,比上年增长 22.2%；市县支出 754.1 亿元，完成变动预算的 95.3%，比上年增长 50.7%。全省农业、教育、科技、社会保障、医疗卫生支出增幅分别达到 25.7%、45.2%、29.5%、95.8%、40.4%。这些支出的较快增长，充分体现了经济社会协调发展的要求和公共财政的基本特征。各级财政均能实现当年收支平衡，预计可消化历年赤字 4 亿多元。

【争取中央支持工作成效显著】经过各部门的共同努力，去年，中央对我省各类补助达到 739 亿元，比上年增加 226 亿元，其中：专项补助 368 亿元，比上年增加 166 亿元；财力性转移支付补助 371 亿元，比上年增加 60 亿元。上述专项补助资金中，化解农村义务教育债务资金 12.17 亿元，中央扩大内需新增投资当年到位 26.8 亿元（加上未到位部分后，总额为 37.4 亿元）。黄河上游重点生态功能区治理、铁路系统分离办社会职能、白银市资源枯竭型城市转型、甘南藏区扶持等补助政策均已落实到位。在中央财政的大力支持下，省上进一步加大了对市县的补助力度，当年下达市县补助 650 亿元，比上年增加 257 亿元，其中：专项补助 352 亿元，比上年增加 204 亿元；财力性转移支付 298 亿元，比上年增加 53 亿元，有效缓解了基层财政困难，保证了职工工资足额发放、机构正常运转和重点支出需要，有力地支持了全省经济社会事业协调发展。

【救灾重建保障有力】“5.12”特大地震发生后，在省委、省政府的坚强领导下，全省上下紧急动员，迅速行动，全力支持救灾应急和恢复重建工作。当年落实中央三年灾后重建基金补助 289 亿元，中组部特殊党费 10 亿元，深圳市援建资金 27 亿元，接受红十字会以及社会各界捐助资金 47.5 亿元，世行优惠紧急贷款 2 亿美元。省级还通过争取中央财力补助、压减公用经费、调整支出结构等渠道积极筹集资金 16 亿元。兰州、嘉峪关、金昌、白银、酒泉、张掖、武威等市从财力中积极向灾区捐助资金 1 亿元。同时，按照“急事急办、特事特办”的原则，建立抗震救灾资金“绿色通道”，实行救灾资金入库和调拨“直通车”，保障了应急抢险、群众生活和灾后重建的需要。当年省级共下达救灾应急和灾后重建资金 132.6 亿元，其中：应急抢险资金 6.9 亿元，灾民生活补助 20.5 亿元，农民住房重建和维修资金 63.9 亿元，学校、医院等公共服务基础设施重建维修资金 38 亿元，工商企业恢复生产和重建资金 3.3 亿元。及时制定了抗震救灾物资资金管理、困难群众临时生活救助、农民住房重建维修补助等二十多个制度、办法，实行了减免税收、基金、行政事业性收费等各项优惠政策。组织工作组多次深入一线核查灾情，对抗震救灾资金物资筹集、拨付、发放、使用和各项政策措施落实情况进行跟踪检查，确保了救灾应急、恢复重建工作有力有序进行。

【民生投入力度加大】当年教育支出 179.9 亿元，比上年增加 56 亿元。提高了农村义务教育阶段生均公用经费标准，将免费教科书覆盖范围扩大到所有农村义务教育阶段学生，为 56 万名贫困家庭寄宿制学生发放了生活补助，从秋季学期起在全省范围内免除城市义务教育阶段学生学杂费，为 5.8 万名城市低保和残疾人家庭学生发放了免费教科书。支持实施中小学校舍安全工程，加大对城市中小学危房改造和寄宿制学校建设力度。改善了高校基础科研条件。继续推进生源地助学贷款工作，完善高校奖助学金制度，实行省属院校师范生免费教育，启动了省属师范院校本科毕业生到农村中小学任教以奖代补政策。拨付资金 16.2 亿元，积极开展了化解农村义务教育债务工作。社会保障和就业支出 209.2 亿元，比上年增加 102.3 亿元。拨付资金 27.8 亿元，较好地落实了基本养老、基本医疗以及工伤、失业等社会保险政策。城乡低保和五保供养支出达到 23.3 亿元，其中物价补贴 4.7 亿元，保障对象达到 234.2 万人，较好地解决了物价上涨给群众带来的生活困难问题。落实资金 6.3 亿元，支持了企业政策性关闭破产工作。多渠道筹措资金，消化企业拖欠职工工资 7.9 亿元。拨付资金 7.6 亿元，支持做好创业促进就业工作。下达大中型水库库区移民后期扶持发展基金 1.5 亿元，较好解决了 20.5 万群众的生产生活问题。争取国家补助廉租住房项目资金 6.5 亿元，廉租房保障对象达到 11 万户。采取个人缴费与政府补贴相结合方式，建立了村干部养老保险激励和保障机制。医疗卫生支出 57.6 亿元，比上年增加 16.6 亿元。落实新型农村合作医疗保障资金 14.3 亿元，将政府补助标准由 40 元提高到 80 元，惠及农民 1868.9 万人，参合率达到 93.2%。城镇居民医疗保险资金达到 2.4 亿元，参保人数达到 279.7 万人，参保率达到 88%。筹措城乡医疗救助资金 1.9 亿元，帮助解决特困群众看病问题。拨付资金 2 亿元，支持农村卫生和疾病预防控制。及时下拨专项资金，为食用含三聚氰胺奶粉的婴幼儿进行检查和医治。推进城乡卫生服务基础设施建设，扩大城市社区卫生服务覆盖范围。据统计，省委、省政府确定为民办的 14 件实事，共落实资金 96 亿多元。

【强农惠农政策落实较好】各级财政用于农林水事务、天然林保护、退耕还林、退牧还草、道路建设等方面支出 172.4 亿元，比上年增加 33.6 亿元，有力地促进了农业生产、农民增收和农村经济社会发展。到位资金 19.4 亿元，提高了粮食直补、农机具购置补贴、良种补贴、农资综合直补标准。拨付资金 34.4 亿元，支持实施天然林保护、退耕还林等生态建设。扶贫支出达到 16.8 亿元，实施了整村推进和连片开发扶贫项目。水利支出达到 28.4 亿元，引洮工程、石羊河流域综合治理、病险水库除险加固、农田水利基础设施建设工作进展顺利。争取中央补助 20 亿元，促进了公路交通基础设施建设。筹措资金 7.5 亿元，支持农村能源综合建设和农村人畜饮水工程，完成了 15 万户农村沼气工程，解决了 106 万农村人口的饮水安全问题。能繁母猪补贴、保险和奶牛保险支出实现 1.2 亿元，国家扶持政策得到有效落实。积极筹措资金 1.2 亿元，支持旱作农业、新品种新技术引进和基层农业技术推广体系建设。拨付资金 4.5 亿元，加大了农业综合开发力度。支持农民培训，推进劳务输出，不断拓宽农民增收渠道。整合支农专项资金 2 亿多元，启动实施了促进农民增收“六大行动”计划。

【财政管理改革继续深化】研究制定了跨省市和跨市州企业所得税征缴、分配管理办法，实行了 57 县“四税”和 10 个市州营业税基数返还政策，确定了出口退税地方负担部分继续由省级承担办法，实施了“工业强省”战略考核奖励机制。省直管县试点改革平稳运行。县级基本财力保障机制总体方案已报财政部审定。“三奖一补”激励政策、转移支付制度得到进一步完善。《甘肃省非税收入管理条例（草案）》进入立法程序。调整和完善省对市州及直管县财政管理体制决定已经省委、省政府讨论审定，并正式下发。调整完善乡镇财政职能，强化乡镇财政管理意见省政府已正式批转，今年起付诸实施。强农惠农专项资金支付管理办法和惠农财政补贴“一册明、一折统”发放管理意见省政府已经下发执行。部门预算定员定额标准体系进一步完善，规范公务员津贴补贴工作有序进行，国库集中支付制度改革不断深化，公务卡应用在所有省级部门正式推行。政府采购规模继续扩大，采购规模达到 35.6 亿元，比上年增加 6.4 亿元。行政事业单位国有资产管理办法正式实施。国有资本经营预算制度顺利试行，当年收缴入库国有资本经营收益 3 亿多元。基本完成了省属非工业企业分离办社会职能工作。司法经费保障机制进一步健全。信息化建设对财政管理的支撑作用进一步增强。

认真贯彻《监督法》、《预算法》，积极落实《甘肃省预算审批监督条例》，初步形成了事前介入、过程跟踪、事后检查有机结合的动态监督机制。配合完成了预算执行及农业、社保等专项资金审计工作，对审计、检查中发现的问题，积极进行了整改和规范。开展了为民办实事政策落实、救灾重建资金、农村义务教育经费使用、彩票财务管理、省直机关公务员津贴补贴发放及政府采购政策执行情况专项检查。组织进行了《甘肃日报》社、靖远煤业等企业单位会计信息质量检查，延伸检查了四户注册会计师事务所执业情况，督促完成了初步整改。

【机关建设不断加强】一是深入学习实践科学发展观活动取得成效。按照中央和省委的部署要求，平凉市、临夏州及华亭县、永昌县作为全国试点，先期开展了学习实践活动，为全省财政系统探索了很好的经验。我厅围绕提高思想认识、解决突出问题、创新体制机制、促进科学发展的目标，认真查找工作中的差距，深刻分析存在问题的原因，积极研究推动财政科学发展的政策措施，学习实践活动顺利开展，取得了阶段性成果。二是干部队伍素质进一步提高。认真贯彻落实《干部教育培训工作条例》，采取专家辅导、定点培训以及个人自学等方式，积极组织干部参加政治理论和业务知识学习，干部职工的自觉性和坚定性进一步增强，政治素养和业务素质得到提高，工作能力进一步提升。三是工作作风进一步转变。按照建立责任政府的要求，各级财政不断加强机关作风建设，增强服务意识，积极推行政务公开，简化办事程序，提高了工作效率。深入基层开展调查研究，着力解决涉及人民群众切身利益的突出问题，增强了制定政策、完善措施、解决问题的针对性。四是干部选拔任用制度进一步落实。认真贯彻干部选拔任用的有关规定，坚持公道正派的选人用人观，按照德才兼备、注重实绩、群众公认的原则，选拔任用了一批中青年干部，调动了各级干部的工作积极性。五是党风廉政建设不断加强。坚持标本兼治、综合治理、惩防并举、注重预防的方针，把反腐倡廉建设放在更加突出的位置，教育广大党员干部增强勤政廉政意识，提高拒腐防变能力。注重源头治理，强化内部监督和管理。全面落实党风廉政建设责任制，层层签订责任书，严格实行责任追究制度。这些措施为全面完成各项财政工作任务提供了有力的组织保证。同时，机关党的建设、财政科研、会计资格评价、注册会计师管理、老干部、工青妇、后勤服务等工作，都取得了新的进展。在多年工作中，涌现出了一批先进集体和先进工作者，受到了各方面的好评和表彰。

在看到成绩的同时，也要清醒地认识到财政运行中还存在一些不容忽视的问题。一是受自然灾害和突发性事件影响，财政收支中非正常因素明显增加，预算安排和执行的难度进一步加大。二是随着国际金融危机的扩大和蔓延，经济发展的压力增大，加上政策性减收因素制约，财政收入增长乏力。三是财力与事权不够匹配，支出责任不够明晰，地区间财力差异较大，自给率低，基层财政保障能力较弱。四是财政管理还不够科学精细，支出绩效有待进一步提高。五是历史欠账多，政府性债务和财政赤字包袱仍然较重。六是部分市县和部门资金管理、使用不够规范，违规违纪的现象时有发生，财政监督的深度、广度不够。七是财政法制不够健全，干部队伍不能完全适应新时期财政工作的要求，素质有待进一步提高。这些问题，我们要高度重视，采取有效措施，认真扎实地逐步加以解决。

国　税

【抗震救灾】2008 年“5•12”特大地震，使我省国税系统受灾严重。陇南、天水、甘南、临夏、兰州、平凉、庆阳、金昌、定西、白银市国税局和省税务干部学校等 11 个单位不同程度受损，其中陇南、天水、甘南 3 市国税局损失严重。全系统受灾 821 户 2647 人，因灾受伤 6 人（重伤 1 人，轻伤 5 人）；全系统不动产损失 22227.61 万元，信息化设备等动产可统计损失 350.96 万元。全系统受损额达到 22578.57 万元。

地震发生后，国家税务总局领导心系灾区，高度关注，审时度势、总揽全局，及时对抗震救灾工作做出有力部署，发来慰问信，下拨救灾款。国家税务总局王力副局长、总局联合调研组亲临陇南灾区察看灾情，慰问干部职工，送来了总局党组的亲切关怀，极大地增强了灾区广大干部夺取抗震救灾胜利的信心和勇气。

省局党组坚决贯彻国家税务总局和省委、省政府的决策部署，采取六项措施积极开展抗震救灾：一是快速反应，迅速启动应急管理机制。成立省国税局抗震救灾领导小组，加强领导，强化地震应急指挥和沟通协调。设立应急办，落实 24 小时值班制度，第一时间向国家税务总局上报灾情和人员伤亡、财产损失报告。二是多次召开会议研究部署抗震救灾工作，省局领导分别带队四次深入地震重灾区一线靠前指挥，慰问干部查看灾情，鼓舞了士气。三是分四批筹运送救灾物资折合 90 多万元，为重灾区提供了有力支援。四是两次下拨抗震救灾专项资金，开展赈灾募捐，动员全系统力量支援灾区。两次下拨救灾专项资金 220 万元，捐款 70 万元。各级国税机关和干部职工积极响应号召，踊跃奉献爱心，全省国税系统共收到捐款 320.18 万元。五是构建省际税务系统联手抗震救灾的有利格局，接收省外国税机关捐助款物 130 多万元。六是组成灾后重建项目复核工作组，对因地震受损的 165 个综合业务办公用房进行全面复核，全面通过总局审核，及时对灾后重建工作进行全面安排部署。

各受灾单位应急措施得当，大力弘扬“万众一心、众志成城，不畏艰险、百折不挠，以人为本、尊重科学”的伟大抗震救灾精神，积极开展抗灾自救和业务恢复，夺取了抗震救灾工作的阶段性胜利，已全面转入灾后重建阶段。在全国税务系统抗震救灾总结表彰大全上，全省国税系统 11 个集体和 12 名个人受到总局记功表彰。

【税收收入】全年全省国税系统共完成各项税收收入 229.5 亿元，比 2007 年增长 0.74%。影响全年税收收入的主要因素有：一是有色产品价格下跌、产销不畅、收入下滑。受国际市场影响，有色金属价格急剧下跌，导致企业实现税收明显减少。二是石化行业由于成品油与原油价格持续高位倒挂，企业实现增值税持续留抵。三是钢材行业由于钢材价格先升后降，影响下半年收入进度。三季度以来钢材产品价格急剧下跌，产销减少，加上大宗采购原料和原燃料、动力价格上涨，造成钢材行业税收锐减。四是受税收政策调整影响，收入明显减少。企业所得税税率由 33%下调到 25%，税负下降 24%，企业所得税减收 4.8 亿元；储蓄存款利息所得税税率调整，减收 4 亿元；国产用作乙烯、芳烃类产品原料的石脑油免征消费税，减收 3.84 亿元。五是年初罕见的雨雪冰冻灾害、“5.12”特大地震给全省经济发展造成重大影响，一些地区交通运输受阻，部分企业停工停产，原料外购及产品销售不畅，不能正常经营，严重影响了税收收入。

面对严峻的组织收入形势，全省国税系统进一步提升服从服务全省经济发展大局的意识和能力，迎难而上，坚定信心，毫不松懈，全力以赴抓收入。一是省局党组从年初开始就部署多项措施抓实抓细组织收入工作，以明传电报下发关于切实抓好组织收入工作的紧急通知。二是以强化组织收入的实际行动支援灾区建设，省局领导分片带队深入基层督促收入，召开“抗震灾、抓收入”视频会议和“实践科学发展观，全力以赴抓收入”市州局长座谈会，不断增强责任感与使命感，集中力量打硬仗。三是各级国税机关始终坚持“依法征税、应收尽收，坚决不收过头税，坚决防止和制止越权减免税”的组织收入原则，切实加强税收分析预测，准确把握经济变化对国税收入的影响程度，真正做到了依法征税、应收尽收。

【税收执法】一是继续强化执法监督。对平凉市崆峒区、白银市白银区和张掖甘州区三个区局开展“解剖式”执法检查，对兰州、金昌、庆阳、酒泉、临夏和甘南六个市州局进行重点执法检查，全面了解基层执法现状，发现和剖析执法中的普遍性问题和典型性问题，提出改进措施，指导基层执法单位做好对照检查整改,促进规范执法。完成第三轮执法主体资格换证工作。加强对各地在信息化条件下推行税收执法责任制工作的指导、检查工作，推动税收执法责任制电子化考核和手工考核制度的落实。对全省国税系统上线运行税收执法管理信息系统两年来的情况进行综合通报。克服地震影响，强化培训保证 1.1 版税收执法管理信息系统按期统一上线运行，进一步完善考核指标，规范执法考核。

二是广泛开展税收宣传。围绕“税收•发展•民生”的主题，以“税收促进发展，发展为了民生”为主要内容，组织实施一系列针对性强、影响面大、各具特色的活动项目。4 月份由省政府新闻办举行新闻发布会，联合省地税局发布了 2007 年度全省纳税百强排行榜，公告了 326 户 2008 年甘肃省 A 级纳税信用等级企业；以“税收、发展、民生”为主题举办了 3 场民族歌舞演出和首届全省税收 FLASH 动漫大赛；天水、张掖、定西、临夏和甘南等市州领导在媒体上发表以“税收•发展•民生”为主题的署名文章；开展纪念改革开放 30 周年系列宣传活动，全系统建立 6 个税收教育基地。全系统在省级以上主要新闻媒体刊播新闻和各类稿件 480 余篇（条）。省局互联网站进行两次改版，根据实际增设多个栏目，成为全系统税收宣传、纳税服务、政府信息公开和征纳交流的重要阵地，“网上税务局”建设不断迈进。落实“五五”普法规划，深入开展税法宣传普及活动，“五五”普法取得阶段性成绩，兰州、白银等八市州局被授予全省“五五”普法中期工作先进集体称号。

三是不断整顿和规范税收秩序。以组织税收专项检查和区域税收专项整治为重点，大力推进依法稽查，严厉打击涉税违法行为，强化稽查基础管理。在全省统一部署开展房地产及建筑安装业、烟草业、建材和酒类酿造业、平安保险、工商银行等 6 项税收专项检查及“百日千户”重点企业专项检查，深入开展打击制售假发票和非法代开发票专项整治行动，继续加大偷税、骗税和虚开增值税专用发票等涉税违法案件的查处力度。全年共检查纳税人 5474 户，有问题户数 3385 户，查补收入 14004 万元，比 2007 年增加 3308 万元，增长 30.92%；调减留抵 130 万元，调减亏损 5502 万元。实行查前预告，2324 户纳税人开展自查，自查有问题 447 户，自查补税及调减留抵 18896 万元，调减亏损 1526 万元。联合查处非法出售发票案 10 件，非法代开发票案 55 件，打掉犯罪团伙 5 个，查获餐饮、交通、商业零售等各类假发票及非法代开发票 18097 份，查补收入 152 万元；并对 39 家受票企业补税、罚款 96 万元。曝光典型案件 53 起，依法移送和与公安机关联合查办案件 17 件，配合公安机关抓获犯罪嫌疑人 22 人，司法机关判刑 3 人。充分运用税收分析和纳税评估强化稽查选案，选案准确率达 61.84%，比 2007 年提高 20%，查补收入及选案准确率两项指标均创近年新高。

【税务征管】一是切实提升信息化支持和保障能力。稳步推进基础建设，投入 920 多万元购置 1500 台 PC 机及 66 台 PC 服务器，充实计算机硬件资源配置。积极推进各类应用软件上线和升级，成功上线运行个体计算机核定定额系统、新版税收执法软件、系统监控管理平台、核查系统、财税库银横向联网系统等六个应用系统，完成各类应用软件升级共 27 次。系统监控管理平台的运行得到税务总局的高度肯定，实现对省局 4 台骨干网络设备、14 台小型机、25 台 PC 服务器、13 个数据库、20 个 J2EE 应用服务器和各市（州）局 47 台核心网络设备以及县（区）、税务分局 295 台路由器的实时监控。利用《甘肃省数据质量监控分析系统》持续提升数据质量，通过 54 项强制监控指标进行检查修改，全系统平均数据差错率比上年下降 99%以上。加强安全防护体系建设，全系统纳入桌面防护体系管理的注册用户数达到 7998 个，占应注册用户数的 99.14%，利用防火墙系统共阻止各类攻击事件 9300 多次，查杀病毒 1600 多种，查杀染毒文件近 180 万个次，有效防止了重大的网络病毒疫情的发生。制定下发了《甘肃省国家税务局电子数据处理管理办法（试行）》等 7 项安全制度，编制了防火墙安全管理等 8 个方案，完善和充实省局机关应急预案。加强运维体系建设，完善前台运维工作制度和流程，完成了省局呼叫中心技术支持平台的二次开发和试点工作。对全省包括省局机关在内的17家单位的互联网站进行了升级改造。

二是积极推行财税库银横向联网。联合省政府办公厅、财政厅、地税局、人行兰州中心支行召开推行财税库银联网动员大会，确定在兰州和白银两地进行试点。省局及各试点单位高度重视、精心准备、周密部署、积极协调，按期完成全省国税系统实施方案、计划的制定上报和基础数据准备、业务流程调整、三方协议签定以及系统安装、网络测试、CA认证、生产环境集成、初始设置、参数调整等工作，对各类税收收入业务进行了全面测试。10月底全面完成试点测试工作，共联通工商银行、农业银行、兰州银行、白银城市信用社、平凉城市信用社等9家商业银行和国家金库甘肃省分库、兰州市中心支库、白银市中心支库等6家金库，验证通过划缴税款协议568户，成功发送自动划缴税款信息4686笔，顺利实现了与金库的自动对账。通过不懈努力于12月1日在兰州市城关区和白银市白银区正式联网运行，12月份申报期扣税4615.55万元，试点工作取得圆满成功，为一步全面推广奠定基础。

三是不断夯实税收征管基础。推广应用个体工商户定额核定管理系统，全系统成功核定个体工商户定额175630户，没有发生一起纳税人上访事件。按照纳税评估行业辅助软件覆盖范围要扩大到15-20个行业的要求，确定铅锌浮选、铁精粉采选等23个推广行业，完成软件业务需求编写，已投入软件开发工作。"四位一体"互动机制运行良好，累计核查评估纳税人8422户，有问题3381户，移交稽查338户，增加税收收入14900万元；积极运用第三方信息加强税源管理，从中石油甘肃分公司获取181家社会加油站的油品分配信息，将纳税人申报信息与测算数值进行比对核查。充分利用科技手段加强行业税源管理，兰州、白银积极争取地方政府支持，在煤炭生产企业推广应用"煤炭产量监控系统"，有效堵塞征管漏洞，提升行业税收管理水平，税收收入大幅增长。进一步加强普通发票管理，规范和细化普通发票印制申请审批、领购、开具、验旧、缴销管理的内容和程序；积极探索发票管理的新思路，从9月份起在张掖市试点推行定额发票。税收征管质量始终保持高位运行。继续与地税部门的协作配合，联合开展2008年度A级信用等级纳税人的评定工作，共评定A级纳税人326户。

四是全面落实新《企业所得税法》。全省各级国税机关都成立"一把手"负总责、分管领导具体组织协调的领导小组，建立跟踪问效机制，确保新、旧《企业所得税法》顺利过渡。强化宣传辅导培训，全省共组织新税法培训205期，培训干部9606人次；举办企业财务人员培训班201期，培训企业办税人员15372人次。对享受企业所得税优惠政策的企业、跨省总分支汇总纳税机构、所得税纳税户等综合征管系统基础信息数据进行一次全面清理工作，完成对552户外资企业所得税税种信息的补录工作，对实行核定征收企业所得税纳税人进行重新鉴定。同时，联合省财政厅等单位下发了关于做好过渡期内跨区域总分机构企业所得税征缴管理工作有关问题的通知，解决一季度税款入库中存在的问题。按期完成2007年度的内、外资企业所得税汇算清缴工作。强化所得税税源分析，按月分析预测、掌握重点行业企业和综合税源变化。组织开展所得税税源、管户、享受优惠政策等情况专项调查，摸清税源底数。积极推进企业所得税纳税评估，选择三个行业在3个市局开展行业纳税评估试点；平凉、天水、庆阳、定西、张掖和金昌等地开展对煤电、砖瓦、冶炼、制药、玉米制种和麦芽等行业所得税评估；从2006年、2007年连续两年亏损的7194户中筛选确定7019户评估户进行重点评估。不断规范储蓄存款利息个人所得税管理，全面落实储蓄存款利息个人所得税调整政策。强化企业所得税调研，分东、西两片，召开座谈会，掌握新税法贯彻执行等情况和讨论、交流所得税突出问题。组织开发"所得税数据查询系统"，取消了3种手工报表，提高所得税管理的科学化水平。

五是进一步加强流转税管理。深入开展调查研究，理顺了涉及五市三县电力行业企业纳税地点问题，对河西风电产业的发展前景和税收管理现状等方面进行实地调研；对长庆油田重组改制进行专项调研，向省政府提交了《关于长庆油田重组整合有关情况的报告》；积极开展增值税转型改革和成品油燃油税改革测算。组织召开全省流转税工作会议，研究起草《甘肃省酒类产品消费税管理办法（试行）》、修订《甘肃省增值税减免退税管理办法（试行）》（甘国税发[2002]158号）。从严执行增值税政策,切实加强一般纳税人管理；认真落实《增值税专用发票管理规程》，确保增值税专用发票安全使用、规范管理。圆满完成2007年度税收资料调查工作。进一步规范"四小票"审核检查业务流程，加大比对异常"四小票"的审核检查力度。认真开展水泥生产企业专项评估以及经比对异常的海关完税凭证清理核查工作。在消费管理方面，积极探索酒类行业管理办法，切实加强重点税源跟踪管理和燃油税改革前石油企业税收监管。加强车购税管理，深化机动车辆税收"一条龙"管理工作，与交通征稽部门召开联席会议，多次协商，达成共识，推进两部门涉车信息实时交换比对的实现，完成5期车购税价格信息采集上报。

【优化服务】一是全面建立纳税服务体系。总结全省国税系统近年来纳税服务实践，全面整合各项优化服务举措，进一步确立纳税服务的理念、指导思想和基本原则，制定了包括纳税服务内容、服务措施、服务方式和服务职责以及配套的九个制度、五个规范、四个标准和一个考核办法的纳税服务体系，为纳税服务工作提供了理论和实践指南，提升了纳税服务水平。继续利用信息技术手段优化服务，推进“两个减负”，完成《甘肃省国家税务局12366短信服务平台》的开发，成为全国税务系统率先实现税务短信同时覆盖三个通信运营商（电信、移动、联通）的省份，对纳税人的服务实现从有线网络到无线网络的飞跃；完成《甘肃省国家税务局小规模纳税人网上申报软件》的开发。

二是全面规范办税服务厅建设。统一了全系统268个办税服务厅及办税服务延伸窗口的外部标识。向纳税人发放125万份《纳税人办税指南》，指导纳税方便快捷地办理涉税事项。在办税服务厅设置办税服务质量评价管理系统，主动接受纳税人的监督评价；一些办税服务厅开辟办税自助服务区，使没有远程申报系统的纳税人能够在办税服务厅进行电子申报；兰州等地办税业务量大的办税服务厅采用排队叫号系统，切实解决纳税人长时间排队等候的问题，进一步提升服务效率，密切了税收征纳关系；有的地方在办税服务厅安装POS收款机及外网计算机，进一步方便纳税人。

三是全面落实税收优惠政策。严格按照“三个一”的要求，全面落实各项税收优惠政策。全年共办理减免退税312280万元，在流转税方面，共办理增值税减免税149091户，依法审批减免增值税147123万元。在所得税方面，共有1996户企业享受企业所得税优惠政策，减免税总额达到80788万元。“5.12”汶川大地震发生后，深入灾区调研，向总局上报《关于汶川地震灾后恢复重建相关税收政策建议》，积极为上级决策提供建议。在涉外企业所得税管理方面，2007年度全省国税系统共审批涉外企业优惠政策153户次，依法办理减免税17069万元，2008年执行过渡期37户，主要是生产型企业享受“两免三减半”和西部大开发两项政策。在出口退税方面，累计办理出口货物退（免）税67300万元，同比下降25.64%，减少23200万元。

（郑飞）

地税

【税收计划执行情况】2008年，全省地税系统共完成各项收入254.06亿元，同比增长24.7%、增收50.3亿元。其中：地方税收完成146.71亿元，完成年计划的107%，超收9.5亿元，同比增长21.9%，增收26.3亿元，连续60个月保持基本均衡增长；社会保险费完成105.99亿元，同比增长29%，增收23.8亿元；其他收入完成1.36亿元。

【税收政策执行】严格落实优惠政策帮扶灾区。我们及时提出并实施支持甘南藏区“3.14”事件后恢复受灾户生产经营秩序和我省地震灾区重建的税收优惠政策，全省减免税收1.5亿多元；全系统积极落实其它各类税收优惠政策，让符合条件的纳税人充分、及时、全面地享受政策上的优惠和支持，正常减免税收10亿元。既有力地扶持了灾（藏）区的重建，也培植了后续税源、保证了长远税收。

【税收征管】一是用积极的奋斗目标再创收入新高。年初，在认真分析和反复测算的基础上，将年度计划分为必保计划和奋斗目标，提出了地方税收增长额力争达到25亿元，增长速度达到20%的奋斗目标；社会保险费收入规模达到90亿元，增长10%。以必保计划确保正常进度，以奋斗目标力争超收。思想上的正确引导增强了信心，责任制的继续实施强化了责任，保证了税费收入的均衡、足额、及时入库。

二是强化专业化管理提水平。重点加强了对个人住房出租和农村集镇房屋租赁税收的管理，全年房屋租赁业税收完成1.5亿元，同比增长58.5%；继续挖掘车辆、规模以上餐饮业、房地产业税收的征收潜力，加大工作力度，三个行业税收入库18.9亿元，同比增长24.9%。

三是抓好重点税源重点税种增收入。将490户企业纳入重点管理范围，强化监控；对教育劳务营业税进行清理检查，对施工项目进行跟踪管理，营业税同比增长22.5%；对管辖的19106户企业进行了严谨细致的汇算清缴，汇算清缴企业所得税同比增收5.5亿元；进一步加强个人所得税源泉控管，个人所得税增长33.2%；在全系统集中时间、集中人力开展清算土地增值税专项整治活动，全省征收土地增值税1.5亿元，增收7800万元，同比增长1.1倍。

【发票管理】通过确立刮奖发票“一次刮奖重在奖面，二次开奖重在奖额”的布奖原则，强化对开奖数据的存储、比对、开奖、兑奖管理，激发了消费者索要发票的积极性；进一步理顺和规范电信、保险等特殊行业发票管理，实现了管票与管税的统一；通过与公安、国税联合开展打击发票违法行为专项整治行动，进一步净化了用票环境，有力地提高了“以票控税”的能力和水平。

【科技兴税】通过对各类单项软件进行升级，进一步完善了计算机网络硬件、软件，提升了网络层次和税收征管的技术支撑能力；通过举办计算机高级培训班，提高了地税干部利用数据信息资料、把握税收规律和征收特点的比对分析能力；以税收征管数据全省“大集中”为目标，建成了省级数据处理中心，在金昌、白银两市进行了省级数据集中试点，为2009年在全系统全面推广应用综合征管应用系统打下了坚实基础。

【税务稽查】对平安保险公司进行专项检查，查补税款1200万元；对全省 2005-2007 年年平均销售额排名前 10 位的房地产企业进行了全面检查，重点对其中的 3 户进行了解剖式检查，查补税款 6300 万元；通过进一步完善查后征管问题质询、案件分析、一案双查报告等制度，对稽查中发现的征管问题，寻根溯源,及时整改,追究责任。

【干部队伍建设】进一步实化思想建设内涵，强化思想指导。按照省委的安排，在全系统开展了“继续解放思想、推动科学发展”大讨论活动，破除影响和阻碍地税科学发展的陈旧观念、传统习惯，教育广大地税干部做到在解放思想中统一思想、凝聚力量，推动地税事业又好又快发展；进一步把“发展第一要务”的要求实化为“两提两抓”的工作思路，再次明确了地税工作的总体布局；进一步把科学发展观的总体要求细化为“严密监控税源应收尽收，着力培植税源应免尽免”的征收管理指导原则，再次明确了组织收入工作的基本原则和要求；进一步把科学化、精细化管理的要求具体化为“税源有限、管理无限”的理念，再次明确了科学化、精细化管理的基本方法。通过不断实化、细化、具体化思想建设内涵，使科学理论的宏观指导变成了推动地税工作的方向、目标、动力和措施，切实提高了做好税收工作的能力和水平。

不断加强领导班子建设，全面提高执政能力。继续通过层层制定工作要点，提高各级领导班子谋划税收工作的能力；通过研究工作实际，找准领导干部能力建设的切入点，着力提高各级领导班子的领导水平和执政能力；通过制定思想政治工作九个内涵和途径的配套落实措施，全面提高全系统各级领导班子和领导干部有的放矢地开展思想政治工作的能力，增强思想政治工作的针对性，增强全体干部做好税收工作的积极性和自豪感。

通过进一步完善机构编制管理办法，对市（州）、县（市、区）地税局机构设置、编制管理、岗责建设提出了更加明确具体的意见，使岗责体系更加趋于科学合理，更加有利于调动干部工作的积极性；通过构建和完善“六条工作生活保障线”，增强广大干部的职业自豪感，调动了工作积极性；通过创建、评选、表彰 2006-2007 年度 23 项“亮点工程”，进一步激发了广大干部学先进、争先进、赶先进的意识。

【廉政建设】突出重点抓廉政，为地税干部干事创业保驾护航。通过继续分层次与各市州局、各部门签订年度党风廉政建设责任书，进一步夯实了各级地税领导干部所担负的“一岗两责”，强化了领导干部的党风廉政建设责任；通过开展“走访困难户，思考人生路”、“说勤政，论廉政，一访二比”等廉政主题教育活动及“一法两条例”知识有奖竞赛活动，极大地增强了反腐倡廉工作的吸引力、感召力和影响力；通过拓展监督渠道，创新监督形式，继续开展税务所长（分局长）向纳税人述职述廉工作，受到了纳税人和社会各界的一致好评。通过以上措施，为税收工作的顺利开展提供了廉政保证。

【精神文明建设】持续推进精神文明建设，为地税和谐发展提供精神动力和智力支持。通过制定 2008 年加强精神文明创建工作实施意见，对全系统精神文明创建工作进行系统安排，周密部署，明确了目标，制定了措施；通过评选认定青年文明号，表彰优秀党支部、优秀党员、优秀党务工作者等活动，树立了榜样，鼓舞了干劲；通过捐款和缴纳“特殊党费”活动，激发了干部职工的爱国热情，奉献了支援灾区的爱心；通过广泛开展多种形式的职工文化体育活动，活跃了广大干部的文化生活，推动了税务文化建设，在全系统形成了“先进更先进，后进赶先进，人人争先进”的奋发向上氛围。精神文明建设工作的深入推进，为广大干部做好税收工作提供了强大的精神动力。

【教育培训】通过推广兰州市地税局干部教育培训经验，在全系统开展全员培训、考取“三师”资格证（注册会计师、注册税务师、律师），强化干部业务培训，提高素质；通过制定 2008-2010 年干部教育培训规划和完善“以考促学”等办法，推动了全系统以考促学、以考促训工作。2008 年全系统共举办各类培训班 212 期，培训 10368 人次，通过持续培训使干部业务素质得到了进一步提高。

（李活）

金融 保险

中国人民银行兰州中心支行

【金融运行】2008 年，全省金融发展形势良好，银行业金融机构资产质量及经营效益进一步提高，金融支持全省经济发展的整体实力进一步增强。截至年末，全省金融机构本外币各项存款增长 26.13%，全年增加 983.23 亿元；本外币各项贷款增长 18.59%，全年增加 454.42 亿元。全省银行业金融机构资产总额比上年末增加 1136 亿元，增长 24.87%，全省金融机构实现本外币利润 57.45 亿元，同比增加 14.16 亿元。

（一）储蓄存款大幅增加。截至年末，全省金融机构人民币各项存款余额 4728.82 亿元，增长 26.29%，增幅同比提高 13.32 个百分点，创近年来的新高。全年金融机构新增人民币各项存款 984.36 亿元，为上年增量的 2.28 倍。受证券、房地产市场持续低迷影响，资金大量回流银行，全省储蓄存款增幅持续攀升，到 12 月末，全省金融机构人民币储蓄存款余额为 2461.90 亿元，增长 28.60%，同比提高 23.68 个百分点；全年新增储蓄存款 547.58 亿元，是上年增量的 6.10 倍。

（二）贷款增量再创历史新高。截至年末，全省金融机构人民币各项贷款余额 2731.89 亿元，增长 19.28%，同比提高 5.48 个百分点；全年新增人民币贷款 462.36 亿元，分别为 2006 年、2007 年贷款新增量的 2.44 倍和 1.59 倍，贷款增量创历史新高。一是中长期贷款持续稳定增长，主要投向支柱行业。年末全省金融机构中长期贷款按可比口径计算，增长 17.68%。二是票据融资波动明显，对调控政策反应灵敏。上半年，按照从紧货币政策要求，商业银行压缩票据融资以控制信贷总量，使票据融资规模大幅下降。全年票据融资量比上年多增加 35.17 亿元。三是支农信贷明显增加，金融支农力度加大。年末全省涉农贷款余额 888.82 亿元，占全省金融机构贷款余额的 32.11%，比上年提高 4.65 个百分点。全年金融机构短期农业贷款余额增长 38.96%，新增加 79.42 亿元，新增短期农业贷款占全部短期贷款增量的比重达到 34.73%。四是企业流动资金需求上升，工业贷款增长迅速。全年工业贷款新增 115.94 亿元，比上年多增加 68.71 亿元。五是房地产开发贷款结构性调整，个人住房消费信贷增长趋缓。截至年末，全省房地产贷款余额 168.82 亿元，增长 13.12%，增幅同比回落 24.15 个百分点。

（三）金融市场运行状况。一是货币市场运行平稳。2008 年以来，全省 3 家银行间债券市场成员改变资金营运思路，不断提高市场参与程度，主动从市场融入成本较低的资金，合理配置债券资产，银行间债券市场交投活跃，全年债券市场成员累计成交金额 736.41 亿元，同比增长 154.85%，成交量创历史最高水平。债券市场利率呈现小幅上升走势，且明显高于上年利率水平。隔夜拆借量明显下降，全年累计拆借资金 3.54 亿元，同比下降 66.09%。隔夜拆借利率对宏观政策反映灵敏，拆借利率在上半年呈上升走势，下半年呈下行趋势。二是外汇市场交易小幅下降。兰州银行作为甘肃省唯一一家外汇市场成员，因受自身条件所限，交易方式单一，交易币种较少，均为即期竞价交易、只有美元和日元两种，2008 年累计交易金额 1630 万美元，同比下降 29.75%。三是证券市场持续低迷。甘肃省目前共有 21 家上市公司（其中沪市 10 家，深市 11 家），占全国上市公司总数的 1.29%。截至年末，全省上市公司总股本 81.22 亿股，占全国 A 股总股本的 0.33%；总市值 449.46 亿元，较 2007 年末下降 0.37%。2008 年全省共有 3 家上市公司募集资金，募集资金净额合计 29 亿元。证券交易量明显萎缩，券商收益大幅下滑。截至年末，全省股民开户数 58.02 万户，证券交易额 3055.41 亿元，同比减少 30.08%；券商累计实现营业收入 7.53 亿元，同比减少 23.71%；实现净利润 4.58 亿元，同比减少 30.18%。全省期货交易额 377.17 亿元，同比增加 223.75%。四是保险市场快速增长。2008 年全省新增保险机构 223 家，截至年末全省共有省级分公司 19 家、中心支公司 118 家、支公司 236 家、营业部 63 家、营销服务部 553 家，专业中介机构 26 家，保险兼业代理机构 1448 家，保险从业人员达到 4.6 万。全年全省实现保险费收入增长 38.51%。其中，财产险公司实现保费收入 22.62 亿元，同比增长 20.41%；寿险公司实现保费收入 68.82 亿元，同比增长 48.44%。全省累计赔付支出增长 8.80%。保险总资产达到 190.13 亿元，同比增长 20.85%，累计为全社会提供风险保障额度 1.3 万亿元。

【货币政策】一是努力提高对经济金融形势的判断和把握能力，准确传导货币政策意图。探索建立了微观经济主体对宏观调控政策反应的快速调查机制，针对全省经济金融运行中的突出问题，开展了煤电油运企业融资、农村信用社信贷资金投向、中小企业融资、重点出口企业融资等情况的专题调查，有效增强了监测分析深度，也为上级行和地方党政决策提供了有价值的参考。年初完成的《2007 年甘肃省金融运行报告》作为《中国区域金融运行报告》的组成部分，公布后得到广泛关注，泽巴足副省长作了肯定性批示。加大货币政策传导力度，通过全省金融运行情况季度分析会等多种形式和渠道，及时传导货币政策意图，研究经济金融运行中存在的问题，指导金融机构准确把握政策导向。多次在政府有关会议上宣传讲解金融形势与货币政策，并在相关媒体上发表《落实适度宽松货币政策，积极支持扩大内需，努力促进全省经济平稳较快发展》等文章，取得了较好的政策宣传效果，营造了执行货币政策的良好环境。

二是积极应对经济金融形势的变化，努力提高货币政策执行绩效。上半年，在物价上涨过快、信贷投放过多、流动性过剩、投资过热的情况下，认真执行从紧的货币政策，加强对商业银行贷款工作的指导，建立了地方法人金融机构贷款规划执行情况监测预警制度，按季对贷款增长过快的地方法人金融机构进行调控。年中，适应新的形势要求，把保持经济平稳较快发展、控制物价过快上涨作为宏观调控的首要任务，适时适度调增了地方法人金融机构的信贷规划，引导金融机构加大对“三农”、中小企业和灾后重建等重点领域的信贷投放。四季度，随着全球金融危机持续扩散和蔓延，为贯彻落实国家扩大内需、促进经济平稳较快增长的十大措施，牵头召开了由省政府及相关部门领导、全省金融监管部门、金融机构主要负责人和人民银行市州中心支行行长参加的专题会议，研究部署全省金融系统加大金融支持力度，促进全省经济平稳较快增长的具体措施。与省政府金融办、金融监管部门联合下发了《关于落实适度宽松的货币政策，积极支持扩大内需，促进全省经济平稳较快发展的指导意见》。在此基础上，积极参与承办全省重点项目银企对接会，为中央、省上确定的投资项目和银行信贷之间搭建了对接平台，签约项目金额 1300 多亿元。

三是认真落实各项信贷政策，促进全省经济发展方式转变和产业结构战略性调整。年初，根据国家宏观调控政策和全省经济社会发展目标，研究制定了《2008 年甘肃省银行信贷增长指导意见》，引导银行业金融机构加强信贷政策与产业政策的配合，调整和优化信贷结构，在继续支持全省重大项目建设和支柱产业发展的同时，加大对节能减排、循环经济和经济社会发展薄弱环节等领域的信贷投入。

以国家和省政府确定的有利于增强经济发展后劲的基础设施建设、重大民生工程为重点，引导全省银行业金融机构认真贯彻落实“工业强省”战略，加大对装备制造业、自主创新、产品研发、产业链整合的信贷支持力度，推动产业升级。2008 年，全省金融机构累计发放工业贷款 397.95 亿元、基本建设贷款 183.61 亿元、技术改造贷款 10.30 亿元。

把强化农业基础地位和解决中小企业贷款难问题作为落实信贷政策的重点工作来抓。认真贯彻中央 1 号文件和十七届三中全会精神，引导银行业金融机构通过调整信贷结构，优先保证“三农”信贷需求，切实加大对农业产业化龙头企业、订单农户、特色农业以及农民专业合作组织、农产品基地和现代物流体系建设的信贷支持力度。1-12 月，全省短期农业贷款增加 47.3 亿元，同比多增加 36.8 亿元。积极探索运用再贷款支持新农村建设的有效途径，加大了对农业地区、民族地区、贫困地区和地震灾区再贷款倾斜力度。全年全省人民银行累计发放支农再贷款 28.30 亿元。合理运用政策工具引导金融机构加大对中小企业的信贷投入，努力缓解中小企业融资难问题。12 月末，全省中小企业贷款余额达到 565.9 亿元，全年新增 85.6 亿元，为近 5 万户中小企业提供了贷款支持。

从改善民生的高度，继续深入开展“助学贷款进村镇，小额贷款进社区”工作，在做好生源地国家助学贷款的同时，努力推进商业性助学贷款业务。12 月末，全省助学贷款余额 7.59 亿元，同比增长 375.30%，全年累计发放 4.22 亿元。以贯彻实施《就业促进法》为契机，进一步加大小额担保贷款投放力度，积极支持就业再就业工程。12 月末，全省下岗失业人员小额担保贷款余额 1.62 亿元，同比增长 28.09%，全年累计发放 9890 万元。

四是进一步加强统计监测和调查分析工作，为提高货币政策执行绩效提供了有力信息支持。按照先单项试点、再综合评估的思路，扎实推进信贷政策导向效果评估工作，全省 4 个试点地区全部完成评估，达到了预期效果。认真做好金融统计数据集中工作，保证了全省金融统计双轨正常、规范运行。建立了“甘肃省金融业统计数据报表”体系，实现了银行、证券及保险业的信息共享。充分利用银行家问卷调查，建立了“甘肃省银行家论坛制度”，组织全省 90 多家银行机构开展了首次银行家访谈，获取了全省经济金融运行中的大量新情况新问题，为全省银行家建言献策、更好地支持经济发展搭建了信息平台，得到了省委常委、常务副省长冯健身的肯定性批示。

【金融稳定】认真履行维护金融稳定职责，从甘肃经济金融发展的实际出发，建立了《金融风险监测周报》制度，在重点关注虚拟经济的同时，加大对实体经济的监测力度，所反映的银行风险问题得到国务院领导批示。建立了

1995-2008年金融稳定基础数据库，构建了区域金融风险监测指标体系，有效提升了系统性风险预警能力。不断改进金融稳定评估手段，运用宏观压力测试法对金融体系脆弱性进行系统分析，增强了金融稳定报告的深度和解释力，总行以《金融稳定工作信息》的形式在全国进行了交流。实现了《甘肃省金融稳定报告》的首次对外出版。积极应对“3.14”事件和“5.12”地震等突发事件对金融稳定工作的挑战，加强与地方政府、金融监管部门的沟通协调，建立了《金融稳定要情专报》制度，为相关部门及时采取措施消除不稳定因素发挥了积极作用，保障了全省金融体系的稳健运行。

积极推动金融机构践行社会责任工作。作为总行推动金融机构践行社会责任的三个主要省份之一，就金融机构社会责任理论框架、现实基础等内容进行了大量有益探索，取得了阶段性成果，其中“金融机构社会责任座谈情况反映”得到了总行充分认可。在全国率先启动金融机构践行社会责任活动，与金融监管部门联合发布了倡议书和指导意见。将金融生态环境建设作为有效维护金融稳定的着力点，指导天水、张掖、定西等地区开展了金融生态环境建设和金融安全区试点工作，促进了司法环境、信用环境逐步好转，金融生态环境明显改善。

把推进金融改革作为维护金融稳定、促进全省经济金融协调发展的重要手段，积极协助省政府制定地方金融改革规划，配合做好“招行引资”有关工作。大力支持农行面向“三农”的金融服务改革试点工作。密切关注股改银行分支机构深化改革情况，确保新体制、新机制有效运行。对农发行业务发展、风险控制、职能定位等情况开展了专题调研，为总行制定政策性银行改革方案提供了参考。不断推进农村金融服务体系建设，加强对村镇银行等新型农村金融机构设立情况、经营情况和风险状况的分析研究。进一步推进农村信用社产权制度改革，理顺信用社管理体制，分批、有序地开展专项中央银行票据兑付考核工作，确保改革试点资金支持方案得到有效落实，全年共有48个县（区）农村信用联社分三批通过总行和银监会考核，兑付专项票据资金4.87亿元。

【外汇管理】认真贯彻落实新修订的《外汇管理条例》和各项外汇改革措施，帮助企业通过加强对外债权债务管理，开展贸易融资，提高预收货款结汇比例等措施，便利了外贸企业经营。进一步简化境外投资审批手续，拓宽外汇资金流出入渠道，支持省内有优势和实力的企业“走出去”参与国际竞争。举办了“企业国际化战略实施与跨境金融外汇服务”外汇论坛，邀请总局领导、专家学者、企业代表共同研究便利企业境外投资的政策措施。简化银行结售汇市场准入管理手续，及时办理个人结售汇业务系统准入及外汇保险业务准入手续，支持了全省外汇金融服务业发展。1–12月，全省跨境外汇收支额达到71.47亿美元，同比增长7.93%，其中外汇收入23.08亿美元，外汇支出48.39亿美元。

加强跨境资金流动监管，严防违规外汇资金流出流入。认真做好国际收支统计与外汇形势分析，加大了结售汇日常监管力度，密切监测全省外汇收支状况。加强货物贸易外汇真实性审核，按规定对货物贸易项下对外债权债务实行登记管理和规模控制，规范了货物贸易跨境资金流动。合理设置非现场监管预警指标，对服务贸易大额异常跨境资金收支情况及时进行跟踪监测。建立了每日实时监测、月度重点监测和季度全面分析制度，重点抓好对个人外汇结汇及大额提取外币现钞的监管。提前完成了全省263家外商投资企业历史数据的录入工作，确保了直接投资外汇业务信息系统顺利上线，得到了总局资本司的表彰。顺利推广上线了“外汇金宏系统”，外汇管理工作信息化水平进一步提高。

加大外汇检查工作力度，不断提高依法行政能力。建立了异常与违规外汇资金流动监管内部协调机制，为进一步完善外汇非现场监管体系、有效防范和打击外汇领域违法违规活动提供了保障。开展了“关注企业”和外商投资企业外汇政策执行情况专项检查，纠正处理了一些违规问题，并重新规范授权71家银行机构办理资本金结汇审批业务。

【金融监督管理】加强金融市场管理，建立了商业银行国债柜台交易和金融机构理财业务监测体系，对辖内银行间债券市场成员债券交易、内控管理、风险控制情况进行了现场检查，有效防范了市场风险。开展了对有关金融机构财政存款和法定存款准备金缴存、再贷款和金融稳定再贷款使用情况的检查。加强银行账户管理，实行账户“集中申报制度”和“账户专管员制度”，将以往现场审核、现场核发的方式转变为集中接柜、专门审核、统一办理流程，提高了审核效率。开展了人民币银行账户管理检查，维护了正常的账户管理秩序。改进现金管理，建成了全省人民币流通状况监测网络，完成了总行下达的658家监测网点的建设任务。实行金融机构小面额货币首兑责任制，并对全省420家商业银行营业网点人民币收付、假币收缴、鉴定情况进行了检查，规范了商业银行假币收缴行为。加大国库监管力度，对全省13家代理支库的金融机构进行了年审，依法取消了1家机构的代理资格。对辖区代理国库集中支付、非税收入和国库经收业务的8个机构进行了检查，提高了国库管理水平。认真履行金融统计管理职责，加强常规性考核、非现场和现场检查，对全省涉农贷款专项统计数据的真实性进行了专项检查，数据质量有了较大提高。

进一步加强反洗钱监管。制定了全省银行业、证券业金融机构反洗钱工作指导意见，建立了全省银行业金融机构反洗钱工作考评体系，实现了对银行业金融机构反洗钱工作的分级管理，促进了反洗钱工作规范化、制度化。积极做好反洗钱调查和案件协查工作，全年向公安机关移交涉嫌洗钱案件2起，完成调查案件2起，协查案件13起，涉案金额185亿元，进行情报会商16次，得到了总行和公安部的充分肯定，省公安厅发来了感谢函。深入开展反洗钱现场检查，集中3个多月，对中行、建行、省农村信用联社反洗钱工作进行了全面检查，并对工行、农行、交行、邮储银行代理国际汇款业务进行了专项检查，对违规行为依法进行了处理。不断拓宽反洗钱工作领域，对华龙证券、中国人寿、太平洋人寿进行了现场检查，非银行金融机构反洗钱工作取得新突破。构筑与金融机构的反洗钱电子信息平台，实现了反洗钱非现场电子化监管目标。采取电话询问、书面质询、实地走访、约见谈话等形式，督促金融机构完善大额和可疑交易报送程序，提高了可疑交易甄别能力。

【金融服务】继续推进支付体系现代化建设。扎实做好境内外币支付系统建设工作，顺利实现了境内外币支付系统在全省的推广。按期完成了小额支付系统银行本票业务推广上线各项工作，同步实现了银行本票全省通用。圆满完成了中央银行会计集中核算系统（ABS）、中央银行会计事后监督子系统（AAS）升级换版工作。顺利完成了支付清算系统核心设备的更换和新系统的切换上线，并努力克服支付系统硬件设备故障多发的困难，确保了支付系统安全稳定运行。

强化了征信体系服务功能。在管好用好企业和个人征信系统上下功夫，进一步加大征信数据核查力度和征信系统应用规范化管理，系统数据质量明显提高，查询量大幅度上升。认真履行管理征信业职责，加强银行间债券市场信用评级管理，完成了大公、联合两家评级机构对全省发债企业信用评级进场前的合规性检查。制定了借款企业和信用担保机构信用评级意见，成立了信贷市场信用评级专家委员会，启动了全省信贷市场信用评级。以扩大贷款卡发放和年审范围为载体，推动建立中小企业信用档案建设长效机制，取得了明显进展。到12月底，征信系统累计录入中小企业信用信息1.56万户，更新档案信息7257户。依托农村信用村镇创建工作，继续加大农户信用档案建设力度，全省农村金融机构对建立信用档案的201万农户已累计发放贷款235.5亿元。

提高了国库服务水平。作为财税库银横向联网的试点省份，在全省8家商业银行、4家国税机构积极参与下，兰州、白银两市按时完成了各阶段测试任务，于11月24日正式上线，12月1日成功实现了税务、银行、国库的税款缴纳电子化和信息共享，进一步加快了税款入库速度。依托人民银行支付清算系统，积极开展国库直接办理地震受灾群众补助金发放业务，在陇南市康县支行进行了试点，得到了当地政府和受灾群众的称赞。在全省人民银行推行无记名国库券直接兑付业务，有6个市州31个国库机构开展直接兑付业务，方便了国债投资者兑付国债。

加强对现金供应形势的分析和预测，科学调拨发行基金，保证了正常的现金供应。全年累计投放、回笼发行基金较上年增加11.40%和9.28%，净回笼发行基金4.53亿元。加大发行库建设力度，新建、改建了一批现代化水平较高的发行库，兰州分库和张掖市、武威市中心支库被总行评定为“一级发行库”。

强化了安全维稳工作。把防范风险、确保安全放在更加突出的位置，以“工作零失误，管理零违规，业务零差错，资金零风险”为目标，多次召开专题会议研究安全管理和风险防范工作，坚决杜绝各类案件、事故的发生。进一步健全了分类管理、分级负责的应急管理体系和工作机制。

广泛开展了金融宣传活动。以改革开放三十周年和人民银行成立六十周年为契机，利用电视、广播、广场活动、柜面宣传等方式，切实加强了金融法规、金融业务知识的宣传普及工作。

（郭常民）

中国银监会甘肃监管局

【以贯彻落实宏观经济政策为主线，引导银行业积极服务甘肃经济发展】一是引导银行业认真贯彻宏观经济政策。督促银行业金融机构从宏观层面关注经济金融走势，引导银行业金融机构合理把握贷款投放结构和节奏，信贷投向结构有效改善。及时制定了《关于落实扩大内需促进经济增长政策措施，支持甘肃经济平稳较快发展的贯彻意见》；与省政府金融办、人行兰州中支、证监局、保监局共同研究制定了《关于落实适度宽松货币政策，积极支持扩大内需促进全省经济平稳较快发展的指导意见》。积极会同省政府召开了全省重点项目对接会议，按照“发展抓项目”的要求，督促引领全辖银行业金融机构签约1371.49亿元，涉及重点项目111个，有力支持了甘肃经济发展。

二是进一步促进银行业金融机构加强信贷管理。及时向银行业机构提示大型企业、过剩产业风险集中度及其变化，加强对“两高一剩”行业的关注，防止高耗能、高污染和破坏环境、破坏资源的“五小”企业的抬头和回潮。积极引导银行机构支持甘肃省支柱企业技术改造、产业升级和流动资金需求。组织银行机构对房地产贷款情况进行了自查，有效防范信贷风险，促进了房地产市场健康发展。

三是不断提高对弱势经济群体的金融支持力度。研究提出了推动小企业贷款的具体措施，推进辖内银行业金融机构在小企业贷款管理组织、营销策略、审贷程序、风险定价、考核激励、信贷队伍建设等方面取得了实质性进展。协调建立了小企业信息沟通机制、政策协调联动机制。督促辖内银行业金融机构进一步支持县域经济及“三农”发展，鼓励银行机构努力支持在特色农产品上进行集约化生产，形成品牌优势。

四是积极做好生源地助学贷款工作。进一步加大了对生源地助学贷款的指导力度，提出了全面推动生源地助学贷款的具体办法和措施，还建立了教育、财政、银行监管、国家开发银行互相配合、分工协作的工作机制，全面推动了生源地助学贷款工作。认真分析研究商业银行在办理高校助学贷款中存在的问题，提出解决有关问题的措施和办法，明确了进一步做好国家助学贷款工作的要求。

【综合运用多种监管手段，着力提高监管有效性】一是依法开展了现场检查。结合实际，及时制定了甘肃银监局2008年现场检查计划，通过省局与分局、分局与监管办事处的“上下集成”，监管部门之间、监管部门内部岗位之间的“左右集成”，有效实施了各项现场检查工作。现场检查的针对性、有效性、权威性明显增强。对查出的问题进行了分类整理，深入剖析了原因，并作了通报。对发现的违规问题及时提出了整改意见，并跟踪整改落实情况。

二是改进了非现场监管。进一步完善了非现场监管框架和流程及监测制度，提高对各类风险的识别、计量、监测和控制能力。进一步完善了监管谈话制度，督促被监管机构及时纠改监管中发现的风险点。进一步推动了银行业机构的透明度建设，按季对全辖银行业金融机构的资产负债情况进行披露。通过加强和发挥非现场监管的预警、提示功能，促使监管工作由分割式的监管向系统、持续的监管转变。

三是进一步促使不良贷款“双降”。进一步完善了银行与银监局双向建立的大额不良贷款台账监测制度，进一步强化了监测措施，督促银行业金融机构不断完善信贷“三查”制度，加大存量不良资产的回收、盘活和处置力度。促进银行业机构逐步形成了风险自我控制和消化的良性循环机制。

四是积极防控和化解地方中小金融机构风险。积极稳妥地推进了中小银行机构的风险处置工作。批复了白银市银鹏城市信用社依法破产。积极做好临夏市解放路信用社撤销退市工作。西部金融租赁公司风险处置工作取得重大突破。按照“一社一策”的思路，及时对高风险社采取有效监管措施，督促防控和化解风险。

【积极推进银行业改革，促进区域金融实力提升】一是督促大型银行基层行深化改革。督促中国银行、建设银行、工商银行省分行进一步巩固股份制改造成果，力求形成改革的“上下联动”和整体推进。督促农业银行省分行按照“面向三农、整体改制、商业运作、择机上市”的改革定位，积极探索商业化经营与服务“三农”的结合点，提高经营管理水平。

二是继续推动农村信用社改革和发展。对省联社成立以来的履职行为进行了监管考核，促使其发挥好对辖内农村信用社的管理、指导、协调和服务作用。进一步推进农村信用社统一法人社改革，继续做好组建农村合作银行的审核工作，已批准开业农村合作银行7家，批准筹建2家。

三是积极推进邮政储蓄银行改革。及时对邮政储蓄银行经营发展及监管面对的实际情况进行了调研，督促邮政储蓄银行在较短时间内完成了机构组建工作，实现了组建、经营两不误。同时，引导邮政储蓄银行努力扩大业务领域，积极支持县域及“三农”的发展。

四是促进和支持其他银行业机构发展。不断推进城市信用社组建城市商业银行工作，平凉城市商业银行已获准开业。积极支持股份制银行来甘肃设立分支机构，上海浦东发展银行兰州分行开业；中信实业银行经银监会批准，正在筹建之中。加强了对资产管理公司高管人员兼职及新业务准入的监管，规范了重大突发事件和重要事项的报告制度。积极推进甘肃信托公司改制重组和新型农村金融机构设立工作，全省新型农村金融机构增加到9家。

【切实履行责任，引领银行业提高金融服务水平】一是全力做好抗震救灾和灾后重建金融服务工作。汶川大地震发生后，及时启动应急预案，加强值班及信息传递，指导银行业金融机构加强灾区金融服务，6月1日，全省因灾停业的银行网点全部恢复营业。先后多次派出慰问组，为灾区提供各类急需的救灾物质，并积极开展了捐款及交纳“特殊党费”活动，共捐助资金54万多元。积极向政府汇报银行灾后重建中的困难，协调解决银行机构营业中的相关问题。结合甘肃实际，制定下发了做好抗震救灾金融服务工作十条指导意见，要求银行业金融机构全面落实抗震救灾各项金融服务政策，提供灵活多样的金融服务，切实加大对灾区的信贷支持力度。特别是对灾区农户住房重建工作进行深入调研，全面掌握了灾民住房重建贷款需求及存在的困难和问题，提出了针对性措施及政策建议，加快了住房重建贷款的发放进度，有效落实了银监会刘主席批示和提出的各项工作要求。

二是以奥运金融服务查访为契机提高金融服务水平。为确保奥运期间能够提供良好的金融服务，在全省范围内查访了8家商业银行机构的293个营业网点和相关自助机具，及时向各银行通报了问题，提出了整改意见。各银行对存在问题及时进行了整改，确保了奥运金融服务各项工作落实到位。还组织召开了全省银行业金融机构文明规范服务表彰大会，对文明服务先进单位和个人进行了奖励。

三是努力做好“3.14”不稳定事件的金融服务工作。及时启动应急预案，快速了解银行机构受损情况，保证了“人身、库款、枪支、账表”安全。同时，积极督促银行机构恢复营业，立足甘南州社会稳定大局，全面贯彻落实各项优惠政策，进一步简化贷款审批发放手续，加大信贷投放力度，积极支持受损工商户和农牧民生产生活。事件发生后的两个月内，累计发放贷款4267户11749万元。

四是推进个人理财业务规范运行。组成5个调查组对7家银行的14个营业网点个人理财业务进行了暗访调查，对发现的问题，及时提出了监管意见，要求限期整改，促进了个人理财业务的规范发展。

【加大案件防控力度，建立案件治理的长效机制】一是完善案件防控工作制度。制定印发了《关于进一步加强案件防控工作的指导意见》，与省公安厅一起建立了全省银行业安全保卫工作联席会议制度，进一步完善了案件统计和信息通报制度，及时、主动向有关部门报送相关信息，真实、准确地反映案件防控工作成果和有关情况。

二是实行案件治理的差异化监管措施。按照“区别对待，分类指导”的原则，分析研究案件易发的重点地区、重点机构、重点岗位、重点部位案件特征，因地制宜，对症下药，通过针对性的监管措施，有的放矢地抓好各机构的案件防控与治理工作。与上年相比，涉案金额减少270.12万元，风险金额减少293.92万元。

三是督促强化案件责任追究制。在日常监管中，督促各银行业金融机构按照银监会防范操作风险“十三条”措施和内控“十个联动”建设的要求，提高执行力，落实好内审垂直领导、会计委派制等制度规定。不断完善内部责任追究和惩戒制度，严惩违法违规和渎职行为，以严格的问责教育银行业金融机构全体从业人员，提高案件治理的震慑力。

四是认真开展安全保卫大检查。会同省公安厅在全省范围内组织开展了为期3个月的金融安全大检查工作，检查区域覆盖率达到100%，确保了2008年节日期间的金融安全和社会治安稳定。还安排部署了对全省银行业金融机构枪支安全的大检查。建立并执行了银行业金融机构安全保卫工作季度例会制度，组织省级银行业金融机构现场观看了工商银行甘肃省分行处置突发事件应急演练，收到了良好效果。

【认真开展学习实践科学发展观活动，夯实各项基础工作，加强班子和队伍建设】一是深入开展学习实践科学发展观活动。10月中旬开始在全系统开展了深入学习实践科学发展观活动。局党委成立了学习实践活动领导小组，制定了《甘肃银监局系统开展深入学习实践科学发展观活动工作方案》，召开了动员大会，确定了“提高监管有效性，促进甘肃经济全面协调可持续发展”的活动载体，掀起了学习实践科学发展观的高潮。通过实实在在的工作，学习实践活动在提高思想认识、解决突出问题、创新监管机制等方面都取得了阶段性成效。

二是组织开展了作风建设暨警示教育活动。通过教育，领导干部和全体工作人员加深了对作风建设和反腐倡廉工作的认识，进一步树立了良好作风和廉洁从业意识，使全系统廉洁监管意识和依法行政能力明显增强。

三是积极推进了政务公开。建立了相应的工作机制和责任体系，推进和规范了全局系统信息公开工作，提高了银行业监管工作的透明度和办事效率，保障了公民、法人和其他组织依法获取银行监管方面的政府信息。严格落实了工作考核责任制，促使各项工作任务有效完成。

四是深入开展了调查研究。围绕辖内经济金融运行中的重点、热点、难点、疑点问题，适时开展了大型银行基层行改革存在的问题及对策，金融支持欠发达地区农村发展问题，房地产贷款情况等问题的调研，完成并上报了60多篇具有一定层次的调研报告。同时加强信息反映、新闻宣传工作，有20篇调研报告和信息被银监会及省委、省政府采用，有2篇被新华网采用。

五是切实加强了内部管理和干部队伍建设。加大培训力度，组织干部职工参加了银监会举办的30多场次视频培训班，为培养一支视野开阔、结构合理、业务精通的干部队伍进行了积极有益的探索。选拔调整充实了分局领导班子，交流了机关有关处室的主要负责人，通过公推直选产生了团委书记。提出了科学设置和改革组织架构的方案，不断增强监管工作生机与活力。通过多种方式，推进优秀监管文化建设，营造文明办公氛围。进一步加强了财务管理，不断规范财务行为，力行节俭办公。加强保卫值班，定期进行车辆安全检查，做好后勤保障工作。

六是大力推进了党风廉政建设。抓紧落实了构建惩治和预防腐败体系的各项任务。加强反腐倡廉宣传教育，进一步强化党风廉政建设，开展了对7个分局的巡察工作，对3个分局及机关3个监管处的执法监察工作。继续加强信访核查和案件查处工作，全面开展行风建设评议活动。严格执行“约法三章”和现场检查“八不准”，加强对领导干部权力运行的制约和监督，教育干部以谨慎之心对待权利，以淡泊之心对待名利，以警惕之心对待诱惑，清清白白做人，干干净净做事，有效维护了银监局系统良好的监管形象。

（牛钦泽）

中国证监会甘肃监管局

【综述】2008 年甘肃资本市场保持了平稳健康的发展态势。截至 2008 年三季度末，辖区 21 家上市公司资产总额 581.85 亿元，同比增长 16.99%；实现营业总收入 422.29 亿元，同比增长 55.10%；实现归属于上市公司股东净利润 12.43 亿元，同比下降 3.12%；基本每股收益 0.15 元，比上年同期降低 0.02 元；每股净资产平均为 2.78 元，同比增长 13.01%。

截至 2008 年底，辖区证券交易额 3055.41 亿元，同比下降 30.08%；客户开户数 58.02 万户，同比增长 8.75%；实现营业收入 7.53 亿元,同比下降 23.71%；在证券交易量大幅回落的情况下，实现净利润 4.58 亿元，同比下降 30.18%。辖区期货交易额 377.17 亿元，同比增长 223.75%；期货交易手续费净收入 637.64 万元，同比增长 125.73%；利润总额 273.43 万元，同比增长 216.1%；期货保证金余额 3516.42 万元，同比增长 41.94％；客户数 742 人，同比增长 78.34％。

2008 年，有 1 家公司首次公开发行上市、2 家上市公司实施再融资，共募集资金 29 亿元（含资产部分 12.06 亿元）；2 家公司已上报首发材料，3 家公司正在辅导中；新批设外地在甘证券营业部 2 家、期货营业部 2 家。

【辖区证券期货市场稳定运行】及时成立了应急维稳工作领导小组，在辖区证券期货行业全面落实一把手责任制，修订完善了突发事件应急预案，实行重要情况快报制度，建立起有效的应急维稳工作组织体系和协调机制，全力以赴维护辖区证券期货市场安全稳定。

一是全力组织开展抗震救灾。面对突如其来的特大地震灾害，第一时间了解掌握辖区上市公司、证券期货经营机构受灾情况，立即启动应急预案，紧急部署抗震救灾工作，并深入受灾公司一线，指导、协调防灾自救；省政府及有关部门对受灾上市公司和证券期货经营机构的抗灾自救提供了大力支持。辖区市场各主体全力救灾，千方百计保护投资者生命财产安全，克服重重困难保证生产经营，想尽一切办法保证市场正常交易，灾区证券期货交易一天都没有中断过，确保了甘肃证券期货市场稳定运行。甘肃证券期货行业抗震救灾工作得到了中国证监会党委和甘肃省政府的充分肯定。同时，证券期货行业积极为灾区人民奉献爱心，共捐助款物 3900 多万元，有力支持了全省的抗震救灾。按照证监会和省委、省政府的部署，积极组织做好辖区证券期货经营机构灾后重建规划。

二是重点监控上市公司风险源，及时消除风险隐患。地震发生后，每日关注受灾上市公司风险情况，及时做好信息的收集和报送工作；“两会”和奥运期间，逐一排查辖区高风险上市公司，向 4 家公司发了监管关注函，积极防范重点公司风险，防患于未然。同时，适时调整公司风险分类，实施分类监管。

三是加强信息系统安全建设和重点要害部位的安全隐患检查。成立了信息系统安全工作领导小组，聘请专业技术人员组建了信息系统安全检查组，对辖区经营机构信息系统安全情况进行了全面检查。督促各经营机构增加信息系统改造投入，加强对系统安全检测，完善系统数据灾备，强化对风险隐患的梳理排查与整改，提升交易系统的安全防护能力。同时，对辖区证券期货系统重点要害部位和场所进行专项检查，督促各机构积极有序地开展风险隐患摸底排查，及时整改发现的问题，消除了安全隐患，提高了安全防范水平，确保了“两会”、奥运期间辖区市场的稳定运行。

四是切实做好矛盾纠纷排查化解和信访受理处置工作。坚持定期开展矛盾纠纷排查化解工作，全年共排查出矛盾纠纷 11 件，化解 9 件，果断处置了“南航权证”投资者许某扬言炸毁证券营业部、部分投资者网上串联准备静坐抗议等矛盾纠纷；坚持“抓信访、保稳定、促监管”的工作理念，将信访工作与日常监管工作相结合，按照“谁主管，谁负责”的原则，重点对来信来访案件进行全面梳理，逐件登记，认真落实初信初访首办责任制，确保办理质量。全年共接听来电 359 次、接待来访 32 批次 57 人次、收到来信 30 份，全部信访电已按规定办理完毕。

【促进上市公司规范运作】一是深化上市公司治理活动，不断巩固专项治理成果。采取持续跟踪、现场回访、约见谈话等方式督促辖区上市公司切实落实整改事项，留存问题基本整改完毕，辖区上市公司内控制度建设明显加强，独立性进一步提高，公司治理有了很大改进。积极落实证监会“强化持续监管，防止资金占用问题反弹”视频会议精神，召开专题会议，要求各公司就大股东及关联企业违规占用上市公司资金情况进行自查自纠，并通过各种方式对自查自纠工作进行监督检查，有效遏制了大股东及实际控制人违规占用资金行为的反弹。

二是积极探索现场检查工作方法，强化一线监管。通过年报审计监管、公司治理验收、巡检和专项核查等多种方式开展上市公司现场检查，全年对 19 家上市公司共进行了 25 次现场检查，检查覆盖面达 90%以上，针对存在的问题发出问询函、监管函 47 份，整改通知 5 份。在现场检查工作中，注重点面结合、重点突出、形式灵活多样，重视整改全过程监管，对于公司能够立即整改的事项，及时督促处理和解决，对于深层次的问题，约见上市公司董事长、高级管理人员等谈话、座谈，约请公司主要股东负责人沟通情况，督促公司采取措施，并对整改结果进行评估。

三是创新形式，抓好上市公司高管人员培训。在征求上市公司意见的基础上，对上市公司董事、监事、高管的培训工作做了调整：采取了以会代训、区域培训等形式，把公司治理、董事监事高管人员权力责任义务、公司规范运作等作为重点内容，对新上市公司、换届公司、高风险公司、治理结构不完善的公司进行重点培训，并将培训范围扩大到上市公司中层以上管理人员和财务人员。全年共举办3期培训，培训人员达230多人。

四是继续落实辖区监管责任制，夯实监管工作基础。结合工作实际，及时调整职责分工，明确和细化监管责任，修订和完善了内部监管工作制度；注重监管留痕，充分运用上市公司监管信息系统，及时录入监管过程和监管措施，保持三方监管责任人监管信息畅通、共享；加强对信息披露、股价异动的联动监管，信息披露不及时的现象大大减少，信息披露质量有了明显提高；针对个别上市公司潜在风险较大，加强了与公司所在地政府及有关部门的协作，促使风险防范关口前移。

五是加强证券服务机构监管，有效发挥中介作用。重点加强对从事证券期货业务的会计师事务所和资产评估师事务所的监管。建立和完善监管制度，建立健全会计与评估机构基本信息监管档案；实施年报审计的全程监管，督促审计机构忠实履行职责；结合现场检查，对1家年审机构执业情况进行了检查，同时对其他公司审计机构的执业情况进行关注；督促保荐人在持续督导期内，履行督导责任，保证募集资金安全；督促新发行公司、实施再融资和重大重组公司保荐机构、财务顾问严格按照要求，履行持续督导责任，并及时报备募集资金使用和项目进展情况。

【提高证券期货经营机构合规经营水平】一是全面推进证券公司账户规范工作。督促、指导辖区证券经营机构在巩固证券公司综合治理成果的基础上，全面完成客户交易结算资金第三方存管后续工作，积极稳妥解决账户遗留问题，切实落实账户规范工作的各项要求。华龙证券共完成3.99万不合格证券账户的清理规范工作，另库存放2.3万户小额休眠账户，账户清理工作按要求如期完成。

二是加强日常监管，推动辖区证券经营机构依法合规经营。推动辖区证券公司逐步完善和健全法人治理结构，实施合规管理，对公司投行业务管理制度、风险控制措施等进行检查，督促公司建立动态的风险控制指标监控和补足机制，对辖区9家网点开业、8家网点迁址关闭、6家服务部规范为营业部等事项进行了现场检查验收；联合甘肃银监局对基金销售业务进行专项检查。

三是加强风险控制，积极支持期货经营机构加快发展。督促辖区期货经营机构加强基础建设，强化内部控制，提升服务意识。依托以净资本为核心的风险监控指标体系加强对期货公司净资本的监控，强化“两金”的监管。深入开展实名制、盘中透支、内控建设、信息系统安全、中间介绍业务等专项检查。通过这些工作，辖区期货公司未发生穿仓，经受住了市场剧烈波动的考验。同时，积极支持辖区期货公司增资扩股，推动华龙证券重组陇达期货工作。新批准设立了2家期货营业部。

四是强化投资者教育工作，提高风险投资意识。制定了《甘肃辖区投资者教育工作方案》，积极整合辖区投资者教育资源，拓宽渠道、创新方式、完善内容，推动辖区投资者教育工作深入开展。辖区各经营机构成立了领导小组，制定了投资者教育工作方案，通过多种形式积极开展投资者教育活动。为保证效果，对各经营机构的投资者教育工作不定期进行检查，确保辖区投资者教育各项工作落到实处。通过扎实深入地开展投资者教育工作，辖区投资者风险意识进一步提高。

五是继续做好甘肃证券行政清理遗留工作。继续督促甘肃证券清算组、破产管理人做好未登记个人债权的登记、甄别工作，主动做好剩余个人债权收购的准备工作，积极协调地方政府拨付收购资金，并对甘肃证券破产管理人在甘肃证券司法破产中的工作进行指导。

【着力营造市场诚信环境】一是加大稽查力度，严厉查处证券违法违规案件。完成了自立案件和协查案件的调查工作。积极探索“关口前移，提前介入”的预防性稽查模式，采取果断措施，对涉嫌内幕交易、存在关联关系的公司进行了非正式调查，及时发现和制止违法违规行为。

二是积极做好打击非法证券活动工作。针对非法证券活动有所抬头的情况，联合省高法、省检察院、省公安厅及时转发了证监会《关于整治非法证券活动有关问题的通知》，举办了甘肃省打击非法证券活动专题培训会议，法院、检察院、公安、工商等有关部门180余人参加了培训，为打非工作顺利开展奠定了坚实基础。

三是加大法制教育宣传力度。有计划、分步骤、有重点地组织实施“五五”普法宣传教育工作，积极向监管对象、政府及其相关部门、投资者等宣传证券期货法律知识。通过普法宣传教育，辖区证券期货经营机构知法守法、依法经营的理念有了进一步提高，广大投资者理性投资、依法维权的意识正在形成。

四是加强诚信档案建设。按照证监会要求，甘肃证监局建立了诚信建设工作机制，修订完善了工作流程和诚信档案管理制度，对辖区2004年以来的所有失信行为信息进行认真梳理，并记入证监会诚信档案数据库，建立了辖区各市场主体的诚信档案。

【积极服务地方经济建设】通过专题培训、实地调研、提供政策指导等各项措施，大力宣传资本市场，营造良好的市场环境。积极配合地方政府进一步加大对上市公司后备资源的培育力度，对符合基本条件且有上市意愿的公司重点提供政策指导和技术支持。自2007年以来，甘肃证监局先后走遍了全省14个市州，主动向当地政府、有关部门的人员和企业人员进行宣传和培训，向各级政府及相关部门赠送《资本市场发展报告》500余册，提高地方政府和企业对资本市场的认知度；为地方政府建言献策，提供政策指导和咨询服务，并对多家企业进行了实地走访和摸底。通过多方共同努力，甘肃省政府不断加大对地方资本市场发展的指导力度，制订了扶持资本市场发展的政策措施，部分市州政府设立了专司企业重组、上市的指导协调机构，各级政府、各类企业对资本市场的认识有了明显转变，借助资本市场推动当地经济发展的积极性普遍提高。

2008年，在A股市场总体融资额大幅下降、首次公开发行和再融资难度不断加大的情况下，甘肃证监局继续加大指导力度和辅导监管力度，大力支持符合条件的公司发行上市和再融资。独一味已于2008年3月发行上市，募集资金1.45亿元；佛慈制药、甘肃稀土2家公司已向证监会上报了首发材料，华亭煤电、海默科技、大禹节水等3家公司正在辅导中。方大炭素、莫高股份2家上市公司已顺利实施非公开发行，合计募集现金15.49亿元，资产12.06亿元。

【深入开展学习实践科学发展观活动】按照证监会党委的统一部署，积极组织开展深入学习实践科学发展观活动，成立了活动领导小组，制定了《甘肃证监局学习实践活动实施方案》。认真组织集中学习，通过召开座谈会、发放调查问卷、局领导带队实地调研等多种形式深入开展调查研究，组织开展解放思想大讨论，认真进行分析检查和整改落实，形成了党委分析检查报告，组织相关单位、部门和个人进行评议，坚持边学边查、边查边改，对能够解决的问题及时进行了整改。通过学习实践活动，进一步解放了思想，理清了工作思路，坚定了发展方向，完善了规章制度，转变了工作作风，服务科学发展的能力和水平进一步提升。

以学习实践科学发展观活动为契机，着力加强党建和廉政建设工作，不断强化队伍建设，为辖区证券期货监管工作提供有力的组织保障。扎实开展创建学习型机关活动，通过灵活多样的学习教育形式，引导和培养监管干部学习的自觉性，不断提高监管干部的科学知识和业务能力；通过组织丰富多彩的文化体育活动和有针对性地开展主题实践活动，提升监管干部的文化修养，增强监管队伍的凝聚力和向心力；经常性的组织各类形式的调查研究活动，形成了《深入学习实践科学发展观，进一步提升派出机构监管工作执行力》等一批具有较强参考价值的调研报告，工作的前瞻性、针对性和有效性进一步增强。同时，严格落实党风廉政责任制，签订廉政责任书和承诺书，认真做好“每月一课”、“每季一查”和“半年一评”工作，全面加强干部作风建设，扎实推进党风廉政建设深入开展。

中国保监会甘肃保监局

【市场保持平稳快速发展，行业整体实力迈上新台阶】面对经济形势变化和宏观政策调整，全省保险业快速反应，积极行动，保持了较好的发展势头。全省共实现原保险保费收入97.6亿元，比上年增长38.7%。其中，财产险公司保费收入23.6亿元，增长20.2%；人身险公司保费收入74亿元，增长45.8%；累计为全社会提供风险保障额度近1.3万亿元。赔款和给付31.1亿元，增长8.3%。保险总资产达到191.3亿元，较年初增长21.6%，行业整体实力迈上新台阶。全年新增保险分支机构223家，全省保险机构达到989家，其中省级分公司19家，中心支公司118家，支公司236家，营业部63家，营销服务部553家；各类专业中介机构26家，兼业代理机构1448家，保险从业人员达到4.6万多名，服务能力有了新的提升。行业经营效益整体有所改善，截至12月末，产险机构亏损同比减少7749万元，应收保费率、综合费用率水平不同程度下降；代理、经纪行业实现整体盈利。基本实现年初提出的又好又快目标。

【传统保险业务稳步发展，重点领域保险业务取得新突破】一是“三农”保险稳步推进。全行业积极贯彻落实国家支农惠农的政策，加大与地方政府和有关部门的协调沟通，能繁母猪保险、奶牛保险、种植业保险的承保面进一步拓宽。截至12月末，农业保险累计保费收入5537.4万元，赔付2799.1万元，雪灾、震灾中的涉农保险理赔全部完成。农村小额人身保险试点工作稳步推进，9个试点市（县）实现保费58.1万元，为1.3万农民提供了保险保障。二是项目保险保持较快增长。截至12月末，工程险实现保费收入3895.6万元，同比增长139.8%；企财险实现保费收入2.9亿元，同比增长16.9%；累计为12个重大工程项目赔款1730万元。三是责任保险领域进一步拓宽。全行业抓住省政府关于发展责任险和火灾公众责任保险两个意见出台的机遇，积极推动校园、运输、旅游、建设等领域责任保险发展，服务领域进一步拓宽。截至12月末，责任保险实现保费收入1.06亿元，同比增长45.8%。特别是校园方责任保险首次覆盖到大中专院校，实现保费收入700多万元，为140多万名学生提供保险保障2.1亿元。四是传统保险业务稳步发展。养老险、健康险业务稳步健康发展；车险业务平稳发展，质量有所改善；企业年金业务继续推进，累计受托年金1.2亿元。此外，开展车船税代收代缴工作，全省财产险公司累计为地方政府代收代缴5590多万元。

【积极履行保险业社会责任，举行业之力参与抗灾救灾】在雨雪冰冻和5•12特大地震灾害面前，全省保险业发扬行业精神，积极参与抗灾救灾和灾后重建，得到了各级党委政府和人民群众的认可。面对重大灾情，各保险机构迅速反应，开通理赔绿色通道，坚持特事特办，快速查勘，及时理赔，提供了较高质量的保险服务。两次灾害中，全省保险业累计赔款已超过1.5亿元，在稳定灾区群众生产生活和支持灾后重建方面发挥了积极作用。广大保险干部职工立足本职，服务大局，奋战在抗灾救灾一线，以坚忍不拔的斗志和无私奉献的行动，展现了保险业良好的精神风貌，经受住了灾害的考验。全行业广泛开展捐款捐物，全力支援灾后重建，累计为地震灾区捐款捐物1200多万元，捐建希望学校13所。

【积极防范金融风险，保持市场健康稳定】一是以防范退保风险为重点，全力维护行业安全。针对寿险退保风险隐患，成立退保风险防范领导小组，建立了退保业务报告和分析制度，对退保业务进行监测，确保公司保持充足现金流。全省保险业总体运行平稳，没有出现群体性退保等异常情况，年度寿险给付高峰也平稳度过。二是着力推进业务转型和结构调整。针对银保业务井喷式发展态势，采取有力措施进行调控，推进业务转型，防范风险集聚。加强对银保业务的分析监测和检查，跟踪业务转型效果。经过共同努力，与调整基期8月份相比，9月份以来的月均银保业务量下降了30%左右，实现了软着陆。针对产险市场车险业务偏重、质量不高的实际，通过加强费率和手续费监管，促进业务结构调整，防范业务过度集中的风险，取得了一定成效。三是加强全行业经营风险日常监控。建立保险机构关键指标预警分析体系，对5类风险划分“正常、关注、警戒”三个风险等级，实时进行风险监测。加强保险公司内控管理，开展寿险公司综合测评和内控评价，建立风险信息提示制度，加强与总公司的信息通报，有效防范内控风险。积极开展车险“见费出单”和寿险收付费管理的调研、筹备和验收工作。

【探索实施监管新政，促进市场秩序逐步好转】一是加强了保险消费者利益保护工作。在全行业实施持证上岗挂牌展业、新单回访、理赔服务、信访投诉四个“百分百制度”。制定《机动车辆保险理赔服务行业标准》，修订2008版人身保险投保提示。加强了信访投诉接待处理力度，建立了局长接待日制度，参加政风行风热线直播节目，查处了一批侵害消费者权益的案件。在抗震救灾、北京奥运等重要时期试行信访联系人值班制度，有效保护了消费者权益，维护了行业和社会稳定。二是稳步推进保险监管体制机制建设。建立监管联系机制，成立了7个监管联系组，加强市州保险市场的监管工作。建立了现场检查、行政处罚、司法移送、非行政处罚措施为主的“一查三处”监管制度体系。建立了查处分离制度，从机制上保证行政执法公开、公平、公正。改进行政处罚决定书送达方式，将处罚送达与监管谈话等措施相结合，提高处罚效果。制定现场检查公示制度，规范执法行为，自觉接受监管对象的监督。三是深入开展市场整规检查工作。全面贯彻落实全国保险监管工作会议精神，按照保监会规范产险市场的70号文件和寿险、中介视频会议安排，组织开展产险、寿险、中介、统计四个领域的集中统一检查。财产保险市场秩序自查自纠工作深入开展，新设寿险机构运行情况检查评估全面完成。对交强险、农业险、招投标业务领域、保险统计数据质量、银邮机构代理保险业务等开展了重点检查。开展中介市场摸底清查工作，对6家中介机构实施市场退出，清理了618家机构兼业代理资格。规范中介招标业务，叫停和纠正了一些不规范招标业务。四是监管新政促进了市场秩序逐步好转。坚持区分问题的性质、表现和危害，把握政策界限，新老划断，区别对待；坚持治标与治本相结合，查处问题和教育引导相结合，发现问题与解决问题相结合，处罚机构与追究高管责任相结合。全年共检查各类机构88家次，共作出行政处罚18件次，罚款21万元，对12家机构和3名责任人给予了警告处罚，采取非处罚监管措施31件次。一系列监管措施的实施促进了全省市场秩序逐步好转。

【加强行业基础建设，增强行业可持续发展能力】一是加强行业基础建设。开展依法合规教育，推动合规管理工作。送法上门，巡回培训，年初对全省14个市州保险分支机构近千名高管人员进行了依法合规培训。开展以规范经营为主题的中心组学习，交流学习体会，增强了高管人员依法合规经营的意识。制定保险营销员业内流动管理办法和继续教育管理办法，保险营销员继续教育工作全面启动。改进考试服务，增设市州电子化考试点，提高从业人员持证率水平。加强行业自律，指导省行业协会牵头组织省内保险机构签订7项自律公约和2项服务承诺，建立自律执行小组和自律保证金制度。二是加强行业协会和学会建设。授予市州行业协会11项工作职能，支持各级协会依据授权参与监管工作，延伸了监管触角。加强市州行业协会工作的指导和考核，完成了天水等6市协会的换届工作。加强保险文化建设和诚信建设，举办了以“竞争与合作”为主题的第二届保险高峰论坛。加强行业交流合作，举办行业党风廉政建设联席会暨经验交流会。

（石富章）

中国工商银行甘肃省分行

【综述】2008 年，甘肃省分行经历了“5•12”特大地震灾害等一系列难以预料的重大挑战，遇到了经济形势急剧变化带来的诸多困难。面对这些风险影响和困难，全行认真贯彻总行党委的各项决策部署，围绕年初确定的发展思路和目标任务，进一步树立信心，迎难而上，顽强拼搏，扎实工作，圆满完成了全年各项任务目标，经营发展迈上了新的台阶：全行实现账面利润 10.17 亿元，人民币全部存款较年初增加 152.84 亿元，各项贷款较年初增加 50.23 亿元，不良贷款余额较年初减少 1.46 亿元，占比下降 0.92 个百分点。实现中间业务收入 4.4 亿元，信用卡消费交易额 15.75 亿元，办理国际结算 12.85 亿美元，累计销售个人理财类产品 83.3 亿元。

【理清工作思路，提升科学发展水平】年初，省分行在推进思想解放、深入调查研究的基础上，提出和确定了要继续坚持“三个做大、三个提升”的经营工作思路，在系统内大力推进“精品行”建设，在同业中不断增强核心竞争力，努力把工行甘肃分行打造成全省盈利水平、资产质量、竞争发展、业务结构以及服务水准最佳的银行。为了把发展的思路贯彻到位，把经营的目标落实到位，省分行引导各级行在经营管理中进一步解放思想，转变经营观念，提高科学发展水平。通过联合清华大学举办高管人员领导力提升高级研修班、与兰州大学合办全行副总经理（级）领导干部培训班、等教育活动，进一步统一思想，开阔思路。结合深入学习实践科学发展观的活动，引导广大党员干部深入研究探讨全行改革发展的新思路、新举措。四季度，面对急剧变化的经济形势，全行及时调整信贷计划，完善工作措施，在“扩内需、保增长”中发挥了积极作用。通过一系列措施，全行上下经营工作的思路进一步明确，科学发展的意识显著增强，在同业中勇于竞争、在系统中敢于争先、在经营中善于拼搏的良好氛围逐渐形成。

【加大业务营销，提升市场拓展水平】按照总行改革发展要求和市场竞争形势，各级行紧紧盯住任务目标、盯住同业占比、盯住薄弱环节，进一步加大市场营销力度。一是着力抓好资产业务。全行坚持以优质重点客户为核心，以项目贷款为先导，不断加大公司贷款营销力度。2008 年，累计新增项目贷款 87.34 亿元，流动资金贷款 34.39 亿元，投放住房开发贷款 3.05 亿元，实现票据业务收入 1.16 亿元。二是着力抓好存款业务。加大重点客户营销维护，通过实施“金税工程”、国库集中支付、建立军队应急资金保障体系和第三方存管业务等工作，深化了银政、银军和银企之间的合作。积极争取个人客户结余资金回流储蓄账户，促进了储蓄存款的增长和同业占比的提高。三是着力抓好中间业务和新兴业务。积极拓宽中间业务收入渠道，扩大市场规模，业务收入继续保持了同业领先地位。

【强化经营管理，提升风险掌控水平】一是抓好信贷管理。全行紧紧围绕全面风险管理和不良贷款清收处置两条主线，大力推进贷款精细化管理。对 293 户法人客户进行了全面分析，逐户制定了贷款风险管理方案。二是抓好内控管理。组织开展了深化“平安网点”创建活动，11 月下旬在全行范围开展为期一个月的重要业务事项大检查，成立了工作领导小组，制定了具体检查方案，通过对内外部账户、银企对账、员工持客户卡折、关键岗位轮换、上门收款和服务等五个方面的现场检查，进一步增强了员工依法合规意识。三是抓好安全管理。严格落实案防责任制度、员工警示教育制度、行为动态排查制度和案防分析会议制度，加大内审和专业检查监督力度，提高各类检查的效率和效果。

【加强党的建设，提升队伍建设水平】一是认真开展深入学习实践科学发展观活动。省分行党委高度重视，周密部署，精心组织，制定了具体实施方案，建立了党委成员联系二级分行制度，通过视频形式组织两次专题报告，召开了解放思想大讨论的主题会议，形成了省分行领导班子分析检查报告，进行了民主评议，学习实践活动取得了阶段性成效。二是强化领导班子建设。深入开展“四好”班子建设活动，坚持党委中心组集中学习制度，加强对领导干部的教育、管理和监督。注重党员干部作风建设，提出“一个带头、两个深入、三个勤于”的要求，以作风的改进促进干部队伍素质的提高。三是强化员工队伍建设。针对不同岗位、不同层次员工群体的特点，组织各种适应性、实用性和技能性的在岗教育培训，开展全方位的岗位练兵和业务竞赛活动，增强了员工队伍从业的技能。8 月份召开了系统第一届职工代表大会，进一步增强了广大员工加快发展的信心和决心。四是强化企业文化建设。全行以精神文明建设为重点，不断丰富企业文化的内涵，逐步形成了营销文化、内控文化、服务文化、廉政文化及和谐文化的体系。2008 年省分行被甘肃省委、省政府和省总工会授予“省级文明单位”、“全省职工职业道德建设先进单位”的荣誉称号。

【推进服务工作，提升整体服务水平】一是加快服务渠道整合升级。省分行成立渠道规划和建设委员会，全面协调推进营业网点、自助银行、电子银行和客户经理队伍四大分销渠道建设，进一步提高了综合服务能力。按照总行企业形象管理手册的要求，对全行营业网点户外标识进行了更新改造。二是推进服务规范化建设。坚持和改进服务质量专项考评，以推广营业网点服务现场质量管理与控制为突破，全面推进服务质量管理体系的建设。继续加强客户投诉管理，全行营业网点在显著位置公布投诉电话，畅通客户投诉处理程序和渠道，有针对性改进服务水平。三是强化服务工作管理。先后制订和完善了一批服务工作制度办法，组织了“学习好的经验,提供好的服务,树立好的形象”主题教育活动，开展了“迎奥运、讲文明、树新风”服务活动，举办了岗位技能比赛。全行有 2 家支行、15 个营业网点被授予国家和全省银行业文明规范服务示范单位和百家金牌服务单位。四是做好抗震救灾工作。汶川特大地震发生后，省分行迅速成立领导小组，由行领导带队亲赴陇南、甘南等灾区一线，指挥受灾分行进行抗震救灾。在震后 8 天内连续抢修 14 个受损营业网点，在当地率先对外营业。广大干部员工踊跃向灾区捐款捐物，成为全省捐赠最多的金融单位。

中国农业银行甘肃省分行

【切实做好股改各项工作】一是认真做好股改基础工作。全力推进土地物业资产确权工作，配合外部审计评估部门做好审计评估和现场外部审计，并按要求完成了补充法律尽职调查工作。二是重视不良资产处置和剥离工作。加强抵债资产管理，加快抵债资产和剩余自办实体的处置力度，完成了不良资产剥离和建账工作。三是逐步建立适应股改的经营机制。进一步明确经济资本管理的体系架构，改进经济资本的系数设置，按月监测经济资本增长情况，合理配置经济资本；依据农总行新的绩效考核办法，研究制定了新的《综合绩效考核办法》；认真贯彻落实农总行《重点领域精细化管理工作规划》，大力推进临柜业务、授信业务、技术运行的精细化管理。

【不断提升“三农”金融服务】一是建立健全“三农”业务经营管理体系。制定了“三农”事业部改革实施方案和具体操作办法、细则，完成了省分行、二级分行“三农”事业部组织架构的搭建，全省 94 个县级支行中有 69 个纳入“三农”事业部范围；适当扩大县支行信贷审批权限，调整客户准入标准，优化“三农”业务流程；加强县域网点和县级支行的维修改造工作，集中财力改造升级了一批县域营业网点。二是加大“三农”产品推广和制度创新力度。认真做好惠农卡发行工作，累计发行惠农卡 68.25 万张，发放农户小额贷款 1044 户、2634 万元；努力探索产品和担保创新，研发推出具有地方特色的金融产品 8 种、担保方式 9 种，有效解决了“三农”客户贷款难、难贷款的问题；加快运行机制改革，积极推行信贷审批制度改革和网上审批试点，初步建立了直接审批、合议审批、会议审批和独立审批人制度。三是不断提升“三农”服务水平。一方面，确定了全省服务“三农”的重点领域；另一方面，持续加大“三农”支持力度。截至 12 月末，累计发放“三农”贷款 41.2 亿元，同比增加 12.5 亿元。同时，强化“三农”业务风险控制，选准服务对象，把好贷款准入关，从源头上控制风险。

【努力提高发展的质量与效益】一是坚持不懈抓好存款工作。巩固和提升储蓄存款竞争优势，截止 12 月末，储蓄存款余额突破 500 亿元，达到 516.34 亿元，较年初增加 101.64 亿元，增量占各项存款总增量的 72%，增幅达到 17%。努力推动对公存款持续增长，全年对公存款净增 39.67 亿元，增长 14.4%。狠抓规范化服务工作，加快实施网点转型，全年建成理财中心 13 个、骨干网点 36 个、自助银行 50 个，配备各类电子银行设备 5000 余台。年底举办了全省农行各项存款突破 800 亿元、储蓄存款突破 500 亿元庆典活动。二是全力营销优质贷款业务。认真贯彻落实国务院扩大内需、增加信贷投放的有关政策，多次召开会议进行安排部署，提出了“一个目标，六个支持重点、四项保障措施”的总体要求，参加了省政府举办的全省重点项目银企对接会议，与电力、有色金属等重点投资领域的 13 个客户，签订总金额达 182.5 亿元的授信及贷款协议。加大优质行业、优良客户和重点区域营销，抓好优质大客户维护工作，继续加快房地产、个人信贷业务发展。累计投放各项贷款 261.76 亿元，同比多投放 8.18 亿元。三是大力推进中间业务。制定《重点零售及中间业务产品计价考核暂行办法》，召开中间业务推进会，开展中间业务产品推介营销、“1+N”营销和“五进”营销三项促销活动，继续加快发展银行卡、代销基金、代理保险、电子银行、理财等重点业务，狠抓外汇业务收入，切实增强中间业务收入水平。全年实现中间业务收入 3.59 亿元。四是加快不良贷款清收步伐。加快清收重点法人客户，继续做好自然人不良贷款清收清退工作，加大表外利息清收力度。全年清收表外利息 2.62 亿元，剔除贷款剥离因素，不良贷款余额净下降 7.34 亿元。四是加强信息化和科技支撑能力建设，稳步实施信息基础设施建设，积极推进技术与业务有机融合，不断加强金融产品推广力度，有效提升信息化应用管理水平，为全行经营管理发挥了有力的支持和保障作用。

【提升总体风险控制能力】一是大力开展整治教育活动。根据农总行的安排部署，在全行扎实开展《中国农业银行员工行为守则》教育检查活动，广泛开展了学习讨论、撰写心得、专题辅导讲座以及书面测试和知识竞赛等主题活动。二是加强重要风险领域的管控。开展了“规范柜台业务操作”专项活动，落实领导金库管理包干责任制。加强信用风险控制，完善信贷风险预警及处理机制，推行分层贷后管理体系，严格落实每日预警制度，强化信贷尽职行为监督和责任追究。充分发挥自律监管和审计监督的作用，开展了内控评价、县支行全面审计、房地产信贷业务审计、库款安全审计等工作，并组织开展2006年以来各种内外部检查发现问题的整改处理情况自查自纠活动。三是切实抓好案件治理工作。继续抓好案件防控责任落实，强化对案件易发多发风险点的控制。认真落实员工违规行为积分管理，努力从基础层面建立起案件防控长效机制。采取业务培训、现场检查指导、案件警示教育相结合的方式，扎实开展重点行整治。对违反规定的干部员工，不论问题大小，一律按照有关规定严肃追究责任，始终保持对案件严查重处的高压态势。

【不断加强党建和队伍建设】一是扎实开展学习实践科学发展观活动。按照中央、总行党委对活动的统一部署，扎实开展了学习讨论、调查研究、解放思想大讨论活动。召开了2008年度党员领导干部民主生活会，深入分析了近年来贯彻落实科学发展观取得的成效和存在的问题，研究制定了整改措施，经过组织评议、征求各方面意见后形成了分析检查报告。同时，结合自身实际，在全行开展了"如何以科学发展观为指导，努力提升甘肃农行核心竞争力"为主题的实践活动。二是进一步加强系统党建工作。省分行先后举办3期副处级以上领导干部和县支行"一把手"十七大精神培训班，并认真抓好党建联系点和党建活动载体建设。三是不断加强干部和员工队伍建设。继续开展好"四好"班子创建活动，加强员工培训工作，进一步规范用工管理。四是加强企业文化建设和人本化管理。扎实组织开展企业文化大讨论，召开全省农行系统首届职工代表大会暨工会会员代表大会，继续推行一线员工月最低工资保障制度，积极开展丰富多彩的文娱活动和"送温暖、献爱心"活动，认真解决员工的合理诉求和实际困难。

与此同时，切实做好"3.14"甘南藏族自治州不稳定事件的处理和抗震救灾工作。"3.14"甘南藏族自治州不稳定事件发生后，及时进行安排部署，到一线慰问指导，有条不紊地开展各项处理工作，保障了员工人身安全，在较短的时间内高质量、高标准地完成了网点抢修恢复和营业。"5.12"汶川大地震发生后，在第一时间确保开门营业，认真贯彻执行特殊扶持政策，积极帮助受灾地区和受灾网点恢复重建。对陇南、天水、甘南3个受灾行，安排专项费用280万元；紧急调集、购置帐篷1010顶、棉被750床、床100张；动员干部员工先后捐款440.53万元，捐赠物资价值42.91万元，缴纳特殊党费130.16万元，共计613.6万元；发放抗震救灾贷款26.6亿元，发放灾区群众个人建房贷款2952.2万元。由于组织有力、措施得当，对稳定当地经济金融秩序发挥了重要作用，有力提升了农业银行的凝聚力和社会形象。

中国银行甘肃省分行

【业务发展情况】资产负债规模稳步扩大。资产总额为363.04亿元，较上年末增加50.96亿元，增长16.33%。负债总额357.28亿元，较上年末增加49.98亿元，增长16.26%。

存款业务健康发展。人民币存款余额为331.26亿元，较上年末新增46.39亿元，增长16.28%。各项外币存款（含金融机构存款）余额为1.8亿美元，较上年末减少2722万美元，下降13.12%。

授信资产质量持续改善。人民币授信资产余额为98.83亿元，比上年末增加21.67亿万元，增长28.09%。各外币授信资产余额为6630万美元，比上年末减少1.57亿美元，下降70.25%。不良贷款比年初减少3585万元，不良率为4.59%，较年初下降了0.87个百分点

中间业务实现较大突破。共实现中间业务净收入16788万元，较上年增加1834万元，增长12.26%。

赢利能力显著提升。实现净利润33208万元，较上年增加17252万元，增长108.12%，

【主要工作】各项业务持续健康发展。首先，狠抓市场营销，夯实业务发展基础。一方面全面开展"一把手"营销，积极推进全员营销，扩大基础客户群；另一方面巩固和挖掘潜力客户资源，不断提升重点客户对全行利润的贡献度。当年公司存款新增15.73亿元；储蓄存款新增为30.65亿元；新增个人理财客户1689户，理财客户资产增加2.02亿元。其次，大力发展资产业务，加快优质授信投放进度。主动适应国家货币政策，积极争取信贷规模，加大对优质授信项目和灾后重建项目的投放力度。根据国家扩大内需的宏观调控政策和总行推出的宏观经济政策十大措施，加大对重点客户和高综合回报率客户的营销争揽，不断优化客户结构，坚持"有保有压、有进有退"，实时监控和调整高风险客户。当年新增授信21.67亿元，储备了一批优质授信项目。第三，重视产品创新与服务创新，促进中间业务快速发展。一是为了巩固国际结算和金融市场业务的竞争优势，围绕重点结算客户，强化联动营销，加强产品组合与创新，不断推进对金川公司等重点大客户的个性化服务；二是加快金融市场业务的创新和营销力度。与海外分行联动，为省内重点企业叙做了总额达3.49亿美元的协议付款业务及1.6亿美元的海外收购项目外汇保值业务；三是加快个人金融服务转型，开展了全员营销个人中高端客户活动，通过不断挖掘客户资源，扩大客户规模，细分客户群体，提升了中高端客户贡献度；四是

通过节假日信用卡促销活动，进一步促进银行卡发卡规模快速增长。中银信用卡累计发卡21960张，增长117%。

深化渠道建设和流程整合，加快网点转型步伐。不断推进机构升格和低效网点整合，加快网点转型步伐。撤并了5个网点(兰州市4个、二级分行1个)，同城搬迁4个经营性支行、3个分理处，扩租装修7个经营性支行，对13个网点进行了装修，将7个分理处升格为经营性支行。按照总行要求，积极推进公司、个金、运营板块管理和业务流程整合。对各分支行内设机构逐步进行整合，实行条线管理。按照板块整合要求，对省分行营业部内设团队进行了调整。以省分行公司业务部为试点，进行业务架构及团队整合，所有人员双向选择，兰州地区近80人参加了竞聘，真正体现了"能者上，平者让，庸者下"的用人机制。

坚持从严治行，加强内控管理。全面加强三道防线建设工作，建立内控长效机制，坚决预防和遏制大要案的发生。先后组织开展了基层机构负责人合规经营履职评价、内控工作座谈会、全辖经营性分支机构业务和内控大检查等活动，加强业务操作和薄弱环节的控管，对内外审计、检查所发现的问题进行认真彻底整改，对风险隐患较多的重点机构、重点环节、重点业务、重点时段、重点人员实施动态跟踪和监控。对全辖18个经营机构开展了现场稽核检查，对6名高管人员进行了离任审计；通过开展"五五"普法宣传工作，不断提高全员法律知识和依法经营、合规操作的自觉性；加强反洗钱工作的检查与整改，努力提高反洗钱整体工作水平；严格执行轮岗制度、强制休假制度和代职制度，对检查发现的问题实施了严格问责。

推行全面风险管理，提升风险管理能力。坚持业务发展与风险控制并重的原则，先后制定了《授信集中审批实施细则》、《银行承兑汇票贴现审核管理办法》、《集团客户授信管理办法》等授信管理制度，有效推动了风险管理长效机制建设。严把新增授信准入关，加大授后监督工作力度，审慎叙做恢复重建授信项目。按照"措施到户、责任到人"的原则，组成客户管理小组，对大额高风险授信逐户制订管理措施，并根据客户的实际风险状况，动态调整授信政策，努力化解授信风险。当年，新增授信主要投向电力、燃气、制造业、矿业等重点行业。同时，加大零售贷款业务品种风险状况的监测预警，对高风险关注类公司贷款实施重点监控，采取主动压缩、降级管理等多项缓释措施。针对不同客户、不同授信品种，实施审批流程差异化、时效差异化。通过重点优质客户绿色评审通道，保证优质重点客户审批时效。

合理配置资源，持续推进人力资源管理改革。继续深化人力资源管理改革，优化人员配置与管理，加强人才培养，进一步完善以"职位、绩效、薪酬"为中心的人力资源管理体系。一是积极推进公司、个金、运营板块业务架构流程整合；二是建立了以价值创造为导向、以工作业绩考核为重点、以工作贡献度为依据的绩效管理体系；三是按照总行深化薪酬制度改革要求，调整完善薪酬管理体系，进一步体现多劳多得、按绩取酬的分配制度；四是切实加强人力资源配置管理。组织招聘了84名大学生，充实到业务一线，缓解了人员紧张的现状；五是围绕三支队伍建设，全面加强专业技术和技能操作人才培训。全年共开展各类集中培训班53期，培训2196人次，成功举办了第一期50多人参加的AFP培训班。

全力做好奥运金融服务和抗震救灾工作。积极开展奥运金融服务工作。制定下发了各条线奥运服务实施方案和应急预案。全辖21家奥运门票代售网点加班加点、克服困难，圆满完成了三个阶段的售票工作。

在年初特大冰冻灾害和5.12汶川大地震灾难面前，全行上下充分发扬了"一方有难，八方支援"的伟大精神。分行党委带领全行员工积极开展抗震救灾工作。向灾区捐款388万元，捐出衣被等物品7326件。充分展示了中行员工心系灾区，与灾区人民共渡难关的社会责任感。

深入学习实践科学发展观活动，为甘肃中行科学发展打好坚实基础。根据总行深入学习实践科学发展观活动的要求，下半年在全辖范围内深入开展了学习实践科学发展观活动，制定了详细的活动方案，精心安排了学习调研、分析检查、整改落实三个阶段工作。通过理论学习、专题调研、解放思想大讨论，召开专题民主生活会等一系列学习实践活动，形成了贯彻落实科学发展观的重要共识，取得了一批推进各项业务科学发展的调研成果，解决了一些迫切需要解决的突出问题，健全了推进科学发展的体制机制，促进了各项工作全面、协调、可持续发展。

打造企业文化，建设和谐银行。按照中国银行"追求卓越"核心价值观的要求，结合实际，不断加强全行观念的转变，不断推进经营机制的转换，不断完善规章制度的建设，狠抓各级执行力的提高，通过一系列措施，不断营造良好的经营环境。同时，注重丰富员工生活。举办了"迎奥运、健步走"大型宣传活动、"迎奥运、庆五一"演讲比赛活动、"众志成城跟党走"庆七.一大型文艺汇演活动。组织开展了由内蒙、陕西、宁夏、青海和甘肃五省区行职工参加的"迎奥运"乒、羽、网球邀请赛活动。由工会组织编排的敦煌舞"千手观音"参加了总行文艺演出，受到了好评。通过不断丰富职工文化生活，鼓舞员工争先创优，提高工作热情和积极性，打造特色企业文化，在全行形成了以"追求卓越"和"诚信、绩效、责任、创新、和谐"为主要内容的核心价值观，规范和影响着全行员工的职业行为和价值取向。

（马向东）

中国建行银行
甘肃省分行

【综述】2008 年，建行甘肃省分行以科学发展观为指导，在省委、省政府和建行总行的正确领导下，围绕甘肃省经济建设工作重心，以服务地方经济发展为己任，累计投放贷款 252.31 亿元，全力支持了交通、能源、农业、基础设施建设等一批重点项目和骨干企业，并投入 13.32 亿元贷款支持受灾企业灾后重建。在促进地方优势产业发展和经济结构调整的同时，建行甘肃省分行自身也得到了进一步发展，资产负债规模双双突破 900 亿元，贷款余额突破 400 亿元，实现利润 11.77 亿元。

【为支持地方经济建设累计投放贷款最多、贷款余额最多、贷款新增最多】2008 年上半年，国家实行稳健的财政政策和适度从紧的货币政策，陆续出台了一系列控制信贷过快增长、制止部分行业盲目投资的政策和措施，在客观上增加了新增贷款的难度。建行甘肃分行省行立足甘肃省情，千方百计争取建行总行的政策支持，积极采取“有保有压”的信贷政策，把重大基本建设项目、重大基础设施建设和本省支柱产业等对全省经济发展具有举足轻重作用的“两基一柱”行业作为信贷投放的重点，想方设法支持地方经济建设。在国家扩大内需政策出台后，把国家宏观政策的重大调整和深入落实“十项措施”作为贯彻科学发展观要求、应对金融危机、服务地方经济建设、促进自身又好又快发展的突出重点，立即进行了全面、深入的动员和部署。集中全行信贷资源，全力以赴为全省社会经济建设提供信贷支持。在 2008 年 11 月 30 日省政府举办的“拉动内需重点项目银企对接会议”上，与 32 家企业签订了累计 331.29 亿元意向性贷款合作协议。截至 2008 年末，贷款余额 400.09 亿元，是全省第一家贷款余额突破 400 亿元的银行；全年累计投放贷款 231.12 亿元，是全省当年累计投放最多的银行；当年净新增 65.14 亿元，也是全省贷款当年新增最多的银行。

一是加大对重点工业及农业项目的信贷投放力度。2008 年，建行甘肃省分行积极应对国内外经济金融市场的变化，累计向省内工业重点项目和重点客户投放贷款 203.64 亿元，向农业项目累计投放贷款 3.8 亿元。

二是全力支持事关国计民生的基础设施建设项目。在支持省内公路建设方面，2008 年投放 18.75 亿元，截至 2008 年末，已实现经济适用房楼盘项目个人住房贷款投放近 1000 万元。

三是加大对教育、医疗卫生等公益事业的信贷支持。2008 年累计投入贷款 8.3 亿元，对教育、医疗卫生、农业等公益事业给予大力支持，促进甘肃省公益事业的快速发展。重点支持了省内高校建设、广播电视数据化网络改造、卫生系统医院基本建设及设备购置等科教文卫客户项目建设的资金需求。

四是抓大不放小，扶持省内中小企业发展。在支持甘肃省国有大中型企业的同时，建行甘肃省分行十分关注中小企业的发展，在支持中小企业发展上进行了积极的探索和尝试，并于 2008 年 12 月组建成立了兰州小企业经营中心，针对中小企业等相对弱势群体贷款难的问题，配备专业化的市场营销、风险管理和信贷管理队伍，实施有别于大中型企业的差别化信贷业务流程，以“信贷工厂”模式，以“速贷通”和“成长之路”两个特色信贷产品为龙头，通过标准化、集中化的运作体系，大力支持我省中小企业的发展。2008 年投放中小企业贷款 17.66 亿元，占全行对公贷款投放的 7.64%。同时，为缓解个体商户融资难的问题，加快信贷观念创新，2008 年初重新开办个人助业贷款，当年累计投放个人助业贷款 603 万元。为满足个人融资需求开辟了一条新的融资渠道。

五是加大对灾后重建项目的信贷支持力度。“5.12”地震灾害发生后，建行甘肃省分行立即根据灾区资金需求及相关政策制度制订灾区重建的信贷支持计划，合理调整信贷资源地区配置。截至 2008 年末，已投放贷款 13.62 亿元，用于灾后重建工作。

【加快创新，改进金融服务，与客户联系更加紧密】为满足广大企业客户和个人客户日益多元化的金融服务需求，建行甘肃省分行秉承“客户至上，注重细节”的服务理念，加大金融服务产品创新力度，不断提高金融服务质量和水平，与广大客户的联系更加紧密。

一是持续加大网点装修改造工作力度，优化金融服务环境。2008 年投入 5539 万元，对 92 个网点进行了装修改造，通过不断强化后台技术网络支持水平，提高个人理财中心服务能力，充实高素质个人理财师队伍，进一步优化龙卡网络和刷卡环境，扩充网上银行功能，努力创建满足客户需求的服务环境，为广大客户提供更加便利、安全的服务场所。

二是科学引导居民理性投资，拓宽居民资本性收入渠道。2008 年，受金融危机影响，股票及基金等理财产品市场低迷，部分居民对如何选择理财产品举棋不定。针对这种情况，建行甘肃省分行认真分析理财市场形势，做好风险提示，引导居民将投资方向调整到以“账户金”、“利得盈”、“汇得盈”为主的金融理财产品上，在引导居民理性投资的前提下，拓宽了居民资本性收入渠道。

三是创新金融产品，提供个性化金融服务。针对企业客户融资需求，在发挥传统中长期信贷服务优势的同时，加速创新产品，努力为企业客户提供融资服务。

四是积极为全省财政金融提供代理服务。在为全省经济发展提供信贷支持的同时，积极为省市财政、社保工作提供代理服务。2008 年全行累计代理省级财政支付业务 69.57 亿元，代理省级非税收入收缴业务 44.65 亿元，代理市级财政支付业务 49.58 亿元。

五是依托委托性住房金融业务三期系统和“操作型房金客户管理系统”（简称房金 OCRM 系统），开通了特色业务—住房公积金查询子系统，充分搭建起公积金管理中心、建设银行、个人三位一体的住房公积金服务平台，有效提升了建行甘肃省分行为省内房改金融服务的质量和水平。

六是在依法合规的前提下，积极申报核销企业不良资产，尽可能减轻企业负债压力。

七是在抗震救灾期间，积极为抗震救灾工作开辟金融服务绿色通道。“5.12”地震灾害发生后，为保证军队武警的资金及时支用，启动了特别程序，特事特办，在核实办理业务要件的前提下，按照对公业务应急处理流程办理现金出库，为抗震救灾部队提供了大额取款、非正常工作时间办理汇划手续等大量应急服务，为抗震救灾工作提供了坚实有力的金融保障。

【切实履行社会责任，认真服务和谐社会建设】建行甘肃省分行在追求客户、股东、员工价值最大化的同时，始终没有忘记为社会承担全面的企业公民责任和回馈社会的社会责任感，始终把自身的发展与社会的进步紧密结合起来，在支持地方教育、扶贫、医疗和体育等领域发挥了积极的作用。2008 年，累计为全省公益事业捐资 1018.35 万元，其中：捐款捐物 547.7 万元，用于支持省内抗震救灾以及灾后重建；捐款 407.65 万元，用于支持我省贫困地区教育事业。

一是在服务地方经济发展的同时，致力于实现社会效益和自身效益的同步增长，积极履行企业公民纳税义务，2008 年上交国家及地方税金 4.61 亿元。

二是积极组织开展抗震救灾和对口帮扶工作。“5.12”地震灾害发生后，积极向建行总行汇报灾情并争取支持。建行总行张建国行长、朱小黄副行长先后到甘肃察看灾情、并代表建行总行向甘南州政府捐赠赈灾款 100 万元。在此基础上，建行甘肃省分行积极组织开展捐款捐物活动，共捐款 120 万元，捐物 17000 件（价值近 70 万元），其中各二级分支行向当地红十字会捐款 22 万元，省分行向民政部门捐款 51 万元，向灾区行拨款 2 笔共 27 万元，支持灾区重建工作。在灾后重建阶段，又筹措资金 200 万元，于 2008 年 7 月 18 日一次性划入设在甘肃省财政厅的救灾捐助资金专户，捐助陇南市康县豆坪乡豆坪村进行灾后重建；下拨灾后重建资金 40 余万元，用于帮扶天水市皂郊镇白家山村以及宁县春荣乡三曹村、庆城县熊家庙办事处李庄村坑涝组灾后重建。同时，捐献学习用品 8000 多件，添置书籍、书包、文具盒等用品共计 9000 多件，价值 3.8 万元，用于帮扶、慰问对口支援的贫困小学师生。

三是持续实施“建设未来——中国建设银行资助贫困高中生成长计划”，大力出资助学。在 2007 年已资助 120 万元的基础上，2008 年继续资助 12 所高级中学 800 名贫困学生 120 万元。2008 年还出资 259.2 万元在陇南市武都区捐建马街小学。此外，还下拨支援灾后重建资金 28.45 万元，用于支持平凉市崆峒区大寨乡小马村和灵台县什字镇新庄小学、镇原县屯子镇北川小学的灾后重建，有力地支持了贫困地区教育事业。

【贯彻落实省委、省政府“打造西北金融中心”战略部署取得实效】在省委、省政府的关心和支持下，建行甘肃省分行认真贯彻落实省委、省政府提出的区域金融经济发展战略目标，积极争取总行政策支持，加快启动了信用卡兰州运行中心及 95533 客户服务中心建设项目。2008 年 9 月、10 月，信用卡兰州运行中心和 95533 客户服务中心已分别上线试运行，为积极支持省委、省政府打造“西北金融中心”的战略部署迈出了实质性的步伐。目前，两个中心已在兰州市招聘 300 余人。预计在三年内，将为兰州市提供 2000 个就业岗位。

交通银行甘肃省分行

【综述】2008 年，交通银行甘肃省分行经受住了外部环境变化带来的考验和挑战，保持了较快的发展速度和较好的发展质量，各项工作取得了新成绩。截止 2008 年末，分行人民币各项存款余额为 177.85 亿元，较年初增加 26.85 亿元，增长 17.78%，完成计划任务的 134.25%。其中人民币储蓄存款余额为 59.08 亿元，较年初增加 11.27 亿元，增长 23.57%；人民币对公存款余额为 118.77 亿元，较年初增加 15.58 亿元，增长 15.10%。人民币各项贷款余额为 102.87 亿元，较年初增加 12.82 亿元，增长 14.24%。本外币不良贷款占比为 1.85%，较年初下降 0.03 个百分点。全行利润水平继续保持了良好的增长态势，实现考核利润 3.33 亿元，完成总行下达的计划指标。

【传统业务发展取得新进步】公司业务突出重点，继续保持了较快发展。一是对优质客户的挖潜营销取得积极成果。二是拓展了一批综合实力较强的优质客户，为公司负债业务发展夯实了基础，增添了后劲。三是加强了客户关系管理。四是加强了营销的过程管理。

个金业务发展能力稳步提升。一是加大揽储争存和产品销售力度，实现了产品销售和储蓄互相促进，共同增长。二是提升了差异化服务水平。三是营造了良好的销售氛围。四是建立充实了个金条线四支队伍。

【战略性业务发展迈上新台阶】中间业务发展步伐加快。进一步提高重点客户和重点业务对中间业务发展的贡献度。其中公司条线积极拓展投资理财、信息咨询、融资顾问等新兴中间业务，成为中间业务收入的主要增长点。

战略性指标表现良好。一是蕴通供应链营销取得可喜进展。二是企业年金业务实现了零突破。三是代理保险实现重大突破。四是电银业务发展步伐快、形势好。

【机制改革取得新进展】一是进一步完善了薪酬和激励约束机制。以“绩效优先、兼顾和谐、倾斜一线、正面激励”作为薪酬激励原则，形成了一套比较完整的薪酬及激励管理体系，调动了绝大多数同志的工作积极性。二是进一步细化了网点管理机制。对网点副职的配备和定位，体现了因人而宜的特色；在任务下达和考核中，突出了支行的地域特色和经营特色，尽可能使支行能够扬长避短，将自身能量充分发挥。三是加强对支行业务发展的督导。分行领导积极介入支行项目的营销，跟踪工作过程，落实目标任务，帮助一批支行打开了新的工作局面。

【风险控制取得新进步】前移风险管理关口，加强源头管理。坚持在客户拓展阶段就严把质量关。加强业务指导，及时发布风险预警信息，引导营销人员有针对性地拓展市场，有效控制客户选择风险。在中后台操作环节，不断强化放款管理、账户管理、银企对账和账户资料核实工作。

加强信贷管理，严防资产风险。一是强化政策指导，做好贷前风险防范。新增贷款主要投向了煤炭、电力、石化等能源性行业。对减退类客户管理则突出了主动性和强制性原则，列出客户清单，逐一进行情况排查减退。二是加强贷时和贷后管理。注重发挥各类风险管理工具对潜在风险的揭示、预警和化解作用，加强关注类贷款、逾期贷款的管理，有效防止了资产质量向下迁徙。三是加大清收力度，保障资产权益。

【服务质量有了新提高】一是通过宣讲和讨论，提高了全行干部员工对服务重要性的认识。二是成立了专职部门，从职能上加强对服务质量的管理。三是严格推行多个层面的服务规范，加强业务培训和服务培训，开展经常性的检查和暗访活动，及时组织整改、严肃执行奖惩。经过一个阶段的努力，全行整体服务水平已经有了明显提高。在总行 2008 年服务质量暗访评价中，整体名次比较靠前，也取得了良好的社会反响。

招商银行兰州分行

【综述】2008 年，国际经济金融形势风云变幻。面对“百年一遇”的重大变化和挑战，招商银行兰州分行认真贯彻总行“管理变革、流程改造、防范风险、科学发展”的总体要求，以提升管理为动力，扎实开展各项工作，全面、深入推进经营战略调整，不仅经受住了严峻考验，同时，经营管理工作迈出更大步伐，实现新的突破。截至 2008 年末，全行资产总额突破 200 亿元，达到 208 亿元，比上年增长 6.4%。全折自营存款 195 亿元，比上年增长 27.6%。全折各项贷款 102.4 亿元，比上年增长 7%。实现总行考核利润 2.66 亿元，较上年增长 31%。全年经营运行良好。在总行 2008 年度综合考评中，总体平衡计分卡排名第三，获得“全国优秀分行”称号。

【零售业务】2008 年，招商银行兰州分行深化“经营客户”理念，扩大品牌影响力，零售业务发展继续保持了良好的发展势头。一是大力发展财富管理业务。实现了对“金葵花”客户和钻石客户的一对一集中管理。积极探索开展私人银行业务，积极抢占高端客户市场。积极开展各种形式和层次的投资理财报告会，普及理财知识，强化客户的忠诚度，较好地扩大我行金葵花品牌的市场影响力。二是大力发展负债业务。深入开展第三方存管、电子银行等老客户的潜力挖掘和交叉销售，促进负债业务稳中求进，不断发展。三是大力发展个人资产业务。一方面努力克服市场诸多不利因素，加大了产品结构的调整，促进个贷业务多元化的发展，由批发一手楼为主向批发一手楼、二手楼、商业用房按揭贷款、个人经营性贷款等多产品发展。其中非批发一手楼贷款业务的发放量占比达到了近 50%，另一方面继续加大营销宣传力度，组织开展系列营销竞赛活动，推动业务持续发展。四是大力发展渠道建设。采取新的营销方式，由专员负责推动电子银行产品的营销并适时推出专项营销活动，电子银行替代率得到显著提高。2008 年，在资本市场萎缩、客户资产大幅度缩水的情况下，全行管理零售客户总资产较年初增长 15.6%。个人贷款增长 33.7%，市场份额突破 13%，较年初提高 1.71 个百分点，在同业中，增幅排名第一、增量排名第二。

【公司业务】2008 年，招商银行兰州分行克服困难，努力攻坚，对公业务发展迈上新的台阶。根据本地市场业务发展特点，先后制定了多项营销类总纲文件，准确界定重点客户及营销措施。整合内部资源，大力实践“总分支联动、公私联动”营销模式，推进分行团队化、专业化营销，利用战报等多种形式加大业务督导。经过多方努力，一是对公存款一举扭转了近几年来持续走低局面，以新的气象，实现了增量和增幅历史最好水平。当年增幅 13%，日均完成率在全系统内排名第四，新增对公有效客户数在系统内排名第一，同业存款也实现了历年最快的增长水平，增长 62.12%。二是大力拓展了资产业务。与省内地市政府签订了金融服务全面合作协议，利用与宁夏自治区及银川市各级政府已经建立的良好关系，深入营销了当地大中型企业。贷款增长基本均衡，稳定性较往年有了很大提高，培育主体客户初见成效。三是进一步扩大了在周边市场的影响力，主动加强了与本省或异地同业的联系，取得了阶段性成果。四是票据业务坚持“两条腿”走路，发展势头迅猛，全年累计办理贴现 270 多亿元，实现 FTP 项下收益 8000 多万元，占据了全行利润的三分之一强，为全行利润增长做出了突出贡献。

【中间业务】2008 年，招商银行兰州分行以特色产品为抓手，逆势而为，在重抓、特抓的攻势下，个别特色业务还填补历史空白，开创了新的天地。零售业务方面，持续促进代理保险、理财产品和基金业务发展，大力拓展第三方存管业务。在市场非常困难的情况下，基金、保险、理财等市场份额持续扩大，市场竞争力不断增强。代理保险市场占比接近 40%，理财产品接近 50%，居同业首位。基金销售占比 20%，位居第二，多只首发基金销售居同业前列。全年累计代理销售各类保险产品 4.47 亿元；累计销售本外币理财产品全折人民币 34.34 亿元。信用卡发卡排名系统内全国第二。全年累计实现零售中间业务收入近 6000 万元，完成计划的 115.51%，高于全国平均水平 9.84 个百分点，计划完成率位居全国第十。

对公业务方面，大力推广企业年金、商务卡等特色产品，企业年金以 100%的中标率，横扫甘肃市场，取得了重大突破。商务卡系统内全国第一家完成全年计划，发卡量位居系统内全国第一；财政公务卡发卡量位居第三。网上企业银行、银关通业务、第三方存管机构客户有效开户数、现金管理有效户数等超比例完成总行计划。全年实现对公中间业务收入 2000 万元，增幅 71%。

国际业务方面，持续不懈地推动代客理财业务，迈出了一大步。成功叙作了 5434 万欧元的理财业务，获取中间收益约 200 万人民币。成功叙作了 968 万美元的 T/T 押汇业务，开创了我行省际间“银企”业务合作的新局面。采取高层营销方式对重点客户进行深层挖潜，在总、分、支行联动下，省内多个大型企业开始了与我行在国际业务方面的合作。全年实现国际中间业务收入 1049 万元。

【风险管理】2008 年，招商银行兰州分行全面加强风险管理，不断提高业务发展质量。信用风险方面，加强贷前风险防范。继续大力转变审贷观念、审贷方式，将审贷与市场营销相结合，前移审贷关口，“动态审贷”，提高审批质量。加强贷中、贷后风险管理。加大对敏感企业、异地企业贷后直查工作，异地贷款直查覆盖率达到了 100%。完善分行预警体系，加大了风险检测。高度重视异地贷款管理，加大不良贷款清收，积极化解风险资产，坚持退出战略。

市场风险方面，及时传导人民银行存、贷款利率调整政策和总行票据利率政策，严格审批对公贷款、贴现业务利率。不断加强头寸流动性管理，在保证支付结算的基础上，严格控制备付金账户余额，将低效资金压缩到最低限度。

操作风险方面，继续深化完善柜面业务风险监督体系；稳步推行主管行长坐班制，实行内部帐户监测，改革了对账、尾箱传递、结算账户集中审批等业务流程。认真开展操作风险排查，加强了现金、印章、金库、自助设备等要害部位、重要岗位管理。严格贷款发放操作流程，规范了各类放款手续和流程。加强信息技术设施建设、改造，开发业务软件，提高了信息系统运行的安全性、可靠性。

【内控合规】2008 年，招商银行兰州分行加强内控，严防风险，切实保障全行安全稳健运营。一是构筑合规管理“三道防线”。落实合规官、合规部门垂直管理、双线报告、双线考核机制，初步建立起了全行合规管理组织架构。二是不断推进合规管控深度。梳理风险点 214 个，出台风险指引手册。严把合规审查关，加大“零容忍”问责追究。加大了反洗钱检查。不断深化内控评审工作。接受了总行 2008 年常规审计和审计署的专项审计工作，并对审计问题进行了全面整改。三是持续推动合规教育。将合规守法教育嵌入经营管理实践，对新建网点和新员工进行合规培训，宣讲合规理念。继续加强了员工异常行为、“五禁行为”的排查，开展了诚信教育。四是加大三项执法监察，落实了党风廉政、案件防范责任。认真开展操作风险排查，加强了现金、印章、金库、自助设备等要害部位、重要岗位的安全管理。开展了应急预案演练，增强了网点、员工突发事件处置能力，进行了各类安全检查，开展迎奥运百日安全活动，进一步完善技防设施，强化了警队管理。一年来，特别是奥运会、残奥会期间，各项安全保卫措施落实到位，管控有力，全行未发生一起内部案件和重大事故，实现了平安过渡。

【人力资源】2008 年，招商银行兰州分行多策并举，完善人才机制，抢占人才制高点，支撑业务发展。一是主动出击，大力引进优秀人才。大张旗鼓地面向社会“招兵买马”，通过推荐、公开招聘等方式，不断壮大了全行队伍实力。二是打破常规，着力挖潜内部人才。建立良好的用人导向，破格渠道，大胆启用表现突出、德才兼备的员工，面向全行公开招聘支行负责人、部门经理、大堂主管等部分管理岗位。根据条线、网点人员需求和岗位匹配原则，推动了员工职业通道建设，条线队伍建设取得了重大进展。三是加大培训，提升队伍凝聚力。从管理提升、岗位需求、基本技能三大方面入手，大力培养了核心人才、继任人才，年内累计开展二级培训 90 期，培训达到 4496 人次，二级培训覆盖率超过全体员工 95%以上。

【信息技术】2008 年，招商银行加大了信息技术保障业务力度，成功开发并上线了地税统一发票管理系统，完成了财政公务卡项目、人保自动批次扣费系统上线，开发了高端客户查询、电子银行统计软件等等。为增强系统的安全可靠性，实施了中间业务平台、大小额支付系统向新 6000 的系统迁移，完成了数据仓库服务器的隔离改造，实现了数据仓库管理终端使用，信息技术工作又达到了一个新的高度。

【文化建设】一是深入开展学习实践科学发展观活动。通过民主生活会、集体学习等形式，使全体党员干部牢牢把握学习实践活动科学发展观活动的指导思想和重要意义，坚持理论联系实际，在实际工作中深化战略转型，加快创新步伐，确保了分行的可持续发展。二是积极开展党员教育活动，加强分行党建工作。精心组织，全力开好作风建设专题民主生活会，不断加强分行领导干部作风建设；按照中央精神和总行党委统一部署，认真学习贯彻党的十七大报告精神；全面贯彻落实总行纪检监察工作会议精神，加强分行党风廉政建设；积极开展各种形式的党课教育活动，邀请专家教授作十七大报告专题解读，组织了全体党员观看主旋律电影，提高党员的政治思想、党性修养和理论水平，全面加强党员队伍建设，在全行上下营造了一种团结向上、爱岗敬业、乐于奉献的工作氛围。三是推进企业文化建设，营造团结向上的文化氛围。以第四届企业文化节为契机，深入开展企业文化建设，以弘扬“职业精神”为主题相继举办了“弘扬职业精神，传承责任文化”演讲比赛、建设“百年招银林”等多项活动，充分展示了招银精神的内涵，增加了集体的凝聚力。

【品牌建设】一是强化服务监督，提升优质服务品牌形象。在全行范围内开展了迎奥运文明服务系列活动及感动服务 2008 活动，开展网点形象和内部环境整治工作，加强了内部服务监督和管理。年内有 2 家支行获得“中国银行业文明规范服务示范单位”荣誉称号，5 家支行荣获“全省百家金牌服务单位”荣誉称号，5 名员工荣获“全省百名金牌服务柜员”荣誉称号，2 名员工荣获“双十名金牌服务大堂经理”荣誉称号。二是加大“金葵花”、“点金理财”两大产品品牌宣传攻势，在《甘肃日报》、《兰州日报》等当地主流媒体发表各类新闻报道；在市区黄金地段新增户外广告，在兰州最主要交通路线上发布公交车体广告；积极开拓宣传渠道，充分利用电视、广播、网络等媒体，牢固树立了招商银行在当地的良好形象。三是加快机构建设步伐。完成了 4 家离行式自助银行、2 家支行的新建工作，网点覆盖半径得到进一步扩大。同时，积极推动网点转型，全面启动“网点创赢”流程改造，在推进业务发展和服务质量提升方面效果显著，进一步统一了招行 VI 视觉执行，极大提升了招商银行品牌形象。四是充分履行招行社会公益责任。在“5.12”四川汶川特大地震之后，组织全行员工两次捐款共计 40 万元，为灾区人民重建家园搭起希望之路。

中国人寿保险股份有限公司甘肃省分公司

【综述】2008 年，中国人寿保险股份有限公司甘肃省分公司广大员工继续贯彻落实十七大精神和全国保险工作会议精神，以深入学习实践科学发展观为指引，积极调整业务结构，坚决执行总公司打造国际顶级金融保险集团的发展战略，全力构建甘肃国寿“精品工程”。面对年初雪灾、“5.12”地震、藏区骚乱以及金融危机等社会自然灾害，甘肃省分公司在总公司党委的正确领导下，坚定不移地按照总公司战略规划要求，充分发挥不怕苦、不怕难的奋斗精神，克服种种不利因素和发展障碍，较好地完成了年初预定的各项任务目标。

【业务发展】2008 年，通过全省系统广大员工共同努力，公司业务规模继续保持稳定增长，保费总量取得重要突破。截止 2008 年 12 月 31 日，全省系统保费收入 41.46 亿元，其中股份公司保费收入 38.41 亿元，比上年增长 40.4%。其中，首年保费收入 19.6 亿元，增长 88.5%，个险首年期交保费收入 5.4 亿元，增长 18.6%;全年短期险保费收入 2.1 亿元，增长 8.1%;风险型保费收入 4.2 亿元，增长 32.5%；银邮代理渠道实现新单首年保费 13.74 亿元，完成公司年初预算指标 6.1 亿元的 225%，其中首年期交保费收入 4066 万元，完成计划任务 3000 万元的 135.5%，增长 210.8%。业务总量占全国系统总保费的比重为 1.3%。保费总规模同比增长 10.6 亿元，业务总量首次突破 40 亿元大关，是分业经营以来发展最快、增长幅度最高的一年，真正实现了大踏步、创纪录、跨越式的发展。

在全年业务发展过程中，公司坚定不移地走甘肃国寿特色“精品”道路的发展思路得到确立，重点发展、齐头并进的渠道发展模式得到不断强化。作为业务发展的主力军和核心力量，个险渠道整体谋划张弛有序、高潮迭起，市场应变能力、业务拓展能力、队伍战斗能力显著增强；银邮渠道开局良好后劲十足，异军突起，全年保费收入超过 13 亿元，已经成为上规模占市场的核心主渠道；团险渠道攻坚克难、突破困境，工作局面逐步打开，基本完成年初下达的各项任务，在创费、创利方面成效突出。

【运营管理】在业务取得稳步发展的同时，全省系统后台运营服务水平较以往取得明显提升，部分管理指标逐步跻身全国系统前列，财会工作和客户服务质量在总公司考核评定中双双获得铜奖。起到较好的示范和引领作用。一是财务管理工作不断深化制度执行，规范会计基础工作，强化财务风险管控，加强全面预算管理，有效推动了公司业务稳定、持续和健康发展。二是客户服务水平进一步提高。通过“大服务”理念的深化，举办“国寿客户节”、开展“牵手活动”及五项附加值服务等活动，使“国寿 1+N”服务品牌得到提升，为业务发展创造了良好的内外部环境。三是业务管理能力不断强化。通过提升风险管控水平、加强作业时效处理、加强业务检查工作、两鸿险满期给付、柜面建设等工作，全省系统业务管理水平取得了新的成效和进步。四是信息保障功能得到较好发挥。信息技术资源开始得到有效利用和挖掘，信息技术服务的广度和深度得到不断拓展，应用系统运行比较稳定，服务管理的能力有所提升。五是风险防范能力得到有效加强。在遵循 404 日常化工作要求、反洗钱法规以及保监局监管规定的基础上，较好地完成了各项内控及风险防范工作，使得公司在加强经营管理、提升风险防范能力等方面取得明显实效。

【队伍建设】2008 年，公司队伍建设工作得到进一步加强。一是各级领导班子配置更加合理。通过不断调整和充实，各级领导班子的力量得到进一步加强，班子的年龄、文化和专业知识结构发生新的变化，班子整体的创新能力和决策水平得到较快提升。二是各级管理人员综合素质有效提高。特别是四季度在北京大学成功举办了第一期中青年干部培训班，虽然时间短，但震撼力大，培训人数不多但影响范围广阔，示范意义深远，对提高中、高级管理人员的经营管理水平起到积极的推动作用。三是员工队伍素质明显提升。在激烈的市场竞争中，在不断变化的复杂形势面前，队伍得到了锻炼，素质得到了提升，竞争的抗“击打力”得到全面增强，各条战线、各个渠道、各个岗位上的绝大部分管理人员和业务骨干都能够独挡一面，经受住了市场的严峻考验。

【服务工作与公益活动】甘肃省分公司积极践行总公司提出的“大服务”理念，在全省系统坚持不懈地树立“上级为下级服务、机关为基层服务、二线为一线服务、领导为员工服务、全员全司为客户服务”的意识，重点体现在“销售服务、直接服务、核心服务、支持服务、决策服务、全员服务”等方面，并把这一理念逐步落实到基层公司、各个部门、各个工作环节、工作流程和工作岗位。一是销售服务。重点是真正从客户的角度出发，做好销售服务，切实做到不误导、不诱导，如实告知，充分体现热情、规范的服务态度和水平，尽最大可能保护被保险人的合法权益，使消费者“明明白白投保、放放心心享受保险服务”。二是直接服务。体现在柜面服务和服务项目中，要求努力做到换位思考、换位体验，真正从客户的角度出发，诚心对待客户，充分体现方便、快捷、规范、准确的服务宗旨，时刻体现“以客户为中心”的服务原则要求，快速提高广大客户对 A、B 柜面服务的满意度。三是核心服务。努力将 95519 电话服务中心打造成为富有生命力的综合服务平台，充分体现和展示“一体化、标准化、人性化”的服务水平，使其成为“提升服务品质、打造诚信优质服务品牌”的展示窗口。四是支持服务。公司各级管理部门特别是信息技术、运营支持部门站在客户和销售人员的角度，不断探索创新管理模式和服务方式，进一步简化服务手续，优化处理流程，满足不同销售渠道和不同区域的服务支持需求，更好地提供更加满意、更加到位的服务措施。五是决策服务。主要体现在“上级为下级服务、二线为一线服务”方面，也是“大服务”理念的核心。六是全员服务。公司正确引导全员树立“大服务”的思想观念，延伸服务的内涵，提升服务的品质，扩大服务的覆盖面，以提高客户满意度为中心，真正做到想客户之所想、急客户之所急、办客户之所需。从实现以“我”为中心的思维模式，向以“客户”为中心的思维模式的转变，从销售、业务流程、服务标准、宣传企划、具体服务等方面强化对客户的服务意识。

2008 年，公司继续通过公益活动回馈社会。5.12 地震发生后，公司第一时间成立抗震救灾领导小组，深入灾区查勘灾情，慰问受灾客户和员工，并积极为灾区捐款捐物献爱心，发动公司全体党员缴纳特殊党费，并第一时间开通灾区理赔绿色通道。截止 6 月底，中国人寿甘肃省分公司共向甘肃地震灾区捐款捐物折合人民币 136.05 万元，其中捐款 82.27 万元，捐物折合人民币 53.78 万元；缴纳特殊党费 58.48 万元。截至 11 月底，中国人寿甘肃省分公司完成源于 5.12 地震的 55 例案件的理赔工作，共计赔付保险金 21.65 万元。

中国长城资产管理公司兰州办事处

【综述】2008 年，兰州办事处认真学习实践科学发展观，树立全新发展理念，创新经营机制，提升管理水平，紧密结合甘青宁实际，认真贯彻年初全国办事处党委书记、总经理工作会议精神，坚持把解放思想、实事求是、改革创新紧密结合到资产经营处置的全过程，在按照三年规划，千方百计加快现金回收的同时，统筹兼顾，重点突破，努力拓展新业务领域，扎扎实实地推进商业化转型。截止 12 月 31 日，回收现金 11728 万元，实现净现金流 10010 万元，金融服务收入 402 万元，实现利润 1254 万元。同时，在党建、企业文化建设、职工教育、支持国有企业改革等方面也有显著成效。办事处再次被兰州市委、市政府授予兰州市国企改革二等奖，同时，被兰州市委、市政府授予市级文明单位；再次被省档案局评为全省档案工作先进单位。

【商业性资产经营与处置】办事处对纳入2008年所有处置项目列出具体的"倒计时"处置计划表，实行定项目、定时间、定人员、定任务的"四定"原则。从2008年8月份起，办事处每半个月召开一次资产处置经营分析会，听取项目处置进展情况的介绍，检查督导处置计划的执行，帮助解决资产处置中的困难及问题，交流处置工作经验，集中力量做好重大项目的经营处置工作，对甘肃丝路春酒业集团有限公司、张掖市五色建筑材料有限责任公司及其张掖市轻工机械总公司、银川市东二环路管理处等七户重点项目本着提升价值、精细运作、深度挖潜的原则进行了艰苦细致的工作，均收到很好的效果。

同时，加大商业性债权诉讼案件执行力度，保证资产、现金回收最大化。商业化资产包收购后，办事处新起诉案件共151个，涉及债权本金额12.5亿元，其中2008年新起诉案件41件，标的额2.65亿元，新执行案件33件，标的额1.72亿元。目前已执行终结的案件35件，标的额5.26亿元，通过诉讼共回收现金0.46亿元。

【金融服务业务】2008年，针对可供处置经营的存量资源不断减少的实际，办事处积极主动开拓新业务领域。进行了相关商业银行资产包尽职调查工作，为下一步开展工作打下了良好的基础。办事处努力提高财务顾问、代理业务的工作质量和服务水平，增加财务顾问服务收入，全年实现财务顾问收入402万元。同时，大力拓展金融租赁业务，年内向长城新租筛选上报了甘肃金昌化学工业集团有限公司等六个租赁项目，部分项目已引起租赁公司的重视。

【基础管理工作】2008年，办事处围绕ISO9001质量/风险管理体系的正常运行做了大量基础工作，制定了实施计划，积极推进转培训工作，组织编写了工作手册，对办事处16项质量/风险管理目标进行了统计分析。对总公司下发的139个体系文件进行了操作风险的识别和评价，识别风险点数383项，并全部进行了风险评估。使得办事处内部管理、风险防控能力得到进一步增强。两次内审全部顺利通过。目前，已通过ISO9001质量/风险体系认证。同时，OA系统全面运行，实现了网上办公。

【党建和队伍建设】办事处党委提出了带队伍必先抓班子的思路。对班子成员提出了五点要求，要求树立"五个形象"，身体力行，为全体员工做表率。认真开展"四好班子"建设，制订了"四好班子"创建方案。从思想建设、组织建设、作风建设及反腐倡廉建设等各个方面开展创建活动。同时，坚持抓廉政，防风险。2008年年初，办事处党委、纪委与各部门、项目部负责人签订了《兰州办事处党风廉政建设责任和防范风险目标责任书》，明确了奖惩办法，加大了奖惩力度，认真开展反腐倡廉工作。在《甘肃日报》公布了治理商业贿赂专项工作投诉举报电话，充分发挥群众监督和社会监督的作用，使反腐倡廉工作落到了实处。办事处紧密围绕商业化资产经营处置和业务转型的工作中心，制定了种类丰富的员工中长期培训计划，并与总公司培训计划相结合，以专题学习、参加公司组织的专业培训、网络在线教育为主体，取得较好的成绩，有31名同志在新东方网络在线学习考试中进入前三名，受到总公司通报表扬。同时，突出以人为本，关心员工利益，进一步完善了员工医疗保障体系，并及时调整了五险一金的缴费基数。为进一步完善医疗保障体系，办事处在原社会统筹医疗保险的基础上，为全员增加了补充医疗保险，解决了员工大病医疗的问题。

【抗震救灾工作】2008年5月12日，四川汶川特大地震发生后，办事处按照总公司、银监会和省委、省政府的统一部署，立即投入抗震救灾工作。成立应急工作领导小组，积极做好应对工作，保证办事处各项工作稳定健康开展。震灾发生以来，办事处积极响应总公司、甘肃省委、省政府的号召，倡议办事处员工及各控股企业对灾区人民捐款捐物。办事处及控股企业在甘肃、宁夏两地共捐款（物）合计58.53万元。同时，贯彻银监会通知精神，及时做好债务企业以及自然人受灾情况的调查统计工作，科学、细致地统计、评估地震灾害对办事处资产处置工作的影响。

经济管理

统　计

【综述】2008 年，甘肃省统计局在省委、省政府的正确领导下，认真贯彻落实党的十七大、十七届三中全会以及省委工作会议精神，坚持以科学发展观为统领，以开展统计创新年活动为契机，大力推进局机关工作目标责任制和党风廉政建设，圆满完成了省委省政府布置的各项工作任务和我局的目标任务。

【统计总体服务水平迈上新台阶】围绕省委省政府中心工作，提供了强有力的统计咨询服务。两会期间，我局推出了《甘肃统计信息查询系统》。组织编印了《2008 年甘肃发展报告》、《甘肃节能降耗情况》、《甘肃县域经济主要指标》、《甘肃项目建设完成情况》、《甘肃工业企业主要指标》等资料；全省经济工作会议期间，我局组织提供了《2008 年甘肃省国民经济运行状况及2009 年展望》，作为会议唯一一份参阅材料，得到省上主要领导的充分肯定。此外，在全省经济形势电视电话会议上，徐省长采用了我局一季度经济运行情况的观点；在省委举办的落实科学发展观研讨班上，我局提供了《十六大以来甘肃经济社会发展情况》系列材料，受到与会领导的一致好评；积极参与起草 2008 年《政府工作报告》；完成了《甘肃改革开放 30 年》的编撰工作。

2008 年，我局共为省委省政府领导提供各类《呈阅件》、《甘肃统计月报》、《甘肃工业运行快报》等资料 20 多种、6500 多份。

积极开展各类统计专题研究。2008 年，我局进一步加大了统计分析研究力度，撰写了一批有深度、有重要参考价值的统计分析报告。省政府采纳了我局《城镇居民收入增长缓慢　居民生活受物价上涨影响较大》专题研究中关于增资的建议；《我省灾后恢复重建中急需从政策面关注的若干问题与对策建议》、《甘肃省马铃薯产业发展情况分析》、《金融危机对甘肃经济的影响初步显现》及“全膜双垄沟播”、旅游业统计等专题研究，先后得到省委省政府领导的批示。

加大政务信息报送的力度。2008 年，我局围绕省委、省政府中心工作和社会公众关注的问题，及时向省委、省政府报送政务信息，且数量和质量都不断提高。一年来，我局向省委办公厅、省政府办公厅报送统计政务信息 142 条，采用率达 40%。

充分发挥统计职能，积极投身抗震救灾。面对灾情，省统计局积极响应省委省政府的号召，在第一时间成立了省统计局抗震救灾调查委员会，组织领导全省抗震救灾统计调查工作，确保了抗震救灾统计调查工作的顺利开展；局、队联合，由局队领导带队、分两批共 17 个统计调查组，冒着余震不断，滚石滑坡的危险，深入第一线进行抗震救灾统计。通过不懈的努力，确保了受灾市、县灾情数据及时上报，为省委、省政府做好全省抗震救灾工作提供了重要的决策参考依据。与此同时，我局还为省抗震救灾指挥部提供了《关于受灾市州救灾物资和资金分配的初步意见》。按照意见要求，加班加点对受灾市（州）资金、物资分配进行测算，并将测算结果在第一时间上报省政府抗震救灾指挥部。

通过上述统计服务，有效扩大了统计的社会影响力，提高了统计的社会知名度。

【积极开展统计创新年活动】一是根据新国民经济核算体系的需要，省局组织有关处室，进一步修改和完善了《部门报表制度》，为全省国民经济核算工作奠定了良好的基础。二是在全省投资、房地产、建筑业统计专业全面推广应用《中国投资信息管理及监测系统》，认真落实《亿元以上新开工项目报告》制度，并建立了亿元以上新开工项目月度台帐制度。三是创新规范贸易报表数据处理流程，加快与全局数据处理统一平台的过渡接轨，全面实施限上企业联网直报和数据处理超级汇总，为提高上报效率打下了坚实的基础。

通过一系列专业统计方法制度的创新，我局在能源、旅游、文化、投资、部门管理、统计巡查等七个方面呈现出诸多亮点，受到有关领导和社会各界的肯定。

【努力提高统计数据质量】一是继续坚持专业联动、下管一级的数据质量评估认定制度，规范地区 GDP 核算。每季度对市州 GDP 数据进行评估，规范 GDP 核算方法。在制度方法上认真审核、把关，提高省、市、县三级 GDP 核算的统一性和科学性。二是完成了国家统计局组织的统计系统报表清查工作。各专业处室严格按照清查工作的规定和安排，积极部署，精心组织，对全省统计系统现行统计报表进行了全面清查，建立了统一的统计报表制度及统计指标体系库，为确保统计数据质量奠定了基础。

【稳步推进普查和大型调查工作】 圆满完成了农业普查工作。在省委、省政府的领导下，通过全省统计工作者三年的不懈努力，全省农业普查已圆满完成了普查公报数据发布、主要数据反馈、总结和考评等环节的工作，得到了时任副省长陆武成同志的充分肯定。在国务院农业普查表彰会上，我省荣获全国农业普查优秀单位。

经济普查工作稳步推进。省政府以甘政发 [2008]19 号文件向全省各有关单位下发了《甘肃省人民政府关于做好第二次全国经济普查工作的通知》，并组织召开了全省经济普查电视电话会议和经济普查办公室专题会议，安排部署各项工作。省统计局根据部署，及时制定了《甘肃省第二次全国经济普查总体工作计划》。在此基础上，我局充分发挥省局内外网的优势，并联合省级新闻媒体进行了广泛的宣传，取得了良好的宣传效果。

各项统计调查工作进展顺利。高质量地完成了劳动力试点、劳动力调查、私营企业工资调查、人口调查和劳动工资统计、投入产出等统计工作；进行了社会稳定度调查；文化产业调查有序开展。这些都为全省经济社会持续、健康运行发挥了很大的作用。

【统计保障能力得到进一步增强】 不断加大统计执法力度。2008 年，我局扎实推进“五五”普法，强化系统内统计执法人员的培训，提高人员的执法水平。我们按照国家统计局要求，结合我省实际，对旧的统计执法文书的制作和应用进行了修改，制定了新的《甘肃省统计执法文书》。全年共立案查处统计违法行为 842 件，立案 483 件，结案 352 件。在 2008 年全国统计法制工作考核评比活动中，我局荣获了“统计法制工作开拓创新先进集体” 和“统计执法工作先进集体”两个奖项。在今年全国统计系统仅有的三起行政诉讼案中，甘肃就占了其中的两起，引起了国家统计局的高度关注。

加强统计巡查，提高社会各界对统计工作的重视。2008 年，我省被国家统计局确立为统计巡查省份，同时，省政府也对全省 4 个市州、4 个厅局和部分企业、乡镇进行了统计巡查。在两次巡查过程中，省统计局积极配合，精心组织，周密部署，使巡查工作稳步推进，从而受到了国家统计局巡查组和省委省政府的充分肯定。国家统计局巡查组认为我省以省政府名义组织开展统计巡查，层次高、效果好。

通过巡查，提高了各级党委政府、社会各界对统计工作的重视。

统计信息化建设稳步推进。在网络系统建设方面，完成了局队 OA 升级改造工作；健全了安全保密制度，专门邀请国家保密局专家进行专题讲座，网络安全保密工作在省安全保密检查工作中得到了检查组的充分肯定；与省联通公司合作，组建了全省统计系统手机专网。

狠抓干部培训工作。2008 年，我局加强了调查技能培训和统计分析培训，并取得了明显成效：全年组织机关干部职工外地培训共四批、300 多人次；省局面向社会开展了统计从业资格培训工作，报名参加培训的学员达 1503 人；参加继续教育培训考试人员达 720 人；邀请省政府法制办有关人员授课，对全局 23 个处、室、中心、站的近 50 位同志进行了第三轮执法培训；省局、总队联合举办了马克威统计分析系统操作和应用培训；开展了“每月一课”活动等等。通过上述一系列培训，使广大干部职工启迪了思路，开阔了视野，为统计工作的科学发展提供了高素质的人才保障。

夯实基层基础建设。2008 年 9 月 10 日，全省统计基层基础建设现场会在平凉市庄浪县召开，这是一次国家、省、市、县、乡五级统计部门领导齐聚庄浪、学习交流基层基础建设先进经验的重要会议。本次会议高度总结了甘肃统计基层基础建设的七条经验，这些经验对我省加强基层基础建设工作具有重要的指导意义。省局在今后的工作中，将按照整体推进的原则，将庄浪经验推而广之，使之生根发芽、开花结果。

【扎实开展学习实践科学发展观活动】 省统计局被确定为全省第一批学习实践科学发展观活动单位后，局党组高度重视。经过周密部署、统筹安排，在第一时间成立了甘肃省统计局深入学习实践科学发展观领导小组及下设机构；在第一时间召开全局党员干部动员大会，使全局党员干部的思想及时统一到中央及省委的精神上来；在第一时间组织起草了实施方案和学习计划安排。特别是在实施方案和学习计划安排中，我局要求学习实践科学发展观活动重点要突出、措施要创新、落实要到位。通过学习，要真正达到党员干部受教育、科学发展上水平、干部职工得实惠的目的。

【不断加强统计文化建设】 舒畅和谐的环境，积极健康的文化氛围，是激励和保障机关干部安心工作、自觉奉献的必要条件。一年来，我局积极发挥工会、共青团、妇委会等群众组织作用，开展了丰富多彩、形式多样的统计文化活动。年初，举办了春节团拜联欢会；从年中开始，组织了以迎奥运为主题的庆“三八”、“五一”、“七一”及“十一”等一系列活动。这些活动极大地丰富了统计文化内涵，对于活跃氛围、增进团结、凝聚士气、促进工作起到了不可替代的作用。

【认真落实党风廉政建设责任制】 2008 年，省统计局在党风廉政建设方面始终警钟长鸣、常抓不懈。早在年初，局机关就按照中共中央《关于建立健全教育、制度、监督并重的惩治和预防腐败体系实施纲要》和《甘肃省党风廉政建设责任制实施办法》的规定，提出了年内必须继续抓好党风廉政建设责任制落实、处以上领导干部廉洁自律、搞好局机关大项工作及大额经费开支项目的检查监督等六项重点工作的要求。局领导与各处室负责人签订了包括党风廉政建设在内的责任书，从而增强了党风廉政建设“第一责任人”的责任意识。

(樊怀玉)

物价

【综述】2008年，全省价格部门以科学发展观为指导，认真贯彻中央的调控方针，全面落实省委、省政府的工作部署，圆满完成了工作任务，全省价格工作呈现了五个特点：一是省领导对价格工作的重视程度前所未有。陆浩书记、徐守盛省长以及省委、省人大、省政府、省政协的领导对价格工作的重要指示、批示达110多条。省委副书记刘伟平，省委常委、副省长刘永富先后到省物价局检查指导工作。二是价格工作的调控力度前所未有。全年依据不同时段国家宏观调控政策的不同取向，分别采取了价格管制、价格补贴、价格调整、价格干预、应急监测、监督检查等措施，打出了运用经济、法律和行政手段调控价格的“组合拳”。三是价格工作面临的困难前所未有。价格调控工作经历了年初的“双防”、年中的“一保一控”和9月份以后的“扩内需、保增长”三大转变；首次依法实施了临时价格干预措施；成品油价格经历了较大幅度的提高和较大幅度的降低两个相反方向的调整；燃煤发电采取了提高上网价格、不提高销售价格的政策措施；开展了地震灾区的价格监管工作，更是百年不遇。四是价格工作的繁重程度前所未有。坚持价格监测日报、周报制度不间断；坚持市场价格监督检查不间断；坚持正面宣传与上门提醒告诫、严肃查处价格违法案件不间断；坚持制定政策、调研督导和狠抓落实不间断，始终保持了工作上的动力与活力。五是取得的价格工作成效前所未有。一年来，市场价格总水平基本稳定，没有因价格问题引发生产断档、市场脱销和社会不稳定的现象。各项价格工作扎实有序开展，价格监测和地震灾区价格调控监管、价格公共服务等工作走在全国前列。

【稳定价格总水平】一是实行了目标责任制。各地认真贯彻全国和全省保障市场供应、加强价格监管电视电话会议精神，采取了抑制不合理需求、扶持生产、保障供应、加强监管、妥善安排低收入群体生活等一系列政策措施，全年全省居民消费价格总水平上涨8.2%。二是加强了市场价格监测。在全省启动了粮油肉禽蛋菜等22种重要商品及12种地震灾区生活必需品和重建物资价格应急监测工作预案，实行了日报和周报制度。建立了三市二区市场婴幼儿奶粉、液态奶价格监测报告制度。三是加强了价格调控指导。先后以省政府名义下发了《关于加强价格监管，实施临时价格干预措施的通知》、《关于进一步加强灾区价格调控监管工作的通知》。会同省发改委等部门拟定了《关于做好当前物价工作的意见》，会同省建设厅等部门拟定了《全省2008年房改有关价格政策的意见》，均报经省政府批转各地各部门执行。兰州市、庆阳市正式启动了价格调节基金制度。四是实施了临时价格干预措施。年初，对面粉、食用植物油、牛奶和饲料4类商品10家生产企业实行了提价申报；对11个品种317家企业实行了调价备案；对液化石油气流通环节价格实行了差率控制；对尿素、磷酸二铵出厂实行了最高限价管理，流通环节实行了差率控制。6月份，对电煤采取了临时价格干预，建立了电煤生产成本、价格信息公示制度。

【加强民生价费监管】落实了鲜活农产品运输“绿色通道”政策，全省全年减免通行费2.36亿元。对进入交易市场的农产品实行了减半收费政策，累计减免892万元。对农业生产用电每千瓦时降低0.06元，年减少农民电费支出近5000万元。对农产品冷藏企业生产用电实行了价格优惠政策，年减轻企业电费支出1200万元。规范了公办高中学费、住宿费、择校费，取消了不符合规定的代收费和服务性收费。审核公布了500种中小学课本价格，降低了豪华版教材价格。核定了部分高校新增专业学费标准和公寓收费标准。继续降低了大型医疗设备检查收费标准。制定了在省市县三级非营利性医疗机构推行“单病种”收费的指导意见和省级医疗机构“单病种”收费的限价水平。降低了1027种剂型规格的药品价格，年降价金额9000多万元。建立了全省住房价格信息分析统计报告制度，验收了天水、庆阳等市20个县区的基准地价。开展了全省游览参观点门票价格整顿规范工作，建立了门票价格协调制度。对老年人、残疾人等特殊群体实行了门票减免政策。对省博物馆等39家游览参观点实行免费开放。降低了移动电话漫游资费标准，取消了1621个不合理的电信套餐资费。出台了春运期间不加成客运票价的政策。出台了《甘肃省城镇供热计量收费办法》。落实了国家取消和停止征收的100项行政事业性收费项目。停止执行了个体工商户管理费和集贸市场管理费。

【稳定地震灾区市场价格】一是迅速启动了价格异动监测预案。对灾区抗震救灾和人民群众生活必需品价格监测实行了每日两报制度，将市场价格情况在第一时间上报国家发改委和省委、省政府。二是果断实施了临时价格干预措施。经省政府同意，授权市州政府对食品、建筑材料等商品采取了限价、限定差价率或利润率等干预措施。省物价局对重点企业直供灾区的钢材、水泥、玻璃实行了最高限价管理。三是集中开展了市场价格专项检查。省物价局先后组成9个工作组深入灾区一线检查指导工作；深入省内主要钢铁、水泥、玻璃生产经营企业进行提醒、告诫；抽调得力干部派驻重灾区，查处重点案件。陇南、天水等市价格部门每天派出检查组深入市场，从严查处了哄抬价格、不执行临时价格干预措施的违法行为。全省共查处涉及抗震救灾的价格违法案件300多件。四是切实加强了新闻舆论监督。与省委宣传部联合下发了《关于加强抗震救灾价格监管宣传工作的通知》。在省政府专题新闻发布会上通报了全省抗震救灾价格监管情况，发布了关于经营者加强价格自律告诫书，曝光了12起价格违法典型案例。各地价格部门及时通过当地新闻媒体宣传价格政策，发布价格信息，引导和稳定群众消费心理，成效明显。五是认真落实了对灾区的价格扶持政策。在中央减免受灾地区行政事业性收费的基础上，又减免了涉及灾后重建的19项行政事业性收费。对运输抗震救灾物资车辆免缴通行费，全年减免金额1.99亿元。对8个重灾县区落实了免收三峡工程建设基金和暂不调整电价的政策。

【推进资源环境价格改革】6月份将全省销售电价平均每千瓦时提高2.27分，燃煤发电的上网电价每千瓦时提高1.07分，8月份再次将燃煤发电的上网电价提高1.5分。对符合政策的企业兑现了每千瓦时1.5分的脱硫加价政策。完善了农业排灌电量基数控制管理措施，全省全年农灌电量由45亿千瓦时下降到40.84亿千瓦时。取消了高耗能行业的电价优惠，落实了差别电价政策。争取到国家可再生能源电价附加补贴约7500万元。取消了随大工业电价征收的每千瓦时0.001元的城市公用事业附加费政策，年减负1280多万元。兰州、酒泉等市州调整了燃煤供热价格。调整了兰州市热力出厂价格。建立了全省污水和垃圾处理收费统计报告制度，调整了兰州、天水等市州污水处理费标准。截至年底，全省16个城市、41个县开征了垃圾处理费，11个市州的污水处理费标准接近国家规定的每立方米0.80元的目标要求。提高了地下水严重超采的民勤县水资源费标准。6月20日，全省成品油价格平均提高16.52%；12月19日，全省成品油价格平均降低16.55%。两次启动了公路客运油运价格联动机制，有效化解了成品油调价的影响。

【规范市场价格秩序】组织开展了惠农价格和收费政策落实情况及化肥价格执行情况专项检查。着力整治了电信、医疗、教育等重点行业的价格和收费行为。在陇南、天水等灾区开展了灾后重建物资价格专项检查。持续开展了价格干预措施落实情况的监督检查，加强了市场价格巡查。组织开展了粮、油等食品、公路客运、旅游、餐饮为重点的市场价格大检查，规范了明码标价行为，保证了节日市场价格基本稳定。全年全省共查处价格违法案件1204件，查出违法金额3621.466万元，实现经济制裁总金额2605.92万元。完善了价格举报受理、督办、回复等制度，加强了动态分析，全年全省价格部门受理价格咨询和举报3396件，办结率98.35%。

【强化价格基础工作】价格法制建设取得新进展。《甘肃省涉案财物价格鉴定条例》通过了省十一届人大常委会第六次会议的审议，成为我省第二部地方性价格法规。《甘肃省价格调节基金征收使用管理办法》等3部规章草案上报省政府审定。价格宣传工作有新的起色。省物价局先后联合省委宣传部等部门召开了3次新闻发布会。围绕纪念改革开放30年、《价格法》实施10周年，通过开辟专栏、电视专访等形式开展价格宣传。全年省物价局在新闻媒体刊播发各类价格新闻500余条次。价格服务进万家活动深入推进。重点开展了价格服务进企业、进商场活动，狠抓了价费公示、价格政策宣传、价格信息服务和价格监督网络建设。全省聘请1344名人大代表、政协委员担任了价格监督员，命名了87个价格诚信单位。成本调查和监审工作扎实开展。按照省政府安排，对兰州市燃煤供热价格进行了调研，对国电兰州热电公司热力出厂价格进行了成本监审复核。价格认证工作得到加强。《甘肃省涉案财物价格鉴定条例》进一步明确了价格认证工作的重要职责。制定了《甘肃省涉烟案件物品价格鉴定管理办法》和《甘肃省抵税物价格鉴定管理办法》。价格评估机构和人员“双认定”行政许可工作积极开展。队伍建设再上新台阶。会同省编办将全省560名价格检查和成本调查事业编制转为行政编制。11个市、37个县的物价检查机构被命名为“甘肃省规范化物价检查所”。全省40%的价格认证中心达到了规范化建设标准，兰州市、天水市价格认证中心被评为全国示范单位，平凉市等16个价格认证中心被评为全国达标单位。顺利完成了省价格协会换届工作。

工　商

【学习实践科学发展观】按照中央、省委的统一部署，省工商局在全系统开展了“继续解放思想、推动科学发展”的大讨论活动，在省局机关开展了深入学习实践科学发展观活动。在学习实践活动中，省局党组针对工商系统在围绕党委、政府中心任务开展工作、服务地方经济发展等方面意识不够强、思路不够开阔的问题，省局党组坚持把工商行政管理工作置于全省经济社会发展的全局中去思考，把服务经济发展作为工商行政管理工作的首要任务来谋划。多次召开党组会、市州工商局长座谈会，专题研究服务经济发展工作。开展了以“服务经济发展、当好市场卫士”为主题的实践活动，在全省系统掀起了思想解放的高潮，各级工商干部纷纷走进企业、走进工商户、走进农户，主动上门服务，“以发展为重，以服务为先”，成为全省工商系统的共识和行动。

【应对金融危机】针对由于金融危机对我省实体经济造成的严重影响，广泛开展调查研究，探索服务企业发展的新思路、新办法，帮助企业解决了一批名称登记、合并分立、名称保护、商标注册使用等方面遇到的难题。省工商局党组研究出台了《关于服务扩大内需促进经济平稳较快增长的实施意见》，推出60条明确、具体、可操作的政策措施，对放宽市场准入条件、全力确保项目落实、认真做好商标工作、积极支持“三农”发展、全力支持全民创业、创新体制机制等方面都做出了明确规定，给经营主体和消费者以看得见、摸得着的实惠。还先后出台了《甘肃省小额贷款公司试点登记管理暂行办法》、《关于加快发展农民专业合作社的实施意见》、《关于立足工商职能服务“三农”工作的实施意见》等服务经济发展的规范性文件。

【推进商标战略】2008年，省工商局先后两次从各市州推荐的380件商标中评审出238件甘肃省著名商标，填补了6年来没有认定著名商标的空白。推荐省市重点企业、新兴优势产业企业、行业龙头企业参与中国驰名商标认定，经过努力，甘肃海林中科科技股份有限公司的“海林牌”、兰州黄河企业股份有限公司的“黄河牌”等7件商标被认定为中国驰名商标，提高了甘肃产品的美誉度。

【停征“两费”】根据财政部、国家发改委、国家工商总局联合发出的通知要求，自9月1日起，全国统一停止征收个体工商户管理费和集贸市场管理费（以下简称“两费”）。经过全省系统的共同努力，及时清退了预征“两费”602万元。停征“两费”后，省工商局从创新干部培训方式、整合机构设置、保障经费供给、强化基层建设等各个方面入手，为大力推动职能转变扫除障碍、理顺机制。

【行政执法】2008年，全省系统共查处各类经济案件32081起，案值7520万元，入库罚没款1671万元；查处广告违法案件1475起，监测报纸、广播、电视广告124.4万条次；查处商标侵权案件640件；查处不正当竞争126起；查处传销案件8起，取缔传销窝点95个，清查遣送传销人员4170人次；12315指挥中心共接受咨询132318件、建议837件，受理申诉10972件、举报7945件，申诉、举报办结率为100%，为消费者挽回经济损失179万元；全省消协系统共受理消费者投诉9102件，已调解9101件，挽回经济损失688.3万元。省工商局先后出台了《行政处罚自由裁量权实施规则》、《行政处罚案卷评查办法》、《行政处罚案卷评查标准》和《关于强化行政执法保障服务发展的实施意见》等规范性文件，健全和完善了行政执法的规范和激励机制。

【应急处置】“5．12”汶川特大地震发生后，省局党组迅速成立以主要领导为组长的抗震救灾工作领导小组，紧急启动应急机制和市场监管、食品安全监管应急预案，实行24小时领导值班制度和重大事项报告制度。制定了《甘肃省工商行政管理局抗震救灾恢复重建实施意见》。及时向受灾严重的陇南等6个市州派出3个灾后恢复重建工作督导组。截至12月底，维修加固项目85个已全部竣工。灾后重建项目54个，已经竣工投入使用项目14个，正在建设项目35个，缓建及征地未落实的5个。工商系统干部职工捐助救灾款1299.4万元，缴纳特殊党费95.3万元。

【食品安全监管】问题奶制品事件发生后，全省工商系统积极主动、尽职尽责地开展应急处置。各级干部，特别是工商所广大干部职工、放弃节假日，开展奶制品市场清查，监督经营者下架、退市不合格奶制品，并对下架奶制品就地封存、专人专责跟踪、防止“回流”到市场。据统计，全省系统共销毁问题奶制品263.6吨，受到了各级党委、政府的充分肯定，赢得了群众的广泛赞誉。为深入推动食品安全监管工作，11月份，在白银召开了甘肃省食品安全监管工作现场会。

【队伍建设】2008年，在全系统开展了以领导班子和领导干部作风建设为重点的“遵章守纪、重塑形象”专题教育活动；在省工商局机关开展了为期3个月的机关作风整顿。举办了第二届廉政文化展；派出3个审计和国有资产清查清理工作组，全面展开财务审计和国有资产清查清理；制定了《党组会议事规则》、《局长办公会议事规则》，进一步规范决策程序和决策范围，重大事项坚持由领导班子集体研究决定；将党风廉政建设责任制执行情况与工作实绩一并考核，形成了“一把手”负总责、分管领导全力抓、班子成员密切配合、牵头部门各负其责的工作机制和一级抓一级、层层抓落实的格局。

【精神文明建设】2008年是工商行政管理机关恢复建制30周年，省工商局参与编写了《中国工商行政管理史志——甘肃分卷》、《辉煌的历程——甘肃改革开放30年巡礼》，总结了垂直管理10年来的经验。全系统先后有4个单位通过全国精神文明建设先进单位验收，18个单位被评为全省精神文明建设先进单位和文明单位，4个单位被评为全省文明行业标兵和文明单位标兵，1名同志被评为全省精神文明建设先进工作者，为历年之最。

国土资源　地震　气象

国土资源

【土地资源】土地利用现状。全省土地总面积45.4万平方公里。根据2008年土地利用现状变更调查，全省主要地类面积及地类构成情况为：农用地2541.66万公顷(38124.86万亩),占土地总面积的55.90%。其中：耕地462.37万公顷(6935.52万亩)；园地20.60万公顷(309.01万亩)；林地518.32万公顷(7774.82万亩)；牧草地1410.69万公顷(21160.32万亩)；其它农用地129.67万公顷(1945.19万亩)；建设用地97.67万公顷(1465.10万亩),占土地总面积的2.15%。其中：居民点及工矿用地88.17万公顷(1322.55万亩)；交通用地6.63万公顷(99.39万亩)；水利设施用地2.88万公顷(43.16万亩)；未利用地1908.41万公顷(28626.09万亩),占土地总面积的41.98%。其中：未利用土地1849.70万公顷(27745.52万亩)；其它土地58.71万公顷(880.57万亩)。

全省土地面积居全国第七位，人均占有土地量居全国第五位。耕地面积居全国第十一位，人均占有耕地2.65亩，居全国第六位。

全省土地利用率为58.02%，尚未利用的土地占全省总土地面积的41.98%，包括沙漠、戈壁、高寒石山、裸岩、低洼盐碱、沼泽等。

全省小于150坡耕地4751.22万亩，占68.46%；150-250的坡耕地1800.96万亩，占25.95%；大于250坡耕地388.51万亩，占5.59%。

耕地变化情况。2008年度全省增加耕地3362.27公顷（5.04万亩）。其中：开发土地1828.38公顷(2.74万亩)，占新增耕地总量的54.38%；复垦增加耕地365.43公顷（0.55万亩），占新增耕地总量的10.87%；整理增加耕地1026.08公顷（1.54万亩），占新增耕地总量的30.52%；农业结构调整增加耕地75.18公顷（0.11万亩），占新增耕地总量的2.24%；其它增加耕地67.2公顷（0.10万亩），占新增耕地总量的2%。

2008年全省耕地减少4348.43公顷（6.52万亩）。其中：建设用地占用耕地2587.29公顷（3.88万亩），占全省耕地减少量的59.50%；农业结构调整占用耕地915.37公顷（1.37万亩），占耕地总减少量的21.05%；2006年实地变更调查完成退耕还林任务268.33公顷(0.40万亩),占耕地减少量的6.17%；灾毁耕地575.18公顷（0.86万亩）,占耕地减少量的13.23%；其它原因减少的耕地2.27公顷（34亩），占耕地减少量的0.05%。

全省开发整理复垦新增耕地3219.89公顷（4.83万亩），与建设占用耕地2587.29公顷（3.88万亩）相抵，净增耕地632.6公顷（9489亩），实现了耕地占补平衡有余。

耕地保护情况。

（一）耕地及基本农田保护。截止2008年底，全省耕地保有量462.37万公顷(6935.52万亩),基本农田保护面积385.7万公顷(5758.63万亩)，保护面积占耕地总面积的82.99%。共划定基本农田保护地块204.74万片（块），设立永久性保护标志8807个。

（二）土地开发整理项目完成情况。2008年到期的国家和省级投资项目99个，验收通过80个，通过率80.8%，通过验收的项目规模24174公顷（36.26万亩），新增耕地8025公顷（12.04万亩）。其中：国家投资项目24个,通过验收20个,通过验收项目规模16292公顷（24.44万亩），新增耕地4473公顷（6.71万亩）。省级投资项目75个，通过验收60个，通过验收项目规模7882公顷（11.82万亩），新增耕地3552公顷（5.33万亩）。

（三）土地开发整理项目安排情况。2008年，全省分三批安排国家和省级投资土地开发整理项目142个（含国家17个续建项目），总投资8.1339亿元。其中，国家投资2.2983亿元（含国家17个续建项目安排1.5756亿元，省级新建项目23个安排7227万元）；省级投资项目102个投资5.8356亿元。2008年省级批准国家和省级投资新建项目125个，投资6.5583亿元，开发整理土地21176公顷（31.76万亩），预计新增耕地7314公顷（10.97万亩）。

（四）土地供应情况。2008年，全省供应建设用地1656宗，面积2602.51公顷(其中新增土地供应面积1096.12公顷)。在全部供应建设用地中，以招标拍卖挂牌出让方式供地867宗，面积1237.88公顷;以协议出让方式供地437宗,面积766.86公顷;以租赁方式供地4宗,面积4.43公顷;以划拨方式供地340宗，面积585.08公顷；以其他方式供地8宗，面积8.27公顷。土地的合理供应，保障了国家重点扶持的能源、交通、水利等基础设施建设用地，提高了运用土地政策参与国家宏观调控的能力。

（五）土地市场建设。2008 年，全省市场配置土地资源的力度进一步加大，商业、旅游、娱乐、商品住宅和工业等经营性用地一律实行了招标拍卖挂牌出让。各地都建立了土地交易有形市场。按照监察部等五部门关于开展国有土地使用权出让情况专项清理和检查工作的有关要求，对国有土地使用权出让情况进行了专项清理和检查，督促各市州政府和有关部门建立健全相关制度规定，有力推动了国有土地使用权出让工作的进一步规范化、制度化。

在继续完善落实土地市场建设基本制度的同时，加强了全省建设用地供应情况的信息发布工作。根据国土资源部相关要求，制订工作方案，督促、协调全省各地进一步做好在《中国土地市场网》发布相关信息工作，使国有土地使用权招标拍卖挂牌和协议出让公告以及国有土地出让结果等及时在《中国土地市场网》公开进行了发布，对进一步营造各类交易主体平等竞争的土地市场环境起到了积极作用。2008 年全省土地总收益达到 522380.77 万元，其中在全部供应建设用地中，以招标拍卖挂牌方式出让土地成交价款为 434407.74 万元；以协议方式出让土地成交价款为 82330.13 万元；以租赁方式收取土地租金为 78.37 万元；以其它有偿方式收取土地收入为 2224.5 万元。

（六）第二次土地大调查完成情况。截止 2008 年底，全省第二次全国土地调查城镇地籍调查基本结束，已完成调查面积 1014.3 平方公里，占城镇地籍调查总面积的 90.2%；10 个市（州）40 多个县级单位全面开展了农村土地调查工作，已完成外业调查面积 33617.8 平方公里，占调查总面积的 7.4%；内业建库已完成 24351 平方公里，占调查总面积的 5.3%；酒泉市国家级土地利用基础图件与数据更新项目示范和平凉市国家级土地利用数据库建设项目示范工作有序开展。

【矿产资源】矿产资源概况。截至 2007 年底，全省已发现各类矿产 173 种(含亚矿种，下同)，占全国发现矿种数的 74%。全省查明资源储量的矿种有 99 种，其中，能源矿产 7 种、金属矿产 36 种、非金属矿产 54 种、水气矿产 2 种。

列入《甘肃省矿产资源储量表》的固体矿产 91 种、矿区 829 处、矿产地 1084 处(含共伴生矿产)。其中大型矿床 97 个、中型 203 个、小型 784 个。

据《2007 年全国主要矿产资源储量通报》统计，在已查明的矿产中，甘肃省资源储量名列全国第 1 的矿产有 10 种，居前 5 名的有 34 种，居前 10 名的有 60 种。

截至 2007 年底，甘肃省查明资源储量的 99 个矿种中，与 2006 年比较，有 49 个矿种的资源储量发生了变化，其中资源储量增加的有 24 种，减少的有 25 种，无变化的 50 种，分别占 24.48%、25.51%和 50%。变化幅度在 -557.08% ~ +100%之间。

地质矿产勘查。2008 年，在全省境内从事地质勘查的单位共有 35 家(不含石油天然气)，投入地质勘查资金约 57633.623 万元，其中中央财政 5345.56 万元，省级财政 9642.813 万元，地勘单位自筹 4558.37 万元,企业及社会资本 36947.88 万元,外资 1139 万元。全省开展重点地质矿产勘查项目 328 个，完成钻探 328182.6 米，坑探 35619.42 米，槽探 21.15 万立方米，浅井 1238.1 米。全省在地质矿产勘查成果方面取得的成绩显著。

矿补费征收。2008 年，全省下达征收矿产资源补偿费 1.4 亿元，年底上缴国库 3.14 亿元，完成全年矿产资源补偿费征收任务的 224%。其中，省国土资源厅征收上缴 2.98 亿元，14 个市州征收上缴 0.16 亿元，全部超额完成征收任务，征收面达到 100%，征收率达到 80%以上。在完成收缴矿产资源补偿费的同时，下拨省留矿产资源补偿费征收部门补助经费 1906 万元，主要用于补助征收部门管理及人员经费。中央安排甘肃省的 357 万元部门补助经费也全部下拨市州，经费的下拨在缓解市县征管机构经费紧张、稳定征管队伍和解决矿产资源补偿费占用问题方面收到积极效果。

矿产开发利用。2007 年底，全省共有各类持证矿山企业 2942 个（不含石油、天然气、煤层气和放射性矿产），从业总人数 178176 人，开发利用矿种 75 种，年产矿量 8881.12 万吨，其中固体矿产 8856.37 万吨,液体矿产 24.75 万吨。全省矿业采选工业总产值 201.48 亿元，综合利用产值 15.04 亿元，矿产品销售收入 185.50 亿元,利润总额 38.31 亿元。

据《甘肃年鉴》统计，2007 年度全省工业总产值 3569.97 亿元，矿业及相关原材料加工制品业总产值 2403.18 亿元，占全省工业总产值的 67.32%；其中：矿业采选工业总产值 201.48 亿元，占全省工业总产值的 5.64%。

2007 年，全省矿产品及其加工制品进出口贸易总额 480372 万美元，其中出口 113309 万美元，进口 367063 万美元，分别比 2006 年增长了 52.08%、5.39%和 76.16%。出口的矿产品主要有其它硅、硫化钠、氧化铈等，出口数量和出口金额较 2006 年均有大幅上升。

矿权市场建设。2007 年，为进一步促进探矿权采矿权出让工作更加符合地质规律，全面提高探矿权采矿权设置的科学性，组织编制了《甘肃省探矿权设置规划》、《甘肃省地质勘查规划》，在规划体系的指导下，全面展开了探矿权采矿权公开出让工作，矿业权市场得到进一步完善，矿业权公开出让工作得到进一步规范。正宁罗川煤田煤炭普查等 7 宗探矿权以拍卖挂牌方式公开出让，收缴价款 1595 万元。

矿业权市场管理进一步规范。按照政府主导、市场运作的原则，大力推进矿业权市场化建设，进一步规范矿业权出让、转让行为。全省对探矿权采矿权的新立，除按规定允许以申请在先方式出让外，一律实行招拍挂出让，到期采矿权全部实行有偿延续。

2007 年，充分利用甘肃省国土资源交易中心有形市场，进一步规范矿权出让转让行为，更好的体现矿权出让转让行为的"公开、公平、公正"原则，省地矿局、省有色地勘局共有 60 宗（次）探矿权分四次进入交易中心实行挂牌及拍卖转让。其中成功交易探矿权 32 宗，交易总金额为 9514 万元。

整顿和规范矿产资源开发秩序。2008 年，全省全面整顿和规范矿产资源开发秩序工作在国土资源部和省委、省政府的正确领导下，扎扎实实开展整顿规范矿产资源开发秩序"回头看"行动，全面完成了整顿和规范矿产资源开发秩序的各项工作任务。

组织开展"回头看"行动。根据国务院九部门"回头看"行动的要求，印发了《关于印发甘肃省整顿和规范矿产资源开发秩序"回头看"行动实施方案的通知》，通过电台、报纸等新闻媒体进行广泛宣传和报道，有力地推动了"回头看"行动的顺利开展。据统计，在"回头看"行动中，全省共清查和处理违法违规行为 214 起，其中，无证勘查开采 189 起，越界开采 8 起，非法转让矿业权 2 起，污染破坏矿山环境 15 起。全省"回头看"行动达到了预期的目的，得到国务院九部门联合督查组的充分肯定。

积极地推进了矿产资源开发整合工作。按照《国务院办公厅转发国土资源部等部门对矿产资源开发进行整合意见的通知》要求和省政府的安排部署，制定了《甘肃省矿产资源开发整合总体方案》，确定了煤炭、铅锌和黄金为整合重要矿种、8 个市州为整合重点地区。截止 2008 年底，煤矿资源已完成 52 个矿区的整合任务，减少采矿权 69 个；铅锌资源完成了 5 个矿区的整合任务，减少采矿权 8 个；黄金资源完成了 7 个矿区的整合任务，减少采矿权 7 个。通过整合，重点矿区共减少 84 个采矿权。

【地质环境】地震引发次生地质灾害排查及灾后重建。"5.12"汶川特大地震，引发严重的次生滑坡、崩塌、泥石流等地质灾害。全省共报地质灾害点 8336 处，其中：滑坡 1640 处、崩塌 3143 处、泥石流 118 处、地面塌陷 615 处、地裂缝 2669 处。

地震发生后，按照国土资源部和省委、省政府的紧急部署，组织省内地质灾害防治专家与国土资源部支援我省的专家一道，重点在陇南市文县、武都区、两当县、徽县、礼县、西和县、成县、康县、宕昌县和甘南藏族自治州舟曲县、迭部县开展了排查工作。共排查地质灾害隐患点 2200 处。其中滑坡点 974 处，崩塌 942 处，地裂缝 217 处，泥石流 66 处，地面塌陷 1 处。在总结排查成果的基础上，编制了《汶川地震甘肃灾区恢复重建地质灾害防治专项规划》。

依据规划，财政部下达甘肃省地质灾害防治专项经费 1 亿元，已全部安排 8 个重灾县（区）的地质灾害防治工作。其中地质灾害治理项目安排了 32 个计 7900 万元；地质灾害勘查、详查、危险性评估及测绘安排 2100 万元。

地质灾害防治。组织编制的《甘肃省 2008 年度地质灾害防灾方案》于 5 月 12 日经省政府办公厅下发各市州。方案对 2008 年度地质灾害趋势进行了预测，明确了预防区段和重点防范期，制定了主要防治措施。在第 39 个地球日（4 月 22 日）开展了全方位、多层次、多形式、大规模的地质灾害防治知识学习宣传活动，利用广播、电台、电视、报刊等新闻媒体，大力宣传国务院《地质灾害防治条例》，共发放地质灾害防治知识宣传材料 35000 多份，制作宣传展板 20 块，提高了广大人民群众的防灾意识。汛前，组织专家对全省 14 个市（州）的地质灾害防治工作进行了巡回检查。2008 年度甘肃省地质灾害群测群防工作继续推进，在县（市）地质灾害调查与区划的基础上，全省 72 个县（市）建立了地质灾害群测群防体系。与此同时，继续开展地质灾害气象预报预警，全年在甘肃电视台发布地质灾害气象预警 34 次，其中Ⅲ级 28 次，Ⅳ级 6 次。

地质遗迹保护。敦煌雅丹地貌、刘家峡恐龙、景泰黄河石林、平凉崆峒山四个国家地质公园的建设工作正在有序进行。

甘肃临夏盆地古生物化石群地质遗迹保护项目和敦煌雅丹地貌、景泰黄河石林、平凉崆峒山三个国家地质公园申请国家保护项目经费 1000 万元。

继续推进省级地质公园建设工作。2008 年经省级地质公园领导小组研究批准，以丹霞地貌、构造遗迹及水体景观为主要地质遗迹的渭源县渭河源省级地质公园成为第 17 个省级地质公园。

2008 年度省财政补助 300 万元，为天水麦积山、张掖丹霞地貌、陇南武都万象洞、平凉崇信龙泉等省级地质公园提供地质遗迹保护经费补助。

矿山地质环境治理。《甘肃省矿山环境恢复治理保证金管理暂行办法》经省政府同意发布实施后，陇南、定西、临夏三市、州已开始收缴工作，据不完全统计，242 家企业建立了保证金存储专户，缴纳保证金总额 814 万元。

2007 年开展的 7 个矿山地质环境恢复治理项目通过竣工验收。

2008 年，兰州阿干矿区、白银市露天矿、华亭安口杨家沟煤矿等 11 个矿山地质环境恢复与治理项目获国家批准立项，争取国家投入治理经费 4710 万元。

兰州红古窑街煤矿、白银平川区煤矿塌陷区等 6 个矿区地质环境恢复治理项目，省财政补助治理经费 800 万元。

【信息资源】土地资源信息。在稳步推进甘肃省土地资源信息化建设的基础上，逐步完善土地资源信息化体系，基本实现了办公自动化、管理科学化和服务社会化，及时、全面地对全省动态性土地资源基础数据进行更新。结合第二次全国土地调查，2008 年甘肃省利用高分辨率航空影像、QuickBird、SPOT5 等卫星影像进行了农村以 1:10000 为主比例尺、城镇以 1:500－1000 为主比例尺的土地调查工作，对农村、城镇土地利用现状和土地权属状况数据进行全面的更新。截止 12 月底，完成城镇调查面积 1014 平方公里，城镇数据库更新已基本完成。农村土地调查和数据库更新已完成近 50%。同时利用信息化和遥感技术，对兰州市 5 区、天水市 2 区年度土地利用变化情况，兰州市经济技术开发区、兰州市高新技术开发区土地节约集约利用进行遥感动态监测，及时掌握监测区内的土地利用变化情况。目前，全省 80%的县（市、区）和 60%的乡（镇）已在土地调查和土地规划方面实现了信息化管理和数字制图，这些信息化成果已广泛应用于地籍管理、建设用地审批、土地利用规划编制、基本农田保护、土地开发整理、城市（镇）规划和新农村建设规划等方面，为全省经济建设、土地资源管理提供了准确可靠的土地资源基础数据。

“金土工程”建设。按照国土资源部要求，大力推进我省“金土工程”一期建设，全年主要完成了省级矿产资源规划、省级矿产资源储量和兰州市土地利用现状规划等 6 类数据库建设；完成了 14 个市州国土资源局视频会议系统建设，已投入正常运行；完成了省级建设用地审批、规划预审信息系统建设，实现了部、省建设用地网上审批。完成了接入省政府政务专网配套建设，实现了部、省、市国土资源部门联网运行；完成了省厅网络升级改造，实现了与部网络升级链接；开展了平凉、定西市国土资源局的电子政务建设试点。2008 年 4 月，国土资源部专家组对“甘肃省金土工程”一期建设项目全面验收通过。

矿产资源信息。2008 年，甘肃省国土资源信息化建设取得了显著成效。完成了省矿产资源总体规划数据库、矿产资源储量空间数据库、省市县三级采矿权数据库和省级探矿权数据库建设，并已运用于矿政管理工作。完成了国土资源部项目《甘肃省地政电子政务管理信息系统》，并通过部验收进入试运行阶段。已建成了甘肃省 1:20 万水文地质图数据库、1:20 万地球化学数据库、1:50 万、1:20 万、1:5 万地质图数据库、大中型矿产地数据库等一批大中小各种比例尺的地理、地质、物探、化探、遥感数据库。同时，为甘肃省地震灾区传输各类地质灾害数据达 40G，及时有效地保障了抗震救灾工作。

网络网站建设。部、省、市三级国土资源视频会议系统全线贯通，投入正常运行后，部、省视频会议系统运行完好率达 100%；接入省政府政务网线路，构建了省国土资源网络系统并分配 14 个市（州）、86 个县（市、区）国土资源部门的 IP 地址。目前，省厅与 14 个市（州）网络已经联通，部、省和市（州）国土资源部门视频会议已通过此链路正常使用。

网站建设取得了突破性进展。通过建设和改造信息发布平台，优化了网上办事和公众参与等栏目，宣传国土资源管理的政策法规、展示国土资源管理工作风貌、体现为民服务等方面的积极作用。全年共发布政务信息 699 条，其中厅机关 499 条，厅直属事业单位 84 条；市、县局 116 条。网站年访问量 70.6 万人次，信息发布数量和质量明显提高，公众访问量显著增加。经国土资源部组织的全国网上检查，省厅网站得分 80 分，排名进入全国前 18 名，跨入全国国土资源系统评比的中等行列。全省除临夏回族自治州国土资源局正在积极筹建网站外，其它 13 个市局均建立了本级门户网站，建站率达 93%。86 个县级国土资源局建站数达 28 个，建站率为 32.56%。

馆藏资料建设。按照国土资源部要求,有序推进馆藏地质资料建设。为国家地质资料馆完成了 575 份地质资料图文数字化工作；在全国地质资料数字化建设方面处于领先地位；完成涉密地质资料清理登记 7553 种，约 120737 件；完成省级图文地质资料数字化 400 份；在省国土资源厅网站上公开发布 6582 条地质资料目录信息供全社会查询使用；省地质资料馆为社会提供地质资料查阅服务 489 人次，659 份，58953 件；复制利用资料 496 份 2760 件；汇交资料 330 种 506 份；编号入库资料 283 份。

【执法监察】土地执法监察。2008 年全省共计发现土地违法违规问题 464 件，涉及土地面积 255.6 公顷（其中耕地面积 27.73 公顷），违法违规占用耕地面积占违法违规土地总面积的 10.8%；执法检查中制止纠正 206 件面积 169.65 公顷。全年共计立案查处土地违法案件 258 件，立案率为 55.6%，涉及土地面积 85.95 公顷（耕地面积 18.95 公顷），占违法违规土地总面积的 33.6%；全年处理结案 219 件，结案率为 84.9%，涉及土地面积 60.71 公顷（耕地面积 12 公顷），占立案土地总面积的 70.6%。拆除构建物 58.03 百平方米，收回土地 7.77 公顷（耕地 0.72 公顷），罚没款 121.97 万元；给予行政处分 1 人，党纪处分建议 1 人，刑事案件移送 3 人。与去年同期相比，土地违法违规问题发生件数同比下降 26.9%，涉及土地面积同比下降 66.1%（涉及耕地面积下降 88.9%）。其中：个人违法违规件数同比下降 18.7%，涉及土地面积同比下降 63.3%（涉及耕地面积同比下降 62.1%）；企事业单位土地违法违规件数同比下降 75%，涉及土地面积同比下降 68.2%（涉及耕地面积同比下降 99.8%）；村组集体土地违法违规件数同比下降 10.5%，涉及土地面积同比下降 62.5%（涉及耕地面积同比下降 34.7%）；行政土地违法违规件数同比下降 73.7%，涉及土地面积同比下降 64.9%（涉及耕地面积同比下降 98.2%）。

矿产执法监察。2008 年全省共立案查处各类矿产资源违法案件 117 件（个人 96 件，企事业单位 11 件，集体 10 件）；其中无证勘查 12 件；无证开采 89 件；越界开采 7 件；其他问题 9 件。截至 2008 年底，处理结案 105 件（个人 86 件，企事业单位 9 件，集体 10 件）；其中查处无证勘查 12 件；查处无证开采 77 件；查处越界开采 7 件；其他问题 9 件；罚没款 50.9 万元，刑事案件移送 1 人。

建立国土资源执法监管长效机制。按照国土资源部和国家土地督察西安局的总体部署，将建立土地执法监管长效机制摆上重要议事日程，制定了《加快建立土地执法监管长效机制实施方案》，明确了建立土地执法监管长效机制工作的指导思想、工作任务。重点围绕预防、查处、监管、部门联动等四个方面，建立完善省级执法监察制度和工作机制。选择土地管理工作基础较好，水平较高的平凉市作为省政府和国家土地督察西安局共建的“构建保障和促进科学发展土地管理新机制”的试点，选择庆阳市、武威市及皋兰县、华池县、临泽县作为“建立土地执法监管长效机制”省级试点，有力地推动了全省土地执法监管长效机制建立工作。

执法监察队伍和网络建设。按省政府《关于深化改革严格土地管理的意见》的规定，督促未成立比内设机构高半格执法监察机构（队伍）的市州、县（市、区）国土资源部门，争取政府支持，成立了相应规格的机构（队伍）。截至目前，全省 14 个市州已有 13 个成立了副县级的国土资源执法监察支队，86 个县（市、区）有 77 个成立了科级或副科级的国土资源执法监察大队，占全省县（市、区）总数的 90%。在加强执法监督机构队伍建设的基础上，对全省国土资源执法监察工作人员核发了国土资源执法监察证件。全省实际核发国土资源执法监察证件 1318 人，为基层国土资源执法监察人员亮证执法提供了合法证件。同时，加强基层国土中心所执法监察人员配备。全省已建成标准化基层国土资源（中心）所 507 个，每个国土资源所配备了 1-2 名专职执法监察员。各市州、县（市、区）还在村（组）、社区聘请了村社干部担任国土资源执法监察信息员和协管员，建立完善了省、市州、县（市、区）、乡（街道）、村（社区）五级国土资源执法监察网络，有效遏制了国土资源违法问题的发生。

防震减灾

【地震概况】2008 年，甘肃省共发生 M≥2.0 级地震 274 次。其中，2.0～2.9 级地震 212 次，3.0～3.9 级地震 47 次，4.0～4.9 级地震 14 次，5.0～5.9 级地震 1 次，最大地震为 3 月 31 日肃南 5.0 级地震。2008 年地震活动在时间上具有丛集性，1、2 月份频次低，5 月份达到最高，其余时间比 1、2 月高，且活动水平相当。地震活动在空间上具有集中分布的特点，文县及武都东南部地区地震非常集中，其余地震分布于祁连山地震带和甘东南地区，兰州及西秦岭北缘断裂一带地震相对少。

3 月 30 日肃南发生 5.0 级地震，微观震中 N83°，E102°，宏观震中位于皇城村一带。地震造成毁坏房屋 1027km2，严重破坏 13433km2，中等破坏 94709km2，轻微破坏 248844km2。地震还造成部分交通设施、水利设施、通信设施破坏。受灾人口 1061 人，直接经济损失为 3933.05 万元。

【地震监测预报】2008 年地震监测工作注重解决“十五”观测网络运行中存在问题，对观测网络信息传输、程序化实施了高度集成，建立了观测资料共享机制，使数字化地震信息应用适应实际工作需要，发挥了应有的效能；制定了《甘肃省地震前兆台网运行管理细则和甘肃区域地震前兆台网中心运行管理细则》、《甘肃省地震台网地震速报技术管理实施细则》、《甘肃省测震台网运行管理实施细则》，进一步完善了管理运行机制；加强观测仪器维修和革新改造，对仪器设备进行了实用化改造，保证了观测数据的连续可靠；实施了肃南、通渭地震台优化改造项目，主体工程已全部完工；加强地震监测设施和地震观测环境保护，对天水、武都、定西等 5 起影响地震观测环境的事件依法依规进行了大量的协调工作，部分台站获得经济索赔；举办和参加了各种监测管理、观测技术等培训，共计 70 人次，进一步提升了观测人员的综合素质。本年度甘肃省测震台网运行率达到 98.9%，共速报地震国内外地震 680 个，分析地震 21606 条目；前兆台网运行率达到 96.8%，数据完整率 99.73%；强震动完成了模拟台网巡检任务和数字台网每月远程检查标定一次的任务，178 个固定台站工作正常；信息网络中心设备运行率达到 99.9%，最大限度地满足信息发布、地震速报、地震目录和前兆资料的查询。在 2008 年度全国地震观测资料评比中，共获 16 项前三名，其中第一名 4 台项，第二名 6 台项，第三名 6 台项。

地震预报工作以年度地震重点危险区为重点，制定周密的方案和措施，开展了不间断的震情监视与分析研究，加强与邻近省区、协作区各类前兆信息交换，加大资料分析处理力度，落实宏微观异常，最大限度地捕抓破坏性地震；加强数字化前兆、测震资料的研究与应用力度，将波速比、应力降、尾波 Q 值、震源机制解等震源参数或介质参数的研究结果应用于震情短临跟踪，进一步提高震情决策科学含量；及时上报震情信息，为全国“人大”、“政协”两会和奥运会、残奥会期间震情跟踪保障工作提供了可靠信息。本年度对省内发生的15次显著地震事件作出了较准确的震后趋势判定，为政府决策提供了可靠的依据。特别是3月30日发生在祁连山中段的肃南5.0级地震，落到了2008年度地震重点危险区内，取得了较好的中期预报效果。

【地震灾害预防】加快推进防震减灾立法工作，《甘肃省防震减灾条例(修订案)》被甘肃省人大常务委员会列入《甘肃省人大常委会2008—2012年立法规划》；加强和规范甘肃省地震安全性评价活动，甘肃省地震局出台了《甘肃省地震安全性评价管理实施细则（暂行）》配套性规章。加大行政执法力度，甘肃省地震局7项防震减灾行政许可审批事项和2项非行政许可审批事项于3月10日全部进入甘肃省政府政务大厅，实现了防震减灾行政许可与甘肃省政府行政审批统一管理的接轨；完成甘肃省政府第三轮行政执法主体、行政执法人员和执法监督人员的换证工作，甘肃省地震局有20人取得了行政执法证，11人取得了行政执法监督证，健全完善了全省政执法和执法监督人员数据库；加强法制监督，甘肃省地震局对酒泉、张掖、平凉、陇南和甘南州防震减灾工作进行了执法检查。开展防震减灾普及宣传教育，甘肃省地震局认真组织实施“五五”普法规划，甘肃省依法治省办公室组织开展了中期督察，在综合评比中甘肃省地震局被评为优良等级；参加地震系统和甘肃省法制部门组织的法律知识培训30人次；邀请有关专家对新招录17名人员进行了岗前法律知识培训；利用甘肃省委党校、省行政学院高层平台，对领导干部进行防震减灾法制宣传讲座。组织开展了甘肃省地震系统干部职工法律知识答题活动，市县的有关企业、社区也参加了答题活动，人数总共达到4500多人，活动共评出一等奖1名，二等奖2名，三等奖3名。各市县地震局结合当地实际，组织开展了形式多样、内容丰富的宣传活动，全省共悬挂横幅93条，展示展板290块，播放光盘65场次，专题讲座38场次，散发宣传资料20万份，现场咨询2万人次，接受宣传教育人数40万人次。接受教育群众超过20万人次。

加强抗震设防要求和地震安全性评价管理与监督，依法加强抗震设防要求管理，严把工程建设项目抗震设防关，本年度全省共审批抗震设防要求700项。加强地震安全性评价资质管理，甘肃省地震局与甘肃省人事厅联合完成了二级地震安全性评价工程师资格考核认定工作，全省19位同志通过考核认定；甘肃省地震局对兰州市地震工程评价所等3个地震安全性评价丙级资质许可证进行了考核和延期更换。加强地震安全性评价工作管理，甘肃省地震局举办了全省地震安全性评价和抗震设防要求管理研讨班，邀请省内外地震、建设专家讲授建设工程地震安全性评价和抗震设防要求法制化、规范化管理的相关技术内容，提高了管理部门和从业人员的业务技术和管理水平。本年度共审定各类地震安全性评价项目55项。

扎实推进全省农村民居防震保安工作，甘肃省地震局与甘肃省新农村领导小组办公室共同制定了甘肃省委、省政府领导批示的5年农居地震安全工程实施计划。2008年，全省建成各类抗震安全农居50万户，农村民居抗震能力显著提高。特别是平凉市崆峒区、华亭县和陇南市文县临江镇东风新村的地震安全示范农居经受了汶川特大地震考验，房屋完好无损。在第10届世界地震工程大会上甘肃省农居工程作为中国加强农村地区抗震设防的典型作了经验介绍。

积极开展防震减灾宣传，甘肃省地震局印发了《2008年全省防震减灾科普宣传安排意见》，对年度防震减灾科普宣传进行统筹部署。指导市州开展形式多样、内容丰富的防震减灾科普宣传活动。本年度全省共开展集中科普宣传600场次，制作展出科普展板800块，发放科普资料200万份，通过宣传教育社会公众防震减灾意识和自救互救能力明显提高。推进防震减灾科普示范学校建设，各级地震、教育、科协等部门通力协作，结合本地区本部门实际，采取各项措施，创建防震减灾科普示范学校。其中，兰州市、张掖市等8个市州地震局协调教育等部门，坚持每周在中小学增设一课时地震科普知识课，利用校园广播、网络、晨会、主题班会、课外兴趣小组、黑板报、手抄报、橱窗、展板、防震减灾小制作等形式，普及防震减灾科学知识。本年度，全省示范学校共组织科普讲座70多场次，开展地震应急避险疏散演练150次，接受防震减灾科普教育的中小学师生达30万人次。

【地震应急和救援】完善地震应急预案，甘肃省地震局与甘肃省经委联合下发了《关于进一步加强大中型企业防震减灾工作的通知》，对大中型企业加强地震应急预案建设提出了新的具体要求。全省80%的大中型企业制定或修订了本级应急预案，把预案的适应性调整到应对大震上来，增强了预案的针对性和可操作性。

提升地震应急救援能力，甘肃省地震局调整扩充了现场工作队，使地震应急现场工作队队员扩充到156人，制定了相应的管理制度，组织了相关的业务培训。同时，吸纳市州地震局主要技术人员60人，参加震后的灾害损失调查工作。甘肃省地震灾害紧急救援队安排4人到国家陆地搜寻与救护基地进行技术培训；平凉市、定西市、白银市、张掖市甘州区地震灾害紧急救援队，开展了应急救援演练，进一步提高了应对突发地震事件的能力。推进社区志愿者队伍建设，甘肃省地震局加大对社区志愿者队伍的建设指导力度，向市（州）、县（区、市）提供相关文件，介绍其他省市志愿者队伍建设经验，积极组织筹建工作；指导天水市张家川县地震局组织开展志愿者抢险救援演习，取得很好效果。本年度，新建志愿者队伍50支，人数2500人。大力推进地震应急避难场所建设，甘肃省地震局及时向各市州地震局转发了《应急避难场所的选址及配套设施》(GB21734-2008)国家标准，同时编印了《地震应急避险手册》5万册，通过社区组织发放居民手中。本年度新建应急避难场所105处，其中兰州市建设应急避难场所32处，平凉市共规划建设地震应急疏散通道80条，避险场所56处，可容纳近50万人；天水市建成应急避险场所17处，可容纳近42万人应急避险。

有效应对地震突发事件。3月30日，肃南5.0级地震发生后，甘肃省地震局立即启动了地震应急预案，在局领导的统一指挥下，各职能部门按照职责有条不紊地开展了震情速报、灾情收集、趋势判定等工作。地震现场工作队在肃南县的皇城镇、皇城种羊场；山丹马场；九条岭煤矿；金昌市永昌县城关镇、六坝乡、南坝镇、东寨镇；武威市凉州区丰乐堡乡，西营镇开展了灾情调查，客观、公正地完成了灾害损失评估工作。

【地震科技创新】甘肃省地震局结合特色学科优势，筹划科技发展规划，制定了《甘肃省地震科学技术发展纲要(2008-2020年)》，明确了发展方向和目标；多渠道争取科研项目，本年度共申报各类基金项目61项，9项获得资助，国家级项目资助取得重大突破，共争取项目4项，落实资金129万元；组建了《甘肃省岩土防灾工程技术研究中心》，并获得建设经费近百万元；组织实施各类在研项目61项，共有18个项目结题，部分课题项目取得了一定创新科研成果，获得中国地震局防震减灾优秀成果二等奖3项，"青藏铁路沿线典型冻土场地地震动特征及其震害研究"成果通过省科技厅鉴定，达到国际领先水平；发表论文87多篇，出版专著2部。利用"西部地球科学与减灾工程论坛"学术平台，邀请国内外知名专家学者13人作了12场报告，促进了学术成果交流；组织召开近百人参加的学术年会，36人作了主题报告，进一步营造了科研氛围，甘肃省地震局科技创新工作呈现良好的发展势头。

【稳步实施"十一五"重大项目】"甘肃省暨西北区域防灾减灾中心大厦"项目已得到中国地震局和甘肃省发改委批复建设，落实了相应的建设经费；"国家陆地搜寻与救护基地建设"项目可行性研究报告已获国家发改委评审中心的通过，建设资金为5500万元；"国家地震安全工程甘肃省分项工程"已做好项目实施前准备工作；"酒嘉地区城市活断层探测与地震小区划工程"项目已完成可行性研究报告编写；"敦煌莫高窟地震监测系统建设"项目得到落实；"中国大陆构造环境监测网络"项目已完成车辆的购置、基准站施工图设计和招标工作，5个基准站的土建任务全部完成。

【高效应对汶川8.0级特大地震】2008年5月12日，在四川省汶川县发生了8.0级特大地震。据统计，5月12日—7月7日，甘肃地震台网共监测到余震354次，其中3.0~3.9级地震229次，4.0~4.9级地震92次，5.0~5.9级地震28次，6.0~6.9级地震5次。

一是启动预案，快速响应。甘肃省地震局在19分钟内迅速作出四川汶川发生8.0级地震、甘肃省可能遭受波及破坏的速报意见。在按照相关规定上报中国地震局的同时，立即报告甘肃省委、省政府领导，使省上领导及时掌握了地震基本情况。同时省地震局立即启动了局地震应急Ⅰ级响应，并成立了地震应急指挥部，一把手任指挥长，主管应急工作的副局长任副指挥长，其他局领导任指挥部成员，统一领导全局抗震救灾和灾后恢复重建的各项工作。形成了由一把手负总责，其他局领导分工负责，各工作组打破部门界限，各司其职，密切配合，高效协作的工作格局，为圆满完成抗震救灾和灾后重建工作提供了组织保障。震后立即召开了紧急会商会，在两个小时内向甘肃省政府提出了震后趋势判定意见；在兰州市和灾区大面积通讯中断的情况下，想尽办法了解灾情上报中国地震局和甘肃省委、省政府；震后半小时即在"甘肃地震信息网"发布汶川地震基本信息，并接待40多家新闻媒体的采访；地震现场工作队和流动观测队紧急行动，派出近20人直赴汶川、陇南震区；甘肃省分管副省长亲自坐镇省地震局，与局领导共同协调指挥各项应急行动。第一时间内我局各项地震应急工作全面、高效、有序的投入运转。二是现场调查，准确评估。震后40分钟，省地震局派出了第一批地震现场工作队赶赴灾区，后又陆续派出了5批队员，省地震局在灾区队员的总人数超过80人。按照西北地区地震应急区域协作联动方案，与宁夏、青海、新疆地震局组成120多人的甘肃灾区联合地震现场工作队，在省地震局地震现场工作指挥部的统一指挥下，在中国地震局杜玮副司长带领的工作组具体指导下，周密安排，精心部署，科学制定调查方案，行程20km，在甘肃省的10个市州、52个区县、600个乡镇、5944个调查点的11万km2范围内开展了大规模的地震灾害损失调查与快速评估工作。经过5昼夜的连续评估、计算，圆满地完成了《汶川地震甘肃灾区地震灾害损失评估报告》的编写工作，并经中国地震局同意，于5月31日组织召开了甘肃省地震灾害损失评定委员会会议，评审通过了《汶川地震甘肃灾区地震灾害损失评估报告》。在甘肃省抗震救灾和灾后重建工作中，该报告成为省政府进行工作决策的重要依据之一。三是着眼大局，救援救助。根据甘肃省抗震救灾总指挥部统一部署，甘肃省地震灾害紧急救援队在基本完成本省第一阶段抢险救人的任务后，其中

145 人于 5 月 15 日 20 时出发，携带抗震救灾药品、器械，赴四川开展救援工作。16 日下午 19 时，甘肃省地震灾害紧急救援队在文县完成了队伍集结，装备修整，并受到了正在文县地震灾区视察工作的中央政治局常委、政法委书记周永康同志的亲切接见。在省地震局周志宇副局长的带领下，救援队于 17 日到达四川省青川县地震灾区。截至 5 月 26 日，累计解救被困群众 3 人，营救伤病员 2100 余人，心理疏导 597 人次，健康教育培训 1723 人次；协助政府安置灾民 3500 余人；排除危房、险情 237 处，排除氧气瓶、乙炔气瓶等易燃易爆品 41 瓶；协助灾民搭建临时防震帐篷 513 余顶；抢救出总价值近 700 余万元现金、黄金，抢救出家电、手机等价值 20 余万元贵重物品；卸载、搬运救灾物资 355 吨；为当地灾民发放药品 10 余万元，开展卫生防疫、水源、厕所等生活环境消毒等 40000m2；修复蓄水池一座，埋自来水管道约 500m；从危房抢出并转移粮食 33 吨，协助灾民抢收小麦 5 亩；清理建筑垃圾 2500m3。四是科学布点，强化观测。震后省地震局先后派出了 6 个流动强震、微震观测组赶赴地震灾区开展流动观测。观测组在甘肃、四川地震灾区精心选点，科学布设了强震、微震观测仪 27 台，获取了 4500 多条强余震记录和大量微震观测数据，为强余震预测、震后趋势研判和震灾快速评估提供了珍贵的基础资料。特别是一支流动强震观测组在奔赴四川汶川县途中，克服道路交通基本中断、强余震不断发生、滑坡滚石接连不断等重重困难，冒着生命危险在地震发生 42 小时后抵达汶川，成功架设了强震观测仪器开展实时观测，并及时向中国地震局汶川 8.0 级地震现场指挥部报告了灾情，成为第一支到达汶川地震灾区的专业地震观测队伍。同时，应中国地震局要求，我局还在甘肃陇南文县至四川汶川县之间，进行了 23 个点位的流动地磁观测，为震情趋势判定提供基础资料。省地震局震后立即成立了观测仪器维修专门队伍，紧急修复了被地震损坏的 5 台仪器设备，对台站所有观测仪器设备进行全面检查维护，对区域中心软硬件设备、数据传输信道进行巡检，排除故障隐患，保证了监测仪器设备的正常运行；速报人员克服每天增加 70 倍工作量的实际困难，地震即时发生、即时分析、即时速报、即时编目。汶川地震后的 42 天内，共分析速报地震 14978 个，准确、快速地产出了地震速报信息；针对汶川地震后余震监测工作的需要，启动了陇南市、天水市各县区，甘南州、平凉市部分县区的骨干地震宏观观测网点，加强宏观异常的收集和核实，做到了随时发现，随时报告，最大限度地满足了震情会商工作的实际需求。五是研判震情，服务社会。震后省地震局立即召开了紧急会商会，及时向省政府提出了震后趋势判定意见，明确了该地震属主震余震型；坚持 24 小时滚动分析会商，在工作中高度重视汶川地震序列的发展变化，加大各种资料的分析处理与应用，特别强化了“十五”数字化资料的分析研究，截止 9 月 20 日共召开震情会商会 146 次，短临预报意见评审会 3 次；采取了切实可行的应对措施，强化宏观异常的收集甄别，处理分析各类异常 30 多次，组织 17 人次深入现场对异常进行调查核实；5 月 20 日，省地震局提出了强余震短临预报意见，对余震最大震级、活动区域以及破坏影响范围作出了判定和预评估，并上报省政府抗震救灾总指挥部。根据省地震局意见，省政府抗震救灾总指挥部发布了强余震临震预报公告。5 月 20 日四川青川 5.5 级地震、5 月 25 日四川青川 6.4 级、5 月 27 日四川青川 5.4 级及陕西宁强 5.7 级等强余震均相继发生在省地震局上报省抗震救灾总指挥部的判定地区和震级范围内；在各级政府、当地驻军抗震救灾和灾后重建工作部署、省内统一高考、成人自学考试及北京奥运地震安全保障等时段，提出了较准确的震情判定意见，制定了应对预案，为各级政府、当地驻军和社会公众提供了决策依据和震情服务。六是履行职责，当好参谋。省地震局主要领导作为甘肃省政府抗震救灾前线指挥部成员，陪同主管副省长在震后第一时间赶赴灾情最为严重的陇南市，现场指挥灾区开展抗震救灾工作。在工作过程中，及时为领导和前线指挥部提供了大量的基础资料和各类信息。根据逐步了解掌握的地震灾害损失实际情况，省地震局主要领导主动建言献策，在省政府地震应急响应级别提高到Ⅰ级、前线指挥部前移至灾情最重的文县、省地震灾害紧急救援队立即进入四川青川救援、迅速为与文县相邻的四川青川灾区运送食品药品、积极协助宝成铁路 109 隧道抢险、组织对灾区受损建筑进行地震安全性能鉴定、全力对生命线工程进行抢修等方面，提出的建议措施大都被前线指挥部采纳，较好地发挥了参谋助手作用。七是主动慎重，引导舆论。省地震局主动慎重地加强新闻舆论导向和防震减灾知识宣传，在震后各级政府最需要、社会公众情绪最敏感的时段，通过新闻发布会、专家访谈、网站宣传、电话联线采访、广播直播等多种方式连续密集进行汶川地震热点问题、防震减灾知识等系列宣传。组织有关人员对“甘肃地震信息网”进行了更新改版，加快网站信息更新频率，最大限度地满足公众需求；派出知名专家到多所大中专院校作防震减灾科普知识报告，消除学生的恐震心理；5 月 20 至 22 日，省抗震救灾总指挥部发布了强余震临震预报公告，在这一特殊时段，省地震局组织有关专家在省市电视台、广播电台和大量平面媒体，加大了集中宣传力度，特别是省地震局主要领导在甘肃卫视新闻频道“众志成城 抗震救灾”专题节目接受了长达 30 分钟的专访，从百姓关心的热点话题入手，深入浅出地讲解了余震持续时间、汶川震级修订、余震震中北移，甘肃省震情趋势、如何应对地震等问题，为稳定社会秩序起到了关键作用。在抗震救灾前期阶段共发布新闻2次、接受媒体采访50多次、为大中院校学生作科普报告20多场、在“中国甘肃网”刊登稿件24篇、发放《地震知识》报增刊5万份、接受公众电话咨询2万人次、“甘肃地震信息网”日点击量近50万次。八是依照授权，督查预案。依照省政府授权，省地震局与省监察厅共同对省抗震救灾总指挥部17个主要成员单位和7个灾区市州政府执行《甘肃省地震应急预案》的情况进行了全过程监督检查。在督查过程中，对各成员单位和市州政府反映的一些紧迫问题，通过《情况反映》专报，及时向甘肃省抗震救灾总指挥部进行了汇报，对接收到群众反映与应急预案有关的57件问题，采取转办、督办、调查等形式及时进行了处理。通过督查，为指导各部门和灾区政府执行好预案、省抗震救灾总指挥部全面掌握情况和进一步完善地震应急预案起到了重要作用。九是积极主动，参与重建。省地震局作为甘肃省灾后重建工作领导小组成员单位，认真贯彻落实省政府各项灾后重建工作部署和要求。成立了局灾后重建工作领导小组和实施专家组，研究制定了《地震灾区重建抗震设防工作实施方案》，将6项工作内容进行了分解落实，对实施进度提出了要求；《甘肃省地震灾后恢复重建工作陇南甘南地区地震动参数区划图》、《甘肃省活动断层分布图（1∶150万）》、《汶川地震甘肃省灾后恢复重建工作甘东南地区活动断层分布图（1∶50万）》以及陇南、甘南灾区地震活动断层与村镇位置表，已经甘肃省政府办公厅印发执行，为甘肃灾区灾后重建工作提供了抗震设防标准和防灾减灾依据；牵头编制的《甘肃灾区恢复重建防灾减灾专项规划》在民政部专家评审中获得好评；省地震局主要领导率领有关部门负责人深入平凉市崆峒区的大寨乡、白水镇和庆阳市的西峰区、环县曲子镇，实地视察灾后重建工作、农居地震安全示范工程和新农村示范工程建设情况，提出了各类房屋、窑洞建造的抗震设防要求指导意见；与省建设厅共同编写完成了《甘肃省陇南、甘南灾区震后重建建筑抗震技术规程》，把抗震设防要求真正落实到了建筑设计规范中；正在组织编写《农居地震安全技术指南》，指导市县地震工作部门在灾后重建工作中推广农居地震安全工程建设实用技术；在甘肃省委新农村建设工作领导小组震后编印的《灾后重建与新农村建设指导手册》中，将“加强农村民居防震保安工作”和“在新农村建设中实施地震安全农居示范工程”作为省委、省政府新农村建设的决策部署。十是强化宣传，防范余震。省地震局根据灾区强余震频发、造成新的人员伤亡和财产损失以及各级政府、社会公众对防震减灾知识需求和渴望空前高涨的实际，有针对性、有重点地加强灾区防震减灾科普宣传教育。省地震局印发了《关于进一步加强地震灾区防震避险知识普及宣传的通知》，从5个方面对加强地震灾区防震避险知识普及宣传工作进行了安排部署；充分利用各级各类媒体和网络资源，编发系列科普宣传稿件6万多字、《地震知识》报5万份，配发余震防震避险画册2万多份，坚持正面宣传引导；组织领导、专家深入陇南、甘南地震灾区进行强余震防范避险科普知识巡回报告演讲，大力普及防震减灾科普知识；指导市县地震工作部门进村入户，进行防震避险知识宣传，督导应急防震避险措施和强余震处置预案的落实；指导当地政府科学有效实施废墟清理，加快对受损房屋和桥梁等建筑物安全性鉴定和危房拆除工作。由于省地震局在陇南、甘南地震灾区加强了强余震防震避险科普宣传，落实了各项防范措施，在9月12日甘肃陇南市武都区、陕西省汉中市宁强县发生的5.5级强余震，陇南、甘南地区虽然造成了少部分房屋破坏，但没有新的人员伤亡，震后群众生产生活秩序井然，应对地震灾害能力和心理承受能力明显提高。十一是整合资源，科学考察。省地震局联合上海交通大学、兰州交通大学、中国地震局地震工程震害联合科学考察组、日本中央开发珠式会社、美国肯塔基地质调查局等国内外院校和科研机构，在甘肃地震灾区联合开展了地震科学考察，重点对房屋建筑、基础设施和生命线工程的受损破坏特征、次生灾害、地质灾害特征等进行了现场考察，为灾害原因分析、数值模拟计算、灾后恢复重建、地震科学研究获取了宝贵的基础资料，同时也为省地震局与日本（JICA）驻中国事务所开展甘肃灾区重建城市地震小区划、民房结构抗震加固技术、次生灾害防治、预警项目的合作奠定了良好的合作基础。

（杨立庭）

气　象

【气候评价】2008年全省大部地方气温略偏高；降水量大部地方偏少；日照时数大部地方偏多。全年气候条件较好。主要气象灾害有低温积雪冰冻、强降温、干旱、沙尘暴、暴洪、冰雹、高温、干热风、连阴雨、早霜冻等。全省年平均气温略偏高；年平均降水量接近常年；年平均日照时数略偏多。隆冬出现持续低温积雪冰冻，设施农业损失严重；仲春强降温范围大，部分地方出现寒潮、霜冻，低温冻害严重；春旱连夏旱，陇中和陇东北部旱情较重，秋旱范围小、影响弱；沙尘暴日数偏少，出现局地灾害；暴雨（洪）次数少，但强度大,局地受灾较重；冰雹日数偏少，局地灾害较重；夏季高温日数偏多，仲秋气温为近7年次高；夏季河西出现干热风，影响小麦产量；连阴雨次数偏少，但初秋连阴雨出现时间长、范围广；早霜冻日数偏少、造成影响小。

气温。2008 年全省年平均气温为 8.2℃。年平均气温最低的地方在乌鞘岭，为 0.5℃；最高的地方在文县，为 15.5℃。年平均气温与常年相比，全省大部地方气温偏高 0.5 ~ 1.0℃，河西东部部分地方和陇中东北部偏高 1.0 ~ 1.3℃，省内其余地方接近常年。全省年平均气温比常年同期偏高 0.5℃，是 1997 年以来连续第 12 个偏高年。全省各月气温与常年同期相比，1 月、2 月分别偏低 2.2℃和 3.1℃，其中 1 月为 1960 年以来次低值；8 月接近常年同期；3 ~ 7 月、9 ~ 12 月均偏高 0.5℃以上，其中 3 月、5 月、10 月分别偏高 3.0℃、2.0℃和 1.4℃，3 月创 1951 年以来最高，5 月接近 1951 年以来次高，10 月为 2002 年以来次高。

降水量。2008 年年降水量与常年持平，全省平均为 394.9 毫米；河西西部 20 ~ 200 毫米，河西中东部、陇中北部为 200 ~ 500 毫米，甘南、陇中南部及陇南为 500 ~ 700 毫米。年降水量最少中心在敦煌，为 11.6 毫米；年降水量最多中心在康县，为 766 毫米。与常年同期相比，河西西部、甘南高原北部、陇中南部、陇南北部偏少 2 ~ 9 成；省内其余地方接近常年。马鬃山为近 50 年以来次少，敦煌和瓜州接近 1951 年以来次少值。各月全省平均降水量分配不均匀，多少相间，1 月、6 月、9 月偏多，其中 1 月偏多 2.6 倍，是近 60 年最多，为百年一遇；5 月偏少，7 ~ 8 月略偏少；2 ~ 4 月、10 ~ 12 月接近常年。

日照。2008 年年日照时数，河西为 2690 ~ 3520 小时，陇中、陇东和甘南高原 1800 ~ 2860 小时，陇南为 1580 ~ 2500 小时。年日照时数与常年相比，除陇中西部、甘南北部、陇东南部偏少 20 ~ 200 小时，省内其余地方偏多 20 ~ 250 小时。

主要气候事件及其影响：

低温积雪冰冻灾害。隆冬出现持续低温积雪冰冻，设施农业损失严重。低温积雪冰冻范围之广、持续时间之长、危害之重均为近 60 年罕见。降雪日数和降雪量均为百年一遇。全省 1 月平均气温比常年偏低 2.3℃，是 1978 年以来的最低值。全省 12 站 1 月平均气温（占总站数的 15%）突破 1951 年（或 1951 年后建站，下同）以来最低极值。15 站（占总站数的 19%）达到 1951 年以来最低极值。全省 1 月平均降水量为 11.3 毫米,比常年同期偏多 2.7 倍。全省 42 站（占总站数的 53%）突破 1951 年以来最多降水量极值。11 站（占总站数的 14%）达到 1951 年以来最多降水量极值。全省 1 月平均降水日数为 11.1 天，比常年同期偏多 7.5 天，是近 60 来最多。

近 60 年来罕见的全省持续大范围降雪降温天气，致使部分群众房屋、日光温室和塑料大棚被积雪压塌，旅游景区受损严重；牲畜受冻死亡，设施瓜菜生产受冻减产幅度较大，南部冬油菜和露地蔬菜也相继受冻，使全省农业生产特别是设施农业造成了很大损失；高速公路普遍限速或关闭，长途客运班车出现停运，兰州空港也不同程度地受到了影响。持续大范围降雪降温天气对全省农业生产、交通安全运输、旅游和春运、人民生活带来严重影响。

强降温。仲春出现强降温，影响范围大，部分地方出现寒潮、霜冻，低温冻害严重。4 月 19 ~ 22 日，出现大范围强降温天气，各地 48 小时降温幅度普遍在 10℃以上，其中河西及陇中大部分地方过程降温在 12 ~ 16℃，敦煌降温幅度达 17.4℃。与常年同期相比，全省 4 月 19 ~ 22 日的平均气温，除玛曲偏高 1.0℃外，省内其余地方均偏低 1 ~ 7℃。河西大部平均气温均突破历史同期最低记录。

伴随强降温出现的大范围降水天气，补充了表层土壤水分，利于春麦出苗分蘖以及大秋作物的播种，对春小麦生长、牧草返青、植树造林十分有利。但伴随出现的强降温、霜冻等低温冻害天气，正值春季农业生产的关键时期，对我省的冬小麦生长、春播作物出苗、温棚蔬菜及果树开花授粉影响较大，并造成部分牲畜死亡，灾情较重。

干旱。春旱连夏旱，陇中和陇东北部旱情较重，秋旱范围小、影响弱。后春持续干旱，河东部分地方旱情严重。3 月下旬 ~ 5 月下旬全省大部地方降水量比常年同期偏少 2 ~ 9 成，河东大部地方出现干旱，其中陇中部分地方、陇东大部和陇南大部达重旱，庆阳市干土层厚度达 20 厘米以上，旱情较严重，其次是平凉市和定西市。至 5 月底，河东大部地方 0 ~ 50 厘米土壤相对湿度在 60%以下，其中陇东大部及陇西、张家川、文县在 40%以下，达重旱，河东大范围中 ~ 重旱持续。河西西部在 5 月上旬 ~ 7 月中旬，河西中东部、陇中北部和陇东北部在 5 月上旬 ~ 7 月上旬降水持续偏少，陇中北部部分地方及庆阳市中北部旱情较重。

沙尘暴。沙尘暴日数偏少，局地灾害较重。首次沙尘暴天气出现在 2 月 22 日(敦煌、玉门镇和肃州)；年内最后一次出现在 12 月 21 日（敦煌）。全省共有 15 站出现沙尘暴，出现日数（46 日）较常年偏少，主要出现在河西走廊（1 ~ 7 天）、陇中北部个别地方（3 天）和陇东个别地方（1 天）。各地沙尘暴日数都比常年偏少 1 ~ 13 天，民勤偏少 20 天）。全年区域性（≥3 站）沙尘暴 6 日，集中出现在后春 5 月，春季区域性沙尘暴日数为近 6 年中次多年份，但比常年同期偏少。

暴雨。暴雨（洪）次数少，但强度大、局地受灾较重。2008 年全省暴雨总日数比常年同期偏少，为近 6 年最少，集中出现在夏季，全省共有 15 站出现暴雨，康县为 2 天，其余各站均为 1 天，日降水量一般为 50 ~ 90 毫米。夏季局地暴雨（洪）使文县、泾川、广河、环县、华池、肃北、天祝、庆城、夏河、崆峒区、临夏州出现局地暴雨

（洪），全省共有 12 个县、区（市）的部分乡（镇）受灾比较严重。

冰雹。冰雹日数偏少，局地灾害较重。4 月 15 日，出现首次冰雹天气，比常年略迟。年内全省共出现冰雹 60 日（全省 34 站），较常年偏少，主要出现在祁连山区个别地方、甘南高原大部、陇中大部、陇东个别地方及陇南部分地方。各地出现日数为 1～3 天，其中陇中、甘南和陇南的个别地方为 4～5 天。

连阴雨。连阴雨次数偏少，但初秋连阴雨出现时间长、范围广，对农业、旅游、交通等行业造成不同程度影响。全年共出现连阴雨 234 次,较常年偏少，主要出现在 6 月上旬～10 月中旬。除河西西部没有出现连阴雨外，省内其余地方均出现。连阴雨最多中心在碌曲和宕昌,均为 9 次。与常年同期相比，河西和陇中南部偏多 1～2 次，省内其余地方偏少 1～4 次。共出现区域性连阴雨 9 次，属正常年份，夏季 6 次、秋季 3 次。其中 9 月 18～30 为大范围连阴雨，过程雨量 16.2～127.0 毫米，持续时间为 5～12 天。

高温。高温日数偏多，仲秋气温为近 7 年次高。2008 年高温天气主要出现在夏季，全省≥32℃高温共 914 日、次（全省共 49 站），比常年同期偏多 286 日、次。夏季全省平均最高气温 26.0℃，比常年同期偏高 0.7℃；平均最低气温为 14.3℃，比常年同期偏高 1.2℃；平均气温日较差为 11.7℃，比常年同期偏低 0.6℃。夏季≥32℃高温日数，河西大部、陇中北部和陇南南部为 20～62 天，陇中南部、陇南北部和陇东为 10～20 天。与常年同期相比，河西西部偏多 8～18 天，河西中东部、陇中、陇南南部和陇东大部偏多 1～14 天；陇中南部和陇东中部、天水市偏少 1～4 天。全省 10 月平均气温为 9.3℃，比常年同期偏高 1.4℃，是 2002 年以来次高年；月平均最高气温为 16.2℃，比常年同期偏高 1.7℃，为2003年以来次高值。

干热风。夏季在河西、陇中、陇东出现了干热风，其中河西西部为 10～53 次，河西东部、陇中北部、陇东北部为 8～38 次，其余大部为 1～8 次。干热风时段内日最高气温为 30.0～38.3℃，14 时相对湿度为 7～30%。干热风出现在春小麦的乳熟期，冬小麦成熟期，由于气温较高，空气湿度很小，使农作物的茎叶蒸发加剧，从茎叶中把大量水分攫取走，植株水分失调，将影响春麦灌浆及大秋作物的生长。尤其是陇中北部和陇东在干旱和干热风的共同作用下，使有些地方的小麦出现高温逼熟现象，严重影响其产量和质量。

霜冻。霜冻日数偏少、造成影响小。秋季全省大部地方均出现霜冻天气，霜冻日数较常年同期偏少，为 1965 年以来次少。早霜冻主要出现在 9 月上旬、10 月下旬，其中 10 月 23～24 日、26 日和 31 日范围最大。由于 10 月中旬大部分秋作物已经成熟，对农作物的影响不大，但对蔬菜有一定不利影响。

【抗震救灾】5•12 特大地震，我省 43 个县不同程度受灾，其中 8 个县受灾严重。地震发生后，省局迅速启动了Ⅱ级应急响应，成立了抗震救灾应急指挥部，相关台站在第一时间也迅速启动应急预案，全力开展抗震救灾和应急气象服务工作。

省局在地震当天立即组织购置急需物资和应急器材，连夜送往灾区，13 日在陇南市气象局搭建起了当地第一顶援助帐篷。由局领导带队，第一时间赶赴受灾地区气象台站支援和指挥抗震救灾、气象服务工作。先后分五批向重灾区的陇南、天水市气象部门运送了价值 120 多万元的救灾物品和设备，派出 18 名业务技术人员支援灾区业务服务工作。保证了灾区职工和家属的基本生活，保障了业务服务工作的迅速恢复。

在抗震救灾中为堰塞湖除险、109 隧道抢险和地质灾害防御等提供了强有力的气象保障；成立了军地联合保障队，开展空投、运送伤员、搜救、航拍、抢险气象保障；实时提供过渡安置房、帐篷火险、灾区疫情、交通、雷电等预报服务。特别是陇南市气象局，虽然在这次特大地震中遭受重创，但是他们果断应对、奋勇抗争，在抗震自救的同时尽全力恢复业务和开展抗震救灾服务，并给帐篷学校、医院安装了避雷设施。中国气象局、甘肃省委省政府、兰州军区等领导察看灾情和慰问气象干部职工时，都对甘肃气象部门的抗震救灾工作给予了充分肯定。

制定了灾后过渡应急及灾后重建方案。启动了灾后活动板房建设应急方案，在较短的时间内完成了活动板房建设任务。省局成立了灾后重建工作领导小组，统筹集约，高标准、高起点、高要求安排布置灾后重建工作。

大力宣传和弘扬抗震救灾精神，在中央电视台、新华社、人民日报、中国共产党网站、中央政府网站等中央级媒体和甘肃卫视等地方媒体宣传报道甘肃气象抗震救灾工作，并在省政府门户网站以专题连续发布抗震救灾气象服务信息。省局应急办党支部被省委授予“全省抗震救灾先进基层党组织”荣誉称号，中华全国总工会授予陇南市气象台抗震救灾重建家园先进集体——“工人先锋号”荣誉称号，2 个先进集体和 2 个先进个人受到中国气象局表彰，1 个支部、3 名党员获省直工委表彰，18 人获省局表彰。

【气象服务】2008 年初全省大范围出现冰冻雨雪灾害，危害之重为近 60 年罕见，省局提前 6 天发布天气转晴的准确预报，及时召开新闻发布会，通报天气情况；进行了灾情的收集、调查，提出了防灾减灾的对策建议，对造成的灾害及其影响进行了全面评估；参加了省政府抗灾救灾督查组，督导恢复生产工作，与各行业座谈气象防灾减灾服务，对低温雨雪冰冻灾害进行灾后分析、总结、反思，并书面上报省委省政府。成立了北京奥运会火炬接力传递气象保障领导小组和技术小组，召开了甘肃传递城市气象服务保障研讨会和火炬珠峰传递气象保障动员会，制定了火炬在甘肃境内传递的气象服务保障方案，开展应急演练，安排“移动气象台”赴宁夏、甘肃各传递城市开展现场气象服务。酒泉、嘉峪关和兰州市气象局也精心准备，服务得力，圆满完成了各项保障任务。兰州中心气象台受到省政府的表彰。派出移动气象台和6名工作人员，全程参加珠峰奥运火炬传递气象保障。全力做好甘南反藏独维稳工作，在做好维护部门自身稳定的同时，连续240天向政府和驻军提供各类气象保障服务材料约800多期。制定了《“神舟”七号发射气象服务保障方案》，成立了气象服务现场保障组和后方保障组，圆满完成了“神舟”七号载人飞船发射的气象保障任务，得到了部队首长充分肯定和高度赞扬。公众对气象服务的满意度达到98%。

【气象业务与现代化建设】汛期每天8次发布临近预报产品，服务覆盖率、预报质量进一步提升，全省温度、晴雨、一般性降水预报准确率较2007年分别上升6.58%、1.32%、5.75%，在全国名列前茅；全年重大灾害性天气过程无漏报，省台共发布省级预警信号49次，准确率达100%。启动了《甘肃省气象灾害监测预警与应急系统工程》项目建设，省政府投资1000万元，全省已建成111个标准化炮点，86个台站的实景监控系统，495个乡镇气象灾害预警信息电子显示屏。启动了“卫星数字音频广播系统（DAB）试点”工作。启动了20座测风塔建设工作。全省已建成了万余人规模的基层气象防灾减灾队伍。部分市州局还将基层气象灾害防御队伍与电子显示屏建设相结合，挂牌设立了乡镇气象工作站。初步对全省气象协理员进行了培训。启动了突发公共事件预警信息发布系统建设，建成了三维可视的决策服务系统，优化了省级人影指挥系统，新增高炮25门。开发了铁路防洪指挥气象预警、城市内涝、供暖指数、西北电网气象服务、灰霾天气、路面温度等专业预报服务系统，全省建成了县局综合气象服务平台。开通了“炫彩气象”手机彩信，组织制定了《甘肃省手机小区广播业务建设发展规划》，与省移动公司初步达成手机小区广播业务合作开发意向，与相关单位联合下发《关于进一步加强气象灾害预警信息发布和传播工作的通知》。各级电视、广播、报纸气象栏目的质量进一步提高，省级气象电视节目由6套增加到12套，收视率较2007年提高了25%，手机用户较2007年增长了33%，气象频道实现省内全覆盖，气象预警信息发布覆盖面进一步扩大。

建立全省综合月工作通报会制度，对全省各项业务质量进行通报。完成了天气预报精细化业务流程调整，开展了全省预报技术方法竞赛、特色农业预报系统与服务竞赛、县级综合平台竞赛、业务软件设计竞赛等活动。完善优化全省预报预测系统，各市州局建成特色农业气象预报服务系统。甘肃省雷电潜势预报系统、EC模式降水释用系统、NCEP数值模式产品释用系统、甘肃省短临预报系统、大雾预报产品、雷电预警产品等相继投入业务使用。决策服务系统、预报支撑系统、区域数值模式改进等已全部投入业务试运行。建立了基于NPP的生态质量监测系统、气侯干旱监测预警发布系统。西北干旱监测预警评估系统、甘肃省气象灾害评估系统、甘肃省夏季沙尘暴预报等科研项目成果投入业务使用。

在全国首家开展探测环境保护专项规划的编制。与各市州局签订气象探测环境保护责任书，完成了全省气象探测环境保护市（州）、县两级备案工作。依法成功解决了通渭、山丹等县探测环境保护的问题，得到地方政府的充分理解和支持。大力推进综合气象观测站网建设，制定了《甘肃省气象局区域气象观测站完善方案》，对部分台站属性和观测要素进行了调整。酒泉新一代天气雷达开始业务试运行。完成了4个GPS/MET站基础建设，建成3个大型土壤水分监测系统，建成区域站资料省地县三级应用系统。建成全省市—县可视会商系统、信息网络全网监控系统。各类气象资料传输及时率和气象数据传输质量创历史最好成绩，全球交换的气象数据传输及时率连续5年保持100%。

加大基层台站特别是艰苦台站的基础设施投入力度，全年投入1600多万元用于32个基层台站综合改善和基础建设，向基层台站派送图书和期刊，为8个基层台站配备了业务服务用车。艰苦气象台站运行机制改革试点工作进展顺利，制定了《甘肃省艰苦气象台站人事管理机制改革试点实施方案》、《甘肃省气象部门艰苦气象台站人员补充实施办法（试行）》等政策措施，基层领导班子建设得到加强。按照公开公正、竞争择优的原则，考试录取了7名全日制大气科学大专学历的毕业生，缓解了艰苦台站人员紧缺的问题。积极筹措资金，加紧安排甘南州高海拔地区基层台站工作人员生活基地建设。兰州市气象局综改（省级人影指挥中心）项目得到市政府的大力支持，批准25亩建设用地。

【气象防灾减灾】省政府组织召开全省气象防灾减灾大会，省政府常务会议专题研究气象防灾减灾工作。《甘肃省气象灾害防御条例》于2008年10月1日正式实施，省政府、省人大组织召开贯彻实施《条例》新闻发布会，宣传贯彻初显成效。组建市州专职气象行政执法队伍，制定了《关于加强全省气象部门行政执法队伍建设的意见》，对执法队伍进行了全员培训。出台了两项地方标准。围绕干旱、冰雹、暴雨等开展灾情调查和评估，完成了全省气象灾害普查第一阶段工作。印制发放了10万册《少年儿童自然灾害避险常识手册》，给每个自然村赠送了《气象防灾减灾手册》，制作了各类气象宣传专题片 10 余部，向社会公众传播防灾减灾知识。结合 3.23 气象日、12.4 法制宣传日大力开展气象防灾减灾科普宣传，产生了积极反响。

【应对气候变化】制定《甘肃省气象局应对气候变化工作实施方案》，出台《甘肃省气象部门防范和应对全球变暖引发极端天气气候事件工作方案》。作为主要编撰单位组织了《甘肃省应对气候变化工作方案》的编写工作。郑国光局长应邀出席省委理论学习中心组学习会议，作了题为《气候变化与气象灾害防御》的报告，在政府各部门产生了积极反响。成立风能太阳能资源评估中心、风能资源详查和评价工作协调管理办公室、风能资源详查和评价工作总师组。编制完成了《甘肃省风电场发展规划》，编写上报了《风能资源详查和评价项目可行性研究报告》，制定了风能资源详查和评价工作实施方案，完成了风能资源详查和评价的前期相关工作，组织开展了有关风电场风能评估工作。加强对气候事件的追踪分析，发布各类气候变化产品和专题评估报告。认真开展生态与农业气象和卫星遥感服务，发布生态气象监测信息及遥感监测产品，发布《全国干旱综合监测》等专题服务产品。围绕甘肃粮食安全，针对干旱气候特点，积极开发空中云水资源，实施飞机人工增雨作业 23 架次，增水量约 7 亿多立方。开展火箭、高炮和焰弹等地面人工增雨雪作业 933 点次，耗弹 18366 发，有效缓解了旱情，在保障全省农业生产和夏粮丰收中发挥了重要作用。加强气候变化科普宣传，与省委党校签订合作协议，把气候变化列入教学课程，在省委党校举办了气候变化专题讲座。利用 3.23 气象日等活动向社会各界宣讲气候变化问题。

（李春亮）

社会事业

科 技

【综述】2008 年，全省科技工作从推进甘肃经济社会又好又快发展着眼，落实《甘肃省中长期科技发展规划纲要》和“十一五”科技发展规划确立的奋斗目标，把科技作为经济社会发展战略的重要驱动力，努力提高自主创新能力，不断加强创新环境建设和创新能力建设，进一步加大人才资源开发力度，加强重大关键技术的研发，加快科技成果的转化应用，着力推进形成以企业为主体、市场为导向、产学研结合的技术创新体系建设，取得了可喜的成绩。2008 年，甘肃地区综合科技进步水平指数为 38.05%，排在全国第 23 位，比上年上升 2 位。与 2007 监测值比较，提高了 3.75 个百分点，高于全国平均指数 0.13 个百分点，增幅排在第 11 位。

【科技创新环境进一步改善】一是创新体制机制。按照省委的要求，制定了《关于进一步深化科技体制机制创新的意见》，已报省委。为落实该《意见》，又进一步制定了《落实科学发展观，建设创新型甘肃行动纲要》。二是贯彻落实科技法律法规。新修订的《科学技术进步法》颁布后，全省科技系统开展了广泛深入的学习、宣传活动，积极配合省人大常委会，分别对嘉峪关、酒泉、张掖等市落实科技进步和科技成果转化等方面法律法规的工作情况进行了监督检查，并在省十一届人大常委会第五次会议上进行了专题审议，并启动了《甘肃省知识产权战略纲要》的制定工作。三是深入开展调查研究。为落实省政协十届三次常委会议题“如何进一步加强我省产学研结合，加快中小企业自主创新能力提高”的要求，组织进行了科技创新平台建设、科技项目组织管理、区域创新体系建设等方面的专题调研，形成了一批有价值的调研报告，为开展科技创新活动提供了决策依据。

【重大专题项目组织实施顺利】一是国家重大专项申报取得新进展。通过积极组织申报，我省共有 8 个项目进入到国家 16 个重大专项当中的四个专项中，这些项目涉及我省电子信息、装备制造、医药、环保等多个领域。二是国家科技支撑计划重大项目实施良好。针对甘肃经济社会发展的重大关键问题，认真落实了甘肃省与国家科技部签订的部省会商协定书内容，组织实施了“主要动物源性人畜共患细菌和寄生虫病防控生物新制剂研制与开发”、“当归、黄芪、大黄等区域特色中药资源利用关键技术及产业化研究”、“西北高原特色农产品产业提升关键技术研究与示范”、“民勤沙漠化防治与生态修复”等一批国家科技支撑计划重大项目，争取到国家科技部、财政部资助的国拨科研经费 1.4 亿元。三是省级科技重大专项项目进展良好。重点选择黄河上游甘南玛曲地区重要水源涵养区草场退化和水土流失等问题，尤其是草原土地沙化等影响经济社会发展的重大生态问题，启动实施了一批省级科技计划项目。全年共组织省级各类科技计划项目 688 项，投入省财政科技资金 1.295 亿元。其中重大专项 9 项，49 个课题，投入财政科技资金 6300 万元。

【科技成果产出成效显著】2008 年我省的科技产出形势喜人，涌现出一批高水平的科研成果，全年共取得省级科技成果 788 项，获国家科技奖 14 项，省级奖 181 项；实现技术交易额 29.73 亿元，较上年增长 13.5%；各类专利申请量 2178 件，授权量 1047 件，均达到历史最好水平。其中，由中国科学院兰州分院承担的“神舟七号飞船应用系统固体润滑材料空间试验”、“兰州重离子加速器冷却储存环”及由甘肃电气传动工程技术研究中心配套研制的“超导磁铁电源和 HPI2000 特种磁铁直流稳流电源”等成果具有国际先进水平或者填补了国内空白。

【科技人才队伍不断壮大】一是遴选和推荐了省政府特聘科技专家。与省委组织部、省人事厅共同开展了省政府特聘科技专家的遴选和推荐工作，续聘和新聘了一批特聘科技专家。目前，我省特聘科技专家已达 28 名。二是继续推进省属科研院所科技创新团队建设工作。通过建设，已初步形成了一支以学科带头人为核心、以外聘专家和中青年骨干为主体的创新团队。目前，进入创新团队科技人员 141 人，外聘专家 21 人（其中院士 2 名），博士 10 人，硕士 42 人，在读博士 10 人，在读硕士 26 人。三是研究生示范基地建设情况良好。在第一批 6 个联合培养研究生示范基地试点工作的基础上，与有关高校和科研院所积极合作，2008 年又批准新建“甘肃省联合培养研究生基地”10 个。四是奖励科技功臣。召开全省科技奖励大会，对我省有突出贡献的科技功臣进行了奖励。中石油兰州石化研究中心教授级高级工程师高雄厚博士获得了我省 2007 年度科技功臣，并获得了“何梁何利基金 2008 年度科学与技术创新奖”。

【科技创新能力明显增强】一是创新高地建设取得新进展。经过努力，新增了“国家古壁画保护工程技术研究中心”、“农业部抗旱作物栽培与耕作重点开放实验室”、“国家体育总局亚高原训练重点实验室”等一批创新高地。2008年,新组建成立了省级工程技术研究中心19个、省级重点实验室2个。二是基础条件平台建设稳步推进。经过整合和优化科技资源,初步建成了6大科技基础条件平台。三是创新载体培育进展良好。2008年,各科技园区建设稳步推进,白银高新技术产业园区晋升为国家高新技术产业园准备工作进展良好。新批准成立生产力促进中心4家,白银市生产力促进中心被科技部认定为第七批国家级示范生产力促进中心,甘肃省生产力促进中心被科技部确定为国际工业分包第二批试点单位,由省科技发展促进中心与省知识产权局等7家单位联建的甘肃省技术交易服务联盟已开始运转,组织认定了第一批109家高新技术企业。目前,我省已有6家企业成为国家创新型试点企业,其中,金川集团有限公司、天水星火机床有限责任公司被科技部、国务院国资委和中华全国总工会授予“创新型企业”称号。四是新农村建设科技示范(试点)工作成效显著。目前,遍及全省的14个试点单位认真执行实施方案,在带动农民增收致富方面取得了显著成效。

【科技合作交流逐步扩大】一是积极开展国际科技合作。兰州生物制品研究所、天水星火机床有限责任公司、中科院近代物理研究所等院所企业发挥优势,通过联合技术研发、出资控股、设立科技合作科研机构等方式开展国际合作,有效增强了自身竞争力,扩大了在国际市场的影响。二是深化省院科技合作。第二轮省院合作协议签订五年来,中科院先后有20多个单位在甘肃省累计研发并转化科技成果近60项,科技合作和科技成果转化项目产生的销售收入达52.98亿元,利税近9亿元,社会效益近37.6亿元。三是加强院企院地科技合作。庆阳、白银等市州先后与兰州大学、兰州理工大学等高校建立全面市校合作关系;金川公司与西北师范大学开展了企校全面科技合作,进一步促进了产学研的发展。四是河西星火产业带建设工作深入开展。启动了“甘肃省河西走廊星火产业带绿色农产品质量安全检验检测体系建设”科技行动,与省农业开发银行联合签署的农业科技贷款业务合作协议正式实施。

【效能建设工作再上台阶】一是学习实践科学发展观活动扎实推进。以“学习实践科学发展观,加快创新型甘肃建设”为主题,紧密围绕我省科技工作实际,深入开展科学发展观活动,取得了预期效果。二是制度建设进一步加强。重点对《甘肃省科技厅党组会议制度》、《甘肃省科技厅厅务会议制度》、《甘肃省科技厅厅长办公会议制度》等制度进行了修订和完善,有效提高了科技管理工作水平,增强了科技管理工作能力。三是抗震救灾工作积极有效。5.12汶川大地震后,按照省委、省政府、科技部的部署,认真落实省抗震救灾专家委员会工作,积极参加抗震救灾。通过与科技部积极协调,把陇南市武都区、康县列入国家灾后重建科技特派员团对口帮扶县区,由中国林科院和深圳科技局开展对这两县区为期三年的对口帮扶工作。先后为灾区共拨付了抗震救灾专款70万元,安排科技项目100多项,投入财政资金总计1906万元,并配发了笔记本电脑和投影仪等设备。同时,组织申报了9个国家项目,争取国家财政科技经费共计4720万元。

(庞一龙)

教 育

【基础教育】筹备召开了全省“两基”攻坚暨捐资助学总结表彰大会和2008年全省“两基”攻坚现场推进会,推动“两基”攻坚工作深入开展。对未实现“两基”的8个县采取“一县一策”的办法进行攻坚,积极协调、确定10个大型企业对口帮扶8个“两基”攻坚县。2008年,广河县、和政县、卓尼县等3个县如期实现“两基”目标。全省实现“两基”的县市区累计达到82个,“两基”人口覆盖率达到96.71%。召开全省基础教育工作会议,现场参观学习了酒泉市金塔县、肃州区开展中小学布局结构调整、优化教育资源的经验。“以创办寄宿制中小学为突破,高中阶段学校向县城集中、初中向中心乡镇集中、教学点向中心村集中、新增教育资源向城镇集中”的中小学布局结构调整工作在全省逐步推开。

围绕高中课改,以走进高中课改为主题,成功举办了“甘肃省教育学会高中教育专业委员会2007年年会暨走进高中课改校长论坛”。以评促改、以评促建,对6所省级示范性普通高中进行了督导评估,对7所申报创建省级示范性普通高中的学校进行检查评估。充分发挥省级示范性幼儿园示范辐射作用,启动“省级示范性幼儿园走进社区,为散居儿童和家庭提供早期服务”研究课题,为100多名儿童和300多名家长提供优质的早期服务。

积极稳妥地实施农村义务教育阶段学校教师特设岗位计划,公开招聘2603名高校毕业生到41个“两基”攻坚县县以下农村学校任教。认真贯彻落实省政府省属师范院校本科毕业生到农村中小学任教以奖代补政策,制定具体的实施方案,为2009年全面实施做好准备。大力开展教师培训工作,中小学教师队伍整体素质进一步提高。截止2008年,全省普通高中、初中、小学专任教师学历合格率分别达到82.88%、96.05%、98.17%,比上年分别提高5.45、0.96、0.52个百分点。

切实做好免除城市义务教育阶段学生学杂费和农村义务教育经费保障机制改革工作。从2008年秋季学期开始，免除了全省46万名城市义务教育阶段学生的学杂费，并向城市义务教育阶段学校低保家庭和残疾人家庭的5.8万名学生免费提供了教科书，城乡免费义务教育全面实现。不断完善农村义务教育经费保障新机制，农村义务教育阶段学校公用经费补助标准进一步提高，免费教科书覆盖范围扩大到全部农村义务教育阶段学生。组织了对全省各市州农村义务教育经费保障机制改革的专项检查，促进各项政策落实到位。全年共投入资金25.77亿元，其中补助公用经费11.38亿元，寄宿生生活补助资金4.26亿元，免费教科书资金4.74亿元，校舍维修改造长效机制资金3.10亿元，中央补助义务教育阶段学校取暖费2.29亿元。

【职业教育】2008年，全省中等职业学校共招生15万人，在校生达到41万余人，比上年增加3.76万人，高中阶段毛入学率达到60%。部分市州教育行政部门和职业学校在招生工作中创新机制增活力，狠抓招生求突破，效果良好。平凉市教育局采取"三个一"（实行一个目标管理，引入一套平等的市场竞争机制，全市招生树立"一盘棋"的思想）和"两个不限"（招生对象不限，招生时间不限）的工作措施，狠抓招生工作，成效显著。

根据省政府2008年第5次、第13次常务会精神，从2008年开始，逐步进行职业教育资源整合，进一步理顺职业教育管理体制，解决职业教育办学责权不清晰、部门办学、条块分割造成低水平重复建设和"小而全"的问题，形成全省办职业教育的合力，促进职业教育快速发展。2008年，甘肃工商学校等9所中等职业学校和甘肃林业职业技术学院等5所高等职业院校参与了管理体制改革，为布局结构调整、资源重组、资源共享奠定了基础。同时，甘肃省艺术学校和甘肃农业职业技术学院已经整体移交甘肃省教育厅管理。

2008年，国家认定兰州城建学校、陇南卫生学校、临泽县职业中等专业学校、华亭县职业中等专业学校、临洮县职教中心、景泰县职业中等专业学校等6所中等职业学校为国家级重点中等职业学校；甘肃省认定陇西职业中等专业学校、泾川县职教中心、兰州市卫生学校和兰州园艺学校等4所职业学校为省级重点中等职业学校。至此，甘肃省共建成国家级重点中等职业学校41所，省级重点中等职业学校38所。

2008年，国债项目共安排我省8900万元，用于支持30所中等职业学校的基础能力建设，在一定程度上改善了职业学校校舍紧缺的现状。中央财政职业教育实训基地建设项目安排1570万元支持我省9个职业教育实训基地建设，省级职教专项安排1500万元支持24所县级职教中心实训基地建设，专业包括除数控技术、电工电子应用技术等人才需求量较大、就业稳定的专业外，还包括了化工应用技术、物流等具有甘肃特色的专业。截止2008年，全省中等职业学校共有百万元以上实训基地51个。

【高等教育】根据全省高等教育毛入学率偏低和人民群众渴望接受优质高等教育资源的实际，在确保教育质量的前提下，积极争取招生计划，稳步扩大高等教育规模。2008年，全省34所高校共招生11.09万人，在校生达到33.19万人，分别比上年增加1.23万人、3.59万人，高等教育毛入学率达到20%。高层次人才培养规模进一步扩大。2008年，甘肃省普通高校共招收研究生7502人，在校生达到21580人，分别比上年增长750人、2739人。

教育部对兰州商学院和甘肃农业大学两所本科院校进行了本科教学水平评估。至此，五年一轮的本科教学水平评估在我省圆满完成。受教育部委托，对陇南师范高等专科学校、武威职业学院、定西师范高等专科学校、兰州资源环境职业技术学院、甘肃建筑职业技术学院等5所高职高专院校进行了人才培养工作水平进行了评估。同时，按照教育部新的高等职业院校人才培养工作评估方案，制订了具体的实施办法，并选择兰州职业技术学院、甘肃交通职业技术学院两所高职高专院校进行了试点评估。对甘肃农业职业技术学院和甘肃畜牧工程职业技术学院两所院校首届毕业生教育质量进行了考核验收。

进一步强化教学中心地位，加强师资队伍建设。举办了全省高职高专院校教学管理干部和骨干教师培训班，重点对高职课程开发、人才培养模式改革、教学管理、精品课程建设等内容进行了指导培训。评选出"省级教学名师"10名，国家评选出"国家级教学名师"1名，使全省"国家级教学名师"达到4名，"省级教学名师"达到40名。同时通过表彰奖励，推动了高等学校师资队伍的建设和学术带头人的培养。授予35名教师"青年教师成才奖"，该项奖励对高等学校中青年教师的培养起到了非常重要的作用。

不断加大高校基础课实验室投入力度，与省财政厅共同实施"甘肃省高等学校实验室建设工程"，并已争取省财政专项资金8000万元，重点用于支持高校建设和改造一批基础课实验室，努力改善实验教学条件。加快高校实验教学示范中心建设进度，全省已建成国家级实验教学示范中心6个，省级实验教学示范中心22个。

深化教学内容和教学方法改革，加强高校课程建设。2008年，共建成国家级精品课程2门，省级精品课程61门，使全省高校省级精品课程达到301门，国家级精品课程达到11门。精品课程在全省高校的免费开放共享，极大推动了各高校在教学队伍、教学内容、教学方法和手段等方面的教育教学改革。

【学习实践科学发展观】按照省委的统一安排部署，省教育厅参加第一批学习实践科学发展观活动，从2008年

9月份开始，到今年2月基本结束。省教育厅党组、高校工委高度重视学习实践科学发展观活动，成立了学习实践活动领导小组，制定了实施方案，始终坚持"党员干部受教育、科学发展上水平、人民群众得实惠"的总体要求，紧紧围绕"推进西部教育强省建设，办人民满意的教育事业"这一主题，重点抓住"学习调研、分析检查、整改落实"这三个关键环节，着力解决"有学上、能上学、上好学"和"办学机制保障、上学机制保障"的"三上两保障"问题，不断将学习实践科学发展观活动推向深入，取得了明显成效。通过学习实践活动的广泛深入开展，广大党员党性得到了锻炼，思想认识有了新的提高，在如何推进教育事业科学发展上形成了共识；通过实施"六大教育工程"项目带动战略，全力推进民生保障，教育热点难点问题得到了有效解决；教育体制机制改革有了新的突破，形成了《关于进一步深化教育体制机制改革创新的意见》。

【教育系统抗震救灾】5月12日，四川汶川发生了Ms8.0级特大地震。受其波及影响，陇南市和甘南州等10个市州普遍受灾。全省教育系统因地震灾害造成16名学生遇难，187名学生和8名教师受伤，8682所学校受灾，直接经济损失达56.34亿元。地震灾害发生后，省教育厅迅速行动，成立了抗震救灾工作领导小组，厅领导分头带队到灾区查看灾情，慰问师生，指导抗震救灾和复课工作。紧急下拨陇南市和甘南州两个重灾区中小学救灾应急经费530万元，争取财政部、教育部教育系统抗震救灾资金1500万元，下达8个重灾县校舍维修加固和设备仪器重置资金3.1亿元，发动厅机关和厅直单位职工捐款40.37万元，捐物1.7万余件，上缴"特殊党费"23.27万元。协调民政部门分配解决灾区学校复课帐篷4202顶，建设部门安排活动板房20212间，使灾区绝大多数因灾停课学校及时复课，对稳定灾区群众情绪和维护社会安定起到了积极的作用。在省政府决定对严重受灾的陇南市和甘南州17个县（市、区）延期举行2008年普通高考后，省教育厅研究制定了具体实施意见及应急预案等办法，确保了陇南市和甘南州延考区高考工作的安全、平稳、顺利。科学规划灾后重建工作，抽调50多名高校基建和建筑设计专家分赴地震灾区，指导灾区教育系统编制学校重建规划方案和校园规划等工作。全面开展学校建筑特别是中小学校舍安全问题大排查，并对受损校舍进行抢修加固，共新建校舍689.8万平方米，维修加固138.0万平方米。

在这场特大地震灾害中，甘肃省受灾市（州）教育战线的全体干部和广大教师，在地方党委、政府的统一领导下，全力开展抗震救灾工作，表现出了超人的勇气和以学生为本的高度责任感，涌现出了一大批抗震救灾先进人物和典型事迹。陇南市文县范坝中学校长许伟和武都区外纳乡吕赵教学点教师王桂英被甘肃省委宣传部确定为甘肃省抗震救灾先进事迹报告团成员，在甘肃省各地进行了巡回宣讲。灾区学生在灾难面前，临危不惧、先人后己、互助友爱、知恩感恩的精神和品德，体现了当代学生良好的精神风貌。我省4名学生被中央文明办、教育部、共青团中央、全国妇联授予"抗震救灾英雄少年"和"抗震救灾优秀少年"的称号，26名学生和12所学校（班级、幼儿园）分别被教育部评为"抗震救灾优秀学生"和"抗震救灾先进集体"。

【六大教育工程】为进一步落实科教兴省、人才强省战略方针，推进教育事业又好又快发展，省委、省政府在全省大力实施六大教育工程，即"品德教育工程"、"扫盲教育工程"、"校舍安全工程"、"高等教育工程"、"教师素质工程"和"职业教育工程"。省教育厅认真研究制定了实施方案，省财政已投入专项资金1350万元。专项资金按照统一规划、单独预算和专款专用的原则，实行项目管理，确保工程顺利实施。

【学校体育艺术工作】成功举办了甘肃省第一届大学生运动会。大运会共设7个大项105个小项，有39个高校代表团近6000名运动员、教练员参加，在全省引起热烈反响。组织六个评估组对39所高校贯彻落实中央7号文件和《学校体育工作条例》等进行评优检查，有力地推动了学校体育工作的健康发展。防控各级各类学校和托幼机构的食品卫生和肠道传染病等，对全省学校手足口病防治工作进行专项督导检查，学校卫生防疫工作进一步加强。积极开展中小学近视眼防控工作，下发了《中小学生近视眼防控方案》。广泛开展学生艺术活动，积极推进2008年高校和中学普及高雅艺术活动，受到广大师生热烈欢迎。

【教育国际交流与合作】多方争取，引进援助外资项目445万余元。加大公派留学工作力度，西北师范大学和兰州交通大学从2008年起承担中国政府奖学金来华留学生的培养项目，2008-2009学年招收129名政府奖学金学生来甘学习，结束了我省省属高校无中国政府奖学金来华留学生的历史。积极做好来华留学工作，在我省学习的各类留学生达到400余名。进一步做好外国文教专家聘请与管理工作，有5所学校和培训机构获得聘请外国文教专家资格，在甘工作的外籍专家和语言教师突破400人，达到了中等发达省份的水平。

【教育法制建设】推进教育立法工作，制定了《甘肃省职业教育发展条例（草案）》并提交省人大审议。省人大已将《甘肃省语言文字工作条例》、《甘肃省民办教育发展条例》和《甘肃省实施<中华人民共和国义务教育法>办法》列入本届人大立法规划。广泛开展法制宣传活动，积极推进"法律进学校"，加强青少年学生法制宣传教育，切实提高青少年法律素质。积极推进教育系统依法行政工作，实行"依法治教"、"依法治校”。顺利通过省依法治省办的中期督查验收，荣获甘肃省“五五”普法中期先进集体称号。

【语言文字工作】金昌、武威、定西、白银四个国家二类城市，兰州市的皋兰县和永登县两个国家三类城市，分别通过了省、市两级语言文字评估验收。语言文字规范化示范校创建活动深入开展，已建成国家级示范校 12 所、省级示范校 18 所、市州级示范校 255 所。以“构建和谐语言生活，营造共有精神家园”为主题的语言文字宣传活动得到推进，以“我们的节日”为主题的“中华诵•经典诗文诵读视频展播活动”和“中华赞•诗词歌赋创作征集活动”社会反响强烈。

【教育工程项目建设】2008 年，教育部安排我省第二十一批邵逸夫赠款 470 万元，安排项目学校 6 所。王永庆先生捐款 2160 万元，安排我省项目学校 48 所。新农村卫生新校园建设项目下达我省项目建设资金 3000 万元，在 13 个市（州）共安排 42 个试点县。“诺基亚手牵手”早期儿童教育项目首期在崆峒区、张家川县各投入资金 300 万元。争取“儿基会”投入 884 万元，在甘开展 49 所爱生学校项目试点。农村中小学现代远程教育工程通过省级验收，实现了农村中小学现代远程教育工程在全省农村中小学的 100%覆盖，427 万学生从中受益。

【教育督导】组织专家组对全省 6 所民办高校、独立学院进行了首轮调研督导，对促进民办高校、独立学院完善管理、提高教育质量和办学水平起到积极作用。启动基础教育质量监测工作，修改完善了义务教育监测操作系统和操作程序，在兰州市安宁区等五县区开展了基础教育质量监测工作，效果良好。启动了中小学新一轮综合督导评估工作，并对近 400 所中英项目学校进行督导评估，对卓尼县等 13 个县中英项目学校督导开展情况进行了省级督查指导。

【教育审计】2008 年，全省教育系统共完成审计和审计调查项目 2642 项，审计资金总额 51.4 亿元，查出有问题资金 3710 万元，提出合理化建议 585 条，促进增收节支 8388 万元。在全国内部审计“双先”表彰暨经验交流会议上，甘肃省教育厅被国家审计署授予了 2005 年—2007 年“全国内部审计先进单位”荣誉称号，甘肃省教育厅审计处被省审计厅授予了“全省内部审计先进单位”的称号。

【学校安全稳定和周边环境治理工作】2008 年，西藏发生“3•14”暴力事件，北京奥运会火炬在法国等传递受阻，中国举办北京奥运会，维护安全稳定工作尤为繁重。面对这些突发事件，省教育厅坚决贯彻“稳定压倒一切”的思想，与党中央保持高度一致，认真贯彻中央的部署和省委指示，及时启动应急预案，坚持 24 小时值班制度和领导带班制度，每天实行“零报告”。特别是在“3•14”暴力事件后，专门组织工作组进驻有关院校指导维护安全稳定工作，确保了教育系统高度稳定，维护了教育改革发展的良好局面。大力开展学校及周边治安综合治理专项整治行动，先后对 14 个高校进行了集中整治，切实解决高校周边治安秩序存在的突出问题，取得了明显实效。

【家庭经济困难学生资助工作】深入开展生源地国家助学贷款工作，进一步完善贷款政策、规范贷款程序，建立了 24 个具有独立法人资格的学生资助管理中心，贷款工作有序展开。2008 年签订贷款合同 4.2 万人，实际发放新增贷款 4 万多人，发放金额 2.1 亿元；续发贷款 2.3 万多人，续发金额 1.1 亿元。2008 年，全省普通高校共有 83195 名优秀的本专科学生和家庭经济困难学生获得奖、助学金 1.17 亿元，资助面平均占在校生的 29%。同时，为全省 39.4 万余名农村和城市家庭经济困难学生发放各类助学金 2.89 亿余元。生源地信用助学贷款和国家奖助学金发放工作的全面开展，进一步完善了高校家庭经济困难学生资助政策体系，扩大了资助范围，确保了家庭经济困难学生的受教育权利。

（焦鹏宁）

体　育

【竞技体育】备战参赛北京奥运会。2008 年北京奥运会是中华民族的百年企盼，也是甘肃体育健儿为国争光，展示陇原儿女奋发向上的精神风貌的良好机遇。面对空前激烈的奥运备战竞争，甘肃省体育局专门成立了备战工作领导小组，制定备战方案，加大经费投入，出台激励办法，对重点运动队、运动员提供全方位的服务，取得了较为显著的成效。在第 29 届北京奥运会上，甘肃共有 9 名运动员入选中国奥运军团，参加 5 个大项、7 个小项的比赛，获得 1 个第二、1 个第六、1 个第八。参赛成绩列全国奖牌榜第 23 位，参赛人数列第 21 位。这是自 1988 年甘肃选手首次亮相奥运赛场以来，入选奥运人数最多、参赛项目最广的一次，实现了新的突破。在 2008 年北京奥运表彰大会上，甘肃省体工一大队被授予“2008 年北京奥运会突出贡献奖”先进集体荣誉称号；甘肃省体育工一大队男子曲棍球队主教练庄晓东被授予“2008 年北京奥运会突出贡献奖”先进个人荣誉称号。12 月 24 日，甘肃省委、省人民政府召开奥运会、残奥会和火炬传递总结表彰大会，甘肃省体工一大队男子曲棍球队等 4 个集体和于燕宏等 20 名个人受到表彰。

2008 年甘肃省优秀运动队共参加了 97 项（次）的奥运选拔赛、分站赛和全国锦标赛、冠军赛等各类比赛，共获得 23 个第一、16 个第二、21 个第三、113 个四至八名。其中全运会对口项目有 20 名运动员、1 个运动队，获 9 个第一、6 个第二、10 个第三。

【群众体育】2008 年是甘肃群众体育工作借筹备和参加北京奥运会之机加速发展的一年。全省各市、州、各行业按照甘肃省迎奥运的整体部署，结合奥运火炬传递等重大事件，发扬伟大的抗震救灾精神，全力唱响“全民健身与奥运同行”主题，开展了丰富多彩的全民健身活动，极大地激发了全省各族人民关注奥运、参与健身的热情，展现了全省人民健康向上的精神风貌。7 月 5 日至 7 日，在甘肃省委、省政府的关心支持和省市州各有关部门的共同努力下，北京奥运圣火先后在敦煌、嘉峪关、兰州三市顺利传递。甘肃省体育局党组高度重视，成立专门机构、抽调 30 多人筹备实施，火炬传递领导小组、指挥部先后召开 6 次会议，安排部署，会同三市传递组委会成员单位制定了《北京奥运会火炬接力甘肃省境内传递活动方案》和《甘肃省火炬手、护跑手选拔工作方案》。甘肃共推荐选拔参加传递的火炬手 624 名、护跑手 161 名。在火炬传递工作中，甘肃省传递组委会和敦煌、嘉峪关、兰州三个传递城市受到了中国奥组委火炬传递活动中心的表彰。甘肃省体育局等 23 个集体、薛文发等 73 名个人受到甘肃省政府的表彰。围绕“全民健身与奥运同行”主题，以“新春全民健身大拜年”、“元旦春节百万农民健身活动”、“甘肃省全民健身月”、“三八”妇女健步行等项全民健身活动为基础，结合奥运倒计时 200 天、100 天，精心策划有创意、有规模、有特色的全省性的全民健身活动。举办“送体育下乡镇”活动、万人健步行活动、临潭万人拔河、瓜州玄奘之路戈壁挑战赛、“联通杯”全省全民健身系列活动、省直机关迎奥运健身系列活动，全省第四届职工运动会、WPT 中国升级扑克冠军赛兰州赛区第四届全民健身职工双升级扑克大赛、全民健身与奥运同行蒙牛（城市之间）全国百城市全民健身展示活动等。协助省上有关部门完成了全国和全省群体赛事的组队，参赛任务。组队参加全国航空模型锦标赛，获得 2 金、1 银的优异成绩；与省农牧厅组团参加全国第六届农运会，获得 8 金 5 银 13 铜的历史最好成绩。完成了第三次全国群众体育现状调查工作，被国家体育总局授予“优秀组织奖”，积极开展国民体质监测、举办“全民健身陇原行”活动，对兰州市等五市、州的市民、学生、干部职工进行体质测试，累计测试人数达 1200 人次。全省各地共举办全民健身活动 11590 次，经常参加体育活动的人数约 1000 万人次。占全省总人口的 38.4%，有 26 个单位被国家体育总局授予全民健身月活动优秀组织奖和先进单位。围绕甘肃丝绸之路体育健身长廊工程的总体规划，“千乡镇农民健身工程”建设第二年的任务全面启动。全省安排在 24 个县（区）的 436 个乡镇实施农民健身工程的任务已完成，累计已有 1115 个乡镇实现了“一乡一站”的目标，占乡镇总数 90%。为城市社区配备了 102 套全民健身路径，累计建成“雪炭工程”10 个、在建 4 个，准备开建还有 6 个。全省社会体育指导员已达 2.1 万，健身气功活动站点已达 320 个、青少年俱乐部已达 50 个、社会单项俱乐部已达 51 个、三级体育社团组织发展到 171 个。2008 年甘肃学校体育工作借奥运之际，先后与省教育厅、团省委联合举办了“第二届甘肃省亿万青少年学生阳光体育冬季长跑活动”和“首届甘肃省大学生运动会”。

【体育产业】甘肃省体育系统产业单位抓住奥运机遇，积极改善经营环境，拓展经营市场，创新经营模式。甘肃省体育彩票管理中心，针对年初电脑彩票持续走低的形势，在积极开展电脑体育彩票促销派送活动的同时，及时推出了奥运即开型彩票，大大增强了体育彩票的整体竞争力。体彩销售渠道不断拓宽，在全省 14 个市、州的所有县区聘用体彩专管员，县、乡市场空白区域得到有效弥补。截至年底，全省电脑彩票销售网点达到 1925 个，其中乡镇网点 398 个。全省体育彩票销售总额为 7.58 亿元，其中电脑彩票销售 4.18 亿元，即开型彩票销售 3.4 亿元，完成了 5 亿元年度销售任务的 152%，完成了 5.6 亿元目标销售任务的 135%，比去年多发行 2.85 亿元，增幅达 60%，创下了销售量的历史最高纪录。兰州体育馆、体育接待站、体育经营开发公司圆满完成全年目标任务。清水训练基地、体育旅行社由于受到“5.12”汶川大地震的影响，经营收入较去年略有下滑。五家产业单位年营业收入总计达 1411 万元。

【体育场馆】甘肃省体育局始终按照省委“四抓三支撑”的发展战略，坚持发展抓项目，把体育基础设施放在优先发展的位置。2008 年，投入彩票公益金近 4000 万元作为引导和扶持资金补助建设了全省 18 个市、县、区的体育中心和省十二运会场馆及省级各场馆设施的建设维修。各市州也把体育场馆建设作为抓项目、促发展的重要举措，有 10 个市州已实现“一市一馆”。张掖市全民健身中心完成了主体建设；酒泉市体育场建设完成一期工程；平凉市体育馆改造工程已完工；定西市体育公园、白银市大型体育中心及玉门、瓜州、高台等 14 个县级中心已开工建设；庆阳市累计投入 2 亿元修建的省十二运会体育场馆设施正加紧建设。省级体育设施建设步伐加快，临洮国家亚高原训练基地筹建工作正式启动，2008 年 11 月 5 日，省体育局与临洮县人民政府正式签订了征地建设合同。筹建临洮亚高原训练基地是甘肃体育局贯彻落实科学发展观，整合体育资源，推动甘肃体育事业又好又快发展的一项重大举措。全民健身重点工程之一——七里河全民健身综合馆主体建设完工，刘家峡水上训练基地被国家体育总局水上运动管理中心命名为“国家水上训练基地”，甘肃省体育运动学校公寓楼已破土动工。

【抗震救灾重建】2008 年“5.12”汶川特大地震发生后，省体育局、直属单位和广大干部职工积极开展抗震救灾“爱心”活动，向灾区捐款 14.6 万元，捐献衣物、生活用具 3581 件，568 名共产党员向灾区缴纳特殊党费 16 万元。省体育局及时给陇南、天水和甘南重灾区下拨了体育基础设施维修补助资金，并给 6 所帐蓬学校捐赠了价值 10 多万元的体育器材。累计捐款捐物达 60 万元。省体育局积极协助甘肃灾区开展灾后恢复、重建工作，灾情发生后，及时组织相关人员深入灾区，了解灾情确认损失，客观真实的统计上报灾区体育基础设施受损情况。制定《汶川地震灾后甘肃省恢复重建体育设施建设实施计划》，经国家有关部门认定：甘肃省 8 个县属重灾区，32 个县属一般灾区，计划恢复重建资金 3.9 亿元。已经争取到国家体育总局震后重建资金 600 万元，补助修复了 6 个受灾市州的 24 个县（区）31 个受损体育设施。

文 化

【文化系统抗震救灾】“5.12”汶川特大地震发生后，全省文化系统紧急动员起来，全力以赴投入抗震救灾。厅、局领导迅速深入省直文化单位和有关市州调查核实文化、文物设施受损情况，指导做好抗震救灾工作。省直文化系统广泛开展献爱心活动，捐款 30.9 万元，捐赠棉被、衣物等 1.3 万多件，缴纳“特殊党费”26.8 万元，还采用灵活多样的艺术形式，积极开展义演、书画义卖等活动，为灾区筹款 133.8 万元。积极组织“与爱同行”甘肃省大型赈灾义演，现场捐款 6709 万元，捐助物资价值 2789 万元。省直各院团积极排练文艺节目，组成 6 支抗震救灾文艺演出小分队奔赴我省地震灾区，行程 13600 多公里，慰问演出 70 多场，观众达 34 万人次。与此同时，积极做好灾后重建工作，编制了《甘肃省文化灾后恢复重建规划》，上报恢复重建规划项目 2645 个，规划建设项目资金 8.87 亿元。编制了甘肃省灾后重建文物保护专项规划，规划建设项目资金 1.34 亿元。积极争取文化部支持，先后争取到救灾资金 120 万元、居民临时安置点文化活动室建设经费 450 万元、流动文化车 8 辆和价值 100 万元的图书，有效缓解了灾区群众的文化需求。

【迎奥运、纪念改革开放三十周年系列文化活动】2008 年，围绕迎接北京奥运会、纪念改革开放 30 周年，全省文化系统积极行动，开展了一系列丰富多彩的文化活动。敦煌研究院在北京、天津等地举办的《和谐之光——敦煌艺术大展》，彰显了敦煌文化的魅力，观众达 60 多万人次，社会反响强烈。经典舞剧《丝路花雨》创新修排后，晋京演出获得极大成功，受到各方面的广泛好评。舞剧《大梦敦煌》、甘肃“祥云小屋”和兰州市文化局组织的太平鼓队赴京演展，深受群众欢迎。省文化厅以及兰州、嘉峪关、敦煌等市文化部门积极承办奥运火炬传递相关活动，受到省政府表彰。省文化厅先后举办了全省优秀剧目展演、全省器乐大赛、全省社区文艺调演和甘肃画院作品展等活动，特别是组织举办的“陇原春潮”纪念改革开放 30 周年专题文艺晚会，主题突出、特色鲜明、形式多样，使观众受到强烈的艺术感染。各地在组织开展丰富多彩的演出、展览和各类群众性文化活动的同时，分别举办了纪念改革开放 30 周年专题文艺晚会，唱响了改革开放好、中国特色社会主义好的时代最强音。

【文艺创作演出】2008 年，我们将已有剧目修改提高和新剧目的创作相结合，推出了一批富有独特地域特色和鲜明时代精神的优秀剧目。舞剧《丝路花雨》成功创新修排，焕发了新的生命力，受到省委、省政府领导和社会各界好评；修排后的陇剧《官鹅情歌》进入国家舞台艺术精品工程资助项目；秦剧《大河情》在第四届秦腔艺术节获金奖；京剧《丝路花雨》入选第五届京剧艺术节并获金奖；杂技剧《敦煌神女》参加中国杂技第二届金菊奖评选获优秀剧目奖，在敦煌演出 270 场，产生了良好的社会效益和经济效益；陇剧《苦乐村官》已列入文化部 20 台农村现代题材剧目扶持项目。中国西部音乐剧《花儿与少年》创排工作全面启动。举办了全省现代小戏小品剧本评奖活动，增加了剧本储备。定西市秦剧团排演的大型现代秦剧《百合花开》参加第四届秦腔艺术节获得金奖。全省各级专业艺术院团积极开展送戏下乡和各类演出活动，全年演出 1 万 5 千多场。

【文化基础设施建设】2008 年，全省各地文化行政部门认真落实《甘肃省农村乡镇文化站建设管理办法》，规范乡镇文化站建设和管理，落实工作责任，完成了 79 个乡镇综合文化站建设项目。金城第一戏楼、黄河剧院、飞天文化产业大厦、省图书馆消防改造等基建项目进展顺利。积极争取文化部支持，为基层院团配备了 24 辆流动舞台车，为 102 个已达标的乡镇综合文化站下达设备购置专项资金 816 万元。建成了文化信息资源共享工程重点建设的 25 个县级支中心和 119 个基层服务站点。白银、平凉、金昌、庆阳等市州文化部门积极争取当地政府支持，加大文化基础设施建设力度，投入大量资金建成或在建一批文化设施。

【文化市场管理】在元旦、春节、国庆、“两会”、奥运会，以及寒暑假期间，对文化市场的管理工作进行专门部署，加大检查力度，强化了文化市场管理，规范了文化市场秩序。认真组织实施了娱乐场所“阳光工程”，对全省娱乐场所进行了摸底调查，对符合条件的

41 家娱乐场所安装了卡拉 OK 内容管理服务系统，会同有关部门严厉打击黄、赌、毒等违法活动，确保文化娱乐场所健康、规范。

【文化产业发展】2008 年，以第四届深圳文博会和第四届西部文博会为平台，积极做好宣传推介工作。深圳文博会期间，全省文化系统签订合作协约或意向书总额近 30 亿元。在西部文博会上，武威市有 7 个项目现场签约，签约资金 8 千多万元，获得“最佳交易成果奖”、“优秀组织奖”等奖项。同时，加强文化产业示范基地建设，加大文化产业项目储备。庆阳市“香包民俗文化产业群”被文化部命名为第三批国家级文化产业示范基地，兰州市、庆阳市、嘉峪关市在全国文化产业工作会议上受到了文化部的表彰。经筛选审核，共储备文化产业发展项目 188 个。

【非物质文化遗产保护】2008 年，甘肃省又有 29 个项目成功入选第二批国家级非物质文化遗产名录。同时，省政府公布了第二批 88 项省级非物质文化遗产代表作名录。目前甘肃省共有国家级非物质文化遗产代表作名录 52 个，省级代表作名录项目 173 个，市、州、县级代表作名录项目近千个，基本建成了省、市、县三级非物质文化遗产名录体系。省文化厅评选公布了第一批 258 名甘肃省非物质文化遗产代表作名录项目代表性传承人，开展了第三批国家级传承人申报工作。特别是经过积极努力，“花儿”被国家选送正在申报联合国人类非物质文化遗产代表作名录。古籍保护工作不断推进，甘肃省 50 多部古籍已列入国家古籍名录，省图书馆被确定为国家古籍重点保护单位，全省古籍普查工作正在深入开展。

【文物保护】一是召开了全省文物安全工作会议，安排部署了文物安全百日检查整顿活动，并抽调人力，分六组赴全省各地对文物系统所有博物馆及部分重要文物保护单位进行安全检查。二是开展了第三次文物普查工作。全省 14 个市州和 86 个县市区均成立了文物普查领导小组及办公室，普查经费已列入各级财政预算，普查工作正在有序进行。三是丝绸之路申遗工作全面开展。省政府正式公布了《麦积山石窟保护管理办法》、《炳灵寺石窟保护管理办法》和《榆林窟保护管理办法》。省申遗办审核了备选遗产点的环境整治方案，各申遗点的环境整治工作正在逐步开展。四是继续开展了长城资源调查工作。完成战国秦长城调查 78 千米、汉代长城调查 34 千米、明代长城调查 1200 千米。五是博物馆免费开放工作局面已经形成。列入 2008 年免费开放计划的 39 个博物馆均已相继实行了免费开放。六是大地湾史前遗址博物馆主体工程已基本完工；敦煌莫高窟保护利用工程完成了基础性工作，已开工建设。

【对外及港澳台文化交流】2008 年，甘肃艺术团赴非洲毛里求斯和埃塞俄比亚进行了友好演出；省歌剧院《敦煌韵》参加了在叙利亚举办的“中国艺术节”开幕式演出和巴林“中阿合作论坛”第三届部长级会议演出，有效扩大了甘肃省的对外影响。兰州市歌舞剧院《大梦敦煌》赴荷兰、法国、比利时、西班牙四国演出 44 场，庆阳市环县道情皮影艺术团赴荷兰、比利时访问演出 11 场，受到欧洲观众的盛赞。省文物局、敦煌研究院、省博物馆、麦积山石窟研究所等单位应邀参与了国家文物局举办的意大利《从汉风到唐韵》、日本《秦兵马俑与丝绸之路》、《大三国志展》、《日中书法的传承特别展》以及香港《中国马文化展》，特别是敦煌研究院、敦煌市政府与巴黎中国文化中心联合在法国举办的《敦煌花雨艺术展》，时间长、影响大。同时，加大对外文化宣传，省文化厅编印了图文并茂、特色鲜明的《甘肃省对外文化交流项目册》，已经向有关驻外使馆、文化中心和文化交流中介机构发送，得到了有关部门的肯定。

【文化体制改革】省直文化事业单位改革试点工作按照省上统一部署，加大工作力度，积极推进。省图书馆正在按改革方案全面推行岗位设置、全员聘用、竞争上岗、岗位绩效工资制度。省秦剧团正在建立岗位绩效工资制度，精简内设机构，对中层干部实行竞争上岗和目标责任管理。省陇剧院正在组建陇剧演艺有限公司，对艺术生产和演出实行项目管理。省杂技团跨区域整合资源，成立了敦煌飞天文化发展有限责任公司，为省直艺术院团体制改革探索了新的经验。各市州积极贯彻中央和省上文化体制改革精神，认真调研，制定了相应的体制改革方案，积极开展文化体制改革试点工作，推动文化体制改革工作深入开展。

（张万儒）

卫　生

【卫生规划与项目建设】按照国家扩大内需投资中关于医疗卫生基础设施建设的政策措施，积极组织全省编制以标准化县医院建设、中心乡镇卫生院加强建设和城市社区卫生服务中心建设为重点的基层医疗服务体系建设项目；以精神卫生防治康复中心和卫生监督机构为重点的基本公共卫生服务体系建设项目。结合我省医疗卫生基础设施严重落后的现状，组织编制包括农村医疗机构、城市医疗机构、公共卫生机构基础设施建设在内的甘肃省 2009 年-2010 年和“十二五”期间重点基础设施建设项目规划。

全省农村卫生服务体系共投资建设项目 1837 个，总建筑面积 121.58 万平方米，总投资 83055 万元，其中国家投资 57640 万元。建设县医院 59 个、建筑面积 20.75 万平方米；建设县中医院 24 个，建筑面积 9.26 万平方米；建设县妇幼保健站 40 个，建筑面积 3.45

万平方米；建设乡镇卫生院 1212 个，建筑面积，85.12 万平方米，平均每个卫生院 702 平方米；建设村卫生室 500 个，建筑面积 3 万平方米。全省已有 42 个县的 634 所乡镇卫生院配置了新的医疗设备，配置设备 31754 台（件），全省近半数乡镇卫生院的基本设备得到改善。为 1000 个村卫生室统一配置了基本医疗设备。省人民医院住院部大楼及化学中毒与核辐射医疗救治基地、省中医学校综合教学楼主体竣工，省武山矿泉疗养院疗养基地一期改扩建项目基本完成。省中医院门诊医技综合楼列入国家 2008 年省级重点中医院建设项目。省和政、两当麻风病疗养院改造建设项目启动。省妇幼保健院保健医疗综合楼、省肿瘤医院门诊医疗综合楼、省红十字血液中心安宁分站建设项目得到省发展改革委立项。

争取到国家扩大内需投资 2.32 亿元，省内配套及项目单位自筹 1.05 亿元，用于 2 所市级中医院、9 所县中医院、10 所县妇幼保健站、1 所少数民族县医院、104 所乡镇卫生院、260 个村卫生室等 386 个项目建设，总建筑面积 18.19 万平方米。另有 9650 万元乡镇卫生院设备购置资金。

【疾病预防控制】鼠疫、霍乱、人禽流感、手足口病、不明原因肺炎病例、结核病、乙肝等重大传染病得到有效控制，流感、痢疾、炭疽、病毒性腹泻等重点传染病监测工作进一步加强。常规免疫工作顺利完成，四苗接种率平均达到 95%以上，全省继续保持无脊髓灰质炎状态。采取多种方式，积极控制艾滋病的蔓延。通过举办培训、开展宣讲等形式，积极开展艾滋病防治工作。艾滋病防治实验室网络建设不断完善，项目工作有序实施。全省累计发现 HIV 感染者 651 例，其中艾滋病病人 193 例，死亡 108 例。结核病防治工作实现预期目标，2008 年全省可疑就诊者 81216 人，发现活动性病人 24755 人，其中初治涂阳 8243 例，复治涂阳 1161 例，涂阴病人 15351 例。加强鼠防基础设施建设，鼠疫防控整体能力得到提高，全年无重大鼠疫疫情发生。开展碘缺乏病高危地区重点调查项目工作，完成了全省 87 个县的碘盐监测数据，通过食盐加碘加硒等措施，基本实现了消除碘缺乏病阶段目标。大骨节病发病率明显下降，尤其是病区中儿童新发病人显著减少。在 40 个县、462 个乡、1626 个村进行了高砷水源筛查，确认夏河县洒索玛村为地方性砷中毒重病区，检出砷中毒轻、中、重及疑似病例分别为 22 例、51 例、28 例、25 例。开展克山病调查项目，检出克山病 198 例，对 160 例进行跟踪管理和免费治疗。包虫病、黑热病和布鲁氏菌病得到有效防控。

【突发公共卫生事件应急处置工作】5.12 特大地震灾害发生后，根据省委、省政府和卫生部的总体部署，全力开展抗震救灾医疗卫生救援工作。省级卫生单位共派出 18 支医疗队赴灾区开展医疗救治工作，累计救治伤员 9940 人，其中门诊救治 8208 人，住院 1732 人，重伤 225 人，转诊灾区伤员 101 人。共组织 11 批 238 名专业技术人员、95 台车辆组成卫生防疫队伍，深入灾区开展卫生防疫监督工作，完成采样检测食品和饮用水 1.32 万份，向群众发放宣传材料 158.3 万份，对 40 万名群众进行了防病知识宣传，培训卫生人员 8700 人次。对文县等 5 个重灾县区累计接种乙脑疫苗 9 万人，麻疹疫苗 18 万人，甲肝疫苗 14 万人，接种率均在 95%以上。开展环境消毒、杀虫、灭鼠面积 5428 万平方米，使用消毒药品 9.6 万公斤，确保了地震灾区无饮用水源污染、无重大食品中毒事件发生、无传染病疫情发生。省卫生厅累计筹集抗震救灾资金和物资近 1.4 亿元，其中国家下拨抗震救灾资金和物资价值 1 亿多元，接收社会捐赠药品器械 3593.62 万元，购置设备和药品 762.55 万元，有效保证了灾区医疗救治和卫生防疫需要。

“三鹿奶粉”事件发生后，省卫生厅及时下发诊疗方案，

全力组织开展医疗救治等工作。各地卫生行政部门和医疗机构积极开展患儿排查、诊疗工作，成立诊疗专家组，优先安排床位，延长工作时间，提供医疗咨询，实施免费诊治。同时，加强应急值班工作，全省卫生系统实行 24 小时值班和日报告、零报告制度，全面开展流行病学调查和卫生监督，加强资金物资保障。全省累计筛查儿童 47 万多人，确诊结石患儿 1.87 万人，住院治疗结石患儿 4500 余人。在“三鹿奶粉”事件应急处置工作中，我省第一个发现病例并向卫生部进行汇报，第一个创造治疗经验并向全国进行推广，第一个着手开展理赔工作，对妥善处理事件起到了很重要的作用，受到了温家宝总理和陈竺部长的表扬。

此外，我省积极稳妥地完成了“3.14”打砸抢烧事件、年初低温雨雪冰冻灾害的卫生应急处置工作，完成了北京奥运会期间全省卫生应急保障工作和奥运火炬甘肃境内传递活动医疗卫生保障任务，保证了各项活动的顺利进行。

【农村卫生工作】2008 年全省新型农村合作医疗参合农民达 1868.9 万人，参合率 93.2%。参合农民人均财政补助资金达 80 元。进一步规范新农合管理工作，出台了《甘肃省新型农村合作医疗基金财务制度》、《甘肃省新型农村合作医疗基金会计制度》及《甘肃省新型农村合作医疗基金额度预付管理意见》。新增 13 家新农合省级定点医疗机构，理顺了全省新农合定点医疗机构的逐级管理。对 995 名市、县新农合经办人员进行了培训。积极开展了以市（州）为统筹层次、大病统筹加门诊统筹模式、新农合与城镇居民基本医疗保险相衔接、新农合与巡回医疗及远程医疗相衔接、贫困农民新农合报销和医疗救助一站式服务、健康体检与健康管理相结合等制度创新试点工作，不断推动和促进新农合制度建设。启动了第四周

期城市卫生支援农村卫生工作，新选派1265名医疗队员继续到43个全国扶贫开发重点县开展帮扶工作。制定了《甘肃省实施万名医师支援农村卫生工程评价指标体系》。对全省乡镇卫生院重新进行统计认定，新确定全省乡镇卫生院总数为1390个，其中中心卫生院368个，一般卫生院828个，卫生院分院194个（包括个别移民乡及场站交地方的新设立的卫生院）。对县卫生局和乡镇卫生院管理人员、乡镇卫生院及村卫生所技术人员共计2万多人进行了培训。

【妇幼保健和社区卫生工作】认真贯彻落实《省政府关于加强妇幼卫生工作的意见》，积极开展以孕产期保健服务、婴幼儿健康保健为主的各项妇幼卫生工作。大力实施“降消”项目，在64个项目县全面推行乡镇卫生院免费住院分娩制度，补助住院分娩孕产妇14.5万人，发放贫困孕产妇住院补贴2576万元，项目县住院分娩率达83.45%。2008年，全省孕产妇死亡率为41.66/10万，婴儿死亡率为13.56‰，5岁以下儿童死亡率为15.27‰，分别较上年度下降33.42%、15.93%和15.73%。

2008年省委、省政府为民举办的14件实事中列建了30个社区卫生服务中心建设项目。已有15个建成投入使用，其余15个也已开工建设。全省共有社区卫生服务机构460个，其中，社区卫生服务中心125个、社区卫生服务站334个，覆盖57个区（县）的508万人口，占全省城镇非农业人口的62.7%。制定了《甘肃省社区卫生服务机构基本用药目录》、《甘肃省城市社区卫生工作管理规则和人员岗位职责》，社区公共卫生服务工作得到进一步规范。社区卫生服务人才队伍建设不断加强，累计培训全科医师558名，社区护士507名。

【医政管理】全面开展第二周期等级医院评审工作，完成26家三级医院评审，市（州）卫生局上报二级医院69家，专科医院评审全面展开。举办无偿献血招募培训班及血站质量管理规范培训班，有力地推动了无偿献血工作，保证了血液安全。全省无偿献血比例达99%，其中自愿无偿献血比例达96%。严把医疗技术准入及医疗广告管理。受理审核医疗机构校验、执业登记注册申请60起，登记注册52家，受理审核变更登记注册申请76起，变更登记62家。受理医疗广告申请80件，审查并出具证明45件。济困病床覆盖全省，唇腭裂手术项目进展顺利。全省共设置济困病床3808张，其中省属医疗机构设置466张。年内省属医疗机构累计治疗济困病人15637人次，减免费用3626万余元。实施“微笑列车”唇腭裂手术项目，完成手术修复2737例。

【中医药工作】年内把中医药工作纳入重点卫生工作来抓，出台了新农合和城镇基本医疗保险的中医药优惠政策，加强了综合医院中医药工作。利用2587万元中央财政投资，实施了57个中医药服务能力建设项目。张掖等6个市中医医院管理体制逐步理顺，武威等6个市中医医院被列为全国中药制剂能力项目建设单位，天水市中西医结合医院被列为全国重点中西医结合医院建设单位，庆阳市、平凉市中医医院被列为国家重点中医医院项目建设单位。立项实施4所贫困县中医医院基础设施建设项目。有4个县确定为全国农村中医工作先进县，2个县被确定为全国农村中医工作先进县建设单位，2个县被确定为全省农村中医工作先进县建设单位，1个区被命名为全国中医药特色社区卫生服务示范区。省中医院、甘肃中医学院附属医院被评为三级甲等中医医院，庆阳等3所市中医医院被评为三级乙等中医医院。各市州开展了二级中医医院的评审。确定2008年度中医药科研项目50项，鉴定中医药科技成果15项。启动了第四批老中医药专家学术经验继承工作。对278名乡镇卫生院中医（中西医结合）医师和1732名乡村医生进行了培训。开展了“中医中药中国行”甘肃站大型科普宣传活动，营造了中医药工作良好的社会氛围。

【人才与科技教育】编制了《甘肃省卫生人才队伍建设中长期规划》。选拔50名专业技术骨干到国内技术力量雄厚的医疗机构进行研修；实施了省委组织部《陇原青年创新人才扶持计划》，选拔10名年纪轻、技术好、具有培养潜力的青年人才给予科研项目经费资助；实施了招聘执业医师到乡镇卫生院试点项目和医疗卫生大学毕业生进农村计划，为乡镇卫生院录用了400名医疗卫生专业大学生，聘用了160名执业医师；选拔来自全省基层县级医疗卫生机构的73人到省级医疗卫生机构进修深造，选派50名来自陇南市、甘南州地震灾区的县级医疗卫生机构的专业技术人员赴深圳进修深造。组织全省近3万名卫生专业人员初、中级资格考试和全省护理专业应届毕业生执业资格考试。顺利完成卫生专业高级职称评审工作，有841名专业技术人员取得了高级职称。

完成2008年度甘肃省科技计划项目的推荐工作，经省科技厅批准立项31项，获得研究经费110万元。完成2008年度国家科技支撑计划项目和国家“十一五”重大科技专项项目的推荐工作。完成2008年度甘肃医学科技奖评审工作，评选出一等奖2项，二等奖25项，三等奖17项；积极推荐甘肃省科学技术奖，共获省科技进步一等奖2项，二等奖6项，三等奖4项。确定省人民医院医学影像科等7个专科医师培训基地为我省首批专科医师培训达标基地，确定甘肃省人民医院和兰州大学第一医院及相应的两家社区卫生服务中心为全科医师培训基地。出台了《关于加强农村卫生机构在职人员学历教育工作的意见》，共招收农村卫生机构在职人员中专学历教育人员3703名，专科学历教育人员1150人。

【对外交流与合作】积极实施同美国、法国、挪威等国相关部门的卫生合作项目，共派出 22 名中青年临床医疗技术骨干和中层卫生管理人员赴国外研修学习。美国眼科医疗队志愿者在我省秦安县医院开展了为期一个月的白内障复明手术工作，共免费实施白内障复明手术 155 例；义诊诊疗眼病患者 351 人次；邀请了 11 批次的国外医疗技术专家和卫生管理官员来我省访问、讲学、洽谈合作事宜并进行业务指导。积极协调配合，确保巴基斯坦和印度尼西亚两支国际医疗队赴灾区开展抗震救灾工作。

【卫生信息化建设】逐步落实了新的卫生统计制度和卫生统计网络直报工作。根据卫生部要求，对国家 3 个样本县、5 个卫Ⅺ项目县和甘肃省扩大点的 30 个街道、30 个乡镇开展调查，顺利完成了第四次国家卫生服务调查任务。根据《全省卫生信息系统建设方案》，组织实施了应急指挥中心和基础设施建设工程。年内完成了突发公共卫生事件医疗救治信息系统、卫生监督信息系统、疾病监测信息系统、卫生统计信息直报系统、新型农村合作医疗信息系统、全省视频会议系统、办公自动化等的实施工作。完成了省卫生厅门户网站的改版工作。

【卫生宣传教育和行风建设】在卫生新闻宣传工作方面，以参与突发事件处置、中医药、卫生惠民政策、政府实事等重点卫生工作为主体，突出加强卫生改革和发展政策的宣传和解读，着力协调中央驻甘、省和兰州市主要新闻媒体，营造卫生工作良好的外部环境。年内编发《卫生新闻通报》132 期，对重点卫生工作推荐由省政府新闻办召开新闻发布会 2 次。李丽同志入选“2008 感动甘肃”十大陇人骄子。组织了大型防艾现代秦剧《百合花开》的全省巡回演出，该剧年内还获得了第四届中国秦腔艺术节综合一等奖，导演、作曲、表演单项一等奖。努力提高《甘肃卫生》杂志的编辑出版水平，全年完成 6 期正刊和专题反映抗震救灾和中医药工作的 3 期专刊。

在全省各医疗卫生单位开展了“作风建设年”活动。各医疗机构认真落实医务公开制度、医疗服务项目和药品价格公示制度，严格执行“一日费用清单制”。认真执行《甘肃省医务人员医德考评制度实施办法》，全省已实行医德考评制度的公立医疗机构有 207 家。年内全省二级以上医疗机构有 178 家推行了院务公开制度，占全省二级以上医疗机构总数的 96%。规范医务人员行医用药行为，坚决制止滥检查、乱收费现象。巩固专项治理成果，大力开展治理医药购销领域商业贿赂宣传教育工作。医务人员上交“红包”497 人次；查处乱收费问题 7 起。全省药品集中招标采购的医疗机构达 346 家，占应参加药品集中采购的医疗机构数的 89%。集中采购药品总金额 13.62 亿元，占医院用药总金额 20.25 亿元的 67%，医院参加集中采购医疗器械总金额 3.1 亿元，占医院采购医疗器械总金额的 71%。省级医疗单位药品收入占医院收入比例已下降到 40.3%，有效控制了药品价格。

人口与计划生育

【综述】2008 年，全省各级党委政府和人口计生部门坚持以科学发展观为指导，认真贯彻《中共中央国务院关于全面加强人口和计划生育工作统筹解决人口问题的决定》精神，全力平抑人口出生高峰，稳定低生育水平，人口计生工作总体上保持了健康发展的良好势头。

全省年末常住人口 2628.12 万人，全年出生 34.71 万人，人口出生率 13.22‰，人口自增率 6.54‰，比上年增长了 0.05 个千分点，圆满完成了省委、省政府确定的人口自增率控制在 7‰以内的年度人口计划。

【学习实践科学发展观活动】按照中央、省委统一部署和国家人口计生委指导意见，省人口委以“学习实践科学发展观，统筹解决人口问题”为主题，扎实推进学习实践活动。组织开展了“解放思想大讨论”、基层调研和“我为科学发展建言献策”等活动，广泛征求社会各界意见。紧扣主题召开领导班子民主生活会、支部组织生活会，对领导班子分析检查报告进行评议，认真查找突出问题。研究制定整改方案，坚持边学边改，突出实践特色，努力构建统筹解决人口问题的新机制。据测评，全委干部职工和离退休老同志对学习实践活动的满意率 98%，基本满意率 100%。

【扎实做好抗灾救灾等工作】面对“5•12”汶川特大地震、“3•14”打砸抢事件和“三鹿奶粉”事件等重大突发事件，省人口委迅速组织全系统快速反应，积极参与救灾抢险、受灾设施恢复重建和患病婴儿筛查等工作。派出工作组深入调查受灾情况，争取国家人口计生委增拨救灾款 150 万元。给陇南、甘南、天水、平凉等市（州）紧急增拨 35 万元，调拨车辆和帐篷、棉被等救灾物资。动员全系统干部职工为灾区捐款 308.94 万元、捐物 3.26 万件，慰问受灾计生“两户”家庭 1.28 万户。在省直部门第一个完成《灾后恢复重建规划编制工作指导意见》，协调深圳市人口计生委对 4 个受灾极重县（区）进行对口支援；帮助打砸抢事件中遭受严重损失的甘南州 24 个乡（镇）恢复工作；协助卫生部门在全省排查“三鹿奶粉”患病儿童，配合“微笑列车”行动筛查唇腭裂患者 1.4 万人。

【积极协调落实扩大内需建设项目】认真贯彻落实省委、省政府“发展抓项目”的重大决策，抓住中央进一步扩大内需、促进经济平稳较快增长和保民生、保增长、保稳定的机遇，迅速行动，积极协调落实新增中央投资项目。在咸省长带领下，专程到国家人口计生委、国家发改委争取项目和资金。2008年，从中央新增10亿元计划生育服务体系建设投资中争取到4930万元，列入规划的2个县级计划生育服务站、161个乡（镇）中心服务所正在抓紧建设。

【举办纪念改革开放30周年活动】召开了纪念改革开放30周年甘肃省人口计生工作座谈会，举办了甘肃省首届人口发展论坛，编辑出版了《画册》和《论文集》，开展了有奖征文活动，全方位、多层次、宽视角地回顾了改革开放30年来我省人口和计划生育工作曲折、悲壮、辉煌的发展历程，全面、客观、系统地总结了取得的巨大成就和基本经验，更加坚定了以科学发展观为指导、统筹解决人口问题的决心和信心。

【"技术服务提高年"活动】2008年3月，省人口委下发《全省人口和计划生育技术服务提高年工作方案》，召开了县乡服务站（所）运行机制改革汇报会。开展国家和省级计划生育优质服务县创建活动，规范全国计划生育优质服务先进单位创建工作，又有5个县被国家人口计生委命名为"全国计划生育优质服务先进单位"。截止2008年底，全省被命名为"全国计划生育优质服务先进单位"的县（市、区）达23个，取得《医疗机构执业许可证》的县（乡）服务站（所）有595个。落实计划生育各项手术34万人，查环225万人次，查孕141万人次，产、术后随访74万人次。为已婚育龄妇女更换到期宫内节育器17.6万例。为360万名农村育龄妇女建立了健康档案，检查妇女病224万人次，确诊患病61万人。以一级预防为主的出生缺陷干预工作深入推进，优生检测7万人次，叶酸制剂投服率达到51%。

【计划生育利益导向机制】全省人口计生系统认真贯彻落实省政府《关于惠农政策中进一步体现人口和计划生育利益导向的通知》精神，在整村推进、以工代赈易地搬迁、农村低保、合作医疗、两免一补、沼气池建设、饮水工程、灾民建房、升学加分、招工招干等工作中，整合资金，对农村"两户"给予优先优惠和倾斜照顾。优先将13741户农村"两户"纳入全省农村特困群众危房改造工程范围。全省在高考中为3723名"两户"家庭子女加分，部分地区在招考公务员和事业单位人员中对计生户给予加分录取。各级计生协会积极开展生育关怀行动，扩大幸福工程项目点，进一步强化了计划生育利益导向作用。各相关部门，特别是签订责任书的12个部门，充分发挥职能优势，从政策、项目、资金等方面向农村计划生育家庭倾斜，进一步完善有利于人口计生工作的利益导向机制和政策体系。2008年，全省利益导向机制使467万计划生育家庭受益，涉及资金4.59亿元。

【流动人口服务管理】继续实行流动人口"两个互考"。进一步明确街道计生办和社区专管员的流动人口计划生育工作职责，探索出"以房管人、优质服务、区域协作、两地互通、信息支持"的新思路。以已婚育龄妇女为重点对象，强化流动人口现居住地的服务管理职能。进一步加强对基层使用国家流动人口信息交换平台的监管力度，在今年国家人口计生委的通报中我省再次位列全国各省区市前五名。省人口委被国家人口计生委评为全国流动人口计划生育工作先进单位。利用农民工返乡时机开展"流动人口关怀关爱"专项行动，全省各地共为流动人口及留守老人、儿童发放实物和困难补助金、慰问金合计441.07万元。

【依法行政工作】2008年9月26日，省人大第十一届人民代表大会常务委员会第五次会议审议通过了《甘肃省禁止非医学需要鉴定胎儿性别和选择性别终止妊娠规定》，从2009年1月1日起开始实施。省纪委、省委组织部、省人口委联合开展党员干部违法违纪超生问题查处和干部提拔任用中计划生育情况审核专项督查工作，严把干部提拔计生关。积极推进计划生育政务公开，建立奖励基金，开展"有奖举报"活动；开通"12356阳光计生热线"，公布维权电话，进一步完善计划生育监督工作机制。

【目标管理责任制考核】经省政府同意，2008年10月，省人口委组成6个考核调查队，对各市（州）考核评估结果进行了抽查。经综合考核评估，全省大部分市、县都较好地完成了2008年目标管理责任书规定的各项任务。省政府对酒泉市、张掖市、白银市、兰州市、嘉峪关市、庆阳市予以表彰。省人口和计划生育工作领导小组对通过国家人口计生委"计划生育优质服务先进单位"验收的白银区、合水县、肃南县、天祝县、崇信县5个县区予以表彰;对技术服务工作取得较大进展的肃州区、榆中县、临夏县、临潭县、秦州区、徽县6个县区授予优质服务奖;对流动人口计划生育服务管理有了新突破的泾川县、广河县、安宁区、西峰区、玉门市、凉州区6个县市区授予流动人口管理服务奖;对信息化建设工作基础较好的临泽县、靖远县、渭源县、静宁县、宁县、舟曲县、武都区7个县区授予信息化建设奖;对基层基础工作力度较大、成效明显的甘州区、清水县、景泰县、通渭县、金川区5个县区授予基层基础工作奖;对落实部门人口和计划生育工作目标责任成绩突出的省扶贫办、省民政厅、省卫生厅3个部门评为一等奖;对落实了工作责任的省教育厅、省水利厅、省农牧厅、省劳动和社会保障厅、省公安厅、省妇联6个部门评为二等奖;对完成了主要工作任务的省工商局、省食品药品监督管理局、省商务厅3个部门评为三等奖。

劳动和社会保障

【抗震救灾工作】全省各级劳动保障部门坚持把抗震救灾作为特殊而重要的政治任务，牢固树立全局意识，大力弘扬“一方有难、八方支援”的精神，以实际行动积极支持抗震救灾和灾后重建工作。一是加强政策扶持。省劳动保障厅制定下发了《关于在抗震救灾中全力做好就业和社会保障工作的紧急通知》、《关于进一步做好抗震救灾中劳动保障工作以实际行动支援灾区重建家园的意见》，与财政厅联合下发了《关于甘肃省地震灾区就业援助工作具体方案的通知》。二是积极捐款捐物。省劳动保障厅累计为灾区捐款 84621.2 元，交纳特殊党费 103803 元，捐物 3033 件（套），安排灾后重建资金 99 万元。各地就业服务和劳务工作机构向甘肃受灾严重的陇南市和甘南州捐款 86.7 万元。三是开展对口援助。认真落实深圳市与省政府签订的对口就业援助协议，协调组织 12 个市州劳务办、就业服务机构向陇南市、甘南州提供就业岗位，援助办公设备，捐赠救灾物资；组织取得国家职业资格证书的心理咨询师赴灾区开展心理救助活动；分 11 批向深圳市输送陇南市务工人员 4537 人。四是启动灾后重建。编制上报了全省就业和社会保障公共服务系统重建规划，多次赴人力资源和社会保障部汇报甘肃省抗震救灾、受灾市县就业和社会保障公共服务系统重建工作，重建规划已经国家发改委批复实施。

【就业再就业工作】全省城镇新增就业 25.6 万人，比上年增长 13%；下岗失业人员再就业 11.7 万人，比上年增长 27%；就业困难对象再就业 4.8 万人，比上年增长 33%；城镇登记失业率控制在 3.1%以内。一是政策扶持就业。省政府下发了《关于进一步做好促进就业工作的通知》，省劳动保障厅制定下发了就业登记和失业登记管理办法、再就业援助等配套政策。认真落实再就业各项扶持政策，全省新增小额担保贷款基金 5619.6 万元，新发放贷款 3 亿元；发放职业介绍、职业培训、职业技能鉴定、公益性岗位和社会保险补贴 4.7 亿元。运用失业保险基金为甘南州藏区 254 户受损商户发放生活困难补助金 197.53 万元。二是培训提升就业。全省就业再就业培训 15.5 万人，有 8.1 万人实现就业，培训就业率达到 54%；组织创业培训 1.6 万人，有 4850 人实现就业，创业成功率达到 30%。新培养技师、高级技师 2000 名，完成全年计划的 100%。共有 15.13 万人参加职业技能鉴定，其中为农民工开展技能鉴定 5.99 万人。三是服务稳定就业。组织开展“再就业援助月”、“春风行动”、民营企业招聘周、高校毕业生就业服务月进校园等就业服务专项行动，帮助 1.1 万名就业困难人员、1 万名登记失业高校毕业生实现就业，安置 3961 户零就业家庭中的 4043 人就业。四是创业带动就业。启动“创业甘肃”主题活动，举办小额担保贷款集中发放月、首届大学生创业策划大赛活动，努力营造自主创业和全民创业的良好氛围，全年共有 2.68 万人通过创业实现就业，带动 8.1 万人就业。

【社会保障体系建设】全省城镇企业基本养老、失业、城镇职工基本医疗、工伤和生育保险参保人数分别为 156 万人、163 万人、249 万人、109 万人和 59 万人，分别比上年增长 5.5%、0.1%、12.44%、11.03%和 21.93%。城镇居民基本医疗保险参保人数达到 279.69 万人，参保率为 88%，超额完成参保率达到 80%以上的目标任务。共征缴社会保险基金 111.61 亿元，超额完成全年目标任务。全省企业离退休人员实现社会化管理服务人数为 63.81 万人，社会化管理服务率为 100%，其中社区管理率为 72%。一是继续完善制度。指导庆阳市出台了《未参保集体企业参加基本养老保险社会统筹的指导意见》，完善了参保缴费政策，建立了筹资机制。在金昌、嘉峪关市开展了扩大失业保险基金支出范围试点。省政府批转了《地方关闭破产国有企业退休人员参加城镇职工基本医疗保险实施方案》，对关闭破产国有企业退休人员医疗保障问题予以明确。省委、省政府办公厅下发了《甘肃省村干部基本养老保险试行办法》，启动了村干部养老保险工作。研究制定了《关于推动甘肃省企业年金工作发展的指导意见》。城镇未参保集体企业参加城镇职工基本养老保险办法、城镇职工基本医疗保险、失业保险市级统筹办法、“老工伤”纳入工伤保险统筹管理的意见等 10 个关于完善社会保险制度的办法措施、实施意见初步形成。二是提高待遇标准。完成了 2008 年企业退休（职）人员基本养老金调整和发放工作。调整提高了失业保险金、省直机关事业单位职工医疗保险待遇、全省企业职工和退休人员因病非因工死亡一次性丧葬补助费和一次性抚恤费标准、企业因工伤残职工和因工死亡职工供养亲属工伤保险待遇标准。在深入调研测算的基础上，借鉴周边省市的做法，首次统一建立和提高了企业离退休人员冬季取暖费补贴统一纳入基本养老保险统筹基金支付，人均补助 700 元。三是强化基金监督。在全省范围内开展个人账户管理情况专项检查和社会保险基金专项治理活动。制定了《甘肃省社会保险内控制度实施细则》，下发了《关于进一步统一和规范社会保险费缴费基数有关问题的通知》。建立完善各险种经办业务规程，严格审核审批制度。针对财政部驻甘专员办、审计署驻兰特派办、省审计厅先后 4 次审计检查中指出的 85 个具体问题，制定整改方案，跟踪督查落实，目前已整改 71 个，占到应整改问题的 83.53%。

【劳务经济】全省共输转城乡富余劳动力 425.91 万人，比上年增长 8.81%；有组织输转 183.52 万人，比上年增长11.47%，有组织输转率为43.08%；创劳务收入256.36亿元，比上年增长28.11%。一是加强政策指导。根据省委、省政府《关于启动六大行动促进农民增收的实施意见》和省政府分管领导的要求，起草制定了《甘肃省劳务经济发展三年规划》。省劳动保障厅牵头，会同有关部门制定了强化职业技能培训、加强农民工就业指导服务、维护农民工权益等三个《实施方案》。二是加强劳务协作。在省政府分管领导带领下，赴广东、深圳进行了劳务考察。省劳动保障厅组团参加了十五届津洽会、乡镇企业和中小企业东西合作经贸洽谈会，签订了44.2万人的用工协议；组团赴新疆进行劳务合作考察，签订了劳务合作协议，与发达地区15个省市区劳动保障部门签订了劳务合作备忘录。在杭州、南通、西宁三市新建了劳务管理站，在天津市新建了3个劳务输转基地和劳务培训基地。三是加强技能培训。组织实施农村劳动力技能培训计划，全年全省共培训农村劳动力215万人，其中引导性培训155万人，技能培训60万人。四是拓展境外输转。以政府境外劳务管理机构为依托，采取政府组织、劳务经纪人牵线、务工人员结对外出等方式，使全省境外就业人员达到8480人。五是加大农民工工作力度。组织开展农民工工资支付情况专项检查，责令956户拖欠农民工工资的用人单位为6.55万名农民工支付工资3928.78万元，向社会公布欠薪严重的违法单位17户。继续开展农民工参加工伤保险“平安计划”和大病医疗保障扩面专项行动，全省共有21万名农民工参加工伤保险，有6万名农民工参加医疗保险。

【构建和谐劳动关系】认真贯彻《劳动合同法》、《劳动争议调解仲裁法》和《劳动合同法实施条例》，依法实施调处，劳动关系总体和谐稳定。一是提高劳动合同签订率。拟定了《甘肃省劳动用工备案管理办法》，组织开展全面推进劳动合同制度三年行动计划、春暖行动、“劳动关系和谐企业”创建活动，全省国有企业、集体企业和非公企业劳动合同签订率分别达到99.6%、90.4%和73.8%。二是重视工资正常调整和支付保障。调整了全省最低工资标准，强化了低收入人群的生活保障。全力推进解决企业拖欠职工工资工作，14个市州和中央在甘、省属企业职工工资历史清欠任务基本完成。全省共有11个市州建立了建设领域农民工工资保证金制度，存储工资保证金4150万元。三是加大劳动争议调处和劳动保障执法监察力度。全省各级劳动争议仲裁委员会共受理劳动争议案件2620件，结案率达到91%；省劳动保障厅共接待群众来信来访1786件，涉及职工群众19276人（次）。组织开展“全省劳动保障监察执法年”活动，集中组织开展农民工工资支付情况、人力资源市场秩序清理整顿、整治非法用工、打击违法犯罪、《劳动合同法》实施情况专项检查活动，查处举报投诉案件3718件，维护了劳动者合法权益。四是做好破产改制企业安置方案审核工作。先后参与了靖远煤业公司红会四矿、一矿和兰州手扶拖拉机厂、兰州通用机器厂、中国四冶西北建筑安装工程公司破产清算工作，对政策性关闭破产企业的5336名提前退休人员档案进行了审核，共为2258名提前退休人员办理了退休手续。

【劳动保障能力建设】一是加快项目建设。金保工程一期建设实现了省市网络贯通，劳动保障视频会议系统开通启用，“12333”电话咨询系统建设通过公开招标，完成了政府采购、设备安装、人员招聘和业务培训工作，面向社会正式开通。积极实施中欧社会保障合作项目，开展了社会保险经办业务培训。重视人力资源市场和社会保障服务中心建设，落实省级人力资源和社会保障服务中心建设资金2700万元。二是加强干部队伍作风建设。制定下发了《关于深入学习贯彻党的十七大精神的实施意见》，举办了专题辅导报告会和厅系统处级干部学习贯彻党的十七大精神培训班。深入开展“继续解放思想、推动科学发展”大讨论和“创建和谐机关、培育和谐团队”、“行风政风评议”、争创“优质服务窗口”等活动，切实加强机关作风和干部队伍作风建设，干部职工工作作风进一步改进。三是加强党风廉政建设。下发了《省劳动保障厅贯彻落实建立健全惩治和预防腐败体系2008—2012年工作规划的实施方案》，深化廉政教育，完善制度建设，严格责任考核，促进了党员干部廉洁从政。

【学习实践科学发展观活动】按照甘肃省委的统一部署，厅党组把学习实践科学发展观活动摆上重要日程，加强领导、精心组织，严格程序、扎实推进，坚持标准、保证质量，使学习实践科学发展观活动收到明显成效。一是提高了思想认识。通过学习讨论，党员干部进一步解放了思想，更新了观念，牢固树立科学发展观在劳动保障工作中的指导地位，进一步增强了贯彻落实科学发展观的自觉性和坚定性。二是着力解决实际问题。坚持边学边改，边查边改，即知即改，进一步完善了就业补助资金和小额担保贷款以奖代补的机制；将企业离退休人员冬季采暖费统一纳入基本养老保险统筹，用足用活了政策；配合省委组织部研究制定了《甘肃省村干部养老保险试行办法》，在农村社会保障制度建设上迈出了新步伐。三是理清了发展思路。通过深入检查分析，厅党组提出了“立足甘肃省情，走出一条推进城乡统筹就业、城乡社会保障体系建设、构建城乡和谐劳动关系三个一体化新路子”的总体工作思路。四是完善了体制机制。围绕保障和改善民生，创新完善了“三项体制”、“三个机制”，即创新完善统筹城乡就业体制、城乡社会保障体制、收入分配体制，劳动关系调处长效机制、劳动保障工作机制和劳动保障管理监督机制。

地县概况

兰州市

【现任主要领导】
中共兰州市委书记：陆武成
兰州市市人大常委会主任：哈全玉
兰州市市人民政府市长：张津梁
政协兰州市委员会主席：左灿湘
中共兰州市纪律检查委员会书记：徐伟

【基本情况】兰州是甘肃省省会，位于祖国西部三大高原交汇处，是全省的政治、经济、文化中心。兰州地处黄河上游、甘肃省中部及我国陆域版图的几何中心，是西陇海兰新线经济带的重要支撑点和辐射源，也是新亚欧大陆桥通往中亚、西亚和欧洲的国际大通道和陆路口岸。总面积 1.31 万平方公里，市区面积 1631.6 平方公里。兰州深居大陆腹地，市区东西黄河穿城而过，南北群山环抱，属中温带大陆性气候。户籍总人口 331.01 万人，非农业人口 201.63 万人，共有汉、回、满、藏、东乡、裕固等 52 个民族，人口密度 252 人/平方公里。现辖永登、榆中、皋兰 3 县和城关、七里河、安宁、西固、红古 5 区，有 27 个乡、34 个镇、52 个街道办事处。

【资源优势】境内探明的有黑色金属、有色金属、贵金属、稀土等 35 个矿种，极具潜在经济开发价值。兰州水力资源丰富，以兰州为中心的黄河上游干流段可建 25 座大中型水电站，现已建成刘家峡、八盘峡、盐锅峡和大峡等水电站。兰州是闻名全国的“瓜果城”，盛产白兰瓜、黄河蜜瓜、软儿梨、白粉桃等瓜果，百合、黑瓜子、玫瑰、水烟等土特产品蜚声中外，素有“看景下杭州、品瓜上兰州”之说。兰州的旅游资源有着广阔的开发前景。兰州是丝绸之路大旅游区的中心，东有天水麦积山、平凉崆峒山，西有永靖炳灵寺，南有夏河拉卜楞寺，北有敦煌莫高窟。市域内有我国保存最为完好的土司衙门--鲁土司衙门，有“天下黄河第一桥”--中山铁桥，有“陇右第一名山”--兴隆山，有国家级森林公园--吐鲁沟、石佛沟、徐家山，有“母亲河、生命河”的象征—黄河母亲雕像。

【国民经济】2008 年全市完成生产总值 846.28 亿元，比上年增长 11.51%，其中第一、二、三次产业增加值分别为 28.1 亿元、398.25 亿元和 419.93 亿元，同比分别增长 5.71%、11.43%和 11.96%，三次产业的比例为 3.32：47.06：49.62。全社会固定资产投资完成 431.98 亿元，同比增长 20.46%。全市实现社会消费品零售总额 395.04 亿元,同比增长 17.03%。完成大口径财政收入 152.44 亿元，同比增长 19.05%；一般预算收入 50.86 亿元，同比增长 25.44%。一般预算支出 99.56 亿元，同比增长 19.52%。

【项目建设】全年签约各类国内合同项目 286 项，引进国内资金 112.7 亿元。计划总投资 5000 万元以上项目中，其中新开工项目 103 个，比上年增长 24%。蓝星公司 20 万吨甲醇、黄河柴家峡水电站等项目建成运营；兰铝自备电厂、长城制造研发生产基地等工程基本完工；连铝 25 万吨铝锭、兰州石化丁腈橡胶、城市电网建设与改造等项目建设进行中。

【新农村建设】特色优势产业和设施农业发展加快，高原夏菜种植布局进一步优化，品种结构和生产茬口更加符合市场需求。日光温室和塑料大棚等设施农业面积达到 7.03 万亩。蔬菜产量达 172.30 万吨，外销量达到 80 万吨。农村劳动力转移输出力度加大，各项支农、惠农政策全面落实，农民增收渠道进一步拓宽。农村教育、文化、医疗、社会保障等社会事业也进入了加速发展时期。

【人民生活】城乡居民收入继续增加，生活水平进一步改善。2008 年城镇居民人均可支配收入 11677 元，同比增长 13.68%；人均消费性支出 9034 元，同比增长 12.22%；城镇居民家庭恩格尔系数为 37.97%。农民人均纯收入 3503 元，同比增长 12.89%；人均生活消费支出 2843 元，增长 17.48%；农村居民家庭恩格尔系数 45.2%。城乡居民储蓄存款余额达到 907.1 亿元，同比增长 29.62%。

【社会保障】社会保障体系进一步完善，社会保险覆盖范围不断扩大。扩大就业和促进再就业工作取得新成绩，就业渠道不断拓宽，安置下岗失业人员 2.49 万人。城镇登记失业人员 1.89 万人，城镇登记失业率为 2.8%。社会保险覆盖面不断扩大。全市参加养老保险的单位 3445 户，参保职工 22.68 万人；参加失业保险的企事业单位达到 4475 户，参保职工 57.7 万人;参加医疗保险人数为 68.63 万人。

【环境保护】人居环境得到较大改善，生态环境建设、大气污染综合整治和黄河水污染治理进一步加强，城区空气质量稳步好转，全年优良天数达到 268 天，水环境质量保持稳定，危险废物监管得到加强，城区声环境得到改善。

【社会事业】教育改革发展有了新的进展，全市积极落实“两免一补”政策，扩大教育救助覆盖面，优化学校办学条件，实施市属学校基础设施改造工程。各类学校在校学生 76.6 万人。其中，中等专业学校 8.3 万人，普通中学 20.8 万人，小学 23.5 万人。各级各类教育事业全面发展，义务教育整体水平稳步提高。学龄儿童入学率达 99.99¬%，普通初中升学率 84.02%。近郊四区高中阶段教育入学率达 94.02%。

“文化兰州”建设稳步推进，文艺创作演出创佳绩。交响音乐《中国交响乐之春》在国家大剧院成功上演；举办了 2008 年新年音乐会、黄河风情文化周、第四届秦腔艺术节等文艺演出活动；《大梦敦煌》赴欧洲巡演；黄河风情文化周暨第四届中国兰州水车节成功举办。

全面推进公共卫生体系建设。重点传染病得到有效预防控制。卫生应急机制建设得到加强，突发公共事件应急处置和重大活动医疗卫生保障工作取得新进展。以创建全国文明城市先进城市活动为契机，广泛开展爱国卫生运动。农村和基层卫生基础设施建设进一步强化，建成 70 所标准化村卫生所，服务能力和水平不断提高。全市拥有各级各类医疗卫生机构 2487 个，设置床位 17045 张，拥有卫生技术人员 26678 人，每千人拥有卫生技术人员 8.1 人。

城关区

【现任主要领导】

中共城关区委书记：金祥明

城关区人大常委会主任：李肃群

城关区人民政府区长：俞成辉

政协城关区委员会主席：李玉兰

中共城关区纪律检查委员会

书记：乔建新

【基本情况】城关区位于兰州河谷盆地东部，是黄河唯一穿城而过的省会城市中心区。区域总面积 220 平方公里，建成区面积 60 平方公里。行政管辖 24 个街道和 145 个社区、18 个行政村。区内有汉、回、满、蒙古、藏、维吾尔等 47 个民族，常住人口 98.67 万人。

城关区四季分明，气候温和，辖区有五泉山公园、白塔山公园、徐家山国家森林公园、兰州碑林等多处自然人文景区，更有水车博览园、黄河铁桥、百里黄河风情线等黄河文化胜境，具有西部山河之城、水车之都、丝路明珠的美誉。

【国民经济】2008 年是全面贯彻落实党的十七大精神的第一年，面对复杂的经济运行环境，在区委、区政府的正确领导下，全区上下坚持以科学发展观为统领，紧紧围绕建设和谐城关这一目标，大力实施“项目强区、科教兴区、三产富区、管理塑区、和谐安区”五大发展战略，国民经济持续健康发展。全区实现生产总值 296.51 亿元，同比增长 11.79%。其中，第一产业实现增加值 0.88 亿元，同比增长 0.5%；第二产业实现增加值 60.58 亿元，同比增长 10.97%；第三产业实现增加值 235.05 亿元，同比增长 12.05%。三次产业的比重为 0.3：20.43：79.27。全年一般预算收入完成 7.66 亿元，同比增长 19.19%。一般预算支出完成 13.03 亿元，同比增长 12.62%。

【项目建设】以项目建设为龙头，狠抓开放搞活创新，项目建设扎实推进，发展后劲进一步增强。38 个区列重点项目和 22 个市列城建项目进展顺利，西北永新化工园科研配套中心、兰州客运中心等 9 个项目全部完工，东部五期改造、国际太阳能技术促进转让中心等 28 个项目全面推进，庙滩子地区危旧房整体改造、国际会展中心、创意国际商贸城等 23 个项目完成前期工作，为今后开展大规模项目建设奠定了坚实基础。完成城市基础设施拆迁 18 万平方米，保证了大砂坪北出口等一批重大建设项目的顺利实施。招商引资再创佳绩。新签招商引资合同 65 项，引进到位资金 35.56 亿元，引资总量位居全市 8 县区前列。大润发超市、王府井百货、德国奔驰汽车服务中心和新东方科技教育集团等一大批国内外知名企业相继落户，实现了引进知名品牌企业的新突破。

【新农村建设】随着社会主义新农村建设的稳步推进，农业经济及农村生产生活条件不断进步。2008 年新增双垄全膜覆盖沟播栽培 1500 亩，总种植面积达到 3500 亩；推广无公害高原夏菜 2500 亩和特菜生产 1.1 万亩次；推广膜下微灌节水技术 400 亩。引进蔬菜、瓜类、粮食新品种 42 个，建成新品种新技术示范区 6 个、种植标准化示范基地 1 处，生产菜花苗 20 万株，种植菜花 600 亩，推动了蔬菜育苗向专业化、商品化、产业化方向发展，有效促进了农民增收。投资 300 万元，完成了 10 个村安全饮水“户户通”工程。投资 1736 万元，建成通村公路 6 条、卫生厕所 185 座、沼气池 150 座，改造农村危房 485 间。全面推进广播电视“村村通”工程，18 个村覆盖了农信通业务。

【人民生活】随着国家各项增资政策的逐步到位以及“低保”、“医保”政策等社会保障体系的进一步完善，居民收入稳步增加。全年城镇居民人均可支配收入达 11970 元，净增 1359 元，增长 12.81%；农民人均纯收入 9759.33 元，净增 985.33 元，增长 11.23%；城关地区在岗职工平均工资 25259 元，净增 2862 元，增长 14.75%。

【社会保障】随着就业渠道不断拓宽及社会保障水平的不断提高，就业和再就业工作不断迈上新台阶。安置 21701 人实现就业再就业，城镇登记失业率仅为 2.6%，比上年下降 0.59 个百分点。养老、医疗、专项救济、生育保险覆盖面不断扩大，全年养老保险参保总人数达35422人,其中城镇基本养老保险参保人数为33474人,农村基本养老保险参保人数为1948人。征缴养老保险费15182万元,发放基本养老金9136万元,基本养老金发放率为100%。参加基本医疗、工伤、生育保险人数分别为42254人、7575人和19210人。率先在全国实现了新型农村合作医疗与城镇居民基本医疗保险并轨,4666名农民享受到城镇居民基本医疗保险待遇。城乡低保工作有序开展。全区有27395人享受城市低保,1067名农民享受农村低保,全年共发放"低保"金6268万元。各种专项救济工作也扎实有效开展。为742名大病医疗求助人员安排209万元实施大病医疗求助,为低保家庭26881人发放采暖补贴642.57万元,并对1600名城乡特困居民及1312名区属企业退休买断困难人员发放慰问金158.72万元。

【环境保护】以生态文明建设为核心,以污染减排为目标,坚持源头控制、全面治理的工作原则,环境保护工作进一步加强。积极实施燃煤锅炉清洁能源改造,对35家50台燃煤锅炉、茶浴炉进行拆除、联片或改为清洁能源,削减二氧化硫排放量460.1吨、烟尘排放量287.4吨。积极推进"放心水工程"的实施,不断加大监管力度,实行重点检查和定期巡查,地面水水质达标率为100%。狠抓噪声污染防治工作,巩固提高"环境噪声达标区"质量,全年全区交通干线噪声平均值为68.9分贝,区域环境噪声昼间平均值为55.0分贝,使"环境噪声达标区"达到了国家二类区域声环境质量标准。严格执行《环境影响评价法》,努力控制新污染源的产生。全年共审批新、改、扩建项目14个,环境影响评价率和"三同时"制度执行率均达到100%。

【社会事业】科技事业加快发展。在"科教兴区"战略的有力推动下,科技事业持续进步。科技孵化器进一步发挥优势,入孵企业年销售收入达3.2亿元,创造利税5160万元。全年共推荐申报各类项目127项,取得扶持资金417万元。

教育事业不断进步。以全面实施素质教育为中心,狠抓教学质量,优化办学条件,各级各类教育事业全面发展。年末,辖区共有中小学135所,在校学生总数达123903人,教职员工8079人,其中专任教师6955人。有幼儿园98所,在园幼儿17507人,保教职工2126人。学龄儿童入学率及普通初中升学率均为100%。

文化事业繁荣发展。围绕"文化兰州"建设这一主题,文化事业进一步发展。成功组织开展兰州市第六届文化庙会、2008兰州首届冰雪旅游节鼓王狮王争霸赛、城关区首届残疾人运动会开幕式、奥运倒记时100天文体活动、汶川大地震抗震救灾活动等一系列文艺活动。

七里河区

【现任主要领导】

中共七里河区区委书记:赵建利

七里河区人大常委会主任:王光达

七里河区人民政府区长:郭平

政协七里河区委员会主席:巴怀亮

中共七里河区纪律检查委员会

书记:金安众

【基本情况】七里河区位于兰州市中南部,东与城关区交界,东南和榆中县接壤,南靠临洮县,西邻西固区、永靖县,北濒黄河。东西长21公里,南北宽33公里,总面积394.92平方公里。现辖西园、西湖、西站、土门墩、敦煌路、建兰路、龚家湾、晏家坪、秀川9个街道,黄峪、魏岭2个乡,阿干、八里、彭家坪、西果园4个镇。有65个村民委员会、76个社区居民委员会。2008年底,全区户籍人口47.32万人,其中,城区38.68万人,人口密度1276人/平方公里。有汉、回、满、藏等32个民族。

【资源优势】矿产资源:主要有煤炭、石英石、坩泥、石灰石、沙矿、路标石等矿产资源。

主要旅游景点:石佛沟森林公园、大尖山风景区、西湖公园、西部欢乐园、黄河风情滨河路风景线等。

【国民经济】2008年,实现地区生产总值151.92亿元,同比增长14.48%。其中第一产业增加值2.74亿元,第二产业增加值87.31亿元,第三产业增加值61.87亿元,同比分别增长4.59%、16.55%、12.08%。社会消费品零售总额63.31亿元,增长22.92%。全社会固定资产投资63.26亿元,增长20%。实现地区性财政收入20.95亿元,增长30.1%;一般预算收入3.18亿元,增长17.4%。

【项目建设】全年共实施各类建设项目250项,新签招商引资项目35个,引进到位资金20.8亿元,阿干采煤沉陷区综合治理等投资5000万元以上的54个重点建设项目进展良好,重大项目完成投资47.5亿元。

【新农村建设】进一步优化农业资源,提高农业生产效益。支柱产业百合生产以发展无公害标准化生产为方向,品质得到提升,完成种植面积4.16万亩,农业产业化发展以基地建设为重点,依靠龙头企业带动,加快百合、蔬菜、奶牛等优势主导产业发展。

先后启动实施11条农村道路建设、8项水利工程、5所乡镇卫生院、15个村委会阵地建设,进一步改善农村基础设施和公用设施落后面貌。"因村制宜、一乡一业、一村一品",多层面、多角度强力推进新农村建设,先后完成总投资3500多万元各类建设项目86个。省市新农村试点村建设成效显著,王家坪村被评为省级先进试点村,完成马场、柳树湾两个市级试点村1006万元的14个项目建设,6个区级试点村建设进展顺利。

【人民生活】城乡居民收入继续增

加，生活水平进一步改善。2008 年全区城镇居民人均可支配收入 10464 元，比上年增加 1204 元，增长 13%；人均消费性支出 7606 元，增长 7.7%；城镇居民家庭恩格尔系数为 41.8%，上升 0.05 个百分点。农民人均纯收入 5450 元，比上年增加 552 元，增长 11.27%；人均生活消费支出 3578 元，增长 22.83%；农村居民家庭恩格尔系数 39.44%，比上年下降 0.83 个百分点。城乡居民的居住条件和生活质量进一步改善和提高，城乡居民人均住房面积分别达到 22.17 和 22.95 平方米。

【社会保障】新增就业人数 8221 人，城镇登记失业率控制在 3.35%以内。进一步完善社会保障体系建设，社会保险扩面征缴平稳增长，养老、医疗、失业、工伤、生育保险和低保政策全面落实，共发放低保、廉租房补贴、取暖补贴等各类保障资金 1.35 亿元；城镇医疗保险参保率 91.8%，农村新型合作医疗参合率 92.35%。

【生态建设】生态建设稳步推进，森林覆盖率 26.23%，绿化覆盖率 32%，城区绿地率 30.6%，人均公共绿地面积 8.2 平方米。对 29 家单位 34 台锅炉完成清洁能源改造，对 307 家餐饮单位进行全面整治，削减二氧化硫排放量 130.2 吨、化学需氧排放量 51.3 吨，全面完成节能减排任务，单位生产总值能耗降低 5%。

【社会事业】教育事业健康发展，实施了 2 所寄宿制学校建设、2 所学校排危改造、11 所农村学校“三改”工程。全辖区共有中小学 136 所，其中区属中学 15 所，小学 103 所。全辖区在校学生总数达 58231 人，教职员工 4134 人，其中专任教师 3682 人。全辖区共有幼儿园 48 所，在园幼儿 6745 人，教职员工 753 人。

文体基础设施进一步得到加强，组织开展了第五届“百合之声”群众演唱会、“邻里节”、奥运会火炬传递、残疾人运动会等群众性文体活动，极大丰富了群众文化生活。进一步加大“扫黄打非”力度，大力清查盗版、违禁书刊和音像制品，促进了文化市场健康有序的发展。

公共卫生服务体系不断完善，全国社区卫生服务示范区创建成果得到巩固，“三级防病保健网”功能和重大传染病预防控制能力不断提高，社会公共卫生建设提高到新的水平。2008 年年末，辖区内共有各类医疗卫生机构(含个体诊所)344 个，病床 4033 张，专业卫生技术人员 4499 人。

西固区

【现任主要领导】

中共西固区委书记：李虎林

西固区人大常委会主任：刘公明

西固区人民政府区长：张国一

政协西固区委员会主席：王刁军

中共西固区纪律检查委员会

书记：贯义翔

【基本情况】西固区为兰州市辖区，位于甘肃中部，东西长约 31 公里，南北宽约 29 公里，区域面积 385.02 平方公里，占全市土地面积的 2.94%。东南与七里河区和永靖县相邻，西北与红古区和永登县接壤，东北一部分与安宁区接壤，一部分以黄河为界，与安宁区隔河相望。地势西南高，东北低，南北两山向河谷川区倾斜，海拔在 1500 米至 2000 米之间。西固城距兰州市中心约 20 公里。兰青、兰新铁路、公路均交汇于此，兰海高速贯穿于境，省道、区乡公路四通八达，交通十分便利。西固区是国家“一五”期间重点投资新建的大型石油化工基地之一，素有“西部石化明珠”之称。全区人口 33.09 万人，其中城镇人口 27.14 万人。区境人口由汉、回、满、蒙古、藏等 27 个民族组成。汉族占绝大多数，回族满族次之，其他民族较少。区辖达川、河口、东川、柳泉、金沟、新城等五乡一镇，西柳沟、临洮街、西固城、四季青、福利路、先锋路、陈坪、新安路、新合路等九个街道。

【国民经济】2008 年，完成地区生产总值 179.1 亿元，同比增长 7.85%，一、二、三次产业分别实现增加值 1.91 亿元、130.42 亿元、46.76 亿元，同比分别增长 7.33%、6.01%、12.84%；完成全社会固定资产投资 66.08 亿元，同比增长 25.58%；实现社会消费品零售总额 46.18 亿元，同比增长 18.68%；完成一般财政收入 2.48 亿元。农民人均纯收入达到 6018 元，同比增长 12.3%；城镇居民人均可支配收入 12097 元，同比增长 14.37%。

【项目建设】全年实施投资亿元以上的项目 22 项，其中，10 万吨/年丁苯橡胶、20 万吨/年甲醇、柴家峡水电站等 5 个项目建成投产，丁腈橡胶、甲乙酮、大唐热电联产、1318 工程、五O四国产设备示范工程、黄河河口水电站等 17 个项目顺利实施。加大招商引资力度，全年签约项目 34 项，到位资金 35 亿元；南京金浦集团丁基橡胶和 C4 深加工、海洋石化燃油储运中心、石化产业物流园区等重大项目落户西固。完成新城工业园区区域环评，西固石化产业园纳入兰州高新区“一区多园”统一管理，为项目落户园区、产业集群发展奠定了基础。

【经济发展方式】更加重视服务业发展，制定出台《关于加快全区商务发展的决定》，加强政策引导和资金扶持，投入较大精力实施了一批三产项目，西固城商业步行街建设扎实推进，虹盛二期启动运营，农副大厦主体完工，西部市场三期、民生广场、华都天韵、西固石材市场、山丹街市场等项目进展顺利。制定出台《关于进一步鼓励支持和引导非公有制经济发展的意见》，着力扶持重点非公企业，搭建非公企业融资平台并提供 4000 万元贷款担保，有力促进了非公经济发展，全年实现增加值 31.40 亿元。狠抓节能减排，实施节能降耗项目11项，全年节能35万吨标准煤；采取综合治理措施，全年削减二氧化硫241吨、化学需氧量285吨。积极发展循环经济，实施4项循环经济示范项目；我区被列为全省循环经济试点示范城区。加强土地保护和管理，整理开发土地2790亩，查处违法用地案件22起。

【新农村建设】全年用于农村经济社会发展的资金达到4706万元。进一步优化农业种养结构，精细蔬菜种植面积保持稳定，新增百合1000亩、食用菌和韭黄等特色种植960亩，全年蔬菜产量达到18.86万吨；推广双垄全膜覆盖玉米2772亩、增产111万公斤；加快养殖业发展，扶持生猪、羊、家禽等各类养殖大户50户，建成规模化养殖小区8个，畜禽存栏总量达到42.3万头(只)；发展设施农业552亩，新增反季节蔬菜500亩。围绕产业发展，积极扶持龙头企业和农村经济合作组织，新组建农民专业合作社10个。

【社会事业】着力提高教育教学质量，全区高考上线率达83.93%，高中阶段学生入学率达92%；启动农村九年制学校建设工作，新城中心校的3所小学并入新城中学；建成柳泉中学教学楼，开工建设新安路小学教学楼和区青少年活动中心；认真落实“两免一补”政策，免补资金达434.7万元。重视科技工作，积极开展国家石化新材料产业化基地和可持续发展实验区的申报工作，建成西固科技人才库，完成12项科技项目和6项“金桥工程”项目。加大传染病防控力度，风疹、麻疹、手足口病得到有效控制；完成河口、金沟、东川3所乡镇卫生院和陈坪街道社区卫生服务中心改扩建工程；组织开展百名医生下乡支医活动。加强计划生育管理与服务，进一步巩固低生育水平，人口自然增长率为2.99‰。文明城市创建工作取得阶段性成效，通过了省考评组的检查验收。

【社会保障】积极落实就业再就业政策，强化职业技能培训，多渠道开发就业岗位，全年城镇新增就业7526人，其中政府购买公益性岗位安置200人、累计安置2005人，城镇登记失业率为2.8%；完成劳务输转23574人，创劳务收入1.2亿元。加大社会保险扩面力度，新型农村合作医疗参合率、城镇居民基本医疗保险参保率分别达到90.88%、88.08%，城镇基本养老保险、失业保险参保人数分别比上年增长30%、10%。提高城乡救助水平，农村低保标准由每人每年840元提高到1000元，累计发放城乡低保金4214万元；为441名城乡困难群众发放医疗救助金160万元；为城乡低收入家庭发放取暖补贴388万元；充分发挥区慈善总会的作用，募集资金563万元，对5644人实施了救助。开工建设经济适用房和廉租房24万平方米，为1322户城镇低收入住房困难家庭发放廉租房补贴428.4万元；完成了62户农村特困群众危房改造任务。

安宁区

【现任主要领导】

中共安宁区委书记：俞敬东

安宁区人大常委会主任:王永生

安宁区人民政府区长：严志坚

政协安宁区委员会主席：马玲媛

中共安宁区纪律检查委员会

书记：鲁生明

【基本情况】安宁区位于兰州市黄河北岸，是国家级经济技术开发区，全区总面积86.8平方公里，总耕地面积285公顷。区辖十里店、培黎、孔家崖、西路、银滩路、刘家堡、安宁堡、沙井驿8个街道，所辖12个行政村，44个社区。全区常住总人口23.55万人，其中农业人口3.84万人，城镇人口19.71万人。区内百里黄河风情线纵贯全境，十里桃乡久负盛名。

【国民经济】2008年，安宁区坚持抓增长、扩总量,全区地区生产总值保持高位增长，三次产业协调发展。全区实现生产总值50.01亿元，比上年增长23%。一、二、三次产业分别实现增加值0.23亿元、27.47亿元、22.31亿元，同比分别增长-1.01%、39.93%、9%。人均GDP达到21994元，比去年增加5894元，同比增长12.03%。完成全部工业总产值为80.1亿元，同比增长48.2%，实现工业增加值20.58亿元，同比增长44.8%；完成全社会固定资产投资56.35亿元，同比增长25%；实现社会消费品零售总额21.67亿元，同比增长19%；完成地区财政收入7.94亿元，同比增长51.46%；完成一般预算收入3.01亿元，同比增长50.37%。

【项目建设】“招强引税”效果显著，发展活力不断增强。创新招商方式，加大项目引进力度，先后签约引进了西部石油管道局总部、华能集团西北总部、新兰药总部、兰州深国投沃尔玛商业中心、康师傅饮品、奇正藏药、三森美居等40个知名品牌和强势企业，项目总投资163亿元，实际到位资金27.78亿元，同比增长36.31%，项目引进数和到位资金额居全市第一。加大项目服务力度，加速项目建设步伐，九州通医药、众友药业、长城机械、阳光炭素二期等19个项目已建成投产；连城铝业总部、蓝科石化、莫高酒业等32个项目正在建设；酒泉御苑、中和•教育世家、康师傅饮品、佛慈制药、新兰药总部等8个项目顺利启动。

【新农村建设】安宁区坚持发展生态农业、打造精品农业，努力提高农产品的商品化、市场化水平，桃、枣、辣椒等农产品成为全市乃至全省的知名品牌。加快实施“个十百”工程，都市生态园达到3个，精品休闲园达到10个，“农家乐”达到100个，都市生态园营业额达1100多万元，精品休闲园营业额达600多万元，“农家乐”营业额达800多万元，“农家乐”户均纯收入达到5万元。启动实施了安宁区鲜桃农业标准化示范项目，推广示范面积3500亩，总产值达737.5万元。

【人民生活】城乡居民收入继续增加，生活水平不断提高。随着安宁区经济持续快速健康发展，居民收入水平不断提高。2008年城镇单位在岗职工年平均工资达到26211元，比上年同期增加3862元，增长17.28%。2008年全区城镇居民人均可支配收入为10675.42元，同比增长16.4%；人均消费性支出为9923.22元，同比增长21%。2008年全区农民人均纯收入6158元，比上年增长13.3%；人均生活消费支出达6063元，同比增长12.13%。

【社会保障】社会保险工作稳步推进。全区养老保险、失业保险、医疗保险参保人数分别达到1450人、3644人、7897人，征缴基金分别达到1575万元、71.8万元、1372万元。全年为企业离退休人员发放基本养老金1371万元，发放率为100%，为符合条件的失业人员发放失业保险金873.61万元。

社会救助稳步推进，民生问题得到有效改善。全区享受城市低保的有4174户、9424人，累计发放保障金1227.43万元；救灾资金62万元，大病救助金111万元。全年用于解决民城乡群众实际困难的财政资金累计达到4500万元。

【环境保护】切实加强节能减排和环境保护工作，继续实施“特殊工程”、“蓝天计划”，有效控制新增污染源，全区人居环境进一步改善。加强烟尘控制区建设和监管，烟控区内锅炉烟尘浓度达标率100%。加强社会生活噪声和交通噪声控制，确保达标率达到100%。加强工业废气的治理，进一步提高工业污染源达标率，加大了对现有污染企业的监管力度，工业固体废物综合利用率100%，减少了工业废气和烟尘等有害物质对大气的污染。

【社会事业】科技创新积极推进。全方位开展产学研联合，全区高新技术产业规模不断扩大，科技创新能力得到快速提升，共争取各级各类科技计划项目42项，争取资金597万元；国家科技富民强县专项行动计划——安宁万亩桃基地建设及产业化综合开发项目，顺利通过国家验收；已建成1个大学科技园、5个孵化园，总面积达16.5万平方米。

教育工作开创新局面。实施“名校长”、“名师”工程，走出加速学校发展的新路子；转变办学观念，加大顶岗实习推荐力度，2008年职业教育校学生306人，毕业学生141人，就业141人，就业率为100%。全区纳入统计的大中专院校13所，其中大专以上院校8所，中专学校5所，2008年在校学生96622人，教职工9532人。全区共有中小学39所，在校学生24823人。

卫生事业全面健康发展。医疗卫生体制改革全面深化，医疗基地建设取得实效。深入推进“卫生进社区”活动，社区卫生服务中心达到6个，社区卫生服务站达到13个。全区共有医疗机构149个。

文化体育事业蓬勃发展。成功举办了冰雪旅游节、元宵节焰火晚会、兰州桃花节、兰州黄河文化旅游经贸洽谈会等大型节会，圆满完成了北京奥运火炬区内接力传递，被国家体育总局评为“全民健身与奥运同行活动先进集体”。

红古区

【现任主要领导】

中共红古区委书记：咸大明

红古区人大常委会主任：薛顺

红古区人民政府区长：陈静

政协红古区委员会主席：陈芦骐

中共红古区纪律检查委员会

书记：高文阳

【基本情况】红古区是兰州市的远郊区，位于甘青两省交界，东邻西固区、北接永登县，西南与永靖县及民和县隔河相望，处于连接甘青两省，肩挑兰州、西宁两大省会城市的独特区域位置。总面积535.14平方公里。109国道、甘青铁路、甘青高速公路穿越全境，大通河出享堂峡与湟水河相汇并穿越全境，属温带大陆季风性气候，境内有4条自流灌渠，灌溉面积达5.8万亩。户籍总人口14万，其中非农业人口9.18万人，共有汉、回、满、东乡、藏、土、壮、蒙古、朝鲜等18个民族，人口密度262人/平方公里。现辖红古乡、窑街、下窑、矿区3街道和海石湾、花庄、平安3镇共7个乡镇街道，18个社区居委会，38个村委会。

【资源优势】矿产资源：已查明的矿藏主要有黑色金属、有色金属、贵金属、非金属等11种，矿种主要有煤、石油、油叶岩、铁、沙金、超基性岩、石英闪长岩、煤矸石、砾石等。其中煤矿储量丰富，分别占全省的13%的和全市的88.7%。因资源优势而伴生的水泥制造业得天独厚，发展较好。水泥产量分别占全省和全市的8%和26%。

旅游资源：境内有12处历史文化遗址。海石湾恐龙化石遗址，是上世纪40年代中期出土的亚洲最大的恐龙化石，被中国著名古脊椎动物学家杨钟健先生命名为——马门溪龙，现藏中国古动物馆。红山大坪遗址和山城台遗址均为省级文物保护单位。自然旅游资源丰富，形成了以市民休闲度假游，现代农业观光游，特种养殖观光游，家庭旅游，民情风俗游，老年健康游，以乡村地域及农业相关的风土、风俗、风景组合形成的乡村风情为吸引目的的乡村旅游。

【国民经济】2008年，完成地区生产总值48.94亿元，同比增长19.75%，高于全市平均水平8.24个百分点。一、二、三次产业分别实现增加值4.62亿元、32.15亿元、12.17亿元，同比分别增长5.12%、25.95%、9.92%；完成全社会固定资产投资39.32亿元，同比增长19%；实现社会消费品零售总额12.23亿元，同比增长12.27%；全地区财政收入完成 3.59 亿元，同比增长 13.97%；一般预算收入完成 7532 万元，同比增长 18.9%。

【项目建设】全年签订招商引资项目 29 项，引进到位资金 9.63 亿元，同比增长 9.4%。总投资 80.6 亿元的中铝兰州分公司 26 万吨大型预焙槽电解铝项目和 90 万千瓦自备电厂建成投产；投资 1.79 亿元完成海石湾站场的征地拆迁改造。方大新材料科技股份有限公司新建 4000 吨特种石墨项目完成投资 1.2 亿元，方大炭素技改扩建、投资 1 亿元的金海天花园、平安水电站、恒源铬铁 2 万吨微炭铬铁生产线等重大项目完成主体工程。

【新农村建设】示范农业区建设水平明显提高。伊利集团花庄乳品 200 吨加工生产线、工业化育苗中心二期工程建成投产，花庄 6000 头奶牛繁育基地、亨华万头猪厂、核桃基地项目建设进展顺利，畜禽饲养总量达到 13 万头(只)。新农村建设有序推进，围绕新农村建设“3515”发展规划，组织实施了以村道硬化、市场建设、人饮工程、文化活动中心等一批重点项目，进一步改善了农村生产生活条件。3 个省、市级试点示范村确定的 17 个建设项目，已完成 14 项，完成投资 798 万元。

【人民生活】城乡居民收入稳步增加，生活水平进一步改善。2008 年全区城镇居民人均可支配收入 8647 元，比上年增加 1142 元，增长 15.22%；人均消费性支出 5845 元，增长 17.13%。城镇居民家庭恩格尔系数为 39.1%，下降 0.3 个百分点。农民人均纯收入 5904 元，比上年增加 595 元，增长 11.21%；人均生活消费支出 3681 元，增长 12.51%，农村居民家庭恩格尔系数为 40.8%，下降 0.2 个百分点。城乡居民储蓄存款余额达到 25.59 亿元，比年初增长 22.61%。城乡居民人均住房面积分别达到 25 和 29 平方米。移动电话和小灵通用户达到 50 部/百人，互联网用户达到 1308 户，占总户数的 2.8%。

【社会保障】进一步完善了社会保障体系，养老、失业、医疗、工伤、生育五大保险累计扩面 1790 人，城镇居民基本医疗保险参保率和新型农村合作医疗参合率分别达到 90%和 92.5%，分别报销医疗费用 309 万元和 252 万元。城市低保纳入范围 21.83 万人(次)，发放保障金 1817.66 万元、物价补贴 1090.87 万元；农村低保纳入保障范围 1085 人，累计发放保障金 58.88 万元。就业和再就业力度加大，城镇新增就业 3938 人，其中安置就业困难对象 406 人，26 户城镇零就业家庭实现 29 人就业，城镇登记失业率控制在 3.8%以内。

【环境保护】环境质量进一步提高，大气环境质量中总悬浮微粒年日均值好于二级的有 259 天，二氧化硫、氮氧化物全年好于二级。城市绿化覆盖率达到 19.4%，节能减排成效较好，万元 GDP 能耗达 2.32 吨标准煤，下降 5.1%，主要污染物排放控制在省市规定的指标之内。

【社会事业】科技事业进一步发展，科技队伍不断壮大，科技人员的素质显著提高。2008 年争取国家和省级科技项目 2 项，经费 7 万元，引进新品种 35 个，推广新技术 12 项，中铝兰州分公司被列为省级高新技术企业。2008 年末全区共有各类专业技术人员 6600 人，其中中、高级专业技术人员 3448 人。

深化教育改革，提高教育质量，促进教育公平，教育事业上新台阶。2008 年完成了 12 所学校的教育资源优化整合，新建校舍和改造中小学危房 13762 平方米。2008 年各类学校在校学生 1.77 万人。其中，普通中学 0.83 万人，小学 0.94 万人。学龄儿童入学率达 99.84%，普通初中升学率 99.99%，高中阶段教育入学率达 91%，高考上线率达到 68.87%。

文化事业取得新成就。不断加大对文化的投入，文化基础设施得到很大改善，城乡文化活动丰富多彩。2008 年末，全区共有公共文化机构 9 个，公共图书馆 1 所，藏书 3 万册。新建农家书屋 25 个。50 瓦-300 瓦的电视发射台 1 个。数字电视已做好 5000 户入户准备工作。

卫生事业不断加强。卫生应急体制、机制逐步建立，公共卫生医疗卫生的公益性增强。城乡医疗卫生条件明显改善，完成了 4 个乡镇卫生院危房改扩建工程，建成了国家药物维持治疗门诊和 1 个省级、4 个市级标准化村卫生所。实施农村卫生服务体系建设，新建改建乡镇卫生院 4 所、标准化村卫生室 5 所、社区卫生服务机构 13 个。拥有各类医疗卫生机构（含诊所、医务室、社区卫生服务站）144 个，其中基本医疗机构 59 个；诊所 85 所。卫生床位数 892 张，卫生技术人员 1465 人，其中执业(助理)医师 342 人。每百人拥有卫生技术人员 1 人。

永登县

【现任主要领导】

中共永登县委书记：李彦龙

永登县人大常委会主任：张礼才

永登县人民政府县长：魏旭昶

政协永登县委员会主席：史存瑞

中共永登县纪律检查委员会书记：田丰

【基本情况】永登县位于甘肃省中部，兰州市西北部，是古“丝绸之路”的重镇，河西走廊的门户。全县总面积 6090 平方公里，现辖 13 个镇、5 个乡、11 个居委会、240 个村委会和 1519 个村民小组，共有户籍人口 51.61 万人。

【国民经济】2008 年，全县生产总值突破 60 亿元大关，达到 61.84 亿元，同比增长 12%，连续六年保持两位数增长，一、二、三次产业分别实现增加值 7.55 亿元、32.27 亿元、22.02 亿元，同比分别增长 5.94%、13.02%、12.5%。实现工业增加值 29.17 亿元，增长 12.13%。全社会固定资产投资

25.46 亿元，增长 19.28%。一般预算收入 2.19 亿元，增长 16.6%；一般预算支出达到 8.36 亿元，增长 33.7%。社会消费品零售总额 7.79 亿元，增长 12.7%。城乡居民储蓄存款余额 32.37 亿元，比年初增长 22.99%。

【项目建设】通过积极争取国家项目资金和全方位招商引资“双轮”驱动，2008 年共落实国家和省、市项目 75 个，到位资金 1.24 亿元；签约招商引资项目 30 个，总投资 54.1 亿元，到位资金 8.2 亿元。一大批骨干能源建设项目和重大基础设施建设项目成为县域经济发展的新支撑，总投资 8 亿元的大通河天王沟、铁城水电站建成并网发电，连城二级水电站土建工程基本完工；总投资 15 亿元的武胜驿 750KV 和河桥 330KV 变电站等项目相继动工建设；概算投资 58.69 亿元的永古高速公路改造工程正式开工建设；总投资 10.4 亿元的中川机场扩建项目完成 10 个停机位建设。空港产业基地建设迈出新步伐，总投资 1.38 亿元、总长 9.42 公里的“三纵两横”五条主次干道建成通车，总投资 2064 万元的尖山庙水库建成蓄水，总投资 3000 万元的中川自来水厂完成建设任务。吉利汽车实现批量生产，年产量达到 10000 辆。

【新农村建设】2008 年，农业种植结构趋于合理，粮经饲三元结构比例达到 69：21：10，粮食生产获得好收成，总产量达到 1.71 亿公斤，比上年增长 1.5%。完成蔬菜面积 9 万亩，蔬菜产量达到 236682.4 吨，增长 7.1%。特色产业上，红提葡萄面积达到 3400 亩，产量达到 200 万公斤，实现收入 3200 万元。畜牧养殖业健康稳步发展。2008 年，全县大牲畜存栏合计 3.08 万头（匹），其中牛存栏 1.13 万头，猪存栏 9.84 万头，羊存栏 24.67 万只，禽类 62.61 万只。在干旱山区成功推广双垄全膜覆盖种植面 1.1 万亩，带动受益地区农民增收 3550 万元。在引大灌区加快实施农业综合开发，投资 2200 多万元，新发展设施农业 1702 亩，新建调蓄水塘 300 座。输转农村富余劳动力 10.2 万人(次)，创劳务收入 5.1 亿元。新农村试点示范村建设成效显著，在引大灌区重点安排省市级试点示范村，形成连线成片的新农村建设新格局。省级新农村建设试点村红玉村已顺利通过省市验收，秦川保家窑和上川黄茨滩 2 个市级试点村、中川陈家井和秦川西小川 2 个市级扶持发展村大部分项目已完工，5 个县级试点村（企地共建村）、18 个乡级试点村建设工作全部完成。

【人民生活】城乡居民收入继续增加，生活水平进一步改善。农民人均纯收入达到 2693 元，增长 13.4%；城镇居民人均家庭总收入为 6536 元，其中：人均可支配收入达到 6081 元，增长 13.6%。随着消费水平的提高，城乡居民现金支出水平双方快速增长。城镇居民家庭总支出为 6370 元，增长 13.59%。

【环境保护】2008 年，县委、县政府紧紧围绕“十一五”两个约束性指标，突出抓好节能降耗工作。2008 年，全县能源消费总量 358.12 万吨标准煤，比上年下降 3.46%；万元 GDP 能耗 6.46 吨标准煤，比上年下降 8.54%；重点实施了连铝工业废水零排放项目、腾达西铁高温烟气余热利用项目，完成连城电厂 1、2 号机组关停工作，坚决关闭取缔了一批“五小”企业落后生产工艺和设备，全面完成了年度节能减排目标。完成三北四期工程 2000 亩、农田林网 5000 亩、经济林 6207 亩和退耕还林 5000 亩。

【社会保障】加快廉租住房建设，投资 958 万元的全县第一幢廉租住房“惠民花苑”1 号楼已进入主体施工阶段。完善社会保障体系建设，共发放城市居民低保金和临时补贴 1132 万元，农村低保金 1101 万元，城乡医疗救助资金 530 万元。新型农村合作医疗工作规范运行，参合率达到 94.6%。全面落实各项就业再就业优惠政策，累计支出各种再就业资金 1302 万元，安置下岗失业人员 2092 名，城镇新增就业 4180 人。投入资金 397 万元，实施农村危房改造及灾民建房 511 户；发放春荒救灾资金及“三孤”人员临时补贴 488 万元，救助人数达 10.4 万人（次）。

【社会事业】精神文明创建活动成效显著。广大群众的文明素质和城乡文明程度不断提升，永登县被省委、省政府命名为“全省精神文明建设先进县”。

文化旅游事业进一步繁荣。新建“农家书屋”100 家，无线大功率广播电视覆盖工程建成并投入使用。总投资 2219 万元的世行贷款鲁土司衙门旅游基础设施建设项目顺利启动，吐鲁沟国家森林公园二期改造工程和大通河生态游乐园一期工程建设进展顺利。成功举办了首届“中国玫瑰之乡•永登苦水旅游节”。

教育事业稳步发展。2008 年各类学校在校学生 8.01 万人。学龄儿童入学率达 99.99%，普通初中升学率 100%，高中阶段教育入学率达 54.8%。全面落实“两免一补”政策，共发放补助资金 2988 万元，两基成果进一步巩固。

城乡医疗卫生服务体系进一步完善。2008 年拥有各类医疗卫生机构 550 个。卫生床位数 993 张，卫生技术人员 950 人，其中执业(助理)医师 530 人。每千人拥有卫生技术人员 1.85 人疾病预防控制工作扎实开展，手足口病防治成效显著。

皋兰县

【现任主要领导】

中共皋兰县委书记：毛仁

皋兰县人大常委会主任：张恩玉

皋兰县人民政府县长：宗满德

政协皋兰县委员会主席：朱宗义

中共皋兰县纪律检查委员会

书记：常千宗

【基本情况】皋兰县辖 3 乡 4 镇，总人口 18 万人。国土总面积 2556 平方公里，耕地面积43.56万亩，其中水地面积21.56万亩，人均1.4亩。平均海拔1600米，年均气温7.2度，年均降水量260毫米。气候温和，四季分明。县境与省城兰州、铜城白银和中川航空港零距离接壤，县城距兰州35公里、白银29公里,距兰州中川机场30公里，是兰州1小时经济圈的重要节点。交通四通八达。包兰铁路纵贯全境，白兰、柳忠、兰海高速公路，国道109线、312线和省道214线、201线贯通全县，乡村道路全部硬化。已经开通兰州至什川黄河豪华游轮航线。

【资源优势】土地、水力、电力资源：县境南部区域九合至什川共有近30万亩土地可供开发，三川口工业园有连片土地1万亩，北龙口物流经济开发园区有可开发利用土地近万亩，与兰州经济开发区和西固石化城相接壤的南部区域可开发利用土地达2万多亩。黄河穿县境南部而过，引大入秦、西岔电力提灌、大砂沟电力灌溉三大水利工程覆盖全县，已建成120万方山子墩水库和城乡输水工程，日处理水量5000立方米。拥有装机22万千瓦、年发电10亿度的小峡水电站，容量30万KVA的220KV变电所1座，总容量24万KVA的110KV变电所3座，总容量48万KVA的330KV变电站1座。

旅游资源：什川生态古镇万亩梨园得天独厚，被誉为“中国第一古梨园”。“天斧砂宫”丹霞地貌开发前景广阔。特色旅游景区的对外吸引力不断提升，累计接待游客52万人次，创收1560万元。

【国民经济】2008年地区生产总值完成18.66亿元，增长14.6%，一、二、三产业比为17.7∶53.9∶28.4。全社会固定资产投资完成8.05亿元，增长20.6%。社会消费品零售总额完成3.05亿元，增长15.8%。地区性财政收入突破2亿元大关，完成20304万元，增长34.2%；一般预算收入完成6757万元，增长34.9%。

【项目建设】2008年签约引进项目29个，引资总额10.89亿元，到位资金5.47亿元。引进亿元以上项目3个，5000万元以上项目6个。康顺石化循环经济产业园、万里达轮胎集散物流中心等项目顺利推进。实施政策性项目57个，到位资金1.74亿元，增长23.4%。投资6600万元的金洲颐和园、碧海蓝天等14个旅游开发项目顺利实施。

【新农村建设】巩固扩大阳洼窑、砂岗、上车、豆家庄等7个历年试点示范村建设成果，硬化村道2.6公里，整治街巷6条2.8公里，安装路灯38盏。魏家庄、西岔、涝池、兰沟4个新列试点示范村建设进展顺利，累计投入各类资金3208万元，特别是县政府在财力十分紧张的情况下，拿出130万元用于新农村建设。着力培育特色产业，推进新住宅和公共基础设施建设，硬化村道4公里，建成新住宅128户、村民服务中心4个、文化活动广场4个，村容村貌发生了较大变化。省列试点县和试点村顺利通过验收，我县被评为全省新农村建设试点工作第一名。

【人民生活】城乡居民生活水平继续提高。2008年，全县在岗职工工资总额为18671万元,比上年增长20.7%；在岗职工年平均工资达23391元，比上年增长23.6%。农民人均纯收入为2790元，比上年净增342元，增长13.97%。城镇居民人均可支配收入为5746元，增长12.27%。落实中央惠农政策，兑付粮食直补、石油、农资补助和农机补贴1105万元。

【社会保障】养老、失业保险覆盖面逐步扩大，参加养老保险3047人、失业保险8792人，为2754人按时足额发放保险金1008万元。城镇职工基本医疗、工伤、生育保险全面落实，共为855人发放保险金507万元。着力解决城乡低收入居民取暖问题，为707户1.2万人发放补助233万元。规范城市低保，为2115户4734人发放低保金568万元、物价补贴328万元。农村低保制度进一步完善，低保标准由675元提高到685元，新增农村低保对象2417人，为3060户8581人发放低保金381万元。落实“五保”供养经费81万元，解决了577户624人的生活困难。投资250万元的县综合福利院开工建设。为100户困难群众解决住房问题。经济适用住房和廉租住房工程启动建设。重视就业工作，开发公益性岗位89个，竞争上岗45人，新增失业人员就业509人。

【环境保护】积极引导企业开展技术创新，加大节能降耗、治污减排工作力度，采取重点用能企业能耗总量限额、“两高”项目限批、电石、铁合金等重点企业污染处理设施实现在线监控、淘汰落后产能关闭整顿等措施，全县节能减排工作取得了良好的成效。2008年，先后关闭高耗能企业12户，淘汰落后产能9.6万吨，规模以上工业企业万元增加值能耗同比下降1.15%；万元GDP能耗同比下降1.23%。

【社会事业】认真落实“两免一补”政策，继续健全“以县为主”农村义务教育管理体制，加强教育教学设施建设。西岔中学整体迁建全面完工，皋兰一中学生公寓楼完成主体。改扩建农村寄宿制小学6所，撤并点校18所。新建“康顺”、“锐驰”2所“光彩”希望小学，7所学校危房改造工程进展顺利。筹资180多万元，为50所中小学配备多媒体、实验器材等教学设备。加强教师队伍建设，公开招聘30名特岗教师充实到县乡学校。为边远地区200多名教师和全县中小学校长发放交通补贴和岗位津贴。

医疗服务水平明显提高。新建标准化村卫生所9所、“光彩”村卫生所2所。为县乡村医疗单位配置了医疗设备。建成石洞社区卫生服务中心。加强医疗队伍建设，公开招聘10名医学类优秀毕业生充实到县乡医疗机构。农村卫生服务(卫十一)项目启动实施，县医院创建为二级甲等医院。深入开展爱国卫生运动，荣获省级卫生县城称号。

文化体育事业长足发展。秦腔、兰州鼓子等传统民间文化蓬勃发展，非物质文化遗产保护挖掘工作取得新进展，我县太平鼓队代表甘肃进京参加了29届奥运会开幕前演出。全民健身活动广泛开展，建成46个村“农民健身工程”和24个农家书屋。

榆中县

【现任主要领导】

中共榆中县委书记：胥波

榆中县人大常委会主任：冯得三

榆中县人民政府县长：徐大武

政协榆中县委员会主席：黄宗利

中共榆中县纪律检查委员会

书记：魏万宏

【基本情况】榆中县位于甘肃省中部、西靠七里河、城关区，东邻定西市安定区，西南与临洮县交界，北隔黄河与皋兰县、白银市平川区相望，东北和靖远县、会宁县接壤。总面积3301.64平方公里。海拔1400米至3700米之间，最低点青城镇东滩为1432米，最高点马啣山主峰为3670米，是黄土高原高峰之一。黄河流经本县北部来紫堡、青城、上花岔、园子岔四个乡。本县属温带半干旱性气候。县城年平均气温6.7℃，年平均降雨量400毫米左右，无霜期140天。全年总日照时数2600小时左右。户籍人口42.9万人，非农业人口4.5万人，有汉、回、蒙古、壮等24个民族。人口密度130人/平方公里。辖8镇15乡、268个村委会。耕地105.73万亩，林地43.59万亩。

【旅游资源】县境内有省级文物保护两处。一是马家洼新石器文化遗址。位于县城西北十公里的连搭乡马家洼行政村。二是兴隆山卧桥。初建于1763年，现存桥式系1900年设造，人们惯称卧桥。还有白虎山的原始社会晚期的古墓群；夏官营镇王家崖村的西秦国都“勇士城”遗址；来紫堡乡黄家庄的肃王墓。兴隆山位于县城西南5公里。东西两山对峙。东名兴隆。西曰栖云。在历史上誉为“陇右第一名山”、“甘肃之名山、兰郡之胜景”。全年共接待游客60万人/次，实现旅游总收入2200万元。

【国民经济】2008年，实现地区生产总值29.85亿元，同比增长12.15%。一、二、三次产业分别实现增加值6.91亿元、15.53亿元、7.41亿元，同比分别增长6.9%、15.68%、10.94%。完成全社会固定资产投资19.27亿元，增长22.89%；实现社会消费品零售总额8.5亿元，增长11.53%；完成地区性财政收入4.9亿元，增长15.2%，一般预算收入1.6亿元，增长19.78%。财政支出8.57亿元，增长45.17%。

【项目建设】全年共引进各类项目38项，总投资49.9亿元，到位资金14.5亿元，建成投产23项。实施重大项目40项，完成投资12亿元，建成8项，正在建设25项。新上工业项目26项，投资28.6亿元，金川公司钴粉生产线建成投产，榆钢大焊管、联合重工等项目建设进展顺利。完成工业增加值13.54亿元，增长15.67%，其中规模以上11.92亿元，增长17%。兰州农副产品物流中心等大型现代物流项目进驻我县。和平至定远城市Ⅰ级干道改拓建工程全面铺开，和平719#、732#道路基本建成。城市道路改拓建和生态园建设进展顺利，城中村改造取得重要突破。

【新农村建设】现代设施农业和特色农业发展较快，“一村一品”、“一乡一业”生产格局基本形成，高原夏菜、北山洋芋、双垄沟玉米等特色农业不断壮大。蔬菜种植25万亩、商品洋芋18.1万亩,双垄沟种植20.86万亩，玉米产量6.32万吨。粮食总产量14.13万吨，创历史最高水平，荣获农业部2008年全国粮食生产先进县称号。新建成高效日光温室、高架大棚1553亩。投资1648万元，完成中部安全饮水一期工程，解决了3.7万人安全饮水问题。新农村冯家湾省级试点村通过省上验收，窦家营等4个市级试点村和扶持发展村建成项目32个。建成“一池三改”农村清洁能源项目2500户。投资6443万元，实施了494户2118人易地扶贫搬迁和7个整村推进项目。培训农村劳动力1.18万人，新建劳务基地7个，输转劳动力8.46万人次，创收4.3亿元。

【人民生活】城乡居民生活不断改善。城镇居民可支配收入6711.8元，增长14.61%。人均消费性支出5152.9元，增长13.93%。城镇居民恩格尔系数35.9%；农民人均纯收入2393元，增长14.82%。人均生活消费支出2525元，增长18.31%，农村居民恩格尔系数50.3%。城乡储蓄存款30.64亿元，比年初增长32.84%。固定电话及移动电话用户年末达到10.55万户，电话普及率25部/百人。

【社会保障】全年累计发放城乡最低生活保障金2118.65万元。下拨救灾救济款940.5万元,重点解决了贫困户、五保户的生产生活问题；发放原粮22吨解决了124户353名因灾和无收入群众的缺粮问题；发放各类抚恤金237.5万元，解决了1113名重点优抚对象的生活、医疗等困难和问题。全年参加城镇居民基本医疗保险1.52万人，年底共有35.8万农民参加了农村合作医疗，占农民总数的93%,减轻群众医疗负担2892万元。5.12汶川大地震后，共向地震灾区捐款401.4万元。

【社会事业】不断巩固和提高全国科技进步先进县成果，推广新技术、新产品、新品种36项。

交通运输不断改善，投资7580万元，完成榆小、定张等4条通乡公路改拓建，建成农村通达通畅工程223公里。完成货运量574万吨、货物周转量19000万吨/公里，客运量321万人/次、客运周转量39800万人/公里。

教育事业优先发展，“两免一补”

全面落实。投资5780万元，建成县三中宿舍楼等8项重点工程，新建校舍3.4万平方米，排危2.9万平方米。高考二本上线人数达1154人，各类学校334所，高中在校生10881人，初中在校生20967人，小学在校生32036人，学龄儿童入学率达99.8%。

文化事业蓬勃发展，新增农村有线电视用户2100户，广播电视综合覆盖率达到95%以上。完成全民健身馆主体工程，新建4个乡镇综合文化站和90个农家书屋。

城乡医疗条件显著改善，县一院门诊综合楼完成主体工程，县二院改扩建、贡井中心卫生院等5所乡镇卫生院建设全面完成，新建标准化村卫生所15所，建成卫生厕所1570座。有卫生机构313所，其中县级8所、乡级卫生院21所、厂矿卫生所站16所，村卫生所268所，卫生床位682张，卫生技术人员1040人，其中执业医师和执业助理医师418人。每千人拥有生技术人员2.42人。

嘉峪关市

【现任主要领导】

中共嘉峪关市委书记：马光明
嘉峪关市人大常委会主任：马光明
嘉峪关市人民政府市长：郑亚军
政协嘉峪关市委员会主席：周　生
中共嘉峪关市纪律检查委员会
书记：焦玉兰

【基本情况】嘉峪关市位于甘肃省西北部，河西走廊中部偏西，是古丝绸之路的交通要道，是明代万里长城的西端起点，也是丝路文化和长城文化的交汇点，因举世闻名的万里长城天下第一雄关而得名，自古以来就被人们称为“河西重镇、边陲锁钥”。嘉峪关市历史上无郡县设置，是1958年伴随着国家“一五”重点建设项目“酒泉钢铁公司”的建设而逐步发展起来的一座新兴的现代化工业旅游城市。1965年设市，1971年经国务院批准为省辖市。嘉峪关市下辖五一、新华、前进、胜利、建设、峪苑、朝阳和镜铁山矿区8个街道办事处，峪泉、文殊、新城三个镇。全市总面积2935平方公里，其中城区规划面积120平方公里。2008年全市总人口为20.98万人，其中城市人口18.95万人，农村人口2.03万人。嘉峪关市是移民城市，85%左右的人员来自全国19个省、市、区。近年来，先后获得了“全国卫生城市”、“全国环境综合整治优秀城市”、“中国优秀旅游城市”、“全国双拥模范城”四连冠、“全国创建文明城市工作先进城市”、“全国园林绿化先进城市”、“省级文明城市”、“甘肃园林城市”和“2006年度亚洲城市建设百强”“中国最具投资价值城市”等称号，争创“国家卫生城市”和“国家环境保护模范城市”取得成功，成为全省首个获此殊荣的城市。

【资源优势】全市已探明矿产资源有21个矿种，产地40多处，其中铁、锰、铜、金、石灰石、芒销、造型粘土、重晶石等为本市优势矿产。讨赖河横穿本市境内，年均径流量6.58亿立方米，河水引至大草滩水库总容量为6400万立方米。境内地下水资源丰富，净储量达7.318亿立方米，年补给量为1.636亿立方米。

旅游资源非常丰富。境内有：享誉中外、雄伟壮观的（明）万里长城、嘉峪关关城、长城第一墩、悬壁长城、讨赖大峡谷及展现绘画艺术古迹的黑山岩画、魏晋墓地下画廊等。还有亚洲距城市最近的“七一冰川”及祁连积雪、瀚海蜃楼等独具特色的西部风光，有博大精深的中国第一家“长城博物馆”，列居世界三大滑翔基地之一的嘉峪关国际滑翔基地。近几年，来西部参观西部长城、大漠风光的人数不断增加，旅游事业日益兴旺。本地生产的旅游产品主要有：夜光杯、风雨雕、驼绒画、祁连玉雕、嘉峪石砚、文物复制品及反映魏晋时代人文景观的“墓砖画”等。长城文化旅游景区创建为国家首批“5A级旅游景区”。

【国民经济】嘉峪关市是伴随着酒泉钢铁公司的建设而发展起来的一座新兴的工业城市和旅游城市。经过40多年的建设和发展，现已形成以冶金工业为主体，旅游、商贸、城郊型农业为重点的经济格局，三大产业持续发展，经济实力不断增强。从1990年起，全市综合经济实力一直位居全省14个市州的第二位，人均国内生产总值、人均大口径财政收入、农民人均纯收入多年名列全省各市州之首。2008年，全市实现地区生产总值（GDP）144.1亿元，比上年增长8.9%。其中，第一产业实现增加值1.69亿元，比上年增长8.54%；第二产业实现增加值118.28亿元，比上年增长8.1%；第三产业实现增加值24.1亿元，比上年增长12.6%。人均GDP达到69415元（折合10163美元），比上年增长17.27%。完成全社会固定资产投资53.68亿元，比上年增长1.4%。完成地区性财政收入26.1亿元，比上年增长4.7%。完成地方财政收入6.72亿元，比上年增长20.3%。实现社会消费品零售总额18亿元，比上年增长16.76%。城市居民人均可支配收入达到14510.59元，比上年增长7.9%。农民人均纯收入6452元，比上年增长10.56%。

【项目建设】在经济快速发展的同时，嘉峪关按照“五个统筹”的要求，努力构建社会主义和谐社会，坚持“以水为脉、以绿为基、以人为本”的原则，多渠道筹措资金，加大城市基础设施建设，城市面貌发生了翻天覆地的变化，先后建成了一批通信、供排水、供电、供气、供热、城市绿化、道路改造等重要设施，使城市服务功能显著增强，投资环境和人居环境得到很大改善。新市区“两湖一河”生态环境重点工程开工建设。新建改造了西环路、建设路、五一路等7条城市道路。实施了新华路、文化路等12条道路和路灯亮化、美化工程，使城市面貌焕然一新。建成了气象塔、新文路桥、嘉峪关大剧院等重点基础设施项目和城市防洪、供水扩容、污水处理管网配套工程。飞机场航站区扩建工程顺利开工。2008年，完成全社会固定资产投资53.68亿元，比上年同期增长1.4%。城市煤气入户率、自来水入户率均达100%，居民暖气入户率达99%以上；数字电视入户2.3万户，城乡电视全部实现了光缆传输。建设了城乡一体的防风林带，修建了人工湖、水库、湖泊十余处，有效地改善了城市环境和气候。其中迎宾湖水面24万平方米，库容135万立方米；双泉湖库容70万立方米；东湖水面50万平方米，库容278万立方米。人均水域面积11平方米。荣获首批“甘肃省园林城市”称号。

【新农村建设】农村现有耕地4.26万亩，农田水利设施齐备。作为城市的副食品基地，按照“城乡一体、强化基础、科技创新、特色经营”的基本思路，大力调整农村经济结构，积极发展农业产业化，目前已建成酒钢高科技种养殖园、万亩葡萄园、新城旅游观光农业区和嘉峪关乡观光农业开发区等特色农业项目。2008年，全市农民人均纯收入6452元，总量稳居全省第一位。新农村建设步伐加快。全年财政对农林水事务支出达到5305万元。采取财政补贴和农民个人自筹的办法，完成了89个居民点4279户村民住宅改造和村容村貌整治工程。建成了16个农家书屋。完成了武警支队至安远沟收费站312国道段扩建工程。农村三镇林、田、路、渠、电、交通、通信、电视等农业生产条件和农村生活条件得到很大改善，实现了道路网络化、电视有线化、农田水利化、作业机械化、种植良种化、栽培科学化，成为全省农业先进地区。

【人民生活】城乡居民收入稳步增加，生活水平进一步改善。2008年，城市居民人均可支配收入达到14510.59元，比上年增长7.9%。城市居民人均工薪收入13330.11元，比上年增长15.6%，增速高于人均可支配收入增速7.7个百分点，占人均家庭总收入的91.86%，所占比重进一步提高。城镇居民家庭人均消费支出10688.62元，比上年增长3%。城市居民家庭恩格尔系数达到27.62%。农村居民人均纯收入6452元，比上年增长10.56%。城乡居民储蓄余额达到53.84亿元，比年初增长20.82%。移动电话达到133.93部/百人。年末互联网用户达到33291户。

【社会保障】社会福利事业不断发展。2008年，全市拥有社会福利院（敬老院）1个，拥有床位146张，比上年增加50张。社区便民利民服务逐步建立和完善。全市共有便民利民服务网点61个，服务功能日臻完善，服务质量不断提高。就业工作进一步加强，就业形势保持稳定。全市新增城镇就业人数4589人，下岗失业人员再就业1400人，其中困难人员再就业330人；有组织劳务输出2450人。城镇登记失业人数2816人，登记失业率2.8%。国有企业下岗职工基本生活费发放率达到100%，企业离退休人员基本养老金按时足额发放率和社会化发放率连续八年达到100%，有力地维护了企业和社会的稳定。社会保障工作进一步加强。全市养老、医疗、失业、工伤保险、生育保险参保人数分别达到45888人、69709人、42734人、43100人和22700人，农民参加医疗保险人数达到18372人，参保率为94.78%。年末全市共有3853人得到政府最低生活保障救济，城镇居民最低生活保障网络覆盖率达到100%。

【环境保护】环境保护工作取得新进展。全市从事环保工作人员80人，拥有各级环境监测站2个，监测人员36人。环保投入增加，全年环境污染治理完成总投资35625万元，城市环境基础设施建设完成投资2183.8万元。节能减排取得重大进展，万元GDP能耗下降下降4.51%。工业废水达标率提高。工业废水排放量2505.08万吨，工业废水排放达标量2500.08万吨，达标率达到99.8%；工业烟尘排放量7456.36吨，工业烟尘去除量123539.22吨；工业二氧化硫排放量15031.55吨，工业二氧化硫去除量10000吨；工业固体废物综合利用率26.31%。三废综合利用产品产值1562万元。区域环境噪声和交通干线噪声分别控制在国家规定的排放限制以内。饮用水水质达标率达到100%。城镇生活污水集中处理率达到82.99%，生活垃圾无害化处理率继续保持在100%。

【社会事业】科技事业健康发展。科技队伍不断壮大，科技人员素质不断提高。全年投入科技三项费667万元，比上年增长31.04%。安排科技项目（课题）39项，申请专利28件；取得省部级以上科技成果3个，建立国家级科技研究中心一个。3户工业企业进入全省工业百强，酒钢（集团）公司位列全省百强企业第3位。

教育事业优先发展。大力推进教育改革，全力提高教学质量。全市普通中学11所，其中全省“示范性高中”一所。普通中学在校学生15659人。其中高中学生6913人，初中学生8746人，专任教师903人。小学学校22所，在校学生16724人，学龄儿童入学率达到100%，专任教师825人。幼儿园50所，在园幼儿5379人，专任教师275人；特殊教育学校1所，在校学生10人。中等职业教育力度加大，职工技术培训学校1所，在校学生2682人，专任教师318人。体育运动学校1所，招生数80人，在校学生200人。初中毕业生升学率94.5%。

文化广播电视事业健康发展。2008年末，全市共有公共文化机构8个，其中文化馆1个，文物事业机构4个，博物馆2个，公共图书馆1所，藏书10.4万册。1千瓦以上电视发射台和转播台

1个，数字电视入户2.3万户。广播电视综合人口覆盖率均达到97%。全年各类报纸出版量100万份。

卫生事业不断进步。2008年，全市共有卫生机构14个。其中医院、卫生院8个，社区卫生服务中心3个，卫生防疫机构1个,卫生防治机构1个，妇幼卫生机构1个、采供血机构1个。实有床位1279张，其中医院、卫生院实有床位1279张。卫生技术人员1206人，其中执业医师618人，注册护士588人。

体育事业蓬勃发展。全市共有标准体育场地数213个，非标准体育场地数130个。全年共举办全市性体育竞赛活动10次，参加比赛的人数4753人次。全年共组织参加省级比赛10次，参加人数107人次，获金牌16枚，银牌6枚，铜牌6枚。2008年“奥运圣火”在嘉峪关传递圆满成功，进一步推动了嘉峪关市体育事业的发展。

(王玉梅)

金昌市

【现任主要领导】

中共金昌市委书记：郑玉生

金昌市人大常委会主任：郑玉生

金昌市人民政府市长：张令平

政协金昌市委员会主席：姚忠兴

中共金昌市纪律检查委员会

书记：李银（女）

【基本情况】金昌市地处甘肃省河西走廊东段，祁连山北麓，阿拉善台地南缘。北、东与民勤县相连，东南与武威市相靠，南与肃南裕固族自治县相接，西南与青海省门源回族自治县搭界，西与民乐、山丹县接壤，西北与内蒙古自治区阿拉善右旗毗邻。2008年，全市常住人口47.29万人，总面积9600平方公里，下辖永昌县、金川区，全市共有12个乡（镇），6个街道办事处。金昌因盛产镍而闻名于世，被誉为祖国的“镍都”。

【资源优势】矿产资源：全市共发现矿产地101处。其中黑色金属矿产15处，有色及贵金属矿产21处，能源矿产11处。矿种包括铁、铬、镍、铜、钴、金、银、铂、磷、硅石、萤石、膨润土、建材花岗岩、煤、石油等41种。其中镍矿储量丰富，规模巨大，居世界第三、全国第一位。铜储量在已开发铜矿中居全国第二位。镍和铂族贵金属产量分别占全国的88%和90%以上，是国内最大的镍钴生产和铂族贵金属提炼中心，铜、硫酸产量分别占全省的71%和60%。

旅游资源：境内文物古迹较多，有新石器时代的鸳鸯池、二坝遗址；有西汉时期的骊靬遗址、汉明长城以及为数众多的汉墓群；有唐代圣容寺塔；有被誉为“河西中天一柱”的明代永昌钟鼓楼；有以北海子塔为主的古建筑群，成为旅游休闲的好去处。

【国民经济】2008年，金昌市完成地区生产总值192.26亿元，同比增长6.2%，一、二、三次产业分别实现增加值9.63亿元、155.53亿元、27.1亿元，同比分别增长0.68%、5.79%、9.86%;完成全社会固定资产投资73.34亿元，增长18.48%；实现社会消费品零售总额27.95亿元，增长18.41%；完成大口径财政收入38.67亿元，同比下降23.13%；地方财政收入9亿元，增长6.85%。

【项目建设】全年共实施招商项目139项，引进到位资金21.29亿元，较上年增长26%。其中实施新签合同项目107项，到位资金14.6亿元；实施续建项目32项，到位资金6.7亿元。重点项目带动作用强劲。2008年全市完成500万元以上项目投资67.94亿元,占投资总额的90%以上。全市在建项目419项，其中新开工项目275项。金川公司富氧顶吹镍熔炼、瓮福42万吨磷二铵、新川化工10万吨硫酸钾、宇恒150万套镍网等重点项目建成投产，金化22万吨合成氨扩能改造、中铁物流100万吨硫酸输送管道、金铁450立方2号高炉改造、永昌电厂2×330MW改扩建工程主体完成。

【新农村建设】2008年，全市共投入“三农”资金4.28亿元，同比增长10.88%。落实国家粮食补贴、良种补贴等各类补助资金5903万元；新增市级龙头企业8家，农村合作经济组织17家，建成国家级农业标准化示范区3个，省级示范区2个；解决农村饮水安全1.3万人，农村自来水入户率达到50%，比上年提高5个百分点；新建改建农村公路207.8公里，91%的行政村实现通油路、水泥路；新建高标准小康住宅4013套，配套建成“一池三改”沼气池3600户，新建日光温室160座，食用菌棚3039座；已建成“农家书屋”87个、乡镇综合文化站5个、村文化大院30个。全市新发展规模养殖户549户，累计达到2.39万户，其中规模养羊户1.53万户；新建配套舍饲养殖示范小区15个，养殖小区总数达到58个。全市畜禽总饲养量190.09万头（只），同比增长15.7%。全年输转城乡富余劳动力7.72万人(次),完成农民培训5.71万人，实现劳务收入4.5亿元，比上年增长25%。

【人民生活】城乡居民收入继续增加，生活水平进一步改善。2008年，市区居民人均可支配收入达到15408元，比上年增加2148元，增长16.2%；人均消费性支出13036元，增长12.05%，恩格尔系数为35.2%；城镇居民人均居住面积30.41平方米，人均公共绿地面积16.33平方米。农村居民人均纯收入达5015元，比上年增加344元，增长7.36%；农民人均生活消费性支出3127元，恩格尔系数为41.8%；农村居民人均房屋面积达到39.1平方米。全市年末在岗职工7.23万人，与上年相比基本持平；在岗职工年平均工资35460元，增长19.03%；城乡居民储蓄存款余额达到70.9亿元，较年初增加12.5亿元，同比增长21.41%。

【社会保障】全市城镇新增就业人数8116人，城镇下岗失业人员再就业3998人，城镇就业困难对象再就业1341人，安置“零就业家庭”就业123人，解决高校毕业生就业170人，城镇登记失业率3.6%，比上年下降0.09个百分点。截至2008年底,全市共有各类收养性社会福利单位7家,床位390张。城镇建立各种社区服务设施42个，其中综合性社区服务中心23个。全市城镇参加基本养老保险的职工2.31万人，参加失业保险人数7.61万人，参加城镇职工基本医疗保险人数9.63万人，参加工伤保险人数4.94万人，女工生育保险人数8065人。累计保障城市低保对象85405户(次)、188820人(次)，发放低保金2194.1万元；保障农村低保对象12155人，发放低保障金527.7万元，其中农村集体五保供养人数918人，发放供养金费322.55万元。参加新型农村合作医疗人数22.61万人，参合率达到98.99%，筹资标准由每人每年52元提高到102元；参加城镇居民基本医疗保险人数8万人，参保率达到95.2%。

【环境保护】2008年，全市完成环保投资4.05亿元，实施节能技改项目19项，重点污染综合治理项目30项。取缔土法石灰窑17家、小化工企业2家、小炼焦企业2家，淘汰分散供热小锅炉53台，削减二氧化硫排放量15320吨、烟尘排放量533吨；金川集团公司70万吨硫酸治理项目建成投产，二氧化硫及粉尘排放量得到有效控制，全年二氧化硫排放量4.94万吨，比上年减少20.7%，二氧化硫回收率达到94.3%；全市二氧化硫排放量控制在9.3万吨，比上年减少2.11%；全市化学需氧量同比减少4544.22吨，比上年下降34.6%；市区环境空气质量二级和好于二级标准天数达到321天，比上年增加33天；市区烟尘控制区和环境噪声达标区覆盖率分别达到93.87%和88.89%;全市新增绿地面积88公顷，城区绿化覆盖率达到31.03%；全市工业废水重复利用率达到87%;城市生活污水处理率79.97%;城市集中饮用水源地水质达标率100%。全市万元GDP能耗下降4.2%。

【社会事业】全年组织实施“科技兴市”项目57项，科技计划项目总投资38812.8万元，安排科技三项费210万元。全年受理专利申请31件，已授权65件。

全市现有178所中小学，其中完全中学9所，高级中学3所，中等职业学校4所，初级中学14所，九年一贯制学校3所，小学145所；现有幼儿园64所，特殊教育学校1所。全市小学适龄儿童入学率达到99.8%，初中适龄少年入学率达到98.92%，高中阶段入学率达到90%，职业教育入学率14.2%；90%以上的幼儿接受学前教育，85%以上的残疾少年儿童接受不同层次的教育；义务教育阶段中小学毕业率和完成率均达到100%。普通高考大专以上上线率达到81%，录取率62%，普通高考录取率已连续六年位居全省前三名。截至目前，全市有省级以上骨干教师和学科带头人128人，省级特级教师18人，系统拔尖技术人才11人，市级优秀教师500多人。

全市共有各种艺术表演团体2个，文化馆2个，公共图书馆3个，博物馆1个，中短波发射台1座，调频发射台4座，电视转播发射台8座。全年城乡共组织放映电影1858场。数字电视整体转换进展顺利，截止2008年底，全市有线电视用户5.2万户，其中已转换数字电视用户16010户。广播和电视综合人口覆盖率分别达到85.71%和91.37%。

全市共有卫生机构566个，其中县及县以上医院9所，实有病床数1615张，专业技术人员2523人，其中执业医师和执业助理医师982人，注册护士814人，其他技术人员723人。全市已建成社区卫生服务中心5个、社区卫生服务站21个，以街道为单位社区卫生服务覆盖率达到100%；在农村共设置村卫生室138个，标准化建设达标率为82.61%。全市餐饮业《食品卫生许可证》持证率达100%，从业人员《健康证》持证率95%以上。市区食品生产经营单位量化分级管理率达到100%，全市已获得食品卫生量化分级管理A级单位12家、B级单位11家、C级单位1602家。

（蔺彧）

永昌县

【现任主要领导】

中共永昌县委书记：孟有柱

永昌县人大常委会主任：李福学

永昌县人民政府县长：孟有柱

政协永昌县委员会主席：索玉珊

中共永昌县纪律检查委员会

书记：张宏（女）

【基本情况】永昌县地处河西走廊东部，祁连山北麓，阿拉善台地南缘，位于东经101°04′35″-102°43′37″，北纬37°47′21″-38°39′58″之间,东邻民勤、武威，西迎山丹，南依肃南、青海门源县，北与金川区接壤。县城距金昌市区50公里。全县辖6个镇4个乡，10个社区，111个村民委员会。总面积7439平方公里，辖于中国镍都—甘肃省金昌市，常住人口25.88万人，其中城镇人口7.66万人。境内地形以山地高原为主，山地、平川、戈壁、绿洲相连，属大陆性季风气候，平均海拔1950米，年平均气温5.6℃，年平均降水量200毫米，全年无霜期128天，干燥多风，昼夜温差大，春季回暖慢。

【资源优势】矿产资源：全县共发现矿产地74处。其中黑色金属矿产9处，能源矿产11处。矿种包括铁、磷、硅石、萤石、膨润土、建材花岗岩、煤等29种。

旅游资源：境内文物古迹较多，有新石器时代的鸳鸯池、二坝遗址；有西汉时期的骊靬遗址、汉明长城以及为数众多的汉墓群；有唐代圣容寺塔；有被誉为“河西中天一柱”的明代永昌钟鼓楼；有以北海子塔为主的古建筑群，成为旅游休闲的好去处。

【国民经济】2008年，完成地区生产总值32.96亿元，同比增长7.01%，一、二、三次产业分别实现增加值7.57亿元、16.19亿元、9.2亿元，同比分别增长0.19%、8.56%、9.57%；完成全社会固定资产投资28.66亿元，增长80.71%；实现社会消费品零售总额8.61亿元，增长16.67%；完成大口径财政收入3.1亿元，增长25.7%；完成一般预算收入1.05亿元，增长19.76%。

【项目建设】全县实施各类项目145项，全社会固定资产28.66亿元，增长80.71%；其中地方性固定资产13.88亿元，增长37.8%；全年签订招商引资项目53个，引进到位资金16.3亿元，落实到位资金6.9亿元，增长17.8%，其中固定资产投资1000万元以上的工业项目27项，500万元以上13项。

永昌发电公司2x330MW改扩建、金化集团合成氨装置填平补齐及纯碱生产线改扩建、金铁集团二号高炉节能改造、瓮福公司磷酸一铵生产线等重点项目顺利推进；投资2.5亿元的昌宁苑、投资1.7亿元的东湖花园、投资1.6亿元的西津家园住宅建设项目一期工程如期完工，二期工程进展顺利；培霖化工公司1.5万吨氢氟酸生产线、一品弘公司2万吨食用油生产线、清河麦芽厂3万吨麦芽生产线、月牙崖、二坝渠6号、西大河四级水电站等一批项目相继建成；投资2.5亿元的昌宁苑、投资1.7亿元的东湖花园、投资1.6亿元的西津家园住宅建设项目一期工程如期完工，二期工程进展顺利。

【新农村建设】大力发展高效节水设施农业，以日光温室、高效制种、食用菌为主“百村万棚”工程深入推进，以蔬菜、精细制种为主的双千田达到20万亩。扶持壮大龙头企业，延伸产业链条，农产品加工转化率达到68%以上。狠抓新农村示范点建设，着力改善人居环境，新建新型住宅2333户，改造旧房1146户，整治居民点110个，农村砖混砖木结构的住房达到35.8%，完成农村沼气“一池三改”2500座，15个示范点全部通过省市验收，农村饮水安全工程解决了0.31万人的饮水安全问题，农村自来水入户率达到55.8%。启动实施“城乡劳动力技术技能培训工程”，培训劳动力4.3万人次，输转农村劳动力6.2万人（次），创劳务收入3.66亿元，劳务经济成为农民增收的新亮点。

【人民生活】城乡居民收入继续增加，生活水平进一步改善。2008年全县城镇居民人均可支配收入10422元，比上年增加772元，增长8%；人均消费性支出6458元，增长6.9%；城镇居民家庭恩格尔系数为34.2%，下降0.1个百分点。农民人均纯收入4865元，比上年增加340元，增长7.5%；人均生活消费支出4176元，增长6.7%；农村居民家庭恩格尔系数42.6%，提高0.4个百分点。城乡居民储蓄存款余额达到20.47亿元，增长4.36%，人居环境进一步改善。城乡居民的居住条件和生活质量进一步改善和提高，城乡居民人均住房面积分别达到30.41和26.8平方米。移动电话和小灵通用户达到城镇182部/百户、农村86部/百户，互联网用户达到3000户，占总户数的4.3%。

【社会保障】2008年，全县拥有社会福利院、农村敬老院2所，床位数达346张，收养人数80人。新增城镇就业人数2713人，安置下岗失业人员1407名，城镇登记失业率控制在3.8%。养老保险、城镇基本医疗保险、失业保险、工伤保险、农民工工伤保险、生育保险扩面征缴力度加大，参加人数达到2.31万人，完成基本养老、失业基金征缴4396万元。全县抚恤、补助各类优抚对象4999人，金额达243.14万元，救助特困户、五保户等6835户，全社会纳入最低生活保障的人员达13818人，发放最低生活保障金1493.79万元。

【环境保护】环境质量进一步提高，大气环境质量中总悬浮微粒年日均值控制在国家二级标准之内，二氧化硫、氮氧化物年日均值控制在国家一级标准之内。城市饮用水水质达标率继续保持在100%，城镇地面水水质达到国家II类标准。城市绿化覆盖率达到28%。区域环境噪声和交通干线噪声分别控制在了国家规定的排放限值之内。节能减排取得重大进展，万元GDP能耗达4.78吨标准煤，下降4.2%，化学需氧量减排2700吨，下降14.6%，二氧化硫减排400吨，下降1.1%，工业固体废物综合利用处置率达到100%。

【社会事业】科技事业进一步发展。科技队伍不断壮大，科技人员的素质显著提高。2008年年组织实施科技项目37项，科技计划项目总投资8300多万元，安排科技三项费103万元。新建科技示范乡镇1个，科技示范村2个，聘请农民技术员30名；落实特色农业实验示范项目25项，引进推广实用技术14项；建立科技示范基地（点）7个，新培养科技示范户480户，带动发展特色农业产业化示范基地4000余亩，科技对经济的贡献率达到46.1%；组织下派科技特派员12名，举办标准化种养殖培训班15期，受训人数2000多人（次）。受理专利申请8件，已授权5件。

2008年末全县共有各类专业技术人员4853人。其中，中、高级专业技术人员1257人。

深化教育改革，提高教育质量，促进教育公平，教育事业上新台阶。2008年各类学校在校学生4.59万人。其中，普通中学1.99万人，小学2.04万人。各级各类教育事业全面发展，义务教育整体水平稳步提高。学龄儿童入学率达99.99%，普通初中升学率99.99%，高中阶段教育入学率达90%。

文化事业取得新成就。不断加大对文化的投入，一些重大文化建设项目先后实施，文化基础设施得到很大改善，城乡文化活动丰富多彩。2008年末，全县共有公共文化机构6个，公共图书馆1所，藏书5.6万册。新建农家书屋77个。0.3千瓦以上电视发射台和转播台1个。数字电视快速发展，数字电视入户4300户；广播和电视综合人口覆盖率分别达到70%和90.6%。

卫生事业不断加强。卫生应急体制、机制逐步建立，公共卫生医疗卫生的公益性增强。实施农村卫生服务体系建设，新建改建乡镇卫生院12所、标准化村卫生室24所、社区卫生服务机构6个。拥有各类医疗卫生机构（含诊所、医务室、社区卫生服务站）387个，其中基本医疗机构14个，诊所363所，社区服务站8个。卫生床位数638张，卫生技术人员1125人，其中执业(助理)医师247人。每千人拥有卫生技术人员4.35人。

(姚林)

金川区

【现任主要领导】

中共金川区委书记：王春江

金川区人大常委会主任：李发祯

金川区人民政府区长：王春江

政协金川区委员会主席：张俊礼

中共金川区纪律检查委员会

书记：刘天虎

【基本情况】金川区系金昌市人民政府所在地，是全市政治、经济、文化和社会活动中心，是新兴的工业城市，又是我国最大的镍钴生产基地和铂族元素提炼中心。东邻民勤，西靠山丹，南接永昌，北连内蒙古阿拉善右旗。区内常住人口21.41万人，总面积3019平方公里，辖2个镇和6个街道办事处，27个行政村，16个社区居委会。属于典型的温带大陆性气候，光照充足。

【国民经济】2008年，全区完成生产总值159.3亿元，增长6.04%，其中：第一产业增加值2.06亿元，增长2.29%；第二产业增加值139.35亿元，增长5.57%；第三产业增加值17.89亿元，增长10%。人均生产总值达74614元，增长5.15%；实现地方财政收入1.84亿元，增长24.62%。全区完成全社会固定资产投资44.68亿元，下降2.96%。实现社会消费品零售总额19.33亿元，增长19.15%。农民纯收入达到5625元，增长6.78%。

【新农村建设】全年共完成各类农作物播种面积21.47万亩，其中粮食作物10.42万亩。粮食产量达到4.68万吨，增长4.38%；蔬菜、瓜类产量分别达到10.5万吨、2.4万吨，较上年分别增长14.7%、4.5%。畜禽饲养总量达到65.77万头（匹、只），新增3.21万头（匹、只），肉、蛋、奶产量分别为0.43万吨、0.04万吨、0.30万吨。农业基础设施条件不断改善，中低产田改造完成土壤改良6000亩，农田节水建设完成低压管灌6000亩，新建成养殖小区5个、生猪标准化规模养殖场2个。引进农作物新品种58个，完成啤酒大麦等8个产品的无公害认证，推广测土配方施肥面积2.5万亩。各类专业合作组织不断壮大，发展20万元以上农产品营销大户41户，年营销能力达10万吨以上。劳务经济快速发展，共培训农村劳动力6389人，输转农村劳动力1.5万人，实现劳务收入9100万元。农民人均纯收入达到5625元，比上年净增357元。农村生活设施不断改善，全年共建成新型农宅999套，硬化宅前道路8.31公里，新（改）建农村公路53.72公里、渠道32公里，铺设人饮工程管道218公里，解决了6900人的饮水安全问题，目前全区100%的行政村、85%的村民小组为柏油路或水泥路，65%的农户住进了砖混或砖木结构高标准住房，90%的农户享用自来水，43%的农户使用沼气。完成了马家崖村一组、古城村四组2个小广场和龙寨村村委会办公楼建设工程，建成了油籽洼、新华等4个村级文化中心，开工建设了西坡惠民新区，在27个行政村全面推开了农村社区建设，城乡一体化建设扎实推进。

【项目建设】大力推进项目建设，着力加强项目的论证筛选、储备入库、申报争取、建设管理，全年储备项目46项，争取省、市立项项目28项、争取国家、省、市项目资金7576万元，建设完成重点项目65项。日元贷款风沙治理、三北四期防护林、国家重点公益林、金陈和下双公路绿化、退耕还林（封山育林）、农村饮水安全等项目完成了年度建设任务。天生炕秸秆饲料加工、马家崖土地集约化经营配套渠道建设、双湾镇三角城村渠道建设、刘家窑支渠改建等项目已建设完成。下双、金陈公路实现全线贯通。完成了山亥公路建设、旧九公路维修改造以及新华35千伏输变电工程的基础工程、超负荷配电变压器的调整更换工程。建设“一池三改”沼气池1100座，产气使用1090座。建设完成了乡镇综合文化站、双湾镇计生服务站、乡镇卫生院等项目。开工建设了宁远中学学生公寓及食堂，双湾中心小学学生宿舍、食堂及教学楼改扩建，东四沟小学教学楼新建等项目。基层派出所建设项目，宁远所已建成，双湾所已完成主体。村级卫生所建设项目，建成了许家沟、油籽洼、营盘村卫生所，维修改造完成新粮地、金河村卫生所。实施了新华路、北京路街道等4个社区卫生服务中心的改造维修。

【城市建设】围绕创建全国文明城市和国家级卫生城市，进一步创新管理机制，丰富创建内涵，着力改善城市人居环境，大力实施城市绿化美化工程，完成了金川公园景观改造、贵阳路绿化景观带种植工程、泰安路绿色长廊游园改造、新华路等17.25公里路段的绿化建设及 42 条主次道路的补绿，完善了长泰园绿地建设，市区新增绿地 19.08 万平方米，人均公共绿地超过 16 平方米，城市绿化水平进一步提高。不断加强环卫基础设施建设，建成了大型压缩式垃圾中转站 1 座、落地式简易垃圾中转站 16 座，安装地埋式果皮箱 450 个、垃圾收容器 200 个，新建公厕 20 座，免费开放公厕 30 座。实施了街道市容秩序规范、公益广告设置、店招店牌规范、沿街建筑物立面粉刷和街景亮化，市容市貌得到显著改观，城市形象大幅提升，为我市连续三次荣获“创建全国文明城市工作先进城市”称号做出了积极贡献。

【社会保障】城乡社会救助体系逐步完善，扩大了农村低保范围，提高了月人均补差，全年累计发放城乡最低生活保障金 1506 万元，各类救助金 1268 万元。劳动和社会保障工作力度加大，就业再就业工作成效显著，城镇新增就业 2926 人，下岗失业人员再就业 1500 人，城镇登记失业人员 1806 人，登记失业率控制在 2.3%以内。安置新增的 113 户零就业家庭实现就业 112 人。社会保险制度进一步完善，成功启动城镇居民基本医疗保险和村干部养老保险，参保率分别达到 95.88%和 100%。新型农村合作医疗农民参合率达到 97.81%，报销医药费 280.92 万元，报销率为 51%。启动了城市居民廉租房建设项目，完成了 40 户农村特困群众危房改造。

【社会事业】加大科技教育投入力度，实施完成科技项目 12 项。撤并了九个井小学，完成了八冶一校的接交工作，教育资源进一步优化。完成了农村中小学寄宿制学校和中小学标准化建设项目，教育基础设施建设进一步加强。实施完成了农村中小学远程教育项目，教育教学条件进一步改善。认真贯彻“两免一补”政策，扩大学杂费和教科书的免费范围，共落实资金 276.1 万元。化解“普九”债务 248.52 万元。城乡卫生服务体系建设步伐加快，医疗资源进一步优化整合，社区卫生中心服务功能逐步增强，实行了公立社区卫生服务机构门诊药品零差价销售，减免了特殊群体人员的部分检查治疗费用，社区卫生服务的公益性得到充分体现。人口和计划生育工作不断加强，人口自然增长率控制为 3.48‰。汶川特大地震后，全区上下心系灾区，区财政捐赠 500 多万元，筹集社会捐款 77 万元，体现了我区人民对灾区人民的深情厚谊。

【政府建设】主动接受人大依法监督、政协民主监督和社会公众监督，自觉向人大报告工作，支持政协参政议政，认真听取并办理人大代表意见建议和政协委员的提案。主动加强与各民主党派、工商联、无党派人士和人民团体的联系，积极支持群团组织开展工作。不断加强普法教育，高度重视政府法制建设，严格落实行政执法责任制。全面推行政务公开，加快政府公众网建设和政务专网建设，基本建立了方便群众的服务机制。高度重视信访工作，进一步落实了领导包案制度，开展了大接访活动，建立了信访救助基金，妥善处理了各类信访案件。严厉打击各类违法犯罪活动，加强社会治安防控体系建设，巩固提高“无毒区”创建成果，进一步增强了人民群众的安全感。层层落实消防和安全生产责任制，杜绝了重特大安全生产事故的发生。全面落实党风廉政建设责任制，严格遵守工程招投标等制度，强化审计监督，构筑惩治预防反腐败体系，营造了全社会崇勤尚廉的浓厚氛围。

（武恩洪）

白银市

【现任主要领导】

中共白银市委书记：袁占亭

白银市人大常委会主任：袁占亭

白银市人民政府市长：吴仰东

政协白银市委员会主席：张廷魁

中共白银市纪律检查委员会书记：杨成堂

【自然和区划概况】白银市是全国唯一以贵金属命名的城市，正如其名一样，白银充满着神奇和魅力。据志书记载，白银矿藏的开采，始于汉代，明朝洪武年间，官方曾在现市政府驻地设立办矿机构“白银厂”，有“日出斗金”之说，白银缘此而得名。从“一五”计划开始，国家对白银地区有色金属资源进行大规模开发利用，拉开了白银开发建设的序幕，白银人民在荒漠戈壁上开拓出一片片绿洲，建起一座座工厂，一座工业新城迅速崛起，曾享有中国“铜城”盛誉。1956 年设县级市，1958 年升格为地级市，1963 年撤销，1985 年 8 月 1 日经国务院批准恢复建市。白银市地处黄土高原和腾格里沙漠过渡地带，海拔 1275-3321 米，年降水量 110-352 毫米，年蒸发量 2101 毫米，黄河流经全市 258 公里，流域面积 14710 平方公里。现辖白银、平川两区，会宁、靖远、景泰三县，全市共有 48 个乡，21 个镇，9 个街道办事处。辖区土地面积 2.12 万平方公里，全市常住总人口 175.12 万人，其中城镇人口 61.64 万人，非农业人口 45.27 万人，人口规模居全省第九位。

【资源优势】矿产资源：境内矿产资源比较丰富，具有点多、面广、储量大的特点，矿藏储量位居全省前列。有色金属矿种有铜、铅、锌、钴、金、银等。另外还有煤炭、石膏、石灰石、沸石、重晶石等，且矿石质量好，共生丰富的稀有贵重金属 30 多种。铅储量达 40.4 万吨，锌储量 868 万吨，钴储量 49.6 万吨，稀土金属硒储量 528.9 吨，碲储量 166.4 吨，铟储量 61.9 吨，铊储量 166.4 吨，镉储量 3081 吨，其中铟、铊、镉为省内唯一产地。全市已探明煤炭总储量 16.3 亿吨，石膏储量 2 亿多吨。白银坡缕石矿储量堪称世界第一，会宁县土高山乡、靖远县高湾乡一带的远景储量均超过十亿吨。

旅游资源：白银历史悠久，文化灿烂，是一片古老而神秘的土地。现已发现的新石器时代的文化遗址就有 16 处之多，汉墓群及北魏、唐、宋以来的石窟艺术，城堡建筑等历史遗迹散布白银境内。1936 年 10 月，举世闻名的中国工农红军一、二、四方面军会师会宁县，在中国革命史册上写下了光辉的一页。建立在会宁县城的三军会师纪念塔、共和国将帅碑林、长征胜利景园，被国家确定为爱国主义教育基地。境内的黄河石林奇峰耸秀，怪石竞列，引人入胜；寿鹿山、屈吴山、哈思山、铁木山更加群星闪烁，美不胜收。白银既有浩瀚沙场，又有一马平川；既有塞外风光，又有江南毓秀。黄河、绿洲与沙漠同在，古刹、城堡与森林共存，是海内外旅游爱好者探险、漂流、攀岩、游乐的好地方。

【经济总量和产业结构】2008 年，全市国内生产总值 244.28 亿元，按可比价格计算，比上年增长 12.3%，经济总量处于十四个地州市的第 4 位。其中，第一产业完成增加值 30.3 亿元，增长 7.0%；第二产业完成增加值 137.76 亿元，增长 15.3%；第三产业完成增加值 76.22 亿元，增长 9.3%。经济增长的动力主要来源于第二、三产业，第二、三产业对全市经济增长的贡献率分别为 67.56%和 25.2%。按常住人口计算，全市人均生产总值达到 13954 元，增长 12.15%。在嘉峪关、金昌、兰州、酒泉之后列第 5 位。全市经济总量特征有五点：一是工业比重大。产业结构仍呈现“两头轻，中间重”的局面，即第一、第三产业比重较轻，而第二产业(尤其是工业)比重较大，工业经济在全市经济中举足轻重，2008 年全市三次产业结构比例为 12.4：56.4：31.2，与上年相比，与上年相比，第一产业下降 0.47 个百分点，第二产业提高 0.83 个百分点，第三产业下降 0.36 个百分点。工业增加值占全市经济总量的 49.42%；二是城市经济比重较大。城市创造的增加值占全市国内生产总值的 66.5%；三是公有制经济在国内生产总值的比重较高，比重为 60%；四是重工业很重。重工业占全市工业总产值的 98.5%，占总资产的 98%；五是中央、省属工业居全市工业经济的主体地位，其工业增加值占全市工业增加值的 70.32%。

【区域经济的基本特点】白银市是国家重要的有色金属工业基地、甘肃重要的能源、化工基地和全省重要的黄河灌溉农业区。2008 年，十种有色金属产量 37.39 万吨，占全省总量的 25.52%。其中铜产量 7.67 万吨，锌产量 13.24 万吨，铝产量 15.34 万吨，铅产量 11.4 万吨；发电量 136.11 亿千瓦时，占全省的 19.72%；原煤产量 1205 万吨，占全省的 30.3%。黄河提灌农业是白银农业的主导，全市有效灌溉面积 136.93 万亩，占全市耕地总面积的 30.44%，占 31.68%的水地粮播面积，产出 80.1%的粮食。全市粮食总产量连续 11 年保持在 50 万吨以上，2008 年粮食产量再创历史新高，总产达到 55.85 万吨，增长 4.47%。沿黄灌区以设施农业、立体种植为主体的高效农业、景电、兴电沙漠边缘地带以牧草、洋芋、枸杞种植为主的复合生态农业、干旱、半干旱山区以小杂粮种植为主的绿色食品等区域性优势农业产业带初具规模，特色支柱产业较快增长。引进农业新技术、新产品 80 多项，推广全膜双垄沟播技术 28.44 万亩、秸秆生物反应堆技术 900 棚。全市蔬菜种植面积 27.58 万亩，比上年增长 7.52%，全年蔬菜产量 117.62 万吨，比上年增长 5.77%。其中日光温室蔬菜面积达到 9 万亩、产量达到 47 万吨。优质小杂粮种植面积达到 70 万亩，总产量 10 万吨。草畜产业进一步发展壮大。畜牧养殖由分散经营型向规模养殖型转变，全年新增规模养殖场 25 个，达到 183 个，畜禽规模饲养比重达到 55%以上。年末牛存栏 6.27 万只；猪存栏 54.42 万头，羊存栏 143.96 万只。猪、牛出栏分别达到 59.62 万头、3.37 万头，增长 9.15%、12.7%；羊出栏 143.96 万只，增长 11.42%。全市肉类总产量 6.91 万吨，增长 6.72%；禽蛋产量 1.37 万吨，增长 7.36%；牛奶产量 1.38 万吨，增长 22.88%。水产品产量 1847 吨，比上年增长 7.39%。蔬菜远销西北五省和东北、四川、重庆、内蒙古等省区，靖远羊羔肉已打出品牌。

农村基础设施进一步加强。农业及农村基础设施完成投资 8.1 亿元。发展有效灌溉面积 1.95 万亩，新修梯田 6.02 万亩，完成水土保持综合治理面积 102 公里，建设农网改造资金节余工程和新农村试点村电力工程。其中新农村试点村电力工程解决了 281 户 1214 人用电问题。实施退耕还林、“三北”四期防护林、公益林建设、天然林资源保护、风沙源综合治理等工程,完成各类造林 7.37 万亩，封山育林 4.25 万亩。建成“一池三改”1.2 万户。在平川、景泰建设基本口粮田 8200 亩，解决了 1622 户 7215 人的粮食短缺问题。1400 名缺乏生存条件的贫困农民被集中安置到黄灌区周围。新农村建设取得实效。全年有 1 个省级示范区、6 个省级示范村通过省上验收。完善提高试点村 30 个，整治改造旧村 60 个，完成了 15 个乡镇规划、60 个村实施方案的编制。市财政安排专项资金 600 万元，用于支持试点示范。

【城市建设和基础设施状况】基础设施建设步伐加快，投资力度不断加大。2008 年全市完成固定资产投资 111.1 亿元，比上年增长 22.13%。方三泰公司 10 万吨氯碱、白银鑫大公司 5 万吨电解锌、双赢公司 26 万吨磷复肥等项目建成投产，大唐兴泉风电场一期、国投黄河乌金峡水电站、捡财塘风电场并网发电。白银区水川至四龙通乡公路竣工通车；平定高速公路会宁段、省道 207 线靖远至会宁暨靖远黄河大桥、大唐景泰电厂、750千伏、330千伏平川输变电工程、城乡电网建设与改造、金沟环境综合治理、白银城市生活水源武川水库工程等重大基础设施项目及银光公司5万吨TDI、华惠集团6万吨麦芽生产线扩建、蒙牛集团养殖基地等生产项目实施顺利。"四大民心工程"加快实施。城市大气环境治理工程持续推进，白银公司第三冶炼厂ISP工艺"三废"治理及综合利用工程建成投运，铜冶炼污染治理精炼工程和粗炼系统低空污染治理工程加紧建设；银光公司硫酸雾治理工程到位资金1亿元，第一套废酸治理系统开工建设。城乡安全饮用水工程加快实施，引大入银城市生活水源大坝枢纽工程开工建设；会宁甘沟、平川水泉、景泰五佛等13项农村安全饮水工程建成通水，农村安全饮用水覆盖面达到30%以上；东大沟工业废水治理完成投资8000万元，平川区和三县县城污水处理工程进展顺利。城乡清洁能源工程建设成效显著，天然气入银工程实现通气点火，开始向部分用户供气；年度农村沼气池建设任务全面落实。城市人居环境建设力度进一步加大，金大沟综合治理工程全面推进。城市大环境绿化、白兰高速公路西出口绿化、城区绿化防护隔离林带建设成效明显。全民健身广场投入使用，金鱼公园改造和平川公园建设顺利实施。亚行贷款城市发展项目正式启动，平川区道路网建设和产业园三期土地开发整理加快推进。

【招商引资和园区建设】加大招商引资力度，开放型经济格局初步形成。积极整合招商资源，通过产业招商、以商招商等多种形式，利用"西交会"、"兰洽会"、"成都西博会"、第八届中国国际电池技术展览会等投资贸易平台，开展全方位招商引资。全市签约招商引资项目224个，签约资金114.48亿元，其中合同项目216个，合同金额103.28亿元。新开工项目152个，竣工项目125个，完成投资28.9亿元，增长26%。

利用外资水平有了新提高。亚行贷款甘肃白银城市发展项目前期工作全部完成，8000万美元贷款已经生效，平川城区道路网改扩建、南市区基础设施土地开发整理项目开工建设。西班牙政府贷款白银市广播电视多媒体综合信息网络项目、世行贷款畜牧综合发展项目实施顺利。

园区项目聚集功能显著增强。中科院白银高技术产业园基础设施配套加快推进，国家火炬计划"白银有色金属新材料及制品产业化基地"和"风电设备制造工业园"正式挂牌，新签约项目22项，新开工17项，完成投资7.3亿元，增长41.6%。西区开发区完成投资10.42亿元，增长34.1%，一批标志性建筑加紧建设，行政、商住、文化中心功能不断增强。平川开发区完成投资1.85亿元，陶瓷产业、农畜产品加工业初具规模。刘川工业集中区和白银区中小企业创业基地建设稳步推进，会宁农业产业园被认定为国家农产品加工创业基地，景泰上沙沃中小企业创业基地规划通过省级评审。

【企业改革】各项改革稳步推进。以产权多元化和战略性重组为重点，继续推进企业改革。靖煤公司和稀土新材料公司上市准备工作有序推进；大中型企业中小学全部移交地方管理。市属企业改制取得新的进展，重庆双赢集团收购重组雁湖公司和绿源公司；甘宝公司职工身份置换全面完成，企业资产成功转让，实现重组；经过多方努力，长通集团公司被纳入国家政策性破产范围。粮食流通体制改革继续深化，全市37个非购销企业全部退出国有序列，国有粮食企业布局初步确定。

支持大中型企业抢抓市场机遇，精心组织生产经营，狠抓已建成项目达产达标，努力盘活存量资产，工业经济实现速度与效益同步增长。2008年，全市限额以上工业企业增加值完成107.71亿元，比上年增长17.51%。煤炭行业完成工业增加值20.59亿元，增长42.44%；有色行业完成工业增加值31.88亿元，增长7.63%；电力行业完成工业增加值22.36亿元，增长5.44%；化工行业完成工业增加值15.59亿元，增长36.58%。这四大行业占全市限额以上工业增加值的比重达到83.95%。企业效益基本稳定。2008年规模以上工业实现销售产值307.12亿元，增长15.1%，产销率为96.17%。规模以上工业实现主营业务收入269.77亿元，增长12.71%；实现利税24.82亿元，下降8.89%。实现利润10.5亿元，下降17.05%，但利润总额仍是十年来第二好年份。全市规模以上企业共亏损42户，比上年增加9户，亏损额为1.3亿元。

【人民生活和社会发展】财政收入较快增长。2008年，全市大口径财政收入完成27.8亿元，比上年增长2.66%。一般预算收入为8.51亿元，增长20.84%。其中市级收入4.09亿元，增长14.39%，县区收入4.41亿元，增长28.56%。一般预算支出42.83元，增长34.2%。

城乡居民收入同步较快增长。2008年全市城镇居民人均可支配收入12158元，比上年增长11.95%；全年城镇居民人均消费支出9671元，比上年增长9.96%。食品、衣着、居住、家庭设备用品及服务、教育文化娱乐支出增长较快，分别增长15.05%、17.25%、16.48%、7.46%、7.59%。农民人均纯收入2676元，比上年增长15.2%，创2000年以来最好水平。全年农村居民人均生活消费支出2622元，比上年增长11.07%。食品及文化消费增长较快，分别增长17.6%、36.59%。

就业和社会保障状况继续好转。全年安置下岗失业人员再就业1.1万人，困难人员再就业4940人，开发公益性就业岗位9535个，消除零就业家庭959户；培训创业人员450人，有135人成功创办企业，带动就业2300多人。全市组建了32个村级劳务输出联合基地，发展16户劳务派遣企业，建立劳务输转基地210多个，培训各类劳动力3.5万人，输出各类城乡富余劳动力25.08万人，创劳务收入12.52亿元，比上年增长20%。强化社会保障工作，着力完善城乡低保制度，2008年全市共有26341户、68271人城镇居民得到政府最低生活保障救济，分别比上年增加624户和1161人。发放保障金7750万元，月人均补差95元；为农村低保对象46445户、166981人发放保障金7924万元，月人均补差47元。为7302户、9810名五保供养对象发放供养经费969万元。救助城乡大病患者31877人（次）、资金830万元。发放优抚安置经费2053万元；完善住房保障体系，为5958户低收入家庭发放廉租住房补贴920万元，解决人均8平方米以下城镇低收入家庭住房5900多户、15340人。

消费品市场活跃。2008年全年完成社会消费品零售总额62.94亿元，比上年增长18.21%。批发零售及住宿餐饮企业规模进一步提升，热点商品持续旺销，消费水平进一步升级。汽车类、金银珠宝类、体育娱乐用品类、家具类均保持了较快增幅。

金融支撑能力稳步提高。2008年末，全市金融机构各项存款余额269.37亿元，比上年增长41.59%。其中：企业存款余额108.99亿元，居民储蓄存款余额131.26亿元。金融机构各项贷款余额95.62亿元，增长12.71%。短期贷款达到57.71亿元，增长7.3%。其中，农业贷款12.14亿元，工业贷款20.01亿元，商业贷款11.99亿元，私营个体企业贷款1.68亿元。

保险业平稳发展。2008年，全市有保险公司16家，比上年增加5家。其中财产保险公司10家，人寿保险公司6家。全年实现保费收入6.76亿元，比上年增长35.47%，其中：财产险保费收入1.65亿元；人身险保费收入5.14亿元。全年处理财产险国内赔案1.95万件，赔款额8874万元，人寿险意外伤害及满期给付赔款额921万元。

教育事业稳定健康发展。大力促进教育事业均衡发展，全市33.8万名中小学生免除学杂费，4.4万名家庭困难寄宿生得到资助，为3.1万名学生免费提供教科书；建设职业教育实训基地7个；实施校舍安全工程，投入1.1亿多元，改造危房12.5万平方米。全市共有普通中学高中学校29所，在校学生61243人，专任教师3459人；普通中学初中学校122所，在校学生135065人，专任教师7409人；九年制学校23所；小学1110所(含教学点240个),在校学生183642人，专任教师11847人；幼儿园118所，在园幼儿20687人，专任教师445人。职业教育改革步伐加快，全市职业高中11所，在校学生8501人，专任教师312人；职业中专4所，成人中专4所，普通中专3所，中职在校学生22378人，专职教师630人。其他各类教育协调发展。全市特殊教育学校1所，在校生145人，专任教师29人。学龄儿童入学率99.91%；初中入学率98.59%，高中升学率75.57%。2008年全市普通高等学校录取人数达到15356人。

卫生事业得到加强。卫生基础设施建设力度加大，医疗卫生服务能力和质量有了新的提高。完成19所乡镇卫生院、120所标准化村卫生室农村公共卫生服务体系建设，新增7所社区卫生服务机构。2008年末，全市共拥有各类医疗卫生机构（含诊所、医务室、社区卫生服务站）556个，其中基本医疗机构123个（含社区服务中心10个，医院24个）；诊所419所；社区服务站14个。卫生床位数5721张，卫生技术人员5638人，其中执业医师1922人，执业助理医师2429人。每千人拥有卫生技术人员3.22人。社区卫生规范化服务和信息化建设成效明显，创建国家卫生城市活动取得阶段性成效。

深入推进科技创新，推进创新型白银建设。启动"六个十"科技创新工程，争取国家、省级科技项目25项、资金1190多万元，实施市级项目132项，投入资金805万元。专利申请量达73件，比上年增长两倍。白银公司技术中心被认定为国家级企业技术中心，甘肃省电缆工程技术研究中心落户长通集团。工业经济抗风险能力不断增强，有4个产品获得"甘肃名牌产品"称号。沿黄灌区农业星火产业带建设进展良好。

文化出版、广播影视事业繁荣发展。大力推进文化建设，举办了纪念改革开放30周年系列活动；文化体制改革稳步推进，文化旅游产业不断繁荣；组建了黄河石林书画院，会宁会师旧址被评定为国家4A级景区；广播电视"村村通"工程和全国农村电影数字化放映试点工作进展良好。全市共有专业艺术表演团体2个，民间艺术表演团体75个，文化馆5个，群众艺术馆1个，公共图书馆6个,博物馆2个,纪念馆1个，体育馆1个，文化广场5个，文化站78个，其中省级示范文化站10个，市级示范文化站29个，村文化室200个，建成农家书屋185个，国家级农村儿童文化园1个，全国民间艺术之乡1个。全市现有广播电台4个,广播人口覆盖率86.2%；电视台1座，广播电视台4座，电视人口覆盖率91.1%。

高度重视和加强节能减排工作，环境保护力度加大。落实中央财政节能降耗奖励项目8项、资金6029万元。组织开展了水泥、造纸、焦炭等行业淘汰落后产能工作，有6户企业列入全省计划，有3户企业通过国家审核，落实奖励资金1100万元。深入开展资源综合利用，华电公司年产21万吨粉煤灰砌块、靖煤公司低浓度瓦斯气发电项目建成投产。推进清洁生产，创建示范企业，4户企业被省上审核确定为清洁生产企业。努力控制污染物排放总量，实施污染减排项目7项，有4项通过省上相关部门验收或初验，2项投入试生产。高度重视发展循环经济，有14个项目纳入全省循环经济发展试点方案，7个项目纳入国家扶持范围。全市自然保护区5个，保护区面积26489公顷，占辖区面积6.41%。市区空气中二氧化硫年日平均值0.031毫克/立方米，较2007年下降34.04%，达到国家二级标准，空气质量达到二级和好于二级的天数为313天，占全年天数的85.52%。

安全生产工作得到加强。严格落实安全生产责任制，开展了“事故隐患排查年活动”和煤炭资源整合工作，安全生产形势稳中趋好。全年发生各类生产安全事故387起，比上年下降6.52%；死亡92人，下降17.86%；受伤233人，下降25.8%。直接经济损失740.43万元，下降8.32%。亿元生产总值生产安全事故死亡率0.38人，下降30.26%；道路交通万车死亡率6.07人。

民主法制建设不断加强。完善民主决策机制，重大决策广泛听取各方面意见，深入推进依法行政，行政执法行为进一步规范，强化行政复议工作，认真落实信访工作目标管理责任制和重点信访案件领导包案制度，加强应急管理体系建设，制定完善各类应急预案32个。基层民主建设和民族宗教、国防教育、民兵预备役等工作不断加强，普法教育、法律援助取得新的成效。

（王德雄）

白银区

【现任主要领导】

中共白银区委书记：朱涛

白银区人大常委会主任：张润苍

白银区人民政府区长：席飞跃

政协白银区委员会主席：陈忪

中共白银区纪律检查委员会

书记：王青山

【基本情况】白银区是甘肃省白银市市辖区，市委市政府所在地。地理位置东径103° 53'至104° 24'，北纬36° 14'—36° 47'。市区距省会兰州70公里，是丝绸古道上的一所新型城市，素以“铜城”闻名遐迩。现辖二乡、三镇、五街道，45个行政村，31个居民委员会，全区总面积1372平方公里，总人口28.54万人。属大陆性气候，年均气温7.9℃，降水量200毫米，四季分明，日照充足，夏无酷暑，冬无严寒。

【区位优势】白银区矿产资源丰富，已探明的金属和非金属矿藏有铜、铅、锌、金、银、石灰石、石英石、芒硝等30多种，是全国大的有色金属工业基地和能源化工基地。区域内有白银有色金属公司、银光化学工业公司等20多家大中型企业。水电资源充足，黄河流经境内38公里，总装机容量180万千瓦的黄河“小三峡”工程进展顺利，其中装机容量30万千瓦的大峡水电总厂已建成并网发电。距甘肃省煤炭工业基地靖远矿物局和省内最大的火力发电站靖远电厂65公里。交通极为便利，南邻兰州，北通宁夏、内蒙古，西经河西走廊直达新疆，东连陇东。包（头）兰（州）铁路贯穿境内，3条国家级公路，2条省级公路和乡村公路纵横交错，四通八达，市区距中川机场仅47公里。

【国民经济】初步核算，全年实现地区生产总值115.93亿元，比上年增长12.3%。其中，第一产业增加值3.15亿元，增长7.0%；第二产业增加值75.13亿元，增长13.7%；第三产业增加值37.65亿元，增长10.1%。产业结构继续调整，第一、第二和第三产业增加值占地区生产总值的比重分别为2.72%、64.81%、32.47%，第三产业的比重比上年提高了1.04个百分点。人均地区生产总值达到40931元。年末全区从业人员123709人。其中城镇就业人员90466人，个体、私营企业就业26608人。年末城镇登记失业率为3.38%。居民消费价格总水平比上年增长7.2%，服务项目价格比上年增长2.4%。

农业和农村经济方面：通过不断调整农业经济结构，扩大大棚蔬菜种植规模，发展优质、高效农业的城郊型农业，使农民增收，农业增效，促进了农村经济的不断发展。2008年，全年农作物面积为13.59万亩，比上年下降3.96%。粮食播种面积为9.69万亩，下降8.84%；粮食总产量达2278万公斤，下降5.40%。

全年蔬菜播种面积为3万亩，与上年持平，蔬菜总产量达18434万公斤，与上年持平；油料总产量达124万公斤，比上年增长15.89%；水果总产量达4197万公斤，比上年增长4.89%。

畜牧业生产保持平稳发展。全年肉类总产达593万公斤，比上年下降2.95%；鲜奶总产量达595万公斤，比上年增长13.33%。年末大牲畜存栏6915头。猪年末存栏40834头，羊年末存栏80402只，鸡年末存栏38.33万只。

农业生产条件和基础设施显著改善。年末农业机械总动力21.92万千瓦，比上年增长0.5%。农村共拥有拖拉机8173台，比上年增长0.6%，其中：大中型拖拉机69台，小型拖拉机8104台。农用载重汽车293辆，农用运输车2798辆。全年化肥施用量1.84万吨，比上年增长1.28%。

工业经济方面：区及区以下工业实现工业增加值7.11亿元，比上年增长21.4%，其中规模以上工业增加值34296万元，增长27.9%；规模以下工业增加值3.68亿元，增长17.0%。在规模以上工业企业实现的增加值中，集体工业增加值121万元，下降53.2%；股份合作制企业增加值3071万元，增长1.8%；有限责任公司增加值2.20亿元，增长48.0%，私营工业8137万元，增长2.0%；外商及港澳台投资企业完成增加值936万元，比上年增长14.2%。工业经济运行的质量提高，国有及规模以上工业实现销售收入10.86亿元，比上年增长50.2%，实现利润1860万元，比上年增长130.7%。

固定资产投资：2008年3月白银

被列为资源型城市转型城市，转型项目进展顺利。全年辖区完成全社会固定资产投资37.51亿元，比上年下降2.0%。其中区及区以下完成固定资产投资7.36亿元，比上年增长38.71%。区及区以下投资按城乡分，城镇固定资产投资完成6.46亿元，增长45.35%；房地产开发投资完成325万元，下降79.03%；农村固定资产投资完成0.87亿元，增长22.81%。城镇固定资产投资按建设性质划分，新建完成投资4.64亿元，改扩建完成投资1.82亿元。

市场销售活跃。全年社会消费品零售总额达到32.95亿元，比上年增长17.0%。分行业看，批发业零售额56520万元，增长13.6%；零售业零售额20.91亿元，比上年增长20.8%，其中限额以上企业10.29亿元，增长27.2%；限额以下和个体户10.62亿元，增长16.3%；住宿餐饮业零售额4.89亿元，增长9.7%，其中限额以上企业1993万元，增长4.7%；限额以下和个体户46881万元，增长9.8%；其他行业零售额15014万元，增长5.1%。

城乡居民收入：全年农村居民人均纯收入4505元，比上年增长13.2%；城镇居民人均可支配收入12158元，比上年增长11.95%。农村居民家庭恩格尔系数（即居民家庭食品消费支出占家庭消费总支出的比重）为41.0%，城镇居民家庭恩格尔系数为36.74%。

【社会事业】教育事业稳步推进。全区坚持教育优先发展的原则，教学条件明显改善，师资队伍不断加强，教育质量不断提高，各级各类教育全面推进。全区有普通中学21所，小学59所。普通高中招生3552人，在校学生10502人，初中招生5436人，在校学生16058人，普通中学专任教师1575人；小学招生3708人，在校学生23817人，小学专任教师1582人；幼儿园26所，在园人数4409人。

卫生事业稳步发展。年末全区共有卫生机构170个，床位1845张，卫生技术人员2171人,其中执业医师和执业助理医师845人，注册护士847人。在全部机构中，医院8个，床位1613张，卫生技术人员1548人；社区卫生服务中心15个，乡镇卫生院5个，诊所、卫生所、医务室136个，其他卫生机构6个。

（张兴玉）

平川区

【现任主要领导】

中共平川区委书记：卜发生

平川区人民政府区长：马勤

平川区人大常委会主任：杜世润

政协平川区委员会主席：郝进义

中共平川区纪律检查委员会

书记：宋玉奎

【基本概况】平川区位于白银市中部偏北，腾格里沙漠边缘， 南北大部分与靖远县接壤，东北与宁夏回族自治区海原县毗邻，东南与会宁县相接，西北与景泰县相界，地势东南高、西北低，由东南向西北倾斜。东西长91.5公里，南北宽75公里，由西北向东南呈一狭长地带，阶梯状多台阶地形。境内最高峰屈吴山南沟大顶，海拔2858米。最低处水泉乡野麻村红麻湾，海拔1347米，高低差1511米。旱平川与西格拉滩为盆地式缓坡平川。由西向东甲盔山、水泉尖山、喀拉山、碑南泉、黄家洼、屈吴山构成平川区山脉的骨架。总面积2106平方公里。区政府驻地兴平路街道办育才社区。2008年，全区辖4乡（宝积、 黄峤、种田、复兴）3镇（共和、水泉、王家山）4个街道办（宝积路、红会路、兴平路、电力路）,25个社区居委会，59个村民委员会，297个村民小组。居住着汉、回、满、蒙等11个民族。总人口20.8万人。

平川区地处欧亚大陆的中心腹地，东北有六盘山、东南有秦岭作屏障，东南暖湿气流不易到达，因而降雨量少，气候干燥。北近腾格里大沙漠，地域开阔，无高山阻隔，西伯利亚寒流易于入侵，故冬季寒冷且长，风沙霜冻危害频繁。境内受海拔高度的影响，形成东南、西北两个不同的气候带。全区总的气候特点是：光热资源丰富，降水少、干旱多风。

【历史沿革】夏、商、周三代，区境属古雍州地，为羌戎所居。战国后为匈奴所居。秦始皇三十三年（公元前214），区境为大将蒙恬收复，归北地郡管辖；不足十年，秦末仍为匈奴所居。汉武帝元朔二年（公元前127），区境为汉北地郡属地；汉武帝元鼎三年（公元前114），设置安定郡，设祖里厉、鹑阴二县，归安定郡管辖；东汉初年，鹑阴县改鹯阴县，隶武威郡。三国时，鹯阴县属魏之武威郡。西晋初年，鲜卑族一支秃发氏迁居鹯阴，改麦田城；西晋末收复鹯阴县，仍称鹯阴，属武威郡辖地。东晋成帝咸和四年，麦田城为鲜卑另一支乞伏氏所居；东晋孝武帝太元元年后，苻坚改鹯阴县为平凉郡。此后，平凉郡先后为前秦、后秦、南凉、大夏、北魏、西魏所据有，沿称平凉郡。西魏文帝十三年，宇文太奉太子西巡，会师平凉郡，遂改称会州。北周时，改会州为会宁防。隋改会宁防为会宁镇。唐高祖武德二年，改会宁镇为西会州。贞观六年，废鸣沙之会州，改西会州为会州。唐玄宗天宝元年，改会州为会宁郡。十六年后，复改为会州。代宗广德元年后区境为吐蕃所据。

宋初，仍置会州。太宗雍熙二年，李继迁破会州，焚毁城郭，会州从此废除。宋神宗元丰四年后，李宪筑打罗城（打拉池），形成杨稍沟、打拉池、双铺、狼山、海原一带的宋、西夏边界线，边界线以东归宋管辖，以西为西夏属地。南宋时，区境为西夏据有。西夏末主宝义二年（1227），蒙古灭西夏，区境属元巩昌路西宁县。明太祖洪武元年（1369年），设迭烈逊巡检司，属军事设置单位，归固原州管辖。巡检司治所在黄湾中村。明英宗正统二年（1437），于会州旧址置靖虏卫，迭烈逊巡检司归靖虏卫管辖。成化十年（1474），移迭烈逊巡检司驻打拉池。清朝初年，改靖虏卫为靖远卫，区境属靖远卫辖地。后改为靖远县，隶巩昌府。同治十二年（1873），左宗棠奏设海城县丞于打拉池，分会宁、靖远、海原部分地方归其管辖，亦称打拉池分县。

民国以后，区境大部分地方归靖远县，小水村归会宁县管辖。1936 年 10 月，中国工农红军一、四方面军在打拉池胜利会师，在水泉、打拉池成立了农会，为白银市境内最早建立的革命政权之一。1949 年 9 月，小水村改归靖远县管辖。区境属靖远县地。1985 年，白银市恢复地市建置，析靖远县五乡一镇置平川区。

【国民经济】2008 年，全区上下认真贯彻党的十七大精神，牢固树立和落实科学发展观，紧紧围绕区委、区政府确定的工作思路和重点工作，全面实施项目带动战略，强化农业基础地位，放手发展非公有制经济，加快推进工业化进程，落实资源性城市经济转型，发挥比较优势，改造提升传统产业，培育发展接续替代产业，形成了能源，陶瓷，农畜产品深加工等多元支柱产业蓬勃发展的格局，全区经济呈现又好又快的特征。2008 年全区生产总值完成 46.39 亿元，按可比价计算，增长 14.5%，其中，第一产业增加值 1.53 亿元，增长 3.3%，第二产业增加值 37.52 亿元，增长 15.8%，第三产业增加值 7.34 亿元，增长 10.6%。第一、二、三产业的比重为 3.3：80.9：15.8。大口径财政收入完成 8.40 亿元，增长 17.7%;地方财政收入完成 13718 万元，增长 28.8%。

实施工业强区战略。紧紧抓住市场机遇，积极培育新的经济增长点，狠抓新建项目和技术改造项目，区域内大中型企业效益较好。辖区内完成限上工业增加值 34.1 亿元，比上年增长 17.63%；辖区内原煤产量完成 1087 万吨，发电量 119 亿千瓦时。煤、电、陶三大支柱产业的优势突出显现，地方工业发展速度明显加快。完成区属工业增加值 3.64 亿元，增长 46.4%，其中区属规模以上工业增加值完成 1.78 亿元，增长 31.74%。区属工业企业进行技术改造，煤炭企业安全生产水平和资源利用率明显提高，陶瓷产业进一步发展壮大。华顺陶瓷、新乐雅陶瓷、陇烨陶瓷等一批民营企业规模不断扩大，资源型城市经济转型的接续替代产业有了良好起步。

认真落实惠农政策，增加了义务教育“两免一补”、粮食直补和农资综合补贴。结合我区区域特点和市场需求，坚持以特色种植、规模养殖、劳务输出为重点的农村经济发展方向，有效促进了农民增收。2008 年，全区农民人均纯收入达到 2868 元，比上年增长 13.4%。粮食总产量达到 32956 吨。特色产业作物种植面积稳步增长，完成番茄播种面积 0.71 万亩，菊芋 0.22 万亩；玉米制种 0.8 万亩，瓜类 2.23 万亩，大枣栽培面积 0.8 万亩，枸杞 0.26 万亩。水泉镇肉牛屠宰及分割加工项目，建成肉牛屠宰及分割车间、冷藏库等主体工程，完成投资 450 万元。特色养殖业不断发展壮大，全区各类养殖场发展到 23 个，带动规模养殖户 2965 户。

【项目建设】坚持发展抓项目不动摇，全社会固定资产投资完成 19.6 亿元，增长 12.44%，区属固定资产投资完成 76020 万元，增长 35.6%，其中，城镇 50 万元以上基本建设项目 55 个，完成投资 76020 万元，增长 35.6%，完成房地产开发投资 15871 万元，增长 35.87%，农村项目投资 5353 万元。建筑业完成产值 67974 万元。新佳城、德政小区、花苑小区二期等房地产项目建设进展顺利。投资规模的迅速扩张，继续推动了全区经济的快速增长，基础设施和一些工业企业的建设，为经济发展增强了后劲。通过向上争取资金,启动民间资金和市场化运作,多渠道增加建设投入。

华顺陶瓷三期新建年产 300 万平方米内墙砖生产线一条，总投资 6000 万元，完成投资 5300 万元。中区集中供热一期工程建成 2000 平方米的热源厂一座，拆除小锅炉 57 台，铺设主干管网 3000 米，完成投资 3120 万元，实现供暖面积 23 万平方米。会展中心项目完成投资 1700 万元。城区供水管网项目完成投资 950 万元。启动了沁川湖周边部分绿化亮化美化工程完成投资 700 万元。长征西路及乐雅路 87000 平方米道路罩面，修补城区道路 3600 平方米，完成投资 210 万元。向阳路、五金巷两处城市防洪工程完成投资 200 万元。

区检察院办案用房和办公楼改造项目建成主体工程，完成投资 340 万元。平川看守所迁建项目已完成看守所主体工程，完成投资 800 万元。区社会福利院一期工程建成福利院附楼及餐厅，完成投资 300 万元。长征市场建成主体工程，完成投资 500 万元。商品一条街扫尾工程投资 290 万元，拆除了再就业市场 125 间商业用房及大棚，完成了配套工程建设。捡财塘风电场一期工程建成投产，完成投资 4.6 亿元。中国西部陶瓷城总投资 2 亿元，完成投资 100 万元。

【社会事业】科技事业不断进步。开展农民先进适用技术培训，投入培训费 10 余万元，培训农民 6000 人次。积极推进院地院企合作，与兰州商学院签订了地校合作协议。鼓励企业自主创新，给容和公司奖励科技创新资金 10 万元。容和公司防爆电气工程技术研究中心被确定为市级工程技术研究中心，2007 至 2008 两年，研发新产品 15 种，申报科技成果 2 项，申请专利 19 项。

教育质量持续提升。完成中小学校舍维修长效机制项目 4 个，总投资 826 万元，总建筑面积 7763 平方米。投资 150 万元，安排危房改造项目 3 个，新建校舍 1200 平方米，维修改造 2 所学校。区财政投资221.7万元，开展了学校硬件环境建设和教学设施配备。教育教学质量进一步提高，全区中考600分以上人数达699人，平均总分达到501.4分，居全市第三，在高一录取率达到48%的情况下，录取分数线首次与兄弟县区学校持平或略高。高考二本上线首次突破千人大关，达到1047人，上线率26.1%，比上年增加228人，二本上线率、上线人数增幅均名列全市第一。

文体事业蓬勃发展。围绕纪念改革开放30周年和北京奥运会，积极开展千台大戏送农村、"迎奥运"等文化体育活动。实施6个乡镇综合文化站和30家"农家书屋"工程，建成了人民广场电子显示屏，丰富了群众精神文化生活。"数字平川"稳步推进，农村信息网建设初具规模，数字电视建设超前发展，实现有线电视数字化转换8600余户，农村数字微波电视工程发展用户1400多户。不断加强文化市场稽查力度，文化场所经营秩序进一步规范。

生态环境日趋改善，节能减排初见成效。清理和关闭了一批高耗能、高污染企业，加大对工业企业节能减排工作的跟踪监测力度，组织企业实施清洁生产。国电靖远发电公司、靖电第二发电公司完成脱硫治理项目。靖煤集团矿井废水治理与回用工程完成投资820万元。靖远第二发电公司投资2500万元，完成了灰水在线检测装置及循环水深度处理系统设备安装。赛诺生物科技有限公司严格按照国家环保总局提出的7条要求进行了整改。特澳特番茄制品、新乐雅陶瓷等工业企业开展了节能减排技术改造。积极推进集中供热，有效降低了能源消耗和污染物排放。大力推进生态工程建设，完成人工造林面积7000亩，完成全民义务植树55.5万株，道路绿化1.2万米。

社会大局和谐稳定。高度重视信访维稳工作，深入开展"区委书记大接访活动"，全面落实领导包案制度，认真开展矛盾纠纷排查化解，推进社会治安综合治理，严厉打击"两抢一盗"等各类违法犯罪行为，城乡治安环境稳定好转。以"隐患治理年"活动和"安全生产百日督查专项行动"为契机，进一步加大安全生产监管力度，全区安全生产形势总体平稳。加快煤炭资源整合进度，严厉打击非法开采资源行为。深入开展产品质量和食品安全专项整治，产品质量和食品安全状况明显改善。严格贯彻土地管理政策，继续加强耕地保护。深入推进"五五"普法，获得全省"五五"普法中期先进区称号。

【人民生活】社保体系日趋完善。实行积极有效的就业政策，累计实现城镇新增就业8064人，城镇登记失业率控制在3.17%，培训劳动力4200人，实现劳务输转2.6万人次，创劳务收入1.3亿元。基本养老、医疗、失业、工伤和生育保险工作任务全面超额完成，为原区属企业下岗职工补交"两金"765万元。区财政补贴90多万元，全面启动了城镇居民医疗保险；把进城农民工纳入医疗保险参保扩面范围，实现农民工参保440人。巩固和扩大新型农村合作医疗覆盖面，提高参合农民受益率，全区实际参合农民94184人，参合率92.08%，有5214名参合农民因住院得到699.9万元统筹基金补偿。城乡医疗救助力度进一步加大，审批城乡医疗救助对象1048人次，发放医疗救助金107.3万元。城市低保保障标准提高10%，月人均补差达到98元。农村低保完成扩充面，新增低保对象2000人。五保供养政策全面落实，并实现了社会化发放。慈善事业健康发展，为社会困难群体资助善款16万元。

惠民政策全面落实。全年共发放粮食直补95万元，农资综合补贴616.54万元，农业机械购置补贴55万元。农村义务教育"两免一补"政策全面落实，春秋两季共免除学杂费课本费974.5万元，全区义务教育阶段学生全部免除了杂费，农村学校义务教育阶段所有学生和城区学校1689名城市低保家庭学生享受到免费教科书。为7142名农村家庭贫困寄宿学生和3385名城市低保家庭学生发放生活补助340.5万元。为1764名困难家庭大学生发放生源地助学贷款901万元。区职业技术学校269名困难学生享受生活费补助40.35万元。兑现退耕还林补助款146.45万元，以资代粮1025.13万元。

安居工程扎实推进。积极筹措资金，为城镇1500户住房困难家庭发放廉租住房补贴455万元。通过政府配建廉租住房、经济适用房及驻地企业集资建房、普通商品房，形成了多渠道保障性住房建设模式。在普通商品房开发中配建了1.5万平方米共计176套经济适用住房；驻地企业完成12万平方米的集资住房和3万平方米的普通商品房建设；争取到中央廉租房专项建设资金300万元，开工建设实物配租房180套，支持靖煤公司建成保障性住房105套。完成农村特困群众危房改造100户、农村灾民建房40户、残疾人危房改造40户。"5.12"地震后倒塌和严重损坏的194户房屋已完成重建110户，1476户中轻度受灾户房屋维修全面完成。

【地方特色】平川境内矿产资源丰富，蕴藏着煤炭、沙金、铜、铁、银、陶土、石灰石等。煤炭矿床东西长约70公里，南北宽约10公里，总储量11.37亿吨，可采量8.53亿吨，陶土储量达20亿吨。此外，区内还蕴藏有丰富的花岗岩、沙金、铜、锰、石灰石、石英石、沸石、烧胀粘土等多种矿产资源。水资源总量为270亿立方米。

得天独厚的自然条件孕育了丰富的物产，区内羊羔肉、二毛裘皮、黑瓜籽、西甜瓜、大枣、核桃、干草、小杂粮等特产，质地优良、享誉陇上。集水面积1.3万亩，有可耕地50.5万亩，宜林地71.5万亩，宜牧地131.9万亩，光热资源丰富，气温日差较大，年均温度8.2℃。

平川区基础坚实，产业优势明显。有设计规模为年产煤炭1000万吨的大型国有企业靖远煤业集团有限责任公司，年设计发电能力200万千瓦的西北最大的火力发电厂--国电靖远发电有限责任公司、靖远第二发电有限责任公司。民营企业新乐雅陶瓷有限责任公司和华顺陶瓷有限责任公司迅猛发展，已有十余家陶瓷厂入驻境内，再现平川陶瓷重镇的雄风。活力四射的区域经济凸显产业化优势，煤炭、电力、陶瓷、建材、生物科技、农产品加工、资源综合利用为主的格局正在发展和壮大，经济建设步入了良性发展的轨道。

平川区环境优良，发展前景广阔。区位优势极为明显，处于甘宁两省区交汇的枢纽地段，随着刘白高速公路的开通，纳入了兰州都市经济圈，距省会兰州130公里。境内交通通讯网络健全，平川区临河居川，白宝铁路和王家山、红会煤矿专用铁路贯穿全境，国道109线、省道308线、刘白高速公路穿境而过，区乡公路四通八达。固定电话遍布全区，移动通讯及电信宽带上网便利。

（马国明）

靖远县

【现任主要领导】

中共靖远县委书记：吕林邦

靖远县人大常委会主任：田新民

靖远县人民政府县长：谢又生

政协靖远县委员会主席：雒联奎

中共靖远县纪律检查委员会

书记：王重玲

【基本情况】靖远县位于黄河中上游，甘肃省中东部，介于东经104° 18′至105° 18′，北纬36° 15′至37°之间，总面积5809.4平方公里，耕地面积114.85万亩，占总面积的13.18%。属黄土高原丘陵沟壑区和干旱草原区。地势东高西低，由南向北倾斜，分为川区、山塬区和黄河谷地三类地形。平均海拔1398米，黄河呈S形，纵贯全县9个乡镇，流长154公里，流域面积100.49平方公里。属温带半干旱气候。靖远矿产资源丰富，已探明的有煤炭、石灰石、重晶石、高岭土、石膏、沸石、铁、锰、铜、金等矿藏。

【行政区划】靖远是历史文化名城，历史悠久，是古丝绸之路北线通往河西走廊的必经之路。现辖3镇15乡，175个行政村，1125个村民小组，10个社区居委会，56个居民小组。

【人口情况】全县有汉、回、满等9个民族，2008年底总人口47.01万人，其中男性24.01万人，女性23.00万人，男女性别比为51：49。农业人口42.37万人，占总人口的90.13%。

【国民经济】2008年实现靖远县生产总值32.02亿元，按可比价格计算，比上年增长12.08%。从产业分布上看，第一产业完成增加值11.25亿元，增长7.62%；第二产业完成增加值8.59亿元，增长18.48%；第三产业完成增加值12.18亿元，增长11.88%。全县粮食总产量17.86万吨，增长4.76%，乡镇企业总产值23.26万元，增长16.0%，实现社会消费品零售总额7.76亿元，增长21.08%，全县固定资产投资完成8.96亿元，增长33.00%。

农业和农村经济：强农惠农政策全面落实。发放各类农业补贴资金4417万元，农业机械实现免费管理，充分调动了农民生产积极性。促农增收“六大行动”全面开展，农民增收渠道进一步拓宽。扶贫连片开发和整村推进项目顺利实施，减少绝对贫困人口3500人、低收入人口5500人。新农村建设取得阶段性成效。社会帮扶制度和环境卫生保洁长效管理机制建立，三年来累计整合资金4805万元，硬化乡村道路288公里，完成村镇建设规划25个，建设农家文化大院4家。刘川张滩省级新农村建设试点顺利通过验收，7个完善提升试点和14个整治改造试点建设任务全面完成。坚持发展高产、高效、生态农业，蔬菜、瓜果、枸杞、羔羊等特色产业不断壮大。蔬菜产业基地规模拓展，新建日光温室522座、塑料大棚7050亩，集中育苗320万株，蔬菜种植面积达到31.5万亩，其中设施蔬菜9.6万亩。畜禽养殖规模不断扩大，建成标准化养殖小区6个，羊、猪、鸡、牛饲养量分别达到105万只、70万头、533万只和1328头。枸杞、大枣、苹果等特色林果面积达到8.6万亩，种植籽瓜11万亩。农业产业化程度不断提升。龙头企业建设迈出新步伐，产业链条进一步延伸。新建金杞福源、红杞儿、晶安枸杞深加工企业3家，维康农业乳品加工生产线、鸿泰番茄制品生产线建成投产，14家脱水菜加工企业、3家万头猪场及国鼎奶牛养殖场规模继续扩张，绿色禽蛋产业化建设项目顺利实施，全年新增农业产业化龙头企业19家，总数达到86家，销售收入4.4亿元，实现利税2640万元，有效促进了农民增收。农民专业合作社达到49家。农业科技应用水平进一步提高。引进示范推广蔬菜无土栽培、秸秆生物反应堆、基质集中育苗等先进实用新技术15项、新品种60个，农业科技含量稳步提高。推广全膜双垄沟播技术6.1万亩、小麦良种补贴9万亩、测土配方施肥20万亩。建成蔬菜标准化示范基地3万亩，全县无公害农产品产地认定8.55万亩，无公害蔬菜、枸杞面积分别达到28万亩和2.25万亩。“12316”农业服务热线开通，建成村级农村信息网点30个。劳务输转力度加大。加大农民技能培训和劳务输转力度，培训农民工4.63万人，输转劳务8.47万人，创劳务收入4.7亿元。

工业经济：围绕转变经济增长方式，加大工业技术改造力度，加快工业化进程，国有及规模以上企业经济总量和质量效益稳步提升，原煤、水泥、焦炭、磷肥、电石、机砖、脱水菜等工业主导产品生产规模不断扩张。2008年，全县工业增加值完成4.78亿元，比上年增长26.21%；国有及规模以上工业在承接转型中快速发展，增加值完成

2.14 亿元，占全县工业增加值的 44.75%，增长 66.66%。实现销售收入 5.82 亿元，增长 63.38%。刘川工业集中区累计完成基础设施投资 1009.4 万元，签约项目 9 项，总投资 7.73 亿元。工业企业技术改造力度加大，博翔电石、晖泽化工、金达化工、泰来顺等企业新建或技改项目顺利实施，完成固定资产投资 1.16 亿元。重点行业、重点企业节能降耗、污染治理力度加大，万元 GDP 能耗降低 4.57%，7 户重点耗能企业万元产值综合能耗均下降 8.3%，主要污染物减排及总量控制任务全面完成。乡镇企业完成增加值 6.9 亿元，增长 18.70%；非公有制经济完成增加值 17.4 亿元，增长 18.45%。刘川工业集中区水、电、路等基础设施进一步完善，14 平方公里整体规划已经完成，被确定为全市重点发展的"一园三区一基地"之一。银三角非公经济集中区环境整治力度加大，经营管理秩序逐步规范。杜寨柯农产品加工贸易集散区、平堡特色农业观光区建设步伐加快。

【基础设施】新城开发步伐加快。新城区一期开发基本完成，城市规模稳步扩张。全年完成投资 2 亿元，新增办公及商住楼建筑面积 20.16 万平方米，累计完成建筑面积 58 万平方米，完成投资 6 亿元。靖乐渠景观带、风雷北路、南滨河路东段路基工程及县城电网改造主体工程全面完成。旧城改造力度加大。东、西、南大街道路整修工程完工，配套设施进一步完善。钟鼓楼广场改造、金三角及城区主要街道亮化美化工程投入使用。鹿鸣园东侧商业步行街主体工程完工，西侧商住楼工程进展顺利，会馆巷社区瓜果蔬菜市场基本建成。集中供热新增入网面积 50 万平方米，旧城面貌明显改观。交通网络不断完善。腰站至石门、唐庄至董家庙、高湾至共和、杜寨柯至小红豸通乡油路铺设工程进展顺利，铺油罩面 56.9 公里。水泉至石门通乡等级公路竣工通车。通畅工程顺利实施，建成通村公路 100 公里。农业基础逐步改善。完成水保治理 25 平方公里，新修梯田 1.2 万亩，发展有效灌溉面积 8000 亩，节水灌溉 1.5 万亩，改造中低产田 6600 亩。糜滩（刘川）、大芦、乌兰营防农村饮水安全工程建成运行，4.25 万人的饮水安全问题得到解决。台湾慈济会集雨抗旱工程建成水窖 3021 眼。易地扶贫搬迁工程平田整地 5600 亩，移民 417 户、1820 人。新建"一池三改"户用沼气池 2950 座、联户沼气工程 1 处。完成退耕还林补植补造 15.5 万亩、三北四期防护林 1 万亩、封山育林 6500 亩，义务植树 110 万株，城区大环境绿化 998 亩，建设绿色通道 24.7 公里。国土资源管理力度加大，第二次全国土地调查进展顺利，完成城镇地籍调查 12 平方公里，《矿产资源总体规划》编制完成，开发整理土地 7100 亩。

【财政金融】全县累计完成大口径财政收入 1.33 亿元，比上年增长 45.55%，县级一般预算收入为 0.50 亿元，增长 21.84%。全县财政支出累计完成 8.14 万元，增长 50.26%。

全县金融机构各项存款余额 21.01 亿元，较年初增长 34.83%，其中：城乡居民储蓄存款余额 15.18 亿元，占各项存款的比重为 72.23%，较年初增长 31.04%。各项贷款余额 7.37 亿元，较年初下降 6.50%。

【人民生活】城乡居民收入继续增长，全年城镇居民人均可支配收入 7223 元，比上年增加 971 元，增长 15.53%；农民人均纯收入 2882 元，比上年增加 373 元，增长 14.87%.高度关注失业人群，就业和再就业力度加大。新增就业岗位 2699 个，下岗失业人员实现再就业 1693 人，城镇登记失业率 3.17%。养老、失业、职工基本医疗、工伤、生育、城镇居民医疗保险覆盖面逐步扩大，共征缴保险费 3250 万元，争取关闭破产企业退休人员医疗保险费 689 万元，发放企业退休人员养老金 2128 万元。确定城市低保对象 3251 户 7567 人、农村低保对象 17686 户 57160 人，发放保障金 3670.6 万元、城市低保对象物价补贴 383.8 万元；为 2857 名城乡医疗救助对象发放救助金 432.5 万元；审批五保对象 1737 户 2573 人，发放供养金 257.3 万元。共拨付地震灾后重建维修资金 959 万元，1985 户维修和 281 户重建任务全部完成。安排救灾款 1021.8 万元，救灾面粉 326.5 万斤，保证了困难群众特别是"三无"、"三孤"人员的基本生活。县城中心敬老院完成主体工程，北滩中心敬老院建成投入使用，农村特困群众危房改造安居工程及五合、刘川、若笠"五保家园"工程全部建成。增加机关事业工作人员和离退休人员过渡性地方津贴 3542 万元，人均月增资 299 元。考聘安置高校毕业生 268 人。66 名县聘教师按同期同类事业人员落实了工资待遇，对三年合同期满且考试、考核合格的 1217 名县聘教师月增资 200 元。对低保家庭、干部职工及供用热单位发放供热补贴 1036.7 万元。

【医疗卫生】医疗卫生条件进一步改善，广大群众医疗保健水平进一步提高。合理整合资源，县中医院内儿科住院部综合楼改造完成，县卫校改建的社区卫生服务中心投入使用，县残联门诊纳入社区卫生服务站，社区医疗卫生服务不断加强。县妇幼保健站综合楼、五合中心卫生院建设工程基本完工。新型农村合作医疗参合人数达 40.71 万人，参合率 96.38%，共报销医疗费用 3621.37 万元。

【教育情况】继续加大财政对教育的投入力度，进一步加强学校硬件建设，县中心幼儿园建成招生，改造利用二七九中学，建成教师资源培训中心；新城小学、电子职业学校开工建设；初中校舍改造、长效机制及危改项目顺利实施，新建校舍 2.8 万平方米，排除危房 1.27 万平方米。免费教科书、免学杂费等惠民政策覆盖义务教育阶段所有学生，寄宿生生活困难补助覆盖面达到 72%。切实加强教师队伍管理，教育教学质量稳步提高，各级各类教育协调发展。高考二本上线 1558 人，比去年增加244人,中考全科合格率提高14.29个百分点。

【社会事业】科技创新活动深入开展，推广实用技术 30 余项，巡回宣传 50 余场次，实施技术合同项目 19 项，科技在工农业生产中的支撑作用提升。建成“农家书屋”30 家、乡镇农民健身工程 18 处。积极组织开展“千台大戏送农村”等文化活动，农村数字电影巡回放映 1561 场次，群众文化生活日益丰富。《靖远县志》初稿基本完成，《靖远史话》出版发行。建成县计生服务站和东湾、北滩等 7 个乡镇计生服务所，配备计生技术服务人员 16 名。加大投入，实行更加优惠的计划生育奖励政策，落实各类奖励扶助资金 354.5 万元。东升、刘川层级动态管理试点工作取得实效。全县人口出生率 10.76‰，农村计划生育率达到 80.74%。

【旅游资源】靖远是古丝绸之路北线通往河西走廊的必经之道，为黄河上游重镇，黄河津渡历来为军事战略要地。地灵人杰，文物荟萃，人才辈出，素有“文化县”、“灵秀之地”之称。县境内文物遗存比较丰富，有古老的永和遗址、庙洼山遗迹等多处新石器时代遗址；有隋唐时期的寺儿湾石窟等古老石窟艺术宝库；有春秋时代游牧民族的艺术杰作吴家川岩画；有永安堡、三角城等多处古城堡遗址；有钟鼓楼、乌兰山等诸多古建筑；有红军西渡黄河的虎豹口渡口等一批革命遗址和近代名人故居、墓葬，其中已有 3 处和 60 处分别被列为省、县级文物保护单位。被誉为大浪天险、月河晚照、法泉地灵、屈吴春嶂、中流砥柱、雪岭堆银、乌兰耸翠、祖厉秋风的古八景风光，至今独具自然之美。“鱼米之乡”的黄河两岸，旱川变绿洲的新灌区、哈思松林，以及黄河之上的铁桥、吊桥、水车、皮筏摆渡等众多旅游景点，使人留恋忘返。

（王绍先）

会宁县

【现任主要领导】

中共会宁县委书记：常守远

会宁县人大常委会主任：刘汉宝

会宁县人民政府县长：贾汝昌

政协会宁县委员会主席：宋维平

中共会宁县纪律检查委员会书记：杜汉杰

【自然环境】位于甘肃中部,白银市南端，地处北纬 35。24' – 36。26'，东经 104。29' – 105。31'之间，东与静宁、西吉、海原三县接壤，南同通渭县毗邻，西连定西、榆中两县，北靠靖远县、平川区。南北长约 140 公里，北部东西宽约 90 公里，南部宽约 50 公里，总面积 6439 平方公里。312 国道和在建的平定高速公路穿越县城，将会宁融入兰州 1 小时经济圈；省道 309 线横贯东西、207 线贯通南北，境内交通便利。西兰乌光缆穿境而过,通讯设施完备；具有丰富的土地资源、劳动力资源和近靠兰州的区位优势。有耕地面积 226.06 万亩，宜林宜草荒山面积 106.24 万亩。县境群山连绵，梁峁交错，沟壑纵横，可概括为“七川八塬九道梁”，属典型的黄土高原丘陵沟壑区。四季气候特征为:春寒雨少刮风多,夏多冰雹不炎热,秋凉阴雨多早霜,冬月干燥少落雪。平均海拔 2025 米，年降水量 347.8 毫米，年平均气温 8.9℃,年均无霜期 154 天。主要河流有祖厉河、葫芦河、清水河三条，祖厉河贯穿南北，在靖远境内流入黄河。地下水系分四个水文地质单元，即大豹子川、厉河、关川河、祖厉河等四个河谷。水资源短缺，地表水大部分苦咸，干旱是主要自然灾害，霜冻、冰雹、风灾、洪灾、病虫害也比较突出。

【行政区划】会宁是省级历史文化名城,历史悠久，是古丝绸之路的重镇，素有“秦陇锁钥”之称。距今已有 2100 多年的建县历史。以红色旅游、绿色农业、金色教育为主题的城镇综合开发全面推进。现辖 22 个乡 6 个镇，284 个村委会，2039 个村民小组，9 个居委会，35 个居民小组。

【人口情况】全县有汉、回、东乡、藏、满、哈萨克、蒙古族等 7 个民族，2008 年底常住人口 58.18 万人，其中男性 29.79 万人，女性 28.39 万人，男女性别比为 51.2：48.8。农业人口 53.86 万人，占总人口的 92.6%，非农业人口 4.32 万人,占总人口的 7.4%。

【四通情况】国道 312 线、309 线横跨东西,省道靖天路、定会路贯通南北；京 – 西 – 兰 – 乌光缆通信过境；110 千伏输变电线路拉通。乡、村、社通电率均为 100%，通公路率分别为 100%、75%、55%；乡乡通邮通电话，本地电话用户年末达 46385 户，移动电话年末达到 8.32 万户，电话普及率 18.8 部/百人；广播人口覆盖率 91.8%，电视人口覆盖率 88.4%。

【医疗卫生】全县有公立医疗机构 38 家，其中县直医疗卫生单位 7 家，乡镇卫生院 28 家，分院 2 家，城市社区卫生服务中心 1 家，村卫生室 284 个，医疗床位 1165 张，每千人口有床位 2 张；从业人员 631 人，其中专业技术人员 539 人，每千人口有医疗卫生专业技术人员 0.9 人。医疗机构业务收入为 4956.5 万元。参加新型农村合作医疗人数 50.8 万人，参合率达 97.3%，参合农民因病住院实际补偿比为 64.04%。

【教育情况】会宁是西北教育名县。自古崇文修德、尊师重教，仅明清两代就有进士 20 人、文武举人 115 人、贡生 396 人。自恢复高考以来，已向全国输送大学生 5 万余人，其中获得博士学位的 500 多人、硕士学位的 3000 多人，形成了领导苦抓、家长苦供、社会苦帮、教师乐教、学生乐学的“三苦两乐”会宁教育精神。现有各级各类学校 539 所，其中普通高中 6 所，职业学校 4 所，进修学校 1 所，初级中学 50 所，小学校 385 所，教学点 74 个，幼儿园 19 所（其中民办幼儿园 9 所）。在校学生 148184 人，其中普通高中 19443 人，职业学校 7102 人，初中 49655 人，小学 68738 人，幼儿园（包括学前班）3246 人。全县教职工总数 7756 人（不含代课教师 663 人，不含民办学校）。

【人民生活】2008 年全县单位从业人员报酬 37931 万元,单位从业人员年平均劳动报酬 19480 元。农民人均纯收入达到 2107 元，比上年净增 302 元，增长 16.7%。城乡居民储蓄存款余额 143533 万元,人均储蓄 2467 元，同比增加 682 元，增长 38.2%。城镇居民人均可支配收入 6580 元，比上年净增 830 元,增长 14.4%。

【国民经济】2008 年全县生产总值完成 24.63 亿元,比上年增长 12.06%,其中第一产业 8.27 亿元，增长 7.78%,第二产业 6.82 亿元,增长 16.75%,第三产业 9.55 亿元,增长 12.42%。粮食总产量 18.71 万吨，增长 5.92%；地方财政收入 0.29 亿元，增长 34.8%。实现社会消费品零售总额 9.67 亿元，增长 17.6%;全社会固定资产投资 9.34 亿元，增长 21%。

【名优特产】会宁县土层深厚、光照充足，没有污染，发展绿色产业具有得天独厚的优势。经过多年的发展，初步形成了以农产品精深加工为主的产业雏形。“懿隆”荞麦米，“三利”荞麦挂面、良谷米、胡麻油，“万里缘”杏仁露，“祁连雪”马铃薯淀粉等产品获得国家绿色食品认证，会宁被中国特产之乡委员会命名为“中国小杂粮之乡”和“中国肉羊之乡”，绿色产业开发具有坚实的基础和广阔的市场前景。主要有各式地毯、杏仁露、铁木山矿泉水等。

【旅游景点】汉唐时期，会宁是古丝绸之路中西商旅要道，现存大量的历史文化遗迹。牛门洞新石器遗址出土的彩陶、磨制石器等文物，是甘肃仰韶文化马家窑类型、半山类型和齐家文化共存的见证；境内有古城遗址和以汉墓群为代表的古人类墓葬 20 多处，其中最具代表性的是筑于金代的郭哈蟆城和宋代的西宁城，属省级文物保护单位。省级森林公园铁木山，集文化遗产、人文景观和自然景观为一体，现存多处石窟和庙宇古建筑，地貌独特，森林葱郁，有“旱塬秀峰”之称。位于铁木山下的马明心教堂，始建于清乾隆年间，为伊斯兰哲赫忍耶门宦创始人马明心的创道传教遗址，是全国各地穆斯林进行宗教活动的主要圣地之一，有“小麦加”之称。会宁是中国革命圣地。红军会师旧址占地面积 4.3 万平方米，有目前国内唯一全面反映长征历史的红军长征胜利纪念馆，有全国规模最大、主展将帅题词的将帅碑林，有邓小平亲笔题名的红军会师纪念塔，有始建于明代的会师门，有县级馆藏一级文物数量最多的全国重点历史博物馆；恢复修建了红军总司令部，红军总政治部，红一方面军、红二方面军、红四方面军指挥部，红军大学，红军演讲台等革命遗址。红军长征胜利景园位于省级森林公园桃花山，由原军委副主席刘华清题名，以模拟、微缩长征路上具有代表性和历史意义的 22 处景点为主要内容，以万分之一时间走完万分之一长征路为主题，与会师旧址遥相呼应，构成了省内规模最大的红色旅游景区。此外，还有大墩梁红军烈士陵园、慢牛坡红军烈士陵园等革命遗址，集聚了丰厚的红色旅游资源。会师旧址——长征胜利景园铁木山——牛门洞——马明心教堂是构成我省旅游业的重要点线。

（陈红霞）

景泰县

【现任主要领导】

中共景泰县委书记：薛香玲
景泰县人大常委会主任：王文彰
景泰县人民政府县长：张世军
政协景泰县委员会主席：谈守礼
中共景泰县纪律检查委员会
书记：王涛忠

【基本情况】景泰县位于甘肃省中部，东临黄河，西接武威，南邻白银、兰州，北依宁夏、内蒙古，地处黄土高原与腾格里沙漠过渡地带，为河西走廊东端门户。全县总面积 5483 平方公里，地理坐标在东径 103° 33′ －104° 43′，北纬 36° 43′ －37° 38′ 之间。海拔 1274—3321 米。属温带大陆干旱气候，年均气温为 9.1℃，无霜期在 141 天左右。年均日照 2713 小时，年降水量为 185.6 毫米，年蒸发量为 1722.8 毫米。现辖 6 镇 5 乡，136 个行政村，7 个社区，总人口 23.09 万人。总耕地面积 68.6 万亩，其中水浇地 36.2 万亩，有天然草场 522.8 万亩。主要农产品有小麦、玉米、啤酒大麦、洋芋等；主要畜牧产品有羊肉、猪肉；特色产品有沙漠枸杞、大红枣、蜜瓜、蜂蜜、大接杏、早酥梨等。主要工业产品有水泥、石膏、石膏粉、石膏板、原煤、硅铁、电石、啤酒麦芽、面粉、配混合饲料等。

【资源优势】矿产资源丰富，石膏储量达 3.85 亿吨，居全国第二，石灰石 8 亿多吨，煤 3.8 亿吨，石英石 2000 多万吨，铜 200 多万吨，此外，金、银、锰、墨玉、陶土、蛇纹岩也有一定分布，地方工业主要有水泥、硅铁、麦芽、饲草料、石膏粉、煤炭六大行业。灌溉条件优越，境内有“中华之最”景电高扬程大型提灌工程两处，总装机容量 24.56 万千瓦，提水量 28.6 立方米/秒，是黄河上游重要的灌溉农业区。全县光热资源丰富，年日照时数为 2713 小时，日照百分率 62%，太阳年平均辐射量 147.8 千卡/平方厘米，年≥0℃的活动积温 3614.8℃，≥10℃的有效积温 3038℃，无霜期 141 天，是我国除青藏高原外光热资源最丰富的地区之一。

旅游资源：景泰旅游资源奇特壮观，有被誉为“中华自然奇观”的国家地质公园黄河石林、“沙漠绿色宝岛”寿鹿山省级森林公园、有开凿于北魏时期的五佛沿寺石窟、有建于明代万历年间的永泰龟城、明长城及享誉“中华之最”的景泰川电力提灌工程等诸多自然和人文景观。众多的自然景观和历史遗迹越来越受到影视界青睐，成为国内外不可多得的影视基地。《最后一个冬日》、《西部热土》、《汉血宝马》、《天下粮仓》、《雪花那个飘》等影视剧分别在黄河石林、永泰龟城等处完成拍摄。国家唯一以敦煌体裁为内容的“大敦煌”影视城，被影视界看好，其大漠、敦煌、绿洲、黄河以及宏伟气势成为西部的一个精品影视基地。

【基础设施】包兰(包头—兰州)、甘武（甘塘－武威）两条铁路在境内有11个火车站。公路以县城为中心，省道201线贯穿全境，308线西上武威至河西走廊，207线南通白银市，县城距中川机场不足百公里。境内电力充足，有220千伏输电线路1条，110千伏输电线路14条，35千伏输电线路8条，年供电量21.3亿千瓦以上。城区日供水能力达到7千吨。

【国民经济】2008年，全县完成生产总值25.81亿元,按可比价计算，比上年增长12.11%。其中一、二、三产业增加值分别为5.86亿元、10.54亿元、9.41亿元，分别增长7.1%、17.4%、10.05%。全县粮食总产量为13.71万吨，肉类总产量为1.24万吨，全社会固定资产完成9.69亿元，增长21.05%。完成大口径财政收入15291万元，增长53.57%;完成社会消费品零售总额5.48亿元，增长18.4%。城镇居民人均可支配收入6863元，增长10%，农民人均纯收入3088元，增长15%。

【项目建设】全年开工建设各类重点项目71项，其中投资千万元以上项目20项，投资总规模59.36亿元。年内已完成51项，在建20项，完成投资25.34亿元。新签约项目30项，引进资金2.4亿元。大唐景泰火电厂筹备工作进展顺利，年内完成投资15.45亿元，累计投资22.4亿元。兴泉风电场一期工程建成运营，累计投资3.81亿元，已发电1217万千瓦时。通村道路建设、林网改造及村镇绿化、宏泰公司网眼袋生产线改造及年产2万吨碳化硅、350吨稀土抛光粉生产线等项目全面完工。中泉国家级土地开发整理、客货运集散中心等项目进展良好，翔健冶炼公司年产10万吨硅铁项目开工建设。风电项目后续测风工作有序推进。黑山峡水电梯级开发项目通过了环境影响评估。黄河石林世行贷款基础设施建设、龙湾农家乐改扩建、五佛沿寺文物古迹重建恢复、水沟湿地园一期工程、大龙公路维修、星级宾馆酒店改造等项目进展顺利，永泰街、长城东路、人民文化广场、南部广场和人民公园增绿扩绿，车站路、东环路道路绿化项目顺利完成。城区生活垃圾填埋场项目开工建设，已完成库区场地平整等工程。我县获得“甘肃园林县城”荣誉称号，“中国绿色名县”申报评定工作顺利完成。

【新农村建设】坚持抓好“特色种植、畜牧养殖、经济林果”三大基地建设，瓜菜、早熟洋芋、啤酒大麦、特种玉米等特色产业种植面积突破20万亩。粮食总产达到13.71万吨，比上年增产0.16万吨。新建养殖小区6个，建成千头奶牛场1处，新植枸杞1.53万亩，红枣0.37万亩，苹果、梨0.48万亩，累计分别达到4.8万亩、3.4万亩和3.28万亩。农业产业化进程加快，盛大种猪场被确定为国家储备肉活畜储备基地，全县农业产业化龙头企业达到25家。成立各类专业合作经济组织32个，发展会员2800多人，带动农户8400多户，初步形成了“基地+农民专业合作经济组织+龙头企业”的产业化发展格局。实施了农业综合开发、扶贫开发、10平方公里水保综合治理等一批农业项目，坚持开展农田水利基本建设，全县新增有效灌溉面积0.7万亩，农业生产条件进一步改善。全年输转劳务3.8万人（次），实现劳务收入1.5亿元。完成了6个省、市级新农村建设试点村和8个县级试点村的建设任务，省级新农村示范点五佛乡兴水村顺利通过省、市验收。实施了13个旧村整治改造工作，编制完成了4个村镇的发展规划。

【人民生活】城乡居民收入继续增加，生活水平进一步改善。2008年全县城镇居民人均可支配收入6863元，比上年增加624元，增长10%；人均消费性支出6045.51元，增长28.13%；城镇居民家庭恩格尔系数为45.9%，比上年提高了3个百分点。农民人均纯收入3088元，比上年增加403元，增长15%；人均生活消费支出2719.95元，增长11.84%；农村居民家庭恩格尔系数32.7%，比上年下降0.2个百分点。城乡居民储蓄存款余额达到14.01亿元，增长42.49%，人居环境进一步改善。城乡居民的居住条件和生活质量进一步改善和提高，城乡居民人均住房面积分别达到31.44和21.34平方米。邮电通讯事业发展迅速，电话普及率达到49部/百人。

【社会保障】认真落实就业扶持政策，发放下岗职工再就业贷款200万元，城镇新增就业岗位2359个，实现再就业1028人，城镇登记失业率为3.55%。社会保障体系进一步完善，全年实施城镇低保、农村低保、五保户供养、特困救助5000多户2.55万人次，发放低保、救助资金1979万元、救灾面粉161万斤、衣被1万多件，保障了困难群众的基本生活。城镇职工养老、失业、医疗、工伤、生育保险参保人数达到4.4万人次，发放社保资金2250万元，分别增长9.3%和31%。投资740万元，用于地震灾民房屋重建维修，确保了受灾群众住有所居。廉租住房保障体系进一步完善，全年发放补助资金174万元，870户城镇“双困”家庭享受了补贴，廉租住房工程正式开工建设。

【环境保护】节能减排成效明显，以开展第一次全国污染源普查为契机，指导建材、冶炼、化工企业进行了清洁生产改造，对年能耗1万吨标准煤以上的企业进行了能源审计，依法关闭了金砂水泥厂等不符合国家产业政策的落后生产线2条。全县万元GDP综合能耗为2.67吨标准煤，较上年降低了4.55%。二氧化硫、化学需氧量均控制在指标之内，工业固体废物综合利用率达到85%。编制完成了上沙沃工业集中区总体规划和景泰县新型建材循环经济发展规划。

【社会事业】全面落实农村义务教育经费保障机制和"两免一补"政策，为近4万名义务教育阶段中小学生和5000多名农村困难寄宿生发放各种补助资金1715万元。在全市率先推行"校方责任险"，完善校园安全管理机制。实施生源地国家信用助学贷款，为全县1022名贫困大学生发放贷款539万元。清理化解农村义务教育"普九"债务2231万元。教育质量进一步提高，高考成绩实现新突破，连续四年稳步提升，全县本科上线人数达到935人。教师队伍结构进一步优化，招聘127名特岗教师到农村任教。职业教育取得新成绩，建成了景泰职专学生公寓楼，景泰职专通过了国家级重点职业学校评估验收，成为我市县区第一所国家级重点学校。

公共卫生体系建设得到加强，乡村两级医疗机构基础设施明显改善。农村合作医疗运行平稳。全县共有17.9万人参加合作医疗，参合率达到96.7%。参合农民11825人次得到了住院补偿，补偿费用1281万元。深入开展"平安和谐卫生年"活动，公共卫生和医疗服务质量进一步提高。认真做好服用三鹿牌奶粉婴幼儿的筛查、救治等工作，全县无重症和死亡病例发生。

旅游秩序进一步规范。以"建设白银旅游产业龙头、甘肃旅游经济高地和中国西部旅游发展热点"为目标，加强旅游产品宣传推介和景区配套设施建设，成功举办了"白银·景泰第五届黄河文化风情旅游节"，引进《书剑恩仇录》、《风之国》等3部影视剧入景拍摄，进一步提升了景泰的知名度。广泛开展"服务质量提升年"活动和"农家乐"星级评定工作，全年接待游客36.2万人（次），实现旅游收入5430万元，分别比上年增长44.6%和61.3%。

文化、体育、广电事业健康发展，人民群众文化生活日益丰富多彩。国土资源得到有效保护，资源节约集约利用水平逐步提高。扎实开展人口和计划生育工作，全面推行优质服务，组织实施了"幸福工程·救助贫困母亲"项目，新建寺滩等3个乡镇计生服务所，"数字计生"信息平台逐步规范，人口自然增长率为6.89‰。

（尚立新）

天水市

【现任主要领导】

中共天水市委书记：张景辉

天水市人大常委会主任：张景辉

天水市人民政府市长：李文卿

政协天水市委员会主席：宋敬国

中共天水市纪律检查委员会书记：杨维俊

【基本情况】天水市位于甘肃省东南部，是甘肃的"东大门"，东邻陕西省宝鸡市，北、西、南分别与我省的平凉、定西、陇南接壤。现辖秦州、麦积两区和甘谷、武山、秦安、清水、张家川回族自治县五县，有46个镇，67个乡，10个街道办事处。有汉、回、满、蒙、藏等28个民族，总人口357.21万人，居全省第一，其中，城镇人口96.79万人。总面积1.43万平方公里。

天水因"天河注水"的传说而得名，历史悠久，文化灿烂，为国家历史文化名城，是中华民族和华夏文明的重要发祥地之一。大地湾原始村落遗址的发掘证明，早在8300多年前天水就有人类繁衍生息。人文始祖伏羲和女娲均出生于此，天水独具特色的历史文化主要有伏羲文化、大地湾原始部落文化、秦国早期文化、石窟艺术文化和三国古战场文化。境内古石窟、古建筑、古遗址、古墓群、古战场众多，有国家级文物保护单位7处，省以下文物保护单位238处。举世闻名的麦积山石窟，荟萃了从公元四世纪末至十九世纪的塑像7800余尊、壁画1000多平方米，是全国四大石窟之一，被誉为"东方雕塑陈列馆"。天水风光秀丽，人文荟萃，是观光旅游的理想之地。天水地处黄土高原南部沟壑区与西秦岭山脉结合地带，地势西高东低，海拔最高2700米，最低900米。全市以西秦岭为分水岭，横跨长江、黄河两大流域，渭河东西横贯全境，中北部渭河水系属黄河流域，南部嘉陵江水系属长江流域。年平均气温11℃左右，正常年景降水量600毫米左右，气候温和，四季分明，日照充足，降水适中，素有"陇上小江南"之称。全市景点有228处，麦积山风景名胜区是1982年国务院公布的第一批44个国家重点风景名胜区之一，整个景区融人文景观与自然景观为一体，景色兼有南秀北雄的特色。

【国民经济】2008年，全市实现生产总值226.6亿元，按可比价格计算，比上年增长11.0%，其中第一产业实现增加值42.3亿元，增长14.43%，第二产业实现增加值83.4亿元，增长10.0%，第三产业实现增加值100.9亿元，增长10.6%。人均生产总值达到6626元，增长10.3%。全市第一、二、三产业增加值占生产总值的比重为18.7：36.8：44.5。全年居民消费品价格总水平较上年上涨6.6%

农村经济全面发展。2008年实现农、林、牧、渔业总产值71.38亿元，比上年增长16.08%。粮食生产创历史新高，总产量达到103.36万吨，较上年增加了17.4万吨，增长20.25%。其中：夏粮总产32.35万吨，增长28.01%；秋粮总产71.0万吨，增长17.01%。2008

年全市共组织劳务输转55.86万人，劳务总收入达到27.55亿元，增长31.3%。

工业生产能力稳步增加。2008年全市规模以上工业企业完成增加值41.01亿元，比上年增长13.1%；实现主营业务收入85.04亿元，增长29.6%；实现利税6.78亿元，下降3.4%；盈亏相抵后实现利润总额2.36亿元，下降36.0%；扣除大唐甘谷电厂亏损因素后，全市实现利润5.0亿元，增长29.2%；产销率达到92.32%。

建筑业发展平稳。全社会建筑业实现增加值22.2亿元，比上年增长5.5%。全市具有建筑业资质等级的总承包和专业承包建筑业实现利润总额324万元。

投资总量大幅增长。2008年全市完成全社会固定资产投资总额143.2亿元，比上年增长28.01%。其中城镇固定资产投资完成108.2亿元，增长25.83%，农村固定资产投资完成34.96亿元，增长35.3%。在城镇固定资产投资中，房地产开发投资完成14.3亿元，增长10.25%。

消费品市场繁荣，对外贸易总量不断扩大。2008年全市实现社会消费品零售总额89.42亿元，同比增长20.7%。完成进出口总额达11791万美元，同比增长30.0%。

旅游收入持续增加。2008年共接待海内外游客389.2万人次，旅游综合收入13.62亿元，分别较上年增长15.15%和20.32%。

财政收支稳步增长，金融运行状况良好。2008年全市实现大口径财政收入29.19亿元，同比增长28.25%；财政支出79.7亿元，同比增长52.85%。年末金融机构人民币各项存款余额283.3亿元，较年初增长28.26%，其中城乡居民储蓄存款199.67亿元，增长32.63%；各项贷款余额106.26亿元，增长31.45%。

【人口和人民生活】年末总人口357.21万人，常住人口为342.59万人，人口自然增长率6.93‰。城乡居民收入持续增加。城镇居民人均可支配收入达9050元，比上年增长8.8%；农民人均纯收入2148元，增长19.1%。城镇居民人均消费性支出6972元，增长6.79%；农民人均生活消费性支出2047元，增长30.9%。城市人均居住面积19.27平方米；农村人均居住面积16.96平方米。

【社会保障】全市参加基本养老、失业、基本医疗、工伤、生育五项社会保险人数分别为10.82万人、14.97万人、21.8万人、9.57万人和4.1万人，企业离退休人员5.22万人，养老保险基金支出6.65亿元，发放率达100%；全市参加养老保险的灵活就业人员达3.92万多人，参加医疗保险的城镇居民39.6万人，参加工伤保险的农民工25698人，参加基本医疗保险的农民工5503人。共有城市最低生活保障对象41181户，10.13万人，累计发放低保补助资金11934.28万元；共有农村最低生活保障对象38057户，14.29万人，累计发放低保补助资金7713.58万元。农村临时救济人数40082人。

就业再就业取得新成效。全年新增就业5.84万人，下岗失业人员再就业2.58万人；安置困难人员再就业11132人，按照出现一户，消除一户的原则，全市共援助298户零就业家庭实现就业；为1479名有创业愿望的下岗失业人员和22户劳动密集型中小企业发放小额担保贷款6231万元。

【城市建设和环境保护】城市基础设施建设成效显著。城市服务功能进一步增强，城市特色更加突出，城市品位明显提高。人均城市道路面积8.62平方米；城市照明灯12114盏；用水普及率达到75.87%，生活垃圾处理率100%；燃气普及率达到56.9%。建成区绿化覆盖率34.35%；人均公园绿地面积5.46平方米。环境保护事业发展较快。全市共完成环保投资5.65亿元，比上年增长77.7%。空气污染指数58。渭河水质达标率为100%。

【社会事业】教育事业取得长足发展。全市普通高校3所，在校学生18732人，同比增长3.4%；普通中等专业学校9所，在校学生15726人；普通中小学校2316所（包括510个教学点），在校生684606人。全市学龄儿童入学率达99.8%，在校生巩固率98.69%；初中学龄儿童毛入学率达99.26%，巩固率达98.38%。

科学研究和技术开发取得新成果。2008年全市共组织实施科技项目345项，鉴定科技创新成果206项，其中132项达到国内领先以上水平。全市已建成国家、省级技术研究中心和企业技术中心22家，认定11家国家、省级“创新型企业”试点单位,25家国家级和省级高新技术企业。

文化事业健康发展。年末全市共有群众文化事业机构147个，文化艺术表演团体8个，文化馆（站）7个，公共图书馆7所，各类藏书80余万册。广播、电视人口覆盖率分别达到94.12%和88.03%。

卫生事业持续发展。年末全市卫生机构210个，床位7615张，各类卫生技术人员7082人，其中执业医师2318人。年内“四苗”全程合格接种率稳定在85%以上。

群众体育运动广泛开展。全市共有全民健身点152个。学校在校学生施标率和达标率分别达96%和95%，全市经常参加体育锻炼的人口约139万人，占全市总人口的39.5%。同时全市体育竞技项目取得骄人的成绩，2008年在省级以上各类比赛中共获得金牌49枚、银牌20枚、铜牌19枚。

秦州区

【现任主要领导】

中共秦州区委书记:张健

秦州区人大常委会主任:杨虎林

秦州区人民政府区长:周伟
政协秦州区委员会主席:霍秀清
中共秦州区纪律检查委员会
书记:牟建林

【基本情况】天水市秦州区位于甘肃省东南部，是天水市政治、经济、科技和文化中心。全区地处陇东黄土高原与秦岭山脉交接地带，地跨黄河、长江两大水系，地势呈西高东低走势，境内山峦错综，地形复杂，唐代大诗人杜甫流寓秦州写下著名诗句“莽莽万重山，孤城山谷间”，就是对秦州区山脉地势的真实写照。

全区行政区域面积 2442 平方公里，城市建城区面积 28 平方公里，辖 7 个街道办事处 41 个社区居民委员委会，6 乡 10 镇 420 个村民委员会，有汉、回、蒙、藏等 10 个少数民族。2008 年全区总人口 65.54 万人,其中城镇人口 29.15 万人，全年常住人口为 62.87 万人,人口自然增长率 6.64‰。

秦州区地理位置独特,区位优势明显。是联系西北与中原、西南的交通枢纽，城区羲皇大道、成纪大道、天北快速干道宽阔平坦，国道 310、316 线和正在建设的天宝、天定高速公路横贯境内，与 12 条省道和县（区）乡公路形成健全的交通网络,畅通能力进地步提高。

城市建设日新月异,基础设施日臻完善。全区水、电、气、暖供应充足，城区天然气管道入户工程正在建设当中，全区有线电视数字化传输全面开通。农村 16 乡镇全部进入程控电话网络和移动通讯覆盖范围。

秦州区历史悠久，文化源渊，人文荟萃。早在七千多年前，我们的祖先就在这片土地上繁衍生息，是中华民族的主要发祥地之一。建城史可溯至 2695 年前的春秋时代。1992 年 8 月 13 日，江泽民同志视察天水时，亲笔题写了“羲皇故里”。漫长的历史演变，留下了丰富的古迹遗址，荟萃了灿烂的自然人文景观，区内有国家和省、市、区级文物保护单位 63 处，其中 3A 级景点 2 处。目前已形成了伏羲文化、先秦文化、三国文化、古树古民居文化、民俗风情文化等多元文化景观，旅游开发的潜力十分巨大。

人文始祖伏羲城、陇东南第一名观---玉泉观、杜甫流寓行吟名刹---南郭寺和飞将军李广墓等一系列旅游景点，李子园森林公园、太阳山森林公园、轩辕故里齐寿山更是山水奇绝、峰峦秀丽，构成了秦州黄金旅游线。

【国民经济】2008 年全区实现生产总值 73.2 亿元，比上年增长 11.1%。其中，第一产业完成增加值 5.7 亿元，增长 12.11%;第二产业完成增加值 32.9 亿元，增长 10.5%；第三产业完成增加值 34.6 亿元，增长 11.9%。三次产业结构为 7.78:44.95:47.27。

农业和农村经济持继发展。全年实现农业总产值 9.49 亿元，实现农业增加值 5.7 亿元;全年农作物播种面积 100.42 亩,其中粮食播种面积 70.84 万亩,粮食总产量 17.71 万吨，增长 17.6%；油料总产量 1.74 万吨，增长 6.1%;蔬菜播种面积 7.29 万亩，总产量 13.86 万吨，增长 11.24%；年末果园实有面积达到 16.54 万亩，水果总产量 10.07 万吨，增长 20%。年末大家牲畜存栏 6.7 万头，增长 2.0%，猪存栏 7.19 万头，鸡（鸭、鹅）存栏 52.9 万只。全年肉产量 5923.69 吨，其中猪肉 4627 吨；鲜蛋产量 1587 吨，牛羊奶产量 344 吨，水产品产量 367 吨。全年农村用电量 3237.09 万千瓦时，化肥施用折纯量 6048.34 吨，塑料薄膜使用量 898.23 吨，年末机电井达到 424 眼。累计水平梯田 67.71 万亩，有效灌溉面积 4.06 万亩。

工业经济平稳增长。全区 59 家规模以上工业实现增加值 18.42 亿元，比上年增长 13.5%,其中非公有制经济实现增加值 9.07 亿元。重工业完成工业增加值 16.99 亿元，增长 10.3%，轻工业完成工业增加值 1.43 亿元，下降 31.9%，。累计实现主营业务收入 42.16 亿元，增长 21.88%,产品产销率达到 97.11%，全年利税总额达到 3.53 亿元，增长 9.97%，其中实现利润 1.73 亿元，增长 20.98%，产品销售利税率达到 8.37%。

消费品市场繁荣活跃。实现社会消费品零售总额 30.19 亿元，增长 24%。其中：批发、零售贸易业实现 16.9 亿元，占总额的 55.9%，增长 28.7%，住宿餐饮业实现 11.03 亿元，占总额的 44.02%，增长 21.9%。2008 年接待境内外游客 220 万人次，增长 16.5%,实现旅游综合收入 7.7 亿元，增长 25%。占地区生产总值的比重达到 10.52%,较上年提高 0.69 个百分点。

固定资产投资快速增长。2008 全区共实施新建续建投资项目 134 个。完成全社会固定资产投资 39.14 亿元，增长 37.1%。其中城镇完成投资 34.73 亿元，占 88.7%，农村完成 4.41 亿元，占 11.3%。项目投资主要以 500 万元以上项目为主,全年完成投资达 33.1 亿元,占总额的 95.4%，增长 112.6%。

全区共有资质以上建筑企业 43 家,全年完成建筑业总产值 14.96 亿元，其中建筑工程产值 13.79 亿元，当年竣工产值 0.98 亿元；全年实现工程结算收入 11.97 亿元，工程结算利润 0.87 亿元。

财政税收快速增长。2008 年全区实现大口径财政收入 60280 万元，增长 29.49%，完成财政支出 123494 万元，增长 69.22%。

【人民生活】2008 年城镇居民人均可支配收入 9130 元，增长 9.05%，消费支出 7998 元，增长 17.3%，其中食品类支出占城镇居民消费支出的 29.9%，医疗保健类支出占 7.6%，交通和通信类支出占 14.8%，文教娱乐用品及服务类支出占 17.82%。农民人均纯收入达 2376.55 元，增长 18.35%，消费支出 1880.5 元，增长 21.72%，其中食品类支出占农村居民消费支出的 49.56%，居住类支出占 18.78%，医疗保健类支出占 7.09%，交通和通信类支出占 8.9%，文教娱乐用品及服务类支出占 7.11%。

【新农村建设】农村居民现有房屋面积 796.62 万平方米,其中钢混结构房屋 101.42 万平方米,砖木结构 234.31 万平方米,人均住房面积 18 平方米。全区通公路的村达到 323 个，占 76.9%，通汽车的村达到 413 个，占 98.3%；自来水受益村达到 129 个，覆盖人口 11.82 万人；全区通有线电视的村达到 214 个，占 50.95%；通电话的村 419 个，占 99.8%;乡镇村文化站（室）237 个，卫生机构 450 个。

【社会保障】2008 年全区在职职工基本养老保险参保人数 6219 人;失业保险实际参保人数 9241 人,发放失业金共计 264.84 万元；基本医疗保险投保人数达到 18.7 万人;开发公益性就业岗位 1688 个,下岗再就业 8126 人，城镇登记失业率为 3.5%。全区共纳保 1.8 万户 4.7 万人，累计发放低保金 5801.7 万元,发放物价补贴 2846 万元,取暖补贴 448.5 万元。实施城乡医疗救助对象 1.2 万人次,为 3229 户廉租户发放住房补贴 479 万元,改造农村危房 400 户。

农村参加社会养老保险人数 3110 人,已享受社会养老保险-人数 1006 人,参加农村合作医疗的人数 39.37 万人，参合率为 87.43%。

【社会事业】全区现有区属公办中小学、幼儿园 443 所，教职工 6353 人，在校学生 114920 人，其中普通高中 14066 人。2008 届高考二本以上上线人数达到 1041 人，上线率达到 18.10%。

2008 年新列结转国家、省市、区各类科技项目 35 项，其中国列 1 项，省列 2 项，市列 10 项，区列 22 项，总计投入科技三项费 150 万元。组织鉴定验收科技成果 20 项，其中达到国内先进水平的 4 项，省内领先水平的 2 项；发展民营科技企业 2 家，2008 年度天水市科技进步奖项目，二等奖 1 项，三等奖 2 项；派遣 164 名科技特派员开展科技服务，共实施科技开发项目 32 个，引进农业新品种 80 个，推广新技术 50 多项。建成科技示范乡镇 10 个，科技示范村 144 个，科技示范户 8000 多户。

全区共有各类医疗机构 43 个，其中医院 13 所，乡镇卫生院 20 所，卫生技术人员 2565 人。共有 28 个社区卫生服务机构，其中社区卫生服务中心 10 个。

麦积区

【现任主要领导】

中共麦积区委书记：蒋小强

麦积区人大常委会主任：胡福林

麦积区人民政府区长：张克强

政协麦积区委员会主席：张广禄

中共麦积区纪律检查委员会

书记：刘新全

【基本情况】天水市麦积区地处甘肃东大门，占地面积 3480 平方公里。其中耕地面积 71.8 万亩。森林覆盖率高达 60%以上。全年最高气温 34.1 度；最低气温为零下 12.7 度。全区共有 11 个镇、6 个乡和 3 个街道办事处。397 个行政村。总人口为 59.65 万人。

【国民经济】2008 年全年实现生产总值 61.22 亿元，按可比价格计算，较上年增长 10.8%。其中，第一产业实现增加值 6.08 亿元，增长 13.69%；第二产业实现增加值 28.05 亿元，增长 10.3%；第三产业实现增加值 27.09 亿元，增长 10.8%。

农村经济：2008 年全区农林牧渔业现价总产值 94601 万元，比上年增长 12.23%。全区农林牧渔业增加值 60790 万元，同比增长 13.69%。粮食总产量达到 14.69 万吨，农民人均纯收入达 2214 元，比上年增加 384 元，增幅为 21%。全区果园达到 19.67 万亩，较上年增长 20.97%；水果总产量 13.16 万吨，较上年增长 15.14%；林产品产值达 4532 万元，较上年增长 50.36%，其中核桃和花椒产量分别达到 700 吨和 1100 吨，较上年增长 36.72%和 67.94%。全区肉类总产量 7552 吨，增长 4.67%；禽蛋产量 2224 吨,增长 1.78%；牛奶总产量 585 吨，增长 8.66%;生猪出栏 8.82 万头，增长 3.76%;家禽出栏 40.02 万只，增长 5.23%。全区大牲畜存栏 4.49 万头，下降 5.1%。牛出栏 0.7 万头，羊出栏 0.95 万只，分别增长 7.69%和 18.75%。猪存、出栏达到 9.21 万头和 8.82 万头，下降 6.0%和 18.19%。

工业经济：2008 年全区规模以上工业完成增加值 16.94 亿元，比上年增长 12.8%，完成工业总产值 40.94 亿元，增长 35.3%，完成工业销售产值 35.07 亿元，增长 22.9%；实现主营业务收入 25.6 亿元，增长 40.02%，实现利润 2.27 亿元，增长 8.7%，创利税 3.75 亿元，增长 21.4%。重工业实现增加值 6.62 亿元，增长 14.3%，轻工业实现增加值 10.32 亿元，增长 11.5%，股份制企业实现增加值 6.88 亿元，增长 15.8%。

商贸：2008 年全区社会消费品零售总额 28.57 亿元，比上年增长 16.7%，增速较上年回落 0.5 个百分点。分地区看，区级实现零售额 21.52 亿元，增长 17.8%；区以下零售额 7.05 亿元，增长 13.4%。分行业看，批发业实现零售额 4.06 亿元，增长 6.4%；零售业实现零售额 18.67 亿元，增长 17.8%；住宿和餐饮业实现零售额 5.29 亿元，增长 22.7%；其他实现零售额 0.54 亿元，增长 5.9%。

投资：全区固定资产投资完成 29.86 亿元，比上年下降 16.09%。其中：城镇投资 25.34 亿元，下降 19.01%；房地产开发投资 2.12 亿元，增长 38.71%；农村投资 4.52 亿元，增长 5.18%。在城镇投资中（不含宝天高速），一产完成投资 1.37 亿元，增长 129.12%；二产完成投资 6.09 亿元，下降 2.25%；三产完成投资 3.35 亿元，下降 18.54%。500 万元以上项目投资 10.46 亿元，占城镇投资总额的 97%，下降 1.38%。农村投资 4.52 亿元，增长 5.18%，其中：集体投资 2.45 亿元，下降 16.29%，个体投资 2.07 亿元，增长 51.09%。宝天高速公路建设项目投资 12.02 亿元，宝天天水过境段 2.51 亿元，两项合计较上月净增 1.52 亿元。

非公经济：2008 年，全区实现非公有制增加值 25.82 亿元，比上年增长 19.7%。占全区生产总值的 41.0%，较上年末提高了 1.3 个百分点。

财政金融：2008 年全区累计实现大口径财政收入 3.86 亿元，比上年增长 27.8%，增幅较去年同期上升 4.71 个百分点。财政支出 11.11 亿元，增长 55.7%。全区金融机构人民币各项存款余额 63.51 亿元，较年初增长 9.03%。较上年上升 1.43 个百分点，其中：城乡居民储蓄存款余额 45.72 亿元，下降 19.29%；金融机构人民币各项贷款余额 18.27 亿元，较年初增长 1.08%，较上年回落 6.52 个百分点。

【人民生活】2008 年全区城镇居民人均可支配收入达到 8145 元，比上年增长 11.97%，城镇居民人均消费性支出 6623 元，增长 6.79%，农民人均纯收入 2214 元，增长 21%。

【社会保障】2008 年全区城镇新增就业人员 16512 人，7459 名下岗失业人员实现了再就业，其中:困难人员再就业 3184 人。城镇登记失业率为 2.8%。就业再就业培训 5674 人,为符合条件的 90 名下岗失业人员发放小额担保贷款 180 万元，给劳动密集型企业发放贷款 500 万元。全区全年参加城镇基本养老保险职工 7824 人，城镇职工基本养老保险基金支出 2631.73 万元。全区参加城镇失业保险人数 12334 人，征缴失业保险费 150.21 万元，领取失业保险金人数 949 人，发放失业金 245.18 万元。全区参加城镇职工基本医疗保险人数 18872 人，征缴医疗保险费 1230.99 万元，支付医疗费 356.43 万元。参加城镇居民基本医疗保险 95088 人，收缴城镇居民医疗保险费 371 万元，支付住院医疗费 476 万元。全区共输转城乡务工人员 12 万人次，其中有组织输转 5.51 万人，创劳务收入 4.3 亿元，人均 4627.8 元，占人均纯收入的 48.2%，比上年增长 6%。全年受理举报案件 73 起，依法查处 73 起，受理农民工工资举报案件 8 起，追回拖欠农民工工资 68 万元，涉及农民工 3.2 万人。

【社会事业】2008 年全区共组织实施科学研究、科技试验、示范及攻关项目 63 项，其中省市列项目 16 项，通过鉴定验收 18 项，取得科技成果 14 项。6 项达到国内先进水平，2 项达到省内先进水平，9 项获得市级科技进步奖。积极推广现代远程教育普及，加大农村学校危房改造力度，高中教育规模扩大，教育投资逐年增加，教育教学质量明显提高。全年建成农家书屋 106 个，总投资 200 多万元，配送图书 147.2 万册。2008 年首次举办麦积区文物精品展，接待参观者 1.2 万人次，由国家投资 420 万元的农民健身工程“一村一场”项目启动实施。全年共举办文化艺术展 11 次，展出艺术作品 1401 件，参展观众达 4.26 万人次。全面启动“千台大戏送农村”活动，成功举办 2008 年庆新春春节系列文化活动和麦积区春节文艺晚会，并在全市春晚节目中取得第二名的好成绩。2008 年全区新型农村合作医疗参合农民 41.76 万人，参合率 92.19%，较上年提高了 1.87 个百分点。在“2008 年甘肃省第九届国际舞锦标赛”中，取得 23 个冠军，在第三界世界传统武术节上，获得 2 枚金牌，在第二届中国武术搏技精英赛中，获得 1 枚金牌。在第六届“迎奥运杯”国际武术节上，共夺的 5 金 4 银。2008 年全区共编发广播新闻 147 组 990 条，电视新闻 147 组 1134 条，电视专题片 7 部，专栏 9 个共 114 期。城区及郊区新增有线电视用户 1372 户，完成农村电影放映 5762 场次。

清水县

【现任主要领导】

中共清水县委书记：雷鸣

清水县人大常委会主任：阮珠有

清水县人民政府县长：刘天波

政协清水县委员会主席：刘怀珍

中共清水县纪律检查委员会

书记：妥国保

【基本情况】清水县位于甘肃省东南部，天水市东北，陇山西南麓渭河支流牛头河流域，东界陕西省陇县、宝鸡、南连麦积、秦州两区，西接秦安，北临张家川回族自治县，距陇海铁路天水站 40 公里，总面积 2012 平方公里，辖 6 镇 12 乡，2008 末总人口为 31.76 万人，其中，农业人口 29.50 万人。古称上邽，以“清泉四注”而得县名，历史悠久，人杰地灵。系中原与西北的古通道，素有陇上要冲，关中屏障之称。早在五千多年前，人类先祖就在这里生息繁衍。县境内发现马家窑——齐家文化古遗址 30 多处，出土珍贵文物 3000 多件。是中华人文初祖轩辕黄帝的诞生之地、秦统一全国的发祥地、西汉名将赵充国的桑梓故里。北逐匈奴、西击诸姜的战斗号角，秦先祖非子、一代天骄成吉思汗等历史人物都在这片土地上留下足迹。属黄土梁峁沟壑区，是西北黄土高原边缘地带十分难得的山川秀美、物华天宝之地。年平均气温 9.9℃，年均降水总量 550mm 左右，年日照时数 2277.4 小时，全年无霜期 180 天左右。夏无酷暑，冬无严寒，四季分明，气候宜人。境内有耕地 130 万亩，森林 67 万亩，荒山草坡 18 万亩，温和湿润的气候和丰富的土地资源、水资源、矿产资源和农林牧副产品资源，以及野生资源，具有广阔的深度开发前景和极大的市场开发潜力。是天水市生态旅游的后花园的重要水源保护地。汤浴温泉为全国十三大名泉之一。庞公玉石被誉为

“中国一绝”。轩辕文化、先秦文化、汉唐文化、宋金文化交融聚汇，汤浴温泉、三皇谷森林公园、万紫山、石洞山等陇上名胜独树一帜，使清水成为陇坂脚下的一方人文厚土，炎黄子孙寻根问祖、观光旅游的一方胜地。

【国民经济】2008 年全县经济社会发展保持了增长提速、效益提升、活力增强、民生改善的良好态势，实现了追赶战略和跨越式发展的新突破。生产总值达到 14.61 亿元，按不变价格计算比上年增长 11.6%；规模以上工业增加值 5386 万元，增长 43.97%；全社会固定资产投资 11.3 亿元，增长 91.7%；社会消费品零售总额 2.69 亿元，增长 29.95%；大口径财政收入 5616 万元，增长 40.1%；城镇居民人均可支配收入 7589 元，增长 15.8%；农民人均纯收入 2081 元，增长 23%；新增就业 2762 人，城镇登记失业率 2.45%；人口自然增长率 5.66‰。

农村经济提速发展。结合五大区域开发建设，制定落实补助扶持政策，采取“双八百”推进措施（整合资金 800 万元，下派科技人员 808 名），实施了农业产业化“6431”工程。推进科技增粮工程，扶持发展旱作农业，粮食总产达到 1.46 亿公斤，创历史新高。实施林果产业“558”工程，新植苹果、核桃 11.83 万亩，郭川基本建成苹果乡。完成各类造林 6.45 万亩，北山绿化 4090 亩，退耕还林补植补造 7.6 万亩，公路绿化 298.5 公里。实施“1810”养鸡工程和“5120”能繁母猪工程，新建养殖小区 10 个，畜禽饲养总量达到 208 万头（匹、只）。完成了蔬菜种植“253”工程任务，种植设施蔬菜 1252 亩，搭建塑料大棚 3000 座。多渠道输转劳务人员 5.26 万人，实现劳务收入 2.44 亿元。投资 420 多万元建设的农业科技示范园区投入运营，占地 2822 平方米的五连栋现代温室科技示范效应初步显现。实施农村沼气“一池三改”工程 2300 户，金集供水工程完成管网入户 3125 户 1.5 万人。土地整理项目和国家级农业综合开发完成了年度建设任务，机修梯田 1.52 万亩，贾川被命名为全市第一批梯田化乡，郭川平定、白沙汤浴等 16 村实现了梯田化。全面完成草川冯山等 9 乡 9 村整村推进项目建设，农村贫困人口由 2007 年底的 6.85 万人减少到 6.18 万人，贫困面由 23.3%下降到 21%。发展农民专业合作社 15 户。集体林权制度改革试点工作进展顺利。

城市经济焕发活力。积极推进工业强县战略，认真实施“10 强 50 户”工程，不断完善四个工业园区基础建设，落实各项优惠政策，10 户规模较大的企业入驻园区。轩辕纸业、天赐实业、天水伟业、鑫烨化工等 4 户企业相继投产，天河酒业“金充国”、“天河春婚庆宴酒”两大系列新产品产销两旺。绿盛堂生物制品有限公司产品出口创汇 12 万美元，实现了全县出口创汇零的突破。酒饮、建材、农副产品加工、矿产开发四大产业体系初步形成，工业对县域经济的拉动作用日益显现。全县工业总产值达到 2.2 亿元，增长 36.9%。以商贸旅游为主的第三产业迅猛发展，城乡市场日益繁荣，经营门类日趋齐全，个体工商户达到 9053 户。不断完善旅游基础设施，建成了“第一泉”景区大门，拓宽改造旅游道路 4 条 28 公里。全年接待游客 25.8 万人（次），旅游综合收入 3600 多万元。非公经济发展迅速，完成总产值 2 亿元，增长 11.2%。

财政收支大幅度增长。大力培植财源，加强税收征管，狠抓增收节支，公共财政职能不断增强，财政收支再创历史新高。完成大口径财政收入 5616 万元，较上年增长 40.1%；财政总支出 6.74 亿元，增长 60.13%。支出结构进一步优化，新增财力主要用于农业产业化、新农村建设、城乡基础设施建设和社会事业发展。财政改革稳步推进，国库集中支付、政府集中采购、财政投资评审和整合支农资金试点等工作成效显著。“一册明”、“一折统”管理全面实施，强农惠农财政补贴落实到位，干部职工工资按月发放，新增津贴、补贴全额补发，落实了在职干部职工的奖励工资。实现村干部报酬由县财政统发，城市和农村低保社会化发放。金融服务发展的力度不断加大，各类银行存款余额达到 11.84 亿元，各项贷款 5.11 亿元。

【基础建设】城乡建设步伐加快。城区“五横四纵”的道路骨架网络基本形成，城乡基础设施日趋完善。投资 2531 万元，实施县城“五路三桥一场”工程建设，南环路西段、充国北路、草川路北段、广场西路、两座金水河桥、轩辕大道西干河桥、城区生活垃圾填埋场等工程相继竣工交付使用，轩辕大道东扩西延工程城区段完成年度建设任务。西江新城、金水嘉苑、滨河铭苑、中山华庭、经典庄园等房地产开发项目进展顺利。秦亭、白沙等乡镇小城镇建设取得显著成效。完成了金集张山、红堡安坪等 28 个村的新农村建设规划编制，省级试点村黄门乡王店村顺利通过验收，10 个市级新农村示范村基本实现“八通六有”，14 个县级示范村基本实现“六通四有”，56 个统规统建村和 12 个易地搬迁型新农村建设进展顺利。清水至陇东、清水至秦安（清水段）通乡油路全面竣工，清水至麦积、阎河口至白沙油路维修工程基本完工，桐林湾至左李通乡油路开工建设，清社公路铺油工程准备就绪，完成通达工程 6 条 55.3 公里，“百村巷道硬化工程”完成 803 条 44 万平方米，“百公里水泥路建设工程”铺筑水泥路 111.2 公里，县城二级汽车站完成主体工程。

灾后重建进展顺利。5·12 四川汶川特大地震波及我县，造成 2 人死亡，207 人受伤，各类经济损失达 6.1 亿元。灾情发生后，及时启动应急预案，组织开展了抗震救灾和灾后重建工作，确保了受灾群众安全越冬。发放“三孤”、“三无”人员临时生活救助金 1624 万元、困难群众取暖补贴 234 万元、救济口粮 654 吨，动员干部职工捐款 63.23

万元。灾后重建坚持“科学规划、突出重点、分步实施”的原则，累计投入重建资金 2.2 亿元（其中中央、省、市下拨专项资金 1.18 亿元,信用联社贷款 8090 万元）,8888 户重建户已竣工 6225 户，入住 3559 户，全面完成了 2184 户 6144 间房屋的维修加固，17 所灾后重建学校 11 所完成主体工程。

项目和招商引资成效显著。全力以赴争取项目，编制上报各类项目 451 项，涉及投资 56.26 亿元。到位项目资金 4.29 亿元,其中，抗震救灾和灾后重建到位资金 1.18 亿元，扩大内需新增中央预算投资 2976.4 万元；实施新建、续建项目 80 项，总投资 12.5 亿元。进一步完善招商机制，创新招商方式，年内签约招商引资项目 139 项，涉及投资 15.98 亿元，实施 98 项，续建 21 项，到位资金 6.27 亿元。

【社会事业】社会事业协调发展。全面落实农村义务教育公用经费保障机制，不断深化教育人事三项制度改革，学校管理日趋规范，教师队伍建设全面加强，教育教学质量稳步提升。为 5.33 万名义务教育阶段学生全部免除学杂费并免费发放了教科书，为 1.27 万名贫困寄宿生发放生活补助费 478 万元，化解“普九”债务 1143 万元。投资 431.13 万元,实施新建、改（扩）建和续建学校 11 所，城区增设的轩辕小学起步良好。职业技术教育健康发展，“两后生”教育面不断扩大。科技事业迅速发展,完成星火骨干培训 5200 人（次）、普及型培训 4.1 万人（次）。全面落实新型农村合作医疗补助翻番政策，农民参合率达到 94.3%，为 1.92 万名住院病人报销医疗费 1988.62 万元。及时处置了三鹿奶粉患儿事件，筛查确诊 239 人，住院救治 181 人。妇幼保健、疾病预防、计划免疫、卫生执法工作全面加强。以轩辕文化为品牌的特色文化大县建设进一步加强，挖掘、整理、公布第三批非物质文化遗产保护项目 10 项,道教音乐列入国家级保护名录。城乡文化基础设施逐步改善，清水展览馆建成开放，新建“农家书屋”100 户，完成了文化馆建设、图书馆搬迁和博物馆装修。广播电视基础条件不断改善，实施了永清、白沙、红堡三乡镇光纤延伸工程，广播电视节目水平和播出质量明显提高，宣传力度进一步加大。人口和计划生育工作不断进步，年度完成四项节育措施 2246 例，计划生育率达到 85.39%。落实最严格的耕地保护制度，开展了第二次全国土地调查。完成了节能减排目标任务，环境保护工作进一步加强。经济普查、文物普查、污染源普查全面开展，其它各项社会事业均取得了新的成绩。

民生工作不断加强。养老、失业、医疗、工伤和生育保险的参保人数分别达到 2488 人、6688 人、9965 人、2855 人和 1400 人；城镇职工大额医疗保险和村干部养老保险全面启动；企业离退休人员养老金按时足额发放。新增城镇就业 2762 人，下岗失业人员再就业 1135 人，城镇零就业家庭成员及大龄就业困难对象实现就业再就业 478 人。城乡居民救助制度全面落实，廉租住房和低收入家庭住房补贴落实到位。发放城乡低保资金 1445.3 万元，特困人口救助金 106.4 万元,五保供养经费 118.3 万元,高龄及百岁老人生活补助费 3.57 万元。深入推进“平安清水”建设，加强社会治安综合治理，高度重视维稳信访工作，安全生产形势保持稳定，被省委、省政府命名为“平安县”。

秦安县

【现任主要领导】

中共秦安县委书记：陈天雄

秦安县人大常委会主任：贾万祥

秦安县人民政府县长：王东红

政协秦安县委员会主席：高霆钧

中共秦安县纪律检查委员会

书记：张永刚

【基本情况】秦安县位于甘肃省东南部，天水市北部，渭河支流葫芦河下游。属陇中黄土高原西部梁峁沟壑区，山多川少，梁峁起伏，沟壑纵横，是全省十八个干旱县之一，也是全国扶贫开发工作重点县之一。县域东西长约 65 公里，南北宽约 50 公里，总面积 1601.6 平方公里。地势西北高而东南低。最大河流葫芦河由四大支流清水河、南小河、显清河、西小河等河流汇成，自北而南，纵贯秦安中部。县境内海拔 1120 米—2020 米。属陇中南部温带半温润气候，年平均气温 10.4℃，正常年景年均降水量 507.3 毫米。

全县共有 5 镇 12 乡，428 个村委会，6 个社区，1384 个村民小组。总户数 14.5 万户，总人口 61.6 万人，其中乡村人口 57.4 万人。人口密度 384.4 人/平方公里；耕地面积 105.1 万亩，人均 1.71 亩。境内盛产苹果、桃、梨等，素有“瓜果之乡“的美称。先后被中共甘肃省委、省人民政府授予全省“经济林建设十强县”、“发展个体私营经济十强县”和“乡镇企业十强县”，被国家科技部、林业局、文化部授予全国“科技工作先进县”、“中国名特优经济林桃之乡”、“文物工作先进县”，被中国果品流通协会授予全国“兴果富农”工程果业发展百强优质示范县和中国花椒之乡称号，被中国百县（市）优特经济专题调查办公室命名为中国甘肃优特苹果生产基地，秦安蜜桃、秦安花椒获得国家地理标志产品保护，其中秦安蜜桃“北京七号”桃荣获北京奥运推荐果品一等奖，并荣获“中华名果”称号。

秦安古称成纪，历史悠久，旅游资源丰富。据史书记载，人类始祖女娲就出生在这里，素有“羲里娲乡”之称。县内文物古迹众多，有距今约 7000 年的全国重点文物保护单位——大地湾遗址，是我国新石器遗址中年代最早、历时最长、层次最完好的一处。还有著名的“街亭古战场”和女娲庙，元代建兴国寺、明代建文庙大成殿和清代建筑群泰山庙等旅游景点。

【国民经济】2008 年，全县实现现价生产总值 22.73 亿元，按可比价计算，较上年增长 10.4%。其中第一产业完成增加值 7.53 亿元，增长 12.57%；第二产业完成增加值 4.93 亿元，增长 8.5%，其中工业增加值为 2.81 亿元，增长 12.5；第三产业增加值为 10.28 亿元，增长 10.0%。一、二、三产业在全县国民经济中所占比重为 33.1:21.7:45.2。全县人均生产总值 3826 元。

农村经济和新农村建设全面发展。2008 年,全县粮食总产量达 188258 吨，较上年增长 20.2%。实现农、林、牧业总产值 129466 万元，比去年增长 21.3%,其中:农业总产值 102596 万元，同比增长 28.0%，林业总产值 2426.31 万元，同比增长 21.3%；畜牧业总产值 24267.28 万元，同比增长 0.8%。新农村建设进展良好，完成了 14 个省市级示范村的村庄建设规划，完成巷道硬化 10.8 万平方米，栽植绿化苗木 5.7 万株，建成排水渠 12 公里，完成示范村农路水泥硬化 20 公里，砂化 56 公里，新建沼气 580 眼，自来水入户 960 户。同时省级示范村兴国镇枣滩村顺利通过省市验收。

林果业发展得到进一步提升。2008 年新建果椒基地 12 万亩，引进新品种 13 个，高接换优 1.2 万亩，水果套袋 3.98 亿个，建设无公害果椒基地 2 万亩。全县共有各类水果面积达 373917 亩，产量达 220784.7 吨，较上年增长 15.1%。其中苹果 276385 亩，产量 146000 吨，桃 74964 亩，产量 60568 吨。花椒面积 20.95 万亩，产量 550 吨。

畜牧业发展势头较好。全年新建养殖小区 15 个，新增养鸡 100 万只，畜禽饲养总量达 352.7 万头（只）。年末肉类总产量达 13046.5 吨，比上年增长 2.99%。年末大牲畜存栏 68000 头。鸡存栏 81.8 万只，鲜蛋产量 2454 吨，同比增长 4.1%。

工业生产稳步增长。全县共有工业企业 1102 个（国有 2 个），从业人员 14132 人（国有 466 人），实现现价产值 158177.7 万元，增加值 28108 万元（评估数）。其中：国有及限额以上企业 11 个，从业人员 1963 人，实现现价产值 27527.7 万元，增加值 8000.4 万元。实现销售收入 27244.5 万元，产销率达到 96.1%，全员劳动生产率 3768 元/人，流动资金周转次数 6.8 次，资金利税率 3.8%。

建筑业发展较快。全县完成建筑业增加值 21130 万元。房屋施工面积 7.5 万平方米，竣工房屋面积 0.6 万平方米。全县共有 6 家房地产开发公司参与我县城市建设。完成投资 19090 万元，开发土地面积 36647 平方米，竣工房屋价值 3715 万元。商品房屋实际销售 27166 平方米，销售额为 4896 万元。

固定资产投资持续快速增长。全年共签订招商引资项目 34 项,总投 14.85 亿元。全社会固定资产投资完成额 10.57 亿元，增长 23.6%。其中：项目固定资产投资 39144 万元，增长 32.65%；房地产投资 19090 万元,增长 1.05 倍,农村固定资产投资 47461 万元，增长 1.64%。

商贸流通活跃。全年实现社会消费品零售总额 9.19 亿万元，较上年增长 15.2%。在零售总额中，县城 4.01 亿万元，农村 5.18 亿元。全县商贸企业总数达 510 个，注册资金 38332 万元，其中：国有企业 65 个，集体企业 105 个，非公有企业 340 个。纳入工商部门管理的固定个体户数达 6071 户，注册资金 6185 万元，从业人数 15388 人，其中：制造业 339 户，批发零售贸易业达 4521 户，住宿餐饮业 430 户，其他行业达 781 户。城乡集市贸易市场 43 处。

财政金融运行平稳。全县实现大口径财政收入 8280 万元，同口径比上年增长 17.98%；财政支出 91525 万元，增长 70.62%。年末金融机构各项存款余额 244141 万元,较年初增长 45.38%，其中：城乡居民储蓄存款余额 209863 万元；年末金融机构各项贷款余额 87446 万元，增长 22.36%。

【基础建设】邮电通讯业快速发展。年末共有邮政局（所）17 个，邮政业务总量 784.4 万元，邮政业务收入 638.1 万元,订阅各种报刊 218.8 万份。固定电话交换机总容量达到 49928 门，实装 41161 户；全县共有小灵通基站 162 个，用户 12611 户；村村能通基站 8 个，无线电话 15479 户；C 网基站 28 个，移动用户 5625 户；全县共有 173 个行政村通宽带业务,共接入宽带 2930 户。交通运输业较快发展。全县公路通车总里程达 1783.077 公里，其中：干线公路 136.66 公里，县乡公路 250.98 公里，乡村农机路 1341.03 公里。310 国道在我县境内 54.4 公里。全社会客运量 114 万人（次)，全年旅客周转量达 420000 万人公里。城市化进程进一步加快。2008 年,城市基础设施建设进一步完善，小巷道硬化 17 条 4714 平方米。城区供水综合生产能力 20000 立方米/日，日用水总量 3000～4000 立方米。城区集中供热面积 61.25 万平方米；城区道路长度 17670.93 米，道路面积 570976.48 平方米。排水管道 24439.8 米，其中新建 6209 米。

【社会事业】教育事业健康发展。全县有各级各类公办学校 414 所，其中：高级中学 1 所，完全中学 7 所，农职业中学 2 所，初级中学 28 所，一贯制学校 3 所，小学 373 所（含 1 所回民小学）。另有公办幼儿园 2 所，民办高级中学 2 所，民办幼儿园 6 所。全县共有中小学教学班 3164 个（公办 3135 个），在校学生 129077 人（公办在校 127029 名）。全县共有教职工 6248 人。普及初等教育入学率 99.87%，巩固率 97.87%，毕业率 99.83%，升学率 99.86%；普及初级中等教育入学率 99.20%, 巩固率 96.59%，毕业率 99.54%，升学率 36.67%。全县参加高考学生 7758 人，三本上线总数为 3350

人，上线率43.2%，较上年提高2.3个百分点。其中三本以上录取1601人，录取率为20.6%。全县中小学校共有校舍建筑面积411367平方米，其中危房面积132590平方米，占总面积的32.23%。科技开发取得新成果。全县共组织实施科技项目23项,总投资3278万元，其中自筹200万元，三项费174万元，其他2890万元。鉴定科技成果18项，达国内领先的6项，省内领先的11项。城乡卫生状况改善明显。年末全县卫生机构25个，其中：县级医院2所，乡卫生院19所。共有医疗床位883张，其中县级医院560张，乡卫生院323张。各类卫生专业技术人员648人，管理人员99人，护理人员634人。年内儿童卡介苗、糖丸、三联、麻针接种覆盖率分别为98.9%、99.2%、97.6%、98.9%，新生儿建卡建证率98.6%。全年乙丙类法定传染病共20种2204例。

【社会保障】通过生活保障、技能培训、政策鼓励、资金支持等多种手段，全年新增就业8650人，城镇登记失业率为2.62%。全县共有社会救济对象103660人，其中困难户17105户82105人，社会孤老残幼2921户3428人。有教老院6个，供养老人32人。全县有优抚对象1799人，其中：革命伤残292人，烈军属78人，在乡复员军人677人，带病回乡退伍军人170人,参战参试退伍人员582人。当年安置退伍军人28人，其中义务兵19人。全县享受最低生活保障的人有30585人，其中：享受城镇居民最低生活保障的2418户7285人；享受农村最低生活保障的6108户23300人。累计发放城镇低保金827.4万元,农村低保金1252.8万元。2008年共医疗救助2317人，发放救助金308.8万元。2008年，全县参加城镇职工养老保险6836人，征缴养老基金1479.8万元，支出2016.82万元。同时清理企业拖欠养老保险费351.4万元。全县参加城镇失业保险9439人，征缴失业保险金100.71万元，清理企业拖欠失业保险费30.8万元。参加医疗保险职工人数14412人,保费收入1263.27万元,共报销医药费1034.06万元。共收缴大额医疗保险费15.81万元，当年报销6.26万元。

2008年，参加新型农村合作医疗的人数为537669人,参合率为93.96%。全年县级补偿农民总人数为19520人次，总补偿费为3063.3万元；家庭帐户基金补偿282094人次293.6万元；住院正常分娩补偿1128人次，补偿金额32.04万元。

【人民生活】2008年农村居民人均纯收入2158.57元，比上年增长20.25%；城镇居民可支配6009.97元，增长7.67%。全县从业人员12833人，劳动报酬23829.9万元，增长23.97%。年平均工资18480元，增长26.49%。全年共输转城乡劳动力9.5万人,其中：组织输出5.5万人。创劳务收入4.7亿元，荣获全省劳务经济先进县称号。

甘谷县

【现任主要领导】

中共甘谷县委书记：王子生

甘谷县人大常委会主任：刘元映

甘谷县人民政府县长：王振宇

政协甘谷县委员会主席：王玺卿

中共甘谷县纪律检查委员会

书记：李晓东

【基本概况】甘谷县位于甘肃省东南部，天水市西北部，渭河上游。地处东经104°58′至105°31′，北纬34°31′至35°03′之间，东邻秦安县、麦积区，南接秦州区、礼县，西与武山县接壤，北与通渭县相连。南北长60公里，东西宽49公里，总面积1572.6平方公里。渭河由西向东横贯全境，南部山区为秦岭山脉西延，北部山区则为六盘山余脉。全县平均海拔1972米。甘谷县地处大陆腹地，又处于东亚季风区内，为大陆性季风气候。其特征为四季分明，冬干夏湿，光照充足，雨量偏少，夏热无酷暑，冬冷无严寒。年平均气温12℃，全年降水量485.4毫米，因受季风影响，降水分布极不均匀，一般一至三月雨量偏少，七至九月雨水较多。全年日照2446.3小时左右，日照率55.84%，无霜期198天左右。主要农作物有冬小麦、洋芋、高梁、玉米、黄豆、糜谷等，经济作物有胡麻、油菜、药材、瓜类、蔬菜、水果、花椒、辣椒等。其中甘谷线辣椒独具特色，素以肉厚色艳味香著称，深得消费者青睐，已远销全国各地及韩国、美国和东南亚各国。

甘谷县历史悠久，据《史记·秦本记》载："秦武公十年（即公元前688年）伐冀戎，置冀县"。置县讫今已有2697年的悠久历史，有"华夏第一下县"之称，县内文物古迹众多，仅新石器时期的文物古迹就有11处，古墓葬18处；闻名遐尔的大像山石窟位于城西2.5公里处,该石窟始建于北魏时期,石胎泥塑大佛塑像高23.3米，具有很高的艺术价值,已被列为国家级重点文物保护单位。此外，华盖寺石窟、天门山、蔡家寺、姜维故里、巩建丰纪念馆、尖山寺森林公园等,已成为新的旅游景点。

【国民经济】2008年，全县实现生产总值24.82亿元，比上年增长13.7%，其中：第一产业7.37亿元，增长17.26%；第二产业7.40亿元，增长15.2%；第三产业10.05亿元，增长10.5%。大口径财政收入完成1.4558亿元，增长86.7%。全社会固定资产投资完成23.44亿元，增长49.11%。社会消费品零售总额完成9.6亿元，增长20.75%。城镇居民人均可支配收入达到6672元，增长20.26%。农民人均纯收入达到2158元，增长19.8%。

【新农村建设】推广种植双垄沟播玉米5.12万亩、地膜小麦9.6万亩，全县粮食总产量达到1.6亿公斤，增长

32.4%，创历史新高。新建标准化养殖小区 15 个，新增规模养殖户 356 户，新发展规模养殖场 12 个。狠抓韭菜、大葱、蒜苗、架豆王等优质蔬菜生产基地建设，全县蔬菜种植面积达到 16.5 万亩。栽植苹果 5.8 万亩，其中千亩以上规模基地 14 处 3.3 万亩，被中国果品流通协会评为“中国苹果之乡”。完成涉农商标注册 8 个，蔬菜品牌认证 3 个。新修渭河堤防 8.3 公里，维修改造沐浴渠 4.2 公里、南岭渠 1.97 公里，衬砌支渠 50.2 公里，新修梯田 1.88 万亩。完成荒山造林 2.6 万亩，封山育林 8000 亩，德援项目造林 9835 亩，退耕还林补植补造 10.4 万亩。建成农村沼气“一池三改” 2500 户。积极实施 13 个参与式整村推进项目，努力扩大农民增收门路，0.24 万绝对贫困人口基本解决了温饱，1.26 万低收入人口稳定解决了温饱。全年输转城乡剩余劳动力 13.2 万人，创劳务收入 4.5 亿元。省级示范村马川村新农村建设通过省上验收，15 个市级示范村和 45 个推进村的基础设施建设和产业发展都有新进展。

【城镇经济】大唐甘谷发电厂全面投产，实现销售收入 4.66 亿元，有力地促进了财政收入快速增长。甘谷祁连山水泥有限公司年产 120 万吨水泥生产线、750 千伏超高压变电站已开工建设。县浴佛水泥有限公司、甘翔装饰材料有限公司、天宏橡胶鞋业有限公司等企业生产规模不断扩大，效益明显提升。全面完成了县浴佛水泥有限公司、县兴业印刷有限公司、工艺厂、地毯厂、三毛厂等企业改制，全县县属国有、集体企业改制任务基本完成。积极推进六峰工业园区建设，编制完成了工业园区总体规划和年度计划，干酪素生产线项目入驻园区，正在加紧建设。狠抓工业企业节能减排工作，完善了新恒达化工有限公司、甘谷祁连山水泥有限公司等企业污水处理和除尘设备，关停了 9 台小锅炉。完成了丰民仓搬迁，新建 750 万公斤粮仓一栋，全县各类储备粮油达到 1370 万公斤。甘谷康润定点屠宰厂建成投产。加强旅游宣传推介，大力开发旅游资源，实现旅游综合收入 5400 万元，姜维墓被评为国家 2A 级旅游景点。

【项目建设】向上申报各类项目 183 项，总规模 30.2 亿元。特殊教育学校、乡镇卫生院改扩建、5 乡镇文化站建设、城区生活垃圾处理、西北部干旱山区农村饮水安全、农村电网完善工程、金西公路铺油等 81 个项目已下达投资计划，争取到项目资金 4 亿元；6 所农村初中校舍改造、谢家湾经磐安至金川公路铺油、大像山镇五里铺村易地搬迁、城区污水处理、廉租住房建设等 15 个项目已通过省市评审或列入投资计划，总投资 5.8 亿元。县列 46 个重点新建续建项目完成投资 4.3 亿元，占当年投资计划的 103.4%。城区供水改扩建、渭河堤防改造、安礼公路铺油、中小学危房改造、农业综合开发、土地整理等 28 个项目全面竣工；南北滨河路及渭河风情线建设、冀城广场建设、谢家湾乡永丰村易地扶贫搬迁、县医院住院大楼建设等 14 个项目进展较好。广泛开展招商引资，推介洽谈各类招商引资项目 48 项，签约 11 项，引进资金 3.6 亿元。

【基础设施建设】全面完成了城区供水改扩建和文化广场改造，南滨河路建设完成新渭河大桥以东道路硬化和西段 800 米路基工程，北滨河路建设完成路基垫方 21 万立方米、埋设排水管道 1200 米，冀城广场建设完成场地平整、地下配套管线铺设工程，富强西路铺油改造完成路基垫方和排水管线埋设工程。硬化城镇小巷道 56 条 3.4 万平方米。积极推进小城镇建设，新兴、磐安镇区开发建设势头较好，完成了安远镇柳城大道、大石乡永兴大道拓宽改造和铺油硬化。改造完善了新兴综合市场、磐安综合市场、冀城木材市场和一批农产品产地市场，冀城蔬菜批发市场被国家农业部确定为定点专业批发市场。依法加强土地管理，加大土地执法力度，查处各类土地违法案件 32 起，基本农田得到有效保护。积极配合天定高速公路甘谷段建设，及时协调解决具体问题，确保了工程建设顺利进行。深入开展农村公路建设质量年活动，安礼公路铺油改造、城白公路和县城至六峰公路水泥硬化工程全面竣工，金西公路铺油改造开工建设，完成通村砂砾路 91 条 275.7 公里、水泥路 13 条 25 公里。积极争取兰州铁路局支持，完成了陇海铁路原朱圉三号桥改建工程。

【社会保障】认真落实城乡居民低保政策，2008 年，为 3435 户 8174 名城市低保对象发放低保金 1207 万元，为 8839 户 37200 名农村低保对象发放低保金 2281 万元。妥善安排城乡困难群众生活，发放救灾款 336 万元、医疗救助金 163.3 万元、五保供养金 272 万元、抚恤金 454.4 万元。发放养老金 3624 万元、失业金 323 万元、小额担保贷款 354 万元。开发公益性就业岗位 701 个，新增城镇就业 6904 人，城镇下岗失业人员再就业 2879 人。进一步完善新型农村合作医疗制度，50.83 万人参加了新型农村合作医疗，参合率达到 90.4%，共为 73474 名参合患者报销医药费 2813 万元，参合农民补助标准较上年翻了一番。坚持实行县属医疗机构济困扶弱制度，在县医院、中医院设置扶贫济困病床 33 张。认真落实贫困高校生政府助学制度和生源地助学贷款制度，发放贫困大学生奖励救助资金 19.8 万元，落实生源地信用助学贷款 581.1 万元，为 11075 名贫困寄宿生发放生活补助资金 349.4 万元。重视解决城镇低收入人群住房困难问题，为 1023 户住房困难户发放廉租住房补贴 152 万元，康苑小区廉租住房和经济适用住房建设完成征地和“三通一平”等前期工作。六峰镇饮水安全工程竣工投入使用，解决了 3.38 万人的饮水问题。

【社会事业】坚持实施“科教兴县”战略，完成各类科技项目 23 项，取得科技成果22项，荣获“全国科技进步先进县”称号。坚持优先发展教育事业，不断强化基础教育，全面推进素质教育，在全社会初步形成了党政苦抓、教师苦教、学生苦学、家长苦育、社会苦帮的“五苦精神”，高考本科上线2052人，上线人数和上线率连续九年位居全市第一。完成了12所农村中小学长效机制危房改造和27所中小学转移支付危房改造项目，甘谷二中高中部建成投入使用。公开选聘356名大专毕业生到边远山区任教，促进了山川城乡教育均衡发展。不断完善城乡卫生服务体系，建立了大像山社区卫生服务中心，县医院住院大楼和15所乡镇卫生院改扩建工程正在加紧建设。围绕迎接第29届奥运会和纪念改革开放30周年，组织开展了一系列丰富多彩的文化体育活动。加强非物质文化遗产保护，“甘谷道情”列入省级非物质文化遗产保护名录，建设农家书屋30个，《甘谷史话》出版发行。

武山县

【现任主要领导】

中共武山县委书记：温利平

武山县人大常委会主任：王永宏

武山县人民政府县长：刘长江

政协武山县委员会主席：颉卫星

中共武山县纪律检查委员会

书记：张有信

【基本概况】武山县历史悠久，人杰地灵。境内气候温和，水资源充足，渭河沿岸素有“金腰带”之称。生物资源丰富，土特产品繁多，蕴藏着大量的非属矿，有广阔的草地和天然林地，文物古迹和旅游景点较多，交通通讯便捷，是块很有开发力的宝地。武山县位于甘肃省东南部，天水市西端，古“丝绸之路”咽喉要道。辖6镇9乡，344个村委会，8个居委会，1601个村民小组，总人口44.83万人，总面积2011平方公里，其中山区1701平方公里，占84.58%，河谷川区310平方公里，耕地63.25万亩，人均1.52亩。

武山地处秦岭山地北坡西段与陇中黄土高原西南边缘复合地带。其地势西高东低，南高北低，均向河谷川区倾斜。海拔1340-3120米。陇海铁路贯穿东西，设站4个，“316”国道和省、市、县、乡、村公路四通八达。邮政通讯十分便捷，程控电话直通世界各地，无线寻呼，移动电话全国漫游。

武山属温带大陆性半湿润季风气候区，冬无严寒，夏无酷暑，年降水量为486mm，年均温9.8℃，年日照2501.1小时，无霜期182天，适宜各种生物生长。其中武山反季蔬菜名扬西北，韭菜、洋葱、胡萝卜、蚕豆、洋芋等运销20多个省、市或地区，已成为富民强县的支柱产业。矿产资源品种多，储量大。主要有蛇纹岩（又名鸳鸯玉，储量3.2亿m3，居世界第二）、石灰岩（15亿吨，氧化钙含量达58%）、花岗石（15亿m3）、白云石、滑石、大理石等非金属矿藏和钼、铁、铜、铅、锌、金等金属矿藏。主要产业为矿产、蔬菜、建材、旅游和劳务等五大支柱产业。

武山位于渭河上游，是中国古代文明的重要发祥地之一，是龙文化的故乡，是古“丝绸之路”上的一颗璀璨明珠。有分散在渭水南北的仰韶、马家窑和齐家文化遗址多达36处。属国家级文物保护单位的有始建于后秦的水帘洞石窟群。开凿于汉代，重建于明代的木梯寺石窟以及付家门、观儿下、西旱坪遗址和官寺古店等6处；县属文物保护单位20处。武山温泉为我国仅有的五家氡化矿泉之一，现有旅游馆、水疗楼、浴池、高尔夫球、网球、蓝球等吃、住、行相对配套完善的各种休闲娱乐设施。水帘洞、温泉旅游度假村，草川大草原，卧牛山森林公园、木梯寺、老君山森林公园等旅游景点为人们旅游、疗养、避署提供了绝好去处。武山，以其蔬菜之乡、玉器之乡、武术之乡、书画之乡、石材之乡而闻名于海内外。

【国民经济】2008年，全县实现生产总值196593万元，按可比价格计算，较上年增长11.5%。其中第一产业实现增加值75781万元，增长15.6%，对经济的贡献率达到46.1%，拉动经济增长5.4个百分点；第二产业实现增加值46878万元，增长8.5%，对经济的贡献率达到18.4%，拉动经济增长2.1个百分点；第三产业实现增加值73934万元，增长10.4%，对经济的贡献率达到35.5%，拉动经济增长4个百分点。人均生产总值达到4569元，较上年增长11.0%。全县第一、二、三次产业增加值占生产总值的比重调整为37.7：24.5：37.8。大口径财政收入达到7990万元，较上年增长43.7%；财政支出达到7.39亿元，增长70.8%；完成全社会固定资产投资16.85亿元，增长53.2%；社会消费品零售总额达到7.12亿元，增长27.5%；城镇居民人均可支配收入6750元，增长21.1%；农民人均纯收入2115元，增长17.8%；人口自然增长率为6.98‰。

【“三农”工作】农业结构不断优化，三大区域的农业结构更趋合理，四大流域的综合开发初见成效。四个5万亩工程顺利实施，粮食生产喜获丰收，总产达11.1万吨，创历史最高水平。蔬菜产业开发稳步推进，新建日光温室、普通棚3000多亩，蔬菜面积达24.5万亩，总产量66.2万吨，总产值5.8亿元。畜牧产业健康发展，新建养殖小区17个。高度重视优质农产品的注册和认证，完成了冷水鱼等3个系列绿色食品认证和滩歌“黑池”牌等4个蔬菜商标注册。林果业四大万亩基地建设全面推进，新建苹果基地1万亩，核桃基地1.1万亩，文冠果基地3300亩，造林2.6万亩。农业和农村基础建设不断加强，在桦林沟流域实施了水土保持综合治理示范工程，启动了咀头张沟流域2万亩土地整理和榜沙河中型灌区建设工程，兴修梯田1.3万亩；完成渭河城关家坡至陈门2.4公里堤防工程和东顺渠下段8.7公里衬砌改造；在洛门、马力等5乡镇26个村实施了饮水安全项目，解决了3.1万人的饮水安全问题；新修和加固险村险段堤防15处4500米，建设沼气池2000眼。输转劳务8.4万人，创收3.8亿元。实施了13个村的整村推进和6个村的易地搬迁项目，落实帮扶资金225.9万元，帮办实事428件。建成农民专业合作社17个。新农村建设深入推进，建成了滩歌黑池殿省级新农村示范村，完成了城关陈门和山丹车川新农宅建设主体工程，投资850万元补贴水泥2万吨，完成了90个村313公里93.3万平方米的村庄道路硬化。通过努力，基本实现了川区干渠配套化、饮水安全化、村内道路水泥化和村庄庭院整洁化的"四化"目标。

【工商经济】工业经济稳步增长，在全市率先召开全民创业大会，出台了《鼓励和支持全民创业的若干优惠政策》；实行了工业用地最低价挂牌出让制度；启动了企业发展投资担保机制，为企业担保贷款400万元；举办了企业家论坛和讲座，有效提高了企业管理水平。重点企业运行良好，祁连水泥产销两旺，鸿煜塑编、源丰面粉、天晨酒业、武山磷肥等企业利税稳增，马力200万吨干法水泥生产项目与中材集团成功签约，温泉钼矿开发前期工作积极推进。财政金融运行良好，在减收因素较多的情况下，财政收入迅猛增长，增幅创历史最高水平；财政支出大幅提高，公共财政服务能力明显增强；财政改革积极推进，实行了惠农补助资金"一册明，一折统"；城乡居民存贷款稳定增长，存款达19亿元，净增4.8亿元，贷款达7.1亿元。旅游商贸服务业快速发展，建成了水帘洞游客接待中心和星级厕所，新建改造农家店40个，建成了洛门木材市场，启动了洛门金鑫物流园区、渭北综合市场、榆盘洋芋市场和沿安综合市场建设，农村消费总额达到5.6亿元，增长35.6%。

【项目建设】抢抓机遇，全力争取项目和投资，项目工作取得了显著成绩。争取各类项目206项，总投资5.2亿元，增长73%，其中国家投资3.4亿元。项目储备不断加强，筛选论证重点建设项目61个。招商引资成效明显，签约招商项目17项，到位资金3.5亿元。项目建设规范有序，严格落实《建设项目工程质量责任追究办法》，建设质量明显提高，建成各类项目124个，总投资达9.6亿元。城区"北扩东延"工程强力推进，建成了渭河风情线，完成了南滨河路、和平路铺油和宁远大道东段路基工程，渭河二号大桥建成通车，渭北8个住宅小区后续建设有序进行。二轮小城镇开发全面启动，四门、马力、滩歌三镇拆迁203户3.4万平方米，四门、马力两镇完成了主街道硬化，洛门镇加快了西进建设步伐，鸳鸯镇完成了工业园区道路路基工程，桦林、龙台乡政府搬迁已完成主体工程。交通道路建设全面展开，配合天定高速公路建设完成了征地拆迁，四马路完成全线路基工程和16公里铺油，丁高路完成路基改造8公里，龙榆路修复水毁段26处4.2公里，建成通达工程77条259公里、通畅工程5条16公里，启动了水帘洞道路修复工程，建成了县汽车站，基本实现了村村通公路的目标。

【社会事业】教育事业稳步发展，教学质量逐年提升，高考本科上线739人；改造危房校舍27所1万多平方米，有效改善了办学条件；落实"两免一补"资金2265万元，较好地解决了上学难的问题；加强校长和教师队伍建设，公开选拔校长11名，招聘师范类毕业生241名。卫生事业发展势头良好，新农合参合率达到95.6%，为11.1万名参合病人报销医药费2480万元，为827名农村大病患者发放救助金107万元；问题奶粉事件处置积极有效，检查婴幼儿1.1万人，成功救治93人；卫生基础不断加强，县医院住院楼启动建设，中医院住院楼、鸳鸯等12个乡镇卫生院和渭北等3个社区服务站建成使用。文化文物工作进一步加强，建成农家书屋41个，开展了第三次文物普查，武山旋鼓被列为国家级非物质文化遗产，水帘洞拉梢寺申遗工作有序进行。创建了省级"食品安全示范县"和"计划生育优质服务县"。高度重视安全生产、节能减排和环境保护，创建绿色文明单位17个。完成了有线电视城域网改造。重视国防后备力量建设，民兵、预备役工作不断加强。强化审计监督，开展审计53项。科技、人事、统计、气象、档案、民族宗教、残疾人和妇女儿童等工作都取得了新的成绩。

【抗灾救灾】奋力战胜年初冰雪和夏秋暴洪灾害，将灾害造成的损失降到了最低程度。奋勇抗击5.12地震，在县委的坚强领导下，县政府科学分析，冷静应对，临危不乱，果断处置，带领全县广大干部群众，万众一心，众志成城，奋力抢险救灾，救助医治伤员，临时安置灾民，排除次生灾害，及时下拨救灾资金物资，切实加大社会面的控制，加强救灾物资储备和市场监管，保持了人心稳定、市场稳定、生产稳定和治安稳定。灾后重建扎实开展，投入抗震救灾资金1.1亿元，完成分散户建房2605户、整村搬迁3村134户、"五保家园"24处112户，维修加固6653户17889间房屋，修复水窖625眼，重建学校12所3433平方米，维修校舍8所3060平方米，安装活动板房600套，交通、水利、电力、通讯等基础设施及时恢复；发放临时生活补助金2000万元、面粉68万公斤、帐篷4403顶、各类衣物食品等救灾物资1.6万包（箱），确保了受灾群众生活所需，抗震救灾取得了阶段性胜利。

【民生保障】努力解决民生问题，十件实事除经济适用房和廉租住房、教师安居工程未达到计划进度之外，其余各项都得到有效办理。积极实施城乡群众创业扶助工程，落实扶贫贷款1000万元，统筹农业产业化资金400万元，发放小额贷款 1112 万元，新增就业 1453 人。完成了城关三小和社会福利综合服务中心主体工程建设，建成了县职业中专实训车间，改建了县五中，四中和职校招生规模逐年扩大，教育结构不断优化。新农合补助标准实现了翻番，报销比例达到 79%，健全完善了城镇居民医疗保险制度，出台了《干部职工大额医疗保险管理办法》，干部职工医疗保险最高限额达到 18 万元，实现了所有人群基本医疗保险全覆盖。启动了干部职工住房公积金制度，发放廉租住房补贴资金 158 万元。整合培训项目和资金，开展各类科技培训 314 期，培训 4.3 万人次，其中“两后生”307 人。就业安置成效显著，新分配大专院校毕业生 517 名，公益性岗位安置 498 人，安置复转军人 45 人。足额落实干部职工津补贴，提高各类临时人员的工资待遇，解决了乡镇文化、广播、乡企、农经、农机专干和县请代课教师以及法官、乡镇基层人员、党外人士、环保人员等 15 类 4767 人的津补贴、浮动工资和待遇等历史遗留问题，干部职工人均月津补贴达到 800 多元，增长 73.2%，乡镇公用经费增加到 400 万元。全面落实强农惠民政策，发放粮食直补、农资综合补贴、退耕还林补助、两免一补、临时生活救助等 27 类补助资金 1.4 亿元，农民人均纯收入达到 360 元。社会保障不断加强，发放城镇低保金 995 万元，农村低保金 832 万元，养老和医疗保险金 688 万元，离退休人员养老金 4292 万元。积极推进“平安武山”建设，侦破刑事案件 134 起，破案率 67%，查处治安案件 344 起，排查各类矛盾纠纷 129 件。

张家川回族自治县

【现任主要领导】

中共张家川县县委书记：蒲军

张家川县人大常委会主任：李升平

张家川县人民政府县长：马小龙

政协张家川县委员会主席：李栋一

中共张家川县纪律检查委员会

书记：麻小梅

【基本概况】张家川回族自治县位于甘肃东南部，陇山西麓。东依陕西陇县，南邻清水县，西接秦安县，北与华亭、庄浪两县接壤。全县总面积 1311.8 平方公里，东西长 62 公里，南北宽 48 公里。地势由东北向西南倾斜，平均海拔 2011.4 米，最高海拔 2659.4 米，最低海拔 1486 米。年平均气温 7.45℃，无霜期 163 天左右，年平均降雨量为 593 毫米。全县总人口 32.83 万人，其中：回族 22.76 万人，占总人口的 69.3%；乡村人口 30.94 万人，占总人口的 95%。全县辖 3 镇 12 乡，269 个行政村，1295 个村民小组，4 个居委会，县人民政府驻张家川镇。全县境内 99% 的乡村通车；以县城为中心的邮电通讯网络发展较快，基本实现了数据传输化、交换控制化的目标；全县 99%的户通电；有森林面积 57.58 万亩，草原面积 33 万亩，生态建设和畜牧业发展前景可观。

【国民经济】全县实现生产总值 10.31 亿元,按可比价计算，较上年增长 12.8%，人均 GDP3140 元。其中，第一产业增加值完成 2.77 亿元，增长 20.4%；第二产业增加值完成 2.58 亿元，增长 9.9%；第三产业增加值完成 4.96 亿元，增长 10.3%。第一、二、三产业结构为 27：25：48。财政收入完成 5210 万元,增长 36.8%；财政支出 6.72 亿元，增长 57.5%。全社会固定资产投资完成 12.04 亿元，增长 83.7%；城镇居民可支配收入达到 7760 元，增长 22%；农民人均纯收入达到 1894 元，增长 18.4%；人口自然增长率为 7.36‰，控制在 8‰以内。

农村经济持续稳步发展。全县农村经济以“三农”工作为重点，强化农业基础，积极推进农业产业化经营，使农民收入不断增加，农村经济持续稳步发展。实现农业增加值 2.77 亿元，按可比价计算，较上年增长 20.4%。坚持推进结构调整，种植结构呈现良好格局，粮经饲多元化种植格局逐步形成。全县农作物播种面积 60.53 万亩，比上年下降 1.05%。在总播种面积中粮食作物面积为 48.04 万亩，下降 1.3%。经济作物面积 7.10 万亩，增长 2.65%。大力发展特色农业，建成蔬菜生产基地 6 个，面积 0.75 万亩,实现了蔬菜种植的历史性突破，蔬菜面积达到 2.24 万亩。粮食总产达 10.48 万吨,较上年增长 17.6%。加快畜牧产业开发，畜牧产业化程度不断提高。年末大牲畜存栏数 10.86 万头（匹），较上年增长 6.3%；出栏 2.19 万头（匹），增长 12.7%。肉类产量达 3748 吨，较上年增长 11.7%。农业基础条件和生态环境明显改善，当年完成造林 1.3 万亩，退耕还林补植补造 3.1 万亩，实施德援项目造林 2.7 万亩，新修梯田 1.86 万亩。全面落实各项支农惠农政策，兑现粮食直补、农资综合等补贴 1900 万元。

城镇经济健康发展。积极实施工业强县战略，建立 200 万元工业发展基金。积极扶持骨干企业技术改造，完成鑫达矿业公司 1000 吨铜选矿生产线建设，天运达绒业发展有限公司开业生产，伊味思清真食品有限责任公司熟肉生产线建成投产。中部工业园区道路、供水、供电等基础设施建设基本完成，建明调味品有限责任公司、绿源中药饮片有限责任公司等入驻园区企业基本建成，华忠清真食品有限责任公司、寺湾水电站开工建设。工业增加值完成 1.99 亿元，比上年增长 18.8%。财政收入 5210 万元，增长 36.8%，财政对经济社会发展的支撑作用明显提升，财政支出完成 67160 万元，增长 57.5%。大力推进全民创业活动，新增私营企业 90 户，非公有制经济实现产值 38312 万元，增长 17.4%。基本完成了全县旅游产业总体规划编制，旅游开发迈出实质性步伐。大力整顿和规范市场经济秩序，商贸流通日趋活跃。

城镇建设整体推进。全社会固定资产投资完成 12.04 亿元，比上年增长 83.7%。完成了城区主干道建设控制性规划。完成了 8 条 8.4 公里城区道路和 5 座桥梁的改造建设工程，形成了“三纵五横”的城区道路框架。全力推进以行政中心为标志的新区建设，行政中心大楼等重点工程投入使用，体育活动中心、中医院建设等 15 个重点建设项目进展顺利。积极推进经营城市步伐，星月花苑二期工程、宝鼎花苑、恒顺嘉园等商住小区建设完成年度任务，开工建设龙山皮毛市场二期工程、县城综合市场、汽车修配和农资综合市场等工程，市场体系不断完善。依法开展土地征用和拆迁安置工作，共完成拆迁 275 户 3.1 万平方米，征用储备土地 588 亩，发放补助资金 2700 多万元。硬化城区小巷道 38 条 4.7 万平方米。坚持统筹城乡、以城带乡发展模式，龙山、恭门、马关、梁山等小城镇建设积极推进，城镇化建设迈出历史性步伐。认真实施“城镇管理提高年”活动，县城配套设施不断完善，市容市貌明显改观。

【项目建设】实现了投资总量、建设规模、实施领域三个历史性扩充，共争取项目 97 项、国家及省市投资达 2 亿元。实施重点项目 86 项，完成投资 4.3 亿元。改扩建四级通乡油路 3 条 64 公里，完成农村通达通畅工程 71 条 234.4 公里，改造和新建农电线路 25 公里，通信线路 28 公里，新增通信基站 25 座。共签约各类招商引资项目 22 项，拟引进资金 4.2 亿元，实际到位资金 3.3 亿元，中石油管道工程张家川分输泵站、中石油张家川销售公司、锦德瑞宾馆等重点项目顺利实施。寺湾水电站、华忠清真食品有限责任公司等一批工业项目的引进实施，打破了项目建设领域单一、结构不合理的局面。积极拓展境外招商引资渠道，与中东穆斯林国家和地区达成了饮水安全、教育、灾后重建等基础设施建设援助项目。

【人民生活】年末全县总人口 32.83 万人，其中：回族 22.76 万人，占总人口的 69.3%；乡村人口 30.94 万人，占总人口的 95%。城镇居民可支配收入达到 7760 元，农民人均纯收入达到 1894 元，分别较上年增长 22%和 18.4%。劳务经济健康发展，新建劳务基地 10 个，输转劳务人员 5.05 万人（次），创劳务收入 2.48 亿元，较上年增长 12.7%。扶贫开发扎实推进，实现 1300 绝对贫困人口基本解决温饱，6000 低收入人口稳定解决温饱。积极实施“一池三改”工程，2200 户群众用上了新型能源。基本实现了村村通农机路、通电、通广播电视、通电话目标，人居环境有所改善。

【社会事业】社会事业全面进步，认真实施“教育质量提升工程”，向大中专院校输送学生 1560 人，实施各类教育项目工程 27 个 4.1 万平方米，办学条件不断改善。深入推进新型农村合作医疗制度，共为 11.4 万名住院和门诊患者报销医药费 2634.2 万元。成功处置了婴幼儿问题奶粉等公共卫生事件。全面落实奖励扶助政策，综合治理人口问题机制不断完善，人口和计划生育基层基础工作得到加强。整合民族文化资源，成立县民族艺术团，建成民族艺术剧院和 51 个村农家书屋，文化事业健康发展。重视和加强非物质文化遗产保护，马家塬遗址挖掘保护卓有成效，民族博物馆项目建设进展顺利。城区广播电视网络光纤升级改造工程全面完成。

【社会保障】认真落实就业再就业政策，人力资源市场投入使用，开发公益性就业岗位 530 个，实现城镇新增就业 2180 人，城镇登记失业率为 3%。加大养老保险金征缴清欠力度，企业离退休人员养老金发放率达 100%。村干部养老保险和养老补贴制度初步建立。全面落实城乡低保扩面提标政策，加大城乡救助救济，下拨救灾款 1726 万元，城乡困难群众基本生活得到较好解决。全面落实社会治安综合治理措施，扎实推进平安张家川建设。严格落实安全生产责任制，安全生产形势保持稳定。认真开展土地市场和矿产资源开发秩序清理整顿。以开展“县委书记大接访”活动为契机，妥善解决了一批突出信访问题，信访秩序明显好转。深入贯彻落实民族宗教政策，民族宗教工作不断加强，保持了社会稳定、民族团结、宗教和顺的良好局面。

武威市

【现任主要领导】

中共武威市委书记：肖庆平

武威市人大常委会主任：肖庆平

武威市人民政府市长：郭承录

政协武威市委员会主席：焦天成

中共武威市纪律检查委员会

书记：刘存禄

【基本情况】武威市地处河西走廊东端，南依祁连山，北靠内蒙古，东南与兰州市、白银市接壤，西北和金昌、张掖毗邻。南北长 326 公里，东西宽 204 公里，海拔 1367—3045.1 米，地处黄土、蒙新、青藏三大高原交汇地带，地形复杂，南高北低。境内有灌溉绿洲、荒漠、高山草地、祁连山天然水源涵养林带及沙漠、浅山地带，是甘肃的缩影。总面积 33238 平方公里，其中，耕地 381.37 万亩，草地面积 3552 万亩，可利用草地面积 2430 万亩，是一个有水就有耕地和粮食，有水就有草原和畜牧的地方。境内有大小河流八条，年均径流量 14.3 亿立方米，年日照时数在 2200—3030 小时，年平均气温 7.8○C，无霜期 85—165 天，年降水量 60—610 毫米，年蒸发量 1400—3040 毫米，是典型的内陆型干旱气候。常住人口 191.14 万人，辖凉州区、民勤县、古浪县、天祝藏族自治县三县一区，有 93 个乡镇、1125 个村委会、7 个街道办事处，聚居着 38 个少数民族。

【资源优势】旅游资源丰富。人文自然景观有中国旅游标志---铜奔马，有始建于北凉时期被称为石窟之祖的天梯山石窟；建于明正统四年，号称“陇右之冠”的武威文庙；元太子阔端与西藏佛教领袖萨班会晤的百塔寺遗址；古朴壮观的丝路名刹海藏寺；佛教胜地鸠摩罗什寺塔；历经千年的皇娘娘台、齐家文化遗址、沙井子文物遗址和古长城遗址。馆藏文物4万多件（册）。同时，以自然景观为特征的祁连冰川雪景、天祝高山草原和景色秀丽的“三峡风光”，以及被称为全国唯一的沙漠公园、西北第一的濒危野生动物繁育中心、亚洲最大的沙漠水库—红崖山水库和沙生植物园闻名遐迩。发现矿产9大类31种，约占全省已发现矿产的23%，其中：钛铁矿、石墨矿属国内特大型矿产。交通发达，地处亚欧大陆桥的中间位置，是兰新线与包兰线、包中线的交汇点，国道312线、省道308线、211线纵横贯通。2008年，交通业完成公路客运量1732万人，比上年下降7.31%，客运周转量117032万人公里，比上年增长7.31%；公路货运量1463万吨，增长8.37%，货运周转量102410万吨公里，增长8.37%。

【国民经济】2008年，全市实现生产总值210.11亿元，在全省所占位次为第6位,增长12%，增长速度在全省居第5位。其中，第一产业实现增加值49.06亿元，增长5.54%，第二产业实现增加值77.34亿元，增长14.65%，第三产业实现增加值83.71亿元，增长10.75%。第二、三产业是全市经济保持持续快速增长的动力基础。一、二、三次产业间比例由2007年的25.6：35.5：38.9调整为23.3：36.8:39.9。非公有制经济成为新的经济增长点和结构调整的根本途径，全年非公有制经济创造的增加值占GDP的56.19%,居全省首位，比上年提高2.69个百分点。非公有制经济的崛起和壮大,促进了经济的快速发展,又有效地缓解了就业压力,增加了城乡居民的收入。

农村经济：由于全面落实石羊河流域综合治理关井压田政策，播种面积下降。全年完成农作物播种面积370.24万亩，比上年减少13.56万亩，下降3.53%。其中：粮食作物播种面积221.04万亩，比上年下降4.77%；非粮食类作物播种面积149.2万亩，比去年同期减少2.49万亩，下降1.64%。虽然全市农作物总播种面积下降，但种植结构得到明显优化。效益高的经济作物种植比例比上年提高0.8个百分点，蔬菜、油料等优势作物播种面积大幅增长，蔬菜种植面积达59.39万亩，增长15.79%，油料种植面积达25.94万亩，增长14.63%。播种面积的下降，使粮食减产。全年粮食产量达90.81万吨，比上年减产6.37%。畜牧业生产增势平稳。通过大力引进优良畜种，着力发展舍饲养殖、暖棚养殖，畜牧业不断发展壮大，逐步向规模化发展。2008年，猪存出栏分别增长8.22%、8.26%，牛存出栏分别增长8.36%、3.23%，羊存出栏分别增长9.2%、12.15%。肉类总产量达到10.1万吨，增长7.91%。

工业经济：2008年全市实现工业增加值57.09亿元,增长16.8%，比上年增速下降3.18个百分点。其中，规模以上工业实现增加值34.6亿元，增长20.6%，重点是规模以上小型工业带动，小型工业完成增加值23.75亿元，增长22.7%，比规模以上大中型工业增速快7.5个百分点。经济效益有所改善。2008年，全市规模以上工业经济效益指数由上年的105.06%提高到111.56%，利润总额比上年增长52.99%。

商贸流通：2008年全市实现社会消费品零售总额54.97亿元，比上年增长17.73%，增幅同比提高1.18个百分点。一是城乡市场发展加快。2008年，城市市场实现零售额24.4亿元，增长20.79%；农村市场实现零售额30.57亿元，增长15.4%。城乡市场增速分别加快9.29个和0.3个百分点。二是住宿和餐饮业增势强劲。2008年，全市住宿和餐饮业实现零售额12.34亿元，增长21.13%，增幅比上年提高1.43个百分点；住宿和餐饮业零售额占消费品零售总额的比重为22.5%，比上年提高0.7个百分点。

财政金融：2008年全市完成大口径财政收入8.27亿元，增长14.88%，增幅比上年提高1.38个百分点；实现一般预算收入4.14亿元,增长17.75%，增幅比上年提高5.34个百分点。主体税种增长较快。增值税、企业所得税、城维税分别比上年增长14.9%、51.78%、35.11%。财政支出稳中有增。完成支出46.66亿元，增长48.94%，其中文体广播、医疗卫生、社会保障和就业支出增幅分别达到82.09%、60.25%、40.12%。全市金融机构人民币各项存款余额为200.08亿元，比上年增长28.82%。其中，储蓄存款140.53亿元，增长27%。金融机构各项贷款余额为88.28亿元，比上年增长13.19%。

【基础建设】全市完成全社会固定资产投资109.33亿元，比上年增长20.01%。其中，城镇投资完成75.07亿元，增长15.88%，房地产开发完成投资9.18亿元，增长8.09%；农村投资完成25.08亿元，增长40.7%。一是项目个数增加较快。2008年，全市有在建项目441项，比去年同期增加94项，其中新开工383项,比上年增加111项；亿元以上项目27个。二是投资结构调整明显。2008年，在城镇50万元以上项目投资中，三次产业投资全面增长。其中，第一产业投资完成14.41亿元，增长6.4倍；第二产业投资完成38.23亿元，增长18.64%。主要是工业投资占投资的比重较大，对投资拉动力增强，工业投资完成30.44亿元，增长11.8%，占投资比重达40.5%；第三产业投资完成22.43亿元，下降26.7%。三是房地产市场健康发展。2008年，房地产开发完成投资9.18亿元，增长8.09%。商品房屋建筑面积155.6万平方米，增长137.3%。

【人口和人民生活】年末全市常住人口达191.14万人，自然增长率6.69‰，较上年提高0.26个千分点。城镇人口64.11万人，占常住人口的33.54%，较上年提高0.54个百分点；乡村人口127.03万人，占常住人口的66.46%。全市城镇居民人均可支配收入为9490元，比上年增长11.03%；消费性支出7579元，增长12.67%。农民人均纯收入达3591元，比上年增长8.75%；消费性支出1608元，增长16%。

【社会事业】全年组织实施星火科技项目116项，鉴定各类科技成果25项；省部级奖励1项。实有在册民营科技企业98家。现有职业中学11所，全年共招收学生7488人，在校学生11913人，增长36.88%。小学适龄儿童入学率达99.9%，巩固率99.96%，毕业率100%；初中入学率100%，巩固率99.87%，毕业率96.74%；初中毕业生升入高中阶段的比率为92.98%，其中升入普通高中学校的比率为52.92%，升入职业高中的比率为21.32%，升入其他中等专业学校的比率为18.74%。幼儿园在园幼儿32713人。全市有艺术表演机构3个，文物机构5个，乡镇文化站93个，图书馆4个。有广播电台4个，广播人口覆盖率90.01%；电视台5座，卫星地面收转站646座，电视人口覆盖率为93.45%。有乡镇以上卫生机构176个，床位6065张，其中县及县以上医院床位3621张；有各类卫生技术人员7662人，其中临床执业（助理）医师3117人；每千人有医师1.59人，每千人有床位3.09张。体育人口达88.07万人，体育人口占全市人口总数的46.06%。全市举办群众体育竞赛活动784次，参与人数30.91万人次，实施体育锻炼标准的学校1245所，达标率96.47%。在各级各类比赛中，获金牌16枚，银牌13枚，铜牌10枚。为100个行政村实施了一村一场建设，配备了一副篮球架，两副乒乓球台，一条健身路径，配套资金300万元。

【社会保障】年末全市参加失业保险统筹人员5.47万人，收缴失业保险费1437.45万元，领取失业金人数9358人，发放失业保险金2463.35万元；全市城镇职工有10.3万人参加基本医疗保险，有5.7万人参加养老保险。城镇居民得到最低生活保障救济的人数达47080人。农村最低生活保障救济的人数达79563人，农村五保供养9660人。年末全市有福利院1所，福利院床位98张，在院人数98人，农村老年福利机构25个，床位数1785张，在院人数1659人。有城镇社区69个，从业人员216人，服务设施138个。

【环境保护和安全生产】有环境监测站2个，环境监察机构5个，环境监测和监理人员110人，自然保护区4个，其中国家级自然保护区2个。全年完成环境污染治理项目10个，工业污染企业废水达标率达到78.6%，城市空气质量达到二级标准。年末城市污水处理率73.4%，城市生活垃圾无害化处理率98%。全市共发生各类事故262起，死亡85人，受伤178人，直接经济损失97.6万元，亿元GDP死亡人数0.4人，工矿商贸就业人员10万人生产安全事故死亡人数为0.65人，道路交通万车死亡人数为5.52，煤矿百万吨死亡人数为0人。

凉州区

【现任主要领导】

中共凉州区委书记：李世英

凉州区人大常委会主任：沈开祥

凉州区人民政府区长：张效林

政协凉州区委员会主席：刘兆祥

中共凉州区纪律检查委员会

书记：夏文彬

【基本情况】凉州区土地总面积5081平方公里，东西长122公里，南北宽90公里，辖37乡镇，7个街道办事处，常住人口99.92万人，是甘肃省第一人口大区。境内聚居有汉、回、蒙、藏、土、满等多个民族。南部为祁连山地，中部是绿洲灌溉区，东北部处于腾格里沙漠包围之中。属冷温带干旱区，年均降水量约为160毫升，蒸发量达2000毫升。昼夜温差大，年平均气温为7.8℃，全年无霜期为156天。境内有发源于祁连山的西营、金塔、杂木、黄羊河等河流。南部山区约有8万公顷水源涵养林和天然草场。中部绿洲是全国主要的商品粮基地，盛产小麦、玉米、大麦、谷子、洋芋、豆类、胡麻、油菜、甜菜、蔬菜、瓜果、亚麻、大板瓜子、白瓜子、无壳瓜籽、发菜等特色名优农产品。

【国民经济】初步核算，全年实现生产总值142.55亿元，按可比价计算，较上年增长11.96%。其中:第一产业实现增加值29.75亿元，增长5.25%；第二产业实现增加值56.23亿元，增长14.3%.；第三产业实现增加值56.57亿元，增长13.35%。一、二、三次产业结构由2007年的21.14：39.83：39.03调整为20.86：39.44：39.7。

农村经济：全年完成农林牧渔业增加值29.75亿元，比上年增长5.25%。其中完成农业种植业增加值20.27亿元，增长2.95%。全区农作物播种面积达172.11万亩(包括秋季复种)。其中，粮食作物种植面积达112.69万亩，比上年减少3.3万亩；经济作物59.42万亩,比上年减少1.7万亩；落实农作物制种13.36万亩，比上年减少11.14万亩，其中玉米制种达9.65万亩，比上年减少9.88万亩。粮、经、饲的种植结构由2007年的67.2:27.4:5.4调整为2008年的65.48：28.95：5.57。优质作物面积达100.71万亩，占农作物播种面积的58.5%,高产高效作物播种面积39.64万亩,占农作物播种面积的23%。粮食生产小有波动，总体趋稳,总产量达到59.86万吨，比上年减少2.8万吨，减产4.5%。蔬菜总产量达到115万吨,比上年增加 9 万吨，增长 8.5%。畜牧业实现增加值 9.27 亿元，较上年增长 11.43%，占农林牧渔业比重的 31.2%。规模养殖户达 2200 户。全年肉类总产量达 6.33 万吨，增长 9.8%。

工业生产：全年实现工业增加值 42.68 亿元，按可比价计算，较上年增长 17.62%。其中区属规模以上工业实现增加值 23.94 亿元，增长 19.2%。全区限额以上工业企业实现销售产值 67.16 亿元，比上年增长 23.04%。工业经济效益综合指数为 111.12，比上年提高 5.44 个百分点。全区规模以上工业企业实现产品销售收入 28.80 亿元，比上年增长 17.05%。亏损企业亏损额 639.9 万元，较上年增长 149.28%，盈利企业盈利额 6502.5 万元，较上年增长 37.3%，盈亏相抵后实现利润 5862.6 万元，比上年增长 30.88%。全区规模以上工业企业，按经济类型分，国有及国有控股企业完成增加值 1.28 亿元，增长 22.7 个百分点；股份制企业完成增加值 10.49 亿元，增长 12.6%；集体企业完成增加值 0.77 亿元，增长 1.6%；股份合作企业完成增加值 0.97 亿元，增长 32.4%；其它企业完成增加值 11.27 亿元，增长 26%。按轻重工业分，轻工业完成增加值 19.26 亿元，增长 17.5%；重工业完成增加值 4.68 亿元，增长 26.8%。

国内贸易、外贸和旅游：全年实现社会消费品零售额 28.85 亿元，较上年增长 17.9%。城市市场实现零售额 20.79 亿元，较上年增长 17.8%，农村市场实现零售额 8.05 亿元，增长 18.17%。实现外贸出口额达 524 万美元，较上年增长 6.94%。全年接待国内外游客 186 万人次，较上年增长 8.56%。其中:前来旅游、从事商务及各项活动的外国人、港澳同胞、华侨 5860 人次。实现旅游业综和收入 3.05 亿元，较上年增长 11.2%。

项目建设：全年共实施各类项目 241 个，完成全社会固定资产投资 61.97 亿元，较上年增长 20.31%。其中，城镇投资 40.23 亿元，增长 16.12%，房地产开发 8.19 亿元，增长 7.04%；农村固定资产投资 13.04 亿元，增长 46.62%；中央、省属投资 0.5 亿元，增长 66.67%。按三次产业投资情况分，第一产业完成投资 14.76 亿元，增长 24.1%；第二产业产业完成投资 18.3 亿元，增长 14.39%，其中工业完成投资 14.58 亿元，增长 12.19%；第三产业完成投资 28.9 亿元，增长 22.46%，三次产业投资结构比为 23.82：29.53：46.65。

财政和金融：全年实现大口径财政收入 5.21 亿元，比上年增长 11.11%，完成一般预算收入 1.62 亿元，增长 21.66%。财政支出 15 亿元，增长 54.03%，其中社会保障补助支出增长 37.54%，农林水事务支出增长 239.05%。全年金融机构存款余额 133.21 亿元，较年初增长 28.34%。其中，城乡居民存款余额 92.67 亿元，增长 27.35%；企业存款 21.43 亿元，增长 30.34%。金融机构贷款余额 61.9 亿元，增长 6.33%。其中，短期贷款 33.13 亿元，比年初降低 12.19%；中长期贷款 28.55 亿元，比年初增长 39.96%。

【人口、人民生活】年末全区常住人口达 99.92 万人，自然增长率 6.61‰。其中，城镇常住人口 41.5 万人，占全区常住人口的 41.54%；乡村常住人口 58.42 万人，占全区常住人口的 58.46%。全年城镇居民人均可支配收入 9490 元，较上年增长 11.03%；农民人均纯收入 4380 元，增长 8.58%。

【社会事业】全年共组织实施科技计划项目 43 项，组织实施星火科技项目 20 项，鉴定各类科技成果 15 项，获得市级科技进步奖 26 项，一等奖 1 项，二等奖 13 项，三等奖 12 项。有在册民营科技企业 10 家。有小学 415 所、普通中学 80 所、特殊教育学校 1 所、职业中学 6 所，有教职工 10985 人，在校学生 176622 人。幼儿园在园幼儿 20807 人。有各类文化艺术表演团体 31 个，有乡镇文化站 38 个。拥有公共图书馆 1 个，藏书达 16 万册。群众艺术馆、文化馆 1 个。有国家级文物保护单位 2 处，省级文物保护单位 29 处。有档案馆 1 个，已开放各类档案 3720 卷（件）。广播、数字微波信号覆盖率分别为 98% 和 95%。有乡镇以上卫生机构（不包括市直和个体）54 个，床位 2262 张，卫生技术人员 2730 人，区级医院床位 1412 张;全区每千人有医师 1.64 人，每千人有床位 3.56 张。体育人口达 49 万人，体育人口占全区人口总数的 48%。全区举办群众体育竞赛活动 9 次，实施体育锻炼标准的学校 568 所，达标率 98%。有环境监测站 1 个，环境监察机构 1 个，环境监测和监理人员 30 人。全年完成环境污染治理项目 28 个，工业污染企业废水达标率达到 14.83%。城市空气质量达到二级标准，年末城市污水处理率 73.4%，城市生活垃圾无害化处理率 98%。

民勤县

【现任主要领导】

中共民勤县委书记:谢治国

民勤县人大常委会主任:刘生产

民勤县人民政府县长:卢小亨

政协民勤县委员会主席:毛集高

中共民勤县纪律检查委员会

书记：曹永成

【基本情况】民勤县地处河西走廊东北部、石羊河流域下游，南依凉州区，西毗金昌市，东北和西北与内蒙古自治区左、右旗相接，东西北三面被腾格里和巴丹吉林两大沙漠包围，是深居沙漠腹地的一块绿洲。全县辖 18 个乡镇，246 个村，12 个居民委员会。境内地势平坦，总面积 1.59 万平方公里，其中沙漠戈壁和盐碱滩占 94.5%。干旱缺水，生态脆弱，风大沙多，日照充足，年均降水量只有 110 毫米，而蒸发量却高达 2646 毫米；年均日照 3028 小时，年均气温 7.7℃，昼夜温差 15.2℃；8

级以上大风年均达 27.8 天，沙尘暴年均 37.3 天，是全国乃至全世界最干旱、荒漠化危害最严重的地区之一。

【国民经济】初步核算，全年实现生产总值 28.8 亿元，比上年增长 11.42%。其中第一产业增加值 11.2 亿元，增长 6.04%；第二产业增加值 7.74 亿元，增长 19.45%；第三产业增加值 9.86 亿元，增长 13.76%。按常住人口计算，人均生产总值达到 9536 元，增长 8.1%。三次产业结构由上年的 40.1:24.5:35.4 调整为 38.9:26.9:34.2。非公经济占 GDP 的比重为 63.5%。

农业经济：全县耕地面积 90 万亩，播种面积 77.54 万亩（包括复种 0.3 万亩）。粮食面积 23.2 万亩，比上年减少 5.41 万亩，下降 18.91%，其中夏粮面积 14.44 万亩，下降 33.49%。经济作物面积 51 万亩，比上年增长 4.1%，其中棉花面积 22.7 万亩，比上年减少 4.7 万亩，下降 17.15%；辣椒面积 11 万亩，增长 48.6%；洋葱面积 2.3 万亩，下降 8%。全年新建温室拱棚 3613 亩(核定占地面积)，累计达到 15150 亩(核定占地面积)。全年粮食总产量 12.3 万吨，比上年减少 16.35%。经济作物总量达到 41.48 万吨，比上年增加 2.07 万吨，增长 5.25%。全年肉类总产量达到 1.3 万吨，比上年增长 10.53%；蛋、奶产量分别为 1950 吨、390 吨，分别增长 46.8% 和 32.2%。

工业经济：全年实现全部工业增加值 5.04 亿元，比上年增长 18.16%，其中规模以上工业企业完成增加值 2.04 亿元，增长 24.55%。全年实现销售收入 15.7 亿元，其中规模以上工业企业实现销售额 5.54 亿元，产品销售率为 87%，比上年增长 0.42 个百分点。全年规模以上工业企业盈亏相抵后，实现总利润 680.4 万元，比上年增长 179%，工业企业综合经济效益指数达到 108.42%，比上年提高 6.76 个百分点。全年生产原煤 41.47 万吨，比上年增长 10.44%；白酒 513 吨，下降 68.85%；加工食用植物油 5186 吨，增长 1.69%；有机生物肥 7600 吨，增长 35.71%；加工皮棉 23000 吨，下降 11.54%；生产南瓜粉 141 吨，增长 23.68%；加工黑瓜籽 208 吨，增长 0.97%；生产地毯 875 平方米，下降 51.5%。

项目建设：全年完成全社会固定资产投资 16.85 亿元，比上年增长 27.94%，其中：城镇固定资产投资 10.18 亿元，增长 22.54%，农村固定资产投资 6.38 亿元，增长 24.6%。全部投资按产业分，第一产业投资 73032 万元，比上年增长 40%；第二产业投资 47900 万元，增长 21.3%，其中工业投资 42600 万元，增长 19%；第三产业投资 47530 万元，增长 16%。全年共实施和新建项目 132 个，新建项目完成投资 12.38 亿元，增长 24.4%。招商引资 22 项，完成投资 4.87 亿元。全年房地产开发投资 2800 万元，比上年增长 26.24%。其中住宅投资完成 2500 万元，增长 25%。城镇建设完成 6 条主干道路和 30 条居民巷道铺油硬化任务，供水、排水、供热、垃圾处理工程进展顺利。城镇化水平提高 0.6 个百分点，达到 25%。

消费市场：全年实现社会消费品零售总额 79500.4 万元，比上年增长 15.42%。按销售所在地分：县的消费品零售额 43357.5 万元，增长 16.71%;县以下消费品零售额 36142.9 万元,增长 13.9%。按行业分：批发业实现零售额 14989.2 万元，增长 14.42%；零售业实现零售额 47231.4 万元，增长 14.85%；住宿餐饮业实现零售额 15285 万元，增长 18.33%。

财政、金融、保险。全县完成大口径财政收入 7084 万元，增收 813 万元，比上年增长 12.96%；完成一般预算收入 3749 万元，增收 531 万元，增长 16.5%，其中增值税 490 万元，增长 44.1%，营业税 1397 万元，增长 35.2%。全年共完成财政支出 88828 万元，增支 38467 万元，比上年增长 76.4%。年末全县金融机构各项存款余额为 33.37 亿元，增长 30.3%，其中：企业存款余额为 23245 万元，增长 31.2%；城乡居民储蓄存款余额为 244846 万元，增长 23.8%。年末全县金融机构各项贷款余额为 144597 万元，增长 2.03%。全年保险金额 280451 万元，增长 8.27%，其中人寿险 21.5 亿元，增长 19.44%；财产险 65451 万元，下降 17.19%。共理赔各类案件 2168 件，赔款金额 466 万元，其中人寿险 95 万元，下降 21.49%；财产险 371 万元，下降 5.84%。

【人口和人民生活】年末全县常住人口 30.2 万人。其中城镇人口 7.88 万人，占全县总人口的 25%，所占比重比上年提高 0.6 个百分点；农村人口 23.62 万人，占全县总人口的 75%，所占比重比上年下降 1.6 个百分点。全年出生人口 1750 人，出生率 5.81‰；死亡人口为 1079 人，死亡率为 3.63‰；人口自然增长率为 2.18‰，上升 0.02 个千分点。城乡人民群众收入增加,生活水平进一步提高。城镇居民人均可支配收入达到 7268 元,比上年增长 13.88%；城镇居民人均消费支出 6680 元，增长 14%。农民人均纯收入达到 4161 元,比上年增加 292 元，增长 7.55%；农村居民人均消费支出 3620 元，增长 12.1%。

【社会事业】全年科学技术研究与开发支出 503 万元。组织实施科技项目 38 项，其中：省（部）列项目 4 项，市列项目 1 项，县列项目 33 项，建设科技示范园区 5 个。举办各类科技培训班 591 场次，培训农民 12 万人次，发放培训资料 6 万多份，科技培训入户率达到 95%，农村主要劳动力受训率达到 85%。建立县级科技示范点 104 个，试验、示范、推广项目 90 项，全县科技进步贡献率达到 51.5%。全县普通中学 23 所，招生人数 11509 人，在校学生数 33021 人。全县高考录取人数 3947 人，其中本科人数 1562 人。全县教职工人数为 3830 人。有图书馆 1 个，博物馆 1 个，乡镇文化站 18 个，建成村级文化室 21 个。乡镇广播电视站 18 个，卫星地面收转站 9 个,广播和电视综合人口覆盖率分别为 91%和 93.6%。城乡有线电视用户 16010 户，增长 21.29%。有卫生机构 23 个，其中综合医院 1 个，中医院 1 个，卫生院 18 个，妇幼保健站 1 个，疾控中心 1 个，其他卫生机构 1 个，拥有床位数 785 张，有各类卫生技术人员 898 人，其中执业医师 259 人，执业助理医师 81 人，每万人拥有医师 11 人，每万人拥有床位 26 张。

【扶贫开发、社会保障】全年争取财政扶贫和“三西”专项扶贫资金 371 万元，解决温饱贫困人口 1709 人,其中绝对贫困人口 803 人，低收入人口 906 人。全县现有贫困户 3183 户，贫困人口 13691 人,其中:低收入人口 8894 人，绝对贫困人口 4797 人，贫困面下降到 22%。全年新增就业人数 1798 人，其中安置下岗再就业人员 428 人(其中就业困难人员 270 人)，城镇登记失业率控制在 3.65%以内。年末参加各种养老保险人数为 8022 人，发放养老保险金 1550 万元。参加失业保险人数为 7214 人，发放失业保险金 477.54 万元。参加城镇医疗保险人数为 14805 人，比上年末增长 7.62%，其中职工基本医疗保险人数为 14805 人，增长 12.13%。参加农村新型医疗合作人数为 208019 人，比上年末下降 0.04%，参合率达到 90.3%，其中民政救助参合人数 13434 人，增长 12.38%。医疗资金支出 208.02 万元，累计受益 88088 人（次）。城乡居民最低生活保障户数为 7614 户，保障人数为 14328 人，比上年增长 11.27%。其中城镇低保户数 2914 户，保障人数 7248 人，增长 14.7%；农村低保户数 4700 户，下降 26.56%，保障人数 7080 人，增长 10.62%。全县集中供养五保老人 429 人，集中供养率达到 30%。开工建设廉租住房 219 套，共有 653 户城镇低收入家庭享受廉租住房补贴 120 万元。

安全生产和自然灾害。全年全县各类安全事故死亡 13 人，比上年上升 30%。亿元 GDP 生产安全事故死亡人数为 0.45 人。全年共发生道路交通事故 27 起，增长 107.8%;造成 13 人死亡、26 人受伤，分别增长 30%和 271.43%，直接经济损失 4.85 万元，增长 385%。发生火灾事故 3 起，经济损失 15.382 万元。全年农作物受灾面积 14 万亩，占农作物播种面积的 18.06%，下降 20.9%。成灾面积 14 万亩，增长 60.9%，其中粮食减产面积 8 万亩，增长 3.4 倍;经济作物减产面积 6 万亩，下降 13.04%。

古浪县

【现任主要领导】

中共古浪县委书记：刘富祯

古浪县人大常委会主任：赵春

古浪县人民政府县长：杨得中

政协古浪县委员会主席：倪天祯

中共古浪县纪律检查委员会

书记：杨贵才

【基本情况】古浪县地处河西走廊东端，东靠景泰，南依天祝，北邻腾格里沙漠，西北与凉州区接壤，是全省 18 个干旱县、43 个国家扶贫开发工作重点县和“三北”四期工程国家级示范县之一。境内海拔在 1550-3469 米之间，自然条件差异大，地形地貌复杂，从南到北依次为二阴山区、浅山干旱区、井河灌溉区和荒漠区。辖 19 乡镇，250 个村委会，1951 个村民小组，常住人口 39.32 万人。总土地面积 5103 平方公里，其中耕地面积 108.96 万亩。主要农作物有小麦、玉米、洋芋、豌豆、蔬菜、麻黄草、亚麻等，优质粮油、制种、畜牧和饲（药）草等特色农业有了一定规模，是全市重要的商品粮和特色农产品生产基地。境内石灰石探明储量 4.5 亿吨以上，煤炭、石膏、花岗岩、铁、铜、高岭土、砂金等矿藏也具有一定开采价值。

【国民经济】2008 年全县实现生产总值 21.42 亿元，按可比价格计算，比上年增长 11.71%。其中第一产业增加值 5.55 亿元，增长 6.44%；第二产业增加值 6.79 亿元，增长 11.4%；第三产业增加值 9.08 亿元，增长 14.72%。三次产业结构由上年的 27.62：31.20：41.18 调整为 25.91：31.71：42.38。按常住人口计算,人均国内生产总值 5422 元，比上年增加 623 元，折合 793.32 美元，增长 12.98%。非公有制经济已成为我县国民经济的重要组成部分，全年非公有制经济创造的增加值为 11.27 亿元，占国内生产总值的 52.64%，比上年提高 0.68 个百分点。

农业和农村经济：农村经济运行平稳，农业基础得到加强。2008 年古浪县的农业发展突出结构调整、扶贫开发、基础设施和生态环境建设，强化措施，狠抓落实，全县农业和农村经济保持了良好的发展态势。全县实现农业增加值 55491 万元，可比增长 5.4%。农林牧业的比重由上年的 68.63：1.50：29.87 变化为 65.37：1.35：33.28。优质高效作物种植面积达 68.34 万亩，占农作物播种面积的 75.53%，粮食商品率达到 28.2%，科技对农业的贡献率达到 49.2%。全年粮食总产量达到 15.14 万吨，比去年下降 4.26%。其中夏粮产量达 9.44 万吨，比上年下降 3.69%；秋粮产量 5.7 万吨，比去年下降 5.2%，油料产量 0.81 万吨，比上年增长 6.58%；蔬菜产量 14.04 万吨，比上年增长 33.71%。生态农业不断壮大。全年完成日光温室 2675.4 亩，使全县日光温室累计达到 6433.3 亩，全县完成全膜垄侧沟播马铃薯种植 5.036 万亩。

工业经济：2008 年全县工业企业达到 117 户，个体工业达 938 户。实现全部工业增加值 43116 万元，增长 13.39%，其中限额以上工业增加值 27722 万元，增长 21.6%。实现工业销售产值 135694 万元，增长 21.07%。其中规模以上工业销售产值 75869 万元，增长 24.66%。规模以上工业经济效益综合指数 129.37%，比上年提高 2.82 个百分点。工业对全县经济增长的贡献率达到 20.87%，产销率达到 92.56%，规模以上工业企业实现利润 1443 万元。形成了以建材、化工、造纸、制药、面粉加工等行业为主体的地方工业体系，工业在国民经济中的主导地位进一步显现。

项目建设：2008 年，全县大力调整投资结构，积极开展招商引资工作，加紧实施城建重点项目工程。2008 年，开工建设项目 63 个，累计完成全社会固定资产投资 14.70 亿元，比上年增长 5.6%，其中城镇投资完成 10.09 亿元，下降 2.3%，农村固定资产投资完成 3.90 亿元，增长 31.19%；房地产投资完成 7112 万元。完成工业投资项目 26 个，完成投资额 3.56 亿元，新增和扩大了企业生产能力，增强了经济发展的后劲。投资 6780 万元新修乡村道路 350 公里，年末县乡公路里程累计达到 1533.59 公里。投资 1142 万元,解决了 15 个村、6292 户，2.61 万人的饮水困难。

市场消费。全年社会消费品零售总额达 6.50 亿元，较上年增长 14.99%。分城乡看，城市社会消费品零售总额 3.43 亿元，增长 15.93%，占零售总额的 52.82%；农村社会消费品零售总额为 3.07 亿元，增长 13.95%，占零售总额的 47.18%。

财政、金融和保险业：财政收入大幅增长。财税工作在注重财源建设和税收征管的同时，大力规范税收秩序，严格执行收支两条线规定，积极推进财税体制改革，继续深入开展农村税费改革工作，进一步调整优化财政支出结构，大力强化预算控制，努力做到应收尽收，使全县的可用财力明显增加。全年共完成大口径财政收入 7236 万元，比上增长 25.93%，其中县级财政收入 3289 万元，增长 19.99%。年末财政支出 72552 万元，较上年增长 44.58%。金融业运行状况良好。年末全县金融机构各项存款余额达到 17.88 亿元，较年初增长 24.44%。年末金融机构各项贷款余额 6.91 亿元，较年初增长 10.37%，其中，短期贷款 3.67 亿元，较年初增长 9.35%；中长期贷款 3.03 亿元，较年初增长 14.68%；年末城乡居民储蓄存款余额 12.80 亿元，较年初增长 22.56%。

【人口和人民生活】年末全县常住人口为 39.50 万人，人口自然增长率为 6.82‰。农业人口 36.57 万人，非农业人口 2.943 万人，占总人口的 7.43%。全年城镇居民可支配收入 6997 元，比上年增加 716 元，增长 11.4%；农民人均纯收入 2129 元，比上年增加 171 元，增长 8.73%；全县从业人员工资总额 17593 万元，增长 28.9%；从业人员年平均工资 15050 元，增长 9.45%。居住条件进一步改善，全年城镇新建住宅面积 8.34 万平方米。农村新建住宅面积 7.86 万平方米，人民生活水平继续提高。

【社会事业】教育事业全面发展。坚持教育优先战略，大力发展基础教育、职业技术教育、成人教育，全面推进素质教育，不断加强教师队伍建设，全县教育事业在各方面共同努力下快速发展。2008 年被录取的大学本、专科学生 1853 人，录取率达到 40%。职业中学在校学生 1854 人，比上年增长 88%；高中在校学生 1059 人，增长 6%；初中在校学生 22093 人，下降 6.17%；小学适龄儿童入学率为 99.81%，幼儿园在园幼儿 5085 人，认真实施义教工程和国家扶贫工程，积极争取助学项目资金，动员全社会捐资助学，使全县教育教学条件有了进一步改善。引进繁育、推广农畜新品种 12 类，新技术 16 项，年末全县有各类专业技术人员 5676 人。年末全县有各类卫生机构 30 个，共有病床 751 张，其中，县级医院病床位 362 张，有各类卫生技术人员 592 人，其中医生 285 人，全县有乡村医生 640 人，每万人拥有医生数 23.42 人，每万人拥有病床位数 19.01 张。年末全县体育人口达 15 万人，举办群体性体育活动 24 次，参赛人员 7200 人（次）。

【就业和社会保障】劳动就业和社会保障体系得到加强。年末城镇登记失业人数 485 人，城镇失业率 3.7%。输转富余劳动力 8.3 万人,劳务总收入 4.15 亿元。全县累计有 37227 人受到最低生活保障救助，救助资金 2650.21 万元。参加基本养老保险的职工达到 5834 人，参加基本医疗保险的人口为 1.29 万人。年末全县有敬老院 6 所，社会福利床位 400 张，收养 370 人，全县供养五保人数 2589 人。全年因自然灾害造成直接经济损失 15034 万元。全年农作物受灾面积 64.8 万亩，同比增长 2.86%；其中，绝收 12.21 万亩，同比下降 26.13%。全年安全事故死亡 20 人，与上年持平，其中全年县内发生交通事故 57 起，造成 18 人死亡，59 人受伤。

天祝藏族自治县

【现任主要领导】

中共天祝县委书记：张延保

天祝县人大常委会主任：吴联正

天祝县人民政府县长：马国荣

政协天祝县委员会主席：马官保（女）

中共天祝县纪律检查委员会

书记：李发荣

【基本情况】天祝藏族自治县位于甘肃中部，系河西走廊门户，素有“高原金盆”之称，全国第一个少数民族自治县。全县辖 19 乡镇、172 个行政村和 778 个村民委员会。总面积 7147 平方公里，有藏、汉、土、蒙、回等 16 个民族。兰新铁路、312 国道和西乌通讯光缆横穿县境，县城华藏寺距中川机场仅 80 公里，离省城兰州 135 公里，到丝路重镇武威 136 公里，区位优越，交通便捷，人流、物流、信息流十分畅通便利。境内矿藏、旅游、森林、畜牧、水利等资源比较丰富，已发现矿床、矿点、矿化点134处，查明的有20多种，其中煤炭储量达2.5亿吨，石膏2亿吨，石英石和石灰石均达4亿吨以上。全县草原面积587万亩。天然水源涵养林280万亩，占祁连山森林总面积的46%，植被覆盖率达80.7%。境内有大通河、金强河、哈溪河等10余条内外陆河，年径流量8亿立方米，可开发利用的水能资源3.5万千瓦。集自然风光、藏传佛教文化和藏、土民俗风情三位一体的旅游资源在全省民族自治州、县中名列前茅，有始建于唐代的藏传佛教名寺天堂寺及其世界第一的宗喀巴木佛、“天祝三峡”、马牙雪山天池，有亚洲第一的引大入秦工程先明峡倒吸虹、祁连布尔智原始森林及抓喜秀龙草原等旅游景点为天祝增添了异彩。

【国民经济】全县全年实现生产总值16.89亿元。按可比价计算，比上年增长12.2%。其中，第一产业增加值2.56亿元，增长6.41%；第二产业增加值6.58亿元，增长11.53%；第三产业增加值7.75亿元，增长14.87%。按常住人口计算，全县人均生产总值7879元，增长11.6%。经济结构调整取得新进展。三次产业的比重由上年的15.24：37.01：47.75调整为15.16：38.96：45.88。

农村经济：2008年，全县上下众志成城、奋力拼搏、攻坚克难，全力推进石羊河流域源头综合治理，重点工作取得新的突破，始终把促进农牧民增收作为政府工作的重中之重。全县实现农业增加值2.56亿元，较上年增长6.41%。全年粮食总产量35544吨，较上年下降7.76%。油籽总产量3641吨，增长3.30%。全面推进石羊河流域源头治理，植树造林成效显著。全年完成人工造林面积7000亩，封山育林2万亩，义务植树135万株，重点公益林补植补造730亩，补植各类苗木222.4万株，森林覆盖率达到38.26%。全年实现畜牧业增加值1.61亿元，较上年增长33.86%，占农业增加值的比重为62.94%。种植优质牧草16.41万亩，新建养畜暖棚2354亩，肉牛繁育示范村7个，完成退牧还草、禁牧休牧围栏75万亩、工程补播改良任务70万亩，草原补播改良30万亩，改良绵羊13.6万只、黄（肉）牛1.02万头。发展规模育肥示范户1000户、规模养殖户1.03万户。

工业经济：2008年，全县完成工业增加值6.58亿元，比上年增长11.53%。28户规模以上工业增加值23789.1万元，增长28.6%。亏损企业15户，比上年增加8户，亏损面为53.57%，亏损额为1058.6万元，工业企业盈亏相抵后，实现利润3696.1万元，增长70.12%。经济效益综合指数105.89，下降4.31个百分点。

项目建设：全年完成固定资产投资15.81亿元，比上年增长26.35%。从投资产业看：第一产业20086万元，增长25.08%；第二产业82383万元，增长1.0%；第三产业55604万元，增长91.32%。按投资规模分，500万元至1000万元的项目10个，完成投资6602万元，下降7.81%；1000万元—5000万元的项目25个，完成投资43427万元；5000万元-1亿元的项目4个，完成投资19422万元；1亿元以上的项目8个，完成投资37232万元。

消费市场：2008年社会消费品零售总额达到8.06亿元，比上年增长15.57。其中，县城零售额3.96亿元，增长14.76%；农村市场实现零售额4.1亿元，增长16.37%。从行业看，批发业零售额0.1亿元，下降35.81%；零售业零售额6.51亿元，增长21.5%；餐饮业零售额1.42亿元，增长18.85%。

财政、金融和保险：全年完成大口径财政收入13230万元，比上年增长22.15%，全县一般预算收入为5531万元，增长16.49%，财政支出完成75046万元，增长44.57%。金融业存贷款基本平稳。全年金融机构存款余额156274万元，比上年增长25.88%，其中：企业存款16973万元，下降1.72%，居民储蓄存款余额105755万元，增长28.85%；金融机构贷款余额50016万元，增长17.23%，其中：短期贷款25142万元，增长7.77%，中长期贷款24874万元，增长28.64%。保险事业发展良好，覆盖面不断扩大。全县全年保险业务收入2429.7万元，增长41.1%；保险赔付金额达579.0万元，增长74.14%。

【人口和人民生活】2008年全县年末常住人口21.52万人，自然增长率6.98‰；城镇化率为25.8%，比上年提高0.6个百分点。城镇居民可支配收入8160元，比上年增长10.73%；农民人均纯收入2139元，增长8.58%。农村居民家庭恩格尔系数(即居民家庭食品消费支出占家庭消费总支出的比重)为57%，比上年提高2.69个百分点；城镇居民家庭恩格尔系数为49.9%，提高0.29个百分点。

【社会保障】社会保障工作进一步加强。2008年全县参加基本养老保险的人员4285人，比上年增加161人；收缴基本养老金900万元，增长13.63%。参加基本养老保险的离退休人员719人，发放基本养老金、取暖费898万元。城镇登记失业人数为1478人，城镇登记失业率为3.84%，下降0.06个百分点；参加失业保险人数为4612人，征缴失业保险金108.1万元，发放失业保险金89.55万元，按时足额发放率100%；参加城镇居民医疗保险的人数达19519人，增加6861人，覆盖面达80.3%；参加城镇居民工伤保险的人数5297人，增加897人，征缴的工伤保险金66万元，增长106.25%；参加城镇居民生育保险的人数552人，征缴生育保险费5万元。

全县新型农村合作医疗工作有了长足发展，153695名农牧民参加了新型农村合作医疗，参合率93.46%%；筹集新型农村合作医疗基金1383.25万元，比上年增长68.07%，支出总额1307.21万元，增长115.36%，为8844

人报销住院费 1112.69 万元；为 36118 人报销门诊医药费用 140.22 万元；为 30725 名农牧民拨付健康体检费用 30.73 万元，为 695 名门诊慢性病患者报销医药费 23.57 万元。

全县城镇居民得到政府最低生活保障救济的人数为 6630 人，比上年增加 412 人，全年共发放城镇居民最低生活保障金 609.3 万元，增长 22.08%。2008 年在全县全面实行了对农村居民最低生活保障救济制度，参加农村居民最低生活保障救济的人员 31404 人，落实农村低保资金 1851 万元，发放农村居民最低生活保障金 1703.1 万元。

2008 年全县有农村敬老院 1 所，收养人数 260 人，年集体供给资金 27.3 万元；五保户供养人数 1080 人，年集体供给资金 113.4 万元。

【社会事业】全县实施科技项目 10 项。新产品产值率 34%，先进适用技术的普及率 91%，科技培训面 96%，科技成果转化率 35%，良种覆盖率 98%，畜禽良种化程度 90%，全县科技人员 4730 人，全年培训农牧民 8 万人（次），培训科技骨干 5000 人（次），建立科技示范村 52 个，科技示范户 6000 户。有各级各类学校 202 所，教职员工 3001 人，在校学生 33011 人。参加全国普通高校招生的考生 2417 人，增长 7.85%，大学录取考生 1362 人，增长 19.06%，录取率 56.35%，136 名考生考入重点大学。有各级各类卫生机构 287 家，其中医院 3 家，卫生院 19 家，妇幼保健院 1 家，疾病预防控中心 1 家，社区服务中心 1 家；病床床位 440 张，其中县直各医疗单位 200 张，乡镇 180 张，其他部门医疗卫生单位 60 张；各类卫生技术人员 722 人。每千人拥有卫生人员 2.86 人，每千人拥有床位数 2.06 张。体育人口达 9.6 万人，占常住人口的 44.61%，举办群众性体育活动 200 场次。2008 年举办县以上运动会 7 次，参加县以上运动会运动员 11400 人（次）。

张掖市

【现任主要领导】

中共张掖市委书记:陈克恭

张掖市人大常委会主任:陈克恭

张掖市人民政府市长:栾克军

政协张掖市委员会主席:王开堂

中共张掖市纪律检查委员会

书记:王力泰

【基本情况】张掖以"张国臂掖，以通西域"而得名，史称甘州，是全国历史文化名城之一。张掖地处甘肃省西北部，河西走廊中段，东靠武威、金昌，西至嘉峪关、酒泉，南与青海省接壤，北与内蒙古毗邻，总面积 41924 平方公里，海拔 1200—5565 米，市内河流众多，灌溉条件好，是全国商品粮、蔬菜瓜果基地之一。现辖甘州、山丹、民乐、临泽、高台和肃南一区五县，有 60 个乡镇、5 个街道办事处。2008 年末常住人口 128.16 万人，其中城镇人口 44.22 万人、乡村人口 83.94 万人。有汉、回、藏和裕固等 38 个民族，其中裕固族是全国唯一集中居住在张掖的一个少数民族。

【资源优势】全市境内已发现的矿产资源 33 种，目前已发现矿床及矿化点 370 多处，其中具有成矿价值的 151 处。已初步探明资源量的矿产有煤、铁、铜、铅锌、钨钼、芒硝、石膏、熔剂用灰岩、冶金用白云岩、花岗岩、大理岩和含碘凹凸棒石粘土矿等 24 种。全市铁矿储量 8.93 亿吨，钨金属量 50 万吨，钼金属量 102 万吨，煤炭储量 10.5 亿吨。

张掖历史悠久，文化灿烂，旅游资源丰富。境内石窟、寺庙、古城、墓葬、烽燧等名胜古迹遍布，各个时代的文物点 816 处，其中被公布为国家级文物保护单位的 7 处；省级文物保护单位的 45 处。境内有全国最大的室内泥塑卧佛，黑水国、骆驼城遗址，众多的汉墓群，隋代的木塔，名甲河西的镇远楼，马蹄寺、金塔寺、千佛洞、文殊寺石窟群。现有馆藏文物达 23000 余件。1986 年被国务院公布为中国历史文化名城。2005 年被国家旅游局命名为中国优秀旅游城市。

【国民经济】2008 年,全市实现生产总值 169.86 亿元,增长 11.3%。其中：第一产业增加值 49.23 亿元，增长 5.5%；第二产业增加值 65.03 亿元，增长 15.8%；第三产业增加值 55.60 亿元，增长 11.8%。完成全社会固定资产投资 78.51 亿元，增长 11.1%；实现社会消费品零售总额 47.5 亿元，增长 20%；完成大口径财政收入 12.72 亿元，增长 20.11%；完成地方一般预算收入 5.57 亿元，增长 17.5%。

【项目建设】2008 年招商引资签约项目 96 项，总投资 48.28 亿元。开工建设 86 项，占签约项目的 89.6%，到位资金 24.03 亿元。全年开工建设的项目达 609 项，完成投资 66.23 亿元，增长 11.52%。

【新农村建设】围绕草畜、制种、果蔬、轻工原料四大支柱产业，建成产业化基地 290 万亩，占总耕地面积的 88%。建成重点龙头企业和小型农产品加工企业 1000 多家，农产品初级加工转化率达到 54.5%。狠抓新农村示范点建设，着力改善人居环境。2008 年 60 个示范村全部完成了新农村建设规划编制工作，试点村全年共完成建设项目 385 项，完成投资额 3.01 亿元，完成村社道路硬化 175 公里，新建小康住宅 5519 户，绿化村社道路 199 公里，新修渠道 179 公里，完成自来水入户 5148 户，建成沼气池 3980 个。加大农村劳动力培训，不断拓展就业渠道。2008 年输转农村富余劳动力 22.41 万人，培训农民工 19.35 万人，实现劳务收入 13.45 亿元，劳务经济成为农民增收的新亮点。

【人民生活】城乡居民收入继续增

加，生活水平进一步改善。2008 年全市城镇居民人均可支配收入 9315 元，增加 720 元，增长 8.4%；城镇居民人均消费支出 8989 元，增长 11.5%；城镇居民家庭恩格尔系数为 30.4%，下降 1.48 个百分点。农村居民人均纯收入 4515 元，增加 378 元，增长 9.1%；农村居民人均生活消费支出 3616 元，增长 10.5%；农村居民家庭恩格尔系数为 40.43%，下降 0.93 个百分点。城乡居民储蓄存款余额达到 109.46 亿元，增长 27.1%。电话普及率达到 64.7 部/百人，计算机互联网用户达 3.6 万户。

【社会保障】2008 年，全市城镇新增就业 16461 人，安置下岗失业人员 6978 人，增长 53%。年末城镇登记失业率为 2.89%，下降 0.11 个百分点。年末参加城镇基本养老保险人数 54847 人，增长 21%；参加城镇职工基本医疗保险人数 109516 人，增长 20%；参加城镇居民基本医疗保险人数 144128 人，下降 2%；参加失业保险人数 63157 人，增长 7%；参加工伤保险人数 54687 人，增长 21%；参加生育保险人数 32667 人，增长 6%。2008 年全市领取失业保险金人数为 1708 人，下降 7%。全市享受城镇最低生活保障的居民 48052 人；享受农村最低生活保障的居民 59818 人。

【环境保护】2008 年全市完成环境污染治理项目 112 个，项目总投资 18583 万元。拥有自然保护区 2 个，总面积 219.03 万公顷。全市用于环境污染治理、环境管理、污染防治科技投入达 32700 万元，环保投资指数 1.94%。重点流域和区域污染防治工作以及城区废气和水源污染治理成效明显。节能降耗取得重大进展，万元 GDP 能耗达 2.09 吨标准煤，降低 5.08%，万元工业增加值能耗降低 13.24%。

【社会事业】科技事业有新进展。科技队伍不断壮大，科技人员的素质显著提高。2008 年末全市共有国有企事业单位拥有各类专业技术人员 2.04 万人，全年共取得科技成果 40 项。

教育事业稳步推进。2008 年各类学校在校学生数 22.15 万人。其中，普通高等学校 1.62 万人，中等职业学校 1.04 万人，普通中学 9.12 万人，小学 10.38 万人。各级各类教育事业全面发展，义务教育整体水平稳步提高。小学学龄儿童入学率达到 100%，初中入学率 99.8%。2008 年，向全国各类高、中等专业院校输送新生 10265 人，高考录取率为 72.68%。

文化艺术事业健康发展。2008 年末，全市共有艺术表演团体 6 个，文化馆 6 个，公共图书馆 6 个，博物馆 6 个，档案馆 7 个。广播电台 1 座，电视台 1 座，电视发射机 19 部，广播调频发射机 40 部，有线电视用户 23.73 万户。年末广播综合人口覆盖率为 97.51%；电视综合人口覆盖率为 97.07%。《张掖日报》全年共发行 345 期，累计发行 759 万份。全年组织各类文艺表演和群众性文化活动 676 场次，观众达 105 万人次，丰富了城乡居民的文化生活。

医疗卫生条件继续改善。2008 年末，全市共有各类医疗卫生机构 428 个，其中医院、卫生院 112 个，县以上医院 13 个，中心卫生院 31 个，疾病预防控制中心（防疫站）7 个，妇幼保健院（所、站）7 个。卫生技术人员 5017 人，其中执业医师和执业助理医师 2150 人，注册护士 1582 人。医院和卫生院床位 4527 张。社区卫生服务中心（站）17 个。农村有医疗点的行政村 866 个，乡村医生和卫生员 1263 人。

甘州区

【现任主要领导】

中共甘州区委书记：杨继军

甘州区人大常委会主任：吴尚元

甘州区人民政府区长：王海峰

政协甘州区委员会主席：郭尚勤

中共甘州区纪律检查委员会书记：郑月萍

【基本情况】甘州区位于河西走廊中部，古“丝绸之路”南北两线和“居延古道”交汇点上，南枕祁连山，北依合黎、龙首二山，全国第二大内陆河——黑河横穿全境，形成了闻名遐迩的张掖绿洲，素有“塞上江南”之美誉，是张掖市委、市政府所在地。全区总面积 4240 平方公里，其中城市面积 27 平方公里。全区辖 1 个工业园区，18 个乡镇、5 个街道办事处。年末常住人口 50.27 万人，有汉、回、蒙古、满、藏和裕固等 22 个民族。

【资源优势】矿产资源：全区已发现并初步探明地质储量相对比较丰富的矿产资源有煤、锰、铁、锌、铅、冶金用石英岩（硅石）、石膏、水泥用灰岩（石灰石）、砖瓦用粘土和建筑用砂石矿等 10 种，其它有色金属及黑色金属等重要矿产资源十分短缺。

水资源：黑河、山丹河、酥油口河和大野口河等河流贯穿而过，年径流量 24 亿立方米，水能蕴藏量达 2.2 亿千瓦，地下水储量 10 亿立方米。

旅游资源：甘州古迹甚多，景观奇特。既有西夏大佛寺、明代镇远楼、隋代木塔、黑水国遗址、唐代五松园遗址、古汉墓群等名胜古迹，又有丹霞地貌等绚丽的自然景观。现共有旅游景点 30 多处，其中张掖大佛寺为国家 4A 级景区。

【国民经济】2008 年，完成地区生产总值 76.73 亿元，比上年增长 11.3%。其中，第一产业实现增加值 19.20 亿元，增长 6.6%；第二产业实现增加值 27.16 亿元，增长 12.9%；第三产业实现增加值 30.37 亿元，增长 12.9%。完成全社会固定资产投资 28.5 亿元，增长 6.9%；实现社会消费品零售总额 28.35 亿元，增长 22.2%；完成财政收入 52402 万元，增长 20.56%；完成一般预算内收入 15140 万元，增长 16.38%。

【项目建设】全年引进新建项目

38个，到位资金2.95亿元。49个重点项目中，开工建设的31项，完成投资9.9亿元，占总投资的34.78%。5万吨高纯硅、10万头肉牛屠宰加工、玉鑫1万吨马铃薯精淀粉等21个重点项目建成；80万吨锰铁、4万吨麦芽等18个重点项目建设进展顺利；日产5000吨新型干法水泥、火电二期等重点前期项目扎实推进。

【新农村建设】培育了肉牛养殖、玉米制种、蔬菜制种、设施农业、脱水蔬菜、加工番茄、啤酒大麦和马铃薯等一批优势特色产业，形成了草畜、制种、蔬菜、轻工原料四大主导产业；目前全区农产品加工龙头企业达70个，农产品加工转化率达62%；培育农民专业合作经济组织135个，认证无公害农产品14个。全区小康住宅农户占总农户数的43%，使用沼气农户达8000户，有线电视入户率达58.8%，电话入户率达64%。共输出输转富余劳动力6.73万人，创劳务收入3.87亿元。

【人民生活】城乡居民收入继续增加，生活水平进一步改善。2008年，全区城镇居民人均可支配收入9315元，增长8.4%；人均消费支出8989元，增长11.5%；恩格尔系数30.41%，比上年下降1.48个百分点；人均居住面积30.51平方米，增加2.99平方米。农民人均纯收入4763元，增长9.7%；人均生活消费支出4273元，增长9.1%；恩格尔系数为40.03%，比上年下降1.12个百分点；人均居住面积40.2平方米，增加0.6平方米。

【社会保障】城乡低保、农村新型合作医疗和城镇居民医疗保险覆盖面稳步扩大，社会保障基本覆盖了城乡群众。全区有养老机构18家，床位417张，收养310人；参加城镇职工基本养老保险人数3.4万人，参加城镇基本医疗保险的人数13.91万人，参加失业保险的人数3.07万人，参加工伤保险的人数3.27万人。城市纳入保障对象2.21万人，发放最低生活保障金及补助4200多万元；农村低保对象1.14万人，发放保障金416.8万元。有32.6万名农民参加了新农合，参合率达94.01%；国家抚恤、补助各类优抚对象1648人。

【环境保护】全年城区空气质量好于二级以上的优良天数达到90%以上；城市地表水和饮用水源水质达标率均达到100%；区域环境噪声和交通干线噪声分别控制在51.5分贝和66.8分贝之内；二氧化硫和化学需氧量削减率分别为4.3%、2.9%；城市污水处理厂日处理能力达4.0万立方米；城市集中供热面积225万平方米，增长33.13%。建成区绿化覆盖率达到34.1%，人均公共绿地面积10.72平方米。启动实施了中国黑河流域湿地保护工程及张掖国家城市湿地公园建设。

【社会事业】科技事业有新进展。全年共申报各类科技计划项目11项，争取立项7项，到位项目扶持资金160多万元；建立区级科技示范点47个、乡级科技示范点58个；培训专业技术人员1.4万多人次、星火科技带头人286名。农作物良种覆盖率达95%，农业科技利用率达到85%；认证无公害蔬菜品种15个，无公害农产品率达到40%。

教育事业稳步推进。全面落实义务教育各项政策，“两基”成果得到巩固，教育水平稳步提高，全区小学适龄儿童入学率和初中适龄少年入学率均达到100%。2008年区内有普通高等院校2所，普通中专2所，职业学校8所，普通中学42所，小学113所，在校学生97570人。

文化艺术事业健康发展。全年开展各类文化活动30多场次，演出文艺节目280多个，建成“农家书屋”示范点3个；新开通城乡有线电视用户5040户，广播电视综合覆盖率100%。启动农村数字电影放映工程，放映影片1968场次。辅导培训乡镇社区群众文艺骨干600多人次。

医疗卫生条件继续改善。2008年末，全区共有各类医疗卫生机构410个，其中医院7所，妇幼保健院（所、站）2个，疾病预防控制中心（防疫站）2个，乡镇卫生院22所。卫生机构拥有病床床位1967张，卫生技术人员2916人。新建、改建乡镇卫生院两个、村级卫生所50个、社区卫生服务中心2个；全面落实医疗卫生“四免一减一卡通”制度。

体育事业取得新成就。全年举办各级各类体育赛事32（场）次，参与人数达到了25万人次；培训、申报各级社会体育指导员30人；配套完善中心广场、湿地公园等体育健身设施，健身条件进一步改善。

肃南县

【现任主要领导】

中共肃南裕固族自治县委书记：韩正明

肃南裕固族自治县人大常委会主任：秦学仁

肃南裕固族自治县人民政府县长：安国锋

政协肃南裕固族自治县委员会主席：高林俊

中共肃南裕固族自治县纪律检查委员会书记：杨翠琴

【基本情况】肃南裕固族自治县成立于1954年，因地处肃州(酒泉)以南而得名，是全国唯一的裕固族自治县。地处河西走廊中部，祁连山北麓一线，东西长650公里，南北宽120——200公里，总面积23887平方公里，平均海拔约3200米。全年平均气温3.6℃，日照时数3085小时。无霜期83天左右。辖2镇6乡、101个村委会、3个社区和9个国有林牧场。境内居有裕固、藏、蒙古、回及少量的满、东乡、保安等共13个民族。2008年全县总人口为3.64万人，其中农牧业人口2.53万人，非农业人口1.11万人。少数民族人口2.09万人，其中裕固族9729人，占总人口的26.69%。人口密度为每平方公里1.51

人。

【资源优势】矿产资源：全县境内已探明的矿产27种，分布在228处。已探明的主要金属矿产有煤炭、铜、铁、钨、铬和锰等。非金属矿有萤石、石灰岩、石英沙、硫、粘土、石膏、石棉、磷镁、白云岩、玉石、芒硝、重晶石、大理石和矿泉水等16种32处。其中已探明的钨矿储藏量在全国单个矿山储藏量中排名前5位，储藏量达46万吨。

水资源：石羊河、黑河、疏勒河横贯全境，总流域面积为2.15万平方公里，水能蕴藏量达204万千瓦时，冰川蓄藏量159亿立方米，共有大小河流33条，年径流总量为43.11亿立方米，人均流量12.2万立方米，是河西绿洲灌溉的主要水源。

旅游资源：从人文资源看，既有建于北魏时期的马蹄寺、文殊寺、金塔寺等历史文化遗迹，又有裕固族等独特的民族风情和历史文化；既有可与敦煌莫高窟相媲美的石窟壁画艺术，又有博大精深的藏传、汉传佛教等宗教文化。从自然资源看，既有雪山冰川、又有大漠戈壁；既有草原森林，又有河流瀑布；既有幽谷深涧，又有绿洲平原。2008年接待游客达到43.8万人（次），实现旅游综合收入4000多万元，被省政府确定为全省4个生态旅游示范县之一。

【国民经济】2008年，全县实现生产总值9.44亿元,增长23.9%。其中：第一产业增加值1.95亿元,增长2.1%；第二产业增加值5.80亿元,增长40.9%；第三产业增加值1.69亿元,增长5.0%。人均生产总值26016元。完成固定资产投资16.23亿元，增长6%；实现社会消费品零售总额1.78亿元,增长11.2%；完成大口径财政收入20475万元，增长16.46%，完成一般预算收入8059万元，增长20.53%；农民人均纯收入5522元，增长10.3%，城镇居民人均可支配收入9243元，增长9.2%。

【项目建设】全年新建、续建各类项目97项,其中总投资上亿元的项目8项、千万元以上的39项、千万元以下的50项。

【新农村建设】按照新农村建设的总体要求和具体规划,采取国家投资、地方补助和农牧民自筹相结合的办法,结合地震灾后重建和新农村建设试点工作的开展,在皇城、大河等乡镇集中新建农牧民高标准小康住宅325套,其中住宅楼228套,并配套水、电、路等基础设施。新组建农牧民专业合作经济组织16个，建成科技示范点17个、养殖小区4个。

【人民生活】城乡居民收入继续增加，生活水平进一步改善。2008年全县城镇居民人均可支配收入9243，比上年增加780元，增长9.22%；人均消费支出8268元，恩格尔系数37.91%。农牧民人均纯收入达到5522元，比上年增加506元，增长10.31%；恩格尔系数43.38%。城乡居民储蓄存款余额达到2.99亿元，人均达到8214元。

【社会保障】统筹城乡就业工作,落实积极就业政策,开展就业技能培训，新增城镇就业人员605人,城镇登记失业率为2.42%。强化社保基金征缴工作,全面完成了养老、医疗、失业、工伤和生育五大保险征缴任务。启动实施农牧村养老保险和村干部养老制度,提高城乡困难群体补助标准,落实低保、养老、医疗等项制度财政补贴资金1500多万元，发放城乡居民低保金287万元、临时生活补助306万元，农牧村五保户年均供养标准由1500元提高到5520元。加强救灾工作,下拨救灾救济资金145万元,灾后重建资金187万元。全面落实抚恤政策,发放兑现了优抚补助金和农牧村义务兵家属优待金。

【环境保护】依法对随意倾倒废渣、占用林地的15户水电企业、6户采矿企业进行限期整改,对存在环保问题的14个重点资源开发项目依法予以处罚,对不符合环保要求的20户矿山企业实施了关闭或停产整顿。严格落实节能减排工作责任,积极推广利用水电、太阳能、沼气等可再生或可循环利用能源,大力倡导全体公民节电、节水、节煤、节油,严格工业企业污染物排放指标,二氧化硫排放总量下降5.25%,化学需氧量下降5.12%,万元GDP能耗降低3.2%。

【社会事业】教育事业取得新成效。全面推行教育教学管理体制改革,建立激励机制,有效增强了广大教师责任意识,推动了教学质量稳步提升。学龄儿童入学率达到99.6%，普通初中入学率达到99.12%，高中阶段教育入学率达到75.05%。

卫生事业有了新发展。加强卫生基础设施建设,改扩建一般卫生院和村级卫生室20个,为乡村医疗卫生机构配备医疗设备400多台件,新招录专业技术人员7名,并落实了乡镇卫生院公务经费和村卫生室人员工资补贴。广泛开展群众性爱国卫生运动,新建农牧村卫生厕所500座。

文体广电事业呈现新气象。新建“农家书屋”100个，配送图书1万多册；坚持开展“欢乐周末”广场文艺演出等活动,群众文化生活不断丰富。加强文物安全保护,认真组织开展了第三次文物普查工作。实施乡镇农牧民体育健身工程,配发体育器械，举办各种类型、多种层次的体育赛事,全民健身活动深入开展。强化新闻报道和对外宣传工作,扩大有线电视覆盖范围,延伸广播节目传输线路,广播电视服务质量进一步提高。

民乐县

【现任主要领导】

中共民乐县委书记：马得明

民乐县人大常委会主任：许国强

民乐县人民政府县长：赵惠琴

政协民乐县委员会主席：刘富荣

中共民乐县纪律检查委员会

书记：安月香

【基本情况】民乐县地处甘肃河西走廊中段，张掖市东南部，地势南高北低，地形分山地和倾斜高平原两大类，海拔 1589—5027 米，年平均气温 4.6℃，全年降水量 359.5 毫米，无霜期 258 天，属温带大陆性荒漠草原气候。总面积 3687 平方公里。全县辖 6 镇 4 乡，172 个行政村，1218 个村民小组，年末常住人口 23.8 万人，有汉、藏、回、壮、土、蒙、白、满、裕固和维吾尔等 10 个民族。

【资源优势】民乐县境内苹果梨闻名遐迩，紫皮大蒜誉满全国，油菜籽品质优良，滨河白酒受人喜爱，境内旅游资源丰富。

【国民经济】2008 年，全县实现生产总值 19.15 亿元，增长 11.3%。其中：第一产业增加值 7.05 亿元，增长 5.2%；第二产业增加值 6.24 亿元，增长 19.9%；第三产业增加值 5.86 亿元，增长 10.5%。人均生产总值达到 8079 元；完成全社会固定资产投资 8.10 亿元，增长 20.2%；实现社会消费品零售总额 5.09 亿元，增长 17.2%；完成大口径财政收入 10291 万元，增长 26.18%，完成一般预算收入 4511 万元，增长 17.14%。

【人民生活】2008 年，全县农民人均纯收入 4028 元，比上年增加 325 元，增长 8.8%，人均外出从业得到收入为 1020 元，增长 19.6%。农村居民人均生活消费支出 3297.6 元，其中食品支出 1340.7，农村居民恩格尔系数为 40.7%。全年城镇居民人均可支配收入 8288.85 元，增长 7.8%，城镇居民人均消费性支出 6777.4 元，增长 4%，城市居民人均居住面积达 26.8 平方米。年末在岗职工 11934 人，在岗职工年平均工资 16908 元。

【社会保障】年末全县城镇养老保险人数 3476 人，增加 546 人；城镇职工医疗保险参保人数 10109 人，增加 1624 人，失业保险人数 6882 人，增加 329 人。年末城镇享受低保户数为 3149 户，增加 864 户，发放保障金 1235 万元；农村享受低保户数为 7149 户，增加 4106 户，发放保障金 1074 万元。参加农村合作医疗的人数达 186281 人，参合率达 96.28%。

【社会事业】教育事业健康发展。年末全县共有高（职）中 2 所，在校学生 8605 人，专任教师 512 人；初级中学 11 所，在校学生 12643 人，专任教师 733 人；小学 161 所，在校学生 21303 人，专任教师 1790 人。学前及在园幼儿 681 人。

文化事业发展加快。年末全县共有文化馆 1 个，公共图书馆 1 个，博物馆 1 个，档案馆 1 个，广播电视台差转台 1 座。广播和电视综合人口覆盖率均为 99%。有线电视用户 37000 户，其中城市 6000 户、农村 31000 户。

体育事业蓬勃发展。全年举办运动会 10 次，全县拥有标准体育场地 16 个，其中蓝球场地 7 个、排球场 7 个、足球场 1 个、灯光蓝球场 1 个。

卫生事业不断加强。全县共有卫生机构 21 个，其中县级医院 2 个、乡镇卫生院 14 个、其它卫生机构 5 个；卫生技术人员 409 人，其中执业医师 123 人、注册护士 125 人；卫生机构床位 767 张。

临泽县

【现任主要领导】

中共临泽县委书记：王洁岚

临泽县人大常委会主任：李长喜

临泽县人民政府县长：陈晰

政协临泽县委员会主席：韩起祥

中共临泽县纪律检查委员会

书记：王荣才

【基本情况】临泽县地处河西走廊中段，东经 99° 51′ —100° 30′ 、北纬 38° 57′ —39° 42′ 之间，海拔 1380—2278 米，总面积 2727.29 平方公里，全县地形呈南北高中部低分布，由东南向西北逐渐倾斜。临泽县位于欧亚大陆腹地，属大陆性荒漠草原气候。全县辖 5 镇 2 乡，71 个行政村、4 个社区、677 个村民小组。年末常住人口 14.83 万人，有汉、回、藏、蒙和裕固等 11 个民族。

【资源优势】矿产资源丰富。目前全县境内已发现的矿种有锰铁、磁铁、石墨、玻璃用石英、钾长石、石膏、凹凸棒石粘土、膨润土、砖瓦用粘土、耐火粘土（红粘土）和矿泉水，贵重金属有沙金。

旅游资源丰富。着力打造“中国枣乡——临泽”、“丹霞奇观第一景”为主的旅游品牌，双泉湖垂钓园、香古寺、烈士陵园、天鹅湖、黑河烟林、昭武故地、城郊农家园等景区成为旅游休闲的好去处。

【国民经济】2008 年，实现生产总值 21.83 亿元，增长 11.3%。其中：第一产业增加值 7.10 亿元，增长 5.2%；第二产业增加值 9.36 亿元，增长 16%；第三产业增加值 5.37 亿元，增长 11.8%。人均生产总值达到 14889 元；完成全社会固定资产投资 8.7 亿元，增长 17.4%；实现社会消费品零售总额 3.75 亿元，增长 17.04%；完成大口径财政收 10118 万元，增长 16.59%，完成地方财政收入 5016 万元，增长 18.53%。农民人均纯收入 4628 元，增长 9.5%；城镇居民人均可支配收入 8618 元，增长 8.5%。

【项目建设】2008 年，全县确定重点建设项目 67 项，开工建设 65 项。其中，工业项目 13 项，农业生态项目 21 项，能源交通、基础设施及社会事业项目 31 项。宏鑫矿业公司锰铁选矿炉、雪莲公司 5000 吨奶粉加工生产线、金玉酒精公司酒精生产线改造、金龙华矿业公司锰铁选矿扩建等重点项目均全部完成年初确定的投资计划。

【新农村建设】以制种玉米、加工番茄和棉花为主的订单农业面积 30.16 万亩，占农作物总播种面积的 82.23%。新建连片 10 座以上的日光温室示范点

18 个 638 座，带动全县新建日光温室 1009 亩，累计达到 6505 亩。全县新建、续建小康示范村 10 个，新建小康住宅 2043 户，累计达 1.82 万户，占总农户的 56%，村庄规划编制工作全面完成，省列新农村建设试点工作顺利完成并通过省上考核验收。全县培训劳动力 5.6 万人次，其中职业技能培训 6300 人；输出劳动力 2.5 万人，实现劳务收入 1.46 亿元，增长 20.7%。

【人民生活】城乡居民收入继续增加，生活水平进一步提高。全县城镇居民可支配收入 8618 元，增长 8.5%；农民人均纯收入 4628 元，增长 9.5%。在岗职工年平均工资 20165.3 元，增长 19.44%。城乡居民人均储蓄存款 7957 元，恩格尔系数分别为 40.95%和 39%。城乡居民的居住条件进一步改善，城乡居民人均住房使用面积分别达到 22.45 和 22 平方米。

【社会保障】社会保障能力明显增强。全年新增就业 1903 人，共有 687 名下岗失业人员实现了再就业。城乡居民最低生活保障覆盖面不断扩大，城市低保和农村低保对象分别达 3910 人和 6486 人，月人均补差分别提高 30 元和 24.5 元，发放城乡低保金 672 万元，发放临时物价补贴 340 万元。严格执行廉租住房租赁补贴制度，为 871 户城镇住房困难户发放补贴 145 万元，对城市低保对象发放冬季采暖补贴 60 万元，落实供暖价格优惠政策补贴 80 万元。

截止年底，全县参加养老保险人数 3756 人，为 878 名企业退休人员发放了基本养老金 932 万元；参加失业保险人数 4945 人，为 1371 人次符合条件的失业人员发放失业保险金 31.38 万元；参加城镇职工医疗保险人数 8848 人，为 666 人次住院患者支付医疗费用 280 万元，农民工参保 1082 人；参加工伤保险人数 3871 人，共为 9 名工伤职工支付工伤保险待遇 37.5 万元，农民工参保 2421 人；参加生育保险人数 3286 人，共为 86 对生育夫妇支付生育保险待遇 5.35 万元；国有企业、集体企业劳动合同签订率分别达到 100%，非公有制企业劳动合同签订率达 96%。

【环境保护】2008 年，全县主要污染物 SO2 和 COD 的排放总量明显低于控制指标，县城空气环境质量明显好转。全县工业企业污染物总量控制到了预定排放目标以内，城市环境污染得到进一步治理。城区绿化美化水平不断提高，人均新增绿地面积 1.1 平方米，绿化覆盖率 37.2%，城区人均占有公共绿地面积 18.02 平方米。

【社会事业】科技支撑效果明显。年内全县各企业共引进利用科技成果和技术 12 项，在新农村建设和科技兴农中，重点引进推广 12 类 23 项新技术和 11 类 38 个农、林、牧新品种，新建科技示范点 12 个；全年共发放各类科技宣传资料 5.8 万份，举办各类培训班 65 期，开展科技宣讲 160 场次，培训科技星火带头人 210 人，农村技术骨干 5200 人次，培训农民 3.6 万人次。

教育事业不断发展。全县将“两免一补”政策由农村扩大到城市，共落实资金 1096 万元，免除了所有义务教育阶段学生学杂费。2008 年各类学校在校学生 25459 人，适龄儿童入学率、小学应届毕业生毕业率均达 99%以上。全县 100%的中学和 36.8%的小学班班建成多媒体教室及校园局域网，网络覆盖率 100%。2008 年，全县有 1311 名学生被省内外大专以上院校录取，比上年净增 287 人，高考上线率、录取率、综合评分均居全市六县(区)第二。

文化艺术、广播电视事业进一步繁荣。全县有文化馆、图书馆、档案馆、博物馆、文工团各 1 个，大型自创综艺节目《古风新韵》演出成功。有电影放映单位 6 个，电视差转台 1 座，广播电视覆盖率 100%。全县有线电视用户 32458 户，新增 1786 户，入户率 89%。全县新建、扩建村宣传文化室 7 个，累计达 59 个，占总村数的 83%。

卫生事业健康发展。年末全县共有医疗卫生机构 14 个，卫生技术人员 514 人，其中执业（助理）医师 172 人，实有医疗病床 419 张。积极推行新型农村合作医疗制度，确定县、乡、村三级定点医疗机构 84 家，全县参合农户 31720 户，113715 人，参合率达 92.96%；提高新型农村合作医疗报销费用比例，共为 8407 名参合住院患者报销医药费 843 万元。

高台县

【现任主要领导】

中共高台县委书记：余　锋

中共高台县人大常委会主任：赵治全

高台县人民政府县长：鞠　毅

政协高台县委员会主席：袁成高

中共高台县纪律检查委员会

书记：杨建平

【基本情况】高台县地处甘肃河西走廊中部，黑河中游下段。地势南北高、中间低，形如马鞍。总面积 4425 平方公里，城区面积 3.1 平方公里，全境海拔在 1260 米至 3140 米之间，气候属于大陆沙漠干旱型,全年无霜期 150 天左右，年均降水量 103 ㎜，蒸发量 2000 ㎜左右，年均气温 7.4℃，全年日照时数川区为 3088 小时，沿山地区为 2683 小时。年末常住人口 15.99 万人，共有回、藏、维、彝、裕固和东乡等 14 个少数民族，人口密度 36 人/平方公里。现辖 3 镇 6 乡、136 个村委会、6 个居委会、1006 个村民小组。

【资源优势】矿产资源：县境内已发现和探明的矿产资源有 10 多种。其中，芒硝储量 2997 万吨，原盐储量 1168 万吨，萤石储量 243.71 万吨，钾盐（KCl）储量 11 万吨，此外还有钛铁、蛭石、石英、重金石、石灰和煤炭等。

旅游资源：境内文物资源丰富，历史悠久。有北凉古都骆驼城、佛教胜地梧桐泉寺、古长城、烽燧等文物古迹；有大湖湾风景区、月牙湖公园、祁连葡萄庄园3个国家“AAA”级风景区和烈士陵园，高台县烈士陵园属全县重点烈士纪念建筑保护单位，第三批全国国防教育基地。

【国民经济】2008年，全县完成生产总值20.93亿元，增长11.3%。其中：第一产业增加值8.7亿元，增长5.5%；第二产业增加值7.65亿元，增长18.4%；第三产业增加值4.58亿元，增长12.3%。人均生产总值达到13122元；完成全社会固定资产投资8.12亿元，增长15.6%；实现社会消费品零售额4.12亿元，增长17.44%；完成大口径财政收入10900万元，增长6.01%，完成地方一般预算收入4951万元,增长12.27%。

【项目建设】2008年，全县签订招商引资项目8项，引进到位资金1.05亿元。全年新上1万吨马铃薯淀粉、1万吨2-萘酚、30万吨铸造一期10万吨生产线、2万吨硫化碱、300吨啤酒花种植加工5个投资千万元以上的重点项目和丰成啤酒花烤花、恒生脱水菜等21个投资百万元以上的工业项目，开工基础设施建设项目58项。

【新农村建设】特色产业进一步优化，蔬菜、番茄、制种、酿酒葡萄、棉花、马铃薯和牧草为主的特色农产品面积分别达到5.02万亩、3.65万亩、9.25万亩、1.7万亩、5.59万亩、0.51万亩和9.6万亩。全县新建日光温室701座，新建养殖小区9个，新增100头以上肉牛养殖大户36户，新增30头以上肉牛养殖大户126户，引进新疆客商新建5000头肉牛养殖场1个。建成连片20户以上小康住宅示范点18个574户，其中农民住宅楼16幢494户，带动全县新建小康住宅2504户。

【人民生活】人民生活水平大幅提高，社会保障能力不断增强。2008年，城镇居民人均可支配收入8333元，增长8.23%；人均消费性支出5654元，增长13.56%，恩格尔系数34.25%。农民人均纯收入4545元，增长8.99%；人均生活消费支出3110元，增长14.93%，恩格尔系数42.58%。社会职工平均工资20514元，增长18.09%。城乡居民居住条件显著改善，城乡居民人均住房面积分别达30.8和37.8平方米。年末拥有固定电话32763部，其中城市电话9665部，农村电话23098部；移动电话47211部，其中小灵通6100部；宽带用户3927户。

【社会保障】社会福利事业继续发展。年末农村五保供养服务机构9个，集中供养五保对象458人，全县低保户7205户、17814人。其中，农村低保户4928户、12384人。年末全县参加基本养老保险人数4331人，参加城镇职工基本医疗保险人数10178人，参加失业保险人数4831人，参加工伤保险人数5218人，参加生育保险人数5303人。全年征缴基本养老保险1226万元，基本医疗保险899万元，失业保险117万元，工伤保险52万元，生育保险47万元。城镇新增就业1950人，增加354人。城镇人口登记失业率为2.24%，下降0.44个百分点。全县农民参加新型农村合作医疗116945人，参合率90.95%。

【环境保护】环境保护得到加强，人居环境日趋改善。全县有省级自然保护区1个，总面积3.56万公顷。饮用水达标率100%，垃圾定点堆放、集中处置率达到100%，工业固体废物综合处置利用率达到84.66%。节能降耗成效显著。单位GDP能耗降低4.16%，单位GDP电耗降低9.86%，万元工业增加值能耗降低4.41%。通过加强污染源监督管理，加大治理力度，全年超额完成二氧化硫、化学需氧量排放量削减2%的目标。全县二氧化硫、化学需氧量排放量实际分别控制在377.75吨、554.12吨以内；工业固体废物通过设立固定堆放地点，采用填埋式处理和综合利用，实际排放量控制在了0.02万吨。

【社会事业】科技发展取得新进步。科技对经济的贡献率达到51.2%，全县农村90%以上的劳动力接受了科技培训。筛选编制上报科技项目11项。其中，《高台县加工番茄标准化栽培示范及产业化开发》项目上报国家科技部，已批准立项；筛选编制省级科技项目8项；上报市级科技合作项目2项。组织实施县列科技项目25项，其中新上12项、结转13项。评定农民技术员64人，助理级职称7人，中级职称1人。

教育结构进一步优化，素质教育整体推进，义务教育均衡发展，普及高中阶段教育和职业教育步伐加快。全县共有各类学校129所,其中普通高中1所，职教中专1所，完全中学2所，初级中学7所，小学115所，九年一贯制学校1所，城区独立幼儿园2所。全县在校中小学生27596人，其中，普通高中在校学生2717人，职业中学在校学生1810人，初中在校学生7522人，小学在校学生12504人。初中入学率99.96%，学龄儿童入学率100%。

文化事业有了新发展。深入开展“千台大戏”送农村，“百台大戏”送基层活动，最大限度地满足了城乡群众精神文化生活。图书馆拥有图书8万册，接待读者3.6万人次，借阅书刊5.2万册。74个农家书屋已全面建成，配送图书18万册。

卫生事业稳定发展，医疗条件不断改善。年末共有各类医疗卫生机构157个，其中：综合医院2个，卫生院11个，村卫生所114个，卫生防疫和防治机构1个，妇幼卫生保健机构1个；在各类医疗卫生机构中县级5个、乡级11个。全县各类卫生机构拥有病床451张，其中综合医院、卫生院拥有病床421张；每千人拥有病床位2.86张，增长14.4%；卫生技术人员576人，其中执业医师和执业助理医师269人，执业护士145人；平均每千人拥有医生数1.7人，每千人拥有执业护士0.92人。

山丹县

【现任主要领导】
中共山丹县委书记:赵学忠
山丹县人大常委会主任:李仲文
山丹县人民政府县长:刘晓云
政协山丹县委员会主席:张百祥
中共山丹县纪律检查委员会书记:马成

【基本情况】山丹县位于甘肃省西部河西走廊中段，是张掖市的东大门，素有“走廊蜂腰”、“甘凉咽喉”之称。海拔在1550米至4441米之间,属大陆性高寒半干旱气候，土地总面积 5402平方公里。全县辖3镇5乡，115个行政村，6个居民委员会，715个村民小组，年末常住人口19.63万人。县内有95876部队、中牧公司山丹马场、山丹农场、山丹培黎学校等省、市驻丹企业和单位。

【资源优势】境内矿产资源丰富，已探明的有煤、铁、铜、硅石、石灰岩、耐火粘土、石英、石膏、铅和锌等 10多种。煤储量 4 亿吨，铁矿石储藏量6500万吨，硅石储藏量5838万吨，石灰岩储藏量13811万吨，石英砂储藏量1895万吨。全县水资源总量为1.945亿立方米。县境内河流主要有马营河、霍城河、寺沟河和山丹河。

山丹县境内旅游资源比较丰富。创建于汉代、亚洲最大的皇家屯兵养马之地山丹军马场，海内外知名，被原始森林覆盖、“不是黄山胜似黄山”的焉支山，景色宜人、松林茂密、流水潺潺的窟窿峡，牧草丰美、风光别致、骏马奔腾、牛羊遍地的大马营草原，都是理想的自然风光游览区。山丹在漫长的历史发展中留下了极为丰富的人文旅游资源，境内有古文化遗址、古墓葬群、汉明长城为代表的历史古迹155多处，有141处被列为省县级重点保护单位；有新西兰国际友人路易•艾黎捐赠的5100多件珍贵文物；还有以大佛寺、中山寺为代表的宗教胜地。

【国民经济】2008 年，全县实现生产总值 22.23 亿元，增长 11.3%。其中：第一产业增加值 5.0 亿元，增长 5.6%；第二产业增加值 9.3 亿元，增长 13.7%；第三产业增加值 7.93 亿元，增长 12.0%。人均生产总值达到 11351 元；完成全社会固定资产投资 8.86 亿元，增长 17.6%；实现社会消费品零售总额 4.43 亿元，增长 18.0%；完成大口径财政收入 11000 万元，增长 20.88%，完成地方一般预算收入 4860 万元，增长 13.08%。

【项目建设】2008 年，全县开工建设各类项目 114 项，其中投资上千万元的重点项目 42 项，完成投资 5.2 亿元。全年争取到国家投资项目 32 项，到位资金 1.4 亿元。抢抓国家扩大内需的政策机遇，落实新增中央投资项目 12 项，到位资金 2710 万元。招商引资签约项目 23 项，落实到位资金 3.58 亿元。

【新农村建设】全年输转农村富余劳动力 4.96 万人，实现劳务收入 2.93 亿元，增长 13%，其中向国外输送技能型农民工 636 人，实现了劳务输出新的突破。投资 8813 万元开工建设通乡通村公路 16 条 243 公里，建成乡镇客运站 3 个，行政村汽车停靠站 20 个，乡村道路通行能力进一步提高。马营河大灌区节水改造、病险水库除险加固、生态移民等项目进展顺利，完成投资 3.13 亿元，农村生产生活条件进一步得到改善。整合涉农项目资金，扎实推进 10 个新农村建设试点村和 8 个小康示范点建设，完成小康住宅建设 2000 多户。

【人民生活】城乡居民收入增加，人民生活水平不断提高。全县城镇居民人均可支配收入 8527 元，比上年增加 613 元，增长 7.7%；人均生活消费支出 6899 元，增长 11.4%，恩格尔系数为 37.3%。农民人均纯收入 4361 元，比上年增加 311 元，增长 7.7%；人均生活消费支出 3101 元，增长 3.36%，恩格尔系数为 41%。城乡居民人均储蓄存款达到 6770 元。

【社会保障】全面落实完成了省、市、县确定的 20 件实事。积极开发就业岗位，城镇失业人员、大中专毕业生就业取得新成效，城镇登记失业率控制在 2.9%以内。为 2815 户城市低收入家庭发放廉租住房补贴 417.56 万元。提高了农村低保补助标准，增加城镇低保对象临时物价补助和采暖补助，城乡 10056 户低收入人群纳入最低生活保障范畴，有效保障了困难群众的基本生活。

【社会事业】教育事业稳步发展。全县教育系统强化基础教育，全面推进素质教育，形成了普通教育、职业教育、成人教育协调发展、结构比较合理的教育体系。农村中小学条件发生了根本性改变。全县拥有中等专业学校 1 所，普通中学 18 所，小学 86 所。小学学龄儿童入学率达 100%；初中入学率达 98.9%。2008 年，全县向全国各类高、中等专业院校输送新生 1311 名，高考录取率达 64.54%，比上年提高 8.25 个百分点。在校学生体育达标率达 98.2%。

文化艺术、广播电视和新闻出版等各项事业取得新成绩。2008 年末，全县共有艺术表演团体 1 个，文化馆 1 个，公共图书馆 1 个，博物馆 2 个，广播电台 1 座，电视台 1 座。广播和电视综合人口覆盖率分别为 91.68%和 91.84%。有线电视用户 31000 万户。《西部山丹》全年发行 52 期，累计发行 258 期。

卫生事业稳步发展。2008 年末，全县共有卫生机构 108 个，其中医院、卫生院 19 个、妇幼保健站 1 个。医院、卫生院拥有床位 661 张。卫生技术人员 760 人，其中执业医师和执业助理医师 299 人，注册护士 196 人。全县共有疾病预防控制中心（防疫站）1 个，卫生技术人员 13 人。乡镇卫生院 11 个，拥有床位 118 张，卫生技术人员 130 人。

平凉市

【现任主要领导】
中共平凉市市委书记：马世忠
平凉市人大常委会主任：马世忠
平凉市人民政府市长：陈伟
政协平凉市委员会主席：王应天
中共平凉市纪律检查委员会
书记：高淑美

【基本情况】平凉市位于甘肃省东部，陕、甘、宁三省（区）交汇处，地处北纬 34° 54'--35° 43'，东经 108° 30'--107° 45'之间，横跨陇山(关山)，东邻陕西咸阳，西连甘肃定西、白银，南接陕西宝鸡和甘肃天水，北与宁夏固原、甘肃庆阳毗邻，是古“丝绸之路”必经重镇，素有陇上“旱码头”之称。全市辖泾川、灵台、崇信、华亭、庄浪、静宁六县和崆峒一区，102 个乡镇，3 个街道办事处，1529 个村民委员会。总土地面积 1.1 万平方公里，海拔在 890--2857 米之间。年均气温 9.6℃，降水量为 215 毫米。总人口 228.23 万人，其中非农业人口 35.4 万人。常住人口达 219.58 万人，其中城镇人口 65.54 万人，占常住人口的 29.8%。人口密度每平方公里 200 人。区域内有汉、回、蒙、满和朝鲜等 20 多个民族，民俗风情浓郁。建国以来，特别是改革开放 20 多年来，全市经济发展取得了显著成就，各项社会事业有了突飞猛进的发展，人民生活水平普遍提高。

【资源优势】平凉是甘肃省主要农林产品生产基地和畜牧业、经济作物主产区，盛产小麦、玉米、谷类、荞麦、油菜、胡麻、林果和烤烟等，具有开发“两高一优”农业的广阔前景，曾与庆阳地区以“陇东粮仓”闻名遐迩。旱作山区盛产胡麻、葵花、土豆、莜麦和豆类等；阴湿山区林草茂盛，是西北重要的畜牧业基地、皮毛集散地和各类中药材的重要产地。中药材主要有党参、黄芪、甘草、大黄、贝母和冬花等 150 多种。山药、百合、蕨菜、甲鱼等极具地方特色，皮毛肉类远近闻名；川区以果、菜为主，特别是近年来发展迅速，已成为农村支柱产业之一。全市有国家级森林公园 1 个，省级森林公园 5 个，总面积 92341 公顷，天然林面积 56.88 万亩，人工林面积 316.12 万亩，森林覆盖率 22.32%。植物种类共 51 科 254 种，野生动物 31 种。林业资源在省内有较大优势。

矿产资源：平凉在甘肃省内及周边地区煤炭和石灰岩有比较优势。市内的华亭煤田是鄂尔多斯聚煤盆地中煤层最厚的地段，总面积 150 平方公里，是甘肃省第一大煤田，煤层平均厚度达 28. 7 米，探明总储量 34.7 亿吨，且煤质优良，具有高活性、高发热量、低灰、低硫、低熔点的特性，不仅是优质动力用煤，而且也是目前我国最好的气化用煤。

目前预测石灰岩总储量 30 多亿吨，但勘探程度低，探明储量约 3 亿吨，主要分布在崆峒区和华亭县；庄浪县卧龙石灰岩矿床为远景储量，约 2 亿吨。对石灰岩的利用，目前主要是生产水泥、石灰和建筑石料。另外还有粘土、石英砂等，主要分布在华亭县安口镇一带，开采利用历史较早，目前主要用于生产日用陶瓷、高低压电瓷、灯泡等。

旅游资源：平凉历史悠久，文化灿烂。现已发现各个时期的古文化遗址 465 处，省级以上文物保护单位 25 处。其中“道教第一山”--崆峒山(崆峒区)、王母宫--西王母降生处的回中山(泾川县)、人文第一祖--伏羲氏诞生地古成纪(静宁县)、西周第一台--古灵台(灵台县)等历史遗址和西周青铜器(灵台县)、南宋银本位货币银合子、佛舍利金银棺(泾川县)，被誉为“中华之最”。崆峒山道教文化、西王母文化、大云寺佛教文化、皇甫谧文化独具魅力。平凉也是祖国针灸学鼻祖、晋代医学家皇甫谧(灵台县)，唐代著名宰相牛僧儒(灵台县)，南宋抗金名将吴玠、吴璘(庄浪县)，明代“嘉靖八才子”之一赵时春(崆峒区)的故乡。

平凉以国家重点风景名胜区、国家首批 5A 级旅游景区、国家地质公园的崆峒山为中心，以国家级森林公园云崖寺、王母宫、柳湖、南石窟寺、龙隐寺、莲花台、紫荆山、明代宝塔和李元谅墓等为网点的风景名胜、文物古迹星罗棋布，都是寻根访古、观光旅游、避暑休闲的好去处。

【国民经济】2008 年，全市经济和社会发展取得了新的成就。全市生产总值达到 175 亿元，比上年增长 12.2%。其中：第一产业增加值 39 亿元，增长 7.6%；第二产业增加值 76 亿元，增长 15.9%；第三产业增加值 60 亿元，增长 11%。人均生产总值为 7982 元，增长 11.5%。产业结构由上年的 24.21：39.72：36.07 调整为 22.3：43.4：34.3。物价总水平有所回落，全市居民消费价格总水平比上年上涨 6.2%。

农业经济。全年粮食播种面积 486.85 万亩，比上年减少 12.93 万亩，下降 2.59%。全年粮食产量达到 88.8 万吨，增长 1.75%；蔬菜产量达 83.51 万吨，增长 8.29%；全年以苹果为主的果品产量达到 65.44 万吨，增长 12.65%。当年造林面积 10.11 万亩，种草面积达 14.71 万亩。新增梯条田 10.13 万亩，新增有效灌溉面积 0.58 万亩。肉类总产量达到 6.46 万吨，增长 15.98%。大牲畜存栏达 72.04 万头，其中牛存栏 59.16 万头，牛出栏 30.48 万头。猪存栏和出栏分别为 38.47 万口和 41.31 万口；羊存栏和出栏分别达到 21.20 万只和 12.07 万只。

乡镇企业稳步发展。乡镇企业增加值达 49.3 亿元，增长 8.69%；营业收入达 135.3 亿元，增长 11.33%；出口产品交货值 6205 万元，增长 14.8%；实现利润 7.95 亿元，增长 9.51%。

工业经济。2008 年，平凉工业经济快速扩张，成为经济快速增长的增长极和亮点。规模以上工业企业完成增加值55.51亿元，比上年增长23%。其中：国有企业完成增加值2.65亿元，增长7.50%；集体企业完成增加值2.81亿元，增长40.40%；股份制企业完成增加值49.37亿元，增长22.10%。分轻重工业看，轻工业完成增加值7.23亿元，增长28.9%；重工业完成增加值48.28亿元，增长22.10%。产品销售率为93.55%；实现主营业务收入104.40亿元，增长41.3%；实现利税15.78亿元，增长11.62%；实现利润5.54亿元，下降8.2%。其中煤电产业实现利润4.74亿元，下降13.03%；实现利税13.87亿元，增长10.43%。

原煤产量2014万吨，增长5.35%；发电量93.20亿千瓦时，下降4.2%；水泥134万吨，下降1.03%；机制纸2.21万吨，增长19.71%；纸制品5.08万吨，增长13.91%；面粉4.76万吨，增长57.72%，白酒121千升，增长75.36%；棉纱1120吨，增长50.54%。

建筑业。全社会建筑业完成增加值10.44亿元，增长4.4%。其中，资质以上建筑企业完成总产值176171万元，实现利润5426万元，上缴税金6353万元。完成施工房屋面积231万平方米，竣工房屋面积99万平方米。

国内外贸易。继续围绕建设陇东商贸中心，加快建设专业市场和繁华商业街区，实施“万村千乡”工程，带动商贸产业快速发展。全年社会消费品零售总额62.26亿元，增长19.4%。全年出口创汇达到1050.6万美元，增长39.9%。外贸销售总值3.22亿元，增长19.6%。

旅游业。崆峒山5A级景区品牌效应凸显，龙泉寺成功创建国家4A级景区，一批旅游饭店晋升等级。旅游业在遭受5•12地震影响的情况下，实现了恢复性发展。全年各类旅游者177万人(次)，其中境外旅游者2870人(次)，国内旅游者176.7万人(次)。全年旅游综合收入达5.28亿元，其中旅游境外收入641.75万元，国内收入5.22亿元。

交通、邮电业。交通运输和邮电通讯业稳步发展。全年完成交通运输仓储和邮政业增加值12.79亿元，增长7.8%。完成公路客运量931万人，增长7.3%；客运周转量74912万人公里，增长7.0%；货运量2249万吨，增长8.0%；货运周转量155361万吨公里，增长8.0%。全年完成邮电业务总量3.48亿元，增长12.25%。其中邮政业务总量3050万元，下降0.1%。年末固定电话用户达23.06万户，其中农村电话用户达9.83万户；计算机互联网用户达2.71万户；本年新增移动电话用户14.95万户，年末累计达到49.92万户。年末全市固定及移动电话用户总数达到72.98万户，电话普及率达到32部/百人。

财政、金融、保险业。全年完成大口径财政收入20.13亿元，增长24.64%；完成地方财政收入8.24亿元，增长18.42%。财政支出达到55.27亿元，增长48.04%，其中社会保障和就业支出11亿元，增长69.58%。年末金融机构本外币各项存款216.39亿元，增长42.09%，其中企业存款为45.83亿元，增长70.03%。年末金融机构各项贷款余额166.71亿元，增长16.8%。其中：工业贷款23.61亿元，增长3.25%；商业贷款15.22亿元，增长5.36%；农业贷款20.28亿元，增长37.47%。全年保险业务收入3.10亿元，增长27.57%。其中：财产险收入10257万元，增长6.9%；寿险收入20744万元，增长56.62倍。支付已决赔款6856万元，增长7.78%。其中：财险赔付额5963万元，增长9.05%；寿险赔付额893万元，增长135.3%。

节能降耗。按照科学发展观要求，进一步加大节能降耗方面的力度，淘汰落后产能，关闭污染大的石灰窑，加快企业技术改造项目的实施，全市节能降耗工作成效显著。单位GDP能耗降低5.65%，单位GDP电耗降低6.1%，单位工业增加值能耗降低9.9%。

【项目建设】全国500强企业已有华能、中水、徐矿、海螺和雨润5家落户平凉市，全年实施各类招商引资项目175项，洽谈签约项目112项，签约项目引资总额513.36亿元。实际到位资金56亿元，增长1.82倍。

全社会固定资产投资首次突破百亿元大关，达到130.50亿元，增长42.09%，投资规模和增速均创历史新高。全年城镇固定资产投资完成114.57亿元，增长41.59%；农村固定资产投资完成15.93亿元，增长45.74%。在城镇总投资中，第一产业完成3.72亿元，增长7%；第二产业完成66.21亿元，增长78.19%；第三产业完成44.64亿元，增长10.82%。

重大项目过10亿元建设项目7项，增加4项，累计完成投资44.92亿元，增长1.2倍，占全社会投资完成额的34.42%，带动全社会投资增长26.71个百分点。

节能减排项目投资加大。全市实施节能技术改造项目61项，总投资8.2亿元，其中省列6户重点企业实施节能技术改造项目20项，总投资4.5亿元。华能平凉发电公司1-4号机组脱硫改造项目、华亭煤业集团机电系统节能技术改造项目、平凉祁连山水泥公司窑头燃烧器改造项目、华明电厂1、2号炉燃烧系统优化改造项目、华亭发电公司锅炉煤泥系统加装改造项目等重点节能改造项目进展顺利，累计完成节能技术改造投资8亿元。

【新农村建设】新农村建设稳步推进。全年完成了364个村的新农村建设规划修编工作。市上确定的20个新农村建设示范村和100个“三清五改”示范村各项建设任务得到较好落实。312国道等交通主干道沿线57个村村庄整治有了新进展。启动实施“万名回乡青年培训工程”，全市农村劳动力转移培训12.45万人。全市累计建立劳务基地1156个，其中百人以上基地195个，千人以上基地8个。乡洽会全市签订劳务合作输转协议5.9万人，新建百人以上基地20处，境外劳务人员1430人。全年劳务输转38.82万人，有组织输转18.3万人，创劳务收入21.45亿元，比上年增长31.6%。劳务经济成为农民增收的新亮点。

【人民生活】城乡居民生活水平进一步提高。全年城镇居民人均可支配收入达9700元，比上年增加926元，增长10.4%；人均消费性支出6367元，增长10.45%。农村居民人均纯收入2414元，比上年增加319元，增长15.24%；人均消费性支出2300元，增长12.45%。全市在岗职工人均年平均工资达25895元，增长18.45%。城乡居民储蓄存款133.88亿元，增长33.8%。

【社会保障】年末全市福利院有床位143张，收养143人；建立城镇社区服务中心11个。全年接受社会捐赠2768.8万元。年末全市城镇单位就业人员13.41万人，下岗失业人员再就业13099人，增长8.4%；城镇新增就业人数21361人，增长5.4%；城镇就业困难对象再就业6740人，增长5.8%；年末城镇登记失业率为3.76%。年末参加基本养老保险人数59976人，比上年末增加6164人；城镇居民医疗保险参保人数219417人，参保率为91.14%。7个县（区）开展了新型农村合作医疗工作，174.52万农民参加了新型农村合作医疗，参合率为93.48%。参加失业保险人数89936人，年末领取失业保险金人数12384人。全年6.10万城镇居民得到政府最低生活保障，保障资金达9184.5万元；25.58万农村居民得到政府最低生活保障，保障资金达8930.1万元。企业离退休人员基本养老金、失业人员失业保障金发放率均达到100%。

【环境保护】城市环境质量进一步提高。六项主要污染物均控制在目标值之内，总控制率达到100%。大气环境可吸入颗粒物年日均值为每标立方米0.076毫克，二氧化硫年日均值为每标立方米0.023毫克，二氧化氮年日均值为每立方米0.023毫克。泾河地表水水质达标率为66.7%，饮用水源水质达标率为100%。区域环境噪声和交通干线噪声平均值分别为54.5分贝和69.4分贝。全市环保投资达到6.088亿元，其中污染源治理3.27亿元，城市环境综合治理2.17亿元，生态示范区建设0.527亿元，环境管理与环保科技投入0.115亿元，环保投资指数达3.8%。

【社会事业】科技、教育、文化、卫生、广播等社会事业取得新成就。全年共争取国家和省上科技项目22项，资金588万元；安排实施市列科技项目7项，经费350万元。共有7项科技成果获得省级科技进步奖，其中一等奖1项、二等奖4项、三等奖2项。本年度共评出科学进步奖92项，其中一等奖9项、二等奖45项、三等奖38项。

全市有各级各类学校1851所，其中幼儿园167所、小学1499所。各类学校在校学生达到48.74万人。其中，小学23.65万人、中学19.97万人。小学、初中阶段学生入学率分别达到99.76%和98.71%，毕业率分别达到100.13%和99.72%。本年度全市参加高考考生25389人，比去年增加3781人；上线人数达19068人，上线率为75.1%。其中，重点本科上线1157人，上线率4.6%；本科上线5338人，上线率21.1%。

有各种艺术表演团体8个，公共图书馆7个，博物馆8个。全年发行《平凉日报》302期，724.22万份，其中套红195期，467.72万份，彩版107期，256.50万份。

有县级广播电台8座，有线广播电视传输干线网络总长2761公里，比上年增加78公里；广播电视卫星收转站32738座，比上年增加11255座；广播综合覆盖率达97.67%，电视综合覆盖率达93%。有线电视用户达7.34万户，比上年增加0.11万户，增长1.5%。

年末除诊所、卫生室外共有卫生机构169个，其中医院24个，卫生院101个，妇幼保健医院（站）8个，疾病预防控制中心8个，社区卫生服务中心站13个。医院、卫生院有卫生技术人员5610人，其中有执业医师和执业助理医师2320人。实有床位数6033张。

运动员参加省级各项各类赛事，共获金牌23枚，银牌26枚，铜牌38枚。平凉籍运动员参加国际、国内各类各项比赛，共获金牌18枚，银牌13枚，铜牌4枚。

【安全生产】全年各类生产安全事故死亡127人，比上年下降9.9%。亿元生产总值生产安全事故死亡人数0.75人，下降21.1%；工矿商贸10万人从业人员生产安全事故死亡人数为3.71人，下降33.27%；煤矿百万吨死亡人数为1.15人，下降49.56%。道路交通万车死亡人数14.2人，下降25.7%。

（王康列）

崆峒区

【现任主要领导】

中共崆峒区委书记：杨军

崆峒区人大常委会主任：张仕侠

崆峒区人民政府区长：孟小金

政协崆峒区委员会主席：张新平

中共崆峒区纪律检查委员会

书记：李志恩

【基本情况】崆峒区地处甘肃东部，六盘山东麓，地理位置在东经106°25′—107°21′、北纬35°12′—35°45′之间。东邻泾川、镇原，南依华亭、崇信，西与宁夏回族自治区的泾源、原州区接壤，北与彭阳（属宁夏）、镇原县毗邻。在历史上为丝绸古道西进北上甘凉的第一座关隘重镇。亦为陕甘宁三省交通要塞和陇东传统商品集散地，素有“旱码头”之称。现为平凉市政治、经济、文化和交通中心，是一座新兴的工贸旅游城市。

全区辖13个乡、4个镇、3个街道办事处、1个工业园区和1个开发区，有252个村、14个城市社区。全区总土地面积1936.18平方公里，城市规划区面积48平方公里。全区总人口49.63万人。常住人口48.03万人，人口密度256.33人/平方公里，人口自然增长率6.54‰。有回、满、藏和布依等30多个少数民族。

区域属陇东黄土高原丘陵沟壑区，境内西北高峻多山，东南丘陵起伏，中部河谷密布，平均海拔1540米。气候属半干旱、半湿润季风型大陆性气候。年最高气温35.3℃，最低气温-18.7℃，年平均气温9.6℃，年降雨量322.9毫米，日照2403.1小时，无霜期169天。

【资源优势】地下矿藏有煤、铁、铜、磷、石灰岩、水泥灰岩、白云岩、陶土、粘土、耐火粘土和石膏等16种12大矿点，其中水泥石灰岩和化工石灰岩品位较高，储量达5亿多立方米。地表水可利用量1.1亿立方米，地下水储量12亿立方米。植物资源1300多种，动物资源50多种。

旅游资源：区境内先后发掘出仰韶、齐家和商周文化遗址150多处，重点文物保护单位40余处，珍藏文物1300多件。崆峒玄鹤、太统屯云、龙泉滴珠、柳湖晴雪、宝塔曦照、东湖荷花、天坛月夜和泼谷烟村等十大景观闻名省内外。国家5A级风景名胜区、国家级地质公园、“天下道教第一山”—崆峒山，有八台九宫十二院四十二座建筑群，名胜古迹百余处，山势雄伟，烟波浩淼，林海幽深，建筑独特。

电力资源：电力供应充足。有120万千瓦火电厂1处，330、110千伏和35千伏等变电站8处，小水电站1处。

【国民经济】2008年全区以党的十七大和十七届三中全会精神为指针，以科学发展观为统揽，以建设甘肃和西部工贸旅游经济强区为目标，攻坚克难，奋发进取，实干苦干，努力克服5.12特大地震等自然灾害和金融危机造成的影响，全力组织实施“116”年度工作计划，经济社会发展呈现出增速快、效益好、群众受益多的良好态势。

初步核算2008年实现地区生产总值60.02亿元，增长12%。第一、二、三产业分别实现增加值6.84亿元、26.72亿元、26.47亿元，分别增长8.1%、14.0%和11.0%。全区规模以上工业企业完成增加值15.13亿元，增长7.8%；实现工业产品销售产值30.43亿元，增长7.3%；产品销售收入33.16亿元，增长8.5%；实现利润188万元，下降99%。社会消费品零售总额达到26.93亿元，增长18.58%。全区大口径财政收入29797万元，下降15.3%，其中一般预算收入15550万元，下降9.08%。

【项目建设】崆峒区作为陕甘宁三省重要的交通枢纽，宝中铁路纵贯全境，“312”国道横跨东西。银武高速、平定高速公路正在建设，平西铁路即将开工建设。道路交通四通八达，城市基础设施日臻完善。2008年，实施156项重点建设项目，完成投资54.5亿元，增长340.3%。10大过亿元项目完成投资37.9亿元，较好地完成了年度建设任务。大力争取国省投资项目，全年争取到各类项目资金3.2亿元，增长77.8%。招商引资成效显著。制定更加优惠的政策，突出招大招强招名牌，亚洲最大的水泥熟料生产企业海螺集团落户我区，全年签约各类项目21项，签约总额87亿元，落实到位资金21.9亿元，增长215%。在重点项目的带动下，全区固定资产投资大幅增长，辖区共完成固定资产投资42.96亿元，增长34.48%。其中：国家和省13.24亿元，增长64.06%；市区属29.72亿元，增长24.44%。

【新农村建设】2008年，认真落实惠农强农政策，不断加大新农村建设和扶贫开发投资，推动新农村建设不断向纵深发展。总投资6600万元的泾水北调工程完成水源和主供水设施建设，有效解决了安国、西阳、寨河等乡4.1万人的饮水安全问题。投资5379.1万元，建成通乡油路53公里、通村等级路121.8公里，硬化通村道路30.6公里，新建客运乡站3个，开通城乡公交线路5条，累计达到17条。完成造林3.25万亩，新修梯田1.8万亩，流域治理38平方公里，建成沼气示范户2500户。新村建设及旧村改造不断拓展。投资6940.7万元，在全区建成新村示范点20个，小康屋示范户720户，完成“三清五改”示范村19个、示范户2000户。扶贫开发不断加大。重点实施了白土、腾堡、石家沟、西山4个扶贫开发整村推进项目，完成投资1450万元，建成农户住宅120户、牛棚373座，修建村庄道路16公里，贫困乡村发展的基础不断夯实。发放粮食直补等惠农资金1.43亿元，农民人均达到446元，进一步调动了农民的生产积极性。大力开展部门帮建和对口帮扶，基本解决温饱1800人，稳定解决温饱4700人，全区贫困人口下降2.3个百分点。劳务经济不断壮大。加大外出务工人员实用技能培训，全年输转农村劳动力8.86万人次，实现劳务收入3.6亿元，农民人均劳务收入达到1126元。小城镇建设不断加快。大力完善小城镇基础设施，进一步提升服务功能，建立健全建设管理长效机制。四十里铺、草峰、崆峒、白庙、大寨5个重点小城镇建设完成投资8974万元，新建商贸设施、居住小区19340平方米，新铺排水管道2600米，硬化路面17.12万平方米，崆峒文化一条街建成沿街店面50户。“农家乐”餐饮业快速发展，成为小城镇的又一特色。大力推广旱作农业生产技术，在12个乡镇集中连片推广全膜双垄沟播玉米8万多亩，粮食总产量18.22万吨（夏粮6.32万吨、秋粮11.9万吨），较上年17.93万吨增长1.62%，主要农作物优良品种率达到了90%；肉牛产业强力推进。建成了白水大潘、峡门百兴、白庙双星3个千头养殖场和三友、锦旺、枣庄、强盛4个百头养殖场，肉牛饲养量达到33.65万头，增长24.5%。自繁自育出栏牛9.39万头，较上年8.97万头增长4.68%。肉类总产量1.5万吨，较上年1.42万吨增长5.63%；建成了天丰饲料加工厂，肉牛产业链条进一步延伸；果菜产业规模进一步壮大。围绕“两带四园双十”工程建设，新植果树经济林1.1万亩，种植蔬菜16.33万亩，果品总产量达到6.24万吨，蔬菜总产量达到24.86万吨。全区实现农业总产值123082.68万元，增长9.35%。实现增加值68402.17万元，增长8.1%。

【人民生活】在政策驱动、支柱产业增收、劳务输出拉动和经济全面发展的共同作用下，人民生活水平稳步提高。2008年城镇居民人均可支配收入9701元，增长10.38%。农民人均纯收入3112元，增长14.82%。城乡居民消费水平和生活质量进一步提高。城市人均住房建筑面积29.67平方米，农村人均居住面积20.48平方米。

【社会保障】辖区参加基本养老保险人数达到3.18万人，增长13.57%。失业保险人数4.54万人，下降1.32%。医疗保险人数3.84万人，增长23.87%。工伤保险3.72万人，增长20%。共有10123户26154名城镇居民、7840户14700名农村居民得到政府最低生活保障。全区农村“五保”1681人，14所农村敬老院集中供养86人。城市社会福利院1所，综合性社会福利服务中心1个。新型农村合作医疗参合人数为28.73万人，参合率为94.95%，比上年提高近8个百分点。城镇居民基本医疗保险参保人数为10.05万人，参保率90%。妥善安置了1322名太统水泥公司职工。消除“零就业”家庭1424户，新增就业5911人，城镇登记失业率为3.83%。

【社会事业】科技事业进一步发展。科技队伍不断壮大，科技人员的素质显著提高。全区共发展科技服务机构148个，民营科技企业8户，拥有各类专业技术人员近4569人，培养农民技术员1746人，农业科技特派员55人，95%的村设有科技服务小组。积极创建全省科普示范区，推广各类实用技术22项。

文化事业取得新成就。不断加大对文化的投入，一些重大文化建设项目先后实施，文化基础设施得到很大改善，城乡文化活动丰富多彩。建成白水、上杨2个乡镇文化站、67个农家书屋和65处农民体育活动场所，广播电视村村通完成入户5100户。

深化教育改革，提高教育质量，促进教育公平，教育事业上新台阶。全区中小学294所，专任教师4593名，在校学生86875人。全年落实贫困学生救助金制度，发放生源地助学贷款266.65万元、“两免一补”资金2163万元，受益学生达11.2万人次。化解中小学“普九”义务教育债务5923万元。

卫生事业不断加强。卫生应急体制、机制逐步建立，公共卫生医疗卫生的公益性增强。实施农村卫生服务体系建设，新建改建乡镇卫生院4个社区卫生中心、11个社区卫生服务站，完成了四十里铺住院楼、柳湖卫生院改建项目、标准化村卫生室10所。各类卫生医疗机构332个，医院病床2075张，执业医师（含助理医师）1767名。

【环境保护】全年环境污染治理完成总投资3514万元。工业废水排放总量432万吨，其中排放达标量220万吨。工业烟尘排放量3607吨，工业烟尘去除量9017吨。工业粉尘排放量3127吨，工业粉尘去除量8934吨。工业固体废物排放量产生量19870吨，工业固体废物综合利用量18314吨。化学需氧量减排1460吨。地表水达标率65%，城镇饮用水源水质达标率100%，区域环境噪音平均值55分贝，交通干线噪音平均值70分贝。人均公园绿地面积7.95平方米。自然保护区1个，保护区面积16283公顷，占辖区面积的8.3%。

(刘清瑞)

泾川县

【现任主要领导】

中共泾川县委书记：王学书

泾川县人大常委会主任：程永忠

泾川县人民政府县长：李全忠

泾川县中共委员会主席：郭虎林

泾川县纪律检查委员会书记：史录平

【基本情况】泾川县位于甘肃省东部，秦陇交界处。东西长57公里，南北宽36公里，总面积1409.3平方公里，地处古丝绸之路要冲，具有贯通南北、融合三省的独特区位，国道312线一级公路和正在建设的银武高速、西平铁路横贯全境，县内共有省级道路3条66公里，县乡公路16条308.8公里，县内南北通道全面打通，开放开发的空间广阔。全县共辖14个乡（镇）、1个经济开发区，215个行政村，1466个村民小组。总人口34.87万人，其中农业人口31.6万人。

【资源优势】自然资源:泾川属暖温带亚湿润区，境内海拔930—1460米，年平均日照2274小时，年平均气温10.4℃，年均降水555毫米，无霜期174天，相对湿度69%，年蒸发量1339.6mm，气侯温和，四季分明，光照充足，降水适中，土层深厚，山灵水秀，适宜各种农作物生长，素有“陇东粮仓”和“陇上小江南”的美誉，被国家划定为优质苹果最佳适生区。泾川三塬横亘，五水逶迤，总耕地面积87.8万亩，人均耕地2.8亩，耕地布局为一川四塬五分山，土地资源丰富，果菜、草畜等农村特色产业开发条件优越。

水电资源：县内泾、汭、黑、洪和蒲五条河流横贯东西，可利用水资源6.9亿立方米。全县有110千伏变电所1座，35千伏变电所7座，水电资源充沛。瑶池矿泉水富含锶、钠、镁、钙和硒等多种对人体有效的微量元素；泾川温泉名扬陇上，昼夜喷涌着恒温的灵气，日出水量为1920立方米，长年恒温38.2℃，是富含活性微量元素氟离子的重碳酸纳型医用泉水，含丰富的钾、钠、钙、镁、氟、硫酸根、碳酸根、氢氧根等离子，具有十分理想的洗浴理疗作用。

矿藏资源：资源富庥，能源充足，潜力巨大。主要矿产资源有煤、铁、铜、石灰石、陶土等16种，其中，石灰石储量达7亿立方米，具有良好的开采价值，经济发展基础设施良好。境内石油勘探获得重大突破，区内石油远景资源约达5000万吨。目前，泾川石油资源量的转化率仅为18%，石油勘探的潜力十分巨大。

旅游资源：泾川是西王母故里，境内有南石窟、王母宫、瑶池、田家沟生态风景区等多处旅游景点和文化遗存。始建于西汉元丰年间的王母宫是目前中国仅存的一处祭祀西王母之地，被誉为“天下王母第一宫”，正在争创国家4A级风景旅游区。开凿于北魏太和年间的王母宫石窟，堪与敦煌、云冈石窟相媲美。南石窟寺为国家级文物保护单位，和庆阳北石窟寺并称为“陇上石窟双明珠”，为佛教石窟艺术遗存之精华。泾川大云寺是供养佛祖舍利最多，目前发现最完整的佛祖舍利塔基，大云寺地宫出土的唐代金银棺，是世界上最早的金棺，比陕西法门寺金棺早180多年。金银棺和14粒佛祖舍利发现40年来，曾多次飘洋出海，出国展览，引起强烈轰动。2008年争创国家4A级风景旅游区的田家沟生态风景区集风景旅游、生态展现、休闲度假为一体，被评为国家级水利风景区。境内“红军楼”、吴焕先烈士墓地等独特的革命历史遗址，为创建红色旅游奠定了基础。

【国民经济】2008年，全县完成生产总值25亿元，增长11.8%；完成全社会固定资产投资12.31亿元，增长42.1%；规模以上工业完成增加值7913万元，增长24.2%；完成社会消费品零售总额7.1亿元，增长13.5%；完成地方财政收入4108万元，增长16.7%；完成大口径财政收入6076万元，增长14.3%；实现城镇居民人均可支配收入9267元，增长12.2%；农民人均纯收入2504.7元，增长15.9%。

【项目建设】2008年，全县开工实施各类建设项目205项，完成投资9.4亿元，创历史新高。争取上级项目资金2.71亿元，招商引资到位资金2.36亿元，均首次突破2亿元大关。集中实施了恒兴果汁公司3万吨苹果清汁、国家基本农田保护示范区建设、职教中心迁建等一批投资过千万元的大项目、好项目，发挥了强劲的拉动作用。特别是第四季度以来，抢抓国家增加投资扩大内需的政策机遇，快速反应，主动出击，衔接落实重点项目26个，争取国家新增投资9520万元，为经济社会发展注入了新的活力。

【新农村建设】积极创新新农村建设模式，以特色产业开发为支撑，以基础设施建设为重点，集中培育示范区，新农村建设的内涵得到进一步丰富和提升。实施党原、玉都、飞云、窑店4个新农村示范区建设，带动全县建成小康住宅1088户，改造1550户，新农村建设实现了由示范村引导向整区域推进的转变，全县及党原李家、窑店公主省列新农村建设试点工作顺利通过考核验收。持续加强农村基础设施建设，不断改善群众生产生活条件。建成王村百泉等人饮工程及扩网工程16处，新增自来水入户7060户，解决了2.5万人的饮水问题，全县自来水入户率提高10.4个百分点，达到53%；积极实施农村沼气项目，新增“一池三改”生态能源示范户2500户；在党原高丰、太平焦村等4个村精心实施扶贫开发整村推进项目，稳定解决了5200人的温饱问题。按照建设“绿色长廊、文化长廊、科技长廊”的要求，以312国道、304省道及罗长公路沿线为重点，集中开展村庄环境综合整治，多方筹措资金201万元，引导群众完善基础设施，绿化美化村庄，建成“三清五改”示范村45个，全县村容村貌发生明显变化。

【特色产业】持之以恒扩张果品基地。新建果园5.38万亩，集中建成窑店将军等12个千亩以上优质果品示范园区，果品总产量达到18.57万吨，规模优势进一步凸显。强力推行果园标准化管理。建成了6个县级标准化管理示范村和5个高光效树形改优示范点，集中开展二、三类果园专项督查，逐园区签订责任书，定期督促整改落实，果园管理水平整体提高，果园面貌发生了新变化。果品品质有了明显提升，优果率、商品率分别达到82%和95%。积极开拓市场，全力打造品牌。在深圳、昆明开设果品直销窗口，组团参加深圳国际果蔬展览会，我县被评为“全国果业发展百强优质示范县”，果品产业市场知名度进一步提高。

大力推广标准化养殖。新建标准化养殖小区和规模化养殖场9处、暖棚圈舍1344座，全县牛、猪、鸡饲养量分别达到17.62万头、33.43万口和180万只，培育形成了一批养殖专业村和养殖大户。

多方加快蔬菜产业发展。新建现代农业产业园12个，搭建中拱棚3300座，累计达到6400座，带动全县种植各类蔬菜12万亩，蔬菜产业发展由点上示范向面上扩张推进。

大力推广旱作农业技术。种植全膜玉米4.14万亩，落实果菜间作套种1.64万亩，建立西甜瓜示范基地5229亩，全膜玉米平均亩产达到736公斤，比半膜和露地玉米每亩分别增产193.1公斤和255.4公斤。

积极建办龙头企业，延伸产业链条。建成了高平宏宇正果双千吨果蔬冷藏库、丰台天丰公司3000吨气调果库、城关昕达果蔬保鲜库、窑店友朋农牧业公司等产业化龙头企业；新增农村专业合作社6个，新增会员520人，农业产业化服务体系不断完善。大力发展劳务经济，多方开展农村实用技术培训，全县输转农村富余劳动力 6.47 万人，实现劳务收入 3.61 亿元。

【人民生活】城乡居民收入继续增加。2008 年城镇居民人均可支配收入 9267 元，比上年增加 1008 元，增长 12.2%；人均消费性支出 8160 元，增长 11.1%。职工年平均工资为 19622 元，比上年增长 22.5%。农民人均纯收入 2504.7 元；人均消费性支出 1566 元，增长 34%；农村居民家庭恩格尔系数 48%。居民储蓄总量不断增加。年末城乡居民储蓄余额 17.96 亿元，比年初增加 3.9 亿元；人均储蓄达 5147 元，比上年增加 1015 元。人居环境进一步改善。年末城镇居民人均居住面积达 18.5 平方米；农村家庭人均居住面积 41 平方米。

【社会事业】教育事业优先发展。全年新建、改建、维修校舍 6.8 万平方米，完成投资 6711 万元，重点工程如期建成，县职教中心晋升为省级重点中等职业学校；全县高考二本以上上线 609 人，其中重点本科上线 133 人，位居全市第二，应届考生 8 项科目及格率及生均成绩名列全市第一。

城乡文体基础设施得到改善。在 57 个村建成了农家书屋，在 80 个村实施了农民体育健身工程，活跃了群众文化生活。

电信和信息化得到迅速发展。全县共有农话交换点 30 处，小灵通开通县城及 11 个乡镇，安装基站 110 台。建有村通基站 5 处、9 个载频。全县 14 个乡镇及温泉开发区全部开通宽带业务，光、电缆杆路 558 杆公里，移动基站 93 个，有线电话覆盖全县 14 个乡镇，118 个行政村，无线覆盖 213 个行政村。截止 2008 年底，电话用户达到 88300 户，其中市话用户 4983 户、农话用户 19183 户、小灵通用户 5399 户、公用电话 1935 部、移动用户 56800 户；全县电话普及率达到 10.05 部/百人，其中城市达到 63.00 部/百人、农村达到 5.44 部/百人。宽带用户累计达到 1274 户，行政村通电话水平达到 99.1%。

继续实施广播电视“村村通”工程和市县电视节目通达乡镇工程，实现了县乡有线电视网络的全线贯通。目前全县有村村通台站 42 个，卫星地面站 27 座，61 个行政村开通了有线电视，入户 3800 多户，传送节目 8－30 套。县城建成光电缆混合传输网络，架设主干线路 19 公里，传送节目 30 套，有用户 6700 多户，全县广播电视覆盖率分别达到 98.3%和 96.7%。

【社会保障】切实加强就业和再就业工作，城镇新增就业 2189 人。进一步规范城乡低保管理，及时足额发放保障金，纳入最低生活保障人员达到 16971 人，发放保障金 1141.6 万元。积极发展社会福利事业，实施社会福利院建设项目，建成了高平中心等一批敬老院。全县拥有农村敬老院 14 所，床位 330 张，收养人员 190 人。抚恤、补助各类优抚对象 1104 人，金额达到 341 万元，救助特困户、五保户等 1410 户，金额 139.96 万元。职工养老、医疗、失业、工伤、生育保险扩面征缴力度加大，参加人数 24330 人，覆盖率达到 95%，完成基金征收 1898.9 万元。

【环境保护】重点污染减排项目污染减排任务超额完成。2008 年,全县万元 GDP 能耗由年初 1.34 吨标煤下降到 1.285 吨标煤，降低 4.1%；万元 GDP 电耗由年初的 1199 千瓦时下降到 1149 千瓦时，降低 4.2%；万元工业增加值能耗由年初的 4.73 吨标煤下降到 4.52 吨标煤，降低 4.4%。6 户重点企业万元工业增加值能耗比去年降低 4.63%，万元工业增加值电耗降低 6.43%。新建工程进行了环境影响评价，环评率和“三同时”执行率均达到了 100%。加大生态能源开发利用力度。累计发放太阳灶 1200 台，建成生态能源示范村 29 个；充分利用丰富的畜禽粪便资源，大力发展沼气工程，累计新建“一池三改”示范户 540 户，建成“畜、沼、果”模式的生态能源示范户 3560 户，全年共发展沼气 5673 户；实施中型农作物秸秆气化工程，新建 100 立方米中型秸秆沼气工程 10 处，解决了 2000 户农户的沼气需求。通过大力发展生态能源和节能设施，全县今年累计节约燃煤 12 万吨，减排二氧化硫 18 吨。大力发展循环经济，坚持以果（菜）畜互支互促为方向，围绕提高产业关联度和竞争力，积极推广互支互促、循环发展模式，大力发展有机果品、现代畜牧业和无公害蔬菜，培育建设循环经济示范村 29 个。

（刘继军）

灵台县

【现任主要领导】

中共灵台县委员会书记：苏克俭

灵台县人大常委会主任：王亚锋

灵台县人民政府县长：吕鹏举

政协灵台县委员会主席：魏惠琴

中共灵台县纪律检查委员会

书记：张寅虎

【基本情况】灵台县位于陇东黄土高原南缘，地势西北高、东南低，海拔在 890～1520 米之间,地处东经 107° 00′—107° 57′，北纬 34° 54′—35° 14′。年平均气温 8.6℃，最高气温 35.8℃，最低气温-23.2℃。年平均降水量 654.4mm，降雨分布不均匀，7、8、9 三个月降水量占全年降水量的 55.5%。年平均日照总时数 2453 小时，大于或等于 10℃的积温 2804℃，全年无霜期 159 天。境内有一塬（什字塬）一山（南部山区）两道川（达溪河、黑河川区），全境东西长 78 公里，南北宽 40 公里，总流域面积 2038 平方公里，属黄土高原沟壑区。东南与陕西长武、彬县、麟游、千阳、陇县接壤，西北与本省崇信、泾川县毗邻。

【行政区划】全县辖 5 镇 8 乡 1 个县城城区街道办事处，2 个居委会 184 个行政村，1429 个村民小组。

【人口状况】全县总户数 67278

户，总人口228708人，其中：男119620人，女109088人；非农业人口20908人；年龄18岁以下53455人，18-35岁56252人，35-60岁88939人，60岁以上30062人。民族以汉族居多，占96.7%，少数民族有回、藏、满、苗和蒙古族等占3.3%。

【优势资源】从县域经济社会发展的自身条件看，主要有五大优势：一是广阔的土地资源优势。县内土地面积大，特别是可供投资开发的土地资源丰富。加之山、川、塬兼有的地貌特点，独特的纬度、海拔和气候，无污染的自然环境，为大规模发展优质、高效农业提供了较为理想的自然条件。二是丰富的农副产品资源优势。县域内物种丰富，动、植物资源品种繁多，“中华甲鱼”、“牛心杏”等土特产尤为著名，冬花、甘草等地产中药材远近闻名。农副产品开发、利用和深加工的潜力巨大。三是丰富的历史文化资源优势。灵台历史悠久，文化底蕴深厚，人文景观荟萃，古商周文化和皇甫谧文化独具特色，境内发现仰韶、齐家文化等古遗迹400多处，西周墓群、皇甫谧墓、牛僧孺墓、左丘明墓等古墓葬30多处，发掘文物近万件，其中被国家、省、市调展的文物近1000件，是甘肃省文物第一县。1996年被甘肃省人民政府命名为“甘肃省历史文化名城”。四是充足的劳动力资源优势。全县乡村现有108392名劳动力，大多具有初中以上文化程度，接受新事物、新观念的能力较强，为今后发展劳动密集型产业提供了充足的劳动力保障。五是丰富的煤碳、油气资源。已初步探明，南部山区煤碳储量在10亿吨以上，已发现油气资源，正在勘探之中。

【旅游景点】灵台古有“荆山日丽”、“达水丁流”、“仙洞云深”等八大景观。近年来，立足灵台生态良好、环境优美、旅游资源独特而丰富、又地处“崆峒山—王母宫—法门寺—兵马俑”旅游热线这一特点，大力开发以古商周文化和皇甫谧文化为品牌的旅游资源，累计投资1亿多元，兴建了荆山森林公园、皇甫谧文化园、灵台博物馆、文化广场等新景观，形成了以荆山森林公园为中心，“古灵台”、“古密须国遗址”、“文王画卦山”、“牛僧孺墓”、“书台月朗”等自然与人文景观相互映衬的旅游框架。目前已建、在建的人文旅游景点达到17处，其中国家AA级旅游景点2处。荆山森林公园正在创建国家AAAA级旅游景区。

【国民经济及社会发展状况】2008年，全县认真贯彻落实全市经济工作会议精神，坚持以科学发展观为指导，紧紧围绕建设富裕文明和谐秀美灵台这一目标，凝心聚力，务实苦干，经济社会保持了平稳较快发展的良好势头。全县地区生产总值完成13.25亿元，增长12.08%；规模以上工业增加值完成6037.6万元，增长18.3%；地方固定资产投资总额完成6.48亿元，增长34.90%；社会消费品零售总额完成4.23亿元，增长18.35%；地方财政收入完成3060万元，增长15.91%；农民人均纯收入完成2422.2元，增长15.34%；城镇居民人均可支配收入完成7979.4元，增长15%。

1. 经济平稳较快发展，呈现出速度加快、实力提升、后劲增强的良好态势。各级各部门紧扣加快发展这条主线，集中力量办大事，聚拢拳头攻难点，全县地区生产总值、规模以上工业增加值、地方财政收入等主要经济指标均实现了两位数增长；地方固定资产投资和财政支出分别突破6亿元和5亿元，增幅达到34.9%和59.4%；城乡居民收入稳步增长，农民人均纯收入达到2422元，净增322元。围绕增强发展后劲，狠抓项目争取和招商引资，全县共争取上级各类资金2.42亿元，招商引资1.7亿元，分别是上年的2.12倍和2.37倍。煤炭资源开发取得了实质性进展，邵寨勘探区详查精查全面完成，灵台煤田普查找煤工作进展顺利。

2. 产业开发取得突破，形成了规模扩张、效益提升、链条延伸的良好势头。全面落实财政扶持、部门帮扶等措施，建成了平凉红牛繁育中心等规模养殖场和奶牛养殖小区。全县牛饲养量、出栏量分别达到14.8万头和4.6万头；新定植标准化苹果园2.1万亩，果园规模和管理水平有了新提升。加快农业新技术推广应用，种植全膜双垄沟播玉米3.47万亩，粮食总产创历史新高。工业化进程不断加快，实施了3个重点企业技改项目，完成了皇甫谧制药公司资产整体转让，建成了中台蔬菜脱水厂和中储粮灵台收储中心。全力扶持民营经济发展，非公经济占GDP的比重达到46%。

3. 基础设施建设成效显著，夯实了城乡协调、同步推进、统筹发展的良好基础。开工实施50万元以上项目142项，完成投资6.3亿元。县城东城区开发、皇甫谧文化园建设、新灵蒲公路改建铺油、达溪河川区土地复垦整理等7个投资过千万元的项目，全面完成年度建设任务。大力实施县城建设重点工程，持续推进重点小城镇提质扩容，全县城镇化水平达到26.1%。坚持把新村建设和旧宅改造相结合，抓建新农村建设示范点5处，新建文明生态家园206户，实施清洁家园1280户。农村基础设施和生态环境建设持续加强，建成了新灵蒲通乡油路，铺油硬化通村公路10条，整修砂化乡村道路135条，新建人饮工程3处，完成自来水入户5012户，新修梯田1.8万亩，造林6.9万亩，城乡面貌发生了新的变化。

4. 和谐社会建设深入推进，保持了社会进步、民生改善、大局稳定的良好局面。持续加强教育基础设施建设，灵台一中新校区后续工程全面建成，灵台二中改扩建、东关小学新校区建设顺利实施，全县新建、改建校舍7.6万平方米，投资达到4919万元。教育教学质量稳步提高，高考本科上线率达到43.1%。全面落实义务教育“两免一补”

政策，积极争取、化解“普九”债务3748.3万元。进一步提高医疗卫生“四个全覆盖”工作水平，当年为群众报销医药费1447.1万元，妥善处置了甲肝疫情，认真组织开展了“问题奶粉”清查和患儿救治工作。巩固国家计划生育优质服务先进单位创建成果，人口和计划生育工作继续保持了全市领先水平。文化、广电、科技、体育等各项社会事业快速发展。省、市、县确定措办的实事全面完成，财政用于民生方面的支出比重高达37.8%。社会保障覆盖面不断扩大，为城乡低保对象发放保障金2605万元。高度重视就业再就业工作，新增城镇就业1639人。不断加强社会管理，持续深化平安创建，广泛开展矛盾纠纷排查调处活动，积极解决信访问题，狠抓安全生产，维护了社会和谐稳定。

5. 抗震救灾和灾后重建取得阶段性成效，体现了万众一心、众志成城、共克时艰的良好作风。“5.12”汶川特大地震波及灵台，给人民生命财产造成重大损失。灾情发生后，全县上下迅速行动，紧张有序地开展了伤员救治、排危除险、灾情核查、群众安置和灾后重建工作，干部群众和社会各界捐款458.8万元，筹措下拨抗震救灾和灾后重建资金1314.26万元。通过领导带头抓建、部门联动帮建、金融机构贷款支建、社会各界捐资援建、受灾群众自救自建，全县共投入重建资金1.2亿元，新建受灾群众集中安置点2处，重建和维修加固民宅5288户、校舍74所、人饮工程18处，电力、通讯、交通等基础设施全面恢复，确保了群众有房居住，学生有教室上课。

6. 党的建设全面加强，营造了心齐劲匀、团结奋进、政通人和的良好氛围。深入开展“继续解放思想，推动科学发展”大讨论活动，迅速掀起了学习宣传、贯彻落实党的十七届三中全会精神的热潮。切实加强领导班子和干部队伍建设，持续开展“四强三争促跨越”等主题实践活动，全面启动了“农村党员致富能力培养工程”抓点工作。严格落实党风廉政建设责任制，严肃查处各类违法违纪案件，积极探索建立从源头上预防腐败的工作机制。切实加强精神文明建设和民主政治建设，各类文明创建活动深入推进，群团、统战、宗教、普法等工作有了新的进展，巩固和发展了风正气顺、政通人和的良好局面。

（杜福林）

崇信县

【现任主要领导】

中共崇信县委书记:王宗良

崇信县人大常委会主任:信国勋

崇信县人民政府县长:唐志峰

政协崇信县委员会主席:完颜华

崇信县纪律检查委员会书记:赵小林

【基本情况】崇信县位于甘肃省平凉市东部，关山东麓，泾河之南。东靠泾川、灵台，西连华亭，北依崆峒区，南与陕西陇县接壤。全县辖2镇4乡，79个行政村，410个村民小组。人口9.6万人，非农业人口1.4万人。总土地面积852平方公里，耕地35.9万亩。海拔1085.4-1728米，相对高差642.6米。气候属暖温带半干旱大陆性气候，四季比较分明，2008年全年平均气温11.5℃，日照2295.9小时，无霜期160天，降水量521.7毫米。地形被汭河、黑河和达溪河三条河流分割为三川两塬，形成丘陵沟壑区。宝中铁路跨越境内，省道304线横贯全境；县内公路纵横交错，交通便利。有110KV变电站1座，35KV变电站4座。程控电话、移动电话、卫星宽带网和有线电视普及率日趋提高。

【资源优势】本县境内自然资源丰富，自然条件较好。主要矿藏有煤炭、陶土、坩泥、石灰石、石英砂、矿泉水等，尤以煤炭资源最为丰富，现已探明储量13.2亿吨，是国家确定的100个重点产煤县之一。

崇信县历史文化积淀深厚。县城北有闻名秦陇、具有一千多年历史的国家4A级旅游景区龙泉寺。县城西有风景秀丽的省级名胜区五龙山，有秀景天成的唐帽山森林公园，有直插云宵的人间仙山水泉岭和独具特色的世外桃源樱桃沟。县城内有武康王庙，为国家级文物保护单位。有西周时期的古墓群和仰韶文化、齐家文化遗址等。距今一千多年的娑罗树，为渭河以北仅有的一棵，有二千八百多年的“华夏第一槐”和闻名遐迩的“三义柏”。

【国民经济】2008年，全县人民在县委、县政府的正确领导下，以党的十七大和十七届三中全会精神为指导，以科学发展观为总揽，以加快发展为主题，大力实施项目带动、工业主导、新农村建设三大战略，规模开发煤电、草畜和果菜三大产业，扎实推进城镇建设和基础设施建设，加快发展各项社会事业，努力改善民计民生，奋发进取，开拓创新，狠抓落实，财政、金融平稳运行，科技、教育、文化、卫生、体育各项社会事业全面进步，城乡居民收入稳步增长，人民生活不断改善，国民经济保持了快速健康的发展态势。

全县实现地区生产总值114576万元，比上年增长15.3%。其中：第一产业完成增加值29673万元，增长6.6%；第二产业完成增加值65352万元，增长22.6%；第三产业完成增加值19551万元，增长10.3%。人均地区生产总值11935元，增长15.1%。经济结构逐步优化，第一、二、三产业增加值占GDP比重为25.9∶57.0∶17.1。

农业：2008年，农村工作以调整农业结构，增加农民收入为目标，在抓好粮食生产的同时，继续大力推进草畜产业的规模开发，增加科技投入，大力提升果菜产业开发水平。全县农业总产值(现价)完成46818万元，比上年增长8.7%。其中：种植业31425万元，增长5.2%;林业2118万元，增长1.7%；牧业12536万元，增长23.2%。农业增加值

（现价）29673万元，增长6.6%。年末全县耕地面积35.87万亩，全年农作物播种面积43.01万亩，粮食播种面积26.71万亩。其中：小麦面积10.55万亩，玉米面积7.07万亩，油料面积8.74万亩，蔬菜面积4.17万亩。粮食总产量达到50634吨，增长2.5%。水果总产量达到32000吨，增长5.3%。肉类总产量5221吨，增长5.0%，大家畜年末存栏66323头，增长3.9%。其中：牛存栏61313头，增长4.1%；羊存栏39236只，减少9.9%；猪存栏26329口，增长9.4%。

工业：以煤电产业开发为主的工业经济快速发展，工业主导型经济格局逐步形成，煤电产业开发步伐加快，工业经济的质量和效益不断提升。全年工业总产值达到112214万元，比上年增长40.3%，其中规模以上工业总产值达到90709万元，增长73.2%；规模以上工业增加值完成53373万元，增长37.5%。全县规模以上工业企业实现销售收入90272万元，增长71.1%，实现利税总额15011万元，增长92.9%，工业对财政的贡献率达到80%。

商贸：2008年，商品消费结构进一步优化，消费需求快速增长，消费品市场呈现良好的发展势头。社会消费品零售总额达到24350万元，比上年增长18.9%，其中批发零售业完成19172万元，住宿餐饮业完成5178万元。

交通运输邮电通迅和旅游业：2008年，全县交通运输和邮电通迅业继续保持稳步增长。全年完成客运周转量1471万人公里，货运周转量775万吨公里。新建通村油路27条101.2公里，全县油路通村率达到90%。全县邮电业务总量完成1632万元，报纸征订135.95万份，杂志2.31万份，年末全县电话总户数达到44900户。其中：固定电话8700户，小灵通5200户，电信手机户数3800户，移动手机户数21000户，联通手机户数6200户，电话普及率达到46.77部/百人。成功创建国家4A级旅游景区，龙泉寺景区不断扩大，省级园林县城通过验收，全年游客接待量和旅游综合收入持续增长，为全县大力发展旅游产业奠定了良好基础。

财政、金融、保险业：2008年，全县财政收入完成17620万元，比上年增长70.6%；地方财政收入完成6798万元，增长55%；财政支出36833万元，增长77.1%。年末全县金融机构各项存款余额达到84818万元，增长43.1%。其中：企业存款25875万元，增长117.7%；城乡居民储蓄存款58943万元，增长42.7%；银行各项贷款余额34823万元，增长14.7%。全年各类保险费收入1689万元，其中寿险保费收入1266万元，财产险保费收入423万元；全年赔付额212万元，支付到期保险金和意外伤害保费339万元。

【社会事业】各项社会事业协调发展。教育教学质量稳步提高。2008年，学龄儿童入学率达到99.9%，小学在校学生8727人，初中在校学生6839人，高中在校学生2643人。本科院校录取194人，专科101人，高职208人，中专183人。卫生事业健康运行。全县卫生机构数16个，卫生机构人员277人，高级职称人员7人、中级职称人员46人、初级职称人员86人，执业医师73人，护士65人。新型农村合作医疗基本覆盖农村人口，参合率达到93.9%。文化体育事业健康发展。秦剧团1个，文化馆、博物馆和图书馆各1个，乡级文化站6个，村级文化室79个，建成32个农家书屋，参加全市象棋比赛，获得团体第一名，县上举办体育比赛7次，参加人数2100人次。通过了“省级精神文明先进县、国家级计划生育优质服务县”的验收，全县综合实力快速提升，城乡面貌显著变化，社会事业全面进步。

【人民生活】城乡居民收入增加，人民生活水平稳步提高。2008年，全县职工总人数7016人，职工工资总额16723万元，职工平均工资23878元，比上年增长14.6%。城镇居民人均可支配收入11005元，增长17.6%；农民人均纯收入达到2470元，增长15.8%。全县城镇职工有1928人参加失业保险，1850人参加养老保险，职工参加医疗保险4140人，居民参加医疗保险7598人；全县8300名困难群众享受农村低保，2193名城镇困难居民享受城市低保。新型农村医疗合作参合率达到93.9%，油路通村率达到90%，自来水通村率和入户率分别达到90%和70%。

（杜文辉）

华亭县

【现任主要领导】

中共华亭县委书记：樊得智

华亭县人大常委会主任：杨文学

华亭县人民政府县长：任增禄

政协华亭县委员会主席：邵海荣

中共华亭县纪律检查委员会书记：闫学明

【基本情况】华亭县位于甘肃省东部、关山东麓，地处陕、甘、宁三省（区）交汇处，东临崇信县，西连庄浪县和宁夏回族自治区泾源县，南接张家川回族自治县和陕西省陇县。华亭素有“陇东明珠”和“煤城瓷镇”之称，是全国13个重点产煤基地、西北3大产煤矿区之一，也是甘肃省煤、电、化、运一体化综合产业开发的核心区。是新崛起的全省生态文化山城，绿色能源之都。总面积1183平方公里，总人口18.00万人，其中非农业人口6.64万人，是一个汉回民族杂居，团结和谐发展的县份。辖安口、东华、西华、策底和马峡5镇，神峪、上关、山寨、砚峡和河西5乡，东华街道办事处，石堡子工业园区管委会，107个行政村，19个居民委员会。

华亭山川秀美，河流交叉纵横，境内气候宜人，水资源丰富，林丰草茂；平均海拔1300米，全年降水量516.5

毫米，年平均气温 7.9℃，无霜期 180 天。

华亭是古“丝绸之路”的必经之地。交通便利，北距平凉市 55 公里，西至兰州 395 公里，南到咸阳国际机场 290 公里。宝中铁路及省道 203 线、304 线横穿境内，县乡公路四通八达。有年吞吐量 1000 多万吨的煤炭铁路专用线和 140 万吨的铁路集运站。邮电通讯发达，拥有装机容量 1.3 万多门的国际国内程控电话通讯网，实现了县、乡、村三级与国内数字直拨，移动通讯、数字电视覆盖全县。

【资源优势】辖区煤炭储量 33.7 亿吨，占全省已探明煤炭储量的 40.2%，华亭煤炭具有“三高三低”(高挥发性、高化学活性、高发热量，低灰、低硫、低磷)的良好品质，是优质的动力、气化和化工用煤。境内石灰石、陶土和坩泥等资源储量可观，开发潜力较大。全县初步形成了以煤电产业为龙头，化工、建材、陶瓷、电瓷、机械制造等多业并举，区域特色鲜明，规模优势突出的地方工业体系。

华亭境内植物多达 400 多种，规模种植的大黄、当归、党参、独活、柴胡等地道中药材有 50 多种，野生药材多达 208 种，其中华亭大黄品质优良，已有 1700 多年的栽培历史；华亭核桃味美皮薄，具有高蛋白、低水份的特点；华亭肉牛肉质细嫩，营养丰富，皮质细腻弹性好。是陇东优质肉牛、核桃和中药材生产基地。

境内古人类遗址、古墓葬群、石窟石雕名胜景地和古动物化石点多达 106 处，馆藏珍贵文物 30 余件。拥有著名的风景名胜区关山莲花台和秦、汉皇帝祭祀炎黄二帝的上、下畤遗址，是中国第一座祭祀黄帝的轩辕庙，被誉为“秦皇祭天第一坛”，也是我国先秦文化的发祥地之一。此外，还有北魏名窟石拱寺、天外飞来仙姑山等近百处名胜古迹，自然景观奇特，人文积淀深厚，开发前景广阔。在此基础上，建成了占地 10 万平方米的人民广场、“四馆两中心”等标志性文化建筑，县城面积达到 13 平方公里，开发建设了米家沟生态园、莲花台、秦皇祭天广场、莲花湖等旅游点。发展环境不断优化，服务功能日趋完善。

【国民经济】2008 年，全县生产总值达到 38.7312 亿元，比上年增长 22.5%。第一、二、三产业分别实现增加值 3.4458 亿元、30.5071 亿元和 4.7152 亿元，分别增长 6.1%、27.5%、9.6%。全社会固定资产投资达到 25 亿元，增长 31.88%；社会消费品零售总额达到 6.93 亿元，增长 23.9%；大口径财政收入达到 8.1 亿元，增长 47.7%，其中地方财政收入达到 2.3 亿元，增长 32.4%。

2008 年是改革开放 30 周年。30 年来，华亭县各级党政组织和广大干部坚持以经济建设为中心，锐意改革创新，推进科学发展，经济社会实现了历史性的大跨越、大变革、大发展。全县 GDP 由 1978 年的 4326 万元增加到 32 亿元，增长了 70 倍；大口径财政收入、地方财政收入达到 8.08 亿元和 2.33 亿元，分别增长了 200 倍和 58 倍。县域经济基本竞争力跃居全省 69 个县（市）第 5 位，在全市率先实现了总体小康。特别是 2008 年，华亭县创造性地开展学习实践科学发展观活动试点工作，受到了中央和省、市委的充分肯定，一些经验在全国推广。

【项目建设】初步统计，“十一五”以来全县累计引进和实施 50 万元以上重点项目 383 项，完成投资 51 亿元。其中，2008 年全县实施 50 万元以上重点项目 130 项，累计完成投资 21.1 亿元。

全县坚持主攻大项目、全力保民生、增强新本领，备受全县人民关注的天平铁路开工建设，天平高速和宝平高速确定实施。60 万吨煤制甲醇项目年内建成投产，华亭电厂二期工程完成可研评审，二甲醚项目全面开工建设，标志着华亭煤炭工业进入了煤化工时代。煤化工项目建设取得重大突破，一批现代化矿井建成投产，华亭电厂二期工程通过可研评审。

【新农村建设】新农村建设示范工程深入推进，农村面貌大为改观。累计投资 1.69 亿元，在全县 38 个村集中实施新村建设、旧村改造及县列整村推进示范工程，完成了 85 个新农村示范村规划编制任务，新建标准化农宅 991 户。按照“三清五化五改”建设标准，改造农宅 3669 户，配套完成了水、电、路、文化广场等公共服务设施，走出了环村路、片带化、综合性的新农村建设新模式，培育出了西华镇西华－裕民－刘磨、安口镇马家堡－朱家坡－吴家堡 2 个“一线三点”旧村改造示范带和东华镇北河村、马峡镇腰崖村、山寨乡甘河村等一批先进典型，纪家庄省列新农村建设试点通过省、市验收，农村人居环境和生产生活条件得到明显改善。

优势区域特色产业快速发展，农民收入持续增长。围绕草畜、药材、核桃、蔬菜特色产业开发和旱作农业技术推广应用，累计建办农业科技示范园（点）65 个。华亭县被中国果蔬流通协会命名为“中国核桃之乡”。引进建成百草园、青松、润华 3 户农产品加工企业和银浩、仕达等 4 个养殖小区，农业龙头企业累计达到 23 户。农民人均纯收入达到 2810 元，同比增长 19.6%，其中产业收入占到 60%以上。

【人民生活】城乡居民收入稳步增加，生活水平进一步提高。全年城镇居民人均可支配收入 11200 元，比上年增加 1836 元，增长 19.6%；农民人均纯收入 2810 元，比上年增加 429 元，增长 18.03%；人均生活消费支出 1704.59 元，增长－0.63%；农村居民家庭恩格尔系数 40%，比上年提高 2 个百分点。

【社会保障】2008 年，全县新增城镇就业人数 2668 人，下岗失业人员实现再就业 1578 名，城镇登记失业率控制在 3.5%以内。参加城镇基本养老保险人数 6448 人，比上年末增加 208 人。其中，参保职工 5012 人，参保离退休人员 1436 人。参加医疗保险人数 7104 人，参加失业保险人数 5702 人，参加工伤保险人数 4816 人。农民工工伤保险扩面征缴力度加大，养老当年支出额 1712 万元，失业当年支出额 87 万元，医疗当年支出额 1043 万元，工伤当年支出额 77 万元。

【环境保护】环境质量进一步提高，大气环境质量中总悬浮微粒年日均值控制在国家二级标准之内，二氧化硫、氮氧化物年日均值控制在国家一级标准之内。城乡饮用水水质达标率继续保持在 100%，地面水水质达到国家 3 类标准。城市绿化覆盖率达到 80%。区域环境噪声和交通干线噪声分别控制在了国家规定的排放限值之内。节能减排取得重大进展，万元 GDP 能耗达 2.201 吨标准煤，降低 5.25%，化学需氧量减排 253 吨，降低 17%，二氧化硫减排 64 吨，降低 2%，工业固体废物综合利用率达到 39%。

【社会事业】科技事业进一步发展。科技队伍不断壮大，科技人员的素质显著提高。2008 年争取国家和省级科技项目 5 项，经费 1263 万元。

深化教育改革，提高教育质量，促进教育公平，教育事业上新台阶。2008 年各类学校在校学生 3.52 万人。其中，中等专业学校 0.13 万人，普通中学 1.37 万人，小学 1.56 万人。各级各类教育事业全面发展,义务教育整体水平稳步提高。学龄儿童入学率达 99.93%，普通初中升学率 97.52%。

文化事业取得新成就。不断加大对文化的投入，一些重大文化建设项目先后实施，文化基础设施得到很大改善，城乡文化活动丰富多彩。2008 年末，全县共有公共文化机构 5 个，公共图书馆 1 所，藏书 2.4 万册。新建农家书屋 51 个。

卫生事业不断加强。卫生应急体制、机制逐步建立，公共卫生医疗卫生的公益性增强。实施农村卫生服务体系建设，新建改建乡镇卫生院 1 所、标准化村卫生室 5 所、社区卫生服务机构 1 个。拥有各类医疗卫生机构（含诊所、医务室、社区卫生服务站）275 个，其中基本医疗机构 14 个、诊所 146 所、社区服务站 115 个。卫生床位数 498 张，卫生技术人员 1011 人,其中执业(助理)医师 207 人。每千人拥有卫生技术人员 5.62 人。

2008 年华亭县开展深入学习实践科学发展观活动试点工作受到中央和省市委的充分肯定和高度评价，我县被市委授予科学发展示范单位称号。年度重点工作取得良好成绩，在全市 12 项考核指标中，有 9 项工作受到市委、市政府表彰奖励，其中安全生产、产品质量安全、食品药品监管获得单项第一，环境保护、社会保障获得单项第二，人口和计划生育、消防、信访工作获得单项第三，经济社会发展综合考核位居全市第一。

对外开放和影响不断扩大。着力改善发展环境，着力打造良好的对外形象，先后荣获“2008 年度全国中小城市综合实力百强、全国最具区域带动力中小城市百强、全国最具投资潜力中小城市百强”和“中国十佳和谐可持续发展城市”、“创新型国家百强县”、“粤商最佳投资潜力城市”等荣誉称号，建成了全国科普示范县和全国文明县城。先后荣获了全国文明县城、全国平安示范县、全国中小城市综合实力百强和全国十佳和谐可持续发展城市等一系列荣誉称号。

(程平)

庄浪县

【现任主要领导】

中共庄浪县委书记：张正
庄浪县人大常委会主任：张丽珍
庄浪县人民政府县长：樊文浩
政协庄浪县委员会主席：杨振基
中共庄浪县纪律检查委员会
书记：王晓军

【基本情况】庄浪位于甘肃省中部，六盘山西麓，东邻华亭县，西依静宁县，北与宁夏隆德县、泾源县毗邻，南和张川县、秦安县接壤。东西长 56.37 公里，南北阔 46.60 公里，总面积 1553.14 平方公里，辖 13 乡 5 镇，293 个村 1521 个社，1 个街道办事处 3 个社区居委会。总面积 1553 平方公里，常住人口 41.73 万人。全县共有耕地 91.67 万亩，农业人均占有耕地 2.2 亩。境内海拔在 1405－2857 米之间，近十年平均降雨量 565 毫米，年平均气温 8.6℃。人多地少，干旱多灾，资源匮乏，远离交通干线，是全省 18 个干旱贫困县和 43 个国家扶贫开发重点县之一。庄浪县干部群众经过 34 年坚持不懈地努力，于 1998 年建成了第一个“中国梯田化模范县”，实现了整县基本解决温饱的目标。庄浪县人民在认识和改造自然的长期实践中，磨砺出了“实事求是，崇尚科学，自强不息，艰苦创业”的庄浪精神。在这种精神的激励和鼓舞下，全县广大干部群众奋力拼搏，加快发展，使全县城乡面貌发生了巨大变化，经济建设和各项社会事业取得了明显成效，一些方面的工作还在全省或全国有一定的影响。先后获得了全国水土保持工作先进集体、全国文化模范县、全国经济林建设示范县、全国生态建设示范县、全国科技进步先进县、全国农村“三个代表”重要思想学习教育活动先进集体、全国农村中医工作先进县和全省社会治安模范县等荣誉称号。

【资源优势】庄浪县有丰富的矿产资源和农副产品资源，探明储量 2 亿多吨的优质石灰石和铜、铅、锌等金属矿产可开采利用，年产优质亚麻原茎 2 万吨，年产商品洋芋 30 万吨，是陇东胡麻、荞麦、蚕豆、白云豆和胡椒的主要产区之一；大黄、柴胡、党参、甘草、冬花和杜仲等40多种名贵药材进入全国大部分药村市场；有天然和人工沙棘林带12万亩，以蕨菜为主的山野菜深受消费者喜爱。洛河两岸土地肥沃，气候湿润，光热充足，是种植苹果、桃、梨等优质瓜果蔬菜的适生区，素有“瓜果之乡”之美称。

庄浪县历史悠久，人杰地灵，是中华民族的早期发祥地之一。境内已发县古文化遗址400多处，有国家级森林公园云崖寺、省级文物保护单位云崖石窟及紫荆山、陈家洞、吴王坟山、关山天池朝那湫等许多自然和人文景观。

【国民经济】2008年，是庄浪县经济社会发展取得显著成效的一年。一年来，全县上下坚持以科学发展观为统揽，认真贯彻落实省、市的各项工作部署，努力克服低温冻害、干旱、地震灾害和物价上涨所带来的各种困难，紧紧围绕建设富裕和谐庄浪的奋斗目标，以建好十大项目、抓好十个典型、办好十件实事为着力点，突出产业，注重民生，改进作风，加快发展，全县各方面的工作都取得了新的进步。

全县完成生产总值14.11亿元，按可比价格计算，比上年增长12.0%；人均生产总值3387元，增长11.7%。全年粮食产量13.01万吨，平均亩产163.91公斤，农业人均312公斤。乡以上工业完成增加值1.98亿元，增长41.8%。社会消费品零售总额5.92亿元，增长20.3%。全年货运周转量4747.17万吨公里，增长9.3%；客运周转量8538.95万人公里，增长58.9%。按常住人口计算的电话普及率为29.14部/百人。当年大口径财政收入4199万元，增长5.4%；地方收入3366万元，增长15.4%；一般预算支出82471万元，增长58.6%。金融机构存款182822万元，增长54.6%，其中城乡居民储蓄134922万元，增长38.0%；各项贷款余额81628万元，增长7.5%；全年累计农贷发放额50676万元。

【“三农”工作】“三农”工作取得显著成绩，特色产业开发步伐进一步加快，农村基础设施不断完善，果品和畜牧产业规模强势扩张、经营管理水平进一步提高，旱作农业发展走在了全市、全省的前列。全县新植优质红富士苹果5.3万亩，种植洋芋24万亩，建成千头以上标准化养猪小区11处，农民从主导产业中获得的收入大幅增长。推广种植的10.56万亩全膜双垄沟播玉米全面丰收。输出劳务工8.9万人，创劳务收入4.45亿元。

【项目建设】项目建设全面推进，招商引资得到较大突破。全年全社会固定资产投资完成10.24亿元，比上年增长29.2%。其中：城镇固定资产投资完成5.79亿元，增长23.3%；农村固定资产投资完成4.45亿元，增长37.8%。在全部固定资产投资中，建筑工程投资完成82020万元，增长23.2%；安装工程投资完成4610万元，增长91.2%；设备工器具购置投资完成1430万元，下降64.3%；其它投资完成14376万元，增长1.3倍。在全部项目中，50万元以上投资项目85个，完成投资额82801万元，增长28.3%。其中，投产及竣工项目63个，累计新增固定资产82476万元，固定资产交付使用率达到80.51%。

投资总额中，第一产业完成投资10590万元，占投资总额的10.33%，增长1.2倍；第二产业完成投资9986万元，占投资总额的9.75%，增长43.7%；第三产业完成投资81860万元，占投资总额的79.9%，增长24.4%。

项目投资资金来源主要是：国家预算内资金21001万元，增长11.9%；国内贷款258万元，下降70.6%；自筹资金39586万元，增长32.4%；以集资、招商引资为主的其他资金来源41590万元，增长39.8%。

【新农村建设】通过实施绿化美化、道路改造、房地产开发、园林建设和城区管网改造工程，县城的综合服务功能进一步增强。建成了36个新农村示范村，新建移民安置区10处，搬迁安置困难群众815户4792人。基础条件得到明显改善，新修通村等级路110条210公里，通村油路、硬化路7条50.5公里，实现了村村通等级路的目标。新建淤地坝7座，完成造林2.5万亩，绿化乡村道路47条376公里。全面建成了洛水西调人饮工程和红崖湾水厂，解决了1万多人的饮水困难，获得了“全国农田水利基本建设先进县”称号。

【人民生活】全年城镇居民人均可支配收入9307.3元，增长18.6%；农民人均纯收入2027.36元，增长14.0%。城镇居民人均生活消费支出6612.55元，下降9.4%；农村居民人均生活消费支出1964.66元，增长19.4%。

【社会保障】年末全县参加失业保险职工8379人，参加基本养老保险的职工和离退休人员5378人，参加基本医疗保险的人数24715人。享受城镇居民最低生活保障3945人，全年发放最低生活保障金385万元，分别增长5.1%和6.6%，领取临时物价补贴229.8万元；农村低保已保4.31万人，全年发放保障金2394万元。37.34万农民参加了新型农村合作医疗，参合率为92.33%；新型农村合作医疗基金累计支出总额为3107.72万元，累计受益9.39万人次。

【环境保护】环境保护工作以生态示范区创建为重点，以实施节能减排项目为抓手，以解决突出环境问题为重点，深入开展“节能减排效益年”活动和节能减排治污集中攻坚行动。关停小采暖锅炉4台、小砖瓦企业2家，创建市级“四绿”单位11个，结构性污染防治取得一定成效，污染物排放总量得到有效控制，区域环境质量明显改善，环境污染治理本年完成投资总额3663万元。当年工业二氧化硫排放量485吨，工业废水排放量达标率为34%，工业烟尘排放量达标率为70%。城镇生活生活污水处理率2%。

【社会事业】各项事业继续保持了良好的发展势头。教育质量稳步提升，办学条件和医疗卫生条件持续改善，旅游资源开发有了实质性进展，抗震救灾和灾后重建成效明显。建成了紫荆中学，开建了南湖中学教学楼和职教中心实训基地，新修农村中小学校舍2.2万平方米，化解农村义务教育“普九”债务4481万元，全县高考综合评估位居全市第二名；建成了广电中心和6个乡镇文化站，完善了云崖寺景区基础设施，提升了旅游景区的知名度。有各类学校390所，教职工4882人，其中专任教师4567人。在校学生100673人，学龄儿童入学率为99.8%。县、乡医疗卫生条件继续改善。年末卫生机构22个，实有病床位919张，卫生技术人员666人。全年报告乙、丙类传染病发病人数2207例，报告死亡1例；报告传染病发病率534.41/10万，死亡率0.24/10万。

（王珍琴）

静宁县

【现任主要领导】

中共静宁县委书记：宋全科

静宁县人大常委会主任：张自杰

静宁县人民政府县长：陈铎

政协静宁县委员会主席：陈向华

静宁县纪律检查委员会书记：李雪云

【基本情况】静宁县位于甘肃省东部，东经105°20′—106°05，北纬35°01′—35°45′，地处华家岭以东，六盘山以西。东、北与宁夏回族自治区隆德、西吉县接壤，西、南与我省通渭、秦安县毗连，西北与会宁县为邻，东南同庄浪县相依。东距平凉110公里，西至兰州220公里。县境南北长81公里，东西宽68.75公里，土地总面积2193.9平方公里，地貌属典型的黄土高原丘陵沟壑区，地势由西北向东南倾斜，海拔在1340－2245米之间。本县气候属中温带、半干旱气候。户籍总人口46.58万人，非农业人口4.10万人，主要有汉、回两个民族，人口密度219人/平方公里。现辖5个镇、19个乡、1个街道办事处、396个村（居）民委员会、2319个村（居）民小组。

【资源优势】矿产资源：全县矿产资源很少,主要有:石灰石,贮藏量约2亿多吨,是静宁县生产水泥、白灰的主要原料；黄铁矿及含钒、铁、钛等稀有金属为主的磁铁矿，贮藏量有80多万吨。此外，还有一些零星的铁矿和可作建筑的石头和沙石。

旅游资源：静宁，是人文始祖伏羲的诞生地，是华夏文明的发祥地之一。静宁旅游资源丰富，古迹众多，名人辈出。这里有秦汉时期的古成纪遗址、庙儿坪古文化遗址、靳寺汉墓群等省级文物保护单位4处，有大地湾文化、仰韶文化、马家窑文化和齐家文化等遗存146处，有人类开元第一城--成纪古城，有属秦汉风格、古朴典雅、规模宏大的国家2A级旅游景点成纪文化城，有明代建筑群静宁文庙、清真寺，有奇峰错列、幽谷盈香的仙人峡，有红军胜利会师地界石铺红军长征纪念馆等。

【国民经济】2008年，完成生产总值16.04亿元，比上年增长12.25%，第一、二、三次产业分别实现增加值6.12亿元、4.67亿元和5.25亿元，分别增长6.5%、17.58%和14.95%。完成全社会固定资产投资17.36亿元，增长54.41%；实现社会消费品零售总额8.35亿元，增长18.9%；完成地区财政收入5962万元，增长13.63%，其中,地方财政收入3934万元，增长15.33%。

【项目建设】全年签订招商引资项目16个，引进到位资金2.99亿元，增长92.3%；年内论证过亿元项目3项，过千万项目14项,争取各类政府投资项目30项,争取国家投资和转移支付资金4.5亿元。县城至威戎公路改造已完成可研批复，雷大至余湾等通乡油路全面建成，完成了乡乡公路、县际公路断头路、出口路油铺建设规划编制工作；东峡水库除险加固已完成了全部前期工作，北岔集等3座小型水库加固已全面建成；总投资1065万元的县城垃圾填埋场已开工建设，廉租住房基本建成，工业园区道路建设已争取国家扶持；农村初中校舍改造、中心乡镇计生服务站等项目已列入国家扩大内需新增项目计划。

【新农村建设】大力发展高效果、蓄、菜等高效产业。全县以优质红士苹果为主的果树经济林新植面积10.68万亩，洋芋种植规模32.64万亩，发展养殖大户1350户。扶持壮大龙头企业，延伸产业链条，贮藏、加工、包装等产业化龙头企业41户，年产值达4亿元以上。狠抓新农村示范点建设，着力改善人居环境，已建成示范村75个，新建小康住宅1650户,改造旧房3200户，农村砖混砖木结构的住房达到45%。实施启动“雨露计划”和“阳光工程”等劳动力技术技能培训，培训劳动力4.7万人次，输转农村劳动力8.73万人（次），创劳务收入4.1亿元，劳务经济成为农民增收的新亮点。

【人民生活】城乡居民收入继续增加，生活水平进一步改善。2008年全县城镇居民人均可支配收入8561.03元，比上年增加1154.74元，增长15.59%；人均消费性支出5634.96元，增长33.67%；城镇居民家庭恩格尔系数为32.05%，下降1.82个百分点。农民人均纯收入2079.5元，比上年增加268.66元，增长14.84%；人均生活消费支出2160.05元，增长4.7%；农村居民家庭恩格尔系数50.1%，与上年持平。城乡居民人均储蓄存款达到2999.30元，增长29.58%。城乡居民的居住条件和生活质量进一步改善和提高。城乡居民人均住房面积分别达到19.5和15.83平方米。移动、联通、铁通和电信电话用户达32部/百人，互联网用户达到2081户，占总户数的1.72%。

【社会保障】2008 年，全县拥有社会福利院、农村敬老院 23 所，床位数达 408 张，收养人数 321 人。新增城镇就业人数 2534 人，安置下岗失业人员 1520 名，城镇登记失业率控制在 3.8%。养老保险、城镇基本医疗保险、失业保险、工伤保险、农民工工伤保险、生育保险扩面征缴力度加大，参加人数达到 67033 人，完成基金征缴 1900 万元。全县抚恤、补助各类优抚对象 5724 人，金额达 380 万元,救助特困户、五保户等 48508 户，全社会纳入最低生活保障的人员达 61913 人,发放最低生活保障金 3326.6 万元。

【环境保护】城市环境质量进一步提高。大气环境质量中总悬浮微粒年日均值控制在国家二级标准之内，二氧化硫、氮氧化物年日均值控制在国家一级标准之内。城市饮用水水质达标率继续保持在 100%，城市地面水水质达到国家 III 类标准。城市绿化覆盖率达到 32%。区域环境噪声和交通干线噪声分别控制在了国家规定的排放限值之内。节能减排取得重大进展。万元 GDP 能耗达 2.39 吨标准煤，降低 5.3%；化学需氧量减排 215 吨，降低 2%；二氧化硫减排 55 吨，降低 2.2%；工业固体废物综合利用率达到 100%。

【社会事业】科技事业进一步发展。科技队伍不断壮大，科技人员的素质显著提高。2008 年争取国家和省级科技项目 4 项，经费 189 万元。2008 年全县科技工作被国家科学技术部评为“全国科技进步考核先进县”。2008 年末全县共有各类专业技术人员 6942 人，其中中级专业技术人员 2285 人、高级 231 人。深化教育改革，提高教育质量，促进教育公平，教育事业上新台阶。2008 年各类学校在校学生 112226 人。其中，职业学校 4003 人，普通高中 15643 人,初中 33074 人,小学 50926 人，幼儿园及学期班 8495 人。各级各类教育事业全面发展,义务教育整体水平稳步提高。学龄儿童入学率达 99.92%，普通初中升学率 76.1%，高中阶段教育入学率达 57.2%。

文化事业取得新成就。不断加大对文化的投入，一些重大文化建设项目先后实施，文化基础设施得到很大改善，城乡文化活动丰富多彩。2008 年末，全县共有公共文化机构 3 个，公共图书馆 1 所，藏书 5.06 万册。新建农家书屋 59 个。1 千瓦以上电视发射台和转播台 2 个。电视综合人口覆盖率达 93%。

卫生事业不断加强。卫生应急体制、机制逐步建立，公共卫生医疗卫生的公益性增强。实施农村卫生服务体系建设，新建改建医院、卫生院 25 所、标准化村卫生室、医疗点 392 所。卫生床位数 866 张，卫生技术人员 711 人，其中执业(助理)医师 288 人。每千人拥有卫生技术人员 2.6 人。

（马飞）

酒泉市

【现任主要领导】

中共酒泉市委书记：李建华

酒泉市人大常委会主任：李建华

酒泉市人民政府市长：陈春明

政协酒泉市委员会主席：杨林

中共酒泉市纪律检查委员会书记：都伟

【基本情况】酒泉地处河西走廊西端，历史悠久，文化积淀浓厚，是博大精深、世界闻名的敦煌艺术的发祥地，是现代丝绸之路—新亚欧大陆桥的必经重镇，国家高科技重点工程酒泉卫星发射中心在这里巍然崛起。总面积 19.39 万平方公里，年日照时数 3033-3317 小时，年平均气温 3.9-9.3 摄氏度，平均无霜期 118-159 天，属典型的温带大陆性气候。总人口 101.32 万人，非农业人口 34.13 万人。境内聚居着汉、回、蒙、哈萨克、裕固等 40 个民族，辖 1 区 2 市 4 县，分别为肃州区、玉门市、敦煌市、金塔县、瓜州县、肃北县和阿克塞县，有 64 个乡镇，65 个社区。境内和周边分布着玉门石油管理局、酒泉钢铁公司、四〇四核工业城等一批国有重点大中型企业，是全国最早开发的石油工业基地。

【资源优势】酒泉有丰富的风能和太阳能，全市年平均风速 3.7 米/秒，10 米高度风速 5—7.5 米/秒，风能总储量约 2000 万千瓦，可开发量约 1200 万千瓦，占全省风能储量的 70%以上，具有建设大型风电场的良好资源条件。太阳年平均日照时数 3000 小时以上，是全国最具开发潜力的清洁能源基地。有丰饶富庶、开发便利的水土资源，可开采利用的水能蕴藏量 28 万千瓦。光热条件优越，农副产品种类多，量大质优，特别是粮食、棉花、蔬菜资源丰富，是全国、全省的商品粮棉基地、瓜果蔬菜基地和最具优势的对外瓜菜制种、花卉制种基地。矿藏种类多，储量大，品位高，有 5 个成矿带共有矿点 572 处，构成矿床 92 处，矿种 48 个。旅游资源得天独厚，全市境内已查明的文物景点 1153 处，其中国家级文物景点 14 处、省级 208 处，目前已开发利用 98 处。敦煌莫高窟、月牙泉、西汉胜迹、酒泉卫星发射中心等景区成为国内外游客向往的旅游目的地，敦煌文化、边塞文化和航天科技享誉海内外，酒泉曾被评为“最具人气的西部名城”，是中国优秀旅游城市。

【国民经济】2008 年，全市实现生产总值 248.02 亿元，比上年增长 12.64%。其中，第一产业增加值 43.16 亿元，增长 9.71%；第二产业增加值 121.65 亿元，增长 15.44%，其中工业增加值突破 100 亿元，达到 100.15 亿元，增长 16.1%；第三产业增加值 83.21 亿元，增长 10.54%。人均 GDP 突破 3000 美元，达到 3563 美元。完成财政收入 21.7 亿元，增长 26.14%；完成地方财政收入 10.03 亿元，增长 32.01%；完成全社会固定资产投资 157.18 亿元，增长 35.52%；实现社会消费品零售总额

62.53 亿元，增长 21.2%；城镇居民人均可支配收入达到 12437 元，增长 10.36%；农民人均纯收入 5763 元，增长 12.9%。

【新农村建设】全面落实支农惠农政策，2008 年争取农业专项资金 1.5 亿元，发放粮食、农资、农机具、奶牛良种、能繁母猪等涉农补贴资金 1.02 亿元，农民人均受益 175 元。大力发展节水高效特色农业，扩大日光温室、网室制种、优质林果、啤酒原料等产业规模，新增高效特色产业面积 7.2 万亩。启动实施万户规模养殖工程，建成标准化养殖小区 651 个，规模化养殖场户 2.73 万户，规模饲养量占全市畜禽饲养量的 62.6%。产业化经营水平提高，建立农村专业合作经济组织 214 个，建成农产品加工流通企业 459 户，农产品加工能力达到 150 万吨，带动基地 165 万亩，占农作物播种面积的 80%。多层次开展技能化培训，输转农村劳动力 11.46 万人，劳务收入占农民人均纯收入的 25%。扎实推进新农村建设，狠抓村组道路硬化、自然村整体改造和村容村貌整治，新建“一池三改”沼气用户 7026 户，累计达到 17820 户，新建和改造农村小康住房 13886 套。

【项目建设】清洁能源、水利环境、基础设施、社会民生等方面项目建设成效显著。2008 年，全市千万元以上项目 434 个，完成投资 123.78 亿元，增长 39.02%；5000 万元以上项目 90 个，完成投资 77.26 亿元，增长 28.21%；亿元以上项目 37 个，完成投资 56.23 亿元，增长 7.23%。灌区续建配套、水库除险加固、农田水利工程完成建设任务；嘉瓜 330 千伏输变电工程建成，750 千伏输变电工程完成“四通一平”；敦煌、玉门火车站全面建成，敦格铁路、淖柳铁路、酒航铁路前期工作进展顺利；新建、改建农村道路 1002 公里，建成 14 个乡镇汽车站和 117 个行政村停靠点。

【人民生活】随着民生问题的有效解决，人民在经济发展中得到了更多实惠，人民生活水平明显提高。2008 年，全市城镇居民人均可支配收入 12437 元，比上年增长 10.4%，人均消费性支出 9782 元，增长 8%；城镇居民恩格尔系数 35.64%，提高 3.24 个百分点。农村居民人均纯收入 5763 元，比上年增长 12.9%；人均生活消费支出 4732 元，增长 9.35%，农村居民恩格尔系数为 35.27%，下降 0.1 个百分点。城乡居民人均储蓄存款余额达到 19749 元，增长 20.93%。人居环境进一步改善，城乡居民人均居住面积分别达到 29.23 平方米和 39.58 平方米。全市电话普及率达到 71.4 部/百人，国际互联网用户为 4.81 万户。

【环境保护】城市环境质量进一步提高。城市饮用水源水质达标率保持在 100%。垃圾定点堆放、集中处理率达到 90%。2008 年末城市污水处理厂日处理能力达 7.7 万立方米，比上年增长 64%；城市污水处理率 57.14%，提高 1.4 个百分点。生活垃圾无害化处理率 63.7%，提高 17.6 个百分点。人均公共绿地面积 9.06 平方米，增加 2.05 平方米。工业废水排放达标量 1073.7 万吨，增长 53.93%；工业烟尘去除量 1.54 万吨，增长 13.92%。工业固体废物综合利用率达到 92%。节能减排取得新进展，万元 GDP 能耗达 1.6 吨标准煤，降低 5.86%；主要污染物二氧化硫排放控制在 2.1 万吨，化学需氧量减排 2016 吨，下降 2.65%。

【社会保障】社会保障面进一步扩大。2008 年末，全市养老保险参保人数 5.15 万人，比上年末增加 0.15 万人；城镇职工基本医疗保险参保人数 11.7 万人，增加 1.36 万人；失业保险参保人数 6.21 万人，增加 782 人；工伤保险参保人数 4.59 万人，增加 0.61 万人；生育保险参保人数 0.71 万人。城镇居民基本医疗参保面达到 90.1%。54 万农民参加新型农村合作医疗，参合率达到 94.67%。居民最低生活保障标准提高。2008 年，全市 13.37 万居民得到政府最低生活保障救济，比上年增加 7.3 万人，发放保障金 1.04 亿元，比上年增加 4848 万元。其中，为 3.93 万城镇居民发放保障金 7354 万元，增加 2227 万元；为 9.44 万农村居民发放保障金 3039 万元，增加 2621 万元。

【社会事业】科技事业取得新进展。2008 年末，全市共有各类专业技术人员 1.54 万人，比上年增加 1308 人，其中具有中级及中级以上职称人员 5673 人，增加 168 人。从事科技活动的人员达到 2272 人，农民技术员达 6.16 万人。在科技活动经费投入中，代表企业自主创新能力的研究与实验发展（R&D）经费 1554.8 万元，增长 6.5%；全市财政投入科技经费 3535 万元，增长 73.88%。全年引进新技术成果 283 项，申请专利 51 项，授权专利 43 项。全年签订技术合同 31 项，技术合同成交额 1.78 亿元，增长 64.81%。

教育事业健康发展。2008 年，各类学校在校生数 20.38 万人。学龄儿童入学率达 100%，巩固率达 100%；初中教育入学率达 100%，毕业生升学率达 90%；高中阶段教育入学率达 90%；普通高校考生本科上线率 17.1%，普通高校录取学生 4892 人，录取率达 49%。

文化事业全面发展。2008 年，出版报纸 42.8 万份，出版杂志 1.3 万册，发行图书 380 万册。广播调频转播发射台 19 座，乡镇广播站 64 个，广播人口覆盖率为 98.5%。电视转播发射台 15 座，广播电视台 8 个，电视人口覆盖率为 98.61%。有线电视网络总长 6599 公里。有线电视终端用户 21.85 万户，入户率达到 74%。数字电视用户数 12.6 万户，比上年增加 2.52 万户。

体育竞技水平不断提高。2008 年向各类大专院校输送体育人才 67 名。在省级以上比赛中，我市共获得奖牌 37 枚，其中金牌 13 枚，银牌 15 枚，铜牌 9 枚。

卫生事业得到加强。全面推进公共

卫生体系建设，加强完善医疗救助体系，全市共有卫生机构120个，床位数3874张，卫生技术人员4998人，每千人拥有卫生技术人员 4.93 人。农村医疗卫生事业得到加强，全市共有乡镇卫生院75个，床位1116张，卫生技术人员985人。乡村医生和卫生员529人。农村有医疗点的村占总村数的比重达100%。

肃州区

【现任主要领导】

中共肃州区委书记：杨克忠

肃州区人大常委会主任：陈柱邦

肃州区人民政府区长：卢学国

政协肃州区委员会主席：陈加俊

中共肃州区纪律检查委员会

书记：蒲晓惠

【基本情况】酒泉市肃州区，位于甘肃省西部，河西走廊西段，是古丝绸之路上的重要历史文化名城，与现代驰名世界的中国航天城--酒泉卫星发射中心、世界闻名的敦煌莫高窟、“天下第一雄关”嘉峪关、中国最早的石油工业基地玉门油田、国家重要的核工业基地四〇四厂、西北最大的钢铁基地酒泉钢铁公司接壤紧邻。全区总人口36.42万人（不含各类暂住人口 10.43 万人），总面积3386平方公里，辖7个建制镇、8个乡，124个村，7个街道办事处，20个城市社区居委会。是酒泉市人民政府所在地，也是全市政治、经济、文化、科技、教育、金融中心，具有独特的地理优势和区位优势，是中国优秀旅游城市。

【资源优势】全区法定耕地面积62.76万亩，有宜农、宜林荒地107万亩。盛产玉米、蔬菜、花卉制种及小麦、玉米、洋葱、各类蔬菜和瓜果等200多种农产品，是全国重要的对外制种和洋葱生产集散中心，农业发展前景十分可观。区内石油、石灰石、花岗岩、石膏和祁连玉等矿种贮量比较丰富，不少矿藏探明贮量具有广阔的开发前景。形成了农产品加工、医药制造、建筑建材、造纸印刷和家具制造等较为完备的地方工业体系，培育了文化用纸、白酒、夜光杯、家具和面粉等名优新特产品。

肃州区旅游资源丰富，在漫长的历史进程中，留下了众多的历史遗迹，境内已发现的文物古迹266处，其中4A级旅游名胜西汉酒泉胜迹、酒泉古泉、四坝文化遗迹、西河滩文化遗迹、东晋壁画墓和钟鼓楼等名胜古迹闻名全国。这些独具魅力的历史文化遗迹与肃州清泉绿洲、大漠孤烟、长河落日、祁连雪峰等独特的自然景观，使肃州成为丝绸之路上更加绚丽多彩的旅游观光胜地。

【国民经济】全区生产总值完成62.61亿元，比上年增长15%。其中，第一产业增长 6.35%，第二产业增长12.98%，第三产业增长16.3%。第一、二、三产业之间的比例由2007年的23.6：28.1：48.3调整为22.3：28.8：48.9，人均GDP达到17240元。完成全社会固定资产投资41.54亿元，增长24.9%；农业增加值达到 13.6 亿元，增长15.16%；工业增加值达到10.47亿元，增长 31.88%；社会消费品零售总额达到26.39亿元，增长21.0%；完成财政总收入2.63亿元，增长16.66%。

【项目建设】酒泉千万千瓦级风电基地经国家批准建设，甘肃酒泉风光电装备制造产业园和酒泉酒钢工业园初具规模（均在肃州），签约风电装备制造项目14项，合同金额32亿元，新疆金风、中航惠腾、中复连众等5个项目已开工建设。全区开工建设投资百万元以上的各类新续扩改项目259项，其中千万元以上的项目159项，亿元以上的18 项。荣泰橡胶输送带、康师傅钢结构等16个投资千万元以上的工业项目建成投产。

【新农村建设】以“1+1”富民工程为重点，大力推进新农村建设。全区百亩连片日光温室小区发展到12个，以网式制种为主的高效制种面积2.1万亩，万元高效田5.2万亩。输转农村劳动力6.4万人（次），实现劳务收入3.8亿元。新建“五配套”标准化养殖小区25个，规模养殖场16个，全区畜禽饲养总量达到656万头（只）。新建改造小康住宅4450户，建成中心村示范点12个，推广沼气用户2500户，太阳能用户3106户，完成水利工程17项，新建改造乡村道路19条，132公里，新建乡村汽车站点47个。

【人民生活】城乡居民收入稳步提高，生活水平显著改善。城镇居民人均可支配收入达到12621元，比上年增长12%；人均消费支出 9782 元，增长8.03%。农民人均纯收入达到5646元，增长12.13%；人均生活消费支出4422元，增长 14.02%。年末全区金融机构人民币存款余额 108.69 亿元，增长30.4%。其中，城乡居民储蓄存款余额70.29亿元，增长28.84%。

【社会保障】落实就业政策，广辟就业渠道。城镇新增就业3873人，下岗失业人员实现再就业 1678 人，城镇登记失业率控制在3.89%。社会保障体系日益完善，养老保险、失业保险、工伤保险、城镇职工医疗保险、新型农村合作医疗参保率进一步提高。享受城镇最低生活保障的居民 6237 户、14167人，享受农村最低生活保障的居民6596户、12209人。建立了被征地农民养老补贴制度和村干部养老保险制度，1255名失地农民、905名离任村干部领到了养老补贴和生活补助。

【环境保护】环境质量继续好转。二氧化硫控制在国家二级标准之内，氮氧化物控制在国家一级标准之内。城市水质综合污染指数均小于0.2，水质污染级别达到清洁级。区域环境噪声54.9分贝，交通干线噪声67.4分贝，分别控制在了国家规定的排放限值内。节能减排成效显著。万元生产总值能耗1.61吨标准煤，比上年降低 5.16%；万元

GDP电耗1303千瓦时，降低5.1%；万元工业增加值能耗3.71吨标准煤，降低9.74%。

【社会事业】教育事业。全区小学“四率”和初中入学率达到100%，小学毕业年级全科合格率达到90%以上，初中六科合格率达到89.53%，高考上线率达到71.23%。年内新建、改建、扩建学校15所，建筑面积3.4万平方米，消除危房面积1.12万平方米，撤并农村中学6所，农村小学42所，教学条件得到进一步改善，教育教学水平不断提高。

科技工作。年内29个科技项目分别被国家、省、市立项，获得各级科技进步奖42项。其中，荣获省级科技进步奖3项，荣获市级科技进步奖22项，荣获区级科技进步奖17项。

卫生事业。全区共有卫生机构227个；卫生技术人员1497人，其中执业医师和执业助理医师602人、注册护士481人；医院和卫生院床数1418张。

文化建设。城乡公共文化服务体系进一步完善，新建乡镇文体工作站5个，农家书屋60个，村级体育场100个，举办各类形式的广场文艺演出55场次。我区文艺工作者创编的《红柳泪》被酒泉市文化出版局评为“阳光奖”艺术创作精品剧目一等奖。

体育工作。在全国铁人三项锦标赛上，我区选送的自行车健将焦彩萍荣获冠军；在酒泉市第六届民运会上，我区运动员获得6项金牌、8项银牌、8项铜牌；在酒泉市第二届体育运动会上，获得4个第一名，2个第二名，2个第三名。

金塔县

【现任主要领导】

中共金塔县委书记：王玉福

金塔县人大常委会主任：贺成年

金塔县人民政府县长：黄从光

政协金塔县委员会主席：李春祥

中共金塔县纪律检查委员会

书记：毛焕国

【基本情况】金塔县位于河西走廊西北端，古丝绸之路沿线，东、北与内蒙古额济纳旗毗连，西与玉门市接壤，南与嘉峪关、肃州区、高台县相邻，举世瞩目的酒泉卫星发射中心巍然屹立在境内。全县土地总面积1.88万平方公里，其中耕地面积2.81万公顷；总人口14.88万人，其中农业人口10.77万人；辖5镇5乡，86个行政村，5个社区居委会。境内地势平坦，海拔900—1300米，属典型的温带大陆性气候。黑河、讨赖河流经全境，年入境水量12.64亿立方米，可利用量3.74亿立方米。拥有中小型水库14座，总库容量1.86亿立方米。境内年日照时数达3430小时，昼夜温差大，年平均气温8.8℃，无霜期189天，平均相对湿度40-50之间。平均太阳辐射总量每平方米153千卡。交通、通信、电力等基础设施条件良好，民航、铁路、公路三位一体的立体化运输网络已经形成，酒航公路全线贯通，位于其境内鼎新机场的民运航班可直达北京。县乡村“五纵三横”主干道路全部实现硬化，乡乡通油路，村村通班车。方便灵活快捷的通信网络辐射全县。县内3000多公里的高标准高低压输变电线路遍布城乡，为经济社会发展和人民群众生活提供了电能保障。

【资源优势】矿产资源。矿产资源开发前景广阔，现已探明的矿产品有7大类30多个品种，储量达20亿吨以上。

农业资源。盛产粮食、油料、棉花、孜然和肉羊等5大类90多个品种。是“全国商品粮基地县”和“甘肃省第一产棉大县”。

【国民经济】2008年全县实现生产总值23.1亿元，比上年增长15.19%。其中，第一产业增加值9.27亿元，增长10.06%；第二产业增加值5.40亿元，增长31.25%；第三产业增加值8.43亿元，增长14.12%。三次产业结构比例为40.1∶23.4∶36.5。按常住人口计算，全县人均生产总值1.6万元。工业增加值3.59亿元，增长28.55%；社会消费品零售总额4.46亿元，增长26%；财政总收入首次突破亿元大关，达到1.11万元，增长64.3%。

【新农村建设】2008年，全县共落实日光温室建设小区33个，新建日光温室587亩，改造旧棚525亩，总建设面积达到1112亩，累计日光温室总面积达到3000多亩。对外制种达到2.59万亩。积极提升棉花产业，全县棉花种植面积23.46万亩，其中棉花高产栽培面积达到6.47万亩，皮棉总产62.53万担。大力发展特色林果，葡萄、库尔勒香梨栽植面积分别达到5000亩和10000亩。依托县内农副产品加工企业发展加工蔬菜，面积达到15376亩。肉羊饲养量108万只，肉类总产量1.14万吨。劳务经济快速发展，输转劳动力2万余人次，劳务收入1.5亿元。农业生产条件进一步改善，全市农业机械总动力34.5万千瓦，增长6.1%；所有耕地为有效灌溉面积。

【项目建设】全年开工建设的50万元以上项目140项，完成投资9.65亿元，增长41%。其中：千万元以上项目29个，完成投资4.28亿元，增长75.4%。按城乡分，城镇固定资产投资完成3.8亿元，增长15.9%；农村固定资产投资完成5.84亿元，增长63.1%。

【人民生活】2008年，全县城镇居民人均可支配收入11008元，增长22.2%；人均消费支出9690元，增长16.1%。农村居民人均纯收入5745元，增长12%；人均生活消费支出5542元，增长13.3%。城镇居民家庭恩格尔系数为34.45%，比上年上升0.45个百分点；农村居民家庭恩格尔系数为40.68%，上升9.5个百分点。全县城镇居民人均住房面积29.55平方米，比上年增加0.2平方米；农村居民人均住房面积35.96平方米，比上年减少0.5平方米。

【环境保护】全县有省级自然保护区1个，总面积16.34万公顷，占全县国土总面积的8.7%。环保投资3917万元，占GDP比重的1.69%。城乡饮用水达标率分别为100%和53.8%；工业废气废水排放达标率达到96%，工业固体废物综合利用率达到95%；城区生活垃圾集中处理(填埋)率达到97%；集中供热面积81万平方米，比上年增长32.7%；建成区绿化覆盖率达到33.4%，提高2.2个百分点；人均绿地面积9.18平方米。

【社会保障】2008年末，全县参加城镇基本养老保险的人数为5024人，失业保险的人数为4215人，基本医疗保险的人数为9683人，工伤保险的人数为3205人。全县参加城镇居民医疗保险的人数达到13308人，参保率为91%；各级共筹集医疗保险金244万元，报销医疗费144.3万元。全县新型农村合作医疗参合人数达到101379人，参合率为93.1%；各级共筹集新型农村合作医疗基金963.1万元，报销医疗费达717.56万元。城镇居民最低生活保障对象应保尽保，为保障对象2719人共发放保障金577.6万元，比上年增加150.5万元，增长35.2%。农村低保全面启动实施，为3479人发放低保金262.9万元。新的农村五保供养政策全面实施，为470人发放五保供养经费73.9万元，报销门诊医疗费17.12万元。为城乡医疗救助对象发放救助金150.54万元，为5892人发放冬令、春荒救济金148.2万元。

【社会事业】教育事业稳步推进。全县城乡学前2-3年教育普及率分别达到100%和97%；义务教育阶段小学入学率、巩固率、普及率、毕业率均保持在100%；初中入学率、巩固率、普及率、毕业率分别达到100%、99.3%、100%、98.7%；高中阶段教育普及率达到93.8%。初中毕业会考多科优秀率为35.2%，普通高考本科上线率达到38.2%。

科技事业不断加强。全县组织实施各类科技项目10项，取得科技成果4项。全年引进各类农林牧渔新品种70个，科技成果转化率为65%，农业科技覆盖率达97%。

文化事业加快发展。广播和电视综合人口覆盖率分别达到95%和99.5%。有线电视入户率达到72%。馆藏图书4.2万册，流通量4.5万册次，流通人数3.2万人次。馆藏文物1284件。馆藏各类档案5.93万卷，已开放0.49万卷。

卫生事业持续发展。年末全县共有卫生机构136个，卫生机构病床床位395张，卫生技术人员605人，所有的村拥有医疗点，有乡村医生和卫生员123人。

体育事业蓬勃发展。年内举办体育运动会12场次，参加运动员11337人次。中老年传统体育活动广泛开展，青少年新型健身运动蓬勃发展。全县在校学生体育达标率98.8%。

瓜州县

【现任主要领导】

中共瓜州县委书记：李丽

瓜州县人大常委会主任：董生录

瓜州县人民政府县长：方学贵

政协瓜州县委员会主席：卢永年

中共瓜州县纪律检查委员会书记：郭立鹏

【基本情况】瓜州县原为安西县，地处甘肃省河西走廊最西端，南望祁连，北枕大漠，南北与肃北蒙古族自治县相接，东连石油名城玉门，西邻旅游胜地敦煌，西北经猩猩峡与新疆哈密市接壤，总面积2.41万平方公里，辖5镇10乡，有73个行政村，446个村民小组，8个社区居委会。有汉、回、蒙、藏、满、东乡、裕固等21个民族。总人口14.2万人，其中城镇人口3.05万、农村人口11.15万。少数民族群众2.5万人，占全县总人口的17%；整建制移民乡镇6个，移民人口8.06万人，占全县总人口的57%。

瓜州地域辽阔，物产丰富，县境东西长185公里，南北宽220公里，地形地貌复杂多样，山地、高原、平川、河流、沙漠、绿洲类型齐全，交错分布；地势南北高，中间由东向西渐低，海拔在1100--1500米之间；占县境面积8.5%的绿洲被戈壁、山地、丘陵分割为东、西、南三大块，西热东凉和南山地区多泉眼湿地的特点；境内少雨、干旱，平均年降雨量不足50mm，蒸发量却高达4000mm以上，昼夜温差较大，是典型的荒漠、半荒漠气候，适宜于小麦、棉花、蜜瓜和酒花等多种农作物的生长。疏勒河和榆林河两大水系流域面积分别达1.22万平方公里和0.55万平方公里，有各类水库、塘坝37座，总蓄水量2.53亿立方米，其中双塔水库库容达2.4亿立方米，是甘肃省最大的农业灌溉水库。境内建有国家级戈壁荒漠草地自然保护区，栖息着雪豹、金雕等国家一、二级保护动物26种。

【资源优势】矿产资源：境内矿产资源丰富，已探明的有金、银、铜、铁、铝、铅、锌、花岗石、大理石等40余种矿产品，地质储量达447.8万吨，特别是黄金和花岗石储量大、品位高、分布广；县域内风能资源独具特色，利用价值高，千万千瓦级风电基地正在加紧建设，已建成发电30万千瓦。

旅游资源：境内有敦煌石窟艺术重要组成——榆林窟、东千佛洞等石窟寺，中国面积最大、保存最完整的汉唐古城——锁阳城为代表的古城堡等290余处古遗存和双塔湖、浪柴沟等旅游观光景点。其中，国家级重点文物保护单位7个，省级文物保护单位11个。唐代名城锁阳城、“康熙梦城”桥湾城历史文化底蕴深厚，东千佛洞、榆林窟与敦煌莫高窟相媲美；象牙造像堪称稀世珍宝；大漠驼铃、狼烟烽燧、丝路艺术、瀚海蜃景和绿洲田园构成了瓜州独具特色的西域文化景观。

【国民经济】2008 年，全县生产总值达到 24.5 亿元，比上年增长 21.6%。其中：第一产业增加值 5.2 亿元，增长 3.2%；第二产业增加值 11 亿元，增长 94%，其中：工业增加值 7.1 亿元，增长 1.1 倍；第三产业增加值 8.2 亿元，增长 21%。人均 GDP 达到 25801 元，增长 15.3%。全年实现财政总收入 1.6 亿元，增长 50.8%。实现社会消费品零售总额 7.1 亿元，增长 20.8%；完成全社会固定资产投资 30.9 亿元，增长 71.2%。

【新农村建设】全县农作物播种面积 41.12 万亩，比上年增长 12.6%。蜜瓜、葡萄、枸杞、加工型番茄、啤酒花、甘草等特色经济作物种植面积 12.17 万亩，增长 1.3 倍。积极推广"1245"新型牛羊养殖模式，全县落实示范点 35 个，示范户 5200 户；养殖小区 123 个，示范户 5473 户。牛羊饲养量 48.06 万头（只），比上年增长 8.9%。组建各类专业合作经济组织 55 个，发展"订单农业"5.5 万亩。禾麟粮油、龙兴畜牧等龙头企业日益壮大，全年完成销售收入 4.1 亿元，实现利润 1400 万元。西域阳光出口番茄酱 3600 吨，创汇 403 万美元，实现了出口创汇零的突破。全县输转劳动力 1.3 万人次，劳务收入突破亿元大关。新农村示范建设步伐加快，投资 4700 万元，完成"三镇一乡十一村"年度建设任务。新建市级小康住宅 159 户，县级小康住宅 410 户，改造旧房 530 户。粮食直补、农机购置、农资综合补贴等一系列支农惠农政策全面落实，直补资金 1730 万元。

【项目建设】全年共签约各类招商引资项目 60 项，签约总金额 34.4 亿元，实际到位资金 21.5 亿元，增长 3.4 倍。第三届银企洽谈会签约资金落实到位 13.3 亿元。

年初确定的 24 个重点建设项目完成固定资产投资 22.54 亿元，占全社会固定资产投资的 73%。风电新增装机容量 15 万千瓦，累计达到 30 万千瓦，全年风电发电量 3.7 亿千瓦时。核电、光伏发电前期工作顺利启动，常乐火电项目完成可研初审。瓜州、柳园工业园区完成基础设施建设投资 1783 万元，供电、供水、道路、绿化、通讯等基础配套进一步完善。

【人民生活】全县城镇居民人均可支配收入 12183 元，比上年增长 20.1%，人均消费性支出 8395 元，增长 9.4%，城镇居民家庭恩格尔系数为 34.3%；农民人均纯收入 5731 元，增长 14%，人均生活消费支出 4211 元，增长 2.2%；农村居民家庭恩格尔系数为 36.4%，下降 0.8 个百分点。城乡居民储蓄存款 13.38 亿元，增长 21.2%。城乡居民居住条件和生活质量进一步改善和提高，城乡居民人均住房面积分别增长 4.5% 和 3.3%，达到 24.6 平方米和 54 平方米。全县固定电话总用户 1.63 万户，增长 3.2%；移动电话总用户 6.86 万户，增长 33.6%。互联网络迅速发展，全县共有互联网络固定用户 3966 户，比上年增长 40.8%。

【环境保护】全县有自然保护区 2 个，其中国家级自然保护区 1 个，省级自然保护区 1 个，自然保护区总面积 112.42 万公顷，占全县国土总面积的 46.5%。环保投入进一步加大。全县环保投资 5364 万元，比上年增长 38.8%，占全县生产总值的 2.2%。城区环境噪声达标区覆盖率超过 88%，饮用水达标率 100%，垃圾定点堆放、集中处置率达到 100%，工业固体废物综合处置利用率达到 100%，城市清洁能源使用率 85%，万元 GDP 能耗降低 5%。

【社会保障】社会保障体系进一步完善。全年购买公益性岗位 150 个，新增城镇就业 1520 人，城镇登记失业率控制在 2%以内。城镇职工社会保险覆盖面持续扩大，参保人数达到 28152 人。城乡居民医疗保险参保率达到 90% 以上，发放大病医疗救助金 68 万元，减免农村参合群众门诊医疗费用 13 万元。保障城市低保对象 3072 人，农村低保对象 19938 人，五保对象 289 人，全年累计发放保障金 1145.7 万元。落实村组干部工资、养老保险和养老补贴 277 万元。发放低收入家庭住房租赁补贴 160 万元、城市困难群众取暖补贴 44.5 万元。发放各类救灾救济款物 210 万元，救助困难群众 1.35 万人次。

【社会事业】科技创新能力持续增强。公开招聘教育、卫生、农牧等专业技术人员 383 人。申报国家和省市项目 8 项，其中科技、科协项目 6 项，农村能源项目 2 项，争取国家和省市科技、科协项目资金及设备 40.86 万元。4 个科技成果项目获得市级科技进步奖。

教育事业取得新进展。义务教育"两免一补"、助学贷款等优惠政策全面落实。第二中学建成并顺利开学，撤并 3 所农村中学，建成 3 所寄宿制小学。全县普通中学 8 所，其中完全中学 1 所；普通小学 85 所，九年一贯制学校 5 所。。中小学在校学生 19437 人，增长 15.7%。其中，小学招生 2168 人，在校学生 13128 人；初中招生 2403 人，在校学生 6309 人，初中"合格率"达到 84.1%；普通高中招生 456 人，在校学生 2118 人，毕业生 811 人，高考上线率达到 63.7%。中小学"四率"达到部颁标准，小学"双合率"达到 93%。学前教育进一步受到社会重视，城乡幼儿入园率达到 100%，在园幼儿 2328 人。全县教职工人数达到 1533 人，增长 8.3%。

文化事业取得新进展。全县有文化馆 1 个，公共图书馆 1 个，博物馆 1 个。群众性文体活动广泛开展，全年共举办各种活动 500 多场次，活动项目达 40 多个，新建"农家书屋"30 个。文化下乡演出 21 场次，观众达 5.6 万人次；全年广播电台累计播出时间达 6223 小时；全县广播综合人口覆盖率达到 100%。

卫生事业稳步发展。年末全县共有卫生医疗机构 115 个，其中医院 2 所。卫生机构床位数 335 张，其中医院 180

张。全县共有卫生技术人员562人，其中执业医师及执业助理医师207人、注册护士182人。卫生防疫防治机构1个，卫生技术人员15人。妇幼卫生机构1个，卫生技术人员18人。全县共有乡镇卫生院11所，床位数155张，卫生技术人员207人。农村有医疗点的村占总村数的比重达93%，有乡村医生和卫生员80人。

肃北蒙古族自治县

【现任主要领导】

中共肃北县委书记：张文全

肃北县人大常委会主任：敖琪（蒙古族）

肃北县人民政府县长：曼曼（蒙古族）

政协肃北县委员会主席：常寿（蒙古族）

中共肃北县纪律检查委员会书记：刘鸿

【基本情况】肃北蒙古族自治县位于河西走廊西端，是甘肃省唯一的边防县，也是甘肃省和酒泉市重要的矿产品和畜牧业基地之一。辖1乡2镇26个行政村，人口11403人，全县总面积6.67万平方公里。有汉、蒙古族、回族、藏族、裕固族、满族、鄂温克族和土族8个民族。是甘肃人均占有土地面积最大的县份。县辖地分南北两部分，中间与敦煌、安西和玉门三县、市相隔，两地直线距离约130多公里。南部地区坐落在祁连山西缘，习惯称南山地区，35118平方公里，是县政府所在地；北部地区在河西走廊北侧，习惯称北山地区面积31630平方公里。

【资源优势】矿产资源储量丰富。矿藏种类多，储量大，品位高。已探明的矿点有300多处，主要有金、煤、铜、钨、锰、铬、铁、菱镁、铅、锌等30多个矿种。其中，大道尔吉铬矿为全国第三大铬矿；别盖菱镁储量居全国第五；金矿资源丰富，素有七十二道金沟之称，是全省黄金大县之一。目前，铁、煤、金、耐火材料、水电开发已成全县的支柱产业。另外还有较为丰富的建筑材料，非金属矿种和化工原料。

旅游资源：境内山脉连绵，戈壁浩瀚，草原广阔，形成了雄浑独特的边塞草原风光。老虎沟内的透明梦柯（蒙古语音译，意谓宽广的雪山）冰川，长10.1公里，面积21.9平方公里，1959—1962年曾设中国的冰川研究站。在科研文献中称“老虎沟12号冰川”。透明梦柯冰川规模大，景物丰富，境内无雪崩、泥石流，冰川稳定性好，最大坡度为30度，容易攀登。境内还有充满神话色彩的窟窿山和药浴功能的温泉。

【国民经济】2008年，全县生产总值达到11.55亿元，比上年增长22.68%。其中：第一产业0.31亿元，下降5.54%；第二产业9.67亿元，增长25.45%；第三产业1.56亿元，增长19.84%。财政收入达到2.89亿元，增长175%；全社会固定资产投资达到8.8亿元，增长59.42%；牧农民人均纯收入达到6764元，比上年增加761元；城镇居民人均可支配收入达到13560元，比上年增加2303元。

【项目建设】全县计划新建续建各类项目74项，当年计划投资7.5亿元，实际开工建设57个项目，完成投资8.9亿元。其中工业建设项目11项，完成投资3.79亿元；能源项目15项，完成投资3.99亿元；牧农林水利建设项目5项，完成投资4836万元；交通建设项目5项，完成投资618万元；社会事业项目15项，完成投资2015万元；房地产建设项目3项，完成投资2960万元。当年完成投资1500万元以上项目17个。水电开发再掀高潮，芦草湾三级、五个庙一、二、三级水电站等4座水电站建成并网发电，党河上游四级、红坝水电站已基本建成正在安装调试，黄土湾、青羊沟等6个水电站项目总体进展良好，年内新增水电装机容量3万千瓦。招商引资喜结硕果，成功引进中国五矿、上海铝电集团、中盛集团、金川公司和酒钢集团等大集团、大企业在我县实施资源开发，落实项目26个，到位资金3.25亿元。

【新农村建设】2008年，全县牧农业总产值达到6020万元，增长10%。牲畜饲养量达38.7万头（只），增长6.8%。实施安全饮水工程，解决了342户牧农民饮水安全问题；新建牧农村道路5条，新增村道里程69.64公里。党城湾镇东山村省级新农村示范点完成投资353.5万元，城关村城乡一体化示范点建设一期工程顺利启动，按照统一规划设计施工的36户新住宅主体工程基本完工。

【人民生活】2008年，全县城镇居民人均可支配收入13560元，比上年增加2303元，增长20.45%；人均消费性支出10165元，增长7.1%；城镇居民家庭恩格尔系数为33.4%，上升3.5个百分点。农民人均纯收入6764元，比上年增加761元，增长12.67%；人均生活消费支出3321元，增长1.5%；农村居民家庭恩格尔系数45.4%，比上年提高1.5个百分点。城乡居民储蓄存款余额达到1.56亿元，增长28.38%，城乡居民居住条件和生活质量进一步改善和提高，城乡居民人均住房面积分别达到20和50平方米。

【社会保障】全面落实就业和再就业政策，不断拓宽就业渠道。安置2006年、2007年的大学本科毕业生32名，招聘临时护林员50名，选派34名高校毕业生到基层就业，帮助91名下岗失业人员实现再就业，安置零就业家庭就业7人，为44名下岗失业人员发放小额担保贷款27.5万元，城镇登记失业率控制在3.86%以内。城镇职工养老、失业、医疗、工伤保险覆盖面不断扩大，社会保险待遇全面落实。为129名企业退休人员发放养老金150万元。3155名城镇居民登记参加了基本医疗保险，为参保居民支付医疗费12.7万元，城镇居民医疗参保面达96.6%。提高城乡低保标准，为城乡535户1068人发放低保资金、临时性物价生活补贴151万元，比上年增加58.6万元。新型农村合作医疗参合率达到94.6%，为城乡困难群众发放医疗救助金12.7万元。

【社会事业】2008年各类学校在校学生1465人。其中，普通中学489人，小学976人。各级各类教育事业全面发展,义务教育整体水平稳步提高。学龄儿童入学率达100¬%,普通初中升学率90.3%，高中阶段教育入学率达92.98%。

文化事业取得新成就。2008年末，全县共有公共文化机构6个，公共图书馆1所，藏书13600册。新建农家书屋8个。1千瓦以上电视发射台和转播台1个。数字电视快速发展，数字电视入户2000户。

卫生事业不断加强。2008年，新建改建乡镇卫生院5所、标准化村卫生室6所、社区卫生服务机构2个。拥有各类医疗卫生机构（含诊所、医务室、社区卫生服务站）23个，其中基本医疗机构19个、诊所1所、社区服务站2个。卫生床位数88张，卫生技术人员94人，其中执业(助理)医师43人。

阿克塞哈萨克族自治县

【现任主要领导】

中共阿克塞县委书记：李永军

阿克塞县人大常委会

主任：哈泰（哈萨克族）

阿克塞县人民政府

县长：浩升（哈萨克族）

政协阿克塞县委员会

主席：哈里弟（哈萨克族）

中共阿克塞县纪律检查委员会

书记：路建农

【基本情况】阿克塞哈萨克族自治县位于甘肃省酒泉市最西端，介于甘肃、青海、新疆三省（区）交界处。东与肃北蒙古族自治县接壤，北与敦煌市毗邻，南与青海省相连。西与新疆自治区相望。是一个以哈萨克族为主体，汉、回、维、藏、土、裕固、沙拉等12个民族共同居住的少数民族自治县。阿克塞县辖2乡1镇10个行政村，总人口8264人。其中，少数民族人口3143人，占总人口的38.03%。总土地面积3.14万平方公里。其中，天然草场面积98.64万公顷，占总面积的29.47%。。

【资源优势】矿产资源：已探明的矿产有41个，主要有石棉、黄金、云母、铁、铜、钾盐、铅锌、煤炭、水晶石等。其中，石棉位居榜首，储量达4484万吨，每年开采量约19万吨左右，约占全国石棉产量的40%，基本形成了以石棉开采为主体，炸药、麻塑包装原材料附属产品为主体的工业体系。

旅游资源：境内主要的景观、景点有大、小苏干湖、敦德冰川、哈尔腾国际狩猎场、安南坝野骆驼自然保护区及民族风情园等,成为旅游休闲的好去处。

【国民经济】2008年，全县完成生产总值4.11亿元，比上年增长13.78%；第一、二、三产业分别实现增加值0.24亿元、2.74亿元和1.14亿元，依次增长8.12%、17.42%和6.65%。完成全社会固定资产投资3.78亿元，增长42.56%；社会消费品零售总额6845万元，增长32.1%；地方财政收入6515万元，增长32.47%。

【项目建设】全年签订招商引资项目6项，引进到位资金1.2亿元。开工建设财源项目11项，完成投资1.48亿元，其中热电联供、2万吨蛇纹岩综合利用、120万吨干法水泥、德惠公司30万吨铁精粉等重大工业项目开工建设，河西矿业10万吨铁精粉生产线、宇航公司30万吨铁精粉生产线、闽敦公司10万平方米花岗岩板材生产线、诚和公司2万吨超细重质碳酸钙生产线建成投产。

【新农村建设】投资632万元，实施通乡通村公路项目5项，建成乡村公路164公里。投资3800万元，实施草场围栏200万米，封育草场160万亩，修建牧区接羔暖棚94座、人畜引水渠道16.5公里、田间渠道3.7公里，造林510亩，封滩育林4500亩，公益林管护面积达到426万亩。全县饲草种植面积达到4740亩，红柳湾设施养殖小区建成投入使用。全年投入各类抗灾保畜资金230万元，无偿发放饲草料1055吨，户均2.5吨；补助良种引进资金19.2万元，引进种公羊100只，畜群良种覆盖率达到89%。全县适龄母畜比例达到61.4%，接羔成活率达到95.8%，重点疫病免疫率达到100%。全年牲畜饲养量20.4万头只，出栏7.56万头只。

【人民生活】全县城镇居民人均可支配收入13208元，比上年增加1854元，增长16.3%；人均消费性支出10879元，增长13.3%；城镇居民家庭恩格尔系数46.29%，比上年提高5.41个百分点。农牧民人均纯收入7158元，比上年增加870元，增长13.84%。城乡居民储蓄存款余额达到14412万元，增长13.2%。城乡居民的居住条件和生活质量进一步改善和提高。城乡居民人均住房使用面积分别达到45平方米和34平方米；移动电话和小灵通用户达到67部/百人；互联网用户达到895户，占总户数的27.3%。

【社会保障】全县有社会敬老院1所，床位数20张，收养人数11人。城镇新增就业人员150人，城镇下岗失业人员再就业52人，城镇就业困难对象再就业10人；城镇登记失业率控制在3%以内。全县参加养老保险基金统筹的有1086人，养老统筹退休人员212人，支付退休费245万元；参加失业保险1230人；参加城镇职工医疗保险2341人。列入城乡低保对象567人，发放低保金162万元；列入高龄、残疾、低保老人56人，发放特殊生活补助1.06万元；实施冬季取暖补助160户，补助资金8万元；实施城乡医疗救助39人，救助资金9万元；改造牧农村特困户危房25户，补助资金9万元。为81名离任村干部落实了养老保险，养老金标准比全市平均水平上浮了30%。

【环境保护】城市绿化覆盖率达45.2%，人均公共绿地面积39.6平方米，城市用水普及率达78%，污水集中收集率、生活垃圾处理率均达100%。全县六项主要污染物总控率为100%，污染物排放量均未超出控制指标；完成了年内减排17吨化学耗氧量的目标任务，化学耗氧量实际排放量98.5吨，缓解了生态环境污染。

【社会事业】科技事业进一步发展。全年共申报省列科技项目4项，共引进推广新品种11个。办动物疫病防治知识讲座16场；科技培训28次，参加人数1130人次。引进、推广实用技术项目16项。青壮年劳动力培训面达90%以上。

教育事业上新台阶。在校学生1238人，其中中学541人（包括异地就读高中学生85人）、小学697人。全县义务教育"四率"在巩固"普九"成果的基础上稳步提高，完成率均保持在部颁标准以上。初中毕业率达99.1%，高中毕业率达89%，全面落实农村义务教育经费保障机制改革各项措施和义务教育阶段"全免一补"政策。

文化事业取得新成就。全县拥有集文化、图书、博物为一体的综合文化馆一个，总藏书1.2万册。新建5个农家书屋。乡村有线电视联网率达到100%，电视人口综合覆盖率、广播人口综合覆盖率均达到98%以上。

卫生事业不断加强。全县现有各类医疗卫生机构12个。其中，综合医院1所，乡卫生院5所，保健机构1所，防疫机构1所，个体办诊所3所。卫生技术人员89人。病床数75张，每千人拥有床位8张。

玉门市

【现任主要领导】

中共玉门市委书记：张静昌

玉门市人大常委会主任：李永祥

玉门市人民政府市长：雒兴明

政协玉门市委员会主席：张勇

中共玉门市纪律检查委员会书记：刘军

【基本情况】玉门市位于甘肃省河西走廊西部，南依祁连山雪峰，兰新铁路与312国道横贯全境，素为古"丝绸之路"重镇和通往中亚、东欧必经之地。全市总土地面积1.35万平方公里，耕地面积2.58万公顷，森林覆盖面积9.09万公顷，草原24万公顷。属大陆性中温带干旱性气候，年均降水量78.5毫米，蒸发量1833毫米，年平均气温8.3℃，平均无霜期178天。玉门市辖4镇9乡，户籍总人口18.7万人，常住总人口18.2万人，其中城市人口8.6万人、农业人口9.6万人。有回、满、藏、土、东乡等32个少数民族1.5万余人。境内有玉门石油管理局、甘肃矿区和甘肃省疏勒河水资源管理局等10多家中央、省属大中型企事业单位。

【资源优势】矿产资源：玉门矿产资源丰富，农副产品种类繁多，已发现的主要矿产资源有石油、煤、铁、铬、芒硝、重晶石和水泥石灰岩等30多种；主要农副产品有小麦、玉米、大麦、棉花、饲草、胡麻和啤酒花等。

旅游资源：玉门境内有疏勒河、白杨河、小昌马河和石油河，年径流量11亿立方米。有著名的火烧沟文化遗址、昌马石窟、老君庙、汉长城遗址、"七一"冰川等文物古迹和风景名胜。

【国民经济】2008年，全市生产总值达86.2亿元，比上年增长12.36%。其中：第一产业5.7亿元，增长17.24%；第二产业67.1亿元，增长12.32%；第三产业13.4亿元，增长10.65%。三次产业比重为7∶78∶15。实现财政收入2.51亿元，增长32.3%；完成固定资产投资40.68亿元，增长25.02%；完成工业增加值62.18亿元，增长12.73%；完成社会消费品零售总额9.6亿元，增长8.2%。

【项目建设】全市共签约招商引资项目78个，资源型城市经济转型工作经过制定方案，全力以赴争取，得到国家发改委、财政部、国土资源部大力支持，取得实质性进展。750千伏升压站、集中供热、城电网改造和太阳能发电等项目前期工作进展顺利开展，玉布公路、聚馨麦芽水循环利用等50个项目列入国家和省上的投资计划，争取资金1.1亿元。

【新农村建设】认真落实支农惠农政策，发放粮食、农资、农机具等补贴资金1875万元。整合农业扶持资金6490万元，规模推进增收产业，新增酒花面积1.05万亩、日光温室1246亩；发展规模养殖户1549户，全市牛羊饲养量分别达到2.16万头和87.5万只；输转农村富余劳动力2.2万人次，实现劳务收入1.87亿元。做大做强啤酒原料等农产品加工企业，新建5万吨啤酒麦芽、3000吨颗粒酒花和600吨鲜花烘烤生产线，成功组建酒花集团。加快土地流转，通过"公司建园"、土地入股等形式，流转土地2.28万亩，形成"公司加基地带农户"模式，存进了产业规模化经营。加大新农村示范点建设，建成小康住宅1580户、沼气池2026座，改造居民点22个、1379户，新改建农村公路238公里，下西号乡、花海镇等4乡镇近万名群众实现安全饮水，农村生产生活水平明显改善。

【人民生活】2008年，全市城镇居民人均可支配收入12526元，增加2236元，增长21.73%；城镇居民家庭恩格尔系数为22.8%，比上年上升3.4个百分点。农民人均纯收入5690元，增加685元，增长13.7%；农村居民家庭恩格尔系数25.5%，比上年下降3.2个百分点。城乡居民储蓄存款余额达到25.44亿元，增长5.69%。城乡居民居住条件和生活质量进一步改善和提高。城乡居民人均住房面积分别达到29.71平方米和36.05平方米；每百人拥有电话机和手机67部，互联网用户达到0.64

万户。

【社会保障】社会保障体系不断完善。养老金和失业金社会化发放率均达100%；城镇居民基本医疗保险参保率达91%；新型农村合作医疗参合补助标准实现翻番，参合率达97.8%。社会救助力度加大。发放城乡低保资金2263万元，救助城乡大病患者1015人次，发放救助、救灾、优抚和廉租住房补贴及农村五保户供养金754万元。多渠道开发就业岗位4800个，安置城镇下岗失业人员1100人，城镇登记失业率控制在4%以内。

【环境保护】加大生态建设力度。投资3300万元，重点实施环城林网、防风治沙、退耕还林等生态工程。完成人工造林1.5万亩，建成绿色通道110公里，封育保护国家重点生态公益林108万亩。积极推行高新技术节水措施。率先在全省实施地下水资源实时监控项目，全市机井实现了自动化计量管理，落实节水灌溉面积1772亩，节水2000多万立方米。重视节能减排，加强"三废"利用，大力发展绿色能源产业。全年节约标准煤34万吨，削减二氧化碳排放量187吨。加大对15户重点高耗能企业的重点监控，规模以上工业综合能耗降低5个百分点，万元GDP能耗降低5.5个百分点。

【社会事业】教育事业全面发展。2008年，全市拥有各类学校95所，其中幼儿园40所、小学37所、普通中学17所、中等职业技术学校1所。在校学生共27214人，专职教师1513人。

科技工作以服务经济建设为目标，积极实施科教兴市战略，科技体制改革进一步深化，科技成果引进、推广力度不断加大，科技向现实生产力转化速度逐渐加快。科技对农业、工业的贡献率分别达到60%和42%。

文化事业健康发展。2008年，全市广播覆盖率达100%，电视覆盖率达100%，有线电视入户率达89%。全市报纸订购发行量280余万份，杂志发行量20余万份，市级公共图书馆藏书50册，拥有杂志2.5万册。

卫生事业持续发展，医疗条件不断改善，服务水平进一步提高。2008年，全市拥有卫生机构15个，其中综合医院2所、乡镇卫生院9所；卫生技术人员650人，病床470张；全市每千人拥有医生4人，病床3张。

全民健身运动广泛开展，体育竞技水平显著提高。2008年，全市共举办各种形式的运动会12次，参加人数达2.9万人次。参加省、地举办的各种体育比赛5次，获各类奖牌16枚。年内中小学生《国家体育锻炼标准》达标率达96%。

敦煌市

【现任主要领导】

中共敦煌市委书记：孙玉龙

敦煌市人大常委会主任：杨生海

敦煌市人民政府市长：马世林(代)

政协敦煌市委员会主席：年海义

中共敦煌市纪律检查委员会

书记：宋锦霞

【基本情况】敦煌位于甘肃省河西走廊最西端，地处甘肃、青海、新疆三省（区）交汇处，属酒泉市管辖。面积3.12万平方公里。全市辖6镇3乡，56个村民委员会，381个村民小组。总人口18.2万人，其中农业人口10.09万人。其中，回、蒙古、藏、维吾尔、苗、满、哈萨克、东乡和裕固等10个少数民族占1.06%。

【资源优势】农产品资源：农副产品量大质优，敦煌是甘肃粮食、棉花、瓜果和蔬菜主要产地之一，尤其是棉花的纤维长、产量高、色泽好。此外，我市还盛产葡萄、苹果、李广杏、紫胭桃、鸣山大枣、敦煌蜜瓜等40余种名优水果和蔬菜。

矿产资源：已探明的矿产资源有金、银、钒、铁、磷、硫、石棉和芒硝等4大类（能源、金属、非金属、水气）26个品种，品位高、贮量大，开采方便。其中位于方山口的钒矿，属大型矿床，探明储量125.86万吨，占全国总量的5.07%，位居全国第四，平均品位0.86%，最高达3%，潜在经济价值28.24亿元。

旅游资源：境内名胜古迹星罗棋布，自然风光奇特迷人。现有各类文物景点241处。其中，被列为国家级重点文物保护单位3处（莫高窟、玉门关、悬泉置遗址），省级文物保护单位8处，市级文物保护单位47处。

【国民经济】2008年,全市实现生产总值34.39亿元，按可比价计算，比上年增长13.09%。第一、二、三次产业分别实现增加值8.61亿元、7.99亿元和17.79亿元，分别增长11.47%、9.44%和15.18%。完成财政总收入2.76亿元，增长19.33%。完成全社会固定资产投资21.77亿元，增长27.51%。实现社会消费品零售总额13.54亿元，增长22.89%。

【新农村建设】围绕"一特四化"，全面落实"八个一"工程，促进了农业增效、农民增收和农村经济快速发展。特色优势产业不断壮大。新植葡萄7136亩、枣树7464亩，新增无公害瓜菜1.26万亩，畜禽饲养总量达160万头（只）。农业产业化进程稳步推进。新建1万锭纺纱等产业化龙头项目15个，组建成立敦煌市葡萄产业协会，新注册兰飞蔬菜等4个农民专业合作社，示范带动农户2.1万户。输转农村劳动力2.67万人。科技兴农步伐不断加快。引进推广新品种85个、新技术9项；深入开展农业科技培训，培训农民2.9万人次。各项惠农政策全面落实。累计发放粮食直补等各类补助资金2278万元，改造中低产田7000亩，新改建农村道路70公里，硬化居民点街道21.9公里，新建小康住宅1368套，新增清洁能源用户986户。

【项目建设】全年开工建设各类项

目112个，其中投资千万元以上项目51个。10兆瓦并网光伏发电项目特许权招标正式启动，莫高窟保护利用工程开工建设，火车站站房建设、敦煌大剧院改造等12个项目建成投用，国道215线敦当段和敦七公路改建项目完成前期工作。围绕改善民生，狠抓社会发展项目落实，异地扶贫搬迁、廉租住房等项目列入省投资计划。同时，出台招商引资优惠政策，加大招商引资力度，引进悦榕度假大酒店等项目26个，实际引进市外资金4.35亿元。

【人民生活】城乡居民收入稳步提高。全年城镇居民人均可支配收入13230元，比上年增加2430元，增长22.5%；农民人均纯收入达6045元，比上年增加739元，增长13.92%。城镇居民恩格尔系数30.54%，比上年上升0.41个百分点。居住环境进一步改善，城乡居民人均住房面积分别达到34.68平方米和63.38平方米。移动电话和小灵通用户达到40.63部/百人。

【环境保护】环境质量持续改善。大气环境质量优于国家二级标准，饮用水和地表水质达标率100%。区域环境噪声和交通干线噪声分别控制在国家规定的排放限值之内。加快节水型社会建设步伐。继续推进关井压田工程，累计关闭机井201眼，压减耕地2.51万亩；建成河水滴灌示范点5个3016亩。完成国家重点生态公益林封育133.2万亩，封滩育林7万亩，人工造林2.79万亩；实施了东门至伊塘湖20公里绿色长廊景观工程；全市自然保护区面积达到98万公顷。加强水源涵养地保护，实施人工影响天气工程，区域生态环境有所改善。

【社会保障】全面落实城镇居民医疗保险、工伤保险、医疗救助、住房保障等制度，为14167人发放低保金816.06万元；为622名患重病困难群众发放医疗救助金157.55万元。完成了60户农村特困群众危房改造，新建改造七里镇、转渠口镇等农村敬老院和五保家园7个，建成殡葬服务中心，启动实施了社会福利中心建设项目。

【社会事业】国土资源、环境保护、计划生育三项基本国策全面落实。教育教学水平不断提高，高考上线率达76%，名列酒泉七县(市、区)第一；建成敦煌艺术旅游中专学校，完成阳关镇“一乡一校”布局调整，扩建了敦煌中学，撤并农村小学8所，全市新增校舍3.8万平方米。科技工作扎实有效，建成了全国科技进步先进市和省级可持续发展试验区。文化体育事业稳步推进，以“迎奥运”为主题举办了大众健身操表演、青少年歌咏比赛、广场文艺演出等一批群众文化体育活动；顺利完成奥运火炬接力敦煌传递。卫生工作全面加强，新型农村合作医疗制度更加完善，参合农民住院报销率达38.8%，比上年提高12.4个百分点；积极落实就业再就业优惠政策，开发公益性岗位298个，全市新增就业人数1905人。

庆阳市

【现任主要领导】

中共庆阳市委书记：张智全

庆阳市人大常委会主任：张志一

庆阳市人民政府市长：周强

政协庆阳市委员会主席：张文先

中共庆阳市纪律检查委员会

书记：李秀娟

【基本情况】庆阳市位于甘肃省东部，习称“陇东”。东接陕西省的宜君、黄陵、富县、甘泉、志丹等县；北邻陕西省吴旗、定边及宁夏回族自治区的盐池县；西与宁夏的同心、固原县接壤；南与本省的泾川县及陕西的长武、彬县、旬邑县相连。南北长207公里，东西跨208公里，总面积27119平方公里。辖庆城、环县、华池、合水、正宁、宁县、镇原7县和西峰区，116个乡(镇)，3个街道办事处，56个社区。庆阳市为大陆性气候，降雨量南部多北部少，2008年全市降水量316.0—598.9毫米，降雨多集中于7、8、9三个月。气温南部高于北部，年平均气温8.3—9.9℃，无霜期162—181天。年日照2339.3—2682.3小时，太阳总辐射量125—145千卡/平方米，地面年平均蒸发量为520毫米。

【自然资源】庆阳市属黄河中游黄土高原沟壑区，地形北高南低，东依子午岭，北靠羊圈山，西接六盘山。四周高而中间低，有“陇东盆地”之称。全市有董志、早胜、宫河等12条较大塬面，总面积27万公顷，其中：面积9万公顷的董志塬是农作物主产区。市内有马莲河、蒲河、洪河、四郎河、葫芦河5条河流，较大的支流有27条。年平均总流量为26.7立方米/秒,总径流量8.43亿立方米。全市地下水静储量约43.39亿立方米,动储量3714万立方米。

庆阳资源丰富，是甘肃的石油天然气化工基地、长庆油田的主产区，石油资源储量28.47亿吨，2008年原油产量为291.59万吨；西峰油田已探明三级地质储量4亿多吨，开发规模已达83万吨。庆阳煤炭藏覆盖全市，全省1428亿吨预测储量中，庆阳占1342亿吨，是全省预测储量的94%。截止2008年底，庆阳已探明煤炭资源92.8亿吨，占全省预探明的42.56%。目前，庆阳煤田勘查取得重大突破，正南煤田、环县沙井子煤田已开工建设，甜水堡煤矿、刘园子、宁中等煤田正在抓紧进行前期工作，庆阳将建成亿吨级煤炭生产基地。庆阳素有“陇东粮仓”之美誉，盛产小麦、玉米、油料、荞麦、小米、燕麦、黄豆等特色小杂粮久负盛名，备受推崇。庆阳是甘肃优质农畜产品生产基地，地处全国苹果生产最佳纬度区。已被农业部列入西北黄土高原苹果优生带，红富士苹果、曹杏、黄柑桃、九龙金枣和早胜牛、环县滩羊、陇东黑山羊、羊毛绒等大宗优质农牧产品享誉国内外。庆阳是全国最大的杏制品加工基地，全国规模最大的白瓜籽仁加工出口基地，是全国品质最优、发展面积最大的黄花菜基地和国家特产经济开发中心确定的全国特产白瓜籽、黄花菜示范基地，是中国特产之乡推荐暨宣传活动组委会命名的“中国优质苹果之乡”、“中国黄花菜之乡”、“中国小杂粮之乡”；是国家林业局命名的“中国杏乡”。庆阳还是中医药之乡，产有甘草、黄芪、麻黄、穿地龙、柴胡等300多种中草药，其中69种已列入《中华人民共和国药典》。

【旅游资源】全市有旅游景点61个，其中人文类56个，自然风景类5个。在人文资源中，有石窟寺4个，古塔古钟8个，古墓群14处，碑刻5座，古文化遗址8处，博物馆、文化馆、革命纪念地和民俗活动点17个。重点景观有秦直道、秦长城、兴隆山、周祖陵、小崆峒、南梁革命遗址、山城堡战役遗址等。西峰南佐新石器时代遗址、西峰北石窟寺、宁县政平唐塔、华池双塔为国家级重点文物保护单位。综合看，庆阳旅游资源呈现五大特点：一是自然资源独特。境内的董志塬是世界上保存最完整、面积最大、黄土层最厚的黄土高原，自古就有“八百里秦川比不上董志塬边”之说。纵贯东部南北、面积达3千多平方公里的子午岭天然次生林，是陕甘两省的重要雨水涵养林，其林区景观古来就有“北地江南”的美誉。二是史前文化世界瞩目。发掘于庆城县卅里铺镇的侏罗纪晚期岩层中的“环江翼龙”化石，发掘于合水县板桥第四纪早期的“黄河古象”化石，是极其珍贵的考古发掘。三是历史文化源远流长。庆阳是周先祖农耕文化的发祥地，也是中华民族的发祥地和黄河文明的发源地之一。市内可上溯至旧石器、新石器时代的南佐、仰韶、齐家等文化遗址多达984处，馆藏文物逾2万件。四是革命文化特色鲜明。庆阳是甘肃唯一的革命老区，遗址丰富。毛泽东、周恩来、邓小平、刘志丹、习仲勋等老一辈革命家都在庆阳这块热土上留下革命的足迹。这里有华池南梁苏维埃政府遗址，有红军长征最后一战的环县“山城堡战役”古战场和环县河连湾陕甘省政府遗址等。五是民间文化积存丰富。皮影、剪纸、刺绣、陇东道情堪称“四绝”。郭沫若誉其为“民间艺术的瑰宝”。2004年，在中央电视台和央视国际网络共同组织的西部名城评选活动中，我市从170多座参评城市中脱颖而出，被评为最具艺术气质的西部名城。中国工艺美术学会民间工艺美术委员会还命名庆阳市贺梅英等48名民间艺人为中国民间艺术大师；甘肃省民间文艺家协会命名庆阳市马秀珍等63名民间艺人为甘肃省民间艺术家；庆阳市民间工艺美术协会命名170人为庆阳市工艺美术大师。

【名优特产】主要名优特产：绿色杂粮系列有金黄透亮的什社小米、燕麦、荞麦等；家畜类有“裘中之珍”环县滩羊皮，著名的“黑紫羔”子午岭黑山羊，早胜牛、形如骏马的庆阳驴；经济作物有“西北特级金针菜”的黄花菜，“二白加一绿”的白瓜籽，“牧草之王”的紫花苜蓿，“致富万民”的金色烤烟；水果系列有历代贡品大“曹杏”，枣中极品“九龙金枣”，陇上精品“红富士苹果”，蜜汁浓香的“黄柑桃”；中药材有品质上乘的甘草，亿万年生成的龙骨，治感冒的良药小柴胡，越采越旺的酸枣，清心润肺的知母，祛风止痛的防风。

【民风民俗】庆阳市民风醇厚，民俗文化源远流长，博大精深，自成体系。在人类经历沧海桑田的历史变迁过程中，保存完好并具有很强生命力的庆阳民俗文化资源其艺术形式主要有香包刺绣、民间剪纸、皮影、雕塑、石刻、草编、纸扎等工艺美术系列和陇东秧歌、道情（陇剧）、传统社火、地坑窑洞、婚丧习俗等，其黄土风情独树一帜。

【人口】全市总人口264.39万人。有30个少数民族近6000人在这里居住。人口密度为每平方公里96人。新中国成立初期，这里城镇人口不足3000人，从工、经商、从政及就学人员低于10%。目前，全市城镇人口超过60万人，城镇化率达到25.76%，从事各类职业和就学人口超过110万人，占总人口的40%以上。改革开放以来，全市人口素质显著提高。接受过大中专以上教育的人口占总人口4%。适龄儿童入学率达到99.7%，13—15岁儿童初等教育普及率达到99.9%，小学生巩固率99.8%。文盲和半文盲人口降到10%以下。人均预期寿命显著提高，达到71岁。外出务工人员近60万人，占总人口的23%。

【国民经济】2008年，在市委、市政府的坚强领导下，全市上下以科学发展观统领经济社会发展全局，按照省委、省政府“四抓三支撑”和市委、市政府“工作创一流，名次争上游”的要求，开拓创新，攻坚克难，经济社会呈现增速加快、效益提升、民生改善、社会和谐稳定的良好局面，主要经济指标均保持了两位数增长，实现了“两个高于”的目标。经济总量快速增加。全年实现生产值248.50亿元，比上年增长14.3%。其中：第一产业增加值38.66亿元，增长13.5%；第二产业增加值150.47亿元，增长16.0%；第三产业增加值59.37亿元，增长10.9%。人均生产总值9872。

农村经济稳步推进。“三农”工作富有成效，农业结构调整、产业化经营、新农村建设、扶贫开发取得全面进展。以产业富民为主线，全面落实助农增收十大措施，充分调动了农民的农业生产积极性，农林牧渔四业兴旺，农村种养加工配套生产的新结构初见成效，农村经济保持了稳定快速发展的势头。全年实现全部农业增加值38.66亿元，同比增长13.5%。其中农业增加值29.9亿元，同比增长12.5%；林业增加值0.65亿元，同比下降23.1%；牧业增加值6.54亿元，同比增长28.6%；渔业增加值0.04亿元，同比增长5.5%；服务业增加值1.53亿元，同比增长13.2%。

农村基础条件改善。2008 年，全市农村基础条件得到进一步改善。全市乡镇全部通公路，有 99.1%的行政村通汽车，比上年提高 6.3 个百分点。年末自业水受益村 606 个，比上年增加了 108 个村，占全市行政村的 48.1%，自来水受益户 18.25 万户、72.08 万人，全市有三分之一的农民用上了清洁方便的自来水。100%的乡镇、99.1%的农户通上了电。通电话的村达到 1193 个，占到 94.5%；通电话的农户达到 20.99 万户，占总农户的 41.5%。随着国家对社会事业发展投入的进一步提高，乡村医疗卫生事业有了明显改善，从业人员数量增加、素质提高，群众看病难、看病贵的问题得到缓解。

粮食生产喜获丰收。全年农作物播种面积 909.61 万亩，比上年下降 0.3%，其中粮食播种面积 619.17 万亩，同比下降 2.2%。粮食总产量却达到 107.04 万吨，比上年增长 21.5%，为历史最高水平。其中夏粮播种面积 235.81 万亩，比上年下降 5.55%，总产量 41.26 万吨，增产 78.9%；秋粮播种面积 383.36 万亩，比上年下降 0.03%，总产量 65.78 万吨，增产 1.2%；油料播种面积 108.72 万亩，比上年增长 4.7%，总产量 10.15 万吨，增产 30.3%；蔬菜种植面积 124.04 万亩，比上年增长 2.1%，总产量 68.24 万吨，增产 5.0%。

畜牧业发展平稳。积极转变畜牧生产方式，大力引进和繁育优良品种，加快畜牧业养殖示范小区建设，养殖方式由传统的农户庭院分散养殖向规模化、小区化、区域化生产和产业化经营转变，生产取得长足进展。2008 年末生猪存栏 33.13 万头，增长 5.8%；牛存栏 29.14 万头，增长 8.9%；鸡存栏 260.45 万只，下降 35.4%；羊产业改变了过去满山遍野的放牧方式，大力推广“舍饲圈养”，养殖规模开始恢复，年末羊存栏 141.67 万只，比上年增长 8.6%。

生态建设成效显著。2008 年完成人工造林作业面积达 27.71 万亩，封山育林面积达到 80.30 万亩。在大力退耕还林的同时，经济林也有较快发展，核桃、花椒产量分别达到 1940 和 925 吨。

特色产业不断壮大。2008 年全市果园面积达到 191.73 万亩，同比增长 11.6%。其中苹果园面积 137.60 万亩，增长 18.3%；水果产量达到 36.74 万吨，增长 27.9%，其中苹果产量 29.02 万吨，增长 34.8%。在水果面积产量稳步增加的同时，质量也显著提高，一些优质水果闻名省内外，远销东南亚、俄罗斯等国家。烤烟、白瓜籽等特色产品面积产量也大幅提升。

石油工业异军突起。2008 年，我市围绕建设全省大型能源化工基地战略目标，油气、煤炭资源深度链式开发和化工产业园区基础设施建设步伐加快，工业强市战略强势推进，有力地促使了全市经济结构的改善、速度的加快和效益的提升。

工业经济快速增长。2008 年，全市完成全部工业增加值 140.86 亿元，比上年增长 17.6%；规模以上工业增加值完成 132.80 亿元，增长 16.5%，其中地方完成 7.60 亿元，增长 26.5%；规模以下工业增加值完成 8.07 亿元，增长 35.4%。规模以上工业企业完成销售产值 242.62 亿元，产品销售率 97.7%。全市 65 户规模以上工业企业盈利水平进一步提高，实现利润总额 56.54 亿元，增长 18.6%。主要工业产品产量上了新台阶，原油产量达到 291.59 万吨，增长 8.5%；原油加工量 115.01 万吨，增长 0.6%；汽油 32.91 万吨，增长 9.0%；柴油 54.44 万吨，下降 4.9%；果汁及饮料 3740 吨，增长 7.8%；白酒 3810 千升，增长 35.3%；水泥 13.08 万吨，增长 36.5；铁合金 13571 吨，增长 58.9%。

投资规模再上台阶。市委、市政府坚持把“发展抓项目”作为经济工作的主旋律，多方筹措建设资金，持续加大投资力度，上下齐心协力，全市掀起了新一轮投资热潮。2008 年全市实施 50 万元以上施工项目 1627 个，增长 5.2%，投资超千万元以上 462 个，比上年增长 26.2%。完成全社会固定资产投资 223.01 亿元，同比增长 65.2%。从资金来源渠道分，仍筹资金占比重最大。全年固定资产投资呈以下特点：一是投资项目锐增，总量快速攀升；二是投资规模扩大，带动效果明显；三是投资结构改善，投资倾向农村；四是投资渠道拓宽，民间融资加大。

内外贸易快速增长。由于全市经济发展速度加快和城乡居民收入增加的双重影响，促使内外贸易持续走旺，品牌化消费、超市化购物成为一种新时尚。饮食业向成品和半成品拼购发展，在外饮食人数持续增长。全市全年实现社会消费品零售总额 62.29 亿元，同比增长 27.9%。一些大型批发市场和专业市场越来越专，规模不断扩展，使居民的消费更为方便。外贸大发展，创汇高增长。以浓缩果汁、白瓜籽为龙头的出口商品再创辉煌，确立了农副产品出口占全省第一的主体地位。全年出口创汇总额可达 10218 万美元，同比增长 6.5%，出口供货总值再创新高，全年完成 7.4 亿元，同比增长 25.4%，各县区都有各自出口供货企业和出口创汇产品。

市场物价温和上涨。年内，在农业生产资料、工业原材料价格上扬的作用下，许多消费品价格出现较大幅度上扬，全市居民消费品价格为 106.0%，高于上年 1.1 个百分点；在 8 大类消费品中，有 6 类上涨，2 类下跌；农业生产资料价格指数为 106.8%，商品零售价格指数为 103.5%。

金融运行态势平稳。2008 年，全市金融机构有效贯彻稳健的货币政策，改进金融服务，各项金融资本平稳运行。至年底全市金融机构各项存款余额达 220.46 亿元，同比增长 28.2%。其中居民储蓄存款达 160.49 亿元，同比增长 26.2%。各项贷款余额 71.94 亿元，同比下降 6.6%。贷款主要投向农业生产和乡镇企业，工业贷款和建筑业贷款受金融危机的影响大幅下滑。

财政收入快速增长。财政收入继续保持了较快增长的势头。各级努力培植财源，大力开展增收节支，全年实现财政大口径收入 33.54 亿元，同比增长 28.7%。其中一般预算收入完成 17.46 亿元，增长 67.6%。同时坚持量入为出，使有限的财政资金保证了职工工资发放和支持全市经济建设的支撑作用，全年财政支出 68.44 亿元，同比增长 41.2%。

【人民生活】在城镇，各级政府努力拓宽就业渠道，积极支持城市个体经济的发展，保证了城镇居民的收入水平稳步提高。全年全市城镇居民人均可支配收入达到 9939 元，同比增长 18.4%。从收入来源看，工薪收入仍属主渠道，但来源面更宽泛，家庭经营、劳务、兼职等收入明显增多。随收入水平的提高，城镇居民消费支出也水涨船高，全年人均支出 7821 元，同比增长 9.9%。食品衣着、时尚高档用品和医疗保健用品支出快速增长。在农村，农民收入也出现多年少有的快速增长。2008 年全市农民人均纯收入 2385 元，同比增长 17.5%，净增 355 元，农民增收的渠道更趋多元化，粮补去税、免费以及外出打工人数增多，为农民增收拓宽了渠道。在农民收入水平提高的同时，农民消费水平也有了提高，人均生活消费支出 2015 元，同比增长 21.4%。

【社会事业】全市上下坚持科教兴市战略，加大公益项目投入，加强院地、院企合作，组织实施科技计划项目 342 项，投入科技“三项”费 960 万元。有政府独立科研单位 3 家，发展各类推广服务机构 1210 家，成立专业研究会 3960 个，116 个乡镇均建起了农民技术学校；创建科技示范乡 87 个、示范村 840 个、示范户 46530 户。共有 93 个乡镇达到全市科技进步先进乡镇标准，占乡镇总数的 77.6%，先后与上海宝山区、同济大学、兰州大学、兰州理工大学建立友好合作关系，聘请科技人员 186 名，引进新技术、新产品、新品种 160 多项，实施合作项目 40 多项，累计引进资金 3 亿多元，年新增产值 3.3 亿元。形成了一个上下贯通、功能齐全的科技管理、培训、示范和推广服务体系，科技对经济增长和社会发展的贡献率达到 50%以上。大力推进普九教育，全面推进素质教育，教育质量全面提高，适龄儿童入学率 99.6%，初等教育普及率 93%。普通高校录取人数创历史新高。高考录取率 52.85%。以庆阳香包民俗文化节为龙头的文化产业开发势头强劲，远销了香包、出名了庆阳。随着国家加大基层基础卫生事业的建设力度，全市医疗卫生整体水平不断提高。积极开展全民健身运动，参加体育竞赛和体育运动的人数稳步提高，全市体育事业蓬勃发展。各级认真落实“两条保障线”，积极输转城乡富余劳动力，使城镇登记失业率为 3.8%。城市化水平提高。2008 年，全市城市化水平达到 25.76%，比上年提高 1.1 个百分点。

【市政建设】全市加大城市改造力度和小城镇建设步伐，市区、各县城及建制镇拓宽了道路、绿化了环境、扩大了城市面积。2008 年开工建设基础设施建设工程 112 项，完成城市道路 16 条，实施城市“五化”项目 59 个，县城市建设投入最多、管理力度最大，市容市貌变化最明显的一年。各县县城、重点小城镇和中心村建设进展良好。城市房地产开发建设迅猛发展，恒美花园、金鹏家园、世纪新村、东湖安居、名仕雅居庆阳园、嘉馨园、鸿元小区、华宇名城等居民住宅小区相继竣工投入使用。房地产开发投资对 GDP 的拉动作用不断显现，占固定资产投资总额的比重逐年提升，成为拉动消费、推动国民经济快速发展的增长极，为城市发展、居民居住水平、生活质量的提高做出了积极贡献。

【环境保护】全市环境保护工作以“一市、两区、两河”为重点，集中解决了一批影响人民群众生活的问题，特别是石油开采造成的环境污染，使环境管理得到加强，污染防治、环境综合治理成效明显。全市投入环境治理资金 2.60 亿元，工业废水排放达标率 84.7%。2008 年化学需氧量在“十五”末的基础上削减 460 吨，削减率 5.2%；二氧化流在“十五”末基础上削减 150 吨，削减率 2.7%。

（王选峰　杨学刚）

西峰区

【现任主要领导】

中共西峰区委书记：阎安

西峰区人大常委会主任：张怀璧

西峰区人民政府区长：冯光敏

政协西峰区委员会主席：张金彤

中共西峰区纪律检查委员会书记：赵海东

【基本情况】西峰地处甘肃省东部，泾河上游，位于董志塬腹地，北靠庆城县，南接宁县，西和镇原县毗邻，东与合水县相望。属陕、甘、宁三省区金三角地带，是庆阳市政治、经济、文化、交通和商贸流通中心。全区共辖 5 乡 2 镇 3 个街道办事处，100 个行政村，856 个自然村，15 个社区，总人口 34.51 万人，其中农村人口 22.39 万人，城区人口 12.12 万人，总土地面积 996.346 平方公里。西峰系黄土高原沟壑区，海拔 1421.0 米，地势由东北向西南倾斜。地形呈一扇状，南北长约 47.7 公里，东西宽约 34.8 公里，以彭原乡、董志镇为主线的董志塬，塬面较为完整，地势平坦广阔，耕地以黑垆土为主，微碱性，土壤肥沃、疏松、保水保肥，垂直渗透力强。

【资源优势】西峰素有“陇东粮仓”、“陇东明珠”之美誉。境内有发掘的多处新石器时代仰韶文化、齐家文化遗址；北魏永平二年开凿的北石窟寺，是陇东地区北魏文化的精华，也是我国石窟艺术中的奇葩，是国家级重点文物保护单位，为甘肃四大石窟之一，由于附近砂石开采，石窟正在抢险加固中。二十世纪六十年代建设的巴家咀水库大坝，宽539米，高74米，是黄土高原第一坝；结构独特的肖金宋代金城寺砖塔，为省级文物保护单位；近年，全区上下以"黄土文化"为主线，积极开发旅游资源。先后开发了小崆峒、南小河沟等自然景观以及以周祖农耕文化为主线的公刘庙、老洞山等遗迹，是西峰区独具特色的自然人文景观；西峰区曾是周先祖在庆阳公刘部族农耕文化发祥地，境内温泉、什社乡一带，古名周都里；民间艺术独树一帜，巧夺天工的剪纸、绚丽多彩的刺绣、泥塑，享有"地面活文物"的美誉。传统民间工艺品，风格独特、创作构思新颖、别致、是当地人民长期生活和民俗风格的逼真反映；风味醇厚的地方小吃—臊子面、玉米发糕、小米稀饭等令人称道。全区有国家级重点文物保护单位2处，旅游景点13处，旅游接待单位26个。

全区拥有土地面积149.45万亩，人均4.42亩，可用耕地59.83万亩，其中耕地59.34万亩，农民人均2.44亩。粮食作物主要有小麦、玉米、谷子、大豆、糜子、高粱、洋芋。经济作物主要有胡麻、油菜籽、油葵、瓜类、药材等，苹果栽培地处最佳纬度区，产量高、品质好，已成为全区农业主导产业，农副产品中的黄花菜驰名全国。

区内拥有丰富的潜层地下水和与流经镇原县边界的蒲河一条河流。境内河流长50.5公里，毛家河段面多年平均径流量2.220×108m3，流域多年平均径流深30.9mm。潜层地下水是全区人畜和工业用水的主要水源，含水层厚度平均48米，黄土层深厚，水质量好。西峰油田探明储量达1.7亿吨以上，将陇东含油面积扩大到2.5万平方公里，年原油产量达60万吨以上。

西峰交通便利，省道202线贯穿全境，境内等级公路333.2公里，等外公路571.9公里。近年来，乡村道路建设步伐加快，已实现了城乡道路100%柏油化和45%的村组道路砂砾化。扩建的民航庆阳机，2005年8月份恢复通航。

【国民经济】初步核算，2008年西峰辖区生产总值完成58.52亿元，增长13.6%。其中第一产业实现增加值6.51亿元，增长12.6%；第二产业实现增加值30.67亿元，增长15.4%，在第二产业中，工业实现增加值25.52亿元（石油工业21.3亿元），比上年增长10.6%，第三产业实现增加值21.34亿元，增长11.4%。产业结构比为11.1:52.4：36.5，二、三产业已成为推动全区经济增长的主要动力。按常住人口计算，人均生产总值达到了16956.6元。

全年粮食总产量达到12.08万吨，经济作物中油料产量达1.42万吨，果品总产量达7.57万吨，肉类总产量达0.49万吨，鲜蛋总产量达581.1吨。农业总产值达到14.7亿元，实现增加值6.79亿元。

规模以上工业20户(不含石油企业)，完成产值9.11亿元，实现增加值2.58亿元，比上年增长34.1%，省以下的地方企业完成增加值1.61亿元，比上年增长52.8%。实现销售产值8.65亿元，产销率达94.9%。

资质以上建筑企业34户，完成房屋竣工面积163.2万平方米，比上年增长34.2%，全年实现建筑业产值138401万元，实现增加值33000万元，实现利润6787万元。

辖区社会消费品零售总额达19.84亿元，比上年增长27.7%，其中批发零售贸易业完成零售额15.01亿元，比上年增长26.7%，住宿和餐饮业完成零售额4.78亿元，比上年增长31.3%。全年出口创汇7182万美元，比上年增长16.7%。

全年实现财政收入31688万元，比上年净增加7070万元，增长35.6%，其中小口径收入21656万元，比上年增长39.6%。财政总支出81804万元，增长35.3%。

金融机构各项存款余额71.25亿元，比年初增加14.90亿元，增长26.4%。其中城乡居民储蓄存款余额为49.27亿元，比年初增加11.75亿元，增长31.3%。各项贷款余额23.77亿元，比年初增加1.37亿元，增长6.1%。

【项目建设】全年实施50万元以上各类项目345个，完成投资41.3亿元，增长40%，千万元以上项目135个，完成投资37.27亿元，增长49.7%，特别是庆化搬迁改造、庆阳机场4C级改扩建、西长凤高速公路、火巷沟排洪排污工程等一批关系全区长远发展的重大项目取得了实质性进展。全区全社会固定资产投资完成43.42亿元，比上年增长47.2%，其中千万元及500万元以上项目投资额同比分别增长40.6%和43.1%，占总投资的86.2%。分产业看，第一产业投资1.57亿元，增长81.5%，第二产业投资9.78亿元，增长66.2%，第三产业投资32.07亿元，增长39.2%。第三产业仍占投资的主要比重，一、二产业呈加快提升的态势。

【新农村建设】全年完成退耕还林1万亩，新建淤地坝6座，流域治理15.83平方公里，年末新增有效灌溉面积5800亩，补贴购置新型农业机械795台（部），年底农用车达到2693辆，大型拖拉机达到1407台，农业机械总动力增长到20.24万千瓦。农业机械化、水利化、电气化水平明显提高。解决了26个行政村、2210户居民安全饮水问题。新修通村油路37条、203公里。全区100个村通油路、百分之百行政村通电、通车，电视覆盖率百分之百，自来水受益86个村。新建小康达标村15个，小康住宅户434户。

【人民生活】辖区全部在岗职工工资总额达到65927.8万元，比上年增长29.7%。年人均工资额23042元，比上年增长26.1%，其中区属职工工资总额为24644.3万元，比上年增长34.3%，年人均职工工资额24946元，比上年增长31.0%。全年城镇居民人均可支配收入9938.72元，比上年增加1542.74元，增长18.4%，人均消费性支出7821.06元，增长9.9%，城镇居民家庭恩格尔系数为37.0%，比上年上升1.8个百分点。农民人均纯收入3166.68元，比上年增加487.68元，增长18.2%，人均生活消费支出2549.37元，比上年增加312.45元，增长14.0%，农村居民家庭恩格尔系数为36.7%，比上年下降了4.9个百分点。

【社会保障】辖区参加基本养老保险的职工人数为16301人，其中离退休人员6732人；参加失业保险39886人；参加职工基本医疗保险27661人；城镇居民基本医疗保险参保人数达到3.64万人，征缴保险费364万元。城市低保参保人数达到8333户、21672人，发放保障金4620万元，比上年增加2344万元。农村低保参保人数达到3064户、9691人，发放保障金573万元，比上年增加345万元。

【环境保护】全年净削减化学需氧量436.12吨，净削减二氧化硫241.73吨，削减率分别达到24.39%和16.31%。空气总悬浮微粒年日均值为0.253mg/m3；二氧化硫年日均值为0.011mg/m3，二氧化氮年日均值为0.021mg/m3。地面水质达标率达到100%。饮用水源水质达标率为100%。区域环境噪声平均值为53.8分贝，交通干线噪声平均值为67.7分贝。

【社会事业】城市总规划面积24平方公里，建成区面积达到了14.65平方公里，全年实施重点市政设施项目5个、旧城区块改造项目18个，开拓建成新、旧城区道路15条26.7公里，省级卫生城市创建顺利通过省上验收。

全年投入科技三项费93万元。新选派科技特派员46名，举办科普知识讲座3期，开展科技实用技术培训17期；实施以支柱产业为主导的科技项目35项，承担实施城市雨水资源利用技术研究暨产业开发等省列项目2项，优质苹果栽培技术示范等市列项目13项；为服务对象引进新品种、新技术80种(项)，开展新品种试验示范11项，选育蔬菜新品种2个。与科研院所及科技院校合作，实施科技项目26项，开展技术指导，技术讲座30场次。培训人员1400人，培养科技示范户160户；开展果树栽培、蔬菜种植等各类科技培训400多期，发放有关科技知识宣传单10万余份，培养农民技术骨干15000多人，受训农民达3万人（次）。

年内投资3098.84万元新建教学楼6幢，14524.3平方米，一次性清除农村61所中、小学危损校舍600间、12960平方米。落实义务教育“两免一补”资金768万元，免除3.73万名学生学杂费，为中小学装备图书77000册，教学仪器17400(套),购置新型课桌6600套。全年，3-6岁幼儿入园率达到了86%。适龄儿童入学率达到100%，高中阶段入学率达70%以上。小学毕业生平均双科合格率达到80.26%。普通高校录取3384人，录取率49.17%。辖区共有各类学校207所。其中高等学校1所，成人高等教育学校1所，中等专业学校9所，职业中学3所，中学25所（其中：完全中学10所，独立初中14所，高级中学1所），特殊教育学校1所，普通小学121所，幼儿园46所。各类学校共有教职工6939人，其中专任教师6266人。在校学生100575人。

全区现有专业剧团2个，影剧院1个，文化馆2个，图书馆2个，文化中心（站）8个，农村图书文化室98个，博物馆2个。广播电视覆盖率94.9%，城区有线电视覆盖率93.6%。组织万人长跑、元宵节社火会演、秧歌大赛、“三下乡”、“四进社区”、“和谐庆阳广场文化周”等14项大型群众文化活动，在东湖公园门前组织公益性演出37场次。承办了第六届香包节开幕式大型民俗文化展演迎活动，巩固发展香包生产专业村5个，举办文化活动252场次。争取了6个村“农家书屋”项目，配套图书3774册。

辖区拥有卫生机构392个，其中医院5个，社区卫生服务中心(站)15个，卫生院8个，诊所、卫生所、医务室358个，实有医疗病床1393张，卫生技术人员2103人，其中：执业助理医师761人，注册护士473人，药剂人员221人，检验人员70人，其他人员546人。投资1175万元，为8个乡镇卫生院新修、改建业务用房12847平方米，建成达标的村卫生所业务用房均达到4间80平方米以上，累计建成小康示范村卫生所82所。全区现有村卫生所113所，免疫接种点2个，共计115个，达到了村村有所，有医有药，人员、机构、房屋、设备、任务五落实。进一步修定了新型农村合作医疗管理实施细则，提高了各级住院补偿比例，扩大了受益范围。全区参合人数为22.104万人，参合率达到91.37%，农合基金人均达到了90元。全面加强了突发公共卫生事件应急工作。处理突发学校传染病疫情9起。

（张俊英　冯丽萍）

庆城县

【现任主要领导】

中共庆城县委书记：闫晓峰

庆城县人大常委会主任：刘建民

庆城县人民政府县长：解平

政协庆城县委员会主席：贾兴勤

【基本情况】庆城县（原庆阳县）位于甘肃东北部，泾河上游，东邻合水，西濒黑河，与镇原县相望，南与西峰毗邻，北与环县、华池接壤。地势由北向南倾斜，总土地面积2692.6平方公里，辖5镇10乡，153个行政村，总人口33.43万人。古称北地，扼首古长安北去宁夏萧关之要冲，历史文化悠久，是中华民族农耕文化发祥地之一。城周青山围郭，二水环流，城似凤凰展翅，故名“凤城”。庆城县物华天宝、人杰地灵。这里既是医祖岐伯、明文坛“前七子”领袖李梦阳等诞生地，也是原陕甘宁边区陇东革命根据地的一部分，刘志丹、习仲勋、马文瑞、蔡畅、耿飚等老一辈无产阶级革命家曾在这里战斗生活过。境内人文遗址、自然景观风格独特，有国家AA级周祖陵森林公园、鹅池春水、普照寺大殿、慈云寺女真文铁钟、岐伯圣景等十多处名胜古迹。县内矿产资源丰富，石油、天然气储量较大，现有长庆油田和中油庆化集团两大企业从事石油、天然气的开发利用。已形成苹果、黄花菜两大支柱产业，“赤诚”牌苹果誉享陇原，“庆针”牌黄花菜畅销海内外，马岭黄酒、中药材、白瓜籽仁、甘草酸铵等产品，曾多次荣获省优名牌产品。

【国民经济】2008年，全县上下以经济建设为中心，按照“全面提速、科学发展、增创一流、再上台阶”的总体要求，牢牢抓住加快发展这个兴县富民的第一要务，凝心聚力、攻坚克难，经济和社会各项工作取得了新的突破。2008年，全县完成生产总值65.5亿元，比上年增长12.5%；社会固定资产完成21.28亿元，增长62.45%，规模以上工业增加值1.33亿元，增长27.6%；大口径财政收入3亿元，增长4.1%；城镇居民人均可支配收入9104.9元，增长16.7%；农民人均纯收入2509.86%元，增长20.41%；社会消费品零售总额9.18亿元，增长2.17%。

【农村经济】兼顾立地条件，结合结构调整，壮大产业规模，农村经济呈现出勃勃生机。一是农业结构调整取得突破性进展。针对自然灾害频发、山区降水偏少的实际，把大面积推广种植全膜玉米，作为加快农业结构调整的重中之重，全面落实粮食直补、良种推广、农机具购置补贴等惠农政策和助农增收措施，特别是在塬去和北部山区推广种植全膜玉米8.75万亩，让种植户每亩平均增收300元以上。二是特色产业开发形成了片带规模。调动群众发展特色产业的积极性。全年新栽苹果5.5万亩，累计达到30万亩；种植优质牧草17.6万亩，累计达到54万亩；发展规模养殖户762户，基本形成了草畜互动、良性发展的格局。三是新农村建设探索出新的模式。结合易地扶贫搬迁项目和灾后重建工作，整合资金，因地制宜，科学规划，建成农村小康示范点22处389户，初步探索出了油田闲置资产利用型、沿川上宅下店型、塬区前宅后园型和山区砖箍庄面型四种小康农宅模式。一批小康示范点，规划合理，配套齐全，美观实用，起到了很好的示范带动作用。

【工业化进程】坚持把大办工业作为转变精进增长方式、化解单一财源风险的主攻方向，全力抓新办，重点抓提升，稳步增效益，强力推进工业强县战略。一是不断拓展工业创办新路子。充分发挥特色农产品资源和油田闲置资产两大优势，科学规划，大胆探索，初步形成了依托驿马园区，做大农产品精深加工；利用闲置资产、低沉本快速建办企业；围绕石油开发，新上配套工业。全年落实工业项目64个，完成投资2.01亿元。特别是长荣机械的建成投产，年纳税超过200万元，不但成为我县民营工业转型的领军企业，也成为我县重点培育的骨干财源企业。二是积极开辟出创汇新领域。努力克服国际金融危机造成的农产品出口困难，帮助和指导重点出口实绩企业强化内部管理，提高产品质量，增强创汇能力。全年出口创汇1206万美元。

【项目建设】坚持不移的实施项目带动战略，全力推介，积极争取，快速实施。全年落实50万元以上项目258个，完成投资20.6亿元，占市上任务的158%，同比增长60.6%。全年争取国建投资4.57亿元，特别是异地扶贫搬迁。农村校舍改造、沟道坝系建设、城区污水处理等30多个国投重点项目的实施，对我县城乡面貌改善产生了强拉动作用。二是招商引资再接硕果。采取上门推荐招商、参加节会招商、聘请特派员招商等办法，全年实施各类招商引资项目192个，投资10.82亿元，同比增长13.3%。

【城乡建设】坚持把城乡基础建设，作为推进小康社会建设的战略性任务，加快县城南北延伸步伐，提升小城镇综合承载能力，改善农村生产生活基础条件。继续按照建设“区域商贸物流中心“的战略定位，纵深推进北区建设，投资3.75亿元，开通了两条主街道，建成了两个住宅小区，完成了两个回填地块。精心实施旧城改造，完成了城区主街道的改造铺油和重点小巷的硬化亮化，拆除了育才路20多家商业门店，破墙透绿，主街道环境焕然一新；实施了古城墙宾馆段加固改造工程，加速了城区与景区的对接；启动了财富广场工程，完成了蔬菜水果超市一条街建设。新开发建设用地100多亩，进一步加快了县城南北延伸步伐。特别是围绕创建国家卫生文明县城这个目标，纵深推进城市精细化管理，城区综合环境持续向好，给全市乃至全省县级城市管理创造了经验。始终把小城镇建设作为连接城乡、吸纳农村富裕劳动力的重要平台，坚持新办企业向城镇靠拢，商贸物流向城镇集中，小康住宅向城镇摆布，着力增加重点小城镇综合承载能力。夯实农村基础建设。坚持从人民群众最迫切，最现实的需求入手，水电路田同步推进，改善农村基本生存条件，增强可持续发展后劲。年内改建乡油路2条43公里，新修通村公路35条232公里，民工建勤修建乡村公路30条243公里，提前两年实现了”十一五“规划确定的“区域坏绕、分区连接、三纵四横”的路网建设目标。水利建设完成西川饮水续建工程，解决了5乡镇部分群众的人畜饮水困难；实施农村安全饮水项目，使1.2完群众的饮水达到安全标准；完成城区管网改造，城区供水硬件设施得到全面维修；全年完成灌溉3.2万亩，新增有效灌溉面积1500亩。搭建10千伏农电线路 32.6 公里，0.4 千伏线路 40.3 公里，解决了边远山区 614 户群众的用电难问题。生态建设完成退耕还林补植补造 19.9 万亩，荒山造林 4000 亩，新修水平梯田 1477.3 公顷，有效控制水土流失 50 平方公里。

【社会事业】注重社会事业发展和民生问题改善，年内投入 3 亿多元，发展交通能源项目和社会事业项目，让城乡群众普遍享受到了改革发展的成果。教育事业加快布局调整，完成 30 所中小学校撤并和 34 所学校改扩建，教育优势资源趋于集中。347 个城市低保户和残疾人家庭的学生也享受到了这一优惠政策。医疗卫生工作上台阶。农村合作医疗补助标准得到了提高，扩大了城镇居民医疗保险参保范围，城乡群众看病难、看病贵的问题得到较好的解决。文化旅游事业完成博物馆装修布展，成为目前全省建筑面积最大、布展档次最高、馆藏文物最为丰富的县级博物馆，《皇帝内经》千家碑林建设进入实质阶段，完成了中轴线上济世阁、风车庄园、十字庄园、牌坊门等主体工程，基层文化建设建成了 3 个标准化乡镇文化站和 59 个农家书屋，农村公共文化服务体系趋于完善。同时，科技推广、计划生育、廉租住房、社会保障、就业再就业等涉及民生的各项事业都有新的进步。

环　县

【现任主要领导】

中共环县县委书记：赵连印

环县人大常委会主任：李元考

环县人民政府县长：王谦

政协环县委员会主席：田建堂

【基本情况】环县位于陕、甘、宁三省(区)之交界，鄂尔多斯盆地腹中，是大西北经济圈的中枢，银(川)—(长)武大动脉纵贯全境，神府、宁东、华亭、彬长四大煤田分布四周，中石化、中石油、延长油矿开采区块均有分布。全县辖 20 个乡镇、1 个旅游开发办、250 个行政村，1491 个村民小组，总土地面积 9236 平方公里，2008 年末总人口 35.18 万人，总户数 8.34 万户，其中：农业人口 32.62 万人，农业户数 6.61 万户。境内海拔高度在 1200—2089 米之间，年均降雨量 300 毫米左右，年平均日照时间 2600 小时。

环县是人类文明的发源地，历史悠久，人杰地灵，是华夏农耕文化的发祥地和中华民族最早的繁衍生息地之一，早在旧石器时代晚期已有人类活动。隋朝置县以来，环县就是兵家必争之地。环县是 1936 年解放的革命老区，红军长征途经之地，原陕甘宁省委、省政府驻地，是陕甘宁根据地的重要组成部分、中国人民解放战争的总后方。第二次国内革命战争最后一战——山城堡战役就发生在环县境内。习仲勋同志为第一任县委书记。

【资源优势】环县是绿色杂粮的原产地，品质优良，物美价廉。环县位于毛乌素沙漠与黄土高原的交汇地带，气候凉爽，干旱少雨，特殊的土壤、气候和降雨量造就了环县盛产荞麦、糜子、谷子、洋芋、燕麦等小杂粮和胡麻、葵花、黄豆、中药材等多种经济作物，质优品良，属绿色无公害产品。其中小杂粮产量居全省之首，被命名为“中国小杂粮之乡”。全县羊只饲养量居全省第二，是西北羊绒、羊毛、皮张和各种肉食品的主产地之一。

环县矿产资源丰富，境内有石油、天然气、石灰岩、煤炭、白云岩等多种矿藏。石油地质储量达 3 亿多吨，是长庆油田的主产区之一；优质石灰岩储量达 2000 多万吨，正在开发利用；白云岩储量达 18 亿吨，属特优品位；全县煤炭预测储量 684 亿吨，其中千米以浅整状煤田预测储量 51 亿吨，煤层气预测储量 3480 亿立方米。现已探明千米以浅整状煤田储量达 16.47 亿吨，甜水堡千米以浅煤炭储量 2 亿吨，构造简单，煤质优良，具备建设亿吨级煤田的条件。

【民俗文化】环县是多样文化的汇集地，风情独特，古朴典雅。黄土文化、农耕文化、沙漠文化、宗教文化、红色文化、民俗文化璀璨汇集。道情皮影享誉国内外，是“中国皮影之乡”，被西方誉为“东方魔术般的艺术”，1987 年成功出访意大利，2006 年成功召开了全国非物质文化遗产保护试点工作经验交流会。皮影、香包、剪纸、刺绣等民间艺术古朴典雅，引人瞩目。环县羊羔肉、黄米酒、荞剁面、燕面柔柔等地方小吃风味独特，闻名遐迩。环县旅游资源丰富，有横亘中南部的秦长城、风景优美的道教名山东老爷山、巍峨壮观的宋代砖塔、彪炳史册的山城堡战役和陕甘宁省委省政府遗址等可供游览观瞻的旅游景点 330 多处。

【国民经济】环县是日臻崛起的希望地，环境宽松，人和心齐。改革开放以来，特别是西部大开发战略实施以来，全县上下紧紧抓住西部大开发的历史机遇，大力发扬“人一之、我十之，人十之、我百之”的苦干实干精神和艰苦奋斗、顽强拼搏的革命老区精神，坚持以项目建设为总纲，充分发挥绿色农产品、矿产资源和特色文化“绿黑文”三大优势，深入实施项目带动、基础先行、强农富民、工业突破、开放开发、科教兴县六大战略，加快产业化、工业化、城镇化三大进程，实现财政增涨、城乡居民收入增加、基础设施后劲增强三大目标，经济社会各项事业呈现出全面提速、加快发展的良好势头。初步核算，200 8 年国内生产总值完成 16.73 亿元，同比增长 17.4%，社会消费品零售总额完成 36581 万元，同比增长 17%，全年完成规模工业增加值 5320 万元，同比增长 16.1%，消费品需求提速增长，全县社会消费品零售总额 4.65 亿元，同比增长 27.2%，地方财政收总量提高，完成大口径财政收 9411 万元，同比增长 40.7%，小口径财政收入 6188

万元，同比增长50.6%。农民人均纯收入1962元，同比增长16%；城镇居民人均可支配收入8623元，同比增长27%。

【项目建设】2008年，全县积极主动解难题，薄弱环节得到新加强。沙井子煤田详查、西部煤田地质普查和甜水南部煤田地质详查加快实施，刘园子年产90万吨煤矿快速推进。围绕解决瓶颈问题，千方百计兴办实事，通过群众联名致信，争取扬黄二期立项上马，县南人饮工程全面竣工，吃水难问题整体缓解。

【社会事业】以人为本重民生，社会事业取得新进步。教育继续保持全市领先位次，职业教育活力不断增强赋创了整合资源、规模办学，校企联办、特色办学的新路子；道情皮影“入联”工作扎实推进，赴外演出有声有色，成为宣传环县、推介环县的最好名片；红色旅游、民俗文化开发起步良好，山城堡战役纪念园建设规划取得实质进展；科技、医疗、体育、卫生、社保、计划生育等工作有序推进，质量水平稳步提升；灾后重建、“20件实事”全面完成，民生、民居、民忧等问题进一步改善。在全面建设小康社会、加快构建和谐社会的新形势下，全县上下以党的十七大精神为指导，围绕建设草畜大县、杂粮特县、工业强县、文化名县的总目标，突出科学发展、和谐发展、提速发展这条主线，抓住改善民生这一根本，始终坚持以项目建设为总纲，集中突破农业结构调整、农民增收两大难题，积极开展农业结构调优年、资源开发突破年、基础设施攻坚年“三个年”活动，加快产业化、工业化、城镇化三大进程，推进经济、政治、文化、社会四项建设，努力开创经济社会又好又快发展新局面。

华池县

【现任主要领导】

中共华池县委书记：马斌

华池县人大常委会主任：何文堂

华池县人民政府县长：张万福

政协华池县委员会主席：常玉海

中共华池县纪律检查委员会

书记：李振昱

【自然概况】华池县位于甘肃省东部，东北与陕西省志丹、吴旗、定边县接壤，西南与省内的庆阳、环县、合水为邻，总土地面积3776平方公里，耕地总资源6.61万公顷，其中水平梯田2.52万公顷。全县共辖3镇12乡，3.7万户，13.22万人，人口密度每平方公里35.01人。有汉、蒙、回、藏、维、苗、壮、满、侗、土、彝、布依、朝鲜等13个民族，境内丘陵起伏、梁卯相间，沟壑纵横，属黄土高原丘陵沟壑区，年平均降雨量510毫米左右，且多集中在7、8、9三个月，有气象资料记载以来，降雨量最多的年份2003年降雨量达到623.5毫米，年平均气温8.7℃，无霜期178天，干旱、霜冻、暴雨为主要天气灾害。境内有元城川河、柔远川河、城壕川河、二将川河四条主要河流，年总流径量在400万立方米以上。

华池县物产丰富，开发前景广阔。农作物主要有小麦、玉米、高粱、糜谷、荞麦、黄豆、胡麻、白瓜籽等。其中黄豆、白瓜籽、荞麦、洋芋、玉米以量大质优、远近闻名。境内已探明地下石油储存面积2200平方公里，储油量5000多万吨，现有长庆石油勘探局下属的元城、城壕、柔远、南梁、周边管理作业区5个石油生产区块，年产原油180多万吨。全县经济林达5.93万多亩，有杏、梨、桃、苹果、葡萄、酸密果等十多种果品，年产水果2520万斤以上。布尔山羊、绒山羊、小尾寒羊、早胜牛已初步形成规模养殖。野生药材以甘草、茵陈、黄岑、茜草、川地龙、麻黄、山桃仁、秦艽、杏仁、远志、柴胡等为主，尤其以甘草质优量大，远近闻名。

【国民经济】2008年，全县完成生产总值45.29亿元，比上年增长29.7%；固定资产投资达到13.3亿元，增长41.5%；大、小口径财政收入分别达到8080万元和5500万元，增长24.3%和27.3%；规模以上工业增加值达到1130万元，增长123%；社会消费品零售总额达到3.45亿元，增长28.7%；农民人均纯收入达到2300元，增长16.4%；城镇居民可支配收入达到9981元，增长27.6%；粮食产量达到1.68亿斤，增长21.5%。

【项目建设】始终坚持把项目建设作为拉动经济社会强劲发展的“第一要务”，瞄准导向争项目，优化环境招项目，启动民资办项目，立足内需储项目，项目建设成果丰硕。年内有农村沼气能源、农村安全饮水等19个项目批复立项，落实资金1亿元，占年初26个重点项目争取任务的73%；总投资45亿元的超低渗透油田开发和投资6000万元的县城东苑小区开发等54个招商引资及启动民资项目成功签约并全面付诸实施，创招商引资工作最好水平；年内论证储备符合国家投资导向和经济社会发展需求的项目102个，使库存优势项目达到228个；全年共实施50万元以上的重点项目132个，特别是超低渗透油田开发、红色旅游、新农村建设、通乡油路、县城区改造等一批大项目、好项目的实施，有力地拉动了固定资产投资大幅增长，成为县域经济快速发展的“助推器”。

【三农工作】通过精心实施，促使全县农民人均纯收入比上年净增324元，是近10年来增幅最大的一年，全县农民增收五年行动计划迈出了坚实的一步。草畜产业主导地位更加凸显。按照“种草舍饲齐抓、引种改良互动”的思路，大力推进草畜产业开发。全县共种植优质紫花苜蓿18.8万亩，建成千亩以上草点15个、万亩草带和千亩草带各2条。启动实施了“县级干部一帮三、科级干部一帮二、一般干部职工一帮一”的干部职工担保农户贷款

"321"产业富民工程，动员全县1610名干部职工为2254户农户担保贷款676万元，引进优质绒山羊5000多只。协调发放扶贫贴息贷款1057万元，建成绒山羊专业养殖村15个、规模养殖场21个，"漫山遍野种草、千家万户舍饲养殖绒山羊"的模式成为全县草畜产业的主攻方向。年底，全县畜牧业产值达到9000万元，人均畜牧业收入达到820元。种植业结构布局更趋合理。大力实施种植业"2111"工程，推广种植全膜玉米10.75万亩，增产粮食3665万斤，全县粮食总产、人均产粮均创历史新高。7月份在我县召开了全省旱作农业现场观摩会议，我县发展旱作农业的经验得到了广泛交流。种植白瓜籽12.3万亩、小杂粮21万亩、洋芋11.5万亩、瓜菜6.5万亩，基本形成了西北部以小杂粮、洋芋为主，东部以粮饲玉米、白瓜籽为主，中南部以瓜菜为主的农业产业发展格局。林果产业初显生机。栽植苹果2500亩，新建沙棘基地4万亩，全省首家沙棘综合加工项目落户华池并开工建设。专业合作经济组织不断壮大。组建绿安红小豆等专业合作经济组织15个，"企业+协会+农户"的经营模式基本形成，玉米、荞麦2个农产品获得绿色认证，农业标准化生产步伐明显加快。劳务产业稳步发展。采取组织输转、自谋输转等多种形式，向北京、银川、江苏、深圳、长庆油田等地输出务工人员3万多人（次），进一步拓宽了农民增收渠道。强农惠农政策全面落实。共发放退耕还林补助、粮食直补、良种补贴、农机具补贴等惠农补贴资金4746.5万元，人均424元，惠民政策的增收和惠民作用得到充分彰显。

【城市经济】认真落实工业强市会议精神，着手实施工业强县战略，工业聚集区规划工作全面起步。围绕农产品深加工办企业，立足优势资源办企业，投资7520万元，新办各类企业43户，特别是金路达洋芋淀粉厂、盛力食品有限公司等一批"农字号"企业的建成投产，有效地添补了我县工业"空白"。投入技改资金1520万元，对凤川白瓜籽公司、双菱食品有限责任公司等5户企业实施技术改造，开发出荞面挂面、荞麦香醋、晒制酱油等新产品17种。努力克服税源不足、政策性减收因素增多、收支矛盾尖锐等诸多困难，多方培植财源，狠抓税收征管，超额完成了财政收入任务。切实加强管理，精打细算，严控支出，优先保证了民生实事、抗震救灾、重大项目建设和干部职工工资发放等重点支出，提高了资金使用效率。进一步扩大政府采购范围，节约资金200多万元。不断加强金融服务，信贷规模稳步扩大，年末全县银行存、贷款余额分别达到12.1亿元和3.2亿元，有力地拉动了地方经济社会的快速发展。

【基础建设】强力推进基础先行战略，着力破解影响经济社会全面发展的"瓶颈"制约。城镇面貌有了新变化。多方投资2.1亿元，开工实施了县城东苑住宅小区、滨河路开发等重点城市建设项目35个，范公祠景区建设和县城区护岸工程等主体工程全面完工。县城新区开发工程正式启动，完成了新城区论证选址及概念性规划等前期工作，为今后大开发、大建设奠定了基础。大力实施县城区"七化"工程建设和市容环境及公共秩序整治活动，完成街道铺油2.2万平方米，硬化人行道及广场1.9万平方米，配套便民服务设施200多套（件），县城区市容市貌、环境卫生、便民服务设施和公共管理都发生了前所未有的改善和变化。悦乐、南梁、元城、乔川等重点小城镇建设投资大、变化大，全县城镇化率提高了3个百分点。交通道路建设再创新佳绩。完成了柔东路、五白路2条县乡道路和五蛟乡赵咀子至城壕村、城壕乡石嘴子至杨寺岔村2条乡村道路铺油工程，新增油路里程105公里，创近年来油路建设最好纪录；新修改建乡村道路41条，进一步改善了广大群众的出行条件。生态环境建设有了新成效。组织动员全县人民大力开展造林绿化活动，完成荒山造林5.2万亩、补植补造2.4万亩，每乡镇建成了一个千亩以上的规模造林点。完成流域治理72.73平方公里，英国赠款小流域综合治理项目得到了非洲七国高级官员和专家的现场观摩，受到了国家、省、市相关部门的肯定和表扬。在水利部召开的水土保持小流域可持续管理国际研讨会上，我县作为全国唯一的县（区）交流了经验。为了巩固生态建设成果，专门聘请了90名专职护林员，开展封山禁牧和森林防火工作，有效保护了林草安全。农田水利建设有了新进展。坝系工程、鸭儿洼调蓄水库等一批重点水利水保和人饮工程进展顺利，新修农田2.1万亩，新增节水灌溉面积1000亩。农村能源建设有了新亮点。全县新建沼气池2500口，配套太阳能灶1000台，群众生产生活条件有了新的改善。华池110KV变电站工程和怀安35KV变电站工程进展顺利，架设输电线路30公里，供电能力不断提高。环境保护工作有了新举措。新建集中供热点1处,拆除旧锅炉8台，实施节能减排项目8个,各项节能减排措施全面落实,万元GDP能耗降低到4.67%。地企携手共建和谐典范、标杆油区,超低渗透油田开发带来的污染源得到了及时治理,破坏的生态植被得到了及时"修复"。

【社会事业】科教兴县战略进一步加快。筹措农村义务教育经费539万元，全面落实了"两免一补"政策，消除"普九"债务1900多万元。投资4000多万元，改扩建校舍2万平方米，建成寄宿制学校3所，撤并村小学21所，教育布局更趋合理，教育教学及管理质量不断提高。深入开展科技特派员试点工作，先后选派科技特派员37名，培训农民3.6万人（次），推广农业高新技术8个、农作物及羊畜新品种76个、新农机具50台（件）。文化体育事业进一步发展。大力开发民俗文化产业，香包产业的质量和效益有了新的提高。由南梁红艺术团编排的舞蹈《巧儿姐妹支前忙》在全国“夕阳秀”文艺调演中荣获菊花金奖。深入开展全民健身运动，完成了乔川、紫坊等5乡镇的农民体育健身工程，成功举办了全县第五届中学生运动会，圆满承办了庆阳市第十一届运动会少年组篮球比赛，我县获得了“女队冠军”和“男队亚军”的好成绩。医疗服务水平进一步提高。将乡镇卫生院建设项目与台湾慈心慈善基金会捐建项目捆绑实施，投资632万元，完成了11个乡镇卫生院门诊楼主体工程，新建村卫生所15个。完成了全县14个乡镇卫生院院长竞聘任务，卫生体制改革步入新阶段。各级财政补助标准实现“翻番”，农村合作医疗基金由人均40元提高到80元，全县农民参合率达到95.9%，居全市之首。人口和计划生育工作进一步加强。扎实开展计划生育“求实进步年”活动，全面提高优质服务水平，为全县2.39万名已婚育龄妇女免费普查了妇科疾病，进一步落实优先优惠政策，夯实了基层基础，稳定了低生育水平。红色旅游产业开发力度进一步加大。深入开展“红色旅游产业开发建设突破年”活动，投资1亿多元，建成了南梁革命历史陈展场馆、军民大生产基地陈展场馆等4处景点，完成了红色旅游景区3条支线道路铺油路基工程。红色旅游展馆《布展大纲》上报中宣部已初评，红色旅游大开发局面基本形成。灾后重建工作顺利开展。面对突如其来的特大地震灾害，第一时间启动应急预案，奋力抗灾，开展自救，恢复重建。先后下拨抗震救灾、救灾应急、受灾群众临时生活补助等资金760万元、救灾粮199吨，妥善安置了受灾群众的生产生活。农村危窑危房搬迁改造、中小学校舍和乡镇卫生院维修改造“三项”灾后重建工程有序推进，筹集整合各类重建资金1亿多元,完成危窑危房改造1351户、重新修建130户、维修加固2206户，维修、改建学校33所，维修、改造卫生院15所，灾后恢复重建工作顺利通过省、市验收。安全生产、国土资源、经济协作、审计统计、广电通讯、质监药监、物价监管、气象服务等工作都取得了新的进步。

合水县

【现任主要领导】

中共合水县委书记：郭光能

合水县人大常委会主任：谢守成

合水县人民政府县长：田雁表

政协合水县委员会主席：邓文海

中共合水县纪律检查委员会

书记：秦忙龙

【基本情况】合水县位于甘肃东部，东临陕西富县，西连庆阳县，南接宁县，北靠华池县及陕西志丹县，总土地面积2941.78平方公里，现有森林面积251.01万亩，森林覆盖率为42.6%。境内海拔1298.4米，年平均降雨量为560-590毫米，平均气温7.4-9.1度，无霜期151-160天，有马莲河、县川河、固城河、苗村河、葫芦河5条河流，年平均总径流5950万立方米。全县共辖3镇9乡，80个行政村，498个自然村，4.6万户，常住人口16.54万人。

【资源优势】合水地处子午岭山麓，境内地势东北高，西南低，子午岭斜贯全境。岭上有穿境而过的“秦直道”闻名遐迩；岭下有“小江南”之称的太白川，林草茂密。县内物华天宝，沃野千里，资源丰富，植被良好，稻田如茵，绿水如镜，光照充足，雨量充沛，四季分明，气候宜人。苹果、草畜、黄花菜、白瓜籽、黑木耳、鹿茸久负盛名，誉满中外；秦艽、甘草、麻黄、柴胡、远志、枣仁等150多种贵重中药材及核桃仁、花椒、槐米、稻米等土特产品倍受客商青青睐；梅花鹿、狐、黄羊、野猪等140余种野生动物与200多万亩森林依栖相伴，生息繁衍；水、电、路、市政等基础设施逐渐完善；地方工业不断壮大，非公经济异军突起；生态环境日益改善，公路交通四通八达，邮电通讯网络健全，商贸流通兴旺繁荣；名胜古迹多彩灿烂。目前发掘出土古遗址196处，出土文物2600余件，国家级文物44件。千年酸枣树、碧落霞天这些古文物与新开辟的森林公园、秦直山庄、月牙湖等成为人们旅游观光的新亮点。1973年春，在板桥乡穆旗村挖掘出土的第四季早期完整的黄河剑齿象化石，曾轰动世界。

【国民经济】经济运行质量全面提升，发展速度明显加快，国民经济继续保持快速增长态势，全社会各项事业较快发展，人民生活水平稳步提高。全年完成生产总值9.67亿元，比上年增长18.3%；农业增加值完成3.55亿元，增长11.67%；规模以上工业增加值3900万元，增长52.2%；大口径财政收入5613万元、地方财政收入4136万元，分别增长36.9%和62.96%；农民人均纯收入2281元，增长17.5%；城镇居民人均可支配收入8174元，增长18.7%。

【农村经济】积极启动实施农民增收五年规划，加快支柱产业开发，新栽苹果4.3万亩，建成科技示范果园3处；扶持发展规模养殖户262个，建成乡镇兽医站5个，全县“两牛”存栏1.89万头，羊只饲养量达到14.18万只。种植设施蔬菜7650亩，板桥牌白黄瓜和肖咀甜椒通过国家绿色产品认证。培训农村劳动力0.65万人，组织输转3.23万人，实现劳务收入1.9亿元。落实科技增产措施，粮食在多灾之年喜获丰收，总产达8.9万吨。推进农业产业化进程，组建农民专业合作经济组织12个，龙头企业5户。大力实施农村公路、能源沼气、扶贫开发、农业综合开发等项目，新修、改建乡村公路27条243.6公里，建成户用沼气2000户，新增有效灌溉面积2500亩，新修梯田5625亩，完成流域治理47.6平方公里，造林2.95万亩，补植补造6.5万亩。扶持农村2300名绝对贫困人口稳定解决温饱，3000名低收入人口基本解决温饱。认真落实强农惠农政策，发放粮食直补及农机具补贴5488.85万元。

【工业经济】积极实施工业强县战略，加快石油煤炭开发，油产量年产能突破15万吨，实现税收350万元。大力发展地方工业，进行企业技改；组建了古象奶业集团公司，乳品、建材等传统工业逐步壮大；建办民营企业22户，开发新品种9种，完成非公经济增加值3.93亿元，增长21.5%。外向型经济发展步伐加快，外贸出口供货值完成1877万元，创汇91万美元，分别增长22%和14%。认真落实促进消费的各项政策措施，全社会消费品零售总额达到3.36亿元，增长27.1%。深入开展节能减排全民行动，全县万元GDP能耗下降4.6%，万元工业增加值能耗下降5.3%。

【财政金融】坚持围绕财政抓经济，全年争取保类专项资金2.01亿元，完成财政支出4.67亿元，保证了国债、社保、扶贫、救灾等重点支出到位。建立健全政府部门、银行和企业协调沟通机制，率先推行小额贷款工作，信用户评定率达58%，为3860户信用户发放贷款4100元。金融对经济发展的支持力度进一步加大，全县各项存款余额达到11.49亿元，贷款余额达到5.46亿元。

【项目建设】坚持依托项目促发展，完成全社会固定资产投资16.15亿元，比上年增长56.3%。争取国家、省市投资项目269个，资金3.02亿元，增长4.54%。合固通乡油路、县城供水管道改造等218个项目全面完成，柔太红色旅游通道、扶贫整村推进等17个项目完成年度建设任务，是投资额最大、建设速度最快的一年。积极参加各类商贸洽谈会，多渠道推介项目、引进资金，落实招商引资及启动民资项目21个，签约资金8.38亿元，到位资金3.23亿元，分别增长20.5%和47.2%。

【城乡建设】坚持城乡统筹发展，城镇化率达到23.4%。市政基础设施建设完成投资1675万元，完成了县城供水管网改造等；实施城镇重点建设工程39个，完成投资1.66亿元；新增住宅面积5.3万平方米，建设廉租房1006平方米，发放租赁补贴费38万元。

【社会事业】科技创先、企业技术创新和农村科技示范工程扎实推进，引进推广新品种、新技术、新成果154项。坚持优先发展教育，教学条件明显改善，教育质量稳步提高，高考二本进线率达到20.33%。不断完善农村合作医疗和城市居民医疗保险制度，参合、参保率分别达到93.7%和85%，共为7880名参合、参保患者报销医疗费用1013.4万元；筹资239万元，为全县干部职工和离退休人员进行了全面体检。全县广播电视覆盖率达到95.5%。新增城镇就业人员1253人，城镇登记失业率为4%。社会保障覆盖面不断扩大，发放城乡低保资金1460.84万元，五保供养资金85.09万元，临时物价补贴163.17万元，医疗救助金61.82万元。完善气象灾害防御体系，人工影响天气和灾害预报水平不断提高。

【抗震救灾】积极应对突发的特大地震，迅速启动《防震减灾应急预案》，组成应急救援、医疗救治、物资保障等8个工作组，紧急处置灾情，妥善安排受灾群众生活。动员广大干部职工积极开展结对帮扶救援活动，全面落实灾后重建各项扶持政策，加强救灾物资和救灾资金管理，全力开展抗震救灾，全县共发放灾后生活救助资金631万元，落实灾后重建资金7178.7万元，抢修恢复因灾受损路段7处，水塔31座，完成危房危窑改造1587户，维修、加固、扩建校舍1.18万平方米，改造、维修卫生院11所。部分特困群众的居住条件发生了历史性变化。

【16件实事】按照尽力而为、量力而行的原则，围绕群众就医、入学、行路、饮水等方面的实际困难，着眼改善民生，努力为群众办实事、办好事，落实资金6011.8万元，县政府为民承诺的玉皇沟坝系工程、乡镇文化建设、柔太红色旅游通道、乡村道路、教育基础设施建设、县城商贸市场建设及交通标识设置、段家集35千伏变电站、农村饮水安全、博物馆续建工程、户用沼气、县社会福利院宿舍楼建设、科技惠农“三百千万”工程等实事办理任务全面完成。

（贺巧香）

正宁县

【现任主要领导】

中共正宁县委书记：刘洪涛

正宁县人大常委会主任：郭亚宁

正宁县人民政府县长：白振海

政协正宁县委员会主席：袁喜言

中共正宁县纪律检查委员会

书记：胡永洲

【自然概况】正宁县西汉置县，始名泥阳；唐天宝元年（公元742年）更名真宁；清雍正元年（公元1723年）改称正宁县。正宁县位于甘肃省庆阳市东南部，东、西、南三面与陕西黄陵、长武、彬县、旬邑相连，北接本市宁县。总面积1319.5平方公里，其中林区374.8平方公里，农区944.7平方公里，现有耕地43.69万亩。地形东高西低、东宽西窄，略呈三角形，东部为子午岭林区，中西部为平原沟谷宜农区。境内被支党河、嘉峪河、四郎河分割为“四塬三川”。平均海拔1460米，年均气温9.2℃，年降水量597.7毫米，蒸发量1500毫米，无霜期169天左右。正（宁）铜（川）、银（川）西（安）公路横贯全境。境内自然资源优越，开发前景广阔，烤烟、苹果、花椒、小茴香和杏仁为本县特产，罗川旱烟、宫河大葱陇上有名，野生动植物、天然牧草、煤炭等资源十分丰富。

【辖区人口】全县辖4镇6乡、94个行政村、677个村民小组，2008年全县总人口24.26万人，常住人口22.98万人。全县农业人口21.43万人。全年共出生人口2596人，出生率12.82‰，死亡率5.79‰,人口自然增长率为7.03‰。

【国民经济】2008年全县完成生产总值10.2亿元，比上年增长17.7%。其中第一产业完成增加值4.07亿元，增长13.4%；第二产业1.09亿元，增长11.2%；第三产业5.04亿元增长22.3%。人均生产总值4438元，增长12.7%。

全年粮食作物总播种面积30.46万亩，总产量达到9.01万吨，增长0.8%；油料种植面积9.52万亩，总产1.16万吨，增长23.4%；新栽苹果5.2万亩，果园面积累计21.2万亩，果品总产量4.58万吨；规范化种植烤烟3万亩，烤烟产量6000吨，实现税收900多万元；瓜菜种植面积7.5万亩，蔬菜总产量9.64万吨，产值1.1亿元；全县大牲畜存栏1.27万头，增长0.8%，畜牧业总产值完成4495万元。

工业经济继续保持平稳较快增长势头，全县累计完成工业增加值6278万元，同比增长32.2%。规模以上工业企业完成增加值1513万元，同比增长24.1%；规摸以下工业企业完成增加值4765万元，同比增长35%。

地方工业建设有了新的进步。编制完成了县城工业聚集区规划，实施汇丰纸箱厂、佰群果业公司、高星农产品加工公司等新上工业项目9个，金牛公司紫苏油、苹果脆片加工等技改工业项目11个,完成投资1.52亿元,增长30.4%。节能减排工作得到进一步加强，万元GDP能耗同比下降4.61%。

2008年全县大口径财政收入完成1.50亿元，比上年增长2.7倍；地方财政收入1.40亿元，增长3.6倍。剔除正南煤田采矿权出让金收入后完成5038万元和4039万元，分别增长23%和33%。财政支出完成6.02亿元，增长65.9%。

年末全县金融机构各项存款余额14.87亿元,比年初增加3.96亿元,增长36.2%。其中城乡居民储蓄存款余额为13.8亿元,比年初增加3.27亿元，增长30.9%。各项贷款余额3.84亿元,比年初增加1.08亿元，减少21.6%。

【建设环保和安全生产】坚持量力而行、基础先行，规划、建设、管理三轮驱动，县城、乡镇、村庄整体推进，水、电、路等基础设施建设配套跟进，有效改善了发展条件和城乡面貌。县城建设步伐加快，组织实施重点工程45处，总投资3.5亿元。小城镇建设整体推进，组织完成了6个乡镇街道排水、8个乡镇街区改造及5个乡镇市场建设、4个乡镇街道油罩。组织实施通乡油路3条67.5公里,通村油路13条71.2公里，通村沙路24条154公里。农村公路养护管理体制改革稳步推进。水利、通讯、生态建设不断加强。

安监工作成效显著。全年发生生产安全事故23起，同比下降11.5%；死亡11人，比上年上升57.1%；受伤17人，比上年下降了22.7%。造成经济损失3.31万元,比上年上升16.5%。亿元GDP生产安全事故死亡率1.04%,比上年上升了8%；道路交通万车死亡率7.91%，比上年下降55.8%。

【交通邮电】交通运输和邮政电信业继续保持快速发展势头。2008年年末全县拥有客车92辆，载货汽车111辆。全年完成货运量87.2万吨；货物周转量54868万吨公里；客运量98.9万人,客运周转量13520万人公里。完成邮政、电讯业务总量4348.7万元，县内电话用户6万户，每100人拥有电话32部，基本实现村村通电话目标。多媒体用户达到2450户。

【贸易旅游】2008年，全县完成社会消费品零售总额4.60亿元，增长29.5%,是近20年来增速最快的一年。外贸出口创汇有了新的突破，实现出口供货值1280万元，创汇387万美元，增长60.6%。非公经济有了新的发展，实现税金1350万元，增长17.9%。

全县有"一冢"（皇帝冢）、"二帝"（唐玄宗李隆基"夜梦群仙现于箩底"，遂遣使者在罗山下获27躯玉真人，将罗川县改为真宁县。唐肃宗李亨"安史之乱"后经罗川留下"唐台烟"的故事）、"三清"（景清、巩清（焴）、赵邦清）、"四迹"（秦直道、烽燧、雕翎关、一号兵站）、"五墓"（张果老墓、景清墓、赵邦清墓、侯郎墓，曹文诏墓）、"六碑"（宋承天观碑、宋显圣碑、元燕提领碑、明"清清清"碑、明"坚持清白"碑、冯玉祥"仁人之言"碑）、"七去处"（铁狮、铁钟、铁旗杆、文庙大殿、汉柏、释迦摩尼石造像、石华表）、"古八景"(琴山古洞、罗山兔穴、彭祖遗丘、浮屠遗址、桥山陵寝、灵湫古祠、阳周古城、果老幻墓)等。

【人民生活】2008年城镇居民人均可支配收入达到8300元，同比增长27.5%，人均消费支出6459元，增长26.3%。全县农民人均纯收入达到2576元，增长18.3%。

【社会保障】全县参加基本养老保险的职工2716人；参加失业保险5658人；参加职工基本医疗保险7900人；城镇居民基本医疗保险参保人数达到8402人，征缴保险费23.1万元。参保人数达到5014户、16186人，发放保障金1261万元。农村低保全面开展，3886户涉及13301名农村贫困人口纳入低保范围，发放保障金801万元。

【社会事业】坚持强化以人为本的理念，始终把关注民生、改善民生、保障民生作为政府工作的出发点和落脚点，全面落实惠农政策，形成了和谐共享的良好局面。"16件实事"全面落实，投入资金1亿多元，农民人均受益480元；建立了县城社区卫生服务中心，新建村级卫生所15个；新型农村合作医疗、城乡低保、学生生均公用经费等补助标准大幅提高，"两免一补"政策惠及4万名中小学生，助学贷款资助贫困学生432名。开工建设廉租住房及经济适用住房4幢，128户；解决了1.78万人的安全饮水问题；为496户城市居民和低保户发放供暖补助221万元；完成1836户农民建房任务和44所中小学、10所乡镇卫生院、23处水利设施的灾后重建任务。“村村通”广播电视、计生服务站业务楼、电信基站扩容、农村安全饮水、乡村汽车站等重点工程顺利实施。全县城镇化率稳步提高，达到24.85%。

坚持“科教兴县”战略，紧紧围绕全县社会发展大局，大力推广科技示范项目，狠抓科技创新，弘扬科学精神，普及科技知识，为县域经济的快速发展和倡导“科学、文明、健康”的生产生活方式奠定了良好的基础。

广播电视蓬勃发展。建成了广电宽带网，实现了信息传输数字化。广播和电视覆盖率分别达到 76.33%和92.84%，开通有线电视收费用户 3846户。

文化事业以创建“特色文化县”为目标，以开展多样性群众文化活动为载体，组织开展重大节庆系列文化活动，全面提高了群众文化活动的品位和质量。

教育质量稳步提高。2008 年全县向高等重点院校输送生源 95 名，高考升学率达到 58.77%，高考录取人数 982人。学龄儿童入学率、巩固率、普及率、毕业率分别达到 99.7%、99.8%、99.9%和 99.8%。

体育事业方面，全年共培训体育干部 13 人，举办各类运动会 80 次，国家体育锻炼标准人数达到 38652 万人，全民健身活动进一步开展。

全县共有各类卫生机构 16 个，病床位 310 张，专业卫生技术人员 426 人，各类村级医疗点 107 个，乡村医务人员256 人。全县新型农村合作医疗参合农民 183765 人，参保率达到 90.73%，全年累计补偿医药费 14783 人（次）1431.9072 万元，住院病人补偿比例达到 53.87%。预防保健工作取得新成绩。全程疫苗接种合格率达到 99.6%以上。

宁 县

【现任主要领导】

中共宁县县委书记：赵昌军

宁县人大常委会主任：李百选

宁县人民政府县长：侯昌明

政协宁县委员会主席：刘政

中共宁县纪律检查委员会书记:赵淑娟

【基本情况】宁县位于甘肃省庆阳市东南部，总土地面积 2653.72 平方公里，耕地 95.23 万亩，共辖 8 镇 10 乡，257 个村民委员会，1805 个村民小组，总人口 53.98 万人，其中：农村人口49.65 万人，年均气温 10.3℃，年均降水量 433.3 ㎜，全年无霜期 150 天左右，属典型大陆性季风气候，四季分明，光照充足。

宁县地处陇东黄土高原沟壑区，地势自东北向西南倾斜，海拔最高处 1760 米，最低处 860 米。城北河，九龙河，马莲河、泾河及其小支流流经境内。

宁县交通便利，公路四通八达，国道银西公路，省道吴凤、铜眉公路横贯全境。境内自然资源和地矿资源十分丰富，已探明的有煤炭、石油、天然气等，开发前景十分广阔。

¬**【国民经济】**国民经济运行平稳，增长速度不断加快。2008 年，全县完成生产总值 20.31 亿元，比上年增长20.2%。第一产业完成增加值 7.42 亿元，增长 27.9%；第二产业完成增加值 5.3亿元，增长 20.4%；第三产业完成增加值 7.59 亿元，增长 11.2%。三产业占地区生产总值分别是 36.53%、26.1%和37.37%。按常住人口平均地区生产总值4009 元，比上年增长 27.96%。

【农林牧渔业】农村经济成效显著。2008 年，实现农业总产值 13.88 亿元，比上年增长 39.41%，完成农业增加值 7.40 亿元，长 27.69%,粮食总产达到 23.96 万吨。全面落实小麦良种补贴、农机具购置补贴、农资综合直补、粮食直补和能繁母猪补贴等支农惠农政策，积极调整产业区域布局，优化农业结构，特色产业开发成效明显。积极探索农村土地经营权流转新机制,全县流转土地 5.1 万亩,组建了全省首家农民土地专业合作社——焦村乡任村民生专业合作社;努力扩大特色产业开发规模,新建规模牛场和养殖小区 6 个,新增养牛 2.57 万头,牛饲养量达到 10.3 万头,种植紫花苜蓿 3.18 万亩;新栽苹果 6.48万亩,各项管护措施落实到位;建成塑料大棚 5197 亩,种植瓜菜 20.31 万亩;扎实推进扶贫开发工作,完成扶贫整村推进项目 9 个,培训农民 4.18 万人,输转 7.33万人,创劳务收入 5.05 亿元。

【工业能源】工业化水平不断提升，整体经济势力明显增强。继续坚持“工业强县”发展战略,优化产业布局,初步形成了以工业园区为载体、特色产业为支柱、重大项目为支撑的工业发展格局，工业生产快速增长，经济效益明显提高。2008 年，全县完成规模以上工业增加值 6332 万元,比上年增长23.7%。完成工业总产值 2.37 亿元，增长 89.41%；完成工业销售产值 2.29 亿元，增长 90.7%。完成投资 2.2 亿元的鼎峰果汁厂，实现了当年洽谈、立项，当年建成、投产。长庆桥工业集聚区围绕建成全市交通枢纽、化工基地、物流中心的目标；和盛工业集聚区总体规划通过评审，新入驻企业 3 户,全县新建工业企业 19 户。2008 年，外贸出口创汇达到 60 万美元。完成了正南煤田宁县区块精查和宁南煤田详查，新布石油生产井 129 个，产原油 2 万吨。和盛工业聚集区新入驻企业 9 户;矿产资源开发进展顺利，完成了正南煤田宁县区块精查和宁南煤田详查，新布石油生产井129 个，产原油 2 万吨。加强油田开发环境治理，严格执行环评和“三同时”制度，工业项目环评率达到 100%，实现了污染减排目标，节能减排初具成效，人居环境明显改善。

【项目建设】项目建设增势强劲。2008 年，全县上下坚持把“发展抓项目贯穿于经济工作的始终，积极实施项目带动战略，持续开展“项目突破年”活动。全年共储备项目 356 个，新入库项目253个,完成可研及初设48个,项目建议书125个,开工建设50万元以上项目329个,完成投资19.8亿元。完成全社会固定资产投资23.75亿元,比上年增长69%。顺利完成了鼎峰果汁公司、天运彩钢公司、省市级新农村试点村、易地扶贫搬迁、青新、宁高通乡通村油路等重点建设项目。

【商业贸易】城乡经济快速增长,消费水平不断提高。全年完成社会消费品零售总额 8.94 亿元,比上年增长29.5%,城乡消费实现了同步增长。城镇实现消费品零售总额46505.9万元,增长26.6%,农村实现消费品零售总额42919万元,增长32.8%。餐饮业表现出良好的增长势头。随着居民生活质量的提高、生活节奏的加快,加之餐饮环境的改善,居民在外就餐的机会明显增多,全县住宿餐饮业实现零售额 6889 万元,增长15%。饮食人员的明显增多和穿衣、鞋帽成品化,多样化,高档化的不断发展,带动了消费市场的稳定和快速增长。

【财政金融】2008 年,全县完成大口径财政收入 10.12 亿元(含宁正煤田探矿、采矿权拍卖补助3000万元),完成地方财政收入7311万元(含宁正煤田探矿、采矿权拍卖补助3000万元)。全年财政支出54864万元,比上年增长32.1%。金融保险稳步发展,金融机构各项收入合计28.62亿元,其中储畜收入22.233 亿元,各项支出合计 10.245 亿元。

【人民生活】人民生活水平不断提高。坚持以人为本,高度关注民生,认真落实省市政府承诺的民生实事,人民生活进一步改善。全县总人口达到53.98 万人。全县城镇居民人均可支配收入完成6980元,比上年增长15.8%,城镇居民人均生活消费支出5816元,增长 27.8%,农民人均纯收入达到 2418元,增长18.5%。恢复实施了住房公积金制度,增发300元生活津贴。严格执行“一册明”、“一折统”政策要求,确保了各类惠农补贴及时准确发放到位。

【社会事业】社会事业全面进步。新型农村合作医疗参合率达到 92.1%,补偿参合住院农民医药费 3100 多万元。落实计生“两户”奖励优惠资金187.5万元,改扩建县站乡所6个,人口自增率控制在5.01‰。大力实施科教兴县战略,加快先进技术的推广和运用,科技对经济增长的贡献率达到49.2%。积极开展灾后重建,完成灾民建房3550户、中小学灾后重建56所、乡镇卫生院维修改造12所。认真落实省市县承诺的民生实事,城镇新增就业人员3790人,实现下岗再就业1476人,安置大中专毕业生517人。集体企业参保有序进行,发放低保金、五保户供养金、抚恤金、优待金、医疗救助金、物价补贴、廉租住房补贴等4767.3万元。深入开展了矛盾纠纷排查调处活动,建立了“县长接待日”、重大信访案件领导包案督办等制度,一批重诉重访案件得到妥善解决。

镇原县

【现任主要领导】

中共镇原县委员会书记:秦华

镇原县人大常委会主任:王维东

镇原县人民政府县长:李崇暄

政协镇原县委员会主席:黄清文

中共镇原县纪律检查委员会

书记:王文剑

【基本情况】镇原县位于甘肃省庆阳市西南部,东临庆城县、西峰区,西接宁夏自治区彭阳县,南界平凉市泾川县、崆峒区,北靠环县。镇原县地处黄河中游黄土高原沟壑区,是陇东黄土高原的主要组成部分。南北长91.24公里,东西宽 78.3 公里,境内平均海拔 1500米,最高点海拔 1767 米,最低点海拔1011 米,相对高差 756 米。属北温带大陆性气候。年平均气温10.3℃,日照率为56%,历年降雨量450—580毫米,无霜期150天左右。

全县土地总面积3500平方公里,总耕地面积169万亩,人均3.5亩。境内山川塬兼有,以山地居多,占总耕地的68%以上。辖7镇12乡,215个行政村,2个居民委员会,1991个自然村。年末总人口52.72万人,其中:农村人口48.99万人,全年人口自然增长率为7.43‰。人口密度为每平方公里151人。

【历史文化】镇原古属雍州,秦属北地郡,位于黄河中游、泾水以北的黄土高原,为华夏古土。各代均在此在封署设置,委官牧民。西汉初年,北地郡分设安定郡,所辖21县,临泾县是其中之一,北魏时置原州(辖今镇原、平凉和宁夏的彭阳、固原一带),唐时筑临泾城,为临泾县治,唐末和宋代原州治置此,后又成为镇原州的州治。明初镇原州改县,临泾县被废,民国初年,镇原县被划分为五区。镇原物华天宝,地灵人杰。东汉王符《潜夫论》蜚声中外,武将李恂镇守西域军烈堪追,北魏灵太后治国清明,明给事许理,劾佞除弊。英杰贤达,不胜枚举。周铜剑、秦诏版、陶水管国内稀有。“书画之乡”,美名远扬,民间艺术,古朴典雅,尤以剪纸、刺绣、皮影引人瞩目,倍受国内外朋友青睐,被誉为“地上活文物”。镇原有着光荣的革命历史,曾是陕甘宁边区的重要组成部分。

【地方特产】镇原沃土平畴,物产称丰。盛产小麦、玉米、高粱、糜谷、豆类、薯类;经济作物主要有黄花、油料、药材、花椒等;杏子、苹果、西瓜、桃、枣、梨等果品素负盛名,尤以黄花、杏子为最。黄花菜享誉全国,香飘五洲,被国家外贸部命名为“镇原金针菜”;杏产品种类繁多,风味独特,产量居全国第二,素有“红杏之乡”之称;瓜果品种丰富,口味纯正,荣获“全国优质瓜果生产基地重点县”称号。畜产品以皮张、羊毛、羊绒等比较有名。石油等矿产资源储量丰富,开发前景广阔。

【国民经济】国民经济运行平稳,

增长速度不断加快。2008 年全县实现生产总值 18.98 亿元，比上年增长 20.5%。按常住人口计算，人均 GDP 达到 3827 元，比上年增长 31.5%。其中，第一产业增加值 7.20 亿元，增长 13%；第二产业增加值 5.19 亿元，增长 28.6%；第三产业增加值 6.58 亿元，增长 21.7%。三次产业结构比例为 37.9：27.4：34.7。全县大口径财政收入完成 1.21 亿元，增长 31.8%；其中一般预算性收入完成 8177 万元，增长 36.8%。各项税收完成 7127 万元，增长 39.3%，占财政总收入的 59%。全年财政支出 8.70 亿元。

【农业经济】“果菜畜”等特色产业基地规模和效益全面提升，粮食生产进一步加大，农民培训扎实有序推进。先后被国家农业部和林业局命名为“全国黄花菜基地县”和“中国杏乡”，荣获“全国优质瓜果生产基地重点县”称号。全年完成农业总产值 133663 万元，同比增长 19.4%，完成农业增加值 72047 万元，按可比价格计算，增长 13%。

主要农作物产量增长明显。2008 年，全县粮食作物播种面积 154.83 万亩，比上年增加 25.12 万亩，同比增长 19.36%；粮食总产量达到 23.3 万吨，同比增长 16.5%。其中夏粮播种面积 57.21 万亩，总产量 9.2 万吨，同比增长 118%；油料播种面积 24.23 万亩，增长 2.1%，总产量 1.34 万吨，增产 21.8%；蔬菜面积 37.38 万亩，增加 0.7 万亩，产量 7.85 万吨，增长 3.3%；果园面积 36.98 万亩，增加 2.94 万亩，水果总产量 6.29 万吨，增长 13.8%，其中苹果面积 17.42 万亩，增加 2.2 万亩，产量 3.56 万吨，增长 36.9%。畜牧业生产逐步加大。全县大牲畜存栏 15.1 万头，比上年增长 5%，其中，牛存栏 8.35 万头，增长 11.6%，全县肉类总产量达到 1.03 万吨。渔业生产平稳增长。全县水产品产量 85 吨，比上年增长 6.3%。农业生产条件日益改善。年末有效灌溉面积达到 13.63 万亩，增长 2.3%，占年末耕地面积的 8.1%；保证灌溉面积达到 9.8 万亩，比上年增长 3.7%。年内新修梯田 1.6 万亩，梯条田面积累计达到 151.9 万亩，占年末耕地面积的 89.9%。年末全县农业机械总动力 20.4 万千瓦，比上年增长 5.4%。当年完成造林面积 1.3 万亩，比上年下降 13.3%，森林覆盖率为 15.4%。扶贫工作力度逐步加大。2008 年，全县共落实扶贫资金 1084 万元。5200 人基本解决温饱，8300 人稳定解决温饱，贫困面下降到 18%。

【工业经济】2008 年全县积极实施“工业突破”、“工业强县”战略，坚持新建与改造并举，着力改造传统工业企业，引导和扶持发展非公制企业，“五强十特百户”工业体系建设取得阶段性成效，工业集中区建设和重点工业企业技改扩容顺利实施，石油等优势资源开发步伐加快。工业在镇原县经济增长中保持了强劲的势头，工业生产和效益同步增长，全年完成全部工业增加值 4.45 亿元，比上年增长 65%。其中，规模以上工业增加值完成 1.99 亿元，增长 22.1%。全年规模以上工业完成销售产值 3.84 亿元，同比增长 53.6%。全县 7 户规模以上工业企业盈利水平进一步提高，实现利润总额 1830 万元，比上年增长 37.7%，实现利税总额 7969.7 万元，增长 17.7%。

【基础建设】固定资产投资突破二十亿元。2008 年，全县全社会固定资产投资完成 21.07 亿元，比上年增长 69.1%。投资结构继续改善，全年第一产业投资 1.30 亿元，增长 2.5%，第二产业投资 6.88 亿元，增长 104.7%，第三产业投资 12.89 亿元，增长 94.8%。其中 1000 万元以上项目 47 个，完成投资额 15.62 亿元，500 万元至 1000 万元项目 27 个，完成投资额 8386 万元。

城镇建设成效显著。2008 年，全县城镇完成投资 16.34 亿元。其中通过招商引资、财政自筹和项目支持等方式共投入城镇基础设施项目建设资金 6300 万元，完成了一批重点建设工作。河道橡胶坝建成并蓄水，城区道路排污实现雨污分流，县城集中供热一期实现供热 30 万平方米，茹河四号大桥完成桥梁吊装，潜夫山公园改造及亮化、南北滨河路改造及河堤护岸工程全面完工。晶宸电力小区、瑞星花园等 6 个房产开发项目累计完成投资 5000 多万元。全县城镇化率达到 20.09%，比上年提高 1.09 个百分点。杨三、镇北等通乡、通村油路工程顺利完工，交通条件持续改善。农村公共服务设施建设以及乡镇环境整治力度进一步加大，一批各具特色的新型集镇、文明新村及小康农宅示范村已初步建成，发挥了较好地辐射带动效应。

【贸易旅游】国内贸易和对外经济市场销售稳中趋旺。全年实现社会消费品零售总额 7.98 亿元，比上年增长 28.2%。其中，县消费品零售额 3.15 亿元，增长 28.7%；县以下消费品零售额 4.83 亿元，增长 27.7%。分行业看，批发零售额 3948.1 万元，增长 5.3%；零售业零售额 7.10 亿元，增长 30.9%；住宿和餐饮业零售额 4673.5 万元，增长 15.9%；其他行业零售额 191 万元，下降 5.1%。全县外贸出口创汇总额 95 万美元，实现出口供货总值 2300 万元。

旅游事业蓬莱发展，旅游景点日益增多。潜夫山公园位于县城北潜夫山上，东汉末年著名思想家王符在此隐居著成《潜夫论》，公园内有潜夫亭、杏花亭、烈士陵园等景点。县东 30 余公里、眉肖公路北侧的太阳池、白马池和翟池，似三颗明静如镜、绚丽夺目的明珠，镶嵌在狭长的屯字原上，池中鱼儿腾跃，蛙声绵绵，四周水草茂盛，树木葱茏，是理想的游览观光、逸情垂钓之处。鸡头山峰峦突兀，久负盛名，据传为黄陵遗址，秦始皇巡此地曾在此祭奠黄陵。石崆寺石窟共有两个大窟，保存石雕兼泥塑造像 13 座。玉山寺石窟位于县城西 40 公里处茹河北岸砂岩上，共有 5 个洞窟，82 座石造像。文庙大成殿建于明洪武年间，位于县委院内，座北向南，雍容典雅。原峰山古建四周群山环抱，山形如“麦积”，风景幽雅，庙宇繁多，现存玉皇宫、魁星楼、雷公楼等古建。三岔教堂位于县城北 60 公里处三岔镇老爷山下，原系葡萄牙天主教堂，红军长征途经三岔镇时毛主席曾居住于此。

【人民生活】城乡居民生活继续改善。城镇居民人均可支配收入 8298 元，比上年增长 26.4%；农村居民人均纯收入 2179 元，增长 17%。全县职工年平均工资为 23900 元，增长 19.8%。全县参加基本养老保险的单位 73 户，参保人员 4018 人。共征缴基本养老保险费 1137 万元，征缴失业保险费 245 万元，基本医疗保险费 1384 万元，共为 494 名失业人员发放失业保险金 94.12 万元。共有 45.5 万农民参加农村新型合作医疗，参保率达到 92.79%，共有 81420 人报销各种医疗费用 3320 万元。全县城镇居民共有 2659 户、5307 人得到政府最低生活保障救济，分别比上年增加 240 户和 607 人。农村共有 12446 户、31167 人得到政府最低生活保障救济，分别比上年增加 1154 户和 142 人。

【社会事业】教育事业全面发展。中小学危房改造、寄宿制学校建设和教学课桌凳更新等工程进展顺利。2008 年，普通高中招生 4146 人，在校学生 10856 人，毕业 4771 人。适龄儿童入学率 99.5%，13—15 岁儿童初等教育普及率达到 97.8%，小学学生巩固率达到 99.6%。全县高考本科进线 1385 人，进线率 22.8%。文化广播电视事业纵深推进。县秦剧团专业文化艺术性强，全年演出 160 场(次)，观众达 46 多万人次，县图书馆藏书 5.1 万册，博物馆文物藏量 3429 件。全县有线电视用户增加到 4500 户，广播人口覆盖率达到 93%，电视人口覆盖率达到 93.6%。卫生事业全面加强。2008 年末，全县医疗卫生机构总数 24 个，其中，医院 2 个，卫生院 18 个，妇幼保健站 1 个，疾病预防控制中心 1 个，卫生监督所 1 个，社区服务中心 1 个；年末实有医疗床位 554 张，其中，医院 266 张，卫生院 273 张，妇幼保健站 15 张。全县共有卫生技术人员 965 人，其中执业医师 292 人，助理执业医师 361 人，注册护士 144 人，药剂师（士）31 人，技师（士）40 人，其他 389 人。体育事业蓬勃发展。2008 年，全县组织参加县以上运动会运动员 93 人次。

定西市

【现任主要领导】

中共定西市委书记：杨子兴

定西市人大常委会主任：杨子兴

定西市人民政府市长：许尔锋

政协定西市委员会主席：秦素梅（女）

中共定西市纪律检查委员会

书记：王建太

【基本情况】定西市位于甘肃省中部，取“安定西边”之意而得名，通称“陇中”。全市总面积 20330 平方公里，耕地面积 770 万亩，现辖 1 区 6 县，119 个乡镇，年末常住人口 293.51 万人，其中乡村人口 256.15 万人。定西地处黄土高原西部边缘地带和西秦岭末端，以渭河为界，形成中北部的黄土丘陵干旱区和南部高寒阴湿区两种独特的自然气候。地势南高北低，海拔 1896 米，东南暖湿气流受阻，大陆性气候明显，年平均气温 5.7—7.7℃，年总降水量 400—600mm，无霜期 100—160 天。定西是古代中原通往西域的战略要道和现代欧亚大陆桥的必经之地，是省会兰州的东大门，距兰州仅 98 公里，定兰、兰临高速公路，陇海铁路大动脉和国道 312、310、212 线穿境而过，平定、天定高速公路以及定临二级公路正在加紧施工当中，兰渝铁路已破土动工，使得全市交通十分便利，具有承东启西、南连北展的区位优势。

定西历史悠久，文化灿烂，是华夏文明的发祥地之一。有新石器时代的马家窑文化、齐家文化、寺洼文化和“甘肃四大文化”之一的李氏文化；有西起临洮绵延 300 公里的战国秦长城；有汉代新莽权衡、唐明皇御笔“哥舒翰记功碑”、元代墓葬群、明代铜钟等国家重点文物；有独具风格的渭源灞陵桥、气势雄伟的陇西威远楼、海内外李氏寻根敬祖的“陇西堂”。

定西资源独特，物产丰富。有各类野生动植物 350 多种，农作物 330 多种，家禽畜类 17 种、鱼类 20 多种，是陇上土特产品的主要产区之一。已发现金矿和其它各类矿产地达 162 处，花岗岩、大理石、红柱石等矿产开采条件好，储量分别达 10 亿立方米、1.5 亿立方米和 0.4 亿立方米；洮河干流水量充沛，水能开发潜力巨大，水能资源蕴藏量 87.84 万千瓦小时以上；有引人入胜的旅游资源，渭源首阳山伯夷叔齐墓、险峻秀丽的漳县贵清山、鬼斧神工遮阳山和景色迷人的洮河流珠等。

【国民经济】全市通过强化农业基础地位，不断加大工业建设力度，加快发展第三产业，促进了经济总量的稳步增长。2008 年，全市完成生产总值 105.65 亿元，比上年增长 9.3%。其中：第一产业完成增加值 38.47 亿元，增长 8.3%；第二产业完成增加值 24.19 亿元，增长 8.2%；第三产业完成增加值 42.99 亿元，增长 10.7%。全市完成社会消费品零售总额 38.15 亿元，增长 16.6%，增幅比上年提高 1.8 个百分点；全市完成大口径财政收入 7.36 亿元，增长 21.03%，完成一般预算收入 3.92 亿元，增长 20.89%，财政支出 53.17 亿元，增长 39.4%；全社会固定资产投资 80.7 亿元，增长 45.7%，增速比上年加快 15 个百分点。

【产业开发】以打造“中国药都”、“中国薯都”为目标，财政筹资 5657 万元，大力扶持良种繁育、精深加工和市场建设，马铃薯、中药材、畜草等特色优势产业开发水平不断提升。争取农业部和省政府举办了首届中国•定西马铃薯发展大会，成功举办了中国•定西中药材产业发展大会和中国当归节，进一步扩大了全市产业发展的影响力。种植马铃薯351.7万亩，总产量530万吨，商品率达70%。建立马铃薯原种扩繁基地8113亩，脱毒种薯推广率提高到40%。购置投放各类农业机械3598台，机播机收马铃薯51.86万亩。一批马铃薯精深加工项目陆续建成投产。种植中药材101.2万亩，建立GAP种植基地20.8万亩、当归熟地轮作育苗基地3000亩，11家中药饮片生产企业通过了GMP认证。组建成立甘肃省中药材产业协会，建成中药材信息发布平台3个。种植优质牧草54.7万亩，建成养殖小区45个、草畜转化示范村40个，新增规模养殖企业52家、规模养殖户3000户。大力推广旱作农业生产新技术，完成全膜双垄沟播55.3万亩。全市粮食总产量98.16万吨，创历史最高水平。坚持培训与输转并举，培训城乡劳动力19.26万人，输转55.59万人，创劳务收入33.82亿元，劳务经济在农民增收中发挥了重要作用。坚持扶贫开发与小康建设同步推进，实施了62个整村推进扶贫开发项目和20个易地搬迁项目，第一批8个新农村建设试点村顺利通过省上考核验收。

【工业强市】坚持把发展工业作为调整经济结构、扩充经济总量、转变发展方式的战略举措，大力加强工业基础建设。成功召开了全市工业发展大会，启动实施十大行动计划，财政投入资金7128万元，着力推动工业发展。2008年规模以上工业企业完成增加值10.84亿元，比上年增长6.6%。其中：轻工业完成增加值2.58亿元，增长4.9%，重工业完成增加值8.26亿元，增长8.2%。市列17个重点工业项目完成投资11.47亿元，其中中铝西北铝5万吨铝箔项目完成投资1.53亿元，20万吨铝热轧板带项目完成前期征地工作，薯峰3万吨精淀粉、陇原中天饮片加工等项目建成投产，东兴铝业10万吨技改、杨家河水电站、龙王台水电站等项目完成年度投资计划。市循环经济产业园区完成规划编制，并得到省上正式批复。国营敬东机器厂政策性破产全面启动，争取到补助资金5500万元，核销拖欠养老保险金1382万元。非公有制经济较快发展，完成增加值41.03亿元，增长10%。

【项目建设】2008年，全市落实项目前期费2656万元，新储备重点项目382个。争取到国家预算内投资21.24亿元，增加8.94亿元，增长72.68%。招商引资新签约项目103项，实际到位资金13.18亿元。实施总投资1000万元以上项目239个，增加58个，完成投资64.74亿元，占到固定资产投资总额的80.22%。其中：5000万元至1亿元项目42个，增加9个；1亿元以上项目25个，增加4个。116个市列领导责任制项目进展顺利，完成投资21.02亿元。引洮一期、平定和天定高速公路、212国道会川至宕昌段二级公路等省部级属重大项目建设进展迅速。定临二级公路定西至内官段改造工程奠基开工。投资2.66亿元改建新建通乡通村公路318条。投资3.94亿元实施水利骨干工程26项。投资4819.5万元建成"一池三改"沼气池13770户。新修梯田14.17万亩，新增水土保持综合治理面积365.68平方公里。完成林业重点工程项目9.9万亩，营造水源涵养林5000亩，建成文冠果基地2万亩、沙棘基地6万亩。抢抓中央进一步扩大内需、促进经济平稳较快增长的机遇，把握投资方向，积极衔接争取，有389个项目下达资金1.997亿元。

【城镇建设】坚持规划、建设、管理并重，努力加快城镇发展步伐。全市编制控制性详规7个、修建性详规43个。实施城镇重点建设项目152个，完成投资11.46亿元，增长22.6%。市区实施建设项目30个，完成投资5.4亿元。老城区5条道路改造工程全面完成，供水管网改造、城区集中供热、医疗废弃物处理以及南大街、自由街改造顺利推进；新城区"七路两桥"路网工程全面开工建设，关川河景观带、体育公园建设完成年度投资计划。各县县城实施城建项目54个，完成投资5亿元，通渭南城巷、陇西景家桥道路、临洮新城区、渭源渭河风景线、漳县人民公园、岷县岷州西路等建设项目成为亮点工程。15个重点小城镇实施建设项目69个，完成投资1.06亿元，基础设施进一步完善，聚集带动能力有效提升。高度重视绿化、亮化、美化工作，全市新增城市绿化面积960亩。城市资产经营进一步加强，实现国有土地有偿使用收益3.69亿元。城市管理体制逐步理顺，全市开展相对集中行政处罚权的县达到6个。市区交通、市场秩序明显好转，城市环境进一步改善，创建省级卫生城顺利通过验收。

【人民生活】坚持把改善民生作为政府工作的出发点和落脚点，着力解决群众最关心、最直接、最现实的利益问题。2008年，财政用于民生方面的支出达14.88亿元，较上年增加5.21亿元，增长53.83%。全面落实强农惠农政策，启动实施农民增收六大行动，财政投入惠农资金5.64亿元，增加2.38亿元。提高了代课教师、环卫工人、社区工作人员、乡镇文化专干待遇以及城市低保户取暖补贴，落实了干部职工补贴。努力扩大就业，有101户零就业家庭得到就业援助，新增城镇就业人员11764人，城镇登记失业率为3.31%。城镇居民基本医疗保险试点有序推进，医疗、养老、失业、工伤、生育保险得到加强。商业保险较快发展，在应对灾害事故风险、保障人民生命财产安全等方面发挥了积极作用。提高城乡低保标准，10.48万农村贫困人口、4.92万城市低收入人口实现最低生活保障。2008年，全市城镇居民人均可支配收入达9072元，较上年增长8.7%；全市农民人均纯收入2136元，增长14.67%；全年职工平均工资 20613 元，增长 13.44%。在岗职工平均工资 20956 元，增长 14.20%。

【社会事业】坚持统筹经济社会发展，协调推进教育、科技、卫生、文化、体育等各项社会事业。教育教学质量稳步提升，高考本科上线 5769 人，比上年增加 1482 人。争取教育项目资金 2.29 亿元，新建改造校舍 11.8 万平方米。组建成立市职业教育集团，中等职业教育招生 1.66 万人。定西师专顺利通过教育部评估验收。语言文字规范化工作有效开展，通过国家二类城市语言文字工作达标验收。继续实行科技特派员制度，深入开展科普宣传和科技推广，实施科技项目 54 项，争取项目资金 727 万元，较上年增长 78%，有 4 项科技成果荣获甘肃省科技进步奖。群众文化活动不断丰富，专业剧团全年下乡演出 2000 余场次。创排的现代秦腔剧《百合花开》荣获第四届中国秦腔艺术节综合一等奖。公共卫生体系不断健全，4 个县级医疗机构、49 个乡镇卫生院和 46 个村卫生室建设进展顺利，建成社区卫生服务机构 15 个。全市参合新型农村合作医疗人数达 228.23 万人，参合率达 89.46%，较上年提高 3 个百分点，新农合补助资金实现了翻番。广播影视事业稳步发展。广播电视覆盖率分别达到 90.08%和 90.22%，全市拥有有线电视用户 4.72 万户，较上年增加 0.51 万户。全民健身活动广泛开展。全市举办各级各类群众体育活动 66 次，参与人数达到 25 万多人（次），在省级以上体育大赛中夺得 4 金 11 银 18 铜的好成绩。人口和计划生育工作扎实推进，各项节育措施和奖励优惠政策全面落实，人口自然增长率为 6.27‰，继续保持低增长态势。环境保护工作力度不断加大，马铃薯淀粉加工企业污水治理取得一定成效，万元生产总值能耗降低 5%，主要污染物排放减少 2.5%。严格落实耕地保护政策，土地市场和矿产资源秩序整治深入推进，进一步整顿和规范市场经济秩序，加大食品药品专项整治力度，积极查处问题奶粉和价格违法行为。深入开展"五五"普法教育，加强矛盾纠纷排查调处，严厉打击各类刑事犯罪，强化社会治安综合治理，维护社会和谐稳定。

【10 件实事】全面完成和落实了市上年初确定的十件惠民实事。一是对人均住房在 10 平方米以下的 16305 户居民发放租赁补贴 1472 万元，建设廉租住房 1.44 万平方米、经济适用房 11.7 万平方米；二是解决了 17.92 万农村人口的安全饮水问题，市区自来水达到国家二级饮用水标准；三是筹措资金 500 万元，建立贫困救济基金，已救助 193 人；四是市儿童福利院完成主体工程，新建和改造县级敬老院 2 所，维修和改造乡镇敬老院 7 所，新建五保家园 16 处；五是发放小额担保贷款 4600 万元，扶持 2300 名下岗失业人员再就业；六是完成农村特困群众危房改造 2850 户，其中计生特困户 771 户；七是完成市区 3 条背街小巷的硬化；八是开通了市区新盘旋路至安家坡公交线路，新增西岩山广场、定临路绿化带两处群众休闲场所，对 60 岁以上老年人实行免费乘公交车和免费使用公厕优待政策；九是提高了低收入者的收入水平，达到当地最低工资标准；十是安定区中华路小学搬迁工程基本完成。广大人民群众在政府改善民生的实际工作中得到了更多的实惠。

（詹永鑫）

安定区

【现任主要领导】

中共安定区委书记：李旺泽

安定区人大常委会主任：王仲谦

安定区人民政府区长：郭维团

政协安定区委员会主席：杨海荣

中共安定区纪律检查委员会

书记：闫粉棠

【基本情况】安定区位于甘肃省中部，北靠工业重镇兰州，南临古都西安，素有"兰州门户，甘肃咽喉"之称，是中原通向西北的交通要道，是定西市委、市人民政府所在地，是全市政治、经济和文化中心。明代洪武二年即公元 1369 年，由于地震频发，损失惨重，给当地人民生产生活带来极大困难，为降震除灾，祈求安泰，取名安定州，到洪武十年即公元 1377 年，因区划建制调整归并，将安定州降为安定县，现在的安定区即由此得名。安定区现辖 12 镇 7 乡，306 个行政村，2 个街道办事处。年末常住人口 47.02 万人，其中乡村人口 37.07 万人，总土地面积 4225 平方公里，其中耕地 172.11 万亩。境内沟壑纵横，梁峁交织，干旱少雨，水资源匮乏，属典型的黄土高原。

全面落实科学发展观，围绕提升产业、发展工业，夯实基础、优化环境，改善民生、构建和谐的工作重点，努力抵御干旱、冰雹等自然灾害和"5•12"汶川特大地震波及的影响，克服困难、奋力拼博，经济社会呈现出增长较快、结构趋好、效益提高、民生改善的良性势头。2008 年，全区完成生产总值 22.44 亿元，较上年增长 12.4%。其中第一产业增加值 6.0 亿元，第二产业增加值 5.6 亿元，第三产业增加值 10.84 亿元。全社会固定资产投资完成 16.1 亿元，增长 41.3%。大口径财政收入完成 1.69 亿元，增长 25.06%；一般预算收入完成 7956 万元，增长 21.84%。社会消费品零售总额完成 12.63 亿元，增长 14.7%。城镇居民人均可支配收入 9072 元，增长 8.74%。农民人均纯收入 2153 元，增长 15.26%。

【产业开发】马铃薯产业在种植规模化、品种优质化、生产标准化、营销市场化、加工精深化等方面有了新的提高。全区马铃薯种植面积首次突破 100 万亩，达到 103 万亩，鲜薯总产量 130 万吨。良种工程全面实施，优势品种脱毒快繁、新品种试验示范、当家品种提纯扶壮三大体系逐步完善。建立原种扩繁基地1620亩、一级种扩繁基地6500亩，引进试验优质品种（系）36个，完成种子“一分田”9万亩。抗旱丰产技术全面推广，建立标准化生产基地43个36万亩，完成机械化作业10万亩。由农业部、省政府主办的2008中国•定西马铃薯大会取得圆满成功，进一步提升了产业的知名度和影响力。全区共外销鲜薯50万吨，加工企业收购28万吨，生产精淀粉等系列产品近4万吨。农民人均从马铃薯产业中获得收入1659元。畜草产业：按照政府引导、市场带动、主体参与、种养联动、扩量增效的思路，一手抓龙头项目，一手抓千家万户养殖，畜牧业发展取得新的突破。大力实施“百千万”工程，建成巉口20万套肉种鸡一期、内官万头猪、香泉千头肉牛等15个养殖龙头项目，规模和效益显著提高。全区畜禽饲养量达到140万头(只),较上年增长21.7%，农民人均从畜草产业中获得收入702元。劳务产业：坚持政府推动与市场运作相结合，在技能培训、组织输转、维权服务等方面取得新的进展。创新工作方式，下移工作重心，走出了乡镇直接对接劳务基地的新路子。技能培训不断强化，培训城乡劳动力3.1万人（次），“安定技工”的综合素质和从业能力进一步提高。举办了8场（次）人力资源推介洽谈会，为供需双方搭建了交流合作平台。加强与新疆生产建设兵团的劳务合作，组织输送摘花工3100人。全区共输转城乡劳动力8.95万人（次），其中组织输转3.45万人（次），创劳务收入4.95亿元，农民人均从劳务产业中获得收入1300元。

【工业富区】全面落实工业发展十大举措，着力培育特色工业体系，经济总量不断壮大。技改项目顺利实施，薯峰变性淀粉二期、宏煊水晶粉丝配套精淀粉、蓝天水晶粉丝等项目建成投产。圣大方舟马铃薯变性淀粉生产线建设进展顺利，工程技术研发中心获得省级资格认证，研发变性淀粉品种55个。平台建设步伐加快，定西市循环经济产业园区、巉口工业园区建设全面启动，孚泰亚麻科技产业链、鑫龙钢型材等项目顺利入驻。南川物流园区建设取得新的进展。财政对工业发展的扶持力度进一步加大，设立工业发展基金500万元，组建成立了鸿达中小企业信用担保公司。全区36户规模以上工业企业完成增加值1.26亿元，比上年增长14.5%；实现销售收入3.9亿元，增长6%；上缴税金1780万元，增长9.7%。通业服务公司完善改制、供销大楼破产重组全面完成，134名职工妥善安置。粮食供应不断加强，新增区级储备粮1000吨。商贸流通日益活跃，非公有制经济快速发展。全区个体工商户和私营企业上缴税金3428万元，增长10.3%。

多措并举积极鼓励、扶持、培育非公有制经济发展。2008年，全区共签订招商引资项目38个，签约资金4.2亿元，到位资金1.6亿元，中药材加工、马铃薯深度开发、绿色食品加工、机械制造等一大批高科技项目相继建成投产。目前全区登记注册的个体工商户达7637户，私营企业384家，从业人员1.6万人，注册资金6.46亿元。个体私营经济实现商品销售总额3.6亿元，完成产值9000万元,上缴税金2800万元。

【城乡建设】狠抓城乡基础设施建设，发展后劲不断增强。按照“五宜”目标，加快旧城区道路改造，永定路、北城路、友谊北路等8条道路改造和南山、西岩山公园主干道硬化工程全面完成；南大街、自由街改造等项目顺利实施。积极配合完成了新城区建设的土地征用等工作。城市集中供热、医疗废物集中处置、关川河河道治理等工程进展良好。内官镇崖湾村新农村建设试点项目通过省上验收，22个扶贫开发整村推进、5个易地扶贫搬迁和灾后重建集中安置点项目完成年度任务。内官、巉口、宁远、李家堡、杏园等小城镇基础设施不断完善，服务带动功能进一步增强。农村公路建设步伐加快。定（定西）临（临洮）公路改造定西至内官段开工建设，西（西巩）漫（漫湾）公路铺油全面完成，白（白碌）大（大崖沟）、李（李家堡）通（通安驿）公路铺油和农村公路通达通畅工程进展顺利。水保生态建设深入推进，完成李家堡鹿马岔林业示范片带5000亩、“四山”绿化5700亩、西南部水源涵养林5000亩、生物能源文冠果基地5900亩。集体林权制度改革试点工作全面启动。称钩驿河坝系工程全面建成，李家河坝系工程进展良好。农田水利工程顺利实施。积极配合引洮供水一期工程建设，农村供水、田间节水灌溉可研报告编制已经完成。土地整理开发和农业综合开发项目进展良好，整理土地1万亩，衬砌渠道107公里。农村饮水安全工程完成年度建设任务，解决了2万人的饮水安全问题。“141”雨水集蓄利用工程全面建成，新建水窖3115眼、集流场1885处。农村能源建设持续推进，认真实施沼气国债项目，建成“一池三改”户用沼气池3250座。积极配合平（平凉）定（定西）、天（天水）定（定西）高速公路和引洮工程等国家重点项目，全面完成了年度征地拆迁任务。

【项目建设】坚持发展抓项目不动摇，积极争取项目，多方洽谈引进项目，全面实现了“两个高于”的目标。全年争取国家政策性投资项目117项，到位资金3.67亿元，较上年增长42.8%；引进招商项目16项，到位资金2.38亿元，增长10%。实施各类项目116项，总投资22.08亿元。其中产业开发项目29项2.06亿元；工业发展项目12项6.36亿元；基础建设项目56项12.56亿元；社会事业项目19项1.1亿元。项目建设三级领导责任制全面落实，50个重点项目完成建设任务。围绕中央关于扩大内需和灾后重建的投资政策，上报项目78项，储备项目121项，总投资达到55.81亿元。

【社会事业】教育教学条件继续改

善。西关小学教学楼、友谊幼儿园教学楼、职教中心实训楼、永新特教学校和13所灾后重建学校、9所援建学校建成投入使用，中华路小学迁建和团结初中宿舍楼建设全面完成。普通高中办学水平稳步提升。高考本科上线人数达到2165人，位居全市第一、全省第六。农村义务教育经费保障政策全面落实，贫困学生资助工作有效开展。职业教育快速发展，招生规模不断扩大，实现异地实习就业2163人。科技创新能力不断增强，4项科技成果通过省级鉴定验收。群众文化活动日益丰富，全民健身运动广泛开展。9个乡镇综合文化站和40个农家书屋全面建成。医疗卫生条件不断改善，市中医院、中华路社区卫生服务中心投入使用，6个乡镇卫生院建设完成主体工程，市二院住院部大楼开工建设。乡镇卫生院实现财政全额供给，管理不断加强，服务水平稳步提高。计划生育奖励优惠政策和节育措施较好落实，利益导向机制进一步健全。国土资源管理工作深入开展，土地市场和矿产资源整治有效推进。环境保护工作力度不断加大，第一次全国污染源普查全面开展，节能减排初见成效。安全隐患排查和专项整治深入开展，产品质量和食品药品安全保障有力。平安建设深入推进，严打整治及禁毒斗争有效开展，社会治安综合治理成效明显。双拥共建、民族宗教、外事侨务、物价统计、广播影视和妇女儿童、残疾人等各项社会事业取得了新的进步。

【关注民生】全面落实支农惠农政策，粮食直补、农资综合补贴、退耕还林补助等资金发放到户。城乡低保补助标准稳步提高，发放低保金3309万元、取暖补贴177万元、物价补贴787万元。干部职工、机关单位、城市低保户取暖补助标准进一步提高，区聘干部工资待遇和养老保险问题有效解决。新型农村合作医疗制度不断完善，补助标准稳步提高，参合率达到89.5%，为20379名患者报销住院费用2210万元。城镇居民基本医疗保险逐步规范，参保率达到85%，为1600名患者报销住院费用262万元。实施农村特困危房改造工程300户，发放城镇廉租住房补贴353万元，有效解决了城乡居民的住房困难。农村五保供养政策全面落实，“五保家园”项目顺利建成。就业援助力度加大，开发公益性就业岗位85个，为1877名灵活就业人员发放社会保险补贴154.7万元，为205名下岗失业人员发放小额担保贴息贷款410万元。募集抗震救灾资金199万元，加工运送面粉5100吨，向“5•12”汶川特大地震重灾区群众送去了一片爱心。城乡大病医疗救助、军人优抚安置、高龄老人补助等政策全面落实，困难群众生活妥善安排。特别是区政府向全区人民承诺的“10件实事”，通过各方面的共同努力，取得良好效果。在“10件实事”涉及的28项办理事项中，西漫公路铺油、易地扶贫搬迁、“141”雨水集蓄利用、农村沼气建设、中华路小学迁建、市中医院搬迁、中华路社区卫生服务中心建设、旧城道路改造、公园道路硬化、小城镇基础建设、廉租住房补贴发放、干部职工津贴补贴落实和住房公积金比例提高等23项全面完成；白大公路铺油、李通公路铺油、市二院住院部大楼和区档案馆建设等4项完成了年度建设任务；广电中心综合楼建设已完成规划设计，将于2009年启动建设。

通渭县

【现任主要领导】

中共通渭县委书记：燕胜三

通渭县人大常委会主任：王宏德

通渭县人民政府县长：令续鹏

政协通渭县委员会主席：郑俊清

中共通渭县纪律检查委员会书记：连禧

【基本情况】通渭县位于甘肃省中部，定西市东侧，介于东经104°57′—105°38′，北纬34°55′—35°29′之间，东西长约78公里，南北宽约64公里，总面积2899平方公里，平均海拔1970.5米。地势呈西北高，东南低，属黄土丘陵沟壑区。具有典型的大陆性季风气候特征，属陇中温带半湿润向半干旱过渡区，年平均气温7.6℃，平均风速1.5米/秒，全年无霜期130—170天，正常年份降水量400—540mm，年总日照时数2100—2430小时。全县辖6镇12乡，332个行政村，年末常住人口45.73万人，其中乡村人口41.02万人。

【本地优势】一是区位优势明显。境内交通便利，为古丝绸之路的重要通道，是连接兰州、白银、平凉、天水等地的重要枢纽。310国道横贯4乡镇，穿越县城，西兰、华双、马陇、靖天等10条省属公路连接西安、天水等周边大中城市。县乡公路纵横交错，将全县所有18个乡镇联结成四通八达的交通网。二是农业生产资源丰富，小杂粮享誉陇原大地。全县有耕地面积183万亩，土壤疏松，土质较好，由于气候类型多样，适宜于多种农作物生长。粮食作物主要有冬小麦、马铃薯、豆类（扁豆、豌豆、蚕豆）、玉米、莜麦、荞麦等，经济作物主要有胡麻、油菜籽和中药材。2008年全县小杂粮种植面积达18.13万亩，其中荞麦4.91万亩，豆类6.47万亩，糜谷4.1万亩，秋杂2.65万亩。三是劳动力数量多。全县有农村劳动力资源25万人，可实现转移的剩余劳动力较多。成功注册了通渭人家“拾花妹”、“保安哥”、“彩绘匠”、“巧织女”4个特色劳务品牌，有2人分别被评为“全国优秀农民工”和“全国创业之星”；2008年，输出劳务8.43万人，创劳务收入4.98亿元，其中组织赴疆拾花工1.9万人。四是矿产贮量丰富。主要有花岗岩、汉白玉、硅石矿、高岭土、硫铁矿、地热温泉和煤等。花岗岩仅露地储量在6亿立方米以上，高岭土可开采储量187万吨，硅铁矿总储量300万立方米，地热资源3处，其中距县城仅

8公里处的地热温泉享有“陇上神泉”之美誉,“浴可治百病,饮可提神美容”,开发利用潜力极大,多方投资修建的温泉洗浴中心,已接待四方客人。五是较深厚的文化底蕴,通渭人喜爱字画,闻名陇上,是全国有名的书画之乡。通渭被全国工商联和中国书画家协会授予“全国书画产业先进县”称号。

【国民经济】深入贯彻落实科学发展观,紧紧围绕建设富裕文明、开放和谐新通渭的目标,把加快发展作为第一要务,把改善民生作为执政之本,凝心聚力,攻坚克难,真抓实干,全县经济、政治、文化、社会建设迈出了新步伐。2008年实现生产总值11.61亿元,较上年增长9.3%。其中一、二、三产业增加值分别完成5.02亿元、1.18亿元和5.41亿元。完成全社会固定资产投资5.86亿元,增长41.6%;实现社会消费品零售总额2.59亿元,增长13.5%。完成大口径财政收入3469万元,增长27.68%,完成财政支出6.81亿元,增长33.45%。金融机构存、贷款余额分别达到10.4亿元和6.1亿元,比年初分别增加2.7亿元和0.5亿元。城镇居民人均可支配收入达到8140元,净增617元;农民人均纯收入达到2016元,净增236元。

特色优势产业开发强力推进。把全膜玉米推广作为发展旱作农业的革命性措施,多渠道投入资金1062.5万元,加强示范引领,推广面积由2007年的1.73万亩迅速扩大到14.49万亩,平均亩产636.1公斤,总产量达9.22万吨。用不到全县10%的耕地收获了粮食总产最高年份60%的产量,切实让广大农民看到了发展旱作农业的潜力。与此同时,持续推广马铃薯良种繁育体系建设,扶持爱兰薯业公司新建脱毒苗组培室,培育脱毒苗712万株;新增原原种繁育面积85亩,年繁育能力由360万粒增加到1500万粒;与省农科院合作,建立一级种繁育基地2500亩,年繁育能力由446吨增加到5000吨。引资新建了通河源、正通两个年出栏5000头以上的养猪企业,新发展规模养殖户2000户,建成玉米秸秆青贮池71座,义岗宋庄养鸡等传统养殖专业村得到继续巩固和发展。

【工业强县】制定出台工业发展六大行动计划,组建诚信中小企业信用担保公司,落实扶持中小企业发展专项资金300万元,完成循环经济示范区初编,成立工业经济建设协调领导小组,协调解决企业发展建设中的难题。通过政策扶持引导,年内新建宏鑫农业科技发展有限公司,投资520万元建成年产5000吨农用地膜生产线一期工程,年生产能力达2000吨;晓铃商贸公司论证新建年产5万吨玉米淀粉生产线,投资1423万元已完成厂房维修;天耀草业公司投资460万元新建了獭兔养殖基地及加工车间。实施技改项目7项,总投资1640万元,飞天粉丝公司年产1000吨马铃薯方便粉丝生产线,春寅乳业公司年产3400吨乳制品生产线,晓铃商贸公司年产3500吨植物亚麻油生产线、年产1000吨小杂粮方便食品生产线、改造原金大地年产2万吨马铃薯淀粉生产线,通广药材公司中药饮片生产线,乐百味公司苦荞系列产品开发等技改项目完成年度计划。地毯公司、盘纸厂、塑料公司、百货公司、粮食企业改制全面完成,盘活资产6108万元、核销债务5925万元、安置职工1068人,医药公司、煤炭公司、食品公司、供销企业改制工作有序进行。全县规模以上工业企业实现增加值2500万元,同比增长17.1%;实现利润460万元,增长15.1%;上缴税金240万元,增长7.6%。

【项目建设】项目建设取得显著成绩。2008年,全年共实施各类项目125个、总投资11亿元,较上年分别增加34个、3.9亿元,当年完成投资4.5亿元,增加1.7亿元,其中有千万元以上项目28个,同比增加13个,是近年来实施项目最多、投资额度最大、涉及领域最广的一年。储备机制更加完善,在已落实项目前期费200万元的基础上,又追加140万元,新储备项目97个、总投资15亿元。争取力度明显加大,抓住灾后重建、扩大内需两次重要机遇,不失时机,快速反应,上报灾后重建项目417个5.4亿元,争取到集中建房项目3个,上报新增投资计划项目53个25亿元,争取到16个;全年累计争取到项目201个、总投资4。75亿元,分别增加25个、1.1亿元。融资渠道不断拓宽,自筹资金建设项目达12个、总投资1.88亿元;新签约招商引资项目13个2.94亿元,到位资金8860万元,温泉城开发项目签约资金1.5亿元。

【人民生活】全面落实各项惠农政策,优先安排灾后重建资金881万元,实施灾民建房、危房改造1200多户,并及时下拨救灾救济资金659万元,救助受灾群众;农村低保保障面扩大到5.26%,新纳入448户1900人,累计达到5441户2.24万人,月人均补差从16.31元提高到45.06元;新建五保家园8处120户;实施残疾人建房100户,配备残疾人康复用品310件。新型农村合作医疗财政补助由40元提高到80元,参合农民达37.65万人、参合率达88.9%,为10.9万人报销医疗费3100万元,救助农村大病患者1055人(次)。兑现农资综合补贴、粮食直补、农机具购置补贴、良种补贴、能繁母猪补贴、退耕还林补助等专项补贴8040.6万元;落实义务教育保障资金、职业教育助学金、生源地助学贷款共计4624.8万元,惠及8.88万名学生。城镇居民基本医疗保险参保人数达1.63万人、参保率达90%,为650人报销医疗费108万元,救助城镇大病患者59人(次);新增城镇就业1903人,新开发公益性岗位702个,发放下岗失业人员小额担保贷款160万元,城镇登记失业率控制在2.8%以内。县财政配套649万元,全面提高了代课教师、环卫工人、文化专干、聘用制工勤人员工资和企业离退休人员津贴、干部职工津补贴标准。

【社会事业】立足优化教育资源配置、缓解高中教育压力，当年规划、当年建设总投资 5500 万元的第三中学，县财政拨付 525 万元完成征地，教学楼建设已完成投资 575 万元；投资 1691 万元维修改造农村中小学校 8 所，投资 860 万元为 228 所农村中小学校配备了现代远程教育设备，争取到义务教育债务化解资金 1421 万元；教育教学质量不断提高，全县高考本科上线 681 人，比上年净增 219 人，1 名考生被北大录取；引资 1000 万元新建民办机电工程学校，当年招生 420 人，解决了职业教育资源不足、实训基地短缺等问题。立足促进科技成果转化，实施各类科技项目 34 项。医疗卫生基础条件得到改善，投资 578 万元实施县医院住院部楼改扩建工程，投资 349 万元改建乡镇卫生院 7 所、新建村卫生室 6 所，投资 650 万元为全县各医疗机构配备了 950 件医疗设备。文化事业和文化产业发展较快，《通渭史话》出版发行，“通渭草编”、“通渭剪纸”、“通渭陶塑”被列入省级非物质文化遗产保护名录；建成“农家书屋”40 家，配置与农民生产生活密切相关并且适合农民阅读和欣赏的图书 1500 册、期刊 30 种，并争取到省新闻出版局给“农家书屋”追加图书 1000 册。在定西、兰州、西安等地成功举办书画展，先后有 100 多名书画家来我县开展书画交流，全县书画年交易额 5000 多万元。着力抓有线电视信号延伸和广播电视“村村通”等基础工作。目前有线电视信号通过光缆已顺利通达 17 个乡镇 50 个村 216 个组，光缆延伸 130 公里，新发展农村有线电视用户 1920 户，乡镇网络用户 6600 户，县城网络用户 4800 户。通过直播卫星覆盖，已在全县 273 个自然村 5460 户建成“村村通”工程。并投资 40 万元对县电视中心机房进行改造，购进非线性编辑机 1 套、摄像机 3 台，实现了采、编、制、播数字化。榜罗镇革命遗址红色旅游景区建设完成投资 450 万元，完成了道路及排水工程，建成三星级旅游公厕一处；温泉山庄、县政府招待所分别被评定为 AAA 级景区、二星级宾馆。持续推进南园体育场改造，年内投资 110 万元完成了塑胶跑道铺设。全年共落实四项节育手术 2625 例，征收社会抚养费 440.4 万元。高度重视环境保护和节能减排工作，飞天粉丝公司污水处理项目建成并投入使用，万元生产总值能耗降低 5%，主要污染物排放减少 2%。

陇西县

【现任主要领导】

中共陇西县委书记：张懿笃

陇西县人大常委会主任：朱自武

陇西县人民政府县长：鲁泽

政协陇西县委员会主席：包志宏

中共陇西县纪律检查委员会书记：蒋纬

【基本情况】陇西县位于甘肃省东南部，定西市中部，渭河上游。海拔 1612—2798 米，总面积 2657 平方公里，其中耕地面积 118.3 万亩。陇西县属温带大陆性季风气候，四季分明，日照充足，年均降水量 446 毫米，年平均气温 7.7℃，全年无霜期 154 天。由于受东亚大气环流和青藏高原外围特殊地形的影响，降水量年际差异较大，处于农牧气候过渡地带，故宜农宜牧，主要以农业为主。川区、北山为温和干旱区，适宜种植冬小麦、马铃薯、玉米、冬油菜等农作物，为全县主要产粮区，南山为温寒半湿润区，发展畜牧养殖业有一定条件。全县辖 9 镇 8 乡，215 个行政村，年末常住人口 48.53 万人，其中乡村人口 41.24 万人。居住着汉、回、满、壮、藏、裕固、蒙古族等 20 个民族。

渭水河畔的陇西是华夏古老文明的发祥地之一。这里秦代置郡，汉设襄武，两千多年来一直为历代郡、州、府治所在的西陲重镇。灿烂的古代文明在这块土地上留下了辉煌神奇的历史足音，驰名中外的陇西李氏文化是与敦煌文化、伏羲文化、藏传佛教文化齐名的甘肃四大文化之一。陇西堂、李家龙宫等李氏文化遗迹成为海内外李氏儿女寻根祭祖和进行联谊的纽带，威远楼、仁寿山森林公园等旅游景点吸引着众多游客。

县境内国、省干线公路 3 条，定陇公路年内全线通车，文峰至巩昌镇公路主干道已竣工交付使用，长安大道把文峰和巩昌两大镇连为一体。与此同时，陇海铁路、宝兰复线纵贯东西，境内设有 8 个火车站，行程 75 公里。陇西火车站已升为客货运二等区段站，已建成文峰营运配载中心，铁路、公路构成比较完整的交通网络，成为联结兰州、定西、天水、陇南等地市的交通枢纽。

【名优特产】大力实施农产品品牌战略，“陇西白条党参”、“陇西黄芪”通过国家商标局证明商标注册，效灵、清吉、陇原情、绿莹等商标被认定为甘肃省著名商标，绿莹牌植物油、足赤牌肉罐头被评为省级名牌产品。“清吉”牌马铃薯、“雪川”牌精淀粉、“效灵”牌和“星月”牌中药材、“足赤”牌肉制品和“陇原岁月”、“陇原情”牌白酒等 14 个名优产品在工商部门登记注册。陇西的金钱肉、口条、火腿被誉为“陇原三绝”，腊羊肉、腌驴肉、荞粉、酿皮、烧鸡粉被列为甘肃省“名特小吃”。党参、柴胡、当归、红芪、黄芪、秦艽、板蓝根等中药材畅销国内外。

【国民经济】深入实施“产业富民、工业强县、商贸兴陇”三大战略，抓重点、破难点、创特色、求实效，努力克服自然灾害造成的影响，积极应对金融危机带来的冲击，凝心聚力谋发展，从而使全县经济和各项社会事业协调发展。2008 年，全县实现生产总值 24.39 亿元，比上年增长 9.5%。其中：第一产业增加值 5.61 亿元，增长 10.5%，第二产业增加值 8.57 亿元，增长 3.5%，二产中工业增加值 7.02 亿元，增长 3.0%，第三产业增加值 9.21 亿元，增长 14.7%；实现大口径财政收入 1.48 亿元，增长 21.01%，一般性预算支出 7.36 亿元，增长 34.72%；金融机构存、贷款余额分别达到 31 亿元和 20 亿元，分别较年初增长 17.4%和 19.8%；实现社会消费品零售总额 9.2 亿元，增长 16.4%；完成全社会固定资产投资 12.6 亿元，增长 39.4%。农民人均纯收入达到 2233 元，增长 15.58%；城镇居民人均可支配收入达到 8700 元，增长 11.2%。

【工业强县】多渠道投入资金 2.96 亿元，引进新技术、新工艺 35 项，开发新产品 12 个，新建工业项目和技术改造项目 8 个。中铝公司西北铝加工分公司 5 万吨铝箔生产线正在进行铝箔车间厂房主体建设；20 万吨铝板带热扎项目完成拟建区征地搬迁和场地平整等前期工作。东兴铝业公司陇西分公司 10 万吨电解铝环境治理技术改造项目一期 5 万吨已建成投产，二期 5 万吨正在建设当中，凯华化工公司电石炉已完成主体工程和部分生产设备的安装工作，三源机械公司铁路标准件加工、中天药业公司中药饮片生产线、效灵生物公司中药饮片 GMA 生产车间改造、伊真堂药业公司中药浸膏加工生产线等项目均已建成投产。成功承办了中国•定西首届中药材产业发展大会，签订项目 10 项 7.14 亿元。

大力发展非公有制经济。年内新增非公有制经济企业 59 户，个体工商户 419 户，全县非公有制经济组织达到 6197 户，完成增加值 5.84 亿元，上缴税金 4900 万元，分别增长 9.8%和 7.6%。全县完成工业增加值 7.65 亿元，增长 11.4%，实现销售收入 21 亿元，增长 16%，实现利润 3900 万元，增长 10.7%。工业经济在全县经济总量中的比重达 31%。

【产业开发】采取财政投资、贴息和补贴等方式投入扶贫资金 617 万元，大力培育和开发马铃薯、中药材、畜牧、劳务等特色优势产业，全县农村经济结构调整和农业生产新技术推广步伐明显加快。引进马铃薯良种 1160 吨，建成百吨以上贮藏设施 36 座，马铃薯种植面积达到 50 万亩，总产量达到 74 万吨；全膜双垄沟播玉米面积 12.07 万亩，较半覆膜亩增产 137 公斤，增产率达 27.2%，全县粮食产量达 13.83 万吨，较上年增产 19%，是近年来收成最好的一年。中药材种植面积稳定在 28 万亩，首阳中药材科技示范园区被确定为省级示范区。成功承办了中国•定西首届中药材产业发展大会，签订项目 10 项 7.14 亿元。坚持走舍饲圈养、发展草食畜牧业的路子，引进投放基础母羊 1.22 万只，基础母牛 2440 头，新发展牛羊养殖户 1865 户，全县畜禽存栏达到 165 万头（只），陇原中天循环经济生态园被确定为国家Ⅱ级示范区。全县年内培训城乡劳动力 4.4 万人，转移输出劳动力 13.1 万人，实现劳务收入 5.5 亿元，同比增长 20%。切实提高农业产业化经营水平，新组建专业合作社和专业协会 18 个，新建农产品加工项目 4 个。

【新农村建设】狠抓农村基础条件和生态环境改善，兴修水平梯田 4.6 万亩，建成淤地坝 6 座，发展农村饮水安全用户 2550 户，发展节水灌溉面积 4630 亩，完成退耕还林补植 6 万亩，荒山补植新造 7.7 万亩，面山绿化 5000 亩，治理水土流失面积 148 公里，兴修渭河护岸 8.22 公里，"三北"四期防护林 4660 亩，退耕还林工程在全省综合考核评比中获全省第一。建成"一池三改"沼气池 2902 口，建成各类水利工程 5 处，新增有效灌溉面积 750 亩，恢复灌溉面积 2300 亩；完成红李公路路基及防排工程 47 公里，通达工程路基 36 条 200 公里，马宏公路改造铺油工程全面建成投入使用。加大扶贫开发力度，8 个整村推进扶贫开发项目村全面完成年度建设任务，全县有 680 人实现基本解决温饱、9410 人实现稳定解决温饱，农村绝对贫困面下降到 2.71%。省级新农村试点村云田镇二十铺村已顺利通过省上验收。

【社会事业】始终坚持把教育摆在优先发展的战略地位，多方筹资 2963 万元维修改造农村中小学校舍 2.6 万平方米。注重内涵发展，扎实推进素质教育，高考本科上线率连续十年蝉联全市第一，陇西一中创建省级示范性高中通过省上专家组复评验收。大力发展职业教育，进一步整合职教资源，扩大办学规模，职业教育水平和质量明显提高，促进就业、服务经济社会发展的能力显著增强，年内新增城镇就业人员 1870 人，城镇登记失业率控制在 4%以内。加快发展医疗卫生事业，农村合作医疗财政补助标准较去年翻了一番，参合率和报销金额较上年分别增长 0.8%和 128%；县医院整体搬迁工程门诊综合楼已封顶，17 所乡镇卫生院改扩建工程 12 所已全面竣工投入使用，5 所正在建设。全面推进科技创新，实施科技项目 22 项，获市科技进步奖 2 项。不断健全完善社会保障体系，城镇职工基本养老、失业、医疗和工伤保险人数较上年分别增加 2533 人、2854 人、2925 人和 1238 人，城镇居民基本医疗保险参保率达 90.5%。人均城乡低保补助标准分别提高到 85 元和 45 元，农村低保保障面由 2.1%提高到 2.4%，城镇低保实现了动态管理下的应保尽保。妥善安排灾区困难群众生产生活，为 850 户农村特困群众和 942 户地震灾困户拨付建房补助资金 935 万元，及时下拨困难群众口粮款和临时性生活补助金 675 万元，发放各类救济救灾物资价值达 150 万元。积极推进五保老人福利设施建设，城市敬老院全面建成投用，菜子镇菜子村、云田镇二十铺村、渭阳乡三川村 3 处五保家园完成主体工程建设。为人均住房面积在 10 平方米以下的城镇低收入家庭发放住房补贴 277 万元。积极发展文化旅游事业，威远楼安全生态工程建设和保昌楼修葺维护全面完成，李氏文化人文专题片《永不失落的圣地》开机拍摄，大型古典秦剧《梦回陇西堂》开始剧本创作，李氏文化旅游纪念品和电子族谱开发顺利。大力发展广播电影电视事业，农村广播电视数字平台全面建成。不断加强体育事业，“全民健身与奥运同行”活动深入开展，县体育馆和县体育健身活动中心即将建成。全面落实计划生育各项节育措施和奖励优待政策，人口和计划生育工作扎实推进。不断巩固土地执法模范县创建成果，圆满完成第二次全国土地调查城镇地籍调查任务，国土市场秩序进一步规范。切实加大环境污染综合治理和环境保护监督管理，全面开展污染防治专项整治，第一次全国污染源普查阶段性目标任务全面完成，环保投资指数达到2%。认真开展“三鹿”牌问题奶粉清理清查等产品质量和食品药品专项整治，确保了食品药品安全。积极开展安全隐患排查专项治理，安全生产形势稳定好转。积极开展矛盾纠纷排查，严厉打击刑事犯罪、毒品犯罪、经济犯罪等各类违法犯罪活动，社会治安秩序和谐稳定。

渭源县

【现任主要领导】

中共渭源县委书记：杨发升

渭源县人大常委会主任：景忠义

渭源县人民政府县长：彭双彦（女）

政协渭源县委员会主席：张亚龙

中共渭源县纪律检查委员会

书记：张晓梅(女)

【基本情况】渭源县位于甘肃省中部，定西市西南部，顾名思义为古老渭河之发源头。这里山清水秀，气候凉爽，是旅游观光、避暑纳凉的好去处；这里土地肥沃，出产丰富，是闻名全国的“马铃薯良种之乡”，中药材资源享誉陇上。

渭源县地处西秦岭山脉南动地槽与黄土高原台地的交汇地带，也是渭河与洮河两大水系的分水岭，海拔在1930--3941米之间，总土地面积2065平方公里，辖8镇8乡，217个行政村，1536个社，年末常住人口34.66万人，其中乡村人口31.84万人。耕地面积80万亩。年降雨量500毫米左右，年平均气温5.8℃，无霜期157天。全县气候分为三类：北部干旱区，干旱少雨，植被稀少，土地面积大，农作物产量低，川沿河谷区，海拔较低，光热资源相对丰富，水肥条件较好，全县9万亩水浇地大部分集中在这个区域；南部高寒阴湿区，雨量较多，低温寡照，植被良好，莲峰山、首阳山、天井峡、太白山等旅游景点分布在这个区域，渭源县是全市气候差异较为明显的县区。

【旅游资源】渭源县风景秀丽，文物古迹众多，旅游资源得天独厚，是定西市旅游大县。境内有始建于明洪武年间（公元1368－1398年）的灞陵桥，有葬于孤竹国二圣伯夷、叔齐的首阳山，有渭河源国家级森林公园，有鸟鼠同穴渭水源，有十里“画廊”天井峡，有云端仙境太白山，有三国古道双石门以及秦长城遗址等16处旅游景点。这里气候湿润、凉爽，夏天蚊不叮虫不咬，是纳凉避暑胜地。近年来，县上加大旅游景区的基础设施建设力度，编制完成了首阳山、渭河源、洮河风情旅游区建设详规，对太白山等景区道路进行了整体绿化，渭河源省级地质公园通过评审，并被命名为省级风景名胜区。招商引资3000万元建设的渭水源宾馆正式运营，农家乐接待场所稳步发展，旅游发展条件明显改善，接待水平显著提升，感悟渭河文化、体验乡村风情的生态旅游更具吸引力，全年共接待游客18万人（次），创社会效益5300多万元。

【国民经济】全面落实科学发展观，按照“高点定位、加压紧逼，志在超越、不懈进取”的总体要求，努力克服自然灾害造成的影响，攻坚克难求突破。2008年，全县完成生产总值10.35亿元，较上年增长11.4%，其中，第一产业增加值5.25亿元，增长12.3%，第二产业增加值0.85亿元，增长16.2%，第三产业增加值4.26亿元，增长10.2%；完成固定资产投资7.48亿元，增长70.5%；完成社会消费品零售总额2.4亿元，增长16.6%；大口径财政收入达到2801万元，比上年增长26.06%，财政支出5.53亿元，增长30.86%；全县金融机构各项存款余额达到11.59亿元，较年初增长29.6%，贷款余额达到5.2亿元，较年初增长22.2%；粮食总产量达到11.98万吨，较上年增产1.54万吨，增长14.75%，创历史最高记录；农民人均纯收入达到2096元，增长15.6，城镇居民可支配收入达到8300元，增长9.1%。

企业投资融资体制逐步完善，中小企业信贷担保体系正在建立。对工业集中区和商贸物流区进行了合理规划，并开始建设详规编制和征地等前期工作。峡城电站等重点工业项目建设进展顺利，颜裕药业有限责任公司通过中药材饮片加工GMP认证，马铃薯、中药材加工企业迅速壮大，工业发展基础进一步夯实。全县限额以上工业企业完成增加值876万元，较上年增长35.7%。

坚持扩规模，提层次，投资2777万元继续推进马铃薯良种工程建设，新建原原种生产温室6座，累计达到36座，建成原种生产网棚4013亩，生产瓶苗1500万株、原原种3000万粒、原种1万吨。建成良种繁育示范点23个，全县马铃薯种植面积达到37万亩，其中一级良种5万亩、二级良种15万亩，马铃薯总产量达到70万吨，产业规模进一步壮大，发展优势进一步凸显。

【支柱产业】渭源县是“中国马铃薯良种之乡”，年种植面积在36万亩以上，年产量70万吨以上，年商品量达40万吨。成功培育出渭薯、陇薯系列优质品种20多个，品种选育、良种繁育、组织协调、质量检测、种薯运销五大体系已建立健全。“渭源马铃薯种薯”和“五竹”牌良种马铃薯商标已申请注册，品牌效应日益凸现，是全省各地乃至周边省区的良种马铃薯供应中心。该产业已占到全县农业增加值的一半以上，占到农民人均纯收入的三分之一，成为富民强县的“黄金产业”。

渭源县有“千年药乡”的美誉，被中国农学会评为“中国党参之乡”。由于海拔高、气候凉爽、昼夜温差大等因素，出产的中药材以品质好、无污染、药用价值高而久负盛名，自古就有“渭水当归传两广”和“党参故里”之说。野生药材多达400种，家种药材主要有当归、党参、红芪、黄芪等，年种植20多万亩，中药材产量达6万多吨。同时，还种植生地、大黄、板兰根、防风、柴胡、甘草、秦艽等10多种名贵药材。目前已建成1个优质中药材繁育中心，1.2万亩无公害优质中药材生产基地，年加工饮片3000吨，提取浸膏300吨的中药材加工厂。同时，全县建成清源、会川、莲峰、新寨等中药材专业市场，其中会川中药材市场是全省十大药材市场之一，药材交易十分繁忙，交易额逐年提高。

畜牧业是渭源县的支柱产业之一，近年来有了长足发展。全县畜牧业增加值达1.21亿元，占到农业增加值的20%，肉类总产量达6804吨，农民从畜牧养殖中获得纯收入达386元，占到家庭经营收入的20%，全县有天然草场81.4万亩，人工种植多年生牧草留床面积9.8万亩，为发展畜牧业创造了良好条件。饲养各类牲畜37万头只，养殖专业户达7213户，全县年交易仔猪62万头、生猪17.5万头、肉牛2.43万头、肉羊7.76万只、肉鸡82.3万只，禽蛋5354吨，实现销售额3.12亿元。积极尝试特色养殖，在黄香沟牧场建成人工养鹿实验场和药用成品小鲵人工养殖场，在渭河沿岸开辟了近700亩的养殖水面，结束了渭源“食无鱼”的历史。围绕推广建立生态循环经济模式，完成圈舍改造2500间，发展优质牧草5万亩，特别是“渴了饮清流、饿了食虫草”的南山放养虫草鸡，是天然纯绿色食品，目前饲养规模达300万只，并获得国家A级绿色食品认证和甘肃省无公害农产品认证，注册了“秀峰”牌商标。

【项目建设】牢固树立抓项目就是抓发展的理念。2008年，争取实施各类项目87项，总投资12.67亿元，已开工建设77项，完成投资4.47亿元，全县人民关注的兰渝铁路正式开工建设，兰海高速临渭段可研通过国家评审，2009年将正式动工。县财政列支项目前期费用243万元，进一步加强了项目的论证、筛选，共储备项目205项，争取下达投资计划141项，争取国家投资1.99亿元。严格执行《项目建设管理办法》和《项目资金报账制操作规程》，确保了项目建设的顺利进行。县城建设完成投资1.64亿元，清源路拓宽改造项目完成铺油罩面，渭河3座大桥完成主体工程，建成5座翻板闸坝，完成渭河南路、老君山环山路路基工程，完成渭宝嘉园等5处住宅小区建设。项目总量和投资额度的增加，以及国家重点项目在我县境内的相继开工建设，为全县经济社会发展提供了强有力的支撑。

【新农村建设】突出产业培育和基础设施改善两大核心环节，大力发展特色优势产业，依托各类项目资源，加大资金投入力度，着力改善农村生产生活条件。莲峰镇团结村省级新农村建设试点工作顺利通过省、市验收，清源城关等16个县级新农村建设试点工作稳步推进，为全县新农村建设积累了经验。建成通乡油路74公里，改造通村公路317公里。完成北部安全供水项目年度投资1900万元，解决了3万人的安全饮水问题，南丰灌区干渠建设和石门水库除险加固工程全面竣工，发展有效灌溉面积1.9万亩。兴修梯田4300亩，建成“一池三改”农村沼气2300户，累计达到7500多户。建成骨干坝2座，中型淤地坝2座，完成水土流失治理面积35平方公里，农村基础面貌明显改善。以绿色通道建设为重点，整合林业建设资金170万元，实施了“五线一点”绿化工程，对75公里景区道路进行了整体绿化，建成了500亩的老君山精品绿化点。完成退耕还林工程补植补造4万亩、荒山造林2.3万亩、封山育林1万亩、三北防护林建设3000亩，各乡镇面山绿化工作全面展开，农村生态环境得到改善。

【人民生活】始终坚持将改善民生作为第一目标，千方百计筹措资金，狠抓实事办理落实，使全县人民生活条件得到新的改善。一是筹措资金1705万元完成了灞陵桥-老君山公园一期工程建设涉及的137户居民拆迁，103户农民的房屋拆迁已完成评估和拆迁协议的签订工作，发放拆迁补偿资金280万元，筹措资金362万元完成了土地征用、解决了市场遗留问题，投资428万元的主题雕塑和文化柱制作完成。二是投资1100万元的清源路拓宽改造工程完成铺油和供排水、通讯管网埋设。投资200万元的老君山环山路全面完成路基工程建设。投资2237万元的渭河南路完成征地33亩、拆迁34户，以及路基工程和管网埋设。三是投资1250万元的渭河风情线建设，已完成4100米河堤治理和5座翻板闸坝建设任务。四是总投资1100万元的渭河3座大桥，主体工程已全面完成。五是投资6000万元的渭水源中药材市场已完成规划设计和主道路路基及地下管网工程。投资1326万元的上集三角饮食市场已完成主体工程，2009年5月将投入使用。投资3345万元的下岗职工再就业市场开工建设，2009年8月将投入使用。六是投资5800万元的医院搬迁项目，已完成土地征用、整体设计和投资1229万元的门诊大楼主体工程，投资1956万元的住院部大楼开工建设。七是投资2391万元对25所学校校舍进行改造，新建改造校舍2.4万平方米，消除危房1万平方米。筹措资金260万元解决了龙亭中学、会川中学的债务问题。八是投资1.15亿元建设农村公路91条585

公里，已建成农村公路391公里。九是对850户困难职工家庭发放廉租住房补贴85万元，争取中央补助资金288万元，规划建设廉租房140套，并积极争取资金收购改造50套，城镇廉租住房补贴制度进一步完善。县财政筹措资金19万元用于城镇居民医疗保险补助，全县参加城镇居民医疗保险8823人，参保率达到90%。落实新型农村合作医疗县级配套资金284.5万元，全县参合率达到88.31%，报销补偿医疗费用1988.7万元，住院补偿比例达到63%，广大群众看病难、看病贵的问题得到初步解决。十是投资370万元的文化剧院建设已完成土地划拨、施工图设计等前期准备工作。组织劳务输转6.42万人，实现劳务收入3.28亿元。农民人均从支柱产业中获得的纯收入达到1814元，较上年净增291元。投资1004万元的整村推进、投资2912万元的易地扶贫搬迁和投资175万元的产业化扶贫项目相继实施，扶贫开发成效进一步显现，解决绝对贫困人口500人、低收入人口7700人。

【社会事业】推进科技创新，加大科技成果转化力度，举办各类科技培训28期2.9万人（次），实施科技项目26项。深化教育改革，全面落实“五抓”战略，教育管理水平明显提高。投资2391万元新建改造校舍2.4万平方米，办学条件进一步改善。农村义务教育经费保障机制进一步健全，全面实现了城乡免费义务教育。高中教育规模继续扩大，高考上线人数达到1772人，其中，本科上线人数634人。职业教育迅速发展，在校学生达到2000多人，毕业生安置就业率达到98%。新型农村合作医疗和城镇居民基本医疗保险覆盖面进一步扩大，城乡群众看病难、看病贵的问题得到有效解决。文化、体育、残疾人、妇女儿童、广播电视事业有较大进展。筹措救灾资金2072万元，全面开展了灾后重建工作。落实城乡低保人口1.6万人，发放低保资金897万元，为963名五保对象发放供养金120万元，安排救济资金270万元，妥善解决了3.8万名困难群众的生产生活问题。各类社会保险覆盖面进一步扩大，生育保险正式启动。认真落实促进就业的政策措施，开发公益性岗位116个，新增城镇就业1356人，下岗失业人员再就业635名，大中专毕业生安置就业334人。认真贯彻落实价格临时干预措施，强化食品、药品、农资市场秩序整顿和价格监督检查，确保了市场繁荣和社会稳定。

临洮县

【现任主要领导】

中共临洮县委书记：刘富春

临洮县人大常委会主任：张学东

临洮县人民政府县长：石林

政协临洮县委员会主席：陈永寿

中共临洮县纪律检查委员会

书记：史书昌

【基本情况】临洮，故称狄道，位于甘肃中部，定西市西部，洮河下游，是古丝绸之路要道，陇上历史文化名城。全县总面积2851平方公里，耕地108万亩，辖12镇6乡，324个行政村，年末常住人口54.07万人，其中乡村人口48.21万人，黄河上游最大的支流--洮河，流经县内115公里，年径流量53亿立方米，属国家一级保护水系。境内有西秦岭的余脉南屏山和祁连山的余脉马衔山，形成了高山、丘陵、沟壑、梁峁、河谷、平川纵横交错的复杂地形。海拔在1732－3670米之间，整个地势由东南向西北倾斜，属大陆性季风气候，日照充足，年降雨量在300—700毫米之间，年平均气温8.1℃。

临洮县气候温和，土地肥沃，盛产马铃薯、无公害蔬菜、食用百合、水果、中药材、名贵花卉等。铜、铁、金等金属矿藏和莹石、方解石、花岗岩等非金属矿藏贮量丰富，开发前景甚为广阔。地方工业已形成以建筑建材、水力发电、金属冶炼、农副产品加工、酿酒造纸为主的五大主导产业。农业生产条件得天独厚。马铃薯、蔬菜、花卉、林果、畜牧、药材、食用百合等已并肩成为最具地方区位优势和开发潜力的新兴支柱产业。特别是名贵花卉大丽花、紫斑牡丹、观赏百合、唐昌蒲、郁金香等走俏四方。

【旅游资源】临洮县人杰地灵，文化灿烂，是黄河上游古文化发祥地之一，素有“彩陶之乡”，“文化县”之称，闻名中外的“马家窑”、“辛甸”、“寺洼山”遗址，系新石器时代文化遗址，出土文物多系彩陶罐等，是我国彩陶艺术宝库中的瑰宝。全县文物古迹遍布，人文景观荟萃，现有战国秦长城、三国姜维墩、唐代哥舒翰纪功碑，明代超然书院等文物遗址。自然景观也颇多，岳麓山省级森林公园、天下奇石奇景“神龟园”、洮水流珠等“洮阳八景”引人入胜。

“旅游活县”战略逐步实施，《临洮县旅游城市发展战略规划》通过省市专家评审，生态休闲旅游城市和兰州的“后花园”的目标更趋明晰。2008年，农家乐休闲旅游接待游客5.3万人次，较上年增加1.1万人次，接待服务点达到70家，实现旅游营业收入840多万元。以此为带动，全县商贸流通、餐饮娱乐等服务业健康发展。

【国民经济】2008年，全县完成生产总值21.38亿元，较上年增长13.6%，其中第一产业7.47亿元，增长7.3%，第二产业6.86亿元，增长16.2%，二产中限额以上工业企业完成增加值2.5亿元，增长12.5%，第三产业7.05亿元，增长17.9%；农民人均纯收入达到2316元，净增310元；城镇居民人均可支配收入达到8960元，增长10.62%；完成大口径财政收入1.5亿元，增长23.76%；完成固定资产投资15.54亿元，增长65.58%；社会消费品零售总额达到6.41亿元，增长21.4%；粮食总产量达到19.8万吨，净增2.42万吨。

农村经济平稳发展。将畜牧业作为农业结构战略性调整的关键，以世行贷款畜牧综合发展、国家级秸秆养畜示范县等重点项目为依托，努力提升畜牧业整体发展水平，当年改良畜禽品种86.7万头（只），建成规模养殖小区14个，全县奶牛存栏量达到2.04万头，肉牛存栏量达到6.85万头，规模养殖量达404万头（只）。大力推进现代农业，完成全膜双垄沟播种植8.6万亩，引进推广洋芋、蔬菜、中药材等新品种10个、新技术6项，全县优势农作物种植面积占到耕地总面积的76%。洋芋、畜牧、蔬菜、花卉四大农业支柱产业累计实现产值11.25亿元，占农业总产值的85%，农民人均从中收益1800元，占农民人均纯收入的78%。同时，新农村建设取得了阶段性进展，洮阳镇阳洼、新添镇潘家庄两个省级新农村建设试点村顺利通过省上验收，26个省、县、乡新农村试点、示范村累计完成投资1.67亿元。优势农产品品牌逐步做响，“貂蝉牌”、“兴达牌”马铃薯淀粉被申报为中国名牌产品。马铃薯产业链条进一步延伸，三江公司年产2160吨膨化食品生产线正式投产。新增农副产品开发公司等年销售收入500万元以上工业企业7家，全县限额以上工业企业达到19家。工业经济稳步增长。以中铺循环经济示范园区和临洮经济开发区为依托，推进工业经济发展，示范园区入驻企业5家，投资超过6亿元。三易公司水泥生产线、远达机械加工、甘肃融瓔蔬菜加工、生源矿业粉体加工、110千伏变电所5个项目落户中铺循环经济示范园区，已有3项动工建设；回利公司一期、锡金达汽车衬垫生产线一期工程基本建成。继续加大水电资源开发力度，杨家河水电站完成投资2.45亿元，建成了姬家河、惠源2座水电站，新增小水电站装机容量4240千瓦。全县建筑企业完成建安量10亿元，增长12.16%。全县规模以上工业企业实现销售收入7.8亿元、利税4800万元，分别增长8.3%和15.08%。旅游服务设施不断完善，洮河漂流项目建成运营，农家乐休闲旅游初具规模。节能减排成效明显，临铝公司5万吨产能置换、金峡水泥公司10万吨节能技改项目顺利启动，家瑞纸业公司零排放工程建成投入使用，8家万吨以上洋芋淀粉加工企业全部建成了污水处理设施。

【项目建设】农村方面，争取实施农村公路建设项目59项、350.5公里，总投资达4464万元；完成农村自来水入户8400户，使3.9万名群众用上了安全洁净的自来水；新修高标准梯田2万亩，建成“一池三改”户用沼气池1770口；洮阳镇阳洼、新添镇潘家庄两个省级新农村试点村顺利通过省上验收。城镇方面，完成城建工作量6亿多元。新建、续建城市道路20条7.3公里，硬化、油化道路总里程达13.5公里，“六纵十横”的城市道路框架基本成型；实施房地产开发项目60项，累计完成投资3.8亿元，建成房屋43.86万平方米；重点小城镇建设顺利推进，累计完成工作量4000万元。项目建设方面，累计实施各类项目145项，总投资达25亿元，同比增长17%；争取到各类项目建设专项资金2.51亿元，同比增长68.5%。新签约合同、协议招商引资项目21项，签约资金达12.4亿元，到位资金3.38亿元，新建和续建项目累计到位资金6.1亿元。其中签约了总投资5亿元的国家亚高原训练基地项目，是建国以来我县实施的投资额最大的项目之一。

【人民生活】以参与式整村推进和产业化扶贫为重点，争取各类扶贫资金1566万元，实施扶贫开发项目36项，受益人口达2.25万人，全县绝对贫困面下降0.17%。大力发展劳务产业，培训城乡劳动力3.04万人，输转城乡剩余劳动力11.06万人，实现劳务收入6.6亿元，其中向非洲安哥拉成功输送农民工345名，开创了我县跨国劳务输转的先河。全面落实强农惠农政策，积极兑现粮食直补、农资综合补贴、农机具购置补贴、生猪良种补贴、能繁母猪补贴和保费补贴、退耕还林补助等专项补贴7739万元，落实义务教育“两免一补”资金3315万元。东部山区17万群众饮水困难的东部供水工程已完成入户1670户，实现供水640多户，部分山区群众用上了符合人饮安全标准的自来水。

【社会事业】大力实施科普惠农工程，科技特派员制度得到深化，成功推广发酵床养猪等新技术5项，甘肃省马铃薯淀粉加工工程研究中心落户我县。通过整合教育资源，推进教育布局调整，论证撤销小学（村学）12所，建成全县第一所寄宿制小学—文峰瑞安希望小学；完成教师学科培训3869人，占全县教职工总数的62.6%；新建杨家庙初中校舍、站滩初中学生宿舍等教育项目25项，建筑面积达到2.91万平方米。落实义务教育保障经费3708万元。成功创建“中华诗词之乡”；临洮中学省级示范性普通高中创建通过专家组评估验收和认定，职教中心国家级重点职业中等专业学校通过验收；全县高考本科上线人数首次突破千人大关。医疗卫生服务体系逐步健全。“全国药品两网建设示范县”和“全省食品安全示范县”顺利通过验收，着力改善城乡医疗服务设施，县中医院住院部大楼完成主体工程，衙下集、康家集、红旗3所乡镇卫生院建成投入使用。大幅提高新型农村合作医疗补助标准，当年为2.53万名住院病人报销医药费用3259万元，比上年增加1650万元，增长103%，住院率由参合前的3.06%提高到6.8%，有效解决了农民群众看病难、看病贵的问题。进一步完善计划生育利益导向机制，全面落实各项奖励优惠政策，为计生家庭发放、减免、补助各类奖励资金1260万元，全县计划生育年终综合考核位列全市第一。文体事业蓬勃发展。实施了新添、龙门等5个乡镇综合文化站和50个农家书屋建设工程，临洮花儿、傩舞、水陆画被列入全省第二批非物质文化遗产名录。广播电视“村村通”工程建设无线覆盖项目通过验收，八里铺镇有线电视县乡联网工程进展良好。完成了青少年活动中心加盖和设施安装工程，全民健身氛围逐渐浓厚。临洮籍运动员董晓琴参加了北京奥运会田径万米决赛，是甘肃唯一在“鸟巢”参加奥运比赛的田径运动员。

社会保障体系不断完善。养老、失业、医疗、工伤、生育等社会保险覆盖面进一步扩大，支付各项保险待遇4021万元，城镇居民医疗保险参保率达到85.7%。启动实施了失地农民养老保险制度，全县618名失地农民享受了养老保险待遇。为14713名城乡低保人员发放低保金1649万元，为1117名城乡重大疾病患者发放医疗救助金226万元，为1641名农村五保户发放供养金249万元。积极扶持下岗失业人员再就业，争取就业专项补助资金735万元，累计发放小额贷款1330万元，减免税费320万元。拓宽就业渠道，有562名大中专毕业生实现就业，其中异地就业157人。全力以赴做好救灾救济工作，累计救助1.45万户7万人，实施地震受灾房屋恢复重建404户1212间，落实补助资金531万元，改造农村特困群众危房250户，为“三孤”和“三无”人员发放临时生活补助294万元。高度重视残疾人事业，实施各类康复手术323例，发放残疾人用品用具270套。

【12件实事】全力抓好年初承诺的12件实事的落实工作。其中有7件圆满完成。一是投资823万元完成了城区四大主街道铺油；二是投资613万元排除农村中小学危房8908平方米；三是投资4464万元拓宽砂化农村道路350.5公里；四是动工建设了汽车南站；五是发放补助资金110万元，完成了100户农村困难计生“两户”建房；六是动工建设了总投资510.5万元的廉租住房和经济适用房住宅小区，发放租赁补贴149万元；七是城市低保标准由上年的每月138元提高到201元，为每户城市低保户发放取暖补助100元，农村低保标准由上年的每月16元提高到46元。其余5件取得了阶段性进展。一是规范供热管理工作，通过更新维修管网、更换锅炉、加强监督检查等措施，使供热质量得到了逐步提高；二是启动建设了殡仪馆，园林公墓区完成了部分基础工程；三是完成了马家窑彩陶博物馆初步设计；四是落实干部职工扶持牛产业担保贷款2000多万元；五是27个村58个社的电网改造工程，国家发改委、国家电网公司于12月初下达了投资计划，目前已动工建设。

漳　县

【现任主要领导】

中共漳县县委书记：赵爱

漳县人大常委会主任：朱利民

漳县人民政府县长：郭世杰

政协漳县委员会主席：赵玉忠

中共漳县纪律检查委员会书记：陈炳章

【基本情况】漳县位于定西市南部，地处西秦岭和黄土高原过渡地带，东连武山，西邻卓尼，南靠岷县，北与陇西、渭源接壤。总土地面积2164.4平方公里，海拔1640米至3941米，地势西高东低，版图呈琵琶型，东北部为黄土高原沟壑区，西南部为西秦岭石质山区，分为漳龙河谷川区，中北部干旱半干旱山区和西南高寒阴湿山区三个不同气候和地理特征。年平均气温7.2℃，无霜期155天，年平均日照时数2313小时，年均降雨量在500毫米，属湿润半湿润气候。东汉章帝元年(公元78年)始设县治，时因战略地位重要被认为汉王朝的“西陲屏障”，古称障县，唐武则天授二年更名武阳县，明洪武年间，因“漳水潆回润地，宝井便民裕国”而改为漳县至今。全县辖4镇9乡，136个行政村，年末常住人口19.15万人，其中乡村人口17.35万人。

漳县境内交通畅达，是古丝绸之路的交通要冲，甘川公路穿境而过，漳武公路贯通全县东西，北距陇海铁路和西兰公路仅30公里。

【资源优势】一是农业资源：全县有耕地面积46.77万亩，土壤以淀土、黑垆土为主，土质肥沃，适宜于大部分农作物种植。二是林业资源：全县宜林地面积81万亩，其中森林面积39.1万亩，树种99种，年出材量0.53万立方米。现有2个国有林场，经济林以苹果、沙棘、核桃为主，果园面积3.3万亩，果品年产量达6150吨。三是畜牧水产资源：全县有天然草场131万亩，占总面积的40.4%，年产草量58.8万吨，载畜量63万个羊单位。年出栏各类大家畜4.11万头，肉类总产量达0.51万吨。牛、羊、猪皮约9.36万张。全县养鱼水面近千亩，品种繁多，是全市水产养殖大县。四是药材及野生蔬菜资源：中药材约440个品种，气候适宜、品质优良，开发前景良好，蕨菜、羊肚菌和乌龙头等野生蔬菜质纯味美，餐用极佳，远销日韩和东南亚等地。五是水力资源：漳县境内有漳河、龙川河、榜沙河三条主要河流，河道总长154.2公里，年径流量3.58亿立方米，入境水1.66亿立方米。六是矿产资源：全县有非金属矿岩盐、红柱石、石灰石、大理石、冰洲石、白云石、重晶石、萤石、方解石、硅灰石、石墨等19种，有金属矿黄金、白银、铜、铁、铅、锌等6种。其中岩盐是漳县最具优势的矿产资源之一。品质好，储量大。另外，漳县境内红柱石属国内罕见大矿床，储量约1亿吨。经选矿试验，精矿品位达56%，耐火度大于1830℃，精矿质量达到国家标准，市场开发利用价值极高。七是旅游资源：被列为国家级森林公园的贵清山，险峻秀丽，风光宜人，独具“天姿国色”，世称人间仙境，素有“小华山”之称，一次通过国家旅游局AAAA级旅游风景区终评。近年连续在著名风景区遮阳山举办了“贵清山旅游文化节暨全国攀岩精英赛”，从而大大提高了漳县在全国的知名度。还有近年发现的“海内之最”元墓群等历史文化资源，均具有较高的游览考古价值。2008年，贵清山旅游景区经营权成功转让给甘肃陇源贵清山旅游开发有限公司并顺利交接，完成景区基础设施投资1370万元。贵清山、遮阳山景区接待游客35万人(次)，实现门票收入282万元，综合经济收入3260万元。

【国民经济】牢固树立和落实科学发展观，以加快发展为主题，努力克服种种困难和不利因素，求真务实，扎实工作，全县经济社会发展呈现出增长较快、基础夯实、结构优化、效益提高、民生改善的良好态势。2008年，全县实现生产总值5.71亿元，比上年增长13.4%,其中第一产业增加值2.78亿元，增长17.4%，第二产业增加值0.33亿元，增长5.8%，第三产业增加值2.6亿元，增长10.3%；人均生产总值2985元。实现大口径财政收入2650万元，增长30.03%，一般性预算收入1485万元，增长29.13%，全年财政支出3.92亿元，增长48.05%；完成全社会固定资产投资5.05亿元，增长68.0%，实现社会消费品零售总额1.28亿元，增长23.5%；全县限额以上工业企业完成增加值1636.7万元，增长4.3%。

农业结构进一步优化，蚕豆、中药材、马铃薯和果菜等特色优势作物种植面积达到40.3万亩，占农作物总面积的86.4%，全年粮食产量达到5.77万吨。新发展各类农民专业合作社7个，规范提高13个，落实农作物订单16.5万亩。

盐化工产业列入全市工业发展“十大行动计划”。30万吨盐硝联产和红柱石综合开发两个投资较大项目取得重大进展。全年完成工业增加值4008万元，二产占GDP的比重由上年的5.6%提高到10.6%。非公有制经济完成增加值3601万元，实现税金1000万元，分别比上年增长12.3%和17.4%。

不断发展壮大劳务产业，劳务输出已成为农民的主要致富手段，劳务收入占到农民人均纯收入的一半以上。2008年，共组织各类劳务培训班168期，培训劳动力2.15万人，输出劳务4.34万人，其中向东南沿海发达地区输出0.52万人，向国外输出56人，创劳务收入2.1亿元。

【项目建设】2008年，全县实施各类项目97个，总投资16.66亿元，完成投资4.39亿元。同比项目个数增加10个、总投资和完成投资分别增长141%和99.9%。争取到位国家投资1.39亿元，增长37.4%。评估申报灾后恢复重建项目338项13.8亿元。抢抓国家扩大内需促进经济增长的有利机遇，完成项目前期可研39个、总投资4.77亿元，争取到位项目16项、总投资4177万元。成功引进招商项目17项，引进资金6.3亿元，到位资金3.57亿元，同比分别增长35.4%和38.9%。

【城镇建设】城镇建设全面提速，建设步伐明显加快。全年实施城镇建设项目23项，总投资4.97亿元，完成投资2.32亿元，增长279.9%。人民公园全面竣工；商贸街新建段、贵清路、贵清路红沟桥、东二北路及城区供水扩建工程等项目进展顺利；贵清润苑住宅小区等房地产开发项目完成投资1.18亿元。三岔镇、新寺镇小城镇建分别完成投资800万元、1400万元；金钟、大草滩和殪虎桥等乡镇完成小城镇建设规划。

【社会事业】大力实施“科教兴县”战略，各类教育均衡发展，教学质量有新的提高。县一中成功创建为市级示范性高中，全县高考本科上线206人，上线率13.4%；争取到位资金1920万元核销了“普九”债务。卫生基础设施和服务体系建设不断加强，新型农村合作医疗参合率、基金使用率分别达到92.3%和93.8%,为14.73万农民报销医药费1371万元，报销比例达58.2%。人口和计划生育工作扎实推进，在全市年终考核中名列第四。多功能体育馆立项批复，文化体育事业进一步发展。继续加强科技培训、引进、示范和推广力度，年内引进新品种28个，推广新品种24个，创经济社会效益5000万元。全县共建“村村通”电视转播站59个，有线电视用户发展到4956户，广播电视覆盖率分别达到96.9%和89.8%。

【人民生活】2008年，财政用于民生方面的支出达9962万元，较上年增长22.3%。进一步提高了代课教师工资待遇和干部职工津补贴。强化就业和社会保障工作，新增就业人数1225人，开发公益性岗位200个，为843名下岗失业人员发放小额担保贷款1686万元。城乡低保面分别达到19.2%和9.5%，发放城乡低保金及临时补贴1355万元，困难群体、特殊群体和优抚群体生活得到妥善安置。安排救灾补助和恢复重建资金1515万元，完成灾后恢复重建774户2760间、加固维修374户1122间、危房改造400户1200间，采购和调运帐篷660顶，搭建活动板房90个，灾后恢复重建取得阶段性重要成果。全县农民人均纯收入达到2084元，比上年增加252.5元，增长13.79%，是近年来增幅最大的一年。扶贫开发和小康村建设稳步推进，全县建成10个小康示范村，当年又有2012人告别了贫困人口行列，农村贫困面下降到6.0%。全年创劳务收入1.97亿元，新型农村合作医疗为7421人报销医疗费265.3万元，新型农村合作医疗参合率达80.56%。大草滩乡新联村省级新农村建设试点顺利通过省上验收。

岷　县

【现任主要领导】

中共岷县县委书记：陈国栋
岷县人大常委会主任：郭永龙
岷县人民政府县长：党建中
政协岷县委员会主席：何义忠
中共岷县纪律检查委员会书记：祁雪峰

【基本情况】岷县古称岷州，位于甘肃西南部，洮河中游，地处青藏高原东麓与秦岭陇南山区接壤区。岷县地理位置优越，区位优势明显，是定西、天水、甘南三市州的几何中心，自古就是“西控青海，南通巴蜀，东去三秦”的战略要地，自古商贾贸易活跃，享有陇原“旱码头”之美称。岷县历史悠久，秦统一六国前，即建县制，北朝西魏文帝始置岷州，明洪武改为岷县，北朝西魏文帝始置岷州，明洪武年改置岷州卫，清雍正改称岷州，民国二年改为岷县，沿用至今。全县辖 9 乡 9 镇、300 个行政村，年末常住人口 44.3 万人，其中乡村人口 39.55 万人。居住着汉、回、藏、东乡、哈尼、蒙古族等 20 多个民族。其中除汉族外，回族群众占有较大比重。总土地面积 3500 平方公里，耕地面积 62.2 万亩。境内山峦环抱，洮水绕城东流，草场广阔，资源丰富，山川秀美，鸟语花香，是假日休闲旅游和避暑胜地。

【资源优势】岷县有六大资源优势。一是中药材：盛产当归、红芪、黄芪、党参等中药材 238 种，素有“当归之乡”、“千年药乡”之美称。尤以“岷归”驰名中外，欧洲人誉为“中国妇科人参”。2002 年“岷归”被列为国家原产地保护产品，2003 年通过国家商品检验检疫局原产地标记认证，2005 年又通过了国家 GAP 认证。二是畜牧：年末大牲畜存栏达 10 万头，其中牛猪羊存栏分别占到全市的 33.4%、19.8% 和 18.8%。黑紫羔羊和蕨麻猪是岷县的地方特产，全县草场面积 217 万亩，草丰水茂，无污染，发展畜牧业，开发畜产品条件得天独厚。三是矿产：已探明金属矿、非金属矿 30 多种，有矿点、矿化点 40 多个，其中金、锑、铅、锌、锰、花岗石、汉白玉、大理石、硅灰石、泥炭石等矿藏量较大，极具开发前景。四是水力：境内有大小 22 条常年流水河，其中黄河上游最大的支流---洮河流经县内 11 个乡（镇），83.5 公里，全县水能蕴藏量 33.5 万千瓦，沿洮河开发梯级水电站 5 座，年发电量 5000 万千瓦小时，占全市水力发电量的 30%。另外，清水、坎峰水电站正在紧张施工建设当中，今年年初首台机组发电。五是农副产品：盛产蚕豆、马铃薯、油料等经济农作物和草莓、沙棘、蘑菇、蕨菜、蕨麻等野生“绿色食品”，开发前景十分可观。六是旅游：岷县文物颇多，古迹遍地。主要有马家窑文化、寺洼文化、齐家文化等文化遗迹 6 处。境内二郎山森林公园集自然与人文景观于一体，独具特色。岷县还是“洮岷花儿”的发祥地，被誉为“花儿故乡”。还有被誉为中国“四大名砚”之一的洮砚即产于此。另外，岷县是近年来开发的红色旅游县。当年红军长征突破“天险腊子口”，先后两次到达岷县，召开了著名的西北局岷州会议，成立了甘肃第一个苏维埃政府。

【国民经济】紧紧围绕“科学发展、和谐发展、加快发展，力争把岷县建设成甘肃南部特色经济强县和商贸集散中心”的战略构想，按照“四个六”的发展思路，坚持“六个立足”，做到“六个加快”，全县经济社会发展呈现出经济增长较快、社会稳定、民生得到改善的良好发展态势。全县实现生产总值 11.76 亿元、比上年增长 9.4%，其中：第一产业增加值 5.04 亿元、增长 3.7%，第二产业增加值 2.59 亿元、增长 16.7%，第三产业增加值 4.13 亿元、增长 15.4%，三产比例由 5:1.9:3.1 调整为 4.3:2.2:3.5。完成全社会固定资产投资 8.64 亿元，增长 50.6%；完成限额以上工业增加值 6678 万元，增长 14.1%；社会消费品零售总额达到 3.62 亿元，增长 15.5%；完成大口径财政收入 6101 万元，增长 19.96%，完成一般预算收入 3106 万元，增长 8.41%，财政支出 6.08 亿元，增长 44.25%；城镇居民可支配收入达到 8320 元，增长 9.5%；农民人均纯收入达到 1988 元，增加 230 元，增长 13%，是近年来增量最大和增速最高的一年。

【产业开发】积极推进产业富民、富县战略，大力提升中药材、马铃薯、草畜三大主导产业开发的层次和水平，培育壮大水电、矿产、旅游三大新兴产业。全县种植中药材 25.2 万亩，总产量 5.2 万吨，建成中药材示范基地 11 个，完成了 2000 亩当归育苗基地建设任务以及当归新品系选育、麻口病防治等试验研究项目。调供马铃薯良种 6320 吨，全县种植马铃薯 30 万亩，总产量 68.5 万吨，建成良种示范基地 12 个、3.2 万亩，马铃薯良种化步伐不断加快。种植优质牧草 6.03 万亩，发展规模养殖户 650 户，新增暖棚养殖户 697 户，引进各类良种畜禽 1.3 万头只，完成畜种改良 2.6 万头只，规范化、规模化养殖稳步推进。龙望台等水电站开发建设按期完成当年进度，完成投资 3100 万元。闾井镇花岗岩板材厂已完成投资 4600 万元，采矿 600 立方米。编制了《岷县旅游业发展规划》和《岷县双燕生态旅游景区建设规划》，全力实施了“岷州会议”纪念馆红色旅游景区基础设施等建设项目，完成投资 400 多万元，旅游产业开发取得重大进展。按照“短期抓劳务、长期抓移民”的思路，加大劳务移民工作力度，完成城乡劳动力培训 2.91 万人，输转农村劳务 6.35 万人，其中赴疆摘花工 1.3 万人，东南沿海 0.75 万人，实现劳务收入 3.87 亿元；九甸峡库区移民外迁任务全面完成，后靠安置工作稳步推进。

【项目建设】2008 年，始终把项目建设作为推动发展的中心任务，强化责任落实，狠抓项目前期、争取、实施、管理等重点环节，取得了明显成效。围绕特色产业开发、基础设施建设、社会事业发展等方面论证、上报、争取项目

119项，争取到位项目资金2.39亿元，增长64.8%。国家扩大内需政策出台后，通过发改渠道上报项目37项、10.45亿元，已争取到位10项、2601.7万元。全县共筛选确定县级和部门领导责任制项目314项，其中实施的责任制项目143项，总投资20.65亿元，有137个责任制项目开工建设，累计完成投资9.4亿元，当年完成投资5.4亿元。全县新引进项目58项，签约资金10.35亿元，到位资金3.51亿元；成功举办了第二届中国当归节，签约项目38项、资金8.37亿元。乡镇和部门落实责任制项目695个，总投资50.8亿元。有力地拉动了全县经济社会各项事业较快发展。

【城镇建设】坚持高起点规划，大手笔建设，强化管理综合服务，加快城镇建设步伐。投资1.74亿元，实施了“十大重点城镇建设项目”。城区集中供热、供水改扩建、迭藏河风情线建设、当归广场、城区绿化亮化等工程进展顺利。大巷子商业步行街已完成了部分拆迁并平整了场地。建成商品房面积6万多平方米，完成投资9000多万元；城镇廉租住房建设项目已经批复立项。加大西城区开发建设力度，岷州西路改扩建即将竣工，电力大厦已经建成，行政办公区建设已经启动，有11个单位正在抓紧开展规划和立项报批等前期工作。西江、十里、梅川、闾井等乡镇贸易市场、商业街建设进展顺利。蒲麻镇虎龙口村等10个整村推进项目，十里镇大沟寨村等3个易地搬迁项目和十里镇山底下村省级新农村示范点全面建成通过省上验收，并受到省新农村建设领导小组表彰奖励，累计完成投资4000多万元。全县18个乡级新农村建设示范点以“三清四改”为重点，加大村容村貌整治力度，面貌进一步好转。

【工业强县】坚持把发展工业作为调整经济结构、扩充经济总量、转变发展方式的战略措施，认真落实省、市工业发展大会精神，调整充实了县工业建设协调领导小组，补充完善了招商引资政策，成立了中小企业管理局，推进了“工业强县”进程。顺兴和中药材饮片GMP生产线、天容等企业QS生产线通过认证；岷当公司技改项目已顺利完成并投产；甘肃岷归中药材科技有限公司饮片厂开工建设；金大地等各类加工企业健康运营。坎峰电站3号机组试运行发电，刘家浪5号机组正在安装设备，开工建设了冰桥湾电站以及梅川以电代燃料、秦许祥云1号等小水电开发项目。实施了鹿峰金矿二期、兰岷水泥厂等企业技术改造和闾井花岗岩板材厂扩建项目。全面完成了县工业园西区道路及给排水工程，闾井工业聚集区总体规划已通过省上评审，西江、南川物流园等正在开展前期论证和规划工作。大力发展非公经济，新增私营企业26户，达到245户，非公有经济实现产值7.69亿元，增长29.6%；上缴税金2830万元，增长36.8%。

【社会事业】坚持统筹经济社会发展，协调推进教育、卫生、文化、科技等各项社会事业。以巩固提高“两基”成果为重点，开展了教育“质量年、改革年、职教年”活动，全县小学、初中入学率分别达99.1%、96.4%，有279名高中毕业学生考入本科院校，岷县一中顺利通过了市级示范性高中验收。制定出台了《关于加快职业教育发展的意见》和《关于加快体育事业发展的意见》，建成了县职教中心电工电子实训基地，加快了职业教育和体育事业的发展。人口和计划生育各项工作措施落实较好，征收社会抚养费317.3万元，发放奖励扶助等优惠政策资金400多万元，人口出生率控制在13.08‰以内，计划生育率达到84.29%。公共卫生体系不断健全，农村合作医疗稳步推进，实施了非职工城镇居民医疗保险；县医院住院部大楼和县妇幼保健站综合业务楼建成投入使用；完成了清水、禾驮卫生院和西寨刘家堡村等8个村级卫生室建设项目。群众文化生活不断丰富，“洮砚制作技艺”被国务院列入第二批国家级非物质文化遗产保护名录，“岷县宝卷”等三项被省政府列入第二批省级非物质文化遗产保护名录。科技工作完成专利申报5项、科技成果鉴定2项、开发新产品9项，选派了科技特派员200名。岷县被评为全省“五五”普法中期先进县。认真开展各项严打整治活动，全面排查调处各类矛盾纠纷；严厉打击各类犯罪，破获刑事案件270起，抓获犯罪嫌疑人240名；毒品整治工作取得明显成效，查获毒品海洛因384.7克、鸦片3973克。坚持县长信访接待日和重点案件督办制度，受理群众来访272批、958人次，受理群众来信198件。

【关注民生】2008年，财政用于民生方面的资金达2.1亿元，增加7100万元，增长50.8%。深化农村各项改革，落实粮食直补、退耕还林补助、农机具补贴、能繁母猪保险等强农惠农政策。继续深化“千名干部进万家察民情解民忧帮民富送温暖”活动。加强城乡低保对象动态管理，重新核定城镇和农村低保对象，保障面分别达到了14%、3.5%，并及时发放了保障金。落实优抚安置、五保户供养政策，广泛开展社会帮扶和社会救济，妥善安置困难群众生产生活。安排资金4385万元，全面落实了城乡免费义务教育和“两免一补”政策。推进农村合作医疗，扩大报销范围，提高报销比例，全县农民参合率达87.36%，报销金额2019.2万元。启动了城镇居民基本医疗保险，参保人数达到2.12万人，支出统筹基金104万元；城乡大病救助1126人，支付大病救助金176.3万元。建成“农家书屋”44个。新开发公益性岗位100个，为符合条件的836名下岗失业人员办理了《再就业优惠证》，城镇新增就业1664人，城镇下岗失业人员及就业困难对象再就业393人，城镇登记失业率下降为3.5%。

【十五件实事】年内确定的“十五件实事”，得到较好落实。一是实施西川农村安全饮水工程，解决了 3.78 万人的饮水困难；二是迭藏河桥加宽工程已经建成通车，人民桥改扩建工程建设进展顺利；三是全面完成了 1700 座农村能源沼气建设任务；四是建成了岷县人力资源培训中心，完成农民工培训 2.91 万人；五是积极推进非职工城镇居民医疗保险制度，有 2.12 万居民参保，参保率达 90.4%，报销医药费 482 人、126.5 万元，落实大额医疗费用救助制度，支付救助金 1126 人、172.3 万元，解决了无职业城镇居民和困难群众看病难问题；六是开发公益性岗位 100 个，调整充实 200 名科技特派员，解决下岗失业人员和未就业大中专毕业生就业问题；七是落实廉租房制度，对 2445 户低收入家庭发放廉租住房补贴 224.7 万元，廉租住房住宅楼建设项目已经批复；八是改扩建蓓蕾中学为完全中学，秋季高中共招生 246 人；九是易地搬迁试点工程，在闾井镇联合村、结山村，蒲麻镇井滩村和十里镇大沟寨村安置点已有 250 户住宅建成，并完成了道路等基础设施建设；十是县医院门急诊综合大楼积极申报了灾后恢复重建项目，县妇幼保健站综合业务楼已经建成投入使用，中国健康扶贫工程项目提供的 24 种、396 台（件），总价值 1077.66 万元的医疗设备已经全部到位，有效解决了县乡两级医疗机构设备缺乏的问题；十一是委托甘肃省城乡规划设计院进行了全县绿地系统规划设计，当归广场、文化广场已完成绿化、亮化，在中华北路等路段安装路灯 124 盏，完成了和平西路绿化和部分路段的绿化补栽，迭藏河风情线道路建设已于 6 月份全面开工建设；十二是完成城区面山绿化 5000 亩，栽植苗木 16.2 万株，完成了二郎山森林公园南川入口处道路勘察工作，岷山 8 座观景亭已全面建成；十三是岷州西路道路改扩建工程已全面完成了污水管网的埋设和路面硬化工作；十四是积极争取并实施 36 条通达工程项目，已有 10 条完工并通过验收，其余完成工程量的 85%；十五是箭营体育公园初步方案设计已经完成，正在进行方案优化设计及前期各项准备工作。

陇南市

【现任主要领导】

中共陇南市委书记：王义

陇南市人大常委会主任：王义

陇南市人民政府市长：郭玉虎

政协陇南市委员会主席：邱正保

中共陇南市纪律检查委员会

书记：李学春

【基本情况】陇南位于甘肃省东南部、地处秦巴山地与岷山山脉、黄土高原交汇地带，东邻陕西，南接四川，辖一区八县，属亚热带向暖温带过渡地区，总面积 2.79 万平方公里，总人口近 280 万人，是甘肃省唯一的长江流域地区。境内地貌俊秀，气候宜人，雨量充沛，光照充足，森林覆盖率高，素有“陇上江南”之美称。

【资源优势】陇南特殊的地理位置和深厚的文化底蕴造就了独特的自然和人文景观，兼具南国之灵秀和北国之雄奇，置身其中，有如在画中游，令人叹为观止。陇南有着相当丰富的生物、矿产、水力、旅游等自然资源，为发展奠定了良好的基础。一是生物资源荟萃。自然生长的树种达 1300 多种，其中经济树种 400 多种，野生珍贵树种 52 种，珍稀树种 25 种。是甘肃森林覆盖面积最大、树种最多、植被最好的绿色走廊。其中经济林已形成一定规模，水土保持与增产创收相得益彰。也是甘肃唯一的油橄榄、茶叶、银杏等亚热带作物产地。武都白龙江沿岸 1300 米以下川坝河谷区及半山地带为全国油橄榄最佳适生区，全市已种植油橄榄 15.51 万亩，年产量达 100 万公斤，开发出油橄榄产品 3 个系列 40 多个品种。此外，还有木耳、香菇、猴头、薇菜、蕨菜等食用菌及山珍野菜 100 多种，中药材 1300 多种。尤以红芪、纹党、大黄、当归、半夏最为著名，中药材年总产量 5.8 万吨。境内还有 350 多种野生动物，包括大熊猫、金丝猴、羚羊在内的国家一、二级保护珍稀动物有 41 种，白水江自然保护区是我国主要的大熊猫栖息地之一。二是矿产资源富集。有铅、锌、锑、铜、锰、金、硅、重晶石、煤等金属和非金属矿 34 种，其中西成铅锌矿带为我国第二大矿体，已探明储量 2400 万吨；锑为我国第三大矿体，已探明金属储量 14.9 万吨；文县阳山金矿已探明储量 300 吨以上，是我国特大型金矿之一，有望成为亚洲最大的金矿。三是水力资源丰富。市内河流纵横交错，有嘉陵江、白龙江、白水江、西汉水四大水系，大小河流 3900 多条，年径流量 279 亿立方米，人均用水占有量远远高于全国全省平均水平。水电开发潜力较大，目前的开发量极为有限，水电能源产业有很大的发展空间。四是旅游资源独特。位于成县的《西狭颂》摩崖石刻，是汉代“三颂”中保存最为完整的书法艺术瑰宝；宕昌哈达铺镇是中国工农红军的加油站和决定中国革命命运的转折点，宕昌哈达铺红军长征纪念馆被列为全国重点文物保护单位。比较著名的人文景区景点还有成县杜甫草堂、礼县先秦文化遗址、祁山三国古战场、西和仇池国遗址、阴平三国古栈道。陇南的自然生态旅游资源也十分丰富，有西北最大的天然溶洞——武都万象洞，国家级森林公园——成县鸡峰山、文县洋汤天池和徽县三滩、康县阳坝、宕昌官鹅沟等生态旅游风景区。独特的地理位置还造就了文化的多元化特色。既有古代氐、羌、藏等民族文化与汉文化的大融合，又有秦陇文化与巴蜀文化的大交汇，其独特的民俗风情，提供给游人的一份风物常青的画卷。

【国民经济】国民经济稳定增长，全市实现生产总值 121.60 亿元，比上年增长 8.0%。分产业看，第一产业实现增加值 35.59 亿元，增长 6.5%；第二产业实现增加值 32.12 亿元，降低 3.9%；第三产业实现增加值 53.90 亿元，增长 19.0%。全市人均生产总值 4396 元，比上年增加 329 元。

就业形势有所好转。2008 年末，全市从业人员 146.41 万人，其中：农村 130.24 万人，城镇 16.17 万人。有 3576 名下岗人员实现了再就业，比上年增长 10.06%。年末城镇登记人员 6185 人，登记失业率为 3.89%。

财政收入小幅增长。全年实现大口径财政收入 16.70 亿元，比上年增长 3.63%。地方财政收入为 7.67 亿元，增长 33.01%。其中：增值税 5.79 亿元，降低 33.94%；营业税 1.50 亿元，增长 38.39%；企业所得税 3.38 亿元，增长 31.56%；个人所得税 0.8 亿元，增长 44.27%。财政支出 122.07 亿元，比上年增长 1.9 倍。

工业生产低位运行。全年实现工业增加值 25.85 亿元，比上年下降 5.1%。规模以上工业实现增加值 20.30 亿元，比上年下降 13.8%。其中：国有及国有控股企业完成增加值 9.6 亿元，下降 11.6%；集体企业完成 0.6 亿元，下降 63.1%；股份制企业完成 8.4 亿元，下降 3.1%。规模以上工业企业产品销售率 92.9%，比上年提高 1.6 个百分点。按轻重工业分，轻工业完成增加值 1.9 亿元，增长 14.4%；重工业完成增加值 18.4 亿元，下降 10.8%。市县属规模以上工业企业盈亏相抵后，实现利润总额 6.0 亿元，比上年下降 32.3%。规模以上工业亏损企业亏损额 6066.8 万元，比上年下降 7.9%。

建筑业生产平稳增长。全市建筑业实现增加值 6.27 亿元，比上年增长 2.2%。

全年实现社会消费品零售总额 30.1 亿元，比上年增长 19.4%。分地区看，市的零售额 0.9 亿元，比上年增长 18.3%；县的零售额 19.5 亿元，增长 19.9%；县以下零售额 9.7 亿元，增长 18.6%。分行业看，批发零售贸易业实现零售额 25.8 亿元，增长 17.9%；餐饮业实现零售额 4.3 亿元，增长 29.1%。消费结构进一步改善，汽车类、居住类、通讯器材类商品销售以及娱乐消费增长较快。

对外贸易基本与去年持平。全年进出口总额为 1500 万美元，比上年下降 2.9%。其中：出口总额为 1450 万美元，增长 17.7%。招商引资签约资金 92.06 亿元，到位资金 32.25 亿元，到位资金增长 26.9%。

金融机构存贷款规模继续扩大。年末，全年金融机构本外币各项存款余额 289.77 亿元，比上年增长 78.2%。全市金融机构人民币各项存款余额 289.75 亿元增长 78.2%。其中，企业存款余额 46.17 亿元，增长 57.13%；城乡居民储蓄存款余额 128.40 亿元，增长 40.0%。年末全市金融机构本外币各项贷款余额 99.99 亿元，增长 55.1%。

全年市外旅游人数 66.31 万人次，比上年下降 32.62%；市内旅游人数 140.89 万人次，增长 1.1%。旅游综合收入 3.71 亿元，下降 0.03%。

【“三农”工作】全年粮食种植面积为 466.49 万亩，比上年减少 0.12%；油料种植面积达 27.87 万亩，比上年增长 6.05%；蔬菜种植面积达 40.42 万亩，增长 10.08%。全年粮食总产量达到 92.58 万吨，增长 3.39%，其中：夏粮 35.43 万吨，下降 3.4%；秋粮 57.15 万吨，增长 8.1%。全年肉类总产量达 7.03 万吨，增长 6.59%；水产品产量 0.16 万吨，增长 2.72%。全年新增有效灌溉面积 3.46 万亩，比上年下降 5.72%；农用拖拉机 12447 台，增长 5.09%；农用运输车 27096 辆，增长 2.22%。农业机械总动力达到 96.04 万千瓦，增长 7.88%。

【项目建设】全年完成全社会固定资产投资 118.34 亿元，比上年增长 139.2%。按城乡分，城镇固定资产投资完成 69.97 亿元，增长 60.3%；农村固定资产投资完成 48.37 亿元，增长 7.3 倍。按产业分：第一产业完成投资 49.81 亿元，增长 9.55%；第二产业完成投资 49.21 亿元，增长 1.5 倍，其中：工业完成投资 25.38 亿元，增长 40.06%；第三产业完成投资 19.33 亿元，增长 66.26%。其中：国有及国有控股经济完成投资 58.95 亿元，增长 1.5 倍。

【人民生活】全市总人口为 277.45 万人，常住人口为 261.79 万人，人口出生率为 13.06‰，比上年上升 0.09 个千分点；人口死亡率为 6.92‰，比上年上升 0.01 个千分点；人口自然增长率为 6.14‰，比上年上升 0.06 个千分点。城镇居民人均可支配收入 8696 元，比上年增长 13.6%；农民人均纯收入 1998 元，增长 24.9%。

社会保障和城市低保工作取得新进展。年末全市参加失业保险 5.31 万人，参加医疗保险 9.39 万人，养老保险 3.94 万人，城镇居民医疗保险 14.01 万人，工伤保险 2.3 万人。城镇居民最低生活保障对象 4.72 万人，发放低保金 8025 万元；农村低保对象 23.75 万人，发放低保金 1.40 亿元。9 县（区）开展新型农村合作医疗工作，共有 222.86 万农民参加了新型农村合作医疗，参合率 92.24%。新型农村合作医疗基金累计达到 2.77 亿元，受益 111.42 万人次。

【社会事业】科技事业加快发展。全市共投入科技资金 1790 万元，其中，科技三项经费 690 万元，新上科技项目 69 项，实施项目 77 项，取得成果 23 项；举办科技培训班 4480 期，培训人数 42 万人次；专利申请量 32 件，授权 15 件，技术合同交易额达到 894 万元。

教育事业稳步推进。年末，学校总数 2678 所，教职工 27117 人。其中，专任教师 25751 人。在校学生数 546791 人。学龄儿童入学率 98.92%，毕业率达 99.09%。全市普通高等教育招生 14751 人，增长 29.93%。

文化艺术业推陈出新、广播电视业取得佳绩。全市共有艺术表演团体 8

个，全年演出 1238 场，观众达 146.1 万人；文化馆 10 个，公共图书馆 9 个，藏书 61.4 万册；博物馆 8 个，文物藏量 82791 件；档案馆 9 个。广播和电视综合人口覆盖率分别为 89.65% 和 91.14%。有线电视用户 70006 万户，比上年增长 7.8%，其中数字电视用户 3000 户。

卫生事业稳步发展。全市有卫生机构 1871 个，其中医院 28 个，卫生院 206 个，采供血机构 1 个，妇幼保健院（所、站）10 个，疾病防控中心 10 个，卫生监督所 9 个。医院、卫生院拥有病床位 4532 张。共有卫生技术人员 8604 人，其中执业医师和执业助理医师 2383 人，注册护士 1313 人，药师（士）352 人，技师（士）202 人，其他 3238 人。乡镇卫生院拥有病床位 1503 张，卫生技术人员 2134 人。

全年共建成全民健身工程 196 个，举办各类运动比赛项目 180 多项，参加人数 53000 余人次。

城市环境保护力度加大，全市有环保机构 10 个，环境监测站 2 个，二氧化硫排放量控制在 8800 吨内，降低 1.0%；化学需氧量控制在 8700 吨内，下降 0.6%。区域内环境噪声平均值为 57 分贝，交通干线噪声平均值 73.5 分贝。

（赵小成）

武都区

【现任主要领导】

中共武都区委书记：李旺泽

武都区人大常委会主任：王旭武

武都区人民政府区长：朱宝莹

政协武都区委员会主席：王淑英

中共武都区纪律检查委员会

书记：王文全

【基本情况】陇南市武都区地处甘肃东南部，辖 36 个乡镇，684 村 12 万户 55 万人；幅员面积 4683 平方公里，折合 702 万亩(其中耕地 71.53 万亩，林地和疏林地 190 多万亩)。境内海拔 600—3600 米之间，年平均气温 14.7℃，年日照时数 1911.3 小时，年降雨量 400mm 左右，无霜期 210—240 天，属亚热带半湿润气候。气候条件得天独厚，温暖湿润，光热资源比较充足、适宜于多种农作物生长。有各类动物 1300 多种，有各类中药材 1200 多种。其中“米仓红芪”、“武都黄连”饮誉中外。白龙江河谷地带则被专家认为是全国油橄榄最佳适生地。水资源总量 53. 7 亿立方米，水能资源蕴藏量 70. 62 万千瓦，可开发利用 19. 53 万千瓦：境内有神奇的万象洞、朝阳仙洞、水濂瀑布、千坝草原、太白积雪、五凤彩云、六月冰泉、南宋古建筑广严院和红桐河自然保护区等。

【国民经济】2008 年，虽然遭受了世界金融危机的冲击和地震灾害的破坏，但由于灾后重建和重大项目投资的强力拉动，全区经济在大灾之年仍然保持了平稳较快发展的势头。区域经济持续增长，综合实力明显提升，主要经济指标大幅增长。全年实现生产总值 25.2 亿元，比上年增长 8.5%，工业增加值 1.69 亿元，增长 29%，完成全社会固定资产投资 23.3 亿元，增长 3.46 倍，社会消费品零售总额达到 3.86 亿元，增长 19.1%。农民人均纯收达到 1706 元，增长 10.3%，城镇居民可支配收入达到 8696 元，增长 13.6%。

【农业和农村经济】全年粮食总产量达到 14.51 万吨。完成退耕还林 1.1 万亩，建设特色经济林 29.88 万亩。向新疆、福建移民 341 户、826 人，输转劳力 12.56 万人（次），劳务创收 5.8 亿元。21 个扶贫整村打推进项目基本完成，各项扶贫开发工程全面实施，农田水利建设成效明显，新增有效灌溉面积 6150 亩、补灌面积 6600 亩，新增水土治理面积 47.5 万亩，建设户用沼气 2500 户。

【工业经济】全区工业企业完成总产值 4.97 亿元，规模以上工业企业完成增加值 6762.5 万元,全区乡镇企业和非公企业完成总产值 11.09 亿元，比上年增长 19%。

【财政收入】2008 年，全县完成大口径财政收入 1.46 亿元，比上年增长 39%。财政管理体制改革深入推进，灾后重建资金电子监察系统建设和强农惠农资金“一册明、一折统”改革工作进展顺利。包括灾后重建资金在内，财政总支出达到 26.76 亿元，是上年支出的 4.2 倍。

【项目建设】努力克服地震灾害造成的困难，深入开展“重大项目建设年”和“招商引资突破年”活动，城乡面貌和基础设施条件发生了巨大变化。重点项目建设和招商引资工作成效显著，确定的 123 项重点项目有 52 个完成或基本完成年度计划，58 项目工程正在建设，共完成投资 16.6 亿元，占年计划的 101%，专门成立兰海高整公路和兰渝铁路协调服务办公室，全力协调工程征地、拆迁等工作，保障重大项目顺利建设。抢抓国家扩大内需和支持灾后重建的重大机遇，论证储备各类项目 449 个。筛选招商引资项目 30 个，签约合同项目 27 个，签约资金 24 亿元，到位资金 7 亿元，签约协议项目 3 个，签约资金 1.99 亿元。

【城乡建设】城乡基础设施建设步伐进一步加快。年初确定的 36 项城市重点建设项目中，钟楼滩二期开发基础工程、区医院门诊住院大楼、江南长大江大道等 29 个项目开建设，完成投资 10.4 亿元，占全年投资计划的 108.3%。城区环境秩序集中整治活动深入开展，城区环境卫生、交通秩序、市容市貌明显改观。完成五马、马营、角弓、三河、佛崖五乡镇的总体规划和隆兴、汉林、郭河三乡镇办公楼建设。编制 212 国道、江武公路沿线市场建设规划，安化、两水农贸市场招商引资项目建设进展良好，马街、汉王、琵琶农贸市场改扩建项目完成招商引资签约和开工准备工作。71 项目公路建设项目中，12 座便民桥建设工程全面竣工通车，56 条通村公路和 3 条通乡油路工程建设进展顺利，农村基础设施条件大为改观。

【社会事业】各项社会事业南昌市发展，教育“两免一补”政策全面落实，小学适龄儿童入学率达到 99.5%，争取灾后重建教育援助资金 1.3 亿元，形式重建学校 19 所；高考上线率达到 61%，录取学生 2174 人，录取率为 60.59%，比上年增长了 17 个百分点。“5.12”特大地震医疗求治、卫生防疫和“问题奶粉事件”应急处置作成效显著，新型农村合作医疗参合率达到 95.3%。人口与计划生育各项措施全面落实，全区计划生育率为 88.77%，人口自然增长率为 5.19‰。深入开展科学技术普及和实用技术推广，和举办科技培训班 480 期，推广新技术 20 多项。积极开展送文化下乡活动，建成农家书屋 100 个。依法清查规范地面卫星接收设施 43000 余户，有线电视履盖工作稳步推进。

民生问题得到较好解决，认真落实就业再就业各项扶持政策，城镇新增就业 1749 人，下岗失业人员再就业 441 人，援助 72 名城镇零就业家庭成员实现稳定就业，向深圳组织输出 2300 多人，城镇失业率控制在 3.8%以内，全面落实社会保险扩面提标政策，非公企业新增能加养老保险人数 236 人，企业退休人员养老金人均月增资 98.2 元。镇乡低保对象的生活补助，每人每月分别增加 15 元和 20 元，城镇医疗保险、新型农村合作医疗分别核销支付医药费用 154.3 万元和 3261 万元，为农村重大病患者发入医疗求助金 48 万元，为 291032 名“三无”人员、4104 名“三孤”人员发放临时生活补助资金 31742 万元、面粉 13368 吨，为受灾生活困难人员发放取暖费 646 万元，发放困难户、五保户等特殊群体年终生活补助 503 万元。全面落实城镇低收入家庭廉租住房补贴资金，廉租房建设工程顺利开工实施。

坚持开展“区委书记、区长大接访”活动和重信重访专项治理工作，全年共受理群众来信来访 1541 件，办结 1502 件。结案率 97.5%。组织区、乡村干部对影响社会稳定的各类矛盾纠纷进行了认真排查调处，全年排查各类予盾纠纷 150 起，调处 135 起，调处率达到 90%。

（曹云）

宕昌县

【现任主要领导】

中共宕昌县委书记：王先民

宕昌县人大常委会主任：陈社忠

宕昌县人民政府县长：陈恒

政协宕昌县委员会主席：孙书诚

中共宕昌县纪律检查委员会

书记：汪小娟

【基本情况】宕昌位于陇南市西北部，地处青藏高原边缘岷山山系与西秦岭延伸交错地带，是一个传统农业县。境内气候温和，光照充足，冬无严寒，夏无酷暑，属大陆温带季风气候。全县幅员面积 3331 平方公里，辖 6 镇 19 乡，334 个行政村，总人口 30.26 万人。

【国民经济】2008 年，全县完成生产总值 7.26 亿元，比上年增长 9.4%。一、二、三产业增加值分别为 2.43 亿元、2.02 亿元、2.82 亿元，分别比上年增长 5.4%、11.2%、11.6%。全年粮食总产量达到 1.86 万吨，比上年下降 74.87%；完成规模以上工业增加值 4278 万元，增长 6.9%；完成社会固定资产投资 7.59 亿元，增长 89.14%；实现大口径财政收入 4242 万元，增长 33.56%；金融机构年末各项存款余额达到 13.58 亿元，比年初增长 73.62%，各项贷款余额 3.88 亿元，比上年增长 27.6%；农民人均纯收入达到 1296 元，增长 9.3%。

【三农工作】全县深入开展药牧产业突破年活动，通过增加投入、推广科技、办点示范、扩张基地、兴办龙头、评选“药王”，建成各类示范点 105 个，引进新品种 76 个，新发展中药材 23.92 万亩、马铃薯 26.39 万亩、蔬菜 2.58 万亩、核桃 11 万亩、花椒 6 万亩、油橄榄 1 万亩，开工建设了总投资 2800 万元的沙湾长楞山油橄榄基地建设项目，新发展农民专业合作经济组织 16 个，完成无公害农产品产地认证 1 个、产品认证 1 个、商标注册 1 个。成立了惠民草畜产业开发总公司，与山东雅致集团合作的滩子牧场万头肉牛养殖项目进入实施阶段，新发展规模养殖重点村 30 个、规模养殖户 500 户，建成养殖小区 2 个、养殖示范点 40 个，引进畜禽良种 15 个，全县畜禽存栏达到 42.45 万头（只），出栏达到 50.5 万头（只）。激活民间资金 1520 万元，兴办各类养殖场 58 个。

【项目建设】大力实施生态旅游名城建设工程，建成了时代广场、宕昌嘉苑住宅小区一期工程等重点项目，启动实施了高庙山公园建设、新城区滨河路和总投资约 10 亿元的一批房地产开发项目，组建了城区公交公司，有力地提升了城市的形象和品位。大力推进土地资源市场化配置，公开挂牌出让建设用地 3 宗 15.55 亩。坚定不移地开展交通大建设，投入资金 4191 万元，建成临江铺至好梯、宕昌至簸箕、脚力铺至大舍、韩院至竹院等 4 条 93.7 公里通乡油路，新开工实施宕昌至将台、新城子至车拉等 2 条 19.3 公里通乡油路，建成了兴化至界牌山县际联网公路，备受期盼的兰渝铁路正式奠基开工，全县交通建设步入快速发展轨道。大搞农村水利建设，建成北山绿化上水等水利工程 18 项，新建维修河堤 7.6 公里、渠道 6.1 公里，新增水浇地面积 2560 亩，发展集雨节灌面积 4100 亩。大力实施生态建设和小流域综合治理工程，完成退耕还林 10286 亩、荒山造林 0.5 万亩、速生丰产生态林 5.5 万亩，新修梯田 0.85 万亩，治理流域面积 49.2 平方公里。狠抓电力通讯建设，完成了南阳变电站改造工程，架设0.4千伏线路8.58公里，新增移动基站28个，通讯网络覆盖范围进一步扩大。

【人民生活】新型农村合作医疗健康发展，农民住院报销比例进一步提高，门槛降低，全年共计报销住院费1282.44万元，比上年增长7.78%，平均报销比达到59%，受惠群众达到10988人。全面落实国家有关政策，将参合农民补贴标准由每人每年40元提高到80元，农村参合率达到93.50%；积极启动了城镇居民基本医疗保险，参保人数达到12576人，参保率达到97%。着力发展文化体育事业，完成了图书馆大楼扫尾工程，启动实施了80个村的“农家书屋”和20个乡镇“千乡镇农民健身”建设工程，文化艺术创作日益繁荣，群众性文化体育活动广泛开展。大力发展广播电视事业，完成了城关4.5杆公里光纤传输改造试点，建成临江至韩院广电光缆17杆公里，启动了数字电视整体转换工作。进一步健全完善城乡养老保险、最低保障和农村五保等社会供养保险制度，共计投入资金3700万元，全面提高了离退休人员、城乡低保和五保供养保障标准，城乡困难弱势群体的基本生活得到有效保障。积极实施国家生源地信用助学贷款项目，为177名大学生协调财政贴息贷款103.65万元，慈善协会为116名困难家庭高考录取生发放补助26.6万元。切实加强老龄老年工作，多渠道筹措资金，建成了县老年活动中心和13个农村五保家园，并启动了城区中心敬老院建设，社会公益事业得到长足发展，和谐社会建设迈出坚实的步伐。

【社会事业】切实把教育摆在优先发展的战略地位，启动实施了两基攻坚大会战，加快教育基础设施建设，完成了中小学现代远程教育工程项目，建成各类项目学校15所，开工实施各类项目学校7所。全年落实“两免一补”资金1363万元，发放免费教科书96160套，使所有义务教育阶段中小学生均享受了“两免一补”优惠政策。抢抓震区“延考”机遇，全县高考本科录取373人，专科录取406人，比上年增长37.4%，高考录取率取得历史性重大突破。坚持不懈改善医疗卫生条件，建成了县医院二门诊综合楼、妇幼保健站业务楼、19所乡镇卫生院和20所村卫生室，开工实施了县医院后勤保障楼和县中医院住院部大楼。

（赵元锋）

成　县

【现任主要领导】

中共成县县委书记：岳金林

成县人大常委会主任：段志俊

成县人民政府县长：王晓平

政协成县委员会主席：白云升

中共成县纪律检查委员会书记：张永忠

【基本情况】成县位于甘肃省南部的陇南市，东北与徽县接壤，西与西和相邻，南以西汉水为界与康县相望，东南与陕西略阳毗邻。属西秦岭余脉，地势呈西北高，东南低，海拔在750—2377米之间，境内多高山峡谷，地貌特征南北为山地，中部为丘陵。属暖温带半湿润气候，四季分明，冷暖适度，年均气温11.7℃。无霜期200天，年日照时数1625.5小时。年均降雨量620.8毫米左右，相对湿度75%。境内有犀牛江、东河、南河、洛河等“一江三河”丰厚的水资源。全县辖12镇5乡，15个居民委员会，245个村民委员会，1472个合作社。总户数6.22万户，总人口26.68万人，常住人口为25.46万人，人口自然增长率为6.01‰。土地总面积1676.54平方公里，其中耕地41.19万亩，林地118.65万亩，天然草场15.5万亩。

【资源优势】成县自然资源丰富，是国家生态环境建设示范县和全省重要的商品粮生产基地。县内已知植物种类达1958种，动物种类54种。粮食作物主要为冬小麦、玉米、大豆、荞麦、薯类等；经济作物以冬油菜、大蒜和多种四季蔬菜为主；经济林果主要有核桃、柿子、樱桃、板栗等，还有天麻、茯苓、杜仲等名贵药材及千余种药用植物；野生动物有梅花鹿、豹、熊、画眉、红腹锦鸡等十余种珍稀动物。成县矿产资源富集。境内初步探明的金属矿藏有铅、锌、黄金、白银、铁、锰等17种，尤以铅锌储量较大，居全国第二大铅锌矿带，其地质储量约1100万金属吨，目前已初步建成了以铅锌为主导，建筑建材、酒类酿造、农副产品加工、能源化工等五大工业体系。成县历史悠久，文化底蕴厚重。这里先秦设道，东汉置郡，唐、宋、元设州，治同谷县，明初降州为县，始称成县，相沿至今。县域生态环境良好，自然景观奇特，文化胜迹众多，风光秀丽，山水有致。有国家级重点保护文物汉隶《西狭颂》摩崖石刻，古西汉栈道，风光峻奇；诗圣杜甫流寓同谷时纪念地“杜少陵祠”，合山环水，景幽文蕴；南宋抗金名将吴挺陵园，历史蕴藏丰富；以及国家级森林公园鸡峰山、唐韵遗风裴公莲沼等人文景观，是处于麦积山、九寨沟、西安、汉中等多条黄金旅游链上的重要“驿站”。

【国民经济】2008年由于受四川汶川“5.12”特大地震和全球金融危机的影响,使成县经济发展遭遇了前所未有的冲击,成县国民经济的发展呈现“两增一降”的态势。全县实现生产总值22.14亿元，比上年下降13.9%。其中：第一产业产增加值5.25亿元，增长4.79%；第二产业增加值9.21亿元，下降40.0%；第三产业增加值7.68亿元，增长9.8%。

旅游产业开发有了新的突破。2008年全县接待旅游人数34.4万人(次),旅游综合收入达到5192万元，同比减少9.63%。以商贸、餐饮、零售、物流、交通运输业为主的第三产业活跃，全县社会消费品零售总额达到3.6406亿元，同比增长11.42%。

2008 年全县完成大口径财政收入 3.89 亿元,比上年下降 33.2%;全县完成财政支出 9.65 亿元,增长 107.7%。县内金融机构各项存款余额 39.79 亿元，增长 10.1%，各项贷款余额 18.31 亿元，增长 67.4%。保险业全年保费收入 2738 万元,比上年增长 15.6%。

【“三农”工作】农业基础设施得到进一步加强，新农村建设扎实推进，特色产业开发取得突破性进展。全县粮食播种面积达到 51.75 万亩,粮食总产量达到 14.07 万吨,比上年增长 6.43%,种植油菜 4.11 万亩，发展冬播洋芋 1.5 万亩。新发展核桃 12 万亩，基本实现核桃全覆盖。完成高接换优 15 万株，建成 17 个核桃采穗园；加强了以“五虫一病”防治为重点的核桃树综合管理。核桃产业已初具规模。新发展养殖大户 1200 户、养殖小区 3 个。全县蔬菜面积 5.86 万亩。全县共输转劳力 5.23 万人（次），实现劳务收入 2.7 亿元。全面落实了惠农资金 5722 万元。全县农民人均纯收入达到 2910 元,净增 590 元。

【项目建设】全县开工新建、续建各类项目 101 个。完成固定资产投资 12.88 亿元，比上年增长 114%，其中完成城镇投资 8.27 亿元，完成农村投资 4.50 亿元。

【人民生活】全县城镇单位从业人员年平均工资达到 21190 元,比上年增长 24.6%；农民人均纯收入达到 2910 元，增长 25.43%；城镇居民可支配收入 9002 元；城乡居民储蓄存款余额达到 17.95 亿。

【社会事业】关注民生办实事取得实效，社会各项事业协调发展。在省上确定的 14 件实事、市上 16 件实事的基础上，我县确定了 20 件民生实事，通过一年的努力,全面落实了教育、卫生、计生、就业、社会保障等方面的惠民政策，给城乡广大群众带来了实惠。开工建设了红川小学、城关中学等 6 所中小学校教学楼建设工程,完成了化垭农职中、上峡小学等 11 所学校教学楼续建工程；全县高考上线人数达到了 403 人，上线率 16.48%；全面落实了中小学义务教育“两免一补”政策，为 41664 名中小学生免除学杂费、免费发放了教材及教辅材料，为 4183 名贫困寄宿生发放生活补贴 323 万元。完成了 5 乡镇卫生院改建工程，完成了妇幼保健站综合业务楼主体工程。新型农村合作医疗补助标准由 40 元提高到 80 元，参合率达到 94%，基金使用率达到 83.9%。

康　县

【现任主要领导】

中共康县县委书记：张庆宏

康县人大常委会主任：侯进国

康县人民政府县长：王钧

政协康县委员会主席：田生才

中共康县纪律检查委员会书记：张立平

【基本情况】康县位于甘肃省东南部，陕甘川交界地带。境内气候属典型亚热带向暖温带过渡气候，温和湿润，雨量充沛。全境处西秦岭南侧陇南山中,地质构造为昆仑秦岭地槽褶邹地带,地势西高东低，中部高，南北低。最高海拔 2483m，最低海拔 560m，年平均气温 11.0 度，无霜期 182 天，日照时数 1575.9 小时，年降水量 765.7mm。县辖 8 镇 13 乡，350 个行政村，1640 个村民小组，常住人口 19.46 万人，其中农村人口 17.75 万人。总面积 2958.46 平方公里，其中耕地 70.16 万亩。

【资源优势】自然资源：现有高等植物 172 科 1000 余种，活立木蓄积量 800 多万立方米，森林覆盖率高达 60% 以上；有国家和省列珍贵树种如香樟、银杏、红豆杉等 28 种，各种菌类 96 种；有天麻、杜仲等野生药材 576 种，国家野生保护动物数百种。其中，康县龙神茶，黑木耳，薇菜、核桃仁等上百种山野食品在国内外享有盛誉。旅游资源：以独具特色的生态旅游为主，这里山川秀美，风光旖旎，千峰叠翠，万峡溢绿，悬泉飞瀑，百鸟争鸣，是西北天然生物园和野生动物园，也是西北地区最有名的生态旅游胜地。主要有白云山森林公园、梅园沟、幽梦谷、海棠谷、龙神沟、红豆谷、清河、响水泉、白马关古城遗址、托河溶洞等近百处自然和人文景观，茶园、竹海、灵山、秀水、幽谷、茂林、飞瀑、流泉，构成了康县独特的生态风光，其风物之美，山川之秀、河谷之幽、田园之雅，令境内外游人流连忘返。尤其是距县城 84 公里的阳坝亚热带生态旅游风景区，已被国家旅游局评为 4A 级景区，被省旅游协会和广电集团评为全省十大旅游景点之一，其风光具有“陇上版纳”之赞誉，其中的梅园沟、红豆谷、清河原始森林更是景区之精华。另外有位于县城燕子河南岸的白云山省级森林公园，名列陇南市十大重点景区之中。全县旅游特色优势日益明显，知名度和吸引力进一步提升，旅游人数大幅度增加，全年共接待游客 22.79 万人(次)，比上年增长 39.0%；实现旅游综合收入 4881 万元，增长 26.0%。矿产资源：目前已探明矿种有金、铜、铁、煤、硫、磷、水晶石等 20 余种，已探明铜储量 400 多万吨，仅开采的阳坝铜矿储量达 260 多万吨，品位达到 0.367 立方米；黄金储量丰富，属陕南、陇南、川北“金三角”地带，沙金、矿金开采前景看好。

【国民经济】初步核算,全县实现生产总值 7.17 亿元，比上年增长 11.6%。其中,第一产业增加值 2.52 亿元，增长 5.9%。第二产业增加值 1.74 亿元，增长 18.4%；完成工业增加值 1.52 亿元，增长 21.4%，其中：国有及规模以上工业实现增加值 1.26 亿元，增长 22.5%；建筑业实现增加值 2169 万元，增长 2.0%。第三产业增加值达到 2.91 亿元，增长了 12.4%。实现大口径财政收入 8388 万元，增长 27.1%；实现社会消费品零售总额 2.33 亿元，增长 17.0%。

【特色产业】全力推进特色兴县战

略，按照“整县核桃、南茶北桑、优势产业、重点突破”的开发思路，全年新发展核桃 11.8 万亩，核桃面积已达到 63.62 万亩；新建茶园 1.05 万亩，茶园面积发展到 6.5 万亩；新植桑园 0.31 万亩，桑园面积达到 4.92 万亩。当年核桃产量 5134 吨，全县核桃收入 5647 万元以上；茶叶产量 400 吨，实现产值 1440 万元；当年蚕茧养殖产量 220 吨，实现收入 418 万元。区域优势产业开发也得到了全面发展，新发展花椒 6.03 万亩，花椒产量达 579.23 吨，实现产值 1795 万元；中药材种植面积达 2.36 万亩，当年药材产量 1392 吨，实现收入 941 万元；蔬菜播种面积达 2.54 万亩，当年蔬菜产量 8983 吨，实现产值 1628 万元，其中黑木耳产量 80 吨，实现收入 360 万元。

【项目建设】项目建设力度加大，县政府把 2008 年列为重点项目突破年，当年建设项目达 90 项，新建项目 68 项，完成全社会固定资产投资 6.67 亿元，比上年增长 57.6%；新增储备项目 53 个，完成可研项目建议书 16 个，保证了项目建设的科学性和连续性。进一步加大招商引资力度，全年签约合同项目 43 项，签约合同资金 6.16 亿元，到位资金 1.82 亿元。重点工业建设项目进展良好，阳坝铜矿技改项目已经完成；富康建材公司水泥厂、丰都山铜矿技改项目已投产运行，成为当年新增两家规模以上工业企业；独一味药业公司成功上市，投资 6012 万元的独一味宫瘤宁胶囊生产线项目已完成设备安装，又在王坝乡征地 83.26 万亩,启动了独一味二期工程扩建。旅游项目建设上，筹集资金 375 万元，全面实施了阳坝景区二期建设工程，完成了康阳路百里绿色长廊绿化美化。交通道路建设上，以“改造干线路，打通断头路、修建联网路、实现村村通”为目标，年内完成投资 5200 万元，开工建设通村公路 50 条 191.54 公里,已完 35 条 130 公里；建成便民桥 19 座，以及 2 条 78.69 公里通乡油路建设前期工作。城镇建设上，按照“建设绿色园林县城”的总体要求，完成了城区及半面街、旧一中、城西新区的控制性详规编审，开工城市建设项目 13 项。农田水利建设上，新增有效灌溉面积 2200 亩，新修梯田 6000 亩，实施饮水项目 40 项,完成节水灌溉 2900 亩,修建蓄水池 37 个,建成渠道工程 3 条 2.46 公里；犀牛江流域土地综合整治项目成效明显，新增土地 831.6 亩。生态环境建设上，营造生态林 2.54 万亩，完成天然林保护 145 万亩，重点公益林管护 22.1 万亩。灾后重建，全面落实灾后重建各项补助政策,下拨农村灾后重建和维修加固补助资金 4.60 亿元，协调县金融机构发放建房贷款 2.53 亿元，当年列入第一批重建的 15192 户，已完成主体工程 6479 户，竣工 5165 户，列入第二批重建的 14172 户，80%已完成地基处理工程;全县维修加固的 8737 户已全面完成维修加固任务。

【人民生活】2008 年，全县城镇居民人均可支配收入 6000 元，比上年增长 8.8%；农民人均纯收入 1926 元，增长 25.4%；在岗职工年平均工资 23015 元，增长 26.7%。

【社会事业】教育工作深入开展教育质量年活动，教育教学质量明显提高，“两基”成果进一步巩固和完善，全面完成了全县中小学校长聘任和教师竞争上岗，当年全县高考本科上线 361 人，在上年基础上翻了四番，创历史最好成绩。广泛开展各种形式的科技合作，积极培养乡土人才，新建科技示范点 3 个，康县黑木耳已通过国家地理标志产品保护认证。深化医疗卫生体制改革，对县医院、中医药、阳坝二院院长进行了公开竞聘上岗；组织编制了县、乡医疗机构灾后重建规划，由深圳市和中国红十字会援建的县医院、中医药以及 10 所乡镇卫生院重建项目进展良好；新型农村合作医疗基本覆盖农村人口，参合率达到 92.52%，全年报销 946 万元，受益群众 4.3 万人。计划生育优先优惠政策认真落实，流动人口计生工作得到加强。民政工作以不断提升城乡低保水平和确保“5.12”受灾群众生活保障为重点，全面落实了城市低保对象和受灾群众临时生活补助标准，保障了 1599 户 3269 名城市低保对象和 4220 户 13432 名农村居民的基本生活，发放困难群众临时生活、后续生活救助资金共计 12287 万元，救助“三无”、“三孤”人员 27710 户 108895 人。积极开发公益岗位，安排 54 名“4050”人员和城镇零就业家庭的再就业，城镇新增就业人数 936 人，城镇下岗失业人员再就业人数 249 人，城镇登记失业率控制在 4%以内。投资 400 多万元新开通了 9 个乡镇有线电视，新建成并开通了县乡视频会议系统和各乡镇、各单位的政务网。投资 300 多万元用于城乡环境保护和城区基础设施改善。

（肖平）

文 县

【现任主要领导】

中共文县县委书记：徐世林

文县人大常委会主任：李同文

文县人民政府县长：张宏

政协文县委员会主席：杜生虎

中共文县纪律检查委员会书记：杜登芳

【基本情况】文县位于甘肃南陲，坐落在甘、川、陕三省交界处，地处秦巴山地，素有“陇上江南”、“甘肃西双版纳”、“大熊猫故乡”之美誉，既有北国之雄奇，又有南疆之灵秀。全县辖 3 镇 17 乡，305 个村民委员会，7 个社区，1305 个村民小组。全县总户数 7.82 万户，总人口 24.91 万人，其中农业人口 21.98 万人，居住着汉、藏、回等 7 个民族，全县少数名族人口达到 4150 人。全县总土地面积 4994 平方公里，有耕地面积 31.29 万亩，其中水田 1.15 万亩，旱地 30.14 万亩，在旱地中有水浇地 7.96 万亩。全年农作物播种面积达到

50.26万亩，其中粮食作物达到39.6万亩。粮食作物主要以小麦、水稻、玉米、薯类为主，经济作物及林果产品以蔬菜、纹党、花椒、核桃、茶叶为主。地理位置处于亚热带向暖温带过渡地带，素有“一山有四季，十里不同天”的特征，年平均气温15℃，无霜期260天，年均降雨450至800毫米，海拔550米至4187米。

【资源优势】文县资源丰富，发展潜力大。一是水力资源富甲陇原，境内有“两江八河”和360多条溪流，年径流总量90多亿立方米，水能理论蕴藏量303万千瓦，其中可开发利用的达210万千瓦，目前已开发利用50万千瓦，仅占可开发利用水能的24%。二是矿产资源富集，金属和非金属矿藏达20多种，种类多，储量大，品位高，已探明黄金储量300余吨，硅矿1亿多吨，铜金属储量5万多吨，重晶石矿3200多万吨，锰矿储量119万吨，其中阳山金矿为我国最大的金矿。三是旅游资源独特，有洋汤天池、白马藏族民俗村、阴平古道、白水江自然保护区等一批旅游景点，发展旅游业前景广阔，可与九寨沟、黄龙连成一条黄金旅游线。

【国民经济】全县国民经济运行呈现出经济总量不断增长，经济实力不断增强,发展速度继续加快，质量效益稳步提高的较好态势。2008年，全县实现生产总值9.96亿元,比上年增长8%；其中第一产业增加值2.68亿元，增长10.4%；第二产业增加值3.86亿元，增长2.4%；第三产业增加值3.42亿元，增长14.6%。其中,非公有制增加值3.91亿元，,增长24%，非公有制增加值占生产总值的比重由上年的40.28%提高到48.61%。全县人均生产总值达到3998元,增长14.8%。

【农业经济】全县完成农业增加值2.68亿元，比上年增长8.9%；林业生态建设取得新成就，全年完成造林面积10.16万亩，其中用材林0.49万亩、经济林9.41万亩、其它林0.26万亩。畜牧业和渔业生产基本平稳，全年大牲畜存栏5.4万头,猪存栏6.9万头,羊存栏3.27万只,家禽存栏28万只；肉类总产量达6358吨，比上年下降1.4%。全年水产品产量达502吨，增长7.3%。

【工业经济】全县立足资源优势，狠抓硅铁、水电产业开发，努力推进工业经济发展。2008年全县生产硅铁52890吨，完成发电量152381万度，生产水泥34400吨。年内新建、续建工业项目39个，其中水电站28座，总装机45.07万千瓦，年内建成新投产工业项目7个。全年完成工业总产值88623万元，完成工业增加值34699万元，增长6.4%,其中规模以上工业总产值达到79771万元,规模以上工业增加值达到31391万元,增长4.7%;工业企业实现利润比上年增加836万元;实现税收8950万元,增长16.8%，对全县财政收入的贡献率达到61.2%。全县电力产业实现税收6035万元，增长16.5%，对全县财政收入的贡献率达到41.3%，全县硅铁产业实现税收1759万元，增长14.3%，对全县财政收入的贡献率达到12%。

【消费品市场】全县实现社会消费品零售总额2.45亿，比上年增长16.8%。其中批发零售业达到2.17亿元，增长15.4%,餐饮业达到2827万元,增长19.1%。

【财政金融】财政收支大幅增长。全县完成大口径财政收入1.46亿元，比上年增长31.7%，完成地方财政收入5744万元,增长39.3%;财政支出17.41亿元，增长3.7倍。金融机构各项存款余额为36.04亿元，增长2.04倍，各项贷款余额为12.01亿元，增长20.6%。居民储蓄存款达到14.01亿元，增长88.0%。

【项目建设】一是投资总量创新高。全县完成全社会固定资产投资32.89亿元，比上年增长1.83倍。全年实施50万元以上建设项目104个，其中新开工项目52个，完成投资29.78亿元,增长1.60倍。其中城镇投资完成9.57亿元,增长5.9%,农村非农户完成投资18.90亿元,增长16倍。全县灾后重建总投资达到19.52亿元,占全县项目建设投资总量的65.5%,其中新建活动板房投资1.60亿元,灾后重建土地整理投资600万元,“5.12”地震后电力、交通、人畜饮水等生命线工程投资1067万元,灾民房屋维修及重建投资17.75亿元;水电开发力度继续加大，全县水电开发投资高达7.19亿元，除灾后重建资金外,占全县项目建设投资完成总量的70%。二是招商引资取得新成果。全年签定招商引资资项目22个，签约资金14.9亿元,实际到位资金7.77亿元,有力推进了全县项目建设的顺利进行。三是城乡基础设施建设取得新成就。城乡基础设施建设扎实推进，韩家坝二期和白林新区一期商住楼工程建设进度明显加快，建成了东坝老干部住宅楼和武警中队营房,开工建设了滨江南路、江南公园暨防灾避灾中心，启动了城区中心敬老院和武装部正规化建设项目。继续实施了南北上绿化亮化工程，补植苗木1万株，安装太阳能亮化灯1000盏，并完成部分喷灌工程。西园河堤已完成主体工程。兰海高速陇南过境段公路正式开工建设，全线启动了碧刘公路铺油工程,完成了鹄铁及冷梨公路硬化工程、碧范公路路基改造工程和稻舍公路路基工程，开工建设通村公路154条。建成上柳园等13座便民桥，完成了堡子坝、丹堡35KV输变电工程。

【三农工作】一是粮食生产获得丰收，粮食总产量达到6.34万吨,比上年增长5.8%，其中夏粮产量达到16215吨,下降4.9%;秋粮产量达到47209吨，增长10.0%。二是全县大搞农田水利建设，兴修水平梯田0.33万亩，累计达到22.68万亩，新增集雨节灌面积0.44万亩,新增有效灌溉面积0.4万亩,全县有效灌溉面积累计达到9.11万亩；新建沼气沼2000个,太阳灶4500个,建成沼气服务网点3处；三是农业特色产业得到发展。全县新发展花椒6万亩，新发展核桃11万亩，新发展茶叶1.1万亩，新发展油橄榄2.6万亩，种植中药材5.5万亩，蔬菜面积达到4.5万亩，全年农业特色产业总产值达到13494万元，农业特色产业对农民人均纯收入的贡献额和贡献率分别达到522元和34.3%。四是扶贫攻坚取得新突破，完成了10个整村推进扶贫任务，年末全县绝对贫困人口达到1.76万人，比上年减少0.25万人，贫困面由上年的9.3%下降到8%。年末全县低收入人口达到4.98万人，比上年减少0.69万人。五是农村基础条件不断完善，全县自来水受益村数达到264个，占全县总村数的86.6%，自来水受益户数达到3.57万户，自来水受益人口达到14.26万人；农村通公路数达到269个，占全县总村数的88.2%；全县通电的村数294个，占全县总村数的96.4%；全县通电话的村数达到289个，占全县总村数的94.8%；全县通有线电视的村数69个，占全县总村数的22.6%。

【人民生活】全年职工平均工资达到16433元，城镇居民人均可支配收入达到6075元，增长16.5%；农民人均纯收入达到1740元，增长29.3%，剔除地震救灾补助款219元实际达到1521元，比上年增长13%。

【社会事业】以人为本促和谐，社会事业取得新成果。一是着力改善教育卫生基础条件，加快灾后恢复重建和援建项目进程，教育工作有了新成就，全县高考本科上线307人，上线率达到17.9%。二是高度重视人口和计划生育工作，全面落实节育措施和奖励扶助等各项优先优惠政策，人口自然增长率控制在7‰以内。三是不断加强非物质文化遗产的保护，"池哥昼"列入国家级文化遗产。四是注重国情国力调查，高质量完成第二次全国经济普查清查摸底工作，积极开展第二次全国经济普查入户登记工作。五是社会保障覆盖面进一步扩大，全年落实各类民生保障资金1.26亿元，发放企业退休职工养老保险金349万元；农村低保资金961.52万元，城镇居民低保资金762.85万元，农村五保户生活补助资金174.24万元，落实下岗失业人员再就业扶持资金175万元，核拨医疗保险费745.8万元，支付城乡医疗救助资金80万元，全年为新农合参合人员报销1369万元，为455户城镇住房特困家庭发放补助资金31.04万元，共拨付库区扶持资金1383.52万元，农业粮食直补资金120.2万元，农村生产资料综合补助资金1030.45万元，退耕还林改现和医教补助资金2176.34万元，发放农村困难家庭寄宿生生活补助431万元，增发补发干部职工工资及津贴补贴2900万元。年末参加城镇基本养老保险的职工人数为4391人，参加基本医疗保险的职工人数为9095人，参加失业保险的人数为5570人，城镇居民最低生活保障人数6896人，农村居民最低生活保障人数6.73万人，农村传统救济人数2653人，参加农村合作医疗的人数19.04万人，参加农村养老保险的人数3381人。

【灾后重建】灾后重建扎实推进。"5•12"特大地震灾害，造成人民生命财产重大损失，全县死亡111人，受伤1456人，紧急转移安置受灾群从16.56万人，各类直接经济损失达118亿元。全县核定"三无"人员56343户182001人，"三孤"1387户1440人。及时拨付救灾应急资金4998万元，发放"三无"、"三孤"人员和困难群众救助资金1.96亿元;共下拨重建资金6.47亿元,全县农村列入灾后重建34999户，开工88.2%，基本竣工68.8%；列入维修21311户，2008年9月底前全面完工。全县完成了114条562.2公里通村公路灾后恢复任务，修复灾毁耕地0.87万亩，建成了13处灾后河堤重建工程和230项灾后应急恢复人饮工程。在深圳市的援建下，建成了尖山宋坝、中庙联丰、城关清水坪、临江蒋冯、碧口镇寇家湾等一批灾后重建新村。

（崔耀文）

西和县

【现任主要领导】

中共西和县委书记：佘东鹏

西和县人大常委会主任：韩锐

西和县人民政府县长：周子强

政协西和县委员会主席：李庭俊

中共西和县纪律检查委员会

书记：辛晓宏

【基本情况】西和县位于甘肃省东南部，西秦岭南侧，系长江流域西汉水上游。东临徽县、成县，南依武都、康县，西北与礼县交界，东北与礼县、天水秦城区接壤。行政区域面积为1861平方公里。境内地形由西北向南倾斜，南部为土石质山原峡谷区，北部为沟壑梁峁区，平均海拔1692米。平均气温8.4℃，无霜期149天至214天，日照时数1500－1800小时，年降水量451－734.7毫米。属大陆性季风气候。2008年末全县人口为40.06万人。其中常住人口37.98万人。

【资源优势】西和资源富集，被著名地质学家立四光称为"宝贝的复杂地带"。金属矿产资源丰富，有色金属有铅、锌锑、金、铜、铁等。县境东南部属全国铅锌矿第二大矿带的西成矿带，探明储量521.7万吨，金属量14.93万吨；黄金矿散布全县。非金属矿产有大理石、冰洲石、陶土等。农副特产品有洋芋、花椒、苹果、核桃，中药材有黄芪、半夏、党参、当归、柴胡，野生药材西贝母、淫阳霍等，是久负盛名的"中国半夏之乡"。加工业产品有亚麻、粉条、粉丝等，编织业产品主要有草编工艺品、背萎、竹席等，手工艺品有泥塑、根雕及剪纸、刺绣等。

【旅游景点】西和县是中华人始祖伏羲的诞生地。在这片古老神奇的土地上，仰韶文化、寺洼文化、齐家文化交辉映。有仇池胜境，绚丽别致的自然景观十分诱人，有"圭峰秋月"之称的八佛崖，有“九眼鼎沸”之称的九眼泉，以及新建旅游景点晚霞湖。2007 年西和县被中国民间文艺家协会命名为“中国乞巧文化之乡”，2006 年成功举办了“西和县仇池山歌文化艺术节”。

【国民经济】2008 年全县积极应对 5.12 地震和国际金融危机对我县社会、经济带来的不利影响，国民经济保持较快增长。完成生产总值 13.17 亿元，比上年增长 7.51%。人均生产总值 3469 元，增长 352 元。农村经济形势稳步好转，实现农业增加值 3.72 亿元，增长 9.8%。实现第二产业增加值 3.58 亿元，下降 8.2%;实现第三产业增加值 3.58 亿元,增长 18.37%。全县粮食总产量达 14.98 万吨，增长 7.68%。全年实现工业增加值 2.7 亿元。下降 6.25%，其中规模以上实现工业增加值 1.91 亿元,下降 25.58%。实现社会消费品零售总额 2.41 亿元，增长 33.1%。非公有制经济健康发展，全县非公有制经济增加值达到 3.18 亿元，占全县生产总值的 24.41%。

【三农工作】农业产业化经营水平不断提高，在稳定粮食生产的基础上，按照现代农业发展要求，采取县级领导包抓、企业帮建、乡镇和部门实施的方式，进一步加快了全县农业产业结构调整步伐。2008 年大力发展马铃薯、经济林果、中药材、畜牧养殖四大区域特色优势产业，发展何坝、兴隆等 4 个万亩优质马铃薯示范基地，何坝麦川、十里板桥、姜席席川 3 个 3 千亩半夏基地。全县新发展马铃薯 2.5 万亩、载植核桃 15.5 万亩、花椒 6.3 万亩、苹果 1.5 万亩、油橄榄 0.2 万亩,完成生态造林 5.2 万亩。西汉水流域产业结构调整力度进一部加大，新建蒿林现代农业科技示范园 1 处，引进石榴、美国大樱桃、大枣等优质苗木 9 万余株，蔬菜瓜果新品种 49 个，在大桥、蒿林试种 3500 亩。农田水利建设进一步加快，全县共完成水利谷坊 16 座，新发展有效灌溉面积 4600 亩，集雨节灌面积 5800 亩，节水灌溉面积 5300 亩，新修梯田 1.12 万亩。新建大桥、洛峪、何坝、姜席、石峡、太石河等 6 个农贸市场，为农业特色产业的发展提供了交易平台，促进了农特产品的销售和流通。2008 年全县扶贫开发和新农村建设进一步加快，14 个施整村推进项目、6 个易地搬迁项目和西汉水流域扶贫开发示范长廊建设扎实推进。全县劳务输出农村剩余劳动力 9.75 万人次,创劳务收入 4 亿多元。大力支持和引导农民专业经济合作组织的发展，全县各类协会已达 38 个。

【财政金融】2008 年，全县完成大口径财政收入 2.44 亿元，比上年下降 10.02%。全县金融机构继续保持稳健的发展势头，全县金融机构各项存款余额达到 7.02 亿元，增长 27.5%。各项贷款余额 8.09 亿元。增长 17.5%。

【项目建设】2008 年伏羲大道、体育场馆、滨河公园、卢六路、西苏路、洛昌路等一批群众期盼多年的项目相继启动实施。上海刚泰、西北矿业集团等一批大客商把发展的眼光投向西和。全年共签约招商引资合同项目 11 个，签约资金 8.27 亿元,到位资金 3.39 亿元。按照“南拓北展、引湖纳山”的发展战略，全面启动动实施了城南小区、城北 506 亩土地储备、两山太阳能照明、隍城森林公园健身休闲广场、垃圾处理场、城区供水扩建工程等 25 个市政建设项目。

【人民生活】2008 年，全县人民生活水平继续提高，农民人均纯收入达 1882 元，增长 24.8%，城镇居民人均可支配收入 8969 元。全县参加失业保险 4821 人，参加医疗保险 11509 人，养老保险 4093 人，城镇居民医疗保险 18090 人，工伤保险 2952 人。城镇居民最低生活保障对象 5660 人，发放低保金 802.59 亿元；农村低保对象 31802 人，发放低保金 1837.18 万元。全县 20 乡（镇）全面开展新型农村合作医疗工作，共有 32.71 万农民参加了新型农村合作医疗，参合率 90.83%。新型农村合作医疗基金累计达到 2096.56 万元，36.01 万人次受益。

【社会事业】坚持把教育放在优先发展的战略地位，建成了一中学生公寓楼和职教中心综合实验楼，积极推进教育管理体制改革，实行老师全员聘用制。全县高考上线率达到了 45%。年末，学校总数 295 所，教职工 4076 人。其中，专任老师 3878 人。在校学生数 96103 人。

进一步加强农村医疗卫生工作，不断完善医疗卫生条件，完成了县医院综合大楼建设和 4 所乡镇卫生院的改造。年末，全县有卫生机构 28 个，其中医院 2 个，卫生院 23 个，妇幼保健院（所、站）1 个，疾病防控中心 2 个，卫生监督所 1 个。医院、卫生院拥有病床位 237 张。共有卫生技术人员 253 人，其中执业医师和执业助理医师 205 人。乡镇卫生院拥有病床位 170 张，卫生技术人员 228 人。

全县共投入科学资金 23 万元，其中，科技三项经费 5 万元。新上科技项目 7 项，实施项目 7 项，取得成果 6 项；专利申请量 1 件，授权 1 件，技术合同交易额 230 万元；举办科技培训班 36 期，培训人数 16700 人次。

全县共有艺术表演团体 1 个，全年演出 360 场，观众达 25 万人；文化馆 1 个，公共图书馆 1 个，藏书 6.3 万册；博物馆 1 个，文物藏量 1794 件；档案馆 1 个。广播和电视综合人口覆盖率分别为 78%和 95%。有线电视用户 10000 户，比上年增长 5.8%，其中数字电视用户 3000 户。

食品药品安全、环境保护和安全生产工作成效显著。全县有环保机构 1 个，环境监测站 5 个，二氧化硫排放量控制在 650 吨内，降低 1.64%；全年共发生各类生产安全事故 70 起，下降 12.5%，造成直接经济损失 117.2 万元。社会治安防控体系建设扎实推进，加强了司法所、派出所和基层法庭建设，开展了干部下基层排查矛盾纠纷活动，维

护了社会稳定。(孙玉峰)

礼 县

【现任主要领导】

中共礼县县委书记：田广慈

礼县人大常委会主任：张志义

礼县人民政府县长：方新生

政协礼县委员会主席：马忠惠

中共礼县纪律检查委员会书记：朱建西

【基本情况】礼县地处甘肃省东南部、陇南市西北部、长江流域嘉陵江水系西汉水上游。东邻天水、西和，西接宕昌、岷县，南连武都，北与武山、甘谷接壤。全县地域面积4299.92平方公里，辖4镇25个乡，9个社区居委会，568个村，全县总人口52.10万人，常住人口为53.25万人。其中，非农业人口3.77万人，民族构成中以汉族人口为主，占全县总人口的98.2%，另外还有回、藏、满、蒙4个少数民族。境内海拔最高3312米，最低1080米，平均气温10.6℃，平均降水425.6毫米，全年日照1929.6小时，无霜期181天。

【资源优势】礼县历史悠久，文化灿烂。素有“秦人发祥地，三国古战场”之美誉。据已发掘的古文化遗址证明，早在6000多年前的新石器时代，我们的祖先就在这里繁衍生息，创造了灿烂的历史文化，同时也为这片古老而神奇的土地留下了众多的名胜古迹。其中最为著名的有大堡子山秦人第一陵园——秦西垂陵园；全国五大武侯祠之一——祁山武侯祠；诗圣杜甫流寓秦州留下《盐井诗》的卤城盐井祠和姜维与司马昭交战之地——铁笼山等。值得一提的是，秦西垂陵园震撼了世界，大堡子山早期秦文化遗址被选入2006年中国十大考古新发现之一。旅游资源开发潜力大，著名的名胜古迹有:大堡子山秦公陵园、赵孟頫书赵世延家庙碑、文庙大殿、赤土山园林、香山风景区、翠峰寺、黄金寺、洮坪林区、大河边草原、红河水库、苗河水库等都是旅游观光的好去处。盐官盐井、祁山武侯祠、三国古战场铁笼山等。

矿产资源丰富。矿藏主要有金、锑、铅、锌、铁、玛瑙石、大理石等。最为驰名的礼县金矿带，特别是罗坝金矿带，洮坪金矿带，远景储量十分丰富。黄金生产已成为全县的支柱产业。2008年，黄金产量达1688公斤。地表水资源丰富，嘉陵江一级支流西汉水纵贯全县，有常年性河流14条，季节性河流8条。礼县是全国32个优质水果生产基地之一，生产的“花牛”、“富士”苹果在港澳及东南亚市场具有极高的声誉。生产的花椒粒大、味浓、色泽红润、芳香弥久。生产的核桃皮薄仁大，营养丰富。礼县适宜于多种中药材生长，药材种植面积大，家种药材品种多，所产大黄、半夏、红芪、党参、当归等药材，高产质优，被喻为药族“五朵金花”。尤其是西南部铨水一带所产的“双鹿牌”大黄，出口东南亚多国，出口量占全国的56%，被誉为“中国铨黄”。

【国民经济】2008年，全县完成生产总值12.25亿元,比上年增长12.6%.其中第一产业完成增加值4.85亿元,第二产业完成增加值2.68亿元,第三产业完成增加值4.73亿元,分别增长5.3%、14.6%、17.6%。全县人均生产总值达2642元，增长12.5%。在第二产业中工业增加值2.01亿元，增长17.2%；建筑业增加值6693万元，增长11.2%。

【农村经济】2008年大力实施“十百千万亿”工程，扩大基地规模，调整产业结构，完成了“先秦贡果”牌苹果绿色认证，无公害胡麻、油菜籽产地认定和“老秦家”土鸡蛋商标注册。“礼农”牌胡麻油、“先秦贡果”牌苹果获中国杨凌农业高科技成果博览会“后稷”奖。农业和农村经济持续健康发展，全年完成农业总产值8.11亿元，较上年增长4.9%；实现农业增加值4.85亿元，较上年增长5.3%。在连续多年丰收后，2008年粮食生产仍获丰收。全年粮食总产量为1.27吨，增长0.32%。分作物看，小麦总产量为6.46万吨，下降13.7%；玉米总产量为2.16万吨，增长13%；洋芋总产量为3.36万吨，增长8.8%。农业特色产业开发势头强劲，把做大做强特色产业作为推动农村经济发展和增加农民收入的突破口，调整结构、扩大规模、保证质量、增加效益，全年新发展苹果5.58万亩、核桃10.2万亩、花椒2.1万亩。农业特色产业实现总产值5.9亿元，增长20.07%。其中：苹果产量达4.35万吨，增长19.9%；花椒产量达1165吨，增长20.1%；核桃产量达2030吨，增长19.4%。林果产业开发成为农民增收的一个主要途径。畜牧业生产稳步增长。全县完成畜牧业总产值2.33亿元，增长2.63%，全年新发展规模养殖大户191户。其中大牲畜存栏达10.28万头，增长3.6%；生猪存栏达9.94万头，增长10.7%。肉类总量达1.26万吨，增长2.13%。劳务经济取得了突出成效。“礼贤大嫂”、“礼贤架子工”、“礼贤妹”荣获全国优秀劳务品牌。2008年，全县累计劳务输出12.19万人，增长7.3%。实现劳务收入6.33亿元，增长29.4%。

【工业经济】全县完成规模以上工业增加值1.69亿元，比上年增长19.5%。销售产值完成4.40亿元，产销率达113.5%。发电量7200万千瓦时，增长80.5%；生产黄金1688公斤，增长66.8%。

【消费品市场】2008年全县消费品市场呈现出淡季不淡、旺季更旺的繁荣局面。全年完成社会消费品零售总额2.83亿元，比上年增长19.4%。其中：县的消费品零售额完成1.70亿元，增长19.5%；县以下的消费品零售额完成1.13亿元，增长19.2%。

【项目建设】2008年，全县坚持以发展抓项目为纲，全年开工重点在建项目91项，完成全社会固定资产投资11.53亿元，增长125.4%。其中：城镇和农村投资比去年同期均有大幅度增长，分别增长为178.4%、39.1%。特别是秦汉大道、久联民爆公司炸药生产线等一批重点项目启动实施，有力地带动了全县经济增长和城乡基础设施的改善。

【财政金融】2008 年，全县金融机构存款余额 25.68 亿元，比上年增长 49.59%。其中：居民储蓄存款完成 16.0 亿元，增长 45.66%；金融机构贷款余额 6.30 亿元，增长 39.96%。财政收入突破亿元大关，全县全年大口径收入完成 1.0 亿元，增长 59.7%。其中：一般预算收入完成 7487 万元，增长 64.19%。完成财政总支出 14.16 亿元，增长 145.88%。

【人民生活】2008 年，全县职工平均工资为 18613 元，比上年增长 3.3%。农民人均纯收入达 1860 元，增长 24%。社会保障制度进一步完善，农村最低生活保障人数达 6.37 万人，城镇最低生活保障人数达 5548 人，参加基本养老保险的职工数达 4979 人，参加基本医疗保险的职工数达 11303 人，参加失业保险的人数达 4975 人，参加农村合作医疗保险的人数达 44.10 万人。全县输出劳动力 12.19 万人，劳务收入达 6.33 亿元。

【社会事业】科技事业取得新进展，2008 年全县承包科研项目 24 项，已验收项目 9 项。科技推广户达 4385 户，科技示范户达 2268 户。教育事业加快发展，基础教育普及水平和质量稳步提高，初中、高中开学率均比去年同期有所提高，高考再创佳绩。积极实施二期义教工程，办学条件进一步改善，教学质量稳步提高，人才队伍迅速壮大，全县共有学校 466 所，教师 4745 人，在校学生 104590 人，学龄儿童入学率达 99.7%。广播和电视人口综合覆盖率有了较大提高，有线电视人口覆盖率为 98.7%。医疗卫生事业不断发展，计划生育工作稳步发展。全县共有医疗机构 40 个，病床 518 张，医务人员 863 人，落实各项节育措施 4088 例，计划生育率为 83.15%。人口自然增长率为 7.16%。图书馆各类藏书 9.9 万册，建筑面积达 1300 平方米。

两当县

【现任主要领导】

中共两当县委书记：辛海生

两当县人大常委会主任：许广同

两当县人民政府县长：郭平

政协两当县委员会主席：唐启荣

中共两当县纪律检查委员会书记：田鸿

【基本情况】两当县位于甘肃省东南部，地处陕甘川交界的秦岭山区，属长江上游嘉陵江水系。北靠天水，西邻徽县，东南二面与陕西宝鸡、汉中相连。全县辖 3 镇 9 乡，118 个行政村，4 个社区，总人口 5.2 万人，其中：农村人口 4.1 万人。全县总面积 1374 平方公里，总耕地面积 12.01 万亩。最高海拔 2738 米，最低海拔 773 米，年平均气温 11.3℃，平均降雨量 630mm，无霜期 193 天，有一江七河八大水系，全长 209.93 公里。年径流量 3377.2 万立方米。粮食作物主要以小麦、玉米、黄豆为主；经济作物主要以油菜、葵花、瓜果、蔬菜为主；经济林果主要以核桃、板栗、苹果为主。县境内有丰富的矿产资源，已探明的有金、银、铜、煤炭、陶土、大理石等 10 多种；有羚羊、獐子、水獭、大鲵、麝、锦鸡等珍稀动物；有红豆杉、铁杉、银杏、香樟、合欢、白皮松等珍稀树种；有油松、华山松、落叶松、红桦等用柴树种；出产鹿茸、麝香、猪苓、五灵脂、天麻、杜种、黄姜等中药材 400 多种。县内生态良好，植被覆盖率达 73.3%，森林覆盖率达 49.3%。两当县历史悠久，至今已有 1500 多年历史，文化底蕴深厚，有张果老“登真洞”、《王羲之家谱》、“两当兵变”遗址等珍贵人文资源；更有“琵琶秋水”、“天门锁云”、“香泉望月”等八大景观和灵官峡省级白皮松自然保护区、张家黑河省级自然保护区和云屏三峡自然风景区，风景秀丽，景色怡人。

【国民经济】全年实现国民生产总值 29977 万元，同比增长 7.5%。其中：第一产业完成增加值 11077 万元，同比增长 6.2%；第二产业完成增加值 5938 万元，同比下降 1.3%；第三产业完成增加值 3651 万元，同比增长 12.9%。大口径财政收入完成 1663 万元（含捐赠收入 166 万元），农民人均纯收入 2105 元（含灾后生活救助金收入 366 元）。经济社会在大灾之年保持了平稳发展。

【特色产业】烟叶生产水平显著提高。投资 799 万元，重点加强育苗大棚、集雨水窖、烤烟房等基础设施建设，烟叶生产条件持续改善。全县种植烤烟 5418 亩，收购烟叶 81.27 万公斤，实现产值 812.7 万元、税收 210 万元；杨左河川蔬菜产业发展模式和经验得到推广，新办竹林、五一、太渠等 3 个蔬菜示范园，全年发展蔬菜 0.6 万亩。建成杨左河农业科技示范园一处；畜禽产业发展步伐加快，新建冯河村标准化养猪小区和戚家村养牛小区，饲养牛羊 3.92 万头，出栏 1 万头。养鸡 18.6 万只，发展獭兔养殖 2 万只；新发展中药材 2.22 万亩；自 2005 年秋季相继启动实施“百村万户双百万”和“百株千户万元”核桃产业开发工程以来，全县上下大办核桃产业的热情持续高涨，力度不断加大，群众接受程度逐年提高，全年共完成直播 30 万窝、植苗 70 万株、高接换优 10 万株，建成千亩以上示范园 13 个，全县核桃树发展到 419 万株，基本实现了全县核桃树栽植适宜区全覆盖；完成粮食播种面积 12.22 万亩，实现产量 3115.5 万公斤；狼牙蜜原产地地理标志认证通过国家级评审，完成杨店乡豆坪村无公害蔬菜产地认定 0.45 万亩，张家无公害水果产地认定 1 万亩。

【项目建设】狠抓项目谋划、协调和落实，全县在建项目 78 项，总投资 5.10 亿元。完成 55 项，完成投资 2.26

亿元。争取项目113项，争取国家投资9204.67万元。重点论证储备项目71项；实施灾后恢复重建项目295项，总投资7.64亿元，到位资金1.55亿元，完成投资2.20亿元。储备灾后恢复重建项目722项、国家扩大内需项目222项。签约招商引资项目17项，签约资金5.88亿元，增长2倍，实际到位资金1.24亿元，增长80%。

【城镇建设】坚定不移的实施城镇建设突破战略，县城建设力度持续加大。随着文化广场，市政广场，广香苑，三级水面，东滨河北路、南路，西滨河中路等一批重点市政工程相继竣工，“三区三厅三个十里”的县城建设格局基本形成，碧水环绕、绿荫遍布、鲜花点染的园林风貌不断凸显，通过了省级生态园林县城命名。实施了老南街、老北街改造硬化工程。加强县城环境卫生综合整治，大力实施绿、亮、净、美、畅工程，建成了泰山南路标准化公厕一座，投资110万元在城区新建路段安装路灯200盏，完成城区山体绿化0.68万亩、板块绿化2.05万平方米，在故道路什字、新北街什字、东大街什字安装了交通红绿灯，实施了广香河景观亮化工程，进一步健全了城区绿化板块管护责任制，被授予省级文明先进县。

【扶贫开发】投资313万元实施了元山、两当桥、同心、崖角整村推进示范村建设，投资768万元实施了6个移民搬迁新村建设，减少绝对贫困人口900人；实施了竹林、崖头、棉老、冯河、左家村等5个新农村试点建设，在产业培育、新村建设、基础设施配套、环境卫生整治以及农民教育培训等方面取得了新进展，竹林村建成省级新农村示范村；大力加强生态环境建设，完成生态林建设2.5万亩、荒山造林0.7万亩、封山育林0.3万亩、重点公益林建设14万亩，完成了以田显路为重点的绿色通道建设45公里；大力实施农业综合开发项目，投资596万元在杨店乡杨店、豆坪等5村完成中低产田改造0.8万亩。建成崖头集中供水工程，解决了6367人饮水安全问题。实施了10项农田水利灌溉项目，解决了1.068万亩农田灌溉问题。实施了杨店乡灵官土地开发治理项目。全年治理水土流失面积7.89平方公里，完成坡改梯4120亩、基本口粮田建设3870亩，发展沼气池237口。

【社会事业】潜心办理关系群众切身利益的实事，省列14项、市列16项、县列28项实事全面办理。全面推进县、乡财政管理体制改革，加强了非税收入管理。全面落实教育经费保障机制改革，深化中小学人事制度改革，完成了学区（校）校长和教师聘用。举办科技培训班130期，普及培训1.2万人（次）。新型农村合作医疗统筹资金实现翻番目标，农民参合率提升2.18个百分点，达到96%。启动实施了第四期万名医师支援农村卫生工程县乡联动项目。建成了较高标准的妇幼保健院，完成了县医院门诊楼主体工程建设。大力开展送文化下乡活动，《两当号子》列入第二批省级非物质文化遗产保护名录，完成了杨店古建筑群维修规划，启动实施了全国第三次文物普查。县体育活动中心完成地基处理工程，正在进行场馆建设。建成了杨店乡文化站和3条全民健身路径工程；成立了乡镇民政工作办公室，加大城乡居民最低生活保障投入，发放城乡困难群众低保金564.1万元。为农村五保户发放供养金66.04万元。基本养老保险覆盖面不断扩大，企业离退休人员基本养老金发放率为100%。基本医疗、失业保险参合率均完成全年指标任务。拓宽就业渠道，落实再就业优惠政策，城镇新增就业561人。全年输转劳务0.91万人（次），实现劳务收入5056万元。加强以矿山污染集中整治为重点的环境综合治理，环境质量持续好转；扎实开展安全生产专项整治，组建了消防队，安全生产形势平稳；高度重视信访工作，畅通群众诉求渠道，及时化解矛盾纠纷。开展劳动维权专项检查，追讨农民工工资63万元。强化社会治安防控体系建设，确保了全国两会、奥运会、残奥会期间及全年社会大局稳定。

【抗震救灾】“5.12”特大地震造成全县直接经济损失9.17亿元，我县被列为国家灾后重建重点县。地震发生后，全县上下团结一心、昼夜奋战，在较短时间内迅速修复了灾区水、电、路、通讯等基础设施，妥善安置了灾民基本生活，保证了灾区社会大局稳定。市县工作队员深入一线，核查灾情，帮助群众生产自救；全县各级各部门迅速动员，艰苦奋战，确保了全县抗震救灾和灾后恢复重建工作有力有序有效进行。按照“公平、公开、公正、透明”的原则，加强救灾物资、资金管理和使用，共发放救灾粮792吨、救灾衣被4511包，拨付抗震救灾及灾后重建资金5510万元，下拨“三无”、“三孤”人员生活救助金2073.9万元、后续生活救助金452.4万元，共接受社会各界捐款166万元，金融机构发放农村居民房屋重建贷款11515万元，深圳援建过渡安置房1320套26400平方米。共计划实施农村灾后恢复重建户5424户，开工3009户，占重建总户数的55.5%，竣工1083户；维修加固2712户全部开工，完工1829户，占67.4%。29个市列灾后恢复重建重点村已全部开工；第二批启动的11个灾后恢复重建重点村开工409户，完工92户；第三批启动的12个灾后恢复重建重点村开工542户，完工182户；零星重建户开工1618户，完工545户。共完成灾后重建投资1.11亿元。

（刘小林）

徽　县

【现任主要领导】

中共徽县县委书记：郭建博

徽县人大常委会主任：郭建博

徽县人民政府县长：祁岷青

政协徽县委员会主席：宋小平

中共徽县纪律检查委员会书记：王健补

【基本情况】徽县位于甘肃省东南部，地处西秦岭麓，嘉陵江上游的徽成盆地，东邻秦川，南通巴蜀。全县辖15个乡镇，213个村委会，10个居委会，总人口22万。全县面积2722平方公里，海拔在700—2000米之间，南北为山地,中部为浅山丘陵，属北暖温带向亚热带过渡性季风气候，年均气温12.1℃，无霜期192天，年均降雨量586.7mm，气候宜人，风景秀美，植被茂盛，物产丰饶，素有“陇上小江南”之美誉。

【资源优势】全县土地总面积408.3万亩,有耕地39.6万亩；植被覆盖面积259万亩，植被覆盖率为63.4%；有各类野生植物250种,百年以上银杏树遍布各地,是重要的核桃、板栗基地，有野生药材200多种，金银花、狼牙密名扬全国，有野生动物200多种，其中有羚牛、红腹锦鸡、白唇鹿、长臂猿、梅花鹿、娃娃鱼等珍惜动物10多种；境内有大小河流600多条，属长江流域嘉陵江水系，年径流量19.86亿立方米，水能资源蕴藏量14.76万千瓦；全县已发现有铅、锌、铁、金、铜、汞、硫、大理石、石灰石等4大类22种矿

产资源；全县主产小麦、玉米、大豆、油菜籽、稻米等粮油作物，盛产核桃、银杏、板栗、柿子、生漆、狼牙蜜等林副产品，出产杜仲、柴胡、金银花、天麻等100余种中药材。

【旅游景点】地质构造复杂，地貌奇特，自然风光集北国之雄奇与南国之灵秀于一体，景色怡人，民情淳朴，文化古迹众多，旅游资源丰富独特。森林覆盖率达80%以上，保持着原始如初的自然风貌，高山草甸、峡谷溶洞、飞瀑流泉、云海日出、奇花异卉、珍惜动物和人文古迹融为一体，是徽成盆地的绿色屏障和天然动植物圆，也是闻名省内外的旅游胜地。境内以三滩风光、吴介墓碑、栗亭古塔、文池秋色、青泥古道、千年银杏树、嘉陵江漂流、月亮峡、仙女湖为主的旅游景点景色秀美，风光旖丽，以其独特的魅力吸引了众多的省内外游客；“银杏人家”、“酒乡人家”、“江峡人家”等“农家乐”旅游服务水平不断提高，更是观光旅游、休闲度假的理想之地。2008年，全年接待游客达20.54万人（次），旅游业综合收入达4031.5万元。

【国民经济】2008年，全年实现生产总值18.19亿元，比上年增长4.9%。三次产业增长速度分别为6.1%、-1.3%、16.5%。

农业和农村经济发展成效显著。充分发挥盆地优势和比较优势，采取得力措施，克服低温雪冻、持续干旱、地震等自然灾害的不利影响，全县农业和农村经济发展取得了喜人成绩。2008年，全年完成农业总产值9.40亿元。比上年增长9.87%；完成农业增加值6.35亿元，增长8.58%。全年粮食种植面积51.45万亩，总产14.61万吨；全年造林面积12.5万亩，新增水平梯田28.97万亩，新增有效灌溉面积0.32万亩。

工业经济平稳运行。深入实施“工业强县”战略，着力构建新型工业化体系，但受生产成本增加、市场低迷、铅锌价格持续下滑、“5.12”地震和金融危机等负面影响，全县工业经济呈现下降态势。2008年，全县22户规模以上工业企业完成增加值4.78亿元，比上年下降8.9%；实现主营业务收入13.7亿元，下降33.4%；实现利税2.3亿元，下降56.4%。

全县商贸流通日趋活跃。全县社会消费品零售总额完成2.40亿元，比上年增长21.0%。其中：批零贸易业零售额2.16亿元，增长20.5%，住宿、餐饮业零售额2439万元，增长26.1%。批零贸易业销售总额4.32亿元,下降54.5%。

财政收入稳定增长。全县完成大口径财政收入3.44亿元,比上年增长1%，其中本级收入1.01亿元，增长17%;财政支出7.95亿元，增长109%。

金融运行平稳，年末存款、贷款持续增加。年末全县金融机构各项存款余额32.35亿元，比上年增长59.3%，各项贷款余额为17.10亿元，增长38.6%,居民储蓄存款15.97亿元，增长46.2%,累计投放现金2.83亿元，增长116.6%。

交通运输业继续保持稳步增长。全县营运汽车拥有量417辆，其中货运车284辆，客运车133辆。货运周转量3.10亿吨公里，客运周转量1.14亿人公里。

【项目建设】按照“拉大框架、拓展空间、丰富内涵、提升形象”的总体思路，坚持拆迁改造与新区开发建设并举，基础设施建设与环境综合治理同步实施的原则，努力克服地震灾害带来的影响，依托项目拉动，南拓北延、东西河治理等城市拆迁改造措施得力，步伐加快，城镇建设也取得了新进展，完成固定资产投资额明显增加。2008年，全县共实施各类项目65个，已建成项目22个，完成投资6.59亿元；完成全社会固定资产投资8.53亿元,比上年增长84.3%。

【人民生活】一是人口自然增长率保持稳定。年末全县总人口为21.79万人，按户籍分：农业人口18.77万人，非农人口3.02万人；按地域分：城镇人口6.74万人，乡村人口15.05万人。自然增长率为3.11‰。二是城乡居民生活水平进一步提高。全县城镇居民人均可支配收入8729元，比上年增长10%。农民人均纯收入2588.8元，增长12.1%。单位从业人员年人均劳动报酬达到22644元,居民住房条件显著改善。三是社会保障进一步加强。年末全县参加基本养老、失业保险人数为11090人。征缴社保费2785万元，全年发放养老金1238万元，发放失业金55.5万元。新型农村合作医疗试点工作有序推进，全面参合农民16.71万人，占农业总人口的89%，共筹集农村合作医疗基金1480.11万元，为15446名住院农民

报销医药费1445.72万元。四是民政救济救灾工作有效运行，特殊困难群众和受灾群众得到及时妥善安置。全县共下拨救灾款2.61亿元，发放五保供养资金145万元，发放城乡低保资金1656.5万元，保证了城乡困难群众的基本生活。五是扶贫开发稳步推进。全年完成中央财专、两州一地、省专项等扶贫投资716万元。

【社会事业】一是科技创新能力不断增强。2008年科技进步贡献率达49.5%，科技成果转化率达到了55.3%，推出科研成果13项。二是各级各类教育全面发展。2008年，全年适龄儿童入学率为99.45%，全县高考录取1143人，本科上线率为36.6%。初中五科合格率达到36.2%，小学双科合格率达到88.5%。三是文化建设不断加强。全县有文化站15个，乡镇广播电视站15个，电视人口覆盖率94%。进一步巩固广播电视"村村通"建设成果，并努力向"社社通"延伸，完善广播电视传输网络，提高传输质量，扩大有效覆盖面。城区有线电视节目增至114套，城乡有线电视用户1.29万户，城乡人民文化生活水平得到显著提高。四是医疗卫生条件不断改善，医务人员队伍素质有所提高。年末全县共有卫生机构23（不含个体）个，其中：县级卫生机构2个，乡镇卫生院17个，乡镇防保所1个。有病床441张，卫生技术人员433人，其中执业医师129人。每千人拥有卫生技术人员2人，拥有病床2张，村卫生所覆盖率达100%。

【抗震救灾】"5.12"特大地震灾害使徽县13人遇难；1266人受伤，其中重伤28人，轻伤1238人。全县受灾最严重的乡镇3个，占乡镇总数的20%；受灾最严重的村15个，占总村数的7%。农村受灾户42249户，占农村总户数的94.9%，其中重建户7506户，占农村总户数的16.9%，维修户34743户，占农村总户数的78%；倒塌房屋29264间，58.53万平方米，受损房屋124987间，249.97万平方米；引发地质灾害133处，造成境内宝成铁路109隧道塌方及嘉陵江堰塞湖的重大险情。全县274所学校共有213所受灾，其中严重受灾学校46所；273所医院（卫生院、卫生所）全部受灾；209个机关、企事业单位、驻徽单位共倒塌和需拆除重建的办公用房3387间，受损办公用房10173间；工业、农业、基础设施等各个领域普遍受灾严重，全县地震灾害共造成经济损失18.11亿元，是国务院确定的地震重灾县。全面推进灾后恢复重建工作，农村居民住房重建维修为主的灾后恢复重建工作取得了阶段性成效。

（杨育辉　周　琳）

临夏回族自治州

【现任主要领导】

中共临夏回族自治州州委书记：王玺玉

临夏回族自治州人大常委会

主任：年仲华

临夏回族自治州人民政府州长：马青林

政协临夏回族自治州委员会主席：戴耿

中共临夏回族自治州纪律检查委员会

书记：陈有霞

【基本情况】临夏回族自治州地处甘肃中部西南，北邻兰州市，南靠甘南藏族自治州，东连定西市，西接青海省，州府仅距省会150公里。全州土地面积8169平方公里，平均海拔2000米，最高处4585米，最低处1563米。年平均气温7.1℃，无霜期166天，年平均降雨量579.7毫米，属温带大陆性气候。耕地面积215.11万亩，州内聚居回、汉、东乡、保安等18个民族198.67万人，人口密度243人/平方公里，其中少数民族113.86万人，占总人口的57.31%，稀有民族保安族人口1.62万人，东乡族人口46.08万人。全州辖7县1市，45个镇、79个乡、6个街道办事处。

【旅游资源】临夏历史文化悠久，自然遗迹众多，旅游资源丰富。近年来发掘出的古动物化石以其数量、品种、规模和完整程度占据了六项世界之最，境内马家窑文化、半山文化、齐家文化等文化遗址鳞次栉比，是我国新石器文化最集中、考古发掘最多的地区之一，现珍藏于中国国家博物馆的"彩陶王"，被誉为"中国的彩陶之乡"。全州共有各类旅游景区、景点107处，其中国家级5处、省级3处。较为知名的有炳灵寺石窟、"黄河三峡"、松鸣岩、莲花山等。这里是民歌"花儿"的发源地，被中国民间艺术家协会命名为"中国花儿之乡"。临夏民族风情浓郁，是古羌族文化、伊斯兰文化、儒家文化、道教文化和佛教文化交汇融合的地方，特别是伊斯兰文化源远流长，在我国穆斯林群众中具有较大的影响力。

【国民经济】综合经济实力显著增强。2008年全州实现生产总值78.59亿元，同比增长13.6%。其中：第一产业实现增加值18.68亿元，增长7.1%；第二产业实现增加值23.67亿元，增长13.5%；第三产业实现增加值36.24亿元，增长17.0%。产业结构进一步优化，一、二、三产业结构由上年的26.6:28.6:44.8调整为23.8:30.1:46.1。全州人均生产总值3971元，增长14.2%。二、三产业成为经济增长的主推力，第一、二、三产业的贡献率分别为12.7%、30.2%和57.1%，分别拉动经济增长1.7、4.1和7.8个百分点。非公有经济快速发展，其实现的增加值占全州生产总值的43.55%。

农业和农村经济保持较快发展。2008年，全州完成农作物播种面积236.32万亩，粮食总产52.54万吨，再创历史新高。不断优化种植结构，玉米、马铃薯、双低油菜、中药材等特色优势农产品种植面积148.31万亩，占农作物种植总面积的62.8%。扶持发展设施农业，加快蔬菜基地建设，新增日光温室2200万亩、塑料大棚1500亩。加强林业生态建设，全州造林16.35万亩，义务植树545.3万株,新建绿色通道380.8公里;大力发展特色林果产业,新增花椒种植面积2.55万亩、啤特果3.07万亩、育苗1.1万亩。大力发展畜牧产业，新建标准化养殖小区72个、规模养殖场184个，全州大牲畜存栏、畜牧业产值、肉类总产量分别增长5.04%、8%、8.85%。加强农业产业化经营，重点龙头企业发展良好。实施73个整村推进扶贫开发项目,解决了1.26万绝对贫困人口和4.5万低收入人口的温饱问题。加强新农村建设，全面完成永靖省级试点县和9个省级试点村的新农村建设试点工作任务。着力改善农村生产生活条件，农田水利、农村道路、人饮工程、沼气建设、危房改造取得较大进展，新修梯田5万亩，完成0.6万亩的东乡南阳渠田间配套建设任务，新增有效灌溉面积1万亩、节水灌溉面积3万亩，硬化农村公路556公里，解决15.51万人的饮水安全和1.3万人的饮水困难问题，建成沼气池1.6万座。加大劳动培训和输出力度，全年培训劳务18.52万人，输转劳务45.32万人。实现劳务收入19.94亿元，增长27.9%。

工业生产较快增长，运行质量有所提高。2008年，全州实现工业增加值17.71亿元，增长12.4%，其中规模以上工业实现增加值13.14亿元，增长11.1%。按隶属关系分,中央企业实现增加值5.75亿元，下降3.1%；省属企业实现增加值2.47亿元，增长11.4%；州县属企业实现增加值4.92亿元，增长33.69%。按轻重工业分，轻工业实现增加值1.63亿元，增长51.4%；重工业实现增加值11.51亿元，增长7.0%。在支柱行业中,电力生产及供应业实现增加值5.69亿元,同比下降0.03%；化学原料制造业实现增加值1.58亿元,同比增长14.69%；皮革毛皮及其制品业实现增加值0.73亿元,同比增长1.45倍；饮料酒制造业实现增加值0.15亿元,同比增长10.22%；食品制造业实现增加值0.34亿元,同比增长18.16%。实现主营业务收入35.73亿元，比上年增长17.88%；工业产销率为97.73%,比上年下降1.66个百分点;工业全员劳动生产率为99242元/人,比上年提高14489元/人。

建筑业持续快速发展。全年建筑业完成增加值5.96亿元，同比增长16.8%。

固定资产投资力度加大，成效显著。全年完成全社会固定资产投资52.67亿元，比上年增长64.95%。按投资主体分，中央投资1.1亿元，下降25.17%;省属投资17.48亿元,增长1.57倍；州县属投资34.09亿元，增长44.08%。按城乡分，城镇固定资产投资47.05亿元,比上年增长70.84%;农村固定资产投资5.62亿元，增长27.63%。在城镇投资中，第一产业投资0.58亿元，增长5.45%；第二产业投资22.19亿元,增长59.28%;第三产业投资24.28亿元，增长1.29倍。重大项目投资进展顺利。全年在建重大项目20个，本年完成投资22.43亿元，占全社会固定资产投资的42.59%。

交通邮电通讯业快速发展。2008年,全州公路通车里程达4341.49公里，其中二级以上公路里程212.27公里。货运周转量3.42亿吨公里，增长2.71%；客运周转量3.58亿人公里，增长9.78%。邮电业务总量3.53亿元，增长12.2%；年末本地电话用户15.99万户，增长3.76%；移动电话用户29.1万户，增长5.5%。电话普及率每百人达到17.66部。

商贸流通日趋活跃，旅游产业发展势头良好。全年实现社会消费品零售总额24.72亿元，同比增长19.3%。居民消费价格总水平比上年上涨8.4%，出口创汇2010万美元，比上年增长16.3%。接待国内外游客144.82万人次，旅游总收入4.23亿元，分别比上年增长16.1%和27.4%。

财政收入大幅增长，金融保险平稳运行。全州完成大口径财政收入7.23亿元，增长20.64%，其中地方财政收入3.49亿元，增长27.97%，全年财政支出51.03亿元，增长38.84%。各类金融机构年末存款余额达114.35亿元，比年初增长26.59%；贷款余额54.12亿元，比年初增长29.57%。财产险保费收入5460万元，增长22.34%；寿险保费收入5451万元，增长41.0%。

【基础设施】加大项目建设力度、基础设施显著改善。全州新开工项目290项，完成投资22.5亿元；续建项目794项，完成投资23.8亿元。兰州-临夏-甘南铁路被纳入全国铁路建设规划，总投资15.7亿元的折达二级公路开工建设,康临高速公路、刘家峡库区水土保持生态建设一期工程等项目进展顺利，东乡县锁达路改建、和政县北部农村饮水安全工程等项目建成。狠抓生产财源性项目建设，实施了刘化集团年产20万吨低压合成氨、和政县陇滇公司钢材生产一期工程、永靖县年产2万吨离子膜烧碱生产线、广河县宏良皮业公司二期工程、东乡县达板万吨彩色铝型材生产线等项目。加强电力基础设施项目建设，开工建设盐锅峡110千伏输变电工程,永靖县、临夏330千伏输电工程建设进入前期工作。加强社会事业项目建设，临夏回民中学教学楼、5所明德小学，州妇保院门诊楼暨传染病区、和政县医院整体搬迁等项目建设进展顺利。加大招商引资力度，签约招商项目91个、资金60.7亿元,到位资金17.33亿元,项目履约率84.5%。最近，根据中央扩大内需、促进经济平稳较快增长的重大战略部署,积极开展了项目申报和争取工作,已落实项目60个、资金1.79亿元。加大城镇开发建设力度，加快市政基础设施建设，永靖县古城新区、广河县城河北新区开民项目顺利启动，和政县县城开发、积石山县县城市政建设、临夏市大夏河南岸综合治理和工业园区建设、康乐县县城滨河新区开发和旧城区改造进展顺利。狠抓小城镇建设，确定 39 个集镇进行规划设计和改造建设。节能减排取得积极成效，通过调整产业结构，加强工业污染源治理，二氧化硫和化学需氧量排放分别下降 4.7%、5%，刘化公司、临夏市两个污水处理厂实现了达标排放，饮用水源地保护得到加强。

【社会事业】社会事业全面进步。认真落实城乡免费义务教育政策，给 24.6 万名小学生、7.3 万名初中生免除了杂费、免费发放了教科书；对 5711 名职校生发放国家助学金 428 万元；争取到国家助学代款、生源地信用助学贷款 1108 万元，资助了 2038 名高校贫困生。狠抓"两基"攻坚，广河县、和政县"两基"工作通过省政府验收。全州高考本科上线 1452 人，增长 54.3%。加快卫生事业发展，着力改善医疗卫生条件，48 所乡镇卫生院、52 个村卫生所（室）等项目建设进展顺利，为 128 所乡镇卫生院配备医疗设备 5318 台（件）；狠抓新型农村合作医疗，农民参合率达到 94.67%；提高公共卫生突发事件应急能力，健全应急预案，充实应急队伍，加强预防控制和医疗救治工作，及时处置各种疫情和突发事件。加强公共文化基础设施建设，建成 50 个乡镇综合文化站、300 个"农家书屋"；东乡族擀毡技艺、米拉尕黑、永靖七月跳会被列入第二批国家级非物质文化遗产名录。全年共组织实施科技计划项目 60 项，共取得科技成果 22 项，其中 20 项达到国内先进以上水平。新选派 246 名科技特派员到基层开展科技服务。实现了人口和计划生育控制目标，"少生快富"工程全面实施，广泛开展群众性体育活动，成功举办全州体育运动。

【人民生活】城乡居民生活水平继续提高。全年城镇居民人均可支配收入 6578 元，增长 12%。农民人均纯收入 1847 元，同比增长 15.8%。城乡消费结构不断优化，城镇恩格尔系数 37.5%，农村恩格尔系数为 47%。积极扩大就业，全州新增就业 1.05 万人，城镇登记失业率控制 3.91%；登记核实城镇零就业家庭 126 户，实现了每户至少一人就业的目标。进一步扩大社会保险覆盖面，基本养老、基本医疗、失业和工伤保险参保人数分别达到 2.8 万人、8.4 万人、4.9 万人、0.9 万人。全州 23.71 万人享受城市最低生活保障。城镇居民人均住房面积达到 27.02 平方米,农村居民人均住房面积达到 18.4 平方米。

（王亚华）

临夏市

【现任主要领导】

中共临夏市委书记：马天民（回族）

临夏市人大常委会主任：田有财（回族）

临夏市人民政府市长：魏贺生

中共临夏市纪律检查委员会书记：陈鸿

【基本情况】临夏市是临夏回族自治州的首府，是全州政治、经济、文化中心。全市下辖 4 个镇、6 个街道办事处，总面积 88.55 平方公里，人口 21.44 万，建成区面积 14 平方公里。临夏市气候温润，年平均气温 7.3℃，年日照时数 2305 小时，全年无霜期 170 天以上，年平均降水量 625.6 毫米,蒸发量 948.0 毫米。全市地域平坦，其中川地占 89%，海拔为 1823—1960 米。由于临夏市地处农区和牧区结合部，交通便利，农畜产品市场资源极为丰富。临夏市素有"中国小麦加"之称，清真寺、拱北、寺院建筑融合中国古建筑与阿拉伯建筑为一体，独具风格，市内有民族风情浓郁和地方特色突出的人文景观与历史遗迹。

【国民经济】2008 年，全市实现生产总值 20.61 亿元,按可比价格计算，比上年增长 13.9%。其中：第一产业实现增加值 1.89 亿元，增长 7.1%；第二产业实现增加值 4.16 亿元，增长 14.8%；第三产业实现增加值 14.57 亿元，增长 14.5%。三次产业占 GDP 的比重由上年的 9.7：20.6：69.7 调整为 9.2：20.2：70.6。人均生产总值 9642 元，增长 12.6%。

财税状况。全市完成大口径财政收入 20044 万元，增长 18.5%，财政支出 53465 万元，增长 35.4%。全年完成国税收入 7396 万元，增长 22.5%；完成地税收入 9330 万元，增长 17.0%。

农村经济。2008 年，全市完成农业总产值 2.39 亿元,比上年增长 7.3%。其中:农业产值 15653 万元,增长 6.6%；林业产值 205 万元，增长 4.9%；畜牧业产值 6627 万元，增长 8.5%；渔业产值 114 万元，增长 1.4%；农、林、牧、渔、服务业产值 1256 万元,增长 12.3%。

农业生产条件不断改善。年末全市拥有农业机械总动力 4.2 万千瓦，拥有大中型拖拉机 84 台，小型拖拉机 357 台，农用运输机械 1751 辆。有效灌溉面积 3.49 万亩。化肥施用量（折纯量）3448 吨。机播面积 0.3 万亩，占农作物播种面积的 6.37%。

工业和建筑业。工业生产继续保持快速增长的良好势头。全市工业产值完成 11.76 亿元，同比增长 12.0%。其中：规模以上工业企业完成产值 6.04 亿元，增长 7.9%;规模以下工业完成产值 5.72 亿元,增长 16.6%。实现工业增加值 2.95 亿元，同比增长 11.0%。其中：规模以上工业企业实现增加值 1.62 亿元，增长 8.0%。规模以下工业实现增加值 1.34 亿元，增长 14.9%。

规模以上工业企业实现利税总额 -23 万元。实现主营业务收入 5.75 亿元，同比增长 3.5%。完成出口交货值 1.1 亿元，同比下降 3.1%。

建筑业持续快速发展。全市共有建筑企业 19 户，全年建筑业实现产值达 5.01 亿元，比上年增长 28.8%。房屋建筑施工面积 51.77 万平方米，房屋建筑竣工面积 16.28 万平方米，实现利润总额 2769.9 万元。

固定资产投资。加大招商引资力度，积极营造良好的投资环境，全年完成全社会固定资产投资67008万元，增长27.0%。其中：城镇固定资产投资完成60200万元，增长27.6%；农村固定资产投资完成6808万元，增长24.0%。房地产投资完成12709万元，增长111.6%，全市投资项目个数为87个，其中：新建57个，续建30个，生产性投资完成8520万元，占全社会固定资产投资的12.7%。基础设施项目投资完成20809万元，占全社会固定资产投资的31%。

交通业、旅游业。交通运输业稳步发展。交通基础设施进一步完善，全年完成客运量199万人次，增长7.6%；完成货运量175万吨，增长8.7%。完成旅客周转量22190万人公里，增长8.2%。货运周转量22743万吨公里，增长7.2%。全市拥有公共汽车118辆，各类机动车车拥有量2159辆。其中客运车辆1053辆。

大力发展民族特色旅游。全年实现旅游总收入6565.7万元，增长16.0%。国内旅游收入6172.6万元,接待国内旅游人数24.34万人次;接待境外旅游人数3560人,全年国际旅游外汇收入49.1万美元。

商贸流通和市场物价。积极开拓市场，扩大消费。大力实施“商贸富市”战略，商品供应充裕，消费结构改善，商贸流通活跃。全年完成社会消费品零售总额12.59亿元，增长20.8%。

受国际和国内因素的影响，特别是食品价格的上涨，带动物价快速上升。由于市委、市政府积极采取相关措施，促使物价涨幅逐月回落，形成前高后低的趋势。全年居民消费价格总指数为108.4%，比上年上涨8.4个百分点。

【社会事业】教育事业蓬勃发展。全市共有种类学校109所。其中：中专职业技术学校6所，在校学生5660人，专任教师494人；普通中学11所，在校学生18955人，专任教师1089人；小学54所；在校学生21549人，专任教师1150人；幼儿园38所，在园幼儿6427人，专任教师314人。适龄儿童入学率达99.6%，巩固率达99.8%。

全面推进公共卫生体系建设，完善医疗救治体系。医疗卫生工作进一步加强。全市拥有各级各类医疗卫生机构14个，其中：综合医院4所，疾控中心2所，妇幼保健站2所，镇卫生院4所，卫生监督所2所。

积极开展城乡医疗保险，解决人民群众看病难的问题。参加农村合作医疗的人数达76677人，参合率93.9%；享受医疗保险的人数达3773人，报销总金额441.4万元；报销率达42.9%，群众受益面达18.9%。参加城市居民医疗保险的人数达60824人，参合率80%；享受医疗保险的人数达2328人，报销金额583万元；报销率52.1%，群众受益面达3.8%。

2008年,全市烟尘排放量2745吨，工业粉尘排放量1385

吨，二氧化硫（SO2）排放量3410吨，化学需氧量（COD）2571吨。工业固体废物排放量200吨，城市生活垃圾处理场运行率100%。区域环境噪声平均值为50.3分贝。地表水质和饮用水源水质达标率为100%。拆并、治理小锅炉10台，现有集中联片供热站14座，集中供暖面积206.6万平方米。

【人口、人民生活和社会保障】年末全市总人口达到21.44万人，较上年增加1300人。其中：农村人口10.54万人，少数民族人口11.08万人。人口出生率10.98‰，死亡率5.01‰，自然增长率5.9‰。全市总户数为51752户，户均人口为4.14人/户。人口密度达2420人/平方公里。

扩大就业和促进再就业工作，就业渠道不断拓宽,安置下岗失业人员1298人。城镇登记失业人员1717人，城镇登记失业率为3.95%。社会保险覆盖面不断扩大。全市参加失业、养老保险的单位162户，参保职工4494人；参加职工医疗保险人数为11528人。发放企业离退休人员基本养老金1146万元。发放率达100%。加大对弱势群体的救助力度，年末全市累计发放低保资金2877万元,保障对象达10063户,32986人。其中：农村低保对象990户，4296人，发放低保资金232.5万元；城市低保对象9073户，28690人，发放低保资金2644.5万元。

城乡居民收入增加，人民生活继续改善。城镇居民人均可支配收入达6579元，增长12%；城市居民人均消费支出4896元，增长8.6%。城市居民恩格尔系数为47.8%。农民人均纯收入为3719元，增长6.9%；农民人均消费支出2754.6元，增长18.2%。农民恩格尔系数39.6%。全市单位从业人员数达29767人，发放工资总额63602万元。其中：国有单位21358人，发放工资52157万元；集体单位2230人，发放工资2450万元；其他经济类型单位6179人，发放工资8995万元。

（刘旭光）

临夏县

【现任主要领导】

中共临夏县委书记：王建华

临夏县人大常委会主任：王国忠

临夏县人民政府县长：马锦峰

政协临夏县委员会主席：周钰

中共临夏县纪律检查委员会

书记：马学成

【基本情况】临夏县位于甘肃省中部，临夏回族自治州西南部，黄河南岸。县境东西宽53.1公里，南北长59.85公里，总面积1212.4平方公里。地貌为青藏、黄土高原参半，多山沟，兼有塬、川。地势东北低、西南高，海拔1735—4636米之间。临夏县地处温带半湿润区和高寒湿润区的过渡带，属温带半湿润气候，具有大陆性、季风性山地气候特点，气候因素随地势高度变化十分明显。年均日照时数为2030.5小时，日照率为52%，全年太阳总辐射量

128.4 千卡/平方厘米，年平均气温 7.3℃，无霜期 170 天左右，年降水量 625.6 毫米。现辖 19 个乡，6 个镇，219 个行政村，2101 个村民小组，2 个居委会，8 个居民小组。全县总人口为 38.74 万人，常住人口为 37.76 万人，其中：少数民族占 40.98%，农业人口占 94.29%。人口密度每平方公里为 311 人。

【名优特产】砖雕、软模制作临夏砖雕、草莓、人参果、花椒、大红蒜、蕨菜、党参、当归、柴胡、板兰根、大黄等产品产量高、品质好，临夏黄酒、虫草黄酒、还有虫草、鹿茸等药膳食品在国内外市场享有盛誉。

【旅游景点】太子山、凤凰山、土门关、曳湖峡、万倾塬等都是有名的旅游景区，可供游览的名胜景点有龙首山、石佛寺、北山公园、五女山林场、刘家峡水库、临夏县生态园、古城公园、莲花台、大河金沙湾度假村、北塬生态园、土桥公园、三岔坪林场等。

【国民经济】2008 年，全县实现生产总值 11.97 亿元，比上年增长 13.44%。其中，第一产业 3.56 亿元，增长 6.99%；第二产业 2.83 亿元，增长 19.37%；第三产业 5.58 亿元，增长 14.85%。全县人均生产总值 3181 元，比上年增长 15.80%。

农业和农村经济：农村经济稳步发展，2008 年实现农业增加值 3.56 亿元，比上年增长 6.99%。年末实有耕地面积 37.59 万亩，完成农作物播种面积 45.29 万亩，比上年增加 0.09 万亩。全年粮食总产量达到 11.66 万吨，比上年增加 3301.36 吨，增长 2.91%。全县今年完成造林合格面积 33342 亩，比上年减少 40.86%，其中：经济林 12122 亩，比上年增加 1016 亩，增长 9.15%，完成绿色通道建设 54.5 公里，补植行道树 79.1 公里，完成义务植树 119 万株，促进了林业生产的进一步发展。全年花椒总产量达到 811.08 吨，比上年减少 105.07 吨，减少 11.47%。全年肉类总产量达到 6790.88 吨，比上年增长 2.78%。牛奶产量 11700 吨，比上年减少 7.14%。禽蛋产量 1910.1 吨，比上年增长 8.3%。大牲畜年末存栏达到 4.83 万头，比上年增长 9.77%。

工业：2008 年，全县共有工业企业 831 个，从业人员达到 10387 人，其中：个体工业企业 694 个，从业人员 2385 人。实现工业增加值 8923 万元，比上年增长 11.04%，其中规模以上企业实现增加值 3101 万元，规模以下企业实现增加值 5822 万元。

建筑业：建筑企业实现总产值 2.45 亿元，同比下降 31.35%，增加值 3012.2 万元，同比下降 20.42%。完成房屋建筑施工面积 27.21 万平方米，房屋建筑竣工面积 17.37 万平方米。

商业贸易：2008 年，在国内价格上涨、国际金融危机发生的情况下，全县消费品供应充足，市场需求不断增加，对外贸易范围不断扩大，全年完成社会消费品零售总额 2.21 亿元，比上年增长 17.16%。其中：批发业完成批发额 2327 万元，比上年增长 18.24%；零售业完成零售额 15550 万元，比上年增长 17.14%；住宿和餐饮业完成零售额 3623 元，比上年增长 17.78%；其他行业完成零售额 551 万元，增长 9.76%。对外贸易成交额达到 1890 万元，比上年增长 2.71%。

【财政、金融和保险业】近两年由于国家财政对我县财力的支持，今年的财政收支在去年有较大幅度增加的基础上，又进一步增加。全年完成大口径财政收入 3435 万元，比上年增长 32.7%；全年财政支出 5.66 亿元，比上年增长 36.78%.

金融运行良好：由于农民收入和城镇居民收入的增加以及银行对支农资金的不断增加，使年末全县金融机构各项存款余额 7.96 亿元，比上年同期增长 31.40%；各项贷款余额为 3.63 亿元，比上年同期增长 3.04%；城乡居民储蓄存款余额达 5.95 亿元，比上年同期增长 30.85%。

保险事业进一步发展，开展了新的保险项目：全年人寿保险承保总额 5.4 亿元，比上年增长 5.88%；保费收入 240 万元，比上年减少 8.40%；赔付金额 38 万元，比上年增长 22.58%。财保公司增加了政策性能繁母猪的保险险种，保险业务进一步扩大，保险收入迅速增长，使财产保险承担社会风险保障金额达到 2.62 亿元，比上年增长 21.86%。保费收入 649.60 万元，比上年增长 23.50%，其中政策性能繁母猪保费收入 146.85 万元；支付各类赔付金额 574.2 万元，比上年增长 80.00%，综合赔付率为 88.39%，其中：支付政策性能繁殖母猪保险赔款 116.60 万元，向地方税务部门交纳税金 46.60 万元。

【交通运输和邮政业】2008 年，按照“迅速建成一批、加快开工一批、抓紧申报一批、积极储备一批”的要求，全年共实施 5 类 10 个项目，总投资达 7840 万元，公路建设里程 147.6 公里，10 个项目今年完成投资 5551 万元，是我县公路建设史上投资规模较大，建设项目较多的一年。全年实现交通运输业总产值 16666 万元，比上年增长 16.24%，营业收入 15136 万元，比上年增长 28.94%，对我县工农业生产和群众生活起到了积极的推动作用。

邮电通讯业快速发展：我县经济的发展推动了邮政通讯业的发展，邮电部门全年完成业务总量 149.57 万元，比上年增长 30.06%。年末本地电话用户达到 19096 户，比上年下降 9.07%。其中，农村电话用户达到 17131 户，减少 1148 户，下降 6.28%。全县有 219 个行政村和 2 个居委会全部通电话。年末移动电话用户达 24798 户，比上年增加 4568 户，增长 22.58%。

【产业发展】不断强化农业基础地位，大力调整农业内部结构，积极培育优质玉米、中药材、双低杂交油菜、优质蚕豆、优质洋芋五大特色种植业，发展花椒、畜牧、水电、劳务四大主导产业作为临夏县经济发展的依托。主导产业的作用逐步显示出来，2008年农民人均工资性收入达到797.56元，占农民人均纯收入的43.36%，其中：农民人均收入中从外出打工得到的收入为547.23元，占农民人均纯收入的29.75%；农民人均收入中从畜牧业得到的收入为305.46元，占农民人均纯收入的16.60%；农民人均收入中从花椒种植得到的收入为78元，占农民人均纯收入的4.24%。

【民营经济】民营经济已经成为临夏县社会稳定的基本因素，税收的主要来源和共同富裕的基本力量。2008年民营企业总户数达到4503户，从业人员达到34995人，实现总产值15.42亿元，增加值4.89亿元，实交税金1126万元，主营业务收入达到13.35亿元，实现利润4235万元，民营企业占经济总量的40.83%，比去年下降0.58个百分点。

【人民生活】城乡居民收入不断增加，人民生活条件进一步得到改善。全县恩格尔系数为46.97%，其中，农村为47.33%、城镇为44.11%。城镇居民人均可支配收入为6826元，比上年增长15.03%。全县职工人数为10065人，比上年增长6.79%，职工人均年工资收入为22400.60元，比上年增长9.85%。全县农民人均纯收入为1839.48元，比上年增长11.95%，但是农村中仍然有贫困人口8.97万人，占全县农村人口的25.2%，其中，绝对贫困人口为2.24万人，占全县农村人口的6.3%，低收入人口为6.73万人，占全县农村人口的18.90%。

【社会事业】全县自来水受益村195个，占总村数的89.04%；农村自来水受益户为63221户，占总户数的81.55%；农村自来水受益人口29.11万人，占农村人口的81.78%。全县各乡镇、各村全部通电、通公路、通汽车、通邮、通电话，实现了“五通”。其中：通电的户数77413户，占总农户的99.86%；通电话的户数为21520户,占总农户的27.76%。全县共有各类学校225所,教职工3295人,在校学生67491人，其中：中学20所，教职工1320人，在校学生25030人；小学201所，教职工1842人，在校学生39994人；幼儿园2所，教职工15人，在校学生162人。全县共有医疗机构35个，床位762张，专业卫生技术人员669人；其中乡镇卫生院26所，床位427张，专业卫生技术人员255人。

【项目建设】2008年，全县重点项目66个，全年完成全社会固定资产投资5.02亿元，比上年增长61.06%。重点项目有：一是农业方面主要有夏兴奶牛养殖基地、临夏县18个养殖小区建设项目、土桥镇陈光华综合养殖厂，河西乡杨家村生猪养殖小区；二是基础设施方面有尹集镇集镇建设及硬化、临夏县环城北路建设、临夏县折银公路改建铺油工程、南龙至民主公路改建铺油工程、营滩乡集镇建设、麻尼寺沟乡集镇建设、红台乡集镇建设、刁祁乡集镇建设、新集镇集镇建设、漫路乡集镇建设、土桥镇街道污水改造工程、双达公路改建工程铺油、双关公路改建工程铺油、临三公路改建工程、康家崖到临夏高速公路、中小学危房改造、临夏县医用综合楼、乡镇卫生院危房改造；临夏县通达通畅工程、临夏县新农村建设、参与式整村推进项目。三是水利设施建设方面有北塬灌区斗渠节水改造工程；四是工业生产设施方面有爱丽福公司清真食品生产线、榆林乡兴欣建材厂、临夏县神韵砖雕公司、新型装饰材料加工、莲花湖大厦、土门关一级、二级及三级电站、一期农网改造节余工程、江川小浍水砖厂、鲜为尔肉业有限公司、临夏能成公司砖雕产业园、侯记酒业有限公司、土桥镇为民定点屠宰厂、临夏县金光建材有限责任公司、甘肃临夏兴莲花椒有限责任公司、临夏县瑞龙纸业有限责任公司、临夏能成公司砖雕研发中心、五虎工贸公司二期、黄泥湾乡三个股份制转厂。五是商贸旅游方面有大河金沙湾度假村、尹集供销社商住楼；六是改善群众生活方面有临夏县三馆一中心综合楼、农村沼气国债项目、第五批移地搬迁、临夏县西南片人畜饮水安全工程、土桥镇污水改造项目；七是金融方面有尹集信用社办公楼；八是其他方面的有路盘乡政府办公楼、榆林乡政府办公楼、井沟乡政府办公楼、营滩乡政府办公楼、麻尼寺沟乡政府办公楼、掌子沟乡政府办公楼、马集镇政府办公楼、漫路乡政府办公楼、营滩和安家坡教学楼及韩集初级中学住宿楼、江川中学及娄高祁等学校工程、临夏县看守所、临夏县检察院办案与技术用房。以上这66个重点项目进展顺利，基本完成了当年投资计划，有力地推动了临夏县的城镇建设和经济的发展。

【新农村建设】刁祁乡尕沟村被定为我县新农村建设试点村，成为全省一百个新农村建设试点村之一。通过2006、2007、2008三年基础设施的建设，不断调整农业结构，用科技致富等措施使村民生活环境有了较大改善；经济结构不断优化；农民纯收入快速增长，由2005年的1530元增加到2008年的2942元，增加了1412元，增长92.29%；收入结构明显变化，外出的打工的收入占农民纯收入的39.39%，牧业收入占农民纯收入的31.00%，种植业收入占农民纯收入的12.27%；农民生活水平不断提高，人均消费达到2784元，比2006年增加292元，增长11.72%。根据测算达到了小康生活水平标准，社会各项事业蓬勃发展，行动难、住房难、用电难、增收难的问题彻底得到了解决，并顺利通过了省、州一次性考核验收，探索出了贫困地区开展新农村建设的成功经验。

【社会保障】全县年末优抚对象863人，其中：参战参核人员400人。得到政府最低生活保障的城镇居民3956人，比上年增加600人，占城市人口的19%。得到政府最低生活保障的农村居民15260人，占农村人口的

4.3%。

参加农村新型合作医疗的人数达到339229人,占全县农业常住人口的97.92%,全县养老保险、失业保险、城镇残疾居民保险等参保达到8482人,参加城镇基本医疗保险人数达到16117人,其中,城镇职工参加基本医疗保险人数10591人,城镇居民参加基本医疗保险人数5526人。

（李红卫）

康乐县

【现任主要领导】

中共康乐县委书记：王国志

康乐县人大常委会主任：马廷昌

康乐县人民政府县长：赵廷林

政协康乐县委员会主席：苏国树

中共康乐县纪律检查委员会

书记：韩杰彪

【基本情况】康乐县位于甘肃省中南部，临夏回族自治州东南，洮河下游西侧。东经103° 24′ -103° 50′，北纬34° 54′ -35° 27′ 之间。面积1083平方公里。年平均气温 7℃,最高气温30.6℃，最低气温-25℃；年平均降雨量586.5毫米，全年无霜期167天，日照2424.7小时，属地温带半湿润地区。地势自西南向东北倾斜，海拔在1898米-3908米之间，高差悬殊。境内峰峦突兀，河谷相间，山川交错，蔚为壮观。西南部的莲花山、白石山、尖石山为泰岭西延部分，其支脉延伸全境。地貌以黄土丘陵和河谷阶地为主。全县辖5镇10乡，152个行政村，1618个村民小组。2008年底共有5.02万户25.05万人，其中农业人口23.44万人，占93.57%；有回、汉、东乡等民族，其中少数民族占56.50%。

【自然资源】有党参、柴胡等药材300余种；松、柏、杨柳等200多个树种；金钱豹、鹿、猞猁等近百种；蓝马鸡、鹰、雁等珍禽60多种。洮河沿东南边境流过，冶木河、倒流河以及由胭脂河、中砥河、苏集河汇成的三岔河，均流入洮河，年流量49.29亿立方米，水能蕴藏量25万千瓦。矿产资源丰富，现已探明的有方解石储量1800万吨、海洋古生物化石储量300万立方米，铜、金、石蜡矿产资源等储量大。

【旅游景点】康乐景点河谷纵横，群峰迭翠，风光秀丽独特。位于县境内部的莲花山，主峰海拔3578米，集险、秀、美、奇、灵于一体，因形似莲花而驰名。传统的“六月六花儿会”、旅游的自然风光和悦耳的洮岷“花儿”，吸引了八方游客。更有白石暑雪、药水灵津、麻山雄关、亥姆尘埃、走龙飞瀑、悬崖古道、古木擎天、古殿雄阁、虎狼锁钺十夫自然景观汇萃了高原之粗犷、农区之田园、牧区之草畜、旅游区山水之精华。

【国民经济】2008年，全县实现生产总值6.91亿元，同比增长13.2%，其中，第一产业增加值2.64亿元，增长8.1%；第二产业增加值1.13亿元，增长18.5%；第三产业增加值3.14亿元，增长15.9%。全县人均生产总值2764元，增长13.4%。

农村经济。全县完成农业总产值3.81亿元，增长7.65%。认真落实各项强农惠农政策,落实粮食直补资金1016万元，退耕还林及农资综合补贴1024万元，农机具购置补贴资金168万元。积极调整种植结构,完成农作物播种面积32.58万亩,其中经济作物7.38万亩,粮经比调整到3.41：1。大力推广农业先进适应新技术,完成玉米全膜双垄沟播5065亩，地膜覆盖11.86万亩，膜侧沟播3.74万亩,调进良种80万公斤,良种覆盖率达97%，粮食生产全面丰收，总产量达7.28万吨。加强生态环境建设，完成人工造林1万亩，补植补造4800亩,新建八新路绿色通道30公里。新建千头牛基地2个，年饲养量300头以上的肉牛、500只以上肉羊养殖小区（场）10个，万只鸡场2个，发展规模养殖户116户。全县大牲畜饲养总量达10.2万头（匹），完成畜牧业总产值8180.39万元。大牲畜年末存栏4.81万头（匹），牛存栏3.92万头，羊存栏9.97万只；完成肉类总产量4071.24吨。狠抓劳务输转工作，培训“两后生”450名，培训农民工2.21万人（次），输转劳务人员5.92万人，其中有组织输转2.84万人，新建劳务输转基地5个，劳务创收达2.8亿元，同比增长44.3%。

工业和建筑业。全年全部工业企业实现增加值4750万元，增长11.24%。规模以上工业企业实现增加值1755.4万元，增长66.4%。全年建筑业实现增加值5155万元，增长22.97%。

固定资产投资。全年完成全社会固定资产投资44000万元，增长39%。按城乡分，城镇固定资产投资37161万元，增长43%；农村固定资产投资6839万元，增长17.9%.重大项目投资进展顺利。全县共列各类建设项目91项，总投资达20.21亿元。开工建设了投资6.86亿元的县城综合开发项目、1.5亿元的吉利电站、3063万元的五户乡国家级土地整理项目、1481万元的北部延伸饮水安全工程、1296万元的附城镇刘家庙村易地扶贫搬迁等28个项目，总投资11.51亿元。继续项目稳步推进，总投资达7.2亿元的莲麓电站、新八路改造铺油、旅游大酒店等16个工程全部完成了年度建设任务，憩园大酒店等项目已投入使用。乡镇企业。全县乡镇企业户数达1110户。全年实现乡镇企业增加值9472万元，增长14.5%。

商业。消费品市场繁荣活跃。全年完成社会消费品零售总额18161万元，增长17.0%。按行业分，批发零售贸易业零售额14577万元，增长18.91%；住宿和餐饮业零售额3584万元，增长11.93%。

财政金融。财政收支大幅增长，全年完成大口径财政收入2830万元，增长 24.09%；财政支出 41868 万元，增长 26.31%。金融业健康发展，年末全县金融机构各项存款余额达到 7.44 亿元，比年初增加 1.09 亿元；各项贷款余额达到 3.89 亿元，比年初减少 1.10 亿元。

【人民生活】狠抓扶贫工作，深入开展了“54321”结对帮扶活动，省州县三级帮扶单位和人员为贫困群众捐款捐物折合人民币 100.5 万元。全年城镇居民可支配收入 6200 元，增长 12.0%。农民人均纯收入 1833 元，增加 295 元，增长 19.18%。

【社会事业】狠抓教育工作，巩固提高“两基”成果，深化教育体制改革，全面推进素质教育进程，教育教学质量稳步提高，高考上线人数达 634 人，普通高考本科录取 285 人，创历年最好水平。不断深化卫生体制改革，加强疾病预防控制，有效防治了手足口病、水痘等疫情，对食用三聚氰胺问题奶粉的儿童及时进行了救治。着力解决群众就医难，提高了新农合“四级财政”补助资金和参合农民住院报销标准，县、乡医疗机构收治门诊、住院病人比上年分别提高了 61.05%和 66.49%；为城乡低保、农村五保、残疾人、特困户等 6 类弱势群体减免住院费、代缴新农合入保金达 124.32 万元，报销医疗救助金 75 万元。全县参合农民达 21.38 万人，参合率达 92.67%，为 12.3 万名参合群众报销医疗费 1812 万元。启动了城镇职工大病医疗保险工作，为 439 名城镇职工和居民，报销住院费 130 万元。积极解决群众吃水难，筹集资金 1030 万元，实施了扎子河人饮和北部人饮延伸等工程，解决了 11 个乡镇 33 个村 5 万群众饮水难问题，农村饮水覆盖面由原来的 48%提高到现在的 68%。扎实开展社会保障工作，对 1462 户五保对象，1030 户农村低保对象发放各类保障金 1237.9 万元。加强广播电视电影工作，投资 43 万元，为莲麓、景古等 9 个乡镇开通了有线电视，电视覆盖率由原来的 88.2%增加到 90.8%，新发展有线电视用户 800 户。全年公路运输完成客运量 78 万人次，客运周转量 3640 万人公里，货运量 88 万吨，货运周转量 3246 万吨公里。全年完成邮电业务总量 205 万元。

（杏鸿昌）

永靖县

【现任主要领导】

中共永靖县委书记：李生发

永靖县人大常委会主任：赵贤章

永靖县人民政府县长：赏进孝

政协永靖县委员会主席：康建才

中共永靖县纪律检查委员会

书记：马德勇

【基本概况】永靖县位于甘肃省中部西南，临夏回族自治州以北，素称“河州北乡”，东界兰州市西固区、临洮县，南濒黄河，与东乡、临夏、积石山县为邻，西毗青海省民和县，北滨湟水，与兰州市红古区相望，全县东西长 68.04 公里，南北宽 51.17 公里，总面积 1863.6 平方公里。现辖 10 镇 7 乡，10 个居委会，139 个行政村。县域海拔 1560——2851 米，年降水量 260 毫米左右，蒸发量 1500 毫米以上，属大陆性、温带半干旱气候。

境内黄河呈“S”型穿境而过，流经县域 107 公里，形成炳灵峡、刘家峡、盐锅峡——黄河三峡国脉“AAAA”级风景名胜区，旅游资源十分丰富，有国家重点文物保护单位炳灵寺石窟、方圆 30 多平方公里的丹霞地貌炳灵石林、黄河中上游最大的自然湿地太极岛、西北地区最大的人工淡水湖炳灵湖、太极湖、毛公湖三座“高峡平湖”、堪称世界之最的恐龙足印群化石地质遗迹、工业旅游景点刘家峡水电厂。

县域内水电资源充足，黄河与湟水河、大夏河、洮河三条支流在县境内交汇，水域面积达 32.7 万亩，总库容量 59.7 亿立方米，人均占有水量分别是全国、全省平均水平的 68 倍和 128 倍。

【国民经济】国民经济持续民快速发展。经初步核算，全县实现生产总值 18.26 亿元，比上年增长 13.1%。其中第一产业增加值 2.98 亿元，比上年增长 7.23%；第二产业增加值 11.27 亿元，比上年增长 13.1%；第三产业增加值 4.01 亿元，比上年增长 17.7%.一、二、三产业增加值占生产总值的比重为 16.35:61.70:21.95。

2008 年万元 GDP 能耗下降 4.71%，万元 GDP 电耗下降 5.19%。

2008 年，完成全社会固定资产投资 12.2 亿元，比上年增长 50.35%。社会消费品零售总额 2.2 亿元，比上年增长 19.61%。完成大口径财政收入 2.95 亿元，比上年增长 14.78%。

【社会事业】全县共有各级各类学校 181 所，其中：小学 151 所，职业中学 1 所，九年一贯制学校 5 所。在校学生 36011 人。小学在校学生 18440 人，普通中学在校学生 15436 人，其中高中 6473 人，初中 8963 人。适龄儿童入学率 99.3%。

【人民生活】全县总人口 20.01 万人，其中少数民族 2.59 万人，占总人口 12.94%；农业人口 16.15 万人，占总人口的 80.70%。城镇居民人均可支配收入 6460 元，比上年增长 10.05%，农民人均纯收入 1842 元，比上年增长 18.61%。

（潘尚科）

广河县

【现任主要领导】

中共广河县委书记：妥建福

广河县人大常委会主任：马福荣

广河县人民政府县长：马宗明

政协广河县委员会主席：马绍先

中共广河县纪律检查委员会

书记：马梅英

【基本情况】广河县位于甘肃省中部西南方，临夏回族自治州东南部，整个版图宛如一只奔兔。总面积538平方公里，地理特征可概括为“一川两山，一路两河”，即中部广通河沿线为川区，南北为山地，兰郎公路纵贯全境，广通河、洮河流经辖区，水能资源相对丰富，区位优势比较明显。平均海拔1953米，属温带半干旱气候，年平均气温7.1℃，年平均降雨量569.3毫米，全年无霜期243天，平均日照2430.8小时。四季分明，气候宜人。全县辖3乡6镇,102个行政村1121个村民小组。2008年末共有47181户21.87万人，人口密度406人／平方公里。

【资源优势】广河县少数民族高度聚居，回、东乡等少数民族占总人口的97.9%。这是广河县人口构成的一大特色。境内文物古迹较多，有著名的齐家文化遗址和马家窑半山型文化遗址，以及蕴藏丰富的古生物化石群，在国内外享有一定的声誉。县内遍布530多处伊斯兰教清真寺和拱北，集中国古代建筑与阿拉伯建筑风格于一体，形成了独特的民族文化风情。

【国民经济】2008年，全县国民经济稳定增长，整体经济运行质量不提高，实现生产总值6.77亿元，增长13.7%；其中第一产业1.57亿元，增长7.3%；第二产业1.81亿元，增长18.9%；第三产业3.39亿元，增长14.1%。人均生产总值3057元，比上年增加406元，产业结构由上年的24.7：25.8：49.5调整为23.1：26.8：50.1。

积极调整农业结构，大力推广旱作农业新技术，做大做强后续产业，农业和农村经济呈现了快速发展的好势头。全县完成农业总产值3.59亿元，较上年同期增长19.12%，实现农业增加值2.38亿元，较上年同期增长19.53%。年末耕地19.29万亩，全年完成农作物播种面积21.75万亩，比去年同期增长3.23%。粮食总产达6.34万吨,同比增长6.04%。紧紧依托旱作农业推广项目的支持，投入资金865万元，采用地膜、农机具、种子补贴等方式，推广种植全膜双垄沟播玉米11.8万亩，脱毒洋芋8.5万亩。其中，全膜双垄沟播玉米亩产达到850公斤，亩均增产222公斤，部增产2.62万吨，总增效益4400多万元；脱毒洋芋平均亩产3500公斤，亩均增产2684公斤，总增产6.94万吨，总增效益3472万元。同时，完成侧播小麦、地膜洋芋、地膜蔬菜4.2万亩；推广种植双低油菜等经济作物4.5万亩，收到了良好的经济效益。

畜牧业不断壮大。全县把发展畜牧养殖业作为旱作农业后续产业的一项重要内容，投入资金243万元，采取政府引导、奖励扶持和“投牛还犊、投羊还羔”等扶贫养殖模式，走出了一条千家万户大搞养殖的路子。全县新发展养殖小区6个，规模养殖场35个，养殖专业村2个，规模养殖户320户；全县畜牧业总产值达到14597.69万元，畜牧业发展势头良好。

生态环境明显改善，全年完成造林3.45万亩，其中退耕还林补植补造2.5万亩，啤特果经济林2000亩，花椒经济林1000亩；贯通南部五乡镇的“绿色通道”125公里；完成封山育林围栏工程32.5公里，封育荒山1.5万亩，全县森林覆盖率达到14.1%,全州春季植树造林现场观摩会在我县召开。

农民生活和农业生产条件继续改善。实施了小沟、马浪、河滩、上王家、武家坪、红庄、王家沟、张家等8个村的整村推进项目。新修水平梯田10000亩，人饮水窖达到11060眼。积极实施“一池三改”工程，2300户群众用上了新型能源。农业机械总动力达到109875千瓦，增长5.93%；农村用电量2474.87万千瓦时，增长18.99%，化肥施用量6338吨，增长1.3%。以解决群众生产问题为着力点，为大庄村180户搬迁群众配套修建了羊圈，解决养殖资金96万元。投入资金520.5万元，全面完成马家咀试点村建设，完成山区易地搬迁80户。

乡镇企业生产快速发展。2008年全县乡镇企业总数1314个，乡镇企业从业人员14357人；实现乡镇企业总产值14.76亿元，增长15.6%；实现乡镇企业增加值3.67亿元，增长16.3%。

劳务输出成效显著。2008年有劳务基地32个，输转劳务人员5.3万人（次），培训劳务人员2.27万人（次），创收2.4亿元，劳务经济已成为我县农民增收的主要渠道之一。

工业经济保持良好的运行态势。全年完成工业总产值5.84亿元，实现增加值1.55亿元，同比分别增长21%、19.97%。其中：规模以上工业完成产值3.71亿元，实现增加值1亿元，同比分别增长80.3%和70.4%。

建筑业和房地产协调发展。全县完成建筑业总产值5932万元，房地产完成2170万元。建筑业和房地产在全县农村剩余劳动力转移、农民增收等方面担负了重要角色。

全县固定资产投资规模持续扩大，特别是河北新区建设和康临高速广河段的强力推进，固定资产投资保持强劲增长态势。全社会固定资产投资完成80349万元，同比增长212.7%，其中：城镇建设投资完成75153万元，比上年同期增长248.5%，农村投资完成5196万元（主要是农村私人建房、能源建设和农机具的购置），同比增长25.8%。

交通运输基础设施不断改善，交通运输能力进一步提高，全年实施农村公路建设项目32项171公里，全县通油路、水泥路的村达到80个，占行政村总数的78.5%。公路建设成效显著。全年完成客运量10.52万人/次，客动周转量392.8万人/公里，增长7.4%；完成货运量114.3万吨，货运周转量41975万吨/公里，增长8.6%。年末共有营运车816辆，其中客车51辆，货运车816辆。

邮电通讯业突飞猛进，网络信息技术不断普及和提高，互联网宽带用户

1147户，同比增长11.19%，宽带网络业务发展迅速。通讯能力进一步增强，年末固定电话用户1.67万户，增长4.24%。各类手机用户达到5.1万户，增长15.9%,电话普及率30.96部/百人。各种报刊订阅量达到21300份,其中杂志1200份。

消费品市场总体呈现稳步增长趋势。2008年，第十五届“广治会”的成功举办，有力的拉动了商贸流通。全年实现社会消费品零售总额2.47亿元，较上年增长17.5%，

财政税收平稳运行。全县完成地方财政收入2246万元，比上年同期增长19.66%。全年地方财政支出完成49334万元，比上年同期增长51.86%。当年未发生财政赤字，并减化历年财政赤字425万元。

金融机构存款规模继续扩大。年末金融机构各项存款余额7.15亿元，较上年增长39.98%，其中城乡居民储蓄存款5.76亿元，较上年增长39.38%。金融机构贷款为3.86亿元，较上年下降13.44%。

保险事业不断发展壮大。全年保费收入348万元，其中：财产险保费收入308万元，寿险保费收入40万元。支付各类赔款及给付264万元，其中：财险给付金额252.3万元，寿险给付金额11.7万元。

【社会事业】坚持教育优先发展战略，以“两基”达标验收为目标，投入资金1735万元，维修扩建中小学校26所，实施了各学校校园“五化”建设，狠抓控辍、劝返、学校管理和教学质量，办学条件进一步改善。全县有各级各类学校125所，在校学生46858人，其中：小学学生32832名，初中学生12326名，高中学生1700人。适龄儿童入学率达到98.7%，适龄少年（初中）入学率95.6%，巩固率98.8%。全县共有教师2231人，其中:小学教师1549人，中学教师433人。2008年，全县小学六年级双科合格率达72.2%，高中招生五科合格率达24.2%，参加全国普通高考录取率达48.3%，均创历史最好成绩。

科技建设稳步发展，有力地推动了全县经济社会全面进步。开展了“科普之春”、“科普宣传日”等活动。开展宣传活动及各类技术培训班27场（次）。引进农业新品种41个，引进推广各类先进实用技术30项。全县引进、消化、吸收、推广先进实用技术的能力进一步提高。

文化事业得到重视和加强，非物质文化遗产挖掘保护工作积极开展。全县有文化馆1所，博物馆1所，陈列各类文物2200多件；公共图书馆1所，各类藏书25000多册。全县有线广播放大站62个，电视覆盖率达到87%；电视卫星地面接收站2158座，其中村村通59座；有线电视入户3860多户，转播节目34套。实施有线电视城域网光纤改造和“村村通”工程，广播电视覆盖率不断扩大。

卫生事业持续发展。总投资1821万元的县医院整体搬迁项目已开工建设；总投资156万元的庄禾集、官坊、齐家、阿里麻土四所卫生院已完成主体工程；建成村级卫生所（室）61个，覆盖率达到60%，城乡医疗卫生条件明显改善。年末全县卫生机构13个，其中：县级医院1所，乡卫生院9所。共有医疗床位233张。各类卫生技术人员281人，医疗卫生服务能力逐步提高，公共卫生突发事件应急反应能力得到加强。新型农村合作医疗工作顺利实施，共有189737人参加新型农村合作医疗，参合率达到95.17%，受益参加农民16854人，受益金额1351.51万元。群众看病难、看病贵的问题得到初步解决。

【人民生活】人民生活水平逐步提高，生活质量进一步改善。2008年，农民人均纯收入1941元，同比增长19.15%；单位从业人员年人均货币收入达到19681元，较上年增长17.46%；城镇居民人均可支配收入达到5785元，较上年增长10.19%。农民人均占有粮289.99公斤，同比增长4.5%；全县低收入人口减少7200人，绝对贫困人口减少1500人，农村贫困面下降到5.52%。

社会保障工作进一步加强。医疗保险的全民覆盖和失业保险全面启动，就业和再就业政策得到较好落实，新增城镇就业1157人，城镇下岗失业人员再就业329人，开发公益性就业岗位79个，安排城镇零就业家庭人员49（户）人，城镇登记失业率控制在3.87%以内。企业离退休人员养老金发放率达100%。城市低保做到了应保尽保，农村贫困户的参保率也逐步上升。全县城镇参加低保1582户、4073人，发放最低生活保障金706.3万元；农村贫困户参加低保5141户，20975人，发放最低生活保障金1006.8万元。多方筹措资金208万元，为1万多户困难群众发放生活必需品。狠抓抗震救灾，及时筹措资金62.4万元，解决了179户重建户和532户维修户的生产生活困难问题。

（雒海平）

和政县

【现任主要领导】

中共和政县委书记：杨龙

和政县人大常委会主任：马锋

和政县人民政府县长：马旭林

政协和政县委员会主席：沈志平

中共和政县纪律检查委员会

书记：韩学刚

【基本情况】和政县位于甘肃省南部，古称“宁河”，平均海拔2200米，年降雨量732.7毫米，年平均气温5.7℃。全县辖5镇8乡，122个村民委员会，县城距省城兰州市120公里，距州府临夏市30公里。

【旅游景点】境内比较有名的旅游景点有：国家4A级风景名胜区松明岩；

古动物化石博物馆，铁沟风景区，三岔沟风景区，柳梅滩风景区，南阳山森林公园，滴珠山公园，清虚观等。被誉为民族奇葩的“花儿”，在我县有一定的群众基础，每年举行“花儿”演唱比赛，特别是农历四月二十六至二十八三天，松鸣岩到处是“花儿”的海洋，丰富了广大人民群众的文化生活,被联合国教科文卫组织评为世界民俗(花儿)采录基地。

【名优特产】啤特果汁，大禹系列名酒，大红蒜、蕨菜、乌龙头，党参、当归、黄芪，蚕豆、双低杂交油菜等品质好，在国内外市场享有盛誉。

【国民经济】2008 年，县委、县政府围绕“走好八条路，实现八个跨越”总体思路，高度关注民生，注重项目建设，统筹城乡发展，狠抓旅游型小城镇建设和“五大支柱产业”，全县呈现出国民经济和社会事业快速、健康、协调发展的良好局面。全年实现生产总值 5.72 亿元，比上年增长 15.8%。其中，第一产业增加值 2.13 亿元，比上年增长 18%；第二产业增加值 1.05 亿元，比上年增长 19.98%，第三产业增加值 2.54 亿元，比上年增长 12.5%。

旅游业保持良好的发展势头，旅游环境明显改善，全年旅游收入 1.13 亿元，同比增长 14%，旅游接待总人数 44.6 万人次。

2008 年,全县共列建设项目 43 项，总投资 18.1 亿元,其中续建项目 17 项，投资 6.9 亿元，新建项目 26 项，投资 11.2 亿元。投资千万元以上的有 26 项，关注民生的项目有 17 项。全年完成社会固定资产投资 78900 万元，比上年增长 99.73%。

消费品市场繁荣活跃。全年完成消费品零售总额 10988 万元，同比增长 17.49%。

财政收入快速增长，全年实现大口径财政收入 2929 万元，同比增长 45.9%。

金融业运行平稳，存贷款大幅增加。年末全部金融机构各项存款余额为 96095.86 万元，各项贷款余额为 35222.1 万元；保险事业健康发展，全年保险费收入 639.3 万元。

【人口与人民生活】2008 年底全县总人口为 19.87 万人，少数民族占总人口的 57.50%。在总人口中，城镇人口 1.21 万人，占总人口的 6.1%；乡村人口 18.66 万人，占总人口的 93.9%。城乡居民收入继续增加，人民生活水平进一步得到改善。全年城镇居民人均可支配收入 6046 元，比上年增长 9%；全县农民人均纯收入达到 1727 元，比去年增长 19.76%；全县从业人员为 5943 人，同比增长 4.23%，全县全体从业人员劳动报酬为 13430.4 万元。

【社会事业】社会各项事业协调发展，交通运输业持续发展，全年完成客运量 32.2 万人次，客运周转量 7393.6 万人公里，货运量 18.2 万吨，货运周转 697.4 万吨公里，全县公路里程达 514.9 公里，其中二级以上公路 304.85 公里。邮电通讯业快速发展，全年完成邮电业务总量 6051.01 万元；城市电话用户 3012 户，农村电话用户 4589 户，移动电话用户 38205 户，联通电话用户 7000 户。全年各类报刊累计发行量 63.42 万份。

教育事业稳步发展，教学质量不断提高，办学条件得到极大改善，全县共有各级各类学校 127 所，适龄儿童入学率达到 98.24%。

医疗、卫生条件继续改善，加强了乡村卫生基础设施建设，启动新型合作医疗，完善了县、乡、村三级卫生服务网络，卫生体系不断完善，全县共有医疗单位 19 个，病床 280 张，专业卫生技术人员 349 人。

（杨亮红）

东乡族自治县

【现任主要领导】

中共东乡县委书记：马学礼（回族）
东乡县人大常委会主任：马彪（东乡族）
东乡县人民政府县长：马维纲（东乡族）
政协东乡县委员会主席：周财（汉族）
中共东乡县纪律检查委员会
书记：马应才（东乡族）

【基本概况】东乡族自治县是全国唯一的以东乡族为主的少数民族自治县，是国列省扶的重点县。境内现辖 5 镇 19 乡，229 个村民委员会，1893 个村民小组，总户数 5.14 万户，其中农业户数 4.93 万户，总人口 27.89 万人，其中农业人口 26.86 万人。总面积 1510 平方公里，其中陆地面积 1462 平方公里。最高海拔 2664 米，最低海拔 1735 米，年平均气温为 5—9℃，年降水量 216—600 毫米，年蒸发量 1400 多毫米，无霜期 138 天，气候特征是冬长夏短，春秋相连，无霜期短，日照丰富，降水量少，蒸发量大。全县经济以农业为主，主要农作物有春小麦、洋芋、玉米、油菜等，名牌产品有东乡洋芋，东乡手抓羊肉，唐汪大接杏，唐汪葵花籽，唐汪大红枣，河滩花椒，东乡天然地耳等。

【国民经济】2008 年实现生产总值（GDP）达到 6.31 亿元，按可比价计算，比上年增长 13.4%。在生产总值中，民营经济占 73.16%，非公有制经济占 40.8%。第一产业 22842 万元，增长 7.9%，第二产业 16788 万元，增长 19.7%，第三产业 23465 万元，增长 14.7%。人均生产总值为 2273 元比上年增长 15.26%。一、二、三产业的比重为 36.20∶26.61∶37.19，经济结构更趋合理。

农村经济全面发展。2008 年，全县粮食播种面积为 37.08 万亩，其中夏粮播种面积为 5.74 万亩，秋粮播种面积为 31.34 万亩，夏秋作物比由 2007 年的 1∶5.02 调整为 2008 年的 1∶5.46，粮食播种面积中洋芋播种面积为 25.1 万亩，粮食总产量达到 61578.34 吨，比上年净增 3676.64 吨，增长 6.35%，农业总产值达到 41403.29 万元，比上年增长 6.69%。

农业支柱产业取得重大突破。创新机制，加大投入，特色产业规模不断壮大，洋芋、羊、花椒林果、劳务四大支柱产业人均收入达到 1294 元，增长 17.49%，占到农民人均纯收入的 91.2%。洋芋产业方面，合理调整种植结构，扩大洋芋种植面积，全面实施洋芋脱毒工程，全县洋芋种植初步实现良种化，人均洋芋收入 379 元，增长 15.34%，占农民人均纯收入的 26.7%；养羊产业方面，"东乡手抓"商标成功注册，采取以稳定存栏，扩大出栏，提高商品率，增加农民收入为目标，当年建成规模养羊场 28 个、存栏 50 头以上的养牛场 15 个，规模养殖快速发展，养羊规模进一步扩大，人均养羊收入 461 元，增长 18.21%，占农民人均纯收入的 32.5%；劳务产业方面，筹资 200 多万元，开展劳务技能培训 31 期、6330 人，全县劳务输出 6.5 万人（次），其中有组织输出 3.12 万人（次），实现劳务收入 2.5 亿元，人均劳务收入 408 元，增长 19.89%，占农民人均纯收入的 28.8%；花椒林果产业方面，栽植花椒 2.3 万亩、大接杏 2000 亩、酸巴梨 1 万亩，花椒林果基地面积不断扩大，花椒林果人均收入 46 元，增长 8.24%，占农民人均纯收入的 3.2%。

畜牧业发展态势良好。2008 年全县大小牲畜存栏达到 42.07 万头（只），增长 8.51%，其中羊存栏达到 36.64 万只，增长 9.47%。全县大小牲畜出栏达到 41.83 万头（只），增长 10.69%。其中羊出栏达到 39.75 万只，增长 10.76%，肉类总产量达到 10389 吨，增长 10.79%。牧业产值达到 19035.71 万元，增长 8.35%，畜牧业收入 491 元，增长 17.46%，占全县农民人均纯收入的 34.6%。

造林绿化工作成效显著。2008 年，全县共整合投入造林资金 2370 万元，实施了以绿色通道、经济林基地、荒山造林为重点，大搞植树造林，特别是锁南至达板 40 公里绿色通道和旋风岭千亩绿化点工程。全县当年共完成各类造林面积 6.8 万亩，其中经济林 3.5 万亩，防护林 3.3 万亩，育苗 2000 亩，其中本年新育 1700 亩。

工交商贸发展较快。工业企业强化内部管理，以扭亏增盈、提高效益为目标，完善经营管理体制，以达板园区经济发展为龙头，续走"工业强县，民营经济富县"的路子，建成和改造了一批骨干企业，全县工业总产值达到 19549.3 万元，增长 12.33%，全县工业增加值达到 5404.7 万元，增长 14.27%，工业在全县经济发展中的作用越来越明显。

交通运输业发展较快。县上把道路建设作为加快小康社会进程、建设新农村的突破口，采取国家补助、社会捐资、民间集资、群众投劳等多种形式，多渠道筹措资金，加大项目争取力度，以拓宽改造、整修铺砂为主的公路大会战，大搞乡村道路建设，年内开工建设各类道路 67 条，投入资金达 8100 万元，改造、硬化乡村道路 66 条、237.3 公里，油路里程达 203.3 公里，使全县路况水平有了进一步的提高。乡村个体联户交通运输企业达到 6 户，从业人员 1048 人，实现运输业现价产值 14516 万元，增加值 1887 万元，完成公路客运量 78.28 万人(次)，比上年增长 8%，公路货运量 92.6 万吨，比上年增长 5.86%，公路客运周转量 9393.4 万人/公里，比上年增长 8%，公路货运周转量 7417.41 万吨/公里，比上年增长 6%。

商贸流通日趋活跃。全县社会消费品零售总额达到 7857 万元，比上年增长 18.63%。在消费品零售总额中县的零售额 2903 万元，比上年增长 19.46%，县以下零售额 4954 万元，比上年增长 18.1%。在消费品零售总额中批发零售贸易业零售额 5935 万元，比上年增长 19.71%，住宿餐饮业零售额 1922 万元，比上年增长 15.4%。全县批发零售贸易业商品销售总额 8229 万元，比上年增长 15.1%，其中批发业销售额 372 万元，比上年下降 29.7%，零售贸易业销售额 7857 万元，比上年增长 18.63%。

乡镇企业蓬勃发展。乡镇企业累计发展到 1065 家，从业人员达到 12204 人，乡镇企业总产值 70458 万元，比上年增长 14.19%。乡镇企业增加值 9681 万元，比上年增长 15.23%。在乡镇企业中：县以下建筑企业达到 28 家，从业人员达 6394 人，实现施工现价总产值 33931 万元，比上年增长 12.11%，增加值 4411 万元；乡镇工业企业累计发展到 152 家，从业人员达到 2901 人。

【项目建设】项目建设成效显著。坚持"发展抓项目"，实行县级领导包抓重点项目制度，项目工作进一步加强。2008 年，实施"一区三带"区域经济综合开发，在重点区域内实施了一批重大基础设施项目和产业开发项目，在达板经济园区，实施了兰亚万吨铝型材、东乡手抓城、肉类绿色食品开发等 16 个重点项目，全县项目数量和规模比往年有较大增加，重点实施了县敬老院、县福利院、南园综合市场、整县连片开发、锁达公路铺油和城区集中供暖等项目全面建成并投入使用；供销商贸住宅楼、检察院技侦楼、县医院门诊楼、董岭农村饮水等工程项目全面建设，加快了基础设施建设步伐，狠抓了项目建设和招商引资工作。全社会固定资产投资达到 33641 万元，比上年增长 42.66%，其中 50 万元以上项目投资 33261 万元，比上年增长 42.79%，农户固定资产投资 376 万元。农村固定资产投资 527 万元，比上年增长 24.88%，非农户固定资产投资 151 万元。

【社会事业】财政金融稳步运行。财政收入稳步增加，全县大口径财政收入达到 2416 万元，占年预算 2222 万元的 108.73%，其中县级财政收入完成 1224 万元。财政支出增长较快，全年财政支出达到 67890 万元，增长 45.5%，财政收支均达到了较高增速，有力的支持了全县农村经济建设。

金融运行平稳。全县年末各项存款余额5.32亿元，增长48.6%，年末各项贷款余额2.24亿元，下降12.5%，其中农业贷款1.28亿元，占总贷款的56.94%，有力的支持了全县农村经济建设，金融流通运行逐步向良性循环轨道发展。

邮电通讯事业发展较快。全县每百人拥有固定电话和移动电话9.5部，移动网络覆盖率92%，联通网络覆盖率78%，行政村通电话率达到77.3%，邮电业务收入和业务总量迅速增长。全年报刊累计发行量、固定电话用户、移动电话用户等均有较大幅度的增加。

文化体育事业更加繁荣，大力发展文化事业，加强乡村两级文化阵地建设，“东乡族擀毡工艺”和东乡族民间文学《米拉尕黑》被列为第二批国家级非物质文化遗产保护项目，组织开展了丰富多彩的文体活动，民族文艺蓬勃发展，精神文明建设不断得到加强。

科技事业以实施科技兴县战略为目标，大力推广全膜双垄沟播玉米、地膜覆盖、膜侧小麦、整薯播种、马铃薯良种繁育、航天育种、日光温室、塑料大棚、吨粮田、双千田等高效农业增产项目，发展了现代农业。深入开展文化、科技、卫生“三下乡”活动，加大科技引进、推广和应用的力度。

教育事业继续实施“长效工程”，以巩固整县“普初”成果，加快“普九”步伐为目标，实施“教育立县”战略，实行了县级领导联系学校、县直单位联系帮扶教学点制度，当年新建和改扩建学校25所，从大中专毕业生中招聘充实教师113名，教师队伍建设得到加强，进一步明确和落实了教育“四率”目标管理责任制，控辍保学成效明显，办学条件得到空前改善，有效解决了边远山区学生上学难问题。全县适龄儿童入学率达到97.12%。全县各级各类学校219所，在校学生46402人，其中中学9所、小学206所、师范1所、幼儿园3所。

卫生事业稳步发展。卫生“五制”改革不断推进，分配了76名大中专毕业生到基层工作，加强卫生队伍建设，新型农村合作医疗全面实施，新型农村合作医疗参合率达到90.6%，一次性为乡镇卫生院配备了总价值达565万元的医疗设备，同时也大力发展了村级卫生事业，改善了卫生软硬件环境。2008年底，全县共有医疗机构27个，共有医务人员296人，其中医疗人员210人，护理人员86人，病床达到315张，使全县农村医疗卫生条件得到了进一步改善，公共卫生服体系建设步伐加快。

城乡居民收入增加，人民生活水平有所改善。全县各级各类单位从业人员8649人，其中在岗职工7916人。年末从业人员劳动报酬达到16222.9万元，其中在岗职工16043.4万元，各类企事业行政单位从业人员年平均工资达到18757元，其中在岗职工年平均工资额20267元。农民人均纯收入达到1419元，增长17.4%。城镇居民可支配收入6178元，增长10.56%。

广播电视紧紧围绕县上的中心工作，及时报导了社会经济发展动态，发挥了新闻导向和舆论喉舌作用，丰富了干部群众的文化生活，使社会各项事业蓬勃发展、蒸蒸日上。

（唐占英）

积石山保安族东乡族撒拉族自治县

【现任主要领导】

中共积石山县委书记：马少相（回族）

积石山县人大常委会

主任：马玉民（东乡族）

积石山县人民政府

县长：马丽云（保安族）

政协积石山县委员会主席：龚恒元

中共积石山县纪律检查委员会

书记：赵继贤（保安族）

【基本情况】积石山保安族东乡族撒拉族自治县是国列省扶贫困县，自治县成立于1981年，是甘肃省唯一的多民族自治县，位于黄河上游，黄土高原与青藏高原交汇处，属中温带寒冷地区。东南与临夏县相连，西与青海省循化县接壤，北与青海省民和县隔河相望，东北与永靖县以黄河为界。全县地势西南高、东北低，西南部为高寒阴湿地区，中部为二阴山区，东北部为高寒干旱山区。年降水量467至734毫米，无霜期为107天至160天，海拔1735—4309米，年平均气温6.3℃，东西长37公里，南北宽33公里，总面积909.97平方公里。全县共有4个镇，13个乡，6个居委会，145个村民委员会。2008底，总人口237097人，有保安、东乡、撒拉、回、汉、土、藏、维吾尔、羌、蒙古等10种民族，少数民族人口占总人口的53.32%，其中保安族是我县独有的稀有民族，总人口15229人，占全国保安族人口的95%以上。

资源优势。旅游资源独具特色，境内有享誉中外的积石雄关、禹王庙遗址、临津古渡、鲁班石等历史古迹。与青海的塔尔寺、孟达天池近在咫尺。三坪遗址汇集了马家窑、马厂、齐家、辛家四种类型的古文化层，现珍藏于中国历史博物馆的“彩陶王”出土于我县安集乡三坪村。被誉为民族奇葩的“花儿”，在我县有一定的群众基础，每年举行“花儿”演唱比赛，特别是五月端阳这一天，到处是“花儿”的山场，丰富了广大人民群众的文化生活,被联合国教科文卫组织评为世界民俗(花儿)采录基地。香水坪、吊水峡瀑布、盖新坪、黄草坪、积石民俗村等自然景观，别具一格的清真寺建筑的砖雕艺术，保安族特有的民族风情具有很大的开发价值。

水能资源丰富。全县水资源总量达228.5亿立方米，黄河贯穿我县流程达40多公里，对发展电站、提灌有得天独厚的条件。已建成运行的黄河大河家水电厂和沿黄河的81处提灌，为全县经济建设发挥着巨大作用，境内的大小河流具有很高的开发价值。

矿产资源丰富。县内有石英石、花岗岩储量大、品位高，花岗岩储量达12亿立方米，石英石储量达300万吨，县花岗岩厂的开发生产的“麻石除尘器”曾多次获省部级奖励。

中药材种类繁多。野生和种植的药材达40余种，当地的当归、党参、黄芪、大黄、甘草被誉为“五大宝”，驰名全国，远销海外。进军药业公司生产的虫草王、精品虫草、雪莲花、黄芪等高级医药保健品，发展前景很大，为积石山县的中药材生产填补了空白。

土特产和工艺品。保安族传统的手工艺品——保安腰刀驰名中外，迄今有几百年的发展历史，是积石山县的拳头产品，系列产品有什样锦、雅吾其、波日季等，新开发的景泰蓝手杖剑、将军剑已获得国家专利，远销尼泊尔、印度、巴基斯坦等国家。黄河沿岸干旱山区栽植的花椒，产量高、品质好、香味浓，已成为我县农村经济的支柱产业和特色产业，累计栽植量达25万亩，我县被国家林业局命名为“中国花椒之乡”。沿积石山麓的蕨菜资源丰富，质地脆嫩、色味俱佳，是纯天然的无公害绿色食品，年出口量达60吨以上。大河家生产的“鸡蛋皮核桃”皮薄、仁多、营养丰富，具有一定的知名度和发展前景。

重点项目。把项目建设作为增强经济发展后劲，提高经济实力的有力支撑，千方百计扩大固定资产投入。总投资2540万元的中部人饮工程、总投资1826万元的临大公路吹大段养护维修工程等一批重大项目取得突破性进展，为推动全县经济的发展起到了积极作用。

【国民经济】2008年，国内生产总值达52264万元，比上年增长13.1%，其中：第一产业16228万元，增长7.3%；第二产业8726万元，增长14.8%；第三产业27310万元，增长16.1%。高度重视农业和农村工作，大力调整种植业内部结构，全县粮食总产量达61652.1吨，比上年增长5.35%，油料总产量8235吨，比上年增长26.55%。农业总产值30800.85万元，比上年增长7.46%；农民人均纯收入1575元，增长18.42%。年末大牲畜存栏6.01万头，比上年增长13.2%，肉类总产量2813.12吨，比上年增长13.1%。工业生产持续增长，全县完成工业增加值6555万元，比上年增长13%，其中限额以上工业增加值为1007.2万元，比上年增长25.69%。固定资产投资规模进一步加大，完成投资50779万元，比上年增长50.01%。消费品供应充足，市场需求增加，全年共完成社会消费品零售总额15613万元，比上年增长17.4%。财政工作坚持节流、增收节支，全年累计完成财政收入2501万元，比上年增长25.87%，支出56396万元，比上年增长52.5%。

【城镇建设】通过采取盘活土地存量、进行土地置换、多方筹资等方法，建设步伐明显加快，投资5106.3万元完成了北滨河路、工业园区、环城东路道路排水工程及县城亮华工程。总投资2.08亿元的新世纪花苑住宅小区二期工程及财苑富强等个房地产开发项目顺利实施。集镇建设亮点频显，在大河家集镇建设中提出了“打响民族牌、建设大河家、致富保安族”的发展思路，总投资8061万元对大河家集镇进行集中改造，现已完成道路、排水、人行道彩砖硬化、保安族民族用品一条街等工程，保安族文化广场、滨河路等项目进展顺利。

【社会各项事业】教育事业蓬勃发展。全县共有学校181所。其中：普通中学9所，在校学生10259人，专任教师699人；小学172所，在校学生35219人，专任教师952人。适龄儿童入学率97%。

全面推进公共卫生体系建设，完善医疗救治体系。医疗卫生工作进一步加强。全县拥有医疗卫生机构21个，其中县医院1所，疾控中心1所，妇幼保健站1所，乡镇卫生院17所。

积极开展医疗保险，解决人民群众看病难的问题。新型农村合作医疗参合人数达18.38万人，参合率达93.9%，共报销医疗费用1416.13万元。城镇居民参加医疗保险4673人，参保率80%。

【人口与人民生活】年末全县总人口达到23.71万人，其中：农业人口22.88万人，占总人口的96.48%，少数民族人口12.64万人，占总人口的53.32%。人口出生率12.83‰，人口自增率为7.16‰。农民人均纯收入1575元，增长18.42%，城镇居民可支配收入6560元，增长10.4%。

就业和再就业力度加大。新增就业岗位1273个，下岗失业人员实现再就业360人，城镇登记失业率为3.95%。

社会保障能力增强。养老、失业、职工基本医疗、工伤、生育保险覆盖面逐步扩大，共征缴保险费377.6万元，发放企业退休人员养老金172.92万元。确定城市低保对象972户3113人、农村低保对象5695户22718人，发放保障金1637.7万元。

（韩永明）

甘南藏族自治州

【现任主要领导】

中共甘南藏族自治州州委书记：陈建华

甘南藏族自治州人大常委会

主任：楚才元

甘南藏族自治州人民政府

州长：毛生武(藏族)

政协甘南藏族自治州委员会

主席：丹智草(藏族、女)

中共甘南藏族自治州纪律检查委员会

书记：扎西草(藏族、女)

【基本情况】甘南藏族自治州位于甘肃省西南部，地处青藏高原东北边缘，长江、黄河上游，甘、青、川交界处，是全国 10 个藏族自治州之一。全州幅员面积 4.5 万平方公里，地理坐标东径 100° 45′ --104° 45′，北纬 33° 6′ --35° 34′。现辖合作、临潭、卓尼、舟曲、迭部、玛曲、碌曲、夏河八县（市），有 95 个乡镇、4 个街道办，州府在合作市。总人口 68.03 万人，有藏、汉、回、蒙、土、撒拉、保安、东乡等 24 个民族，藏族占 55.6%。境内地貌复杂多样，西高东低，有高山草地、高山森林和丘陵低山三个自然区，海拔 1172--4920 米，年均气温 5.2℃，降雨量 400--800 毫米，是甘肃省降雨量最多的地区之一。

【资源优势】矿产资源：全州共发现有 45 种矿种。已经探明的有 23 种，其中：金、铀、砷、汞、铋、泥炭储量为全省第一位；铁、锡为第二位；铅、锑为第三位；铜、硫铁矿为第四位；银、磷为第五位。

旅游资源：全州有国家 A 级景区 11 处，其中：AAAA 级 3 处，为拉卜楞寺、冶力关景区、大浴沟景区。AAA 级 1 处，为腊子口景区。AA 级 7 处。首曲大草原被评为"中国最美的六大湿地之一"。

水利资源：黄河、洮河、大夏河、白龙江和百余条支流落差大，水能蕴藏量达 367 万千瓦。到 2008 年底，已开发并网发电的水电站 58 座，总装机 68.48 万千瓦。

动植物资源：野生动植物资源种类繁多，已查明的野生动物有 231 种，野生植物有 1000 多种。

【国民经济】2008 年，全州经济社会取得了新的发展与进步，实现了"五个突破"，即地区生产总值突破 40 亿元、全部工业增加值突破 10 亿元、全社会固定资产投资突破 40 亿元、农牧民人均纯收入突破 2000 元、财政收入突破 4 亿元。初步统计，全州实现生产总值 43.37 亿元，按可比价格计算，比上年增长 11.0%。其中：第一产业增加值 12.84 亿元，增长 6.5%；第二产业增加值 10.85 亿元，增长 12.6%；第三产业增加值 19.68 亿元，增长 12.9%。按常住人口计算，全州人均生产总值 6376 元，增长 10.8%。

农业生产平稳增长，种植结构进一步调整优化。粮经饲三元结构比调整为 55.0：30.7：14.3，粮食比例下调了 4.9 个百分点，经济作物和青饲料分别上调了 1.6 和 3.3 个百分点。油料总产量 1.94 万吨，增长 6.4%。药材总产量 1.91 万吨，增长 11.4%。粮食总产量 8.98 万吨，下降 7.8%。全州畜牧业生产夺得第 24 个丰收年。大牲畜存栏 133.51 万头，增长 0.80%；绵山羊存栏 243.89 万只，增长 0.16%；猪存栏 20.03 万头，增长 3.14%。全州肉类总产量 46530 吨，增长 5.6%。牛奶产量 78080 吨，增长 0.4%。

工业生产平稳运行。全州全部工业实现增加值 10.01 亿元，增长 13.5%。其中：规模以上工业增加值 6.75 亿元，增长 5.0%。工业品出厂价格总水平比上年上涨 15.2%。全部工业企业黄金产量 3689 千克，增长 5.8%。发电量 18.60 亿万千瓦时，增长 88.3%。水泥 49.66 万吨，增长 18.2%。鲜冻畜肉 0.85 万吨，增长 24.0%。铁矿石原矿量 4.72 万吨，增长 98.3%。铁合金 2.11 万吨，增长 4.1%。乳制品 0.57 万吨，下降 35.1%。全州工业企业轻重工业增加值比为 19：81，轻工业比重上升 0.6 个百分点，重工业比重降低 0.6 个百分点。规模以上工业企业完成主营业务收入 14.40 亿元，增长 8.4%；实现利润总额（盈亏相抵）1.88 亿元，增长 8.4%；利税总额 2.49 亿元，增长 11.9%。

消费品市场继续保持了较好的增长势头。全州实现社会消费品零售总额 14.26 亿元，增长 18.5%。

招商引资成效显著，对外贸易下降。全州共签约招商引资合同项目 35 个，签约总投资 14.42 亿元，当年到位资金 1.88 亿元。在乳制品出口严重下滑的情况下，全州外贸出口出现负增长。全年实现外贸进出口总额为 4203 万美元，比上年下降 6.1%。

财政预算执行良好。全州完成大口径财政收入 4.63 亿元，增长 33.6%。一般预算收入 2.74 亿元，增长 40.1%，其中：税收收入 1.24 亿元，增长 27.2%。一般预算支出 43.93 亿元，增长 67.9%。

金融存贷款增加。全州金融机构各项存款余额 80.47 亿元，增长 50.44%。其中：城乡居民储蓄存款余额 36.24 亿元，增长 37.3%。各项贷款余额 34.64 亿元，增长 28.0%。

居民消费价格涨幅高位回落。全州居民消费价格总水平比上年上涨 6.9%，涨幅自当年 5 月份以来高位回落。食品类价格上涨是推动居民消费价格攀升的主要动力。

【新农村建设】全州确定了 1 个省级试点县，9 个省级试点村，8 个州级试点村；各县市还分别确定了 1—2 个县级试点村。所有试点覆盖了全州牧区、半农半牧区、农区 3 种不同类型的区域。州上制定出台了一系列符合甘南实际的政策和办法，实施了村企联动助建新农村帮建活动，形成了全社会帮扶和支持新农村建设的长效机制。

全州共投入新农村建设和农牧互补专项资金 9236 万元。通过推进畜种改良，加快饲草产业发展，培育草畜龙头企业，完善农牧村市场流通体系，发展农牧民经济合作组织，深入实施农牧互补战略，为新农村建设奠定了产业基础。各试点村都培育了 1 至 2 个带动农牧民增收的优势产业或产品。举办农牧民生产实用技术和劳务技能培训班 58 期,培训农牧民 7260 人次，输转劳务 3725 人次，实现劳务收入 830 多万元。通过推进畜种改良，开展了以牦牛、藏羊、河曲马为主的本品种选育提纯复壮，建立了 10 个种公畜基地、24 个畜种改良点，引进良种畜 8570 只、匹，本品种选育牛羊 6.5 万头、只，建立了畜种改良示范村 17 个。全州除玛曲、碌曲外，各县市都成立了草业公司，牧草种植面积达到 26.85 万亩。按照"扶优、扶强、扶大”的原则，10 余家畜产品加工龙头企业的建成，加快了畜产品的加工转化，提高了畜牧业经济效益，拓宽了农牧民增收的渠道和空间。

【项目建设】项目建设规模扩大，固定资产投资总量增加。全州完成全社会固定资产投资 42.66 亿元，比上年增长 25.2%。全州施工项目 530 个，增加 32 个，增长 6.4%。

项目前期和争取：2008 年，通过发改委渠道争取到中央和省级各类建设项目 244 个，安排国家、省上各类建设资金 5.24 亿元，增长 50.6%，占到当年全社会固定资产投资总额的 12.3%。兰州至成都铁路、甘南黄河重要水源补给生态功能区生态保护与建设、甘南拉卜楞飞机场等重大项目争取工作成效显著。

灾后恢复重建：“3•14”不稳定事件平息后，国家安排中央财政补助甘肃藏区政法机关维稳专项 1.35 亿元。年内对 20 个乡镇和 22 个村办公用房进行了恢复重建。“5•12”汶川地震波及舟曲、迭部等县市，全州共争取到各类救灾恢复重建资金 7.99 亿元。国家下达灾后民房重建资金 3.9 亿元，开工建设民房 1.66 万户，其中 1.42 万户当年竣工；维修加固民房 3.14 万户，77 个异地重建村加紧实施。深圳市对口援建援建舟曲县峰迭乡、曲告纳乡“三孤”院已完成主体工程，舟曲一中教学、宿舍楼、县人民医院住院部大楼、幼儿园等项目正在抓紧建设；中国红十字协会、兰州市、省烟草专卖局等援建的民房、学校、乡镇卫生院等项目，已下达援建计划。夏河县发生“8•20”暴洪泥石流灾害后，省上安排投资 910 万元用于受损公用设施的恢复建设。

生态环境：甘南黄河重要水源补给生态功能区生态保护与建设游牧民定居工程安排 3140 户 15938 人游牧民定居，安排中央投资 8000 万元，其中：400 户试点工程正在实施；2006 年第二批及 2007 年天然草原退牧还草工程项目完成建设任务 455 万亩，其中：禁牧 110 万亩，休牧 345 万亩；完成补播改良草场 196 万亩；天然林资源保护工程完成封山育林 3.5 万亩，有效管护森林面积 500 万亩；退耕还林完成荒山造林 1.6 万亩，封山育林 1.9 万亩。

基础设施：交通建设完成投资 6.17 亿元。迭部至九寨沟公路、铁尺梁隧道、迭部至红星等公路建设顺利；甘南拉卜楞飞机场预可研已报国家发改委，由国家发改委和总参谋部会签后报国务院审批。全年新开工建设玛曲至曼日玛、舟曲插岗至两水镇等 4 条通乡公路，总里程 174.2 公里；合作至扎油、加茂贡至麻布索那等 8 条续建通乡公路完成建设进度；185 条农村通达等级公路建设进展顺利，全年改扩建农牧村公路 1400 公里。

水电建设完成投资 15.3 亿元。九甸峡等 12 座电站实现发电或部分机组发电，新增装机容量 13.8 万千瓦，全州水电装机容量达到 52.89 万千瓦，比上年增长 35.3%；迭部洛大 330 千伏送变电、舟曲丁字河口 110 千伏送变电等 4 项工程建成运营；合作多河 330 千伏送变电工程开工建设。

城市基础设施建设完成投资 1.14 亿元。合作市香巴拉文化广场改造及部分县市民族特色化改造完成 31 万平方米，合作市城区两座桥梁拆建、夏河县城集中供热、碌曲县城商业步行街、玛曲县和迭部县生活垃圾处理、临潭冶力关供水扩建等项目按计划完成年度建设任务。

旅游基础设施建设完成投资 4194 万元。合作市米拉日巴佛阁旅游景区、临潭县冶力关旅游经济综合开发示范、迭部县红色旅游等项目建设进展顺利。

公检法司建设完成投资 564 万元。夏河县公安快速反应指挥中心等 7 个项目开工建设，临潭县公安快速反应中心、碌曲县法院审判法庭等 7 个项目基本建成。

基层政权建设完成投资 1288 万元。临潭县洮滨、碌曲县双岔等 6 个乡政府办公用房基本建成，20 个恢复重建乡政府办公用房等项目进展顺利。

【民生工作】省上确定的 14 件、州上确定的 22 件民生工作全部落到实处。一是当年建成一批农牧民饮水安全、农牧村公路、乡村汽车站点、沼气池等项目；1000 户特困群众迁入新居；农牧村卫生、文化等设施得到改善；落实了村干部参加基本养老保险、提高农牧村低保人口补助标准、农牧村新型合作医疗补助标准、农牧村“五保户”集中供养、农牧村特困群众生活补助等政策。二是实施了寄宿制学校“大灶建设工程”，提高了寄宿学生生活补贴标准，全部学生免费享受教科书，落实了乡镇中小学以奖代补政策；基本解决了全州中小学校冬季取暖问题。三是国家投资 2084 万元实施城镇廉租房建设，落实了城市低保人口物价补贴、790 户低收入家庭住房补贴、城镇取暖费补贴、解决居住在城市的农牧民户籍、贫困僧尼医保、低保救助等政策，对在职人员和退休职工进行了体检。四是加大了对大中专毕业生、零就业人员的就业帮助。

【人民生活】城乡居民收入继续增加，人民生活不断改善。全州城镇居民人均可支配收入 7810 元，比上年增加 933 元，增长 13.6%。农牧民人均纯收入 2049 元，增加 338 元，增长 19.8%。城镇居民家庭恩格尔系数 37.27%，降低 0.77 个百分点。农村居民家庭恩格尔系数为 57.60%，降低 1.60 个百分点。扣除价格上涨因素，全州职工年平均工资 20196 元，增长 11.2%。

【社会保障】年末全州参加城镇基本养老保险人数 1.27 万人，比上年增长 11.4%。基金支出 4399 万元，增长 29.0%。参加城镇职工基本医疗保险的人数 4.94 万人，增加 1.08 万人。参加城镇居民基本医疗保险人数 8.16 万人，占应参保人数的 86.9%，提高 36.9 个百分点。参加失业保险的人数 3.08 万人，增加 0.08 万人，征缴失业保险金 821

万元，增长43.3%。

全州8个县（市）全面开展了新型农村合作医疗工作。参合农牧民50.60万人，参合率95.0%。基金累计支出4003万元，受益群众28.75万人次。

全年城镇居民享受政府最低生活保障的人数2.97万人，人均月补差110元，增加17元。累计发放低保金5810万元，增长76.5%。农牧村居民享受政府最低生活保障的人数12.43万人，增加0.40万人，发放低保金7111万元，增长2.15倍。五保户供养人数3769人，支出资金454万元。

【社会事业】全州6个县市实现“两基”目标，占全州县市总数的75%，实现“两基”的人口覆盖率为89%。青壮年人口文盲率下降到8.2%。全州每万人拥有卫生技术人员40人，增加3人。广播和电视人口综合覆盖率分别达到80.18%和85.25%，分别比上年提高0.02和0.02个百分点。有线广播电视用户3.27万户，增长2.8%。全年出版发行藏汉两文报纸237.1万份，增长11.3%。

【环境保护】州府所在地合作市地面水水质达标率为83%。饮用水水源水质达标率为100%。空气环境质量方面，总悬浮颗粒物年日平均为0.168毫克/立方米；二氧化硫年日平均为0.005毫克/立方米；二氧化氮年日平均为0.005毫克/立方米。区域环境噪声年均值为48.8［db(A)］；交通干线噪声年均值为66.1［db(A)］。全州有自然保护区9个，其中：国家级自然保护区2个，省级保护区5个。已批准国家级生态示范区1个。初步统计，全州单位GDP能耗比上年降低5.57%；单位GDP电耗降低5.97%；规模以上工业单位增加值能耗降低6.60%。

【突发事件】甘南州部分县市遭受“3•14”打、砸、抢、烧不稳定事件。此次事件给全州人民生命财产造成了2.3亿元的重大经济损失。

“5•12”汶川大地震波及全州大部分县市，给全州造成了59.09亿元的直接经济损失，全州受灾人口36.69万人，死亡15人，重伤97人，轻伤733人。

夏河县发生“8•20”特大暴洪泥石流灾。

（王立宏）

合作市

【现任主要领导】

中共合作市委书记：冯文戈

合作市人大常委会主任:当智(藏族)

合作市人民政府市长:马隆全(藏族)

政协合作市委员会主席:韩雪峰(藏族)

中共合作市纪律检查委员会

书记:赵文英(藏族)

【基本情况】合作市位于甘南藏族自治州北部，是州府所在地，是全州政治、经济、文化中心。合作市于1996年5月经国务院批准同意成立的，1998年1月1日正式挂牌运作。总面积2670平方公里,其中草场面积246.7万亩，耕地面积14.46万亩。国道213线，省道306线横贯全境，北距省会兰州市265公里。大部分地区海拔在3000-4000米之间，平均海拔2936米，年降水量558毫米，气候属高阴湿区，夏季受印度洋暖湿气流的影响，形成湿润凉爽的气候特征，是夏季旅游避暑的好去处。全市辖6乡4个街道办事处，38个村民委员会，249个村民小组，8个社区（居委会），总人口8.43万人，其中农村人口3.40万人。

【资源优势】矿产资源：合作市位于青藏高原与黄土高原的过渡带，境内地层属巴颜喀喇—秦岭地层区，地质结构复杂，矿产类型齐全，成矿条件好，蕴藏着各具特色的矿产资源。目前，已探明储量的有黄金、银、铜、铁、钨、锑、砷、铀、钍、汞、铬等十余类金属矿产和粘土、花岗岩、大理岩、灰岩等四类非金属矿产以及泥炭等能源矿产，具有一定可采储量（资源量）的矿种主要有黄金、铜、铁、钨、锑、砷、粘土、花岗岩、泥炭等九类。境内东北部已发现各种矿藏21处。

旅游资源：合作境内风土人情浓郁，自然景观独树一帜，有安多藏区佛教名刹米拉日巴佛阁、风景如画的当周草原生态公园、巍峨壮观的啊尼念卿（太子山）、扑朔迷离的岗岔溶洞、林叠风转的勒秀洮河风景区，集雪山、草地、河流、藏传佛教为一体，与晒佛节、插箭节、香浪节、太子山登山运动会、九色甘南香巴拉旅游艺术节交相辉映，是休闲、探险、避暑、旅游的最佳境地。

【国民经济】2008年，完成地区生产总值9.93亿元，按可比价格计算比上年增长15.9%，一、二、三次产业分别实现增加值0.96亿元、2.53亿元和6.44亿元，同比分别增长7.7%、21.1%和15%；三次产业结构由上年的10.2∶23.1∶66.7调整为9.7∶25.5∶64.8，人均生产总值达到11781元，增长17.6%。

全市市属工业企业实现增加值1.21亿元，比上年增长6.2%；全年实现社会消费品零售总额3.52亿元，增长17.0%；全市完成大口径财政收入8031万元，增长40.5%；完成地方财政收入3506万元，增长42.8%，完成财政支出30326万元，增长47.8%。

【新农村建设】2006年合作市香拉村被省委社会主义新农村建设领导小组列入新农村建设试点村。到2008年，香拉村新农村建设投入资金315.8万元，其中扶贫资金60万元，整合资金200.8万元，群众自筹55万元。当年贫困户住房改造14户；新建住房924平方米；玻璃暖廊961.75平方米，大门10座；围墙276米；修建护村河堤190米，农田灌溉水渠100米、拱坝1处，贫困户投放奶牛100头；扶贫产业化贴息资金3万元。认真落实市委《新农村建设人才工程实施意见》，举办培训班20期，培训农牧民2510人（次），劳务输出人数2983人，创劳务收入776

万元，劳务经济成为农牧民增收的新亮点。

【项目建设】全市实施以项目带动战略，大力实施了交通、能源、水利、社会事业等基础设施骨干项目和生态建设保护项目，极大改善了城乡基础设施条件。全年共完成固定资产投资3.42亿元，比上年增长23.1%。其中，完成城镇固定资产投资 3.38 亿元，增长23.2%；完成农村固定资产 421 万元，增长15.3%。

【环境保护】全市饮用水源水质达标率继续保持在100%。城市生活垃圾处理厂、污水处理厂、城区集中供热项目已全面建成并投入使用，有效改善了城区环境质量。大气环境质量中可吸收颗粒物浓度年日平均为 0.173 毫克/立方米;二氧化氮年日平均为 0.005 毫克/立方米。区域环境噪声年平均值为65.2［db(A)］,交通干线噪声年平均值为48.2［db(A)］。全市单位GDP能耗1.06吨标准煤/万元，比上年降低4.48%。单位GDP电耗828.4千瓦时/万元，降低4.72%。每万元工业增加值能耗0.56吨标准煤/元，降低5.1%。

【人民生活】城乡居民收入继续增加，生活水平进一步改善。城镇居民人均可支配收入 7995 元，比上年增长13.9%；农牧民人均纯收入2103元，比上年增长18.7%；全市在岗职工年平均工资24281元，增长24.5%。

【社会保障】享受城镇居民最低生活保障人数9693人，增长9.7%；城镇职工参加基本医疗保险人数3438人，增长 8.8%；城镇职工参加失业保险人数2213人，增长4.9%；参加农村新型合作医疗保险 32420 人，参合率达98.28%。就业和再就业工作进一步加强，全市新增就业人员325人，下岗失业人员再就业225人，安置家庭零就业176人，城镇失业率控制在3.9%以内。

【社会事业】以科教兴市战略为重点的合作市社会各项事业蓬勃发展。2008年六年义务教育普及率99.1%；九年义务教育普及率95.6%；青壮年文盲率3.81%；高中阶段毛入学率35.1%。卫生事业不断加强。共有各类卫生机构13个，卫生专业技术人员165人，其中：执业医师30人，执业助理医师22人，药剂人员6人，检验人员7人，注册护士44人。2008年婴儿死亡率、计划免疫四苗接种率、新型农牧村合作医疗覆盖率、人口自然增长率分别达29.1‰、95.2%、100%和6.22‰。旅游业方面，全年共接待国内外游客 27.5 万人次，旅游总收入达到4219.3万元。

（李永峰　杨合昌）

临潭县

【现任主要领导】

中共临潭县委书记：房和平

临潭县人大常委会主任：安兴虎

临潭县人民政府县长：李生文

政协临潭县委员会主席：牛汝霖

中共临潭县纪律检查委员会

书记：何子彪

【基本情况】临潭县位于甘肃省南部，甘南藏族自治州东部，北接临夏回族自治州康乐县和定西市渭源县，东邻定西市岷县与本州卓尼县，西南两侧与卓尼县接壤，总面积1557.68平方公里。地貌大致分为河谷川塬区、低山丘陵区、高山深谷区三种类型，海拔在2209-3926米之间，平均海拔2825米。气候属于高寒阴湿区，年平均气温 4.5℃，冬季漫长，春季回暖慢，夏季多暴雨冰雹，秋季降温迅速，四季不分明，年总降水量为487.1毫米。现辖13个乡，3个镇，141个村委会，723个村民小组。全县总人口14.7万人。

【资源优势】境内水利资源丰富，洮河及洮河支流冶木河、羊沙河、石门河水能理论蕴藏量为28.74万千瓦，可开发利用17.29万千瓦。县域内有蕨菜、人参果、鹿角菜、羊肚菌、木耳等山珍野菜；东南六乡盛产中药材当归、党参、红（黄）芪；羊沙、总寨等乡生产的百合，与兰州百合相媲美；手工竹柳编制、首饰及马拢头、银铜器的加工铸造工艺精美、构思精巧，享誉甘、川、青等藏区；全县旅游资源丰富，最有代表性的有仰韶文化、齐家文化、马家窑文化，辛甸文化等文化遗址；东晋吐谷浑所筑古战牛头城遗址；明洪武十二年所筑洮州卫城、流顺红堡子；新城苏维埃遗址；莲花山、十里冶木峡、鹿儿沟森林公园、术布吊桥、海眼等旅游景点。

【国民经济】2008年,全县实现生产总值 5.32 亿元，按可比价计算，比上年增长11.2%。其中：第一产业增加值1.53亿元，增长7.4%，对经济的贡献率为26.2%,拉动经济增长2.94个百分点；第二产业增加值 0.87 亿元，增长5.9%，对经济的贡献率为16.09%，拉动经济增长1.8个百分点；第三产业增加值2.92亿元，增长14.7%，对经济的贡献率为57.71%,拉动经济增长6.46个百分点。第一、二、三产业增加值占生产总值的比重为 28.8：16.3：54.9。全年实现大口径财政收入2965万元，比上年增长 16.83%；一般预算收入为1392万元，增长13.2%；一般预算支出达到54276万元，增长56.9%。实现社会消费品零售总额 14568 万元，增长18.6%。分城乡看，县的零售额 5121 万元，下降 0.23%；县以下的零售额4589万元，增长5.22%。分行业看，批发零售贸易业实现零售额12577万元，增长 19.74%；餐饮住宿业实现零售额1814万元，增长11.77%；其他行业实现零售额48万元，下降7.7%。

【新农村建设】2008 年，全县农业和农村经济发展势头良好。一是积极调整种植业内部结构。筹措低温雨雪冰冻灾害抗灾救灾资金83万元，开展了抗灾保畜、生产自救和春耕备耕等工作。全县共完成农作物播种面积26.01万亩，种植业结构进一步优化。二是深入实施“农牧互补”战略。在继续培育华新、金洮、卓洛、新城南门河等畜牧龙头企业和示范园区的基础上，按照“小规模、大群体”的思路，着力发展千家万户的养殖。完成了华新现代畜牧业有限责任公司对新城南门河养殖示范园区的兼并，启动恢复了园区的生产。全县种植青饲料玉米1万亩，亩均收入1500多元。金洮良种牛繁育基地、华新现代畜牧业有限责任公司收购优质牧草8050吨。年末全县各类牲畜存栏22.38万头（只），牲畜总增率、出栏率、商品率分别达到26.75%、53.38%、35.84%。三是全面加快社会主义新农村试点村建设。成立了新农村建设规划队。省级试点村冶力关镇堡子村累计整合各类资金700万元，完成了44户的易地搬迁及风貌改选、巷道硬化、供水等基础设施工程，顺利通过了省级验收；完成易地搬迁征地100亩，积极进行了“农家乐”风貌改造以及绿化、亮化工程；县级试点村卓洛乡下园子村各项工作稳步推进。四是扶贫开发和劳务工作取得新进展。2007年省州下达的城关镇苏家庄子村等15个整村推进项目通过州级验收。2008年下达的冶力关镇后山村等15个整村推进项目已建成，完成投资1040万元。基本解决了0.31万绝对贫困人口的温饱，稳定解决了0.27万低收入人口的温饱。多渠道输转劳务4.6万人次。五是进一步加强生态环境建设。全县义务植树79.3万株，冶力关景区绿化植树4.01万株。

【项目建设】2008年完成全社会固定资产投资4.52亿元，比上年增长73%。其中：城镇投资3.27亿元，增长52.84%；农村固定资产投资1.25亿元，增长164.34%。施工项目89个，比去年同期增加22个，增长3.25%，其中新开工项目54个。

农牧业设施建设方面：2007年易地扶贫搬迁项目完成投资992万元；2007年农业综合产业开发项目已竣工。

水利水电项目建设方面：装机1.22万千瓦的术布水电站已并网运行发电；装机1.2万千瓦的上川水电站已完成投资220万元；总投资150万元的牧区节水灌溉示范项目已竣工。

道路交通方面：店子至总寨公路已开工建设；店子至洮砚桥公路已完成投资1032万元；敏家咀至长川公路已完成投资340万元；总寨洮河大桥已完成水下基础浇筑和梁板预制；新城至石门公路已开工建设；九甸峡库区复建公路和临时搬迁道路工程2008年完成投资1004万元。

工业项目建设方面：建华水泥有限责任公司达产达标节能降耗技术改造项目2008年完成投资763万元；1000吨牛羊肉冷藏及屠宰加工生产线建设项目已建成竣工。

城镇基础设施建设方面：总投资888万元的县城生活垃圾处理项目已开工建设；冶力关供水扩建工程已完成投资600万元，冶力关排水工程完成投资117万元；县城道路绿化工程完工，完成投资126万元；县城西环路商业步行街四号商住楼已完成主体工程；县检察院、水电局、农林局等单位的特色化风貌改造项目已完成。

基层政权及公检法司项目建设方面：三岔等5个乡镇的乡镇政府办公楼已竣工，店子等4个乡的政府办楼已完成主体。县公安局快速反应中心业务楼已完成投资214万元，公安局看守所项目已竣工。投资160万元的检察院技侦办案用房已竣工投入使用。投资120万元的县法院审判业务楼建设项目已完成投资90万元。长川等6个司法所已建成投入使用。

招商引资工作方面：签约项目3个，签约资金2.6亿元。

【社会事业】加强了学校教育管理，提高了教学质量。在扁都等三所中心学校率先创建农牧村小学“4+2”办学模式试点工作，为全面推行学校布局调整打下了坚实基础。将全县三分之二学（区）校纳入了绩效工资奖惩管理机制。528名学生队考入高等院校。继续巩固“两基”成果，不断加大扫盲力度。完善了重大疫病防控体系，加强了政府对公共卫生的管理，全县“五苗”覆盖率达到98%。认真开展计划生育“技术服务提高年”活动，严格落实人口和计划生育工作目标管理责任制；新建的冶力关、新城两个计生服务所已竣工，对14个乡镇计生服务所进行了扩建；全县计划生育率达到99.56%。为60名白内障患者进行了康复手术，71名残疾人实现了就业。广播电视、文化、体育等各项社会事业取得了新的成绩。

【人民生活】2008年末全县总人口为14.7万人，比上年末下降1.93%，人口自然增长率为6.65‰，比上年提高0.02个千分点。

城乡居民收入增加，人民生活继续改善。全年城镇居民人均可支配收入7055元，比上年增长13.85%；农民人均纯收入1796元，比上年增长19.89%。

卓尼县

【现任主要领导】

中共卓尼县委书记：才让当智(藏族)

卓尼县人大常委会主任：张振国

卓尼县人民政府县长：杨武(藏族)

政协卓尼县委员会主席：杨世英(藏族)

中共卓尼县纪律检查委员会

书记：李耀东(藏族)

【基本情况】卓尼县位于甘肃省南部，甘南藏族自治州东部，地理位置东经102度43分至104度02分和北纬34度40分至35度40分之间。东邻定西地区的岷县、漳县和渭源县，北靠临夏回族自治州的康乐县、和政县，西连本州合作市、碌曲县和夏河县，南接迭部县和四川省的若尔盖县。海拔高度2000至4972米,年均气温5.9℃，年均降水量439.5mm，属大陆性气候。卓尼县现辖15个乡(镇)、3个居委会、97个村委会、461个村民小组，境内有省属洮河林业局及3个国营林场，全县总面积5419.68平方公里，耕地面积11333公顷，林地面积240650公顷，草场面积273956公顷，全县总人口10.30万人，其中藏族人口7.0万人，占总人口的68%。

【资源优势】矿产资源：卓尼县地处西秦岭北麓，现已查明的矿种有金、银、铜、铅、锌、铁、锑、钼、汞、砷、煤、花岗岩、洮砚石材，矿泉水等11种35处矿产。其中：铅、锌、金、银、铁资源前景可观，是今后经济可持续发展的主要资源。

旅游资源：著名的禅定寺，已有七百余年历史，是安多藏区最古老的萨迦派佛教寺院，后改宗格鲁派。该寺曾以拥有最佳的大藏经《甘珠尔》、《丹珠尔》印版而称名于世。寺内现存数十种稀世珍宝，如拉萨红教法师吾建丹增钦加作法时佩戴的驼骨雕刻头饰等。县境内有明代边墙、羊巴古城等古城遗址及宝地贡巴寺、康多峡、引人入胜的大峪沟景色、车巴河畔、千年古道九巅峡、洮水流珠等险奇峻秀的自然景观，成为游览者向往之地。在卓尼县城洮河南岸的古雅川山岗，建有甘南农民起义领袖肋巴佛纪念碑。纪念碑背依青山，四周群峰环列，融自然与人文景观为一体。是人们休闲度假的好去处。

【国民经济】2008年，全县完成生产总值4.23亿元，按可比价计算，较上年增长8.6%，农业完成增加值1.83亿元，工业完成增加值0.55亿元，第三产业完成增加值1.83亿元，全社会固定资产投资完成6.16亿元，大口径财政收入完成3218万元，社会消费品总额完成1.40亿元。城镇居民可支配收入达到7564元。农牧民人均纯收入达到1819元。金融机构存款为6.04亿元，贷款为1.42亿元。

【新农村建设】紧紧围绕发展新产业、改革新村庄、培育新农民、塑造新风貌的总体要求，省级试点纳浪乡羊化村通过几年的不懈努力，完成投资616万元，村道硬化、风貌改造等基础设施全面完成建设任务，药材、蔬菜、建材等“一村一品”产业格局基本形成，群众收入大幅度提高，生产生活明显改善，顺利通过省级验收。州级示范点木耳镇多坝村完成投资162.9万元，围绕实施“农家乐”旅游产业开发、危房改造、街道整修、安全饮水入户等项目，建设步伐加快。县级试点麻路强岔村结合整村推进项目，投资70万元，实施良种犏雌牛引进和暖棚育肥建设，全面完成了年度工作计划。

2008年全县各类牲畜存栏达到42.4万头(匹、只)，总增率、出栏率、商品率分别达到29.4%、42.33%和32.28%。种植业生产以实施科技示范长廊工程为依托，切实加大种植业结构调整力度。适当压缩粮播面积，扩大了药材、蔬菜等高效经济作物和饲草料播种面积，全县粮食产量达到1.33万吨，油料产量达到0.41万吨，药材产量达到0.46万吨。

【项目建设】2008年，全年共实施固定资产投资项目67项，其中续建项目19项，新建项目48项，竣工47项。完成全社会固定资产投资6.16亿元，增长49.6%。

水电资源开发方面：扭子电站、录巴寺水、如吾电站建设进度加快；城南变电所建设完成土建工程和设备安装，洮北变电所改扩建工程已开工建设，电网一期节余资金工程已完成工程总量的45%，扎古录110KV输变电工程正在开展前期准备工作，一批新的财源项目和工业增量正在形成。完成2008年度农村安全饮水工程，解决了7000人的安全饮水问题。木耳镇大峪河防洪河堤、扎古录镇安果村护村护田河堤、阿子滩乡下阿子滩河堤、恰盖温布滩河堤全部完成建设任务。完成灾后恢复重建供水及堤防工程13处，完成投资1136万元。

交通方面：全长53.7公里的羊临公路建设已完成工程量的90.3%。全长13公里的城关至大族通乡油路完成工程量的70%。冶力关至杓哇、杓哇沟口至康多通乡等级公路建成竣工，并通过州级验收。完成农牧村公路建设27条，总长230公里。15个乡镇汽车停靠点和尼巴、恰盖两个乡镇客运站建成并投入使用。交通事业完成投资4676万元。

农牧业产业化项目方面：2006年第二批和2007年退牧还草工程、完冒乡干旱草场节雨灌溉工程、纳浪乡节水灌溉工程全面完成建设任务，顺利通过州级验收。农村沼气建设全面完成，并通过省级验收。藏区太阳能温暖工程全面启动。2007年完冒乡沙冒后村易地搬迁试点工程、2008年木耳镇七车村易地搬迁试点工程，完成全部建设任务。《黄河重要水源补给生态功能区生态保护与建设游牧民定居工程规划》和《2008年卓尼县游牧民定居工程实施方案》编制完成，并通过省级评审。2008年多坝游牧民定居试点工程全面开工建设。

社会事业与基层政权建设方面：洮砚九年制学校、卓尼一中多功能厅建成并交付使用，木耳镇明德小学教学楼、纳浪乡温旗小学教学楼建成竣工，县乡学校校园“四项工程”建设和仪器购置完成。9所乡镇卫生院建设和县中医院针灸医疗康复专科建设已全部建成。13个乡镇的计划生育服务所全面开工建设，大部分乡镇已完成主体工程。遭受“3.18”打砸抢烧事件的尼巴、刀告、完冒三个乡镇的基层政权恢复重建项目正在建设。

【人民生活】城乡居民收入继续增加，人民生活不断改善。全县农民人均纯收入为1819元，比上年增加251元。城镇居民可支配收入7564元，增加959元。随着城镇居民收入的持续增长，城镇居民的消费能力也在不断增强，消费水平和层次不断提升，居民在个人生活消费方面讲究个性化、新潮化和自我化。2008年底全县在岗职工工资总额为12384万元，在岗职工年均工资为1821元。

【社会保障】城镇和农村的低保工作扩大了覆盖范围，全县共有21162人享受最低生活保障。其中：城镇2962人，农牧村18200人。城镇职工有3658人参加失业保险，有882人参加养老保险。参加城镇职工医疗保险人数达到6784人。

【环境保护】节能减排取得重大进展，万元GDP能耗达0.92吨标准煤，下降4.61%，加大深入宣传《节约能源法》和建设节约型社会的方针，弘扬节能先进典型，曝光浪费行为，引导合理消费，建立固定资产投资项目节能评估和审查制度，从源头上杜绝能源浪费。建立高耗能落后工艺、技术、设备淘汰制度。切实抓好民用节能和机关节能工作，推动了全社会节能工作的有效开展。

【社会事业】全县各项社会事业协调发展，现有各级各类学校145所，其中完全中学3所，九年制学校11所，小学142所，幼儿园2所。全县在校学生18576人，其中藏族在校14130人，全县小学在校学生11659人，其中藏族9871人。学龄儿童入学率97.41%，巩固率100%，毕业率100%。全县有卫生机构22个，卫生机构床位255张，卫生技术人员380人，其中执业医生130人。2008年全县总人口为10.30万人，人口出生率为15.63‰，死亡率为7.02‰，自然增长率8.60‰。广播电视覆盖率分别达68%和78%。

（刘永和）

舟曲县

【现任主要领导】

中共舟曲县委书记：范武德

舟曲县人大常委会主任：梁明新（藏族）

舟曲县人民政府县长：迭目江腾（藏族）

政协舟曲县委员会主席：董燕青

中共舟曲县纪律检查委员会

书记：杨　加（藏族）

【基本情况】舟曲县位于甘肃省南部，甘南藏族自治州东南部，东邻陇南市，北接宕昌县，西南与迭部县、文县以及四川省九寨沟县接壤，地理位置介于东经103° 51′ 30″ —104° 45′ 30″，北纬33° 13′ —34° 1′ 。地处青藏高原东端南秦岭山区，东西至西北走向的岷山山系贯穿全境。气候属温暖带区，海拔高度在1173—4504米之间。地势西北高，东南低，境内山大沟深，地形复杂，沟壑纵横，高差悬殊，是典型的高山峡谷区，气候垂直变化明显，“一山有四季，十里不同天”的气温特征十分显著。年平均气温14.1℃，年均降雨量400-800毫米左右，年日照时数1842小时，土地总面积3009.98平方公里。

舟曲县辖17个乡，2个建制镇，有村委会210个，村民小组532个，分布在403个自然村。全县总人口13.22万人，其中藏族人口4.82万人。乡村总户数2.76万户，乡村人口12.28万人。乡村劳动力资源总数8.20万人，年末耕地面积9530.00公顷，林地面积82353.3公顷，草场面积8542.67公顷，宜林荒山荒坡面积23969.33公顷，园地面积590.73公顷。是新阶段国列重点扶持的贫困县。

【资源优势】矿产资源：境内已探明具有开采价值的矿产资源主要有金矿石56.8万吨，铁矿石8.4万吨，煤矿295万吨以及丰富的优质矿泉水等。

水利资源：境内“一江两河”白龙江、拱坝河、博峪河年均径流总量36.88亿m3。水利资源理论蕴藏量为76万KW，已开发利用的12.28万KW，占16.16%，正在开发建设的有29.06万KW，占38.24%。

旅游资源：具有地方传统和民族风情的旅游节日主要有舟曲正月十九灯会、博峪采花节、巴藏朝水节、坪定赛马会等，风景旅游景点主要大峡沟国家森林公园、武坪沙滩森林公园、立节拉尕山森林草原旅游区等，有宗教文化活动场所藏传佛教寺院21座，庙宇200多座。

【国民经济】2008年，全县完成国内生产总值4.63亿元，比上年增长14.00%，其中：第一产业即农业增加值1.71亿元，增长6.00%；第二产业增加值0.82亿元，增长37.80%；第三产业增加值2.10亿元，增长13.60%。全县工业增加值7598万元，其中规模以上工业增加值2419万元，限额以上工业企业销售收入6862.80万元，分别增长45.90%、16.35%、34.80%，主要工业品产量均呈增长趋势。全县金融财政运行平稳。完成大口径财政收入4568万元，财政支出71872万元，分别增长81.05%、118.87%。金融机构各项存款余额11.69亿元，贷款余额3.18亿元，地方财政一般预算收入2383万元，财政自给率3.32%。大口径财政收入4568万元，增长81.05%；社会消费品零售总额11547万元，增长34.37%；全社会固定资产投资9.13亿元，增长47.96%，创历史新高；人口自然增长率7.30‰。

粮播面积12411.87公顷，粮食总产量30279.88吨，与上年基本持平，油料产量2239.78吨，增长13.74%，药材产量2217.65吨，增长10.32%，水果总产量6810.93吨，增长20.55%。完成造林面积1351.51公顷，四旁植树25.45万株，林产品花椒、核桃、木耳产量分别为612.17吨、299.30吨、17.07吨，比上年增长8.93%、6.13%、-14.65%。各类牲畜年末存栏12.29万头（匹、只），其中大牲畜4.76万头（匹）、羊4.52万只、猪3.01万头，肉类总产量4224.66吨，增长2.46%。

【新农村建设】全县新农村建设工作起步良好，进展顺利。组建了专家咨询组和科技特派员，重点抓了省级试点村河南村、州级试点村水泉村和县级试点村土桥村、先锋村的帮建与督查指导工作，通过试点探索，积极推进新农村建设全面规划、稳步实施，实施产业开发、设施建设、整村推进、劳务输转、人才培训、成立协会、文化建设、组织建设等八大工程实现了全县新农村建设的良好开端。根据试点工作需要，加大部门协作协调力度，特事特办，提高效率，政策扶持力度大，极大地调动和鼓励了试点村干部群众新农村建设的积极性与热情，为今后全县新农村建设工作的全面铺开、扎实推进打下了基础，积累了经验。到2008年底，全县通公路乡镇19个、村150个，通汽车村168个，通电乡19个，村210个，通电户2.72万户，通电话乡镇19个，村209个，用户0.92万户，通广播的村180个，通电视的村210个，有线电视村37个。乡村两级农业科技机构93个，有科技技术人员254人。农村使用太阳能器（灶）数11905户。燃气灶户4814户。

【项目建设】按照省委发展抓项目的总思路，县委、县政府在州委和州政府的领导与支持下，盘活资源优势，积极招商引资。已累计协议签约项目68个，资金总额43.08亿元。其中当年6个水电项目当年开工建设，签约资金1.24亿元。当年完成招商投资累计3.37亿元，其中续建项目30个，当年竣工项目10个。目前已建成水电站28座，在建电站21座，其中：大立节、喜儿沟、沙川坝、凉风壳水电站等一批重点建设项目进度良好。

【人民生活】2008年城乡人民生活有了明显地改善。农村居民人均纯收入达到1969元，比上年净增490元，增长33.13%，城市居民人均可支配收入7811元，比上年净增855元，增长12.29%。农村当年新建房屋面积20.60万m2，城镇职工人均货币年工资18781元。

【环境保护】开展控制白色污染专项整治活动，为居民免费发放环保购物袋2万个，项目建设95%以上做到了“三同时”要求和开展“环评”检查，捣毁非法采矿点5个，认真办理群众环保信访案件，加强了以水源保护、生态环境、辐射安全、生活环境等方面的环保宣传和管理，定期对7个辐射源进行检查，制定了《舟曲县生态环境保护实施方案》和《恢复抵押金收取管理暂行办法》，健全了生态补偿制度机制。

【社会保障】安置城镇零就业家庭153户153人就业，月资540元。城市低保人员参保率100%，征缴个人医疗保险费31.8万元，城市居民医疗保险参保39.78%，征缴个人保险费13.55万元。再就业人数394人，参加失业保险4000人，养老保险1886人，离退休人员参加社会统筹323人，工伤保险272人，其中农民工60人。

【社会事业】年末各级各类学校数167所，其中：普通中学12所（九年制学校7所）。校舍总面积14.07万m2，其中危房面积11.39万m2。全年在校中小学生30917人，教职工1379人。适龄儿童总数14828人，入学率为98.42%。医疗机构27个，医务人员503人，病床数367张。村级和个体医疗服务站（所）186个，人员186人。儿童计划免疫入保率100%，四苗覆盖率98.78%,新农合医疗参加率93.04%。计划生育工作保持了优质服务县的水平，计生率98.07%。广播电视事业发展较快，19个乡镇37个村开通了有线电视，完成了“西新”工程和电影“2131”工程年度任务，为农村放电影1472场。广播、电视覆盖率分别为88.60%、90.05%。

【突发事件】2008年，舟曲县受到低温冷冻灾害、“3•14”事件、“5•12”特大地震灾害的波及。“5•12”汶川大地震是舟曲县有史以来最严重的一次地震灾害，震灾造成全县16人遇难，数百人受伤，数千头牲畜伤亡，全县19个乡镇3.26万户13.2万人不同程度受灾，直接经济损失28.5亿元，是甘肃省重灾县之一。灾情共造成全县农村住房受灾重建户7920户，维修户17636户。截至年底，全县7920户重建户中已开工建设6752户，占重建总户数的85.3%。17636户维修户中已有13438户完成维修,占维修总户数的76.2%。

（孙学明　王苟代）

迭部县

【现任主要领导】
中共迭部县委书记：赵凌云（藏族）
迭部县人大常委会主任：段庆发
迭部县人民政府县长：仁青东珠（藏族）
政协迭部县委员会主席：杨正才（藏族）
中共迭部县纪律检查委员会
书记：王红云（女）

【基本情况】迭部县位于甘肃省南部，地处白龙江上游的甘川两省结合部。地理坐标北纬33°39′—34°20′，东经102°55′—104°05′之间。全县辖11个乡（镇），52个村委会，233个村民小组，总人口5.3万人，人口出生率、自然增长率和计划生育率分别为12.3‰、5.3‰、99.4%。土地总面积5108.3平方公里。迭部古称“叠州”，藏语的意思是“大拇指”，被称为是山神“摁”开的地方。境内重峦叠嶂，群山连绵，森林广袤，河流纵横。冬无严寒，夏无酷暑。

【资源优势】可供开发利用的水能、矿产、森林、旅游、山野珍品等资源十分丰富。白龙江横贯全境110公里，落差700米，大小支流30多条，水能蕴藏量80.74万千瓦；矿产资源20余种；木本植物种类60科、123属、314种；野生山野菜菌类130种；药用植物127种；野生珍稀动物27种。举世闻名的天险腊子口、俄界会议、茨日那毛主席旧居等革命遗址，扎尕那自然风光都在迭部境内。

【国民经济】全年完成国内生产总值33809万元，按可比价格计算比上年增长12.5%；工业增加值完成6012万元，增长37.4%；全社会固定资产投资89238万元，增长33.2%；社会消费品零售额 10850 万元，增长 15.2%；大口径财政收入完成 4880 万元，增长 43.7%；县级财政收入完成 2224 万元，增长 40.7%；全县共完成农作物播种面积 8.26 万亩，其中粮食作物 7.6 万亩，良种推广 6.5 万亩。粮食总产量达 1.12 万吨，比上年增加 212.67 吨，油料产量 442.23 吨，蔬菜产量 907.4 吨，药材产量 292.62 吨，与上年相比都有所增加。年末各类牲畜存栏 18.99 万头(匹、只、口)，总增率、出栏率、商品率分别达到 37%、41%和 35%，肉类总产量达 2500 吨，奶类总产量达 3900 吨。

【项目建设】2008 年，成立了县城中心区综合开发、朱立沟综合开发、桑坝班藏金矿开发和旺藏红色旅游景点建设四个重点开发项目建设指挥部，全年共有在建重点项目 53 个，其中续建项目 25 个，新开工 28 个，竣工 21 个。交通建设上，迭部至九寨沟、迭部至四川热当坝、卡坝至达拉通乡油路项目建设进展顺利，17 条农村公路和 2 座桥梁中 8 条村道和 2 座桥梁项目已完工。完成了县政府招待所和多功能宾馆产权转让，开工建设了卫生与计生系统业务楼、洛大、旺藏乡政府办公楼。

年内在建水电站 15 座，总装机容量 33.41 万千瓦，工程总投资 26.25 亿元，3 座竣工并投入发电。

【新农村建设】新建电尕镇奶牛协会等 4 个经济合作组织，完成了电尕和恰告村试点建设。年初雪冻灾害发生后，落实救灾资金和春耕良种补助资金 38 万元，购进各类农作物良种 146.2 吨。建成良种场种公畜基地，引进秦川公牛 15 头，投放到电尕等 5 个乡镇农牧户繁育。争取国投资金 101 万元，建成电尕镇蛋鸡场等 5 个专业养殖小区，鼓励群众自筹资金建成达拉兴旺三元猪养殖场等 31 个专业养殖小区，建设暖棚 102 座 8840 平方米。开展农村劳动力转移培训 2680 人（次），输出劳务 5790 人（次），劳务收入 1679.4 万元。全力开展了抗震救灾工作。共争取到位各类救灾物资 80 种 23.4 万件，总价值近千万元，开展结对帮扶共争取落实社会帮扶资金 171.93 万元。争取并落实各类重建资金 7908 万元，开展了易地重建试点村阿夏乡那盖、阿达黑村、就地重建试点村洛大乡代古寺村、维修加固试点村卡坝乡桃吾村委会桃吾卡、日秀卡村和多儿乡白古村及 31 个易地重建村的基础设施建设。通过实施灾后重建，全县农牧村住房面貌一新，防火、防震性能大大提高。

【人民生活】城镇居民人均可支配收入 7587 元，增长 11.3%；社会消费品零售总额完成 10850 万元，增长 15.2%;农牧民人均纯收入 2075 元，增长 23.9%。职工年平均工资达到 15860 元，增长 3.14%。

【社会保障】积极落实了省政府确定的 14 件实事和州政府确定的 22 件实事，开展了养老保险、失业保险、医疗保险、工伤保险等业务，共动员 19838 人（含迭部林业局参保职工）参加各类保险，征缴保险金达到 236.73 万元；组织 171 名大中专毕业生参加“三支一扶”、“进村（社区）”就业考试，安置高校本科毕业生到基层就业 35 名，城镇零就业家庭就业 118 名，组织全县招聘教师统一考试并择优录用了 45 人，城镇登记失业率控制在 3.98%以内。认真贯彻新型农村合作医疗制度，全县共有参合农民 7176 户 3.8 万人，参合率达到 97.4%，结报率达到 100%。将住房困难的 68 户 170 人纳入首批租赁补贴对象，共落实廉租住房租赁补贴 9.8 万元。

【环境保护】生态建设上，对各乡镇历年退耕还林工程进行了补植改造，新增公益林 10 万亩，有效保护的森林面积达到 155.2 万亩；实施长治工程治理面积 8.28 平方公里、耕地管引灌溉 480 亩、耕地平整以工代赈项目高寨小流域综合治理工程 40 亩,多儿、尼傲、桑坝乡退牧还草工程建设任务 30 万亩；加大水土保持预防监督工作力度，邀请省地质灾害专家开展了地震后地质灾害调查，针对存在安全隐患的 75 处滑坡、崩塌、泥石流等地质灾害点建立了监测、预警、预报机制，完成了黑多村滑坡应急治理工程项目前期工作，加大了对重点矿产开发秩序的跟踪稽查工作，强化了安全防范。大力开展农村新能源建设，建成“一池三改”沼气池 1000 口。在矿业秩序治理中，对个别探矿企业的违规行为进行了查处，采取有效措施整治了群众的私挖乱采行为，防止了生态植被随意破坏。协调解决了桑坝班藏矿区群众与矿权单位的矛盾问题，确保了目前唯一取得采矿权的陕西恒正矿业公司钻探工作顺利开展。

【社会事业】完成了达拉乡甘沟戈吾希望小学等教学楼和 11 所寄宿制学校大灶建设，保证了全县 1303 名校内住宿学生稳定上灶就餐。落实 2008 年寄宿制学生生活补助 250 万元、国家生源地助学贷款 120.7 万元，使 5176 名特困学生得到了有效救助。抽调医疗队伍深入乡村开展了地震灾后卫生防疫、呼吸道传染病防治、手足口病防控、儿童计划免疫等疫病防治工作，配合省州下派医疗队实施了卫生“三下乡”、贫困白内障患者免费复明等义诊活动。狠抓“省级创优达标”基础工作，培训计生干部和技术服务人员 510 人次，全县人口出生率、计划生育率分别达到 12.4‰和 99.4%，人口自然增长率控制在了 5.08‰以内。妥善处置了“3•17”事件，防止了事态的扩大和升级，保护了国家财产和人民的生命财产安全，确保了全县大局安定。

（虎锦生　马育宏）

玛曲县

【现任主要领导】

中共玛曲县委书记：徐强

玛曲县人大常委会主任：索拜(藏族)

玛曲县人民政府县长：张志红(藏族)
政协玛曲县委员会主席：尕考(藏族)
中共玛曲县纪律检查委员会
书记：贡保闹日(藏族)

【基本情况】玛曲县位于甘南藏族自治州西南部，青藏高原东端，甘、青、川三省结合部，境内海拔3300-4806米，年降水量592.7毫米，日照时间为2663.4小时，年平均气温3.0℃，全年没有绝对的无霜期。全县辖7乡1镇，2个居民委员会，36个村民委员会，238个村民小组，2007年全县总人口4.73万人，其中藏族人口占93.09%，是一个以藏民族聚居为主的纯牧业县。

黄河从青海久治县门堂乡流入县境木西合乡，经西、南、东、北环流全县，最后返流至青海河南蒙古族自治县，形成久负盛名的“天下黄河第一弯”。黄河在玛曲境内流程433.7公里，流域面积10190平方公里，入境流量137亿立方米/年，出境流量164.1亿立方米/年。

【自然资源】玛曲县土地总面积10190.8平方公里，有天然草场1288万亩，其中可利用草场面积1245.5万亩，占草场面积的96.7%。天然草场植被覆盖良好，植物种类丰富，素有“亚洲第一草场”之誉。玛曲县主要畜种是牦牛、欧拉羊和河曲马，均为适应高寒草场放牧条件的世栖土种畜。

玛曲县生态环境优越，形成了高寒草原特有的野生动植物区，境内栖息着梅花鹿、马鹿、白唇鹿、棕熊、香獐、麝香、雪豹、猞猁、水獭、白天鹅、黑颈鹤、白肩雕、蓝马鸡、雪鸡、藏原羚等10多种珍禽异兽；伴生有47科、413种优生野生植物，其中39科，151种具有良好的药用价值，特别是分布面积广，数量多，药用和经济价值较高的有冬虫夏草、水母雪莲、红景天、甘肃贝母等20多种。

玛曲县蕴藏着丰富的矿产资源，已探明的有金、铁、铜、汞、锡、钼、钨等金属矿和大量的泥炭、大理石等非金属矿。

玛曲县境内河流纵横，地表水、地下水丰富，据初步统计年自产地表水27.1亿立方米，地下水9.2亿立方米，水能理论蕴藏量89万千瓦。风力资源及太阳能资源也十分丰富。

【国民经济】2008年全县完成地区生产总值6.87亿元，按可比价格计算比上年增长5.67%，其中第一产业完成2.35亿元，第二产业完成2.96亿元，第三产业完成1.56亿元，人均国内生产总值14527元。全社会固定资产投资完成2.63亿元，大口径财政收入完成1.33亿元，比上年增长16.1%；地方财政收入达到7117万元，增长27.7%；社会消费品零售总额1.3亿元，增长13.97%；人口自然增长率13.79‰，城镇登记失业率4.1%；全年生产黄金2300公斤；全县二氧化硫排放量为130吨，化学需氧量（COD）排放量为430吨，全面完成了各项节能减排指标。畜牧业连年获得丰收。2008年全县各类牲畜年末存栏106.3万头（匹、只），总增率、出栏率、商品率分别达到22.4%、22.26%、21.23%；完成牧业增加值2.32亿元，牛羊肉产量达10825.5吨，牛奶产量达33166.8吨，绵羊毛产量502.6吨。

【新农村建设】省级新牧村试点村阿万仓乡沃特村通过省、州验收，完成投资1516万元；进一步加大对州级新牧村试点村扎西乐民新村的支持帮扶力度，投资30万元兴办的民族服饰加工厂已建成投产，并争取到信贷和社会帮扶资金40余万元，扶持发展牧业生产和新产业；欧拉乡克勤村正式启动县级新牧村试点建设，累计投资65万元，新建暖棚40座，引进良种牛164头，维修贫困户危房25户；多渠道、多形式广泛深入开展牧民培训，全年共培训牧民3147人（次），牧村劳动力素质得到提高。

【项目建设】重点项目建设：全年实施项目67项，其中当年新开工36项，建成15项。大草滩至哈尔钦通乡油路改建项目完成路基和部分铺油工程；黄河桥至曼日玛通乡油路改建项目完成路基工程；郎（木寺）玛（曲）公路县城至金矿三级公路铺油改建工程、沙木多黄河大桥建设项目已开工建设；农村公路通达工程完成村道建设18条；玛曲县110千伏送变电工程、2007年度农村饮水安全工程已全面完成；20户以上自然村“村村通”工程，35千伏变电站无功补偿、五防闭锁装置改造工程和2007年农网完善工程完成当年建设任务。玛曲县农村寄宿制学校、县第二藏小、县殡仪馆等建设项目完成当年建设任务。县司法局法律援助中心综合楼、县工会工人俱乐部建成使用；县法院审判法庭和欧拉秀玛乡、曼日玛乡、采日玛乡、齐哈玛乡、欧拉乡等五乡镇基层政权恢复重建项目完成当年建设任务，部分乡办公用房已建成使用。城区集中供热改扩建项目完成可研及一期工程，生活垃圾处理工程已开工建设，雅玛花苑住宅区完成地下排污管网建设；县洋祺农副有限公司商贸楼和公路段宿舍楼已竣工使用。完成了香巴拉珍宝胶囊生产线、格尔珂金矿矿床及深部探矿7个技术改造项目；独一味流浸膏生产线、牛羊肉加工生产线等5个建设项目完成部分生产线安装、厂房建设和设备购置。

项目争取工作：2008年共争取各类建设项目38项，总投资88549万元，其中国家和省上投资57663万元。

招商引资工作：积极组织参加“乡洽会”、“西博会”等招商引资洽谈会，全年新签约项目4个，签约金额2亿多元，累计到位资金3700万元。

【人民生活】2008年城镇居民人均可支配收入达到9610元，增加905元，比上年增长10.4%；牧民人均纯收入达到3085元，增加230元，比上年增长8.06%。

【环境保护】全县污染源普查工作取得阶段性成果，完成了摸底调查、入户登记、数据录入审核上报及规模以上普查对象的二次上报工作。进一步落实节能减排工作责任制，建立了节能减排监测考核工作制度，加快企业环保设施建设和技术改造，依法关停了两家产能落后企业；对县格萨尔黄金公司堆浸尾渣进行了综合回收利用，对矿山开采中预留的矿柱、洞顶、底板等进行了残采，增加矿石生产量200余万吨；在选矿厂和采矿场安装了高科技节能设备，每年节约电费约235万元；实施了城区集中供热节能改造，每个供暖期节约燃煤1000吨，节约资金80余万元，减少二氧化硫和烟尘排放38吨；对一、二级管网循环泵进行了降扬尘处理，每个采暖期节约电费82万余元，降低了能源消耗。高度重视草原生态保护工作，甘南黄河重要水源补给生态功能区生态保护与建设项目正式启动，先期投资4.4亿元的牧民定居项目开工兴建。甘肃黄河首曲湿地保护项目、ECBP项目、GEF湿地保护项目、天然林资源保护工程、重点生态公益林建设项目等一批生态环境保护工程顺利实施，取得了良好的生态效益。完成了2006年第二批和2007年退牧还草工程，共建设禁牧休牧围栏325万亩，完成草原治虫灭鼠73万亩，人工种草3.3万亩，补播改良30万亩，治理“三化”草场70万亩。同时，继续加大对乱采滥挖药材等破坏草原生态违法行为的宣传教育和整治力度，全年共劝退采挖药材民工4360余人，有效保护了草原生态环境。

【社会保障】进一步拓宽就业渠道，缓解就业压力，积极落实各项人事政策，2008年共安置就业105人；为243名企业退休人员按时足额发放退休养老金289万元，养老金人均达到957元/月，提高了企业退休人员丧葬费补助标准；养老保险参保人数达到1200人，失业保险参保人数达到2260人，城镇职工基本医疗保险参保人数达到2400人，城镇居民基本医疗保险参保人数达到4060人，工伤保险参保人数达到460人，完成86名村干部养老保险参保登记缴费工作；争取到城镇零就业家庭就业安置资金40万元，使新产生的零就业家庭成员得到安置。以打造“阳光低保”为重点，为407户1257名城镇低保对象发放低保金241万元，人均补助标准提高到138元；为1723户4577名牧村低保对象发放低保金247万元，人均补助标准提高到45元；287名五保对象全部纳入供养范围，发放五保供养资金64.5万元，年人均供养标准达到1200元，社会保障体系逐步完善，保障水平进一步提高。

【社会事业】教育方面：以调整教育结构、优化资源配置为主线，加大“两基”攻坚力度，基础设施进一步改善。2008年，积极筹措资金1288万元，对全县各学校校舍进行了维修改扩建；开通了“玛曲教育网”和数字校园，教育信息化建设取得新突破。“教热”教育基金会全年资助贫困生89名，发放资助金25.4万元。认真贯彻落实国家生源地助学贷款优惠政策，2008年签订贷款合同97人，贷款金额达57万元。全县中小学在校学生达到8725人，小学入学率达到96.8%，初中达到77.6%，当年大中专院校录取197人，教学质量逐步提高。

卫生方面：以牧村卫生、预防保健、中藏医药为重点，加强了疾病预防控制、医疗保健、卫生监督等工作，四苗覆盖率达到96%，住院分娩率达到55.6%。藏医院制剂楼（库房）建设完成主体工程，投资595万元为县医院、藏医院、妇幼保健站购置了医疗设备。新型牧村合作医疗运行良好，参合率达到99.4%，共为46782名参合牧民补偿门诊和住院医药费用384.37万元，扶危济困病床共为126名贫困户补助医药费1.6万元。县红十字会为535户贫困户和165户贫困僧侣发放面粉37.5吨、大米39.5吨、棉衣棉被各200件。

计划生育方面：狠抓党政一把手领导责任制，全面落实了“少生快富”和“奖励扶助”政策，巩固计划生育优质服务县成果，不断加强流动人口计划生育服务管理，顺利完成年度计划生育工作任务。

【文化旅游】坚持“二为”方向和“双百”方针，完成了尼玛镇、欧拉乡、曼日玛乡5处不可移动文物点和5座寺院文物普查工作，出版发行了《走进玛曲—天下黄河第一弯格萨尔发祥地》一书，完成了10个“牧民书屋”建设任务；“中国赛马之乡”品牌申报成功，得到中国马术协会命名。深入实施“六个一”工程（即做好一个旅游详规，建设一个会展中心，开发好一条黄河航道，建好一个赛马场，排练好一台节目，拍摄好一部电影纪录片），《玛曲县天下黄河第一弯重点景区旅游修建性详规》通过评审，大型纪录片《玛曲—天下黄河第一弯格萨尔发祥地》完成前期拍摄工作，其余四项工程正在加紧实施。扎实推进旅游“二次创业”，开展了形式多样的旅游促销宣传推介活动，玛曲知名度不断提高，全年接待旅游人数达1.93万余人，实现旅游综合收入296.6万元。

（马彪）

碌曲县

【现任主要领导】

中共碌曲县委书记：张世虎（藏族）

碌曲县人大常委会主任：山清秀

碌曲县人民政府县长：梁明光（藏族）

政协碌曲县委员会

主席：尕藏南杰（藏族）

中共碌曲县纪律检查委员会

书记：李忠文（藏族）

【基本情况】碌曲县地处青藏高原东部，位于甘南藏族自治州西南部，在甘、青、川交界处，南邻四川省，西界青海省，西南与本州玛曲县接壤，东连本州卓尼县，北部与本州夏河县毗邻。

地势西高东低，东西长126公里，南北宽93公里，海拔最高处额日宰4483米，最低处吾乎扎滩 2860 米，相对高差1623米，平均海拔在3000米以上，年均气温3.2℃，极端高温28℃，极端低温-23.2℃，年降水量583.8mm。其气候特征是：高寒、阴湿、降温频繁，全年无夏。全县总面积 5298.6 平方公里。现辖5乡2镇、24个村委会、95个村民小组，1个县办种畜场和1个林场。全县总人口 3.28 万人，其中：牧业人口 2.73 万人，是一个多民族杂居的纯牧业县。

【国民经济】2008 年，全县完成地区生产总值32831万元，按可比价格计算增长6.5%，人均GDP首次突破万元大关。其中：第一产业完成增加值12451万元，增长6.3%；第二产业完成增加值 12170 万元，增长 9.8%；第三产业完成增加值8210万元，增长3.1%。从经济总量来看，经济结构发生了明显的变化，三次产业结构由上年的35:37:27调整为38：37：25。

全县完成大口径财政收入 4613 万元，比上年增长 22.78%。完成地方财政收入3158万元，增长29.85%。全县财政总支出23357万元，增长35.85%。随着财力的不断增强，提高了公共财政的保障水平，有力的支持了全县各项社会事业的发展。

乡镇企业保持了较快发展，速度和效益同步提升。全县实现乡镇企业增加值1750万元,增长17.45%,完成营业收入4869万元，增长18.18%，实现利润313 万元，增长 18.11%，上缴税金 87万元，增长20.83%。

消费品市场平稳增长。全县全社会消费品零售总额达到 9230 万元，增长14.1%。其中：餐饮业实现零售额1207万元，增长5.41%。

全县年末各类牲畜存栏73.18万头（只）。各类牲畜总增率、出栏率、商品率分别达到22.2%、22.45%、21.16%。主要畜产品增加，全年肉类总产量4745吨，增长 12.17%；奶产量 15382 吨，增长 46.12%；绵羊毛产量 505 吨，增长48.53%。

固定资产投资在重点骨干项目的支撑和带动下，继续保持增长势头。全年共争取到项目 44 个，落实资金 7840万元，新开工项目30项，竣工22项，当年共完成全社会固定资产投资38152万元，增长19.04%。

旅游经济发展严重受挫。“3.16”事件、“5.12”地震给全县的旅游业造成巨大损失，全年共接待国内外游客2.4万人次，减少20.2万人，下降89%，实现旅游综合收入904万元，减少5945万元，下降85%。为了挽回“3.16”和“5.12”对旅游业造成的负面影响，年内组织则岔艺术团去河西五市进行宣传促销活动，邀请全国知名摄影家 60多人，开展了“藏乡天堂、美丽碌曲”摄影创作活动，为全面提升 2009 年旅游工作打下了坚实基础。

【新农村建设】自从开展新农村建设试点以来，全县上下高度重视，以项目为载体，狠抓基础设施建设，2008年投资300多万元主要用于乡村道路、畜种改良、风貌改造，确保了新农村建设的各项工作顺利展开。新农村试点建设顺利通过了省级验收。

【项目建设】全县上下坚持发展抓项目思路不动摇，多渠道争取资金，扩大固定资产投资规模。全年共争取到项目44个，落实资金7840万元。完成固定资产投资 38152 万元。水电开发方面：在建的四座水电站建设项目大多数有望在 2009 年建成发电；矿产开发方面：小水沟金矿、青稞崖金矿都有明显的进展；道路建设方面：2007 年开工的农村公路通达工程、通乡油路工程都已基本完工。县上确定的一批重点建设项目相继建成投入使用。

【人民生活】全县职工人均年工资收入22222元；城镇居民人均可支配收入7933元，增长12.88%;农民人均纯收入2695元，增加231元，增长9.38%。全年共发放救灾款 75 万元；发放城市低保金 157 万元，临时生活补贴 49.6万元，保障人数374户820人；发放农村低保金368万元，覆盖了1927户7200人。

【环保工作】全面完成了 2008 年度的节能减排任务，单位 GDP 能耗1.0485吨标准煤/万元，下降4.6%；单位GDP电耗889.76吨标准煤/万元，下降 6.9%；规模以上单位工业增加值能耗0.46吨标准煤/万元，下降0.08%。加强环境综合治理，尕玛梁植被恢复工程，忠曲金矿尾矿坝处理工程全面建成。

【社会保障】全县养老保险、失业保险、医疗保险等方面工作长足发展。全年新增就业人员148人，下岗失业人员再就业65人。城镇零就业家庭就业问题得到解决，安置率达到100%。

【社会事业】全县积极筹措资金3408 万元用于民生工作，其中：农村能源建设、公路建设、寄宿制学校学生大灶及宿舍建设等24个项目，投资523万元，解决了事关农牧民群众生产生活、医疗、饮水、行路、上学、就业、养老等实际问题。教育工作继续拓宽教育项目资金渠道，开展“两基”捐资助学活动；加大项目实施力度，改善办学条件，自筹资金实施了县幼儿园、西藏中心小学建设项目。同时，狠抓管理，加强督查，积极提高教学质量，全力推进“两基”攻坚工作。计划生育“少生快富”等奖励扶助项目全面落实，人口出生率控制在了 20‰以内，农村计划生育率达到86%以上，自筹资金修建了4个乡的规范化服务所，为创建计划生育省级优质服务县打下了基础。儿童计划免疫“四苗”覆盖率达 98.27%。卫生工作方面，继续深入实施农牧村新型合作医疗制度，参合率达到94.5%；社区卫生服务工作全面展开，切实提高了城镇居民卫生预防保健水平。

【处突维稳及恢复重建】“3.16”事件给全县造成直接经济损失 2403 万

元。"3.16"打砸抢烧事件发生后县委、县政府根据中央、省、州指示精神，驻碌武警部队、公安干警、民兵预备役和广大干部群众齐心协力、并肩作战，果断迅速妥善处理了这起事件，有力打击了违法犯罪分子，挫败了"藏独"分裂势力的图谋破坏活动，全力维护了全县社会大局的稳定，维稳工作取得了阶段性成果。县上筹资金120万元，对受破坏最严重的单位进行了修复和重建，对个体工商户经济损失进行了补偿。对"5.12"地震造成的损失已编制完成了全县地震灾后恢复重建规划和实施方案，抗震救灾工作取得了阶段性成果。

（高卫国）

夏河县

【现任主要领导】

中共夏河县委书记：王砚

夏河县人大常委会主任：毛育林（藏族）

夏河县人民政府县长：杨晓南（藏族）

政协夏河县委员会

主席：仁青东智（藏族）

中共夏河县纪律检查委员会

书记：更藏吉（藏族、女）

【基本情况】夏河县位于甘肃省西南部，甘南藏族自治州西北部，东径102°31′，北纬35°12′，东南面分别与州属合作市、碌曲县相邻，北依临夏州临夏县及青海省循化县、同仁县，西北与青海省泽库县毗邻，全县总面积为6274平方公里。下辖13个乡镇，一个办事处，65个村委会，4个居民委员会（社区），438个村民小组，总人口8.05万，有藏、汉、回、撒拉、蒙古、朝鲜、土等14个民族，其中藏族人口约占72.41%。

【资源优势】夏河县是甘南藏族自治州的主要牧业县之一。天然草场类型多样，从南向北由草甸向草原过渡，以灌丛草甸、亚高山草甸、草原化草甸为主体，优良牧草由禾本科、莎草科、蓼科、豆科和菊科植物组成。畜种以牦牛、藏系绵羊、甘加型羊、山羊、马、蕨麻猪等为主，畜牧业是夏河县的支柱产业。县境内即有大量的牧草、药材、林木等野生植物，又有适量的农作物、蔬菜、花卉等栽培植物，农作物均属春性，品种较单一，以青稞为主。而广布全境的牧草、药材、林木等野生植物则种类繁多，品优质高，形成优势。林木植物以乔木为主，柳、桦、灌次之；药材植物既有藏医用药材，也有中医用药材，多属藏中医统用。已查明全县野生植物有73科709种。

县境内既有高山雪峰，又有河谷流川；既有高原湖泊，又有草原牧场。旅游资源丰富，得天独厚，发展前景十分广阔。有国家AAAA级旅游景区拉卜楞寺，有西夏时代的甘加八角城遗址、桑科及麻当古城堡遗址。自然资源有桑科草原、甘加草原、甘加白石崖溶洞、达里加翠湖、达尔藏湖和曲奥森林峡谷等景观，是休闲旅游的好去处。

【国民经济】2008年，全县经济社会取得了新的发展与进步，初步统计，全县实现生产总值52018万元，按可比价格计算，比上年增长10.5%。其中：第一产业增加值21124万元，增长6%；第二产业增加值9098万元，增长15.7%；第三产业增加值21796万元，增长12.4%。

农牧业生产迈上新台阶。种植结构调整力度进一步加大，完成农作物播种面积13.7万亩，粮食总产量8440吨，油料总产量2576吨。粮经饲三元结构比调整为38.7：21.82：39.48，粮食比例下调了10.07个百分点，经济作物下调了7.18个百分点，青饲料上调了17.25个百分点。全县畜牧业生产夺得又一个丰收年，全县各类牲畜存栏91.2万头、只。出栏各类牲畜31.31万头、只，出栏率为34.29%。全县肉类总产量8780.3吨，牛奶产量12000吨，羊毛产量693吨，鲜蛋产量2.7吨。

工业经济发展势头强劲。全县全部工业实现增加值8975万元，同比增长35.3%，增幅为近十年最高。其中：规模以上工业增加值5071.3万元，增长48.9%，实现利税4480万元，同比增长2.8倍。主要产品中：黄金产量150千克，增长41.5%。发电量7070亿万千瓦时，增长28.9%。水泥38万吨，增长26.7%。鲜冻畜肉600吨，增长87.5%。

消费品市场继续保持平稳运行势头。全县实现社会消费品零售总额21200万元，增长14%。

财政预算执行良好。全县完成大口径财政收入2331万元，增长18.02%。一般预算收入1507万元，增长21.9%，一般预算支出42015万元，增长42.3%。

金融运行平稳。全县金融机构各项存款余额74762万元。各项贷款余额36931元，增长36.5%。

【新农村建设】全县有1个省级试点村，1个州级试点村和1个县级试点村，所有试点覆盖了全县牧区、半农半牧区不同类型的区域。县上制定出台了一系列符合本县实际的政策和办法，实施了村企联动助建新农村帮建活动，形成了全社会帮扶和支持新农村建设的长效机制。

全县共投入新农村建设资金2069.35万元。通过易地搬迁、人畜饮水、产业开发等项目的实施，为新农村建设奠定了产业基础。全县举办农牧民生产实用技术和劳务技能培训10050人次，输转劳务7158人次，实现劳务收入4315万元。

【项目建设】项目建设规模扩大，固定资产投资总量增加。全县施工项目61个，完成全社会固定资产投资29910万元。

招商引资取得新进展。全年新签约项目4个，协议投资额4.35亿元，当年开工2个，到位资金1100万元；续建项目14个，到位资金1.21亿元。

灾后恢复重建有序开展：在雪灾、"3·14"不稳定事件、"5.12"地震和"8.20"暴洪和特大泥石流灾害发生后，争取恢复重建资金 2364 万元，维稳长效机制建设资金 1590 万元，向受灾群众发放青饲料 173.4 吨、玉米 91 吨、面粉 320 吨、帐篷 500 顶，各类食品 1829 件，棉被 5350 床，防潮床垫 500 个以及价值 30 万元的药品，对 4 个受损乡镇和 3 个行政村开展了恢复重建。

生态环境：黄河重要水源补给区游牧定居工程完成投资 250 万元；退牧还草工程累计完成投资 2600 万元；易地搬迁试点工程已完成 343 户住房、暖棚、道路、水电等配套设施建设，完成投资 1512 万元。

基础设施：夏同公路、合扎公路、博拉—吉仓 3 条通乡油路全部建成，累计完成投资 3676 万元，在全州率先实现了乡乡通油路的目标；21 条村村通建设项目已累计完成投资 1303 万元，吉祥花园二期、锦珠公司等一批安居工程陆续开工或建成，累计完成投资 5141 万元。

水电建设完成投资 2230 万元。110KV 送变电工程、35KV 甫黄电站工程全部完工；水泥熟料生产线配套余热发电建设项目、安顺水电站在内的安多循环经济示范区一期工程顺利开工。

公检法司建设完成投资 275 万元。夏河县公安快速反应指挥中心基本建成。

基层政权建设完成投资 900 万元。甘加等 8 个乡镇政府办公用房等项目进展顺利。

【民生工作】全县实施民生活动 26 项，累计投入资金 6422.71。其中：县级财政落实配套资金 716.31 万元。2008 年有 2 个乡镇客运站、17 个行政村汽车停靠站、14 处人饮项目、农牧村第二批藏区太阳能温暖工程、20 个农牧民书屋、100 户农牧村特困群众危房改造工程、2 个农牧村中心敬老院建成使用，完成 132 套廉租房住房建设任务。

【人民生活】城乡居民收入继续增加，人民生活不断改善。全县城镇居民人均可支配收入 7170 元，比上年增加 810 元，增长 14.6%。农牧民人均纯收入 2118 元，增加 289 元，增长 15.85%。全县职工年平均工资 20182 元，增长 7.5%。

【社会保障】年末全县参加城镇基本养老保险人数 1539 万人，发放养老金 506 万元；参加城镇职工基本医疗保险的人数 4180 人，增加 345 人，增长 9%；参加失业保险的人数 347 人，征缴失业保险金 61.8 万元。

全县新型农村合作医疗参合率 98.6%。全年城镇居民享受政府最低生活保障的人数 1.68 万人，累计发放低保金 701 万元，农牧村居民享受政府最低生活保障的人数 1.68 万人，增加 3290 人，增长 24.3%，发放低保金 701 万元。

【社会事业】加强了对教育工作督导力度，"两基"成果进一步得到巩固，教育水平显著提升。开展了生源地助学贷款工作，签订贷款合同 197 人，贷款总金额 84.81 万元；对 70 多名病人进行了大病医疗救助，发放救助金 39 万元，落实扶贫济困病床 15 张，收济患者 50 人，减免报销费用 3 万元；狠抓了计划生育省级优质服务县各项工作，落实各项优惠政策资金 370 万元。

【环境保护】地面水水质达标率为 100%。饮用水水源水质达标率为 100%。空气环境质量方面，总悬浮颗粒物年日平均为 0.168 毫克/立方米；二氧化硫年日平均为 0.005 毫克/立方米；二氧化氮年日平均为 0.005 毫克/立方米。区域环境噪声年均值为 48.8［db(A)］；交通干线噪声年均值为 66.1［db(A)］。初步统计，全县单位 GDP 能耗比上年降低 8.1%；单位 GDP 电耗降低 4.2%；规模以上工业单位增加值能耗降低 31.27%。

【突发事件】今年年初夏河县遭受了百年不遇的雪灾，波及到全县 13 个乡镇；随后发生了"3•14"打、砸、抢、烧不稳定事件、"5.12"地震和"8.20"暴洪特大泥石流灾害给全县人民生命财产造成了巨大的经济损失。

（王志宏）

综合 1

GENERAL SURVEY

简要说明

一、本篇资料主要内容

本篇资料主要包括甘肃省行政区划、自然状况、国民经济和社会发展综合资料；甘肃省历年地区生产总值以及全省私营个体经济基本情况资料。

二、本篇资料来源

本篇国民经济和社会发展综合资料由甘肃省统计局国民经济综合处搜集、加工整理，国民经济核算资料由国民经济核算处汇总、加工整理。

1.甘肃行政区划资料是截止 2008 年末全省行政区划变更情况汇总，由省民政厅提供。自然状况包括土地面积、河流是由省统计局国民经济综合处根据有关历史资料进行整理。气象资料由省气象局提供。

2.国民经济和社会发展综合资料是由国民经济综合处抽取全书的精华，通过对各篇章主要统计指标及其速度、结构、比例和效益等加工计算，来反映国民经济和社会发展的总体情况。

3.地区生产总值数据是由国民经济核算处根据不同产业部门、不同支出构成的特点和资料来源情况而采用不同方法计算的。如果遇到普查，在能够获得更详细的基础资料的情况下，地区生产总值的历史数据还会发生变动。由于采取分级核算，各地区数据相加不等于全省总计。

4.全省私营个体经济基本情况资料来自省工商行政管理局。

1-1 行政区划

Divisions Administrative Areas in Gansu

单位：个　　（2008）　　(unit)

地级区划名称	Prefectural Regions and Autonomous Regions	地级单位 City	县级 County Level 合计 Numbers of Regions at County Level	县 Counties	自治县 Autonomous Counties	市 Cities	市辖区 Districts under the Jurisdiction of Cites	乡镇 Townships Level 合计 Number of Regions at Townships Level	镇 Towns	乡 Town-ships	#民族乡 Ethnic community townships	街道办事处 Street Communites
甘肃省	**Gansu**	**14**	**86**	**58**	**7**	**4**	**17**	**1191**	**462**	**729**	**34**	**124**
兰州市	Lanzhou	1	8	3			5	63	34	29		52
嘉峪关市	Jiayuguan	1						3	3			7
金昌市	Jinchang	1	2	1			1	12	8	4		6
白银市	Baiyin	1	5	3			2	68	21	47	1	9
天水市	Tianshui	1	7	4	1		2	113	46	67		10
武威市	Wuwei	1	4	2	1		1	91	42	49		7
张掖市	Zhangye	1	4	2	1		1	56	30	26	4	5
平凉市	Pingliang	1	5	4			1	93	32	61	9	3
酒泉市	Jiuquan	1	11	6	2	2	1	57	29	28	7	10
庆阳市	Qingyang	1	8	7			1	115	36	79	1	3
定西市	Dingxi	1	7	6			1	119	60	59		2
陇南市	Longnan	1	9	8			1	191	61	130	4	
临夏州	Linxia	1	8	5	2	1		119	45	74	4	6
甘南州	Gannan	1	8	7		1		91	15	76	4	4

1-2 土地状况

Land Characteristics

项　目	Item	面积（平方公里） Area (sq.km)	占总面积% Percentage to Total Area%
总面积	**Total Land Area (sq.km)**	**454430**	**100.00**
按地形分	By Topographic Feature		
山　地	Mountains	118014	25.97
高　原	Plateaus	134049	29.50
川　地	Plains	134549	29.61
戈壁、沙漠	Gobi and Desert	68115	14.99
按地高分	By Altitude		
海拔1000米以下	Under 1000m	34890	7.68
海拔1000-2000米	1000-2000m	233878	51.47
海拔2000-3000米	2000-3000m	93524	20.58
海拔3000米以上	Above 3000m	91708	20.16
按特征分（万亩）	By Land Use (10 000 mu)		
耕　地	Cultivated Land	5202.53	7.63
森　林	Forests	7061.40	13.42
水　域	Water Area in Land	1644.35	2.44
草　原	Area of Grassland	24959.29	36.62

注：森林数据为全省第六次森林资源清查数。

a) Figures on forest resources were the figures of the Sixth Province's Forestry Survey.

1-3 河流基本情况

Major Rivers

名　称	River	流域面积（万平方公里）Drainage Area (10 000 sq.km)	河流长度（公里）Length (km)	年径流量（亿立方米）Annual Flow (100 million cu.m)
长　江	Changjiang River (Yangtze River)	3.85	3484.66	100.37
#白龙江	Bailong River	1.81	450.00	59.44
黄　河	Huanghe River (Yellow River)	14.59	7752.46	125.16
#洮　河	Taohe River	2.52	673.00	47.08
内陆河	Inland Rivers	27.00	4691.00	56.62
#疏勒河	Shulehe River	17.00	583.00	20.74
黑　河	Heihe River	5.94	413.80	20.84
石羊河	Shiyanghe River	4.07	179.60	15.04

1-4 全省气候情况

Climate Conditions

指　标	Indicators	2008	指　标	Indicators	2008
年平均气温（℃）	Annual Average Temperature (℃)	8.2	年蒸发量（毫米）	Annual Exaporation (mm)	1644.1
年最高气温（℃）	Annual Utmost Highest Air Temperature (℃)	15.3	年降水量（毫米）	Annual Preciptation (mm)	392.2
年最低气温（℃）	Annual Utmost Lowest Air temperature (℃)	2.7	年降雨日数（天）	Annual rainy Days (day)	91.7
年日照时数（小时）	Annual Sunshine Time (h)	2466.9	年无霜期（天）	Annual Frost-free period(day)	163.1

月　份	Month	平均气温（℃）Monthly Average Temperature（℃）	日照时数（小时）Sunshine Time (h)	降雨量（毫米）Preciptation (mm)
1 月	Jan.	-8.3	125.8	11.1
2 月	Feb.	-6.0	187.6	4.5
3 月	Wen.	5.8	231.8	11.5
4 月	Apr.	10.5	230.1	22.6
5 月	May.	16.2	270.0	22.7
6 月	Jun.	19.0	242.2	74.4
7 月	Jul.	20.7	241.2	65.8
8 月	Aug.	18.7	222.8	61.5
9 月	Sep.	14.9	158.4	78.6
10 月	Oct.	9.3	190.7	30.7
11 月	Nov.	1.9	171.7	7.1
12 月	Dec.	-3.8	208.7	1.7
年（平均）	Annual Total (Average)	8.2	2466.9	392.2

1-5 甘肃国民经济主要指标占全国比重

Percentage of Gansu's National Economy in the Whole Nation

（2008）

指 标	Item	全 国 Whole Nation	甘 肃 Gansu	甘肃省占全国% As Percentage of the Whole Nation
年底总人口（万人）	Population at the Year-end (10 000 persons)	132802.00	2628.12	1.98
从业人员（万人）	Employment at the Year-end (10 000 persons)	77480.00	1446.34	1.87
国内生产总值（亿元）	Gross Regional Product (100 million yuan)	300670.00	3176.11	1.06
第一产业	Primary Industry	34000.00	462.27	1.36
第二产业	Secondary Industry	146183.40	1471.43	1.01
第三产业	Tertiary Industry	120486.61	1242.41	1.03
全社会固定资产投资（亿元）	Total Investment in Fixed Assets (100 million yuan)	172291.12	1735.79	1.01
财政收入（亿元）	Government Revenue (100 million yuan)	61316.90	470.94	0.77
财政支出（亿元）	Government Expenditures (100 million yuan)	62427.03	968.43	1.55
在岗职工平均工资（元）	Average Wage of Fully Employed Staff and Workers (yuan)	29229.00	23301.00	-5928元
城镇居民人均可支配收入（元）	Per Capita Disposable Income of Urban Residents (yuan)	15780.74	10969.41	-4811元
农民人均纯收入（元）	Per Capita Net Income of Rural Residents (yuan)	4760.60	2723.80	-2037元
	(100 million yuan)			
主要农产品产量（万吨）	Output of Major Agricultural Products (10 000 tons)			
粮 食	Grain	52870.92	888.50	1.68
棉 花	Cotton	749.19	12.32	1.64
油 料	Oil-Bearing Crops	2952.82	53.54	1.81
肉 类	Output of Meat	7278.26	79.21	1.09
主要工业产品产量	Output of Major Industry Products			
农用化肥（万吨）	Chemical Fertilizers (10 000 tons)	6012.69	71.34	1.19
原 煤（亿吨）	Coal (100 million tons)	27.93	0.40	1.43
原 油（万吨）	Crude Oil (10 000 tons)	18972.82	365.15	1.92
发电量（亿千瓦小时）	Electricity (100 million kwh)	34668.82	690.22	1.99
钢（万吨）	Steel (10 000 tons)	48928.80	475.72	0.97
水 泥（万吨）	Cement (10 000 tons)	136117.25	1560.32	1.15
邮电业务总量（亿元）	Total Business Revenue of Post and Telecommunication (100 million yuan)	23841.30	279.81	1.17
	Telecommunication (100 million yuan)			
社会消费品零售总额（亿元）	Total Retail Sales of Consumer Goods (100 million yuan)	108487.70	990.14	0.91
进出口总额（亿美元）	Totel Exports and Imports (USD 100 million)	25616.30	60.94	0.24
#出口额	Exports (USD 100 million)	14285.46	16.02	0.11
高等学校在校学生数（万人）	Students Enrollment in Institutions of Higher Education (10 000 persons)	2021.02	33.19	1.64
医院、卫生院数（个）	Number of Hospitals (unit)	59572.00	1710.00	2.87
医院、卫生院床位数（万张）	Number of Hospital and Health Center Beds (10 000 beds)	374.80	7.23	1.93
执业（助理）医师（万人）	Licensed (Assistant) Doctors (10 000persons)	208.20	3.62	1.74

1-6 国民经济和社会发展总量与速度指标

指　标	Item	1995	2000
人口与就业	**Population and Employment**		
人口	**Population**		
年底总人口（万人）	Population at the Year-end (10 000 persons)	2437.95	2556.89
城镇人口	Urban	564.87	613.91
乡村人口	Rural	1873.08	1942.98
就业	**Employment**		
从业人员数（万人）	Employees (10 000 persons)	1483.32	1476.45
#职工人数	Staff and Workers	250.10	228.62
城镇登记失业人数（万人）	Urban Registration Unemployment (10 000 persons)	9.13	7.35
宏观经济	**Macro Economy**		
国民核算	**National Accounting**		
甘肃生产总值（亿元）	Gansu Gross Product (100 million yuan)	557.76	1052.88
第一产业	Primary Industry	110.65	194.10
第二产业	Secondary Industry	256.83	421.65
第三产业	Tertiary Industry	190.28	437.13
支出法甘肃生产总值（亿元）	Gansu Gross Product by Expenditure Approach (100 million yuan)	557.76	1052.88
#最终消费	Final Consumption Expenditure	385.35	635.71
居民消费	Household Consumption Expenditures	291.08	496.35
政府消费	Government Consumption Expenditures	94.27	139.37
资本形成总额	Gross Capital Formation	221.20	453.44
固定资本形成	Gross Fixed Capital Formation	146.35	373.90
存货增加	Changes in Inventories	74.84	79.54
固定资产投资	**Investment in Fixed Assets**		
全社会固定资产投资总额（亿元）	Total Investment in Fixed Assets (100 million yuan)	194.67	441.35
城镇	Urban		
#房地产开发	Real Estate Development		
农村	Rural		
财政	**Finance**		
财政收入（亿元）	Revenue (100 million yuan)	68.41	108.38
财政支出（亿元）	Expenditures (100 million yuan)	81.39	188.23
物价总指数（上年=100）	**Price Indices (preceding year=100)**		
商品零售价格指数	Retail Price Index	116.5	99.1
居民消费价格指数	Consumer Price Index	119.8	99.5
工业品出厂价格指数	Ex-Factory Price Indices of Industrial Products	115.0	107.2
农产品生产价格指数	Price Indices of Agricultural Production		
能源生产与消费（万吨标煤）	**Production and Consumption of Energy (10 000 tons of SCE)**		
能源生产总量	Total Energy Production	2276.89	1914.59
能源消费总量	Total Energy Consumption	2737.59	3011.62

Principal Aggregate Indicators on National Economic and Social Development and Their Related Indices and Growth Rates

总 量 指 标 Aggregate Data			速度指标（%） Indices and Growth Rates						
			指 数（2008年为以下各年%） Index (2008 as Percentage of the Following Years)				年平均增长速度 Average Annual Growth Rate	
2005	2007	2008	1995	2000	2005	2007	2001-2005	2006-2008
2594.36	2617.16	2628.12	107.80	102.79	101.30	100.42	0.29	0.26
778.83	826.76	844.94	149.58	137.63	108.49	102.20	4.87	1.64
1815.53	1790.40	1783.18	95.20	91.78	98.22	99.60	-1.35	-0.36
1391.36	1414.76	1446.34	97.51	97.96	103.95	102.23	-1.18	0.78
205.72	201.67	198.00	79.17	86.61	96.25	98.18	-2.09	-0.76
9.26	9.51	9.43	103.29	128.30	101.84	99.16	4.73	0.36
1933.98	2703.98	3176.11	368.04	229.62	137.87	110.10	10.74	11.30
308.06	387.55	462.27	180.56	157.75	117.15	107.10	6.12	5.42
838.56	1279.32	1471.43	391.16	247.80	144.65	108.40	11.37	13.09
787.36	1037.11	1242.41	469.26	244.76	138.92	113.20	11.99	11.58
1933.98	2703.98	3176.11	367.55	229.32	137.86	110.10	10.71	11.29
1217.63	1615.37	1949.83	349.98	238.53	138.36	111.50	11.51	11.43
893.15	1116.31	1276.99	283.31	199.01	123.50	105.70	10.01	7.29
324.48	499.06	672.84	602.09	381.23	179.41	124.70	16.27	21.51
916.96	1322.52	1958.54	595.91	340.15	184.18	137.50	13.05	22.58
874.52	1221.96	1733.54	757.11	368.85	173.48	132.80	16.29	20.16
42.44	100.56	225	219.77	210.37	394.77	193.80	-11.83	58.05
874.53	1310.38	1735.79	891.66	393.29	198.48	132.46	14.66	14.70
790.22	1177.47	1495.64			189.27	127.02		13.61
85.75	134.07	170.69			199.06	127.31		14.76
84.31	132.92	202.02			239.62	151.99		19.10
254.57	391.87	470.94	688.40	434.52	184.99	120.18	18.62	13.09
429.35	675.34	968.43	1189.87	514.49	225.56	143.40	17.93	17.67
99.9	104.4	107.9						
101.7	105.5	108.2						
109.6	105.5	104.9						
103.06	114.42	114.7						
3605.12	3985.59	4096.55	179.92	213.96	113.63	102.78	13.49	2.59
4367.67	5109.29	5373.06	196.27	178.41	123.02	105.16	7.72	4.23

1-6 续表 1

指　标	Item	1995	2000
产　业	**Industry**		
农业	**Agriculture**		
耕地面积（千公顷）	Cultivated Areas (1 000 hectares)	3482.49	3433.20
农林牧渔业从业人员（万人）	Employed Persons of Agriculture, Forestry, Animal, Husbandry & Fishery (10 000 persons)	667.45	697.53
农林牧渔业总产值（亿元）	Gross Output Value of Agriculture Forestry, Animal Husbandry and Fishery (100 million yuan)	269.45	320.12
主要农产品产量（万吨）	Output of Major Farm Products (10 000 tons)		
粮食	Grain	626.78	713.48
棉花	Cotton	2.29	5.75
油料	Oil-bearing Crops	31.69	41.68
甜菜	Beet Roots	107.01	37.90
水果	Fruits	80.36	121.59
肉类	Meat	47.33	57.33
猪牛羊肉	Pork,Beet,Mutton	44.02	52.77
工业	**Industry**		
规模以上工业增加值（亿元）	Gross Industrial Output Value of Above Designated Size (100 million yuan)		263.42
主要工业产品产量	Output of Major Industrial Products		
原煤（万吨）	Coal (10 000 tons)	2466.13	1632.71
原油（万吨）	Crude Oil (10 000 tons)	267.83	250.15
发电量（亿千瓦小时）	Electricity (100 million kwh)	237.75	280.27
钢（万吨）	Steel (10 000 tons)	131.95	229.94
水泥（万吨）	Cement (10 000 tons)	561.48	732.10
乙烯（万吨）	Ethene (10 000 tons)	7.28	16.72
卷烟（万箱）	Cigarettes (10 000 pack)	28.75	28.99
建筑业	**Construction**		
建筑业企业人数（万人）	Number of Employed Persons (10 000 persons)		33.17
建筑业总产值（亿元）	Gross Output Value (100 million yuan)	60.81	126.40
施工房屋面积（万平方米）	Floor Space of Buildings Under Construction (10 000 sq.m)	958.98	1914.12
竣工房屋面积（万平方米）	Floor Space of Buildings Completed (10 000 sq.m)	408.68	1066.18
交通运输	**Transportation**		
货运量（万吨）	Freight Traffic (10 000 tons)	20275.00	22722.09
#铁路	Railways	2555	2885
公路	Highways	17719	19800
空运	Civil Aviation	1.00	1.09

continued

总量指标 Aggregate Data			速度指标（%） Indices and Growth Rates						
			指数（2008年为以下各年%） Index (2008 as Percentage of the Following Years)				年平均增长速度 Average Annual Growth Rate	
2005	2007	2008	1995	2000	2005	2007	2001-2005	2006-2008
3421.05	3448.99	3468.35	99.59	101.02	101.38	100.56	-0.07	0.28
761.37	741.39	727.57	109.01	104.31	95.56	98.14	1.77	-0.90
549.71	686.10	808.10	180.98	158.12	117.43	107.35	6.13	5.50
836.89	824.43	888.50	141.76	124.53	106.17	107.77	3.24	1.20
11.05	12.94	12.32	537.99	214.26	111.49	95.21	13.96	2.20
50.31	46.36	53.54	168.95	128.45	106.42	115.49	3.84	1.25
14.54	27.80	20.09	18.77	53.01	138.17	72.27	-17.44	6.68
172.45	228.10	248.14	308.79	204.08	143.89	108.79	7.24	7.55
69.81	76.90	79.21	167.36	138.17	113.47	103.00	4.02	2.56
64.09	70.85	73.13	166.13	138.58	114.11	103.22	3.96	2.67
601.80	956.68	1135.17		287.46	150.40	109.50	13.58	14.57
3619.84	3949.34	3976.99	161.26	243.58	109.87	100.70	17.26	1.90
305.00	351.67	365.15	136.34	145.97	119.72	103.83	4.04	3.67
506.17	618.85	690.22	290.31	246.27	136.36	111.53	12.55	6.40
458.44	602.80	475.72	360.53	206.89	103.77	78.92	14.80	0.74
1553.29	1540.21	1560.32	277.89	213.13	100.45	101.31	16.23	0.09
24.57	68.18	70.15	963.60	419.56	285.51	102.89	8.00	23.35
71.00	74.40	77.90	270.96	268.71	109.72	104.70	19.62	1.87
42.77	43.88	42.03		126.70	98.26	95.77	5.22	-0.35
314.17	436.90	481.27	791.44	380.76	153.19	110.16	19.97	8.90
3008.48	3788.00	3791.49	395.37	198.08	126.03	100.09	9.47	4.74
1455.17	1472.74	1842.81	450.92	172.84	126.64	125.13	6.42	4.84
25843.07	29505.33	22742.44	112.17	100.09	88.00	77.08	2.61	-2.52
3274	4126	4512	176.59	156.40	137.81	109.36	2.56	6.62
22520	25325	18201	102.72	91.92	80.82	71.87	2.61	-4.17
1.08	1.33	1.44	144.00	132.11	133.33	108.27	-0.18	5.92

1-6 续表 2

指 标	Item	1995	2000
客运量（万人）	Passenger Traffic (10 000 persons)	10547	12907
铁路	Railways	942	1039
公路	Highways	9563	11600
民航	Civil Aviation	42	76
邮电通信业	**Postal and Telecommunication Services**		
邮电业务总量（亿元）	Total Business Revenue (100 million yuan)	7.08	42.10
函 件（万件）	Number of Letters Delivered (10 000 pieces)	9104	9919
报刊期发数（万份）	Number of Newspapers and Magazines Distributed (10 000 copies)		679
移动电话年末用户（万户）	Number of Mobile Telephone Subscribers at Year-end(10 000 subscribers)		
固定电话年末用户（万户）	Telephone Subscribers at Year-end (10 000 subscribers)	43.32	180.17
局用交换机容量（万门）	Capacity of Office Telephone Exchanges (10 000 lines)		
国内商业	**Domestic Trade**		
社会消费品零售总额（亿元）	Total Retail Sales of Consumer Goods (100 million yuan)	240.65	379.61
对外经济贸易	**Foreign Trade**		
进出口总额（万美元）	Total Value of Exports and Imports (USD 10 000)	30494	56953
进口额	Imports	8542	15458
出口额	Exports	21951	41495
利用外资额	**Utilization of Foreign Capital**		
签订利用外资协议额（万美元）	Foreign Capital Signed by Contracts (USD 10 000)	38364	26340
实际利用外资额（万美元）	Utilization of Foreign Capital (USD 10 000)	32287	20122
金融业	**Financial Intermediation**		
金融机构人民币各项存款（亿元）	Total Deposits of of Financial Institutions (100 million yuan)	628.28	1402.93
金融机构人民币各项贷款（亿元）	Total Loans of of Financial Institutions (100 million yuan)	681.08	1171.14
证券交易额（亿元）	Value of Securitys Exchange (100 million yuan)		745.87
保险公司保费收入（亿元）	Amount Insured of Insurance Companies (100 million yuan)	6.42	19.05
保险公司赔付支出（亿元）	Indemnity Expenditure and Payment of Insurance Companies (100 million yuan)	3.90	6.49
教育、科技、文化	**Education, Science and Technology and Culture**		
教育	**Education**		
专任教师数（人）	Number of Full-time Teachers (person)		
#普通高等学校	Institutions of Higher Education	6284	7208
普通中学	Secondary Schools	62669	74082
普通小学	Primary Schools	130032	125172
在校学生数（万人）	Students Enrollment (10 000 persons)		
#普通高等学校	Institutions of Higher Education	4.55	8.17
普通中学	Secondary Schools	91.53	131.47
普通小学	Primary Schools	273.71	316.46
地方财政用于教育的支出（万元）	Government Expenditures on Education (10 000 yuan)	146778	311489
科技	**Science and Technology**		
县以上科研机构数（个）	Number of Scientific and Technical Research Insitutions above County Level (unit)	140	150
各类专业技术人员（万人）	Scientific and Technical Personnel (10 000 persons)	34.64	40.44

continued

总量指标 Aggregate Data			速度指标（%） Indices and Growth Rates					
			指数（2008年为以下各年%） Index (2008 as Percentage of the Following Years)				年平均增长速度 Average Annual Growth Rate	
2005	2007	2008	1995	2000	2005	2007	2001−2005	2006−2008
17803	20435	46002	436.16	356.41	258.39	225.11	6.64	20.91
1230	1566	1844	195.75	177.48	149.92	117.75	3.43	8.44
16247	18510	43962	459.71	378.98	270.59	237.50	6.97	22.03
85	113	103	244.79	135.28	120.95	90.98	2.26	3.88
135.92	219.28	279.81	3952.10	664.63	205.86	127.60	26.42	15.54
5071	3490	3769	41.40	38.00	74.33	107.99	−12.56	−5.76
175	189	303		44.60	173.14	160.20	−23.76	11.60
408.44	686.40	896.48			219.49	130.61		17.03
548.04	585.46	519.19	1198.50	288.17	94.74	88.68	24.92	−1.08
712	814	426			59.88	52.35		−9.75
632.80	833.32	990.14	411.44	260.83	156.47	118.82	10.76	9.37
263136	549594	609355	1998.28	1069.93	231.57	110.87	35.81	18.29
154038	383673	449138	5258.00	2905.54	291.58	117.06	58.38	23.87
109098	165921	160217	729.88	386.11	146.86	96.56	21.33	7.99
53996	34242	35776	93.25	135.82	66.26	104.48	15.44	−7.90
25639	38202	47642	147.56	236.77	185.82	124.71	4.97	13.19
2895.86	3747.11	4728.82	752.66	337.07	163.30	126.20	15.60	10.30
1923.46	2403.63	2731.89	401.11	233.27	142.03	113.66	10.43	7.27
467.68	4369.80	2981.64		399.75	637.54	68.23	−8.91	44.84
48.24	70.36	97.45	1517.92	511.55	202.01	138.50	20.42	15.10
11.83	28.73	31.25	801.39	481.57	264.19	108.79	12.76	21.45
14816	17439	18581	295.69	257.78	125.41	106.55	15.50	4.63
99150	110204	114963	183.44	155.18	115.95	104.32	6.00	3.00
130841	137149	141371	108.72	112.94	108.05	103.08	0.89	1.56
22.95	29.60	33.19	729.44	406.24	144.62	112.13	22.95	7.66
194.38	203.66	203.84	222.71	155.05	104.87	100.09	8.13	0.96
303.58	284.63	268.96	98.27	84.99	88.60	94.50	−0.83	−2.39
752150	1239653	1829256	1246.27	587.26	243.20	147.56	19.28	19.45
107	106	106	75.71	70.67	99.07	100.00	−6.53	−0.19
46.61	48.36	49.65	143.33	122.77	106.52	102.67	2.88	1.27

1-6 续表 3

指　标	Item	1995	2000
文化	**Culture**		
图书（万册）	Number of Books Published (10 000 Volumes)	6180	7218
杂志（万册）	Number of Magazines Issued (10 000 Volumes)	6214	8064
报纸（万份）	Number of Newspapers Issue (10 000 Copies)	22556	25661
家庭、生活、环境	Number of Newspapers Issue (10 000 Copies)		
家庭	**Family**		
家庭总户数（万户）	Total Number of Households (10 000 households)	554.26	615.27
城镇居民平均每户家庭人口（人）	Average Household Size in Urban Areas (person)	3.29	3.08
农村居民平均每户家庭人口（人）	Average Household Size in Rural Areas (person)	5.14	4.73
婚姻	**Marriages and Divorces**		
结婚登记总数（对）	Registered Number of Marriages (couples)	155553	127799
离婚数（对）	Number of Divorces (couples)	4541	5541
居住	**Housing**		
城市居民人均居住面积（平方米）	Per Capita Net Floor Space of Urban Residents (sq.m)	10.74	15.21
农村居民人均居住面积（平方米）	Per Capita Net Floor Space of Rural Residents (sq.m)	15.64	18.00
生活	**People's Livelihood**		
城镇居民人均可支配收入（元）	Per Capita Annual Disposable Income of Urban Households (yuan)	3152.52	4916.25
农村居民人均纯收入（元）	Per Capita Net Income of Rural Residents (yuan)	880.34	1428.70
城乡储蓄存款余额（亿元）	Outstanding Amount of Saving Deposits in Urban and Rural Areas (100 million yuan)	380.17	818.76
工资	**Wages**		
工资总额（亿元）	Total Wages (100 million yuan)	136.70	179.98
职工平均工资（元）	Average Wage of Staff and Workers (yuan)	5493	7913
卫生	**Health Care**		
卫生机构数（个）	Number of Health Care Institutions (unit)	4131	7191
#医院、卫生院	Number of Hospitals	1843	1867
卫生机构床位数（张）	Number of Bed in Health Care Institutions (unit)	56378	59441
#医院、卫生院	Number of Hospital Beds	52788	56557
卫生技术人员（人）	Number of Medical Tenchnical Personnel (persons)	82831	79201
#执业（助理）医师	Number of Doctors	38823	37695
环境	**Environment**		
环境污染治理投资总额（万元）	Total investment in environmental pollution control (10 000 yuan)		4.3
环境污染事故赔款金额（万元）	Amount of Reparations and Fines (10 000 yuan)	137.0	79.5

continued

总　量　指　标 Aggregate Data			速度指标（%） Indices and Growth Rates					
			指 数（2008年为以下各年%） Index (2008 as Percentage of the Following Years)				年平均增长速度 Average Annual Growth Rate	
2005	2007	2008	1995	2000	2005	2007	2001−2005	2006−2008
5895	6967	6463	104.58	89.53	109.64	92.77	−3.97	1.86
14766	13688	12741	205.03	158.00	86.29	93.08	12.86	−2.91
37900	37365	38379	170.15	149.56	101.26	102.71	8.11	0.25
682.79	717.94	737.41	133.04	119.85	108.00	102.71	2.10	1.55
2.89	2.83	2.80	85.11	90.91	96.89	98.94	−1.27	−0.63
4.65	4.62	4.61	89.69	97.46	99.14	99.78	−0.34	−0.17
114554	115761	118023	75.87	92.35	103.03	101.95	−2.16	0.60
22260	10296	10911	240.28	196.91	49.02	105.97	32.06	−13.29
24.16	27.04	27.19	253.17	178.76	112.54	100.55	9.70	2.39
18.71	19.46	19.87	127.05	110.39	106.20	102.11	0.78	1.21
8086.82	10012.34	10969.41	347.96	223.13	135.65	109.56	10.47	6.29
1980.00	2328.92	2723.80	309.40	190.65	137.57	116.96	6.74	6.59
1586.66	1915.24	2461.90	647.58	300.69	155.16	128.54	14.15	9.18
290.22	397.97	454.58	332.54	252.57	156.63	114.22	10.03	9.39
14172	20157	23301	424.19	294.46	164.42	115.60	12.36	10.46
11849	12006	10534	255.00	146.49	88.90	87.74	10.50	−2.33
1741	1717	1710	92.78	91.59	98.22	99.59	−1.39	−0.36
63638	70358	76663	135.98	128.97	120.47	108.96	1.37	3.79
59856	66494	72315	136.99	127.86	120.81	108.75	1.14	3.85
83017	85471	87633	105.80	110.65	105.56	102.53	0.95	1.09
35246	35158	36176	93.18	95.97	102.64	102.90	−1.33	0.52
10.6	42.5	42.7		989.76	402.44	100.30	19.72	32.11
102.5	30.4						5.21	

1-7 国民经济和社会发展结构指标

Structural Indicators on National Economic and Social Development

单位：%　　(%)

指　标		1995	2000	2005	2007	2008
人口与就业	**Population and Employment**					
人口	**Population**					
城乡结构	Urban and Rural Composition					
城镇	Urban	23.17	24.01	30.02	31.59	32.15
乡村	Rural	76.83	75.99	69.98	68.41	67.85
性别结构	Sexual Composition					
男	Male	51.54	51.83	51.44	51.35	51.32
女	Female	48.46	48.17	48.56	48.65	48.68
就业	**Employment**					
产业结构	Industrial Composition					
第一产业	Primary Industry	63.53	59.64	63.67	62.66	62.35
第二产业	Secondary Industry	18.97	18.95	14.66	15.00	15.12
第三产业	Tertiary Industry	17.50	21.41	21.67	22.34	22.53
国民核算	**National Accounting**					
地区生产总值产业结构	**Industrial Composition**					
第一产业	Primary Industry	19.84	18.44	15.93	14.33	14.55
第二产业	Secondary Industry	46.05	40.05	43.36	47.31	46.33
第三产业	Tertiary Industry	34.12	41.52	40.71	38.36	39.12
投资	**Investment in Fixed Assets**					
全社会固定资产投资结构	**Composition of Total Investment in Fixed Assets**					
城乡结构	Urban and Rural Composition					
城镇	Urban			90.36	89.86	86.16
乡村	Rural			9.64	10.14	13.51
资金来源结构	Composition of Funding Sources					
国家预算内资金	State Budget	4.23	12.33	9.62	8.97	11.41
国内贷款	Domestic Loans	31.11	26.37	19.90	19.88	17.52
利用外资	Foreign Investment	5.00	1.74	1.65	0.86	0.76
自筹资金	Self-raising Funds	44.36	44.67	55.31	56.57	55.07
其他投资	Other Investments	15.30	14.89	13.52	13.71	15.24
产业经济	**Industry**					
农业	**Agriculture**					
农林牧渔业产值结构	Composition of Gross Output Value of Agriculture					
农业	Farming	69.97	69.60	66.01	66.86	65.53
林业	Forestry	2.41	3.48	2.89	2.83	2.78
牧业	Animal Husbandry	22.98	21.50	20.80	19.12	20.82
渔业	Fishery	0.29	0.37	0.19	0.15	0.13
工业	**Industry**					
工业总产值结构	Composition of Gross Industrial Output Value					
轻工业	Light Industry	25.25	24.03	18.77	15.86	16.36
重工业	Heavy Industry	74.75	75.97	81.23	84.14	83.64

1–7 续表 1 continued

单位：% (%)

指 标		1995	2000	2005	2007	2008
建筑业	**Construction**					
建筑业总产值结构	Composition of Gross Output Value of Construction Industry					
国有经济	State-owned Enterprise		42.13	37.22	22.31	18.72
城镇集体经济	Collective-owned Enterprises		27.43	11.97	15.17	10.99
其他	Others		30.44	50.81	62.52	70.29
运输业	**Transportation**					
货运量结构	Composition of Freight Traffic					
铁路	Railways	12.60	12.70	12.67	13.98	19.84
公路	Highways	87.39	87.14	87.14	85.83	80.03
国内商业	**Domestic Trade**					
社会消费品零售总额构成	Composition of Retail Sales of Consumer Goods					
市	Cities	61.31	64.51	64.34	64.69	64.52
县	Counties	18.74	15.87	15.95	15.90	16.02
县以下	Below Counties	19.95	19.62	19.71	19.41	19.46
对外经济贸易	**Foreign Trade**					
进出口总值构成	Composition of imports and exports					
进口	Imports	28.01	27.14	58.54	69.81	73.71
出口	Exports	71.99	72.86	41.46	30.19	26.29
教育、科技	**Education,Science and Technology**					
教育	**Education**					
普通学校在校学生结构	Composition of Student Enrollment in Regular Schools					
大学生	College and University Students	1.23	1.79	4.40	5.72	6.56
中学生	Secondary School Students	24.75	28.82	37.32	39.33	40.29
小学生	Primary School Students	74.02	69.38	58.28	54.96	53.16
普通学校专任教师结构	Composition of Full-time Teachers in Regular Schools					
大学	Colleges and Universities	3.16	3.49	6.05	6.59	6.76
中学	Secondary Schools	31.49	35.88	40.50	41.62	41.82
小学	Primary Schools	65.35	60.63	53.45	51.79	51.42
科技	**Science and Technology**					
科研经费筹集额结构	Composition of Funds for Scientific and Technological Activities					
#政府资金	Government Funds		35.87	34.17	26.20	29.23
企业资金	Enterprises Funds		40.71	58.73	67.44	65.47
事业单位资金	Institutions Funds		8.30	3.93	2.84	2.29
各类专业技术人员结构	Composition of Professional and Technical Personnel					
工程技术人员	Engineering	15.68	14.78	12.68	12.26	12.12

1-7 续表 2 continued

单位：%　　(%)

指　标		1995	2000	2005	2007	2008
农业技术人员	Agricultural	3.97	4.41	4.78	5.01	5.05
科学研究人员	Scientific Research	0.56	0.43	1.27	0.42	0.37
卫生技术人员	Health Care	12.84	12.21	12.27	12.52	12.51
教学人员	Teaching	47.82	53.91	57.61	60.02	60.74
生活	**People's Living Conditions**					
农村居民消费结构	Consumption Composition of Urban Residents					
食品类	Food	70.94	48.45	47.20	46.80	47.17
衣着类	Clothing	4.97	5.58	5.07	5.56	5.61
居住	Residence	10.20	15.79	13.23	14.64	16.15
家庭设备用品及服务	Household Appliances and Service	3.38	3.90	4.07	4.53	3.98
医疗保健	Health Care and Medical Services	3.19	6.51	6.26	7.43	6.86
交通通讯	Transport and Communications	1.48	4.04	8.52	9.23	9.77
文教娱乐用品及服务	Education, Cultural and Recreation Services	5.01	13.27	14.17	10.35	9.16
其他商品和服务	Miscellaneous Goods and Services	0.83	2.46	1.48	1.46	1.29
城镇居民消费结构	Consumption Composition of Urban Residents					
食品类	Food	51.69	37.63	36.04	35.86	38.32
衣着类	Clothing	14.14	12.53	12.35	11.93	12.31
居住	Residence	5.96	7.33	10.43	9.76	10.19
家庭设备用品及服务	Household Appliances and Services	6.70	9.74	5.61	6.41	6.57
交通通讯	Transport and Telecommunications		6.43	9.78	10.94	9.84
教育文化娱乐服务	Education, Cultural and Recreation and Services		13.65	14.44	13.44	11.27
医疗保健	Health Care and Medical Services	3.93	6.60	7.54	7.16	7.88
其他商品及服务	Other Goods and Services		6.09	3.82	4.49	3.63
卫生	**Health Care**					
执业医师	Certified Doctors			27.97	32.22	33.11
执业助理医师	Certified Assistant Doctors			7.80	8.92	8.17
注册护士	Registered Nurses			24.19	28.08	28.47
医院床位结构	Composition of Hospital Beds					
医院	Hospitals	72.84	73.20	73.97	71.72	70.24
卫生院	Health Centers	20.79	21.95	20.09	22.79	24.09
环境保护	**Environment protection**					
工业污染投资治理结构	Composition of Investment in the Treatment of Industrial Pollution					
治理废水	Waste Water Treatment		18.87	35.57	43.59	39.50
治理废气	Waste Gas Treatment		56.29	52.50	30.80	51.95
治理固体废物	Solid Waste Treatment		19.33	5.80	5.53	6.79
治理噪声	Noise Abatement		0.08	0.31	0.06	0.01
治理其他	Others		5.43	5.82	20.02	1.75

1-8 国民经济和社会发展比例及效益指标

Indicators on Proportions and Efficiency in National Economic and Social Development

指　标	Item	1995	2000	2005	2007	2008
人口与就业	**Population**					
出生率（‰）	Birth Rate (‰)	20.65	14.38	12.59	13.14	13.22
死亡率（‰）	Death Rate (‰)	6.49	6.41	6.57	6.65	6.68
自然增长率（‰）	Natural Growth Rate (‰)	14.16	7.97	6.02	6.49	6.54
城镇登记失业率（%）	Registered Urban Unemployment Rate （%	3.11	2.70	3.26	3.34	3.20
就业者负担人口（人）	Dependency Ratio (person)	0.64	0.73	0.86	0.85	0.82
国民核算	**National Accounting**					
公有经济占生产总值比重（%）	Ratio of Public-owned Economy to Gross Regional Product (%)		75.72	63.90	63.40	63.19
非公有经济占生产总值比重（%）	Ratio of Non-public-owned Economy to Gross Regional Product (%)		24.28	36.10	36.60	36.81
全社会劳动生产率（元/人）	Overall Labor Productivity (yuan/person)	3760	7131	13900	19113	21960
第一产业	Primary Industry	1174	2204	3478	4372	5126
第二产业	Secondary Industry	9124	15071	41114	60271	67302
第三产业	Tertiary Industry	7332	13828	26108	32818	38120
人均生产总值（元）	Per Capita Gross Regional Product (yuan)	2316	4129	7477	10346	12110
固定资产投资	**Investment in Fixed Assets**					
全社会固定资产投资相当于生产总值比例（%）	Proportion of Investment in fixed Assets to Gross Regional Product (%)	34.90	41.92	45.22	48.49	54.65
全社会房屋建筑面积竣工率（%）	Rate of Total Floor Space of Buildings Completed in Construction (%)	68.29	61.00	45.82	33.90	48.60
财政	**Finance**					
财政收入相当于生产总值比例（%）	Proportion of Government Revenue to Gross Regional Product (%)	12.27	10.29	13.16	14.50	14.83
财政支出相当于生产总值比例（%）	Proportion of Government Expenditures to Gross Regional Product (%)	14.59	17.88	22.20	24.99	30.49
农业	**Agriculture**					
人均耕地面积（公顷）	Per Capita Cultivated Land (hectare)	0.15	0.14	0.13	0.13	0.13
每公顷耕地用电量（千瓦小时）	Electric Consumption per hectare of Cultivated Land (kwh)	634	857	989	1069	1112

1-8 续表1 continued

指　标	Item	1995	2000	2005	2007	2008
每公顷耕地化肥施用量（千克）	Chemical Fertilizer Consumption per Hectare of Cultivated Land (kg)	67	188	222	232	235
每公顷耕地生产的农业产值（元）	Agricultural Output Value per Hectare of Cultivated Land (yuan)	7737	9324	16068	19893	23299
农业从业者人均农产品产量（千克）	Output of Farm Corps Per Agricultural Laborer (kg)					
粮食	Grain	939.07	1022.87	1099.19	1112.01	1221.19
棉花	Cotton	3.43	8.24	14.51	17.45	16.93
油料	Oil-bearing Crops	47.47	59.75	66.08	62.53	73.59
猪牛羊肉	Pork,Beef and Mutton	86.51	75.65	84.18	95.56	100.51
每公顷播种面积农产品产量（千克）	Output of Farm Crops per Hectare of Sown Area (kg)					
粮食	Grain	2140	2550	3235	3068	3312
棉花	Cotton	1270	1657	1728	1633	1694
油料	Oil-bearing Crops	960	1336	1530	1519	1614
工业	**Industry**					
工业经济效益综合指数	Composite index of Industrial Economic Benefit	79.05	73.50	145.98	205.54	180.01
总资产贡献率（%）	Ratio of Total Assets to Industrial Output Value (%)	7.45	5.10	8.37	13.72	7.37
资本保值增值率（%）	Ratio of Capital hold and rise (%)	129.84	123.91	114.78	119.32	121.07
资产负债率（%）	Assets-Liability Ratio (%)	65.03	65.05	58.70	57.42	50.78
成本费用利润率（%）	Ratio of Profits to Industrial Cost (%)	1.03	1.35	3.49	7.55	1.99
流动资产周转次数（次/年）	Number of Times of Annual of Turnover Circulating Funds (times/year)	1.32	1.08	1.96	2.32	2.22
全员劳动生产率（元/人）	Overall Labor Productivity (yuan/person)	15577	18537	94481	145027	161035
建筑业	**Construction**					
技术装备率（元／人）	Value of Machinery per Laborer (yuan/person)	3047	4748	9018	8090	10431
产值利税率（%）	Ratio of Pre-tax Profits to Gross Output Value (%)	2.20	5.52	3.80	6.91	8.27
全员劳动生产率（元／人）（按总产值计算）	Overall Labor Productivity (yuan/person) (By Gross Output Value)	28887	38234	73456	97476	103780

1-8 续表2 continued

指　标	Item	1995	2000	2005	2007	2008
对外经济贸易	**Foreign Trade**					
进出口总额相当于生产总值比例（%）	Proportion of Total Value of Imports & Exports to Gross Product (%)	4.54	4.48	11.16	15.46	14.12
金融	**Finance and Insurance**					
金融机构存款相当于生产总值比例（%）	Bank Deposits as Percentage of Gross Product (%)	112.64	133.25	149.74	138.66	148.89
金融机构贷款相当于生产总值比例（%）	Bank Loans as Percentage of Gross Product (%)	122.11	111.23	99.46	88.94	86.01
教育	**Education**					
学龄儿童入学率（%）	Rate of School-age Children Enrollment (%)	96.92	98.83	98.87	98.94	99.14
小学升学率（%）	Rate of Graduates of Primary Schools Entering Junior Secondary Schools (%)	86.20	90.98	96.67	98.96	100.10
初中升学率（%）	Rate of Graduates of Junior Secondary Schools Entering Senior Secondary Schools (%)	39.80	33.48	48.58	45.59	46.64
学校教师负担系数（%）	Student-teacher Ratio (in percentage)(%)					
高等学校	Colleges and Universities	7.00	11.80	15.49	17.06	17.86
中等学校	Trade Schools	9.20	12.10	19.81	21.60	
中学	Secondary Schools	14.60	17.70	19.61	18.48	17.73
小学	Primary Schools	21.00	25.30	23.20	20.75	19.03
科技	**Science and Technology**					
研究与发展经费支出占生产总值比例（%）	Propotion of Research and Development of Gross Product (%)	1.06	0.71	1.01	0.95	1.02
卫生	**Health Care**					
每万人医院、卫生院数（个）	Number of Hospitals per 10 000 Persons (unit)	0.76	0.73	0.67	0.66	0.65
每万人医生数（人）	Number of Doctors per 10 000 Persons (person)	16	15	14	13	14
每万人医院床位数（张）	Number of Hospital Beds per 10 000 Persons (bed)	23	23	23	27	29
婚姻	**Marriages and Divorces**					
离婚率（‰）	Divorce Rate (‰)	0.38	0.43	1.72	1.68	2.51

1-9 甘肃的一天
One Day in Gansu

指　标	Item	1995	2000	2005	2007	2008
每天创造的财富	**Daily Production**					
生产总值（万元）	Gross Regional Product (10 000 yuan)	15281	28846	52986	74081	86779
第一产业	Primary Industry	3032	5318	8440	10618	12630
第二产业	Secondary Industry	7036	11552	22974	35050	40203
#工业	Industry	6200	8975	18789	29146	33379
第三产业	Tertiary Industry	5213	11976	21572	28414	33946
财政收入（万元）	Government Revenue (10 000 yuan)	1874	2969	6974	10736	12867
财政支出（万元）	Government Expenditures (10 000 yuan)	2230	5157	11763	18502	26460
粮食（万吨）	Grain (10 000 tons)	1.72	1.95	2.29	2.26	2.43
棉花（吨）	Cotton (ton)	62.74	157.53	302.74	354.52	336.61
油料（吨）	Oil-bearing Crops (ton)	868.22	1141.92	1378.36	1270.14	1462.84
肉类（吨）	Meat (ton)	1296.71	1566.39	1912.60	2106.85	2164.21
布（万米）	Cloth (10 000 m)	13.81	4.05	7.53	0.06	0.05
原煤（万吨）	Coal (10 000 tons)	6.76	4.47	9.92	10.82	10.87
发电量（万千瓦小时）	Electricity (10 000 kwh)	6514	7679	13868	16955	18858
卷烟（箱）	Cigarette (pack)	788	794	1945	2038	2128
钢（吨）	Steel (ton)	3615	6300	12560	16515	12998
水泥（吨）	Cement (ton)	15383	20058	42556	42198	42632
每天消费量	**Daily National Consumption**					
最终消费（万元）	Final Consumption Expenditure (10 000 yuan)	10558	17417	33360	44257	53274
居民消费	Resident Consumption	7975	13599	24470	30584	34890
农村居民	Rural Households	4148	5646	9075	10064	12110
城镇居民	Urban Households	3827	7953	15395	20520	22781

1–9 续表 continued

指　标	Item	1995	2000	2005	2007	2008
政府消费	Government Consumption Expenditure	2583	3818	8890	13673	18384
城镇居民每人生活消费	Per Capita Living Expenditare of Urban	7.17	11.31	17.89	21.58	22.70
支出（元）	Residents (yuan)					
#食品消费	Food Consumption	3.71	4.25	6.45	7.74	8.70
农民每人生活消费支出（元）	Per Capita Living Expenditare of Rural	2.51	2.97	4.99	5.53	6.56
	Residents (yuan)					
#食品消费	Food Consumption	1.78	1.44	2.35	2.59	3.09
社会消费品零售总额（万元）	Total Retail Sales of Consumer Goods (10 000 yuan	6593	10400	17337	22831	27053
每天其他经济活动	**Other Daily Economic Activities**					
房屋建筑竣工面积（万平方米）	Floor space of Buildings (10 000 sq.m)	4.27	5.03	6.53	4.16	5.04
# 住宅	Residential Buildings	3.20	3.68	4.40	2.07	3.17
货运量（万吨）	Freight Traffic (10 000 tons)	55.55	62.25	70.80	80.84	62.14
客运量（万人）	Passenger Traffic (10 000 persons)	28.90	35.36	48.78	55.99	125.69
函件（万件）	Letters Delivered (10 000 copies)	24.94	27.17	13.89	9.56	10.30
出版报纸（万份）	Newspaper Published (10 000 copies)	61.80	70.30	103.84	102.37	104.86
居民储蓄额（万元）	Amount of Savings Deposit (10 000yuan)	10416	22432	43470	52472	67265
每天人口变动和婚姻	**Daily Population Changes and Marriages**					
出　生（人）	Births (person)	1379	1007	892	941	948
死　亡（人）	Deaths (person)	433	449	466	476	479
结　婚（对）	Marriages (couples)	426	350	314	317	322
离　婚（对）	Divorces (couples)	12	15	61	28	30

1-10 人均国民经济主要指标

Per Capita Major Indicators of National Economy

指　标	Itme	1995	2000	2005	2007	2008
人均生产总值（当年价）（元）	Per Capita Gross Regional Product (yuan)	2316	4129	7477	10346	12110
第一产业	Primary Industry	459	761	1191	1478	1763
第二产业	Secondary Industry	1067	1654	3242	4898	5610
第三产业	Tertiary Industry	790	1714	3044	3971	4737
主要工农业产品产量	Output of Major Industry and Agricultural Products					
粮食（千克）	Grain (kg)	260.28	279.82	323.53	315.67	338.78
棉花（千克）	Cotton (kg)	0.95	2.26	4.27	4.97	4.70
油料（千克）	Oil-Bearing (kg)	13.16	16.35	19.45	17.75	20.41
鲜蛋（千克）	Eggs (kg)	3.08	3.97	4.20	4.03	3.87
牛奶（千克）	Milk (kg)	3.97	5.22	11.97	13.31	13.94
钢（千克）	Steel (kg)	54.79	90.18	177.23	230.81	181.39
原煤（千克）	Coal (kg)	1110.98	640.13	1399.38	1512.17	1516.41
棉布（米）	Cloth (m)	2.47	0.73	1.05	0.12	0.01
发电量（千瓦小时）	Electricity (1 000 kwh)	987.29	1099.21	1939.82	2369.52	2631.78
全社会固定资产投资额（元）	Total Investment in Fixed Assets (yuan)	808.40	1730.96	3380.82	5017.34	6618.48
社会消费品零售总额（元）	Total Retail Sales of Consumer Goods (yuan)	999.34	1488.82	2446.32	3190.73	3775.35
财政收入（元）	Financial Revenue (yuan)	284.08	425.06	984.13	1500.43	1795.66
财政支出（元）	Financial Expenditare (yuan)	337.98	738.23	1659.81	2585.81	3692.59
职工平均工资（元）	Average Annual Wage of Staff and Workers (yuan)	5493	7913	14172	20157	23301
城镇居民人均可支配收入（元）	Per Capita Disposable Income of Urban Residents (yuan)	3152.52	4916.25	8086.82	10012.34	10969.41
农民人均纯收入（元）	Per Capita Net Income of Rural Residents (yuan)	880.34	1428.70	1980.00	2328.92	2723.80
城乡居民储蓄存款余额（元）	Saving Depositin Urban and Rural Areas (yuan)	1578.71	3211.15	6133.82	7333.29	9387.00

1-11 历年甘肃生产总值

Gansu Gross Regional Product

单位：亿元　　(100 million yuan)

年份 Year	生产总值 Gross Regional Product	第一产业 Primary Industry	第二产业 Secondary Industry	工业 Industry	建筑业 Construction	第三产业 Tertiary Industry	#交通运输、仓储和邮政业 Transport,Storage and Post	#批发和零售业 Wholesale and Retail Trades	人均生产总值（元） Per Capita Gross Regional Product (yuan)
1978	64.73	13.21	39.04	34.66	4.38	12.48	3.23	4.55	348
1979	67.51	12.89	40.98	36.90	4.08	13.64	3.26	4.83	359
1980	73.90	16.46	39.85	35.25	4.60	17.59	3.27	6.86	388
1981	70.89	17.63	35.30	31.33	3.97	17.96	3.50	7.07	367
1982	76.88	19.68	38.54	33.63	4.91	18.66	3.74	7.18	393
1983	91.50	27.65	42.92	37.52	5.40	20.93	4.07	8.63	462
1984	103.17	27.83	49.98	43.65	6.33	25.36	5.14	10.16	515
1985	123.39	33.08	58.81	50.54	8.27	31.50	7.36	11.40	608
1986	140.74	38.02	65.27	56.01	9.26	37.45	9.33	12.71	684
1987	159.52	45.27	68.40	58.26	10.14	45.85	10.67	15.67	764
1988	191.84	52.77	81.33	67.28	14.05	57.74	10.94	22.55	905
1989	216.84	59.01	91.79	77.62	14.17	66.04	11.82	29.08	1007
1990	242.80	64.06	98.33	83.93	14.40	80.41	12.01	30.64	1099
1991	271.39	66.55	111.91	97.19	14.72	92.93	12.45	31.17	1204
1992	317.79	74.20	128.66	110.21	18.45	114.93	14.18	39.15	1384
1993	372.24	87.43	159.96	136.74	23.22	124.85	15.03	43.11	1600
1994	453.61	103.87	198.67	174.56	24.11	151.07	21.40	50.17	1921
1995	557.76	110.65	256.83	226.29	30.54	190.28	28.72	66.99	2316
1996	722.52	188.12	311.98	276.37	35.61	222.42	33.66	78.86	2946
1997	793.57	190.21	337.79	286.70	51.09	265.58	43.74	89.54	3199
1998	887.67	202.76	373.43	311.25	62.17	311.48	52.20	98.34	3541
1999	956.32	191.84	410.07	326.99	83.08	354.42	60.26	107.15	3778
2000	1052.88	194.10	421.65	327.60	94.04	437.13	78.38	112.81	4129
2001	1125.37	207.96	458.08	355.51	102.56	459.34	89.00	121.28	4386
2002	1232.03	215.51	501.69	389.38	112.31	514.83	107.01	129.91	4768
2003	1399.83	237.91	572.02	448.23	123.78	589.91	124.99	140.18	5429
2004	1688.49	286.78	713.30	574.00	139.30	688.41	121.91	117.54	6566
2005	1933.98	308.06	838.56	685.80	152.76	787.36	144.70	130.78	7477
2006	2277.35	334.00	1043.19	868.13	175.06	900.16	169.58	145.89	8757
2007	2703.98	387.55	1279.32	1063.84	215.48	1037.11	181.24	166.85	10346
2008	3176.11	462.27	1471.43	1221.66	249.77	1242.41	211.11	196.93	12110

注：1.1994年起为经普调整数。2006年、2007年又根据农业普查结果进行了调整。

2.2003年及以前年份第一产业不包括农林牧渔服务业；交通运输仓储和邮政业包括电信业，但不包括城市公共交通业；批发与零售业包括餐饮业（下表同）。

a) Data are from economic census since 1994. In2006, 2007 they were adjusted again according to the Second National Agricultural Census in 2006.

b) In 2003 and preceding years, the primary industry did not include service of farming, forestry, animal husbandry and fishery; Transport, storage and post included telecommunication services, but did not include urban public transport; Wholesale and retail trades included catering services. The same as in the following table.

1-12 历年甘肃生产总值指数

Indices of Gansu Gross Regional Product

（上年=100）　　本表按可比价格计算　The indices in this table are calculated at comparable prices　　(preceding year=100)

年 份 Year	生产总值 Gross Regional Product	第一产业 Primary Industry	第二产业 Secondary Industry	工业 Industry	建筑业 Construction	第三产业 Tertiary Industry	# 交通运输、仓储和邮政业 Transport,Storage and Post	# 批发和零售业 Wholesale and Retail Trades	人均生产总值 Per Capita Gross Regional Product
1978	113.21	95.97	115.05	109.61	129.24	131.00	105.47	122.01	112.05
1979	101.41	87.43	104.89	106.45	97.21	108.88	99.98	104.99	100.04
1980	109.08	123.87	98.00	95.92	112.14	127.91	104.36	136.72	107.79
1981	91.56	93.83	85.90	84.07	86.29	102.79	105.21	106.03	90.32
1982	108.92	116.13	108.25	107.21	113.28	103.39	102.97	101.84	107.09
1983	114.86	112.64	113.14	112.07	119.42	110.13	113.70	112.24	113.41
1984	113.76	111.18	112.91	111.96	110.92	118.66	120.99	117.92	112.73
1985	113.19	108.13	113.51	110.30	129.78	118.20	129.54	112.04	111.81
1986	111.03	106.88	106.16	106.08	113.21	124.86	109.69	150.03	109.66
1987	108.92	106.54	102.41	101.94	103.42	122.05	110.21	135.24	107.21
1988	113.65	107.64	113.94	111.20	118.77	117.84	111.10	124.30	112.21
1989	108.75	105.99	109.75	108.79	108.23	109.33	112.20	114.20	106.52
1990	105.63	104.97	105.36	106.10	102.40	106.45	97.30	105.60	103.43
1991	106.57	101.61	108.99	108.90	108.90	107.70	105.40	109.20	104.49
1992	109.89	105.80	110.22	109.10	109.90	112.78	108.00	120.10	107.88
1993	111.57	108.81	113.58	114.10	110.20	111.09	109.60	116.70	110.08
1994	110.78	106.08	111.02	111.25	109.42	113.99	121.07	115.19	109.28
1995	110.36	103.15	109.99	110.09	109.29	115.87	122.91	116.16	108.23
1996	111.96	109.90	110.41	110.48	109.91	115.14	121.77	115.38	114.45
1997	109.08	98.06	110.02	110.26	108.31	114.52	124.56	109.34	103.59
1998	109.72	105.13	108.83	107.46	118.60	113.05	119.04	109.61	108.57
1999	109.03	99.48	108.48	97.67	178.65	114.15	116.58	111.29	107.99
2000	109.70	101.56	110.08	110.16	109.80	112.67	119.80	108.21	108.89
2001	109.76	107.56	109.51	109.99	107.84	110.99	114.42	108.51	109.07
2002	109.86	105.86	110.22	110.86	107.94	111.25	121.77	108.74	109.11
2003	110.74	105.48	111.73	112.86	107.62	111.96	121.77	108.13	110.98
2004	111.51	105.92	112.26	114.03	105.47	112.97	122.88	108.86	111.80
2005	111.84	105.86	113.15	115.25	104.47	112.82	114.28	111.02	111.20
2006	111.51	105.18	114.25	115.25	109.77	111.06	107.57	110.23	110.94
2007	112.30	104.00	116.80	116.50	118.50	110.50	106.40	109.50	111.80
2008	110.14	107.12	108.43	109.45	103.70	113.17	107.99	109.38	109.69

1-13 历年甘肃生产总值构成
Composition of Gansu Gross Regional Product

单位：%　　本表按当年价格计算 Data in value terms in this table are caculated at current prices　　(%)

年份 Year	生产总值 Gross Regional Product	第一产业 Primary Industry	第二产业 Secondary Industry	工业 Industry	建筑业 Construction	第三产业 Tertiary Industry	#交通运输、仓储和邮政业 Transport,Storage and Post	#批发和零售业 Wholesale and Retail Trades
1978	100	20.41	60.31	53.55	6.77	19.28	4.99	7.03
1979	100	19.09	60.70	54.66	6.04	20.20	4.83	7.15
1980	100	22.27	53.92	47.70	6.22	23.80	4.42	9.28
1981	100	24.87	49.80	44.20	5.60	25.34	4.94	9.97
1982	100	25.60	50.13	43.74	6.39	24.27	4.86	9.34
1983	100	30.22	46.91	41.01	5.90	22.87	4.45	9.43
1984	100	26.97	48.44	42.31	6.14	24.58	4.98	9.85
1985	100	26.81	47.66	40.96	6.70	25.53	5.96	9.24
1986	100	27.01	46.38	39.80	6.58	26.61	6.63	9.03
1987	100	28.38	42.88	36.52	6.36	28.74	6.69	9.82
1988	100	27.51	42.39	35.07	7.32	30.10	5.70	11.75
1989	100	27.21	42.33	35.80	6.53	30.46	5.45	13.41
1990	100	26.38	40.50	34.57	5.93	33.12	4.95	12.62
1991	100	24.52	41.24	35.81	5.42	34.24	4.59	11.49
1992	100	23.35	40.49	34.68	5.81	36.17	4.46	12.32
1993	100	23.49	42.97	36.73	6.24	33.54	4.04	11.58
1994	100	22.90	43.80	38.48	5.31	33.31	4.72	11.06
1995	100	19.84	46.05	40.57	5.48	34.12	5.15	12.01
1996	100	26.04	43.18	38.25	4.93	30.78	4.66	10.91
1997	100	23.97	42.57	36.13	6.44	33.47	5.51	11.28
1998	100	22.84	42.07	35.06	7.00	35.09	5.88	11.08
1999	100	20.06	42.88	34.19	8.69	37.06	6.30	11.20
2000	100	18.44	40.05	31.11	8.93	41.52	7.44	10.71
2001	100	18.48	40.70	31.59	9.11	40.82	7.91	10.78
2002	100	17.49	40.72	31.60	9.12	41.79	8.69	10.54
2003	100	17.00	40.86	32.02	8.84	42.14	8.93	10.01
2004	100	16.99	42.24	33.99	8.25	40.77	7.22	6.96
2005	100	15.93	43.36	35.46	7.90	40.71	7.48	6.76
2006	100	14.67	45.81	38.12	7.69	39.53	7.45	6.41
2007	100	14.33	47.31	39.34	7.97	38.35	6.70	6.17
2008	100	14.55	46.33	38.46	7.86	39.12	6.65	6.20

1-14 甘肃生产总值指数

Indices of Gansu Gross Regional Product

(1978=100)　　(year of 1978=100)

年份 Year	生产总值 Gross Regional Product	第一产业 Primary Industry	第二产业 Secondary Industry	工业 Industry	建筑业 Construction	第三产业 Tertiary Industry	#交通运输、仓储和邮政业 Transport,Storage and Post	#批发和零售业 Wholesale and Retail Trades	人均生产总值 Per Capita Gross Regional Product
1979	101.41	87.43	104.89	106.45	97.21	108.88	99.98	104.99	100.04
1980	110.62	108.30	102.79	102.11	109.01	139.27	104.34	143.54	107.79
1981	101.28	101.62	88.30	85.84	94.07	143.15	109.78	152.20	97.39
1982	110.32	118.01	95.58	92.03	106.56	148.01	113.04	155.00	104.30
1983	126.71	132.92	108.14	103.14	127.25	163.00	128.52	173.97	118.29
1984	144.14	147.79	122.10	115.47	141.15	193.42	155.50	205.15	133.34
1985	163.16	159.80	138.60	127.37	183.18	228.62	201.43	229.85	149.08
1986	181.15	170.79	147.14	135.11	207.38	285.45	220.95	344.84	163.48
1987	197.31	181.96	150.68	137.73	214.47	348.39	243.51	466.36	175.26
1988	224.25	195.87	171.69	153.16	254.73	410.55	270.54	579.68	197.54
1989	243.87	207.60	188.43	166.62	275.69	448.85	303.55	662.00	210.42
1990	257.60	217.92	198.53	176.79	282.31	477.80	295.35	699.07	217.65
1991	274.52	221.43	216.38	192.52	307.43	514.59	311.30	763.38	227.41
1992	301.67	234.27	238.49	210.04	337.87	580.36	336.20	916.82	245.32
1993	336.57	254.91	270.88	239.65	372.33	644.72	368.48	1069.93	270.05
1994	372.85	270.40	300.73	266.63	407.40	734.89	446.13	1232.51	295.10
1995	411.47	278.92	330.76	293.52	445.24	851.50	548.33	1431.72	319.40
1996	460.70	306.53	365.20	324.29	489.38	980.43	667.73	1651.85	365.55
1997	502.53	300.58	401.79	357.58	530.03	1122.79	831.69	1806.12	378.69
1998	551.38	316.01	437.26	384.26	628.61	1269.37	990.01	1979.73	411.15
1999	601.19	314.36	474.33	375.31	1123.01	1448.94	1154.17	2203.19	444.00
2000	659.51	319.24	522.13	413.42	1233.08	1632.51	1382.65	2383.98	483.49
2001	723.91	343.37	571.80	454.73	1329.81	1811.86	1581.97	2586.74	527.32
2002	795.32	363.48	630.23	504.11	1435.41	2015.76	1926.37	2812.89	575.34
2003	880.74	383.39	704.17	568.93	1544.75	2256.85	2345.80	3041.53	638.53
2004	982.12	406.08	790.48	648.76	1629.28	2549.45	2882.41	3310.93	713.90
2005	1098.47	429.88	894.45	747.71	1702.06	2876.38	3294.06	3675.85	793.86
2006	1224.87	452.14	1021.89	861.71	1868.29	3194.61	3543.33	4051.92	880.39
2007	1375.50	470.23	1193.60	1004.00	2214.00	3530.00	3770.10	4436.85	984.27
2008	1514.98	503.71	1294.22	1098.88	2295.92	3994.90	4071.33	4853.03	1079.65

1-15 甘肃生产总值项目构成

Composition of Gansu Gross Regional Product by Item

单位：亿元　　(2008)　　(100 million yuan)

项　目	Item	增加值 Added Value	劳动者报酬 Remuneration for Labors	生产税净额 Net Taxes on Production	固定资产折旧 Depreciation of Fixed Asset	营业盈余 Operating Surplus
生产总值	**Gross Regional Product**	**3176.11**	**1507.67**	**445.88**	**553.36**	**669.20**
第一产业	Primary Industry	462.27	333.39	0.00	50.04	78.84
第二产业	Secondary Industry	1471.43	610.10	378.90	236.30	246.13
工业	Industry	1221.66	459.45	336.76	216.55	208.90
建筑业	Construction	249.77	150.65	42.14	19.75	37.23
第三产业	Tertiary Industry	1242.41	564.18	66.98	267.02	344.23
交通运输、仓储及邮政业	Transport,Storage and Post	211.11	84.71	16.93	68.39	41.08
信息传输、计算机服务和软件业	Information Transmission,Computer Services and software	82.91	16.42	4.73	43.57	18.19
批发和零售业	Wholesale and Retail Trade	196.93	19.24	19.09	6.27	152.33
住宿和餐饮业	Hotels and Catering Services	77.21	14.91	7.20	4.94	50.16
金融业	Financial Intermediation	72.49	29.70	6.88	2.10	33.81
房地产业	Real Estate	93.80	9.45	3.94	80.25	0.16
科学研究、技术服务和地质勘查业	Scientific Research,Technical Services and Geologic Prospecting	52.96	37.24	2.48	6.31	6.93
水利、环境和公共设施管理业	Management of Water Conservance, Environment and Public Facilities	15.14	13.99	0.23	4.17	−3.25
教育	Education	124.30	106.44	0.29	12.34	5.23
卫生、社会保障和社会福利业	Health care,Social Security and Social Welfare	60.52	46.81	0.56	4.30	8.85
其他	Others	255.04	185.27	4.65	34.38	30.74

注：本表按新的国民经济行业划分标准统计。

a) The data in the table is count up according to new division standard.

1-16 三次产业贡献率

Share Rate of the Three Industries to the Increase of GRP

年份 Year	生产总值 Gross Pruduct	第一产业 Primary Industry	第二产业 Secondary Industry	#工业 Industry	第三产业 Tertiary Industry
1995	100	7.12	41.52	36.66	51.36
1996	100	18.10	37.35	32.90	44.55
1997	100	−4.59	46.70	41.88	57.89
1998	100	10.20	38.76	28.75	51.05
1999	100	−1.07	39.74	−9.46	61.33
2000	100	2.71	43.75	34.40	53.54
2001	100	14.27	39.02	31.84	46.71
2002	100	10.72	41.39	34.32	47.89
2003	100	8.88	43.78	37.67	47.34
2004	100	8.52	43.07	39.08	48.41
2005	100	7.89	45.20	42.21	46.91
2006	100	7.17	53.69	46.98	39.14
2007	100	4.87	60.57	48.93	34.56
2008	100	9.77	38.42	35.43	51.81

注：产业贡献率指各产业增加值增量与生产总值增量之比。

a) Share of the three industries refers to the proportion of the increment of every industrial value added to the increment of GRP.

1-17 三次产业对国内生产总值增长的拉动

Contribution of the Three Strata of Industry to GDP Growth

年份 Year	生产总值 Gross Pruduct	第一产业 Primary Industry	第二产业 Secondary Industry	#工业 Industry	第三产业 Tertiary Industry
1995	10	0.74	4.30	3.80	5.32
1996	12	2.17	4.47	3.94	5.33
1997	9	−0.42	4.24	3.80	5.26
1998	10	0.99	3.77	2.79	4.96
1999	9	−0.10	3.59	−0.85	5.54
2000	10	0.26	4.24	3.34	5.19
2001	10	1.39	3.81	3.11	4.56
2002	10	1.06	4.08	3.39	4.72
2003	11	0.95	4.70	4.05	5.08
2004	12	0.98	4.96	4.50	5.57
2005	12	0.93	5.35	5.00	5.55
2006	12	0.82	6.18	5.41	4.51
2007	12	0.60	7.45	6.02	4.25
2008	10	0.98	3.84	3.54	5.18

注：产业拉动指GDP增长速度与各产业贡献率之乘积。

a)Contribution of the three strata of industry to GDP growth refers to the growth rate of GDP multiplied the industrial shares.

1-18 按支出法计算的甘肃生产总值

Gansu Gross Regional Product by Expenditure Approuch

年 份 Year	支出法生产总值（亿元） Gross Regional Product by Expenditure Approach (100 million yuan)	最终消费 Final Consumption Expenditures	资本形成总额 Gross Capital Formation	货物和服务净出口 Net Exports of Goods and Services	投资率（%） Capital Formation Rate (%)	消费率（%） Final Corsumption Rate (%)
1978	64.73	43.12	30.73	−9.12	47.47	66.62
1979	67.51	46.57	30.04	−9.10	44.50	68.98
1980	73.90	53.77	24.38	−4.25	32.99	72.76
1981	70.89	57.24	22.32	−8.67	31.49	80.74
1982	76.88	61.32	25.34	−9.78	32.96	79.76
1983	91.50	68.10	31.58	−8.18	34.51	74.43
1984	103.17	73.43	35.46	−5.72	34.37	71.17
1985	123.39	86.23	47.16	−10.00	38.22	69.88
1986	140.74	104.24	60.02	−23.52	42.65	74.07
1987	159.52	119.56	62.02	−22.06	38.88	74.95
1988	191.84	139.60	77.57	−25.33	40.43	72.77
1989	216.84	158.00	90.06	−31.22	41.53	72.86
1990	242.80	170.20	104.91	−32.31	43.21	70.10
1991	271.39	195.73	113.17	−37.51	41.70	72.12
1992	317.79	227.96	130.90	−41.07	41.19	71.73
1993	372.24	263.00	152.27	−43.03	40.91	70.65
1994	453.61	322.59	177.10	−46.09	39.04	71.12
1995	557.76	385.35	221.20	−48.78	39.66	69.09
1996	722.52	503.16	277.46	−58.10	38.40	69.64
1997	793.57	543.95	323.18	−73.56	40.72	68.54
1998	887.67	563.03	366.34	−41.70	41.27	63.43
1999	956.32	592.61	413.12	−49.41	43.20	61.97
2000	1052.88	635.71	453.44	−36.27	43.07	60.38
2001	1125.37	702.29	523.05	−99.97	46.48	62.41
2002	1232.03	770.54	586.44	−124.95	47.60	62.54
2003	1399.83	863.46	672.98	−136.61	48.08	61.68
2004	1688.49	1047.66	817.23	−176.40	48.40	62.05
2005	1933.98	1217.63	916.96	−200.61	47.41	62.96
2006	2277.35	1387.87	1090.73	−201.25	47.89	60.94
2007	2703.98	1615.37	1322.52	−233.91	48.91	59.74
2008	3176.11	1949.83	1958.54	−732.26	61.66	61.39

1-19 资本形成及构成

Gross Capital Formation and Its Composition

年 份 Year	资本形成总额（亿元） Gross Capital Formation (100 million yuan)	固定资本形成总额 Gross Fixed Capital Formation	存货增加 Changes in inventories	资本形成总额为100 Total=100 固定资本形成总额 Gross Fixed Capital Formation	存货增加 Changes in inventories
1978	30.73	28.16	2.57	91.64	8.36
1979	30.04	27.42	2.62	91.28	8.72
1980	24.38	22.18	2.2	90.98	9.02
1981	22.32	19.79	2.53	88.66	11.34
1982	25.34	21.87	3.47	86.31	13.69
1983	31.58	26.84	4.74	84.99	15.01
1984	35.46	29.65	5.81	83.62	16.38
1985	47.16	39.17	7.99	83.06	16.94
1986	60.02	45.83	14.19	76.36	23.64
1987	62.02	52.19	9.83	84.15	15.85
1988	77.57	53.64	23.93	69.15	30.85
1989	90.06	59.78	30.28	66.38	33.62
1990	104.91	67.19	37.72	64.05	35.95
1991	113.17	76.47	36.7	67.57	32.43
1992	130.9	85.73	45.17	65.49	34.51
1993	152.27	98.42	53.85	64.64	35.36
1994	177.10	116.57	60.54	65.82	34.18
1995	221.20	146.35	74.84	66.16	33.84
1996	277.46	188.67	88.79	68.00	32.00
1997	323.18	229.49	93.69	71.01	28.99
1998	366.34	258.10	108.24	70.45	29.55
1999	413.12	310.90	102.22	75.26	24.74
2000	453.44	373.90	79.54	82.46	17.54
2001	523.05	463.13	59.91	88.55	11.45
2002	586.44	534.75	51.70	91.18	8.82
2003	672.98	617.62	55.37	91.77	8.23
2004	817.23	756.02	61.21	92.51	7.49
2005	916.96	874.52	42.44	95.37	4.63
2006	1090.73	1027.78	62.95	94.23	5.77
2007	1322.52	1221.96	100.56	92.40	7.60
2008	1958.54	1733.54	225	88.51	11.49

1-20 最终消费及构成

Final Consumption Expenditures and Its Composition

年份 Year	最终消费（亿元）Final Consumption Expenditure (100 million yuan)	居民消费 Resident Consumption	农村居民 Rural Resident	城镇居民 Urban Resident	政府消费 Government Consumption	最终消费=100 Final Consumption Expenditure=100		居民消费=100 Resident Consumption Expenditure=100	
						居民消费 Resident Consumption	政府消费 Government Consumption	农村居民 Rural Resident	城镇居民 Urban Resident
1978	43.12	31.90	17.98	13.92	11.22	73.98	26.02	56.36	43.64
1979	46.57	34.98	19.74	15.24	11.59	75.11	24.89	56.43	43.57
1980	53.77	39.81	21.82	17.99	13.96	74.04	25.96	54.81	45.19
1981	57.24	42.74	24.50	18.24	14.50	74.67	25.33	57.32	42.68
1982	61.32	47.05	26.52	20.53	14.27	76.73	23.27	56.37	43.63
1983	68.10	51.54	29.44	22.10	16.56	75.68	24.32	57.12	42.88
1984	73.43	55.99	31.73	24.26	17.44	76.25	23.75	56.67	43.33
1985	86.23	66.10	37.98	28.12	20.13	76.66	23.34	57.46	42.54
1986	104.24	77.82	42.84	34.98	26.42	74.65	25.35	55.05	44.95
1987	119.56	90.63	49.94	40.69	28.93	75.80	24.20	55.10	44.90
1988	139.60	107.43	58.73	48.70	32.17	76.96	23.04	54.67	45.33
1989	158.00	120.26	67.34	52.92	37.74	76.11	23.89	56.00	44.00
1990	170.20	130.36	72.14	58.22	39.84	76.59	23.41	55.34	44.66
1991	195.73	147.60	82.55	65.05	48.13	75.41	24.59	55.93	44.07
1992	227.96	170.10	96.85	73.25	57.86	74.62	25.38	56.94	43.06
1993	263.00	194.69	105.48	89.21	68.31	74.03	25.97	54.18	45.82
1994	322.59	239.33	127.98	111.35	83.26	74.19	25.81	53.47	46.53
1995	385.35	291.08	151.39	139.69	94.27	75.54	24.46	52.01	47.99
1996	503.16	397.93	197.35	200.59	105.23	79.09	20.91	49.59	50.41
1997	543.95	430.74	196.38	234.37	113.21	79.19	20.81	45.59	54.41
1998	563.03	437.87	194.33	243.54	125.16	77.77	22.23	44.38	55.62
1999	592.61	460.49	195.83	264.66	132.13	77.70	22.30	42.53	57.47
2000	635.71	496.35	206.07	290.28	139.37	78.08	21.92	41.52	58.48
2001	702.29	538.73	218.26	320.46	163.57	76.71	23.29	40.51	59.49
2002	770.54	594.61	220.11	374.50	175.92	77.17	22.83	37.02	62.98
2003	863.46	668.37	244.85	423.52	195.08	77.41	22.59	36.63	63.37
2004	1047.66	775.53	277.09	498.44	272.13	74.02	25.98	35.73	64.27
2005	1217.63	893.15	331.22	561.93	324.48	73.35	26.65	37.08	62.92
2006	1387.87	990.76	340.02	650.74	397.11	71.39	28.61	34.32	65.68
2007	1615.37	1116.31	367.34	748.97	499.06	69.11	30.89	32.91	67.09
2008	1949.83	1276.99	443.21	833.78	672.84	65.49	34.51	34.71	65.29

1-21 主要年份居民消费水平及指数

Households Consumption Expenditure and Indices in Main Years

年份	居民消费水平（元/人） Households Consumption Level (yuan/person)	城镇居民 Urban Households	农村居民 Rural Households	指数（1978年为100） Index (1978=100)	城镇居民 Urban Households	农村居民 Rural Households	指数（上年为100） Index (precceding year=100)	城镇居民 Urban Households	农村居民 Rural Households
1978	168.00	535.00	112.00	100.00	100.00	100.00	112.77	102.23	103.33
1980	208.00	647.00	133.00	115.09	122.03	120.43	111.59	114.74	103.70
1985	323.00	881.00	220.00	171.72	150.19	192.46	105.41	102.57	109.15
1990	590.00	1608.00	392.00	194.27	160.22	226.95	99.44	98.55	99.27
1991	655.00	1730.00	440.00	203.57	170.62	234.30	104.79	106.49	103.24
1992	741.00	1888.00	508.00	218.27	186.84	244.21	107.22	109.51	104.23
1993	837.00	2241.00	547.00	231.37	201.42	251.54	106.00	107.80	103.00
1994	1013.38	2245.06	685.95	248.37	206.85	278.20	107.35	102.70	110.60
1995	1208.76	2515.96	817.05	268.46	208.20	303.50	108.09	100.65	109.09
1996	1622.62	3510.23	1049.18	298.86	233.42	334.19	111.33	112.12	110.11
1997	1736.50	4010.13	1035.69	307.70	259.48	319.42	102.96	111.16	95.58
1998	1746.73	4087.98	1016.87	310.37	267.10	313.92	100.87	102.94	98.28
1999	1819.41	4365.14	1017.46	330.75	319.83	290.01	106.57	119.74	92.38
2000	1946.66	4735.77	1063.96	360.95	356.74	305.97	109.13	111.54	105.50
2001	2099.43	5147.58	1123.04	384.67	385.82	315.90	106.57	108.15	103.25
2002	2301.22	5742.92	1139.42	424.91	433.57	322.73	110.46	112.38	102.16
2003	2592.36	6160.18	1295.01	473.50	460.84	361.68	111.43	106.29	112.07
2004	3015.85	6923.35	1496.51	523.21	492.01	396.65	110.50	106.76	109.67
2005	3452.80	7409.81	1811.55	573.34	512.09	447.18	109.58	104.08	112.74
2006	3810.00	8190.00	1883.00	624.37	559.20	458.36	108.90	109.20	102.50
2007	4274.00	9150.00	2049.00	663.70	593.87	469.36	106.30	106.20	102.40
2008	4869.00	9975.00	2480.00	698.21	599.21	522.86	105.20	100.90	111.40

1-22 最终消费
Final Consumption Expenditure

单位：亿元　　(100 million yuan)

指　　标	Item	2007	2008
最终消费	Final Consumption	1615.37	1949.83
居民消费	Resident Consumption	1116.31	1276.99
农村居民	Rural Resident	367.34	443.21
食　品	Food	169.30	202.36
衣　着	Clothing	20.12	24.06
居　住	Housing	27.52	33.44
医疗保健	Health Care	26.87	29.43
文教娱乐用品及服务	Education,Culture and Recreation Services	37.46	39.29
城镇居民	Urban Residents	748.97	833.78
食　品	Food	231.18	266.12
衣　着	Clothing	76.93	85.48
居　住	Housing	62.89	70.73
医疗保健	Health Care	46.18	54.73
文教娱乐用品及服务	Education,Culture and Recreation Services	86.65	78.26
政府消费	Government Consumption	499.06	672.84

1-23 按所有制分的甘肃生产总值及构成
Gross Regional Product of Gansu and Its Composition by Ownership

(2008)

指　标	Item	合计 Total	第一产业 Primary Industry	第二产业 Secondary Industry	第三产业 Tertiary Industry
生产总值（亿元）	**Gross Regional Product (100 million yuan)**	**3176.11**	**462.27**	**1471.43**	**1242.41**
公有制经济	Public-owned	2006.98	318.97	1020.70	667.31
国有经济	State-owned	1464.46	7.53	857.05	599.88
集体经济	Collective-owned	470.02	311.44	111.50	47.08
非公有制经济	Non-public-owned	1169.13	143.30	450.73	575.10
构成（%）	**Composition (%)**	**100.00**	**100.00**	**100.00**	**100.00**
公有制经济	Public-owned	63.19	69.00	69.37	53.71
国有经济	State-owned	46.11	1.63	58.25	48.28
集体经济	Collective-owned	14.80	67.37	7.58	3.79
非公有制经济	Non-public-owned	36.81	31.00	30.63	46.29

1-24 各地区生产总值
Gross Product by Prefecture

单位：万元　　（2008）　　(10 000 yuan)

地区	Region	地区生产总值 Gross Regional Products	第一产业 Primary Industry	第二产业 Secondary Industry	工业 Industry	建筑业 Construction	第三产业 Tertiary Industry	#交通运输、仓储及邮政业 Transport,Storage and Post	#信息传输、计算机服务和软件业 Information Transmission,Compu-ter Services and Software	#批发和零售业 Wholesale and Retail Trades
兰州市	Lanzhou	8462811	281008	3982463	3189304	793159	4199340	663333	192790	809529
嘉峪关市	Jiayuguan	1441043	16870	1182797	1152807	29990	241376	61540	26601	47954
金昌市	Jinchang	1944259	96332	1575198	1477841	97357	272729	17608	10808	42737
白银市	Baiyin	2442835	302985	1377677	1207331	170346	762173	153496	102037	141714
天水市	Tianshui	2265698	422938	834135	612076	222059	1008625	172678	51812	203996
武威市	Wuwei	2101088	490627	773406	571036	202370	837055	183851	50225	158241
张掖市	Zhangye	1698559	492299	650280	505760	144520	555980	76945	30483	97783
平凉市	Pingliang	1750618	390039	760441	656028	104413	600138	127928	33340	51266
酒泉市	Jiuquan	2480173	431602	1216473	1001547	214926	832098	162957	45716	155885
庆阳市	Qingyang	2484991	386612	1504685	1408640	96045	593694	67689	39851	105194
定西市	Dingxi	1056400	381719	241885	166750	75135	432796	38189	21959	58781
陇南市	Longnan	1216011	355855	321200	258529	62671	538956	83456	21897	59895
临夏州	Linxia	785870	186758	236680	177124	59556	362432	23272	21595	38565
甘南州	Gannan	433693	128440	108468	100068	8400	196785	20570	6476	13067

1-24 续表 continued

单位：万元　　(10 000 yuan)

地区	Region	#住宿和餐饮业 Hotel and Restaurants	#金融业 Financial Intermedia-tion	#房地产业 Real Estate	#科学研究、技术服务和地质勘查业 Scientific Research,Technical Service and Geologic Prospecting	#水利、环境和公共设施管理业 Management of water conser-vancy,Environment and public facilities	#教育 Education	#卫生、社会保障和社会福利业 Health,Social Security and Social welfare	人均生产总值（元） Per Capita Gross Regional Product (yuan)
兰州市	Lanzhou	281117	278881	229528	285848	43104	488231	140085	25628
嘉峪关市	Jiayuguan	13447	18869	11977	2217	1973	12384	6028	69414
金昌市	Jinchang	11270	45672	19962	2257	3306	28400	15898	41231
白银市	Baiyin	52178	45577	42608	14943	22730	39323	66443	13954
天水市	Tianshui	101194	27374	101625	25670	5112	100850	63406	6626
武威市	Wuwei	63562	13261	82167	8538	41981	65160	58825	11021
张掖市	Zhangye	32511	25727	40440	12923	14976	58834	24784	13285
平凉市	Pingliang	38758	45145	47884	21440	4620	54966	30085	7982
酒泉市	Jiuquan	56141	52383	41031	28895	27288	58263	57469	24479
庆阳市	Qingyang	40320	30128	40911	4610	4720	97793	24617	9872
定西市	Dingxi	18622	17507	48140	4955	1045	60365	22563	3602
陇南市	Longnan	31794	34654	27698	9973	7230	83773	39144	4396
临夏州	Linxia	29521	15958	30123	5161	6828	55737	21063	3971
甘南州	Gannan	13831	13921	6120	2380	2108	31307	10702	6376

1-25 各地区生产总值指数
Indices of Gross Product by Prefecture

（上年=100）　(2008)　(preceding year=100)

地区	Region	地区生产总值 Regional Gross Product	第一产业 Primary Industry	第二产业 Secondary Industry	工业 Industry	建筑业 Construction	第三产业 Tertiary Industry	# 交通运输、仓储和邮政业 Transport,Storage and Post	# 批发和零售业 Wholesale and Retail Trades	人均生产总值 Per Capita Gross Regional Product
兰州市	Lanzhou	111.5	105.7	111.4	113.2	104.0	112.0	107.7	109.2	110.8
嘉峪关市	Jiayuguan	108.9	108.5	108.1	107.8	117.0	112.8	112.1	140.8	107.0
金昌市	Jinchang	106.2	100.7	105.8	105.4	113.0	109.9	99.8	103.6	105.3
白银市	Baiyin	112.3	107.0	115.4	116.6	107.2	109.3	107.3	109.6	112.2
天水市	Tianshui	111.0	114.4	110.0	111.7	105.5	110.6	109.9	111.0	110.3
武威市	Wuwei	111.0	105.5	114.7	116.9	108.7	111.1	111.9	108.5	111.5
张掖市	Zhangye	111.3	105.5	115.8	120.5	102.0	111.8	106.6	112.0	111.3
平凉市	Pingliang	112.2	107.6	115.9	117.8	104.4	111.0	107.8	109.1	111.5
酒泉市	Jiuquan	112.6	106.5	117.0	117.8	113.5	110.2	105.9	113.7	110.0
庆阳市	Qingyang	114.3	113.5	115.9	116.4	111.0	110.8	109.1	117.4	114.0
定西市	Dingxi	109.3	108.6	108.2	107.8	109.0	110.7	109.0	108.1	93.0
陇南市	Longnan	108.0	106.5	96.1	94.9	102.2	119.0	120.8	104.4	108.1
临夏州	Linxia	113.6	107.1	113.5	112.4	116.8	117.0	104.5	116.6	114.2
甘南州	Gannan	111.0	106.5	112.6	113.5	102.9	112.9	105.7	110.1	110.8

1-26 各地区生产总值构成
Composition of Regional Gross Product by Prefecture

单位：%　（2008）　(%)

地区	Region	地区生产总值 Regional Gross Product	第一产业 Primary Industry	第二产业 Secondary Industry	工业 Industry	建筑业 Construction	第三产业 Tertiary Industry	# 交通运输、仓储和邮政业 Transport,Storage and Post	# 批发和零售业 Wholesale and Retail Trades
兰州市	Lanzhou	100	3.32	47.06	37.69	9.37	49.62	7.84	9.57
嘉峪关市	Jiayuguan	100	1.17	82.08	80.00	2.10	16.75	4.30	3.30
金昌市	Jinchang	100	4.95	81.02	76.00	5.00	14.03	0.90	0.20
白银市	Baiyin	100	12.40	56.40	49.40	7.00	31.20	6.30	5.80
天水市	Tianshui	100	18.70	36.80	27.00	9.80	44.50	7.60	9.00
武威市	Wuwei	100	23.35	36.81	27.20	9.60	39.84	8.80	7.50
张掖市	Zhangye	100	28.98	38.28	29.80	8.50	32.73	4.50	5.80
平凉市	Pingliang	100	22.28	43.44	37.40	6.00	34.28	7.30	2.90
酒泉市	Jiuquan	100	17.40	49.05	40.40	8.60	33.55	6.60	6.30
庆阳市	Qingyang	100	15.60	60.50	56.70	3.80	23.90	2.70	4.20
定西市	Dingxi	100	36.13	22.90	15.80	7.10	41.00	3.60	5.60
陇南市	Longnan	100	29.26	26.42	21.30	5.10	44.32	6.90	4.90
临夏州	Linxia	100	23.76	30.12	22.50	7.60	46.12	3.00	4.90
甘南州	Gannan	100	29.60	25.00	23.10	1.90	45.40	4.70	3.00

1-27 各地县生产总值

Gross Product by Prefecture, County

单位：万元　(2008)　(10 000 yuan)

地　区	Region	地区生产总值 Regional Gross Product	第一产业 Primary Industry	第二产业 Secondary Industry	工　业 Industry	建筑业 Construction
兰州市	**Lanzhou**	**8462811**	**281008**	**3982463**	**3189304**	**793159**
城关区	Chengguan	2965123	8827	605807	334044	271763
七里河区	Qilihe	1519189	27370	873162	711614	161548
西固区	Xigu	1790953	19140	1304200	1154200	150000
安宁区	Anning	500088	2271	274682	205832	68850
红古区	Honggu	489416	46186	321483	263893	57590
永登县	Yongdeng	618394	75454	322716	291716	31000
皋兰县	Gaolan	184994	32625	100788	83088	17700
榆中县	Yuzhong	298561	69135	155351	135447	19904
嘉峪关市	**Jiayuguan**	**1441043**	**16870**	**1182797**	**1152807**	**29990**
金昌市	**Jinchang**	**1944259**	**96332**	**1575198**	**1477841**	**97357**
金川区	Jinchuan	1592999	20602	1393466	1316128	77338
永昌县	Yongchang	329606	75730	161855	148207	13648
白银市	**Baiyin**	**2442835**	**302985**	**1377677**	**1207331**	**170346**
白银区	Baiyin	1159348	31516	751292	687760	63532
平川区	Pingchuan	463904	15264	375209	352268	22941
靖远县	Jingyuan	320222	112512	85943	53997	31946
会宁县	Huining	246338	82661	68168	39468	28700
景泰县	Jingtai	258104	58608	105377	85487	19890
天水市	**Tianshui**	**2265698**	**422938**	**834135**	**612076**	**222059**
秦州区	Qinzhou	732244	56853	328966	240658	88308
麦积区	Maiji	612198	60790	280481	239309	41172
清水县	Qingshui	146116	52799	28832	18099	10733
秦安县	Qinan	227264	75253	49238	28108	21130
甘谷县	Gangu	248183	73746	73981	37022	36959
武山县	Wushan	196593	75781	46878	28931	17947
张家川县	Zhangjiachuan	103100	27716	25759	19949	5810
武威市	**Wuwei**	**2101088**	**490627**	**773406**	**571036**	**202370**
凉州区	Liangzhou	1425515	297516	562279	426819	135460
民勤县	Minqin	287960	111891	77412	50400	27012
古浪县	Gulang	214176	55491	67920	43116	24804
天祝县	Tianzhu	168922	25602	65811	50611	15200
张掖市	**Zhangye**	**1698559**	**492299**	**650280**	**505760**	**144520**

1–27 续表 1 continued

单位：万元　(10 000 yuan)

地　区	Region	地区生产总值 Regional Gross Product	第一产业 Primary Industry	第二产业 Secondary Industry	工业 Industry	建筑业 Construction
甘州区	Ganzhou	767347	191986	271633	198318	73315
肃南县	Sunan	**94441**	19548	58029	50829	7200
民乐县	Minle	191461	70524	62376	53950	8426
临泽县	Linze	218330	71476	93646	73396	20250
高台县	Gaotai	209272	87011	76477	61660	14817
山丹县	Shandan	222258	49978	93014	71807	21207
平凉市	**Pingliang**	**1750618**	**390039**	**760441**	**656028**	**104413**
崆峒区	Kongtong	600216	68135	267155	210046	57109
泾川县	Jingchuan	258794	82280	81208	60136	21072
灵台县	Lingtai	139273	57735	21098	12670	8428
崇信县	Chongxin	114576	29673	65352	60756	4596
华亭县	Huating	387312	34459	305701	303998	1703
庄浪县	Zhuanglang	141063	56555	30096	17084	13012
静宁县	Jingning	160400	61202	46739	29079	17660
酒泉市	**Jiuquan**	**2480173**	**431602**	**1216473**	**1001547**	**214926**
肃州区	Suzhou	626843	139564	180563	104710	75853
金塔县	Jinta	231009	92675	54046	35849	18197
瓜州县	Guazhou	244577	51736	110433	71410	39023
肃北县	Subei	115820	3135	96732	93000	3732
阿克塞县	Akesai	42398	2380	27665	25205	2460
玉门市	Yumen	860861	55207	670443	621350	49093
敦煌市	Dunhuang	343910	86401	79989	45811	34178
庆阳市	**Qingyang**	**2484991**	**386612**	**1504685**	**1408640**	**96045**
西峰区	Xifeng	585226	65074	306696	255176	51520
庆城县	Qingcheng	688295	39800	596187	571362	24825
环　县	Huanxian	167295	35623	91396	87092	4304
华池县	Huachi	452942	22603	390898	385898	5000
合水县	Heshui	96743	35541	31618	27809	3809
正宁县	Zhengning	102000	40742	10900	5208	5692
宁　县	Ningxian	203100	74196	53009	41532	11477
镇原县	Zhenyuan	189768	72047	51945	44455	7490
定西市	**Dingxi**	**1056400**	**381719**	**241885**	**166750**	**75135**
安定区	Anding	224370	59991	56037	37357	18680
通渭县	Tongwei	116088	50189	11767	5584	6183

1–27 续表 2 continued

单位：万元　(10 000 yuan)

地　区	Region	地区生产总值 Regional Gross Product	第一产业 Primary Industry	第二产业 Secondary Industry	工业 Industry	建筑业 Construction
陇西县	Longxi	243944	66146	85662	70193	15469
渭源县	Weiyuan	103547	52454	8509	3950	4559
临洮县	Lintao	213800	74724	68589	35922	32667
漳　县	Zhangxian	57126	27794	3349	2731	618
岷　县	Minxian	117621	50421	25900	15000	10900
陇南市	**Longnan**	**1216011**	**355855**	**321200**	**258529**	**62671**
武都区	Wudu	251990	67000	43105	13520	29585
宕昌县	Tanchang	72680	24705	19817	8180	11637
成　县	Chengxian	221381	52482	92138	70236	21902
康　县	Kangxian	71707	25233	17410	15241	2169
文　县	Wenxian	99588	26753	38638	34699	3939
西和县	Xihe	130348	37243	33221	24109	9112
礼　县	Lixian	122531	48489	26762	20069	6693
两当县	Liangdang	29977	11129	5938	1629	4309
徽　县	Huixian	181924	63537	67699	51811	15888
临夏州	**Linxia**	**785870**	**186758**	**236680**	**177124**	**59556**
临夏市	linxia	206125	18912	41557	29538	12019
临夏县	linxia	119721	35589	28349	8923	19426
康乐县	Kangle	69089	26364	11296	4750	6546
永靖县	Yongjing	182589	29848	112664	101561	11103
广河县	Guanghe	67672	15656	18118	15476	2642
和政县	Hezheng	57166	21320	10466	4201	6265
东乡县	Dongxiang	63095	22842	16788	6120	10668
积石山县	Jishishan	52264	16228	8726	6555	2171
甘南州	**Gannan**	**433693**	**128440**	**108468**	**100068**	**8400**
合作市	Hezuo	99318	9591	25320	23199	2121
临潭县	Lintan	53179	15286	8680	7450	1230
卓尼县	Zhuoni	42322	18364	5599	5559	40
舟曲县	Zhouqu	46324	17122	8200	7598	602
迭部县	Diebu	33809	11001	8684	6014	2670
玛曲县	Maqu	68714	23501	29613	29413	200
碌曲县	Luqu	32831	12451	12170	11860	310
夏河县	Xiahe	52018	21124	9098	8975	123

1-27 续表 3 continued

单位：万元　(10 000 yuan)

地　区	Region	第三产业 Tertiary Industry	# 交通运输、仓储和邮政业 Transport,Storage and Post	# 批发和零售业 Wholesale and Retail Trades	人均生产总值（元） Per Capita Gross Regional Product (yuan)
兰州市	**Lanzhou**	**4199340**	**663333**	**809529**	**25628**
城关区	Chengguan	2350489	149131	588912	32179
七里河区	Qilihe	618657	163330	86282	30209
西固区	Xigu	467613	43775	85563	54410
安宁区	Anning	223135	9875	19751	21994
红古区	Honggu	121747	41911	12712	32913
永登县	Yongdeng	220224	99358	11336	12811
皋兰县	Gaolan	51581	21896	2043	10480
榆中县	Yuzhong	74075	4899	7702	6966
嘉峪关市	**Jiayuguan**	**241376**	**61540**	**47954**	**69414**
金昌市	**Jinchang**	**272729**	**17608**	**42737**	**41231**
金川区	Jinchuan	178931	11656	10899	74614
永昌县	Yongchang	92021	9397	13312	12773
白银市	**Baiyin**	**762173**	**153496**	**141714**	**13954**
白银区	Baiyin	376540	88595	71530	41243
平川区	Pingchuan	73431	10869	15132	23802
靖远县	Jingyuan	121767	21607	24090	6925
会宁县	Huining	95509	8490	12985	4236
景泰县	Jingtai	94119	25410	25545	11178
天水市	**Tianshui**	**1008625**	**172678**	**203996**	**6626**
秦州区	Qinzhou	346424	19535	63855	11653
麦积区	Maiji	270927	63618	71015	10712
清水县	Qingshui	64485	10465	10713	4783
秦安县	Qinan	102773	13160	29522	3826
甘谷县	Gangu	100456	21165	21578	4270
武山县	Wushan	73934	23108	9278	4569
张家川县	Zhangjiachuan	49625	3424	8317	3140
武威市	**Wuwei**	**837055**	**183851**	**158241**	**11021**
凉州区	Liangzhou	565720	147723	107913	14298
民勤县	Minqin	98657	22070	20140	9567
古浪县	Gulang	90765	24050	20349	5435
天祝县	Tianzhu	77509	15278	19865	7878
张掖市	**Zhangye**	**555980**	**76945**	**97783**	**13285**

1–27 续表 4 continued

单位：万元　(10 000 yuan)

地　区	Region	第三产业 Tertiary Industry	# 交通运输、仓储和邮政业 Transport,Storage and Post	# 批发和零售业 Wholesale and Retail Trades	人均生产总值（元） Per Capita Gross Regional Product (yuan)
甘州区	Ganzhou	303728	48000	55000	15300
肃南县	Sunan	16864	971	3980	26017
民乐县	Minle	58561	7810	9669	8065
临泽县	Linze	53208	13208	7268	14757
高台县	Gaotai	45784	7300	7723	13121
山丹县	Shandan	79266	16561	6769	11345
平凉市	**Pingliang**	**600138**	**127928**	**51266**	**7982**
崆峒区	Kongtong	264926	26769	37432	12134
泾川县	Jingchuan	95306	11657	13924	7720
灵台县	Lingtai	60440	7839	5482	6163
崇信县	Chongxin	19551	3141	2841	11935
华亭县	Huating	47152	4378	13732	22246
庄浪县	Zhuanglang	54412	5283	4778	3387
静宁县	Jingning	52459	5669	7132	3449
酒泉市	**Jiuquan**	**832098**	**162957**	**155885**	**24479**
肃州区	Suzhou	306716	59311	50348	17264
金塔县	Jinta	84288	15270	11962	15910
瓜州县	Guazhou	82408	27540	16911	20432
肃北县	Subei	15953	1694	2703	101569
阿克塞县	Akesai	12353	1095	1374	51705
玉门市	Yumen	135211	37536	19728	47300
敦煌市	Dunhuang	177520	31647	35337	24583
庆阳市	**Qingyang**	**593694**	**67689**	**105194**	**9872**
西峰区	Xifeng	213456	35960	36581	17057
庆城县	Qingcheng	52308	7031	20252	21597
环　县	Huanxian	40276	5080	3717	5048
华池县	Huachi	39441	2769	6530	35003
合水县	Heshui	29584	5395	4474	5863
正宁县	Zhengning	50358	5350	5820	4438
宁　县	Ningxian	75895	7899	15132	4009
镇原县	Zhenyuan	65776	7462	12364	3827
定西市	**Dingxi**	**432796**	**38189**	**58781**	**3602**
安定区	Anding	108341	10034	10173	4919
通渭县	Tongwei	54132	4020	9765	2540

1–27 续表 5 continued

单位：万元　　(10 000 yuan)

地　区	Region	第三产业 Tertiary Industry	#交通运输、仓储和邮政业 Transport,Storage and Post	#批发和零售业 Wholesale and Retail Trades	人均生产总值（元） Per Capita Gross Regional Product (yuan)
陇西县	Longxi	92136	17038	21963	5030
渭源县	Weiyuan	42584	2920	7258	2982
临洮县	Lintao	70487	5159	5944	3954
漳　县	Zhangxian	25983	2116	1997	2792
岷　县	Minxian	41300	3991	5052	2655
陇南市	**Longnan**	**538956**	**83456**	**59895**	**4396**
武都区	Wudu	141885	15282	22192	4592
宕昌县	Tanchang	28158	2244	3661	2410
成　县	Chengxian	76761	15391	12377	8695
康　县	Kangxian	29064	3050	3107	3685
文　县	Wenxian	34197	3111	3875	3998
西和县	Xihe	59884	8123	6380	3421
礼　县	Lixian	47280	4075	5748	2462
两当县	Liangdang	12910	846	1224	5936
徽　县	Huixian	50688	8355	5088	8349
临夏州	**Linxia**	**362432**	**23272**	**38565**	**3971**
临夏市	linxia	145656	9300	22400	9642
临夏县	linxia	55783	4536	3150	3171
康乐县	Kangle	31429	1903	1627	2764
永靖县	Yongjing	40077	5633	5380	9089
广河县	Guanghe	33898	2302	6275	3167
和政县	Hezheng	25380	2459	2981	2887
东乡县	Dongxiang	23465	3304	622	2274
积石山县	Jishishan	27310	1862	4103	2204
甘南州	**Gannan**	**196785**	**20570**	**13067**	**6376**
合作市	Hezuo	64407	4261	4929	11781
临潭县	Lintan	29213	5130	1383	3593
卓尼县	Zhuoni	18359	1422	2016	4109
舟曲县	Zhouqu	21002	2228	1459	3467
迭部县	Diebu	14124	1858	1513	4957
玛曲县	Maqu	15600	912	819	14527
碌曲县	Luqu	8210	758	677	10164
夏河县	Xiahe	21796	2404	2103	6462

1-28 各地县生产总值指数

Indices of Gross Product by Prefecture, County

（上年=100）　　（2008）　　(preceding year=100)

地　区	Region	地区生产总值 Regional Gross Product	第一产业 Primary Industry	第二产业 Secondary Industry	工　业 Industry	建筑业 Construction
兰州市	**Lanzhou**	**111.5**	**105.7**	**111.4**	**113.2**	**104.0**
城关区	Chengguan	111.8	100.5	111.0	113.8	107.2
七里河区	Qilihe	114.5	104.6	116.5	116.2	118.3
西固区	Xigu	107.3	107.3	106.0	105.2	112.8
安宁区	Anning	123.0	99.0	139.9	142.0	119.4
红古区	Honggu	119.7	105.1	125.9	131.6	100.6
永登县	Yongdeng	112.0	105.9	113.0	112.1	122.0
皋兰县	Gaolan	114.2	106.3	116.3	116.5	115.1
榆中县	Yuzhong	112.2	106.9	115.7	115.7	115.8
嘉峪关市	**Jiayuguan**	**108.9**	**108.5**	**108.1**	**107.8**	**117.0**
金昌市	**Jinchang**	**106.2**	**100.7**	**105.8**	**105.4**	**113.0**
金川区	Jinchuan	106.0	102.3	105.6	105.1	113.9
永昌县	Yongchang	107.0	100.2	108.6	108.6	108.0
白银市	**Baiyin**	**112.3**	**107.0**	**115.4**	**116.6**	**107.2**
白银区	Baiyin	112.3	107.0	113.8	114.5	105.6
平川区	Pingchuan	114.5	106.7	115.8	116.3	109.6
靖远县	Jingyuan	112.1	107.6	118.5	120.2	115.3
会宁县	Huining	112.1	107.8	116.8	119.9	112.9
景泰县	Jingtai	112.1	107.1	117.4	118.9	111.9
天水市	**Tianshui**	**111.0**	**114.4**	**110.0**	**111.7**	**105.5**
秦州区	Qinzhou	111.1	112.1	110.5	111.9	106.8
麦积区	Maiji	110.8	113.7	110.3	111.0	106.3
清水县	Qingshui	111.6	112.3	111.5	116.4	104.3
秦安县	Qinan	110.4	112.6	108.5	112.5	104.1
甘谷县	Gangu	113.7	117.3	115.2	128.5	105.0
武山县	Wushan	111.5	115.6	108.5	111.7	104.1
张家川县	Zhangjiachuan	112.8	120.4	109.9	112.8	101.0
武威市	**Wuwei**	**111.0**	**105.5**	**114.7**	**116.9**	**108.7**
凉州区	Liangzhou	112.0	105.3	114.5	117.9	105.0
民勤县	Minqin	111.4	106.0	117.6	118.2	116.5
古浪县	Gulang	111.7	106.4	111.4	113.4	108.2
天祝县	Tianzhu	106.9	106.8	111.7	113.4	106.2
张掖市	**Zhangye**	**111.3**	**105.5**	**115.8**	**120.5**	**102.0**

1-28 续表 1 continued

（上年=100）　　(preceding year=100)

地　区	Region	地区生产总值 Regional Gross Product	第一产业 Primary Industry	第二产业 Secondary Industry	工业 Industry	建筑业 Construction
甘州区	Ganzhou	111.3	106.6	112.9	116.9	103.0
肃南县	Sunan	123.9	102.1	140.9	148.7	101.1
民乐县	Minle	111.3	105.2	119.9	123.4	102.0
临泽县	Linze	111.3	105.2	116.0	121.0	102.0
高台县	Gaotai	111.3	105.5	118.4	122.7	104.0
山丹县	Shandan	111.3	105.6	113.7	117.9	102.0
平凉市	**Pingliang**	**112.2**	**107.6**	**115.9**	**117.8**	**104.4**
崆峒区	Kongtong	112.3	108.4	112.6	112.9	111.3
泾川县	Jingchuan	111.7	107.7	112.3	111.2	115.6
灵台县	Lingtai	112.1	106.9	112.9	115.4	109.4
崇信县	Chongxin	115.3	106.6	122.6	124.8	104.1
华亭县	Huating	122.5	106.1	127.5	127.9	81.4
庄浪县	Zhuanglang	112.0	106.7	118.8	126.5	109.5
静宁县	Jingning	112.2	106.5	117.6	119.6	114.0
酒泉市	**Jiuquan**	**112.6**	**106.5**	**117.0**	**117.8**	**113.5**
肃州区	Suzhou	114.7	108.7	114.5	123.6	104.8
金塔县	Jinta	111.7	103.6	132.4	130.2	136.5
瓜州县	Guazhou	122.3	98.2	162.1	178.3	136.7
肃北县	Subei	122.8	97.6	127.8	130.4	97.2
阿克塞县	Akesai	113.4	111.3	116.1	118.9	93.4
玉门市	Yumen	111.4	125.1	110.5	110.7	108.3
敦煌市	Dunhuang	112.5	110.9	117.8	105.5	144.7
庆阳市	**Qingyang**	**114.3**	**113.5**	**115.9**	**116.4**	**111.0**
西峰区	Xifeng	108.2	100.4	109.0	106.1	127.3
庆城县	Qingcheng	112.6	109.5	113.1	118.7	58.8
环　县	Huanxian	117.4	117.0	126.4	129.2	97.5
华池县	Huachi	129.7	115.3	131.3	132.0	93.6
合水县	Heshui	118.3	111.7	124.2	130.4	111.7
正宁县	Zhengning	117.7	113.4	111.2	114.1	109.3
宁　县	Ningxian	120.2	127.9	120.4	123.6	110.0
镇原县	Zhenyuan	120.5	113.0	128.6	130.3	121.5
定西市	**Dingxi**	**109.3**	**108.6**	**108.2**	**107.8**	**109.0**
安定区	Anding	112.5	115.4	108.1	106.0	112.9
通渭县	Tongwei	109.3	102.2	111.0	111.0	111.0

1-28续表 2 continued

（上年=100）　　(preceding year=100)

地　区	Region	地区生产总值 Regional Gross Product	第一产业 Primary Industry	第二产业 Secondary Industry	工业 Industry	建筑业 Construction
陇西县	Longxi	109.5	110.5	103.5	103.0	106.0
渭源县	Weiyuan	111.4	112.3	111.5	112.0	111.0
临洮县	Lintao	113.6	107.3	116.2	116.2	116.3
漳　县	Zhangxian	113.4	117.4	105.8	104.0	115.0
岷　县	Minxian	109.5	104.2	114.6	118.8	109.1
陇南市	**Longnan**	**108.0**	**106.5**	**96.1**	**94.9**	**102.2**
武都区	Wudu	108.5	104.3	113.7	111.7	114.6
宕昌县	Tanchang	109.4	106.9	111.2	106.9	113.7
成　县	Chengxian	86.0	104.9	66.2	57.7	150.1
康　县	Kangxian	111.6	105.9	118.4	121.4	102.0
文　县	Wenxian	108.0	110.4	102.4	101.3	112.8
西和县	Xihe	107.5	109.8	91.8	87.9	106.2
礼　县	Lixian	112.6	105.3	114.6	117.2	111.2
两当县	Liangdang	107.5	106.1	98.7	91.1	102.1
徽　县	Huixian	104.9	106.1	98.7	90.0	193.4
临夏州	**Linxia**	**113.6**	**107.1**	**113.5**	**112.4**	**116.8**
临夏市	linxia	113.9	107.1	114.8	111.0	125.6
临夏县	linxia	113.4	108.2	105.3	111.1	102.4
康乐县	Kangle	113.2	108.1	118.5	112.2	123.4
永靖县	Yongjing	113.1	107.2	113.1	111.8	126.5
广河县	Guanghe	113.7	107.3	118.9	120.0	112.8
和政县	Hezheng	113.8	107.4	120.1	113.6	124.8
东乡县	Dongxiang	113.4	107.9	119.7	113.2	123.9
积石山县	Jishishan	113.1	107.3	114.8	113.0	121.0
甘南州	**Gannan**	**111.0**	**106.5**	**112.6**	**113.5**	**102.9**
合作市	Hezuo	115.3	102.3	121.1	126.1	81.9
临潭县	Lintan	111.2	107.4	105.9	104.4	115.8
卓尼县	Zhuoni	108.6	106.6	105.3	105.6	80.9
舟曲县	Zhouqu	114.0	106.0	137.8	141.8	104.0
迭部县	Diebu	112.5	106.3	132.9	133.0	132.6
玛曲县	Maqu	105.7	106.0	99.8	99.8	92.3
碌曲县	Luqu	106.5	106.3	104.5	113.4	54.1
夏河县	Xiahe	110.5	106.0	115.7	117.6	66.2

1-28 续表 3 continued

（上年=100）　　(preceding year=100)

地　区	Region	第三产业 Tertiary Industry	# 交通运输、仓储和邮政业 Transport,Storage and Post	# 批发和零售业 Wholesale and Retail Trades	人均生产总值 Per Capita Gross Regional Product
兰州市	**Lanzhou**	**112.0**	**107.7**	**109.2**	**110.8**
城关区	Chengguan	112.1	108.4	110.9	110.3
七里河区	Qilihe	112.1	110.5	118.5	114.0
西固区	Xigu	112.8	106.4	121.4	106.5
安宁区	Anning	109.0	104.7	104.8	112.0
红古区	Honggu	109.9	107.7	108.9	119.1
永登县	Yongdeng	112.5	111.8	110.5	113.0
皋兰县	Gaolan	115.4	131.7	109.7	113.3
榆中县	Yuzhong	110.9	109.0	109.3	111.4
嘉峪关市	**Jiayuguan**	**112.8**	**112.1**	**140.8**	**107.0**
金昌市	**Jinchang**	**109.9**	**99.8**	**103.6**	**105.3**
金川区	Jinchuan	110.0	104.8	113.2	105.2
永昌县	Yongchang	109.6	106.8	109.4	106.2
白银市	**Baiyin**	**109.3**	**107.3**	**109.6**	**112.2**
白银区	Baiyin	110.1	110.1	108.9	112.0
平川区	Pingchuan	110.6	109.0	113.0	114.0
靖远县	Jingyuan	111.9	108.2	111.4	112.0
会宁县	Huining	112.4	101.0	110.6	112.1
景泰县	Jingtai	110.1	108.0	109.7	112.0
天水市	**Tianshui**	**110.6**	**109.9**	**111.0**	**110.3**
秦州区	Qinzhou	111.9	58.9	111.2	111.0
麦积区	Maiji	110.8	107.3	112.5	111.7
清水县	Qingshui	111.1	119.0	118.3	111.8
秦安县	Qinan	110.0	110.0	110.0	110.0
甘谷县	Gangu	110.5	107.1	107.0	113.9
武山县	Wushan	110.4	109.2	113.8	111.0
张家川县	Zhangjiachuan	110.3	110.7	106.8	112.8
武威市	**Wuwei**	**111.1**	**111.9**	**108.5**	**111.5**
凉州区	Liangzhou	113.1	111.4	115.4	115.3
民勤县	Minqin	113.8	113.8	114.6	108.4
古浪县	Gulang	114.7	110.8	115.4	117.4
天祝县	Tianzhu	114.1	111.4	112.1	111.4
张掖市	**Zhangye**	**111.8**	**106.6**	**112.0**	**111.3**

1–28 续表 4 continued

（上年=100）　(preceding year=100)

地　区	Region	第三产业 Tertiary Industry	# 交通运输、仓储和邮政业 Transport,Storage and Post	# 批发和零售业 Wholesale and Retail Trades	人均生产总值 Per Capita Gross Regional Product
甘州区	Ganzhou	112.9	109.4	116.6	110.8
肃南县	Sunan	105.0	104.1	106.5	123.3
民乐县	Minle	110.5	103.2	108.1	111.2
临泽县	Linze	111.8	109.0	110.3	110.7
高台县	Gaotai	112.3	108.5	113.1	110.7
山丹县	Shandan	111.9	114.5	111.2	109.0
平凉市	**Pingliang**	**111.0**	**107.8**	**109.1**	**109.9**
崆峒区	Kongtong	113.0	112.5	114.5	112.0
泾川县	Jingchuan	114.1	114.4	113.7	111.6
灵台县	Lingtai	114.1	112.3	113.4	112.0
崇信县	Chongxin	110.6	111.2	110.2	115.0
华亭县	Huating	109.6	101.1	112.3	122.0
庄浪县	Zhuanglang	114.3	108.9	113.6	111.7
静宁县	Jingning	114.9	114.8	114.3	112.0
酒泉市	**Jiuquan**	**110.2**	**105.9**	**113.7**	**110.0**
肃州区	Suzhou	117.5	115.6	117.6	114.1
金塔县	Jinta	112.3	101.1	120.0	110.8
瓜州县	Guazhou	112.1	104.1	115.0	100.3
肃北县	Subei	113.3	105.2	105.7	122.0
阿克塞县	Akesai	108.1	110.7	107.6	112.0
玉门市	Yumen	110.7	106.5	112.2	113.2
敦煌市	Dunhuang	111.3	108.9	117.6	111.6
庆阳市	**Qingyang**	**110.8**	**109.1**	**117.4**	**114.0**
西峰区	Xifeng	109.5	104.7	117.8	113.0
庆城县	Qingcheng	109.9	106.3	109.8	112.0
环　县	Huanxian	106.9	105.1	114.5	117.0
华池县	Huachi	125.0	84.4	108.9	114.0
合水县	Heshui	106.3	106.3	108.1	143.8
正宁县	Zhengning	123.0	114.4	111.6	114.8
宁　县	Ningxian	106.2	108.6	107.1	120.0
镇原县	Zhenyuan	121.7	83.4	125.5	131.5
定西市	**Dingxi**	**110.7**	**109.0**	**108.1**	**93.0**
安定区	Anding	113.0	106.1	111.0	113.0
通渭县	Tongwei	116.5	115.3	113.3	109.3

1-28 续表 5 continued

（上年=100）　　(preceding year=100)

地　区	Region	第三产业 Tertiary Industry	# 交通运输、仓储和邮政业 Transport,Storage and Post	# 批发和零售业 Wholesale and Retail Trades	人均生产总值 Per Capita Gross Regional Product
陇西县	Longxi	114.7	116.0	116.9	110.0
渭源县	Weiyuan	110.2	110.0	110.0	116.8
临洮县	Lintao	117.9	118.0	119.2	114.0
漳　县	Zhangxian	110.3	110.0	111.0	105.0
岷　县	Minxian	111.4	109.7	111.5	102.0
陇南市	**Longnan**	**119.0**	**120.8**	**104.4**	**108.1**
武都区	Wudu	109.3	114.5	114.6	113.0
宕昌县	Tanchang	111.6	110.2	112.1	114.0
成　县	Chengxian	109.8	120.2	112.1	87.0
康　县	Kangxian	112.4	119.3	104.0	114.0
文　县	Wenxian	114.6	117.3	114.1	114.6
西和县	Xihe	118.4	118.7	117.7	107.0
礼　县	Lixian	117.6	117.2	115.2	112.5
两当县	Liangdang	113.0	108.2	109.5	107.5
徽　县	Huixian	116.4	130.0	112.2	105.0
临夏州	**Linxia**	**117.0**	**104.5**	**116.6**	**114.2**
临夏市	linxia	114.5	111.9	117.2	112.6
临夏县	linxia	121.2	111.8	104.6	115.5
康乐县	Kangle	115.9	108.8	107.6	113.4
永靖县	Yongjing	117.7	115.5	111.6	111.6
广河县	Guanghe	114.0	109.2	112.0	111.4
和政县	Hezheng	117.1	113.4	111.3	114.0
东乡县	Dongxiang	114.7	106.8	118.9	113.0
积石山县	Jishishan	116.1	108.1	120.7	113.0
甘南州	**Gannan**	**112.9**	**105.7**	**110.1**	**110.8**
合作市	Hezuo	115.0	92.5	87.2	115.9
临潭县	Lintan	114.7	92.7	105.1	121.1
卓尼县	Zhuoni	111.6	111.1	110.5	117.0
舟曲县	Zhouqu	113.6	106.4	125.5	115.0
迭部县	Diebu	106.7	100.4	119.7	101.0
玛曲县	Maqu	115.0	105.9	102.0	103.0
碌曲县	Luqu	103.1	97.8	99.8	107.0
夏河县	Xiahe	112.4	95.8	105.6	123.0

1-29 个体工商业基本情况

Basic Statistics on Individual Industrial and Commercial Business

（2008）

行　业	Itme	户　数（户）Number of Unit (household)	从业人员（人）Personal (person)	资金数额(万元) Amount of Funds (10 000yuan)
合　计	**Total**	**416282**	**753980**	**896044.04**
农林牧渔业	Agriculture, Forestry, Animal Husbandry and Fishery	861	2281	17189.93
采矿业	Mining	473	2325	10396.5
制造业	Manufacturing	26849	58303	101905.3
电力、燃气及水的生产和供应业	Production and Distribution of Electricity, Gas and Water	62	157	1098.90
建筑业	Construction	458	2664	3771.32
交通运输、仓储和邮政业	Transport, Storage and Post	3382	5286	18542.26
信息传输、计算机服务和软件业	Information Transmission, Computer Services and Software	2424	5036	14987.24
批发和零售业	Wholesale and Retail Trade	259370	432358	480791.33
住宿和餐饮业	Hotels and Catering Services	57002	134760	135348.72
房地产业	Real Estate	81	93	25.90
租凭和商务服务业	Leasing and Business Services	2894	6660	10064.69
居民服务和其他服务业	Services to Households and Other Services	52386	86027	72153.58
卫生、社会保障和社会福利业	Health, Social Security and Social Welfare	5172	9414	10983.09
文化、体育和娱乐业	Culture, Sports and Entertainment	2792	5738	15924.59
其他行业	Others	2050	2832	2808.34

1-29 续表 continued

行　业	Itme	总产值(万元) Total Output Value (10 000yuan)	销售额（或营业收入）(万元) Total Sales Value (10 000yuan)	社会消费品零售额（万元） Retail Sales Value of Consumer Goods (10 000yuan)
合　计	**Total**	**434550.71**	**3925412.38**	**2696061.94**
农林牧渔业	Agriculture, Forestry, Animal Husbandry and Fishery	27950.02	20087.78	11386.60
采矿业	Mining	46700.85	2948.90	7588.40
制造业	Manufacturing	351872.84	145914.82	219604.22
电力、燃气及水的生产和供应业	Production and Distribution of Electricity, Gas and Water	8027.00	0.60	3219.60
建筑业	Construction		10138.89	8180.00
交通运输、仓储和邮政业	Transport, Storage and Post		60507.10	54139.35
信息传输、计算机服务和软件业	Information Transmission, Computer Services and Software		31712.01	19176.06
批发和零售业	Wholesale and Retail Trade		1873026.78	1409214.79
住宿和餐饮业	Hotels and Catering Services		583598.14	466818.05
房地产业	Real Estate		7.00	2.10
租凭和商务服务业	Leasing and Business Services		21228.05	13925.65
居民服务和其他服务业	Services to Households and Other Services		1088807.67	423711.98
卫生、社会保障和社会福利业	Health, Social Security and Social Welfare		40679.80	35360.50
文化、体育和娱乐业	Culture, Sports and Entertainment		32730.39	16628.30
其他行业	Others		13186.30	6298.19

1-30 私营企业基本情况

Basic Conditions of Private Enterprises

（2008）

行　业	Item	户 数（户）Number of Enterpr-ises (unit)	投资者人 数（人）Number of Investor (person)	雇工人数（人）Number of Employ-ee (person)	注册资本(金)(万元) Regist-ered Capital (10 000yuan)
合　计	**Total**	**60184**	**124784**	**483100**	**8544940.2**
农林牧渔业	Agriculture, Forestry, Animal Husbandry and Fishery	2020	4401	18699	320848.14
采矿业	Mining	794	2039	13745	251116.17
制造业	Manufacturing	7796	18076	108019	1157777.41
电力、燃气及水的生产和供应业	Production and Distribution of Electricity, Gas and Water	576	1499	6386	270578.50
建筑业	Construction	2924	6949	55097	942198.67
交通运输、仓储和邮政业	Transport, Storage and Post	1450	3707	13782	168879.32
信息传输、计算机服务和软件业	Information Transmission, Computer Services and Software	2212	3318	10754	143019.70
批发和零售业	Wholesale and Retail Trade	29921	59902	170453	3279588.5
住宿和餐饮业	Hotels and Catering Services	1941	3407	19186	144293.55
房地产业	Real Estate	2224	4981	19367	906654.82
租凭和商务服务业	Leasing and Business Services	4397	8867	21932	542257.62
居民服务和其他服务业	Services to Households and Other Services	1918	3588	14017	111143.80
卫生、社会保障和社会福利业	Health, Social Security and Social Welfare	119	166	842	11148.00
文化、体育和娱乐业	Culture, Sports and Entertainment	386	635	2302	33526.00
其他行业	Others	501	1131	3306	85446.00

1-30 续表 continued

行　业	Item	总产值(万元) Gross Output Value (10 000yuan)	销售额(或营业收入)(万元) Sales Revenue (10 000yuan)	社会消费品零售额(万元) Retail Sales Value of Consumer Goods (10 000yuan)
合　计	**Total**	**999726.00**	**2840290.55**	**1516539.12**
农林牧渔业	Agriculture, Forestry, Animal Husbandry and Fishery	101168.00	54628.07	29803.66
采矿业	Mining	139461.12	25086.30	19006.60
制造业	Manufacturing	715140.84	218575.14	191092.77
电力、燃气及水的生产和供应业	Production and Distribution of Electricity, Gas and Water	43956.04	7797.45	7999.45
建筑业	Construction		188234.90	94679.20
交通运输、仓储和邮政业	Transport, Storage and Post		86083.85	32987.70
信息传输、计算机服务和软件业	Information Transmission, Computer Services and Software		61061.53	29867.80
批发和零售业	Wholesale and Retail Trade		1445256.33	757631.94
住宿和餐饮业	Hotels and Catering Services		153748.91	111010.14
房地产业	Real Estate		440969.66	128328.54
租凭和商务服务业	Leasing and Business Services		51546.91	38233.29
居民服务和其他服务业	Services to Households and Other Services		58511.78	44076.02
卫生、社会保障和社会福利业	Health, Social Security and Social Welfare		15230.10	14165.82
文化、体育和娱乐业	Culture, Sports and Entertainment		14405.90	10206.19
其他行业	Others		15061.40	5642.90

主要统计指标解释

行政区划　指国家对行政区域的划分。根据有关法规规定，我国的行政区域划分如下：(1)全国分为省、自治区、直辖市；(2)省、自治区分为自治州、县、自治县、市；(3)自治州分为县、自治县、市；(4)县、自治县分为乡、民族乡、镇；(5)直辖市和较大的市分为区、县；(6)国家在必要时设立的特别行政区。

森林覆盖率　指一个国家或地区森林面积占土地总面积的百分比。森林覆盖率是反映森林资源的丰富程度和生态平衡状况的重要指标。在计算森林覆盖率时，森林面积包括郁闭度 0.2 以上的乔木林地面积和竹林地面积，国家特别规定的灌木林地面积、农田林网以及四旁(村旁、路旁、水旁、宅旁)林木的覆盖面积。计算公式为：

$$\text{森林覆盖率}(\%) = \frac{\text{森林面积}}{\text{土地总面积}} \times 100\%$$

气温　指空气的温度，我国一般以摄氏度(℃)为单位表示。气象观测的温度表是放在离地面约 1.5 米处通风良好的百叶箱里测量的，因此，通常说的气温指的是离地面 1.5 米处百叶箱中的温度。其统计计算方法为：

月平均气温是将全月各日的平均气温相加，除以该月的天数而得。

年平均气温是将 12 个月的月平均气温累加后除以 12 而得。

相对湿度　指空气中实际所含水蒸气密度和同温度下饱和水蒸气密度的百分比值。其统计方法与气温相同。

降水量　指从天空降落到地面的液态或固态(经融化后)水，未经蒸发、渗透、流失而在地面上积聚的深度。其统计计算方法为：

月降水量是将全月各日的降水量累加而得。

年降水量是将 12 个月的月降水量累加而得。

日照时数　指太阳实际照射地面的时间。其统计方法与降水量相同。

平均增长速度　平均增长速度表明社会经济现象在一个较长的时期内逐期平均增长变化的程度，它不能根据各个环比增长速度直接求得，但与平均发展速度之间存在着一定的数量关系：平均增长速度 = 平均发展速度 - 1。

平均发展速度是一种根据环比发展速度计算的序时平均数,由于各时期对比的基础不同，所以计算平均发展速度不能采用一般的序时平均数的计算方法，计算方法分为水平法和累计法。水平法，又称几何平均法，即将环比发展速度按连乘法用几何平均数公式计算。累计法，也称方程法，根据一段时期内各年发展水平总和与基期水平的关系，列出方程式计算平均发展速度。水平法着重考虑最后一年所达到的发展水平；累计法着重考虑整个时期累计发展水平的总量。

国民经济行业分类　自 2003 年定期报表开始使用新的《国民经济行业分类》(GB/T4754-2002)。该分类是由国家统计局组织修订，经国家质量监督检验检疫总局批准，于 2002 年 5 月 10 日发布实施。这次修订是在 1994 年分类标准的基础上，参照联合国《全部经济活动的国际标准产业分类》(ISIC/Rev.3) 进行的。修订后的《国民经济行业分类》(GB/T4754-2002) 共有门类 20 个，大类 95 个，中类 396 个，小类 913 个。新增门类 4 个，大类增加 3 个，中类增加 28 个，小类增加 67 个。

企业(单位)登记注册类型　是以在工商行政管理机关登记注册的各类企业为划分对象，以工商行政管理部门对企业登记注册的类型为依据，将企业登记注册类型分为内资企业、港澳台商投资企业和外商投资企业三大类。内资企业包括国有企业、集体企业、股份合作企业、联营企业、有限责任公司、股份有限公司、私营公司和其他企业；港澳台商投资企业和外商投资企业分别包括合资经营企业、合作经营企业、独资经营企业和股份有限公司。对不在工商行政管理部门进行登记注册的行政机关、事业单位和社会团体，主要按其经费来源和管理方式进行划分。

国有企业　指企业全部资产归国家所有，并按《中华人民共和国企业法人登记管理条例》规定登记注册的非公司制的经济组织。不包括有限责任公司中的国有独资公司。

集体企业　指企业资产归集体所有，并按《中华人民共和国企业法人登记管理条例》规定登记注册的经济组织。

股份合作企业　指以合作制为基础，由企业职工共同出资入股，吸收一定比例的社会资产投资组建，实行自主经营，自负盈亏，共同劳动，民主管理，按劳分配与按股分红相结合的一种集体经济组织。

联营企业　指两个及两个以上相同或不同所有制性质的企业法人或事业单位法人，按自愿、平等、互利的原则，共同投资组成的经济组织。联营企业包括国有联营企业、集体联营企业、国有与集体联营企业和其他联营企业。

有限责任公司　指根据《中华人民共和国公司登记管理条例》规定登记注册，由两个以上、五十个以下的股东共同出资，每个股东以其所认缴的出资额对公司承担有限责任，公司以其全部资产对其债务承担责任的经济组织。有限责任公司包括国有独资公司以及其他有限责任公司。

股份有限公司　指根据《中华人民共和国公司登记管理条例》规定登记注册，其全部注册资本由等额股份构成并通过发行股票筹集资本，股东以其认购的股份对公司承担有限责任，公司以其全部资产对其债务承担责任的经济组织。

私营企业　指由自然人投资设立或由自然人控股，以雇佣劳动为基础的营利性经济组织。包括按照《公司法》、《合伙企业法》、《私营企业暂行条例》规定登记注册的私营有限责任公司、私营股份有限公司、私营合伙企业和私营独资企业。

其他企业　指上述企业之外的其他内资经济组织。

与港澳台商合资经营企业　指港澳台地区投资者与内地企业依照《中华人民共和国中外合资经营企业法》及有关法律的规定，按合同规定的比例投资设立、分享利润和分担风险的企业。

与港澳台商合作经营企业　指港澳台地区投资者与内地企业依照《中华人民共和国中外合作经营企业法》及有关法律的规定，依照合作合同的约定进行投资或提供条件设立、分配利润和分担风险的企业。

港澳台商独资经营企业　指依照《中华人民共和国外资企业法》及有关法律的规定，在内地由港澳台地区投资者全额投资设立的企业。

港澳台商投资股份有限公司　指根据国家有关规定，经原外经贸部依法批准设立，其中港、澳、台商的股本占公司注册资本的比例达 25% 以上的股份有限公司。凡其中港、澳、台商的股本占公司注册资本的比例小于 25%的，属于内资企业中的股份有限公司。

中外合资经营企业　指外国企业或外国人与中国内地企业依照《中华人民共和国中外合资经营企业法》及有关法律的规定，按合同规定的比例投资设立、分享利润和分担风险的企业。

中外合作经营企业　指外国企业或外国人与中国内地企业依照《中华人民共和国中外合作经营企业法》及有关法律的规定，依照合作合同的约定进行投资或提供条件设立、分配利润和分担风险的企业。

外资企业　指依照《中华人民共和国外资企业法》及有关法律的规定，在中国内地由外国投资者全额投资设立的企业。

外商投资股份有限公司　指根据国家有关规定，经原外经贸部依法批准设立，其中外资的股本占公司注册资本的比例达 25% 以上的股份有限公司。凡其中外资股本占公司注册资本的比例小于 25%的，属于内资企业中的股份有限公司。

行政机关、事业单位和社会团体　参照企业登记注册类型，主要按其经费来源和管理方式划分。具体规定如下：

⑴行政机关：包括国家机关和政党机关，原则上均列为“国有”。但有特殊规定的，如供销社等，则列为“集体”。

⑵事业单位：包括经国家机构编制部门和有关业务主管部门批准成立的各类事业单位，不包括实行企业化管理的事业单位。

国内生产总值(GDP)　指按市场价格计算的一个国家(或地区)所有常住单位在一定时期内生产活动的最终成果。国内生产总值有三种表现形态，即价值形态、收入形态和产品形态。从价值形态看，它是所有常住单位在一定时期内生产的全部货物和服务价值超过同期投入的全部非固定资产货物和服务价值的差额，即所有常住单位的增加值之和；从收入形态看，它是所有常住单位在一定时期内创造并分配给常住单位和非常住单位的初次收入之和；从产品形态看，它是所有常住单位在一定时期内最终使用的货物和服务价值减去货物和服务进口价值。在实际核算中，国内生产总值有三种计算方法，即生产法、收入法和支出法。三种方法分别从不同的方面反映国内生产总值及其构成。

三次产业　三产业的划分是世界上较为常用的产业结构分类，但各国的划分不尽一致。我国的三次产业划分是：

第一产业是指农业、林业、畜牧业、渔业和农林牧渔服务业。

第二产业是指采矿业，制造业，电力、煤气及水的生产和供应业，建筑业。

第三产业是指除第一、二产业以外的其他行业。

劳动者报酬　指劳动者因从事生产活动所获得的全部报酬。包括劳动者获得的各种形式的工资、奖金和津贴，既包括货币形式的，也包括实物形式的，还包括劳动者所享受的公费医疗和医药卫生费、上下班交通补贴、单位支付的社会保险费、住房公积金等。对于个体经济来说，其所有者所获得的劳动报酬和经营利润不易区分，这两部分统一作为劳动者报酬处理。

生产税净额　指生产税减生产补贴后的余额。生产税指政府对生产单位从事生产、销售和经营活动以及因从事生产活动使用某些生产要素(如固定资产、土地、劳动力)所征收的各种税、附加费和规费。生产补贴与生产税相反，指政府对生产单位的单方面转移支出，因此视为负生产税，包括政策亏损补贴、价格补贴等。

固定资产折旧　指一定时期内为弥补固定资产损耗按照规定的固定资产折旧率提取的固定资产折旧，或按国民经济核算统一规定的折旧率虚拟计算的固定资产折旧。它反映了固定资产在当期生产中的转移价值。各类企业和企业化管理的事业单位的固定资产折旧是指实际计提的折旧费；不计提折旧的政府机关、非企业化管理的事业单位和居民住房的固定资产折旧是按照统一规定的折旧率和固定资产原值计算的虚拟折旧。

营业盈余　指常住单位创造的增加值扣除劳动者报酬、生产税净额和固定资产折旧后的余额。它相当于企业的营业利润加上生产补贴，但要扣除从利润中开支的工资和福利等。

支出法国内生产总值　是从最终使用的角度反映一个国家(或地区)一定时期内生产活动最终成果的一种方法，包括最终消费支出、资本形成总额及货物和服务净出口三部分。计算公式为：

支出法国内生产总值=最终消费支出+资本形成总额+货物和服务净出口

最终消费支出　指常住单位为满足物质、文化和精神生活的需要，从本国经济领土和国外购买的货物和服务的支出。它不包括非常住单位在本国经济领土内的消费支出。最终消费支出分为居民消费支出和政府消费支出。

居民消费支出　指常住住户在一定时期内对于货物和服务的全部最终消费支出。居民消费支出除了直接以货币形式购买的货物和服务的消费支出外，还包括以其他方式获得的货物和服务的消费支出，即所谓的虚拟消费支出。居民虚拟消费支出包括如下几种类型：单位以实物报酬及实物转移的形式提供给劳动者的货物和服务；住户生产并由本住户消费了的货物和服务，其中的服务仅指住户的自有住房服务；金融机构提供的金融媒介服务；保险公司提供的保险服务。

政府消费支出　指政府部门为全社会提供的公共服务的消费支出和免费或以较低的价格向居民住户提供的货物和服务的净支出，前者等于政府服务的产出价值减去政府单位所获得的经营收入的价值，后者等于政府部门免费或以较低价格向居民住户提供的货物和服务的市场价值减去向住户收取的价值。

资本形成总额　指常住单位在一定时期内获得减去处置的固定资产和存货的净额，包括固定资本形成总额和存货增加两部分。

固定资本形成总额　指常住单位在一定时期内获得的固定资产减处置的固定资产的价值总额。固定资产是通过生产活动生产出来的，且其使用年限在一年以上、单位价值在规定标准以上的资产，不包括自然资产。可分为有形固定资本形成总额和无形固定资本形成总额。有形固定资本形成总额包括一定时期内完成的建筑工程、安装工程和设备工器具购置(减处置)价值，以及土地改良、新增役、种、奶、毛、娱乐用牲畜和新增经济林木价值。无形固定资本形成总额包括矿藏的勘探、计算机软件等获得减处置。

存货增加　指常住单位在一定时期内存货实物量变动的市场价值，即期末价值减期初价值的差额，再扣除当期由于价格变动而产生的持有收益。存货增加可以是正值，也可以是负值，正值表示存货上升，负值表示存货下降。存货包括生产单位购进的原材料、燃料和储备物资等存货，以及生产单位生产的产成品、在制品和半成品等存货。

货物和服务净出口　指货物和服务出口减货物和服务进口的差额。出口包括常住单位向非常住单位出售或无偿转让的各种货物和服务的价值；进口包括常住单位从非常住单位购买或无偿得到的各种货物和服务的价值。由于服务活动的提供与使用同时发生，一般把常住单位从非常住单位得到的服务作为进口，非常住单位从常住单位得到的服务作为出口。货物的出口和进口都按离岸价格计算。

人口 劳动力 2

POPULATION AND EMPLOYMENT

简要说明

一、本篇资料主要内容

本篇资料主要包括 2008 年及历年人口方面的基本情况；甘肃省计划生育情况；从业人员人数及在岗职工人数情况。

二、本篇资料来源

1.本篇资料由省统计局人口与就业处整理。人口数据为人口变动情况抽样调查推算数据，2— 6 表中农业人口、非农业人口数据为公安年报户籍统计数据。

2.就业基本情况是由省统计局人口与就业处根据劳动统计年报搜集、加工整理。

3.计划生育情况资料来源于省人口和计划生育委员会。

2-1 人口自然变动情况
Status of Population Natural Changes

年 份 Year	出生人口（人） Number of Briths (person)	出生率（‰） Birth Rate (‰)	死亡人口（人） Number of Deaths (person)	死亡率（‰） Death Rate (‰)	自然增长率（‰） Natural Growth Rate (‰)
1978	332308	17.77	109772	5.87	11.90
1980	317116	16.53	98799	5.15	11.38
1985	375884	18.31	122088	5.46	12.85
1986	440851	21.14	123247	5.91	15.23
1987	434783	20.55	120808	5.71	14.84
1988	438437	20.41	108696	5.06	15.35
1989	493123	22.57	120604	5.60	16.97
1990	466266	20.68	137084	6.08	14.60
1991	442818	19.38	138238	6.05	13.33
1992	448259	19.37	153662	6.64	12.73
1993	472798	20.16	160414	6.84	13.32
1994	497025	20.82	163288	6.84	13.98
1995	503437	20.65	158223	6.49	14.16
1996	454642	18.43	163800	6.64	11.79
1997	429501	17.22	154640	6.20	11.02
1998	414436	16.45	161492	6.41	10.04
1999	396897	15.61	163742	6.44	9.17
2000	367681	14.38	163897	6.41	7.97
2001	349717	13.58	165588	6.43	7.15
2002	340043	13.16	166662	6.45	6.71
2003	327148	12.58	167995	6.46	6.12
2004	324554	12.43	170241	6.52	5.91
2005	325669	12.59	169948	6.57	6.02
2006	334718	12.86	172304	6.62	6.24
2007	343626	13.14	173912	6.65	6.49
2008	347137	13.22	175426	6.68	6.54

2-2 五次人口普查基本情况

Basic Statistics on National Population Census
in 1953, 1964, 1982, 1990 and 2000

指　标	Item	1953	1964	1982	1990	2000
总人口	**Total population (10 000persons)**	**1109.36**	**1263.06**	**1956.93**	**2237.11**	**2512.43**
男	Male	580.80	657.17	1012.37	1159.28	1302.17
女	Female	528.56	605.89	944.56	1077.83	1210.26
性别比（以女性为100）	Sex ratio (female=100)	109.88	108.33	107.18	107.56	107.59
家庭户规模（人／户）	**Average Family Household Size(person/household)**	**5.40**	**4.95**	**5.17**	**4.58**	**3.99**
各年龄组人口（%）	**Population by Age Group (%)**					
0-14岁	Aged 0-14	39.56	40.18	36.32	27.97	27.00
15-64岁	Aged 15-64	57.35	57.75	60.19	67.97	68.00
65岁及以上	Aged 65 and over	3.09	2.07	3.49	4.06	5.00
民族人口	**Population by Ethnicity**					
汉族（万人）	Han (10 000 persons)	1013.18	1167.50	1802.03	2051.50	2292.51
占总人口比重（%）	percentage to total population (%)	91.33	92.43	92.08	91.70	91.25
少数民族（万人）	ethnic minorities (10 000 persons)	96.18	95.56	154.90	185.61	219.92
占总人口比重（%）	percentage to total population (%)	8.67	7.57	7.92	8.30	8.75
每十万人拥有的各种受教育程度人口（人）	**Population with Various Education Attainments Per 100 000 Persons (person)**					
大专及以上	Junior College and Above			551	1104	2665
高中和中专	Senior Secondary School and Technical Secondary School			6246	7825	9863
初　中	Junior Secondary School			12190	16851	23925
小　学	Primary School			27679	29127	36907
文盲人口及文盲率	**Illiterate Population and Illiterate Rate**					
文盲人口（万人）	Illiterate Population (10 000 persons)			634.48	631.06	361.32
文盲率（%）	Illiterate Rate (%)			50.91	39.17	19.68
城乡人口（万人）	**Population by Residence (10 000 persons)**					
城镇人口	Urban Population	111.27	140.58	300.19	493.06	603.23
乡村人口	Rural Population	998.09	1122.48	1656.74	1744.05	1909.20
平均预期寿命（岁）	**Life Expectancy (year old)**			**65.75**	**68.25**	**70.39**
男	Male			65.05	67.42	69.28
女	Female			66.49	69.17	71.88

2-3 人口数及构成（人口抽样调查数）

Population and Its Composition (Population Sampling Survey)

单位：万人　(10 000persons)

年份 Year	年末总人口 Total Population (year-end)	按性别分 By Sex 男 Male 人口数 Population	比重(%) Proportion	女 Female 人口数 Population	比重(%) Proportion	按城乡分 By Residence 城镇人口 Urban 人口数 Population	比重(%) Proportion	乡村人口 Rural 人口数 Population	比重(%) Proportion
1990	2254.67	1151.95	51.09	1102.72	48.91	496.25	22.01	1758.42	77.99
1991	2284.92	1180.85	51.68	1104.07	48.32	508.76	22.27	1776.16	77.73
1992	2314.19	1197.59	51.75	1116.60	48.25	521.59	22.54	1792.60	77.46
1993	2345.23	1194.25	50.92	1150.98	49.08	534.75	22.80	1810.48	77.20
1994	2387.25	1222.27	51.20	1164.98	48.80	548.23	22.96	1839.02	77.04
1995	2437.95	1256.49	51.54	1181.46	48.46	562.06	23.05	1875.89	76.95
1996	2466.86	1276.67	51.75	1190.19	48.25	572.07	23.19	1894.79	76.81
1997	2494.20	1278.57	51.26	1215.63	48.74	582.26	23.34	1911.94	76.66
1998	2519.37	1289.16	51.17	1230.21	48.83	592.63	23.52	1926.74	76.48
1999	2542.58	1292.05	50.82	1250.53	49.18	603.18	23.72	1939.40	76.28
2000	2556.89	1325.24	51.83	1231.65	48.17	613.91	24.01	1942.98	75.99
2001	2575.24	1334.75	51.83	1240.49	48.17	631.19	24.51	1944.05	75.49
2002	2592.58	1343.99	51.84	1248.59	48.16	673.03	25.96	1919.55	74.04
2003	2603.34	1347.23	51.75	1256.11	48.25	712.79	27.38	1890.55	72.62
2004	2618.78	1354.43	51.72	1264.35	48.28	749.23	28.61	1869.55	71.39
2005	2594.36	1334.54	51.44	1259.82	48.56	778.83	30.02	1815.53	69.98
2006	2606.25	1339.09	51.38	1267.16	48.62	810.28	31.09	1795.97	68.91
2007	2617.16	1343.91	51.35	1273.25	48.65	826.76	31.59	1790.40	68.41
2008	2628.12	1348.75	51.32	1279.37	48.68	844.94	32.15	1783.18	67.85

注：2005年及以后数据是按常住人口口径统计的。

a)Data since 2005 were obtained from the standand of permanent population .

2-4 各地区人口年龄构成和抚养比

Age Composition and Dependency Ratio of Population by Region

(2008)

地区	Region	人口数（万人） Population (10 000 persons)	0-14岁 Aged 0-14	15-64岁 Aged 15-64	65岁及以上 Aged 65 and Over	总抚养比（%） Gross Dependency Ratio (%)	少年儿童抚养比 Children Dependency Ratio	老年人抚养比 Old Dependency Ratio
甘肃省	**Gansu**	**2628.12**	**556.37**	**1872.54**	**199.21**	**40.35**	**21.17**	**7.58**
兰州市	Lanzhou	331.01	48.77	252.56	29.68	31.06	14.73	8.97
嘉峪关市	Jiayuguan	20.98	3.37	15.67	1.94	33.89	16.06	9.25
金昌市	Jinchang	47.29	8.47	35.83	2.99	31.98	17.91	6.32
白银市	Baiyin	175.12	52.01	115.40	7.71	51.75	29.70	4.40
天水市	Tianshui	342.59	95.12	224.07	23.40	52.89	27.76	6.83
武威市	Wuwei	191.14	44.59	134.60	11.95	42.01	23.33	6.25
张掖市	Zhangye	128.16	22.42	100.55	5.19	27.46	17.49	4.05
平凉市	Pingliang	219.58	61.85	145.52	12.21	50.89	28.17	5.56
酒泉市	Jiuquan	101.32	22.80	73.45	5.07	37.94	22.50	5.00
庆阳市	Qingyang	252.16	68.82	166.88	16.46	51.10	27.29	6.53
定西市	Dingxi	293.51	71.79	200.34	21.38	46.51	24.46	7.28
陇南市	Longnan	261.79	61.76	179.27	20.76	46.03	23.59	7.93
临夏州	Linxia	195.44	56.68	128.99	9.77	51.52	29.00	5.00
甘南州	Gannan	68.03	14.96	47.81	5.26	42.29	21.99	7.73

2-5 计划生育情况

Family Planning

项 目	Item	2000	2005	2007	2008
全省计划生育状况	**Family Planning**				
计划内生育（人）	Births Under Control (person)	252881	218450	233179	238857
计划生育率（%）	Family Planning Rate (%)	93.40	87.29	88.95	90.07
已婚育龄妇女人数（人）	Married Women at Childbearing Age (person)	5123884	5240803	5259131	5316259
实际采取节育措施的人数（人）	Number of Married People Adopting Contraception (person)	4362610	4728292	4690304	4733495
独生子女领证率（%）	Coverage of One-child Certificate (%)	10.65	11.77	12.20	12.80
城市计划生育状况	**Urban Areas**				
计划内生育（人）	Births Under Control (person)	43824	35328	37710	36710
计划生育率（%）	Family Planning Rate (%)	99.69	99.39	99.00	99.18
已婚育龄妇女人数（人）	Married Women at Childbearing Age (person)	852479	939919	962234	991943
实际采取节育措施的人数（人）	Number of Married People Adopting Contraception (person)	621825	826240	843438	869063
独生子女领证率（%）	Coverage of One-child Certificate (%)	59.52	57.29	54.14	54.38
农村计划生育状况	**Rural Areas**				
计划内生育（人）	Births Under Control (person)	205594	181241	193887	200292
计划生育率（%）	Family Planning Rate (%)	92.13	85.24	87.19	88.52
已婚育龄妇女人数（人）	Married Women at Childbearing Age (person)	4192638	4223309	4197485	4204967
实际采取节育措施的人数（人）	Number of Married People Adopting Contraception (person)	3683648	3834215	3760068	3764056

2-6 各地县人口

Population by Prefecture,County

单位：万人　（2008年抽样调查数）　(sampling survey in 2008)　(10 000 persons)

地　区	Region	年末常住人口 Permanent Population	#女　性 Female	农业人口 Agricultural Population	非农业人口 Non-Agricultural Population	人口自然增长率(‰) Natural Growth Rate (‰)
兰州市	**Lanzhou**	**331.01**	**158.71**	**129.38**	**201.63**	**4.96**
城关区	Chengguan	98.67	47.85	7.32	91.35	4.23
七里河区	Qilihe	50.39	23.63	11.71	38.68	4.24
西固区	Xigu	35.48	17.06	8.34	27.14	4.32
安宁区	Anning	23.55	10.80	2.65	20.90	4.46
红古区	Honggu	14.91	6.87	5.73	9.18	4.77
永登县	Yongdeng	48.27	23.53	41.11	7.16	5.72
皋兰县	Gaolan	17.12	8.35	14.39	2.73	5.52
榆中县	Yuzhong	42.62	20.51	38.13	4.49	5.05
嘉峪关市	**Jiayuguan**	**20.98**	**9.68**	**4.46**	**16.52**	**5.50**
金昌市	**Jinchang**	**47.29**	**22.59**	**25.43**	**21.86**	**5.79**
金川区	Jinchuan	21.41	10.27	5.96	15.45	5.48
永昌县	Yongchang	25.88	12.34	19.47	6.41	6.09
白银市	**Baiyin**	**175.12**	**84.69**	**129.85**	**45.27**	**6.82**
白银区	Baiyin	28.11	13.21	7.16	20.95	4.85
平川区	Pingchuan	19.49	9.22	8.90	10.59	6.96
靖远县	Jingyuan	46.25	22.51	41.61	4.64	7.25
会宁县	Huining	58.18	28.45	53.86	4.32	7.36
景泰县	Jingtai	23.09	11.27	18.32	4.77	6.89
天水市	**Tianshui**	**342.59**	**166.18**	**246.32**	**96.27**	**6.93**
秦州区	Qinzhou	62.87	30.32	29.75	33.12	6.64
麦积区	Maiji	57.23	27.52	27.65	29.58	6.61
清水县	Qingshui	30.55	14.85	27.97	2.58	6.95
秦安县	Qinan	59.61	29.35	46.24	13.37	7.11
甘谷县	Gangu	58.32	28.43	53.15	5.17	6.95
武山县	Wushan	43.18	20.60	35.26	7.92	6.98
张家川县	Zhangjiachuan	30.83	15.07	26.30	4.53	7.59
武威市	**Wuwei**	**191.14**	**92.39**	**158.53**	**32.61**	**6.69**
凉州区	Liangzhou	99.92	48.31	77.93	21.99	6.61
民勤县	Minqin	30.20	14.61	26.44	3.76	6.58
古浪县	Gulang	39.50	19.30	36.56	2.94	6.82
天祝县	Tianzhu	21.52	10.20	17.60	3.92	6.98
张掖市	**Zhangye**	**128.16**	**62.39**	**92.82**	**35.34**	**5.64**

注：非农业人口为公安年报数。

a) None-Agricultural Population is from the Police Annals.

2-6 续表 1 continued

单位：万人 (10 000 persons)

地 区	Region	年末常住人口 Permanent Population	#女 性 Female	农业人口 Agricultural Population	非农业人口 Non-Agricultural Population	人口自然增长率(‰) Natural Growth Rate (‰)
甘州区	Ganzhou	50.27	24.61	31.19	19.08	5.87
肃南县	Sunan	3.64	1.73	2.52	1.12	6.27
民乐县	Minle	23.80	11.51	20.46	3.34	4.71
临泽县	Linze	14.83	7.25	12.51	2.32	4.69
高台县	Gaotai	15.99	7.73	13.40	2.59	5.49
山丹县	Shandan	19.63	9.54	12.74	6.89	4.84
平凉市	**Pingliang**	**219.58**	**106.55**	**182.82**	**36.76**	**6.15**
崆峒区	Kongtong	48.03	23.08	31.56	16.47	6.54
泾川县	Jingchuan	33.57	16.60	30.41	3.16	5.36
灵台县	Lingtai	22.63	11.05	20.54	2.09	5.71
崇信县	Chongxin	9.60	4.47	8.09	1.51	6.89
华亭县	Huating	17.44	8.16	10.80	6.64	5.56
庄浪县	Zhuanglang	41.73	20.46	38.94	2.79	6.07
静宁县	Jingning	46.58	22.76	42.48	4.10	6.62
酒泉市	**Jiuquan**	**101.32**	**48.47**	**65.90**	**35.42**	**5.54**
肃州区	Suzhou	36.31	17.65	22.34	13.97	6.26
金塔县	Jinta	14.52	6.98	11.44	3.08	5.31
瓜州县	Guazhou	11.97	5.55	9.43	2.54	11.97
肃北县	Subei	1.21	0.50	0.65	0.56	1.21
阿克塞县	Akesai	0.82	0.33	0.29	0.53	0.82
玉门市	Yumen	18.20	8.58	9.79	8.41	18.20
敦煌市	Dunhuang	18.29	8.86	14.25	4.04	18.29
庆阳市	**Qingyang**	**252.16**	**121.80**	**220.95**	**31.21**	**252.16**
西峰区	Xifeng	33.97	16.51	23.62	10.35	33.97
庆城县	Qingcheng	31.87	15.30	26.44	5.43	31.87
环 县	Huanxian	33.52	16.14	31.09	2.43	33.52
华池县	Huachi	12.94	6.18	11.08	1.86	12.94
合水县	Heshui	16.54	8.02	14.49	2.05	16.54
正宁县	Zhengning	22.98	11.12	20.40	2.58	22.98
宁 县	Ningxian	50.75	24.56	47.21	3.54	50.75
镇原县	Zhenyuan	49.59	23.96	46.62	2.97	49.59
定西市	**Dingxi**	**293.51**	**141.55**	**261.76**	**31.75**	**293.51**
安定区	Anding	47.02	22.86	38.20	8.82	47.02
通渭县	Tongwei	45.73	22.15	42.37	3.36	45.73

2-6 续表 2 continued

单位：万人 (10 000 persons)

地 区	Region	年末常住人口 Permanent Population	#女 性 Female	农业人口 Agricultural Population	非农业人口 Non-Agricultural Population	人口自然增长率(‰) Natural Growth Rate (‰)
陇西县	Longxi	48.53	23.39	41.22	7.31	48.53
渭源县	Weiyuan	34.71	16.46	32.61	2.10	34.71
临洮县	Lintao	54.07	26.27	49.20	4.87	54.07
漳 县	Zhangxian	19.15	9.20	17.45	1.70	19.15
岷 县	Minxian	44.30	21.19	40.71	3.59	44.30
陇南市	**Longnan**	**261.79**	**123.82**	**219.51**	**42.28**	**261.79**
武都区	Wudu	52.10	24.79	39.36	12.74	52.10
宕昌县	Tanchang	26.40	12.58	24.15	2.25	26.40
成 县	Chengxian	25.46	12.06	15.55	9.91	6.01
康 县	Kangxian	19.46	9.06	17.58	1.88	1.09
文 县	Wenxian	23.87	11.38	20.38	3.49	6.38
西和县	Xihe	37.98	17.90	33.83	4.15	7.09
礼 县	Lixian	49.77	23.43	46.00	3.77	7.19
两当县	Liangdang	5.00	2.32	3.95	1.05	1.29
徽 县	Huixian	21.75	10.28	18.73	3.02	5.61
临夏州	**Linxia**	**195.44**	**94.14**	**165.53**	**29.91**	**7.47**
临夏市	linxia	22.19	10.78	10.03	12.16	5.86
临夏县	linxia	37.63	18.12	35.51	2.12	6.11
康乐县	Kangle	24.70	11.87	23.09	1.61	6.80
永靖县	Yongjing	19.84	9.56	15.62	4.22	4.53
广河县	Guanghe	21.64	10.50	19.34	2.30	10.63
和政县	Hezheng	19.27	9.30	17.73	1.54	7.27
东乡县	Dongxiang	27.18	12.98	23.01	4.17	10.67
积石山县	Jishishan	22.99	11.01	21.20	1.79	7.80
甘南州	**Gannan**	**68.03**	**33.04**	**52.88**	**15.15**	**7.48**
合作市	Hezuo	8.43	4.04	3.11	5.32	6.25
临潭县	Lintan	14.70	7.13	12.94	1.76	6.65
卓尼县	Zhuoni	10.30	4.98	8.74	1.56	7.85
舟曲县	Zhouqu	13.22	6.43	11.29	1.93	7.30
迭部县	Diebu	5.30	2.59	3.59	1.71	7.50
玛曲县	Maqu	4.73	2.24	3.96	0.77	12.30
碌曲县	Luqu	3.30	1.63	2.72	0.58	11.05
夏河县	Xiahe	8.05	3.96	6.53	1.52	7.82

2-7 各地县总户数

Total Number of Households by Prefecfure,County

单位：万户　　（2008）　　(10 000 households)

地　区	Region	年末总户数 Total Number of Households	#乡村户数 Number of Rural Households	地　区	Region	年末总户数 Total Number of Households	#乡村户数 Number of Rural Households
兰州市	**Lanzhou**	**96.31**	**32.95**	瓜州县	Guazhou	3.60	2.54
城关区	Chengguan	29.08	1.25	肃北县	Subei	0.46	0.18
七里河区	Qilihe	14.87	2.52	阿克塞县	Akesai	0.32	0.10
西固区	Xigu	11.01	2.16	玉门市	Yumen	5.75	2.53
安宁区	Anning	5.80	1.2	敦煌市	Dunhuang	4.63	2.61
红古区	Honggu	4.72	1.37	**庆阳市**	**Qingyang**	**69.68**	**50.56**
永登县	Yongdeng	14.51	11.1	西峰区	Xifeng	10.15	5.78
皋兰县	Gaolan	5.24	3.87	庆城县	Qingcheng	8.60	5.40
榆中县	Yuzhong	11.08	9.48	环　县	Huanxian	8.34	6.66
嘉峪关市	**Jiayuguan**	**5.84**	**0.56**	华池县	Huachi	3.70	2.47
金昌市	**Jinchang**	**14.89**	**6.08**	合水县	Heshui	4.60	3.42
金川区	Jinchuan	7.01	1.27	正宁县	Zhengning	6.57	4.89
永昌县	Yongchang	7.88	4.81	宁　县	Ningxian	14.18	11.07
白银市	**Baiyin**	**49.72**	**29.46**	镇原县	Zhenyuan	13.54	10.87
白银区	Baiyin	9.30	1.87	**定西市**	**Dingxi**	**78.04**	**60.09**
平川区	Pingchuan	6.13	2.09	安定区	Anding	12.91	8.99
靖远县	Jingyuan	12.69	9.49	通渭县	Tongwei	11.15	8.74
会宁县	Huining	15.04	11.5	陇西县	Longxi	13.33	9.63
景泰县	Jingtai	6.56	4.51	渭源县	Weiyuan	9.39	7.73
天水市	**Tianshui**	**92.99**	**64.64**	临洮县	Lintao	14.39	11.64
秦州区	Qinzhou	18.31	9.18	漳　县	Zhangxian	4.98	3.89
麦积区	Maiji	16.86	9.87	岷　县	Minxian	11.89	9.47
清水县	Qingshui	7.83	6.21	**陇南市**	**Longnan**	**74.04**	**55.37**
秦安县	Qinan	14.48	12.22	武都区	Wudu	15.62	11.02
甘谷县	Gangu	15.55	12.09	宕昌县	Tanchang	7.56	6.07
武山县	Wushan	12.10	8.88	成　县	Chengxian	7.44	5.13
张家川县	Zhangjiachuan	7.86	6.19	康　县	Kangxian	5.67	4.45
武威市	**Wuwei**	**51.63**	**37.43**	文　县	Wenxian	7.82	5.69
凉州区	Liangzhou	28.24	19.48	西和县	Xihe	10.24	7.64
民勤县	Minqin	7.58	5.8	礼　县	Lixian	11.96	9.90
古浪县	Gulang	10.02	8.13	两当县	Liangdang	1.55	0.95
天祝县	Tianzhu	5.79	4.02	徽　县	Huixian	6.18	4.52
张掖市	**Zhangye**	**40.23**	**25.8**	**临夏州**	**Linxia**	**50.07**	**35.30**
甘州区	Ganzhou	15.83	9.11	临夏市	linxia	6.53	2.20
肃南县	Sunan	1.27	0.71	临夏县	linxia	9.31	7.75
民乐县	Minle	7.14	5.45	康乐县	Kangle	5.93	4.74
临泽县	Linze	4.71	3.29	永靖县	Yongjing	5.77	3.68
高台县	Gaotai	4.96	3.42	广河县	Guanghe	4.98	3.53
山丹县	Shandan	6.31	3.82	和政县	Hezheng	4.89	4.00
平凉市	**Pingliang**	**63.54**	**43.22**	东乡县	Dongxiang	6.93	4.93
崆峒区	Kongtong	15.28	7.51	积石山县	Jishishan	5.73	4.47
泾川县	Jingchuan	9.46	7.26	**甘南州**	**Gannan**	**18.94**	**11.17**
灵台县	Lingtai	6.73	5.15	合作市	Hezuo	2.62	0.55
崇信县	Chongxin	2.74	1.92	临潭县	Lintan	4.14	2.96
华亭县	Huating	5.83	3.13	卓尼县	Zhuoni	2.90	1.75
庄浪县	Zhuanglang	11.42	8.76	舟曲县	Zhouqu	3.83	2.76
静宁县	Jingning	12.08	9.49	迭部县	Diebu	1.48	0.77
酒泉市	**Jiuquan**	**31.49**	**16.76**	玛曲县	Maqu	1.18	0.73
肃州区	Suzhou	10.96	5.88	碌曲县	Luqu	0.81	0.47
金塔县	Jinta	4.67	2.92	夏河县	Xiahe	1.98	1.18

注：1.年末总户数为公安年报数。2.全省年末总户数为737.41万户，乡村户数为469.39万户。

a)Number of Households are from the Ministry of Public Security Annals.

b) Total number of households in Gansu at Year-end is 7.3741 million, the number of rural households is 4.6939 million.

2-8 就业基本情况
Employment

项　目	Item	2000	2005	2007	2008
经济活动人口 (万人)	**Economically Active Population (10 000 persons)**	**1484.19**	**1400.61**	**1424.27**	**1455.77**
从业人员合计（万人）	**Total Number of Employed Persons (10 000 persons)**	**1476.45**	**1391.36**	**1414.76**	**1446.34**
第一产业	Primary Industry	880.56	885.82	886.48	901.79
第二产业	Secondary Industry	279.78	203.96	212.26	218.63
第三产业	Tertiary Industry	316.11	301.58	316.02	325.92
从业人员构成（合计=100）	**Composition of Employed Persons (total=100)**				
第一产业	Primary Industry	59.64	63.67	62.66	62.35
第二产业	Secondary Industry	18.95	14.66	15.00	15.12
第三产业	Tertiary Industry	21.41	21.67	22.34	22.53
按城乡分从业人员（万人）	**Number of Employed Persons by Urban and Rural Areas (10 000 persons)**				
城镇从业人员	Urban Employed Persons	320.19	364.07	382.73	397.74
#国有单位	State-owned Units	169.40	158.98	145.53	145.38
城镇集体单位	Urban Collective Owned Units	25.80	12.60	8.12	6.94
股份合作单位	Share Holding Units	3.90	4.49	1.88	1.05
联营单位	Joint Owned Units	0.10	2.36	0.30	0.24
有限责任公司	Limited Liability Corporations	3.70	9.31	26.13	25.00
股份有限公司	Share-holding Corporations Ltd.	1.50	3.50	9.69	1.95
其他	Others		1.78	2.13	9.19
港澳台商投资单位	Units whit funds from Hong Kong, Macao & Taiwan	0.30	0.62	0.46	2.38
外商投资单位	Foreign Funded Units	0.90	0.62	0.73	0.42
私营企业	Privite Units	45.00	67.70	74.62	77.93
个　体	Self-employed Individuals	69.59	102.11	113.14	127.26
乡村从业人员	Rural Employed Persons	1156.26	1027.29	1032.03	1048.60
职工人数（万人）	**Number of Staff and Workers (10 000 persons)**	**228.62**	**205.72**	**201.67**	**198.00**
国有单位	State-owned Units	186.63	168.63	148.84	149.56
城镇集体单位	Urban Collective Owned Units	29.86	13.33	8.53	7.04
其他单位	Units of Other Types of Ownership	12.13	23.76	44.30	41.40
城镇单位女性从业人员（万人）	**Number of Female Employee in Urban Units (10 000 persons)**	**72.28**	**64.34**	**64.37**	**64.54**
城镇登记失业人数（万人）	**Number of Registered Unemployed Persons in Urban Areas (10 000 persons)**	**7.35**	**9.26**	**9.51**	**9.43**
城镇登记失业率（%）	**Registered Unemployment Rate in Urban Areas (%)**	**2.70**	**3.26**	**3.34**	**3.20**

注：2005、2007、2008年从业人员是按常住人口口径统计的，下表同。
a)Data in 2005，2007 and 2008 were obtained from the standand of permanent population.The Same Applies to The following tables.

2-9 从业人员
Employed Persons

单位：万人 (10 000 persons)

年 份 Year	经济活动人口 Population of Economic Activity	从业人员 Number of Employed Persons	按三次产业分 by Three Strata of Industry			按城乡分 by Urban and Rural Areas	
			第一产业 Primary Industry	第二产业 Secondary Industry	第三产业 Tertiary Industry	城 镇 Urban Area	乡 村 Rural Area
1978		694.00				160.40	533.60
1979		713.00				164.00	549.00
1980	804.60	796.00				172.90	623.10
1981	852.80	842.00				182.30	659.70
1982	879.00	870.00				186.80	683.20
1983	998.90	993.80	797.10	108.10	88.60	191.00	802.80
1984	1051.30	1047.00	803.30	124.30	119.40	205.30	841.70
1985	1088.60	1081.40	785.90	153.00	142.50	211.30	870.10
1986	1106.00	1098.90	789.50	178.70	130.70	221.00	877.90
1987	1150.50	1139.70	753.70	171.20	214.80	231.20	908.50
1988	1190.80	1178.80	798.30	188.90	191.60	236.30	942.50
1989	1227.70	1214.00	824.20	183.60	206.20	237.30	976.70
1990	1304.90	1292.40	899.40	186.30	206.70	240.20	1052.20
1991	1313.70	1302.40	900.00	197.60	204.80	257.10	1045.30
1992	1315.40	1305.90	898.50	205.00	202.40	264.10	1041.80
1993	1427.90	1417.80	973.94	232.26	211.60	271.10	1146.70
1994	1449.20	1438.81	936.37	256.80	245.64	281.81	1157.00
1995	1492.40	1483.32	942.30	281.50	259.52	283.33	1199.99
1996	1531.00	1521.46	961.30	288.80	271.36	288.28	1233.18
1997	1538.70	1530.32	945.55	308.47	276.30	284.47	1245.85
1998	1548.10	1539.80	922.30	310.50	307.00	320.10	1219.70
1999	1496.80	1489.00	878.50	297.80	312.70	336.00	1153.00
2000	1484.19	1476.45	880.56	279.78	316.11	320.19	1156.26
2001	1496.33	1488.93	886.66	274.85	327.42	324.37	1164.56
2002	1509.25	1500.59	888.80	278.36	333.43	326.91	1173.68
2003	1520.15	1510.85	890.04	282.23	338.58	332.71	1178.14
2004	1529.99	1520.46	890.61	284.63	345.22	339.27	1181.19
2005	1400.61	1391.36	885.82	203.96	301.58	364.07	1027.29
2006	1411.05	1401.36	886.08	207.26	308.02	371.73	1029.63
2007	1424.27	1414.76	886.48	212.26	316.02	382.73	1032.03
2008	1455.77	1446.34	901.79	218.63	325.92	397.74	1048.60

注:2005年及以后从业人员是按常住人口口径统计的。

a) Data of Employed Persons since 2005 were obtained from the standard of permanent population.

2-10 分行业年底在岗职工人数

Number of Fully-employed Staff and Workers at the Year-end by Sector

单位：万人 (10 000 persons)

行 业	Sector	2007	2008
总 计	**Total**	**190.51**	**188.20**
农、林、牧、渔业	Agriculture,Forestry,Animal Husbadry and Fishery	5.76	5.83
采矿业	Mining	11.01	8.45
制造业	Manufacturing	39.23	36.50
电力、燃气及水的生产和供应业	Production and Supply of Electricity,Gas and Water	6.72	6.37
建筑业	Construction	13.73	15.28
交通运输、仓储和邮政业	Transport, Storage, Post and Telecommunication Services	9.79	9.92
信息传输、计算机服务和软件业	Information Transmission,Computer Service and Software	1.64	1.49
批发和零售业	Wholesale and Retail Trade	6.97	5.95
住宿和餐饮业	Hoteling and Catering Services	2.09	1.91
金融业	Financial Intermediation	6.15	6.19
房地产业	Real Estate	1.89	1.40
租赁和商务服务业	Renting and Business Services	1.76	1.88
科学研究、技术服务和地质勘查业	Scientific Research,Technical Services and Geologic Prospecting	4.89	4.77
水利、环境和公共设施管理业	Management of Water,Environment,and Public Facilities Conservancy	3.44	3.30
居民服务和其他服务业	Services to Households and Other Services	0.35	0.34
教 育	Education	30.58	33.19
卫生、社会保障和社会福利业	Health care,Social Security,Social Welfare	8.46	8.68
文化、体育和娱乐业	Culture,Sports and Recreations	2.18	2.37
公共管理和社会组织	Public Management and Social Organizations	33.87	34.37

2-11 分登记注册类型和细行业年底在岗职工人数

Number of Fully-employed Staff and Workers at the Year-End by Status of Registration and Sector in Detail

单位：人 (2008) (person)

项目	Item	合计 Total	国有单位 State-owned Units	城镇集体单位 Urban Collective-owned Units	其他单位 Units of Other Types
总计	**National Total**	**1881951**	**1429610**	**64732**	**387609**
按企、事业和机关分组	**Grouped by Enterprises, Institutions and Agencies**				
企业	Enterprises	981709	534627	60632	386450
事业	Institutions	630718	625459	4100	1159
机关	Agencies & Organizations	269524	269524		
按国民经济行业分组	**Grouped by Sector**				
农、林、牧、渔业	**Agricultrue,Forestry,Animal Husbadry and Fishery**	**58318**	**57042**	**167**	**1109**
农业	Agricultrue	23494	23057		437
林业	Forestry	14859	14791	68	
畜牧业	Animal Husbadry	820	794	26	
渔业	Fishery	24	24		
农、林、牧、渔服务业	Services	19121	18376	73	672
采矿业	**Mining**	**84534**	**32772**	**1183**	**50579**
煤炭开采及洗选业	Mining and Coal Washing	61675	27780	788	33107
石油和天然气开采业	Extraction of Petroleum and Natural Gas	10992			10992
黑色金属矿采选业	Mining and Washing of Ferrous Metals	1034		55	979
有色金属矿采选业	Mining and Washing of Nonferrous Metals	10135	4504	340	5291
非金属矿采选业	Mining and Washing of Nonmetal Minerals	515	305		210
其他采矿业	Mining and Washing of Other Minerals	183	183		
制造业	**Manufacturing**	**365016**	**194500**	**17829**	**152687**
农副食品加工业	Food Processing from Agriculture Products	7254	1008	100	6146
食品制造业	Food Production	4089		19	4070
饮料制造业	Beverage Production	14317	2844	620	10853
烟草加工业	Tobacco Processing	2020	2020		
纺织业	Textile Industry	9124	1352	48	7724
纺织服装.鞋.帽制造业	Textile,Garment,Shoes,Caps	234		145	89
皮革、毛皮、羽毛(绒)及其制品业	Leather,Furs,Down and Related Products	1566	1028	154	384
木材加工及木.竹、藤、棕、草制品业	Processing of Timber,Bamboo,Cane,Palm Fiber and Straw Products	1027	265	4	758
家具制造业	Furniture Manufacturing	453		32	421
造纸及纸制品业	Papermaking and Paper Products	1641	57	266	1318
印刷业和记录媒介的复制	Printing and Record Medium Reproduction	4329	3061	418	850

2-11 续表1 continued

单位：人 (person)

项 目	Item	合 计 Total	国有单位 State-owned Units	城镇集体单位 Urban Collective-owned Units	其他单位 Units of Other Types
文教体育用品制造业	Cultural,Educational and Sports Goods	103		103	
石油加工炼焦及核燃料加工业	Petroleum Processing,Coking,Processing of Nucleus Fuel	32460	14166	3375	14919
化学原料及化学制品制造业	Raw Chemical Materials and Chemical Products	34359	23393	308	10658
医药制造业	Manufactare of Medicines	8494	2993	85	5416
化学纤维制造业	Manufacture of Chemical Fiber	2299	2299		
橡胶制品业	Rubber Products	313		84	229
塑料制品业	Plastic Products	4638	1986	229	2423
非金属矿物制品业	Non-metalic Mineral Products	28921	6905	1636	20380
黑色金属冶炼及压延加工业	Manufacture and Processing of Ferrous Metals	37029	29872	1282	5875
有色金属冶炼及压延加工业	Maufacture and Processing of Nonferrous Metals	93138	69880	5432	17826
金属制品业	Metal Products	4231	1254	602	2375
通用设备制造业	General Purposes Eguipment Manufacturing	13368	6668	973	5727
专用设备制造业	Special Purpose Equipment Manufacturing	13988	3301	77	10610
交通运输设备制造业	Transport Equipment Manufacturing	14009	9600	185	4224
电气机械及器材制造业	Electric Equipment and Machinery	18100	8907	945	8248
通讯设备.计算机及其他电子设备制造业	Communication Equipment,Computer and Other Elctronic Equipment	9108	714		8394
仪器仪表及文化、办公用机械制造业	Manufacture of Measuring Instrument and Machinery for Cultural Activity and Office Work	1942	899	42	1001
工艺品及其他制造业	Artwork and Other Manufacturing	2392	28	665	1699
废弃资源和废旧材料回收加工业	Recycling and Disposal of Waste	70			70
电力、燃气及水的生产和供应业	**Electric Power, Gas and Water Production and Supply**	**63701**	**52193**	**469**	**11039**
电力、热力的生产与供应业	Production and Supply of Electric Power and Heat Power	52173	41598	311	10264
燃气生产和供应业	Production and Supply of Gas	1117	1036		81
水的生产和供应业	Production and Supply of Water	10411	9559	158	694
建筑业	**Construction**	**152779**	**55828**	**18072**	**78879**
房屋和土木工程建筑业	Building Construction and Civil Engineering Industry	134850	44860	16474	73516

2-11 续表2 continued

单位：人 (person)

项　目	Item	合　计 Total	国有单位 State-owned Units	城镇集体单位 Urban Collective-owned Units	其他单位 Units of Other Types
建筑安装业	Architectural Installation Industry	15327	10174	994	4159
装修装饰业	Architectural Decoration	1415	577	18	820
其他建筑业	Other Construction	1187	217	586	384
交通运输、仓储和邮政业	**Traffic,Transport, Storage and Post**	**99176**	**82361**	**928**	**15887**
铁路运输业	Railway Transport	45240	45240		
道路运输业	Road Transport	24713	18944	590	5179
城市公共交通业	Urban Public Transport	11819	1298		10521
水上运输业	Waterway Transport	47	47		
航空运输业	Air Transport	2283	2283		
管道运输业	Pipeline Transport				
装卸搬运与其他运输服务业	Loading and Unloading,Portage and Other Transport Services	2525	2215	123	187
仓储业	Storage	3575	3360	215	
邮政业	Post and Telecommunication Services	8974	8974		
信息传输、计算机服务和软件业	**Information Transmission,Computer Service and Software**	**14938**	**9502**	**62**	**5374**
电信和其他信息传输服务业	Telecommunication and Other Information Transmission Service	14291	9284	11	4996
计算机服务业	Computer Services	392	218	51	123
软件业	Software Industry	255			255
批发和零售业	**Wholesale and Retail Trade**	**59515**	**24146**	**6380**	**28989**
批发业	Wholesale Trade	28223	13053	2537	12633
零售业	Retail Trade	31292	11093	3843	16356
住宿和餐饮业	**Hotels and Catering Services**	**19146**	**9226**	**654**	**9266**
住宿业	Hotels	16860	8985	604	7271
餐饮业	Catering Services	2286	241	50	1995
金融业	**Financial Intermediation**	**61875**	**29830**	**11711**	**20334**
银行业	Banking	47300	26202	11459	9639
证券业	Negotiable Securities	49	49		
保险业	Insurance	14229	3516	18	10695
其他金融活动	Other Financial Activities	297	63	234	
房地产业	**Real Estate**	**13961**	**6531**	**374**	**7056**
租赁和商务服务业	**Leasing and Business Services**	**18812**	**12662**	**3153**	**2997**
租赁业	Leasing	226	11	34	181
商务服务业	Business Services	18586	12651	3119	2816

2-11续表3 continued

单位：人 (person)

项目	Item	合计 Total	国有单位 State-owned Units	城镇集体单位 Urban Collective-owned Units	其他单位 Units of Other Types
科学研究、技术服务和地质勘查业	**Scientific Research,Technical Services and Geological Prospecting**	**47695**	**45223**	**346**	**2126**
研究与试验发展	Research and Trial Development	12618	11983	168	467
专业技术服务业	Professional Technology Services	14168	12689	160	1319
科技交流和推广服务业	Exchange and Popularizing Services	10880	10534	18	328
地质勘查业	Geological Prospecting	10029	10017		12
水利、环境和公共设施管理业	**Water Conservancy,Environment and Public Facilities**	**33024**	**32877**	**147**	
水利管理业	Water Conservancy	17857	17730	127	
环境管理业	Environmental Management	7639	7639		
公共设施管理业	Management of Public Facilities Conservancy	7528	7508	20	
居民服务和其他服务业	**Services to Households and Other Services**	**3422**	**2973**	**318**	**131**
居民服务业	Resident Services Other Services	2721	2410	302	9
其他服务业	Other Services	701	563	16	122
教育	**Education**	**331890**	**331341**	**256**	**293**
卫生、社会保障和社会福利业	**Health Care,Social Security and Social Welface**	**86759**	**84105**	**2514**	**140**
卫　生	Health Care	81762	79108	2514	140
社会保障业	Social Security	3837	3837		
社会福利业	Social Welfare	1160	1160		
文化、体育和娱乐业	**Culture,Sports and Recreations**	**23668**	**23236**	**138**	**294**
新闻出版业	News and Publishing Undertakings	3212	3128	64	20
广播、电视、电影和音像业	Radio, Television ,Film and Audiovisubls	8789	8782	7	
文化艺术业	Culture and Arts	9587	9395	67	125
体　育	Sports	1506	1500		6
娱乐业	Entertainment	574	431		143
公共管理和社会组织	**Public Administration and Social Organizations**	**343722**	**343262**	**31**	**429**
中国共产党机关	Chinese Communist Agencies	29140	29140		
国家机构	Government Agencies	306655	306618	17	20
人民政协和民主党派	C.P.P.C. and Democratic Party	3131	3096		35
群众团体、社会团体和宗教组织	Non-Governmental Institutions,Social Organizations and Religion Organizations	4796	4408	14	374

2-12 单位从业人员变动情况

Changes in the Number of Employed Persons

单位：人 （2008） (person)

项目	Item	合计 Total	国有单位 State-owned Units	城镇集体单位 Urban Collective Owned Units	其他单位 Units of Other Types of Ownership
净增人数	**Net Increase Persons**	**5823**	**13760**	**-1589**	**-6348**
增加人数	**Increase of Employed Persons**	**103913**	**59868**	**5079**	**38966**
从农村招收	Recruited from Rural Areas	24200	5287	2257	16656
从城镇招收	Recruited from Urban Areas	12299	4580	250	7469
录用的复员转业军人	Demobilized Soldiers	2835	2263	6	566
录用的大、中专、技校毕业生	Graduates from Colleges, Secondry Technical Schools and Trade Schools	30521	24192	499	5830
调入	Transferred in	19464	15426	118	3920
# 由外省区调入	From Outside Provinces	251	191	1	59
其他	Others	14594	8120	1949	4525
减少人数	**Decreasing of Employed Persons**	**98090**	**46108**	**6668**	**45314**
离休、退休、退职	Retired and Job Quitting	23518	14864	877	7777
开除、除名、辞退	Expeled and Discharged	6366	1470	166	4730
终止解除合同	Contract Terminated	24939	7279	1682	15978
离岗仍保留劳动关系	Preserving Labor Relation	5263	1889	405	2969
死亡	Death	1626	1282	39	305
调出	Transferred Out	18403	13710	2094	2599
# 调至外省、区、市	To Outside Provinces,Regions and Cities	786	594	4	188
其他	Others	17975	5614	1405	10956

2-13 城镇失业人数及失业率

Urban Unemployment and It's Rate

单位：人 (person)

年份 Year	本年失业人数 Unemployment	本年失业人员就业人数 Reemployment	年末尚有失业人数 Unemployment at the Year-end	城镇失业率（%） Urban rate of Unemployment
1995	85338	91619	91315	3.11
1996	93284	79875	95888	3.30
1997	90200	94900	83800	3.20
1998	102313	94582	83419	3.32
1999	105956	102954	79738	2.70
2000	93259	97724	73518	2.70
2001	100530	97879	74414	2.80
2002	109332	96969	86559	3.20
2003	110310	103372	93095	3.40
2004	105582	103221	95256	3.40
2005	124315	126865	92554	3.26
2006	129913	123175	96866	3.63
2007	135840	135566	95101	3.34
2008	146505	145302	94308	3.20

主要统计指标解释

人口数 指一定时点、一定地区范围内有生命的个人总和。年末统计的年末人口数指每年12月31日24时的人口数。

城镇人口和乡村人口 城镇人口是指居住在城镇范围内的全部常住人口；乡村人口是除上述人口以外的全部人口。

出生率(又称粗出生率) 指在一定时期内(通常为一年)一定地区的出生人数与同期内平均人数(或期中人数)之比，用千分率表示。本资料中的出生率指年出生率，其计算公式为：

$$出生率=\frac{年出生人数}{年平均人数}\times 1000‰$$

式中：出生人数指活产婴儿，即胎儿脱离母体时(不管怀孕月数)，有过呼吸或其他生命现象。年平均人数指年初、年底人口数的平均数，也可用年中人口数代替。

死亡率(又称粗死亡率) 指在一定时期内(通常为一年)一定地区的死亡人数与同期内平均人数(或期中人数)之比，用千分率表示。本资料中的死亡率指年死亡率，其计算公式为：

$$死亡率=\frac{年死亡人数}{年平均人数}\times 1000‰$$

人口自然增长率 指在一定时期内(通常为一年)人口自然增加数(出生人数减死亡人数)与该时期内平均人数(或期中人数)之比，用千分率表示。计算公式为：

$$人口自然增长率=\frac{本年死亡人数}{本年出生人数–年平均人数}\times 1000‰$$

=人口出生率-人口死亡率

总抚养比 也称总负担系数。指人口总体中非劳动年龄人口数与劳动年龄人口数之比。通常用百分比表示。说明每100名劳动年龄人口大致要负担多少名非劳动年龄人口。用于从人口角度反映人口与经济发展的基本关系。计算公式为：

$$GDR=\frac{P_{0\text{-}14}+P_{65^+}}{P_{15\sim64}}\times100\%$$

其中：GDR为总抚养比；

P0~14为0~14岁少年儿童人口数；

P65+为65岁及65岁以上的老年人口数；

P15~64为15~64岁劳动年龄人口数。

老年人口抚养比 也称老年人口抚养系数。指某一人口中老年人口数与劳动年龄人口数之比。通常用百分比表示。用以表明每100名劳动年龄人口要负担多少名老年人。老年人口抚养比是从经济角度反映人口老化社会后果的指标之一。计算公式为：

$$ODR=\frac{P_{65^+}}{P_{15\sim64}}\times100\%$$

其中：ODR为老年人口抚养比；

P65+为65岁及65岁以上的老年人口数；

P15~64为15~64岁的劳动年龄人口数。

少年儿童抚养比 也称少年儿童抚养系数。指某一人口中少年儿童人口数与劳动年龄人口数之比。通常用百分比表示。以反映每100名劳动年龄人口要负担多少名少年儿童。计算公式为：

$$CDR=\frac{P_{0\sim14}}{P_{15\sim64}}\times100\%$$

其中：CDR为少年儿童抚养比；

P0~14为0~14岁少年儿童人口数；

P15~64为15~64岁劳动年龄人口数。

经济活动人口 指在16周岁及以上，有劳动能力，参加或要求参加社会经济活动的人口。包括就业人员和失业人员。

从业人员 指在16周岁及以上，从事一定社会劳动并取得劳动报酬或经营收入的人员。这一指标反映了一定时期内全部劳动力资源的实际利用情况，是研究我国基本国情国力的重要指标。

单位从业人员 指在各级国家机关、政党机关、社会团体及企业、事业单位中工作，取得工资或其他形式的劳动报酬的全部人员。包括在岗职工、再就业的离退休人员、民办教师以及在各单位中工作的外方人员和港澳台方人员、兼职人员、借用的外单位人员和第二职业者。不包括离开本单位仍保留劳动关系的职工。各单位的就业人员反映了各单位实际参加生产或工作的全部劳动力。

城镇私营和个体从业人员 城镇私营从业人员指在工商管理部门注册登记，其经营地址设在县城关镇(含县城关镇)以上的私营企业从业人员，包括私营企业投资者和雇工。城镇个体就业人员指在工商管理部门注册登记，并持有城镇户口或在城镇长期居住，经批准从事个体工商经营的就业人员，包括个体经营者和在个体工商户劳动的家庭帮工和雇工。

职工 指在国有、城镇集体、联营、股份制、外商和港、澳、台投资、其他单位及其附属机构工作，并由其支付工资的各类人员。不包括下列人员：(1)乡镇企业就业人员；(2)私营企业就业人员；(3)城镇个体劳动者；(4)离休、退休、退职人员；(5)再就业的离、退休人员；(6)民办教师；(7)在城镇单位中工作的外方及港、澳、台人员；(8)其他按有关规定不列入职工统计范围的人员。

在岗职工 指在本单位工作并由单位支付工资的人员，以及有工作岗位，但由于学习、病伤产假等原因暂未工作，仍由单位支付工资的人员。

城镇登记失业人员 指有非农业户口，在一定的劳动年龄内(16周岁至退休年龄)，有劳动能力，无业而要求就业，并在当地就业服务机构进行求职登记的人员。

城镇登记失业率 城镇登记失业人员与城镇单位就业人员(扣除使用的农村劳动力、聘用的离退休人员、港澳台及外方人员)、城镇单位中的不在岗职工、城镇私营业主、个体户主、城镇私营企业和个体就业人员、城镇登记失业人员之和的比。计算公式为：

$$\text{城镇登记失业率}=\frac{\text{城镇登记失业人数}}{(\text{城镇单位就业人员}-\text{使用的农村劳动力}-\text{聘用的离退休人员}-\text{聘用的港澳台及外方人员})+\text{不在岗职工}+\text{城镇私营业主}+\text{城镇个体户主}+\text{城镇私营企业及个体就业人员}+\text{城镇登记失业人数}}\times 100\%$$

固定资产投资 3

FIXED ASSETS INVESTMENT

简要说明

一、本篇资料主要内容

本篇资料主要内容包括：历年全社会固定资产投资及其主要分组；2008 年甘肃省城镇固定资产投资新增主要生产能力和设施；2008 年全省重点项目建设情况；农村非农户固定资产投资情况；房地产开发企业基本情况等。

二、本篇资料来源

本篇资料由省统计局固定资产投资处汇总、加工整理。

3-1 全社会固定资产投资
Total Investment in Fixed Assets

指 标	Item	2000	2005	2007	2008
投资总额（亿元）	**Total Investment (100 million yuan)**	**441.35**	**874.53**	**1310.38**	**1735.79**
按城乡分	**By Urban and Rural Area**				
城 镇	Urban		790.22	1177.47	1495.64
#房地产开发	Real Estate Development		85.75	134.07	170.69
农 村	Rural		84.31	132.92	202.02
#农 户	Farm Households		51.47	62.55	79.42
按产业分	**By Industry**				
第一产业	Primary Industry	19.38	41.87	69.12	84.24
第二产业	Secondary Industry	143.77	350.15	597.87	834.38
第三产业	Tertiary Industry	278.20	482.51	643.39	817.17
按资金来源分	**By Source of Funds**				
国家预算内资金	State Budgetary Appropriation	54.40	84.09	117.76	198.10
国内贷款	Domestic Loans	116.38	174.06	260.54	304.10
利用外资	Foreign Investment	7.70	14.43	11.22	13.26
自筹资金	Self-raising Funds	197.16	483.71	741.23	955.83
其他资金	Others	65.71	118.24	179.63	264.51
按构成分	**By Use of Funds**				
建筑安装工程	Constructionand Installation	288.65	595.15	889.66	1192.19
设备工具器具购置	Purchaseof Equipmentand Instruments	95.33	187.37	239.32	324.72
其他费用	Others	57.37	92.01	181.40	218.88
按隶属关系分	**By Subordination**				
中央项目	Center	143.41	138.66	161.36	239.11
地方项目	Local	297.94	735.87	1149.02	1496.68

注：全社会固定资产投资中含跨省项目投资，城乡分组合计不等于全社会。

a) Total investment in fixed assets includes Inter-provincial project, and the subentry figures by Urban and Rural Area do not add up to the total.

3-1 续表 continued

指　标	Item	2000	2005	2007	2008
按登记注册类型分	**By Registration Categories**				
内　资	Domestic Funded Enterprises	379.63	789.67	1219.85	1609.98
国　有	State-owned Enterprises	295.86	505.92	690.04	899.56
集　体	Collective-owned Enterprises	27.68	50.26	40.33	43.58
股份合作	Cooperative Enterprises	0.73	6.73	5.65	6.88
联营企业	Joint Enterprises	3.20	3.36	3.46	7.51
国有联营	State Joint Enterprises	0.72	1.18	0.07	0.32
集体联营	Collective-owned Joint Enterprises	0.02	1.16	2.31	2.95
国有与集体联营	State and Collective Joint Enterprises	2.23	0.53	0.41	0.01
其他联营	Other Joint Enterprises	0.23	0.49	0.68	4.23
有限责任公司	Limited Liability	25.75	129.80	241.62	329.36
国有独资公司	State-owned Enterprises	1.44	3.66	9.98	61.45
其他有限责任公司	Companies with Limited Liabilities	24.31	126.14	231.64	267.91
股份有限公司	Stock-holding Companies with Limited Liabilties	16.64	31.08	68.55	81.61
私　营	Private Enterprises	4.62	52.54	144.02	198.26
其　他	Others	5.15	9.98	26.18	43.22
港澳台商投资	Enterprises with Investment from Hong Kong ,Macao Taiwan	3.53	13.74	10.12	15.76
外商投资经济	Enterprises with Investment from Foreign	4.06	17.12	13.35	12.84
个体经营	Individual	54.13	54.00	67.06	97.21
房屋建筑面积（万平方米）	**Floor Space of Buildings (10 000 sq.m)**				
施工面积	Floor Space Under Construction	3012.24	5200.53	4476.73	6808.00
竣工面积	Floor Space Completed	1837.36	2382.68	1517.76	1632.00
#住　宅	Residential Buildings	1344.75	1604.86	754.77	1008.00

3-2 历年全社会固定资产投资

Total Investment in Fixed Assets

指　标 Item	总 计 Total	国有经济 State-owned Units	集体经济 Collective-owned Units	个体经济 Individuals	其他经济 Others
投资额（万元）					
Investment (10 000 yuan)					
1978	92978	92575	403		
1979	112164	111510	654		
1980	126451	125653	798		
1981	141023	117326	7626	16071	
1982	156855	133568	10721	12566	
1983	189053	164159	9196	15698	
1984	245050	199823	17108	28119	
1985	338964	259740	39528	39696	
1986	404246	310899	39943	53404	
1987	479055	383870	31096	64089	
1988	595397	469973	47636	77788	
1989	511920	406488	33273	72159	
1990	593470	492667	30572	70231	
1991	685897	570272	34770	80855	
1992	851286	717578	44453	89255	
1993	1220812	957031	141721	122060	
1994	1590534	1251759	99289	136588	102898
1995	1946681	1566056	77110	177061	126454
1996	2148328	1539023	127015	216815	265475
1997	2643882	1860338	135835	350665	297044
1998	3310060	2246724	167369	506814	389153
1999	3840826	2558515	233637	517719	530955
2000	4413518	2973021	277047	541339	622111
2001	5054200	3378767	283300	563100	829033
2002	5758344	3821155	354824	509444	1072921
2003	6550718	4071846	413158	508987	1556727
2004	7560144	4685324	496843	534839	1843138
2005	8745250	5107600	580595	539971	2517084
2006	10248651	5676745	252476	623318	3696112
2007	13103759	7000896	482940	670610	4949313
2008	17357895	9613256	534076	972050	6238513

注：本表国有经济为大口径，含国有、国有联营和国有独资公司；集体经济为大口径，含集体、集体联营和股份合作。

a)Data of state-owned units in the table are based on wide coverage including state-owned, joint ownership of state-owned and wholly state-owned company; Collective-owned units are based on wide standard including collective-owned, collective-owned joint and cooperative units.

3-2 续表 continued

指 标 Item	总 计 Total	国有经济 State-owned Units	集体经济 Collective-owned Units	个体经济 Individuals	其他经济 Others
发展速度（上年=100）					
Growth Rate (previous year=100)					
1978					
1979	120.63	120.45	162.28		
1980	112.74	112.68	122.02		
1981	111.52	93.37	955.63		
1982	111.23	113.84	140.58	78.19	
1983	120.53	122.90	85.78	124.92	
1984	129.62	121.73	186.04	179.12	
1985	138.32	129.99	231.05	141.17	
1986	119.26	119.70	101.05	134.53	
1987	118.51	123.47	77.85	120.01	
1988	124.29	122.43	153.19	121.37	
1989	85.98	86.49	69.85	92.76	
1990	115.93	121.20	91.88	97.33	
1991	115.57	115.75	113.73	115.13	
1992	124.11	125.83	127.85	110.39	
1993	143.41	133.37	318.81	136.75	
1994	130.28	130.80	70.06	111.90	
1995	122.39	125.11	77.66	129.63	122.89
1996	110.36	98.27	164.72	122.45	209.94
1997	123.07	120.88	106.94	161.73	111.89
1998	125.20	120.77	123.21	144.53	131.00
1999	116.03	113.88	139.59	102.15	136.44
2000	114.91	116.20	118.76	104.56	117.68
2001	114.52	113.65	102.26	104.02	133.26
2002	113.93	113.09	125.25	90.47	129.42
2003	113.76	106.56	116.44	99.92	145.09
2004	115.41	115.07	120.25	105.08	118.40
2005	115.68	109.01	116.85	100.96	136.57
2006	117.19	111.14	43.49	133.86	142.89
2007	127.86	123.33	191.28	107.59	133.91
2008	132.47	137.31	110.59	144.95	126.05

3-3 城镇固定资产投资

Investment in Fixed Assets in Urban Area

指　标	Item	2005	2006	2007	2008
投资额（亿元）	**Total Investment (100 million yuan)**	**790.22**	**925.92**	**1177.46**	**1495.64**
#房地产开发	Real Estate Development	85.75	97.72	134.07	170.69
按产业分	**By Industry**				
第一产业	Primary Industry	24.02	30.75	37.49	56.52
第二产业	Secondary Industry	342.65	418.97	570.74	744.83
#工　业	Industry	303.38	369.67	490.36	637.93
第三产业	Tertiary Industry	423.54	476.20	569.23	694.29
按资金来源分	**By Source of Funds**				
国家预算内资金	State Budgetary Appropriation	72.62	92.90	108.40	169.86
国内贷款	Domestic Loans	163.31	184.47	253.88	275.19
债　券	Bonds	8.27	2.05	5.06	0.20
利用外资	Foreign Investment	13.97	14.83	11.30	12.78
自筹资金	Self-raising Funds	411.75	490.12	663.72	792.05
其他资金	Others	120.29	141.56	164.88	207.43
按构成分	**By Use of Funds**				
建筑安装工程	Constructionand Installation	547.38	646.74	801.31	1008.09
设备工具器具购置	Purchaseof Equipmentand Instruments	164.36	174.43	212.45	294.54
其他费用	Others	78.48	104.75	163.70	193.01
按隶属关系分	**By Subordination**				
中央项目	Center	110.21	135.65	161.36	201.11
地方项目	Local	680.01	790.27	1016.10	1294.53

3-3 续表 continued

指　标	Item	2005	2006	2007	2008
按登记注册类型分	**By Registration Categories**				
内　资	Domestic Funded Enterprises	751.80	889.25	1151.76	1455.27
国　有	State-owned Enterprises	495.35	540.20	652.25	796.02
集　体	Collective-owned Enterprises	17.32	16.85	34.07	34.91
股份合作	Cooperative Enterprises	6.74	4.60	5.65	6.85
联营企业	Joint Enterprises	3.36	2.53	3.41	7.08
国有联营	State Joint Enterprises	1.18	0.64	0.07	0.32
集体联营	Collective-owned Joint Enterprises	1.16	0.49	2.30	2.90
国有与集体联营	State and Collective Joint Enterprises	0.53	0.36	0.41	0.00
其他联营	Other Joint Enterprises	0.49	1.03	0.64	3.87
有限责任公司	Limited Liability	130.72	169.67	237.30	323.78
国有独资公司	State-owned Enterprises	4.58	6.43	9.98	61.45
其他有限责任公司	Companies with Limited Liabilities	126.14	163.24	227.31	262.33
股份有限公司	Stock-holding Companies with Limited Liabilties	31.07	51.32	67.96	80.94
私　营	Private Enterprises	52.36	86.33	128.21	171.57
其　他	Others	14.88	17.77	22.91	34.12
港澳台商投资	Enterprises with Investment from Hong Kong ,Macao Taiwan	13.74	7.46	9.94	15.76
外商投资经济	Enterprises with Investment from Foreign	17.13	23.34	12.99	12.79
个体经营	Individual	7.55	5.86	2.77	11.82
房屋建筑面积（万平方米）	**Floor Space of Buildings (10 000 sq.m)**				
施工面积	Floor Space Under Construction	4087.25	4000.10	4268.11	6357.39
#住　宅	Residential Buildings	2274.38	2245.16	2389.42	4150.02
竣工面积	Floor Space Completed	1207.11	736.65	1433.99	1446.37
#住　宅	Residential Buildings	626.68	512.85	721.12	915.84

3-4 各地区城镇和农村非农户固定资产投资

Urban and Non-agriculture Households Investment in Fixed Assets by Prefecture

单位：万元　　(10 000 yuan)

地区	Region	城镇投资额 Investment in Urban Area	#房地产开发投资 Real estate development	农村非农户投资额 Non-agriculture Households Investment
兰州市	Lanzhou	4165269	925125	73663
嘉峪关市	Jiayuguan	515003	78683	21804
金昌市	Jinchang	682181	19885	24316
白银市	Baiyin	1043611	62796	20033
天水市	Tianshui	1082456	142563	46765
武威市	Wuwei	843204	92527	
张掖市	Zhangye	704898	51277	8724
平凉市	Pingliang	1145700	86760	83012
酒泉市	Jiuquan	1196752	96088	296445
庆阳市	Qingyang	1299947	47947	308704
定西市	Dingxi	706713	80334	49282
陇南市	Longnan	690398	5200	218249
临夏州	Linxia	470963	17729	27680
甘南州	Gannan	376604		47332

注：城镇投资和农村非农户口径为50万元及以上固定资产项目投资；庆阳市城镇投资额含长庆局数据为1744260万元。

a) Urban and Non-agriculture Households Investment refer to Construction projects over 500 Thousand Yuan; Investment in Qingyang prefecture including changiqing is 174.4260 billion.

3-5 按建设性质分的城镇项目固定资产投资

Investment in Fixed Assets in Urban area by Type of Construction

单位:万元 (2008) (10 000 yuan)

行业	Sector	投资额 Total Investment	#新建 New construction	#扩建 Expansion	#改建 Reconst-ruction
总计	**Total**	**13249437**	**9132544**	**1845630**	**1793971**
农、林、牧、渔业	Farming,Forestry,Animal Husbandry and Fishery	565170	526466	14429	17193
采矿业	Mining	773770	491073	101828	178270
制造业	Manufacturing	3000576	1742739	501714	602708
电力、燃气及水的生产和供应业	Electric Power, Gas and Water Production and Supply	2601862	1674235	523298	372868
建筑业	Construction	1071882	947083	61296	17945
交通运输、仓储和邮政业	Transport, Storage, Post	1058157	735331	156469	131402
信息传输、计算机服务和软件业	Information Transmission,Computer Services and Software	141182	57638	6193	65810
批发和零售业	Wholesale and Retail Trade	365242	242134	61097	57048
住宿和餐饮业	Hotel and Catering Serrices	121536	71316	16050	31851
金融业	Financial Intermediation	11674	8360		370
房地产业	Real Estate	575335	490982	12407	28464
租赁和商务服务业	Leasing and Business Services	83654	67054	6010	4640
科学研究、技术服务和地质勘查业	Scientific Research,Technical Services and Geological Prospecting	86417	60448	1727	7363
水利、环境和公共设施管理业	Management of Water Conservancy,Environment and Public Facilities	729561	390710	153583	183269
居民服务和其他服务业	Households Services and Other Services	37244	22515	1405	7744
教育	Education	320061	252971	34197	10699
卫生、社会保障和社会福利业	Health,Social Security,Social Welface	138643	74231	12269	13365
文化、体育和娱乐业	Culture,Sports and Recreations	97914	76120	2905	13770
公共管理和社会组织	Public Administration Social Organizations	1469557	1201138	178753	49192

3-6 城镇固定资产投资项目个数及新增固定资产

Number of Urban Investment Projects in fixed Assets and Newly Increased Fixed Assets

(2008)

行业	Sector	施工项目（个）Number of Projects under Construction (unit)	全部建成投产项目（个）Number of Projects Completed and Put into Use (unit)	建成项目投产率（%）Rate of Projects Completed and Put into Use (%)	新增固定资产（万元）Newly Increased Fixed Assets (10 000 yuan)
总　计	**Total**	**7822**	**3007**	**38.44**	**5145965**
农、林、牧、渔业	Farming,Forestry,Animal Husbandry and Fishery	559	290	51.88	249265
采矿业	Mining	204	78	38.24	315517
制造业	Manufacturing	1537	473	30.77	1348909
电力、燃气及水的生产和供应业	Electric Power, Gas and Water Production and Supply	498	168	33.73	832752
建筑业	Construction	825	196	23.76	254741
交通运输、仓储和邮政业	Transport, Storage, Post and	336	151	44.94	343925
信息传输、计算机服务和软件业	Information Transmission,Computer Services and Software	327	174	53.21	95232
批发和零售业	Wholesale and Retail Trades	260	83	31.92	177264
住宿和餐饮业	Hotel and Catering Services	129	63	48.84	73521
金融业	Financial Intermediation	22	10	45.45	4383
房地产业	Real Estate	249	90	36.14	223023
租赁和商务服务业	Leasting and Commercial Services	47	12	25.53	34814
科学研究、技术服务和地质勘查业	Scientific Research,Technical Services and Geological Prospecting	67	29	43.28	41060
水利、环境和公共设施管理业	Management of Water Conservancy,Environment and Public Facilities	587	230	39.18	330591
居民服务和其他服务业	Households Services and Other Services	37	14	37.84	9541
教　育	Education	379	160	42.22	152365
卫生、社会保障和社会福利业	Health,Social Security,Social Welfare	157	69	43.95	42576
文化、体育和娱乐业	Culture,Sports and Recreations	115	38	33.04	33002
公共管理和社会组织	Public Administration and Social Organizations	1487	679	45.66	583484

3-7 城镇固定资产投资新增主要生产能力和设施

Newly Increased Production Capacity and Facilities Through Investment in Fixed Assets in Urban Area

(2008)

能力名称	Item	新增生产能力和设施 Newly Increased Production Capacity and Facilities
焦炭（万吨／年）	Coke (10 000 tons/year)	410
石油加工：蒸馏设备能力（处理万吨／年）	Petroleum refining: Distillation equipment capacity (10,000 tons / year)	941
生铁（万吨／年）	Pig Iron (10 000 tons/year)	2180
粗钢（万吨／年）	Steel (10 000 tons/year)	910
铁合金（折标吨／年）	Iron Alloy (10 000 tons/year)	1190
热轧钢材（万吨／年）	Hot Rolled Steel (10 000 tons/year)	6467
铜冶炼（吨／年）	Copper Smelting (ton/year)	13200
铅冶炼（吨／年）	Plumbum Smelting (ton/year)	6400
锡冶炼（吨／年）	Tin Smelting (ton/year)	850
镍冶炼（吨／年）	Nickel Smelting (ton/year)	2490
氧化铝（吨／年）	Aluminum Oxide (ton/year)	426600
铝加工（吨／年）	Aluminum Processing (ton/year)	100000
黄金（公斤／年）	Gold (kg/year)	1405
水力发电（万千瓦）	Hydraulic Power (10 000 kw)	273
火力发电（万千瓦）	Fire Power (10 000 kw)	1077
其他发电（万千瓦）	Other Power (10 000 kw)	50
输电线路长度(11万伏及以上)（公里）	Length of Power Transmission Line (km)	9595
水泥（万吨／年）	Cement (10 000 tons/year)	2364
平板玻璃（万重量箱／年）	Plate Glass (10 000 weight-box/year)	540
石墨及炭素制品（吨／年）	Black Lead and Carbon Products (ton/year)	42740

3-7 续表 continued

能力名称	Item	新增生产能力和设施 Newly Increased Production Capacity and Facilities
电石（吨／年）	Calcium Carbide (ton/year)	4982
氮肥（吨／年）	Nitrogen Fertilizers (ton/year)	38800
磷肥（吨／年）	Phosphate Fertilizer (ton/year)	2300
钾肥（吨／年）	Potash Fertilizer (ton/year)	11600
化学农药原药（吨／年）	Agrochemicals (ton/year)	2650
塑料树脂及共聚物（吨／年）	Plastic Colophony and Polymer (ton/year)	1250
合成橡胶（吨／年）	Synthetic Rubber (ton/year)	3200
化学纤维（吨／年）	Chemical Fibre (ton/year)	6700
新建公路（公里）	New Highway (km)	2005
#高速公路	Expressway	830
改建公路（公里）	Conversion Highway (km)	4892
一级公路（公里）	First-class Highway (km)	995
二级公路（公里）	Secondary road (km)	130
三级公路（公里）	Third-class highway (km)	3897
钢材（万吨／年）	Steels (10 000 tons / year)	6467
发电机组容量（万千瓦）	Capacity of Generating Units (10 000 kws)	1399.58
农用氮、磷、钾化学肥料（吨／年）	Agricultural Nitrogen，Phosphate and Potash Fertilizers (ton/year)	52700

3-8 2008年全省重点项目建设情况

Key Project Plan Achievement Situaction in 2008

单位：万元 (10 000 yuan)

项目名称	Name of Projects Under Construction	计划总投资 Total Plan Investment	止2008年底累计完成投资 Accumulative Investment by 2008	本年计划投资 Plan Investment	本年完成投资 Achieved Investment
总计	**Total**	**16404989**	**7004299**	**3764007**	**4335562**
续建项目	**Continued Construction Project**	**8924218**	**4757038**	**2030456**	**2091832**
石羊河流域重点治理应急项目	Key Emergency Harnessing Projects of Shiyang River Basin	474886	64114	8000	30772
引洮供水一期工程	Development of Migrants in Shule River	372167	144840	73500	64340
九甸峡水利枢纽	Hydro Project of Jiu Dianxia	266491	214236	50000	49460
西峰至长庆桥至凤翔路口高速公路	Expressway of Xifeng-Changqingqiao-Fengxiang junction	300000	71100	60000	60100
GZ45线宝鸡至天水高速公路	Line GZ45 (Expressway of Baoji-Tianshui)	669629	640673	120000	120193
西部通道康家崖至临夏高速公路	Western Corridor (Expressway of kangjiai-Linxia)	258890	100680	60000	70680
GZ45天水至定西	Line GZ45 (Tianshui to Dingxi)	875129	329158	150000	159158
西部通道罗汉洞至定西	Western Corridor (Lohandong to Dingxi)	767900	605000	120000	130000
兰青增二线（甘肃段）	The Expanding 2nd Railway from Lanzhou To Qing Hai(Gansu Section)	150000	141600	48000	51600
黄河柴家峡水电站	Chai Jiaxia Water Power Station of Yellow River	81091	90050	15200	16250
黄河炳灵峡水电站	Bing Lingxia Water Power Station of Yellow River	197700	162231	43800	47198
黄河乌金峡水电站	Wu Jingxia Water Power Station of Yellow River	138800	111434	39000	39134
白龙江麒麟寺水电站	Kirin Temple Hydropower Station of Bailong River	92540	92604	31817	39923
白龙江苗家坝水电站	Miaojiaba Hydropower Station of Bailong River	214670	89005	60645	63100
国电兰州热电公司热电联产	Cogeneration project of Lanzhou Thermoelectric Company of State Grid	274900	88406	144500	78406
永昌电厂"以大代小"工程	"Substituting Small Units with Large Units" Project of Yongchang Power Plant	260743	155681	86000	125681
大唐西固热电公司热电联产	Cogeneration project of Xigu Thermoelectric Company of Datang	254300	254127	141991	158837
"上大压小"改扩建工程	"keeping and promoting the large and holding or closing down the small " Reconstruction and Expansion project				
洮河莲麓一、二级水电站	First and Second-cascade Hydropower Station at Lianlu of Taohe River	75386	50675	19000	23446
兰铝3×300MW自备电厂项目	3X300 Ten Thousand MW Self Supplied Power Plant of Lanzhou Aluminum Co.,Ltd	420000	422476	117400	119876
G212线武都至罐子沟高速公路	Line G212 (Expressway of Wudu-Baoji-Guanzigou)	1102000	63580	50000	52580
天水军民合用机场	Tianshui airport for civil and military use	6415	7915	3400	5900
华亭中煦煤化工公司60万吨甲醇	Project of 600,000 tons of methanol of Huating Zhongxu Coal Chemical Industry Company	289000	103650	80000	78850
华亭煤业公司大柳矿井	Daliu Coal Mine of Huating Coal Company	139000	27969	15000	17112
金川公司富氧顶吹镍熔炼系统	Top-blowing Oxygen-enriched Nickel Smelting Project of Jing Chuan Co.,Ltd	247200	200500	70000	90500
金川公司20万吨/年离子膜烧碱	200 000 tons of Ion Film Caustic Soda per year of Jing Chuan Co.,Ltd	78114	36918	30000	31000

3-8 续表 continued

单位：万元　(10 000 yuan)

项目名称	Name of Projects Under Construction	计划总投资 Total Plan Investment	止2008年底累计完成投资 Accumulative Investment by 2008	本年计划投资 Plan Investment	本年完成投资 Achieved Investment
酒钢150万吨碳钢冷轧项目	1.5 million tons Cold-rolled Carbon Steel Project of JISCO	329600	215300	190000	185300
西北铝20万吨/年铝板带箔材	200,000 tons of Aluminum Plate Foil Material per year of Northwest Aluminum Company	374446	117400	116663	96400
兰州电机有限责任公司1.5MW变频恒频双馈风力发电机	1.5MW Variable Speed Constant Frequency DFIG Wind Generator System of Lanzhou Electric Co., Ltd.	16518	12036	6470	6336
兰州－郑州成品油管道（甘肃段）	Lanzhou- Zhengzhou Products Oil Pipeline (Gansu section)	156575	123430	69870	70000
省人民医院住院部大楼	In-patient building of the People's Hostpital of Gansu Province	30308	11300	4500	4250
国际太阳能技术促进转让中心	International Promote and Transfer Centre of Solar Energy Technology	6520	6100	3200	3100
省地质博物馆	Gansu Provincial Geological Museum	3300	2850	2500	2350
新开工项目	Newly-commenced Projects	7480771	2247261	1733551	2243730
黄河河口水电站	Hydropower Station at Hekou of Yellow River	77587	18781	18000	17000
景泰电厂	Jingtai Power Plant	265800	250000	84151	250000
民勤红沙岗煤矿二号井	No.2 well at Red Sand hill Coal Mine, Minqin	54207	6200	5000	6200
西气东输二线	Second Line of West-East Gas Transmission	1700000	900000	900000	900000
兰渝铁路（甘肃段）	Lanzhou-Chongqing Railway (Gansu section)	4300000	190230	250000	190230
GZ45线宝天高速公路天水过境段	Line GZ45 (Expressway of Baoji-Tianshui,Tianshui section)	203000	50200	50000	50200
兰州中川机场扩建工程	Extension Project of Lanzhou Zhongchuan Airport	111700	4900	13000	4900
平凉电厂二期	Project of Pingliang Power Plant (Second Phase)	20700	250000	10000	250000
崇信电厂	Project of Chongxin Power Plant	30800	200000	10000	200000
中油庆阳石化270万吨搬迁改造	Relocation and Reconstruction Project of Qingyang Petrochemical, CNPC with 2.7 million tons of petrochemical	411800	192300	260000	192300
甘肃社会主义学院搬迁项目	Relocation Project of Gansu Socialism Institute	4925	1500	1300	1200
中国石油兰州石化公司异地改建550万吨/年常减压装置项目	Relocation and Reconstruction Project of Crude oil unit with 5.5 million tons per year of CNPC Lanzhou Petrochemical Company	78000	45000	70000	45000
西平铁路	Xian-Pingliang Railway	9730	50000	3530	50000
兰州连铝25万吨高精度板带箔用铝合金扁锭及工业交通用铝合金圆锭	250,000 tons of high-precision aluminum alloy flat section ingots for plate and strip foil use and round aluminum alloy ingots for industrial and traffic use of Lanzhou Liangcheng Aluminum Company	59913	38100	37870	38100
天平铁路	Tianshui-Pingliang Railway	26100	30000	1500	30000
甘肃会展中心建筑群	Architectural complex of Gansu Convention and Exhibition Center	126509	20050	19200	18600

3-9 房地产开发企业基本情况

Basic Conditions of Real Estate Enterprises

指　　标	Item	2000	2005	2007	2008
开发企业个数（个）	Number of Enterprises (unit)	387	843	1045	1058
#国有经济	Enterprises State-owned	110	73	80	58
集体经济	Collective Enterprises	57	37	40	28
股份制经济	Share Holding		85	101	101
外商投资经济	Foreign Funded	23	21	32	10
港澳台投资经济	Funded by Entrepreneurs from Hong Kong,Macao and Taiwan	21	35	24	17
年末从业人员数（人）	Number of Employed Persons (Year-End)(person)	8288	22193	19143	26865
年平均从业人员（人）	Average Number of Employed Persons (person)	8225	22346	19151	32911
资产总计（万元）	Total Assets (10 000 yuan)	871685	3033176	4486104	5405709
固定资产累计折旧（万元）	Total Depreciation (10 000 yuan)	18131	65950	83777	116256
# 本年折旧	Depreciation This Year	2707	9552	15137	24581
负债合计（万元）	Total Liabilities (10 000 yuan)	666188	2161002	2970998	3834949
所有者权益合计（万元）	Creditors Equity (10 000 yuan)	205497	872174	1515106	1570760
经营收入总计（万元）	Total Revenue (10 000 yuan)	225381	517622	919431	1235221
土地转让收入	Land Transferred	3816	11618	7475	13689
商品房屋销售收入	Commercial Houses Sold	175245	468319	864314	1171994
房屋出租收入	Houses Leased	5155	10050	22120	14362
其他收入	Others	41165	27635	25522	35176
商品房屋销售额（万元）	Total Sales of Commerical Houses (10 000 yuan)	160101	641126	1296720	1022333
#住　宅	Residential Buildings	130790	509779	1193722	950135
商品房屋销售面积（万平方米）	Floor Space of Selling Commerical Houses (10 000 cu.m)	123.01	340.37	592.27	471.32
#住　宅	Residential Buildings	109.12	299.17	556.25	451.03

3-10 房地产开发投资
Real Estate Development

项 目	Item	2000	2005	2007	2008
房地产开发投资（万元）	**Real Estate Development Investment (10 000 yuan)**	**277135**	**857534**	**1340699**	**1706914**
#地 方	Local	274708	852865	1340699	1706914
土地开发投资额	Land Development	43498	11496	103959	77267
#地 方	Local	42868	11496	103959	77267
按构成分	**By Composing**				
建筑工程	Construction	195887	627627	892791	1164124
安装工程	Installation	28796	73549	113015	143372
设备工器具购置	Purchase of Equipment and Instruments	2928	15261	18054	18397
其他费用	Others	49524	141097	316839	381021
按工程用途分	**By Purpose**				
住 宅	Residential Buildings	173772	603145	950760	1241946
办公楼	Office Buildings	24331	31261	27397	46733
商业营业用房	Houses for Business Use	36622	110507	131265	104080
其 他	Others	42410	112621	231277	314155
按资金来源分	**By Source of Funds**				
国内贷款	Domestic Loans	60412	156876	296812	323465
利用外资	Foreign Investment	2343			1280
自筹资金	Self-raising Funds	95402	396981	650662	784536
其 他	Others	118929	372738	602531	701459
新增固定资产（万元）	**Newly Increased Fixed Assets (10 000 yuan)**	**199536**	**474805**	**578481**	**614056**
#地 方	Local	199536	449525	578481	614056
本年购置土地面积（万平方米）	Purchase Area of Land in This Year (10 000sq.m)	117.41	188.23	371.77	311.67
#地 方	Local	117.41	188.23	371.77	311.67
完成开发的土地面积（万平方米）	Area of Land Development Complete (10 000 sq.m)	87.12	116.66	441.12	196.26
商品房屋销售建筑面积（万平方米）	Floor Space of Commercial Houses Sold (10 000 sq.m)	123.01	340.37	592.27	471.32
住 宅	Residential Buildings	109.12	299.17	556.25	451.02
办公楼	Office Buildings	4.43	9.15	6.20	3.08
商业营业用房	Houses for Business Use	8.54	29.61	25.46	13.84
其 他	Others	0.92	2.44	4.36	3.38
竣工房屋造价（元/平方米）	Value of Buildings Completed (yuan/sq.m)	1013.25	1292.55	1077.00	1488.78
商品房屋销售额（万元）	Total Sales of Commerical Houses (10 000 yuan)	160101	641126	1296720	1022333
#住 宅	Residential Buildings	130790	509779	1193722	950135

3-11 房地产施工、竣工面积及价值

Value and Floor Space of Buildings under construction and Completed

(2008)

项　目	Item	施工面积（平方米）Floor Space Under Construction (sq.m)	#新开工 Started This Year	竣工房屋面积（平方米）Floor Space of Buildings Completed (sq.m)	竣工房屋价值（万元）Value of Buildings Completed (10 000 yuan)
总　计	**Total**	**19145242**	**7776176**	**3490869**	**519719**
住宅	Residential Buildings	16045819	6900923	3080595	433482
#别墅、高档公寓	Villas and Good Apartments	42383	1256		
经济适用房	Economical Houses	2947970	1100027	451495	88543
办公楼	Office Buildings	367794	28359	71701	14753
商业营业用房	Houses for Business Use	1761188	547353	231218	54878
其他	Others	970441	299541	107355	16606

3-12 各地区城镇固定资产投资投产项目个数和新增固定资产

Number of Urban Construction Project Putting into Use

and Newly Increased Fixed Assets by Area

(2008)

地　区	Region	施工项目（个）Number of Projects under Construction (unit)	全部建成投产项目（个）Number of Projects Completed and Put into Use (unit)	建成项目投产率（%）Rate of Projects Completed and Put into Use (%)	新增固定资产（万元）Newly Increased Fixed Assets (10 000 yuan)	固定资产交付使用率（%）Rate of Fixed Assets Put into Use (%)
兰州市	Lanzhou	1064	601	56.48	2191539	67.64
嘉峪关市	Jiayuguan	259	1	0.39	181	0.04
金昌市	Jinchang	355	18	5.07	55951	8.45
白银市	Baiyin	635	355	55.91	519053	52.92
天水市	Tianshui	393	100	25.45	128283	13.65
武威市	Wuwei	441	66	14.97	151935	20.24
张掖市	Zhangye	607	386	63.59	456202	69.80
平凉市	Pingliang	520	150	28.85	234732	22.17
酒泉市	Jiuquan	548	177	32.30	508880	46.23
庆阳市	Qingyang	1094	527	48.17	659091	52.64
定西市	Dingxi	511	137	26.81	125791	20.08
陇南市	Longnan	547	188	34.37	182558	26.64
临夏州	Linxia	415	96	23.13	77931	17.19
甘南州	Gannan	433	205	47.34	153838	40.85

注：庆阳新增固定资产中含长庆。

a)Qingyang Newly Increased Fixed Assets Included Changqing Oilfield.

3-13 农村非农户固定资产投资情况

Investiment in Fixed Assets by No Rural Households in Rural

单位:万元 (2008) (10 000 yuan)

行业	Sector	投资额 Total Investment	#新建 New construction	#扩建 Expansion	#改建 Reconst-rection
总计	**Total**	**1226009**	**1071589**	**81716**	**61196**
农、林、牧、渔业	Farming,Forestry,Animal Husbandry	171709	150941	15697	4691
采矿业	Mining	66867	50134	2395	14338
制造业	Manufacturing	172746	149082	20484	3000
电力、燃气及水的生产和供应业	Electric Power, Gas and Water Production and Supply	54890	46389	3859	4000
建筑业	Construction	317190	292528	8305	15229
交通运输、仓储和邮政业	Transport, Storage, Post	52689	50986	601	474
信息传输、计算机服务和软件业	Information Transmission,Computer Service and Software	5512	4448	914	150
批发和零售业	Wholesale and Retail Trade	21759	20640	555	
住宿和餐饮业	Hotel and Catering Services	5955	5855	100	
金融业	Financial Intermediation	420	420		
房地产业	Real Estate	57482	53187		
租赁和商务服务业	Leasing and Commercial Services	3290	2635	655	
科学研究、技术服务和地质勘查业	Scientific Research,Technical Services and Geological Prospecting	3193	3193		
水利、环境和公共设施管理业	Management of Water Conservancy, Environment and Public Facilities	73483	35778	18985	17320
居民服务和其他服务业	Resident and Other Services	2878	2878		
教育	Education	13116	10496	600	1200
卫生、社会保障和社会福利业	Health care,Social Security,Social Welface	3855	2597	478	580
文化、体育和娱乐业	Culture,Sports and Recreations	11253	9973	1280	
公共管理和社会组织	Public Administration and Entertainment Social Organizations	187722	179429	6808	214

3-14 农村非农户固定资产投资项目个数及新增固定资产

Number of Construction Projects and Newly Increased Fixed Assets in Rural Area With Non-Agriculture Households

(2008)

行业	Sector	施工项目（个）Number of Projects under Construction (unit)	全部建成投产项目（个）Number of Projects Completed and Put into Use (unit)	建成项目投产率（%）Rate of Projects Completed and Put into Use (%)	新增固定资产（万元）Newly Increased Fixed Assets (10 000 yuan)
总计	**Total**	**1782**	**841**	**47.19**	**464224**
农、林、牧、渔业	Farming,Forestry,Animal Husbadry	373	141	37.80	65248
采矿业	Mining	63	21	33.33	24326
制造业	Manufacturing	244	105	43.03	59492
电力、燃气及水的生产和供应业	Electric Power, Gas and Water Production and Supply	64	33	51.56	18891
建筑业	Construction	202	44	21.78	23745
交通运输、仓储和邮政业	Transport, Storage, Post	91	58	63.74	37641
信息传输、计算机服务和软件业	Information Transmission,Computer Service and Software	15	13	86.67	5502
批发和零售业	Wholesale and Retail Trades	38	16	42.11	7558
住宿和餐饮业	Hotel and Catering Services	10	4	40.00	2900
金融业	Financial Intermediation	2	1	50.00	150
房地产业	Real Estate	63	50	79.37	35883
租赁和商务服务业	Leasting and Commercial Services	8	5	62.50	1355
科学研究、技术服务和地质勘查业	Scientific Research,Technical Services and Geological Prospecting	5	1	20.00	3000
水利、环境和公共设施管理业	Management of Water Conservancy, Environment and Public Facilities	112	63	56.25	49168
居民服务和其他服务业	Resident and Other Services	7	5	71.43	758
教育	Education	56	16	28.57	6303
卫生、社会保障和社会福利业	Health care,Social Security,Social Welfare	23	8	34.78	1312
文化、体育和娱乐业	Culture,Sports and Recreations	17	3	17.65	480
公共管理和社会组织	Public Administration and Social Organizations	389	254	65.30	120512

3-15 各地县全社会固定资产投资和城镇新增固定资产

Total Investment in Fixed Assets and Newly Increased Fixed Assets in Urban Area by Prefecture and County

单位：万元 (2008) (10 000 yuan)

地区	Region	投资总额 Total Investment	第一产业 Primary Industry	第二产业 Secondary Industry	第三产业 Tertiary Industry	#住宅 Residential Buildings	城镇新增固定资产 Newly Increased Fixed Assets in Urban Area
兰州市	**Lanzhou**	**4319841**	**43535**	**1662217**	**2614089**	**899651**	**3071755**
城关区	Chengguan	1540927		104118	1436809	506166	637371
七里河区	Qilihe	632605	9657	307762	315186	131638	501881
西固区	Xigu	660833	6083	506434	148316	40981	344951
安宁区	Anning	563486	1100	156099	406287	133875	763828
红古区	Honggu	393183	9417	304657	79109	25883	431334
永登县	Yongdeng	254617	8549	184350	61718	16112	220646
皋兰县	Gaolan	81468	3511	43829	34128	8562	84500
榆中县	Yuzhong	192722	5218	54968	132536	36434	87244
嘉峪关市	**Jiayuguan**	**536807**	**12794**	**359599**	**164414**	**57045**	**100044**
金昌市	**Jinchang**	**733380**	**13588**	**585817**	**133975**	**30853**	**255120**
金川区	Jinchuan	452690	4052	381136	67502	1803	185941
永昌县	Yongchang	280690	9536	204681	66473	29050	69179
白银市	**Baiyin**	**1110954**	**112226**	**669194**	**329534**	**154555**	**571077**
白银区	Baiyin	371439	8656	281668	81115	61722	255541
平川区	Pingchuan	193496	12620	135729	45147	33592	88767
靖远县	Jingyuan	138289	27969	19198	91122	23896	59239
会宁县	Huining	136538	29903	24220	82415	24954	64759
景泰县	Jingtai	271192	33078	208379	29735	10391	102771
天水市	**Tianshui**	**1432021**	**105938**	**464777**	**861306**	**278513**	**393325**
秦州区	Qinzhou	391388	12333	164550	214505	64559	129823
麦积区	Maiji	298645	14245	60986	223414	55053	73573
清水县	Qingshui	112996	17362	15112	80522	30732	54261
秦安县	Qinan	105695	2022	15447	88226	46991	17449
甘谷县	Gangu	234360	17350	153700	63310	15584	2548
武山县	Wushan	168514	18123	29124	121267	31696	75883
张家川县	Zhangjiachuan	120423	24503	25858	70062	33898	39788
武威市	**Wuwei**	**1093318**	**177120**	**470018**	**446180**	**54529**	**254110**
凉州区	Liangzhou	619805	145317	263044	211444	20000	126524
民勤县	Minqin	168462	1668	52462	114332	6052	47303
古浪县	Gulang	146984	25566	56163	65255	18404	38654
天祝县	Tianzhu	158067	4569	98349	55149	10073	41629
张掖市	**Zhangye**	**785114**	**119364**	**328472**	**337278**	**169425**	**468735**

3-15 续表 1 continued

单位：万元　　(10 000 yuan)

地　区	Region	投资总额 Total Investment	第一产业 Primary Industry	第二产业 Secondary Industry	第三产业 Tertiary Industry	#住　宅 Residential Buildings	城镇新增固定资产 Newly Increased Fixed Assets in Urban Area
甘州区	Ganzhou	285020	43339	122426	119255	78749	115352
肃南县	Sunan	162275	14243	111943	36089	5139	139845
民乐县	Minle	81031	14263	29022	37746	17172	40927
临泽县	Linze	86950	12111	28303	46536	27115	44562
高台县	Gaotai	81190	22925	15971	42294	23696	58216
山丹县	Shandan	88648	12483	20807	55358	17554	69833
平凉市	**Pingliang**	**1304982**	**123667**	**694015**	**487300**	**186249**	**293938**
崆峒区	Kongtong	429643	13542	337506	78595	31746	86494
泾川县	Jingchuan	123100	13035	37528	72537	29293	24794
灵台县	Lingtai	64800	17178	33511	14111	7918	13056
崇信县	Chongxin	162003	9411	113560	39032	9791	7994
华亭县	Huating	250074	19682	120621	109771	33844	48067
庄浪县	Zhuanglang	101743	29114	14390	58239	29110	47024
静宁县	Jingning	173619	21705	36899	115015	44547	66509
酒泉市	**Jiuquan**	**1571814**	**110231**	**949134**	**512449**	**267201**	**573190**
肃州区	Suzhou	415355	24624	199334	191397	148748	49793
金塔县	Jinta	96502	18061	35447	42994	19401	18680
瓜州县	Guazhou	309446	12597	241316	55533	21953	206986
肃北县	Subei	88125	4850	77856	5419	2429	320
阿克塞县	Akesai	37867	5168	17058	15641	550	1810
玉门市	Yumen	406800	23092	327514	56194	15419	204332
敦煌市	Dunhuang	217719	21839	50609	145271	58701	91269
庆阳市	**Qingyang**	**2230152**	**264491**	**930609**	**1035052**	**74996**	**814588**
西峰区	Xifeng	434168	15701	97815	320652	1980	25913
庆城县	Qingcheng	199366	29669	136847	32850	34360	2459
环　县	Huanxian	216620	30836	86930	98854	7288	42538
华池县	Huachi	133165	19930	11173	102062	1800	
合水县	Heshui	161510	25766	7205	128539		60886
正宁县	Zhengning	192819	101085	24036	67698	22098	137151
宁　县	Ningxian	237478	28468	53470	155540	4600	97217
镇原县	Zhenyuan	210713	13036	68820	128857	2870	4111
定西市	**Dingxi**	**805240**	**33820**	**305991**	**465429**	**35925**	**125179**
安定区	Anding	161042	7730	62808	90504	7659	40086
通渭县	Tongwei	58633	2814	26582	29237	14948	10726

3-15 续表 2 continued

单位：万元 (10 000 yuan)

地　区	Region	投资总额 Total Investment	第一产业 Primary Industry	第二产业 Secondary Industry	第三产业 Tertiary Industry	#住　宅 Residential Buildings	城镇新增固定资产 Newly Increased Fixed Assets in Urban Area
陇西县	Longxi	126046	5295	75328	45423	412	12810
渭源县	Weiyuan	74836	2245	28438	44153	710	8441
临洮县	Lintao	155447	4974	77723	72750	5101	33196
漳　县	Zhangxian	50468	2018	20315	28135	1495	8996
岷　县	Minxian	86368	8744	14797	62827	5600	10924
陇南市	**Longnan**	**1183453**	**14338**	**686001**	**483114**	**287060**	**178049**
武都区	Wudu	234607		118146	116461	9800	
宕昌县	Tanchang	83587	4490	21125	57972	21733	71094
成　县	Chengxian	128489	915	52484	75090	12900	12966
康　县	Kangxian	66673		57772	8901	2630	3580
文　县	Wenxian	328894	3189	294078	31627	195391	8700
西和县	Xihe	109742	213	77522	32007	3520	33535
礼　县	Lixian	115333	2063	29548	83722	29150	25711
两当县	Liangdang	30806		17447	13359	500	
徽　县	Huixian	85322	3468	17879	63975	11436	22463
临夏州	**Linxia**	**526700**	**9757**	**234764**	**282179**	**34634**	**81576**
临夏市	linxia	66900		10617	56283	6154	3894
临夏县	linxia	50200		13205	36995	842	
康乐县	Kangle	44000	2745	22825	18430	6807	13567
永靖县	Yongjing	122000	3212	97139	21649	9696	27794
广河县	Guanghe	80300	2100	23521	54679	930	7895
和政县	Hezheng	78900	300	24361	54239	5600	11125
东乡县	Dongxiang	33600	1400	12678	19522	450	10610
积石山县	Jishishan	50800		30418	20382	4155	6691
甘南州	**Gannan**	**426600**	**25696**	**278349**	**122555**	**77025**	**155985**
合作市	Hezuo	45835	1186	24827	19822	2624	32634
临潭县	Lintan	45200	15439	17938	11823	14985	26278
卓尼县	Zhuoni	61602	270	28482	32850	17608	37567
舟曲县	Zhouqu	91346	201	78560	12585	26826	22057
迭部县	Diebu	88205	150	81492	6563	245	4972
玛曲县	Maqu	26350	3102	10590	12658	3715	16764
碌曲县	Luqu	38152	642	22879	14631	3172	6008
夏河县	Xiahe	29910	4706	13581	11623	7850	9705

主要统计指标解释

全社会固定资产投资 是以货币形式表现的在一定时期内全社会建造和购置固定资产的工作量以及与此有关的费用的总称。该指标是反映固定资产投资规模、结构和发展速度的综合性指标,又是观察工程进度和考核投资效果的重要依据。全社会固定资产投资按登记注册类型可分为国有、集体、个体、联营、股份制、外商、港澳台商、其他等。

城镇固定资产投资 指城镇各种登记注册类型的企业、事业、行政单位及个体户进行的计划总投资(或实际需要总投资)50万元及50万元以上的建设项目投资、房地产开发投资、城镇和工矿区私人建房投资。县城及以上区域内发生的投资，县及县以上各级政府及主管部门直接领导、管理的建设项目和企业事业单位的投资均为城镇固定资产投资。

房地产开发投资 指各种登记注册类型的房地产开发公司、商品房建设公司及其他房地产开发法人单位和附属于其他法人单位实际从事房地产开发或经营活动的单位统一开发的包括统代建、拆迁还建的住宅、厂房、仓库、饭店、宾馆、度假村、写字楼、办公楼等房屋建筑物和配套的服务设施，土地开发工程（如道路、给水、排水、供电、供热、通讯、平整场地等基础设施工程）的投资；不包括单纯的土地交易活动。

农村投资 包括在农村区域范围内进行固定资产投资活动的企业、事业、行政单位及农村个人投资。

固定资产投资的资金来源 根据固定资产投资的资金来源不同，分为国家预算内资金、国内贷款、利用外资、自筹资金和其他资金。

(1) 国家预算内资金　分为财政拨款和财政安排的贷款两部分。包括中央财政的基本建设基金(分经营性基金和非经营性基金两部分)、专项支出(如煤代油专项等)、收回再贷、贴息资金，财政安排的挖潜改造和新产品试制支出、城建支出、商业部门简易建筑支出、不发达地区发展基金等资金中用于固定资产投资的资金；地方财政中由国家统筹安排的资金等。

(2) 国内贷款　指报告期固定资产投资单位向银行及非银行金融机构借入的用于固定资产投资的各种国内借款，包括银行利用自有资金及吸收的存款发放的贷款、上级主管部门拨入的国内贷款、国家专项贷款、地方财政专项资金安排的贷款、国内储备贷款、周转贷款等。

(3) 利用外资　指报告期收到的用于固定资产建造和购置的国外资金(包括设备、材料、技术在内)。包括对外借款(外国政府、国际金融组织贷款、出口信贷、外国银行商业贷款、对外发行债券和股票)、外商直接投资及外商其他投资。不包括我国自有外汇资金(国家外汇、地方外汇、留成外汇、调剂外汇和中国银行自有资金发行的外汇贷款等)。计算利用外资时，需要折算成人民币，折算中所使用的外汇汇率按现汇计算，即按使用外汇时的汇率计算。

(4) 自筹资金　指固定资产投资单位报告期收到的，由各地区、各部门及企、事业单位筹集用于固定资产投资的预算外资金，包括中央各部门、各级地方和企、事业单位的自筹资金。

(5) 其他资金　指在报告期收到的除以上各种资金之外其他用于固定资产投资的资金，包括企业或金融机构通过发行各种债券筹集到的资金、群众集资、个人资金、无偿捐赠的资金及其他单位拨入的资金等。

固定资产投资按国民经济行业分 根据建设项目建成投产后的主要产品或主要用途及社会经济活动性质来确定国民经济行业。一般情况下，一个建设项目或一个企业、事业单位只能属于一种国民经济行业。

固定资产投资按隶属关系分 是按建设单位或企业、事业、行政单位的主管上级机关确定的。

(1) 中央：是指中共中央、人大常委会和国务院各部、委、局、总公司以及直属机构直接领导的建设项目和企业、事业、行政单位。这些单位的固定资产投资计划由国务院各部门直接编制和下达，建设中所需物资、主要设备以及建设中的问题都由中央有关部门安排和解决。

(2) 地方：是由省（自治区、直辖市）、地区（州、盟、省辖市）、县（旗、县级市）三级政府及业务主管部门直接领导和管理的建设项目、企业、事业、行政单位。地方项目还包括不隶属以上各级政府及主管部门的建设项目和企业、事业单位，如外商投资企业和无主管部门的企业等。

固定资产投资按建设性质分 根据整个建设项目情况来确定。建设项目的性质一般分为新建、扩建、改建和技术改造、迁建、恢复。房地产开发单位、农村投资、城镇工矿区私人建房投资不划分建设性质。

(1) 新建：一般指从无到有开始建设的企业、事业和行政单位或建设项目。现有企业、事业、行政单位一般不属于新建。但如有的单位原有基础很小，经过建设后新增的固定资产价值超过该企、事业、行政单位原有固定资产价值(原值)三倍以上的也应作为新建。

(2) 扩建：指在厂内或其他地点，为扩大原有产品的生产能力(或效益)或增加新的产品生产能力，而增建主要的生产车间(或主要工程)、分厂、独立的生产线。行政、事业单位在原单位增建业务用房(如学校增建教学用房、医院增建门诊部、病房等)也作为扩建。

(3) 改建和技术改造：指现有企业、事业单位，对原有设施进行技术改造或更新(包括相应配套的辅助性生产、生活福利设施) 的建设项目。现有企业、事业单位为适应市场变化的需要，而改变企业的主要产品种类(如军工企业转产民用品等) 的建设项目，应作为改建。原有产品生产作业线由于各工序(车间)之间能力不平衡，为填平补齐充分发挥原有生产能力而增建不增加本企业主要产品设计能力的车间，也应作为改建。技术改造是指企业、事业单位在现有基础上，用先进的技术代替落后的技术，用先进的工艺和装备代替落后的工艺和装备，以改变企业落后的技术经济面貌，实现以内涵为主的扩大再生产，达到提高产品质量、促进产品更新换代、节约能源、降低消耗、扩大生产规模、全面提高社会经济效益的目的。技术改造具体包括以下内容：机器设备和工具的更新改造；生产工艺改革、节约能源和原材料的改造；厂房建筑和公共设施的改造；劳动条件和生产环境的改造等。

固定资产投资按国民经济行业分　根据建设项目建成投产后的主要产品或主要用途及社会经济活动性质来确定国民经济行业。一般情况下，一个建设项目或一个企业、事业单位只能属于一种国民经济行业。

固定资产投资按隶属关系分　是按建设单位或企业、事业、行政单位的主管上级机关确定的。

(1) 中央：是指中共中央、人大常委会和国务院各部、委、局、总公司以及直属机构直接领导的建设项目和企业、事业、行政单位。这些单位的固定资产投资计划由国务院各部门直接编制和下达，建设中所需物资、主要设备以及建设中的问题都由中央有关部门安排和解决。

(2) 地方：是由省（自治区、直辖市）、地区（州、盟、省辖市）、县（旗、县级市）三级政府及业务主管部门直接领导和管理的建设项目、企业、事业、行政单位。地方项目还包括不隶属以上各级政府及主管部门的建设项目和企业、事业单位，如外商投资企业和无主管部门的企业等。

固定资产投资按建设性质分　根据整个建设项目情况来确定。建设项目的性质一般分为新建、扩建、改建和技术改造、迁建、恢复。房地产开发单位、农村投资、城镇工矿区私人建房投资不划分建设性质。

(1) 新建：一般指从无到有开始建设的企业、事业和行政单位或建设项目。现有企业、事业、行政单位一般不属于新建。但如有的单位原有基础很小，经过建设后新增的固定资产价值超过该企、事业、行政单位原有固定资产价值(原值)三倍以上的也应作为新建。

(2) 扩建：指在厂内或其他地点，为扩大原有产品的生产能力(或效益)或增加新的产品生产能力，而增建主要的生产车间(或主要工程)、分厂、独立的生产线。行政、事业单位在原单位增建业务用房(如学校增建教学用房、医院增建门诊部、病房等)也作为扩建。

现有企、事业单位为扩大原有主要产品生产能力或增加新的产品生产能力，增建一个或几个主要生产车间(或主要工程)、分厂，同时进行一些更新改造工程的，也应作为扩建。

(3) 改建和技术改造：指现有企业、事业单位，对原有设施进行技术改造或更新(包括相应配套的辅助性生产、生活福利设施) 的建设项目。现有企业、事业单位为适应市场变化的需要，而改变企业的主要产品种类(如军工企业转产民用品等) 的建设项目，应作为改建。原有产品生产作业线由于各工序(车间)之间能力不平衡，为填平补齐充分发挥原有生产能力而增建不增加本企业主要产品设计能力的车间，也应作为改建。技术改造是指企业、事业单位在现有基础上，用先进的技术代替落后的技术，用先进的工艺和装备代替落后的工艺和装备，以改变企业落后的技术经济面貌，实现以内涵为主的扩大再生产，达到提高产品质量、促进产品更新换代、节约能源、降低消耗、扩大生产规模、全面提高社会经济效益的目的。技术改造具体包括以下内容：机器设备和工具的更新改造；生产工艺改革、节约能源和原材料的改造；厂房建筑和公共设施的改造；劳动条件和生产环境的改造等。

固定资产投资按构成分　固定资产投资活动按其工作内容和实现方式分为建筑安装工程，设备、工具、器具购置，其他费用三个部分。

(1) 建筑安装工程(建筑安装工作量)　指各种房屋、建筑物的建造工程和各种设备、装置的安装工程。包括各种房屋建造工程；各种用途设备基础和各种工业窑炉的砌筑工程及金属结构工程；为施工而进行的各种准备工作和临时工程以及完工后的清理工作等；铁路、道路的铺设，矿井的开凿及石油管道的架设等；水利工程；防空地下建筑等特殊工程；列入房屋工程预算内的暖气、卫生、通风、照明、煤气等设备的价值及装设油饰工程；列入建筑工程预算内的各种管道(蒸汽、压缩空气、石油、给排水等管道)、电力、电讯电缆导线等的敷设工程；以及各种机械设备的安装工程；为测定安装工程质量，对设备进行的试运工作；房地产开发单位进行的商品房屋开发建设工程、土地开发工程。

在安装工程中，不包括被安装设备本身的价值。

(2) 设备、工具、器具购置　指建设单位或企、事业单位购置或自制的，达到固定资产标准的设备、工具、器具的价值。新建单位及扩建单位的新建车间，按照设计或计划要求购置或自制的全部设备、工具、器具，不论是否达到固定资产标准均计入“设备、工具、器具购置”中。

(3) 其他费用 指在固定资产建造和购置过程中发生的，除上述几项内容以外的各种应分摊计入固定资产的费用。

施工项目 指报告期内进行过建筑或安装施工活动的项目。凡是报告期内施过工的建设项目，不论施工时间长短，均作为施工项目统计。施工项目个数可以反映一定时期固定资产投资的实际规模，与同期全部建成投产项目个数相比，可以从建设速度的角度反映固定资产投资的效果。根据建设项目施工活动的不同性质，施工项目又分为：本年正式施工项目、本年收尾项目和以前年度全部停缓建项目。

全部建成投产项目 工业项目指设计文件规定形成生产能力的主体工程及其相应配套的辅助设施全部建成，经负荷试运转，证明具备生产设计规定合格产品的条件，并经过验收鉴定合格或达到竣工验收标准，与生产性工程配套的生活福利设施可以满足近期正常生产的需要，正式移交生产的建设项目。非工业项目指设计文件规定的主体工程和相应的配套工程全部建成，能够发挥设计规定的全部效益，经验收鉴定合格或达到竣工验收标准，正式移交使用的建设项目。

新增生产能力(或工程效益) 指通过固定资产投资活动而增加的设计能力(或工程效益)，该指标是以实物形态表现的反映固定资产投资成果的指标，也是考核投资经济效果的重要依据之一。

新增生产能力(或工程效益)一般有以下几种表现形式：

(1) 用产品数量表示,以工程在单位时间内(一般是一年)所能生产的产品数量(即年产量)表示。如原煤开采用万吨／年表示，化学农药用吨／年表示，拖拉机制造用台／年表示等。某些化工产品由于含量差别较大，按其设计含量计算折合量表示，如硫酸、纯碱、烧碱等。

(2) 用单位时间内所能处理的原料数量表示，以工程每天(或小时)所能处理原料的数量表示。如机制糖工程日处理原料吨，食用植物油日处理原料吨，城市污水处理能力用万吨／日表示等。

(3) 用新增加的主要设备的数量或容量表示，如新增棉布织机、丝织机等台数，毛纺锭等锭数，发电厂新增发电机组容量用千瓦表示等。

(4) 用建筑物容积、容量、面积、长度表示，是非工业项目或工程新增效益的一种表现形式。如铁路投产里程、新建公路、水库容量、粮食仓库、学校学生席位、医院病床、有效灌溉面积等。

房屋建筑面积 指房屋建筑物勒脚以上外墙外围的水平截面面积，包括房屋建筑物的有效面积和结构面积。该指标是从实物形态上反映建设规模和建设成果的重要指标之一，也是检查工程形象进度、计算工程造价、分析投资效果、研究施工任务和建筑材料之间平衡情况的重要依据。

住宅建筑面积 指施工和竣工房屋建筑面积中供居住用的房屋建筑面积。

施工面积 指报告期内施工的全部房屋建筑面积。包括本期新开工的面积和上期开工跨入本期继续施工的房屋面积，以及上期已停建在本期恢复施工的房屋面积。本期竣工和本期施工后又停缓建的房屋，其建筑面积仍计入本期房屋施工面积中。

竣工面积 指在报告期内房屋建筑按照设计要求已经全部完工，达到住人和使用条件，经验收鉴定合格(或达到竣工验收标准)，正式移交使用单位的各栋房屋建筑面积的总和。

新增固定资产 指报告期内已经完成建造和购置过程，并已交付生产或使用单位的固定资产价值。该指标是表示固定资产投资成果的价值指标，也是反映建设进度，计算固定资产投资效果的重要指标。

项目建成投产率 指一定时期内全部建成投产项目个数与同期施工项目个数的比率。该指标是从建设单位建设速度的角度反映投资效果的指标。

固定资产交付使用率 指一定时期新增固定资产与同期完成投资额的比率。该指标是反映固定资产动用速度，衡量建设过程中宏观投资效果的综合指标。由于新增固定资产是较长时期内形成的结果，而投资额则是当年完成的，因此，该指标一般适宜于反映较长时期内固定资产的动用情况。

商品房销售面积 指报告期内出售商品房屋的合同总面积(即双方签署的正式买卖合同中所确定的建筑面积)。由现房销售建筑面积和期房销售建筑面积两部分组成。

商品房销售额 指报告期内出售商品房屋的合同总价款(即双方签署的正式买卖合同中所确定的合同总价)。该指标与商品房销售面积同口径，由现房销售额和期房销售额两部分组成。

能源消费 4

ENERGY CONSUMPTION

简要说明

一、本篇资料主要内容

本篇资料主要内容包括：能源生产量、能源消费量，能源消费的行业构成和品种构成，综合能源平衡表和主要能源品种的单项平衡表，能源生产和消费弹性系数，分主要能源品种的消费量及万元生产总值能耗、电耗数据。

二、本篇资料来源

本篇资料是由省统计局能源处搜集、加工整理，数据均来自历年能源平衡表。

4-1 综合能源平衡表

Overall Energy Balance Sheet

单位：万吨标准煤 (10 000 tons of SCE)

项　目	Item	2000	2005	2007	2008
可供消费的能源总量	**Total Energy Available for Consumption**	**3012.50**	**4367.67**	**5109.29**	**5400.19**
一次能源生产量	Primary Energy Output	1914.59	3605.12	3985.59	4096.55
回收能源	Recovery of Energy		133.83	135.53	129.64
进口量	Imports	2226.01	2793.02	2975.20	3498.79
出口量（-）	Exports (-)	-778.92	-2124.21	-1968.59	-2080.38
年初年末库存差额	Stock Changes in the Year	-52.68	-40.09	-18.45	-244.42
能源消费总量	**Total Energy Consumption**	**3011.62**	**4367.67**	**5109.29**	**5373.06**
在总量中:	Consumption by Sector				
农、林、牧、渔、水利业	Farming,Forestry,Animal Husbandry, Fishery and Water Conservancy	195.04	240.24	245.10	257.53
工　业	Industry	1924.89	3195.43	3840.28	4007.1
建筑业	Construction	49.40	58.17	65.56	68.5
交通运输和邮电通讯业	Transportation, Post and Telecommunication Services	258.26	282.51	318.88	344.47
商业、饮食、物资供销和仓储业	Business,Catering Services, Material Supply, Marketing and Storage	43.94	53.18	54.91	63.09
其他	Others	44.78	69.50	78.55	92.67
生活消费	Residential Consumption	420.01	468.64	506.01	538.81
在总量中:	Consumption by Usage				
终端消费	Final Consumption	2810.36	4111.51	4744.18	5084.26
#工　业	Industry	1798.92	2939.30	3475.16	3719.19
加工转换损失量	Losses in Processing and Transformation	83.28	182.65	246.41	168.31
#炼　焦	Coking	2.47	7.40	10.67	20.72
炼　油	Petroleum Refining	70.30	172.74	217.97	133.74
损失量	Other Losses	42.69	73.48	118.71	120.49
#输变电损失量	Losses in Transmission and Subelectricity	12.34	72.87	118.19	119.96
平衡差额	**Balance**				

4-2 煤炭平衡表
Coal Balance Sheet

单位：万吨 (10 000 tons)

项　目	Item	2000	2005	2007	2008
可供量	**Total Energy Available for Consumption**	**2505.70**	**3750.67**	**4468.92**	**4713.87**
生产量	Outputs	1632.71	3620.00	3949.34	3952.37
进口量	Imports	939.47	1107.45	1448.94	1952.99
出口量（-）	Exports (-)	-7.32	-980.32	-940.00	-950.00
年初年末库存差额	Stock Changes in the Year	-84.82	3.54	10.64	-241.49
消费量	**Total Energy Consumption**	**2505.70**	**3750.67**	**4468.92**	**4713.88**
在消费量中:	Consumption by Sector				
农、林、牧、渔、水利业	Farming, Forestry, Animal Husbandry, Fishery and Water Conservancy	31.44	35.01	37.80	40.00
工　业	Industry	1950.84	3215.01	3906.03	4113.92
建筑业	Construction	22.27	23.80	25.00	24.50
交通运输和邮电通讯业	Transportation, Post and Telecommunications Services	48.30	48.07	54.59	53.00
商业、饮食、物资供销和仓储业	Business,Catering Services, Material Supply, Marketing and Storage	36.50	21.08	23.00	29.00
其他	Others	15.60	12.00	15.50	17.46
生活消费	Residential Consumption	395.26	395.70	407.00	436.00
在消费量中:	Consumption by Usage				
终端消费	Final Consumption	1224.49	1480.80	1521.78	1671.36
#工　业	Industry	675.12	945.14	958.89	1071.40
中间消费（用于加工转换）	Intermediate Consumption (Consumed in Transformation)	1153.45	2269.87	2947.14	3042.51
发　电	Power Generation	771.60	1597.00	1969.03	2216.90
供　热	Heating	282.71	293.70	389.52	385.88
炼　焦	Coking	170.25	372.30	531.68	428.85
制　气	Gas Production	22.52	8.46	6.83	4.94
洗选损耗	Losses in Coal Washing and Dressing	6.37	13.50	65.36	19.94
平衡差额	**Balance**				

4-3 电力平衡表
Electricity Balance Sheet

单位：亿千瓦小时　(100 million kwh)

项　目	Item	2000	2005	2007	2008
可供量	**Total Energy Available for Consumption**	**295.34**	**489.48**	**614.74**	**677.76**
生产量	Output	280.27	506.17	618.76	690.39
水 电	Hydropower	114.36	166.47	194.39	222.35
火 电	Thermal Power	165.91	339.70	424.37	468.04
进口量	Imports	46.86	51.14	61.26	58.86
出口量（-）	Exports (-)	-31.78	-67.83	-65.28	-71.49
消费量	**Total Energy Consumption**	**295.34**	**489.48**	**614.74**	**677.76**
在消费量中:	Consumption by Sector				
农、林、牧、渔、水利业	Farming, Forestry, Animal Husbandry, Fishery and Water Conservancy	41.45	51.70	52.65	55.26
工 业	Industry	209.52	364.46	472.85	520.43
建筑业	Construction	2.66	4.08	4.46	5.82
交通运输和邮电通讯业	Transportation, Post and Telecommunications Services	9.21	15.34	24.61	27.71
商业、饮食、物资供销和仓储业	Business,Catering Services, Material Supply, Marketing and Storage	3.22	6.72	7.62	8.44
其他	Others	7.80	14.72	16.25	19.47
生活消费	Residential Consumption	21.48	32.46	36.30	40.63
在消费量中:	Consumption by Usage				
终端消费	Final Consumption	284.40	467.96	579.00	641.46
#工 业	Industry	198.58	342.94	437.11	484.13
输配电损失量	Losses in Transmission	10.04	21.52	35.74	36.30

4-4 分行业能源消费总量和主要能源品种消费量

（2008）

行　业	Sector	能源消费总量（万吨标准煤）Total Energy Consumption (10000 tons of SCE)	煤炭（万吨）Coal (10 000 tons)
消费总量	**Total Consumption**	**5373.06**	**4713.88**
农、林、牧、渔业	Farming,Forestry,Animal Husbandry,Fishery and Water Conservancy	257.53	40.00
工业	Industry	4007.10	4113.92
采掘业	Mining and Quarrying	168.40	99.22
煤炭开采和洗选业	Coal Mining and Dressing	49.55	75.47
石油和天然气开采业	Petroleum and Natural Gas Extraction	37.66	2.49
黑色金属矿采选业	Ferrous Metals Mining and Dressing	38.43	12.62
有色金属矿采选业	Nonferrous Metals Mining and Dressing	29.39	5.21
非金属矿采选业	Nonmetal Minerals Mining and Dressing	7.99	3.43
其他采矿业	Mining and Dressing of Other Minerals	5.39	
制造业	Manufacturing	3496.24	1663.41
农副食品加工业	Agriculture and Sideline Food Production	33.40	26.90
食品制造业	Food Production	17.65	17.01
饮料制造业	Beverage Production	24.64	22.75
烟草制品业	Tobacco Processing	3.06	1.06
纺织业	Textile Industry	9.50	9.14
纺织服装、鞋、帽制造业	Textile,Garment,Shoes,Caps	1.30	1.28
皮革、毛皮、羽毛(绒)及其制品业	Leather, Furs, Down and Related Products	2.14	1.98
木材加工及木、竹、藤、棕、草制品业	Timber Processing,Bamboo,Cane,Palm Fiberand Straw Products	1.58	1.68
家具制造业	Furniture Manufacturing	3.74	0.50
造纸及纸制品业	Papermaking and Paper Products	15.73	13.67
印刷业和记录媒介的复制	Printing and Record Medium Reproduction	2.39	1.10
文教体育用品制造业	Cultural, Educational and Sports Goods	0.75	0.12
石油加工、炼焦及核燃料加工业	Petroleum Processing and Coking	584.35	128.10
化学原料及化学制品制造业	Raw Chemical Materials and Chemical Products	417.37	193.58
医药制造业	Medical and Pharmaceutical Products	12.15	9.46
化学纤维制造业	Chemical Fiber	40.12	48.82
橡胶制品业	Rubber Products	0.47	0.25
塑料制品业	Plastic Products	5.64	1.50
非金属矿物制品业	Nonmetal Mineral Products	368.98	333.97
黑色金属冶炼及压延加工业	Smelting and Pressing of Ferrous Metals	1063.48	535.32
有色金属冶炼及压延加工业	Smelting and Pressing of Nonferrous Metals	806.53	285.35
金属制品业	Metal Products	5.40	2.48
通用设备制造业	General Purposes Eguipment Manufacturing	16.08	10.45
专用设备制造业	Equipment Manufacturing For Special Purposes	12.96	9.52
交通运输设备制造业	Transport Equipment Manufacturing	5.70	4.47
电气机械及器材制造业	Electric Equipment and Machinery	10.86	8.06
通信设备、计算机及其他电子设备制造业	Telecommunication Equipment,Computer and Other Elctronic Equipment	6.35	2.70
仪器仪表及文化、办公用机械制造业	Instruments,Meters,Cultural and Office Machinery	0.27	
工艺品及其他制造业	Arts and Other Manufacturing	21.84	
废弃资源和废旧材料回收加工业	Waste Resources and Materials Recycling and Processing	1.78	
电力煤气及水生产供应业	Electric Power, Gas and Water Production and Supply	343.35	2351.29
电力、热力的生产和供应业	Production and Supply of Electric power and heat	321.82	2350.95
燃气生产和供应业	Production and Supply of Gas	7.55	
水的生产和供应业	Production and Supply of Water	13.98	0.34
建筑业	Construction	68.50	24.50
交通运输、仓储及邮电通信业	Transportation, Storage, Postal & Telecommunications Services	344.47	53.00
批发和零售贸易餐饮业	Wholesale, Retail Trade and Catering Services	63.09	29.00
其他行业	Others	92.67	17.46
生活消费	Residential Consumption	538.81	436.00

Consumption of Total Energy and Its Main Varieties by Sector

焦炭（万吨） Coke (10 000 tons)	原油（万吨） Crude Oil (10 000 tons)	汽油（万吨） Gasoline (10 000 tons)	煤油（万吨） Kerosene (10 000 tons)	柴油（万吨） Diesel Oil (10 000 tons)	燃料油（万吨） Fuel Oil (10 000 tons)	液化石油气（万吨） Liquefied Petroleum Gas (10 000 tons)	天然气（亿立方米） Natural Gas (100 million cu.m)	电力（亿千瓦小时） Electricity (100 million kwh)
544.17	**1394.36**	**60.18**	**5.51**	**160.61**	**12.73**	**6.32**	**12.01**	**677.76**
		3.27	0.01	26.00				55.26
544.17	1394.36	6.08	0.20	17.27	12.73	0.09	9.74	520.43
0.50	0.80	3.12		6.92			0.77	27.05
		0.30		2.33				4.84
	0.80	1.95		1.11			0.76	4.38
0.10		0.59		1.62				7.85
0.02		0.09		0.84				7.32
0.37		0.19		1.01				1.03
								1.63
541.71	1393.56	2.57	0.20	9.63	11.46	0.09	8.66	402.45
0.01		0.31	0.03	0.32				3.91
		0.03		0.20				1.50
		0.23		0.20			0.09	1.94
				0.11			0.07	0.37
		0.02		0.01				1.34
		0.01						0.11
		0.01						0.21
		0.01		0.02				0.10
								1.02
		0.01		0.01				1.75
		0.02						0.45
								0.20
	1393.56	0.45		1.50	3.24	0.02	3.42	14.96
39.59		0.23		0.60	1.28	0.02	2.87	55.15
0.02		0.04		0.03			0.03	1.44
1.05		0.03		0.02				0.92
		0.01	0.01					0.08
0.28		0.04	0.01	0.02				1.11
12.35		0.16		1.57	0.01		1.32	27.32
458.19		0.09		0.89				100.49
29.34		0.45	0.09	3.44	6.89	0.04	0.58	178.79
0.01		0.07		0.06			0.01	0.92
0.59		0.10	0.02	0.11	0.04	0.01	0.01	2.23
0.09		0.07		0.05			0.18	1.06
		0.04	0.02	0.17			0.01	0.59
0.11		0.07	0.01	0.08			0.05	1.20
		0.02						1.32
								0.08
		0.04		0.09				1.44
0.08		0.01		0.14				0.45
1.97		0.38		0.72	1.27		0.31	90.93
1.97		0.32		0.70	1.27		0.24	84.86
		0.01		0.01			0.06	2.06
		0.04		0.01			0.02	4.01
		8.40	0.02	9.50			0.03	5.82
		29.33	5.24	104.50		0.70	0.78	27.71
		3.80	0.01	1.50		0.08	0.48	8.44
		7.00	0.02	1.70			0.22	19.47
		2.30	0.01	0.14		5.45	0.76	40.63

4-5 能源生产弹性系数

Elasticity Ratio of Energy Production

年 份 Year	能源生产比上年增长（%） Growth Rate of Energy Production over Preceding Year (%)	电力生产比上年增长（%） Growth Rate of Electricity Production over Preceding Year (%)	甘肃生产总值比上年增长（%） Growth Rate of Gansu Gross Product Over Preceding Year (%)	能源生产弹性系数 Elasticity Ratio of Energy Production	电力生产弹性系数 Elasticity Ratio of Electricity Production
1995	2.80	−4.31	10.36	0.27	
1996	−3.41	−0.93	11.96		
1997	1.44	4.57	9.08	0.16	0.50
1998	6.92	2.92	9.72	0.71	0.30
1999	−7.73	3.45	9.03		0.38
2000	−13.06	6.83	9.70		0.70
2001	5.39	8.26	9.76	0.55	0.85
2002	37.66	12.53	9.86	3.82	1.27
2003	16.84	18.71	10.74	1.57	1.74
2004	17.71	13.18	11.51	1.54	1.15
2005	7.29	10.70	11.84	0.62	0.90
2006	5.39	5.08	11.51	0.47	0.44
2007	4.92	16.33	12.30	0.40	1.33
2008	2.78	11.58	10.14	0.27	1.14

4-6 能源消费弹性系数

Elasticity Ratio of Energy Consumption

年 份 Year	能源消费比上年增长（%） Growth Rate of Energy Consumption over Preceding Year (%)	电力消费比上年增长（%） Growth Rate of Electricity Consumption over Preceding Year (%)	甘肃生产总值比上年增长（%） Growth Rate of Gross Product of Gansu Over Preceding Year (%)	能源消费弹性系数 Elasticity Ratio of Energy Consumption	电力消费弹性系数 Elasticity Ratio of Electricity Consumption
1995	4.70	−4.00	10.36	0.45	
1996	−0.23	2.80	11.96		0.23
1997	−7.92	5.21	9.08		0.57
1998	4.12	−0.43	9.72	0.42	
1999	3.98	12.32	9.03	0.44	1.36
2000	3.23	1.29	9.70	0.33	0.13
2001	1.88	1.58	9.76	0.19	0.16
2002	4.36	11.84	9.86	0.44	1.20
2003	11.82	16.36	10.74	1.10	1.52
2004	15.78	13.47	11.51	1.37	1.17
2005	11.77	8.29	11.84	0.99	0.70
2006	8.59	9.57	11.51	0.75	0.83
2007	7.73	14.62	12.30	0.63	1.19
2008	5.16	10.25	10.14	0.51	1.01

4-7 平均每天各种能源消费量

Average Daily Energy Consumption by Variety

能源品种	Item	2000	2005	2007	2008
合计（万吨标准煤）	**Total (10 000 tons of SCE)**	**8.25**	**11.97**	**14.00**	**14.72**
煤炭（万吨）	Coal (10 000 tons)	6.31	10.28	12.24	12.91
焦炭（万吨）	Coke (10 000 tons)	0.49	1.16	1.54	1.49
原油（万吨）	Crude Oil (10 000 tons)	2.41	3.37	3.93	3.82
燃料油（万吨）	Fuel Oil (10 000 tons)	0.16	0.04	0.04	0.03
汽油（万吨）	Gasoline (10 000 tons)	0.27	0.24	0.24	0.16
煤油（万吨）	Kerosene (10 000 tons)	0.01	0.01	0.02	0.02
柴油（万吨）	Diesel Oil (10 000 tons)	0.25	0.32	0.31	0.44
电力（亿千瓦小时）	Electricity (100 million kwh)	0.81	1.34	1.68	1.86

4-8 分品种生活能源年消费总量

Average Annual Energy Consumption for

Non-Production Purposes by Variety

能源品种	Item	2000	2005	2007	2008
合计（万吨标准煤）	**Total (10 000 tons of SCE)**	**420.01**	**468.64**	**506.01**	**538.81**
煤炭（万吨）	Coal (10 000 tons)	395.26	395.70	407.00	436.00
煤油（万吨）	Kerosene (10 000 tons)	0.03	0.01	0.01	0.01
液化石油气（万吨）	Liquefied Petroleum Gas (10 000 tons)	5.35	4.92	4.99	5.45
焦炉煤气（亿立方米）	Gas (100 million cu.m)	0.42	0.37	0.41	0.55
天然气（亿立方米）	Natural Gas (100 million cu.m)		0.40	0.72	0.76
热力（万百万千焦）	Heat (10 billion kilo-joule)	1298.80	1681.01	1734.99	1874.76
电力（亿千瓦小时）	Electricity (100 million kwh)	21.48	32.46	36.30	40.63

4-9 每人年平均生活用能源

Annual Average Per Capita Energy Consumption for Non-Production Purpose

年 份 Year	平均每人生活消费能源（千克标准煤） Annual Per Capita Consumption for Non-Production Purpose (kg of SCE)	#煤 炭（千克） Coal (kg)	#电 力（千瓦小时） Electricity (kwh)	#液化石油气（千克） Liquefied Petroleum Gas (kg)	#煤气、天燃气（立方米） Gas (cu.m)
1995	169	192	60.00	1.00	1.34
1996	180	195	68.80	1.03	1.48
1997	159	169	73.40	1.72	1.48
1998	160	164	77.20	1.74	1.57
1999	161	160	77.80	2.06	1.65
2000	164	155	84.00	2.09	1.64
2001	174	152	88.31	1.60	1.99
2002	156	150	89.49	1.50	1.31
2003	172	149	91.34	1.62	1.77
2004	169	147	105.29	1.61	2.38
2005	181	153	125.12	1.90	3.05
2006	182	153	129.30	1.91	4.18
2007	193	156	138.70	1.91	4.43
2008	205	166	154.60	2.07	5.10

4-10 万元生产总值能耗

Energy Consumption per 10000 yuan GRP

年 份 Year	能源消费总量（万吨标准煤） Total Consumption of Energy (10 000 tons of SCE)	万元生产总值能耗(吨标准煤/万元) Energy Consumption per 10000 yuan GRP (ton of SCE/ 10 000yuan)	电力消费总量(亿千瓦小时) Electric Consumption (100 million kwh)	万元生产总值电耗（千瓦小时/万元） Electricity Consumption per 10 000 yuan GRP (kwh/10 000yuan)
1995	2737.59		241.06	
1996	2803.17		247.81	
1997	2581.13		260.70	
1998	2687.44		259.59	
1999	2917.28		291.58	
2000	3011.62	2.86	295.34	2805
2001	3068.36	2.72	306.09	2720
2002	3174.23	2.57	342.33	2779
2003	3525.08	2.52	398.33	2846
2004	3907.74	2.31	452.00	2677
2005	4367.67	2.26	489.48	2531
2006	4743.05	2.20	536.33	2487
2007	5109.29	2.11	614.74	2537
2008	5373.06	2.01	677.76	2539

注：2000-2004年万元生产总值能耗和电耗是按现价计算，2005年以后是按2005年可比价计算的。

a)Data from 2000 to 2004 of Energy Consumption per 10000 yuan of GRP & Electricity Consumption per 10000 yuan of GRP are calculated at current prices.Data after 2005 are calculated at Comparable Prices in 2005.

主要统计指标解释

能源生产总量 指一定时期内，一次能源生产量的总和。该指标是观察能源生产水平、规模、构成和发展速度的总量指标。一次能源生产量包括原煤、原油、天然气、水电、核能及其他动力能(如风能、地热能等)发电量，不包括低热值燃料生产量、生物质能、太阳能等的利用和由一次能源加工转换而成的二次能源产量。

能源消费总量 指一定时期内，各行业和居民生活消费的各种能源的总和。该指标是观察能源消费水平、构成和增长速度的总量指标。能源消费总量包括原煤和原油及其制品、天然气、电力，不包括低热值燃料、生物质能和太阳能等的利用。能源消费总量分为终端能源消费量、能源加工转换损失量和能源损失量三部分。

能源生产弹性系数 是研究能源生产增长速度与国民经济增长速度之间关系的指标。计算公式：

$$\text{能源生产弹性系数}=\frac{\text{能源生产总量年平均增长速度}}{\text{国民经济年平均增长速度}}$$

电力生产弹性系数 是研究电力生产增长速度与国民经济增长速度之间关系的指标。一般来说，电力的发展应当快于国民经济的发展，也就是说电力应超前发展。计算公式为：

$$\text{电力生产弹性系数}=\frac{\text{电力生产量年平均增长速度}}{\text{国民经济年平均增长速度}}$$

能源消费弹性系数 反映能源消费增长速度与国民经济增长速度之间比例关系的指标。计算公式为：

$$\text{能源消费弹性系数}=\frac{\text{能源消费量年平均增长速度}}{\text{国民经济年平均增长速度}}$$

电力消费弹性系数 反映电力消费增长速度与国民经济增长速度之间比例关系的指标。计算公式为：

$$\text{电力消费弹性系数}=\frac{\text{电力消费量年平均增长速度}}{\text{国民经济年平均增长速度}}$$

单位国内生产总值能耗 指一定时期内，一个国家或地区每生产一个单位的国内生产总值所消耗的能源。计算公式为：

$$\text{单位国内生产总值能源}=\frac{\text{能源消费总量}}{\text{国内生产总值}}$$

单位国内生产总值电耗 指一定时期内，一个国家或地区每生产一个单位的国内生产总值所消耗的电力。计算公式为：

$$\text{单位国内生产总值电耗}=\frac{\text{全社会用电量}}{\text{国内生产总值}}$$

单位工业增加值能耗 指一定时期内，一个国家或地区每生产一个单位的工业增加值所消耗的能源。计算公式为：

$$\text{单位工业增加值}=\frac{\text{工业能源消费量}}{\text{工业增加值}}$$

财政 金融 保险 5

FINANCE BANKING AND INSURANCE

简要说明

一、本篇资料主要内容

本篇反映甘肃省财政收支状况；金融业的发展情况。主要内容包括地方财政收支、政府性基金收支资料；金融机构存贷及现金收支等活动；保险业务情况。

二、本篇资料来源

本篇资料由省统计局国民经济核算处搜集、加工整理：

1.财政收支状况资料来源于省财政厅。

2.金融资料来源于中国人民银行兰州中心支行。

3.保险数据来源于中国保监会甘肃监管局。

5-1 财政收支
Financial Revenue and Expenditure

单位：万元 (10 000 yuan)

年 份 Year	财政收入 Total Revenue	#地方财政收入 Local Financial Revenue	#各项税收 Taxes	#附：上交中央税收 Turn Over Revenue to the Central Government	财政支出 Financial Expenditure
1978	205280		79168		143429
1979	184606		79407		141810
1980	149348		44606		123045
1981	129859		43143		111955
1982	124713		82870		127857
1983	109003		92004		155256
1984	132338		114322		211510
1985	163814		189074		239971
1986	197635		210832		300125
1987	225831		235266		317747
1988	249786		267766		363835
1989	315242		317768		412645
1990	342065		341541		459395
1991	399801		359225		513188
1992	399736		393208		534786
1993	521132		520393		631676
1994	626198	290797	270086	335401	723817
1995	684142	339211	302594	344931	813908
1996	822714	433733	367663	388981	909538
1997	919259	494108	416575	425151	1067215
1998	974793	540253	465578	434540	1253382
1999	1030025	583657	490034	446368	1477868
2000	1083752	612849	516624	470903	1882322
2001	1241396	699485	587853	541911	2354643
2002	1503365	762432	654283	740933	2740111
2003	1771750	876561	722434	895189	3000070
2004	2158581	1041600	823382	1104105	3569366
2005	2545665	1235026	919615	1310639	4293479
2006	2949750	1412152	1108360	1537598	5285946
2007	3918687	1909107	1420532	2009580	6753372
2008	4709361	2649650	1628049	2059711	9684336

5-2 财政收入情况
Financial Revenue

单位:万元 (10 000 yuan)

项目	Item	2007	2008
财政收入	**Government Revenue**	**3918687**	**4709361**
地方财政收入	**Local Financial Revenue**	**1909107**	**2649650**
税收收入	Tax Revenue	1420532	1628049
国内增值税	Value Added Tax	403624	379120
营业税	Business Tax	434006	531536
企业所得税	Company Income Tax	179740	206233
企业所得税退税	Tax Rebate for Company Income Tax	−633	−679
个人所得税	Individual Income Tax	71513	81306
资源税	Resources Tax	41972	55469
固定资产投资方向调节税	Fixed Assets Investment Ajustment Tax		2
城市维护建设税	Tax on City Maintenance and Construction	134391	155398
房产税	Tax on Real Estates	57447	66292
印花税	Stamp Tax	21872	30059
城镇土地使用税	Tax on the use of Urban Land	27473	38640
土地增值税	Land Value Added Tax	7786	29294
车船税	Tax on the use of Vehicles and Ships	3838	10282
耕地占用税	Tax on the Occurpancy of Cultivated Land	5490	11078
契税	Contract Tax	30957	32744
烟叶税	Tobacco tax	1056	1268
其他税收收入	Other Revenues		7
非税收收入	Nonrevenue Income	488575	1021601
专项收入	Special Project Income	122819	317268
行政事业性收费收入	Income from Administrative Fees	165394	146344
罚没收入	Penalty and Confiscatory Income	61663	59318
国有资本经营收入	Profit from Stat_owned Assets	99697	57816
#国有资本投资收益	State-owned Capital Investment Income	14805	
国有企业计划亏损补贴	Planning Subsidies to Loss-suffering Stated-owned Enterprises	−8937	−9203
产权转让收入	Property Rights Transfer	93829	23720
国有资源(资产)有偿使用收入	Paid use of State-owned Resources (Assets)	14340	27164
其他收入	Other Income	24662	413691
上划中央税收收入	Revenue Turned over to the Central government	2009580	2059711
#增值税	Value Added Tax	1235716	1137360
消费税	Consumption Tax	336799	408795
企业所得税	Company Income Tax	261662	309411
个人所得税	Individual Income Tax	107267	121963
车辆购置税	Vehicle Purchase Tax	68136	82182

5-3 财政支出情况

Financial Expenditures

单位：万元 (10 000 yuan)

项　目	Item	2007	2008
地方财政支出	**Local Financial Expenditures**	**6753372**	**9684336**
一般公共服务	General public services	1111147	1271358
#人大事务	People's Congress Affairs	34344	36069
政协事务	Political Consultative Conference Affairs	27120	28879
政府办公厅（室）及相关机构事务	Government Office (room) and Related Agencies Affairs	282205	323492
共产党事务	Communist Party affairs	127072	134499
外交	Diplomacy	990	910
国防	National Defence	8109	9642
公共安全	Public security	380012	452703
#公安	Police	198051	242153
检察	Procuratorate	37428	42595
法院	Court	61795	71452
教育	Education	1239653	1829256
#普通教育	General Education	1017153	1537893
科学技术	Science and Technology	73129	94743
文化体育与传媒	Culture, Sports and the Media	152349	194465
#文化	Culture	46363	57204
体育	Sports	24166	28154
广播影视	Broadcasting, Film and Television	55634	60414
新闻出版	News and Pubulsh	3606	12208
社会保障和就业	Social Security and Employment	1068675	1536984
#行政事业单位离退休	Administrative Institutions Retired	353201	458505
就业补助	Employment subsidies	71723	76339
城市居民最低生活保障	Urban Minimum Living Standard	92286	130318
自然灾害生活救助	Natural Disaster Living Relief	23672	266896
医疗卫生	Medical and Health	410319	583150
环境保护	Environmental Protection	320279	468469
城乡社区事务	Urban and Rural Communities Affairs	276638	447835
农林水事务	Agriculture, Forestry and Water Conservancy Affairs	847431	1073358
#农业	Agriculture	310221	450664
林业	Forestry	106698	116999.0
水利	Water Conservancy	233893	289345.0
交通运输	Transportation	280512	347976
工业商业金融等事务	Industrial,Business and Financial Affairs	397916	463132
地震灾后恢复重建支出	Post-earthquake reconstruction spending		671941
其他支出	Other Expenditures	186213	238414

5-4 政府性基金收支情况

Renvenue and Expenditure of Government Fund

单位：万元 (10 000 yuan)

项　目	Item	2007	2008
政府性基金收入合计	**Total Renvenue of Government Fund**	**485639**	**718117**
农网还贷资金收入	Rural Network Loan Funds Revenue		
能源建设基金收入	Energy-building fund Revenue		
库区维护建设基金收入	Reservoir Maintenance and Construction Funds Income	2774	
养路费收入	Road Toll Income	126153	134977
公路客货运附加费收入	Highway Passenger and Freight Transportation Surcharge Revenue	24195	26954
散装水泥专项资金收入	Bulk Cement Special Funds Income	361	394
墙体材料专项基金收入	Wall Materials Special Fund Revenue	2154	1561
文化事业建设费收入	Culture-building Income	1856	2058
地方教育附加收入	Additional Income of Local Education	7465	8779
新菜地开发基金收入	New Vegetable Development Fund Income	1830	444
国有土地使用权出让金收入	Income of State-owned Land Use Right Transfer	284775	430216
国有土地收益基金收入	Fund revenue receipts of state-owned land	4405	2334
新增建设用地土地有偿使用费收入	Add the land compensation for the use of land for building fee income	10941	26197
森林植被恢复费	Forest Vegetation Restoration Fee	1141	6375
残疾人就业保障金收入	The income of Disabled Person Employment Security Payments	4677	5210
政府住房基金收入	Government Housing Fund Income	3470	3809
城镇公用事业附加收入	Additional Income of Urban Public Utilities	7664	6200
彩票公益金收入	Lottery and public welfare funds Revenue		56462
其他基金收入	Other funds income	1778	6147
政府性基金支出合计	**Total Expenditure of Government Fund**	**479951**	**710540**
一般公共服务	General public services		31673
教育	Education	4138	6244
文化体育与传媒	Cultural, Sports and Media	2832	2939
社会保障和就业	Social Security and Employment	2541	3776
城乡社区事务	Urban and Rural Community Affairs	289435	472062
农林水事务	Agriculture, Forestry and Water Conservancy Affairs	19985	17781
交通运输	Transportation	149372	166854
工业商业金融等事务	Industrial,business and Financial affairs	10756	6355
其他支出	Other Expenditure	892	2856

5-5 各地县财政收支

Financial Revenue and Expenditure by Perfecture ,County

单位：万元 (2008) (10 000 yuan)

地区	Region	财政收入 Total Revenue	财政支出 Total Expenditures	地区	Region	财政收入 Total Revenue	财政支出 Total Expenditures
兰州市	**Lanzhou**	**508618**	**996601**	瓜州县	Guazhou	4605	37202
城关区	Chengguan	76629	130309	肃北县	Subei	17712	31796
七里河区	Qilihe	31819	72068	阿克塞县	Akesai	2533	13305
西固区	Xigu	24797	54361	玉门市	Yumen	9661	43641
安宁区	Anning	30086	56893	敦煌市	Dunhuang	12271	46844
红古区	Honggu	7532	35440	**庆阳市**	**Qingyang**	**174620**	**687142**
永登县	Yongdeng	21881	83552	西峰区	Xifeng	21656	81804
皋兰县	Gaolan	6757	40090	庆城县	Qingcheng	17110	67205
榆中县	Yuzhong	15995	84415	环　县	Huanxian	6188	80866
嘉峪关市	**Jiayuguan**	**67167**	**92411**	华池县	Huachi	8500	46550
金昌市	**Jinchang**	**90020**	**175702**	合水县	Heshui	4136	61825
金川区	Jinchuan	18385	40269	正宁县	Zhengning	14039	61825
永昌县	Yongchang	10515	52563	宁　县	Ningxian	7311	82339
白银市	**Baiyin**	**85059**	**428305**	镇原县	Zhenyuan	8177	86914
白银区	Baiyin	16279	61794	**定西市**	**Dingxi**	**40292**	**531676**
平川区	Pingchuan	13718	46444	安定区	Anding	7956	84600
靖远县	Jingyuan	4981	81450	通渭县	Tongwei	2069	68134
会宁县	Huining	2880	93789	陇西县	Longxi	6848	73595
景泰县	Jingtai	6258	52590	渭源县	Weiyuan	1449	55266
天水市	**Tianshui**	**92916**	**758728**	临洮县	Lintao	8442	76930
秦州区	Qinzhou	22411	116106	漳　县	Zhangxian	1485	39236
麦积区	Maiji	14101	107154	岷　县	Minxian	3196	60777
清水县	Qingshui	2650	65555	**陇南市**	**Longnan**	**76722**	**1220710**
秦安县	Qinan	5285	90208	武都区	Wudu	6104	267632
甘谷县	Gangu	6570	89738	宕昌县	Tanchang	2523	93266
武山县	Wushan	3718	73265	成　县	Chengxian	13444	97786
张家川县	Zhangjiachuan	2971	66738	康　县	Kangxian	2810	113380
武威市	**Wuwei**	**41434**	**452630**	文　县	Wenxian	5744	174530
凉州区	Liangzhou	16288	150260	西和县	Xihe	7212	114388
民勤县	Minqin	3749	88828	礼　县	Lixian	7487	141603
古浪县	Gulang	3289	72552	两当县	Liangdang	901	37874
天祝县	Tianzhu	5531	74858	徽　县	Huixian	10062	79524
张掖市	**Zhangye**	**55728**	**359586**	**临夏州**	**Linxia**	**34809**	**510349**
甘州区	Ganzhou	15140	77600	临夏市	linxia	8733	53465
肃南县	Sunan	8059	34700	临夏县	linxia	2057	53836
民乐县	Minle	4511	47565	康乐县	Kangle	1959	41868
临泽县	Linze	5016	39062	永靖县	Yongjing	10489	60205
高台县	Gaotai	4951	39998	广河县	Guanghe	2246	49334
山丹县	Shandan	4860	43180	和政县	Hezheng	1767	45596
平凉市	**Pingliang**	**82436**	**553130**	东乡县	Dongxiang	1224	65556
崆峒区	Kongtong	15550	94802	积石山县	Jishishan	1682	55601
泾川县	Jingchuan	4108	60015	**甘南州**	**Gannan**	**27360**	**439255**
灵台县	Lingtai	3060	54479	合作市	Hezuo	3506	30326
崇信县	Chongxin	6851	35987	临潭县	Lintan	1535	56703
华亭县	Huating	23425	55106	卓尼县	Zhuoni	1153	52198
庄浪县	Zhuanglang	3366	82471	舟曲县	Zhouqu	2383	72320
静宁县	Jingning	3934	95125	迭部县	Diebu	2470	37061
酒泉市	**Jiuquan**	**85477**	**360732**	玛曲县	Maqu	7042	32574
肃州区	Suzhou	9381	66942	碌曲县	Luqu	3158	23297
金塔县	Jinta	3919	41840	夏河县	Xiahe	1507	43396

5-6 金融机构现金收入

Cash Income of Financial Institutions

单位：万元　(10 000 yuan)

项　　目	Item	2000	2005	2007	2008
收入合计	**Total Income**	**25813702**	**58339730**	**72241267**	**82082318**
商品销售收入	Income from Commodity Sales	3084777	5502390	6051684	6111232
服务业收入	Income from Service Trade	1326924	2910521	3390007	3372602
行政税费收入	Income from Administration tax and fee	161823	362594	520490	664654
城乡个体经营收入	Income from Urban and Rural Individual Business	1421362	2341409	2438847	2639621
储蓄存款收入	Income from Savings Deposits	16572487	40766426	52979645	61655875
其他金融性公司收入	Income from Other Financial Institutions	272538	337945	138422	341263
居民归还贷款收入	Income from Repayment of Loans by Residents	780956	1794454	2211948	2503114
汇兑收入	Income from Remittances	493413	475706	553110	614501
有价证券及其他投资性收入	Income from Securities and Other Investment	179072	31970	147666	87054
其他收入	Other Income	1520350	3816314	3809447	4092401
#兑换外币收入	Income from Exchange of Foreign Currencies	10377	3687	23123	59894

注：2007年以前"行政税费收入"为税款收入；"其他金融性公司收入"为"其他金融机构收入"；"有价证券及其他投资性收入"为"有价证券收入"。

a)Before 2007, indictor " Income from Administration tax and fee " refers to " Income from Taxes", "Expenditure for Other Financial Companies" refers to "Other Financial institutions expenditures." and "Income from Securities and Other Investment" refers to "Income from Securities".

5-7 金融机构现金支出

Cash Expenditures of Financial Institutions

单位：万元　(10 000 yuan)

项　　目	Item	2000	2005	2007	2008
支出合计	**Total**	**26132380**	**58262154**	**72124091**	**82122497**
工资性及个人其他支出	Wages and Other Personal Expenditure	3008142	4720683	4958895	5138341
农副产品采购支出	Purchases of Agricultural and Sideline Products	668912	1782652	2195344	2100390
工矿及其他产品采购支出	Expenditure for Purchases of Industrial and Mineral Products	176871	420008	478641	452938
行政企业管理费与经营费支出	Government and Enterprises Overhead and Operating Expenditure	1283997	1976735	2403015	2499277
城乡个体经营支出	Expenditure for Individual Business	1292322	2267388	2466356	2231702
储蓄存款支出	Expenditure for Savings Deposits	16538766	40316293	52957831	62715318
其他金融性公司支出	Expenditure for Other Financial Institutions	188941	226789	152079	183639
居民提取贷款支出	Expenditure for Loans by Residents	822045	1771414	2362741	2541820
汇兑支出	Expenditure for Remittances	423601	382033	388059	510465
有价证券支出	Expenditure for Securities	85705	80427	78252	50742
其他支出	Other Expenditure	1643078	4317731	3682879	3697864
#兑换外币支出	Expenditure for Exchange of Foreign Currencies	15985	23879	56874	71248

注：2007年以前"工资性及个人其他支出"为"工资性支出"；"行政企业管理费与经营费支出"为"行政企事业管理费支出"；"其他金融性公司支出"为"其他金融机构支出"。

a)Before 2007, indictor "wages and other personal expenses" refers to "wages", "Government and Enterprises Overhead and operating expenses" refers to "Government and Enterprises Overhead " and "Expenditure for Other Financial Companies" refers to "Other Financial institutions expenditures."

5-8 金融机构人民币信贷资金平衡表

Credit Funds Balance Sheet of Finanical Institutions

单位：万元　　（年末余额）(year-end balance)　　(10 000 yuan)

项　目	Item	2000	2005	2007	2008
资金来源合计	**All Sources**	**12387066**	**28980441**	**34835135**	**44378468**
各项存款	Total Deposits	14029346	28958610	37471108	47288246
企业存款	Deposits by Enterprises	4633725	8738792	11253581	13661738
财政存款	Fiscal Deposits	231713	804974	1132529	1930768
机关团体存款	Deposits by Governments and Organizations	307684	1198778	2447230	3145819
储蓄存款	Savings Deposits	8187607	15866560	19152386	24618977
农业存款	Agricultural Deposits	263501	518297	995923	1355726
委托存款	Trusted Deposits	-51230	81230	130090	167100
金融债券	Financial Bonds	324	23	23	23
各项准备	Total Reserves		301044	607130	786652
所有者权益	Creditor's Equity	-30177	316461	713201	881962
资金运用合计	**Funds Uses**	**12387066**	**28980441**	**34835135**	**44378468**
各项贷款	Total Loans	11711353	19234608	24036323	27318936
#短期贷款	Short-term Loans	7046807	9362352	10466806	12075840
工业贷款	Industrial Loans	2435595	2924924	2729536	3637027
商业贷款	Commercial Loans	1991958	1949152	2290495	2184206
建筑业贷款	Construction Loans	160925	240382	160801	151321
农业贷款	Agricultural Loans	844304	1759923	2037723	2725342
中长期贷款	Medium-term & Long-term Loans	4001300	8949730	12488025	14048927
基本建设贷款	Capital Construction Loans		5081099	7872138	8876876
技术改造贷款	Technological Transformation Loans		263820	393230	389241
其他中长期贷款	Other Medium-term & Long-term Loans		3604811	4222657	4782810
#个人中长期消费贷款	Personal Medium-term & Long-term Consumer Loans		922639	932106	1031209
有价证券及投资	Securities & Investment	407451	827387	1356346	1502038
委托投资	Trusted Investment	28207			
库存现金	Cash on Hand	140627	207100	270977	268035

5-9 金融机构现金投放回笼差额

Cash Statistics of Finacial Institutions

单位：万元 (10 000 yuan)

年 份 Year	现金收入 Cash Income	现金支出 Cash Expenditures	投 放 Currency Issuance
1978	227277	235135	7858
1979	267876	283895	16019
1980	329708	346269	16561
1981	366503	376470	9967
1982	410917	420156	9239
1983	486015	505015	19000
1984	595671	645334	49663
1985	794412	830103	35691
1986	949269	1000329	51060
1987	1236539	1280075	43536
1988	1680491	1817567	137076
1989	1881051	1926671	45620
1990	2097575	2165930	68355
1991	2447670	2590503	142833
1992	3277098	3499825	222727
1993	4835103	5026269	191166
1994	6450599	6728606	278007
1995	8795741	8979802	184061
1996	10728888	10915152	186264
1997	13133973	13439535	305562
1998	13930503	14514566	584063
1999	21519452	21896639	377187
2000	25813702	26132380	318678
2001	29962369	30112199	149830
2002	35602300	35785063	182763
2003	43811414	43885805	74391
2004	54351572	54050792	−300780
2005	58339730	58262154	−77576
2006	58524593	58504365	−20228
2007	72241267	72124091	−117176
2008	82082318	82122497	40180

注：投放栏中的负数表示现金回笼。

a) A negative amount in currency issue indicates cash withdrawn.

5-10 个人消费贷款总额
Total Amount of Individual Consumption Loan

单位：万元 (10 000 yuan)

指 标	Indicators	2000	2005	2007	2008
个人消费贷款总额	Total Amount of Individual Consumption Loan	83255	987994	1114068	1261810
#中长期个人消费贷款	Medium-term & Long-term Indiidual Consumption Loan		922639	932106	1031209
住房贷款	Housing Mortgage Loan		666644	729759	834408

5-11 商业银行（汇总）人民币信贷资金平衡表（资金来源）
Credit Funds Balance Sheet of Commercial Banks (Sources of Funds)

单位：万元 (10 000 yuan)

项 目	Item	2000	2005	2007	2008
资金来源合计	**Funds Sources**	**11139594**	**23283846**	**30057969**	**38270945**
各项存款	Total Deposits	11445723	22556061	29185862	35722550
企业存款	Deposits by Enterprises	4405498	8197917	10605617	12727993
机关团体存款	Deposits by Government Departments and Organizations	301427	1152071	2383348	3062012
储蓄存款	Savings Deposits	6381418	11514120	13818936	17599549
活期储蓄	Demand Deposits	1704267	4178207	5472508	6627871
定期储蓄	Time Deposits	4677151	7335913	8346427	10971678
农业存款	Agricultural Deposits	65484	101654	25742	30569
其他类存款	Other Deposits	291532	1590298	2352220	2302426
代理财政性存款	Fiscal Deposits	155358	59221	108961	188291
金融债券	Financial Bonds	193	23	23	23
应付及暂收款	Payable and Suspense Credit	124430	285324	603360	813268
卖出回购资产	Sell Reparchase	1			
向中央银行借款	Liabilities to Central Bank	94278	16503	9693	9693
同业往来	Inter-bank Credits	78204	235446	475854	777257
行内资金往来	Inter-bank Trasaction				
委托存款及委托投资基金(净)	Trusted Deposits	−115129	73141	53436	88921
代理金融机构委托贷款基金	Make Trusred Loans On Behelf of Other Institutions	2968		171837	185370
各项准备	All Reserves	38152	203243	312297	419888
所有者权益	Creditors Equity	−182943	15068	344347	436338
其 他	Others	−501641	−160184	−1207702	−370654

5-12 商业银行（汇总）人民币信贷资金平衡表（资金运用）

Credit Funds Balance Sheet of Total Commerical Banks(Funds Uses)

单位：万元 (10 000 yuan)

项　目	Item	2000	2005	2007	2008
资金运用合计	**Funds Uses**	**11139594**	**23283846**	**30057969**	**38270945**
各项贷款	Total Loans	7859062	12874746	15262246	16598882
短期贷款	Short-term Loans	4486598	5629861	5681777	6184417
工业贷款	Loans to Industrial Sector	2406212	2902752	2696903	3633545
商业贷款	Loans to Commerical Sector	927017	740090	856446	692247
建筑业贷款	Loan to Construction Sector	160480	240382	157951	145471
农业贷款	Loans to Agricultural Sector	236187	271031	231065	197552
乡镇企业贷款	Loans to Township Enterprises	186751	143970		
三资企业贷款	Loans to Enterprises whith Foreign Funds	28618	17342	79675	39306
私营企业及个体贷款	Loans to Private Enterprises and Individuals	62081	235458	315723	299677
其他短期贷款	Other Short-term Loans	479252	1078836	1344013	1176620
中长期贷款	Medium-term & Long-term Loans	3229259	6369828	8574898	9246597
票据融资	Bills for Financing	143205	863787	995402	1166363
各项垫款	All Advanced Money		11270	10170	1504
有价证券投资	Securities & Investment	961848	505395	785555	795915
应收及预付款	Accounts Receivable & Prepayable	424446	149952	180926	232021
买入返售资产	Buying Return to sell asset	6098	69699	21824	61363
存放中央银行准备金存款	Reserve Deposits at Central Bank	601431	848653	698249	711810
缴存中央银行财政性存款	Treasury Deposits at Central Bank	9926	30491	122035	371679
同业往来	Interbank Transactions	13762	8948	6217	406
库存现金	Cash in hand	87001	107968	147248	147800
外汇占款	Purchase of Foreign Exchanges	-4658	-5091	-1159	-10053

5-13 各地区金融机构存款
Deposits of Banking Institutions by Prefecture

单位：万元　　(2008)　　(10 000 yuan)

地 区	Region	各项存款 Total Deposits	#企业存款 Deposits of Enterprises	#财政存款 Treasury Deposits	#机关团体存款 Deposits of Government Agencies and Organizations	#储蓄存款 Urban and Rural Household Savings Deposits	定 期 Time Deposits	活 期 Demand Depostis	#农业存款 Agricultural Deposits
兰州市	Lanzhou	21562875	8371077	984565	1155573	9071007	6203918	2867089	344914
嘉峪关市	Jiayuguan	1276215	537665	28848	78282	534919	352608	182311	12103
金昌市	Jinchang	1389978	416380	30654	79443	708959	463391	245568	36313
白银市	Baiyin	2693749	1089948	49417	110720	1312624	800807	511817	61715
天水市	Tianshui	2833033	457986	54406	168255	1996707	1187911	808796	94845
武威市	Wuwei	2000841	269595	29224	190325	1405332	874966	530365	54409
张掖市	Zhangye	1605151	265905	37646	110824	1094646	629572	465074	53800
平凉市	Pingliang	2062650	458288	29669	146249	1337645	803735	533911	50992
酒泉市	Jiuquan	3251006	649809	26727	181499	1995301	1293445	701856	106764
庆阳市	Qingyang	2204572	267859	107982	124190	1604888	966013	638875	49583
定西市	Dingxi	1562413	141442	24394	186580	1106403	614211	492192	63727
陇南市	Longnan	2897541	461665	428892	328549	1283697	559593	724104	344674
临夏州	Linxia	1143509	145605	34629	97836	804445	386603	417843	31889
甘南州	Gannan	804711	128515	63715	187497	362401	150356	212044	49996

5-14 各地区金融机构贷款
Loans of Banking Institutions by Perfecture

单位：万元　　(2008)　　(10 000 yuan)

地 区	Region	各项贷款 Total Loans	#短期贷款 Short-term Loans	#工 业 Industrial Loans	#商 业 Commercial Loans	#农 业 Agricultural Loans	#中长期贷款 Medium-term & Long-term Loans
兰州市	Lanzhou	15202583	4874030	1694122	858861	263046	9607244
嘉峪关市	Jiayuguan	1439886	696098	542930	62907	29447	444412
金昌市	Jinchang	1107224	801080	582806	82545	52968	197055
白银市	Baiyin	956242	577360	200090	119941	121432	350452
天水市	Tianshui	1062633	610824	67376	65476	312568	449922
武威市	Wuwei	882814	503985	10616	205439	145497	373781
张掖市	Zhangye	883124	448001	54390	146679	171414	433222
平凉市	Pingliang	1267273	730705	236053	152161	202811	527877
酒泉市	Jiuquan	1060851	782324	127348	221762	233527	260840
庆阳市	Qingyang	719398	486901	20428	90103	311382	232400
定西市	Dingxi	849502	542486	22558	73581	255746	306647
陇南市	Longnan	999869	612018	66597	59330	403569	387852
临夏州	Linxia	541167	305544	9713	38284	160264	235339
甘南州	Gannan	346368	104485	2000	7139	61670	241883

5-15 保险事业发展情况
Insurance Business Development

(2008)

项　目	Item	合　计 Total	#中国人民保险公司 PICC	#中国人寿保险公司 CCIC	#太平洋财产保险公司 PPIC	#太平洋寿险公司 PPLIC	#平安财产保险公司 PPIC	#平　安寿险公司 PLIC
保险事业机构（个）	Number of Insurance Institution (unit)	979	128	587	13	33	16	33
#省　级	Province	20	1	1	1	1	1	1
地市级	Prefecture	118	15	14	6	7	9	10
县　级	County	841	112	572	6	25	6	22
年末实有职工人数（人）	Number of Staff and Worker at Year-end (person)	48422	3450	19165	510	4307	563	9635
承保额（亿元）	Amount Insured (10 000 million)	16559	9801	3478	583	453	733	1511
财产险	Property Insurance	10482	9434		510		538	
人身险	Life Insurance	6078	367	3478	73	453	195	1511
保费（万元）	Premium (10 000 yuan)	974504	126467	384093	15584	97819	20108	137499
财产险	Property Insurance	226151	122293		14859		19274	
人身险	Life Insurance	748353	4174	384093	725	97819	834	137499
已决赔款 (万元)	Decided Indemnity (10 000 yuan)	312541	76006	120383	12177	6156	12451	8573
财产险	Property Insurance	140086	73986		11989		12096	
人身险（包括给付）	Life Insurance	172455	2019	120383	188	6156	354	8573

5-16 保险业务情况
Major Indicators of Insurance Business

单位：万元　　(10 000yuan)

项目	Item	2000	2005	2007	2008
保费收入	Premium Income	190532	482372	703560	974504
财产保险	Property Insurance	82765	129667	187812	226151
#机动车辆险	Motor Vehicle Insurance	49551	89142	140094	165005
企业财产险	Enterprise Property Insurance		26891	24924	29144
家庭财产险	Family Property Insurance		848	815	795
人寿保险	Life Insurance	107767	352705	515748	748353
寿　险	Life Insurance	96312	309786	463620	688207
健康险	Health Insurance	875	13905	35190	42874
意外伤害险	Accidents Insurance	10580	29014	16938	17272
赔付支出	Payment	64877	118321	287250	312541
财产保险	Property Insurance	44756	71458	113713	140086
#机动车辆险	Motor Vehicle Insurance	29391	51575	87289	101238
企业财产险	Enterprise Property Insurance		15230	16044	24367
家庭财产险	Family Property Insurance		318	376	407
人寿保险	Life Insurance	20122	46863	173537	172455
寿　险	Life Insurance	14809	29984	152619	149889
健康险	Health Insurance	731	12338	14617	17441
意外伤害险	Accidents Insurance	4582	4542	6302	5125

主要统计指标解释

财政收入 指国家财政参与社会产品分配所取得的收入，是实现国家职能的财力保证。主要包括：

(1) 各项税收：包括国内增值税、国内消费税、进口货物增值税和消费税、出口货物退增值税和消费税、营业税、企业所得税、个人所得税、资源税、城市维护建设税、房产税、印花税、城镇土地使用税、土地增值税、车船税、船舶吨税、车辆购置税、关税、耕地占用税、契税、烟叶税等。

(2) 非税收入：包括专项收入、行政事业性收费、罚没收入和其他收入。

财政支出 指国家财政将筹集起来的资金进行分配使用，以满足经济建设和各项事业的需要。主要包括：

(1) 一般公共服务：指政府提供基本公共管理与服务的支出，包括人大事务、政协事务、政府办公厅（室）及相关机构事务、发展与改革事务、统计信息事务、财政事务、税收事务、审计事务、海关事务、人力资源事务、纪检监察事务、人口与计划生育事务、商贸事务、知识产权事务、工商行政管理事务、国土资源事务、海洋管理事务、测绘事务、地震事务、气象事务、民族事务、宗教事务、港澳台侨事务、档案事务、共产党事务、民主党派事务及工商联事务、群众团体事务、彩票事务等。

(2) 外交：指政府外交事务支出，包括外交行政管理、驻外机构、对外援助、国际组织、对外合作与交流、边界勘界联检等方面的支出。

(3) 国防：指政府用于国防方面的支出，包括用于现役部队、预备役部队、民兵、国防科研事业、专项工程、国防动员等方面的支出。

(4) 公共安全：指政府维护社会公共安全方面的支出，包括武装警察、公安、国家安全、检察、法院、司法行政、监狱、劳教、国家保密、缉私警察等。

(5) 教育：指政府教育事务支出，包括教育行政管理、学前教育、小学教育、初中教育、普通高中教育、普通高等教育、初等职业教育、中专教育、技校教育、职业高中教育、高等职业教育、广播电视教育、留学生教育、特殊教育、干部继续教育、教育机关服务等。

(6) 科学技术：指用于科学技术方面的支出，包括科学技术管理事务、基础研究、应用研究、技术研究与开发、科技条件与服务、社会科学、科学技术普及、科技交流与合作等。

(7) 文化教育与传媒：指政府在文化、文物、体育、广播影视、新闻出版等方面的支出。

(8) 社会保障和就业：指政府在社会保障与就业方面的支出，包括社会保障和就业管理事务、民政管理事务、财政对社会保险基金的补助、补充全国社会保障基金、行政事业单位离退休、企业改革补助、就业补助、抚恤、退役安置、社会福利、残疾人事业、城市居民最低生活保障、其他城镇社会救济、农村社会救济、自然灾害生活救助、红十字事务等。

(9) 医疗卫生：指政府医疗卫生方面的支出，包括医疗卫生管理事务支出、医疗服务支出、医疗保障支出、疾病预防控制支出、卫生监督支出、妇幼保健支出、农村卫生支出等。

(10) 环境保护：指政府环境保护支出，包括环境保护管理事务支出、环境监测与监察支出、污染治理支出、自然生态保护支出、天然林保护工程支出、退耕还林支出、风沙荒漠治理支出、退牧还草支出、已垦草原退耕还草、能源节约利用、污染减排、可再生能源和资源综合利用等支出。

(11) 城乡社区事务：指政府城乡社区事务支出，包括城乡社区管理事务支出、城乡社区规划与管理支出、城乡社区公共设施支出、城乡社区住宅支出、城乡社区环境卫生支出、建设市场管理与监督支出等。

(12) 农林水事务：指政府农林水事务支出，包括农业支出、林业支出、水利支出、扶贫支出、农业综合开发支出等。

(13) 交通运输：指政府交通运输和邮政业方面的支出，包括公路运输支出、水路运输支出、铁路运输支出、民用航空运输支出、邮政业支出等。

(14) 工业商业金融等事务：指政府对工业、商业及金融等方面的支出，包括采掘业支出、制造业支出、建筑业支出、工业和信息产业监管支出、国有资产监管支出、商业流通事务支出、金融业监管支出、旅游业管理与服务支出等。

信贷资金 指金融机构以信用方式积聚和分配的货币资金。金融机构信贷资金的来源有各项存款、金融债券、对国际金融机构负债、流通中现金、其他项目等；信贷资金的运用有各项贷款、有价证券及投资、金银占款、外汇占款、财政借款及在国际金融机构中的资产等。

存款 指企业、机关、团体或居民根据资金必须收回的原则，把货币资金存入银行或其他信贷机构保管并取得一定利息的一种信用活动形式。根据存款对象或性质的不同可划分为企业存款、财政存款、机关团体存款、城乡储蓄存款、农业存款、信托及委托类存款、其他存款等科目。它是银行信贷资金的主要来源。

贷款 指银行或其他信贷机构根据资金必须归还的原则，按一定利率，为企业、个人等提供资金的一种信用活动形式。我国银行贷款分为短期贷款、委托及信托类贷款、其他类贷款等。

保险公司 在中国境内的、经过保险监督管理部门批准设立，并依法登记注册的各类商业保险公司。

保险金额 指保险人承担赔偿或者给付保险金责任的最高限额。

保费 指投保人为取得保险人在约定范围内所承担赔偿责任而支付给保险人的费用。

赔款 指保险人根据保险合同的规定，向被保险人支付的赔偿保险责任损失的金额。

给付 包括死伤医疗给付和满期给付。死伤医疗给付是指保险人根据人寿保险及长期健康保险合同的规定，因被保险人在保险期内发生保险责任范围内的保险事故支付给被保险人(或受益人)的金额。满期给付是指被保险人生存期满，保险人按人寿保险合同规定支付给被保险人的满期保险金额。

物价 6

PRICE

简要说明

一、本篇资料的主要内容

本篇资料反映了全省生产、投资、流通、消费等环节价格变动状况，主要包括居民消费、商品零售、生产资料、工业品出厂、原材料燃料动力购进、固定资产投资、房地产等价格指数。

二、本篇资料的来源

1.居民消费、商品零售和农业生产资料价格指数来源于消费价格统计调查年报，由国家统计局甘肃调查总队消费价格调查处整理提供。

2.工业品出厂、原材料燃料动力购进、固定资产投资、房地产等价格指数来源于生产投资价格统计调查年报，由国家统计局甘肃调查总队生产投资价格调查处整理提供。

6-1 各种物价总指数

Price Indices

（上年＝100）　　(preceding year =100)

年　份 Year	居民消费价格总指数 Consumer Price Index	城　市 Urban Areas	农　村 Rural Areas	商品零售价格总指数 Retail Price Index	农业生产资料价格指数 General Index	工业品出厂价格总指数 Ex-Factory Price Indices of Industrial Products	原材料、燃料和动力购进价格指数 Indices of Purchasing Price of Raw Materials, Fuels and Power	固定资产投资价格总指数 Indices of Investment in Fixed Assets
1978	100.6	100.8		100.5	100.2			
1979	101.1	101.1	101.0	100.8	100.2			
1980	104.2	105.2	102.7	104.1	100.2			
1981	101.7	102.2	100.7	101.6	99.8			
1982	101.1	101.1	101.1	101.2	101.3			
1983	100.4	100.4	100.4	100.6	104.4			
1984	102.5	103.3	101.5	103.0	108.3			
1985	109.2	110.6	107.1	108.5	104.6			
1986	106.6	107.0	106.0	106.0	100.6			
1987	107.6	108.4	106.5	107.4	104.8			
1988	119.1	120.6	116.0	118.6	114.3			
1989	117.9	118.2	117.6	116.4	113.7			
1990	103.2	101.9	104.7	103.4	111.2			105.6
1991	104.9	105.7	104.5	104.6	104.5	104.2		109.0
1992	107.2	107.3	106.4	105.8	106.7	110.3		117.4
1993	115.4	115.2	115.8	113.0	120.1	125.3		126.2
1994	123.7	124.6	123.5	122.5	123.2	121.2		112.6
1995	119.8	118.9	120.3	116.5	129.6	115.0	113.7	109.4
1996	110.2	110.3	109.7	106.6	110.7	104.4	107.6	104.9
1997	102.9	102.8	102.9	101.6	101.4	105.0	102.2	102.7
1998	99.0	99.0	98.9	98.2	96.3	95.2	96.4	100.3
1999	97.6	97.2	98.2	97.2	95.8	98.2	98.3	101.0
2000	99.5	99.2	100.1	99.1	103.9	107.2	111.8	102.5
2001	104.0	103.0	105.5	99.6	98.6	98.5	101.4	102.0
2002	100.0	99.3	100.9	98.9	100.4	97.9	98.4	100.2
2003	101.1	100.9	101.4	100.2	101.8	110.0	105.6	101.7
2004	102.3	101.3	104.3	102.1	107.4	114.3	112.5	105.5
2005	101.7	101.2	103.0	99.9	109.0	109.6	109.9	102.2
2006	101.3	101.2	101.4	101.2	104.4	109.8	108.8	104.1
2007	105.5	105.2	106.3	104.4	107.1	105.5	104.3	102.8
2008	108.2	108.0	108.7	107.9	114.7	104.9	110.2	106.7

6-2 各种物价总指数

Price Indices

（1978 =100）　　(year of 1978 =100)

年　份 Year	居民消费价格总指数 Consumer Price Index	城　市 Urban Areas	农　村 Rural Areas	商品零售价格总指数 Retail Price Index	农业生产资料价格指数 General Index
1978	100.0	100.0	100.0	100.0	100.0
1979	101.1	101.1	101.0	100.8	100.2
1980	105.3	106.4	103.7	104.9	100.4
1981	107.1	108.7	104.5	106.6	100.2
1982	108.3	109.9	105.6	107.9	101.5
1983	108.7	110.3	106.0	108.5	106.0
1984	111.5	113.9	107.6	111.7	114.8
1985	121.7	126.1	115.3	121.2	120.0
1986	129.8	134.9	122.2	128.5	120.8
1987	139.6	146.2	130.1	137.9	126.6
1988	166.3	176.3	150.9	163.6	144.7
1989	196.1	208.4	177.5	190.5	164.5
1990	202.3	212.4	185.8	196.9	182.9
1991	212.2	224.5	194.2	206.0	191.1
1992	227.5	240.9	206.6	217.9	203.9
1993	262.6	277.5	239.3	246.4	244.9
1994	324.8	345.7	295.5	301.8	301.8
1995	389.1	411.1	355.5	351.6	391.1
1996	428.8	453.4	389.9	374.8	432.9
1997	441.2	466.1	401.3	380.8	439.0
1998	436.8	461.5	396.9	373.9	422.7
1999	426.3	448.5	389.7	363.2	405.0
2000	424.2	444.9	390.1	360.2	420.8
2001	441.2	458.3	411.6	358.8	414.9
2002	441.2	455.1	415.3	354.9	416.5
2003	446.1	459.2	421.1	355.6	424.0
2004	456.4	465.2	439.2	363.1	455.4
2005	464.2	470.8	452.4	362.7	496.4
2006	470.2	476.4	458.7	367.1	518.2
2007	496.1	501.2	487.1	383.4	555.0
2008	536.8	541.3	529.5	413.7	636.6

6-3 居民消费价格指数

Consumer Price Index

（上年=100） （2008） (preceding year =100)

项 目	Item	全 省 Province	城 市 Urban Areas	农 村 Rural Areas
居民消费价格总指数	**Consumer Price Index**	**108.2**	**108.0**	**108.7**
食品	**Food**	**116.2**	**116.7**	**114.7**
粮食	Grain	107.2	106.9	108.0
淀粉	Starches	117.8	116.8	119.0
干豆类及豆制品	Beans and Bear Products	128.1	133.8	117.8
油脂	Oil or Fat	138.8	136.9	140.9
肉禽及其制品	Meal, Poultry and Their Products	126.6	127.4	124.9
蛋	Eggs	101.2	101.2	100.6
水产品	Aquatic Products	116.2	116.3	117.1
菜	Vegetables	108.5	111.0	102.1
#鲜菜	Fresh Vegetables	109.2	112.0	100.5
调味品	Flavoring	108.9	108.2	110.3
糖	Sugar	114.5	105.8	125.4
茶及饮料	Tea and Beverages	106.2	104.7	110.1
茶叶	Tea	107.5	105.1	111.5
饮料	Beverages	105.7	104.8	109.0
干鲜瓜果	Dried and Fresh Melons and Fruits	109.6	110.6	105.0
糕点饼干面包	Cake,Biscuit and Bread	112.8	113.7	108.4
液体乳及乳制品	Milk and Its Products	112.0	112.5	109.6
在外用膳食品	Outward Dinner Food	116.4	116.4	116.3
其它食品	Other Foods	112.1	113.4	106.4
烟酒及用品	**Tobacco,Liquor and Articles**	**104.4**	**104.8**	**103.8**
烟草	Tobacco	100.9	99.7	102.4
酒	Liquor	110.5	112.7	106.7
吸烟、饮酒用品	Articles for Smoking and Drinking	100.2	100.1	101.1
衣着	**Clothing**	**100.6**	**99.0**	**103.6**
服装	Garments	99.9	98.3	103.5
衣着材料	Clothing Material	100.4	99.3	101.3
鞋袜帽	Footgear and Hats	102.5	101.1	104.9
# 鞋	Shoes	103.1	101.9	105.7
衣着加工服务	Clothing Manufacturing Services	101.8	101.9	101.2
家庭设备用品及维修服务	**Household Facilities,Articles and Services**	**103.1**	**103.6**	**102.1**
耐用消费品	Durable Consumer Goods	101.1	101.1	101.3
家具	Furniture	102.9	102.3	103.9
家庭设备	Household Facilities	99.6	100.3	98.6

6-3 续表 continued

（上年=100）　(preceding year =100)

项　目	Item	全　省 Province	城　市 Urban Areas	农　村 Rural Areas
室内装饰品	Interior Room Decorations	99.4	99.1	100.1
床上用品	Bed Articles	98.4	94.3	102.6
家庭日用杂品	Household Articles for Daily use	106.2	108.3	102.7
家庭服务及加工维修服务	Household House hold Services ence and Maintain Services	109.7	111.6	104.7
医疗保健和个人用品	**Medicine,Medical Services and Personal Articles**	**103.5**	**102.7**	**105.3**
医疗保健	Health Care	104.0	103.2	105.1
#中药材及中成药	Traditional Chinese Medicine	108.5	107.8	109.4
西药	Western Medicine	100.8	100.6	101.0
保健器具及用品	Medicine Appcianсs and Articles	101.3	101.8	99.8
医疗保健服务	Health Care Services	104.3	100.5	108.4
个人用品及服务	Personal Articles and Services	102.6	101.4	105.6
交通和通信	**Transportation and Communication**	**99.6**	**97.9**	**103.3**
交通	Transportation	103.7	102.4	105.7
#交通工具	Transportation Facilities	100.1	99.5	100.7
通信	Communication	94.6	93.9	97.5
通信工具	Communication Facilities	79.0	74.8	99.5
通信服务	Communication Services	99.3	99.9	96.9
娱乐教育文化用品及服务	**Recreation, Education and Culture Articles**	**100.5**	**100.7**	**100.2**
文娱用耐用消费品及服务	Durable Consumer Goods for Cultural and Recreational Use and Services	94.5	92.6	97.9
教育	Education	102.5	103.7	100.3
教材及参考书	Teaching Materials and Reference Books	103.5	103.6	102.9
学杂托幼费	Tuition and Child Care	102.3	103.7	98.8
文化娱乐	Cultural and Recreational Articles	100.9	100.1	103.2
文化娱乐用品	Cultural and Recreational Articles	101.1	99.8	103.8
书报杂志	Newspapers and Magazines	101.6	100.2	105.6
文娱费	Expenditure of Culture and Recreation	100.3	100.5	100.0
旅游	Touring	106.2	105.6	105.8
居住	**Residence**	**111.3**	**109.7**	**114.3**
建房及装修材料	Building and Building Decoration Materials	107.2	107.5	106.8
租房	Renting	108.3	106.7	117.1
自有住房	Private housing	106.9	106.4	107.0
水、电、燃料	Water, Electricity and Fuels	117.6	113.1	126.3

6-4 商品零售价格分类指数

Retail Price Indices by Category of Commodities

(上年=100)　　(2008)　　(preceding year =100)

项　目	Item	全　省 Province	城　市 Urban Indices	农　村 Rural Indices
商品零售价格总指数	**Retail Price Index**	**107.9**	**107.7**	**108.4**
食品	**Food**	**116.5**	**116.8**	**116.1**
粮食	Grain	107.6	107.1	108.2
#大米	Rice	99.6	98.1	102.2
面粉	Flour	110.9	110.1	111.8
淀粉	Starches	121.3	119.1	122.7
干豆类及豆制品	Beans and Bean Products	129.2	133.7	124.8
油脂	Oil or Fat	144.6	144.7	145.1
#食用植物油	Plant Oil	141.4	142.5	139.6
植物油制品	Plant Oil Products	158.1	147.4	177.1
肉禽及其制品	Meats, Poultry and Related Products	127.6	127.9	127.1
食用畜肉及副产品	Meat and Sideline Product	130.6	130.1	132.4
#猪肉	Pork	126.5	126.9	125.7
牛肉	Beef	142.5	146.6	135.2
羊肉	Mutton	139.0	139.4	139.3
禽	Poultry	114.9	117.9	109.4
肉禽加工制品	Meat Poultry and Their Products	126.4	125.7	127.9
蛋	Eggs	101.0	101.6	99.8
#鲜蛋	Fresh Eggs	100.5	101.1	99.0
水产品	Aquatic Products	116.1	115.1	118.5
鱼	Fish	117.2	116.2	119.8
其它水产品	Other Aquatic Products	112.0	110.8	114.2
菜	Vegetables	107.6	109.1	104.8
#鲜菜	Fresh Vegetables	109.2	112.4	100.6
干菜及菜制品	Dry Vegetables and Their Products	111.5	112.2	111.3
调味品	Condiments	109.2	108.8	109.7
糖	Sugar	112.9	105.8	122.2
干鲜瓜果	Dried and Fresh Melons and Fruits	109.7	109.5	110.3
鲜瓜果	Fresh	106.0	106.0	106.2
干(坚)果	Dried	122.7	124.9	119.4
糕点饼干面包	Cake, Biscuit and Bread	111.3	112.9	107.9
液体乳及乳制品	Milk and Its Products	110.3	109.8	111.4
#巴氏杀菌奶或消毒奶	Pasteurized Milk or Processed Milk	117.3	118.5	111.4
在外用膳食品	Outward Dinner Food	115.9	115.9	116.1
主食	Staple Food	118.2	116.8	122.5
炒菜	Fried Dishes	114.7	115.5	112.6

6–4 续表1 continued

（上年=100）　(preceding year =100)

项　目	Item	全　省 Province	城　市 Urban Indices	农　村 Rural Indices
地方小吃	Local Snack	113.1	113.5	112.7
其他食品	Other Food	112.8	117.5	107.9
饮料、烟酒	**Beverages, Tobacco and Liquor**	**105.1**	**105.6**	**104.2**
茶及饮料	Tea and Beverages	105.9	105.8	106.2
烟草	Tobacco	100.6	99.5	102.9
#国产卷烟	Cigarettes made In China	101.2	100.0	103.3
酒	Liquor	109.2	112.0	104.7
服装、鞋帽	**Garments, Shoes and Hats**	**100.4**	**98.9**	**103.5**
#服装	Garments	99.6	98.1	102.9
鞋袜帽	Footgear and Hats	102.8	101.5	105.3
纺织品	**Textiles**	**98.9**	**97.9**	**100.6**
衣着材料	Clothing Material	100.6	100.2	101.0
床上用品	Bed Articles	96.5	94.5	100.1
家用电器及音像器材	**Household Appliances,Music and Video Equipment**	**97.5**	**96.9**	**98.6**
家庭设备	Household Appliances	99.7	100.1	98.6
洗衣机	Washing Machine	98.6	97.9	100.2
电风扇	Electric Fan	97.9	95.8	100.1
电冰箱(柜)	Refrigerator and Freezer	98.0	97.7	98.5
吸排油烟机	Smoke Absorber	108.3	113.9	98.8
空调器	Air Conditioner	101.9	101.7	103.4
热水器	Water Heater	98.9	101.7	91.6
微波炉	Oven	97.1	96.8	97.7
电炊具	Electric Cooking Appliances	100.8	97.4	101.4
文娱用耐用消费品	Durable Consumer Goods for Recreational Use	94.1	91.9	97.6
#电视机	Television Set	94.8	93.2	97.9
摄像机	Pickup Camera	95.2	95.8	93.4
家用音响设备	Music Center	98.0	97.8	97.9
音像器材	Household Appliances and Hifi	99.7	97.8	104.0
文化办公用品	**Cultural Articles for Office Use**	**98.6**	**97.4**	**100.9**
日用品	**Articles for Daily Use**	**104.6**	**104.6**	**104.6**
#日用百货	Articles for Daily Use	105.0	104.0	106.8
日用杂品	Sundries for Daily Use	102.1	102.2	101.8

6–4 续表2 continued

（上年=100）　　(preceding year =100)

项　目	Item	全　省 Province	城　市 Urban Indices	农　村 Rural Indices
洗涤用品	Articles for Washing	108.3	109.5	106.8
体育娱乐用品	**Sports and Entertainment**	**100.0**	**99.5**	**100.8**
体育用品	Sports Goods	100.6	99.8	101.5
娱乐用品	Recreation Articles	99.5	99.2	100.1
交通、通信用品	**Transportation and Communication Equipments**	**95.0**	**92.9**	**98.5**
交通运输机械	Transportation Equipments	98.4	98.0	99.6
#轿车	Cars	96.4	97.3	79.1
通信器材	Communication Equipments	90.2	80.9	97.7
# 固定电话机	Regular Telephone	97.2	96.3	97.7
移动电话机	Mobile Telephone	84.5	68.4	97.5
家具	**Furniture**	**103.3**	**102.5**	**104.4**
化妆品	**Cosmetics**	**101.0**	**100.2**	**102.6**
金银珠宝	**Jewelry**	**124.2**	**124.5**	**125.2**
#金饰品	Gold	124.3	120.6	134.0
中西药品及医疗保健用品	**Chinese Traditional and Western Medicine, Medical Care Product**	**104.0**	**104.0**	**104.1**
医疗器具及用品	Medical Instruments and Articles	98.6	97.4	100.0
中药材及中成药	Traditional Chinese Medicine	108.5	107.7	109.5
西药	Western Medicine	101.0	101.3	100.6
保健器具及用品	Health Care Articles and Appliances	102.5	103.7	101.0
书报杂志及电子出版物	**Book,Magazines and E-journals**	**101.1**	**99.7**	**102.9**
教材及参考书	Teaching Materials and Reference Books	103.5	105.3	100.1
书报杂志	Newspapers and Magazines	101.9	100.4	104.0
电子音像制品	E-journal	96.0	87.0	105.2
燃料	**Fuels**	**119.1**	**119.1**	**120.4**
煤炭及制品	Coal and Coal Products	132.7	144.1	125.1
石油及制品	Petroleum and Related Products	113.3	112.6	115.8
# 液化石油气	Liqufied Petroleum Gas	115.8	114.7	123.4
管道燃气	Pipeline Gas	100.0	100.0	101.7
建筑材料及五金电料	**Building Materials and Hardware**	**109.6**	**109.6**	**109.5**
建筑装璜材料	Building Decoration Materials	110.8	110.8	110.9
五金电料	Hardware	106.3	106.1	106.4

6-5 居民消费价格分类指数
Consumer Price Indices by Category

（上年=100）　　(preceding year =100)

项　目	Item	2005	2006	2007	2008
居民消费价格指数	**Consumer Price Index**	**101.7**	**101.3**	**105.5**	**108.2**
食品	**Food**	**101.2**	**103.7**	**112.1**	**116.2**
#粮食	Grain	102.1	103.4	106.8	107.2
油脂	Oil or Fat	96.9	98.9	126.2	138.8
肉禽及其制品	Meat, Poultry and Their Products	102.3	98.4	132.7	126.6
蛋	Eggs	104.8	95.4	127.1	101.2
水产品	Aquatic Products	103.0	100.3	105.0	116.2
菜	Vegetables	100.7	116.0	104.7	108.5
干鲜瓜果	Dried and Fresh Melons and Fruits	102.7	116.8	102.0	109.6
烟酒及用品	**Tobacco,Liquor and Articles**	**97.9**	**99.2**	**101.8**	**104.4**
衣着	**Clothing**	**97.1**	**94.7**	**98.5**	**100.6**
家庭设备用品及维修服务	**Household Facilities and Mainterence Services**	**99.4**	**100.5**	**103.0**	**103.1**
医疗保健个人用品	**Medicine,Medical Services and Personal Articles**	**103.3**	**102.8**	**107.0**	**103.5**
交通和通讯	**Transportation and Communication**	**97.3**	**100.3**	**98.7**	**99.6**
#交通工具	Means of Transportations	99.7	101.1	100.1	100.1
通信工具	Means of Communications	85.1	84.3	75.0	79.0
通信服务	Communication Services	95.0	99.9	101.0	99.3
娱乐教育文化用品及服务	**Recreation, Education and Culture Articles**	**104.1**	**98.1**	**99.6**	**100.5**
#教材及参考书	Teaching Materials and Reference Books	103.0	94.2	94.9	103.5
文化娱乐用品	Cultural and Recreational Articles	100.4	99.3	100.0	101.1
居住	**Residence**	**109.1**	**105.2**	**107.1**	**111.3**

6-6 商品零售价格分类指数
Retail Price Indices by Category

（上年=100）　　(preceding year =100)

项　目	Item	2005	2006	2007	2008
商品零售价格指数	**Retail Price Index**	**99.9**	**101.2**	**104.4**	**107.9**
食品	**Food**	**101.2**	**104.0**	**112.5**	**116.5**
#粮食	Grain	102.8	12.8	106.7	107.6
油脂	Oil or Fat	96.1	98.0	126.8	144.6
肉禽及其制品	Meat, Poultry and Their Products	103.8	98.0	134.0	127.6
蛋	Eggs	104.5	94.6	125.7	101.0
水产品	Aquatic Products	103.6	101.6	105.8	116.1
菜	Vegetables	99.4	116.4	104.6	107.6
调味品	Condiments	101.1	104.4	110.0	109.2
糖	Sugar	102.3	110.5	103.0	112.9
干鲜瓜果	Dried and Fresh Melons and Fruits	100.3	117.3	102.9	109.7
糕点饼干面包	Cake, Biscuit and Bread	101.7	100.6	104.5	111.3
液体乳及乳制品	Milk and Its Products	100.3	98.6	102.4	110.3
在外用膳食品	Outward Dinner Food	100.6	100.9	108.0	115.9
饮料、烟酒	**Beverages, Tobacco and Liquor**	**98.2**	**100.0**	**102.4**	**105.1**
茶及饮料	Tea and Beverages	99.7	101.6	103.3	105.9
烟草	Tobacco	97.1	100.0	100.8	100.6
酒	Liquor	98.4	98.6	103.5	109.2
服装、鞋帽	**Garments, Shoes and Hats**	**96.9**	**94.5**	**97.9**	**100.4**
#服装	Garments	98.0	92.8	99.3	99.6

6-6续表 continued

（上年=100）　　(preceding year =100)

项　　目	Item	2005	2006	2007	2008
鞋袜帽	Footgear and Hats	93.8	97.8	94.5	102.8
纺织品	**Textiles**	**100.1**	**100.3**	**98.4**	**98.9**
衣着材料	Clothing Material	100.2	99.7	100.2	100.6
床上用品	Bed Articles	100.0	101.0	96.3	96.5
家用电器及音像器材	**Household Appliances,Music and Video Equipment**	**95.9**	**98.6**	**96.9**	**97.5**
文化办公用品	**Cultural Goods**	**97.6**	**98.6**	**98.3**	**98.6**
日用品	**Articles for Daily Use**	**98.4**	**97.8**	**101.9**	**104.6**
#日用百货	Articles for Daily Use	100.0	100.3	101.7	105.0
日用杂品	Sundries for Daily Use	95.4	93.3	103.1	102.1
体育娱乐用品	**Sports and Entertainment**	**99.5**	**98.6**	**99.3**	**100.0**
交通、通信用品	**Transportation and Communication Equipments**	**93.8**	**95.8**	**92.9**	**95.0**
家具	**Furniture**	**100.0**	**101.4**	**103.4**	**103.3**
化妆品	**Cosmetics**	**100.6**	**101.7**	**99.8**	**101.0**
金银珠宝	**Jewelry**	**104.0**	**118.3**	**108.7**	**124.2**
中西药品及医疗保健用品	**Chinese Traditional and Western Medicine, Medical Care Product**	**97.7**	**100.7**	**110.3**	**104.0**
#中药材及中成药	Traditional Chinese Medicine	94.6	102.3	121.7	108.5
西药	Western Medicine	99.3	99.9	104.5	101.0
书报杂志及电子出版物	**Book,Magazines and E-journals**	**98.6**	**100.9**	**96.1**	**101.1**
燃料	**Fuels**	**113.0**	**111.2**	**103.1**	**119.1**
建筑材料及五金电料	**Building Materials and Hardware**	**102.4**	**101.3**	**103.5**	**109.6**

6-7 各地区居民消费价格指数

Consumer Price Indices by Prefecture

(上年=100)　　(2008)　　(preceding year =100)

地 区	Region	居民消费价格总指数 Consumer Price Index	食 品 Food	烟酒及用品 Tobacco, Liquor and Recreational Article	衣 着 Clothing	家庭设备用品及维修服务 Household Facilities,Articles and Repair Service	医疗保健和个人用品 Medicines,Medical Services and Personal Article	交通和通讯 Means of Transportation & Communication	娱乐教育文化用品及服务 Recreation, Education & Culture Articles	居 住 Residence
兰州市	Lanzhou	107.2	117.3	104.8	100.0	105.6	104.6	98.3	101.2	102.3
嘉峪关市	Jiayuguan	106.7	114.4	103.9	100.1	104.0	105.2	100.4	100.6	107.3
金昌市	Jinchang	106.1	115.9	100.9	100.2	100.7	101.5	105.8	96.3	106.4
白银市	Baiyin	107.0	117.1	98.5	101.5	102.6	104.0	98.8	98.3	105.9
天水市	Tianshui	106.6	115.4	110.7	96.2	100.0	102.4	101.4	100.3	108.5
武威市	Wuwei	108.6	120.0	100.7	100.8	99.0	103.8	99.5	99.7	108.3
张掖市	Zhangye	107.0	114.5	93.2	104.2	104.2	105.8	106.6	100.1	106.9
平凉市	Pingliang	106.2	114.3	101.9	98.5	100.3	103.4	100.4	97.6	112.4
酒泉市	Jiuquan	106.5	112.9	103.4	96.7	104.2	105.1	101.5	101.6	108.6
庆阳市	Qingyang	106.0	112.0	99.3	101.6	100.2	104.1	100.0	98.8	115.0
定西市	Dingxi	108.9	115.3	113.6	103.0	102.9	104.1	102.7	93.1	114.3
陇南市	Longnan	109.0	112.8	105.5	106.2	104.2	106.1	113.9	97.4	113.2
临夏州	Linxia	108.4	111.8	106.1	105.0	105.4	109.4	98.2	97.5	115.4
甘南州	Gannan	106.9	113.7	102.5	104.7	103.8	106.8	96.6	100.2	104.9

注:本表数据为各市、州调查点数据，不完全代表各市、州价格总水平。

a) Data in this table are obtained from the sampling points in municipalities and prefectures, not entirely represent the general level of prices of them .

6-8 各地区商品零售价格指数
Retail Price Indices by Prefecture

(上年=100)　　(2008)　　(preceding year =100)

地 区	Region	商品零售价格总指数 General Index	食 品 Food	饮料烟酒 Beverage、cigarette and alcohol	服装鞋帽 Clothing,Shoes and Hats	纺织品 Textiles	家用电器及音像器材 Household appliance and audio-video material	文化办公用品 Office supplies	日用品 Articles for Daily Use	体育娱乐用品 Sport and entertainment goods
兰州市	Lanzhou	107.2	117.2	105.8	100.0	95.7	95.6	83.2	108.8	99.9
嘉峪关市	Jiayuguan	107.5	114.5	104.2	100.0	106.2	99.0	101.6	105.6	100.3
金昌市	Jinchang	106.4	116.4	100.5	100.1	100.3	100.1	99.1	100.1	100.0
白银市	Baiyin	107.2	117.4	102.6	102.8	100.2	100.7	100.8	101.2	100.0
天水市	Tianshui	107.7	115.3	110.7	95.8	100.0	98.9	99.3	103.8	99.5
武威市	Wuwei	109.7	120.1	100.7	100.5	99.1	98.9	99.6	105.5	98.1
张掖市	Zhangye	106.7	115.1	95.3	103.9	99.7	97.9	109.6	102.4	97.3
平凉市	Pingliang	107.9	115.1	105.4	99.1	103.2	98.8	99.7	104.1	101.7
酒泉市	Jiuquan	106.9	113.2	102.7	98.4	97.1	99.4	100.1	109.7	94.4
庆阳市	Qingyang	106.9	113.1	99.7	102.2	99.6	98.1	99.4	101.6	100.0
定西市	Dingxi	108.8	113.9	114.5	103.4	103.7	99.3	100.3	108.5	104.2
陇南市	Longnan	110.9	117.8	106.8	105.8	107.2	101.0	100.2	106.1	103.3
临夏州	Linxia	107.4	112.6	104.1	104.7	105.9	95.8	97.4	99.4	101.6
甘南州	Gannan	109.4	114.5	104.3	105.1	96.7	104.0	99.3	108.2	99.9

注:本表数据为各市、州调查点数据，不完全代表各市、州价格总水平。

a) Data in this table are obtained from the sampling points in municipalities and prefectures, not entirely represent the general level of prices of them .

6-8 续表 continued

(上年=100)　　(preceding year =100)

地 区 Region		交通、通信用品 Traffic & Communi-cation Goods	家 具 Furniture	化妆品 Cosmetics	金银珠宝 Gold、sliver and jewellery	中西药品及医疗保健用品 Chinese traditional medicine and western medicine and health product	书包杂志及电子出版物 Book&newspaper、megazine and e-publication	燃 料 Fuels	建筑材料及五金电料 Architectural and hardware material
兰州市	Lanzhou	83.3	103.0	100.9	125.9	102.8	95.4	117.4	108.2
嘉峪关市	Jiayuguan	98.1	103.0	100.2	126.2	107.6	98.4	108.8	119.2
金昌市	Jinchang	100.0	100.7	100.0	126.0	98.5	99.8	110.8	103.6
白银市	Baiyin	94.4	101.3	97.8	112.2	107.2	102.5	109.8	107.0
天水市	Tianshui	91.7	99.9	100.2	127.6	107.4	105.6	134.1	101.5
武威市	Wuwei	88.9	100.0	100.0	125.7	101.9	99.9	114.9	117.3
张掖市	Zhangye	96.5	104.3	99.6	109.3	102.8	101.3	137.3	105.0
平凉市	Pingliang	100.1	100.0	98.9	113.4	102.1	103.7	127.6	107.7
酒泉市	Jiuquan	98.9	99.1	96.2	128.1	104.7	102.1	116.2	116.9
庆阳市	Qingyang	96.0	100.7	101.0	111.5	101.8	105.4	143.9	114.2
定西市	Dingxi	98.6	106.2	107.3	183.0	102.3	99.2	118.6	104.7
陇南市	Longnan	100.0	102.1	109.7	128.4	108.2	99.8	128.8	111.2
临夏州	Linxia	90.6	118.8	99.4	113.5	110.9	95.4	114.9	107.7
甘南州	Gannan	100.3	107.5	99.4	120.4	105.7	104.1	123.7	107.3

6-9 农产品生产价格指数
Price Indices of Farm Products

(上年=100)　　(preceding Year =100)

指标	Item	2005	2006	2007	2008
农产品生产价格指数	**Price indices of Farm Produce**	**103.1**	**102.6**	**111.4**	**114.0**
农业产品	**Agricultural Products**	**103.3**	**104.0**	**109.9**	**107.9**
谷物（原粮）	Cereal (Unprocessed Food Grains)	105.1	103.6	107.9	107.8
# 小麦	Wheat	106.4	104.2	103.8	109.6
玉米	Corn	101.4	104.2	110.6	108.2
豆类	Beans	101.1	102.0	113.3	123.5
# 大豆	Beans	100.0	101.8	112.7	125.7
蚕豆	Broad Bean	110.5	104.9	122.7	100.8
薯类	Tubers	105.4	109.0	103.5	94.2
油料	Oil-bearing Crops	101.1	100.2	115.2	123.0
# 油菜籽	Rapeseeds	97.3	100.4	128.7	116.7
胡麻籽	Benne	107.4	101.4	108.6	127.5
棉花（籽棉）	Cotton (Unginned Cotton)	98.2	100.7	103.8	94.6
蔬菜	Vegetable	101.6	104.6	111.3	105.0
水果（含果用瓜）	Fruit (Fruit Included Melons)	107.5	104.8	106.9	111.2
# 苹果	Apple	103.9	103.3	112.2	101.8
梨	Pears	113.3	123.3	106.2	114.1
桃	Peach	116.0	89.6	95.0	124.0
杏	Apricot	98.7	112.4	94.2	122.9
西瓜	Water Melon	106.9	94.7	99.3	115.3
中药材	Chinese Herbal Medicine Material	96.7	108.4	140.2	121.1
# 党参	Dangsheng	94.2	103.7	140.2	90.2
当归	Chinese Anglica	98.9	113.8	143.2	153.1
黄芪	Roof of Membranous Milk Vetch	97.9	103.5	125.6	105.4
甘草	Licorice Root	83.9	114.3	128.4	116.5
林业产品	**Forestry Products**	**99.7**	**113.5**	**100.1**	**115.9**
牧业（畜产品）	**Animal Husbandry Products (Poultry Products)**	**102.7**	**99.6**	**114.7**	**125.8**
# 牛的饲养	Cattle raising	99.5	101.7	112.5	131.6
羊的饲养	Sheep raising	101.5	96.1	113.6	126.3
猪的饲养	Pig raising	103.0	98.6	118.4	134.2
鸡	Chicken	103.6	100.2	111.3	121.0
奶产品	Milk Products	102.2	102.3	101.7	117.2
鸡蛋	Eggs	103.6	99.8	108.4	101.5
渔业	**Fishing Products**	**101.4**	**101.2**	**104.9**	**113.8**

6-10 农业生产资料价格分类指数
Price Indices of Agricultural Means of Production by Category

（上年=100）　　(preceding year =100)

项　　目	Item	2005	2006	2007	2008
农业生产资料价格指数	**General Index**	**109.0**	**104.4**	**107.1**	**114.7**
#农用手工工具	Small Farm Tools	105.7	112.6	109.6	106.2
饲料	Forage	100.3	107.6	111.7	106.7
产品畜	Young Livestock & Fowls	113.6	79.8	144.5	150.6
半机械化农具	Semi-mechanized Farm Tools	100.8	101.7	102.7	101.1
机械化农具	Mechanized Farm Machinery	96.9	101.1	102.2	99.0
化学肥料	Chemical Fertilizer	114.3	105.7	104.3	120.9
农药及农药器械	Pesticide & Its Appliances	103.6	101.6	101.9	101.9
农机用油	Oil for Farm Machinery	115.1	119.3	104.8	116.6

6-11 固定资产投资价格指数
Price Indices of Investment in Fixed Assets

（上年 =100）　　(preceding year =100)

项　　目	Item	2005	2006	2007	2008
固定资产投资价格总指数	**Indices of Investment in Fixed Assets**	**102.2**	**104.1**	**102.8**	**106.7**
建筑安装工程	Construction and Installtion	102.4	104.4	103.9	111.8
设备、工器具购置	Purchase of Equipment, Tools and Instruments	102.2	104.6	101.8	103.5
其他费用	Others	100.6	100.8	102.3	103.0

6-12 建筑安装工程价格指数

Price Indices of Construction and Installtion

（上年 =100）　　(preceding year =100)

项　　目	Item	2005	2006	2007	2008
建筑安装工程价格总指数	**Investment in Fixed Assets**	**102.4**	**104.4**	**103.9**	**111.8**
# 人工费	Labour Cost	106.5	111.5	110.5	114.9
材料费	Materials	101.4	101.8	102.5	112.1
机械使用费	Usage in Machinary	101.3	105.0	102.5	108.0

6-13 原材料、燃料和动力购进价格指数

Purchasing Price Indices of Raw Material, Fuel and Power

（上年 =100）　　(preceding year =100)

类　别	Types	2005	2006	2007	2008
总指数	**Ceneral Index**	**109.9**	**108.8**	**104.3**	**110.2**
燃料、动力类	Fuel and Power	113.7	113.0	102.8	114.3
黑色金属材料类	Ferrous Metals	107.3	99.7	102.2	110.3
# 钢材	Rolled-steel	105.9	97.2	103.9	109.5
有色金属材料和电线类	Nonferrous Metals and Electric Wire	112.6	126.4	108.5	95.0
化工原料类	Raw Chemical Materials	113.3	100.3	103.9	103.1
木材及纸浆类	Timber and Paper Pulp	102.1	102.9	105.3	98.0
建筑材料及非金属矿类	Building Materials and Nonmetal Mine	103.2	100.2	99.6	108.9
其他工业原材料及半成品类	Other Industrial Raw and Processed Materials	103.1	106.3	121.1	105.1
农副产品类	Farm and Sideline Products	104.6	104.3	109.4	104.3
纺织原料类	Textile Raw Material	100.4	94.9	95.6	95.8

6-14 主要工业品出厂价格指数
Ex-Factory Price Indices of Main Industrial Products

（上年=100） (preceding year =100)

项 目	Item	2000	2005	2007	2008
工业品出厂价格总指数	**Ex-Factory Price Indices of Industrial Products**	**107.2**	**109.6**	**105.5**	**104.9**
按轻重工业分	**Grouped by Light & Heavy Industry**				
轻工业	Light Industry	96.2	102.2	102.3	106.2
以农产品为原料	Using Farm Products as Raw Materials	95.8	100.6	102.5	104.7
以非农产品为原料	Using Non-Farm Products as Raw Materials	98.9	104.3	102.1	108.2
重工业	Heavy Industry	109.7	112.0	106.4	104.7
采掘工业	Mining and Quarrying	103.7	118.8	103.3	117.1
原料工业	Raw Materials Industry	113.6	112.5	107.8	100.3
加工工业	Manufacturing Industry	98.2	102.4	105.2	114.3
按两大部类分	**Grouped by Division**				
生产资料	Means of Production	109.1	110.9	105.9	104.9
采掘	Mining & Quarrying Industry	103.6	118.3	103.3	117.4
原料	Raw Materials Industry	113.3	112.5	107.9	100.2
加工	Manufacturing Industry	98.1	103.1	104.4	112.6
生活资料	Consumer Goods	96.4	101.0	102.4	105.4
食品	Food	95.2	100.7	102.6	104.1
衣着	Clothing	96.5	103.2	98.1	109.2
一般日用品	Articles for Daily Use	98.2	101.9	100.4	114.6
耐用消费品	Durable Consumer Goods	98.9	100.4	105.5	100.9
按工业部门分	**Grouped by Sector**				
冶金工业	Metallurgical Industry	107.1	108.2	112.6	97.5
电力工业	Power Industry	103.0	103.6	101.3	101.3
煤炭及炼焦工业	Coal Industry	101.8	108.6	105.6	122.5
石油工业	Petroleum Industry	130.1	120.0	103.5	114.6
化学工业	Chemical Industry	101.2	112.1	103.5	108.6
机械工业	Machine Buiding Industry	98.9	103.9	102.2	104.8
建筑材料工业	Building Materials Industry	99.5	100.1	101.0	106.8
森林工业	Timber Industry	101.7	100.9	99.5	103.2
食品工业	Food Industry	95.1	100.4	102.3	104.5
纺织工业	Textile Industry	99.3	99.8	107.0	107.8
缝纫工业	Tailoring Industry	97.3	103.0	96.8	113.9
皮革工业	Leather Industry	97.6	105.8	103.8	106.0
造纸工业	Paper Industry	96.7	100.2	103.8	107.0
文教艺术用品工业	Cultural,Educational & Handicrafts Articles	99.0	100.5	100.5	103.7
其他工业	Others	103.2	105.3	103.0	115.3

6-15 按工业行业分工业品出厂价格指数

Ex-Factory Price Indices of Industrial Products by Sector

(上年＝100)　　(preceding year =100)

行　业	Sector	2000	2005	2007	2008
工业品出厂价格指数	**Ex-Factory Price Indices of Industrial Products**	**107.2**	**109.6**	**105.5**	**104.9**
煤炭开采和洗选业	Mining and Washing of Coal	101.8	108.8	105.8	122.3
石油和天然气开采业	Extraction of Petroleum and Natural Gas	107.5	124.9	100.7	115.3
黑色金属矿采选业	Mining and Processing of Ferrous Metal Ores		138.5	115.7	141.5
有色金属矿采选业	Mining and Processing of Non-Ferrous Metal Ores	104.3	111.7	117.6	111.8
非金属矿采选业	Mining and Processing of Nonmetal Ores		106.3	102.6	105.9
农副食品加工业	Processing of Food from Agricultural Products	92.7	100.4	103.8	105.5
食品制造业	Processing of Foodstuff	92.5	101.6	102.4	108.6
饮料制造业	Manufacture of Beverages	96.6	100.9	101.7	104.2
烟草制品业	Manufacture of Tobacco	101.7	99.2	100.5	100.8
纺织业	Manufacture of Textile	98.7	99.9	105.8	108.4
纺织服装、鞋、帽制造业	Manufacture of Textile Wearing Apparel, Footware, and Caps		102.6	96.3	109.8
皮革、毛皮、羽毛(绒)及其制品业	Manufacture of Leather, Fur, Feather and Related Products	97.5	105.8	103.8	106.0
木材加工及木、竹、藤、棕、草制品业	Processing of Timber, Manufacture of Wood, Bamboo, Rattan, Palm and Straw Products	99.0	101.9	96.5	101.7
家具制造业	Manufacture of Furniture		100.1	102.4	105.7
造纸及纸制品业	Manufacture of Paper and Paper Products	96.7	100.2	103.8	107.0
印刷业和记录媒介的复制	Printing, Reproduction of Recording Media		100.7	100.1	103.9
文教体育用品制造业	Manufacture of Articles for Culture, Education and Sport Activities		98.9	101.8	100.6
石油加工、炼焦及核燃料加工业	Processing of Petroleum, Coking, Processing of Nuclear Fuel	131.4	118.2	105.4	114.7
化学原料及化学制品制造业	Manufacture of Raw Chemical Materials and Chemical Products	100.6	111.3	103.5	109.3
医药制造业	Manufacture of Medicines	91.9	101.0	103.6	102.5
化学纤维制造业	Manufacture of Chemical Fibers	127.6	91.4	101.9	116.0
橡胶制品业	Manufacture of Rubber	97.0	99.3	101.9	99.1
塑料制品业	Manufacture of Plastics	108.5	118.8	103.8	106.6
非金属矿物制品业	Manufacture of Non-metallic Mineral Products	99.7	100.0	101.5	108.7
黑色金属冶炼及压延加工业	Smelting and Pressing of Ferrous Metals	100.1	100.5	106.6	120.6
有色金属冶炼及压延加工业	Smelting and Pressing of Non-ferrous Metals	112.2	111.3	122.2	83.3
金属制品业	Manufacture of Metal Products	99.9	100.0	103.7	115.1
通用设备制造业	Manufacture of General Purpose Machinery	99.9	100.3	100.3	105.4
专用设备制造业	Manufacture of Special Purpose Machinery		115.0	101.0	106.7
交通运输设备制造业	Manufacture of Transport Equipment	102.9	100.7	99.8	103.3
电气机械及器材制造业	Manufacture of Electrical Machinery and Equipment	97.5	105.2	104.6	102.9
通信设备、计算机及其他电子设备制造业	Manufacture of Communication Equipment, Computers and Other Electronic Equipment	101.9	96.7	99.1	104.1
仪器仪表及文化、办公用机械制造业	Manufacture of Measuring Instruments and Machinery for Cultural Activity and Office Work		99.6	100.4	100.5
工艺品及其他制造业	Manufacture of Artwork and Other Manufacturing		105.6	99.3	122.7
废弃资源和废旧材料回收加工业	Recycling and Disposal of Waste		0.0	0.0	109.7
电力、热力的生产和供应业	Production and Supply of Electric Power and Heat Power	104.0	103.6	101.3	101.3
燃气生产和供应业	Production and Supply of Gas		102.4	100.7	100.9
水的生产和供应业	Production and Supply of Water	110.7	105.0	110.0	106.9

6-16 房地产价格指数

Price Indices of Real Estate

(上年=100)　　(preceding year =100)

项　目	Item	2001	2002	2003	2004
房屋销售价格指数	**Selling Price Indices of Houses**	**103.4**	**104.3**	**101.8**	**108.8**
# 新建住宅	Newly Built Residential Building	106.5	107.9	103.0	111.4
二手住宅	Second-hand House				
房屋租赁价格指数	**Renting Price Indices of Houses**	**99.7**	**100.3**	**97.8**	**97.8**
# 住宅租赁	Renting Price Indices of Residential Buildings	100.3	100.1	100.0	99.9
物业管理价格指数	**Property Management Price Indices**				
土地交易价格指数	**Transactions Price Indices of Land**	**100.0**	**100.0**	**100.0**	**100.0**
# 住宅用地	Land for Residential Building Use	100.0	100.0	100.0	100.0

6-16 续表 continued

项　目	Item	2005	2006	2007	2008
房屋销售价格指数	**Selling Price Indices of Houses**	**105.6**	**104.7**	**106.0**	**109.8**
# 新建住宅	Newly Built Residential Building	106.8	105.7	107.7	109.8
二手住宅	Second-hand House	101.7	102.1	103.5	113.2
房屋租赁价格指数	**Renting Price Indices of Houses**	**100.0**	**99.7**	**100.3**	**101.5**
# 住宅租赁	Renting Price Indices of Residential Buildings	101.6	100.4	100.5	102.8
物业管理价格指数	**Property Management Price Indices**	**101.4**	**100.2**	**101.7**	**100.1**
土地交易价格指数	**Transactions Price Indices of Land**	**100.0**	**100.0**	**100.0**	**100.0**
# 住宅用地	Land for Residential Building Use	100.0	100.0	100.0	100.0

注：房地产价格指数为兰州市城市房地产价格数据。

a) Data from the price indices of real estate in Lanzhou city .

主要统计指标解释

居民消费价格指数　是反映一定时期内城乡居民所购买的生活消费品价格和服务项目价格变动趋势和程度的相对数，是对城市居民消费价格指数和农村居民消费价格指数进行综合汇总计算的结果。该指数可以观察和分析消费品的零售价格和服务价格变动对城乡居民实际生活费支出的影响程度。

城市居民消费价格指数　是反映一定时期内城市居民家庭所购买的生活消费品价格和服务项目价格变动趋势和程度的相对数。该指数可以观察和分析消费品的零售价格和服务项目价格变动对城镇职工货币工资的影响，作为研究职工生活和确定工资政策的依据。

农村居民消费价格指数　是反映一定时期内农村居民家庭所购买的生活消费品价格和服务项目价格变动趋势和程度的相对数。该指数可以观察农村消费品的零售价格和服务项目价格变动对农村居民生活消费支出的影响，直接反映农民生活水平的实际变化情况，为分析和研究农村居民生活问题提供依据。

商品零售价格指数　是反映一定时期内城乡商品零售价格变动趋势和程度的相对数。商品零售物价的变动直接影响到城乡居民的生活支出和国家的财政收入，影响居民购买力和市场供需的平衡，影响到消费与积累的比例关系。因此，该指数可以从一个侧面对上述经济活动进行观察和分析。

农业生产资料价格指数　指反映一定时期内农业生产资料价格变动趋势和程度的相对数。农业生产资料价格指数分为小农具、饲料、幼禽家畜、半机械化农具、机械化农具、化学肥料、农药及农药械、农机用油等八大类。其编制目的是了解农业生产中物质资料投入价格的变动状况，服务于国民经济核算。1994 年以前，农业生产资料价格指数仅仅是商品零售价格指数的一个类别，此后，从商品零售价格指数中分离出来，单独编制。

农产品生产价格指数　是反映一定时期内，农产品生产者出售农产品价格水平变动趋势及幅度的相对数。该指数可以客观反映全国农产品生产价格水平和结构变动情况，满足农业与国民经济核算需要。其中某代表品生产价格指数是通过对全部有出售该产品行为的调查单位的个体指数进行几何平均求得的，类价格指数是通过对其所属的类（或代表品）的价格指数进行加权平均求得的。季度累计价格指数的计算方法与分季指数的计算方法相同。

工业品出厂价格指数　是反映一定时期内全部工业产品出厂价格总水平的变动趋势和程度的相对数，包括工业企业售给本企业以外所有单位的各种产品和直接售给居民用于生活消费的产品。该指数可以观察出厂价格变动对工业总产值及增加值的影响。

原材料、燃料和动力购进价格指数　是反映工业企业作为生产投入，而从物资交易市场和能源、原材料生产企业购买原材料、燃料和动力产品时，所支付的价格水平变动趋势和程度的统计指标，是扣除工业企业物质消耗成本中的价格变动影响的重要依据。

固定资产投资价格指数　是反映一定时期内固定资产投资品及项目的价格变动趋势和程度的相对数。固定资产投资额是由建筑安装工程投资完成额、设备工器具购置投资完成额和其他费用投资完成额三部分组成的。编制固定资产投资价格指数应首先分别编制上述三部分投资的价格指数，然后采用加权算术平均法求出固定资产投资价格总指数。

房地产价格指数　是反映一定时期内房地产价格变动趋势和程度的相对数，包括房屋销售价格指数、房屋租赁价格指数、土地交易价格指数和物业管理价格指数。这四套指数的计算方法相似，均采用由下到上逐级汇总的方法。

人民生活 7

PEOPLE' S LIVELIHOOD

简要说明

一、本篇资料的主要内容

本篇资料反映了全省职工工资及城乡居民储蓄存款；城镇、农村居民的家庭收支、居住、耐用消费品拥有、生产和生活等方面的情况。

二、本篇资料的来源

1.职工工资相关资料来源于劳动工资统计年报，由甘肃省统计局人口与就业处整理提供。

2.城乡居民储蓄存款数据取自中国人民银行兰州中心支行，由甘肃省统计局核算处提供。

3.城镇居民家庭相关资料来源于城镇住户调查年报，由国家统计局甘肃调查总队城镇住户调查处整理提供。

4.农民家庭相关资料来源于农村住户调查年报，由国家统计局甘肃调查总队农村住户调查处整理提供。

7-1 人民物质文化生活情况
People's Material and Cultural Life

项　　目	Item	2000	2005	2007	2008
就　业	**Employment**				
每一农村劳动力负担人数（人）	Number of Dependents per Rural Laborer (person)	1.72	1.67	1.60	1.59
每一城镇就业者负担人数（人）	Number of Dependents per Urban Employee (person)	1.80	1.90	1.87	2.00
城镇就业率（%）	Urban Unemployment Rate (%)	97.30	96.74	96.66	96.80
收　入	**Income of Rural and Urban Residents**				
农村居民家庭人均纯收入（元）	Annual Per Capita Net Income of Rural Residents (yuan)	1428.70	1980.00	2328.92	2723.80
城镇居民家庭人均可支配收入（元）	Annual Per Capita Disposable Income of Urban Residents (yuan)	4916.25	8086.82	10012.34	10969.41
职工年平均工资（元）	Annual Average Wages of Staff and Workers (yuan)	7913	14172	20157	23301
消费水平（元）	**Annual Per Capita Consumption (yuan)**				
全体居民	Per Capita Consumption of All Residents	1947	3453	4274	4869
农村居民	Agricultural Residents	1064	1812	2049	2480
城镇居民	Non-agricultural Residents	4736	7410	9150	9975
储　蓄	**Savings**				
城乡居民年底储蓄存款余额（亿元）	Balance of Savings Deposit of Rural and Urban Residents (year-end)(100 million yuan)	818.76	1586.66	1915.24	2461.90
人均储蓄存款余额（元）	Per Capita Balance of Saving Deposit (yuan)	3211.15	6133.81	7333.29	9387.10
住房面积（平方米）	**Per Capita Floor Space of Residential Buildings (sq.m)**				
农村平均每人居住面积	Rural Areas	18.00	18.71	19.46	19.87
城市平均每人使用面积	Urban Areas	15.21	18.17	20.33	20.44
文　化	**Culture**				
城镇每百户有彩色电视机（台）	Number of Color TV Sets per 100 Households in Urban Areas (set)	121.07	117.98	113.72	107.39
农村每百户有彩色电视机（台）	Number of TV sets per 100 Households in Rural Areas (set)	49.94	86.44	97.22	99.89
广播人口覆盖率（%）	Broadcast Covering Rate of Population (%)	85.63	90.50	91.23	91.95
电视人口覆盖率（%）	TV Covering Rate of Population (%)	86.14	90.80	91.50	91.94
教　育	**Education**				
学龄儿童入学率（%）	Enrollment Ratio of School-Age Children (%)	98.83	98.87	98.94	99.14
每万人口中在校大学生数（人）	Number of University Students per 10 000 Persons (person)	32	88	113	
卫　生	**Public Health**				
每万人口医院床位数（张）	Number of Hospital Beds per 10 000 Persons (bed)	23	25	27	29
每万人口执业(助理)医师数（人）	Number of Doctors per 10 000 Persons (person)	15	14	13	14

7-2 在岗职工工资总额

Total Wages of Fully-employed Staff and Workers

单位：万元 (2008) (10 000 yuan)

项　目	Item	合 计 Total	国有单位 State -owned	城镇集体单位 Urban Collective Ownership	其 他 Others
工资总额	**Total**	**4545794**	**3577087**	**112852**	**855855**
按隶属关系分	**Crouped by Administrative Relationship**				
# 中央	Central	735058	735058		
地方	Local	2842029	2842029		
按国民经济行业分组	**Grouped by Sector**				
农、林、牧、渔业	Agriculture, Forestry, Animal Husbandry and Fishery	84069	81692	203	2174
# 农业	Farming	29083	28222		861
采矿业	Mining and Dressing of Minred	311090	113279	1403	196408
制造业	Manufacturing	923249	547460	42082	333707
电力、燃气及水的生产和供应业	Electric Power, Gas and Water Production and Supply	197768	160594	636	36538
电力、热力的生产与供应业	Production and Supply of Electric power and heat	174349	138574	407	35368
燃气生产和供应业	Production and Supply of Gas	3428	3280		148
水的生产和供应业	Production and Supply of Water	19989	18740	227	1022
建筑业	Construction	229601	90766	22510	116325
交通运输、仓储和邮政业	Transport, Storage, Post and Telecommunication Services	280965	249139	1102	30724
信息传输、计算机服务和软件业	Information Transmission,Computer Serviecis and Software	30785	20215	137	10433
电信和其他信息传输服务业	Telecommunication and Other Imfomation Transmission Service	29339	19600	55	9684
批发和零售业	Wholesale and Retail Trade	90981	47466	6379	37136
批发业	Wholesale	50086	29595	2612	17879
零售业	Retail Trade	40895	17871	3767	19257
住宿和餐饮业	Stay Place and Catering	27039	13756	2191	11092
餐饮业	Catering Services	2909	294	45	2570
金融业	Finance	170594	88659	23599	58336
银行业	Banking	145240	82890	23237	39113
证券业	Negotiable Securities	201	201		
保险业	Insurance	24703	5406	74	19223
房地产业	Real Estate Trade	20950	10891	687	9372
租赁和商务服务业	Tenancy and Commercial Servecis	33272	22893	5083	5296
科学研究、技术服务和地质勘查业	Scientific Research，Polytechnic Services and Geological Prospecting	128074	121646	561	5867
研究与试验发展	Research and Trial Development	35816	34472	216	1128
专业技术服务业	Professional Technology Services	40816	36160	320	4336
水利、环境和公共设施管理业	Water,Environment,and Public Facilities Conservancy	67701	67478	223	
居民服务和其他服务业	Resident Services Other Services	7613	7205	300	108
教育	Education	828992	828057	399	536
卫生、社会保障和社会福利业	Health Care,Social Security and Social Welfare	201099	195871	5028	200
# 卫生	Health Care	193713	188485	5028	200
文化、体育和娱乐业	Culture,Art,Sports and Recreation	54703	53932	255	516
新闻出版业	News and Publishing Undertakings	9488	9299	146	43
广播、电视、电影和音像业	Radio,Television,Film and Audiovisubls	18578	18564	14	
公共管理和社会组织	Public Manage and Social Organization	857251	856091	73	1087
国际组织	International Organization				

7-3 在岗职工平均工资

Average Wage of Fully-employed Staff and Workers

单位：元　　（2008）　　(yuan)

项　目	Item	合计 Total	国有单位 State-owned	城镇集体单位 Urban Collective Ownership	其他 Others
职工平均工资	**Per Capita Wage of Staff and Workers**	**24017**	**25284**	**16179**	**20966**
按隶属关系分	**Crouped by Administrative Relationship**				
#中央	Central	32682	32682		
地方	Local	23885	23885		
按国民经济行业分组	**Grouped by Sector**				
农、林、牧、渔业	Farming, Forestry, Animal Husbandry and Fishery	14477	14386	11667	19533
#农业	Farming	12125	11983		19839
采矿业	Mining and Dressing of Minred	34612	34309	11860	35274
制造业	Manufacturing	25041	28257	22047	21409
电力、燃气及水的生产和供应业	Electric Power, Gas and Water Production and Supply	30797	30445	14102	33168
电力、热力的生产与供应业	Production and Supply of Electric power and heat	33406	33265	13891	34536
燃气生产和供应业	Production and Supply of Gas	22823	23082		18272
水的生产和供应业	Production and Supply of Water	18996	19378	14367	14726
建筑业	Construction	13636	16777	10116	12641
交通运输、仓储和邮政业	Transport, Storage, Post and Telecommunication Services	28282	30106	11952	19608
信息传输、计算机服务和软件业	Information Transmission,Computer Serviecis and Software	20378	20996	21406	19267
电信和其他信息传输服务业	Telecommunication and Other Imfomation Transmission Service	20280	20829	45833	19195
批发和零售业	Wholesale and Retail Trade	15433	19682	10532	12904
批发业	Wholesale	17827	22583	10267	14364
零售业	Retail Trade	13254	16230	10723	11792
住宿和餐饮业	Stay Place and Catering	13983	14834	33708	11782
餐饮业	Catering Services	12670	12199	9000	12818
金融业	Financial Intermediation	27887	29827	20186	29525
银行业	Banking	30658	31763	20314	39753
证券业	Negotiable Securities	41020	41020		
保险业	Insurance	18361	15371	41111	19380
房地产业	Real Estate Trade	15013	16768	18978	13204
租赁和商务服务业	Tenancy and Business Servecis	16807	16733	16255	17724
科学研究、技术服务和地质勘查业	Scientific Research，Polytechnic Services and Geological Prospecting	26855	26885	16214	27965
研究与试验发展	Research and Trial Development	28392	28767	12857	24310
专业技术服务业	Professional Technology Services	28933	28633	20000	32898
水利、环境和公共设施管理业	Water,Environment,and Public Facilities Conservancy	20558	20583	15170	
居民服务和其他服务业	Resident Services Other Services	22189	24145	9434	8372
教育	Education	25499	25513	15586	18419
卫生、社会保障和社会福利业	Health Care,Social Security and Social Welfare	23288	23397	20160	14085
#卫生	Health Care	23825	23959	20160	14085
文化、体育和娱乐业	Culture,Art,Sports and Recreation	23090	23188	18478	17551
新闻出版业	News and Publishing Undertakings	29033	29205	22813	21500
广播、电视、电影和音像业	Radio,Television,Film and Audiovisubls	21133	21134	20000	
公共管理和社会组织	Public Management and Social Organization	25467	25468	23548	25576
国际组织	International Organization				

7-4 职工平均工资及指数

Average Wage of Staff and Workers and Related Indices

年份 Year	平均货币工资（元） Average Money Wage (yuan)				指数（上年=100） Indices (preceding year=100) 货币工资 Average Money Wage				实际工资 Average Real Wage			
	合计 Total	国有单位 State-Owned Units	城镇集体单位 Urban Collective-Owned Units	其他单位 Other Owner-ship Units	合计 Total	国有单位 State-Owned Units	城镇集体单位 Urban Collective-Owned Units	其他单位 Other Owner-ship Units	合计 Total	国有单位 State-Owned Units	城镇集体单位 Urban Collective-Owned Units	其他单位 Other Owner-ship Units
1978	708	751	437									
1979	792	824	557		111.8	109.7	127.5		110.7	108.6	126.2	
1980	875	896	676		110.5	108.7	121.4		105.0	103.3	115.4	
1981	878	904	676		100.3	100.9	100.0		98.1	98.7	97.8	
1982	907	937	649		103.3	103.6	96.0		102.2	102.5	95.0	
1983	944	973	702		104.1	103.8	108.2		103.7	103.4	107.8	
1984	1200	1251	866		127.1	128.6	123.4		123.0	124.5	119.5	
1985	1363	1400	1116	1640	113.6	111.9	128.9		102.7	101.2	116.5	
1986	1555	1630	1090	1848	114.1	116.4	97.7	112.7	106.6	108.8	91.3	105.3
1987	1680	1761	1188	1880	108.0	108.0	109.0	101.7	99.6	99.6	100.6	93.8
1988	1949	2040	1400	2331	116.0	115.8	117.8	124.1	96.2	96.0	97.7	102.9
1989	2207	2317	1577	1927	113.2	113.5	112.6	82.7	95.8	96.0	95.3	70.0
1990	2407	2546	1675	2058	109.1	109.9	106.2	106.8	107.1	107.9	104.2	104.8
1991	2566	2706	1918	2155	106.6	106.3	114.5	104.7	100.9	100.6	108.3	99.1
1992	2902	3077	2127	2205	113.1	113.7	110.9	102.3	105.4	106.0	103.4	95.3
1993	3422	3627	2457	3389	117.9	117.9	115.5	153.7	102.3	102.3	100.3	133.4
1994	4796	5059	3506	4409	140.2	139.5	142.7	130.1	112.5	112.0	114.5	104.4
1995	5493	5747	3944	6534	114.5	113.6	112.5	148.2	96.3	95.5	94.6	124.6
1996	5882	6131	4471	6734	107.1	106.7	113.4	103.1	97.1	96.7	102.8	93.5
1997	6182	6445	4598	6703	105.1	105.1	102.8	99.5	102.2	102.2	100.0	96.8
1998	6418	6757	4774	5528	103.8	104.8	103.8	82.5	104.8	105.9	104.8	83.3
1999	6928	7311	5118	5837	107.9	108.2	107.2	105.6	111.0	111.3	110.3	108.6
2000	7913	8278	6228	6504	114.2	113.2	121.7	111.4	115.1	114.1	122.7	112.3
2001	9177	9690	5929	8244	116.0	113.2	95.2	126.8	112.6	109.9	92.4	123.1
2002	10272	10925	6127	8712	111.9	112.7	103.3	105.7	112.7	113.5	104.0	106.4
2003	11419	12079	6674	10115	111.2	110.6	108.9	116.1	110.2	109.6	107.9	115.1
2004	12711	13427	7676	10957	111.3	111.2	115.0	108.3	109.9	109.8	113.5	106.9
2005	14172	15075	8550	11121	111.5	112.3	111.4	101.5	110.2	111.0	110.1	100.3
2006	16565	17506	10759	14674	116.9	116.1	125.8	131.9	115.5	114.7	124.3	130.3
2007	20157	21569	12126	16978	121.7	123.2	112.7	115.7	115.7	117.1	107.1	110.0
2008	23301	24620	15343	20174	115.6	114.1	126.5	118.8	107	105.6	117.1	110

7-5 分地区在岗职工平均工资
Average Wage of Staff and Workers by Region

单位：元 (yuan)

地 区	Region	2000	2005	2007	2008 合计 Total	2008 国有单位 State-Owned Units	2008 城镇集体单位 Urban Collective-Owned Units	2008 其他单位 Other Ownership Units
兰州市	Lanzhou	9377	16960	22569	26118	28506	17547	22914
嘉峪关市	Jiayuguan	10085	25699	30785	36614	37024	38330	22256
金昌市	Jinchang	10985	20393	29791	35460	37465	38082	19348
白银市	Baiyin	8981	13670	20514	25968	25173	12646	30984
天水市	Tianshui	6539	11194	15620	17207	19055	10614	12773
武威市	Wuwei	6681	11631	15662	17364	18448	13593	11528
张掖市	Zhangye	7450	11978	16478	18713	20105	19484	13596
平凉市	Pingliang	6781	16057	21862	25895	26426	15268	20868
酒泉市	Jiuquan	9915	16964	23338	26309	27932	20551	25863
庆阳市	Qingyang	6978	12087	17454	22194	22749	12546	18680
定西市	Dingxi	7004	12538	18350	20960	22776	12205	11357
陇南市	Longnan	7076	12343	17305	19989	21357	10979	11935
临夏州	Linxia	7315	13081	19719	23717	24882	14438	16726
甘南州	Gannan	9022	13945	19138	21590	22156	19750	14752

7-6 全省城乡居民储蓄存款年底余额
Savings Deposit of Urban and Rural Areas at the Year-end

单位：万元 (10 000 yuan)

年份 Year	年底余额 Outstanding Amount 总计 Total Saving	年底余额 Outstanding Amount 城镇 Urban	年底余额 Outstanding Amount 农户 Rural	年增加额 Increased Amount 总计 Total	年增加额 Increased Amount 城镇 Urban	年增加额 Increased Amount 农户 Rural
1990	1005788	841561	164227	263875	226188	37687
1991	1280405	1079868	200537	274617	238307	36310
1992	1592937	1347863	245074	312532	267995	44537
1993	2039553	1730088	309465	446616	382225	64391
1994	2753514	2338528	414986	713961	608440	105521
1995	3801737	3280143	521594	1048223	941615	106608
1996	4831118	4190868	640250	1029381	910725	118656
1997	5719305	4949181	770124	888187	758313	129874
1998	6631033	5746471	884562	911728	797290	114438
1999	7373607	6417737	955870	742574	671266	71308
2000	8187607	7093513	1094094	814000	675776	138224
2001	9207078	7995286	1211792	1020647	902950	117697
2002	10422181	8979129	1443052	1213625	984936	228689
2003	12173882	10517505	1656377	1749967	1536641	213326
2004	13831098	11914297	1916801	1657216	1396792	260424
2005	15866560	13520146	2346414	2035462	1605849	429613
2006	18254366	15388163	2866203	2387806	1868017	519789
2007	19152386	15532987	3619399	898020	144824	753196
2008	24618977	19548344	5070633	5466591	4015357	1451234

7-7 各地县金融机构城乡居民储蓄存款

Savings Deposit of Financial Institutions in Urban and Rural Areas by Prefecture, County

单位：万元 （2008） (10 000 yuan)

地　区	Region	城乡居民储蓄存款 Savings Deposit in Urban and Rural Areas	地　区	Region	城乡居民储蓄存款 Savings Deposit in Urban and Rural Areas
兰州市	**Lanzhou**	**9071007**	瓜州县	Guazhou	133827
城关区	Chengguan		肃北县	Subei	15589
七里河区	Qilihe		阿克塞县	Akesai	14741
西固区	Xigu		玉门市	Yumen	254422
安宁区	Anning		敦煌市	Dunhuang	638637
红古区	Honggu	255952	**庆阳市**	**Qingyang**	**1604888**
永登县	Yongdeng	323736	西峰区	Xifeng	492676
皋兰县	Gaolan	155849	庆城县	Qingcheng	346517
榆中县	Yuzhong	281598	环　县	Huanxian	82587
嘉峪关市	**Jiayuguan**	**534919**	华池县	Huachi	70503
金昌市	**Jinchang**	**708959**	合水县	Heshui	79618
金川区	Jinchuan	504289	正宁县	Zhengning	130857
永昌县	Yongchang	204670	宁　县	Ningxian	222623
白银市	**Baiyin**	**1312624**	镇原县	Zhenyuan	179507
白银区	Baiyin	620122	**定西市**	**Dingxi**	**1106403**
平川区	Pingchuan	257123	安定区	Anding	292745
靖远县	Jingyuan	151762	通渭县	Tongwei	81241
会宁县	Huining	143533	陇西县	Longxi	231375
景泰县	Jingtai	140084	渭源县	Weiyuan	82770
天水市	**Tianshui**	**1996707**	临洮县	Lintao	260423
秦州区	Qinzhou	810382	漳　县	Zhangxian	47641
麦积区	Maiji	457225	岷　县	Minxian	110208
清水县	Qingshui	82061	**陇南市**	**Longnan**	**1283697**
秦安县	Qinan	209864	武都区	Wudu	269254
甘谷县	Gangu	218494	宕昌县	Tanchang	71965
武山县	Wushan	143423	成　县	Chengxian	227801
张家川县	Zhangjiachuan	75258	康　县	Kangxian	63799
武威市	**Wuwei**	**1405332**	文　县	Wenxian	140084
凉州区	Liangzhou	926684	西和县	Xihe	159140
民勤县	Minqin	244846	礼　县	Lixian	159984
古浪县	Gulang	128046	两当县	Liangdang	32001
天祝县	Tianzhu	105756	徽　县	Huixian	159669
张掖市	**Zhangye**	**1094646**	**临夏州**	**Linxia**	**804445**
甘州区	Ganzhou	589726	临夏市	linxia	360900
肃南县	Sunan	29918	临夏县	linxia	63145
民乐县	Minle	98742	康乐县	Kangle	54446
临泽县	Linze	117719	永靖县	Yongjing	157448
高台县	Gaotai	125941	广河县	Guanghe	57645
山丹县	Shandan	132600	和政县	Hezheng	49371
平凉市	**Pingliang**	**1337645**	东乡县	Dongxiang	25871
崆峒区	Kongtong	505826	积石山县	Jishishan	35620
泾川县	Jingchuan	179578	**甘南州**	**Gannan**	**362401**
灵台县	Lingtai	110196	合作市	Hezuo	105651
崇信县	Chongxin	58943	临潭县	Lintan	52113
华亭县	Huating	208761	卓尼县	Zhuoni	31747
庄浪县	Zhuanglang	134921	舟曲县	Zhouqu	67123
静宁县	Jingning	139420	迭部县	Diebu	35444
酒泉市	**Jiuquan**	**1995301**	玛曲县	Maqu	20820
肃州区	Suzhou	702912	碌曲县	Luqu	13830
金塔县	Jinta	135754	夏河县	Xiahe	35673

注：兰州市四区数据为8053872万元。

a)Data in this table of four districts in Lanzhou City amount to 8053872 billion yuan.

7-8 城镇居民家庭生活基本情况

Basic Conditions of Urban Households

年份 Year	每一城镇就业者负担人数（人） Number of Dependents per Urban Employee (person)	城镇居民人均可支配收入（元） Per Capita Annual Disposable Income (yuan)	城镇居民人均消费性支出（元） Per Capita Annual Living Expenditures for Consumption (yuan)	#食 品 Food	恩格尔系数（%） Angle modulus (%)	人均居住面积（平方米） Average Living Floor Space Per Capita (sq.m)
1978		407.53				
1979		418.07				4.63
1980	2.64	403.44	399.00	211.88	53.10	4.82
1981	1.80	447.73	433.38	238.20	54.96	5.60
1982	1.75	473.52	447.40	252.36	56.41	6.01
1983	1.74	490.62	482.30	273.84	56.78	6.74
1984	1.70	571.89	552.16	310.44	56.22	7.11
1985	1.83	640.77	625.21	316.32	50.59	7.44
1986	1.83	776.76	737.11	375.66	50.96	7.51
1987	1.82	870.52	828.94	430.83	51.97	7.65
1988	1.84	978.92	1026.53	501.71	48.87	8.29
1989	1.82	1132.70	1065.36	586.45	55.05	8.55
1990	1.87	1196.72	1030.54	556.73	54.02	8.86
1991	1.85	1368.80	1234.86	665.77	53.91	9.09
1992	1.75	1707.78	1457.40	765.22	52.51	8.99
1993	1.73	2002.56	1679.74	851.76	50.71	8.96
1994	1.84	2658.13	2209.08	1117.20	50.57	10.44
1995	1.86	3152.52	2617.74	1353.01	51.69	10.74
1996	1.82	3353.94	2838.52	1443.01	50.84	11.10
1997	1.89	3592.43	2946.27	1439.30	48.85	12.70
1998	1.91	4009.61	3099.36	1432.76	46.23	13.30
1999	1.71	4475.23	3681.50	1525.57	41.44	15.16
2000	1.80	4916.25	4126.47	1552.77	37.63	15.21
2001	1.86	5382.91	4420.31	1639.17	37.08	15.54
2002	1.96	6151.42	5064.22	1792.60	35.40	21.55
2003	1.98	6657.24	5298.91	1908.10	36.01	22.27
2004	1.85	7376.74	5937.30	2204.04	37.12	22.90
2005	1.90	8086.82	6529.20	2352.82	36.04	24.16
2006	1.92	8920.59	6974.21	2408.37	34.53	25.60
2007	1.87	10012.34	7875.78	2824.42	35.86	27.04
2008	2.00	10969.41	8308.62	3183.79	38.32	27.19

注：2002年以后人均居住面积口径为建筑面积。

a) The Living Floor Space refers to the usable floor area after 2002.

7-9 城镇居民家庭生活基本情况

Basic Conditions of Urban Households

指标	Item	2000	2005	2007	2008
调查户数（户）	Number of Households Surveyed (household)	880	880	880	880
平均每户家庭人口（人）	Average Household Size (person)	3.08	2.89	2.83	2.80
平均每户就业人口（人）	Average Number of Employed Persons per Household (person)	1.71	1.52	1.51	1.40
平均每户就业面（%）	Percentage of Employment per Household (%)	55.52	52.60	53.36	50.00
平均每一就业者负担人数(含就业者本人)（人）	Number of Dependents per Employee (including the employee himself or herself)(person)	1.80	1.90	1.87	2.00
平均每人全年家庭总收入（元）	Per Capita Annual Income (yuan)	4938.76	8738.11	10859.69	11669.33
平均每人可支配收入（元）	Per Capita Disposable Income (yuan)	4916.25	8086.82	10012.34	10969.41
平均每人借贷收入（元）	Average Per Capita Borrowing (yuan)	1231.43	2677.74	3356.12	2636.46
平均每人全年家庭总支出（元）	Per Capita Actual Expenditures (yuan)	4862.53	8631.90	10558.06	10241.06
平均每人消费性支出（元）	Per Capita Annual Consumption Expenditure (yuan)	4126.47	6529.20	7875.78	8308.62
平均每人借贷支出（元）	Average Per Capita Lending (yuan)	1026.42	2641.15	3429.98	3734.90

7-10 城镇居民家庭平均每人全年收入构成

Composition of Per Capita Annual Income of Urban Households

单位：元 （2008） (yuan)

指标	Item	全省平均 Average	最低收入户 Lowest Income Households	低收入户 Low Income Households	较低收入户 Lower Middle Income Households	中等收入户 Middle Income Households	较高收入户 Upper Middle Income Households	高收入户 High Income Households	最高收入户 Highest Income Households
家庭总收入（元）	**Annual Total Income (yuan)**	**11669.33**	**4051.18**	**5788.40**	**7619.43**	**10585.32**	**14335.95**	**19278.61**	**29037.90**
工资性收入	Income From Wages	8354.63	2962.11	4117.36	5364.36	7706.67	10795.13	13931.19	19384.78
#工资及补贴收入	Wage and Subsidies	8064.15	2587.63	3802.88	5177.98	7475.97	10628.51	13639.73	18599.85
经营性收入	Net Business Income	638.76	221.30	598.98	491.40	492.30	530.26	1079.55	1752.48
财产性收入	Property Income	65.33	0.04	0.98	25.36	44.99	92.10	239.01	150.77
转移性收入	Transfer Income	2610.61	867.73	1071.08	1738.31	2341.35	2918.47	4028.86	7749.87
#可支配收入	Disposable Income	10969.41	3816.11	5411.00	7223.81	9888.41	13504.65	18079.85	27304.90
家庭总收入构成（%）	**Composition of Annual Total Income (%)**								
工资性收入	Income from Wages	71.59	73.12	71.13	70.40	72.81	75.30	72.26	66.76
#工资及补贴收入	Wage and Subsidies	69.11	63.87	65.70	67.96	70.63	74.14	70.75	64.05
非工资性收入	Income From Non-wages	28.41	26.88	28.87	29.60	27.19	24.70	27.74	33.24

7-11 城镇居民家庭平均每人全年现金收支情况

Per Capita Annual Cash Income and Expenditure of Urban Households

单位：元 (yuan)

指 标	Item	2000	2005	2007	2008
平均每人家庭总收入	**Per Capita Annual Actual Income (yuan)**	**4938.76**	**8738.11**	**10859.69**	**11669.33**
工资性收入	Income from Wages and Salaries	3795.51	6486.84	8140.72	8354.63
#工资及补贴收入	Laborage and Allowance Income	3680.16	6314.79	7948.65	8064.15
其它劳动收入	Other Income from work	115.35	172.05	192.08	290.48
经营性收入	Net Business Income	253.54	373.84	519.58	638.76
财产性收入	Property Income	17.46	39.58	45.84	65.33
# 利息收入	Interest Income	7.78	9.63	6.17	13.23
股息与红利收入	Capital Bonus Income	5.15	5.84	26.25	4.55
转移性收入	Transfer Income	872.24	1837.84	2153.55	2610.61
#可支配收入	Disposable Income	4916.25	8086.82	10012.34	10969.41
出售财物收入	**Proceeds from sales of Belongings**	**5.56**	**31.32**	**37.55**	**1.04**
借贷收入	**Loan Income**	**1231.43**	**2677.74**	**3356.12**	**2636.46**
平均每人家庭总支出	**Per Capita Actual Expenditures**	**4862.53**	**8631.90**	**10558.06**	**10241.06**
消费性支出	Living Expenditures	4126.47	6529.20	7875.78	8308.62
# 服务性消费支出	Service Living Expenditures		1794.00	2137.19	2110.66
财产性支出	Property Insurance	0.66	0.61	6.79	15.98
转移性支出	Ambulant Expenditures	404.50	856.09	1148.70	1095.47
#交纳所得税	Income tax payment	0.99	40.40	25.44	41.76
捐赠支出	Gift Expenditures	261.67	450.01	575.22	618.35
赡养支出	Support Expenditures	103.11	316.85	438.99	350.60
社会保障支出	Social Security Insurance		583.96	780.79	608.80
# 个人交纳的养老基金	Annuities		204.51	295.83	226.80
个人交纳的住房公积金	Housing Accumulation fund		254.33	342.62	265.31
个人交纳的医疗基金	Iatrical Accumulation fund		71.26	98.82	83.33
购房与建房支出	Expenditures on Purchasing and Building	330.63	662.04	746.01	212.18
借贷支出	**Debit and Credit Expenditure**	**1026.42**	**2641.15**	**3429.98**	**3734.90**
# 存入储蓄款	Deposit Money in Bank	746.41	2131.27	2668.13	3075.99
归还借款	Returning Loans	96.85	103.15	107.80	151.54
储蓄性保险支出	Save up Premiums	68.46	137.08	132.86	120.42
购买有价证券	Buy Nogotiable Securities	9.51	63.19	115.18	78.53
归还住房贷款	Return thd Housing Provide a Loan	10.79	94.05	202.10	215.68

7-12 城镇居民家庭平均每人全年消费支出情况(按收入水平分组)

Per Capita Annual Living Expenditure of Urban Households by Level of Income

单位：元　　（2008）　　(yuan)

指　标	Item	全省平均 Average	最低收入户 Lowest Income Households	低收入户 Low Income Households	较低收入户 Lower Middle Income Households	中等收入户 Middle Income Households	较高收入户 Upper Middle Income Households	高收入户 High Income Households	最高收入户 Highest Income Households
消费性支出	**Total Consumption Expenditure**	**8308.62**	**3789.64**	**4641.23**	**6376.83**	**7573.38**	**10545.43**	**11853.72**	**17543.85**
食品	**Food**	**3183.79**	**1776.51**	**2011.60**	**2745.13**	**3139.49**	**3823.58**	**4229.51**	**5476.55**
# 粮食	Grain	306.91	282.41	279.45	314.98	310.81	306.06	320.00	339.65
淀粉及薯类	Starches and Tubers	26.49	24.14	22.05	28.39	26.26	26.34	29.79	28.87
干豆类及豆制品	Beans and Bean Products	30.78	29.84	30.13	30.84	29.26	30.99	30.81	35.81
油脂类	Oil and Fats	180.01	155.07	162.86	179.57	187.86	186.77	169.26	218.65
肉禽蛋水产品类	Meat, Poultry and Related Products	613.25	306.48	374.64	588.49	612.07	712.32	789.50	1043.49
# 猪肉	Pork	245.85	123.99	143.47	252.34	254.29	269.40	322.62	395.22
蛋类	Eggs	62.16	45.73	50.18	62.85	62.63	65.20	72.42	82.12
水产品类	Aquatic Products	58.58	24.01	29.77	54.74	58.44	67.97	72.76	121.80
蔬菜类	Vegetables	333.60	253.10	267.13	329.82	348.72	349.03	360.74	452.46
# 鲜菜	Fresh Vegetables	319.14	246.17	259.41	314.75	334.74	331.72	347.44	423.32
烟草类	Tobacco	174.39	80.47	87.18	141.72	158.20	241.76	228.12	341.36
酒类	Liquor	102.66	21.18	40.60	68.04	91.83	150.94	184.06	222.52
饮料	Beverages	55.56	27.60	41.41	43.45	53.03	76.74	72.71	85.98
干鲜瓜果类	Dried and Fresh Melons and Fruits	244.55	118.01	137.94	201.03	236.13	298.33	360.69	457.45
糕点	Cake	46.38	24.45	28.11	39.08	42.92	58.27	68.02	79.86
奶及奶制品	Milk and Dairy Products	140.37	76.34	102.71	124.59	138.50	166.07	179.74	228.98
其他食品	Other Food	133.12	65.08	87.79	127.70	128.71	144.11	202.54	219.99
食品加工服务费	Food Processing Service Fees	0.57	0.20	0.60	0.64	0.42	0.88	0.46	0.65
在外饮食	Dining Out	722.25	254.16	288.73	450.21	706.34	996.20	1152.57	1628.07

7-12 续表 1 continued

单位：元 (yuan)

指　标	Item	全省平均 Average	最低收入户 lowest Income Households	低收入户 Low Income Households	较低收入户 Lower Middle Income Households	中等收入户 Middle Income Households	较高收入户 Upper Middle Income Households	高收入户 High Income Households	最高收入户 Highest Income Households
衣着	**Clothing**	**1022.62**	**360.87**	**537.26**	**728.35**	**925.01**	**1374.09**	**1676.43**	**2118.66**
#服装	Garments	715.35	231.59	361.00	496.61	618.12	963.13	1218.47	1577.43
衣着材料	Clothing Materials	13.26	4.69	11.21	13.42	12.40	19.81	12.39	16.79
鞋类	Shoes	246.75	98.97	139.22	182.48	248.96	333.71	376.77	430.31
居住	**Residence**	**846.26**	**480.76**	**492.36**	**645.17**	**742.24**	**1122.90**	**981.06**	**1829.19**
住房	Housing	213.28	85.59	47.35	129.26	101.76	367.85	189.73	766.44
#租赁房房租	Rent	17.28	33.06	29.51	10.98	5.37	13.14	5.43	41.22
水电燃料及其他	Water, Electricity, Fuels and Others	585.71	383.06	428.77	485.60	602.44	706.80	685.39	924.27
#水	Water	35.45	28.17	24.42	30.39	34.74	39.86	40.80	59.43
电	Electricity	165.66	105.61	117.55	154.58	167.16	186.29	210.95	248.74
家庭设备用品及服务	**Houshold Facilities, Articles and Services**	**546.23**	**156.09**	**219.74**	**361.71**	**430.94**	**790.43**	**928.71**	**1328.62**
耐用消费品	Durable Consumer Goods	238.04	27.96	38.68	126.63	147.45	420.55	463.04	655.66
室内装饰品	Room Decorations	22.77	2.55	2.20	7.82	16.99	34.48	67.66	56.77
床上用品	Bed Articles	43.76	14.60	12.92	35.90	43.35	59.23	59.50	97.48
家庭日用杂品	Household Articles for Daily Use	196.65	105.86	157.96	167.39	178.46	230.20	253.37	359.33
家具材料	Furniture Materials	25.70	0.05	0.21	6.09	32.14	28.84	41.12	106.00
家庭服务	Household Services	19.30	5.06	7.77	17.89	12.55	17.13	44.02	53.38
医疗保健	**Medical Services**	**654.82**	**361.91**	**406.76**	**524.18**	**616.67**	**702.70**	**856.23**	**1496.53**
#药品费	Medication	393.52	224.14	208.60	353.78	373.55	402.15	503.02	895.39
滋补保健品	Invigorant	34.55	1.90	2.63	18.36	22.62	37.66	75.90	140.93
医疗费	Medical Treatment	211.64	132.05	183.04	144.49	215.03	244.41	255.80	399.29

7-12 续表 2 continued

单位：元 (yuan)

指　标	Item	全省平均 Average	最低收入户 Lowest Income Households	低收入户 Low Income Households	较低收入户 Lower Middle Income Households	中等收入户 Middle Income Households	较高收入户 Upper Middle Income Households	高收入户 High Income Households	最高收入户 Highest Income Households
交通和通讯	**Transportation and Communications**	**817.17**	**237.19**	**370.25**	**521.95**	**634.75**	**1112.13**	**1085.10**	**2458.48**
交通	Transportation	380.32	68.82	146.04	199.71	234.44	483.48	450.49	1610.12
#交通费	Traffic	248.27	65.20	123.02	169.20	203.16	347.49	360.30	641.69
通信	Communications	436.85	168.38	224.21	322.24	400.31	628.65	634.61	848.35
教育文化娱乐服务	**Education，Culture and Recreation Services**	**936.33**	**327.79**	**475.89**	**672.10**	**818.26**	**1210.38**	**1591.66**	**2062.97**
文化娱乐用品	Recreational Durable Consumer Goods	254.68	54.52	87.46	137.84	176.46	375.81	522.92	686.35
#彩色电视机	Color TV	40.29			1.01	12.49	61.31	31.19	273.10
家用电脑	Computer	80.84	1.57	0.12	39.92	55.26	138.84	310.10	98.40
书报杂志	Newspapers and Magazines	30.86	15.34	21.78	22.58	30.89	35.65	44.42	60.68
文化娱乐服务	Recreation	253.25	26.82	47.31	118.27	212.24	348.00	487.81	824.41
参观游览	Sightseeing	70.23	3.53	17.79	39.68	52.49	74.88	152.38	255.05
团体旅游	Team Tour	87.55	0.80		29.72	88.19	115.26	186.99	303.78
教育	Education	428.40	246.45	341.11	415.99	429.56	486.57	580.93	552.21
#非义务教育学杂费	Nobligation Tuition	190.46	95.92	137.06	219.32	203.53	170.75	269.20	261.85
义务教育学杂费	Tuition	36.48	44.33	34.53	33.50	45.56	31.58	27.34	34.13
托幼费	Child Care	19.69	18.83	23.04	17.44	18.67	23.52	7.60	28.25
家教费	Home Tutor	31.75	15.20	26.72	31.16	27.06	28.29	60.69	51.99
其他商品和服务	**Miscellaneous Goods and Services**	**301.40**	**88.52**	**127.38**	**178.24**	**266.02**	**409.22**	**505.01**	**772.85**
#金银珠宝饰品	Jewelry	32.19		1.00	9.55	19.30	51.38	62.64	130.93
理发美容用品	Bathing and Haircut	1.67	0.19	0.29	1.56	1.38	1.57	5.39	3.01
化妆品	Cosmetics	85.97	28.63	32.55	52.64	66.41	110.00	163.83	232.15
旅馆住宿费	Hotel Charges	17.17	0.21	4.40	6.38	10.03	35.14	19.30	59.75
理发洗澡费	Haircut & Bathing Costs	28.61	15.87	15.54	24.14	29.76	32.08	38.44	54.90
美容费	Beauty Treatment Costs	11.73	2.70	5.07	8.19	9.93	19.34	26.95	14.11
其他服务费	Other Services	40.69	11.18	18.28	13.16	50.65	48.98	49.10	129.14

7-13 城镇居民家庭平均每人全年购买商品数量

Per Capita Annual Purchases of Commodities of Urban Households

(2008)

指　　标	Item	全省平均 Average	最低收入户 Lowest Income Households	低收入户 Low Income Households	较低收入户 Lower Middle Income Households	中等收入户 Middle Income Households	较高收入户 Upper Middle Income Households	高收入户 High Income Households	最高收入户 Highest Income Households
大米（千克）	Rice (kg)	24.23	21.37	22.82	25.03	26.19	22.39	24.51	27.53
面粉（千克）	Flour (kg)	41.66	42.87	41.25	48.08	45.03	37.81	39.28	28.36
食用植物油（千克）	Adible Vegetable Oil (kg)	11.35	10.46	10.56	11.65	11.77	11.54	10.30	12.74
猪肉（千克）	Pork (kg)	10.30	5.31	6.09	10.80	10.57	11.16	13.31	16.41
牛肉（千克）	Beef (kg)	1.89	1.20	1.77	1.91	2.08	2.06	2.14	1.96
羊肉（千克）	Mutton (kg)	1.35	0.40	0.51	1.18	1.33	1.60	2.44	2.61
鲜蛋（千克）	Fresh Eggs (kg)	8.47	6.21	6.89	8.66	8.71	8.90	9.93	10.39
鱼（千克）	Fish (kg)	3.10	1.51	1.80	3.03	3.24	3.63	3.81	5.09
鲜菜（千克）	Fresh Vegetables (kg)	114.07	101.06	99.79	118.85	118.77	112.65	111.49	135.81
白酒（千克）	Liquor (kg)	1.16	0.50	0.57	1.06	1.00	1.63	1.83	1.77
啤酒（千克）	Beer (kg)	2.47	1.16	2.21	2.11	2.59	3.31	3.05	2.89
碳酸饮料（千克）	Soda Pop and Coke (kg)	0.98	0.40	0.55	0.83	0.92	1.33	1.81	1.30
鲜果（千克）	Fresh Fruits (kg)	38.19	22.87	24.10	33.34	37.77	45.87	53.28	59.61
鲜瓜（千克）	Fresh melons (kg)	21.37	13.49	14.95	20.11	21.99	26.22	26.41	27.37
糕点（千克）	Cake (kg)	3.32	2.06	2.08	2.88	3.35	3.80	4.83	5.17
鲜乳品（千克）	Fresh Milk (kg)	20.16	13.13	14.90	19.46	19.05	22.06	25.28	32.15
奶粉（千克）	Milk Powder (kg)	0.40	0.24	0.32	0.45	0.39	0.59	0.23	0.45
服装（件）	Garments (piece)	6.72	3.86	4.67	5.81	6.35	8.71	9.52	9.46
鞋类（双）	Shoes (pair)	2.61	2.14	2.09	2.20	2.67	3.16	3.31	2.86
水（吨）	Water (ton)	20.22	16.10	14.61	17.60	21.65	20.86	22.98	32.46
电（度）	Electricity (kw.h)	318.74	203.52	228.91	299.64	319.15	357.96	408.79	472.90
煤炭（千克）	Coal (kg)	70.44	144.05	111.67	88.27	70.01	32.56	3.55	18.19
管道天然气(立方米)	Piped natural gas (cubic meters)	19.09	8.67	8.67	16.91	16.90	23.55	30.27	37.26

7-14 城镇居民家庭平均每百户主要耐用消费品拥有量

Number of Major Durable Consumer Goods Owned Per 100 Urban Households at the Year-End

(2008)

指 标	Item	全省平均 Average	最低收入户 Lowest Income Households	低收入户 Low Income Households	较低收入户 Lower Middle Income Households	中等收入户 Middle Income Households	较高收入户 Upper Middle Income Households	高收入户 High Income Households	最高收入户 Highest Income Households
摩托车（辆）	Motorcycle (unit)	6.12	3.14	6.41	2.84	4.68	10.15	13.80	3.22
助力车（辆）	Hand Car (unit)	6.05	0.89	7.09	0.98	4.77	12.42	10.94	6.21
家用汽车（辆）	Automobile (unit)	2.15					3.01	3.94	11.40
洗衣机（台）	Washing Machine (set)	94.94	85.82	90.96	92.91	98.23	97.06	97.64	99.94
电冰箱（台）	Refrigerator (set)	82.48	58.17	67.35	81.09	88.50	88.71	88.58	97.67
彩色电视机（台）	Color TV Set (set)	107.39	100.00	100.00	102.98	107.21	109.31	114.93	120.65
家用电脑（台）	Computer (set)	35.18	5.32	16.19	23.24	33.11	52.83	53.27	62.70
组合音响（套）	Hi-Fi Stereo Component System (set)	18.48	7.72	11.71	12.26	18.55	23.58	19.50	37.93
摄像机（架）	Pickup Camera (set)	2.39			0.52	2.41	2.71	2.67	9.99
照相机（架）	Camera (set)	21.90	4.81	3.67	11.36	19.42	30.25	35.10	54.87
钢琴（架）	Piano (set)	1.14		0.92		1.51	1.90	1.40	2.33
其他中高档乐器（件）	Other Medium and High Grade Musical Instrument (unit)	2.18		1.94	0.72	0.30	3.18	7.48	4.21
微波炉（台）	Oven (unit)	31.34	5.14	20.62	20.21	31.96	40.41	41.79	63.58
空调器（台）	Air Conditioner (unit)	6.03		2.77	0.88	3.80	8.53	7.57	23.68
淋浴热水器（台）	Shower (unit)	57.38	24.55	35.21	47.26	53.51	75.62	80.32	85.50
消毒碗柜（台）	Disinfection Cupboard (unit)	1.62		0.58		1.69	0.72	3.05	7.65
洗碗机（台）	Dishwasher (unit)	0.16				0.81			
健身器材（台）	Health Equipment (set)	1.62		1.40		3.56	0.83	1.06	5.06
固定电话（部）	Local Telephone (unit)	59.30	34.92	47.72	60.59	59.51	60.68	70.09	81.74
移动电话（部）	Mobile Telephone (unit)	146.04	102.71	115.82	126.10	142.26	181.98	175.30	172.73

7-15 城镇居民家庭平均每人全年购买的主要商品数量

Per Capita Annual Purchases of Major Commodities in Urban Households

项　目	Item	2000	2005	2007	2008
大米（千克）	Rice (kg)	17.36	18.83	21.82	24.23
面粉（千克）	Flour (kg)	45.85	33.81	38.46	41.66
鲜菜（千克）	Fresh Vegetables (kg)	94.56	110.31	112.45	114.07
食用植物油（千克）	Edible Vegetable Oil (kg)	8.29	9.88	10.77	11.35
猪肉（千克）	Pork (kg)	12.82	12.33	10.57	10.30
牛肉（千克）	Beef (kg)	1.23	1.71	2.16	1.89
羊肉（千克）	Mutton (kg)	1.70	2.17	1.76	1.35
鲜蛋（千克）	Fresh Eggs (kg)	9.63	9.38	8.39	8.47
鱼（千克）	Fish (kg)	2.76	3.35	3.83	3.10
白酒（千克）	Liquor (kg)	2.23	1.63	1.38	1.16
啤酒（千克）	Beer (kg)	2.18	2.73	3.67	2.47
鲜果（千克）	Fresh Fruits (kg)	34.67	42.40	44.57	38.19
鲜瓜（千克）	Fresh melons (kg)	23.96	28.88	23.61	21.37
鲜乳品（千克）	Fresh Dairy Products (kg)	16.36	32.39	25.98	20.16
服装（件）	Clothing (piece)	5.69	6.74	8.33	6.72
煤炭（千克）	Coal (kg)	86.76	56.35	34.15	70.44
管道天然气（立方米）	Piped natural gas (cubic meters)	11.42	24.29	16.63	19.09
水（吨）	Water (ton)	19.46	22.99	19.61	20.22
电（千瓦时）	Electricity (kw.h)	131.86	284.67	310.02	318.74

7-16 城镇居民家庭平均每百户年底耐用消费品拥有量

Number of Major Durable Consumer Goods Owned Per 100 Urban Households at Year-End

项　目	Item	2000	2005	2007	2008
摩托车（辆）	Motorcycle (unit)	5.89	10.83	11.10	6.12
助力车（辆）	Hand Car (unit)		5.60	7.83	6.05
家用汽车（辆）	Automobile (unit)	0.25	0.46	1.35	2.15
洗衣机（台）	Washing Machine (set)	96.97	98.35	97.61	94.94
电冰箱（台）	Refrigerator (set)	73.11	89.08	87.07	82.84
彩色电视机（台）	Color TV Set (set)	121.07	117.98	113.72	107.39
照相机（架）	Camera (set)	32.65	42.83	32.67	21.90
家用电脑（台）	computer (set)	5.39	22.99	33.14	35.18
摄像机（架）	Video Camera (unit)	0.58	2.06	3.86	2.39
微波炉（台）	Microwave Oven (unit)	6.60	28.13	34.91	31.34
空调器（台）	Air Conditioner (unit)	1.08	3.61	3.75	6.03
淋浴热水器（台）	Water Heater (unit)	40.34	59.93	62.32	57.38
健身器材（台）	Health Equipment (set)	2.49	1.78	1.24	1.62
固定电话（部）	Local Telephone (unit)	74.89	82.38	69.06	59.30
移动电话（部）	Mobile Phone (unit)	9.46	120.52	145.52	146.04

7–17 分地区城镇居民家庭人均收支情况

Per Capita Income and Expenditures
in Urban Areas by Prefecture

单位：元 (2008) (yuan)

地 区	Region	可支配收入 Disposable Income	消费性支出 Consumption Expenditures	#食 品 Food	恩格尔系数（%） Angle modulus (%)
兰州市	Lanzhou	11676.77	9033.70	3429.79	37.97
嘉峪关市	Jiayuguan	14510.59	10688.62	4008.29	37.50
金昌市	Jinchang	15408.01	13036.02	4582.52	35.15
白银市	Baiyin	12158.21	9670.57	3717.42	38.44
天水市	Tianshui	9050.23	6972.10	2687.76	38.55
武威市	Wuwei	9489.79	7578.74	3134.10	41.35
张掖市	Zhangye	9315.22	8988.65	2733.13	30.41
平凉市	Pingliang	9700.79	6366.85	2547.37	40.01
酒泉市	Jiuquan	12437.09	9782.08	3486.30	35.64
庆阳市	Qingyang	9938.72	7821.06	2895.71	37.02
定西市	Dingxi	9072.43	7025.61	2985.04	42.49
陇南市	Longnan	8660.95	6902.28	2704.11	39.18
临夏州	Linxia	6578.55	4895.73	2338.12	47.76
甘南州	Gannan	7995.12	6903.03	2391.39	34.64

7–18 分地区农村居民家庭人均收支情况

Per Capita Annual Income and Expenditures
of Rural Households by Prefecture

单位：元 (2008) (yuan)

地 区	Region	纯收入 Net Income	生活消费支出 living Expenditures	#食 品 Food	恩格尔系数（%） Angle modulus (%)
兰州市	Lanzhou	3503.00	2842.78	1284.87	45.20
嘉峪关市	Jiayuguan	6452.00	4427.61	1781.92	40.25
金昌市	Jinchang	5014.00	3629.94	1426.02	39.28
白银市	Baiyin	2676.00	2621.58	1215.92	46.38
天水市	Tianshui	2148.00	2046.86	959.64	46.88
武威市	Wuwei	3591.00	1621.98	594.30	36.64
张掖市	Zhangye	4515.00	3615.51	1461.68	40.43
平凉市	Pingliang	2414.00	2300.06	1001.43	43.54
酒泉市	Jiuquan	5763.00	4732.18	1680.84	35.52
庆阳市	Qingyang	2385.00	2015.16	933.11	46.30
定西市	Dingxi	2136.00	2083.99	1073.17	51.50
陇南市	Longnan	1998.00	2192.51	1044.59	47.64
临夏州	Linxia	1847.00	1878.82	906.00	48.22
甘南州	Gannan	2049.00	1836.90	1057.48	57.57

7-19 农村居民家庭生活基本情况

Basic Conditions of Rural Households

年份 Year	每个农村劳动力负担人数（人） Average Number of Persons Supported by a Laborer (person)	人均纯收入（元） Per Capita Annual Net Income (yuan)	人均生活消费支出（元） Per Capita Annual Expenditure for Consumption (yuan)	#食品 Food	恩格尔系数（%） Angle modulus (%)	人均居住面积（平方米） Per Capita Net Living Space (sq.m)
1978	2.42	100.93	88.18	65.98	74.82	
1979	2.36	111.57	96.69	69.69	72.08	
1980	2.32	153.41	125.54	81.35	64.80	13.87
1981	2.25	158.63	135.23	92.99	68.76	12.75
1982	2.14	174.16	141.05	95.65	67.81	13.53
1983	1.95	213.06	162.68	103.62	63.70	12.95
1984	1.91	221.05	178.39	113.01	63.35	12.96
1985	1.75	257.00	204.61	123.52	60.37	13.24
1986	1.73	282.89	232.79	137.84	59.21	13.44
1987	1.73	302.82	252.84	144.42	57.12	13.93
1988	1.70	345.14	276.98	152.24	54.96	14.32
1989	1.69	375.80	296.38	163.80	55.27	14.67
1990	1.67	430.99	339.24	205.22	60.49	11.88
1991	1.68	446.42	403.41	238.21	59.05	12.85
1992	1.69	489.47	419.68	247.76	59.04	13.13
1993	1.67	550.83	537.76	297.20	55.27	13.77
1994	1.57	723.73	674.17	443.92	65.85	14.54
1995	1.66	880.34	915.25	649.29	70.94	15.64
1996	1.63	1100.59	986.34	669.36	67.86	14.15
1997	1.67	1210.00	976.27	561.40	57.50	14.56
1998	1.65	1393.05	939.55	556.85	59.27	16.47
1999	1.65	1412.98	944.90	531.27	56.22	18.22
2000	1.72	1428.70	1084.00	525.17	48.45	18.00
2001	1.69	1508.61	1127.37	519.78	46.11	17.58
2002	1.69	1590.30	1153.29	531.37	46.07	17.58
2003	1.66	1673.00	1336.85	586.38	43.86	17.60
2004	1.64	1852.00	1464.34	703.41	48.04	17.88
2005	1.67	1980.00	1819.58	858.89	47.20	18.71
2006	1.64	2134.00	1855.49	865.99	46.67	19.12
2007	1.60	2328.92	2017.21	944.14	46.80	19.46
2008	1.59	2723.80	2400.95	1132.53	47.17	19.87

7-20 农村居民家庭基本情况
Basic Conditions of Rural Households

项　　目	Item	2000	2005	2007	2008
调查户数（户）	Number of Households Surveyed (Household)	1800	1800	1800	1800
平均每户常住人口（人）	Average Number of Permanent Residents per Household (Person)	4.73	4.65	4.62	4.61
平均每户整半劳动力（人）	Average Number of Able-bodied and Semi-able-bodied Laborers per Household (Person)	2.76	2.78	2.89	2.89
平均每个劳动力负担人口（含本人）（人）	Average Number of Persons Supported by a Laborer (including the laborer himself or herself) (Person)	1.72	1.67	1.60	1.59
平均每人年收入	Per Capita Annual Income				
总收入（元）	Total Revenue (yuan)	1958.00	2887.98	3340.94	3959.24
现金收入（元）	Cash Income (yuan)	1309.03	2217.35	2567.48	2986.30
纯收入（元）	Net Income (yuan)	1428.70	1980.00	2328.92	2723.80
平均每人年支出	Per Capita Annual Expenditures				
总支出（元）	Total Expenditure (yuan)	1639.01	2828.88	3162.94	3784.83
现金支出（元）	Cash Expenditure (yuan)	1226.34	2170.13	2521.11	3003.40

7-21 农村居民按纯收入分组的户数占调查户比重
Percentage of Rural Households Grouped by Per Capita Annual Net Income

项 目	Item	2005	2007	2008
按纯收入分组户数占调查户比重 (%)	**Percentage of Households Grouped by Per Capita Annual Net Income (%)**			
100元以下	100 yuan and below			0.06
100–200 元	100-200 yuan	0.44		0.11
200–300 元	200-300 yuan	0.17		0.28
300–400 元	300-400 yuan	0.72	0.11	0.00
400–500 元	400-500 yuan	0.89	0.44	0.33
500–600 元	500-600 yuan	1.28	0.78	0.39
600–800 元	600-800 yuan	4.67	3.39	1.28
800–1000 元	800-1000 yuan	7.50	4.89	3.11
1000–1200 元	1000-1200 yuan	9.00	7.00	4.94
1200–1300 元	1200-1300 yuan	3.89	3.95	2.44
1300–1500 元	1300-1500 yuan	9.39	8.78	6.94
1500–1700 元	1500-1700 yuan	9.89	7.94	6.89
1700–2000 元	1700-2000 yuan	12.22	10.06	10.83
2000–2500 元	2000-2500 yuan	12.94	14.94	15.33
2500–3000 元	2500-3000 yuan	8.61	11.22	12.06
3000–3500 元	3000-3500 yuan	4.39	7.89	7.83
3500–4000 元	3500-4000 yuan	4.00	3.89	6.00
4000–4500 元	4000-4500 yuan	3.56	4.05	5.72
4500–5000 元	4500-5000 yuan	2.00	3.61	4.33
5000元以上	5000yuan and over	4.44	7.06	11.11

7-22 农村住户总收入
Gross Income of Rural Households

单位：元 (yuan)

指　标	Item	2000	2005	2007	2008
总收入	**Gross Income**	**1958.00**	**2887.98**	**3340.94**	**3959.24**
工资性收入	Income from Wage	355.03	586.71	716.43	867.98
#在非企业组织中的劳动收入	Working in Non-enterprise	92.98	107.96	122.04	151.66
在本地劳动得到收入	Working in Local Enterprise	80.39	169.41	175.16	235.21
外出从业得到收入	Income from Outworker	123.61	309.34	419.23	481.11
其他收入	Others	58.75			
家庭经营收入	Income from Household Business	1524.92	2159.36	2429.38	2766.19
农业收入	Agriculture	945.06	1439.96	1661.31	1917.59
林业收入	Forestry	11.00	43.72	68.62	82.41
牧业收入	Animal Husbandry	229.64	372.10	413.74	462.09
渔业收入	Fishery	0.04	0.66	2.11	1.32
工业收入	Industry	32.37	34.77	25.76	22.03
建筑业收入	Construction	56.52	38.60	36.59	42.59
交通、运输、邮电业收入	Transportation and Communications	70.24	81.43	98.64	104.84
批发和零售贸易、餐饮业收入	Wholesale and Retail,Catering Trades	54.78	93.82	73.41	78.51
社会服务业收入	Social Services	18.08	18.11	18.80	18.78
文教卫生业收入	Culture,Education and Health		7.80	9.27	12.62
其它行业收入	Others		28.39	21.13	23.41
财产性收入	Property Income	16.13	20.57	23.20	19.49
转移性收入	Transfer Income	61.92	121.33	171.93	305.59

7-23 农村住户总支出
Gross Expenditure of Rural Households

单位：元 (yuan)

指　标	Item	2000	2005	2007	2008
总支出	**Gross Expenditure**	**1639.01**	**2828.88**	**3162.94**	**3784.83**
家庭经营费用支出	Expenditure for Household Business	402.25	790.73	884.45	1096.68
农业生产支出	Expenditure of Agricultural Production	265.23	490.04	602.65	738.18
林业生产支出	Forestry	2.59	13.05	18.01	26.38
牧业生产支出	Animal Husbandry	85.14	183.95	204.17	269.69
渔业生产支出	Fishery		0.13	0.70	0.36
工业生产支出	Industry	4.71	18.73	5.42	5.65
建筑业生产支出	Construction	8.44	15.05	3.24	4.67
交通、运输、邮电业支出	Transportation and Communications	21.23	27.97	21.24	20.14
批发和零售贸易、餐饮业支出	Wholesale and Retail Trade and Catering Trades	6.34	33.56	18.68	17.53
社会服务业支出	Social Services	1.78	4.13	6.22	6.09
文教卫生业支出	Culture for Culture, Education and Health Care			0.20	1.80
其他家庭经营支出	Others	5.04	4.12	3.92	6.19
购置生产性固定资产支出	Expenditure on Purchasing Productive Fixed Assets	46.40	115.53	124.18	128.90
税费支出	Taxes Paid	49.43	4.45	2.79	4.64
生活消费支出	Living Expenditure	1084.00	1819.58	2017.21	2400.95
财产性支出	Expenditure for Property	4.09	3.86	0.89	4.72
转移性支出	Transfer Expenditure	52.84	93.07	131.78	145.95

7-24 农村住户纯收入
Net Income of Rural Households

单位：元 (yuan)

指 标	Item	2005	2007	2008
纯收入	**Net Income**	**1980.00**	**2328.92**	**2723.80**
工资性收入	Income from Wage	586.71	716.43	867.98
# 在非企业组织中的劳动收入	Working in Non-enterprise	107.96	122.04	151.66
在本地劳动得到收入	Working in Local Enterprise	169.41	175.16	235.21
外出从业得到收入	Income from Outworker	309.34	419.23	481.11
其他收入	Others			
家庭经营纯收入	Income from Household Business	1263.42	1426.86	1543.24
第一产业纯收入	Net Income from Primary Industry	1080.21	1219.65	1321.84
农业收入	Agriculture	871.95	972.55	1089.06
林业收入	Forestry	30.19	50.24	55.12
牧业收入	Animal Husbandry	177.54	195.55	176.80
渔业收入	Fishery	0.53	1.31	0.86
第二产业纯收入	Net Income from Secondary Industry	38.11	52.38	52.02
工业收入	Industry	14.63	19.49	15.41
建筑业收入	Construction	23.48	32.88	36.61
第三产业纯收入	Net Income from Tertiary Industry	145.09	154.84	169.38
交通、运输、邮电业收入	Transportation and Communications	42.98	67.00	74.74
批发和零售贸易、餐饮业收入	Wholesale and Retail,Catering Trades	58.36	51.83	57.88
社会服务业收入	Social Services and Health care	13.49	11.49	11.25
文教卫生业收入	Culture,Education and Health Care	6.24	8.41	10.21
其它行业收入	Others	24.02	16.11	15.30
财产性纯收入	Property Income	20.57	23.20	19.49
转移性纯收入	Transfer Income	109.18	162.43	293.09

7-25 按收入五等份分农村居民家庭基本情况
Basic Conditions of Rural Households by Income Quintile

(2008)

项 目	Item	全省平均 Average	低收入户 Low Income Households	中低收入户 Lower Middle Income Households	中等收入户 Middle Income House-holds	中高收入户 Upper Middle Income Households	高收入户 High Income Households
平均每户常住人口(人)	Average Number of Usual Residents Per Household (person)	4.61	5.28	4.89	4.71	4.33	3.83
平均每户整半劳动力(人)	Average Number of Full/Semi Labour Force Per Household (person)	2.89	3.04	2.93	2.98	2.87	2.64
平均每个劳动力负担人口(人)	Average Number of Dependents per Labour Force (person)	1.59	1.74	1.67	1.58	1.51	1.45
平均每人总收入(元)	Per Capita Annual Income (yuan)	3959.24	1882.98	2607.80	3287.08	4431.00	8846.14
# 现金收入	Cash Income	2986.30	1179.61	1779.59	2357.76	3411.24	7315.37
平均每人总支出(元)	Per Capita Annual Expenditures (yuan)	3784.83	2325.48	2711.85	3128.23	4187.23	7523.49
# 现金支出	Cash Expenditures	3003.40	1645.53	1952.84	2364.58	3399.73	6558.29
平均每人纯收入(元)	Per Capita Annual Net Income (yuan)	2723.80	1124.77	1780.01	2403.16	3334.25	5841.40
工资性收入	Income from Wages and Salaries	867.98	339.37	636.07	904.41	1258.69	1407.28
家庭经营纯收入	Income from Household Operations	1543.24	630.92	944.32	1211.95	1670.31	3832.07
财产性收入	Income from Properties	19.49	4.06	12.65	15.89	23.48	49.47
转移性收入	Income from Transfers	293.09	150.42	186.98	270.91	381.77	552.58

7-26 按收入五等份分农村居民家庭平均每人生活消费支出
Per Capita Consumption Expenditure of Rural Households by Income Quintile

单位：元 (2008) (yuan)

项 目	Item	全省平均 Average	低收入户 Low Income Households	中低收入户 Lower Middle Income Households	中等收入户 Middle Income Households	中高收入户 Upper Middle Income Households	高收入户 High Income Households
生活消费总支出	**Consumption Expenditure**	**2400.95**	**1511.29**	**1824.83**	**2144.55**	**2847.29**	**4176.01**
食品	Food	1132.53	854.87	993.34	1060.88	1245.08	1654.53
衣着	Clothing	134.66	90.06	99.46	124.24	155.87	230.03
居住	Residence	387.83	203.22	216.32	335.06	527.51	768.82
家庭设备用品及服务	Household Facilities, Articles and Services	95.58	49.75	66.56	69.75	105.53	216.43
交通通讯	Transport and Communications	234.69	130.19	174.87	201.08	290.11	434.03
文教娱乐用品及服务	Education, Cultural and Recreation and Services	219.91	87.69	150.74	168.92	295.07	468.51
医疗保健	Health Care and Medical Services	164.72	79.98	105.66	159.28	185.13	340.80
其他商品及服务	Miscellaneous Goods and Services	31.05	15.53	17.89	25.33	42.99	62.87
生活消费现金支出	**Cash Consumption Expenditure**	**1816.27**	**992.59**	**1261.71**	**1569.80**	**2248.64**	**3476.25**
食品	Food	555.10	340.51	437.51	496.53	655.35	960.26
衣着	Clothing	134.57	90.06	99.43	124.17	155.77	229.72
居住	Residence	380.77	198.88	209.05	324.73	518.68	764.31
家庭设备用品及服务	Household Facilities, Articles and Services	95.47	49.75	66.56	69.75	105.53	215.77
交通通讯	Transport and Communications	234.69	130.19	174.87	201.08	290.11	434.03
文教娱乐用品及服务	Education, Cultural and Recreation and Services	219.91	87.69	150.74	168.92	295.07	468.51
医疗保健	Health Care and Medical Services	164.72	79.98	105.66	159.28	185.13	340.80
其他商品及服务	Miscellaneous Goods and Services	31.05	15.53	17.89	25.33	42.99	62.87

7-27 农村居民家庭平均每人生活消费支出

Per Capita Living Expenditure of Rural Households

单位：元 (yuan)

指　标	Item	2005	2007	2008
生活消费支出	**Living Expenditure By Category of Consumption**	**1819.58**	**2017.21**	**2400.95**
#服务性支出	Services	495.52	553.45	612.63
食　品	Food Consumption Expenditures	858.89	944.14	1132.53
食品消费品支出	Consumption Expenditure on Food	802.41	861.76	1031.16
谷　物	Cereal	310.43	315.03	360.91
薯　类	Tubers	34.13	43.38	44.50
豆　类	Beans	9.19	9.05	16.75
食用油	Edible Oil	29.92	38.20	58.86
蔬菜及制品	Vegetables and Their Products	41.79	46.52	55.26
肉、禽、蛋、奶及制品	Meat,Poultry,Eggs and Their Products	202.27	209.79	233.80
水产品及制品	AguanticProducts	2.02	2.76	3.78
烟、酒	Cigarette,Liquor	86.56	101.56	122.14
茶叶、饮料	Tea,Beverages	10.54	14.55	18.39
其它类食品	Other Food	75.57	80.91	116.77
食品消费服务性支出	Expenditure of Food Consumption	56.47	82.38	101.37
在外饮食	Outdoor Dinner	42.06	69.94	88.94
食品加工费	Food Process	12.89	11.02	11.59
其他服务性支出	Other Services	1.53	1.41	0.84
衣　着	Expenditure of Clothing Consumption	92.33	112.20	134.66
衣着消费品支出	Consumption Expenditure on Clothing	91.09	111.20	133.54
衣着消费服务性支出	Closthing Services	1.24	1.00	1.12
居　住	Expenditure of Residence Consumption	240.74	295.23	387.83
居住消费品支出	Consumption Expenditure on Residence	189.75	221.99	312.99
居住消费服务性支出	Residence Services	50.99	73.23	74.84
家庭设备、用品及服务	Expenditure of Household Facilities and Articles Consumption	74.09	91.40	95.58
家庭设备用品支出	Consumption Expenditure on Household Facilities and Articles	60.83	74.51	78.67
家庭设备服务消费支出	Household Facilities and Articles Services	13.26	16.89	16.91
交通和通讯	Expenditure of Traffic and Communication Comsumption	155.03	186.17	234.69
交通和通讯用品支出	Consumption Expenditure on Transport and Communication	69.19	79.45	108.10
交通和通讯服务消费支出	Traffic and Communication Services	85.85	106.72	126.59
文化教育、娱乐用品及服务	Expenditure of culture,education and Recreation Consumption	257.88	208.90	219.91
文化教育、娱乐用品	Consumer Goods for Culture, Education and Recreation	43.54	38.68	37.67
教育服务消费支出	Education Services	211.25	166.08	176.61
文化.体育.娱乐服务消费支出	Culture,Sport and Recreation Services	3.09	4.14	5.63
医疗保健	Expenditure of Medical and Medical Services	113.96	149.82	164.72
医疗保健用品	Consumer Goods for Health Care and Medical	53.29	59.55	68.72
医疗保健服务消费支出	Medical and Medical Services	60.67	90.27	96.00
其他商品和服务	Expenditure of Other Commodities and Serveics	26.65	29.36	31.05
其他商品支出	Other expenditure on Commodities	13.95	16.62	17.48
其他消费服务支出	Other Commodities services	12.70	12.74	13.58

7-28 农村居民家庭平均每人生活消费支出构成

Per Capita Living Expenditure of Rural Households

单位：% (%)

指　　标	Item	2000	2005	2007	2008
生活消费支出	**Living Expenditure**	**100.00**	**100.00**	**100.00**	**100.00**
食品	Food	48.45	47.20	46.80	47.17
衣着	Clothing	5.58	5.07	5.56	5.61
居住	Residence	15.79	13.23	14.64	16.15
家庭设备用品及服务	Household Facilities, Articles and Services	3.90	4.07	4.53	3.98
医疗保健	Medicines and Medical Services	6.51	6.26	7.43	6.86
交通和通讯	Transportation and Communication	4.04	8.52	9.23	9.77
文教娱乐用品及服务	Cultural,Educational and Recreational Articles and Services	13.27	14.17	10.35	9.16
其他商品和服务	Other Commodities and Services	2.46	1.48	1.46	1.29
生活消费现金支出	**Cash Consumption Expenditure**	**100.00**	**100.00**	**100.00**	**100.00**
食品	Food	28.60	26.80	29.15	30.56
衣着	Clothing	8.10	7.11	7.45	7.41
居住	Residence	19.54	17.67	19.21	20.96
家庭设备用品及服务	Household Facilities, Articles and Services	5.64	5.70	6.07	5.26
医疗保健	Medicines and Medical Services	9.44	8.80	9.95	12.92
交通通讯	Transportation and Communication	5.85	11.97	12.36	12.11
文教娱乐用品及服务	Cultural,Educational and Recreational Articles and Services	19.24	19.90	13.87	9.07
其他商品及服务	Other Commodities and Services	3.59	2.05	1.94	1.71

7-29 农村居民家庭平均每人主要消费品消费量

Per Capita Consumption of Major Consumer Goods in Rural Households

单位：千克 (kg)

品　　名	Item	2000	2005	2007	2008
粮食（原粮）	Grain (Unprocessed)	256.53	265.69	257.67	248.49
豆类及豆制品	Beans and Bean Products	1.77	5.31	4.33	5.76
蔬菜	Vegetables	44.62	43.57	38.86	42.37
食油	Edible Oil	5.95	3.61	3.67	3.94
猪肉	Pork	9.20	14.87	12.46	11.56
牛肉	Beef	0.21	0.41	0.29	0.21
羊肉	Mutton	0.60	1.28	0.79	0.74
家禽	Poultry	0.73	0.81	0.75	1.15
蛋及蛋制品	Eggs and Related Products	1.88	1.66	1.66	2.17
奶和奶制品	Milk and Processed Products	0.39	1.36	2.39	2.38
水产品	Fish and Shrimp	0.14	0.21	0.28	0.29
瓜果	Fruits	11.45	12.56	11.71	16.82
食糖	Sugar	0.76	0.75	0.81	1.00
酒	Liquor	3.32	4.88	5.89	6.66

7-30 农村居民家庭平均每百户年底耐用消费品拥有量

Number of Durable Consumer Goods Owned Per 100 Rural Households at the Year-End

品　名	Item	2000	2005	2007	2008
洗衣机（台）	Washing Machine (set)	27.72	39.06	47.56	52.11
电冰箱（台）	Refrigerator (set)	4.39	7.06	10.33	10.94
热水器（台）	waterheater (units)	1.78	2.27	2.22	3.06
自行车（辆）	Bicycle (set)	125.94	102.50	100.00	99.56
摩托车（辆）	Motorcycle (set)	12.56	37.05	47.33	51.33
电风扇（台）	Electric Fan (set)	15.94	26.30		
黑白电视机（台）	Black and White TV Set (set)	42.39	19.67	10.61	9.83
彩色电视机（台）	Color TV Set (set)	49.94	86.44	97.22	99.89
影碟机（台）	Video Disc Player (set)	6.89	31.78	33.00	34.39
照相机（架）	Camera (set)	3.61	2.78	2.06	2.50
固定电话（部）	Local Telephone (unit)	13.00	54.56	67.94	67.11
移动电话（部）	Mobile Phone (unit)	0.72	42.56	54.61	70.78
家用电脑（台）	computer (set)			1.11	1.94

7-31 农村住户建房和居住情况

Housing Condition of Rural Housholds

指　　标	Item	2000	2005	2007	2008
建房情况（户均）	**Conditions of Built Houses (Per household)**				
年内新建(购)房屋面积（平方米）	Floor Space of Newly Built(purchased) Residential Buildings within the year (sq.m)	2.89	2.47	1.62	2.50
#砖木结构面积	Brick and Wood Structure	1.69	1.33	0.69	1.52
钢筋混凝土结构面积	Reinforced Concrete Structure	0.40	0.82	0.71	0.81
年内新建(购)房屋价值（元）	Value of Newly Built (purchased) Houses this year (yuan)	637.07	776.00	693.61	1633.53
新建(购)楼房面积（平方米）	Floor Space of Newly Built (purchased) Storied Houses (sq.m)	0.24	0.37	0.41	0.45
居住情况（户均）	**Living Rooms Per Household**				
年末住房面积（平方米）	Living Floor Space at Year-end (sq.m)	75.86	86.99	89.99	91.59
#砖木结构面积	Brick and Wood Structure	19.78	30.48	29.73	32.58
钢筋混凝土结构面积	Reinforced Concrete Structure	1.88	4.99	6.78	7.72
年末住房价值（元）	Value of Rooms at Year-end (yuan)	9886.28	15868.93	17072.92	18972.84
人均指标（平方米）	**Per Capita Indices (sq.m)**				
平均每人年末住房面积	Living Floor Space at Year-end	18.00	18.71	19.46	19.87
平均每户本年新建(购)房屋	Newly Built (purchased) Residential Buildings per Household this year	2.89	2.47	1.62	2.50
平均每人年内新建(购)房屋面积	Floor Space of Newly Built (purchased) Residential Buildings per Household this year	0.61	0.53	0.35	0.54
平均每户新建(购)楼房面积	Floor Space of Newly Built (purchased) Storied Houses Per Household	0.24	0.37	0.41	0.45

7-32 各地县农民人均纯收入

Per Capita Net Income of Farmers

by Perfecture, County

(2008)

单位：元/人 (yuan/person)

地区	Region	农民人均纯收入 Annual Per Capita Net Income of Rural Residents	地区	Region	农民人均纯收入 Annual Per Capita Net Income of Rural Residents
兰州市	**Lanzhou**	**3503.00**	瓜州县	Guazhou	5731.25
城关区	Chengguan	9759.33	肃北县	Subei	6764.00
七里河区	Qilihe	5450.12	阿克塞县	Akesai	7158.26
西固区	Xigu	6018.00	玉门市	Yumen	5690.91
安宁区	Anning	6158.21	敦煌市	Dunhuang	6045.10
红古区	Honggu	5904.00	**庆阳市**	**Qingyang**	**2385.00**
永登县	Yongdeng	2692.89	西峰区	Xifeng	3166.52
皋兰县	Gaolan	2790.39	庆城县	Qingcheng	2429.97
榆中县	Yuzhong	2392.84	环　县	Huanxian	1961.76
嘉峪关市	**Jiayuguan**	**6452.00**	华池县	Huachi	2300.47
金昌市	**Jinchang**	**5014.00**	合水县	Heshui	2280.77
金川区	Jinchuan	5625.29	正宁县	Zhengning	2576.11
永昌县	Yongchang	4865.18	宁　县	Ningxian	2418.15
白银市	**Baiyin**	**2676.00**	镇原县	Zhenyuan	2178.85
白银区	Baiyin	4505.04	**定西市**	**Dingxi**	**2136.00**
平川区	Pingchuan	2868.25	安定区	Anding	2153.35
靖远县	Jingyuan	2882.54	通渭县	Tongwei	2016.30
会宁县	Huining	2106.68	陇西县	Longxi	2232.56
景泰县	Jingtai	3088.00	渭源县	Weiyuan	2096.38
天水市	**Tianshui**	**2148.00**	临洮县	Lintao	2316.10
秦州区	Qinzhou	2376.55	漳　县	Zhangxian	2083.91
麦积区	Maiji	2165.42	岷　县	Minxian	1988.00
清水县	Qingshui	2042.09	**陇南市**	**Longnan**	**1998.00**
秦安县	Qinan	2158.57	武都区	Wudu	1936.00
甘谷县	Gangu	2158.56	宕昌县	Tanchang	1296.34
武山县	Wushan	2115.35	成　县	Chengxian	2910.00
张家川县	Zhangjiachuan	1894.08	康　县	Kangxian	1925.99
武威市	**Wuwei**	**3591.00**	文　县	Wenxian	1740.00
凉州区	Liangzhou	4380.22	西和县	Xihe	1882.33
民勤县	Minqin	4161.26	礼　县	Lixian	1860.22
古浪县	Gulang	2129.22	两当县	Liangdang	2105.48
天祝县	Tianzhu	2139.43	徽　县	Huixian	3116.00
张掖市	**Zhangye**	**4515.00**	**临夏州**	**Linxia**	**1847.00**
甘州区	Ganzhou	4763.39	临夏市	linxia	3719.23
肃南县	Sunan	5522.22	临夏县	linxia	1839.48
民乐县	Minle	4028.24	康乐县	Kangle	1833.40
临泽县	Linze	4628.00	永靖县	Yongjing	1842.27
高台县	Gaotai	4545.27	广河县	Guanghe	1941.41
山丹县	Shandan	4360.58	和政县	Hezheng	1727.13
平凉市	**Pingliang**	**2414.00**	东乡县	Dongxiang	1419.54
崆峒区	Kongtong	3111.59	积石山县	Jishishan	1575.32
泾川县	Jingchuan	2504.70	**甘南州**	**Gannan**	**2049.00**
灵台县	Lingtai	2422.22	合作市	Hezuo	2103.74
崇信县	Chongxin	2470.49	临潭县	Lintan	1796.00
华亭县	Huating	2810.12	卓尼县	Zhuoni	1819.20
庄浪县	Zhuanglang	2027.36	舟曲县	Zhouqu	1969.00
静宁县	Jingning	2079.50	迭部县	Diebu	2075.15
酒泉市	**Jiuquan**	**5763.00**	玛曲县	Maqu	3085.06
肃州区	Suzhou	5646.15	碌曲县	Luqu	2695.00
金塔县	Jinta	5745.00	夏河县	Xiahe	2118.15

主要统计指标解释

一、职工工资

工资总额　指各单位在一定时期内直接支付给本单位全部职工的劳动报酬总额。工资总额的计算原则应以直接支付给职工的全部劳动报酬为根据。各单位支付给职工的劳动报酬以及其他根据有关规定支付的工资，不论是计入成本的还是不计入成本的，不论是按国家规定列入计征奖金税项目的，还是未列入计征奖金税项目的，不论是以货币形式支付的还是以实物形式支付的，均包括在工资总额内。

平均工资　指企业、事业、机关单位的职工在一定时期内平均每人所得的货币工资额。它表明一定时期职工工资收入的高低程度，是反映职工工资水平的主要指标。计算公式为：

$$平均工资=\frac{报告期实际支付的全部职工工资总额}{报告期全部职工平均人数}$$

平均工资指数　指报告期职工平均工资与基期职工平均工资的比率，是反映不同时期职工货币工资水平变动情况的相对数。计算公式为：

$$平均工资指数=\frac{报告期职工平均工资}{基期职工平均工资}\times 100\%$$

平均实际工资指数　职工平均实际工资指扣除物价变动因素后的职工平均工资。职工平均实际工资指数是反映实际工资变动情况的相对数，表明职工实际工资水平提高或降低的程度。计算公式为：

$$平均实际工资指数=\frac{报告期职工平均工资指数}{报告期城镇居民消费价格指数}\times 100\%$$

二、城镇住户

城镇家庭人口　指居住在一起，经济上合在一起共同生活的家庭成员。凡计算为家庭人口的成员其全部收支都包括在本家庭中。

城镇就业面　指就业人口占家庭人口的百分比。

城镇就业者负担人数　指家庭人口与就业人口之比。

城镇家庭总收入　指家庭成员得到的工薪收入、经营净收入、财产性收入、转移性收入之和，不包括出售财物收入和借贷收入。

城镇家庭可支配收入　指家庭成员得到可用于最终消费支出和其它非义务性支出以及储蓄的总和，即居民家庭可以用来自由支配的收入。它是家庭总收入扣除交纳的所得税、个人交纳的社会保障支出以及记账补贴后的收入。计算公式为：

可支配收入=家庭总收入-交纳所得税-个人交纳的社会保障支出-记帐补贴

城镇家庭总支出　指除借贷支出以外的全部家庭支出。包括消费性支出、购房建房支出、转移性支出、财产性支出、社会保障支出。

城镇家庭消费性支出　指家庭用于日常生活的支出，包括食品、衣着、家庭设备用品及服务、医疗保健、交通和通信、娱乐教育文化服务、居住、杂项商品和服务等八大类支出。

城镇家庭收入分组方法　将所有调查户依户人均可支配收入由低到高排队，按10%，10%，20%，20%，20%，10%，10%的比例依次分成：最低收入户、低收入户、中等偏下收入户、中等收入户、中等偏上收入户、高收入户、最高收入户等七组。总体中最低5%的户为困难户。

恩格尔系数　指食物支出金额在消费性总支出金额中所占的比例。计算公式为：

恩格尔系数=食品支出金额/消费性总支出金额×100%

三、农村住户

农村住户　指农村常住户。农村常住户指长期(一年以上)居住在乡镇(不包括城关镇)行政管理区域内的住户，以及长期居住在城关镇所辖行政村范围内的农村住户。户口不在本地而在本地居住一年及以上的住户也包括在本地农村常住户范围内；有本地户口，但举家外出谋生一年以上的住户，无论是否保留承包耕地都不包括在本地农村住户范围内。

常住人口　指全年经常在家或在家居住6个月以上，而且经济和生活与本户连成一体的人口。外出从业人员在外居住时间虽然在6个月以上，但收入主要带回家中，经济与本户连为一体，仍视为家庭常住人口；在家居住，生活和本户连成一体的国家职工、退休人员也为家庭常住人口。但是现役军人、中专及以上(走读生除外)的在校学生、以及常年在外(不包括探亲、看病等)且已有稳定的职业与居住场所的外出从业人员，不算家庭常住人口。家庭常住人口主要作为计算农村住户平均每人收入、消费和积累水平及分析家庭人口状况的依据。

整、半劳动力　整劳动力指男子18周岁到50周岁，女子18周岁到45周岁；半劳动力指男子16周岁到17周岁，51周岁到60周岁；女子16周岁到17周岁，46周岁到55周岁，同时具有劳动能力的人。虽然在劳动年龄之内，但已丧失劳动能力的人，不应算为劳动力；超过劳动年龄，但能经常参加劳动，计入半劳动力数内。常住人口中的职工，若这些职工为劳动力，就包括在本户的整半劳动力中。

总收入 指调查期内农村住户和住户成员从各种来源渠道得到的收入总和。按收入的性质划分为工资性收入、家庭经营收入、财产性收入和转移性收入。

工资性收入 指农村住户成员受雇于单位或个人，靠出卖劳动而获得的收入。

家庭经营收入 指农村住户以家庭为生产经营单位进行生产筹划和管理而获得的收入。农村住户家庭经营活动按行业划分为农业、林业、牧业、渔业、工业、建筑业、交通运输业邮电业、批发和零售贸易餐饮业、社会服务业、文教卫生业和其他家庭经营。

财产性收入 指金融资产或有形非生产性资产的所有者向其他机构单位提供资金或将有形非生产性资产供其支配，作为回报而从中获得的收入。

转移性收入 指农村住户和住户成员无须付出任何对应物而获得的货物、服务、资金或资产所有权等，不包括无偿提供的用于固定资本形成的资金。一般情况下，是指农村住户在二次分配中的所有收入。

现金收入 指农村住户和住户成员在调查期内得到以现金形态表现的收入。按来源分成工资性收入、家庭经营现金收入、财产性收入、转移性收入。

纯收入 指农村住户当年从各个来源得到的总收入相应地扣除所发生的费用后的收入总和。计算方法：

纯收入=总收入-税费支出-家庭经营费用支出-生产性固定资产折旧-赠送农村亲友支出

纯收入主要用于再生产投入和当年生活消费支出，也可用于储蓄和各种非义务性支出。“农民人均纯收入”按人口平均的纯收入水平，反映的是一个地区或一个农户农村居民的平均收入水平。

总支出 指农村住户用于生产、生活和再分配的全部支出。家庭经营费用支出、购置生产性固定资产支出、生产性固定资产折旧、税费支出、生活消费支出、财产性支出和转移性支出。

城市概况 8

URBAN SURVEY

简要说明

一、本篇资料的主要内容

本篇资料反映了全省各城市主要社会经济和城市公用事业基本情况。城市公用事业基本情况包括市政建设、设施水平、供水、供气、供热、公共交通、园林绿化、环境卫生等。

二、本篇资料的来源

本篇资料中城市主要社会经济指标部分的资料由国家统计局甘肃调查总队统计监测处依据国家统计局制定的《市、县社会经济基本情况统计报表制度》提供。

城市公用事业基本情况指标部分的资料来源于甘肃省建设厅城市建设统计年报,由国家统计局甘肃调查总队统计监测处整理提供。

三、本篇资料的统计范围

本篇资料的统计范围是12个地级城市，为城市行政区，含市辖建制镇，不含市辖市、市辖县。

2006起年建设部对《城市建设统计报表制度》陆续进行了修订，范围、口径及部分指标计算方法有所调整，故数据不能与上年数据直接比较。

8-1 分城市主要社会经济指标

Main Social and Economic Indicators by Cities

(2008)

指标	Item	合计 Total	兰州市 Lanzhou	嘉峪关市 Jiayuguan	金昌市 Jinchang
年底人口数（万人）	Population (year-end)(10 000 persons)	801.03	209.99	18.59	21.41
# 非农业人口	Non-agricultural Population	415.9	187.25	16.52	16.49
年底单位从业人员（万人）	Number of Employed Persons (year-end) (10 000 persons)	102.4	44.21	4.21	5.42
地区生产总值（万元）	Regional Gross Product (10 000yuan)	17748011	7264769	1441043	1592999
第一产业	Primary Industry	1194955	103794	16870	20602
第二产业	Secondary Industry	9379013	3379334	1182797	1393466
第三产业	Tertiary Industry	7174043	3781641	241376	178931
规模以上工业总产值（万元）	Gross Industrial Output Value of Industrial Enterprises above Designated Size (10 000 yuan)	25709943	11799682	3938662	3997471
规模以上工业企业	Industrial Enterprises above Designated Size				
主营业务收入（万元）	Revenue from Principal Business (10 000 yuan)	27052826	11940871	4194445	5987736
利税总额（万元）	Pre-tax Profits (10 000 yuan)	357622	−534530	213517	462020
邮电局所数（个）	Number of Post and Telecommunication Offices (unit)	447	108	16	15
本地电话用户（万户）	Number of Telephone Sets (year-end) (10 000 households)	267.83	113.2	8.10	4.02
年末移动电话用户（万户）	Nember of Mobile Phone Set (year-end) (10 000 households)	478.57	227.94	23.79	16.4
国际互联网用户（万户）	Internet Service Users (10 000 households)	56.22	30.54	3.33	1.96
固定资产投资额（万元）	Total Investment in Fixed Assets (10 000 yuan)	8561099	3793349	536807	396336
房地产开发投资额（万元）	Total Investment in Real Estate Development (10 000 yuan)	1466316	905658	85190	19779
# 住宅	Residential Buildings	993678	573155	57270	16987
社会消费品零售总额（万元）	Total Retail Sales of Consumer Goods (10 000 yuan)	6691172	3757344	180016	193343
在校学生数	Student Enrollment				
普通高等学校（人）	Regular Institutions of Higher Education (person)	276608	200690	2178	
中等职业技术学校（人）	Specialized Secondary Schools (person)	134416	52125	2682	500
普通中学（万人）	Number of Regular Secondary Schools (10 000 persons)	56.97	12.15	0.88	1.82
小学（万人）	Number of Primary Schools (10 000 persons)	70.06	14.79	1.67	1.86
医院、卫生院数（个）	Number of Hospitals (unit)	687	211	8	14
医院、卫生院床位数（张）	Number of Beds in Hospitals (bed)	42385	18899	1279	1420
执业（助理）医师（人）	Licensed (Assistant) Doctors (person)	20615	8691	618	998
在岗职工工资总额（万元）	Total Wages of Staff and Workers (10 000 yuan)	2479555	1166437	156845	186566
城乡居民储蓄存款（万元）	Outstanding Amount of Savings Deposit in Urban and Rural Areas (10 000 yuan)	14562755	7610386	538400	491071

8–1 续表 1 continued

指标	Item	白银市 Baiyin	天水市 Tianshui	武威市 Wuwei	张掖市 Zhangye	平凉市 Pingliang
年底人口数（万人）	Population (year-end)(10 000 persons)	49.39	125.23	102.89	51.63	49.63
# 非农业人口	Non-agricultural Population	31.55	53.24	28.62	19.08	17.38
年底单位从业人员（万人）	Number of Employed Persons (year-end) (10 000 persons)	9.72	11.67	7.46	4.61	4.08
地区生产总值（万元）	Regional Gross Product (10 000yuan)	1623252	1344442	1425515	767347	600216
第一产业	Primary Industry	46780	117643	297516	191986	68135
第二产业	Secondary Industry	1126501	609447	562279	271633	267155
第三产业	Tertiary Industry	449971	617352	565720	303728	264926
规模以上工业总产值（万元）	Gross Industrial Output Value of Industrial Enterprises above Designated Size (10 000 yuan)	2885713	969431	587346	426575	309739
规模以上工业企业	Industrial Enterprises above Designated Size					
主营业务收入（万元）	Revenue from Principal Business (10 000 yuan)	2686536	677147	433330	406004	331612
利税总额（万元）	Pre-tax Profits (10 000 yuan)	93667	39961	61005	20035	188
邮电局所数（个）	Number of Post and Telecommunication Offices (unit)	34	60	81	28	22
本地电话用户（万户）	Number of Telephone Sets (year-end) (10 000 households)	18.71	25.10	36.84	16.39	7.75
年末移动电话用户（万户）	Nember of Mobile Phone Set (year-end) (10 000 households)	29.48	44.55	29.88	20.80	16.12
国际互联网用户（万户）	Internet Service Users (10 000 households)	4.05	3.57	3.21	2.35	1.47
固定资产投资额（万元）	Total Investment in Fixed Assets (10 000 yuan)	564935	690033	619805	285020	429643
房地产开发投资额（万元）	Total Investment in Real Estate Development (10 000 yuan)	42154	74544	81930	33270	70154
# 住宅	Residential Buildings	38818	63596	30278	29198	62199
社会消费品零售总额（万元）	Total Retail Sales of Consumer Goods (10 000 yuan)	400505	587015	324571	283468	269275
在校学生数	Student Enrollment					
普通高等学校（人）	Regular Institutions of Higher Education (person)		29327	2811	16154	5822
中等职业技术学校（人）	Specialized Secondary Schools (person)	10080	21786	2612	3863	14696
普通中学（万人）	Number of Regular Secondary Schools (10 000 persons)	4.87	8.2	8.34	3.85	2.92
小学（万人）	Number of Primary Schools (10 000 persons)	4.44	12.9	8.79	4.14	4.88
医院、卫生院数（个）	Number of Hospitals (unit)	31	124	120	34	27
医院、卫生院床位数（张）	Number of Beds in Hospitals (bed)	3214	3384	3719	2008	2145
执业（助理）医师（人）	Licensed (Assistant) Doctors (person)	1307	1500	1897	1463	1042
在岗职工工资总额（万元）	Total Wages of Staff and Workers (10 000 yuan)	276422	177721	106836	81257	78590
城乡居民储蓄存款（万元）	Outstanding Amount of Savings Deposit in Urban and Rural Areas (10 000 yuan)	877244	1265759	926685	589778	505846

8-1 续表 2 continued

指　标	Item	酒泉市 Jiuquan	庆阳市 Qingyang	定西市 Dingxi	陇南市 Longnan
年底人口数（万人）	Population (year-end) (10 000 persons)	36.42	34.51	46.57	54.77
#非农业人口	Non-agricultural Population	13.97	10.24	8.82	12.74
年底单位从业人员（万人）	Number of Employed Persons (year-end) (10 000 persons)	3.61	2.86	2.56	1.99
地区生产总值（万元）	Regional Gross Product (10 000yuan)	626843	585226	224369	251990
第一产业	Primary Industry	139564	65074	59991	67000
第二产业	Secondary Industry	180563	306696	56037	43105
第三产业	Tertiary Industry	306716	213456	108341	141885
规模以上工业总产值（万元）	Gross Industrial Output Value of Industrial Enterprises above Designated Size (10 000 yuan)	195783	473480	105294	20767
规模以上工业企业	Industrial Enterprises above Designated Size				
主营业务收入（万元）	Revenue from Principal Business (10 000 yuan)	174673	110976	93672	15824
利税总额（万元）	Pre-tax Profits (10 000 yuan)	16390	−16264	1154	479
邮电局所数（个）	Number of Post and Telecommunication Offices (unit)	27	10	22	24
本地电话用户（万户）	Number of Telephone Sets (year-end) (10 000 households)	10.66	13.30	8.53	5.23
年末移动电话用户（万户）	Nember of Mobile Phone Set (year-end) (10 000 households)	26.90	14.68	11.60	16.43
国际互联网用户（万户）	Internet Service Users (10 000 households)	2.45	1.33	1.12	0.85
固定资产投资额（万元）	Total Investment in Fixed Assets (10 000 yuan)	415354	434168	161042	234607
房地产开发投资额（万元）	Total Investment in Real Estate Development (10 000 yuan)	78681	39537	33019	2400
#住宅	Residential Buildings	62571	27130	30076	2400
社会消费品零售总额（万元）	Total Retail Sales of Consumer Goods (10 000 yuan)	263852	198431	126341	107011
在校学生数	Student Enrollment				
普通高等学校（人）	Regular Institutions of Higher Education (person)	5316	10610	3700	
中等职业技术学校（人）	Specialized Secondary Schools (person)	3369	11421	6912	4370
普通中学（万人）	Number of Regular Secondary Schools (10 000 persons)	2.87	3.26	3.9	3.91
小学（万人）	Number of Primary Schools (10 000 persons)	3.38	3.49	3.51	6.21
医院、卫生院数（个）	Number of Hospitals (unit)	34	15	28	41
医院、卫生院床位数（张）	Number of Beds in Hospitals (bed)	1765	1978	1334	1240
执业（助理）医师（人）	Licensed (Assistant) Doctors (person)	980	782	569	768
在岗职工工资总额（万元）	Total Wages of Staff and Workers (10 000 yuan)	85776	65928	58150	39027
城乡居民储蓄存款（万元）	Outstanding Amount of Savings Deposit in Urban and Rural Areas (10 000 yuan)	702913	492677	292745	269251

8-2 城市公用事业基本情况

Basic Statistics on Urban Public Utilities

指　　标	Item	2007	2008
建成区面积（平方公里）	Developed Areas (sq.km)	494	554
城市人口密度（人/平方公里）	Population Density of Urban Districts (person/sq.km)	3807	3802
全年供水总量（万吨）	Total Annual Volume of Water Supply (10 000 tons)	56158	60314
# 生活用水	Water Consumption for Residential use	16553	18016
平均每人生活用水（吨）	Per Capita Water Consumption for Residential use (ton)	38.44	43.59
用水普及率（%）	Percentage of Population with Access to Tap Water (%)	92.33	87.85
公共交通运营数（辆）	Number of Public Vehicles under Operation (unit)	3307	3763
每万人拥有公交车辆（标台）	Number of Public Transportation Vehicles per 10000 Population (unit)	7.76	8.11
出租汽车（辆）	Taxis (unit)	18937	18499
年末实有道路长度（公里）	Length of Paved Roads at Year-end (km)	2059	2687
城市排水管道长度（公里）	Length of City Sewaeg Pipes (km)	2316	2624
液化石油气家庭用量（万吨）	Consumption of Liquefied Gas for Residential use (10 000 tons)	2.66	2.75
燃气普及率（%）	Percentage of Population with Access to Gas (%)	65.29	65.32
城市绿地面积（公顷）	Area of Urban Green Areas (hectare)	11849	13097
人均拥有公园绿地面积（平方米）	Per Capita area of greenbelt (sq.m)	7.03	7.87
公园数（个）	Number of Parks (unit)	63	69
公园面积（公顷）	Area of Parks (hectare)	1848	2204
生活垃圾清运量（万吨）	Volume of Garbage Disposal (10 000 tons)	238	242

8-3 城市市区设施水平

Level of Public Facilities in Cities

(2008)

城市名称	City	人均居住面积（平方米）Per Capita Net Living Space (sq.m)	人均日生活用水量（升）Per Capita Daily Consumption of Tap Water for Residential Use (liter)	城市燃气普及率（%）Percentage of Population with Access to Gas (%)	每万人拥有公交车辆（标台）Number of Public Transportation Vehicles per 10000 Population(unit)	人均拥有道路面积（平方米）Per Capita Area of Paved Roads (sq.m)	人均拥有公园绿地面积（平方米）Per Capita area of greenbelt (sq.m)
全　省	**Total**		**156.05**	**65.32**	**8.11**	**10.37**	**7.87**
兰州市	Lanzhou	23.51	188.73	73.73	12.79	7.58	9.33
嘉峪关市	Jiayuguan	29.04	169.57	100.00	5.04	17.00	14.29
金昌市	Jinchang	30.41	223.18	48.93	6.73	18.10	15.41
白银市	Baiyin	23.06	246.83	52.91	4.78	13.02	6.27
天水市	Tianshui	19.27	138.49	56.90	3.25	8.62	5.46
武威市	Wuwei	23.90	139.65	54.21	4.76	10.39	3.94
张掖市	Zhangye	22.88	104.11	91.08	19.69	14.28	12.31
平凉市	Pingliang	29.67	86.70	54.17	4.17	19.62	7.95
酒泉市	Jiuquan	29.23	127.69	72.73	5.23	12.56	8.34
庆阳市	Qingyang	26.50	70.41	73.54	9.02	8.75	2.97
定西市	Dingxi	30.49	31.98	43.58	2.29	6.25	9.17
陇南市	Longnan	26.00	52.87	27.32	1.51	2.95	1.30

8-4 城市房屋建筑及住房情况

Basic Statistics on Building Construction and Housing Condition in Cities

(2008)

城市名称	City	建成区面积（平方公里）Developed Areas (sq.km)	市区人口密度（人/平方公里）Population Density of Urban Districts (person/sq.km)	商品房屋销售面积（万平方米）Floor Space of Building Sold (10 000 sq.m)	商品房屋空置面积（万平方米）Flood Space of Building unsold (10 000 sq.m)
总　计	**Total**	**554.00**	**3802**	**393.85**	**137.29**
兰州市	Lanzhou	183.00	10271	137.87	74.00
嘉峪关市	Jiayuguan	42.00	1505	49.82	1.01
金昌市	Jinchang	32.00	3893	25.32	4.20
白银市	Baiyin	51.00	4387	31.39	1.85
天水市	Tianshui	62.00	11694	18.55	12.48
武威市	Wuwei	27.00	9882	2.30	11.00
张掖市	Zhangye	28.00	5839	28.66	5.43
平凉市	Pingliang	48.00	1035	10.89	0.48
酒泉市	Jiuquan	36.00	1328	45.81	15.30
庆阳市	Qingyang	14.00	8052	25.17	11.54
定西市	Dingxi	23.00	872	8.04	
陇南市	Longnan	8.00	3643	10.03	

8-5 城市市政建设

Basic Statistics on City Construction

（2008）

城市名称	City	年末实有道路长度（公里）Length of Paved Roads at Year-end (km)	年末实有道路面积（万平方米）Area of Paved Roads(year-end)(10 000 sq.m)	城市排水管道长度（公里）Length of City Sewaeg Pipes(km)	城市道路照明灯（千盏）Number of Street Lights (1 000 unit)
总　计	**Total**	**2687**	**4913**	**2624**	**145**
兰州市	Lanzhou	792	1500	675	71
嘉峪关市	Jiayuguan	268	307	330	16
金昌市	Jinchang	120	296	68	2
白银市	Baiyin	373	515	152	6
天水市	Tianshui	302	591	321	12
武威市	Wuwei	132	253	131	6
张掖市	Zhangye	93	232	201	5
平凉市	Pingliang	150	518	255	9
酒泉市	Jiuquan	251	387	242	11
庆阳市	Qingyang	121	162	124	3
定西市	Dingxi	52	109	73	2
陇南市	Longnan	34	43	52	2

8-6 城市燃气及供热情况

Basic Statistics on Supply of Gas and Heat in Cities

（2008）

城市名称	City	煤气天然气供气量（万立方米）Coal Gas Natural Gas Supply (10 000 cu.m)	#家庭用量 Household Consumption	液化石油气供应量（吨）Liquefied Petroleum Gas (ton)	#家庭用量 Household Consumption	集中供热面积（万平方米）Heated Area (10 000 sq.m)	#住　宅 Residential Housing
总　计	**Total**	**52289**	**6436**	**58972**	**38703.92**	**8154**	**5891**
兰州市	Lanzhou	51746	6360	350.8	286	3708	2747
嘉峪关市	Jiayuguan	40	40	420	170	650	515
金昌市	Jinchang			641.92	626.92	361	304
白银市	Baiyin			1710	1702	737	367
天水市	Tianshui			9015	9015	420	323
武威市	Wuwei			3370	3270	830	497
张掖市	Zhangye			2600	2220	232	157
平凉市	Pingliang	3	2.6	17821.5	1768	449	403
酒泉市	Jiuquan	337	33.6	14930	14930	540	390
庆阳市	Qingyang	113		6928	3590	58	44
定西市	Dingxi			598	548	169	144
陇南市	Longnan			587	578		

8-7 城市自来水情况

Basic Statistics on Tap Water Supply in Cities

(2008)

城市名称	City	自来水综合生产能力（万立方米/日） Production Capacity of Tap Water (10 000 cu.m/day)	年末供水管道长度（公里） Length of Water Supply Pipelines (km)	全年供水总量（万吨） Total Annual Volume of Water Supply(10 000 tons)	#生活用水 Water Consumption for Residential use	用水人口（万人） Number of Residents with Access to Tap Water(10 000 persons)	城市人口用水普及率（%） Percentage of Population with Access to TapWater(%)
总 计	**Total**	**378.6**	**3332**	**62088**	**18765**	**430.46**	**87.85**
兰州市	Lanzhou	158.0	835	28127	9599	182.34	92.14
嘉峪关市	Jiayuguan	83.9	537	9159	398	18.06	100.00
金昌市	Jinchang	33.0	322	7183	865	14.78	90.40
白银市	Baiyin	44.9	279	6655	3202	38.25	96.69
天水市	Tianshui	9.9	182	3598	1792	52.00	75.87
武威市	Wuwei	10.0	186	1640	800	21.60	88.71
张掖市	Zhangye	10.0	164	1079	520	15.00	92.31
平凉市	Pingliang	6.3	291	1432	528	25.52	96.67
酒泉市	Jiuquan	10.7	215	2064	464	22.40	72.73
庆阳市	Qingyang	5.4	124	503	378	17.82	96.22
定西市	Dingxi	5.0	134	416	137	15.59	89.39
陇南市	Longnan	1.6	63	232	83	7.10	48.73

8-8 城市公共交通情况

Basic Statistics on Public Traffic in Cities

(2008)

城市名称	City	公共交通运营数（辆） Number of Public Vehicles under Operation (unit)	年末运营线路网长度（公里） Length of Transportation Routes (km)	公共交通客运总量（万人次） Number of Passengers Carried of Bus, Trolley Bus (10 000 person-times)	出租汽车（辆） Taxis (unit)
总 计	**Total**	**3763**	**1927**	**73200**	**18499**
兰州市	Lanzhou	2113	770	54150	5074
嘉峪关市	Jiayuguan	92	94	1216	602
金昌市	Jinchang	110	115	852	620
白银市	Baiyin	205	320	5801	3182
天水市	Tianshui	220	234	3480	1850
武威市	Wuwei	165	78	10	1962
张掖市	Zhangye	337	75	670	1241
平凉市	Pingliang	120	78	1427	1100
酒泉市	Jiuquan	161	120	2000	950
庆阳市	Qingyang	165	22	2600	1220
定西市	Dingxi	53	16	659	440
陇南市	Longnan	22	5	335	258

8-9 城市园林绿化情况

Basic Statistics on Parks, Gardens and Green Areas in Cities

(2008)

城市名称	City	城市绿地面积（公顷）Area of Urban Green Areas (hectare)	#公园绿地 Green Areas of Parks	建成区绿化覆盖率（%）Green Covered Area as % of Completed Area (%)	公园数（个）Number of Parks (unit)	公园面积（公顷）Area of Parks (hectare)
总计	**Total**	**13097**	**3976**	**25.88**	**69**	**2204**
兰州市	Lanzhou	4326	1847	23.04	14	550
嘉峪关市	Jiayuguan	1425	258	35.53	4	305
金昌市	Jinchang	1013	252	28.78	2	56
白银市	Baiyin	1042	248	22.49	11	171
天水市	Tianshui	1276	374	34.35	12	260
武威市	Wuwei	600	96	24.76	4	96
张掖市	Zhangye	577	200	23.46	2	206
平凉市	Pingliang	1293	210	28.83	6	132
酒泉市	Jiuquan	1101	257	33.61	4	206
庆阳市	Qingyang	188	55	15.91	2	43
定西市	Dingxi	233	160	25.27	3	177
陇南市	Longnan	23	19	3.95	5	2

8-10 城市环境卫生情况

Basic Statistics on Urban Sanitation in Cities

(2008)

城市名称	City	清扫保洁面积（万平方米）Area Under Cleaning Program (10 000 sq.m)	生活垃圾清运量（万吨）Volume of Garbage Disposal (10 000 tons)	生活垃圾处理量（万吨）Volume of Garbage Treatment (10 000 tons)	市容环卫专用车辆设备总数（台）Number of Special Vehicles for Environmental Sanitation (unit)	公共厕所（座）Number of Public Lavatories (unit)
总计	**Total**	**4759**	**242**	**226**	**835**	**1040**
兰州市	Lanzhou	1108	111	111	498	290
嘉峪关市	Jiayuguan	369	7	7	25	96
金昌市	Jinchang	400	10	10	35	110
白银市	Baiyin	450	17	9	64	84
天水市	Tianshui	281	35	35	27	48
武威市	Wuwei	234	10	9	48	96
张掖市	Zhangye	367	5	4	15	71
平凉市	Pingliang	490	12	12	16	72
酒泉市	Jiuquan	772	11	9	52	46
庆阳市	Qingyang	152	9	8	24	58
定西市	Dingxi	85	9	6	9	31
陇南市	Longnan	51	6	6	22	38

主要统计指标解释

建城区面积 指市政区范围内经过征用的土地和实际建设发展起来的非农业生产建设地段，包括市区集中连片的部分以及分散在近郊区与城市有着密切联系，具有基本完善的市政共用设施的城市建设用地（如机场、污水处理厂、通讯电台）。

供水综合生产能力 指城建部门系统自来水公司所属自来水厂及各单位自备水源取水、净化、送水、出厂输水干管等环节的综合生产能力，以四个环节中最薄弱的环节为主确定能力，超负荷运行增加的能力不应计算。

年末供水管道长度 指从送水泵至用户水表之间所有管道的长度。不包括新安装尚未使用、水厂内以及用户建筑物内的管道。

全年供水总量 指报告期供水企业(单位)供出的全部水量。包括有效供水量和损失水量。

生活用水量 包括公共服务用水和居民家庭用水。公共服务用水指为城市社会公共生活服务的用水。包括行政事业单位、部队营区和公共设施服务、社会服务业、批发零售贸易业、旅馆饮食业以及其他公共服务业等单位的用水。居民家庭用水指城市范围内所有居民家庭的日常生活用水。包括城市居民、农民家庭、公共供水站用水。

用水普及率 指城市用水人口数与城市人口总数的比率。

煤气（人工煤气、天然气）供气总量 指城市煤气企业向城市生产用户、家庭用户和其他用户供应的全部煤气量，包括外购及损失量。

燃气普及率 指报告期末使用燃气的城市人口数与城市人口总数的比率。

年末道路长度 指年末道路长度和与道路相通的桥梁、隧道的长度，按车行道中心线计算。在统计时只统计路面宽度在 3.5 米(含 3.5 米)以上的各种铺装道路，包括开放型工业区和住宅区道路在内。

年末运营车数 指年末城市用于公共交通运营业务的全部车辆数。新购、新制和调入的运营车辆，自投入之日起开始计算；调出、报废和调作他用的运营车辆，自上级主管机关批准之日起不再计入。

城市绿地面积 指用作绿化的各种绿地面积。包括公园绿地、单位附属绿地、居民区绿地、生产绿地、防护绿地和风景林地的总面积。

公园绿地面积 指开放的各级各类公园绿地。

清扫保洁面积 指报告期末对城市道路和公共场所（主要包括城市行车道、人行道、车行隧道、人行过街地下通道、道路附属绿地、地铁站、高架路、人行过街天桥、立交桥、广场、停车场及其他设施等）进行清扫保洁的面积。一天清扫多次的，按清扫保洁面积最大的一次计算。

市容环卫专用车辆 指用于环境卫生作业、监察的专用车辆和设备，包括用于道路清扫、冲洗、洒水、除雪、垃圾粪便清运、市容监察以及与其配套使用的车辆和设备。

每万人拥有公共交通车辆 指报告期末城区内每万人平均拥有的公共交通车辆标台数。

环境保护 9

ENVIRONMENTAL PROTECTION

简要说明

一、本篇资料主要内容

本篇反映甘肃省环境保护事业发展情况。主要内容包括生态环境、大气环境、固体废物及环境污染治理投资等内容。主要反映工业废水和生活污水的排放及治理情况；城市空气质量、废气排放及处理情况；工业固体废物的产生、处理及利用情况、环境污染与破坏事故情况；环境污染治理投资等情况。

二、本篇资料来源

本篇资料均由省环境保护局提供。

9-1 自然保护情况

Basic Statistics on of Natural Protection

指 标	Item	2008
自然保护区情况	**Nature Reserves**	
自然保护区个数(个)	Number of Nature Reserves (unit)	57
#国家级	National Level	13
省 级	Provincal Level	40
自然保护区面积(公顷)	Area of Nature Reserves (hectare)	9952519
#国家级	National Level	6849918
省 级	Provincal Level	2987701
生态功能保护区个数(个)	Number of Region of Ecological Function (unit)	2
生态功能保护区面积(公顷)	Area of Region of Ecological (hectare)	5619280
有机、绿色及无公害产品基地情况	**Organic, Green and Nuisance-free Products Base**	
建立有机食品基地面积(公顷)	Area of Organic Food base (hectare)	29612
建立绿色食品基地面积(公顷)	Area of Organic Food base (hectare)	23799
建立无公害食品基地面积(公顷)	Area of Nuisance-free Food base (hectare)	159559
已命名国家有机食品生产基地(个)	Denominated National Organic Food production Bases (unit)	
规模化畜禽养殖污染防治情况	**Pollution Prevention of Large-scale livestock and Poultry Raising**	
年出栏量大于50头的养猪场户数(个)	Number of Pig Farms with Slaughtered Fattened Hogs more than 50 per Year (unit)	5598
年出栏量大于10头的养牛场户数(个)	Number of Cattle Farms with Slaughtered Cattle more than 10 per Year (unit)	4647
年出栏量大于30头的养羊场户数(个)	Number of Sheep and Goats Farms with Slaughtered Sheep and Goats more than 30 per Year (unit)	16624
年存栏量大于500只养禽场户数(个)	Number of Poultry Farms Slaughtered Poultry more than 500 per Year (unit)	3441
集中式饮用水水源情况	Centralized drinking water sources	
地表水集中式饮用水源保护区个数(个)	Number of Protected areas of Surface water source for centralized drinking water (unit)	119
地表水集中式饮用水源保护区面积(平方公里)	Protection area of Surface water source for centralized drinking-water (sq.km)	2427
地下水集中式饮用水源保护区个数(个)	Number of Protected areas of Groundwater source for centralized drinking water (unit)	168
地下水集中式饮用水源保护区面积(平方公里)	Protection area of Groundwater source for centralized drinking-water (sq.km)	1605
集中式饮用水源服务人口(万人)	Service population of Centralized drinking water source (10,000 persons)	872.2

9-2 全省“三废”排放、处理及综合利用情况

Discharge,Treatment and Comprehensive Utilization of Waste Water, Waste Gas and Solid Wastes

项　目	Item	2000	2005	2007	2008
废水	**Waste Water**				
工业废水排放量 (万吨)	Industry (10 000 tons)	23795	16798	15856	16405
生活污水排放量 (万吨)	Consumption (10 000 tons)	16637	26930	28479	31064
工业废水排放达标量 (万吨)	Industrial Waste Water Meeting Discharge Standards (10 000 tons)	9980	12301	12837	9669
工业废水排放达标率 (%)	Percentage of Industrial Waste Water Meeting Discharge Standards (%)	71.00	73.00	80.96	58.94
化学需氧量排放量 (万吨)	Discharge Amount of COD (10 000 tons)	13.84	18.23	17.41	17.05
工业	Industry	5.78	5.88	5.02	4.78
生活	Consumption	8.06	12.35	12.39	12.27
氨氮排放量 (万吨)	Ammonia Nitrogen Discharge (10 000 tons)		3.44	2.45	2.21
工业	Industry		2.14	0.85	0.88
生活	Consumption		1.30	1.40	1.34
废气	**Waste Gas**				
工业废气排放量 (亿标立方米)	Industrial Waste Gas Emission (100 million cu.m)	2800	4250	5818	5685
燃料燃烧	Fuels Combustion	1523	2647	2589	3197
生产工艺	Process of Industrial Production	1277	1603	3228	2489
二氧化硫排放量 (万吨)	Sulphur Dioxide Emission (10 000 tons)	36.86	56.25	52.31	50.15
工业	Industry	31.19	51.68	43.57	41.24
生活	Consumption	5.67	4.57	8.74	8.92
烟尘排放量 (万吨)	Soot Emission (10 000 tons)	16.68	16.17	13.21	13.65
工业	Industry	12.48	12.36	8.96	8.79
生活	Consumption	4.20	3.81	4.25	4.85

9-2 续表1 continued

项　目	Item	2000	2005	2007	2008
工业粉尘排放量 (万吨)	Industrial Dust Emission (10 000 tons)	15.00	16.63	9.93	8.58
工业二氧化硫去除量 (万吨)	Industrial Sulphur Dioxide Removed (10 000 tons)	43.71	67.21	106.47	139.05
工业烟尘去除量 (万吨)	Industrial Soot Removed (10 000 tons)	149.94	359.88	256.88	327.52
工业粉尘去除量 (万吨)	Industrial Dust Romoved (10 000 tons)	82.03	75.08	89.58	83.99
固体废物	**Solid Wastes**				
工业固体废物产生量 (万吨)	Industrial Solid Wastes Produced (10 000 tons)	1704.00	2249.00	3001.46	3199.12
#危险废物	Hazardous Wastes		2.90	11.64	22.38
工业固体废物综合利用量 (万吨)	Industrial Solid Wastes Utilized (10 000 tons)	397.00	678.24	1121.42	1124.27
工业固体废物综合利用率 (%)	Ratio of Industrial Solid Wastes Utilized (%)		29.43	36.07	34.09
工业固体废物排放量 (万吨)	Industrial Solid Wastes Discharged (10 000 tons)	58.00	41.00	24.82	11.63
"三废"综合利用产品产值（万元）	Output Value of Products Made from Waste Gas, WasteWater & Solid Wastes (10 000 yuan)	42862	91665	167268	211219
环境污染	**Pollution**				
环境污染与破坏事故次数（次）	Pollution Accidents (unit)	114	135	26	37
#水污染	Water Pollution	63	67	12	11
大气污染	Air Pollution	33	31	7	24
固体废物污染	Solid Wastes Pollution	6	21		
噪声与震动危害	Noise and Vibration Pollution	6		7	

9-2 续表2 continued

项目	Item	2000	2005	2007	2008
其他	Others	6	16		2
污染直接经济损失（万元）	Direct Economic Loss Due to Pollution (10 000 yuan)	3114.4	191.8	40.4	62.2
污染事故赔款总额（万元）	Reparations for Pollution Incidents (10 000 yuan)	79.5	102.5	30.4	
污染事故罚款总额（万元）	Fines to Pollution Incidents (10 000 yuan)	48.0	74.1	32.0	8.3
环境污染治理投资总额（万元）	Investment in Pollution Treatment (10 000 yuan)	43072.5	106001.0	425305.9	426585.8
工业污染源治理投资	Urban Environmental Infrastructure		66609.6	149086.7	118435.8
建设项目“三同时”环保投资	Urban Environmental Infrastructure		39391.4	276219.2	308150.0
环境污染治理投资总额占生产总值比重（%）	Investment in Pollution Treatment Out of Gross Regional Product (%)	0.41	0.55	1.57	1.34
工业污染治理项目及投资情况	**Industrial Pollution Treatment Projects**				
当年施工污染治理项目数（个）	Projects under Construction of the Year (unit)	337	193	329	270
污染治理项目本年完成投资（万元）	Investment Completed in Pollution Treatment Projects (10 000 yuan)	64346.9	276445.0	149086.7	118435.8
治理废水	Waste Water	12143.7	98322.1	64990.4	46778.4
治理废气	Waste Gas	36218.3	145145.9	45919.2	61521.8
治理固体废物	Solid Wastes	12439.0	16025.7	8250.3	8044.2
治理噪声	Noise Pollution	49.0	866.1	83.0	17.0
治理其他	Others	3496.9	16085.2	29843.8	2074.4

9-3 各行业重点调查工业污染排放及处理利用情况

Production, Treatment and Utilization of Industrial Pollution Covered in the Key Survey by Sector

(2008)

行业	Sector	工业废气排放总量(万标立方米) Total Volume of Industrial Waste Gas (10000 cu.m)	#燃烧过程中废气排放量 Volume of Waste Gas in the Process of Fuel Burning	#生产工艺过程中废气排放量 Volume of Waste Gas in the Process of Production	工业二氧化硫去除量(吨) Removed Volume of Sulphur Dioxide of Industry (ton)
总计	**Total**	**56851991**	**31967039**	**24884952**	**1390503**
煤炭开采和洗选业	Mining and Washing of Coal	166029	165732	297	89
石油和天然气开采业	Extraction of Petroleum and Natural Gas	665954	617630	48324	1150
黑色金属矿采选业	Mining and Processing of Ferrous Metal Ores	1710	1710		
有色金属矿采选业	Mining and Processing of Non-Ferrous Metal Ores	989431	268475	720956	357204
非金属矿采选业	Mining and Processing of Nonmetal Ores	60911	54961	5950	95.2
农副食品加工业	Processing of Food from Agricultural Products	176246	171731	4515	757
食品制造业	Manufacture of Foods	229489	202907	26582	549
饮料制造业	Manufacture of Beverages	128663	128663		276
烟草制品业	Manufacture of Tobacco	5170	5170		22
纺织业	Manufacture of Textile	16285	16285		30
纺织服装、鞋、帽制造业	Manufacture of Textile Wearing Apparel, Footware, and Caps	612	612		
皮革、毛皮、羽毛(绒)及其制品业	Manufacture of Leather, Fur, Feather and Related Products	26579	26579		4
木材加工及木、竹、藤、棕、草制品业	Timber Processing, Bamboo, Cane, Palm Fiber and Straw Products	65	65		
家具制造业	Manufacture of Furniture	1550	1550		
造纸及纸制品业	Manufacture of Paper and Paper Products	121379	113029	8350	540
印刷业和记录媒介的复制	Printing,Reproduction of Recording Media	3420	3420		13
文教体育用品制造业	Manufacture of Articles For Culture, Education and Sport Activity	637	637		
石油加工、炼焦及核燃料加工业	Processing of Petroleum, Coking, Processing of Nuclear Fuel	1785722	1026051	759671	132
化学原料及化学制品制造业	Manufacture of Raw Chemical Materials and Chemical Products	2113549	1184314	929235	4296
医药制造业	Manufacture of Medicines	102644	102644		272

9-3 续表 1 continued

行　业	Sector	工业废气排放总量(万标立方米) Total Volume of Industrial Waste Gas (10000 cu.m)	#燃烧过程中废气排放量 Volume of Waste Gas in the Process of Fuel Burning	#生产工艺过程中废气排放量 Volume of Waste Gas in the Process of Production	工业二氧化硫去除量（吨） Removed Volume of Sulphur Dioxide of Industry (ton)
化学纤维制造业	Manufacture of Chemical Fibers	214611	138566	76045	
橡胶制品业	Manufacture of Rubber	2846	2846		
塑料制品业	Manufacture of Plastics				
非金属矿物制品业	Manufacture of Non-metallic Mineral Products	7913869	2299887	5613982	2872
黑色金属冶炼及压延加工业	Smelting and Pressing of Ferrous Metals	9473717	3700030	5773687	6846
有色金属冶炼及压延加工业	Smelting and Pressing of Non-ferrous Metals	13765434	2875177	10890257	910440
金属制品业	Manufacture of Metal Products	6033	5363	670	27
通用设备制造业	Manufacture of General Purpose Machinery	30617	30197	420	56
专用设备制造业	Manufacture of Special Purpose Machinery	68324	42313	26011	12
交通运输设备制造业	Manufacture of Transport Equipment	22782	22782		63
电气机械及器材制造业	Manufacture of Electrical Machinery and Equipment	28530	28530		55
通信设备、计算机及其他电子设备制造业	Manufacture of Communication Equipment, Computers and Other Electronic Equipment	13083	13083		56
仪器仪表及文化、办公用机械制造业	Manufacture of Measuring Instruments and Machinery for Cultural Activity and Office Work	180	180		
电力、热力的生产和供应业	Production and Supply of Electric Power and Heat Power	18658590	18658590		104612
燃气生产和供应业	Production and Supply of Gas				
水的生产和供应业	Production and Supply of Water	7650	7650		33
其它行业	Other Sectors	49680	49680		4

9-3 续表 2 continued

行 业	Sector	#燃料燃烧过程中去除量 Removed Volume in the Process of Fuel Burning	工业二氧化硫排放量（吨） Volume of Sulphur Dioxide Discharged (ton)	工业烟尘去除量(吨) Volume of Soot Removed (ton)	工业烟尘排放量(吨) Volume of Soot Discharged (ton)
总计	**Total**	**138473**	**383544**	**3275223**	**79876**
煤炭开采和洗选业	Mining and Washing of Coal	89.45	1212.41	4820.07	1588.09
石油和天然气开采业	Extraction of Petroleum and Natural Gas	1149.53	6648.62	4127.09	1585.72
黑色金属矿采选业	Mining and Processing of Ferrous Metal Ores		30.40	37.96	11.44
有色金属矿采选业	Mining and Processing of Non-Ferrous Metal Ores	324.55	77049.34	324.00	2228.96
非金属矿采选业	Mining and Processing of Nonmetal Ores	70.03	412.17	325.22	191.9
农副食品加工业	Processing of Food from Agricultural Products	756.70	2916.64	3378.21	1004.52
食品制造业	Manufacture of Foods	548.89	1627.55	35492.21	1130.77
饮料制造业	Manufacture of Beverages	276.23	1217.39	3522.24	690.47
烟草制品业	Manufacture of Tobacco	22.06	51.47	281.46	63.18
纺织业	Manufacture of Textile	30.21	383.59	528.90	246.70
纺织服装、鞋、帽制造业	Manufacture of Textile Wearing Apparel, Footware, and Caps		10.88	13.60	1.36
皮革、毛皮、羽毛(绒)及其制品业	Manufacture of Leather, Fur, Feather and Related Products	3.60	93.04	430.12	329.81
木材加工及木、竹、藤、棕、草制品业	Timber Processing, Bamboo, Cane, Palm Fiber and Straw Products		1.00		1.81
家具制造业	Manufacture of Furniture		10.85	30.14	30.60
造纸及纸制品业	Manufacture of Paper and Paper Products	539.81	2089.06	3487.46	974.80
印刷业和记录媒介的复制	Printing,Reproduction of Recording Media	13.44	33.76	177.50	41.80
文教体育用品制造业	Manufacture of Articles For Culture, Education and Sport Activity		1.10	11.58	1.16
石油加工、炼焦及核燃料加工业	Processing of Petroleum, Coking, Processing of Nuclear Fuel	131.90	5949.50	5431.75	1450.20
化学原料及化学制品制造业	Manufacture of Raw Chemical Materials and Chemical Products	2518.40	12156.11	46677.48	5632.31
医药制造业	Manufacture of Medicines	271.58	1223.98	2384.80	429.79

9-3 续表 3 continued

行　业	Sector	# 燃料燃烧过程中去除量 Removed Volume in the Process of Fuel Burning	工业二氧化硫排放量（吨） Volume of Sulphur Dioxide Discharged (ton)	工业烟尘去除量(吨) Volume of Soot Removed (ton)	工业烟尘排放量(吨) Volume of Soot Discharged (ton)
化学纤维制造业	Manufacture of Chemical Fibers		1746.73	3120.97	355.82
橡胶制品业	Manufacture of Rubber		35.81	181.74	42.29
塑料制品业	Manufacture of Plastics				
非金属矿物制品业	Manufacture of Non-metallic Mineral Products	1870.88	12823.14	53622.57	11831.64
黑色金属冶炼及压延加工业	Smelting and Pressing of Ferrous Metals	6834.30	30211.55	73841.24	7103.20
有色金属冶炼及压延加工业	Smelting and Pressing of Non-ferrous Metals	18106.14	74122.52	382132.07	7206.68
金属制品业	Manufacture of Metal Products	26.59	64.22	290.02	65.07
通用设备制造业	Manufacture of General Purpose Machinery	55.64	286.47	1183.92	325.27
专用设备制造业	Manufacture of Special Purpose Machinery	11.84	172.84	1202.08	65.03
交通运输设备制造业	Manufacture of Transport Equipment	62.81	258.66	665.09	161.10
电气机械及器材制造业	Manufacture of Electrical Machinery and Equipment	54.91	252.37	901.37	169.04
通信设备、计算机及其他电子设备制造业	Manufacture of Communication Equipment, Computers and Other Electronic Equipment	55.68	158.72	853.06	175.34
仪器仪表及文化、办公用机械制造业	Manufacture of Measuring Instruments and Machinery for Cultural Activity and Office Work		2.24	9.80	2.20
电力、热力的生产和供应业	Production and Supply of Electric Power and Heat Power	104611.66	149791.31	2644148.21	34446.97
燃气生产和供应业	Production and Supply of Gas				
水的生产和供应业	Production and Supply of Water	32.64	76.16	416.50	93.50
其它行业	Other Sectors	3.69	422.62	1172.10	197.29

9-3 续表 4 continued

行　业	Sector	工业粉尘去除量(吨) Volume of Dust Recovered (ton)	工业粉尘排放量(吨) Volume of Dust Discharged (ton)	工业固体废物综合利用量(万吨) Utilized in a Compre-hensive Way (10 000 tons)	工业固体废物排放量(万吨) Volume Discharged (10 000tons)
总计	**Total**	**839897.56**	**80505.25**	**1049.19**	**9.39**
煤炭开采和洗选业	Mining and Washing of Coal	1308.50	315.00	17.95	4.86
石油和天然气开采业	Extraction of Petroleum and Natural Gas			3.50	
黑色金属矿采选业	Mining and Processing of Ferrous Metal Ores			9.08	1.30
有色金属矿采选业	Mining and Processing of Non-Ferrous Metal Ores	4425.76	2603.41	40.70	0.22
非金属矿采选业	Mining and Processing of Nonmetal Ores		808.00	41.05	2.14
农副食品加工业	Processing of Food from Agricultural Products	10.40	23.23	18.39	0.0
食品制造业	Manufacture of Foods		17.86	8.33	0.26
饮料制造业	Manufacture of Beverages	91.59	15.75	8.03	0.01
烟草制品业	Manufacture of Tobacco			0.17	
纺织业	Manufacture of Textile			0.56	0.02
纺织服装、鞋、帽制造业	Manufacture of Textile Wearing Apparel, Footware, and Caps			0.02	
皮革、毛皮、羽毛(绒)及其制品业	Manufacture of Leather, Fur, Feather and Related Products			0.86	
木材加工及木、竹、藤、棕、草制品业	Timber Processing, Bamboo, Cane, Palm Fiber and Straw Products			0.02	
家具制造业	Manufacture of Furniture			0.04	
造纸及纸制品业	Manufacture of Paper and Paper Products	2.30	2.30	3.07	
印刷业和记录媒介的复制	Printing,Reproduction of Recording Media			0.11	
文教体育用品制造业	Manufacture of Articles For Culture, Education and Sport Activity				
石油加工、炼焦及核燃料加工业	Processing of Petroleum, Coking, Processing of Nuclear Fuel		2229.65	10.66	
化学原料及化学制品制造业	Manufacture of Raw Chemical Materials and Chemical Products	25083.77	3707.29	49.32	0.04
医药制造业	Manufacture of Medicines	5.61		2.95	

9-3 续表 5 continued

行　业	Sector	工业粉尘去除量(吨) Volume of Dust Recovered (ton)	工业粉尘排放量(吨) Volume of Dust Discharged (ton)	工业固体废物综合利用量(万吨) Utilized in a Compre-hensive Way (10 000 tons)	工业固体废物排放量(万吨) Volume Discharged (10 000tons)
化学纤维制造业	Manufacture of Chemical Fibers		24.88	13.91	
橡胶制品业	Manufacture of Rubber			0.11	
塑料制品业	Manufacture of Plastics				
非金属矿物制品业	Manufacture of Non-metallic Mineral Products	347151.95	50830.31	218.43	0.22
黑色金属冶炼及压延加工业	Smelting and Pressing of Ferrous Metals	269529.27	15578.04	234.15	0.01
有色金属冶炼及压延加工业	Smelting and Pressing of Non-ferrous Metals	192267.58	4317.99	65.74	0.20
金属制品业	Manufacture of Metal Products			0.25	
通用设备制造业	Manufacture of General Purpose Machinery	2.05	28.51	1.13	
专用设备制造业	Manufacture of Special Purpose Machinery	18.78	3.04	0.71	
交通运输设备制造业	Manufacture of Transport Equipment			0.60	
电气机械及器材制造业	Manufacture of Electrical Machinery and Equipment			1.21	
通信设备、计算机及其他电子设备制造业	Manufacture of Communication Equipment, Computers and Other Electronic Equipment			0.77	
仪器仪表及文化、办公用机械制造业	Manufacture of Measuring Instruments and Machinery for Cultural Activity and Office Work			0.01	
电力、热力的生产和供应业	Production and Supply of Electric Power and Heat Power			293.31	0.08
燃气生产和供应业	Production and Supply of Gas				
水的生产和供应业	Production and Supply of Water			0.26	
其它行业	Other Sectors			3.80	

主要统计指标解释

工业废水排放量 指经过企业厂区所有排放口排到企业外部的工业废水量。包括生产废水、外排的直接冷却水、超标排放的矿井地下水和与工业废水混排的厂区生活污水，不包括外排的间接冷却水(清污不分流的间接冷却水应计算在内)。

工业废水排放达标量 指报告期内废水中各项污染物指标都达到国家或地方排放标准的外排工业废水量，包括未经处理外排达标的，经废水处理设施处理后达标排放的，以及经污水处理厂处理后达标排放的。

工业废水排放达标率 指工业废水排放达标量占工业废水排放量的百分率，计算公式为：

$$\text{工业废水排放达标率}=\frac{\text{工业废水排放达标量}}{\text{工业废水排放量}}\times 100\%$$

生活污水排放量 指城镇居民每年排放的生活污水。用人均系数法测算。测算公式为：

$$\begin{matrix}\text{生活污水}\\\text{排放量}\end{matrix}=\begin{matrix}\text{城镇生活污水}\\\text{排放系数}\end{matrix}\times\begin{matrix}\text{市镇非}\\\text{农业人口}\end{matrix}\times 365$$

生活污水中化学需氧量(COD)排放量 指城镇居民每年排放的生活污水中的 COD 的量。用人均系数法测算。测算公式为：

$$\begin{matrix}\text{城镇生活污水}\\\text{中}COD\text{排放量}\end{matrix}=\begin{matrix}\text{城镇生活污水中}\\COD\text{产生系数}\end{matrix}\times\begin{matrix}\text{市镇非}\\\text{农业人口}\end{matrix}\times 365$$

化学需氧量(COD) 指用化学氧化剂氧化水中有机污染物时所需的氧量。COD 值越高，表示水中有机污染物污染越重。

工业废气排放量 指报告期内企业厂区内燃料燃烧和生产工艺过程中产生的各种排入大气的含有污染物的气体的总量，以标准状态(273K，101325Pa)计算。测算公式为：

$$\begin{matrix}\text{工业废气}\\\text{排放量}\end{matrix}=\begin{matrix}\text{燃料燃烧过程}\\\text{中废气排放量}\end{matrix}+\begin{matrix}\text{生产工艺过程}\\\text{中废气排放量}\end{matrix}$$

生活及其他 SO_2 排放量 以生活及其他煤炭消费量和其含硫量为基础，根据以下公式计算：

$$\begin{matrix}\text{生活及其他}\\SO_2\text{排放量}\end{matrix}=\begin{matrix}\text{生活及其他}\\\text{煤炭消费量}\end{matrix}\times\text{含硫量}\times 0.8\times 2$$

工业 SO_2 排放量 指报告期内企业在燃料燃烧和生产工艺过程中排入大气的 SO_2 总量，计算公式为：

$$\begin{matrix}\text{工业}SO_2\\\text{排放量}\end{matrix}=\begin{matrix}\text{燃料燃烧过程}\\\text{中}SO_2\text{排放量}\end{matrix}+\begin{matrix}\text{生产工艺过程}\\\text{中}SO_2\text{排放量}\end{matrix}$$

工业烟尘排放量 指企业厂区内燃料燃烧过程中产生的烟气中夹带的颗粒物排放量。

生活及其他烟尘排放量 指除工业生产活动以外的所有社会、经济活动及公共设施的经营活动中燃烧所排放的烟尘纯重量。以生活及其他煤炭消费量为基础进行测算。

工业粉尘排放量 指企业在生产工艺过程中排放的能在空气中悬浮一定时间的固体颗粒物排放量。如钢铁企业的耐火材料粉尘、焦化企业的筛焦系统粉尘、烧结机的粉尘、石灰窑的粉尘、建材企业的水泥粉尘等。不包括电厂排入大气的烟尘。

工业固体废物排放量 指报告期内企业将所产生的固体废物排到固体废物污染防治设施、场所以外的数量，不包括矿山开采的剥离废石和掘进废石(煤矸石和呈酸性或碱性的废石除外)。

工业固体废物综合利用量 指报告期内企业通过回收、加工、循环、交换等方式，从固体废物中提取或者使其转化为可以利用的资源、能源和其他原材料的固体废物量(包括当年利用往年的工业固体废物贮存量)，如用作农业肥料、生产建筑材料、筑路等。综合利用量由原产生固体废物的单位统计。

工业固体废物综合利用率 指工业固体废物综合利用量占工业固体废物产生量(包括综合利用往年贮存量)的百分率。计算公式为：

$$\begin{matrix}\text{工业固体废物}\\\text{综合利用率}\end{matrix}=\frac{\begin{matrix}\text{工业固体废物}\\\text{综合利用率}\end{matrix}}{\begin{matrix}\text{工业固体废物产生量}+\\\text{综合利用往年贮存量}\end{matrix}}\times 100\%$$

“三废”综合利用产品产值 指报告期内利用“三废”作为主要原料生产的产品价值(现行价)；已经销售或准备销售的应计算产品价值，留作生产自用的不应计算产品价值。

自然保护区 指对有代表性的自然生态系统、珍稀濒危野生动植物物种的天然分布区、水源涵养区、有特殊意义的自然历史遗迹等保护对象所在的陆地、陆地水体或海域，依法划出一定面积进行特殊保护和管理的区域。以县及县以上各级人民政府正式批准建立的自然保护区为准(包括“六五”以前由部门或“革委会”批准且现仍存在的自然保护区)。风景名胜区、文物保护区不计在内。

生态示范区 指省级以上环境保护行政主管部门批准，以省、地、县政府为主按批准的生态示范区建设规划实施的行政区域。包括已经过国家或省级环境保护行政主管部门验收的和正在开展试点工作的。

环境污染与破坏事故 指由于违反环境保护法规的经济、社会活动与行为，以及意外因素的影响或不可抗拒的自然灾害等原因，致使环境受到污染，国家重点保护的野生动植物、自然保护区受到破坏，人体健康受到危害，社会经济和人民财产受到损失，造成不良社会影响的突发性事件。

环境污染治理投资 指在工业污染源治理和城市环境基础设施建设的资金投入中，用于形成固定资产的资金。包括工业新老污染源治理工程投资、建设项目“三同时”环保投资，以及城市环境基础设施建设所投入的资金。

农业 10

AGRICULTURE

简要说明

一、本篇资料的主要内容

本篇资料反映了全省农业生产和农村经济的基本情况，主要包括农林牧渔业总产值、增加值、农村劳动力、耕地、主要农产品产量、农业机械年末拥有量、农村电气化和农业化学化情况以及农田水利建设等方面的内容。

二、本篇资料的来源

本篇资料来源于农村社会经济统计年报，由甘肃省统计局农村处整理提供。

三、本篇资料的统计范围和统计口径

农村社会经济统计报表制度的统计范围包括省内所属的各种经济类型、各个系统的全部农林牧渔业生产单位以及各非农行业附属的农林牧渔业生产活动单位。军委系统的农业生产（除军马外）也包括在内，但不包括农业科学实验机构进行的农业生产。

本篇资料中2003年及以后年份的农林牧渔业总产值、增加值按新口径计算。即调整了农业中种植业和其他农业的分类，将原属于其他农业的农民家庭兼营商品性工业剔除，作为附记指标统计，采集的野生植物一部分划归农业，一部分划归林业；林业中竹木采运统计范围由村及村以下改为全社会；增加农林牧渔服务业统计。

根据第一、二次农业普查结果，对部分历史数据进行了调整。

10-1 甘肃省农村基层组织情况

Basic Conditions of Rural GrassRoots Unit

项　目	Item	2000	2005	2007	2008
村民委员会（个）	Number of Villagers' Committees (unit)	17825	16585	16253	16178
村民小组（个）	Villagers'Group (unit)	101541	97647	96407	96378
农村户数（万户）	Number of Rural Households (10 000 households)	448.97	463.69	465.94	469.39
农村人口（万人）	Rural Population (10 000 persons)	2031.26	2074.76	2079.54	2081.76
农村从业人员（万人）	Number of Rural Laborers (10 000 persons)	934.45	1084.25	1095.58	1101.89
男	Male	490.45	570.79	578.59	581.76
女	Female	444.00	513.46	516.99	520.13
按行业分	By Sector				
农林牧渔业	Agriculture, Forestry, Animal Husbandry & Fishery	697.53	761.37	741.39	727.57
工　业	Industry	29.81	35.28	37.67	37.88
建筑业	Construction	41.71	63.34	73.17	77.01
交通运输仓储和邮政业	Transportation, Storage, Postal and Telecommunications Services	19.35	23.07	24.50	25.32
信息传输、计算机服务和软件业	Information Transmission,Computer Serviecis and Software				1.76
批发与零售业	Wholesale and Retail Trades	20.54	25.62	26.49	27.44
住宿和餐饮业	Hotels and Gatering Serices	6.68	13.15	15.13	15.92
科学研究事业和综合技术服务	Scientific Research，Polytechnic Services	0.29	2.53	1.96	1.95
教育、文化艺术和广播电视事业	Education,Culture and Arts, Radio,Film and Television	4.29	5.96	6.04	6.14
卫生、体育和社会福利事业	Health Care,Sporting and Social Welfare	3.11	3.46	3.57	3.72
乡镇经济组织（乡务）管理	Villages and Towns Economic Organizations (Country affairs) Management	0.69	0.60	0.72	0.74
金融保险事业	Finance and Insurance	0.43	0.80	0.84	1.01
其　他	Others	110.02	149.07	164.10	175.43

10-2 各地区农村基本情况
Basic Conditions of Rural by Region

地　区	Region	村民委员会（个）Number of Villagers' Committees (unit)	村民小组（个）Villagers'Group (unit)	农村户数（万户）Number of Rural Households (10 000 units)	农村人口（万人）Rural Population (10 000 persons)
兰 州 市	Lanzhou	789	4270	32.95	130.74
嘉峪关市	Jiayuguan	17	112	0.56	2.03
金 昌 市	Jinchang	138	1082	6.08	23.94
白 银 市	Baiyin	699	4462	29.46	135.29
天 水 市	Tianshui	2505	11339	64.64	306.31
武 威 市	Wuwei	1125	8287	37.43	158.76
张 掖 市	Zhangye	840	5555	25.80	98.71
平 凉 市	Pingliang	1529	9122	43.22	192.83
酒 泉 市	Jiuquan	431	2395	16.76	62.98
庆 阳 市	Qingyang	1262	9085	50.56	228.50
定 西 市	Dingxi	1830	12565	60.09	266.37
陇 南 市	Longnan	3201	14055	55.37	246.05
临 夏 州	Linxia	1149	11089	35.30	174.69
甘 南 州	Gannan	663	2960	11.17	54.56

10-3 各地区农村从业人员
Rural Laborers by Region

单位：万人　　(2008)　　(10 000 persons)

地　区	Region	农林牧渔业 Farming, Forestry, Animal Husbandry & Fishery	工 业 Industry	建筑业 Construction	交通运输仓储及邮电通信业 Transportation, Storage, Post and Telecommunication Services	批发零售贸易餐饮业 Wholesale, Retail Sale and Catering Trades	其他非农行业 Other Non-agricultural Trades
兰 州 市	Lanzhou	41.43	6.25	4.64	3.62	2.51	12.20
嘉峪关市	Jiayuguan	1.01	0.08	0.05	0.04	0.02	0.12
金 昌 市	Jinchang	9.30	0.48	1.03	0.62	0.25	1.83
白 银 市	Baiyin	50.92	2.44	4.50	1.47	1.62	9.85
天 水 市	Tianshui	103.98	5.71	14.39	3.21	3.82	30.19
武 威 市	Wuwei	57.40	2.97	5.96	2.19	2.10	12.20
张 掖 市	Zhangye	37.27	1.54	4.78	2.01	1.67	12.27
平 凉 市	Pingliang	63.15	3.28	8.64	2.08	2.47	21.67
酒 泉 市	Jiuquan	23.18	1.14	2.26	1.00	1.25	5.47
庆 阳 市	Qingyang	78.36	4.28	4.74	1.88	3.53	25.43
定 西 市	Dingxi	89.48	3.12	12.25	2.27	2.83	27.31
陇 南 市	Longnan	89.28	2.43	4.38	2.12	2.41	29.62
临 夏 州	Linxia	60.35	3.51	8.16	2.10	2.37	14.00
甘 南 州	Gannan	22.46	0.65	1.23	0.71	0.59	4.51

10-4 各地县农村从业人员

Rural Laborers by Prefecture, County

单位：万人 （2008） (10 000 person)

地 区	Region	农村从业人员 Number of Rural Laborers	#农、林、牧、渔业 Farming,Forestry, Animal Husbandry and Fishery
兰州市	**Lanzhou**	**70.65**	**41.43**
城关区	Chengguan	2.24	0.93
七里河区	Qilihe	5.92	3.53
西固区	Xigu	4.32	1.89
安宁区	Anning	2.20	0.76
红古区	Honggu	3.09	2.07
永登县	Yongdeng	24.37	14.53
皋兰县	Gaolan	8.12	5.03
榆中县	Yuzhong	20.39	12.69
嘉峪关市	**Jiayuguan**	**1.32**	**1.01**
金昌市	**Jinchang**	**13.51**	**9.30**
金川区	Jinchuan	2.82	1.86
永昌县	Yongchang	10.69	7.44
白银市	**Baiyin**	**70.80**	**50.92**
白银区	Baiyin	3.32	1.91
平川区	Pingchuan	5.19	3.35
靖远县	Jingyuan	22.69	16.93
会宁县	Huining	29.28	22.10
景泰县	Jingtai	10.32	6.63
天水市	**Tianshui**	**161.30**	**103.98**
秦城区	Qincheng	22.67	15.96
北道区	Beidao	22.94	13.71
清水县	Qingshui	14.87	10.70
秦安县	Qinan	29.59	20.47
甘谷县	Gangu	30.29	16.16
武山县	Wushan	22.37	13.35
张家川县	Zhangjiachuan	18.57	13.63
武威市	**Wuwei**	**82.82**	**57.40**
凉州区	Liangzhou	41.23	26.91
民勤县	Minqin	11.36	8.86
古浪县	Gulang	19.93	14.25
天祝县	Tianzhu	10.30	7.38
张掖市	**Zhangye**	**59.54**	**37.27**
甘州区	Ganzhou	21.84	11.51
肃南县	Sunan	1.31	1.00
民乐县	Minle	12.77	10.28
临泽县	Linze	7.18	4.55
高台县	Gaotai	7.94	5.88
山丹县	Shandan	8.50	4.05
平凉市	**Pingliang**	**101.29**	**63.15**
崆峒区	Kongtong	17.07	11.00
泾川县	Jingchuan	16.26	9.99
灵台县	Lingtai	10.84	6.82
崇信县	Chongxin	5.03	2.55
华亭县	Huating	6.77	3.61
庄浪县	Zhuanglang	22.50	12.53
静宁县	Jingning	22.82	16.65
酒泉市	**Jiuquan**	**34.30**	**23.18**
肃州区	Suzhou	11.89	6.62
金塔县	Jinta	5.95	4.89
安西县	Anxi	5.48	4.52
肃北县	Subei	0.39	0.33
阿克塞县	Akesai	0.16	0.12
玉门市	Yumen	5.13	3.23
敦煌市	Dunhuang	5.30	3.47
庆阳市	**Qingyang**	**118.22**	**78.36**
西峰区	Xifeng	12.44	7.78
庆城县	Qingcheng	12.57	10.16
环 县	Huanxian	16.91	12.93
华池县	Huachi	6.03	5.21
合水县	Heshui	7.90	4.95
正宁县	Zhengning	11.38	7.05
宁 县	Ningxian	24.89	13.88
镇原县	Zhenyuan	26.10	16.40
定西市	**Dingxi**	**137.26**	**89.48**
安定区	Anding	19.91	12.16
通渭县	Tongwei	22.55	14.31
陇西县	Longxi	20.59	12.37
渭源县	Weiyuan	16.65	12.33
临洮县	Lintao	25.47	17.22
漳 县	Zhangxian	9.90	4.88
岷 县	Minxian	22.19	16.21
陇南地区	**Longnan**	**130.24**	**89.28**
武都县	Wudu	24.88	21.30
宕昌县	Tanchang	16.63	11.97
成 县	Chengxian	11.42	7.10
康 县	Kangxian	9.33	4.49
文 县	Wenxian	12.11	7.84
西和县	Xihe	19.21	14.29
礼 县	Lixian	24.58	15.50
两当县	Liangdang	2.11	1.44
徽 县	Huixian	9.97	5.35
临夏州	**Linxia**	**90.49**	**60.35**
临夏市	linxia	5.22	2.61
临夏县	linxia	19.39	11.83
康乐县	Kangle	12.39	10.10
永靖县	Yongjing	8.46	5.72
广河县	Guanghe	10.47	7.51
和政县	Hezheng	9.06	5.91
东乡县	Dongxiang	13.28	8.96
积石山县	Jishishan	12.22	7.71
甘南州	**Gannan**	**30.15**	**22.46**
合作市	Hezuo	2.01	1.81
临潭县	Lintan	7.36	4.56
卓尼县	Zhuoni	4.55	3.76
舟曲县	Zhouqu	6.91	4.37
迭部县	Diebu	2.23	1.93
玛曲县	Maqu	1.93	1.80
碌曲县	Luqu	1.49	1.36
夏河县	Xiahe	3.67	2.87

10-5 全省农村劳动力转移构成情况

Transference of Rural Laborers

单位：%　　(%)

指　标	Indicators	2005	2007	2008
当年转移的劳动力	Labor Force Transferred in This Year			
按文化程度分组	By Educational Level	100.00	100.00	100.00
不识字或识字很少	Illiterate and Semi-Illiterate	3.89	3.09	3.39
小学程度	Primary School	20.86	19.69	18.97
初中程度	Junior School	55.97	54.22	54.50
高中程度	Senior School	12.15	16.19	15.20
中专程度	Specialized Secondary School	4.61	4.32	5.13
大专程度	Three Years College	2.52	2.49	2.81
按转向行业分组	By Industrial Sectors of Laborers Transfer to	100.00	100.00	100.00
转移到二产业就业劳动力	Transferred to Secondary Industry	45.39	49.38	49.95
采矿业	Mining	2.41	2.78	2.61
制造业	Manufacturing	15.20	16.29	18.01
电力煤气及水的生产供应业	Electric Power, Gas and Water Production and Supply	0.84	0.72	0.87
建筑业	Construction	26.94	29.59	28.46
转移到三产业就业劳动力	Transferred to Tertiary Industry	54.61	49.38	48.31
交通运输仓储及邮电通讯业	Transport, Storage, Post and Telecommunication Services	7.34	5.67	6.20
批发和零售贸易业	Wholesale and Retail Trade	7.34	6.91	5.42
住宿和餐饮业	Hotel and Catering Services	10.48	11.03	10.16
居民服务和其他服务业	Resident and Other Services	9.85	11.13	11.71
教育	Education	4.93	4.74	4.55
卫生.社会保障和社会福利业	Health Care,Social Securities and Social Welfare	2.20	2.37	2.42
文化.体育和娱乐业	Culture,Sports and Enter tainment	1.57	0.62	0.77
其他	Other	10.90	6.91	7.07
按转向地域分组	By Location of Transferred Laborers	100.00	100.00	100.00
转向东部地区	Transferred to East Area	24.57	32.65	35.85
转向中部地区	Transferred to Middle Area	5.67	5.57	5.41
转向西部地区	Transferred to West Area	69.76	61.78	58.74

10-6 主要年份农林牧渔业总产值

Gross Output Value of Main Year's Farming, Forestry,Animal Husbandry and Fishery

单位：万元　　(10 000 yuan)

年 份 Year	农林牧渔业总产值 Gross Output Value of Farming,Forestry,Animal Husbandry and Fishery	农 业 Farming	林 业 Forestry	牧 业 Animal Husbandry	渔 业 Fishery	农林牧渔服务业 Service for Farming,Forestry,Animal Husbandry and Fishery
1978	224533	163057	6153	37871	15	17437
1979	232810	167282	6020	42142	22	17344
1980	273886	204964	6509	47391	22	15000
1981	280174	206490	9850	47008	26	16800
1982	305248	211363	16903	53768	29	23185
1983	400865	284715	21158	68525	31	26436
1984	403253	264127	32261	72533	28	34304
1985	488182	326444	36296	104723	90	20629
1986	563960	380401	34052	125629	248	23630
1987	655161	418447	34509	169234	563	32408
1988	847166	532298	38231	242954	1233	32450
1989	891232	563476	33209	252186	1811	40551
1990	1024993	686857	32679	257733	2156	45568
1991	1065704	712525	35284	264560	2669	50666
1992	1194970	811291	41310	279057	3312	60000
1993	1353978	928773	47260	311061	4218	62666
1994	2121949	1479266	57959	479308	5595	99821
1995	2694508	1885426	65048	619212	7845	116977
1996	3073203	2339849	65780	646457	8508	12609
1997	2992411	2099008	74206	678147	9309	131741
1998	3346943	2358231	87791	722056	11645	167220
1999	3199866	2332447	96697	600261	10352	160108
2000	3201176	2228126	111534	688108	11878	161530
2001	3396579	2396351	86471	759285	10896	143576
2002	3528583	2532054	138735	807290	10004	40500
2003	4278433	2758234	198140	854917	9571	457571
2004	5035034	3313663	161915	1057696	9863	491898
2005	5497110	3628896	158959	1143231	10237	555787
2006	5937000	3958383	149934	1182928	10369	635386
2007	6860990	4587283	194286	1311680	10469	757272
2008	8080990	5295644	224366	1682607	10112	868261

注：农业总产值和牧业总产值根据第一、二次农业普查结果对部分历史数据进行了调整；农林牧渔服务业2002年以前主要为农民家庭兼营工业。

a)Part of historical data of Gross output value of agriculture, animal husbandry was adjusted according to the First and Second National Agricultural Census; Service for Farming, Forestry, Animal Husbandry and Fishery before 2002 refer to the Industry Rural Households part-timely engaged.

10-7 农林牧渔业总产值指数

Indices of Gross Output Value of Main Year's Farming, Forestry, Animal Husbandry and Fishery

年　份 Year	农林牧渔业总产值 Gross Output Value of Farming,Forestry,Animal Husbandry and Fishery	农　业 Farming	林　业 Forestry	牧　业 Animal Husbandry	渔　业 Fishery	农林牧渔服务业 Service for Farming,Forestry,Animal Husbandry and Fishery
（1978=100）						
（year of 1978=100）						
1979	93.52	91.55	88.71	101.35	120.24	
1980	103.88	105.36	101.95	99.35	100.00	
1981	95.82	96.63	87.43	95.16	104.76	
1982	108.56	105.20	122.59	116.45	116.67	
1983	123.57	121.14	147.28	125.91	125.00	
1984	134.67	127.34	203.93	142.20	172.62	
1985	153.04	138.22	230.30	183.93	273.81	
1986	164.14	148.43	196.74	209.07	397.62	
1987	168.21	152.33	181.01	218.37	795.24	
1988	180.21	169.50	160.58	220.78	1069.05	
1989	193.14	178.46	150.63	252.58	1458.33	
1990	203.30	190.57	152.81	257.99	1713.10	
1991	205.41	191.27	155.92	264.46	1941.67	
1992	219.02	208.32	166.85	266.87	2229.76	
1993	236.02	228.23	174.28	276.13	2586.90	
1994	246.26	238.12	181.41	288.07	2951.19	
1995	246.03	234.70	176.62	299.20	3789.29	
1996	275.54	271.45	178.74	310.89	4039.29	
1997	276.65	272.61	170.68	313.78	4453.57	
1998	320.71	324.64	168.83	341.76	5241.32	
1999	317.64	319.23	189.46	339.94	6311.08	
2000	333.26	330.22	232.02	364.14	6913.68	
2001	359.27	363.01	165.18	390.14	7210.06	
2002	380.01	376.61	270.27	414.01	7241.61	
2003	402.37	388.59	400.97	444.70	7038.81	
2004	430.94	419.87	324.10	489.70	7535.05	
2005	461.23	450.14	294.45	524.13	7981.12	
2006	482.50	466.26	251.90	571.51	8403.32	
2007	503.29	485.70	329.89	553.39	9005.84	
2008	540.29	528.86	361.15	569.63	9110.40	

10-7 续表 continued

年 份 Year	农林牧渔业总产值 Gross Output Value of Farming,Forestry,Animal Husbandry and Fishery	农 业 Farming	林 业 Forestry	牧 业 Animal Husbandry	渔 业 Fishery	农林牧渔服务业 Service for Farming,Forestry,Animal Husbandry and Fishery
（上年=100） (preceding year=100)						
1978	105.19	104.32	96.75	110.95	84.62	
1979	93.52	91.55	88.71	101.35	120.24	
1980	111.08	115.08	114.92	98.03	83.17	
1981	92.24	91.71	85.76	95.79	104.76	
1982	113.30	108.87	140.21	122.37	111.36	
1983	113.83	115.15	120.15	108.13	107.14	
1984	108.98	105.12	138.46	112.93	138.10	
1985	113.64	108.54	112.93	129.35	158.62	
1986	107.25	107.39	85.43	113.67	145.22	
1987	102.48	102.63	92.00	104.45	200.00	
1988	107.14	111.27	88.71	101.10	134.43	
1989	107.17	105.29	93.81	114.40	136.41	
1990	105.26	106.78	101.45	102.14	117.47	
1991	101.04	100.37	102.04	102.51	113.34	
1992	106.62	108.91	107.01	100.91	114.84	
1993	107.76	109.56	104.46	103.47	116.02	
1994	104.34	104.33	104.09	104.33	114.08	
1995	99.91	98.56	97.36	103.86	128.40	
1996	112.00	115.66	101.20	103.91	106.60	
1997	100.40	100.43	95.49	100.93	110.26	
1998	115.93	119.08	98.92	108.92	117.69	
1999	99.04	98.33	112.22	99.47	120.41	
2000	104.92	103.44	122.46	107.12	109.55	
2001	107.81	109.93	71.19	107.14	104.29	
2002	105.77	103.75	163.62	106.12	100.44	
2003	105.88	103.18	148.36	107.41	97.20	
2004	107.10	108.05	80.83	110.12	107.05	105.00
2005	107.03	107.21	90.85	107.03	105.92	111.30
2006	104.61	103.58	85.55	109.04	105.29	112.99
2007	104.31	104.17	130.96	96.83	107.17	112.76
2008	107.35	108.89	109.48	102.93	101.16	105.24

10-8 各地县农林牧渔业总产值

Gross Output Value of Farming,Forestry, Animal Husbandry and Fishery by Prefecture, County

单位：万元　　（2008）　　(10 000 yuan)

地　区	Region	农林牧渔业总产值 Gross Output Value of Farming Forestry, Animal Husbandry Fishery	农　业 Farming	林　业 Forestry	牧　业 Animal Husbadry	渔　业 Fishery	农林牧渔服务业 Service for Farming,Forestry,Animal Husbandry and Fishery	农林牧渔业总产值指数（按可比价计算）（上年=100） Indices (preceding year=100)
兰州市	**Lanzhou**	**466031.89**	**364721.50**	**4337.85**	**72623.67**	**3114.64**	**21234.23**	**104.71**
城关区	Chengguan	17423.47	11307.11	1833.18	1227.83		3055.35	96.93
七里河区	Qilihe	42460.83	27779.72	216.40	9792.15		4672.56	116.75
西固区	Xigu	33208.60	26935.18	119.86	5547.38	154.28	451.90	109.00
安宁区	Anning	3618.04	1991.11	641.62	985.31			68.09
红古区	Honggu	77236.80	70470.11	295.59	5623.82	107.16	740.12	104.34
永登县	Yongdeng	118291.75	89080.35	263.65	24944.65	2754.40	1248.70	103.61
皋兰县	Gaolan	58075.99	46158.29	817.76	6859.94	38.00	4202.00	108.71
榆中县	Yuzhong	115716.41	90999.63	149.79	17642.59	60.80	6863.60	102.19
嘉峪关市	**Jiayuguan**	**29482.95**	**23114.58**	**56.39**	**4738.46**	**77.52**	**1496.00**	**99.48**
金昌市	**Jinchang**	**173260.09**	**138698.62**	**809.41**	**26388.84**	**1528.50**	**5834.72**	**98.96**
金川区	Jinchuan	38052.91	29350.20	477.20	5441.47		2784.04	103.31
永昌县	Yongchang	135207.18	109348.42	332.21	20947.37	1528.50	3050.68	97.68
白银市	**Baiyin**	**497928.72**	**333303.94**	**13232.51**	**138948.45**	**1403.72**	**11040.10**	**105.51**
白银区	Baiyin	51761.34	36800.97	731.56	12641.81	570.00	1017.00	102.30
平川区	Pingchuan	24441.67	16138.13	1822.36	5924.18	57.00	500.00	95.04
靖远县	Jingyuan	184545.78	144871.82	3150.00	33305.34	685.52	2533.10	107.87
会宁县	Huining	137967.83	70286.86	3273.89	61457.08		2950.00	104.83
景泰县	Jingtai	99212.10	65206.16	4254.70	25620.04	91.20	4040.00	106.34
天水市	**Tianshui**	**713827.18**	**565906.25**	**28946.19**	**114166.42**	**1189.40**	**3618.92**	**116.08**
秦州区	Qinzhou	94905.66	81531.84	1272.29	11665.21	278.92	157.40	111.66
麦积区	Maiji	94601.68	74219.71	4873.63	14931.38	266.76	310.20	112.20
清水县	Qingshui	88168.90	59741.16	6281.21	21699.73	159.60	287.20	115.21
秦安县	Qinan	129466.00	102596.01	2426.31	24267.28	22.80	153.60	
甘谷县	Gangu	124965.86	99403.50	4587.29	19025.95	193.80	1755.32	120.41
武山县	Wushan	128524.99	110146.53	3290.54	14225.60	229.52	632.80	120.78
张家川县	Zhangjiachuan	48102.35	38267.50	1123.18	8351.27	38.00	322.40	119.05
武威市	**Wuwei**	**797279.06**	**574988.20**	**4888.73**	**200475.61**	**149.61**	**16776.91**	**106.15**
凉州区	Liangzhou	461623.24	329301.61	1798.54	123336.69	144.40	7042.00	106.20
民勤县	Minqin	193304.52	159374.65	1467.00	28384.37		4078.50	106.10
古浪县	Gulang	97776.51	66513.05	1448.46	26523.59		3291.41	105.76
天祝县	Tianzhu	44574.79	19798.89	174.73	22230.96	5.21	2365.00	106.67
张掖市	**Zhangye**	**865486.86**	**543371.44**	**15178.47**	**189634.88**	**1795.32**	**115506.75**	**104.06**

10-8 续表 1 continued

单位：万元 (10 000 yuan)

地 区	Region	农林牧渔业总产值 Gross Output Value of Farming Forestry, Animal Husbandry Fishery	农 业 Farming	林 业 Forestry	牧 业 Animal Husbadry	渔 业 Fishery	农林牧渔服务业 Service for Farming,Forestry,Animal Husbandry and Fishery	农林牧渔业总产值指数（按可比价计算）（上年=100） Indices (preceding year=100)
甘州区	Ganzhou	352642.90	185101.05	5876.06	77181.55	790.24	83694.00	103.87
肃南县	Sunan	30956.46	8713.62	47.12	20667.72		1528.00	102.30
民乐县	Minle	119585.95	87341.20	3518.95	23944.08		4781.72	104.14
临泽县	Linze	134575.83	80631.75	3010.52	28440.53	447.00	22046.03	104.27
高台县	Gaotai	142276.34	111549.51	2219.72	25359.43	527.68	2620.00	104.73
山丹县	Shandan	72391.21	57620.82	506.10	13396.89	30.40	837.00	105.61
平凉市	**Pingliang**	**633570.05**	**466823.57**	**19605.82**	**139433.40**	**1178.26**	**6529.00**	**101.47**
崆峒区	Kongtong	119452.37	82735.30	3681.31	31789.41	351.35	895.00	99.16
泾川县	Jingchuan	115255.45	80579.44	7412.15	25855.22	428.64	980.00	92.67
灵台县	Lingtai	85284.57	67746.40	1540.79	14754.38	313.00	930.00	100.68
崇信县	Chongxin	46502.55	31415.70	2093.38	12475.07	68.40	450.00	104.07
华亭县	Huating	54753.94	33085.85	2358.08	18492.14	16.87	801.00	105.60
庄浪县	Zhuanglang	92570.54	71311.93	1709.55	19204.06		345.00	105.25
静宁县	Jingning	119750.63	99948.95	810.56	16863.12		2128.00	107.19
酒泉市	**Jiuquan**	**806230.18**	**463366.48**	**9865.38**	**133736.70**	**1450.40**	**197811.22**	**109.21**
肃州区	Suzhou	273230.00	155947.69	1909.95	58832.04	646.32	55894.00	108.45
金塔县	Jinta	177544.09	101000.58	4226.28	26057.31	259.92	46000.00	110.95
瓜州县	Guazhou	98448.40	61545.04	1627.58	11296.58	243.20	23736.00	109.42
肃北县	Subei	6620.16	1479.38	70.36	5017.98		52.44	104.88
阿克塞县	Akesai	3695.26	677.18		2983.08		35.00	113.78
玉门市	Yumen	83418.65	62016.47	953.06	16285.82	115.52	4047.78	111.73
敦煌市	Dunhuang	163273.62	80700.14	1078.15	13263.89	185.44	68046.00	107.41
庆阳市	**Qingyang**	**734270.16**	**559062.81**	**18140.04**	**97706.17**	**524.02**	**58837.12**	**114.24**
西峰区	Xifeng	147012.44	94024.31	2042.62	9342.38	102.60	41500.53	
庆城县	Qingcheng	75889.98	62707.62	590.58	9061.38	30.40	3500.00	119.98
环 县	Huanxian	64679.64	40914.10	1865.11	21481.61	53.20	365.62	100.71
华池县	Huachi	38899.61	29174.32	1254.50	8337.63	50.16	83.00	111.85
合水县	Heshui	62442.36	50125.16	3580.76	8253.82	75.62	407.00	109.43
正宁县	Zhengning	72924.46	62531.12	2310.42	4401.71	56.24	3624.97	113.37
宁 县	Ningxian	138823.73	115478.07	2397.76	18856.70	91.20	2000.00	139.00
镇原县	Zhenyuan	133597.94	104108.11	4098.29	17970.94	64.60	7356.00	109.69
定西市	**Dingxi**	**631882.70**	**460500.98**	**6530.49**	**135555.06**	**1036.44**	**28259.73**	**108.67**
安定区	Anding	108838.93	85242.32	1235.52	21053.49	7.60	1300.00	115.71
通渭县	Tongwei	83749.39	61880.51	1568.71	19481.81	2.36	816.00	103.32

10-8 续表 2 continued

单位：万元　　(10 000 yuan)

地　区	Region	农林牧渔业总产值 Gross Output Value of Farming Forestry, Animal Husbandry Fishery	农　业 Farming	林　业 Forestry	牧　业 Animal Husbadry	渔　业 Fishery	农林牧渔服务业 Service for Farming,Forestry,Animal Husbandry and Fishery	农林牧渔业总产值指数（按可比价计算）（上年=100）Indices (preceding year=100)
陇西县	Longxi	112302.22	77127.97	285.01	18690.44	98.80	16100.00	109.78
渭源县	Weiyuan	72022.70	58613.89	385.77	12673.44	140.60	209.00	111.80
临洮县	Lintao	132868.23	86520.42	670.77	35853.50	408.81	9414.73	106.14
漳　县	Zhangxian	46720.66	35617.62	1591.54	9068.62	332.88	110.00	112.89
岷　县	Minxian	75380.57	55498.25	793.17	18733.76	45.39	310.00	103.23
陇南市	**Longnan**	**569124.39**	**346987.70**	**82263.45**	**132472.82**	**1233.42**	**6167.00**	**107.44**
武都区	Wudu	111074.36	51201.67	31936.89	27067.90	227.90	640.00	108.96
宕昌县	Tanchang	45092.93	32195.05	2915.87	9742.01		240.00	108.25
成　县	Chengxian	76371.45	51987.91	7737.93	15318.91	155.70	1171.00	104.80
康　县	Kangxian	38565.03	19415.17	9469.41	9118.05	87.40	475.00	107.13
文　县	Wenxian	42253.28	23721.82	6271.37	11749.53	380.56	130.00	109.00
西和县	Xihe	64718.04	45093.75	6850.20	11818.33	76.76	879.00	109.29
礼　县	Lixian	81057.15	49967.30	6082.14	23310.07	29.64	1668.00	104.70
两当县	Liangdang	16032.38	10427.40	2111.01	3121.93	107.04	265.00	107.47
徽　县	Huixian	93959.77	62977.63	8888.63	21226.09	168.42	699.00	108.11
临夏州	**Linxia**	**292712.24**	**189533.40**	**12649.69**	**79971.55**	**1411.38**	**9146.22**	**107.15**
临夏市	linxia	23855.40	15653.11	205.16	6626.73	114.00	1256.40	107.78
临夏县	linxia	54352.63	32831.41	3580.07	16301.95	51.30	1587.90	106.84
康乐县	Kangle	38056.77	28019.86	216.89	8185.50	41.12	1593.40	108.03
永靖县	Yongjing	49027.94	31933.87	2255.72	12428.75	1001.00	1408.60	107.52
广河县	Guanghe	25253.41	19466.92	1060.12	4042.35		684.02	107.45
和政县	Hezheng	29964.55	20813.74	516.74	7797.13	40.34	796.60	107.76
东乡县	Dongxiang	41403.29	19597.43	1674.33	19035.71	114.82	981.00	106.92
积石山县	Jishishan	30800.85	21219.66	3140.66	5553.43	48.80	838.30	
甘南州	**Gannan**	**172385.34**	**57543.04**	**5049.52**	**107800.13**	**66.00**	**1926.65**	**105.82**
合作市	Hezuo	12517.32	3935.45	66.39	8360.48		155.00	104.34
临潭县	Lintan	24601.89	15517.50	105.86	8656.03	30.00	292.50	107.34
卓尼县	Zhuoni	25345.80	10383.64	653.08	14061.61		247.47	107.64
舟曲县	Zhouqu	22906.66	13617.99	2530.97	6337.62		420.08	107.52
迭部县	Diebu	15555.33	6387.39	1541.75	7576.46		49.73	110.68
玛曲县	Maqu	29210.54	245.47		28723.07	36.00	206.00	103.92
碌曲县	Luqu	15404.40	1200.60	143.67	13812.13		248.00	105.03
夏河县	Xiahe	26843.40	6255.00	7.80	20272.73		307.87	101.50

10-9 农林牧渔业增加值

Added Value of Farming,Forestry,Animal Husbandry,Fishery

指　标	Item	2000	2005	2007	2008	2008年比2007年增长（%）2008 to 2007 Increase or Decrease (%)
农林牧渔业增加值(万元)	**Increased Value (10 000 yuan)**	**1940788**	**3080566**	**3875463**	**4622710**	**7.12**
农　业	Farming	1260179	2107314	2705007	3117643	7.22
林　业	Forestry	66170	63743	76255	97090	20.68
牧　业	Animal Husbandry	358534	756026	884054	1175393	6.83
渔　业	Fishery	9657	7378	5876	6836	1.76
农林牧渔服务业	Service for Farming, Forestry,Animal Husbandry and Fishery	246248	146105	204271	225748	1.67

10-10 各地区农林牧渔业增加值

Added Value by Prefecture

单位：万元　（2008）　(10 000 yuan)

地　区	Region	农林牧渔业增加值 Increased Value	农　业 Farming	林　业 Forestry	牧　业 Animal Husbandry	渔　业 Fishery	农林牧渔服务业 Service for Farming,Forestry,Animal Husbandry and Fishery
兰州市	Lanzhou	281007.68	223506.73	1756.52	47491.08	2732.45	5520.90
嘉峪关市	Jiayuguan	16869.52	14094.97	2.50	2334.30	48.79	388.96
金昌市	Jinchang	90571.11	70253.34	137.86	17601.40	1061.48	1517.03
白银市	Baiyin	300484.77	184331.44	8461.79	103819.45	1001.66	2870.43
天水市	Tianshui	422963.36	337540.67	15746.11	67638.14	1097.52	940.92
武威市	Wuwei	490627.32	338647.64	1392.84	146092.44	132.40	4362.00
张掖市	Zhangye	492298.33	325663.36	12111.95	123234.73	1256.54	30031.75
平凉市	Pingliang	390038.64	291646.69	9488.30	86362.50	843.61	1697.54
酒泉市	Jiuquan	413819.07	273717.55	5654.26	82126.48	889.87	51430.91
庆阳市	Qingyang	386611.62	299073.86	6450.09	65423.80	366.22	15297.65
定西市	Dingxi	381719.96	275066.07	3077.10	95294.97	934.29	7347.53
陇南市	Longnan	356643.43	194506.12	68642.30	90869.09	1022.50	1603.42
临夏州	Linxia	186757.09	116792.69	7112.91	59361.14	1112.33	2378.02
甘南州	Gannan	128438.59	40527.05	2313.16	85059.93	37.52	500.93

10-11 耕地面积
Cultivated Area

单位：公顷　(hectare)

指　标	Indicators	2000	2005	2007	2008
年初耕地面积	**Cultivated Area (Year-beginning)**	**3486167**	**3403893**	**3441353**	**3448993**
当年增加的耕地面积	**Increase in the Year**	**5107**	**35573**	**16013**	**27027**
#新开荒地面积	Newly Developed Wasteland	2127	23713	12047	7027
河造田面积	Cultivated River Land	1733	453	487	113
当年减少的耕地面积	**Decrease in the Year**	**58073**	**18420**	**8373**	**7667**
国家征用	Government Requisition	1200	998	1172	2544
农村基建	Rural Capital Construction	290	228	306	364
农民个人建房	Private Building	247	366	266	618
还林还牧	Give Back to Forest and Herd Area	52062	15440	641	54
其他	Others	4275	1387	5988	4087
年末耕地面积	**Cultivated Area (Year-end)**	**3433200**	**3421047**	**3448993**	**3468353**
水田	Paddy Fields	12067	10920	10573	10187
旱地	Dry Fields	3421133	3410127	3438420	3458166

10-12 各地区耕地面积
Cultivated Area by Region

单位：公顷　(2008)　(hectare)

地　区	District	年初耕地面积 Cultivated Area (Year-beginning)	当年增加耕地面积 Increased Area of Cultivated Land in the Year	当年减少耕地面积 Decreased Area of Cultivated Land in the Year	年末耕地面积 Cultivated Area (Year-end)
兰州市	Lanzhou	210153.3	33.3	326.7	209860.0
嘉峪关市	Jiayuguan	2840.0			2840.0
金昌市	Jinchang	58293.3	3566.7		61860.0
白银市	Baiyin	299726.7	326.7	113.3	299940.0
天水市	Tianshui	382646.7	6.7	613.3	382040.0
武威市	Wuwei	255566.7	40.0	1360.0	254246.7
张掖市	Zhangye	221006.7	2733.3	20.0	223720.0
平凉市	Pingliang	372566.7	586.7	580.0	372573.3
酒泉市	Jiuquan	143306.7	11953.3	820.0	154440.0
庆阳市	Qingyang	443446.7	2360.0	1500.0	444306.7
定西市	Dingxi	513433.3	26.7	526.7	512933.3
陇南市	Longnan	288980.0	266.7	760.0	288486.7
临夏州	Linxia	143420.0	6.7	20.0	143406.7
甘南州	Gannan	67353.3	80.0	413.3	67020.0

10-13 农业机械拥有量

Number of Agricultural Machinery Owned

指　标	Item	2000	2005	2007	2008
农业机械总动力合计（万千瓦）	Total Power of Agricultural Machinery Power (10 000 kw)	1056.91	1406.92	1577.27	1686.32
#柴油发动机动力	Diesel Motor	756.73	1117.73	1268.04	1360.70
汽油发动机动力	Petrolic Motor	84.33	50.55	48.43	49.16
电动机动力	Electromotor	214.71	237.41	260.18	275.66
农业机械原值（亿元）	Original Value of Agricultural Machinery (100 million yuan)	67.20	90.40	100.59	108.07
农业机械净值（亿元）	Net Value of Agricultural Machinery (100 million yuan)	47.70	63.01	68.60	75.42
农用大中型拖拉机（台）	Number of large and Medium Agricultural Tractors (unit)	12260	18342	31240	38285
大中型拖拉机（万千瓦）	Capacity of Large and Medium Agricultural Tractors (10 000 kw)	48.01	57.16	83.01	100.30
小型拖拉机（台）	Number of Mini-tractors (unit)	328559	375612	411560	423180
小型拖拉机（万千瓦）	Capacity of Mini-tractors (10 000 kw)	331.77	402.74	453.89	468.77
大中型拖拉机配套农具（万部）	Number of Large and Medium Tractor Towing Farm Machinery (10 000 units)	1.81	2.89	5.78	6.45
小型拖拉机配套农具（万部）	Number of Mini-Tractor Towing Farm Machinery (10 000 units)	52.81	69.58	81.99	80.38
农用排灌动力机械动力（万千瓦）	Powers of Drainage and Irrigation Machinery (10 000 kw)	122.30	130.97	139.29	143.20
联合收割机（台）	Combine Harvesters (set)	1387	1763	2313	2630
机动脱粒机（台）	Motorized Thresher (set)	29157	64765	74152	93834
种子精选机（台）	Seed Choice Machines (set)	456	1131	1757	2143
机动喷雾机（部）	Motorized Nebulizer (set)	9053	12170	14547	16473
饲料粉碎机（万台）	Fodder Grinder (10 000 sets)	4.74	6.27	8.26	10.18
榨油机（万部）	Oil Mill (10 000 units)	1.54	1.84	1.92	2.35
农用载重汽车（辆）	Number of Trucks for Agricultural Use (unit)	14296	14444	16724	15810

10-14 农业生产条件

Agriculture Production Condition

指　标	Item	2000	2005	2007	2008
农业机械化	**Agriculture Mechanization**				
当年机耕地面积（千公顷）	Areas of Motorized Cultivation (1 000 hectares)	1357.34	1439.38	1548.61	1608.27
占地面积（%）	Rate in Total (%)	39.54	42.28	44.90	46.37
当年机播面积（千公顷）	Areas of Motorized Planting (1 000 hectares)	786.25	865.78	979.96	1020.35
占总面积（%）	Rate in Total (%)	21.02	23.24	25.56	29.42
农业水利化	**Agriculture Irrigation and Water**				
有效灌溉面积（千公顷）	Effective Irrigated Area (1 000 hectares)	981.47	1030.43	1063.04	1069.17
占耕地面积（%）	Rate in Cultivated Land (%)	28.59	30.12	30.82	30.83
水平梯田面积（千公顷）	Terrace Area (1 000 hectares)	1487.44	1705.99	1731.97	1754.18
占耕地面积（%）	Rate in Cultivated Land (%)	43.33	49.87	50.22	50.58
条田面积（千公顷）	Strip Area (1 000 hectares)	800.10	825.11	848.67	850.07
农业电气化	**Agriculture Electrization**				
农村用电量（万千瓦时）	Amount of Electric Power Generation (10 000 kwh)	294308	338510	368814	385599
农村生产用电	For Produce	207632	234958	247521	254382
农民生活用电	For Livin	86676	103552	121293	131217
农村水电站（个）	Hydropower in Rural Areas (unit)	229	234	255	264
已通电村（个）	Electrified Villages (unit)	16799	16176	16170	16118
占全省总数（%）	Rate in Total (%)	94.24	97.53	99.49	99.63
农业化学化	**Chemical for Agriculture**				
农用化肥施用量（实物量）（万吨）	Chemical Fertilizer Consumption (real)(10 000 tons)	217.10	262.92	273.74	280.84
农用化肥施用量（折纯量）（万吨）	Chemical Fertilizer Consumption (convert to pure amount)(10 000 tons)	64.54	75.92	80.14	81.37
农药施用量（吨）	Farm Pesticides Consumption (ton)	11414.85	22787.67	35317.27	39253.72
农用塑料薄膜使用量（吨）	Household Plastic Film Consumption (ton)	64233.45	78173.57	84642.16	90670.24

10-15 各地县农业生产条件

Agriculture Production Condition by Prefecture,County

(2008)

地　区	Region	耕地面积（公顷） Cultivated Area (hectare)	#水 地 Paddy Fields	#旱 地 Dry Fields	农业机械总动力（千瓦） Total Power of Agricultural Machinery (kw)	农村用电量（万千瓦小时） Amount of Electric Power Generation (10 000 kwh)	化肥施用折纯量（吨） Chenical Fertilizer Consumption(convert to pure amount) (ton)
兰州市	**Lanzhou**	**209860.00**	**66.67**	**209793.33**	**1398193**	**38204**	**39313**
城关区	Chengguan	1026.67		1026.67	40319	2524	295
七里河区	Qilihe	10033.33		10033.33	149825	2391	2466
西固区	Xigu	3586.67		3586.67	133776	3489	1561
安宁区	Anning	286.67		286.67	10150	2174	382
红古区	Honggu	4326.67		4326.67	128484	4009	3965
永登县	Yongdeng	91853.33		91853.33	306045	7281	7182
皋兰县	Gaolan	28260.00		28260.00	308400	11547	4412
榆中县	Yuzhong	70486.67	66.67	70420.00	321194	4788	19051
嘉峪关市	**Jiayuguan**	**2840.00**		**2840.00**	**95800**	**1010**	**1792**
金昌市	**Jinchang**	**61860.00**		**61860.00**	**862352**	**16020**	**19045**
金川区	Jinchuan	11260.00		11260.00	218578	6127	4771
永昌县	Yongchang	50600.00		50600.00	643774	9893	14273
白银市	**Baiyin**	**299940.00**	**3293.33**	**296646.67**	**1655006**	**36792**	**45101**
白银区	Baiyin	9433.33	26.67	9406.67	219174	4234	6549
平川区	Pingchuan	17266.67		17266.67	200067	5662	1549
靖远县	Jingyuan	76806.67	3026.67	73780.00	515049	17404	16256
会宁县	Huining	150706.67		150706.67	285969	3289	10833
景泰县	Jingtai	45726.67	240.00	45486.67	434747	6204	9914
天水市	**Tianshui**	**382040.00**	**2933.33**	**379106.67**	**993233**	**26358**	**65378**
秦州区	Qinzhou	63553.33	106.67	63446.67	173117	3237	6048
麦积区	Maiji	47506.67		47506.67	196545	6051	11742
清水县	Qingshui	62513.33		62513.33	92173	1958	6159
秦安县	Qinan	70053.33		70053.33	174950	4842	16745
甘谷县	Gangu	58620.00		58620.00	126269	4318	7597
武山县	Wushan	42166.67	2826.67	39340.00	155934	3736	13967
张家川县	Zhangjiachuan	37626.67		37626.67	74245	2216	3119
武威市	**Wuwei**	**254246.67**		**254246.67**	**2841630**	**59329**	**138907**
凉州区	Liangzhou	97300.00		97300.00	1244266	30473	80460
民勤县	Minqin	59213.33		59213.33	1029736	16166	43418
古浪县	Gulang	76533.33		76533.33	382046	11806	11413
天祝县	Tianzhu	21200.00		21200.00	185581	884	3617
张掖市	**Zhangye**	**223720.00**	**106.67**	**223613.33**	**1881483**	**28329**	**81394**

10–15 续表 1 continued

地 区	Region	耕地面积（公顷）Cultivated Area (hectare)	#水 地 Paddy Fields	#旱 地 Dry Fields	农业机械总动力（千瓦）Total Power of Agricultural Machinery (kw)	农村用电量（万千瓦小时）Amount of Electric Power Generation (10 000 kwh)	化肥施用折纯量（吨）Chenical Fertilizer Consumption(convert to pure amount) (ton)
甘州区	Ganzhou	47586.67	93.33	47493.33	591293	11087	33637
肃南县	Sunan	4760.00		4760.00	39221	1788	816
民乐县	Minle	61873.33		61873.33	405062	1316	18894
临泽县	Linze	18906.67	13.33	18893.33	322796	3489	12125
高台县	Gaotai	22033.33		22033.33	233111	4190	6450
山丹县	Shandan	39893.33		39893.33	290000	6458	5488
平凉市	**Pingliang**	**372573.33**		**372573.33**	**756728**	**23429**	**74335**
崆峒区	Kongtong	64153.33		64153.33	204861	4110	11504
泾川县	Jingchuan	45020.00		45020.00	96224	4301	9929
灵台县	Lingtai	52306.67		52306.67	83949	2977	11830
崇信县	Chongxin	23913.33		23913.33	44868	893	5814
华亭县	Huating	27826.67		27826.67	58321	1419	3558
庄浪县	Zhuanglang	61100.00		61100.00	123362	3804	12153
静宁县	Jingning	98253.33		98253.33	145143	5925	19547
酒泉市	**Jiuquan**	**154440.00**		**154440.00**	**1604390**	**26616**	**69519**
肃州区	Suzhou	41793.33		41793.33	508238	7542	20646
金塔县	Jinta	28126.67		28126.67	344950	3711	14865
瓜州县	Guazhou	32873.33		32873.33	224780	4446	10679
肃北县	Subei	693.33		693.33	25400	99	278
阿克塞县	Akesai	426.67		426.67	16873	231	76
玉门市	Yumen	33566.67		33566.67	247803	5451	12763
敦煌市	Dunhuang	16960.00		16960.00	236346	5136	10212
庆阳市	**Qingyang**	**444306.67**	**426.67**	**443880.00**	**1091516**	**31080**	**87829**
西峰区	Xifeng	39560.00		39560.00	202385	2922	7537
庆城县	Qingcheng	54140.00		54140.00	147056	4134	10436
环 县	Huanxian	90113.33		90113.33	108000	9013	10837
华池县	Huachi	31666.67	26.67	31640.00	90050	1153	4644
合水县	Heshui	23520.00	333.33	23186.67	87664	2785	7888
正宁县	Zhengning	29173.33	66.67	29106.67	97062	2463	10601
宁 县	Ningxian	63486.67		63486.67	155299	4804	13290
镇原县	Zhenyuan	112646.67		112646.67	204000	3806	22595
定西市	**Dingxi**	**512933.33**		**512933.33**	**1655532**	**18575**	**70664**
安定区	Anding	114506.67		114506.67	494202	3685	7279
通渭县	Tongwei	122020.00		122020.00	210030	2258	9499

10-15 续表 2 continued

地　区	Region	耕地面积（公顷）Cultivated Area (hectare)	#水 地 Paddy Fields	#旱 地 Dry Fields	农业机械总动力（千瓦）Total Power of Agricultural Machinery (kw)	农村用电量（万千瓦小时）Amount of Electric Power Generation (10 000 kwh)	化肥施用折纯量（吨）Chenical Fertilizer Consumption(convert to pure amount) (ton)
陇西县	Longxi	78606.67		78606.67	233843	3197	12024
渭源县	Weiyuan	53380.00		53380.00	171000	2195	7117
临洮县	Lintao	71780.00		71780.00	343323	4104	22362
漳　县	Zhangxian	31180.00		31180.00	90012	801	4758
岷　县	Minxian	41460.00		41460.00	113123	2335	7625
陇南市	**Longnan**	**288486.67**	**3226.67**	**285260.00**	**960438**	**26516**	**67544**
武都区	Wudu	47106.67	1613.33	45493.33	202524	11300	12005
宕昌县	Tanchang	28740.00	593.33	28146.67	79332	1612	2737
成　县	Chengxian	27460.00		27460.00	137980	2541	7792
康　县	Kangxian	20913.33	33.33	20880.00	71700	1061	5616
文　县	Wenxian	20860.00	766.67	20093.33	99198	2695	4724
西和县	Xihe	40120.00		40120.00	83975	1911	8078
礼　县	Lixian	68893.33		68893.33	123719	2996	9864
两当县	Liangdang	7973.33	6.67	7966.67	36280	306	343
徽　县	Huixian	26420.00	213.33	26206.67	125730	2094	16384
临夏州	**Linxia**	**143406.67**		**143406.67**	**638402**	**35415**	**21608**
临夏市	linxia	2326.67		2326.67	42134	3715	1160
临夏县	linxia	25053.33		25053.33	94304	2321	4223
康乐县	Kangle	21740.00		21740.00	77294	7392	2370
永靖县	Yongjing	23286.67		23286.67	115628	11336	4353
广河县	Guanghe	12860.00		12860.00	109875	2475	2081
和政县	Hezheng	15693.33		15693.33	52742	895	1038
东乡县	Dongxiang	24526.67		24526.67	105579	5911	2768
积石山县	Jishishan	17920.00		17920.00	40847	1371	3615
甘南州	**Gannan**	**67020.00**	**60.00**	**66960.00**	**227029**	**4568**	**3137**
合作市	Hezuo	9640.00		9640.00	17387	165	100
临潭县	Lintan	17680.00		17680.00	63839	1155	1604
卓尼县	Zhuoni	11006.67	46.67	10960.00	41895	605	491
舟曲县	Zhouqu	9533.33	13.33	9520.00	44634	1027	804
迭部县	Diebu	5160.00		5160.00	20772	615	81
玛曲县	Maqu				1650	308	
碌曲县	Luqu	2773.33		2773.33	15006	200	15
夏河县	Xiahe	11226.67		11226.67	21846	493	41

10-16 水库、灌溉情况

Reservoirs and Irrigation

指　标	Item	2000	2005	2007	2008
水库数（座）	Number of Reservoirs (unit)	289	272	287	288
大型水库	Large-scale Reservoir	6	7	7	7
中型水库	Medium-scale Reservoir	26	26	27	27
小型水库	Small-scale Reservoir	257	239	253	254
水库库容量（万立方米）	Capacity of Reservoirs (10 000 cu.m)	867400	886533	886251	886290
大型水库	Large-scale Reservoir	732900	749500	744980	744980
中型水库	Medium-scale Reservoir	92927	93001	95003	95003
小型水库	Small-scale Reservoir	41573	44032	46268	46307
灌溉面积（千公顷）	Irrigated Area (1 000 hectares)	1244.21	1355.48	1385.40	1399.88
有效灌溉面积（千公顷）	Effective Irrigated Area (1 000 hectares)	1137.03	1226.85	1246.46	1254.73
旱涝保收面积（千公顷）	Harvest Area (1 000 hectares)	936.42	1007.16	989.56	999.77
机电灌溉面积（千公顷）	Motorized Irrigation Area (1 000 hectares)	386.78	417.65	424.90	433.21
固定机电提灌面积（千公顷）	Fixed Area by Electrical lift irrigation (1 000 hectares)	227.03	244.81	250.97	261.55
水利工程年供水量（万立方米）	Water for Irrigation Engineering in Quantity in a Year (10 000 cu.m)	1026055	1221961	1234821	1220731
为农业年供水量（万立方米）	Water for Agriculture in One Year (10 000 cu.m)	974271	989752	989105	976914
为工业年供水量（万立方米）	Water for Industry in One Year (10 000 cu.m)	24660	135614	133137	136667
为城乡生活年供水量（万立方米）	Water for Living in One Year (10 000 cu.m)	27124	71059	71932	68764
为生态环境年供水量（万立方米）	Water for Ecological Environment One Year (10 000 cu.m)		30756	40647	38386

注：此表为水利部门数据。

a)Data from water resources department.

10-17 除涝、治水、治碱情况

Flood Prevention, Water and Soil Conservation and Improvement of Saline- Alkaline Land

指 标	Item	2000	2005	2007	2008
易涝面积（千公顷）	Flooded or Waterlogged Area (1 000 hectares)	34.23	34.23	34.20	34.20
除涝面积（千公顷）	Flooded or Waterlogged Area Under Control (1 000 hectares)	12.48	12.48	12.48	12.48
占易涝面积比重（%）	Ratio in Flooded or Waterlogged Area (%)	36.46	36.46	36.46	36.46
水土流失面积（千公顷）	Area of Soil Erosion (1 000 hectares)	12694.80	13614.78	15459.50	15459.45
水土流失治理面积（千公顷）	Area of Soil Erosion Under Control (1 000 hectares)	6564.11	7744.07	7914.30	7683.78
占流失面积的比重（%）	Ratio of Soil Erosion Area (%)	51.71	56.88	51.19	49.70
小流域治理面积（千公顷）	Area of Small Valley Under Control (1 000 hectares)	1299.00	1565.30	1638.00	1687.19
堤防长度（公里）	Total Length of Dikes (km)	2516.00	3002.89	3220.82	3329.38
堤防保护面积（千公顷）	Area of Land Protected by Dikes (1 000 hectares)	145.18	209.49	204.04	209.90
盐碱地耕面积（千公顷）	Saline land farming area (1 000 hectares)		125.75	142.85	145.53
#治理面积	Harnessing Area	67.81	62.75	55.26	52.58

注：此表为水利部门数据。

a)Data from water resources department.

10-18 农村居民家庭平均每户年末生产性固定资产原值

Original Value of Productive Fixed Assets Per Rural Household at the End of Year

单位：元 (yuan)

指 标	Item	2000	2005	2007	2008
合计	**Total**	**4359.79**	**7025.89**	**7995.61**	**8408.13**
#役畜、产品畜	Draught and Commodity Animals	877.57	1500.59	1738.00	1810.92
大中型铁木农具	Large and Medium Wood and Iron Farm Tools	462.77	474.93	488.13	514.23
农林牧渔业机械	Machinery of Farming, Animal Husbandry & Fishery	1215.02	2019.98	2279.11	2449.12

10-19 农村居民家庭平均每百户拥有主要生产性固定资产数量

Number of Major Productive Fixed Assets Per 100 Rural Households

指 标	Item	2000	2005	2007	2008
汽车（辆）	Motor Vehicles (set)	0.56	0.78	1.11	0.72
大中型拖拉机（台）	Large and Medium Tractors (set)	1.72	2.30	4.78	4.28
小型和手扶拖拉机（台	Mini and Walking Tractors (set)	25.39	33.00	31.00	30.56
机动脱粒机（台）	Motorized Threshing Machines (set)	1.33	3.00	3.54	4.56
胶轮大车（辆）	Carts with Rubber Tyres (set)	17.09	18.00	15.60	16.22
农用水泵（台）	Pumps (set)	5.61	7.00	8.28	8.78
役畜（头）	Draught Animals (unit)	80.81	75.00	69.72	68.83
产品畜（头）	Commodity Animals (unit)	58.39	52.00	52.10	48.39

10-20 农作物播种面积
Total Sown Areas of Farm Crops

指　标	Item	2000	2005	2007	2008
总播种面积（千公顷）	**Total Sown Area (1 000 hectares)**	**3740.18**	**3726.01**	**3834.69**	**3868.61**
粮食作物	Sown Area of Grain Crops	2798.21	2587.19	2687.03	2682.99
谷物	Cereal	2119.42	1811.11	1796.11	1797.67
#稻谷	Rice	7.24	5.10	5.28	5.53
小麦	Wheat	1192.19	961.39	924.14	903.53
玉米	Corn	464.36	503.13	499.21	557.21
豆类	Soybeans	261.67	245.05	233.10	227.93
#大豆	Soja	88.22	94.17	98.96	99.75
薯类	Tubers	417.11	531.03	657.83	657.40
油料	Oil-bearing Crops	312.09	328.91	305.20	331.69
#油菜籽	Rapeseed	137.55	157.34	152.49	162.09
棉花	Cotton	34.71	63.95	79.26	72.73
烟叶	Tobacco	20.97	14.16	4.79	4.01
#烤烟	Fluecured Tobacco	19.68	13.33	3.89	3.07
中药材	Traditional Chinese Medician Materials	79.63	142.83	149.35	160.53
蔬菜	Vegetables	185.05	306.81	346.97	367.79
瓜类	Melon	31.00	35.41	44.25	46.35
其它	Others	278.52	246.75	217.84	202.52
占总播种面积比重（%）	**Total Sown Area (%)**				
粮食作物	Sown Area of Grain Crops	74.81	69.44	70.07	69.35
谷物	Cereal	56.67	48.61	46.84	46.47
#稻谷	Rice	0.19	0.14	0.14	0.14
小麦	Wheat	31.88	25.80	24.10	23.36
玉米	Corn	12.42	13.50	13.02	14.40
豆类	Soybeans	7.00	6.58	6.08	5.89
#大豆	Soja	2.36	2.53	2.58	2.58
薯类	Tubers	11.15	14.25	17.15	16.99
油料	Oil-bearing Crops	8.34	8.83	7.96	8.57
#油菜籽	Rapeseed	3.68	4.22	3.98	4.19
棉花	Cotton	0.93	1.72	2.07	1.88
烟叶	Tobacco	0.56	0.38	0.12	0.10
#烤烟	Fluecured Tobacco	0.53	0.36	0.10	0.08
中药材	Traditional Chinese Medician Materials	2.13	3.83	3.89	4.15
蔬菜	Vegetables	4.95	8.23	9.05	9.51
瓜类	Melon	0.83	0.95	1.15	1.20
其它	Others	7.45	6.62	5.68	5.23

10-21 各地县农作物播种面积

Sown Areas of Farm Crops by Prefecture, County

单位：千公顷　　（2008）　　(1 000 hectares)

地　区	Region	农作物播种面积 Total Sown Area	粮　食 Grain Crops	#小　麦 Wheat	#玉　米 Corn	棉　花 Cotton	油　料 Oil-bearing Crops	蔬　菜 Vegetables	果园面积 Area of Orchards at Year-end
兰州市	**Lanzhou**	**206.44**	**125.79**	**45.33**	**22.99**		**16.47**	**45.74**	**10.72**
城关区	Chengguan	1.66	0.15	0.01	0.13			1.35	0.49
七里河区	Qilihe	10.11	2.45	1.38	0.46		0.15	7.05	0.61
西固区	Xigu	4.79	0.68	0.32	0.29		0.09	3.88	0.96
安宁区	Anning	0.37						0.37	0.31
红古区	Honggu	6.48	1.67	0.69	0.92		0.15	4.37	1.51
永登县	Yongdeng	82.46	57.19	22.01	5.85		7.68	6.00	2.15
皋兰县	Gaolan	25.73	13.58	5.59	1.33		2.31	6.04	4.29
榆中县	Yuzhong	74.83	50.09	15.33	14.01		6.09	16.67	0.40
嘉峪关市	**Jiayuguan**	**3.96**	**0.99**	**0.44**	**0.40**		**0.29**	**1.77**	**0.64**
金昌市	**Jinchang**	**68.91**	**51.03**	**14.04**	**7.15**	**0.01**	**4.01**	**8.88**	**1.63**
金川区	Jinchuan	12.89	6.94	2.79	1.90	0.01	1.07	2.49	0.87
永昌县	Yongchang	56.03	44.09	11.25	5.25		2.93	6.39	0.76
白银市	**Baiyin**	**282.42**	**218.08**	**59.93**	**53.83**	**0.13**	**18.18**	**18.39**	**13.26**
白银区	Baiyin	9.05	6.46	3.79	1.20		0.65	1.83	0.77
平川区	Pingchuan	16.60	12.63	4.57	1.87	0.03	1.43	0.73	0.43
靖远县	Jingyuan	77.29	53.03	15.51	13.54	0.10	3.23	9.47	2.93
会宁县	Huining	140.99	117.26	25.67	32.34		8.89	3.67	6.02
景泰县	Jingtai	38.49	28.69	10.39	4.88		3.97	2.68	3.11
天水市	**Tianshui**	**431.43**	**312.91**	**140.63**	**73.62**	**0.06**	**48.25**	**40.14**	**73.08**
秦州区	Qinzhou	66.95	47.23	22.75	12.48		12.35	4.86	10.51
麦积区	Maiji	55.97	44.88	20.91	14.97		4.17	4.68	10.83
清水县	Qingshui	66.67	45.56	18.81	13.61		8.45	3.59	10.21
秦安县	Qinan	75.79	58.15	26.63	12.44		6.35		24.93
甘谷县	Gangu	68.82	49.09	23.89	7.19	0.06	7.20	7.52	11.56
武山县	Wushan	56.89	35.97	14.45	4.36		5.38	13.56	2.17
张家川县	Zhangjiachuan	40.35	32.03	13.18	8.58		4.35	1.49	2.88
武威市	**Wuwei**	**246.83**	**147.36**	**64.39**	**36.25**	**15.13**	**17.29**	**39.59**	**14.03**
凉州区	Liangzhou	114.74	75.13	33.68	25.17		7.80	22.26	8.59
民勤县	Minqin	51.69	15.42	9.20	5.40	15.13	3.87	9.40	3.21
古浪县	Gulang	60.32	45.88	16.96	5.67		3.17	4.25	2.23
天祝县	Tianzhu	20.07	10.93	4.55			2.46	3.69	
张掖市	**Zhangye**	**223.55**	**152.69**	**37.02**	**50.93**	**4.04**	**24.17**	**18.55**	**35.17**

10-21 续表 1 continued

单位：千公顷　　　　(1 000 hectares)

地　区	Region	农作物播种面积 Total Sown Area	粮　食 Grain Crops	#小　麦 Wheat	#玉　米 Corn	棉　花 Cotton	油　料 Oil-bearing Crops	蔬　菜 Vegetables	果园面积 Area of Orchards at Year-end
甘州区	Ganzhou	51.46	38.47	7.06	27.27		0.99	7.97	13.05
肃南县	Sunan	4.76	2.44	0.73	0.46	0.03	0.09	0.23	0.15
民乐县	Minle	59.08	39.83	15.47	2.60		10.25	2.80	7.39
临泽县	Linze	19.02	16.07	1.26	14.73	0.29	0.04	1.51	7.49
高台县	Gaotai	23.99	9.30	2.51	5.75	3.73	0.29	5.78	3.82
山丹县	Shandan	36.58	26.03	10.00	0.11		4.40	0.25	3.28
平凉市	**Pingliang**	**446.37**	**324.57**	**130.35**	**69.03**		**48.57**	**38.68**	**89.23**
崆峒区	Kongtong	76.67	55.11	21.65	12.80		6.33	10.89	10.65
泾川县	Jingchuan	62.16	45.76	21.96	7.54		6.37	5.75	19.92
灵台县	Lingtai	69.49	48.62	18.54	13.33		11.94	6.85	11.78
崇信县	Chongxin	28.67	17.81	7.03	4.71		5.83	2.78	4.91
华亭县	Huating	34.80	24.05	9.01	7.67		3.19	2.55	1.58
庄浪县	Zhuanglang	72.07	52.93	22.10	9.47		7.25	4.69	8.14
静宁县	Jingning	102.51	80.29	30.06	13.50		7.67	5.17	32.26
酒泉市	**Jiuquan**	**158.70**	**44.41**	**18.78**	**18.01**	**48.17**	**4.17**	**18.47**	**10.91**
肃州区	Suzhou	47.69	21.26	6.85	13.73	0.13	1.22	9.98	3.33
金塔县	Jinta	30.51	6.33	3.70	2.37	15.64	0.58	1.69	2.25
瓜州县	Guazhou	27.41	5.25	3.48	0.63	11.21	0.46	1.65	0.59
肃北县	Subei	0.67	0.54	0.28	0.03		0.07	0.01	0.01
阿克塞县	Akesai	0.43	0.15	0.03	0.12				0.01
玉门市	Yumen	34.08	10.78	4.39	1.10	6.99	1.84	2.31	0.77
敦煌市	Dunhuang	17.90	0.09	0.06	0.03	14.20	0.00	2.83	3.95
庆阳市	**Qingyang**	**606.41**	**412.78**	**154.15**	**73.75**		**72.48**	**82.69**	**114.51**
西峰区	Xifeng	54.36	30.35	13.40	4.34		6.46		15.95
庆城县	Qingcheng	85.23	56.42	22.93	6.63		10.73	14.33	20.61
环　县	Huanxian	108.77	94.19	28.35	16.99		8.92	3.45	6.15
华池县	Huachi	49.61	35.99	7.69	7.17		6.67	2.94	3.95
合水县	Heshui	44.98	25.99	6.85	6.52		5.01	12.21	14.70
正宁县	Zhengning	35.97	20.31	8.06	5.80		6.35	5.00	13.21
宁　县	Ningxian	92.50	62.56	28.73	10.27		12.19	6.47	17.25
镇原县	Zhenyuan	134.98	86.99	38.14	16.03		16.15	24.92	22.69
定西市	**Dingxi**	**518.13**	**393.75**	**80.47**	**41.22**		**26.16**	**17.25**	**9.31**
安定区	Anding	110.27	95.71	11.81	8.05		7.44	2.73	2.05
通渭县	Tongwei	116.47	93.23	28.06	9.83		10.71	1.05	1.70

10–21 续表 2 continued

单位：千公顷 (1 000 hectares)

地 区	Region	农作物播种面积 Total Sown Area	粮 食 Grain Crops	#小 麦 Wheat	#玉 米 Corn	棉 花 Cotton	油 料 Oil-bearing Crops	蔬 菜 Vegetables	果园面积 Area of Orchards at Year-end
陇西县	Longxi	86.60	61.16	11.37	13.33		3.59	3.12	2.23
渭源县	Weiyuan	53.27	37.19	9.93	1.12		1.09	0.43	0.77
临洮县	Lintao	78.97	63.69	13.50	8.49		1.97	8.37	1.54
漳 县	Zhangxian	31.09	19.07	3.33	0.40		0.69	1.33	0.85
岷 县	Minxian	41.46	23.70	2.45			0.67	0.22	0.18
陇南市	**Longnan**	**402.52**	**310.99**	**99.41**	**65.89**	**0.03**	**18.58**	**27.49**	**30.87**
武都区	Wudu	72.79	53.34	14.83	10.54	0.03	1.47	6.75	1.09
宕昌县	Tanchang	31.35	18.77	5.04	2.48		1.58	0.80	0.53
成 县	Chengxian	43.57	34.50	12.76	8.90		2.74	3.91	1.06
康 县	Kangxian	35.61	31.11	10.80	8.20		0.31	1.69	0.73
文 县	Wenxian	33.51	26.40	6.40	9.51		1.95	2.00	0.69
西和县	Xihe	55.34	45.79	10.67	5.47		1.07	4.00	4.81
礼 县	Lixian	69.73	58.63	24.81	7.43		4.82	1.77	20.02
两当县	Liangdang	10.46	8.15	2.83	3.00		0.21	0.40	0.52
徽 县	Huixian	50.17	34.30	11.27	10.37		4.43	6.18	1.52
临夏州	**Linxia**	**157.55**	**122.02**	**38.05**	**34.35**		**16.87**	**7.61**	**5.57**
临夏市	linxia	3.15	2.09	0.39	1.54		0.03	0.86	0.30
临夏县	linxia	30.19	24.41	10.36	9.53		2.00	0.92	0.16
康乐县	Kangle	21.72	16.80	7.05	3.13		2.23	0.07	0.05
永靖县	Yongjing	24.28	18.00	3.63	6.71		1.37	3.49	2.39
广河县	Guanghe	14.50	11.27	1.27	5.13		1.07	0.93	0.19
和政县	Hezheng	16.39	9.98	6.25	1.98		5.67	0.17	1.45
东乡县	Dongxiang	25.46	24.73	3.79	3.99		0.05	0.31	0.30
积石山县	Jishishan	21.87	14.75	5.31	2.33		4.45		0.73
甘南州	**Gannan**	**68.41**	**37.61**	**10.79**	**2.71**		**13.60**	**0.68**	**1.04**
合作市	Hezuo	7.99	4.77	0.31			1.81	0.07	
临潭县	Lintan	17.34	5.72	2.42			5.49	0.03	0.09
卓尼县	Zhuoni	10.43	5.14	1.59			2.56	0.05	0.02
舟曲县	Zhouqu	15.77	12.41	4.21	2.65		0.95	0.49	0.59
迭部县	Diebu	5.54	4.90	1.79	0.07		0.39	0.05	0.33
玛曲县	Maqu								
碌曲县	Luqu	2.20	1.13				0.41		
夏河县	Xiahe	9.13	3.53	0.45			1.99		0.01

10-22 各地区主要农作物播种面积构成

Sown Area and Structure of Major Crop by Prefecture

单位：%　　（2008）　　(%)

地区	Region	农作物播种面积 Total Sown Area	粮食 Grain Crops	#小麦 Wheat	#玉米 Corn	棉花 Cotton	油料 Oil-bearing Crops	烟叶 Tobacco	中药材 Traditional Chinese Medician Materials	蔬菜 Vegetables	瓜果 Fruit and Melon
全省	**Total**	**100**	**69.35**	**23.36**	**14.40**	**1.88**	**8.57**	**0.10**	**4.15**	**9.51**	**1.20**
兰州市	Lanzhou	100	60.93	21.96	11.13		7.98	0.04	0.89	22.16	2.12
嘉峪关市	Jiayuguan	100	24.92	11.11	10.10		7.24			44.61	3.03
金昌市	Jinchang	100	74.05	20.37	10.37	0.01	5.81		0.72	12.89	0.64
白银市	Baiyin	100	77.22	21.22	19.06	0.04	6.44		1.68	6.51	2.13
天水市	Tianshui	100	72.53	32.60	17.06	0.01	11.18	0.01	2.13	9.30	0.56
武威市	Wuwei	100	59.70	26.09	14.69	6.13	7.01		0.85	16.04	1.51
张掖市	Zhangye	100	68.30	16.56	22.78	1.81	10.81		2.02	8.30	0.39
平凉市	Pingliang	100	72.71	29.20	15.46		10.88	0.04	1.80	8.67	0.92
酒泉市	Jiuquan	100	27.98	11.83	11.35	30.35	2.63		1.92	11.64	1.84
庆阳市	Qingyang	100	68.07	25.42	12.16		11.95	0.35	1.29	13.64	2.98
定西市	Dingxi	100	75.99	15.53	7.96		5.05	0.01	13.02	3.33	0.04
陇南市	Longnan	100	77.26	24.70	16.37	0.01	4.62	0.36	9.13	6.83	0.50
临夏州	Linxia	100	77.45	24.15	21.80		10.71		3.43	4.83	
甘南州	Gannan	100	54.97	15.77	3.97		19.88	0.15	9.46	0.99	

10-23 各地区主要农作物播种面积占全省的比重

Proportion of Major Crop's Sown Area by Prefecture

单位：%　　（2008）　　(%)

地区	Region	农作物播种面积 Total Sown Area	粮食 Grain Crops	#小麦 Wheat	#玉米 Corn	棉花 Cotton	油料 Oil-bearing Crops	烟叶 Tobacco	中药材 Traditional Chinese Medician Materials	蔬菜 Vegetables	瓜果 Fruit and Melon
全省	**Total**	**100**	**100**	**100**	**100**	**100**	**100**	**100**	**100**	**100**	**100**
兰州市	Lanzhou	5.34	4.69	5.02	4.13		4.97	1.99	1.15	12.44	9.44
嘉峪关市	Jiayuguan	0.10	0.04	0.05	0.07		0.09			0.48	0.26
金昌市	Jinchang	1.78	1.90	1.55	1.28	0.01	1.21		0.31	2.41	0.95
白银市	Baiyin	7.30	8.13	6.63	9.66	0.17	5.48		2.96	5.00	12.99
天水市	Tianshui	11.15	11.66	15.56	13.21	0.08	14.55	0.66	5.72	10.91	5.22
武威市	Wuwei	6.38	5.49	7.13	6.51	20.81	5.21		1.30	10.77	8.06
张掖市	Zhangye	5.78	5.69	4.10	9.14	5.55	7.29		2.82	5.04	1.90
平凉市	Pingliang	11.54	12.10	14.43	12.39		14.64	3.99	5.01	10.52	8.88
酒泉市	Jiuquan	4.10	1.66	2.08	3.23	66.23	1.26		1.90	5.02	6.31
庆阳市	Qingyang	15.68	15.39	17.06	13.24		21.85	52.66	4.85	22.48	38.97
定西市	Dingxi	13.39	14.68	8.91	7.40		7.89	1.66	42.01	4.69	0.47
陇南市	Longnan	10.40	11.59	11.00	11.82	0.05	5.60	36.54	22.89	7.48	4.36
临夏州	Linxia	4.07	4.55	4.21	6.17		5.09		3.37	2.07	0.01
甘南州	Gannan	1.77	1.40	1.19	0.49		4.10	2.49	4.03	0.18	

10-24 主要农产品产量
Yield of Major Farm Crops

指　标	Item	2000	2005	2007	2008
主要农产品产量（万吨）	**Yield of Major Farm Crops (10 000tons)**				
粮食	Grain Crops	713.48	836.89	824.43	888.50
夏粮	Summer Grain Crops	317.51	338.01	316.75	351.30
秋粮	Autumn Grain Crops	395.97	498.88	507.68	537.20
谷物	Cereal	570.80	607.24	582.18	637.14
#稻谷	Rice	2.00	4.11	3.41	3.82
小麦	Wheat	266.10	264.84	237.42	268.10
玉米	Corn	210.47	248.51	242.65	265.40
豆类	Beans	37.69	41.65	35.61	36.76
薯类	Tubers	104.99	189.87	206.64	214.60
油料	Oil-bearing Crops	41.68	50.31	46.36	53.54
#油菜籽	Rapeseed	22.05	26.64	24.58	28.55
棉花	Cotton	5.75	11.05	12.94	12.32
麻类	Fiber Crops	0.22	1.74	0.88	0.48
甜菜	Beetroots	37.90	14.54	27.80	20.09
烟叶	Tobacco	3.80	3.38	0.99	1.04
#烤烟	Fluecured Tobacco	3.34	3.14	0.80	0.82
蔬菜	Vegetables	501.29	866.91	999.92	1082.29
水果	Fruit	121.59	172.45	228.10	248.14
农产品单位面积产量（千克／公顷）	**Yield of Farm Crops Per Hectare (kg/hectare)**				
粮食	Grain Crops	2549.77	3234.75	3068.18	3311.60
谷物	Cereal	2693.20	3352.86	3241.34	3544.29
棉花	Cotton	1656.45	1728.24	1632.60	1693.59
油菜籽	Rapeseed	1603.08	1692.92	1611.91	1761.65
甜菜	Beetroots	37503.76	32707.29	47228.82	43798.76
烟叶	Tobacco	1810.18	2386.94	2066.15	2582.73

10-25 各地县农产品产量

Yield of Farm Crops by Prefecture County

单位：吨　　（2008）　　(ton)

地　区	Region	粮　食 Grain Crops	#小　麦 Wheat	#玉　米 Corn	棉　花 Cotton	油　料 Oil-bearing Crops	蔬　菜 Vegetables	人均粮食占有量（千克） Per Capita Grain Crops (kg)
兰州市	**Lanzhou**	**387469**	**122999**	**115500**		**21139**	**1722972**	**117**
城关区	Chengguan	660	20	640			62237	1
七里河区	Qilihe	6589	3386	1782		291	172548	13
西固区	Xigu	3722	1342	2134		164	188935	10
安宁区	Anning						11900	
红古区	Honggu	13151	3753	9171		352	437491	88
永登县	Yongdeng	170485	63551	26473		8833	236682	353
皋兰县	Gaolan	51592	15408	12115		4491	163179	301
榆中县	Yuzhong	141271	35539	63186		7009	450000	331
嘉峪关市	**Jiayuguan**	**7051**	**3133**	**3237**		**531**	**164996**	**34**
金昌市	**Jinchang**	**333149**	**78630**	**66951**	**16**	**11921**	**482257**	**704**
金川区	Jinchuan	46750	16886	15402	16	4890	104495	218
永昌县	Yongchang	286399	61744	51549		7031	377762	1107
白银市	**Baiyin**	**558537**	**140319**	**212782**	**280**	**17029**	**1176219**	**319**
白银区	Baiyin	22778	8150	11618		1235	184337	81
平川区	Pingchuan	32956	10960	15423	55	1545	27282	169
靖远县	Jingyuan	178597	47616	69940	225	4049	721470	386
会宁县	Huining	187060	34583	70745		3535	98791	322
景泰县	Jingtai	137146	39010	45056		6665	144339	594
天水市	**Tianshui**	**1033553**	**309076**	**390664**	**18**	**61462**	**1303509**	**302**
秦州区	Qinzhou	177086	51179	88906		17419	138615	282
麦积区	Maiji	146940	42229	67031		4993	118548	257
清水县	Qingshui	145885	37815	72456		11562	53937	478
秦安县	Qinan	188258	55210	56021		8565	90800	
甘谷县	Gangu	159884	56516	42061	18	7556	302552	274
武山县	Wushan	110701	32680	21987		7796	544500	256
张家川县	Zhangjiachuan	104799	33446	42202		3570	54557	340
武威市	**Wuwei**	**908118**	**350343**	**352759**	**22712**	**49187**	**1511982**	**475**
凉州区	Liangzhou	598617	219762	267341		18965	1152069	599
民勤县	Minqin	122593	65550	51220	22700	18485	187800	406
古浪县	Gulang	151364	49191	34198	12	8096	114363	383
天祝县	Tianzhu	35544	15840			3641	57750	165
张掖市	**Zhangye**	**997742**	**227891**	**418147**	**9147**	**61033**	**993639**	**779**

10-25 续表 1 continued

单位：吨 (ton)

地　区	Region	粮　食 Grain Crops	#小　麦 Wheat	#玉　米 Corn	棉　花 Cotton	油　料 Oil-bearing Crops	蔬　菜 Vegetables	人均粮食占有量（千克） Per Capita Grain Crops (kg)
甘州区	Ganzhou	330158	59248	226335		6771	422130	657
肃南县	Sunan	10898	2838	2679	42	112	13285	299
民乐县	Minle	234653	79745	20780		33168	50153	986
临泽县	Linze	135187	10998	120445	1092	105	133500	912
高台县	Gaotai	78491	23207	46948	8014	645	358261	491
山丹县	Shandan	159194	51855	960		11550	16310	811
平凉市	**Pingliang**	**888038**	**332115**	**343958**		**63734**	**835126**	**404**
崆峒区	Kongtong	182178	59420	84096		8287	248550	379
泾川县	Jingchuan	140982	58469	50083		7710	109006	420
灵台县	Lingtai	153472	56488	73563		18035	132818	678
崇信县	Chongxin	50634	15138	27499		6716	80077	527
华亭县	Huating	74538	15322	43738		4369	50462	427
庄浪县	Zhuanglang	130134	56036	31262		7022	139700	312
静宁县	Jingning	156100	71242	33716		11596	74514	335
酒泉市	**Jiuquan**	**366442**	**126927**	**182043**	**82671**	**11994**	**796777**	**362**
肃州区	Suzhou	182065	45507	131956	144	3296	422145	501
金塔县	Jinta	59239	28909	26615	31264	4681	113832	408
瓜州县	Guazhou	31649	18082	8001	17147	902	37672	264
肃北县	Subei	4940	2112	343		211	211	408
阿克塞县	Akesai	1362	217	1090		7	60	166
玉门市	Yumen	84047	31741	11255	6838	2897	80504	462
敦煌市	Dunhuang	3141	358	2782	27278		142354	17
庆阳市	**Qingyang**	**1070381**	**410572**	**400158**		**100183**	**682362**	**424**
西峰区	Xifeng	120802	47436	32970		14220	193535	
庆城县	Qingcheng	111287	50839	26682		11057	87286	349
环　县	Huanxian	103221	41102	31454		14006	25592	308
华池县	Huachi	83792	18046	43162		7532	16465	648
合水县	Heshui	88958	23703	36887		7432	95345	538
正宁县	Zhengning	90072	28896	41758		11620	96435	392
宁　县	Ningxian	239578	108557	88969		20963	89205	472
镇原县	Zhenyuan	232672	91994	98276		13354	78500	469
定西市	**Dingxi**	**981492**	**152335**	**135873**		**32004**	**424845**	**334**
安定区	Anding	224999	13043	19775		7500	72438	479
通渭县	Tongwei	167947	47779	30364		12352	39053	367

10–25 续表 2 continued

单位：吨　　(ton)

地　区	Region	粮　食 Grain Crops	#小　麦 Wheat	#玉　米 Corn	棉　花 Cotton	油　料 Oil-bearing Crops	蔬　菜 Vegetables	人均粮食占有量（千克） Per Capita Grain Crops (kg)
陇西县	Longxi	138286	13102	42000		3356	97178	285
渭源县	Weiyuan	119800	19366	6840		2108	7360	345
临洮县	Lintao	197758	43601	35212		4711	170638	366
漳　县	Zhangxian	57712	9151	1682		990	35178	301
岷　县	Minxian	74990	6293			987	3000	169
陇南市	**Longnan**	**925796**	**326715**	**296592**	**16**	**32982**	**364140**	**354**
武都区	Wudu	145085	48140	33732	16	2250	55116	278
宕昌县	Tanchang	61395	13563	15070		2834	10981	233
成　县	Chengxian	140704	57420	59141		5667	93141	553
康　县	Kangxian	61150	30987	17604		542.6	8983	314
文　县	Wenxian	63424	16208	27086		2750	45353	266
西和县	Xihe	149847	35568	34440		1524	8595	395
礼　县	Lixian	126943	64552	21601		9006	22301	255
两当县	Liangdang	31155	11685	16155		253	2629	623
徽　县	Huixian	146094	48593	71763		8156	117041	672
临夏州	**Linxia**	**525382**	**147589**	**221578**		**44168**	**231025**	**269**
临夏市	linxia	21398	2284	18284		86	80478	96
临夏县	linxia	116586	42086	60184		4378	24027	310
康乐县	Kangle	72816	29490	16856		7035	1900	295
永靖县	Yongjing	81726	12795	48840		2934	83727	412
广河县	Guanghe	63410	5835	38132		3526	23053	293
和政县	Hezheng	46216	27624	10552		17570	6140	240
东乡县	Dongxiang	61578	6899	15728		404	5572	227
积石山县	Jishishan	61652	20575	13002		8235	6128	
甘南州	**Gannan**	**89819**	**27916**	**9947**		**19431**	**12167**	**132**
合作市	Hezuo	9369	722			2356	1580	111
临潭县	Lintan	15145	6550			7398	302	103
卓尼县	Zhuoni	13278	4681			4146	987	129
舟曲县	Zhouqu	30280	10353	9786		2240	8375	229
迭部县	Diebu	11168	3847	161		442	917	211
玛曲县	Maqu							
碌曲县	Luqu	2138				274		65
夏河县	Xiahe	8440	1764			2576	5	105

10-26 各地区主要农产品单位面积产量
Yield of Major Farm Crops Per Hectare by Prefecture

单位：千克／公顷　　（2008）　　(kg / hectare)

地　区	Region	粮 食 Grain Crops	谷 物 Cereal	棉 花 Cotton	油菜籽 Rapeseed	甜 菜 Beetroots	烟 叶 Tobacco	水　果 Fruit
全　省	**Total**	3312	3544	1694	1762	43799	2583	6025
兰州市	Lanzhou	3080	3435		1201	15239	2671	11513
嘉峪关市	Jiayuguan	7147	7523		1987			5780
金昌市	Jinchang	6528	6433	2325	2299			4453
白银市	Baiyin	2561	3082	2211	703	47400		9686
天水市	Tianshui	3303	3269	302	1304	15781	2336	8555
武威市	Wuwei	6163	6836	1501	2304	44536		5914
张掖市	Zhangye	6535	6344	2264	2435	75871		5105
平凉市	Pingliang	2736	2962		1397		3328	7333
酒泉市	Jiuquan	8252	8190	1716	1531	63266		9722
庆阳市	Qingyang	2593	2884		1507	60000	2901	3208
定西市	Dingxi	2493	2251		1586	7433	6000	4159
陇南市	Longnan	2977	3679	465	1737	791	1962	3012
临夏州	Linxia	4306	5081		2627	49677		7291
甘南州	Gannan	2388	2391		1426	5172	1479	7798

10-27 各地区主要农产品人均占有量
Output of Major Farm Corps Per Capita by Prefecture

单位：千克／人　　（2008）　　(kg / person)

地　区	Region	粮 食 Grain Crops	谷 物 Cereal	棉 花 Cotton	油菜籽 Rapeseed	甜 菜 Beetroots	烟 叶 Tobacco	水 果 Fruit
全　省	**Total**	**338.07**	**242.43**	**4.69**	**10.86**	**7.64**	**0.39**	**94.42**
兰州市	Lanzhou	117.06	82.96		1.28	2.12	0.06	37.29
嘉峪关市	Jiayuguan	33.61	30.36		1.96			
金昌市	Jinchang	704.48	667.57	0.03	10.05			15.32
白银市	Baiyin	318.95	234.32	0.16	0.61	0.90		73.34
天水市	Tianshui	301.69	221.83	0.01	11.31	1.47	0.02	182.49
武威市	Wuwei	475.11	420.44	11.88	13.72	30.29		43.42
张掖市	Zhangye	778.51	637.74	7.14	40.60	51.31		140.10
平凉市	Pingliang	404.43	340.56		6.66		0.24	298.00
酒泉市	Jiuquan	361.67	352.49	81.59	2.82	48.29		104.65
庆阳市	Qingyang	424.48	360.32		18.72	0.32	2.43	145.70
定西市	Dingxi	334.40	103.17		2.75	1.22	0.14	13.19
陇南市	Longnan	353.64	256.38	0.01	9.68		1.10	35.52
临夏州	Linxia	268.82	189.37		20.84	4.91		20.79
甘南州	Gannan	132.03	96.34		28.08	1.01	0.22	11.92

10-28 水果生产
Fruits Production

指 标	Item	2000	2005	2007	2008
园林水果产量（吨）	Gardens (ton)	1215921	1724459	2280994	2481416
# 苹果	Apples	690671	1012568	1424253	1641352
梨	Pears	245941	283345	294239	285490
葡萄	Grapes	22194	77506	105950	99601
红枣	Date	31236	75450	111653	82771
柿子	Persimmon	16145	14858	21133	22462
杏子	Apricots	100706	103756	119020	127692
桃子	Peachs	63091	102261	142204	152605
果园面积（千公顷）	Area of Orchards (1 000 hectares)	273.42	347.59	415.59	411.85
# 苹果园	Apples	167.64	183.77	247.64	246.52
梨园	Pears	54.49	49.45	46.81	44.43
桃园	Peachs	9.18	14.17	13.81	13.57

10-29 各地区水果产量
Yield of Fruit by Prefecture

单位：吨 （2008） (ton)

地 区	Region	水果产量 Fruits	# 苹果 Apples	# 梨 Pears	# 葡萄 Grapes	# 红枣 Date	# 柿子 Persimmon	# 杏子 Apricots	# 桃子 Peaches
兰州市	Lanzhou	123421	58166	22509	3395	4363		5439	28588
嘉峪关市	Jiayuguan	3699	2320	750	100	38		235	150
金昌市	Jinchang	7244	2229	2906	989	578		448	88
白银市	Baiyin	128438	69585	21287	291	13741	25	3184	19899
天水市	Tianshui	625178	464275	44052	23998	5	919	9383	72452
武威市	Wuwei	82995	60297	9380	9110	3838		144	44
张掖市	Zhangye	179554	51803	58121	9647	44189		7002	1119
平凉市	Pingliang	654358	530206	43552	2236	5610	9527	30639	12832
酒泉市	Jiuquan	106032	17851	25799	38569	2438		5213	7250
庆阳市	Qingyang	367409	290225	3480	1254	4257	633	54696	3577
定西市	Dingxi	38706	13930	15314	40	87		6391	808
陇南市	Longnan	92977	61909	5446	1784	105	9782	577	5124
临夏州	Linxia	40634	6471	24558	182	3512		4298	515
甘南州	Gannan	8110	5289	862	149	9	1577	35	104

10-30 林业生产
Forestry Production

指 标	Item	2000	2005	2007	2008
当年造林面积（千公顷）	Total Afforested Area in Current Year (1 000 hectares)	206.28	262.23	144.31	157.73
人工造林	Artificial Afforested	200.08	249.89	144.04	157.73
飞机播种造林	Sown by Airplane	6.20	12.33	0.27	
#防护林	Windbreak Forest	122.29	237.95	105.20	103.74
用材林	Material Forest	29.67	4.59	3.70	4.82
经济林	Economic Forest	45.52	14.26	32.19	47.92
幼林抚育面积（千公顷）	Area of Tending Young Forest (1 000 hectares)	104.61	349.59	332.55	315.08
成林抚育面积（千公顷）	Area of Tending Adult Forest (1 000 hectares)	111.97	181.73	243.56	256.98
迹地更新（千公顷）	Area of Slash Reforestation (1 000 hectares)	3.28	1.34	1.59	1.50
当年零星（四旁）植树（万株）	Odd Planting in Current Year (10 000 unit)	9766.14	8049.36	6805.97	6646.45
年末实有育苗面积（千公顷）	Actual Area of Grown Seedlings at Year-end (1 000 hectares)	15.63	11.89	10.85	10.84
#本年新育面积	Raise Seedlings Areas in Current year	11.99	6.58	5.82	5.83
林产品产量（吨）	Output of Forest Products (ton)				
#油桐籽	Tung-oil Seeds	514.00	545.50	367.30	372.90
核桃	Walnuts	19686.38	24636.01	33331.38	39854.38
毛栗	Chestnut	687.65	972.97	1523.59	1449.10
花椒	Chinese Prickly Ash	7939.12	17036.42	19778.59	22861.42
木耳	Agaric	410.19	435.71	321.62	224.41
集体和个人采伐的木材（万立方米）	Output of Timber Cut (10 000 cu.m)	6.37	7.01	8.05	9.23

注：集体和个人采伐的木材2000年以前为村及村以下木材采伐量。

a) Output of timber cut by callecttive and Individual Owonership Was Called as that by Village and Village Below before 2000.

10-31 牲畜存栏及畜产品产量
Number of Livestock in Stock and Output of Livestock Products

指 标	Item	2000	2005	2007	2008
大牲畜年末头数（万头）	Large Animals (year-end) (10 000 heads)	551.86	563.09	576.24	597.67
#牛	Cattle	343.43	385.77	415.25	437.52
马	Horses	22.09	15.09	13.72	13.70
骡	Mule	59.13	47.41	44.05	44.00
驴	Donkeys	125.31	113.33	101.77	101.00
骆驼	Camels	1.90	1.50	1.45	1.45
肉猪出栏头数（万头）	Slaughtered Fattened Hogs (10 000 heads)	526.62	540.10	594.30	612.00
猪年末头数（万头）	Hogs (year-end)(10 000 head)	549.59	592.54	562.00	578.60
羊年末只数（万只）	Sheep and Goats (year-end)(10 000 heads)	1163.25	1466.19	1594.39	1647.89
山羊	Goats	301.23	322.99	334.15	342.14
绵羊	Sheep	862.02	1143.20	1260.24	1305.75
肉类产量（万吨）	Output of Meat (10 000 tons)	57.33	69.81	76.90	79.21
#猪牛羊肉	Output of Pork,Beef and Mutton	52.77	64.09	70.85	73.13
猪肉	Pork	37.39	38.35	41.80	43.21
牛肉	Beef	7.85	12.64	14.46	14.47
羊肉	Mutton	7.53	13.10	14.60	15.45
奶类（万吨）	Milk (10 000 tons)	13.74	31.69	35.22	37.10
#牛奶	Cow Milk	13.31	31.19	34.69	36.55
绵羊毛（吨）	Sheep Wool (ton)	14145	21134	22365	24733
山羊毛（吨）	Goat Wool (ton)	1559	1794	1860	1711
羊绒（吨）	Cashmere (ton)	503	416	434	342
禽蛋（万吨）	Poultry Eggs (10 000 tons)	10.13	10.95	10.49	10.14
水产品产量（吨）	Aquatic Products (ton)	11207	10370	11449	11650

注：有关畜牧业及水产品数据根据第一、二次农业普查结果进行了相应衔接调整。

a)According to the First and Second National Agricultural Census, Data of animal husbandry and aquatic products were adjusted accordingly.

10-32 各地县畜牧业
Stock Raising by Prefecture County

(2008)

地　区	Region	大牲畜存栏（万头） Large Animals (10 000 heads)	羊存栏数（万只） Sheep and Goats (10 000 heads)	牛出栏数（万头） Cattle (10 000 heads)	猪出栏数（万头） Hogs (10 000 heads)	羊出栏数（万只） Sheep and Goats (10 000 heads)	绵羊毛产量（吨） Sheep Wool (ton)	猪牛羊肉总产量（吨） Total Output of Pork,Beef and Mutton (ton)
兰州市	**Lanzhou**	**10.44**	**53.15**	**0.52**	**29.23**	**24.86**	**798.98**	**25391**
城关区	Chengguan	0.15	0.72	0.01	0.45	0.41	9.00	402
七里河区	Qilihe	1.18	2.15		1.63	0.54	28.10	1265
西固区	Xigu	0.34	1.37	0.05	0.89	0.68	20.10	823
安宁区	Anning	0.05	0.21		0.19	0.06	3.50	147
红古区	Honggu	0.44	3.60	0.05	1.95	1.25	50.40	1677
永登县	Yongdeng	3.08	24.67	0.26	11.43	11.74	397.65	10264
皋兰县	Gaolan	0.37	8.93		2.99	5.08	159.60	2915
榆中县	Yuzhong	4.83	11.50	0.15	9.70	5.10	130.63	7899
嘉峪关市	**Jiayuguan**	**0.40**	**4.27**	**0.05**	**2.18**	**1.96**	**65.50**	**1870**
金昌市	**Jinchang**	**4.13**	**72.00**	**0.76**	**6.09**	**19.46**	**1226.35**	**8137**
金川区	Jinchuan	0.53	9.86	0.24	1.79	4.45	188.80	2205
永昌县	Yongchang	3.60	62.14	0.52	4.30	15.01	1037.55	5932
白银市	**Baiyin**	**24.17**	**143.96**	**3.37**	**59.62**	**103.88**	**1957.15**	**61826**
白银区	Baiyin	0.69	8.04	0.03	6.33	4.95	99.00	5330
平川区	Pingchuan	1.25	6.27	0.03	2.64	3.51	60.85	2405
靖远县	Jingyuan	3.74	28.42	0.02	15.34	18.69	363.17	13868
会宁县	Huining	17.52	50.92	3.27	24.46	49.25	744.10	28269
景泰县	Jingtai	0.97	50.31	0.02	10.85	27.48	690.03	11954
天水市	**Tianshui**	**49.58**	**25.73**	**6.63**	**66.96**	**9.25**	**177.70**	**54890**
秦州区	Qinzhou	6.70	2.03	0.47	6.61	0.75	20.30	5210
麦积区	Maiji	4.49	2.49	0.70	8.82	0.95		7017
清水县	Qingshui	9.23	3.10	2.46	11.13	1.41	5.90	10463
秦安县	Qinan	6.80	4.00	0.23	17.10	1.10	49.30	12365
甘谷县	Gangu	5.09	1.35	0.39	13.50	0.48	16.80	
武山县	Wushan	6.41	3.50	0.41	8.55	1.82	4.50	6668
张家川县	Zhangjiachu	10.86	9.26	1.97	1.25	2.74	80.90	3256
武威市	**Wuwei**	**55.33**	**252.59**	**15.67**	**91.78**	**113.20**	**4401.20**	**96896**
凉州区	Liangzhou	31.95	79.95	8.97	66.54	34.78	1429.90	60765
民勤县	Minqin	6.28	81.80	1.70	5.90	38.00	1177.85	11530
古浪县	Gulang	7.00	36.08	1.26	12.56	18.91	497.85	12889
天祝县	Tianzhu	10.10	54.76	3.74	6.78	21.51	1295.60	11713
张掖市	**Zhangye**	**58.66**	**196.64**	**15.29**	**67.12**	**114.23**	**4433.78**	**79057**

10-32 续表 1 continued

地　区	Region	大牲畜存栏（万头） Large Animals (10 000 heads)	羊存栏数（万只） Sheep and Goats (10 000 heads)	牛出栏数（万头） Cattle (10 000 heads)	猪出栏数（万头） Hogs (10 000 heads)	羊出栏数（万只） Sheep and Goats (10 000 heads)	绵羊毛产量（吨） Sheep Wool (ton)	猪牛羊肉总产量（吨） Total Output of Pork,Beef and Mutton (ton)
甘州区	Ganzhou	25.97	47.37	8.07	28.71	23.86	1333.53	32792
肃南县	Sunan	2.88	56.29	1.18	0.31	40.87	1606.89	7351
民乐县	Minle	6.19	19.21	0.42	13.34	10.12	413.26	11276
临泽县	Linze	10.36	12.70	3.58	11.60	6.50	189.85	12095
高台县	Gaotai	8.12	22.17	1.56	10.56	11.22	316.45	9995
山丹县	Shandan	4.19	37.50	0.29	2.58	21.10	552.80	5261
平凉市	**Pingliang**	**72.04**	**21.20**	**30.48**	**41.31**	**12.07**	**205.20**	**61208**
崆峒区	Kongtong	14.68	7.00	10.39	2.73	3.09	88.20	12765
泾川县	Jingchuan	11.30	1.70	6.40	7.57	0.97	3.80	11845
灵台县	Lingtai	10.34	3.20	4.60	1.45	1.12	41.00	5783
崇信县	Chongxin	6.63	3.92	2.57	2.60	3.07	53.40	4851
华亭县	Huating	8.46	2.95	4.50	5.56	2.31	13.80	8739
庄浪县	Zhuanglang	9.20	1.40	1.30	10.60	1.16	0.30	8894
静宁县	Jingning	11.43	1.03	0.72	10.80	0.35	4.70	8333
酒泉市	**Jiuquan**	**18.02**	**275.10**	**7.37**	**19.56**	**171.71**	**4461.25**	**46819**
肃州区	Suzhou	11.33	58.50	5.93	9.40	42.00	1369.30	18810
金塔县	Jinta	1.78	63.08	0.33	5.00	44.58	1075.50	10517
瓜州县	Guazhou	1.46	28.27	0.58	1.66	18.10	394.25	4457
肃北县	Subei	1.05	26.83	0.08	0.05	8.55	212.60	1398
阿克塞县	Akesai	0.50	14.46	0.01		6.66	167.40	1009
玉门市	Yumen	1.37	58.01	0.21	1.91	29.00	767.30	5897
敦煌市	Dunhuang	0.53	25.95	0.23	1.54	22.82	474.90	4731
庆阳市	**Qingyang**	**48.13**	**140.78**	**12.59**	**30.12**	**46.71**	**544.70**	**45172**
西峰区	Xifeng	1.71	9.64	0.64	4.59	3.13	114.30	4711
庆城县	Qingcheng	5.03	14.95	1.43	2.69	5.20	10.50	
环　县	Huanxian	12.41	57.82	1.47	5.69	18.97	289.80	9067
华池县	Huachi	3.81	14.24	0.75	2.80	4.70		3752
合水县	Heshui	2.03	14.18	0.77	2.05	4.91	5.10	3247
正宁县	Zhengning	1.26	1.94	0.51	1.84	0.71	13.80	2106
宁　县	Ningxian	6.77	8.83	3.64	6.48	2.69	111.20	9658
镇原县	Zhenyuan	15.11	19.18	3.38	3.98	6.40		8065
定西市	**Dingxi**	**52.86**	**69.61**	**4.24**	**84.46**	**30.98**	**706.80**	**70529**
安定区	Anding	8.89	12.23	0.58	12.00	7.58	203.50	12637
通渭县	Tongwei	12.27	2.76	0.75	12.84	1.28	49.00	9930

10-32 续表 2 continued

地　区	Region	大牲畜存栏（万头） Large Animals (10 000 heads)	羊存栏数（万只） Sheep and Goats (10 000 heads)	牛出栏数（万头） Cattle (10 000 heads)	猪出栏数（万头） Hogs (10 000 heads)	羊出栏数（万只） Sheep and Goats (10 000 heads)	绵羊毛产量（吨） Sheep Wool (ton)	猪牛羊肉总产量（吨） Total Output of Pork,Beef and Mutton (ton)
陇西县	Longxi	8.40	8.00	0.27	13.18	2.25	1.20	9834
渭源县	Weiyuan	5.05	5.31	0.38	8.34	1.70	30.00	6473
临洮县	Lintao	6.45	21.14	1.62	18.51	13.76	413.50	16641
漳　县	Zhangxian	4.11	7.27	0.08	6.54	0.50	6.20	4733
岷　县	Minxian	7.69	12.90	0.56	13.05	3.91	3.40	10282
陇南市	**Longnan**	**47.12**	**29.30**	**8.97**	**80.79**	**13.88**	**12.80**	**67605**
武都区	Wudu	7.62	5.42	0.75	18.71	3.36		14351
宕昌县	Tanchang	7.79	4.57	0.83	5.80	1.65		5138
成　县	Chengxian	2.57	1.61	1.21	9.07	0.67	0.90	7660
康　县	Kangxian	2.99	2.16	0.60	5.00	0.83		4225
文　县	Wenxian	5.40	3.27	0.27	8.32	1.29		6288
西和县	Xihe	3.96	2.00	0.76	7.20	1.01	5.60	5952
礼　县	Lixian	10.10	8.50	1.86	13.25	3.84	3.60	11711
两当县	Liangdang	2.01	0.40	0.39	1.72	0.23		1629
徽　县	Huixian	4.68	1.37	2.30	11.72	1.00	2.70	10654
临夏州	**Linxia**	**30.60**	**105.33**	**7.96**	**21.68**	**64.94**	**2125.95**	**39037**
临夏市	linxia	0.83	1.32	1.45	1.53	0.87	43.05	3283
临夏县	linxia	4.83	12.01	0.72	5.88	4.40	310.80	5932
康乐县	Kangle	4.81	9.97	1.57	2.27	3.16	273.30	3947
永靖县	Yongjing	2.48	11.66	0.11	6.62	7.15	216.60	6869
广河县	Guanghe	3.44	11.66	0.78		3.89	323.85	1598
和政县	Hezheng	3.21	8.90	1.33	2.45	3.72	228.20	4433
东乡县	Dongxiang	4.99	36.64	1.05	1.03	39.75	487.25	10139
积石山县	Jishishan	6.01	13.17	0.95	1.90	2.00	242.90	2704
甘南州	**Gannan**	**133.54**	**243.88**	**24.78**	**15.48**	**77.07**	**2179.82**	**46241**
合作市	Hezuo	8.52	21.82	2.21	1.14	5.66	195.30	3173
临潭县	Lintan	4.52	12.53	0.85	3.60	6.00	81.60	4450
卓尼县	Zhuoni	13.70	23.25	3.35	3.59	8.33	175.70	7542
舟曲县	Zhouqu	4.76	4.52	0.36	3.66	2.19	6.50	4055
迭部县	Diebu	7.88	7.58	1.31	2.59	3.04	20.90	2673
玛曲县	Maqu	56.05	50.26	9.43		14.05	502.60	10826
碌曲县	Luqu	21.71	50.88	2.73	0.25	13.49	504.70	4744
夏河县	Xiahe	16.40	73.04	4.54	0.65	24.31	692.52	8780

10-33 受灾面积和成灾面积

Areas Covered and Affected by Natural Disaster

单位：千公顷　　(1 000 hectares)

年 份 Year	受灾面积 Areas Covered	成灾面积 Areas Affected	成灾面积占受灾面积比重（%） Percentage of Disaster Areas Affected to Areas Covered (%)	水 灾 Flood		旱 灾 Drought	
				受灾面积 Areas Covered	成灾面积 Areas Affected	受灾面积 Areas Covered	成灾面积 Areas Affected
2000	2004.12	1572.91	78.48	55.77	41.82	1622.33	1303.93
2001	1575.59	1180.72	74.94	33.53	24.53	1089.83	833.13
2002	1270.29	913.25	71.89	50.61	35.68	636.83	483.13
2003	1176.41	813.87	69.18	229.70	169.51	562.63	383.31
2004	1243.84	866.83	69.69	80.08	42.44	378.59	286.02
2005	1137.95	739.98	65.03	101.30	76.76	607.03	380.82
2006	1422.13	1061.68	74.65	73.91	48.95	875.49	662.81
2007	1436.16	1040.57	72.45	110.55	77.95	975.71	700.30
2008	1238.71	871.81	70.38	35.05	20.23	731.83	520.05

10-34 各地区受灾面积和成灾面积

Areas Covered and Affected by Natural Disaster by Prefecture

单位：千公顷　　（2008）　　(1 000 hectares)

地 区	Region	受灾面积 Areas Covered	成灾面积 Areas Affected	成灾面积占受灾面积比重（%） Percentage of Disaster Areas Affected to Areas Covered (%)	水 灾 Flood		旱 灾 Drought	
					受灾面积 Areas Covered	成灾面积 Areas Affected	受灾面积 Areas Covered	成灾面积 Areas Affected
兰州市	Lanzhou	67.17	45.00	66.99	0.45	53.88	0.36	35.72
嘉峪关市	Jiayuguan	0.03				0.01		
金昌市	Jinchang	13.71	13.16	96.01		10.45		9.91
白银市	Baiyin	157.01	129.31	82.35	1.42	136.01	1.16	113.39
天水市	Tianshui	97.90	61.71	63.03	2.28	37.13	1.38	22.37
武威市	Wuwei	97.38	69.62	71.49	0.81	74.82		49.39
张掖市	Zhangye	69.45	50.41	72.58		53.17		42.63
平凉市	Pingliang	131.95	87.41	66.25	1.57	87.33	1.36	57.66
酒泉市	Jiuquan	18.77	15.51	82.63	0.04	5.97	0.04	5.87
庆阳市	Qingyang	251.77	175.61	69.75	6.17	148.95	3.97	98.48
定西市	Dingxi	175.95	121.23	68.90	6.19	80.50	5.03	50.66
陇南市	Longnan	72.83	47.76	65.58	8.90	20.80	4.36	14.39
临夏州	Linxia	38.96	22.65	58.15	3.76	1.17	1.26	0.74
甘南州	Gannan	12.31	9.64	78.33	1.20	3.50	1.07	3.09

主要统计指标解释

农林牧渔业总产值　指以货币表现的农、林、牧、渔业全部产品和对农林牧渔业生产活动进行的各种支持性服务活动的价值总量，它反映一定时期内农林牧渔业生产总规模和总成果。1957年以前的农林牧渔业总产值中包括了厩肥和农民自给性手工业(如农民自制衣服、鞋、袜，自己从事粮食初步加工等)。1958年及以后，林业中增加了村及村以下竹木采伐产值；牧业中取消了厩肥产值；副业中取消了农民自给性手工业产值，增加了村及村以下办的工业产值；渔业中增加了海洋捕捞水产品产值。1980年及以后，在副业中增加了农民家庭兼营工业商品部分的产值。从1984年起村及村以下工业产值划归工业。从1993年起取消副业，将野生动物的捕猎划入牧业，野生植物采集和农民家庭兼营商品性工业划归农业。从2003年起，执行新的国民经济行业分类标准，农林牧渔业总产值中包括了农林牧渔服务业产值。林业中增加了森林采运业产值。农业中取消了家庭兼营商品性工业产值，将野生林产品的采集划归林业。

粮食产量　指全社会的产量。包括国有经济经营的、集体统一经营的和农民家庭经营的粮食产量，还包括工矿企业办的农场和其他生产单位的产量。粮食除包括稻谷、小麦、玉米、高粱、谷子及其他杂粮外，还包括薯类和豆类。

棉花产量　指全社会的产量。包括春播棉和夏播棉。产量　按皮棉计算。3公斤籽棉折1公斤皮棉，不包括木棉。

油料产量　指全部油料作物的生产量。包括花生、油菜籽、芝麻、向日葵籽、胡麻籽（亚麻籽）和其他油料。不包括大豆、木本油料和野生油料。花生以带壳干花生计算。

猪、牛、羊肉产量　指当年出栏并已屠宰、除去头蹄下水后带骨肉(即胴体重)的重量。包括全社会范围内的产量。

期初(末)畜禽存栏头(只)数　指报告期初(末)农村各种合作经济组织和国营农场、农民个人、机关、团体、学校、工矿企业、部队等单位以及城镇居民饲养的大牲畜、猪、羊、家禽等畜禽的存栏数。

常用耕地　是指耕地总资源中专门种植农作物并经常进行耕种、能够正常收获的土地。包括当年实际耕种的熟地；弃耕、休闲不满三年，随时可以复耕的地；开荒利用三年以上的土地。在统计口径上包括南方小于1米、北方小于2米宽的沟、渠、路和田埂。不包括临时种植农作物的坡度在25度以上的陡坡地；在河套、湖畔、库区临时开发的成片或零星土地；也不包括已列为国家和省（区、市）退耕计划但临时耕种的土地。

农作物播种面积　指实际播种或移植有农作物面积。凡是实际种植有农作物的面积，不论种植在耕地上还是种植在非耕地上，均包括在农作物播种面积中。在播种季节基本结束后，因遭灾而重新改种和补种的农作物面积，也包括在内。

有效灌溉面积　指具有一定的水源，地块比较平整，灌溉工程或设备已经配套，在一般年景下当年能够进行正常灌溉的耕地面积。在一般情况下，有效灌溉面积应等于灌溉工程或设备已经配备，能够进行正常灌溉的水田和水浇地面积之和。

农用化肥施用量　指本年内实际用于农业生产的化肥数量，包括氮肥、磷肥、钾肥和复合肥。化肥施用量要求按折纯量计算数量。折纯量是指把氮肥、磷肥、钾肥分别按含氮、含五氧化二磷、含氧化钾的百分之百成份进行折算后的数量。复合肥按其所含主要成分折算。

农业机械总动力　指主要用于农、林、牧、渔业的各种动力机械的动力总和。包括耕作机械、排灌机械、收获机械、农用运输机械、植物保护机械、牧业机械、林业机械、渔业机械和其他农业机械〔内燃机按引擎马力折成瓦(特)计算、电动机按功率折成瓦(特)计算〕。不包括专门用于乡、镇、村、组办工业、基本建设、非农业运输、科学试验和教学等非农业生产方面用的动力机械与作业机械。

乡村户数　指长期(一年以上)居住在乡镇(不包括城关镇)行政管理区域内的住户，还包括居住在城关镇所辖行政村范围内的农村住户。户口不在本地而在本地居住一年及以上的住户也包括在本地农村住户内；有本地户口，但举家外出谋生一年以上的住户，无论是否保留承包耕地都不包括在本地农村住户范围内。不包括乡村地区内的国有经济的机关、团体、学校、企业、事业单位的集体户。

乡村人口数　指乡村地区常住居民户数中的常住人口数，即经常在家或在家居住6个月以上，而且经济和生活与本户连成一体的人口。外出从业人员在外居住时间虽然在6个月以上，但收入主要带回家中，经济与本户连为一体，仍视为家庭常住人口；在家居住，生活和本户连成一体的国家职工、退休人员也为家庭常住人口。但是现役军人、中专及以上(走读生除外)的在校学生、以及常年在外(不包括探亲、看病等)且已有稳定的职业与居住场所的外出从业人员，不应当作家庭常住人口。

工业 11

INDUSTRY

简要说明

一、本篇资料主要内容

本篇反映甘肃省工业经济方面的基本情况。主要包括规模以上工业企业主要经济指标、构成资料；全省工业企业产值、产品产量资料；国有及国有控股工业企业情况；支柱产业情况。

二、本篇资料来源

本篇资料是由省统计局工业交通处根据工业统计年报表中有关资料整理汇总。

11-1 规模以上工业企业工业增加值
Industrial Added Value of Industrial Enterprises above Designated Size

项　目	Item	2000	2005	2007	2008	2008年比2007年增长% Increase Rate in 2008 over 2007
工业增加值（万元）	**Value Added of Industry (10 000yuan)**	**2634200**	**6018000**	**9566751**	**11351662**	**9.50**
按登记注册类型分	**By Registration Categories**					
内　资	Domestic Funded Enterprises	2566291	5895174	9328673	11047306	9.44
国有企业	State-owned Enterprises	1422056	2372056	3904410	3226093	12.30
集体企业	Collective-owned Enterprises	348133	238431	343968	333767	-3.90
股份合作企业	Cooperative Enterprises	38427	59662	64695	70184	8.90
联营企业	Joint Owned Enterprises	10468	21725	11500	15154	-0.30
有限责任公司	Companies with Limited Liabilities	369744	2103359	2752400	4945369	7.60
股份有限公司	Stock-holding Companies with Limited Liabilties	320345	578254	1507600	1503262	4.70
私营企业	Private Enterprises	56945	517307	734100	947029	13.00
其他企业	Others	173	4380	10000	6448	3.79
港澳台商投资企业	Enterprises with Investment from Hong Kong ,Macao Taiwan	45153	30842	73500	78076	2.00
外商投资企业	Enterprises with Investment from Foreign	22756	91984	164578	226280	16.60
按轻重工业分	**Grouped by Ligth and Heavy Industries**					
轻工业	Light Industry	543276	832762	1196734	1499332	14.20
重工业	Heavy Industry	2090924	5185238	8370017	9852330	8.80

注：1.工业增加值中含长庆油田甘肃部分。2.规模以上企业为年主营业务收入在500万元以上的企业（以下表均同）。
a) The value added of industry included the data of Gansu Part of Changqing oil field.
b) Industrial enterprises above designated size are those with annual revenue from principal business over 5 million yuan. The same applies to the tables following.

11-2 规模以上工业企业主要经济指标

单位：万元　　（2008）

类　别	Item	企业单位数（个） Number of Enterprises (unit)	#亏损企业 Loss-making Enterprises	工业总产值（当年价格） Gross Industrial Output Value (current prices)
总　计	**Total**	**1943**	**461**	**36704632**
按登记注册类型分	**Grouped by Registration Categories**			
内　资	Domestic Funded Enterprises	1888	447	35764036
国有企业	State-owned Enterprises	249	80	11690431
集体企业	Collective-owned Enterprises	139	28	856948
股份合作企业	Cooperative Enterprises	49	7	183063
联营企业	Joint Owned Enterprises	10	2	49260
有限责任公司	Companies with Limited Liabilities	596	149	14157478
股份有限公司	Stock-holding Companies with Limited Liabilties	99	26	6039888
私营企业	Private Enterprises	733	154	2740764
其他企业	Others	13	1	46206
港澳台商投资企业	Enterprises with Investment from Hong Kong ,Macao Taiwan	23	11	275543
外商投资企业	Enterprises with Investment from Foreign	32	3	665053
按轻重工业分	**Grouped by Ligth and Heavy Industries**			
轻工业	Light Industry	621	131	3948694
重工业	Heavy Industry	1322	330	32755938
按企业规模分	**Grouped by Size of Enterprises**			
大型企业	Large-sized	32	7	23792164
中型企业	Medium-sized	251	58	6979455
小型企业	Small-sized	1660	396	5933013
按工业行业分	**Grouped by Sector**			
煤炭开采和洗选业	Coal Mining and Dressing	76		1201545
石油和天然气开采业	Petroleum and Natural Gas Extraction	2		1697718
黑色金属矿采选业	Ferrous Metals Mining and Dressing	60	16	356111
有色金属矿采选业	Nonferrous Metals Mining and Dressing	76	18	423138
非金属矿采选业	Nonmetal Minerals Mining and Dressing	26	3	91769
其他采矿业	Mining and Dressing of Other Minerals			
农副食品加工业	Agriculture and Sideline Food Production	259	40	1100644
食品制造业	Food Production	61	16	298178
饮料制造业	Beverage Production	79	16	601635
烟草制品业	Tobacco Processing	2		621169
纺织业	Textile Industry	32	10	124049
纺织服装、鞋、帽制造业	Textile,Garment,Shoes,Caps	9	3	16838
皮革、毛皮、羽毛（绒）及其制品业	Leather, Furs, Down and Related Products	12	2	94904

Main Indicators of Industrial Enterprises above Designated Size

(10 000 yuan)

工业增加值（生产法） Value Added of Industry (Production-Based Estimates)	工业销售产值（当年价格） Sales Value of Industry Products (current prices)	#出口交货值 Delivery Value for Export	全部从业人员年平均人数（人） Employment (person)	年末资产总计 Total Assets	#产成品 Finished Product	流动资产年平均余额 Annual Average Balance of Current Assets
11351662	**35790410**	**798585**	**691766**	**45015951**	**1991262**	**16971225**
11047306	34897106	783714	677294	43357997	1935321	16460687
3226093	11506632	18698	155864	11781824	319935	3831331
333767	802375	15272	26966	851134	67520	404702
70184	177712	300	8857	232121	15632	79415
15154	47407		3529	49787	2450	28918
4945369	13960474	596811	294522	20230838	910528	7916691
1503262	5823288	77741	82338	7049893	349829	2836967
947029	2541459	74892	103182	3124797	268291	1351305
6448	37758		2036	37604	1136	11358
78076	270311	2612	6757	604534	21618	192422
226280	622993	12260	7715	1053420	34324	318116
1499332	3733793	163394	143529	6360397	420408	2741167
9852330	32056617	635191	548237	38655554	1570855	14230058
6169170	23642956	534027	285043	26109490	938730	9934413
2578433	6694508	125791	192261	10423170	479523	4030451
2604059	5452946	138767	214462	8483291	573009	3006361
700746	1229186		71732	2073532	48232	699909
1414583	1666225		10295	1470037	13502	329759
122957	337650		8678	470360	10265	221255
136597	387213		15474	758153	54438	305865
43607	83845	734	4554	46776	2847	17074
366975	995806	41853	35562	1471855	140786	580585.3
89672	277352	47924	12211	295199	33792	109099.1
197651	579508	43042	18622	910562	91571	432502.4
362884	621185		2716	796662	7425	470081
40347	120003	8146	10505	166944	20105	79093
4199	16554	469	2102	25116	3127	10406
39993	85185	520	2191	98725	10556	53203

11-2 续表 1

单位：万元

类　别	Item	企业单位数（个） Number of Enterprises (unit)	#亏损企业 Loss-making Enterprises	工业总产值（当年价格） Gross Industrial Output Value (current prices)
木材加工及木、竹、藤、棕、草制品业	Timber Processing,Bamboo,Cane,Palm Fiberand Straw Products	5	1	9930
家具制造业	Furniture Manufacturing	5	3	7855
造纸及纸制品业	Papermaking and Paper Products	24	5	81351
印刷业和记录媒介的复制	Printing and Record Medium Reproduction	21	5	47093
文教体育用品制造业	Cultural, Educational and Sports Goods	2	1	3778
石油加工、炼焦及核燃料加工业	Petroleum Processing , Coking, Nuclear Fuel Processing	29	7	8286568
化学原料及化学制品制造业	Raw Chemical Materials and Chemical Products	153	40	1848530
医药制造业	Medical and Pharmaceutical Products	55	9	403380
化学纤维制造业	Chemical Fiber Manufacturing	3	1	112038
橡胶制品业	Rubber Products	7	2	11091
塑料制品业	Plastic Products	57	11	196465
非金属矿物制品业	Nonmetal Mineral Products	166	33	902126
黑色金属冶炼及压延加工业	Smelting and Pressing of Ferrous Metals	120	41	4859350
有色金属冶炼及压延加工业	Smelting and Pressing of Nonferrous Metals	55	15	6938461
金属制品业	Metal Products	58	10	223055
通用设备制造业	General Purposes Eguipment Manufacturing	86	26	461560
专用设备制造业	Equipment Manufacturing For Special Purposes	71	22	652639
交通运输设备制造业	Transport Equipment Manufacturing	21	8	266947
电气机械及器材制造业	Electric Equipment and Machinery	50	9	498554
通信设备、计算机及其他电子设备制造业	Telecommunication Equipment,Computer and Other Elctronic Equipment	8	1	130065
仪器仪表及文化、办公用机械制造业	Instruments,Meters,Cultural and Office Machinery	6	2	15035
工艺品及其他制造业	Arts and Other Manufacturing	7	2	224549
废弃资源和废旧材料回收加工业	Waste Resources and Materials Recycling and Processing	3	1	12776
电力、热力的生产和供应业	Production and Supply of Electric power and heat	210	69	3763831
燃气生产和供应业	Production and Supply of Gas	4	1	63095
水的生产和供应业	Production and Supply of Water	23	12	56814

continued

(10 000 yuan)

工业增加值（生产法）Value Added of Industry (Production-Based Estimates)	工业销售产值（当年价格）Sales Value of Industry Products (current prices)	#出口交货值 Delivery Value for Export	全部从业人员年平均人数（人）Employment (person)	年末资产总计 Total Assets	#产成品 Finished Product	流动资产年平均余额 Annual Average Balance of Circulating Funds
3498	10154		872	16200	1075	6176
3887	7885		1168	4842	257	2390
38109	76865	14	7319	116944	11442	40448
23427	47678		4155	77543	2548	33504
1175	3640	464	200	1725	23	632
655332	8126069	4858	34864	4772768	241389	2038198
782520	1729995	36766	58186	2462107	157391	1120601
202897	360630	2713	12433	643637	36602	351628
14797	113732	15771	16595	506029	23837	146355
4410	9871		850	13207	2253	5713
41771	178496	1530	9606	194506	24369	101097
310434	880988	28728	40881	1467384	76096	622798
1432984	4731053	277565	51825	5778401	326447	2476788
2010943	6875511	164805	79195	8181088	449001	3663959
61611	214856	808	8417	266139	21266	164648
157529	437922	41857	19842	528096	36431	306369
247366	615957	60699	23568	770513	34199	395835
99516	250259	99	10074	334277	11066	162359
185408	466315	9312	17941	483837	50126	330965
45824	128146	7205	9526	425018	8639	220384
13340	15430		883	20151	862	11762
16541	223956	1321	5653	553804	15216	236108
6456	14969		1125	22746	1864	12557
1387362	3750136	1385	74600	8244172	21939	1103769
33379	63378		1337	129785	156	39143
50935	56806		6009	417112	124	68208

11–2 续表 2 continued

单位：万元　　(10 000 yuan)

类　别	Item	固定资产净值年平均余额 Average Balance of Net Value of Fixed Assets	年末负债合计 Total Liabilities at Year-end	主营业务收入 Revenue from Principal Business	主营业务成本 Cost of Principal Business
总　计	**Total**	**17465923**	**25015937**	**37551085**	**31804968**
按登记注册类型分	**By Registration Categories**				
内资	Domestic Funded Enterprises	16637413	24143215	36681186	31080287
国有企业	State-owned Enterprises	5341052	6441622	11956930	11226240
集体企业	Collective-owned Enterprises	241377	425022	990336	856856
股份合作企业	Cooperative Enterprises	89387	138706	169298	134449
联营企业	Joint Owned Enterprises	21606	36923	46038	38743
有限责任公司	Companies with Limited Liabilities	7314272	12439388	15703608	13098613
股份有限公司	Stock-holding Companies with Limited Liabilties	2651702	3003975	5293819	3716157
私营企业	Private Enterprises	965007	1645694	2482291	1976920
其他企业	Others	13011	11884	38866	32310
港澳台商投资企业	Enterprises with Investment from Hong Kong ,Macao Taiwan	280253	294956	269873	239642
外商投资企业	Enterprises with Investment from Foreign	548257	577767	600026	485039
按轻重工业分	**By Ligth and Heavy Industries**				
轻工业	Light Industry	2216222	3306541	3751878	2650934
重工业	Heavy Industry	15249701	21709395	33799206	29154034
按企业规模分	**By Size of Enterprises**				
大型企业	Large-sized	9793657	14107720	25434189	22216397
中型企业	Medium-sized	3858056	5506800	6744912	5285224
小型企业	Small-sized	3814210	5401417	5371983	4303347
按工业行业分	**By Sector**				
煤炭开采和洗选业	Coal Mining and Dressing	753310	1286384	1163938	682862
石油和天然气开采业	Petroleum and Natural Gas Extraction	981543	212091	1503701	415653
黑色金属矿采选业	Ferrous Metals Mining and Dressing	95152	248002	324841	201012
有色金属矿采选业	Nonferrous Metals Mining and Dressing	156384	379711	404028	264796
非金属矿采选业	Nonmetal Minerals Mining and Dressing	16719	20226	75408	61104
其他采矿业	Mining and Dressing of Other Minerals				
农副食品加工业	Agriculture and Sideline Food Production	500061	783691	983853	789158
食品制造业	Food Production	118334	158365	252310	195831
饮料制造业	Beverage Production	327394	524677	565817	406886
烟草制品业	Tobacco Processing	163331	255825	698117	261313
纺织业	Textile Industry	68888	82175	112229	99538
纺织服装、鞋、帽制造业	Textile,Garment,Shoes,Caps	10690	14588	18223	15469
皮革、毛皮、羽毛（绒）及其制品业	Leather, Furs, Down and Related Products	22994	50028	82676	68472

11–2 续表 3 continued

单位：万元　(10 000 yuan)

类　别	Item	固定资产净值年平均余额 Average Balance of Net Value of Fixed Assets	年末负债合计 Total Liabilities at Year-end	主营业务收入 Revenue from Principal Business	主营业务成本 Cost of Principal Business
木材加工及木、竹、藤、棕、草制品业	Timber Processing,Bamboo,Cane,Palm Fiber and Straw Products	8839	12857	9452	8501
家具制造业	Furniture Manufacturing	1223	3532	7510	6164
造纸及纸制品业	Papermaking and Paper Products	44546	74928	74137	64688
印刷业和记录媒介的复制	Printing and Record Medium Reproduction	33673	32015	46791	36860
文教体育用品制造业	Cultural, Educational and Sports Goods	402	800	3428	3021
石油加工、炼焦及核燃料加工业	Petroleum Processing and Coking	1572855	1707140	8028363	8059909
化学原料及化学制品制造业	Raw Chemical Materials and Chemical Products	701532	1229679	2051172	1874399
医药制造业	Medical and Pharmaceutical Products	127555	241847	339883	175440
化学纤维制造业	Chemical Fiber	145159	257023	172001	154744
橡胶制品业	Rubber Products	5764	9583	13398	11601
塑料制品业	Plastic Products	55449	110991	182012	159777
非金属矿物制品业	Nonmetal Mineral Products	497335	828908	899127	681927
黑色金属冶炼及压延加工业	Smelting and Pressing of Ferrous Metals	1914851	3971239	5060836	4329725
有色金属冶炼及压延加工业	Smelting and Pressing of Nonferrous Metals	2215003	3983156	8335526	7431938
金属制品业	Metal Products	56774	167899	196844	160254
通用设备制造业	General Purpose Equipment Manufacturing	126765	348071	441136	362684
专用设备制造业	Equipment Manufacturing For Special Purposes	132962	446898	613569	512474
交通运输设备制造业	Transport Equipment Manufacturing	63672	199404	247192	204406
电气机械及器材制造业	Electric Equipment and Machinery	68231	318219	455851	392468
通信设备、计算机及其他电子设备制造业	Telecommunication Equipment,Computer and Other Elctronic Equipment	132464	247380	136151	101332
仪器仪表及文化、办公用机械制造业	Instruments,Meters,Cultural and Office Machinery	4779	9111	14595	12044
工艺品及其他制造业	Arts and Other Manufacturing	295001	525887	187705	185252
废弃资源和废旧材料回收加工业	Waste Resources and Materials Recycling and Processing	7118	15276	15935	10751
电力、热力的生产和供应业	Production and Supply of Electric power and Heat power	5715895	6063219	3675887	3277128
燃气生产和供应业	Production and Supply of Gas	51319	48846	79182	59307
水的生产和供应业	Production and Supply of Water	271960	146269	78263	66081

11-2 续表 4 continued

单位：万元　(10 000 yuan)

类　别	Item	主营业务税金及附加 Taxes and Other Charges on Principal Business	管理费用 Overhead Expenses	利润总额 Total Profits	利税总额 Total Pre-tax Profits
总　计	**Total**	**644997**	**2014886**	**1147600**	**3195005**
按登记注册类型分	**By Registration Categories**				
内　资	Domestic Funded Enterprises	612521	1983354	1100630	3068768
国有企业	State-owned Enterprises	381230	586266	-769366	-95061
集体企业	Collective-owned Enterprises	6621	36189	50732	91409
股份合作企业	Cooperative Enterprises	1784	11127	13997	24655
联营企业	Joint Owned Enterprises	479	3980	1400	3494
有限责任公司	Companies with Limited Liabilities	105114	938142	953128	1657541
股份有限公司	Stock-holding Companies with Limited Liabilties	88985	311850	652119	1072013
私营企业	Private Enterprises	27772	94236	196540	310069
其他企业	Others	537	1564	2080	4648
港澳台商投资企业	Enterprises with Investment from Hong Kong ,Macao Taiwan	2193	12217	4605	13492
外商投资企业	Enterprises with Investment from Foreign	30283	19316	42365	112744
按轻重工业分	**By Ligth and Heavy Industries**				
轻工业	Light Industry	367271	199781	297214	824288
重工业	Heavy Industry	277726	1815105	850386	2370716
按企业规模分	**By Size of Enterprises**				
大型企业	Large-sized	181588	1384682	468311	1483158
中型企业	Medium-sized	383128	395280	312459	1046268
小型企业	Small-sized	80280	234924	366830	665578
按工业行业分	**By Sector**				
煤炭开采和洗选业	Coal Mining and Dressing	25980	214294	103709	240772
石油和天然气开采业	Petroleum and Natural Gas Extraction	35829	69029	867084	1079578
黑色金属矿采选业	Ferrous Metals Mining and Dressing	5809	8918	65590	86187
有色金属矿采选业	Nonferrous Metals Mining and Dressing	6241	36695	76308	102816
非金属矿采选业	Nonmetal Minerals Mining and Dressing	1031	3218	7188	11817
其他采矿业	Other Mining and Dressing				
农副食品加工业	Agriculture and Sideline Food Production	4665	31377	85077	104540
食品制造业	Food Production	2237	8869	23313	32511
饮料制造业	Beverage Production	46354	24725	38089	101610
烟草制品业	Tobacco Processing	307691	27466	81000	464341
纺织业	Textile Industry	757	5633	6407	9879
纺织服装、鞋、帽制造业	Textile,Garment,Shoes,Caps	70	1610	695	1048
皮革、毛皮、羽毛(绒)及其制品业	Leather, Furs, Down and Related Products	472	3996	5359	7861

11-2 续表 5 continued

单位：万元　　(10 000 yuan)

类　别	Item	主营业务税金及附加 Taxes and Other Charges on Principal Business	管理费用 Overhead Expenses	利润总额 Total Profits	利税总额 Total Pre-tax Profits
木材加工及木、竹、藤、棕、草制品业	Timber Processing,Bamboo,Cane,Palm Fiber and Straw Products	52	791	71	539
家具制造业	Furniture Manufacturing	21	349	198	403
造纸及纸制品业	Papermaking and Paper Products	334	3098	2430	5542
印刷业和记录媒介的复制	Printing and Record Medium Reproduction	460	8175	1947	4901
文教体育用品制造业	Cultural, Educational and Sports Goods	28	228	229	286
石油加工、炼焦及核燃料加工业	Petroleum Processing and Coking	77655	442538	−1160662	−1069935
化学原料及化学制品制造业	Raw Chemical Materials and Chemical Products	18231	165763	−97577	−26344
医药制造业	Medical and Pharmaceutical Products	2869	34058	75351	102546
化学纤维制造业	Chemical Fiber	455	9821	560	4359
橡胶制品业	Rubber Products	109	913	17	433
塑料制品业	Plastic Products	815	6278	6388	10767
非金属矿物制品业	Nonmetal Mineral Products	8265	73041	82850	143470
黑色金属冶炼及压延加工业	Smelting and Pressing of Ferrous Metals	34574	334566	150559	369688
有色金属冶炼及压延加工业	Smelting and Pressing of Nonferrous Metals	26132	228565	532543	835035
金属制品业	Metal Products	1288	11664	14963	21481
通用设备制造业	General Purposes Eguipment Manufacturing	2187	27315	22074	41459
专用设备制造业	Equipment Manufacturing for Special Purposes	2646	46113	19916	36445
交通运输设备制造业	Transport Equipment Manufacturing	542	25065	12324	20222
电气机械及器材制造业	Electric Equipment and Machinery	1366	27116	15457	30475
通信设备、计算机及其他电子设备制造业	Telecommunication Equipment,Computer and Other Elctronic Equipment	1151	13238	13887	20341
仪器仪表及文化、办公用机械制造业	Instruments,Meters,Cultural and Office Machinery	32	1370	720	1790
工艺品及其他制造业	Arts and Other Manufacturing	12	19675	226	314
废弃资源和废旧材料回收加工业	Waste Resources and Materials Recycling and Processing	158	420	2990	4724
电力、热力的生产和供应业	Production and Supply of Electric power and Heat Power	27316	84709	88917	384324
燃气生产和供应业	Production and Supply of Gas	730	4474	5106	9083
水的生产和供应业	Production and Supply of Water	436	9717	−3704	−299

11-3 按行业分规模以上工业企业主要经济效益指标

(2008)

类　　别	Branch	工业增加值率（%）Ratio of Value Added to Gross Industrial Output Value (%)	总资产贡献率（%）Ratio of Total Assets to Industrial Output Value (%)
总　计	**Total**	**30.93**	**7.37**
煤炭开采和洗选业	Coal Mining and Dressing	58.32	13.04
石油和天然气开采业	Petroleum and Natural Gas Extraction	83.32	73.81
黑色金属矿采选业	Ferrous Metals Mining and Dressing	34.53	20.64
有色金属矿采选业	Nonferrous Metals Mining and Dressing	32.28	14.46
非金属矿采选业	Nonmetal Minerals Mining and Dressing	47.52	26.18
其他采矿业	Mining and Dressing of Other Minerals		
农副食品加工业	Agriculture and Sideline Food Production	33.34	8.33
食品制造业	Food Production	29.94	12.89
饮料制造业	Beverage Production	32.85	12.88
烟草制品业	Tobacco Processing	58.42	59.53
纺织业	Textile Industry	32.53	6.54
纺织服装、鞋、帽制造业	Textile,Garment,Shoes,Caps	24.94	5.46
皮革、毛皮、羽毛(绒)及其制品业	Leather, Furs, Down and Related Products	42.14	9.34
木材加工及木、竹、藤、棕、草制品业	Timber Processing,Bamboo,Cane,Palm Fiberand Straw Products	35.23	3.86
家具制造业	Furniture Manufacturing	49.49	10.22
造纸及纸制品业	Papermaking and Paper Products	46.85	5.45
印刷业和记录媒介的复制	Printing and Record Medium Reproduction	49.75	6.76
文教体育用品制造业	Cultural, Educational and Sports Goods	31.10	17.02
石油加工、炼焦及核燃料加工业	Petroleum Processing and Coking	7.91	−22.04
化学原料及化学制品制造业	Raw Chemical Materials and Chemical Products	42.33	−0.53
医药制造业	Medical and Pharmaceutical Products	50.30	16.58
化学纤维制造业	Chemical Fiber	13.21	1.96
橡胶制品业	Rubber Products	39.76	4.50
塑料制品业	Plastic Products	21.26	6.94
非金属矿物制品业	Nonmetal Mineral Products	34.41	11.47
黑色金属冶炼及压延加工业	Smelting and Pressing of Ferrous Metals	29.49	7.81
有色金属冶炼及压延加工业	Smelting and Pressing of Nonferrous Metals	28.98	11.00
金属制品业	Metal Products	27.62	8.58
通用设备制造业	General Purposes Eguipment Manufacturing	34.13	8.80
专用设备制造业	Equipment Manufacturing For Special Purposes	37.90	5.06
交通运输设备制造业	Transport Equipment Manufacturing	37.28	11.12
电气机械及器材制造业	Electric Equipment and Machinery	37.19	7.01
通信设备、计算机及其他电子设备制造业	Telecommunication Equipment,Computer and Other Elctronic Equipment	35.23	5.58
仪器仪表及文化、办公用机械制造业	Instruments,Meters,Cultural and Office Machinery Arts and Other Manufacturing	38.72	8.91
工艺品及其他制造业	Waste Resources and Materials Recycling and Processing	7.37	−0.12
废弃资源和废旧材料回收加工业	Electric Power, Gas and Water Production and Supply	50.53	22.58
电力、热力的生产和供应业	Production and Supply of Electric power and heat	36.86	7.05
燃气生产和供应业	Production and Supply of Gas	52.90	7.27
水的生产和供应业	Production and Supply of Water	29.65	0.71

Main Indicators on Economic Benefit of Industrial Enterprises above Designated Size

资产负债率（%）Assets Liability Ratio (%)	流动资产周转次数（次/年）Number of Times of Annual of Turnover Ciruclating Funds (times/year)	工业成本费用利润率（%）Ratio of Profits to Industrialost (%)	全员劳动生产率（元/人）Overall Labor Produtivity (yuan/person-year)	产品销售率（%）Proportion of Products Sold (%)
50.78	**2.22**	**1.99**	**161035**	**95.50**
62.04	1.66	10.73	93108	102.30
14.43	4.56	175.08	1309606	98.14
52.73	1.47	28.72	135043	94.82
50.08	1.32	24.00	84135	91.51
43.24	4.42	10.83	91264	91.37
53.25	1.69	9.74	98353	90.47
53.65	2.31	10.44	69991	93.02
57.62	1.31	7.58	101161	96.32
32.11	1.49	26.30	1273434	100.00
49.22	1.42	5.85	36607	96.74
58.08	1.75	3.92	19039	98.31
50.67	1.55	7.18	173972	89.76
79.36	1.53	0.74	38231	102.25
72.94	3.14	2.88	31715	100.39
64.07	1.83	3.47	49626	94.49
41.29	1.40	4.12	53739	101.24
46.37	5.42	6.75	56013	96.36
35.77	3.94	−13.54	179152	98.06
49.94	1.83	−4.65	128179	93.59
37.58	0.97	28.42	155538	89.40
50.79	1.18	0.32	8498	101.51
72.56	2.35	0.12	49453	89.01
57.06	1.80	3.69	41445	90.85
56.49	1.44	9.92	72375	97.66
68.73	2.04	3.05	263536	97.36
48.69	2.28	6.85	242014	99.09
63.09	1.20	8.37	69765	96.32
65.91	1.44	5.34	75668	94.88
58.00	1.55	3.46	100036	94.38
59.65	1.52	5.18	94152	93.75
65.77	1.38	3.49	98497	93.53
58.20	0.62	11.58	45848	98.52
45.21	1.24	5.12	143985	102.63
94.96	0.79	0.11	27888	99.74
67.16	1.27	22.73	54696	117.17
73.55	3.33	2.48	177251	99.64
37.64	2.02	6.99	237949	100.45
35.07	1.15	−4.51	80789	99.99

11-4 规模以上工业企业经济效益指数

Indices of Economic Benefit of Industrial Enterprises above Designated Size

(2008)

类　别	Items	工业经济效益综合指数(%) Comprehensive Index of Industry Economic Benefit (%)	总资产贡献率(%) Ratio of Tatal Assets to Industrial Output Value (%)	资本保值增值率(%) Ratio of Capital Hold and Rise (%)	资产负债率(%) Asset-Liability Ratio (%)
总 计	**Total**	**180.01**	**7.37**	**121.07**	**50.78**
#国有及国有控股企业	State-owned and State Holding Enterprises	178.79	7.35	101.34	49.91
#大中型	Large and Medium Enterprises	198.16	7.28	122.46	48.44
按轻、重工业分	By Light and Heavy Industries				
轻工业	Light Industry	160.08	10.94	110.09	55.29
重工业	Heavy Industry	193.32	6.82	122.79	50.07
按隶属关系分	By Subordination				
中央工业	Central	235.23	4.18	86.47	56.79
地方工业	Local	176.96	9.08	146.30	47.64

11-4 续表 continued

类　别	Items	流动资产周转次数(次/年) Turnover Times of Circulating Assets (times/year)	工业成本费用利润率(%) Ratio of Profits to Industria Cost (%)	全员劳动生产率(元/人) Overall Industrial Labor Productivity (yuan/person)	产品销售率(%) Proportion of Products Sold (%)
总 计	**Total**	**2.22**	**1.99**	**161035**	**95.50**
# 国有及国有控股企业	State owned and State Holding Enterprises	2.32	1.56	164491	96.46
# 大中型	Large and Medium Enterpries	2.32	1.69	191755	96.24
按轻、重工业分	By Light and Heavy Industries				
轻工业	Light Industry	1.23	5.80	110990	92.93
重工业	Heavy Industry	2.40	1.66	183548	95.80
按隶属关系分	By Subordination				
中央工业	Central	3.24	-3.37	297848	97.65
地方工业	Local	1.82	5.86	135301	93.94

11-5 主要工业产品产量

Output of Major Industrial Products

产品名称	Product name	2000	2005	2007	2008
原煤（万吨）	Coal (10 000 tons)	1632.71	3619.84	3949.34	3976.99
原油（万吨）	Crude Oil (10 000 tons)	250.15	305.00	351.67	365.15
原油加工（万吨）	Crude Oil Processing (10 000 tons)	876.69	1225.17	1426.16	1384.63
汽油（万吨）	Gasoline (10 000 tons)	137.01	229.30	276.04	289.45
煤油（万吨）	Kerosene (10 000 tons)	55.88	49.61	48.53	49.58
柴油（万吨）	Diesel Oil (10 000 tons)	260.94	535.67	597.39	594.71
燃料油（万吨）	Fuel Oil (10 000 tons)	103.39	39.57	26.42	20.02
焦炭（万吨）	Coke (10 000 tons)	126.02	221.85	249.39	243.13
发电量总计（亿千瓦时）	Power Generating Equipment (100 million kwh)	280.27	506.17	618.85	690.22
食用植物油（万吨）	Edible Vegetable Oil (10 000 tons)	8.91	17.23	3.10	5.05
糖（吨）	Sugar (ton)	7023	11148	17402	16320
白酒（万千升）	Liquor (10 000 kl)	2.66	4.13	4.28	2.69
啤酒（万千升）	Beer (10 000 kl)	23.85	34.01	40.96	51.89
卷烟（万箱）	Cigrettes (10 000 case)	28.99	71.00	74.40	77.90
化学纤维（万吨）	Chemical Fiber (10 000 tons)	2.39	0.60	0.49	0.70
纱总计（万吨）	Yarn (10 000 tons)	1.14	2.46	1.13	0.69
布总计（万米）	Cloth (10 000 m)	1479.62	2749.01	20.90	19.70
毛线（吨）	Knitting Wool (ton)	11092	5396	6952	4427
呢绒（万米）	Wool Fabric (10 000 m)	587	559	557	554
合成橡胶（吨）	Synthetic Rubber (ton)	51577	69676	67629	110242
合成纤维（吨）	Synthetic Fabric (ton)	23949	6026	4905	6981
塑料制品（吨）	Plastic Products (ton)	85579	101317	103193	94924
#塑料薄膜	Plastic Membrane	39656	39684	21089	28834
机制纸及纸板（吨）	Machine-made Paper and Paperboard (ton)	96347	134180	82165	140859
农用化肥（万吨）	Chemical Fertilizer (10 000 tons)	54.60	113.51	99.50	71.34
#氮　肥	Nitrogen	33.87	54.50	61.22	50.62
磷　肥	Phophate	20.64	59.01	38.28	20.72
化学农药（万吨）	Chemical Pesticide (10 000 tons)	0.03	0.04	0.18	0.13
乙烯（万吨）	Ethene (10 000 tons)	16.72	24.57	68.18	70.15
水泥（万吨）	Cement (10 000 tons)	732.10	1553.29	1540.21	1560.32
平板玻璃（万重量箱）	Plate Glass (10 000 weight cases)	420.63	339.62	591.89	576.18
钢（万吨）	Steel (10 000 tons)	229.94	458.44	602.80	475.72
成品钢材（万吨）	Rolled-steel Final Products (10 000 tons)	201.91	452.25	597.89	577.30
生铁（万吨）	Pig Iron (10 000 tons)	203.30	468.72	592.78	550.79
铁合金（万吨）	Iron Alloy (10 000 tons)	25.60	64.34	87.81	86.56
铅（万吨）	Leed (10 000 tons)	6.51	6.07	2.86	2.08
锌（万吨）	Zinc (10 000 tons)	17.59	22.61	23.23	20.77
铜（万吨）	Copper (10 000 tons)	7.91	23.79	31.78	36.72
镍（万吨）	Nickel (10 000 tons)	4.29	8.28	10.61	10.43
铝（万吨）	Aluminium (10 000 tons)	28.87	56.94	74.27	95.77
家用洗衣机（万台）	Household Washing Machines (10 000 sets)	38.01	11.03	9.10	9.80

11-6 规模以上工业企业分行业主要指标构成

单位：%　(2008)

行　业	Item	工业总产值 Gross Industrial Output Value	工业增加值 Value Added of Industry	工业销售产值 Value of Industrial Products Sales
全省总计	**Provincal Total**	**100.00**	**100.00**	**100.00**
煤炭开采和洗选业	Coal Mining and Dressing	3.27	6.17	3.43
石油和天然气开采业	Petroleum and Natural Gas Extraction	4.63	12.46	4.66
黑色金属矿采选业	Ferrous Metals Mining and Dressing	0.97	1.08	0.94
有色金属矿采选业	Nonferrous Metals Mining and Dressing	1.15	1.20	1.08
非金属矿采选业	Nonmetal Minerals Mining and Dressing	0.25	0.38	0.23
其他采矿业	Mining and Dressing of Other Minerals			
农副食品加工业	Agriculture and Sideline Food Production	3.00	3.23	2.78
食品制造业	Food Production	0.81	0.79	0.77
饮料制造业	Beverage Production	1.64	1.74	1.62
烟草制品业	Tobacco Processing	1.69	3.20	1.74
纺织业	Textile Industry	0.34	0.36	0.34
纺织服装、鞋、帽制造业	Textile,Garment,Shoes,Caps	0.05	0.04	0.05
皮革、毛皮、羽毛（绒）及其制品	Leather, Furs, Down and Related Products	0.26	0.35	0.24
木材加工及木、竹、藤、棕、草制品业	Timber Processing,Bamboo,Cane,Palm Fiberand Straw Products	0.03	0.03	0.03
家具制造业	Furniture Manufacturing	0.02	0.03	0.02
造纸及纸制品业	Papermaking and Paper Products	0.22	0.34	0.21
印刷业和记录媒介的复制	Printing and Record Medium Reproduction	0.13	0.21	0.13
文教体育用品制造业	Cultural, Educational and Sports Goods	0.01	0.01	0.01
石油加工、炼焦及核燃料加工业	Petroleum Processing and Coking	22.58	5.77	22.70
化学原料及化学制品制造业	Raw Chemical Materials and Chemical Products	5.04	6.89	4.83
医药制造业	Medical and Pharmaceutical Products	1.10	1.79	1.01
化学纤维制造业	Chemical Fiber	0.31	0.13	0.32
橡胶制品业	Rubber Products	0.03	0.04	0.03
塑料制品业	Plastic Products	0.54	0.37	0.50
非金属矿物制品业	Nonmetal Mineral Products	2.46	2.73	2.46
黑色金属冶炼及压延加工业	Smelting and Pressing of Ferrous Metals	13.24	12.62	13.22
有色金属冶炼及压延加工业	Smelting and Pressing of Nonferrous Metals	18.90	17.71	19.21
金属制品业	Metal Products	0.61	0.54	0.60
通用设备制造业	General Purposes Equipment Manufacturing	1.26	1.39	1.22
专用设备制造业	Equipment Manufacturing For Special Purposes	1.78	2.18	1.72
交通运输设备制造业	Transport Equipment Manufacturing	0.73	0.88	0.70
电气机械及器材制造业	Electric Equipment and Machinery	1.36	1.63	1.30
通信设备、计算机及其他电子设备制造业	Telecommunication Equipment,Computer and Other Elctronic Equipment	0.35	0.40	0.36
仪器仪表及文化、办公用机械制造业	Instruments,Meters,Cultural and Office Machinery	0.04	0.12	0.04
工艺品及其他制造业	Arts and Other Manufacturing	0.61	0.15	0.63
废弃资源和废旧材料回收加工业	Waste Resources and Materials Recycling and Processing	0.03	0.06	0.04
电力、热力的生产和供应业	Production and Supply of Electric power and heat	10.25	12.22	10.48
燃气生产和供应业	Production and Supply of Gas	0.17	0.29	0.18
水的生产和供应业	Production and Supply of Water	0.15	0.45	0.16

Composition of Main Indicators of Industrial Enterprises above Designated Size by Sector

(%)

年末资产总计 Total Assets	流动资产 Total Assets Current	固定资产 Fixed Assets	流动负债 Total Liquid Liabilities	长期负债 Long-term Liabilities	所有者权益 Creditors'Equity	利润总额 Total Profits	本年应交增值税 Value Added Tax Payable
100.00	**100.00**	**100.00**	**100.00**	**100.00**	**100.00**	**100.00**	**100.00**
4.61	5.04	4.75	5.85	4.03	3.94	9.04	7.92
3.27	1.28	5.87	1.04	0.54	6.29	75.56	12.60
1.04	0.94	0.74	1.37	0.04	1.11	5.72	1.05
1.68	1.87	1.16	1.87	0.69	1.89	6.65	1.45
0.10	0.10	0.11	0.11	0.01	0.13	0.63	0.26
3.27	3.46	2.54	3.92	1.26	3.44	7.41	1.06
0.66	0.69	0.65	0.76	0.35	0.68	2.03	0.50
2.02	2.55	1.63	2.69	0.78	1.93	3.32	1.22
1.77	3.42	0.78	1.31	0.50	2.70	7.06	5.39
0.37	0.46	0.34	0.31	0.09	0.42	0.56	0.19
0.06	0.07	0.05	0.06	0.02	0.05	0.06	0.02
0.22	0.32	0.11	0.21	0.06	0.24	0.47	0.14
0.04	0.04	0.04	0.04	0.09	0.02	0.01	0.03
0.01	0.02	0.01	0.02		0.01	0.02	0.01
0.26	0.25	0.23	0.36	0.10	0.21	0.21	0.20
0.17	0.20	0.17	0.17	0.05	0.23	0.17	0.18
						0.02	0.00
10.60	11.79	9.24	7.03	6.98	15.33		0.93
5.47	6.64	3.89	5.68	3.62	6.16		3.78
1.43	2.16	0.75	1.16	0.20	2.01	6.57	1.73
1.12	0.85	0.95	1.43	0.28	1.25	0.05	0.24
0.03	0.04	0.03	0.05	0.02	0.02		0.02
0.43	0.52	0.40	0.49	0.30	0.42	0.56	0.25
3.26	3.91	3.03	4.25	1.30	3.19	7.22	3.73
12.84	12.67	10.20	16.03	17.50	9.04	13.12	13.16
18.17	22.94	14.08	17.35	8.48	20.99	46.40	19.71
0.59	0.89	0.41	0.89	0.08	0.49	1.30	0.37
1.17	1.86	0.71	1.78	0.63	0.90	1.92	1.23
1.71	2.41	0.71	2.41	0.57	1.62	1.74	0.99
0.74	0.95	0.42	0.97	0.39	0.67	1.07	0.52
1.07	2.10	0.38	1.70	0.42	0.83	1.35	0.97
0.94	1.22	0.85	1.09	0.90	0.89	1.21	0.38
0.04	0.06	0.04	0.04	0.04	0.06	0.06	0.07
1.23	1.40	1.39	1.36	4.03	0.14	0.02	0.01
0.05	0.08	0.04	0.09		0.04	0.26	0.11
18.31	6.22	31.74	15.69	44.08	10.90	7.75	19.12
0.29	0.24	0.24	0.18	0.20	0.40	0.44	0.23
0.93	0.34	1.32	0.26	1.37	1.35		0.21

11-7 主要年份全部工业总产值

Gross Output Value of All Industry Main Year

单位：万元　　　　(10 000 yuan)

年份 Year	工业总产值 Total Industry	按经济类型分 By Ownership				按轻重工业分 By Ligth and Heavy Industries	
		国有及国有控股企业 State-owned or Controlling Share Holding Industry	集体工业 Collective-owned Industry	城乡个体私营工业 Individual Owned Industry	其他经济类型工业 Industry of Other Types of Ownership	轻工业 Light Industry	重工业 Heavy Industry
1978	772978	724456	48522			144450	628528
1980	770887	723953	46904	30		153457	617430
1985	1264232	1115500	134564	11268	2900	326147	938085
1986	1440020	1245000	161997	17959	15064	372234	1067786
1987	1608060	1358494	214864	28983	5719	447064	1160996
1988	2039004	1672003	305433	55551	6017	604812	1434192
1989	2500223	1995519	411913	78776	14015	746203	1754020
1990	2786976	2172728	498827	107800	7621	803899	1983077
1991	3131728	2436569	556305	128955	9899	859414	2272314
1992	3692666	2794511	698784	183279	16092	1001683	2690983
1993	5052478	3748559	985682	284724	33513	1148377	3904101
1994	6565776	4595285	1380175	446264	144052	1530631	5035145
1995	7360828	4739104	1503355	755728	362641	1858621	5502207
1996	8350992	4852574	2122409	973557	402452	2300039	6050953
1997	9569278	5179500	2413621	1204779	771378	2761167	6808111
1998	10813889	5433795	2613333	1811813	954948	3171594	7642295
1999	10432338	6045533	2395145	1588456	403204	2557527	7874811
2000	10873068	6741901	2001000	1615073	515094	2613023	8260045
2001	11447609	7594828	1514491	1710608	627682	2671097	8776512
2002	12070878	7401806	1826336	2069019	773717	2906126	9164752
2003	13530566	8810130	1374598	2498260	847578	3257553	10273013
2004	17423802	11650997	1739904	2629527	1403374	3375378	14048424
2005	22567453	15605102	1910290	2933040	2119021	4234901	18332552
2006	27846082	19799577	2060141	3717471	2268893	4420058	23426024
2007	35699764	26912056	2285008	4047561	2455139	5662353	30037411
2008	40340900	28924089	2440011	4973815	4002985	6598500	33742400

注：集体工业中含股份合作企业数据。

a) Collective-owned industry includede cooperate enterprise.

11-8 国有及国有控股企业主要指标占全省比重

Proportion of the Major Indexes of Enterprises Owned by the State or with the State Holding Major Shares

单位：亿元　　(100 million yuan)

指　标	Item	全　省 Total	国有及国有控股企业 Enterprises Owned By The State or With The State Holding Major Shares	占全省比重(%) Proportion	国有及国有控股大中型企业 Large And Medium-sized State Holding Major Shares Enterprises Owned By The State or With The State Holding Major Shares	占全省比重(%) Proportion
企业单位数（个）	Number of Enterprises (unit)	1943	426	21.92	145	7.46
从业人员（万人）	Year-end Employees (10 000 persons)	69.2	42.6	61.58	37.1	53.69
工业总产值（当年价）	Gross Output Value (At Current Prices)	3670.5	2892.4	78.80	2760.9	75.22
工业增加值（生产法）	Value Added of Industry (Production-Based Estimates)	1135.6	864.0	76.08	778.5	68.55
年末资产总计	Total Property (year-end)	4501.6	3487.8	77.48	3170.1	70.42
流动资产年平均余额	Average Balance Circulating Funds	1697.1	1267.1	74.66	1188.8	70.05
固定资产净值年平均余额	Average Balance Net Value of Fixed Assets	1746.6	1402.8	80.32	1221.9	69.96
年末负债合计	Total Liabilities (year-end)	2501.6	1963.2	78.48	1738.2	69.48
年末所有者权益	Right and Interests (year-end)	2000.0	1524.6	76.23	1431.9	71.60
#实收资本	Paid-up Capital	1365.3	1069.7	78.35	985.6	72.19
主营业务收入	Revenue from Principal	3755.1	3022.1	80.48	2897.0	77.15
主营业务税金及附加	Taxes and Other Charges on Principal Business	64.5	54.5	84.50	52.8	81.88
利润总额	Total After-Tax Profits	114.8	54.8	47.75	47.9	41.75
税金总额	Total Tax and Duty	246.0	197.4	80.24	187.8	76.33
全员劳动生产率（元/人）	Labor Productivity (yuan/person)	156401	193202	36801	199785	43384
亏损企业数（个）	Number of Loss-making Enterprises (unit)	461	132	28.63	38	8.24
亏损企业亏损额	Total Losses Made By Enterprises-in-red	154.0	147.4	95.69	143.7	93.27

11-9 支柱工业主要指标占全省比重

Proportion to Total Industry in Gansu of Main Indicators of Bigboned Industry

单位：%　　(%)

指　标	Item	2000	2005	2007	2008
单位数	Number of Enterprises	69.98	83.44	84.30	85.28
从业人员	Year-end Employees	77.48	79.70	79.20	80.29
工业总产值	Gross Output Value of Industry	86.87	98.51	94.06	93.25
工业增加值	Value Added	83.91	93.26	92.25	89.32
年末资产总计	Total Property (year-end)	85.92	88.90	88.23	89.40
利润总额	Total After-Tax Profits	83.69	91.42	94.65	81.27
税金总额	Total Tax and Duty	90.51	93.29	93.73	87.23
工业销售产值	Sales Value of Industry Products	88.49	98.91	93.86	89.32

11-10 支柱工业主要指标

Main Indicators of Bigboned Industry

行　业	Sector	2007	2008	2008年比2007年增长% Increase Rate in 2008 over 2007
单位数（个）	**Number of (unit)**	**1552**	**1657**	**6.77**
石化工业	Petrochemical	250	251	0.40
有色工业	Coloured	125	131	4.80
电力工业	Electric Power	192	210	9.38
冶金工业	Metallurgy	154	180	16.88
机械工业	Machine	279	292	4.66
食品工业	Food	359	401	11.70
建材工业	Architectural Material	193	192	-0.52
从业人员（万人）	**Year-end Employees (10 000 persons)**	**52.86**	**55.54**	**5.08**
石化工业	Petrochemical	12.29	13.04	6.10
有色工业	Coloured	9.74	9.47	-2.80
电力工业	Electric Power	6.60	7.46	13.03
冶金工业	Metallurgy	5.61	6.05	7.85
机械工业	Machine	8.19	8.07	-1.43
食品工业	Food	6.07	6.91	13.86
建材工业	Architectural Material	4.36	4.54	4.21
工业增加值（亿元）	**Value Added (100 million yuan)**	**882.52**	**1014.02**	**8.32**
石化工业	Petrochemical	271.00	291.34	5.70
有色工业	Coloured	225.88	214.75	2.07
电力工业	Electric Power	124.83	138.74	9.76
冶金工业	Metallurgy	92.89	155.59	9.39
机械工业	Machine	65.36	76.48	18.46
食品工业	Food	75.29	101.72	18.93
建材工业	Architectural Material	27.27	35.40	23.07
年末资产总计（亿元）	**Total Property (100 million yuan)**	**3275.47**	**4024.23**	**23.07**
石化工业	Petrochemical	815.87	941.87	23.07
有色工业	Coloured	698.76	893.92	23.07
电力工业	Electric Power	663.05	824.42	23.07
冶金工业	Metallurgy	518.36	624.88	23.07

11-10 续表 continued

行　业	Sector	2007	2008	2008年比2007年增长 % Increase Rate in 2008 over 2007
机械工业	Machine	192.82	240.30	24.62
食品工业	Food	270.60	347.43	28.39
建材工业	Architectural Material	116.01	151.42	30.52
利润总额（亿元）	**Total Profit (100 million yuan)**	**203.29**	**93.27**	**-54.12**
石化工业	Petrochemical	35.53	−38.42	
有色工业	Coloured	115.21	60.89	−47.15
电力工业	Electric Power	19.69	8.89	−54.84
冶金工业	Metallurgy	18.13	21.61	19.22
机械工业	Machine	5.07	8.55	68.55
食品工业	Food	6.90	22.75	229.68
建材工业	Architectural Material	2.76	9.00	226.23
利税总额（亿元）	**Total Tax and Duty (100 million yuan)**	**400.93**	**278.71**	**-30.48**
石化工业	Petrochemical	87.73	−0.11	
有色工业	Coloured	164.09	93.79	−42.85
电力工业	Electric Power	46.55	38.43	−17.44
冶金工业	Metallurgy	46.98	45.59	−2.96
机械工业	Machine	10.41	15.19	45.89
食品工业	Food	37.52	70.30	87.37
建材工业	Architectural Material	7.65	15.53	102.99
工业销售产值（亿元）	**Sales Value of Industry Products (100 million yuan)**	**2950.09**	**3334.54**	**13.03**
石化工业	Petrochemical	1038.47	1182.44	13.86
有色工业	Coloured	793.68	726.27	−8.49
电力工业	Electric Power	331.79	375.01	13.03
冶金工业	Metallurgy	373.36	506.87	35.76
机械工业	Machine	152.14	200.07	31.51
食品工业	Food	188.06	247.39	31.55
建材工业	Architectural Material	72.59	96.48	32.92

11-11 全部独立核算“三资”工业企业主要财务指标

Main Indicators on Economics Benefit of

Foreign-funded Industrial Enterprises

单位：万元 (2008) (10 000 yuan)

类 别	Item	企业单位数（个） Number of Enterprises (unit)	工业总产值 Gross Output Value (At Current Prices)	年末资产总计 Total Assets at Year-end	年末负债合计 Total Liabilities at Year-end
总 计	**Total**	**55**	**940596**	**1657954**	**872722**
外商投资经济	Foreign Funded Enterprises	32	665053	1053420	577767
中外合资经营企业	Joint Venture	21	520683	794646	401341
中外合作经营企业	Cooperate	2	43683	38696	29359
外资企业	Foreign Funds	8	99355	218554	145798
港、澳、台投资经济	Enterprises with Investment from Hong Kong ,Macao Taiwan	23	275543	604534	294956
与大陆合资经营企业	Joint Venture	16	241644	514318	224318
港、澳、台独资企业	Solely Owned				
在总计中：	In Total				
轻工业	Light Industry	28	344730	585297	261955
重工业	Heavy Industry	27	595866	1072657	610767
在总计中：	In Total				
大型企业	Large-sized				
中型企业	Medium-sized	14	628815	1111004	540708
小型企业	Small-sized	41	311781	546950	332014
农副食品加工业	Agriculture and Sideline Food Production	11	93630	152154	98902
食品制造业	Food Production	3	3765	3451	3941
饮料制造业	Beverage Production	7	198599	168816	64719
纺织业	Textile Industry				
纺织服装、鞋、帽制造业	Textile ,Garment,Shoes,Cops				
皮革、毛皮、羽绒及其制品业	Leather, Furs, Down and Related Products				
造纸及纸制品业	Papermaking and Paper Products				
化学原料及化学制品制造业	Raw Chemical Materials and Chemical Products	7	158000	103865	19829
医药制造业	Medical and Pharmaceutical Products	1	2248	3919	1363
塑料制造业	Plastic Products	4	23362	41657	24967
黑色金属冶炼及压延加工业	Smelting and Pressing of Ferrous Metals				
有色金属冶炼及压延业	Smelting and Pressing of Nonferrous Metals	3	124852	249280	123401
通用设备制造业	General Purpose Eguipment Manufacturing	1	710	1676	1463

11-11 续表 continued

单位：万元　　(10 000 yuan)

类　别	Item	主营业务收入 Revenue from Principal Business	利润总额 Total Profits	税金总额 Total Tax and Duty	成本费用总额 Total Cost
总　计	**Total**	**869899**	**46970**	**86749**	**825944**
外商投资经济	Foreign Funded Enterprises	600026	42365	75762	560769
中外合资经营企业	Joint Venture	451877	34109	69052	420019
中外合作经营企业	Cooperate	58856	2293	870	58068
外资企业	Solely Owned	87961	5964	5840	81700
港、澳、台投资经济	Enterprises with Investment from Hong Kong ,Macao Taiwan	269873	4605	10987	265174
与大陆合资经营企业	Joint Venture	236438	4508	9796	231974
港、澳、台独资企业	Solely Owned				
在总计中：	In Total				
轻工业	Light Industry	343592	22281	47130	313790
重工业	Heavy Industry	526306	24689	39619	512153
在总计中：	In Total				
大型企业	Large-sized				
中型企业	Medium-sized	567016	26804	47816	541476
小型企业	Small-sized	302882	20167	38932	284468
农副食品加工业	Agriculture and Sideline Food Production	105113	6752	2858	97919
食品制造业	Food Production	3693	−226	161	3916
饮料制造业	Beverage Production	188916	17136	41129	166087
纺织业	Textile Industry				
纺织服装、鞋、帽制造业	Textile ,Garment,Shoes,Cops				
皮革、毛皮、羽绒及其制品业	Leather, Furs, Down and Related Products				
造纸及纸制品业	Papermaking and Paper Products				
化学原料及化学制品制造业	Raw Chemical Materials and Chemical Products	158959	5865	6090	152284
医药制造业	Medical and Pharmaceutical Products	2569	391	163	2177
塑料制造业	Plastic Products	21703	188	163	20861
黑色金属冶炼及压延加工业	Smelting and Pressing of Ferrous Metals				
有色金属冶炼及压延业	Smelting and Pressing of Nonferrous Metals	106508	9235	3050	103877
通用设备制造业	General Purposes Eguipment Manufacturing	860	−6	21	866

11-12 各地区规模以上工业企业主要经济指标

Main Economic Indicators of Industrial Enterprises above Designated Size by Region

单位：万元　　（2008）　　(10 000 yuan)

指　　标	Item	兰州市 Lanzhou	嘉峪关市 Jiayuguan	金昌市 Jinchang	白银市 Baiyin	天水市 Tianshui
企业单位数（个）	Number of Enterprises (unit)	544	42	54	176	149
亏损企业	Loss-making Enterprises	140	19	18	37	41
工业总产值（当年价格）	Gross Output Value (At Current Prices)	14898587	3903468	4450510	2909359	1006880
工业增加值（生产法）	Value Added of Industry (Production-Based Estimates)	2965904	1148089	1448156	1077074	410104
工业增加值指数（可比价,快报）	Indices of Value-added of Industry （at comparable prices，from annual statistical reporting forms）	114	105	105	118	113
工业销售产值（当年价格）	Sales Value of Industry Products (at current prices)	14562780	3821961	4512469	2814907	971237
出口交货值	Delivery Value for Export	155968	249754	125961	66226	80387
全部从业人员年平均人数	Employment	241703	38517	46115	77378	42201
年末资产总计	Total Assets (Year-end)	15928705	5997580	4623826	4021874	1538291
流动资产合计	Total Current Assets	6247916	2231647	2475953	1907516	800498
#存　货	Stock	2077144	1026389	1552215	496542	257938
#产成品	Finished Product	600943	240352	271831	191195	56984
流动资产年平均余额	Average Balance of Net Value of Fixed Assets	5488939	2491137	2318277	1722075	723843
固定资产合计	Total Fixed Assets	8061662	2261889	1290809	1794194	654273
固定资产原价合计	Total Original Value of Fixed Assets	10980259	3503810	2040441	2675855	750837
累计折旧	Accumulative Total Depreciation	4031638	1326958	791990	1245948	194910
固定资产净值年平均余额	Annual Average Balance of Net Value of Fixed Assets	6575074	1922633	1149214	1387887	576192
年末负债合计	Total Liabilities at Year-end	8720742	3910225	2260225	2217191	933512
流动负债	Total Liquid Liabilities	5775444	2599648	1811708	1499939	614293
长期负债	Long-term Liabilities	2354618	1308912	445890	710440	309789
年末所有者权益	Creditors'Equity at Year-end	7207963	2087355	2363601	1804684	604778
实收资本	Actural Capital	5761796	840792	775592	1370108	315002
主营业务收入	Revenue from Principal Business	15243215	4140081	5959145	2721592	1046465
主营业务成本	Cost of Principal Business	14033822	3446146	5267813	2302113	802787
主营业务税金及附加	Taxes and Other Charges on Principal Business	330358	24338	17143	25162	85668
其他业务利润	Other Bussiness Profits	53560	−17915	14858	14602	4001
管理费用	Overhead Expenses	715974	298009	177032	233746	66757
#税　金	Tax	18412	9486	8781	20212	2526
利润总额	Total Profits	−526837	204530	437085	140020	47974
利税总额	Total Pre-tax Profits	196028	391363	582244	386608	192630

11-12 续表 1 continued

单位：万元 (10 000 yuan)

指 标	Item	武威市 Wuwei	张掖市 Jiuquan	平凉市 Pingliang	酒泉市 Jiuquan	庆阳市 Qingyang
企业单位数（个）	Number of Enterprises (unit)	178	159	83	189	67
亏损企业	Loss-making Enterprises	25	34	14	39	9
工业总产值（当年价格）	Gross Output Value (At Current Prices)	893193	995561	999195	2760908	2434574
工业增加值（生产法）	Value Added of Industry (Production-Based Estimates)	346136	408991	555092	830446	1327978
工业增加值指数（可比价,快报）	Indices of Value-added of Industry （at comparable prices， from annual statistical reporting forms）	121	123	121	116	117
工业销售产值（当年价格）	Sales Value of Industry Products (at current prices)	869253	907409	1025448	2558747	2371674
出口交货值	Delivery Value for Export	2907	39116	3557	17489	22078
全部从业人员年平均人数	Employment	59765	23295	37260	47419	20693
年末资产总计	Total Assets (Year-end)	1129886	1630738	1972049	3328954	1940878
流动资产合计	Total Current Assets	351640	469919	588522	1142645	493550
#存 货	Stock	123534	191223	114497	405301	63399
#产成品	Finished Product	55034	114247	57600	182426	35239
流动资产年平均余额	Average Balance of Net Value of Fixed Assets	336819	462201	559488	1359599	552480
固定资产合计	Total Fixed Assets	553819	919835	1213503	1520402	1345171
固定资产原价合计	Total Original Value of Fixed Assets	688252	1311410	1240946	2591892	1592177
累计折旧	Accumulative Total Depreciation	176196	569722	505186	1459679	299171
固定资产净值年平均余额	Annual Average Balance of Net Value of Fixed Assets	509164	854953	916751	1247065	1117349
年末负债合计	Total Liabilities at Year-end	565208	1136453	1322290	1844795	359964
流动负债	Total Liquid Liabilities	392828	579204	893499	1065626	262062
长期负债	Long-term Liabilities	102612	392720	390267	728730	75005
年末所有者权益	Creditors'Equity at Year-end	564679	494285	649759	1484159	1580914
实收资本	Actural Capital	353873	347672	402526	1396737	1273067
主营业务收入	Revenue from Principal Business	735805	801778	990631	2315773	2236411
主营业务成本	Cost of Principal Business	608745	576142	678296	1886663	1125134
主营业务税金及附加	Taxes and Other Charges on Principal Business	8185	8936	15777	51772	60679
其他业务利润	Other Bussiness Profits	355	2263	5329	3341	1497
管理费用	Overhead Expenses	26667	34181	83039	199703	95449
#税 金	Tax	6214	2507	2486	6487	9582
利润总额	Total Profits	76190	48505	66332	−217853	747528
利税总额	Total Pre-tax Profits	101346	89012	167426	−114934	993903

11-12 续表 2 continued

单位：万元 (10 000 yuan)

指　标	Item	定西市 Dingxi	陇南市 Longnan	临夏州 Linxia	甘南州 Gannan
企业单位数（个）	Number of Enterprises (unit)	81	109	68	44
亏损企业	Loss-making Enterprises	22	32	17	14
工业总产值（当年价格）	Gross Output Value (at current prices)	367362	537807	374050	173179
工业增加值（生产法）	Value Added of Industry (Production-Based Estimates)	108360	203301	131447	67495
工业增加值指数（可比价,快报）	Indices of Value-added of Industry （at comparable prices，from annual statistical reporting forms）	107	86	106	105
工业销售产值（当年价格）	Sales Value of Industry Products (at current prices)	349975	495925	365441	163184
出口交货值	Delivery Value for Export	2608	7986	14873	9676
全部从业人员年平均人数	Employment	15550	22599	14571	4700
年末资产总计	Total Assets (Year-end)	626361	1059052	656700	561057
流动资产合计	Total Current Assets	204669	528034	162081	113828
#存　货	Stock	96814	134566	55101	23813
#产成品	Finished Product	56517	85184	27526	16184
流动资产年平均余额	Average Balance of Net Value of Fixed Assets	225423	464495	162606	103843
固定资产合计	Total Fixed Assets	375832	358208	446290	393670
固定资产原价合计	Total Original Value of Fixed Assets	463543	439513	660577	428336
累计折旧	Accumulative Total Depreciation	129640	150763	268630	50541
固定资产净值年平均余额	Annual Average Balance of Net Value of Fixed Assets	335198	276978	322779	274688
年末负债合计	Total Liabilities at Year-end	379345	599997	397871	368119
流动负债	Total Liquid Liabilities	232103	527066	188474	114046
长期负债	Long-term Liabilities	146539	51137	205425	253185
年末所有者权益	Creditors'Equity at Year-end	247017	459055	258829	192938
实收资本	Actural Capital	199758	259119	207851	149296
主营业务收入	Revenue from Principal Business	334671	534428	335364	155726
主营业务成本	Cost of Principal Business	304088	388949	280664	103606
主营业务税金及附加	Taxes and Other Charges on Principal Business	1779	11709	2556	937
其他业务利润	Other Bussiness Profits	1142	3812	1911	88
管理费用	Overhead Expenses	13184	40790	19514	10841
#税　金	Tax	689	2059	1114	488
利润总额	Total Profits	1963	63928	24686	33549
利税总额	Total Pre-tax Profits	15948	104785	44321	44325

11-13 各地区规模以上工业企业主要经济效益指标

Main Indicators on Economic Benefit of Industrial Enterprises above Designated Size by Prefecture

(2008)

地　区	Region	工业增加值率(%) Ratio of Value Added to Gross Industrial Output Value (%)	总资产贡献率(%) Ratio of Total Assets to Industiral Output Value (%)	资产负债率(%) Assets-Liability Ratio (%)	流动资产周转次数(次/年) Times of Circulating Funds (times/year)
兰州市	Lanzhou	19.91	2.46	54.75	2.78
嘉峪关市	Jiayuguan	29.41	7.91	65.20	1.66
金昌市	Jinchang	32.54	13.61	48.88	2.57
白银市	Baiyin	37.02	10.14	55.13	1.58
天水市	Tianshui	40.73	14.26	60.69	1.45
武威市	Wuwei	38.75	9.97	50.02	2.18
张掖市	Zhangye	41.08	7.62	69.69	1.73
平凉市	Pingliang	55.55	10.82	67.05	1.77
酒泉市	Jiuquan	30.08	−2.17	55.42	1.70
庆阳市	Qingyang	54.55	51.70	18.55	4.05
定西市	Dingxi	29.50	4.10	60.56	1.48
陇南市	Longnan	37.80	10.69	56.65	1.15
临夏州	Linxia	35.14	7.79	60.59	2.06
甘南州	Gannan	38.97	9.69	65.61	1.50

11-13 续表 continued

地　区	Region	工业成本费用利润率(%) Ratio of Profits to Industrial Cost (%)	全员劳动生产率(元/人) Overall Labor Productivity (yuan/person)	产品销售率(%) Proportion of Products Sold (%)
兰州市	Lanzhou	−3.47	116953	97.75
嘉峪关市	Jiayuguan	5.11	284096	97.91
金昌市	Jinchang	7.93	299312	101.39
白银市	Baiyin	5.33	132671	96.75
天水市	Tianshui	5.15	92620	96.46
武威市	Wuwei	11.45	55194	97.32
张掖市	Zhangye	7.16	167340	91.15
平凉市	Pingliang	7.79	141993	102.63
酒泉市	Jiuquan	−10.04	166907	92.68
庆阳市	Qingyang	60.10	611664	97.42
定西市	Dingxi	0.59	66441	95.27
陇南市	Longnan	13.82	85741	92.21
临夏州	Linxia	7.93	85950	97.70
甘南州	Gannan	26.12	136881	94.23

主要统计指标解释

工业 指从事自然资源的开采，对采掘品和农产品进行加工和再加工的物质生产部门。具体包括：(1)对自然资源的开采，如采矿、晒盐等(但不包括禽兽捕猎和水产捕捞)；(2)对农副产品的加工、再加工，如粮油加工、食品加工、缫丝、纺织、制革等；(3)对采掘品的加工、再加工，如炼铁、炼钢、化工生产、石油加工、机器制造、木材加工等，以及电力、自来水、煤气的生产和供应等；(4)对工业品的修理、翻新，如机器设备的修理、交通运输工具(如汽车)的修理等。

国有及国有控股企业 指国有企业加上国有控股企业。国有企业(即原全民所有制工业或国营工业)指企业全部资产归国家所有，并按《中华人民共和国企业法人登记管理条例》规定登记注册的非公司制的经济组织。包括国有企业、国有独资公司和国有联营企业。1957 年以前的公私合营和私营工业，后均改造为国营工业，1992 年改为国有工业，这部分工业的资料不单独分列时，均包括在国有企业内。国有控股企业是对混合所有制经济的企业进行的“国有控股”分类。它是指这些企业的全部资产中国有资产(股份)相对其他所有者中的任何一个所有者占资(股)最多的企业。该分组反映了国有经济控股情况。

工业总产值 工业总产值是以货币形式表现的，工业企业在一定时期内生产的工业最终产品或提供工业性劳务活动的总价值量。它反映一定时间内工业生产的总规模和总水平。

资产总计 指企业拥有或控制的能以货币计量的经济资源，包括各种财产、债权和其他权利。资产按流动性分为流动资产、长期投资、固定资产、无形资产、递延资产和其他资产。该指标根据企业会计“资产负债表”中“资产总计”项目的期末数增列。

流动资产 指企业可以在一年内或者超过一年的一个生产周期内变现或者耗用的资产，包括现金及各种存款、短期投资，应收及预付款项、存货等。

负债合计 指企业所承担的能以货币计量，将以资产或劳务偿付的债务，偿还形式包括货币、资产或提供劳务。负债一般按偿还期长短分为流动负债和长期负债。根据会计“资产负债表”中“负债合计”的年末数填列。

所有者权益 指企业投资人对企业净资产的所有权。企业净资产等于企业全部资产减去全部负债后的余额，包括企业投资人对企业的最初投入的实际到位的资产及资本公积金、盈余公积金和未分配利润。所有者权益合计数小于零，表示企业资不抵债。

总资产贡献率 反映企业全部资产的获利能力，是企业经营业绩和管理水平的集中体现，是评价和考核企业盈利能力的核心指标。计算公式为：

$$\text{总资产贡献率(\%)} = \frac{\text{利润总额}+\text{税金总额}+\text{利息支出}}{\text{平均资金总额}} \times 100\%$$

公式中：税金总额为产品销售税金及附加与应交增值税之和；平均资产总额为期初期末资产之和的算术平均值。

资产负债率 该指标既反映企业经营风险的大小，也反映企业利用债权人提供的资金从事经营活动的能力。计算公式为：

$$\text{资产负债率(\%)} = \frac{\text{负债总额}}{\text{资产总额}} \times 100\%$$

资产与负债均为报告期期末数。

流动资产周转次数 指一定时期内流动资产完成的周转次数，反映投入工业企业流动资金的周转速度。计算公式为：

$$\text{流动资产周转次数} = \frac{\text{产品销售收入}}{\text{全部流动资产平均余额}}$$

公式中：全部流动资产平均余额为期初和期末的流动资产之和的算术平均值。

成本费用利润率 反映企业投入的生产成本及费用的经济效益，同时也反映企业降低成本所取得的经济效益。计算公式为：

$$\text{成本费用利润率(\%)} = \frac{\text{利润总额}}{\text{成本费用总额}} \times 100\%$$

公式中：成本费用总额为产品销售成本、销售费用、管理费用、财务费用之和。

产品销售率 该指标反映工业产品已实现销售的程度，是分析工业产销衔接情况，研究工业产品满足社会需求的指标。计算公式为：

$$\text{产品销售率(\%)} = \frac{\text{工业销售产值}}{\text{工业总产值(现价)}} \times 100\%$$

建筑业 12

CONSTRUCTION

简要说明

一、本篇资料主要内容

本篇反映甘肃省建筑业概况和发展情况。主要包括建筑业企业基本情况和生产经营情况，主要指标有企业个数、从业人员数、建筑业总产值、房屋建筑面积、利润、税金、劳动生产率、主要建筑材料消耗量等。

二、本篇资料来源

本篇资料是由省统计局固定资产投资处根据国家统计局制定的《建筑业统计报表制度》整理、汇总。

12-1 建筑业企业概况

Main Indicators on Construction Enterprises

年 份 Year	总 计 Total	国有企业 State-owned	集体企业 Urban Collective-owned	其他 Others
企业单位数（个）				
Number of Enterprises(unit)				
2000	570	99	333	138
2001	571	97	294	180
2002	689	136	224	329
2003	863	153	196	514
2004	838	132	190	516
2005	933	148	156	629
2006	951	145	150	656
2007	930	134	147	649
2008	926	111	114	701
从业人员（万人）				
Number of Persons Engaged				
(10 000 persons)				
2000	33.17	9.61	11.42	12.14
2001	32.68	8.80	12.59	11.29
2002	39.82	9.60	11.19	19.03
2003	44.94	9.94	11.09	23.91
2004	45.54	9.76	10.64	25.14
2005	42.77	9.25	9.04	24.48
2006	43.67	8.51	9.53	25.63
2007	43.88	7.32	9.40	27.16
2008	42.03	5.66	5.39	30.98
建筑业总产值（万元）				
Gross Output Value				
(10 000 yuan)				
2000	1264009	532465	346721	384823
2001	1526456	626743	373029	526684
2002	1925484	697813	385288	842383
2003	2236854	775231	418553	1043070
2004	2261251	695520	391643	1174088
2005	3141700	1169235	376213	1596252
2006	3443287	1103154	486291	1853842
2007	4369039	974710	662602	2731727
2008	4812744	900868	529097	3382779

注：数据口径为资质以上建筑业企业。

a)Data in this table included construction enterprises over qualification grades.

12-2 建筑业企业主要经济指标

（2008）

指　标	Item	合 计 Total Enterprises	内资企业 Domestic Funded
企业单位数（个）	Number of Construction Enterprises (unit)	926	922
从业人员（万人）	Number of Persons Engaged (10 000 persons)	42.02	41.98
年末自有施工机械设备总台数（万台）	Number of Construction Machinery and Equipment Owned at Year-end (10 000 sets)	16	16
年末自有施工机械设备净值（万元）	Net Value of Construction Machinery and Equipment Owned at Year-end (10 000 yuan)	483711	483573
年末自有施工机械设备总功率（万千瓦）	Total Power of Construction Machinery and Equipment Owned at Year-end (10 000 kw)	1150.88	1150.87
建筑业总产值（万元）	Gross Output Value of Construction (10 000 yuan)	4812744	4811730
建筑业增加值（万元）	Value Added of Construction (10 000 yuan)	2497700	2497174
劳动生产率（元/人）	Overall Labor Productivity (yuan/person)		
按总产值计算	In Terms of Gross Output Value	103780	103877
按增加值计算	In Terms of Value-added	53859	53909
工程结算收入（万元）	Income from Project Settle Accounts (10 000 yuan)	4636187	4634540
工程结算成本（万元）	Cost on Project Settle Accounts (10 000 yuan)	3990737	3989137
工程结算税金及附加（万元）	Taxes and Extra Charges on Project Settle Accounts (10 000 yuan)	185362	185314
工程结算利润（万元）	Profits of Project Settle Accounts (10 000 yuan)	402888	402892
管理费用中的税金及附加（万元）	Taxes and Extra Charges in Management Expenses (10 000 yuan)	19681	19681
房屋建筑施工面积（万平方米）	Floor Space of Buildings under Construction (10 000 sq.m)	3791.49	3787.49
房屋建筑竣工面积（万平方米）	Floor Space of Buildings Completed (10 000 sq.m)	1842.81	1838.81
#住　宅	Residential Housing	1158.56	1158.56
利润总额（万元）	Total Profits (10 000 yuan)	157476	157692
税金总额（万元）	Total Tax (10 000 yuan)	240400	240352
技术装备率（元/人）	Value of Machines per Laborer (yuan/person)	10430.51	10439.48
动力装备率（千瓦/人）	Power of Machines per Laborer (kw/person)	24.82	24.85
房屋建筑面积竣工率（%）	Rat of Floor Space of Buildings Completed (%)	48.60	48.55
产值利润率（%）	Ratio of Profit to Gross Output Value (%)	3.27	3.28
产值利税率（%）	Ratio of Pre-tax Profit to Gross Output Value (%)	8.27	8.27

Main Economic Indicators on Construction Enterprises

国有企业 State-owned	集体企业 Collective-owned	股份合作企业 Cooperative Enterprises	联营企业 Joint Owned	有限责任公司 Limited-Liability Company	股份有限公司 Share Holding Compang with Limited Liabilities	私营企业 Private	其他企业 Others	港、澳、台商投资企业 Funded by Entrepreneurs from Hong Kong,Macao and Taiwan	外商投资企业 Foreign Funded
111	114	15	5	316	50	305	6	2	2
5.65	5.39	1.23	0.13	15.21	3.09	10.81	0.46	0.05	
2	3	1		5	1	4			
98197	50613	18113	113	193671	20928	99368	2571		137
54.49	27.48	13.29	0.03	114.72	10.33	927.74	2.78		0.01
900868	529097	95661	7297	2010074	405760	798383	64592	970	44
467529	274589	49646	3787	1043181	210580	414342	33522	503	23
150506	80195	77874	56963	118995	101291	72541	135101	18827	33615
78109	41619	40415	29563	61756	52567	37647	70114	9771	17446
898743	572107	92727	6577	1927892	344061	731734	60700	1622	25
815274	478050	77688	4836	1695183	274156	590442	53508	1588.1	12.7
32252	27416	3717	175	64112	21517	34120	2004	48	1
46658	55155	10179	325	154749	40349	90496	4981	−15	12
3140	2325	71	6	3544	4601	5824	169		
485.63	424.29	94.74	3.25	1477.53	452.63	795.11	54.32	4.00	
185.15	220.34	46.24	1.95	659.16	219.38	488.61	17.98	4	
116.86	162.06	22.63	1.58	421.95	148.33	273.77	11.38		
−2166	31622	6494	116	64090	20276	35659	1602	−163	−53
37032	36818	5800	196	77892	31758	48259	2598	48	1
16405.54	7671.38	14745.52	882.12	11465.16	5224.24	9028.55	5376.70		105692.31
9.10	4.17	10.82	0.27	6.79	2.58	84.29	5.81		9.54
38.13	51.93	48.81	60.00	44.61	48.47	61.45	33.09	100	
−0.24	5.98	6.79	1.59	3.19	5.00	4.47	2.48	−16.82	−122.20
3.87	12.94	12.85	4.28	7.06	12.82	10.51	6.50	−11.89	−120.37

12-3 建筑施工企业主要财务指标

单位：万元 （2008）

项　目	Item	实收资本 Actural Capitals	资产总计 Total Assets	流动资产 Circulation Funds	固定资产 Fixed Assets	长期投资 Long-term capital
总　计	**Total**	**1367355.7**	**4363176.4**	**2871568.0**	**1235663.9**	**125270.6**
按企业登记注册类型分	**By Type of Enterprlses Registered**					
内资企业	Domestic Funded Enterprises	1364783.3	4359412.3	2868062.4	1235422.3	125269.6
国有企业	State-owned Enterprises	211122.9	924273.0	620068.9	273452.4	11225.7
集体企业	Collective-owned Enterprises	126814.0	389276.1	253741.6	111361.0	17031.8
股份合作企业	Cooperative Enterprises	28997.2	79921.7	46765.8	31383.7	60.0
联营企业	Joint Owned Enterprises	4609.8	24467.7	11141.5	13278.0	
有限责任公司	Limited-Liability Company	523508.1	1762646.9	1237771.8	409899.1	49784.8
股份有限公司	Share Holding Company	66987.1	306873.7	223477.0	66544.5	5063.1
私营企业	Private Enterprises	381179.0	782655.2	416907.9	307651.0	37092.9
其他企业	Others	21565.2	89298.0	58187.9	21852.6	5011.3
港、澳、台商投资企业	Enterprises with Investment from Hong Kong ,Macao Taiwan	2100.0	3363.1	3267.1	95.0	1.0
外商投资企业	Enterprises with Investment from Foreign	472.4	401.0	238.5	146.6	
按行业类别分	**By Sector**					
房屋和土木工程建筑	Housing and Civil Engineering	1107439.0	3727643.7	2451377.7	1067837.9	89637.6
建筑安装业	Building and Installing Industry	162628.0	428098.2	279579.0	127719.4	12466.4
建筑装饰业	Building and Decorating Industry	63103.3	86295.2	65549.7	16931.5	2424.5
其他建筑业	Other Building Industry	34185.4	121139.3	75061.6	23175.1	20742.1
按隶属关系分	**By Administrative Relationship**					
中　央	Central	87923.9	496880.0	356935.3	107412.3	6862.2
地　方	Local	1279431.8	3866296.4	2514632.7	1128251.6	118408.4
市　属	City Owned	199529.1	665872.4	450481.2	174076.9	17019.9
区县属	District and County	190930.9	404264.0	213595.5	178392.8	4938.3

Main Financial Indicators of Construction Enterprises

(10 000 yuan)

无形及递延资产 Intangible and Deferred Assets	负债合计 Total Liabilities	流动负债 Liquid Liabilities	长期负债 Long-term Liabilities	所有者权益 Creditors	企业总收入 Total Income of Enterprises	工程结算收入 Revenue of Project Accounts	其他业务收入 Other Revenue from Business	利税总额 Total Tax Profits	利润总额 Total Profits
106773.1	**2742332.2**	**2566012.2**	**176320.0**	**1620844.2**	**4738583.1**	**4636187.4**	**102395.7**	**397875.7**	**157475.5**
106773.1	2740697.9	2564377.9	176320.0	1618714.4	4736920.5	4634540.0	102380.5	398043.6	157692.0
9440.5	682015.5	652380.9	29634.6	242257.5	935436.0	898743.1	36692.9	34866.0	−2165.7
3051.8	243952.4	222705.0	21247.4	145323.7	590463.1	572106.9	18356.2	68439.2	31621.6
314.2	21361.0	20268.5	1092.5	58560.7	93015.7	92726.6	289.1	12294.1	6494.3
48.2	17923.4	15375.3	2548.1	6544.3	6596.3	6577.0	19.3	312.4	116.1
60436.8	1150005.5	1066823.8	83181.7	612641.4	1956080.6	1927891.7	28188.9	141981.8	64089.7
10685.6	230833.7	226413.8	4419.9	76040.0	358108.1	344060.8	14047.3	52033.7	20275.8
18749.8	329847.3	296813.4	33033.9	452807.9	736458.3	731733.5	4724.8	83917.1	35658.6
4046.2	64759.1	63597.2	1161.9	24538.9	60762.4	60700.4	62.0	4199.3	1601.6
	1390.5	1390.5		1972.6	1637.3	1622.1	15.2	−115.3	−163.1
	243.8	243.8		157.2	25.3	25.3		−52.6	−53.4
97275.2	2362354.2	2211894.5	150459.7	1365289.5	4080062.9	3989550.4	90512.5	325686.3	133539.2
7095.6	269219.3	244726.3	24493.0	158878.9	533843.2	524171.0	9672.2	62096.8	19251.9
1099.2	29346.2	28069.1	1277.1	56949.0	52552.1	51150.7	1401.4	3688.3	914.6
1303.1	81412.5	81322.3	90.2	39726.8	72124.9	71315.3	809.6	6404.3	3769.8
22498.3	402163.4	373333.6	28829.8	94716.6	709413.3	685238.8	24174.5	30075.5	12197.1
84274.8	2340168.8	2192678.6	147490.2	1526127.6	4029169.8	3950948.6	78221.2	367800.2	145278.4
15908.6	408851.9	387383.8	21468.1	257020.5	624736.8	589965.7	34771.1	54391.4	24830.6
4041.4	155454.3	141215.3	14239.0	248809.7	631663.7	630596.1	1067.6	79369.7	35522.5

12-4 按行业分建筑企业主要指标

Main Indicators of Construction Enterprises by Branch

(2008)

类 别	Items	企业数（个） Number of Enterprises (unit)	年末从业人员（万人） Year-end Employment (10 000 persons)	建筑业总产值（万元） Output Value of Construction (10 000 yuan)	#建筑工程 Construction	#安装工程 Installation
总 计	**Total**	**926**	**42.03**	**4812744**	**3813570**	**855865**
按行业分	Civil Engineering					
房屋和土木工程建筑业	Housing and Civil Engineering	616	37.20	4124757	3379865	647487
房屋工程建筑	Housing Industry	439	31.34	3235709	2732248	430738
土木工程建筑	Civil Engineering	177	5.86	889047	647617	216749
铁路、道路、隧道和桥梁工程建筑	Railways,Tunnels,Highways and Bridges building	75	2.48	359380	355455	643
水利和港口工程建筑	WaterPower and Harbour building	36	1.17	128937	116616	10635
工矿工程建筑	Mining and Building Industry	23	1.09	150576	110991	34306
架线和管道工程建筑	Pipes and Lines Installation	24	0.99	244037	61891	170165
其他土木工程建筑	Other Civil Engineering	19	0.13	6117	2665	1000
建筑安装业	Building and Installing Industry	153	3.92	562476	333629	204640
建筑装饰业	Building and Decorating Industry	131	0.54	54930	37536	2647
其他建筑业	Other Building Industry	26	0.35	70582	62541	1091
工程准备	Engineering Preparing	10	0.05	8743	6305	
提供施工设备服务	Providing Service of Construction	2		207	117	
其他国列明的建筑活动	Other Unindicated Building Industry	14	0.30	61632	56119	1091

12-4 续表 continued

类 别	Items	竣工产值（万元） Output Value of Construction Completed (10 000 yuan)	房屋建筑面积（万平方米） Floor Space of Buildings (10 000 sq.m)		年末自有机械设备 Machines Owned (Year-end)	
			施工面积 Under Construction	竣工面积 Completed	总台数（万台） Number (10 000 units)	总功率（万千瓦） Capacity (10 000kw)
总 计	**Total**	**3076918**	**3791.49**	**1842.81**	**16.34**	**1150.88**
按行业分	Civil Engineering					
房屋和土木工程建筑业	Housing and Civil Engineering	2640420	3495.22	1696.49	14.42	1112.11
房屋工程建筑	Housing Industry	2168611	3419.87	1668.65	11.93	1029.55
土木工程建筑	Civil Engineering	471809	75.35	27.85	2.49	82.57
铁路、道路、隧道和桥梁工程建筑	Railways,Tunnels,Highways and Bridges building	177615	18.81	1.41	0.75	37.55
水利和港口工程建筑	WaterPower and Harbour building	64334	7.64	7.64	0.61	16.44
工矿工程建筑	Mining and Building Industry	52953	38.97	17.19	0.44	13.34
架线和管道工程建筑	Pipes and Lines Installation	172407	9.93	1.60	0.61	12.83
其他土木工程建筑	Other Civil Engineering	4500			0.08	2.41
建筑安装业	Building and Installing Industry	345811	292.11	146.31	1.37	33.34
建筑装饰业	Building and Decorating Industry	31278	0.36		0.36	4.00
其他建筑业	Other Building Industry	59410	3.80		0.19	1.43
工程准备	Engineering Preparing	2050			0.02	0.51
提供施工设备服务	Providing Service of Construction	207			0.00	0.05
其他未列明的建筑活动	Other Unindicated Building Industry	57153	3.80		0.17	0.88

12-5 建筑业材料消耗量
Consumption of Building Materials

（2008）

项目	Item	钢材（万吨）Steel (10 000 tons)	木材（万立方米）Timber (10 000 cu.m)	水泥（万吨）Cement (10 000 tons)	平板玻璃（万重量箱）Plate Glass (10000 Weight-box/year)	铝材（万吨）Aluminum (10 000 tons)
总计	**Total**	**920.82**	**106.96**	**1093.89**	**54.21**	**8.76**
按行业分	By Type of Industry					
房屋和土木工程建筑业	Housing and Civil Engineering	901.45	100.04	1040.90	50.07	7.68
房屋工程建筑	Housing Industry	870.78	85.92	935.13	49.72	7.57
土木工程建筑	Civil Engineering	30.66	14.12	105.77	0.35	0.11
铁路、道路、隧道和桥梁工程建筑	Railways,Tunnels,Highways and Bridges building	10.50	11.17	68.07	0.24	0.03
水利和港口工程建筑	WaterPower and Harbour building	4.20	1.05	11.56	0.03	0.07
工矿工程建筑	Mining and Building Industry	6.36	1.85	18.79	0.01	0.01
架线和管道工程建筑	Pipes and Lines Installation	9.57	0.03	7.02	0.02	
其他土模工程建筑	Other Civil Engineering	0.04	0.02	0.34	0.05	
建筑安装业	Building and Installing Industry	16.91	4.39	44.46	2.38	0.88
建筑装饰业	Building and Decorating Industry	0.43	2.10	1.44	1.76	0.20
其他建筑业	Other Building Industry	2.04	0.43	7.09		
工程准备	Engineering Preparing	0.33	0.03	2.02		
提供施工设备服务	Providing Servive of Construction					
其他未列明的建筑活动	Other Unindicated Building Industry	1.71	0.39	5.07		
按经济类型分	By Ownership					
内资企业	Domestic Funded Enterprises	920.64	106.94	1093.19	54.21	8.76
国有企业	State-owned Enterprises	32.43	6.94	82.63	3.21	1.23
集体企业	Collective-owned Enterprises	20.77	21.83	69.56	5.88	2.57
股份合作企业	Cooperative Enterprises	3.10	0.51	16.46	0.90	0.65
联营企业	Joint Owned Enterprises	0.35	0.09	7.30	0.01	
有限责任公司	Companies with Limited Liabilities	751.08	41.82	378.65	38.44	1.40
股份有限公司	Stock-holding Companies with Limited Liabilties	21.21	11.74	69.98	0.13	0.77
私营企业	Private Enterprises	88.53	23.25	452.38	5.62	2.14
其他企业	Others	3.17	0.76	16.23	0.03	
港、澳、台商投资企业	Enterprises with Investment from Hong Kong ,Macao Taiwan Funded	0.18	0.02	0.70		
外商投资企业	Enterprises with Investment from Foreign					

12-6 各地县建筑业企业情况

Basic Conditions of Construction Enterprises by Prefecture ,County

(2008)

地 区	Region	建筑业企业单位数（个） Number of Construction Enterprises (unit)	从业人员（人） Number of Persons Engaged (person)	建筑业总产值（万元） Gross Output Value of Construction (10 000 yuan)
兰州市	**Lanzhou**	**346**	**105932**	**1970375.6**
城关区	Chengguan	219	50580	970846.9
七里河区	Qilihe	59	26259	545953.8
西固区	Xigu	39	19340	365806.5
安宁区	Anning	11	2451	39527.9
红古区	Honggu	6	1002	14935.1
永登县	Yongdeng	5	1082	8433.4
皋兰县	Gaolan	3	1256	4570.6
榆中县	Yuzhong	4	3962	20301.4
嘉峪关市	**Jiayuguan**	**20**	**9258**	**114173.5**
金昌市	**Jinchang**	**32**	**31313**	**346373.8**
金川区	Jinchuan	18	29488	335813.1
永昌县	Yongchang	14	1825	10560.7
白银市	**Baiyin**	**57**	**27348**	**242826.6**
白银区	Baiyin	32	7961	69905.9
平川区	Pingchuan	8	6661	71246.6
靖远县	Jingyuan	4	6386	40708.0
会宁县	Huining	8	3032	22005.0
景泰县	Jingtai	5	3308	38961.1
天水市	**Tianshui**	**71**	**24250**	**246180.3**
秦州区	Qinzhou	39	13977	148084.0
麦积区	Maiji	11	2257	26675.5
清水县	Qingshui			
秦安县	Qinan	2	160	598.0
甘谷县	Gangu	11	5047	56853.4
武山县	Wushan	6	2134	11749.3
张家川县	Zhangjiachuan	2	675	2220.1
武威市	**Wuwei**	**42**	**28848**	**223381.6**
凉州区	Liangzhou	32	25398	191385.3
民勤县	Minqin	4	1075	5047.3
古浪县	Gulang	5	1915	26244.0
天祝县	Tianzhu	1	460	705.0
张掖市	**Zhangye**	**60**	**13664**	**143441.8**

12-6 续表 1 continued

地　区	Region	建筑业企业单位数（个） Number of Construction Enterprises (unit)	从业人员（人） Number of Persons Engaged (person)	建筑业总产值（万元） Gross Output Value of Construction (10 000 yuan)
甘州区	Ganzhou	37	6067	77381.9
肃南县	Sunan	1	250	2750.0
民乐县	Minle	3	1621	7822.8
临泽县	Linze	4	775	8204.3
高台县	Gaotai	10	1710	21241.1
山丹县	Shandan	5	3241	26041.7
平凉市	**Pingliang**	**38**	**30334**	**196199.2**
崆峒区	Kongtong	16	8182	52502.8
泾川县	Jingchuan	3	3977	18000.2
灵台县	Lingtai	2	2296	8312.0
崇信县	Chongxin	2	1432	4196.0
华亭县	Huating	3	1239	13102.9
庄浪县	Zhuanglang	6	3078	33746.4
静宁县	Jingning	6	10130	66338.9
酒泉市	**Jiuquan**	**48**	**19768**	**575607.1**
肃州区	Suzhou	20	9223	218505.7
金塔县	Jinta	5	3483	32080.7
瓜州县	Anxi	3	2360	65640.0
肃北县	Subei			
阿克塞县	Akesai	2	552	4800.0
玉门市	Yumen	9	3497	164978.7
敦煌市	Dunhuang	9	653	89602.0
庆阳市	**Qingyang**	**61**	**40446**	**324564.3**
西峰区	Xifeng	34	25353	182236.9
庆城县	Qingcheng	9	3969	74046.4
环　县	Huanxian	3	1525	11388.0
华池县	Huachi	5	1090	13465.1
合水县	Heshui	1	320	6029.7
正宁县	Zhengning	3	2773	10409.2
宁　县	Ningxian	4	3826	13268.0
镇原县	Zhenyuan	2	1590	13721.0
定西市	**Dingxi**	**43**	**31607**	**168432.2**
安定区	Anding	15	7118	45056.8
通渭县	Tongwei	5	4045	22470.7

12–6 续表 2 continued

地　区	Region	建筑业企业单位数（个）Number of Construction Enterprises (unit)	从业人员（人）Number of Persons Engaged (person)	建筑业总产值（万元）Gross Output Value of Construction (10 000 yuan)
陇西县	Longxi	8	6964	28001.1
渭源县	Weiyuan	2	1747	6495.5
临洮县	Lintao	10	9557	57032.9
漳　县	Zhangxian			
岷　县	Minxian	3	2176	9375.2
陇南市	**Longnan**	**48**	**15497**	**70807.2**
武都区	Wudu	28	8952	47076.8
宕昌县	Tanchang	3	953	4573.8
成　县	Chengxian	3	1228	8031.8
康　县	Kangxian	1	420	980.0
文　县	Wenxian	2	897	1352.0
西和县	Xihe	2	408	1374.6
礼　县	Lixian	1	500	339.0
两当县	Liangdang	1	500	630.0
徽县	Huixian	7	1639	6449.2
临夏州	**Linxia**	**42**	**38665**	**169698.6**
临夏市	linxia	23	14839	55372.9
临夏县	linxia	4	5930	24533.0
康乐县	Kangle	4	336	9802.9
永靖县	Yongjing	5	7393	44582.8
广河县	Guanghe	2	678	5932.5
和政县	Hezheng	1	3837	13268.9
东乡县	Dongxiang	2	5572	15310.0
积石山县	Jishishan	1	80	895.6
甘南州	**Gannan**	**18**	**3360**	**20681.9**
合作市	Hezuo	9	1028	6757.1
临潭县	Lintan	1	122	610.0
卓尼县	Zhuoni			
舟曲县	Zhouqu	1	112	201.6
迭部县	Diebu	4	1745	11823.6
玛曲县	Maqu	2	133	238.4
碌曲县	Luqu	1	220	1051.2
夏河县	Xiahe			

主要统计指标解释

建筑业统计单位 指从事房屋、构筑物建造和设备安装活动的法人企业。建筑业法人企业应具有建筑业资质并能够独立核算，同时其应具备以下条件：①依法成立，有自己的名称、组织机构和场所，能够承担民事责任；②独立拥有和使用资产，承担负债，有权与其他单位签订合同；③独立核算盈亏，能够编制资产负债表。

建筑业总产值 是以货币形式表现的建筑业企业在一定时期内生产的建筑业产品和提供的服务的总和。建筑业总产值包括：

(1) 建筑工程产值 指列入建筑工程预算内的各种工程价值。

(2) 安装工程产值 指设备安装工程价值，不包括被安装设备本身的价值。

(3) 其他产值 建筑业总产值中除建筑工程、安装工程以外的产值。包括房屋构筑物修理产值、非标准设备制造产值、总包企业向分包企业收取的管理费以及不能明确划分的施工活动所完成的产值。

建筑业增加值 指建筑业企业在报告期内以货币形式表现的建筑业生产经营活动的最终成果。

从2004年第一次全国经济普查开始，建筑业现价增加值按生产法和分配法(收入法)两种方法计算，以收入法的计算结果为准，即从收入的角度出发，根据生产要素在生产过程中应得的收入份额计算。具体计算方法：经济普查年度建筑业增加值按照《经济普查年度GDP核算方案》计算，非经济普查年度建筑业增加值按照《非经济普查年度GDP核算方案》计算。

房屋建筑施工面积 指在报告期内施过工的全部房屋建筑面积，包括本期新开工的房屋面积、上期施工跨入本期继续施工的房屋面积、上期停缓建在本期恢复施工的房屋面积、本期竣工的房屋面积及本期施工后又停缓建的房屋面积。

房屋建筑竣工面积 指在报告期内房屋建筑按照设计要求全部完工，达到了使用条件，经验收鉴定合格，正式移交使用单位的房屋建筑面积。

年末自有机械设备净值 指本企业自有机械设备经过使用、磨损后实际存在的价值，即原值减去累计折旧后的净额。

年末自有机械设备总台数 指年末本企业（或单位）自有的直接用于工程施工的各种机械设备的台数。不包括附属辅助生产机械设备、运输机械设备、生产试验机械设备的台数。

年末自有机械设备总功率 指年末本企业（或单位）自有的直接用于工程施工的各种机械设备年末总功率、按设定能力或查定能力计算。包括施工机械本身的动力和为该机械服务的单独动力设备，如电动机等。但不包括附属辅助生产机械设备、运输机械设备、生产试验机械设备的功率。计量单位用千瓦，动力换算可按1马力=0.735千瓦折合成千瓦数。电焊机、变压器、锅炉不计算动力。

工程结算收入 指企业经营主要业务所取得的收入总额，这里指建筑企业承包工程实现的工程价款结算收入以及向发包单位收取的除工程价款以外按规定列作营业收入的各种款项，如临时设施费、劳动保险费，施工机构调迁费等，以及向发包单位收取的各种索赔款。

工程结算成本 指企业从事主要业务活动而发生的成本，这里指建筑企业在报告期内与发包单位办理工程价款结算的已完成工程实际成本。

工程结算税金及附加 指企业因销售产品或提供劳务等主要业务活动而取得的收入，按税法献定交纳营业税、消费税、资源税、城市维护建设税等以及随同营业税金一并计算交纳的教育费附加等。这里指建筑企业因从事建筑业生产活动，取得工程价款结算收入而按规定应该交纳的各项税金及附加等。

工程结算利润 指企业从事主要业务活动取得的利润，这里指建筑企业从事建筑业生产活动取得的利润。

交通运输邮电通信业 13

TRANSPORTATION POST AND TELECOMMUNICATION

简要说明

一、本篇资料主要内容

本篇反映甘肃省交通运输业，邮政、通信业发展的基本状况。

交通运输业资料包括：四种运输方式的线路里程及完成的货物运输量和旅客运输量、周转量。

邮政、电信业资料主要包括：邮政局（所）及邮路情况，邮电通信主要电路及设备拥有量，主要的邮电业务完成情况及邮电通信发展水平资料。

二、本篇资料来源

本篇资料由省统计局工业交通处搜集、加工整理。

1.交通运输资料分别由兰州铁路局、省交通厅、东航甘肃分公司、省公安厅交警大队车管部门提供。

2.邮政、电信业资料由省邮政公司、省通信管理局提供。

13-1 交通运输业基本情况
Basic Conditions of Transportation

指　　标	Item	2000	2005	2007	2008
运输线路长度（公里）	**Length of Transportation Routes (km)**	**44778**	**47297**	**105834**	**110860**
铁路营业里程	Length of Railways in Operation	1962	2013	2148	2149
电气化里程	Electrified Railways	1766	1754	2208	2213
公　路	Highways	39344	41330	100612	105638
民　航	Total Civil Aviation Routes	2166	2200	2200	2200
客运量总计（万人）	**Total Passenger Traffic (10 000 persons)**	**12907**	**17803**	**20435**	**46002**
铁　路	Railways	1039	1230	1566	1844
公　路	Highways	11600	16247	18510	43962
民用航空	Civil Aviation	76	85	113	103
旅客周转量总计（万人公里）	**Total Passenger-Kilometers (10 000 passenger km)**	**2061583**	**2883045**	**3489326**	**4413419**
铁　路	Railways	1245700	1726990	2135378	2322174
公　路	Highways	706300	1048886	1209272	1967056
民用航空	Civil Aviation	107868	104980	142336	122109
货运量总计（万吨）	**Total Freight Traffic (10 000 tons)**	**22722**	**25843**	**29505**	**22742**
铁　路	Railways	2885	3274	4126	4512
公　路	Highways	19800	22520	25325	18201
民用航空	Civil Aviation	1.09	1.08	1.33	1.44
货物周转量总计（万吨公里）	**Total Freight Ton-kilometers (10 000 tons km)**	**5414243**	**8550947**	**10248126**	**14546351**
铁　路	Railways	4318100	7175573	8680625	9795759
公　路	Highways	1093800	1373122	1564847	4748432
民用航空	Civil Aviation	1798	1532	1896	2130
民用汽车拥有量（万辆）	**Number of Civil Motor Vehicles Owned (10 000 units)**	**22.20**	**45.77**	**53.23**	**62.44**
#载客汽车辆数	Number of Buses and Cars	11.17	19.31	27.18	32.89
载货汽车辆数	Number of Trucks	10.62	13.62	14.71	13.36
#普通载货汽车	Ordinary Trucks	10.40	10.77	11.22	12.16
#公路部门营运汽车	Number of Motor Vehicles Owned by Highway Departments	9.89	12.95	13.54	14.53
#私人汽车拥有量	Number of Motor Vehicles Owned by Individuals	8.13	24.73	28.75	35.94

注：1.2008年公路客、货运输数据为交通部专项调查数据（包括出租车和公交车）。2.私人汽车拥有量中含三轮汽车和低速货车。

a)Data of transport of both travelers and goods in 2008 are from ad hoc survey by Ministry of Communications, including taxicab and bus.
b) Possession of Private Vehicles includes tricar and low speed freight car.

13-2 运输线路长度
Length of Transportation Routes

单位：公里 (km)

年份 Year	铁路营业里程 Length of Railways in Operation	#电气化里程 Electrified Railways	公路 Length of Highways	等级路 Expressway and Class I to IV Highway	等外路 Highway Below Class IV	民航 Length of Civil Aviation Routes
1995	1884	1093	35194	24503	10691	2166
1996	1966	1265	35338	24777	10561	2166
1997	1966	1485	35594	25112	10482	2166
1998	1966	1485	35865	25518	10347	2166
1999	1966	1766	36212	26088	10124	2166
2000	1962	1766	39344	29393	9951	2166
2001	1962	1766	39844	30283	9561	2166
2002	1961	1766	40223	30806	9417	2166
2003	1962	1766	40293	30947	9346	2198
2004	1938	1748	40751	31614	9137	2200
2005	2013	1754	41330	32792	8538	2200
2006	1987	2208	95642	42866	52776	2200
2007	2148	2208	100612	50662	49950	2200
2008	2149	2213	105638	58381	47257	2200

注：自1995年起电气化里程为兰州铁路局全路局数。2007年起铁路营业里程中包括敦煌铁路161.48公里。

a)Since 1995, Data in Electrified Railways from the Lanzhou Railway Bureau. Since 2007, Data in Length of Railways in Operation included 161.48 km of the Dunhuang Railway.

13-3 运输线路质量
Quality of Transportation Routes

指标	Item	2000	2005	2007	2008
铁路营业里程（公里）	Length of Railways in Operation (km)	1961.80	2013.00	2147.98	2149.00
# 复线里程	Double-Tracking Length	755.30	1326.30	1304.80	1430.39
# 自动闭塞里程	Automatic Blocking Length	905.10	1290.20		
公路线路里程（公里）	Length of Highways (km)	39344	41330	100612	105638

13-4 货运量和货运周转量

Freight Traffic & Freight Ton-Kilometers

年份 Year	货运量合计（万吨） Total (10 000 tons)	铁路 Railways	公路 Highways	民航 Civil Aviation	货运周转量合计（万吨公里） Total (10 000 tons-km)	铁路 Railways	公路 Highways	民航 Civil Aviation
1978	4422.65	2216	2206	0.65	1755838	1639720	115549	569
1979	4196.80	2112	2084	0.80	1748310	1637919	109522	809
1980	3801.90	2059	1742	0.90	1670043	1581640	87594	809
1981	3184.47	1867	1317	0.47	1471411	1401651	69182	578
1982	3388.16	1904	1484	0.16	1629900	1546783	82556	561
1983	3454.08	2051	1403	0.08	1844799	1756788	87535	476
1984	3883.11	2192	1691	0.11	2067094	1965203	100862	1029
1985	10112.12	2414	7698	0.12	2549908	2198316	350133	1459
1986	10448.19	2384	8064	0.19	2690694	2321373	369231	90
1987	14543.28	2373	12170	0.28	2956050	2467467	488295	288
1988	14585.28	2361	12224	0.28	3307597	2671064	636195	338
1989	14317.26	2397	11920	0.26	3364697	2822220	542184	293
1990	16614.28	2386	14228	0.28	3430561	2867147	563117	297
1991	14726.32	2426	12300	0.32	3642872	3033640	608898	334
1992	17144.30	2501	14643	0.30	3913987	3127573	786101	313
1993	19193.30	2571	16622	0.30	3991162	3180172	810653	337
1994	19921.35	2571	17350	0.35	4166823	3320168	846225	430
1995	20275.00	2555	17719	1.00	4329026	3442644	885896	486
1996	20813.00	2602	18210	1.00	4355906	3427759	927744	403
1997	21236.30	2628	18608	0.30	4481783	3510000	970783	1000
1998	21613.99	2546	19035	0.39	4544182	3532400	1010587	700
1999	22059.97	2691	19333	0.47	4944052	3902035	1040687	800
2000	22722.09	2885	19800	1.09	5414243	4318100	1093800	1798
2001	23207.70	2991	20179	0.90	5731518	4589095	1140253	1615
2002	23540.99	3092	20408	0.99	5914802	4727078	1185412	1707
2003	23915.26	3158	20713	1.26	6329270	5089413	1237113	2089
2004	24776.26	3270	21460	1.26	7463255	6160593	1300096	1883
2005	25843.07	3274	22520	1.08	8550947	7175573	1373122	1532
2006	27512.32	3633	23826	1.32	9236681	7768408	1464606	1598
2007	29505.33	4126	25325	1.33	10248126	8680625	1564847	1896
2008	22742.44	4512	18201	1.44	14546351	9795759	4748432	2130

13-5 客运量和客运周转量

Passenger Traffic & Passenger-Kilometers

年 份 Year	客运量合计（万人） Total (10 000 persons)	铁 路 Railways	公 路 Highways	民 航 Civil Aviation	客运周转量合计（万人公里） Total (10 000 persons-km)	铁 路 Railways	公 路 Highways	民 航 Civil Aviation
1978	3038	686	2324	28	517244	394470	101700	21074
1979	3374	772	2567	34	604842	459070	116453	29319
1980	3865	789	3038	38	615282	462433	137295	15554
1981	3882	751	3123	8	630667	456567	156107	17993
1982	4387	883	3494	10	671083	491181	170374	9528
1983	4871	893	3974	4	747147	551551	192306	3290
1984	5526	1026	4496	4	846471	622656	220324	3491
1985	6355	1094	5256	5	1026714	758260	264594	3857
1986	7053	1131	5910	12	1135579	817713	310882	6984
1987	8010	1173	6819	18	1227471	837559	369660	20252
1988	9550	1244	8286	20	1355410	937992	391904	25514
1989	10101	1083	9001	17	1324260	877921	426463	19876
1990	8712	860	7832	20	1170899	727603	420304	22992
1991	8845	850	7970	25	1270144	799460	442582	28103
1992	9108	874	8208	26	1305117	835667	440311	29139
1993	9580	883	8668	29	1407127	914261	458720	34146
1994	10148	926	9186	36	1506567	978776	485571	42220
1995	10547	942	9563	42	1506159	951327	504754	50078
1996	10748	841	9872	35	1524313	936886	543747	43680
1997	11234	884	10319	31	1609997	970000	575997	64000
1998	11881	886	10796	31	1761177	1079200	617471	63000
1999	12361	923	11223	35	1818744	1093499	659525	64100
2000	12907	1039	11600	76	2061583	1245700	706300	107868
2001	13921	1080	12560	70	2268380	1390319	777658	98504
2002	14750	1038	13420	72	2327182	1387254	840621	97294
2003	15004	948	13732	84	2307861	1327067	871629	106963
2004	16519	1125	15050	109	2683583	1577558	963182	140701
2005	17803	1230	16247	85	2883045	1726990	1048886	104980
2006	19066	1402	17319	100	3199586	1952819	1130009	114463
2007	20435	1566	18510	113	3489326	2135378	1209272	142336
2008	46002	1844	43962	103	4413419	2322174	1967056	122109

13-6 邮电通信行业基本情况

Basic Conditions of Post and Telecommunication Services

指　标	Item	2000	2005	2007	2008
局所及通信网络	**Offices and Network**				
邮政局所（处）	Number of Post Offices (unit)	1290	1280	1310	1269
邮路总长度（公里）	Length of Postal Routes (km)			75686	76826
#汽车邮路总长度	Length of Postal Routes and Rural			21130	33201
铁路邮路总长度	Delivery Routes	6612	5312	5270	5171
农村投递线路总长度（公里）	Rural Delivery Routes (km)	105856	104848	104906	109679
长途电话业务电路（2M）	Long-distance Call Lines (line)		15388	49595	50700
数据通信网长途电路（2M）	Long-distance Lines of Data Traffic Network (line)		7501	105694	42937
邮电业务总量（万元）	Business Volume of Post and Telecommunications Service (10 000 yuan)	421000	1359246	2192824	2798088
邮政业务总量	Business Volume of Post		70225	77052	79622
电信业务总量	Business Volume of Telecommunication Services		1289021	2115772	2718499
函件（万件）	Number of Letters (10 000 pcs)	9919	5071	3490	3769
包裹（万件）	Number of Parcels (10 000 pcs)	130	111	103	96
特快专递（万件）	Pieces of Express Mail Services (10 000 pcs)	101	227	226	301
报刊期发数（万份）	Newspapers and Magazines Circulation (10 000 copies)	679	175	189	303
集邮业务（万枚）	Philately (10 000 units)	10767	1700	1427	1800
长途电话（万次）	Number of Long-distance Calls (10 000 times)		66919	106530	108929
移动电话用户期末数（万户）	Number of Mobile Telephones Subscribers at Year-end (10 000 subscribers)		408.44	686.40	896.48
本地电话用户（万户）	Local Telephone Subscribers of at Year-end (10 000 subscribers)	180.1652	548.04	585.46	519.19
#城　市	Number of Urban Telephone Subscribers	137.97	395.29	394.41	334.67
住宅电话用户（万户）	Residential Telephone Subscribers (10 000 subscribers)	143.11	388.67	314.93	380.86
#城　市	Number of Urban Telephone Subscribers	108.46	252.76	252.36	213.93
公用电话（万户）	Public Telephone (10 000 Subscribers)	4.90	60.88	67.97	56.93
国际互联网用户（万户）	Number of Subscribers of Internet Service (10 000 Subscribers)		56.54	77.77	68.04
电信主要通信能力	**Major Capacity of Telecommunication Services**				
长途电话交换机容量（路端）	Capacity of Long-distance Call Exchanges (unit)		166938	229895	230757
局用电话交换机容量（万门）	Capacity of Office Telephone Exchanges (10 000 units)		712	814	426
移动电话交换机容量（万户）	Capacity of Mobile Telephone Exchanges (10 000 subscribers)		433	1071	1539
长途光缆线路长度（公里）	Length of Optical Cable Lines (km)		19729	27122	27772

13-7 邮电业务量
Telecommunications Services

年 份 Year	邮电业务总量（万元） Business Volume of Post and Telecommunication (10 000 yuan)	函件（万件） Number of Letters (10 000 pcs)	特快专递（万件） Pieces of Express Mail Services (10 000 pcs)	报刊期发数（万份） Number of Newspapers and Magazines (10 000 copies)	集邮业务（万枚） Philately (10 000 copies)	长途电话（万次） Number of Long-distance Calls (10 000 times)
1995	70773	9104	29	496	4161	8736
1996	101699	9716	48	474	4897	11524
1997	141615	8969	61	500	7942	14490
1998	203094	8245	72	502	10997	16850
1999	273767	7817	79	656	11150	20788
2000	421000	9919	101	679	10767	22671
2001	468927	10032	104	672	8110	27562
2002	603679	12215	128	421	4276	47792
2003	760655	10483	196	469	2876	51571
2004	1079503	5645	213	353	2495	57148
2005	1359246	5071	227	175	1700	66919
2006	1674725	4019	233	200	1400	51700
2007	2192824	3490	226	189	1427	106530
2008	2798088	3769	301	303	1800	108929

13-7 续表 continued

年 份 Year	本地电话年末用户（户） Local Telephone Subscribers at Year-end (Subscriber)	城 市 Number of Urban Telephone Subscribers	#住 宅 Residential Telephone Subscribers	乡 村 Rural Telephone Subscribers	#住 宅 Residential Telephone Subscribers	公用电话（户） Public Telephone (Subscriber)
1995	433220	402583	267260	30637	11428	4995
1996	576450	535232	377493	41218	21960	9453
1997	734907	672876	494494	62031	32289	16809
1998	952254	854756	703621	97498	66674	25190
1999	1181494	1002645	747372	178849	131328	35191
2000	1801652	1379679	1084635	421973	346499	48971
2001	2504332	1832282	1358956	672050	570326	53518
2002	3219924	2333960	1816255	885964	802411	67505
2003	4023000	2873000	1254421	1150000	1015437	376085
2004	4772531	3445689	2320587	1326842	1181692	564617
2005	5480404	3952917	2527573	1527487	1359097	711751
2006	6074903	4321131	2808921	1753772	1564753	672376
2007	5854600	3944100	2523600	1910500	625700	679700
2008	5191900	3346700	2139300	1843600	1669300	569287

13-8 邮电局所数及邮递线路、邮电通信电路

Postal and Telecommunications Services Facilities

年份 Year	邮电局所（处） Number of Post and Telecommunication Offices (unit)	邮路及农村投递线路总长度（公里） Length of Postal Routes (km)	农村投递线路（公里） Rural Delivery Routes (km)	长话业务电路（路） Number of Long-distance Calls (line)	长途光缆线路长度（公里） Length of Long Distance Optical Cable Lines(km)
1995	1217	164629	106265	12174	2462
1996	1254	179278	106321	15253	4909
1997	1286	179241	106397	15596	6524
1998	1526	167616	105925	30742	8336
1999	1278	143249	105794	28147	8410
2000	1290	180748	105856	28650	10140
2001	1293	181034	106216	55712	12474
2002	1289	174706	105985	108971	18061
2003	1279	174599	106200	135051	20703
2004	1281	175896	106089	254790	21873
2005	1280	179404	104848	440670	19729
2006	1286	179089	104393	637300	23091
2007	1310	180592	104906	1588192	27122
2008	1269	186505	109679	3042030	27772

13-9 邮电通信水平

Level of Postal and Telecommunication Services

指标	Item	2000	2005	2007	2008
平均每人每年发函件数（件）	Annual Average Number of Letters Mailed per Capita (copy)	3.74	2.00	1.34	1.40
平均每百人每年订报刊数（份）	Annual Average Number of Newspaper and Magazine Subscribed per 100 Persons (copy)	10.70	7.00	7.23	11.50
固定电话普及率（部／百人）	Popularization Rate of Fixed Telephone (set/100 persons)		21.12	22.37	19.80
移动电话普及率（部／百人）	Popularization Rate of mobile Telephone (set/100 persons)		15.74	26.23	34.21
城市固定电话普及率（部／百人）	Popularization Rate of Urban Fixed Telephone (set/100 persons)		50.75	47.70	39.61
农村邮电通信水平	Rural Level				
设有邮电局、所的乡（镇）比重(%)	Percentage of Townships with Post and Telecommunication Offices (%)	83.12	68.70	70.35	71.00
通电话的乡（镇）比重(%)	Percentage of Townships with Telephone Communication (%)	99.23	100.00	100.00	100.00
进入长话自动网的乡（镇）比重(%)	Percentage of Townships with Connected Autoexchange Net of Long Distance Call (%)	99.23	100.00	100.00	100.00

主要统计指标解释

铁路营业里程 又称营业长度(包括正式营业和临时营业里程)，指办理客货运输业务的铁路正线总长度。凡是全线或部分建成双线及以上的线路，以第一线的实际长度计算；复线、站线、段管线、岔线和特殊用途线以及不计算运费的联络线都不计算营业里程。该指标可以反映铁路运输业基础设施的发展水平，也是计算客货周转量、运输密度和机车车辆运用效率等指标的基础资料。

铁路电气化里程 指在全部铁路营业里程中已安装了供电线路及设备，可以供电力机车牵引列车运行的区段的总里程。

铁路自动、半自动闭塞里程 指装有列车自动或人工完成闭塞状态的铁路设备里程。为保证列车安全运行，在一个区间、同一时间内，一般只允许一列列车运行，这种保证列车在这个区间安全间隔运行的技术方法称为“闭塞”。自动或半自动闭塞里程占铁路营业里程的比重是反映铁路现代化的重要标志之一。

公路里程 指在一定时期内实际达到《公路工程[WTBZ]技术标准 JTJ01-88》规定的等级公路，并经公路主管部门正式验收交付使用的公路里程数。包括大中城市的郊区公路以及通过小城镇街道部分的公路里程和桥梁、渡口的长度，不包括大中城市的街道、厂矿、林区生产用道和农业生产用道的里程。两条或多条公路共同经由同一路段，只计算一次，不得重复计算里程长度。该指标可以反映公路建设的发展规模，也是计算运输网密度等指标的基础资料。

货(客)运量 指在一定时期内，各种运输工具实际运送的货物(旅客)数量。该指标是反映运输业为国民经济和人民生活服务的数量指标，也是制定和检查运输生产计划、研究运输发展规模和速度的重要指标。货运按吨计算，客运按人计算。货物不论运输距离长短、货物类别，均按实际重量统计。旅客不论行程远近或票价多少，均按一人一次客运量统计；半价票、小孩票也按一人统计。

货物(旅客)周转量 指在一定时期内，由各种运输工具运送的货物(旅客)数量与其相应运输距离的乘积之总和。该指标可以反映运输业生产的总成果，也是编制和检查运输生产计划，计算运输效率、劳动生产率以及核算运输单位成本的主要基础资料。计算货物周转量通常按发出站与到达站之间的最短距离，也就是计费距离计算。计算公式为：

货物（旅客）周转量=∑（货物（旅客）运输量×运输距离）

民用汽车拥有量 指报告期末，在公安交通管理部门按照《机动车注册登记工作规范》，已注册登记领有民用车辆牌照的全部汽车数量。汽车拥有量统计的主要分类：根据汽车结构分为载客汽车、载货汽车及其他汽车；根据汽车所有者不同分为个人(私人)汽车、单位汽车；根据汽车的使用性质分为营运汽车、非营运汽车；根据汽车大小规格不同载客汽车分为大型、中型、小型和微型，载货汽车分为重型、中型、轻型和微型。

邮电业务总量 指以价值量形式表现的邮电通信企业为社会提供各类邮电通信服务的总数量。邮电业务量按专业分类包括函件、包件、汇票、报刊发行、邮政快件、特快专递、邮政储蓄、集邮、传真、长途电话、出租电路、移动电话、分组交换数据通信、出租代维等。计算方法为各类产品乘以相应的平均单价(不变价)之和，再加上出租电路和设备、代用户维护电话交换机和线路等的服务收入。该指标综合反映了一定时期邮电业务发展的总成果，是研究邮电业务量构成和发展趋势的重要指标。计算公式为：

邮电业务总量=∑（各类邮电业务量×不变单价）
+出租代维及其他业务收入
=邮政业务总量+电信业务总量

长途电话交换机容量 指用于接入长途电话网的电话交换机的设备额定容量，包括国际电话交换机容量。

局用交换机容量 指安装在电信运营企业内用于接续本地固定电话的电话交换机容量，包括现用和备用的人工或自动交换机的全部容量。不包括用户交换机容量。

移动电话交换机容量 指移动电话交换机根据一定话务模型和交换机处理能力计算出来的最大同时服务用户的数量。

批发零售贸易业及餐饮业 14

WHOLESALE AND RETAIL SALE CATERING TRADES

简要说明

一、本篇资料主要内容

本篇资料主要包括社会消费品零售总额；限额以上批发和零售业商品流转情况；限额以上批发和零售业及限额以上餐饮业分行业财务主要指标等。

二、本篇资料来源

本篇资料由甘肃省统计局贸易外经处加工整理。

14-1 社会消费品零售总额（按所在地分）

Total Retail Sale of Consumer Goods by Location of Retailers

年 份 Year	社会消费品零售总额（万元） Total Retail Sales of Consumer Goods (10 000 yuan)	市 City	县 County	县以下 Under County Level	构成（%）Composition (%) 总额=100 Total=100 市 City	县 County	县以下 Under County Level
1978	207222	68860	71222	67140	33.23	34.37	32.40
1979	226592	75568	78174	72849	33.35	34.50	32.15
1980	264779	90422	86159	88198	34.15	32.54	33.31
1981	291566	103244	94613	93709	35.41	32.45	32.14
1982	311925	110047	101469	100409	35.28	32.53	32.19
1983	344704	132642	100929	111133	38.48	29.28	32.24
1984	402855	159450	124039	119366	39.58	30.79	29.63
1985	518104	252990	106937	158177	48.83	20.64	30.53
1986	619019	354884	126651	137484	57.33	20.46	22.21
1987	721103	421917	138163	161022	58.51	19.16	22.33
1988	927708	558573	179419	189716	60.21	19.34	20.45
1989	1006533	622138	187114	197280	61.81	18.59	19.60
1990	961640	576311	192713	192616	59.93	20.04	20.03
1991	1061667	645918	199381	216368	60.84	18.78	20.38
1992	1282631	798951	233439	250241	62.29	18.20	19.51
1993	1634338	1104812	304967	224558	67.60	18.66	13.74
1994	1964475	1221707	345355	397413	62.19	17.58	20.23
1995	2406481	1475414	450975	480093	61.31	18.74	19.95
1996	2716917	1700518	448020	568379	62.59	16.49	20.92
1997	2915252	1853517	497634	564101	63.58	17.07	19.35
1998	3177625	2016203	526215	635207	63.45	16.56	19.99
1999	3469967	2219044	557277	693646	63.95	16.06	19.99
2000	3796143	2448892	602448	744803	64.51	15.87	19.62
2001	4137796	2677154	657082	803560	64.70	15.88	19.42
2002	4535024	2940963	722429	871632	64.85	15.93	19.22
2003	4965852	3221845	798012	945995	64.88	16.07	19.05
2004	5606447	3657085	888061	1061300	65.23	15.84	18.93
2005	6327997	4071433	1009316	1247248	64.34	15.95	19.71
2006	7174744	4625253	1144625	1404866	64.47	15.95	19.58
2007	8333238	5390527	1325111	1617600	64.69	15.90	19.41
2008	9901389	6388689	1585631	1927069	64.52	16.01	19.46

14-1 续表 continued

年 份 Year	分行业社会消费品零售总额（万元） By Sector (10 000yuan)			构 成（%） Composition (%) 总 额=100 Total=100		
	批零贸易业 Wholesale and Retail Sale Trade	餐 饮 业 Catering Trade	其他行业 Others	批零贸易业 Wholesale and Retail Sale Trade	餐 饮 业 Catering Trade	其他行业 Others
1978	155189	12848	39185	74.89	6.20	18.91
1979	169694	14049	42849	74.89	6.20	18.91
1980	198293	16416	50070	74.89	6.20	18.91
1981	218354	18077	55135	74.89	6.20	18.91
1982	233601	19339	58985	74.89	6.20	18.91
1983	258149	21372	65183	74.89	6.20	18.91
1984	301698	24977	76180	74.89	6.20	18.91
1985	390702	31449	95953	75.41	6.07	18.52
1986	463583	38379	117057	74.89	6.20	18.91
1987	540034	44708	136361	74.89	6.20	18.91
1988	694761	57518	175429	74.89	6.20	18.91
1989	753793	62405	190335	74.89	6.20	18.91
1990	720232	59668	181740	74.90	6.20	18.90
1991	795148	65874	200645	74.90	6.20	18.90
1992	960639	79585	242407	74.90	6.20	18.90
1993	1233090	108365	292883	75.45	6.63	17.92
1994	1368980	185094	410401	69.69	9.42	20.89
1995	1614693	227004	564784	67.10	9.43	23.47
1996	1790886	288744	637287	65.92	10.63	23.46
1997	1815065	318609	781577	62.26	10.93	26.81
1998	1967268	371782	838575	61.91	11.70	26.39
1999	2133353	435523	901091	61.48	12.55	25.97
2000	2461947	487984	846211	64.85	12.85	22.29
2001	2710190	542854	884753	65.50	13.12	21.38
2002	3019494	611360	904170	66.58	13.48	19.94
2003	4062509	699780	203563	81.81	14.09	4.10
2004	4557794	829405	219248	81.30	14.79	3.91
2005	5116818	997292	213886	80.86	15.76	3.38
2006	5790459	1160446	223839	80.71	16.17	3.12
2007	6719425	1367327	246486	80.63	16.41	2.96
2008	8046237	1637925	217227	81.26	16.54	2.19

注：从2003年起，国家统计局对行业划分进行了重新调整，故与历年没有可比性，1993年起为经普调整数。

a)The standard of dividing sector has been adjusted by NBS from 2003,Its core is different from that of the past,Data from the beginning of 1993 get from the economic Census.

14-2 限额以上批发零售贸易业商品购进、销售、库存总额

Total Purchases, Sales and Inventory of Enterprise above Designated Size in Wholesale and Retail Trade by Sector

单位：万元 (2008) (10 000 yuan)

项目	Item	法人企业数（个）Number of Corporation(unit)	活动单位数（个）Number of Basic Units Engaged (unit)	购进总额 Total Purchases	#进口 Imports
批发、零售贸易企业总计	**Wholesale and Retail Sale Trade**	**515**	**1654**	**14286023**	**9300**
#国有及国有控股	State-owned or Controlling Share Hold Industry				
批发业	**Wholesale**	**256**	**260**	**13002618**	**9277**
按登记注册类型分	Grouped by Type of Enter-prises Registered				
内资企业	Domestic-Funded Enterprises	253	260	12986999	9277
国有企业	State-owned Enterprises	47	142	2366544	283
集体企业	Collective-owned Enterprises	6	3	94144	
股份合作企业	Cooperative Enterprises	4		17291	
联营企业	Joint Ownership Enterprises				
有限责任公司	Limited Liability Corporations	91	42	2336756	
股份有限公司	Share-holding Corporations Ltd.	25	48	6989232	8490
私营企业	Private Enterprises	79	25	1177142	504
其他企业	Other Enterprises	1		5889	
港、澳、台商投资企业	Enterprises With Investment from Hong Kong, Macao and Taiwan	1		4086	
外商投资企业	Enterprises With Foreign Investment	2		11534	
按国民经济行业分	By Sector				
农畜产品批发业	Agricultural and Animal Products	22	52	123332	
食品、饮料及烟草制品批发业	Wholesale of Food, Beverages and Tobaccos	35	59	654617	283
#米、面制品及食用油批发业	Rice,Flour and Cooking Oil	4	2	17619	
烟草制品批发业	Whole of Tobaccos	18	42	564585	283
纺织、服装及日用品批发业	Wholesale of Textiles, Garments, Shoes and Hats	6	0	42786	
文化、体育用品及器材批发业	Products and Equipment of Cultrue or Sports	1	0	40861	
医药及医疗器材批发业	Wholesale of Medicines and Medical Appliances	21	7	204970	
矿产品、建材及化工产品批发业	Mineral,Construction Material,Chomical Products	122	131	11054901	8994
#煤炭及制品批发业	Wholesale of Coal and Related Products	9	1	81265	
石油及制品批发业	Wholesale of Petroleum and Related Products	28	67	8382912	
金属及金属矿批发业	Metal Products and Metal Minerals	51	9	2004618	504
建材批发业	Wholesale of Building Materials	8	3	65170	
化肥批发业	Wholesale of Chemical Fertilizer	11	47	117587	
机械设备、五金交电及电子产品批发业	Machinery,Hardware,Electrical Appliance and Electronic Product	43	10	855646	
#汽车、摩托车及零配件批发业	Wholesale of Motor Vehicles, Motorcycles and Parts	15	5	181592	
家用电器批发业	Household Electrical Equipment	2		492922	
计算机、软件及辅助设备批发业	Computers,Softwares and Accessorial	9	2	45993	
贸易经纪与代理	Trade and Deputy	1		6979	
其他批发业	Other Wholesale	5	1	18527	

14-2 续表1 continued

单位：万元　(10 000 yuan)

项　目	Item	法人企业数（个）Number of Corporation(unit)	活动单位数（个）Number of Basic Units Engaged (unit)	购进总额 Total Purchases	#进口 Imports
零售业	**Wholesale and Retail Sale Trade**	**259**	**1394**	**1283404**	**23**
按登记注册类型分	Grouped by Statue of Registration				
内资企业	Domestic-funded Enterprises	258	1393	1280383	23
国有企业	State-owned Enterprises	65	519	92187	
集体企业	Collective-owned Enterprises	9	53	13998	
股份合作企业	Cooperative Enterprises	5	4	4958	
联营企业	Joint Ownership Enterprises		4		
有限责任公司	Limited Liability Corporations	76	321	367403	
股份有限公司	Share-holding Corporations Ltd.	11	260	379644	
私营企业	Private Enterprises	86	213	356912	23
其他企业	Other Enterprises	6	19	65280	
港、澳、台商投资企业	Enterprises With Investment from Hong Kong,Macao and Taiwan				
外商投资企业	Enterprises With Foreign Investment	1	1	3021	
综合零售业	Total retail	55	197	269301	23
#百货零售业	Retail of Consumer Goods	35	81	208641	23
超级市场零售业	Retail Sale of supermarket	19	110	59585	
食品、饮料及烟草制品专门零售业	Retail of Food, Beverages and Tobaccos	21	176	55456	
纺织、服装及日用品专门零售业	Retail of Textiles, Garments, Shoes and Hats	3	15	5202	
文化、体育用品及器材专门零售业	Culture and Sports Articles and Equipments	51	94	61336	
医药及医疗器材专门零售业	Retail of Medicines and Medical Appliances	12	263	27777	
汽车、摩托车、燃料及零配件专门零售业	Automobile,Motorcycle,Elding and Spares or Fittings	77	613	740079	
家用电器及电子产品专门零售业	Household Appliances and Electronic Product	32	20	113146	
五金、家具及室内装修材料专门零售业	Hardware,Electrial Appliance Furniture	4	10	5022	
无店铺及其他零售业	No Shop of Area of Business and Others	4	6	6085	

14–2 续表 2 continued

单位：万元　　(10 000 yuan)

项　　目	Item	销售总额 Total Sales	批发 Wholesale Trade	#出口 Exports	零售 Retail Trade	年末库存总额 Inventory (year-end)
批发、零售贸易企业总计	**Wholesale and Retail Sale Trade**	**15259939**	**12693668**	**83793**	**2566271**	**1418841**
# 国有及国有控股	State-owned or Controlling Share Hold Industry					
批发业	**Wholesale**	**13645428**	**12565730**	**83793**	**1079698**	**1243388**
按登记注册类型分	Grouped by Type of Enter-prises Registered					
内资企业	Domestic-Funded Enterprises	13628189	12548491	78847	1079698	1241038
国有企业	State-owned Enterprises	2654222	2169276	6103	484946	258337
集体企业	Collective-owned Enterprises	97310	97310			10355
股份合作企业	Cooperative Enterprises	34694	34694	11162		6267
联营企业	Joint Ownership Enterprises					
有限责任公司	Limited Liability Corporations	2407956	2373686	52296	34270	190181
股份有限公司	Share-holding Corporations Ltd.	7195329	6653303	956	542026	691480
私营企业	Private Enterprises	1233371	1216916	8330	16455	83832
其他企业	Other Enterprises	5305	3305		2000	584
港、澳、台商投资企业	Enterprises With Investment from Hong Kong, Macao and Taiwan	4997	4997	4945		302
外商投资企业	Enterprises With Foreign Investment	12240	12240			2048
按国民经济行业分	By Sector					
农畜产品批发业	Agricultural and Animal Products	123043	118597	9418	4446	56406
食品、饮料及烟草制品批发业	Wholesale of Food, Beverages and Tobaccos	886054	872661	11162	13393	68076
# 米、面制品及食用油批发业	Rice,Flour and Cooking Oil	16997	16997			6966
烟草制品批发业	Whole of Tobaccos	774338	763848		10490	49306
纺织、服装及日用品批发业	Wholesale of Textiles, Garments, Shoes and Hats	44654	41452	5740	3202	5446
文化、体育用品及器材批发业	Products and Equipment of Cultrue or Sports	36340	36340			11029
医药及医疗器材批发业	Wholesale of Medicines and Medical Appliances	213002	212636		366	16761
矿产品、建材及化工产品批发业	Mineral,Construction Material,Chomical Products	11423028	10404530	26511	1018498	967949
# 煤炭及制品批发业	Wholesale of Coal and Related Products	82406	80126		2281	3855
石油及制品批发业	Wholesale of Petroleum and Related Products	8676131	7660059		1016072	839429
金属及金属矿批发业	Metal Products and Metal Minerals	2067857	2067857	5955		77178
建材批发业	Wholesale of Building Materials	64988	64988			5145
化肥批发业	Chemical Fertilizer	114758	114613		145	32461
机械设备、五金交电及电子产品批发业	Machinery,Hardware,Electrical Appliance and Electronic Product	894377	855923	30961	38454	114475
# 汽车、摩托车及零配件批发业	Wholesale of Motor Vehicles, Motorcycles and Parts	194436	160550		33886	25483
家用电器批发业	Household Electrical Equipment	521159	520418		741	64650
计算机、软件及辅助设备批发业	Computers,Softwares and Accessorial	45689	42700		2989	5069
贸易经纪与代理	Trade and Deputy	4433	4433			2545
其他批发业	Other Wholesale	20494	19156		1338	697

14-2 续表3 continued

单位：万元 (10 000 yuan)

项目	Item	销售总额 Total Sales	批发 Wholesale Trade	#出口 Exports	零售 Retail Trade	年末库存总额 Inventory (year-end)
零售业	**Wholesale and Retail Sale Trade**	1614511	127938		1486573	175453
按登记注册类型分	Grouped by Statue of Registration					
内资企业	**Domestic-Funded Enterprises**	1612466	127938		1484528	172929
国有企业	State-owned Enterprises	100777	988		99789	17878
集体企业	Collective-owned Enterprises	15687	5457		10230	2425
股份合作企业	Cooperative Enterprises	5482			5482	960
联营企业	Joint Ownership Enterprises					
有限责任公司	Limited Liability Corporations	458706	15737		442969	49626
股份有限公司	Share-holding Corporations Ltd.	423051	96815		326236	24455
私营企业	Private Enterprises	541698	8709		532989	73727
其他企业	Other Enterprises	67065	232		66833	3855
港、澳、台商投资企业	Enterprises With Investment from Hong Kong, Macao and Taiwan					
外商投资企业	Enterprises With Foreign Investment	2045			2045	2523
综合零售业	Total retail	485179	6588		478591	64796
#百货零售业	Retail of Consumer Goods	415288	5393		409895	35980
超级市场零售业	Retail Sale of supermarket	68821	1195		67626	28563
食品、饮料及烟草制品专门零售业	Retail of Food, Beverages and Tobaccos	65377	45		65332	12938
纺织、服装及日用品专门零售业	Retail of Textiles, Garments, Shoes and Hats	5144			5144	3118
文化、体育用品及器材专门零售业	Culture and Sports Articles and Equipments	67702	597		67105	13032
医药及医疗器材专门零售业	Retail of Medicines and Medical Appliances	37502	2379		35123	5699
汽车、摩托车、燃料及零配件专门零售业	Automobile,Motorcycle,Elding and Spares or Fittings	807631	106289		701342	59757
家用电器及电子产品专门零售业	Household Appliances and Electronic Product	132323	12040		120283	14671
五金、家具及室内装修材料专门零售业	Hardware,Electrial Appliance Furniture	6098			6098	939
无店铺及其他零售业	No Shop of Area of Business and Others	7554			7554	500

14-3 限额以上批发零售贸易业商品分类销售额

Total Sales of Enterprises above Dosignated Size in Wholesale and Refail Trade by Category of Main Commodities

单位：万元 (10 000 yuan)

项目	Item	销售合计 Total Sales		批发 Wholesale Trade		零售 Retail Trade	
		2007	2008	2007	2008	2007	2008
合计	**Total**	**12990148**	**14359844**	**11069470**	**12041102**	**1920678**	**2318742**
食品、饮料、烟酒	Food, Beverages, Tobacco and Liquor	1008882	1130417	816665	916876	192217	213541
粮油	Grain and Vegetable Oil	63024	53537	38331	26751	24693	26786
肉禽蛋	Meat, Poultry and Eggs	22519	27197	4962	6463	17557	20734
其他食品	Other Food	92757	117877	29273	43389	63484	74488
饮料	Beverages	14631	18619	1991	2620	12640	15999
烟酒	Tobacco and Liquor	815951	913187	742108	837653	73843	75534
服装鞋帽、针、纺织品	Garments, Footwear , Hats	174065	190071	23844	12530	150221	177541
化妆品	Cosmetics	24124	28617	5232	5354	18892	23263
金银珠宝	Gold, Silver and Jewelry	35189	45184			35189	45184
日用品	Articles for Daily Use	46910	57369	9569	12475	37341	44894
五金、电器	Hardware and Electrical Materials	4045	2943	2460	1083	1585	1860
体育、娱乐用品	Sports and Recreation Articles	4420	5314	201	223	4219	5091
书报杂志	Newspapers and Magazines	89325	66994	34090	8747	55235	58247
电子出版物及音像制品	E-journal and Video Products	741	1361	4	28	737	1333
家用电器和音像器材	Household Appliances and Video appliances	816570	639073	718183	554427	98387	84646
中西药品	Traditional Chinese and Western Medicines	175066	203248	145472	171430	29594	31818
文化办公用品	Cultural and Official Goods	71265	66307	32244	27503	39021	38804
家具	Furniture	3573	2872	675	67	2898	2805
通讯器材	Communication appliances	37178	36194	13409	7485	23769	28709
煤炭及制品	Coal and Related Product	39365	46460	38016	44884	1349	1576
木材及制品	Wood and Wooden Product						
石油及制品	Petroleum and Related Product	7518783	8835195	6621247	7668029	897536	1167166
化工材料及制品	Raw Chemical Materials	679973	176749	679009	176579	964	170
# 化肥	Fertilizer	98259	94775	98259	94775		
金属材料	Metal Materials	1618974	2130283	1618974	2130283		
建筑及装潢材料	Building and Decoration Materials	46177	59413	42855	55977	3322	3436
机电产品及设备	Mechanical and Electrical Products	60169	70768	56081	67525	4088	3243
# 农机	Agricultural Mechinery	17159	20694	17159	20694		
汽车	Automobile	411644	453349	109144	94500	302500	358849
种子、饲料	Seed and Feedstuff	6442	2325	6442	2325		
棉麻	Cotton, Hemp	27414	26570	27414	26570		
其他	Others	89854	82768	68240	56202	21614	26566

14-4 限额以上批发零售贸易业商品销售数量

Total Sales Number of Enterprises above Designated Size in Wholesale and Retail Sale Trade by Commodities

项　目	Item	销售合计 Total Sales		批　发 Wholesale Trade		零　售 Retail Trade	
		2007	2008	2007	2008	2007	2008
粮食（吨）	Grain (ton)	415219	183980	354903	169830	60316	14150
食用植物油（吨）	Edible Vegetable Oil (ton)	11131	13398	6184	7156	4947	6242
肉及肉制品（吨）	Meat and Processed Produts (ton)						
食糖（吨）	Sugar (ton)	874	1791	19	15	855	1776
卷烟（万支）	Cigarettes (10 000 fleets)	4080704	4105834	4012893	4007154	67811	98680
酒（吨）	Liquor (ton)	9282	9168	4970	4511	4312	4657
棉花（吨）	Cotton (ton)	21866	18978	21862	18974	4	4
布（百米）	Cloth (100 meter)	732	3298			732	3298
各种服装（百件）	Dress (100 pieces)	158816	109771	73469	49064	85347	60707
鞋（百双）	Shoes (100 pairs)	62846	52732	33495	31883	29351	20849
照相机（台）	Cameras (unit)	124020	193361	103213	167583	20807	25778
# 数码照相机	Digital Cameras	121403	188253	103213	167583	18190	20670
彩色电视机（台）	Color Television Set (unit)	865380	1017462	781446	918057	83934	99405
组合音响（台）	Hi-Fi Stereo Component System (unit)	8561	7142	1504	1362	7057	5780
摄像机（台）	Pickup Camera (unit)	15956	14343	8605	12432	7351	1911
影碟机（台）	Video Disc Player (unit)	51482	49049	22900	10275	28582	38774
家用电冰箱（台）	Household Refrigerator (unit)	310432	290754	258484	228140	51948	62614
家用洗衣机（台）	Household Washing Machine (unit)	276149	371055	211479	297565	64670	73490
房间空调器（台）	Room Air Conditioner (unit)	234779	137897	224316	130305	10463	7592
微波炉（台）	Micro-oven (unit)	42498	85099	16674	38845	25824	46254

14-4 续表 continued

项　目	Item	销售合计 Total Sales		批　发 Wholesale Trade		零　售 Retail Trade	
		2007	2008	2007	2008	2007	2008
微型计算机（台）	Personal Computer (unit)	117325	241313	61982	142589	55343	98724
热水器（台）	water heaters (unit)						
普通电话机（台）	Telephone (unit)	6545	9054			6545	9054
移动电话机（台）	Mobile Telephone (unit)	1452862	226672	1312176	107090	140686	119582
化学肥料（吨）	Chemical Fertilizers (ton)	629780	538035	629780	538035		
化学农药（吨）	Chemical Pesticide (ton)	362	7083	362	7083		
农用薄膜（吨）	Farming Pellicle (ton)	4493	2901	4493	2901		
煤炭（吨）	Coal (ton)	1204871	850017	1131736	796976	73135	53041
木材（立方米）	Wood (cu.m)		2		2		
汽油（吨）	Gasoline (ton)	4625912	5584741	4176052	5069069	449860	515672
煤油（吨）	Kerosene (ton)	489063	1140472	487817	1139090	1246	1382
柴油（吨）	Diesel Oil (ton)	10945848	20009118	9688664	18330697	1257184	1678421
钢材（吨）	Steel Products (ton)	5890914	6149370	5890914	6149370		
铜（吨）	Copper (ton)						
铝（吨）	Aluminum (ton)	612		612			
水泥（吨）	Cement (ton)	1242769	1120693	1242769	1120553		140
汽车（辆）	Motor Vehicles (unit)	53716	50131	27289	15185	26427	34946
# 轿车	Car	15853	21515	2549	1964	13304	19551
摩托车（辆）	Motor (unit)	32285	22839	25732	16973	6553	5866
拖拉机（台）	Tractors (unit)	7238	7209	7238	7209		

14-5 限额以上批发零售贸易企业财务指标

单位：万元 （2008）

项　目	Item	企业数（个） Number of Industrial Enterprises (unit)	#亏损企业 Loss Incured Enterprises	流动资产 Current Funds
合　计	**Total**	**515**		**3486566**
#国有及国有控股	State-owned or Controlling Share Hold Industry			
按登记注册类型分	**Grouped by Type of Enter-prises Registered**			
内资企业	Domestic-Funded Enterprises	511		3477328
国有企业	State-owned Enterprises	112		496597
集体企业	Collective-owned Enterprises	15		67820
私营企业	Private Enterprises	165		953868
联营企业	Joint Ownership Enterprises			
股份合作企业	Cooperative Enterprises	9		11419
股份有限公司	Share-holding Corporations Ltd.	36		1089848
有限责任公司	Limited Liability Corporations	167		840126
其他企业	Other Enterprises	7		17650
港、澳、台商投资企业	Enterprises With Investment from Hong Kong, Macao and Taiwan	1		899
外商投资企业	Enterprises With Foreign Investment	3		8340
按国民经济行业分	**Grouped by Sectors**			
批发企业合计	Wholesale Trade	256		2999534
农畜产品批发业	Agricultural and Animal Products	22		143956
食品、饮料及烟草制品批发业	Wholesale of Food, Beverages and Tobaccos	35		332360
#米、面制品及食用油批发业	Rice,Flour and Cooking Oil	4		14281
烟草制品批发业	Wholesale of Tobaccos	18		278709
纺织、服装及日用品批发业	Wholesale of Textiles, Garments, Shoes and Hats	6		10557
文化、体育用品及器材批发业	Products and Equipment of Cultrue or Sports	1		14075
医药及医疗器材批发业	Wholesale of Medicines and Medical Appliances	21		101685
矿产品、建材及化工产品批发业	Mineral,Construction Material,Chomical Products	122		2024897
#煤炭及制品批发业	Wholesale of Coal and Related Products	9		29052

Main Financial Indicators of Enterprises above Designated Size in Wholesale and Retail by Sector

(10 000 yuan)

#存货 Inventories	固定资产 Total Fixed Assets	资产合计 Total Assets	负债合计 Total Liabilities	所有者权益 Creditors' Equity	营业收入合计 Bussiness Income	#主营业务收入 Main Bussiness Income
1194777	**756732**	**4834477**	**3332402**	**1502075**		**15075438**
1189899	751876	4818831	3319019	1499812		15056153
150414	260156	844904	424905	419999		2659619
11501	8554	77376	66238	11137		107193
125839	65625	1314152	964862	349290		1735018
7130	2798	15045	10649	4396		39789
662878	326772	1532983	1085072	447911		7588512
227953	86555	1012092	746489	265603		2853651
4184	1417	22279	20804	1475		72371
307	72	1523	719	804		4998
4572	4783	14123	12664	1459		14287
1064532	553363	3981000	2733986	1247014		13511531
56390	18279	164912	143524	21388		120157
74527	86763	448340	123877	324462		844384
7500	2998	17440	20612	−3171		15969
54370	61577	354142	54382	299760		733696
5635	4925	16345	10941	5404		44013
6174	17902	32288	13087	19201		33296
16880	5290	113763	94890	18873		209645
793205	400143	2801546	2041270	760276		11337688
4848	6032	41393	28061	13333		83405

14-5 续表 1

项　目	Item	企业数（个）Number of Industrial Enterprises (unit)	#亏损企业 Loss Incured Enterprises	流动资产 Current Funds
石油及制品批发业	Wholesale of Petroleum and Related Products	28		1058844
金属及金属矿批发业	Metal Products and Metal Minerals	51		752275
建材批发业	Wholesale of Building Materials	8		17697
化肥批发业	Chemical Fertilizer	11		53144
机械设备、五金交电及电子产品批发业	Machinery,Hardware,Electrical Appliance and Electronic Product	43		293129
# 汽车、摩托车及零配件批发业	Wholesale of Motor Vehicles, Motorcycles and Parts	15		86906
家用电器批发业	Household Electrical Equipment	2		116000
计算机、软件及辅助设备批发业	Computers,Softwares and Accessorial	9		24467
贸易经纪与代理	Trade and Deputy	1		74072
其他批发业	Other Wholesale	5		4804
零售企业合计	Total Retail	259		487032
综合零售业	Overall Retail	55		163093
# 百货零售业	Retail of Consumer Goods	35		134123
超级市场零售业	Retail Sale of supermarket	19		28593
食品、饮料及烟草制品专门零售业	Retail of Food, Beverages and Tobaccos	21		25845
纺织、服装及日用品专门零售业	Retail of Textiles, Garments, Shoes and Hats	3		5658
文化、体育用品及器材专门零售业	Culture and Sports Articles and Equipments	51		40191
医药及医疗器材专门零售业	Retail of Medicines and Medical Appliances	12		9328
汽车、摩托车、燃料及零配件专门零售业	Automobile,Motorcycle,Elding and Spares or Fittings	77		186664
家用电器及电子产品专门零售业	Household Appliances and Electronic Product	32		50175
五金、家具及室内装修材料专门零售业	Hardware,Electrial Appliance Furniture	4		2657
无店铺及其他零售业	No Shop of Area of Business and Others	4		3422

continued

(10 000 yuan)

#存货 Inventories	固定资产 Total Fixed Assets	资产合计 Total Assets	负债合计 Total Liabilities	所有者权益 Creditors' Equity	营业收入合计 Bussiness Income	#主营业务收入 Main Bussiness Income
677448	366415	1532893	1096644	436249		8605723
64292	19238	1020193	758840	261353		2052979
3961	1794	20291	15040	5251		64988
31955	3982	65124	50378	14746		114748
108478	15218	319035	216066	102969		897491
23654	9712	100169	98447	1722		194069
63448	345	116346	32177	84168		523434
3067	639	30397	25259	5138		45689
2546	2036	77108	80007	−2899		4433
698	2807	7664	10323	−2660		20425
130245	203369	853477	598417	255060		1563907
32462	136433	413653	282086	131568		456253
20477	125831	368221	251211	117011		387508
11863	10602	44727	30482	14245		67688
12607	7541	35250	26933	8317		62001
3117	631	6314	4830	1485		4181
10068	25659	69558	42161	27397		62429
2634	5882	22368	22658	−290		35583
55538	22709	239798	172530	67268		801377
12917	1889	56067	41528	14538		128430
441	705	4912	2546	2366		6099
461	1921	5557	3146	2411		7554

14-5 续表 2

单位：万元

项　　目	Item	主营业务成本 Main Bussiness Cost	主营业务税金及附加 Tax and Extra Charges on main Bussiness	主营业务利润 Main Bussiness Profits
合　计	**Total**	**13996437**	**28593**	**1050407**
#国有及国有控股	State-owned or Controlling Share Hold Industry			
按登记注册类型分	**Grouped by Type of Enter-prises Registered**			
内资企业	Domestic-Funded Enterprises	13978707	28593	1048853
国有企业	State-owned Enterprises	2337622	7099	314898
集体企业	Collective-owned Enterprises	100490	59	6644
私营企业	Private Enterprises	1622654	5315	107049
联营企业	Joint Ownership Enterprises			
股份合作企业	Cooperative Enterprises	35873	62	3855
股份有限公司	Share-holding Corporations Ltd.	7182531	4721	401259
有限责任公司	Limited Liability Corporations	2632541	11253	209856
其他企业	Other Enterprises	66995	84	5293
港、澳、台商投资企业	Enterprises With Investment from Hong Kong, Macao and Taiwan	4886		112
外商投资企业	Enterprises With Foreign Investment	12844		1443
按国民经济行业分	**Grouped by Sectors**			
批发企业合计	Wholesale Trade	12614169	19124	878238
农畜产品批发业	Agricultural and Animal Products	110989	86	9081
食品、饮料及烟草制品批发业	Wholesale of Food, Beverages and Tobaccos	631851	3665	208868
#米、面制品及食用油批发业	Rice,Flour and Cooking Oil	14539	8	1421
烟草制品批发业	Wholesale of Tobaccos	549094	3193	181408
纺织、服装及日用品批发业	Wholesale of Textiles, Garments, Shoes and Hats	40102	29	3882
文化、体育用品及器材批发业	Products and Equipment of Cultrue or Sports	30192	18	3086
医药及医疗器材批发业	Wholesale of Medicines and Medical Appliances	197542	220	11883
矿产品、建材及化工产品批发业	Mineral,Construction Material,Chomical Products	10800085	9840	527763
#煤炭及制品批发业	Wholesale of Coal and Related Products	74910	262	8233

continued

(10 000 yuan)

营业费用 Bussiness Expenses	管理费用 Management Cost	财务费用 Financial Expenses	#利息支出 Interest Payment	营业利润 Operating Profits	利润总额 Total Profits	应交所得税 Income Tax Payable
492141	**242292**	**83134**	**65703**	**263313**	**282254**	**55548**
491422	241575	83176	65746	263153	282092	55529
49470	68979	6598	−1110	195739	202951	37636
4938	1398	1302	974	−908	−384	12
63366	28660	26023	20598	173	9098	4502
1854	905	436	317	703	8	37
297867	113561	36591	36154	−36637	−36019	8601
71788	26627	11270	7864	103290	105534	4520
2139	1445	956	949	794	904	221
98	49	−43	−43	7	15	5
621	668	1		153	148	14
414190	188935	69389	55178	217430	251264	44349
6468	2601	2721	2442	−2611	−1809	144
27326	54154	1133	−814	128108	133547	32386
1032	271	351	118	−233	36	
7939	47640	666	−1207	126892	130372	31853
1390	2049	280	226	163	156	36
1064	1659	309	301	54	34	
5365	4509	995	889	1062	1696	417
357777	116000	61775	51067	−673	24025	11124
3149	2714	94	64	2549	3305	859

14-5 续表 3

单位：万元

项　　目	Item	主营业务成本 Main Bussiness Cost	主营业务税金及附加 Tax and Extra Charges on main Bussiness	主营业务利润 Main Bussiness Profits
石油及制品批发业	Wholesale of Petroleum and Related Products	8148023	4381	453319
金属及金属矿批发业	Metal Products and Metal Minerals	2007597	3826	41556
建材批发业	Wholesale of Building Materials	63322	54	1613
化肥批发业	Wholesale of Chemical Fertilizer	107193	303	7252
机械设备、五金交电及电子产品批发业	Machinery,Hardware,Electrical Appliance and Electronic Product	781144	5217	111130
#汽车、摩托车及零配件批发业	Wholesale of Motor Vehicles, Motorcycles and Parts	183825	1957	8287
家用电器批发业	Household Electrical Equipment	427001	3170	93264
计算机、软件及辅助设备批发业	Computers,Softwares and Accessorial	44547	14	1128
贸易经纪与代理	Trade and Deputy	4455	4	-25
其他批发业	Other Wholesale	17810	45	2569
零售企业合计	Total Retail	1382268	9469	172170
综合零售业	Overall Retail	383265	4082	68907
#百货零售业	Retail of Consumer Goods	323332	3692	60484
超级市场零售业	Retail Sale of supermarket	59164	390	8134
食品、饮料及烟草制品专门零售业	Retail of Food, Beverages and Tobaccos	52485	522	8994
纺织、服装及日用品专门零售业	Retail of Textiles, Garments, Shoes and Hats	1995	10	2176
文化、体育用品及器材专门零售业	Culture and Sports Articles and Equipments	46472	1968	13989
医药及医疗器材专门零售业	Retail of Medicines and Medical Appliances	30983	73	4527
汽车、摩托车、燃料及零配件专门零售业	Automobile,Motorcycle,Elding and Spares or Fittings	739102	2079	60196
家用电器及电子产品专门零售业	Household Appliances and Electronic Product	117922	238	10270
五金、家具及室内装修材料专门零售业	Hardware,Electrical Appliance Furniture	3788	466	1844
无店铺及其他零售业	No Shop of Area of Business and Others	6256	31	1268

continued

(10 000 yuan)

营业费用 Bussiness Expenses	管理费用 Management Cost	财务费用 Financial Expenses	#利息支出 Interest Payment	营业利润 Operating Profits	利润总额 Total Profits	应交所得税 Income Tax Payable
310342	100559	35269	29521	12489	17808	6640
33004	9848	22462	18971	-22313	-3765	2036
688	434	255	228	283	282	78
2833	984	1337	1314	2069	1770	39
12186	7030	1592	483	92914	94938	232
3115	2036	1381	669	1764	1486	47
1484	412	-152	-153	91609	93075	
1010	354	310	-42	-546	-587	1
164	648	404	404	-1241	-1251	
2450	285	181	181	-346	-71	9
77951	53357	13746	10525	45883	30990	11199
36636	28350	7180	6054	11800	10209	3404
29685	25708	6949	5901	11935	10462	3265
6706	2604	222	144	-138	-256	139
3469	2671	467	394	2397	2769	707
462	276	15	13	1423	67	17
5694	8139	119	54	674	554	49
3795	1814	80	53	-1096	-642	8
18427	9404	5328	3790	27303	15704	6274
7654	2123	329	121	2769	1831	490
1304	204	124		213	34	20
510	377	105	46	400	464	231

14-6 限额以上餐饮业企业主要财务指标（按登记注册类型和行业分）

单位：万元 （2008）

指 标	Item	企业数（个） Number of Industrial Enterprises (unit)	#亏损企业 Loss Incured Enterprises	流动资产合计 Total Circulating Funds
总 计	**Total**	**112**		**36123**
按登记注册类型分	**By Status of Registration**			
内资企业	Domestic-Funded Enterprises	110		35111
国有企业	State-owned Enterprises			
集体企业	Collective-owned Enterprises	2		332
股份合作企业	Cooperative Enterprises			
联营企业	Joint Ownership Enterprises			
有限责任公司	Limited Liability Corporations	31		9271
国有独资公司	State-funded Corporations			
其他有限责任公司	Other Limited Liability Corporations	31		9271
股份有限公司	Share-holding Corporations Ltd.	4		1652
私营企业	Private Enterprises	68		23303
私营独资企业	Private-funded Enterprises	18		2493
私营合伙企业	Private Partnership Enterprises	1		1
私营有限责任公司	Private Limited Liability Corporations	47		20600
私营股份有限公司	Private Share-holding Corporations Ltd.	2		208
其他企业	Other Enterprises	5		554
港、澳、台商投资企业	Enterprises With Investment from Hong Kong, Macau and Taiwan	1		74
外商投资企业	Enterprises With Foreign Investment	1		938
按国民经济行业分	**By Sector**			
正餐服务业	Restaurant	104		32403
快餐服务业	Snack	3		2163
饮料及冷饮服务业	Berverage and Cold Drink			
其他餐饮服务业	Others	5		1557

Main Finalcial Indicators of Enterprises above Designated Size in Catering Trades
by Types of Registration and by Sector

(10 000 yuan)

#存货 Inventories	固定资产 Original Value of Fixed Assets	资产合计 Total Assets	负债合计 Total Liabi-lities	所有者权益合计 Creditors' Equity	营业收入合计 Business Income	#主营业务收入 Main Bussiness Income
6697	**42395**	**91982**	**57509**	**34472**		**108361**
6047	38698	86958	55554	31405		94319
207	2190	3507	1237	2270		1642
1621	7780	19789	15372	4416		30650
1621	7780	19789	15372	4416		30650
21	759	2779	1225	1554		2720
4106	26739	59087	36523	22564		57104
520	4352	7519	6564	955		8505
		1	1			172
3520	22174	51146	29831	21315		47216
66	213	421	127	294		1211
93	1229	1797	1197	600		2204
1	2	76	2	74		261
649	3695	4947	1954	2993		13781
5933	37574	82554	52824	29730		91416
658	4033	6821	2931	3890		15349
106	788	2607	1754	853		1596

14-6 续表

单位：万元

指　标	Item	主营业务成本 Main Bussiness Cost	主营业务税金及附加 Tax and Extra Charges on main Bussiness	主营业务利润 Main Bussiness Profits
总　计	**Total**	**57596**	**7393**	**43372**
按登记注册类型分	**By Status of Registration**			
内资企业	Domestic-Funded Enterprises	52212	6691	35416
国有企业	State-owned Enterprises			
集体企业	Collective-owned Enterprises	795	106	740
股份合作企业	Cooperative Enterprises			
联营企业	Joint Ownership Enterprises			
有限责任公司	Limited Liability Corporations	17117	2233	11301
国有独资公司	State-funded Corporations			
其他有限责任公司	Other Limited Liability Corporations	17117	2233	11301
股份有限公司	Share-holding Corporations Ltd.	1503	184	1032
私营企业	Private Enterprises	31568	4014	21522
私营独资企业	Private-funded Enterprises	4916	583	3007
私营合伙企业	Private Partnership Enterprises	97	19	56
私营有限责任公司	Private Limited Liability Corporations	25947	3324	17945
私营股份有限公司	Private Share-holding Corporations Ltd.	608	88	515
其他企业	Other Enterprises	1229	154	821
港、澳、台商投资企业	Enterprises With Investment from Hong Kong, Macau and Taiwan	135	13	114
外商投资企业	Enterprises With Foreign Investment	5249	689	7843
按国民经济行业分	**By Sector**			
正餐服务业	Restaurant	50726	6509	34180
快餐服务业	Snack	6164	768	8417
饮料及冷饮服务业	Berverage and Cold Drink			
其他餐饮服务业	Others	705	116	775

contiued

(10 000 yuan)

营业费用 Business Cost	管理费用 Management Cost	财务费用 Financial Expenses	#利息支出 Interest Payment	营业利润 Operating Profits	利润总额 Total Profits	应交所得税 Income Tax Payable
28741	**10147**	**1275**	**820**	**3367**	**2032**	**734**
23424	8962	1284	829	1903	619	382
270	211	75	60	185	15	
7103	3694	309	155	212	100	91
7103	3694	309	155	212	100	91
883	103	47	42		9	11
14475	4768	809	530	1606	575	273
2429	753	38	24	−201	−393	51
56	6			−6		6
11707	3890	762	498	1706	865	204
284	119	9	9	107	104	12
694	187	43	42	−99	−79	8
78	33			3	3	1
5239	1152	−9	−9	1461	1410	351
22278	8726	1260	809	2073	788	351
5718	1244	−18	−18	1473	1422	360
745	177	32	28	−179	−177	23

14-7 各地区限额以上批发零售贸易企业财务指标

Financial Indicators of Enterprises above Designated Size in Wholesale and Retail Trade by Prefecture

(2008)

单位：万元 (10 000 yuan)

地区	Region	流动资产合计 Total Current Assets	#存货 Inventories	固定资产原价 Fixed Assets Original Value	资产总计 Total Assets	所有者权益 Owners'Equities	#实收资本 Paid-up Capital
兰州市	Lanzhou	2331881	905581	518842	3001100	823797	605357
嘉峪关	Jiayuguan	403409	29923	11533	437602	115571	93662
金昌市	Jinchang	44107	22740	15117	60368	19029	13244
白银市	Baiyin	85635	33255	51090	127431	55581	49386
天水市	Tianshui	99953	34378	44164	165499	64104	37507
武威市	Wuwei	62891	19660	203672	246602	64252	7969
张掖市	Zhangye	58960	21963	17188	73145	26071	16754
平凉市	Pingliang	45447	19084	39742	88614	56155	21860
酒泉市	Jiuquan	96556	42543	55381	133681	34256	18477
庆阳市	Qingyang	39878	14460	12722	50877	32720	4746
定西市	Dingxi	44572	25862	14183	56233	23770	11098
陇南市	Longnan	170228	17800	24086	384474	171314	73561
临夏州	Linxia	14897	5420	5495	19383	13613	5166
甘南州	Gannan	4695	3628	2987	8951	5692	1197

14-7 续表 contiued

单位：万元 (10 000 yuan)

地区	Region	主营业务收入 Main Bussiness Income	主营业务成本 Main Bussiness Cost	主营业务税金及附加 Tax and Extra Charges on main Bussiness	主营业务利润 Main Bussiness Profits	管理费用 Management Cost	利润总额 Total Profits	应缴增值税 Value-added Tax Payable
兰州市	Lanzhou	10558856	9897660	12945	648251	163565	62969	54707
嘉峪关	Jiayuguan	927889	893782	512	33596	3675	12080	4578
金昌市	Jinchang	179372	160783	453	18136	3458	6973	2521
白银市	Baiyin	258779	219550	7110	32120	6903	20463	20519
天水市	Tianshui	464044	416746	2633	44666	12277	24569	4488
武威市	Wuwei	222315	182024	822	39469	7432	7497	3919
张掖市	Zhangye	211104	188242	399	22464	7340	7026	3331
平凉市	Pingliang	201477	173591	812	27074	4782	17282	2079
酒泉市	Jiuquan	1198145	1125170	983	71992	6373	54941	8956
庆阳市	Qingyang	199028	170933	465	27630	5659	17405	5162
定西市	Dingxi	264493	236119	383	27991	7981	17748	2930
陇南市	Longnan	235026	198317	844	35865	9959	19331	6524
临夏州	Linxia	115735	98750	222	16763	2156	11101	1957
甘南州	Gannan	56528	49321	99	7108	762	3801	1070

14-8 各地县社会消费品零售总额

Total Retail Sale of Consumer Goods by Prefecture, County

单位：万元 （2008） (10 000 yuan)

地区	Region	社会消费品零售总额 Total Retail Sales of Consumer Goods	贸易业 Sale Trade	餐饮业 Catering Trade	其他行业 Other
兰州市	**Lanzhou**	**3950438**	**3208468**	**652704**	**89266**
城关区	Chengguan	2323417	2005804	268995	48618
七里河区	Qilihe	633087	525986	106912	189
西固区	Xigu	461814	257537	164933	39344
安宁区	Anning	216741	181595	35146	
红古区	Honggu	122285	86815	35470	
永登县	Yongdeng	77895	62515	14265	1115
皋兰县	Gaolan	30197	25940	4257	
榆中县	Yuzhong	85002	62276	22726	
嘉峪关市	**Jiayuguan**	**180016**	**147274**	**32742**	
金昌市	**Jinchang**	**279487**	**232899**	**46588**	
金川区	Jinchuan	193344	167372	25972	
永昌县	Yongchang	86144	65527	20617	
白银市	**Baiyin**	**629392**	**520628**	**88907**	**19857**
白银区	Baiyin	329500	265612	48874	15014
平川区	Pingchuan	71005	54946	15681	378
靖远县	Jingyuan	77601	65673	11351	577
会宁县	Huining	96710	90102	3786	2822
景泰县	Jingtai	54576	44295	9215	1066
天水市	**Tianshui**	**894183**	**654577**	**204478**	**35127**
秦州区	Qinzhou	301882	169025	110257	22600
麦积区	Maiji	285133	226803	52930	5400
清水县	Qingshui	26941	18951	4961	3028
秦安县	Qinan	91899	83392	7775	732
甘谷县	Gangu	95601	76529	16787	2285
武山县	Wushan	71186	63810	7376	
张家川县	Zhangjiachuan	21541	16068	4392	1082
武威市	**Wuwei**	**549682**	**419262**	**123389**	**7031**
凉州区	Liangzhou	79500	62220	15285	1995
民勤县	Minqin	65022	55971	8812	239
古浪县	Gulang	80589	66069	14284	236
天祝县	Tianzhu	324571	235002	85008	4561
张掖市	**Zhangye**	**475189**	**395684**	**79505**	

14-8 续表1 continued

单位：万元 (10 000 yuan)

地　　区	Region	社会消费品零售总额 Total Retail Sales of Consumer Goods	贸易业 Sale Trade	餐饮业 Catering Trade	其他行业 Other
甘州区	Ganzhou	283468	236854	46614	
肃南县	Sunan	17798	15497	2300	
民乐县	Minle	50932	40663	10270	
临泽县	Linze	37498	34167	3331	
高台县	Gaotai	41171	33068	8103	
山丹县	Shandan	44322	35435	8887	
平凉市	**Pingliang**	**622560**	**543470**	**71222**	**7868**
崆峒区	Kongtong	269275	253665	15610	
泾川县	Jingchuan	74603	58233	16370	
灵台县	Lingtai	42330	36860	3210	2260
崇信县	Chongxin	24350	17977	4520	1853
华亭县	Huating	69300	49056	19997	247
庄浪县	Zhuanglang	59190	52674	4873	1642
静宁县	Jingning	83511	75004	6642	1865
酒泉市	**Jiuquan**	**625290**	**524501**	**79478**	**21310**
肃州区	Suzhou	263852	211338	40957	11557
金塔县	Jinta	44580	39770	2915	1895
瓜州县	Guazhou	70920	61294	7355	2271
肃北县	Subei	7565	6571	644	350
阿克塞县	Akesai	6845	5499	1347	
玉门市	Yumen	96113	88368	7746	
敦煌市	Dunhuang	135414	111663	18514	5237
庆阳市	**Qingyang**	**622942**	**525627**	**90674**	**6641**
西峰区	Xifeng	198431	150173	47803	455
庆城县	Qingcheng	95104	74615	15677	4812
环　县	Huanxian	46527	43241	3286	
华池县	Huachi	34498	28776	4743	979
合水县	Heshui	33561	29992	3365	204
正宁县	Zhengning	45971	41833	4138	
宁　县	Ningxian	89425	82536	6889	
镇原县	Zhenyuan	79425	74461	4773	191
定西市	**Dingxi**	**381487**	**316926**	**46525**	**18036**
安定区	Anding	126341	112716	13625	
通渭县	Tongwei	25900	23930	1970	

14-8 续表2 continued

单位：万元 (10 000 yuan)

地区	Region	社会消费品零售总额 Total Retail Sales of Consumer Goods	贸易业 Sale Trade	餐饮业 Catering Trade	其他行业 Other
陇西县	Longxi	92046	74094	10544	7408
渭源县	Weiyuan	24042	21447	2595	
临洮县	Lintao	64120	41814	12454	9852
漳　县	Zhangxian	12834	11795	1039	
岷　县	Minxian	36204	31129	4299	776
陇南市	**Longnan**	**300991**	**258250**	**42741**	
武都区	Wudu	107011	95508	11503	
宕昌县	Tanchang	25263	21387	3876	
成　县	Chengxian	36406	28549	7857	
康　县	Kangxian	23353	17972	5381	
文　县	Wenxian	24994	22167	2827	
西和县	Xihe	24013	19268	4745	
礼　县	Lixian	28290	24865	3425	
两当县	Liangdang	7655	6967	688	
徽　县	Huixian	24006	21567	2439	
临夏州	**Linxia**	**247151**	**187770**	**49160**	**10222**
临夏市	linxia	125855	95596	25909	4351
临夏县	linxia	22051	17877	3623	551
康乐县	Kangle	18161	14577	3584	
永靖县	Yongjing	21951	15619	5782	550
广河县	Guanghe	24675	17237	4185	3253
和政县	Hezheng	10988	7612	2184	1192
东乡县	Dongxiang	7857	5935	1922	
积石山县	Jishishan	15613	13317	1971	325
甘南州	**Gannan**	**142582**	**110902**	**29812**	**1868**
合作市	Hezuo	47960	33752	14208	
临潭县	Lintan	14568	12577	1943	48
卓尼县	Zhuoni	14095	11012	2362	721
舟曲县	Zhouqu	11547	10231	1316	
迭部县	Diebu	11012	8620	2163	229
玛曲县	Maqu	12970	10847	1789	334
碌曲县	Luqu	9230	8023	1207	
夏河县	Xiahe	21200	15840	4824	536

主要统计指标解释

社会消费品零售总额 指批发和零售业、餐饮业、新闻出版业、邮政业和其他服务业等，售予城乡居民用于生活消费的商品和社会集团用于公共消费的商品之总量。社会消费品零售总额包括：

批发和零售业企业（单位）售予城乡居民用于生活消费和社会集团用于公共消费的商品。

餐饮业出售的主食、菜肴、烟酒饮料和其他商品。

新闻出版业、邮政业售予城乡居民、企事业单位、军队和武警等机构的书报杂志、音像制品、邮品等。

其他服务业出售的食品、烟酒饮料、服装鞋帽、日常生活用品、医药保健用品、艺术品、工艺美术品、玩具、殡葬用品以及其他消费品。

批发和零售业商品购进、销售、库存总额 指各种登记注册类型的批发和零售业企业(单位)以本企业(单位)为总体的，从国内、国外市场购进的商品总量，销售和出口的商品总量、库存的商品总量等情况。该指标可以反映商品流转过程中商品的购进、销售、库存之间的比例关系和存在的问题。

商品购进总额 指从本企业(单位)以外的单位和个人购进(包括从境外直接进口)作为转卖或加工后转卖的商品总额。它反映批发和零售业从国内、国外市场上购进商品的总量。商品购进总额包括：(1)从工农业生产者购进的商品；(2)从出版社、报社的出版发行部门购进的图书、杂志和报纸；(3)从各种登记注册类型的批发和零售业企业(单位)购进的商品；(4)从其他单位购进的商品，如从机关、团体、企业等单位购进的剩余物资，从住宿和餐饮业、其他服务业购进的商品，从海关、市场管理部门购进的缉私和没收的商品，从居民手中收购的废旧商品等；(5)从国(境)外直接进口的商品。不包括企业(单位)为自身经营用和未通过买卖行为而收入的商品以及销售退回、商品升溢等。

销售总额 指对本企业(单位)以外的单位和个人出售(包括对境外直接出口)的商品总额。它反映批发和零售业在国内市场上销售商品以及出口商品的总量。商品销售总额包括：(1)售给城乡居民和社会集团消费用的商品；(2)售给工业、农业、建筑业、运输邮电业、批发和零售业、住宿和餐饮业、其他服务业等作为生产、经营使用的商品；(3)售给批发和零售业作为转卖或加工后转卖的商品；(4)对国(境)外直接出口的商品。不包括出售本企业(单位)自用的废旧包装用品，未通过买卖行为付出的商品，经本单位介绍、由买卖双方直接结算、本单位只收取手续费的业务，购货退出的商品以及商品损耗和损失等。

库存总额 指报告期末各种登记注册类型的批发和零售业企业(单位)已取得所有权的商品。它反映批发和零售业企业(单位)的商品库存情况和对市场商品供应的保证程度。商品库存总额包括：(1)存放在批发和零售业经营单位(如门市部、批发站、经营处)仓库、货场、货柜和货架中的商品；(2)挑选、整理、包装中的商品；(3)已记入购进而尚未运到本单位的商品，即发货单或银行承兑凭证已到而货未到的商品；(4)寄放他处的商品，如因购货方拒绝承付而暂时存放在购货方的商品和已办完加工成品收回手续而未提回的商品；(5)委托其他单位代销(未作销售或调出)尚未售出的商品；(6)代其他单位购进尚未交付的商品。不包括所有权不属于本单位的商品、委托外单位加工生产尚未收回成品的商品、外贸企业代理其他单位从国外进口尚未付给订货单位的商品、代国家物资储备部门保管的商品等。

对外经济贸易及旅游 15

FOREIGN ECONOMY TRADE AND TOURISM

简要说明

一、本篇资料主要内容

本篇综合反映甘肃省对外贸易、利用外资、对外经济合作的历年概况，重点反映对外经济贸易的近期发展状况；国际旅游发展状况。

二、本篇资料来源

本篇资料由省统计局贸易外经处搜集整理。数据来源于兰州海关、省商务厅、省工商管理局、省旅游局。

15-1 对外经济贸易

Foreign Trade and Economic Cooperation

指　　标	Item	2000	2005	2007	2008
进出口总额（人民币万元）	Total Imports and Exports (RMB 10 000)	471570	2157715	4176914	
出口总额	Total Exports	343578	894604	1260999	
进口总额	Total Imports	127992	1263111	2915915	
进出口差额	Balance	215586	−368507	−1654916	
进出口总额（万美元）	Total Imports and Exports (USD 10 000)	56953	263136	549594	609355
出口总额	Total Exports	41495	109098	165921	160217
进口总额	Total Imports	15458	154038	383673	449138
进出口差额	Balance	26037	−44940	−217752	−288921
对外签订利用外资协议（合同）项目（个）	Number of Projects for Utilization of Foreign Capital in the Signed Agreements or Contracts (unit)	85	51	44	49
对外借款	Foreign Loans	9	17	9	12
外商直接投资	Direct Foreign Investments	76	34	35	37
对外签订利用外资协议（合同）金额（万美元）	Total Amount of Foreign Capital to Be Utilized in the Signed Agreements or Contracts (USD 10 000)	26340	53996	34242	35776
对外借款	Foreign Loans	14000	40600	19080	6840
外商直接投资	Foreign Direct Investments	12340	13396	15162	28936
外商其他投资	Other Foreign Investments				
实际利用外资额（万美元）	Total Amount of Foreign Capital Actually Used (USD 10 000)	20122	25639	38202	47642
对外借款	Foreign Loans	13887	23595	26400	34800
外商直接投资	Direct Foreign Investments	6235	2044	11802	12842
外商其他投资	Other Foreign Investments				
外商投资企业基本情况	Registered Foreign-funded Enterprises				
年底登记户数（户）	Number of Registered Enterprises (unit)	826	658	398	408
投资总额（万美元）	Total Investment (USD 10 000)	256455	316957	306393	382693
注册资本（万美元）	Registered Capital (USD 10 000)	181716	198853	165335	184735
# 外方	Capital from Foreign Partners	98582	137173	106365	116198
对外经济合作（万美元）	Economic Cooperation with Foreign Countries & Territories (USD 10 000)				
合同金额	Contracted Value	6537	9626	24198	10115
# 对外承包工程	Contracted Projects	6485	9626	24121	9950
对外劳务合作	Labor Services	52		77	165
完成营业额	Value of Business Fulfilled	7392	5789	10617	30322
# 对外承包工程	Contracted Projects	7336	5723	10538	30247
对外劳务合作	Labour Cooperation With Foreign Countrie	56	66	79	75

15-2 进出口贸易总额
Total Imports and Exports

年份 Year	人民币（万元） RMB 10 000				美元（万元） USD 10 000			
	进出口总额 Total Imports & Exports	出口总额 Total Exports	进口总额 Total Imports	差额 Balance	进出口总额 Total Imports & Exports	出口总额 Total Exports	进口总额 Total Imports	差额 Balance
1978	5941	5941		5941	3454	3454		3454
1979	5905	5905		5905	3972	3972		3972
1980	5883	5883		5883	3927	3927		3927
1981	8871	7683	1188	6495	5129	4336	793	3543
1982	8850	7743	1107	6636	5069	4330	739	3591
1983	10151	8529	1622	6907	5695	4612	1083	3529
1984	20638	15849	4789	11060	6631	4573	2058	2515
1985	37917	29382	8535	20847	10004	7098	2906	4192
1986	59353	47126	12227	34899	13648	10107	3541	6566
1987	68291	57706	10585	47121	15504	12660	2844	9816
1988	67085	61837	5248	56589	16624	15205	1419	13786
1989	103668	87955	15713	72242	18674	15338	3336	12002
1990	102965	95208	7757	87451	20221	18574	1647	16927
1991	144052	131730	12322	119408	27649	25284	2365	22919
1992	231656	195936	35720	160215	41590	35177	6413	28764
1993	275937	161578	114359	47129	48435	28347	20088	8259
1994	431631	316295	115336	200959	50960	37343	13617	23726
1995	253405	182413	70984	111429	30494	21951	8542	13409
1996	395553	225972	169581	56391	47135	26778	20356	6422
1997	398636	299860	98776	201084	51169	37778	13392	24386
1998	378081	292517	85564	206953	45574	35261	10313	24948
1999	336358	262468	73890	188578	40623	31699	8924	22776
2000	471570	343578	127992	215586	56953	41495	15458	26037
2001	644789	394279	250510	143769	77887	47631	30256	17375
2002	726263	454328	271935	182393	87740	54893	32847	22046
2003	1098872	726322	372550	353772	132714	87720	44994	42726
2004	1459880	825003	634877	190126	176314	99638	76676	22962
2005	2157715	894604	1263111	−368507	263136	109098	154038	−44940
2006	3059600	1207400	1852200	−644800	382450	150925	231525	−80600
2007	4176914	1260999	2915915	−1654916	549594	165921	383673	−217752
2008					609355	160217	449138	−288921

注：货物进出口差额负数为逆差。

a) A negative balance indicates trade deficit. That is, imports surpassing exports.

15-3 海关进出口商品分类金额

Value of Imports and Exports by Category of Commodities (Customs Statistics)

单位：万美元 (2008) (USD 10 000)

商品类别	Categories of Commodities	进出口总额 Total of Imports and Exports	#出口 Exports
总　额	**Total Value**	**609355**	**160217**
活动物、动物产品	Live Animals & Animal Products	1215	1211
植物产品	Vegetables; Fruits and Cereals	14034	13906
动、植物油、脂及分解产品; 精制食用油脂; 动、植物蜡	Animal and Vegetable Oils; Fats and Wax; Refined Edible Oils and Fats	41	11
食品；饮料、酒及醋; 烟草及烟草代用品的制品	Food; Beverages; Liquor and Vinegar; Tobacco and Tobacco Substitutes	10358	10357
矿产品	Minerals	277060	239
化学工业及其相关工业的产品	Chemicals and Related Products	18405	15649
塑料及其制品; 橡胶及其制品	Plastics and Related Products;Rubber and Related Products	817	496
生皮、皮革、毛皮及其制品; 鞍具及挽具;旅行用品、手提包及类似品;动物肠线(蚕胶丝除外)制品	Raw Hides; Leather; Furs and Related Products; Saddle; Travel Articles; Handbags and Similar Containers	201	200
木及木制品; 木炭; 软木及软木制品; 稻草、秸秆、针茅或其他编结材料制品; 篮筐及柳条编结品	Wood and Wooden Products; Charcoal; Cork and Related Products; Straws; Plaited Products; Baskets and Wickerwork	1376	1375
木浆及其他纤维状纤维素浆;纸及纸板的废碎品; 纸、纸板及其制品	Paper Pulp and Cellulose Pulp; Paper and Waste Paper; Paperboard and Related Products	9	4
纺织原料及纺织制品	Textile Materials and Products	9574	9281
鞋、帽、伞、杖、鞭及其零件; 已加工的羽毛及其制品;人造花;人发制品	Footwear; Headgear; Umbrellas; Canes; Whips; Processed Feather; Artificial Flowers; Wigs	820	820
石料、石膏、水泥、石棉、云母及类似材料的制品; 陶瓷产品; 玻璃及其制品	Stone, gypsum, cement, asbestos, mica and similar materials products;Ceramic products; glass and its products	962	751
天然或养殖珍珠、宝石或半宝石、贵金属、包贵金属及其制品;仿首饰硬币	Natural or Cultivated Pearls; Precious or Semi-Precious Stones; Jewelery of Precious Metal or Rolled Precious Metal; Artificial Jewelery; Coins	3015	3013
贱金属及其制品	Base Metals and Related Products	211111	76362
机器、机械器具、电气设备及其零件; 录音机及放声机、电视图像、声音的录制和重放设备及其零件、附件	Machinery; Electric Equipment and Accessories; Recorders; Videorecorder and Accessories	54873	23971
车辆、航空器、船舶及有关运输设备	Locomotives; Vehicles; Aircraft; Ship and Related Transportation Equipment	1340	1202
光学、照相、电影、计量、检验、医疗或外科用仪器及设备、精密仪器及设备；钟表；乐器；上述物品的零附件	Optical, Photographic, Film, Measuring , Checking and Medical Instruments and Equipment; Precise Instruments and Equipment; Clocks; Musical Instruments; Related Parts and Accessories	3504	745
武器、弹药及其零件、附件	Weapon, Ammunition and Accessories		
杂项制品	Sundry and Goods Related Products	640	624

15-4 甘肃省同主要国家（地区）海关进出口总额

Gansu's Foreign Trade with Main Countries and Territories (Customs Statistics)

单位：万美元　(USD 10 000)

国　别（地　区）	Coutry (Territory)	2007			2008		
		进出口总额 Total Imports & Exports	出口总额 Total Exports	进口总额 Total Imports	进出口总额 Total Imports & Exports	出口总额 Total Exports	进口总额 Total Imports
总　计	**Total**	**549594**	**165921**	**383673**	**609355**	**160217**	**449138**
中国香港	Hongkong	7563	6978	585	7157	6612	545
台湾	Taiwan	12116	10754	1362	6168	5547	621
印度尼西亚	Indonesia	2499	2499		2863	2477	385
日本	Japan	12469	9590	2879	28540	16931	11609
马来西亚	Malaysia	1619	1368	251	1983	1644	339
新加坡	Singapore	5557	4805	752	5982	4571	1411
韩国	Korea	36127	34777	1350	23854	22178	1676
泰国	Tailand	2754	2025	729	2664	2505	159
英国	United Kingdom	1641	1165	476	1811	1538	273
法国	France	1688	782	906	2102	817	1285
比利时	Belgium	2373	1617	756	1554	1272	282
德国	Germany	12021	7040	4981	11064	5516	5548
意大利	Italy	17773	16429	1344	17907	15895	2012
荷兰	Netherlands	9281	8570	711	10183	9588	595
瑞士	Switzerland	254	24	230	486	58	428
俄罗斯	Russia	5440	1248	4192	2830	2319	511
巴西	Brazil	1615	1516	99	2594	1648	946
智利	Chile	49563	498	49065	45777	45	45732
加拿大	Canada	1923	757	1166	1776	664	1112
美国	United States	33880	25527	8353	38836	26996	11840
澳大利亚	Australia	148306	964	147342	123230	1780	121450
新西兰	New Zealand	176	176		248	248	

15-5 海关出口主要商品数量和金额

Main Export Commodities in Volume and Value (Customs Statistics)

单位：万美元 (USD 10 000)

品　名	Item	2007 数量 Volume	2007 金额 Value	2008 数量 Volume	2008 金额 Value
盐渍绵羊肠衣（吨）	Sheep Casings (ton)	186	678	228	947
蕨菜干（吨）	Dried Tterribothyte (ton)	75	60	136	100
干扁豆（吨）	Dried Haricot (ton)	4068	184	6160	460
干蚕豆（吨）	Dried Horsebean (ton)	10077	448	9138	567
荞麦（吨）	Buckwheat (ton)	141	5	724	27
当归（吨）	Angelica (ton)	51	31	60	43
黄芪（吨）	Root of Menbianous Mile Wetch (ton)	57	19	47	10
苦杏仁（吨）	Bitter Apricot Kernel (ton)			2706	521
黑瓜子（吨）	Black Melon Seeds (ton)	2270	363	1744	344
番茄酱罐头（吨）	Ketchup Tin (ton)	17462	1015	29687	2891
其他硅（吨）	Other Silicon (ton)	521	69	180	36
硫化钠（吨）	Sulfuration Natrium (ton)	8908	245	5276	169
氧化铈（吨）	Oxygenation Cerium (ton)	274	100	145	72
已梳无毛山羊绒（吨）	Non-Hair Cashmere (ton)	38	201	11	54
交流发电机（台）	Altermator (unit)	41	4	28	4
其它车床（台）	Other Machine Tool (unit)	327	33	322	58
棉制男衬衫（件）	Cotton Shirt (piece)	20256	16	22906	11
滚珠轴承（万套）	Ball Bearing (10 000 sets)	781	439	1140	758

15-6 利用外资概况
Utilization of Foreign Capital

单位：个、万美元 (unit,USD 10 000)

年份 Year	总计 Total		对外借款 Foreign Loans		外商直接投资 Direct Foreign Investments	
	项目 Number of Projects	金额 Value	项目 Number of Projects	金额 Value	项目 Number of Projects	金额 Value
签订利用外资协议（合同）额 Total Amount of Foreign Capital to Be Utilized through the Signed Agreements and Contracts						
1995	177	44199	21	25224	156	18975
1996	138	34365	16	25813	122	8552
1997	69	30882	7	20160	62	10722
1998	72	27995	4	19631	68	8364
1999	73	28592	5	19150	68	9442
2000	84	32250	8	19910	76	12340
2001	78	26230	6	10720	72	15510
2002	63	32026	12	21000	51	11026
2003	73	69464	14	45000	59	24464
2004	92	57031	29	24467	63	32564
2005	51	53996	17	40600	34	13396
2006	49	53533	11	44977	38	8556
2007	44	34242	9	19080	35	15162
2008	49	35776	12	6840	37	28936
实际利用外资额 Total Amount of Foreign Capital Actually Used						
1995		35854		24900		10954
1996		29317		20315		9002
1997		21638		16368		5270
1998		14552		10688		3864
1999		20746		16642		4104
2000		20122		13887		6235
2001		20558		13119		7439
2002		22620		17392		5228
2003		24609		20722		3887
2004		26297		22758		3539
2005		25639		23595		2044
2006		27241		24287		2954
2007		38202		26400		11802
2008		47642		34800		12842

15-7 外商投资合同项目和投资额

Foreign Investment Through Signed Contract and It's Value

(2008)

项目	Rtem	签订合同项目(个) Number of Contracts (unit)	签订合同投资额(万美元) Contracted Value (USD 10 000)	实际吸收外资金额(万美元) Amount of Foreign Capital Actually Used (USD 10 000)
合计	**Total**	**37**	**28936**	**12842**
按登记注册类型分	**By Investment Manner**			
合资经营	Jonint Venture	13	13785	8841
合作经营	Cooperative operation	5	2595	2476
独资经营	Foreing Funded Enterprises	19	12556	1525
股份制	Share Holding			
其他	Others			
按行业分	**By Sector**			
农、林、牧、渔业	Farming, Forestry, Animal Husbandry and Fishery	4	3647	59
采矿业	Mining and Dressing of Minred	1	15	1865
制造业	Manufacturing	9	9084	1550
电力、燃气及水的生产和供应业	Electric Power, Gas and Water Production and Supply	3	7265	7567
建筑业	Construction		-192	31
交通运输、仓储和邮政业	Transport, Storage, Post and Telecommunication Services			
信息传输、计算机服务和软件业	Information Transmission,Computer Services and Software			
批发和零售业	Wholesale and Retail Trade	11	5094	173
住宿和餐饮业	Hoteling and Catering Services	2	16	196
金融业	Financial Intermediation			
房地产业	Real Estate		-57	
租赁和商务服务业	Leasing and Commercial Services	4	2886	283
科学研究、技术服务和地质勘查业	Scientific Research,Polytechnic Services and Geological Prospecting	3	1178	679
水利、环境和公共设施管理业	Water,Environment,and Public Facilities Conservancy			
居民服务和其他服务业	Resident and Other Services			1
教育	Education			400
卫生、社会保障和社会福利业	Health Care,Social Security,Social Welface			
文化、体育和娱乐业	Culture,Sports and Recreations			38
公共管理和社会组织	Public Administration and Entertainment Social Organizations			
其他	Others			
按客商国别(地区)分	**By Country(Region)of Foreign Partner**			
香港地区	Hongkong	16	22090	8434
台湾地区	Taiwan	3	130	132
日本	Japan			
泰国	Thailand			
新加坡	Singapore	2	1604	7
法国	France			
美国	United States	8	4278	341
德国	Germany			
新西兰	New Zealand			
韩国	Korea			
英国	United Kingdom			
奥地利	Austria			
加拿大	Canada		243	428
其他	Others	8	591	3500

15-8 年末登记外商投资企业行业分布情况

Sector Distribution Registered of Foreign-Funded Enterprises at the Year-end

(2008)

行业	Sector	企业数(户) Number of Registered Enterprises (unit)	投资总额(万美元) Total Investment (USD 10 000)	注册资本(万美元) Registered Capital (USD 10 000)	#外方 Capital Invested by Foreign Partner
合计	**Total**	**408**	**382693**	**184735**	**116198**
农、林、牧、渔业	Farming,Forestry,Animal Husbandry	24	13765	6495	4260
采矿业	Mining and Dressing of Minred	12	10236	4985	4026
制造业	Manufacturing	142	96081	53070	32105
电力、燃气及水的生产和供应业	Electric Power, Gas and Water Production and Supply	12	145153	48912	20842
建筑业	Construction	25	7311	4619	3302
交通运输、仓储和邮政业	Transport, Storage, Post and Telecommunication Services	4	681	566	499
信息传输、计算机服务和软件业	Information Transmission,Computer Services and Software	8	38044	20661	20661
批发和零售业	Wholesale and Retail Trade	56	14284	10382	5085
住宿和餐饮业	Hotel and Catering Services	25	12457	7809	5030
金融业	Finance	1	121	86	53
房地产业	Real Estate	55	24588	15474	10768
租赁和商务服务业	leasing and Commercial Services	12	6318	4096	3980
科学研究、技术服务和地质勘查业	Scientific Research,Technology Services and Geological Prospecting	15	10609	4621	3043
水利、环境和公共设施管理业	Water,Environment,and Public Facilities Conservancy	2	451	451	451
居民服务和其他服务业	Resident and Other Services	7	793	708	642
教育	Education	3	32	32	29
卫生、社会保障和社会福利业	Health Care,Social Security,Social Welface				
文化、体育和娱乐业	Culture,Sports and Recreations	5	1769	1769	1421
公共管理和社会组织	Public Administration and Social Organizations				
其他	Others				

15-9 接待港澳台侨胞和外国旅游人数

Hongkong, Macao and Taiwan Chinese and Foreign Tourists

国　别	Country	2000	2005	2007	2008
旅游人数（人次）	**Total (person-times)**	**213104**	**288484**	**331238**	**83196**
港澳台同胞	Hongkong, Macao and Taiwan Chinese	69719	116441	97352	23352
外国人	Foreigner	143385	172043	233886	59844
# 日本人	Japanese	52827	39804	41067	10290
菲律宾人	Filipino	1075	1283	1287	137
新加坡人	Singaporean	8099	6851	11516	2458
泰国人	Thai	1811	2847	3164	1072
印尼人	Indonesian	1176	1352	2015	561
美国人	American	20545	15803	29966	9779
加拿大人	Canadian	3094	6346	6534	1245
英国人	British	6484	9144	11694	3599
德国人	German	10928	9292	13362	4997
法国人	French	8938	10810	14036	3310
意大利人	Italian	2829	4400	7350	793
瑞士人	Swiss	1784	4377	5315	657
瑞典人	Swedish	861	3202	4839	271
荷兰人	Dutch	3082		1357	326
西班牙人	Spanish	951	1731	2439	434
澳大利亚人	Australian	1735	8825	9203	3509
新西兰人	New Zealander	418	1425	1490	319
俄罗斯人	Russian	343	3264	5129	379
其他	Others	16405	41287	62123	15708
涉外饭店（个）	**Tourist Hotels (unit)**	**75**	**209**	**274**	**280**

15-10 国际旅游外汇收入及构成

Foreign Exchange Earning from International Tourism and It's Composition

单位：万美元,% (USD 10 000, %)

指　标	Item	2007		2008	
		数 额 Value	比 重 Percentage	数 额 Value	比 重 Percentage
总　计	**Total**	**7021.05**	**100.0**	**1603.42**	**100.0**
长途交通	Long-distance Traffic	2625.87	37.4	612.51	38.2
民航	Civil Aviation	1383.15	19.7	383.22	23.9
铁路	Railway	744.23	10.6	123.46	7.7
汽车	Motor Vehicles	498.49	7.1	105.83	6.6
轮船	Steamship				
游览	Visit	365.09	5.2	91.39	5.7
住宿	Accommodation	688.06	9.8	192.41	12
餐饮	Catering Service	329.99	4.7	131.48	8.2
商品销售	Commodity	1685.05	24	375.2	23.4
娱乐	Entertainment	77.23	1.1	44.9	2.8
邮电通讯	Post and Telecommunication	435.31	6.2	41.69	2.6
市内交通	Local Transpotation	196.59	2.8	25.65	1.6
其他服务	Other Service	617.85	8.8	88.19	5.5

15-11 各地区进出口及外商投资企业进出口商品总值（按经营单位所在地分）

Import and Export Value and that of Foreign Funded Enterprises by Prefecture (by Location of Foreign Trade Managing Units)

单位：万美元　　(2008)　　(USD 10 000)

地　区	Region	进出口商品总值			外商投资企业进出口商品总值		
		进出口 Total	出口 Exports	进口 Imports	进出口 Total	出口 Exports	进口 Imports
全　省	**Total Provincial**	**609355**	**160217**	**449138**	**19993**	**16711**	**3282**
兰州市	Lanzhou	71580	58681	12899	15276	12523	2753
嘉峪关市	Jiayuguan	119889	37141	82747			
金昌市	Jinchang	330981	17669	313312			
白银市	Baiyin	48342	12240	36103	89	89	
天水市	Tianshui	11790	8729	3061	35	35	
武威市	Wuwei	340	307	33	115	115	
张掖市	Zhangye	2209	1856	353	352		352
平凉市	Pingliang	1143	1143		364	364	
酒泉市	Jiuquan	5206	4903	303	2084	1907	177
庆阳市	Qingyang	9595	9320	275	1540	1540	
定西市	Dingxi	819	808	11	138	138	
陇南市	Longnan	1250	1213	37			
临夏州	Linxia	2009	2010				
甘南州	Gannan	4202	4198	4			

15-12 各地区国际旅游外汇及接待国际旅游人数

Foreign Exchange Earning from Tourism and Number of Foreign Tourists by Region

地　区	Region	国际旅游外汇收入（万美元） Foreign Exchange Earning from Tourism (USD 10 000)		国际旅游人数（人次） Foreign Tourists (person)	
		2007	2008	2007	2008
全　省	**Total**	**7021.05**	**1603.42**	**331238**	**83196**
兰州市	Lanzhou	1502.29	359.51	59452	13280
嘉峪关	Jiayuguan	332.34	211.77	19908	12861
金昌市	Jinchang	0.53	7.04	37	222
白银市	Baiyin	7.52	2.81	432	140
天水市	Tianshui	320.76	11.66	21952	747
武威市	Wuwei	104.84	56.79	7200	3125
张掖市	Zhangye	104.32	18.43	7750	1242
平凉市	Pingliang	12.07	4.33	933	335
酒泉市	Jiuquan	1759.59	833.95	104647	45180
庆阳市	Qingyang	0.73	0.66	28	43
定西市	Dingxi	5.49	11.76	399	756
陇南市	Longnan	2.34	0.02	155	1
临夏州	Linxia	30.29	9.7	2089	587
甘南州	Gannan	2837.94	74.98	106256	4677

主要统计指标解释

进出口总额 指实际进出我国国境的货物总金额。包括对外贸易实际进出口货物，来料加工装配进出口货物，国家间、联合国及国际组织无偿援助物资和赠送品，华侨、港澳台同胞和外籍华人捐赠品，租赁期满归承租人所有的租赁货物，进料加工进出口货物，边境地方贸易及边境地区小额贸易进出口货物(边民互市贸易除外)，中外合资企业、中外合作经营企业、外商独资经营企业进出口货物和公用物品，到、离岸价格在规定限额以上的进出口货样和广告品(无商业价值、无使用价值和免费提供出口的除外)，从保税仓库提取在中国境内销售的进口货物，以及其他进出口货物。该指标可以观察一个国家在对外贸易方面的总规模。我国规定出口货物按离岸价格统计，进口货物按到岸价格统计。

商品经营单位所在地进、出口额 指在所在地海关注册登记的有进出口经营权的企业实际进、出口额。

利用外资 指我国各级政府、部门、企业和其他经济组织通过对外借款、吸收外商直接投资以及用其他方式筹措的境外现汇、设备、技术等。

对外借款 指通过对外正式签订借款协议，从境外筹措的资金，包括外国政府贷款、国际金融组织贷款、外国银行商业贷款、出口信贷以及对外发行债券等。1996 年及以前还包括对外发行股票。该指标是我国利用外资的重要部分。

外商直接投资 指外国企业和经济组织或个人(包括华侨、港澳台胞以及我国在境外注册的企业)按我国有关政策、法规，用现汇、实物、技术等在我国境内开办外商独资企业、与我国境内的企业或经济组织共同举办中外合资经营企业、合作经营企业或合作开发资源的投资(包括外商投资收益的再投资)，以及经政府有关部门批准的项目投资总额内企业从境外借入的资金。

外商其他投资 指除对外借款和外商直接投资以外的各种利用外资的形式。包括企业在境内外股票市场公开发行的以外币计价的股票（目前主要是在香港证券市场发行的 H 股和在境内证券市场发行的 B 股）发行价总额，国际租赁进口设备的应付款，补偿贸易中外商提供的进口设备、技术、物料的价款，加工装配贸易中外商提供的进口设备、物料的价款。

对外承包工程 指各对外承包公司以招标议标承包方式承揽的下列业务：(1)承包国外工程建设项目；(2)承包我国对外经援项目；(3)承包我国驻外机构的工程建设项目；(4)承包我国境内利用外资进行建设的工程项目；(5)与外国承包公司合营或联合承包工程项目时我国公司分包部分；(6)对外承包兼营的房屋开发业务。对外承包工程的营业额是以货币表现的本期内完成的对外承包工程的工作量，包括以前年度签订的合同和本年度新签订的合同在报告期内完成的工作量。

对外劳务合作 指以收取工资的形式向业主或承包商提供技术和劳动服务的活动。我国对外承包公司在境外开办的合营企业，中国公司同时又提供劳务的，其劳务部分也纳入劳务合作统计。劳务合作营业额按报告期内向雇主提交的结算数(包括工资、加班费和奖金等)统计。

入境旅游人数 指报告期内来我国观光、度假、探亲访友、就医疗养、购物、参加会议或从事经济、文化、体育、宗教活动的外国人、港澳台同胞等入境游客。统计时，外国人、港澳台同胞每入境一次统计 1 人次。

国际旅游(外汇)收入 指入境游客在中国（大陆）境内旅行、游览过程中用于交通、参观游览、住宿、餐饮、购物、娱乐等全部花费。

教育科技及文化 16

EDUCATION, SCIENCE TECHNOLOGY AND CULTURE

简要说明

一、本篇资料主要内容

本篇反映甘肃省教育、文化、新闻出版、广播电视事业的发展情况；科学技术活动的基本情况。

教育包括高等教育（研究生教育、普通本专科教育、成人本专科、其他各类高等学历教育）；中等教育（高中阶段、初中阶段）；小学教育等资料。主要包括学校数、在校学生数、招生数、毕业生数、教职工数和专任教师数。

科学技术资料包括科技活动人员情况、科技活动经费筹集情况、科技活动经费支出情况、研究与实验发展（R&D）情况、大中型工业企业技术开发活动情况、科学研究机构及人员、专利申请及授权情况等。

文化、新闻出版、广播电视事业发展列示了重点年份的数据资料。

二、本篇资料来源

本篇资料由省统计局社会科技处搜集、整理。

1.教育资料由省教育厅提供。

2.科技资料来源于省统计局《科技统计综合年报》、《大中型工业企业科技统计年报》、甘肃省人事厅、省科学技术厅。

3.文化、新闻出版、广播电视数据来源于省文化厅、省新闻出版局、省广播电视厅。

16-1 各级各类学校、教职工和专任教师情况

Basic Statistics on Schools, Teachers and Staff and Full-time Teachers

(2008)

项　目	Item	学校数(所) Number of Schools (unit)	教职工数(人) Teachers and Staff (person)	专任教师(人) Full-time Teachers (person)
高等教育	**Higher Education**	**91**	**32665**	**23124**
研究生培养机构	Institutions Providing Postgraduate Programs	17		3358
普通高校	Regular Institutions of Higher Education			
科研机构	Research Institutions			
普通高等学校	Regular Institutions of Higher Education	34	30708	18581
本科院校	Universities with Full Undergraduate Courses	13	20076	11225
专科院校	Colleges with Specialized Courses	21	8344	5814
#职业技术学院	Vocational and Technical Colleges	14	4937	3622
其他机构(教学点)	Other Institutions	5	2288	1542
#独立学院	Non-university Tertiary	5	2288	1542
成人高等学校	Institutions of Higher Education for Adult	10	1474	959
民办的其他高等教育机构	Other Private Institutions of Higher Education	30	483	226
中等教育	**Secondary Education**	**2553**	**146919**	**133105**
高中阶段教育	Senior Secondary Education	852	19563	53585
高　中	Senior Secondary Schools	481	29	35553
普通高中	Regular Senior Secondary Schools	480		35524
成人高中	Adult Senior Secondary Schools	1	29	29
中等职业教育	Vocational Secondary Education	371	19534	18032
普通中专	Regular Specialized Secondary Schools	86	8083	5272
成人中专	Adult Specialized Secondary Schools	40	1832	974
职业高中	Vocational Senior Secondary Schools	170	9380	7463
技工学校	Technical Schools	75		4147
其他机构(教学点)	Other Institutions	(29)	239	176
初中阶段教育	Junior Secondary Education	1701	127356	79520
普通初中	Regular Junior Secondary Schools	1623	127143	79439
职业初中	Vocational Junior Secondary Schools	11	9	7
成人初中	Adult Junior Secondary Schools	67	204	74
初等教育	**Primary Education**	**19836**	**160313**	**146057**
普通小学	Regular Primary Schools	13424	145597	141371
成人小学	Adult Primary Schools	6412	14716	4686
#扫盲班	Literacy Courses	5497	13404	4078
工读学校	**Schools for Juvenile Delinquents**			
特殊教育	**Special Education**	**15**	**458**	**341**
学前教育	**Pre-school Education**	**2503**	**18977**	**12589**

注:普通初中教职工数包含普通高中的教职工数。

a)Number of Staff and Teachers in Regular Junior Second Schools includes Regular Senior Second Schools.

16-2 各级各类学历教育学生情况

Basic Statistics on Students by Level and Type of Education

单位：人　(2008)　(person)

项目	Item	招生数 New Enrollment	在校学生数 Total Enrollment	毕业生数 Graduates
高等教育	**Students Received Higher Education**	**163270**	**501300**	**212791**
研究生	Postgraduates	7502	21580	5649
博士	Doctor's Degree	810	2953	600
硕士	Master's Degree	6692	18627	5049
普通本专科	Regular Undergraduates and College Students	110889	331895	75051
本科	Enrolled in Full Undergraduate Courses	59653	195006	37317
专科	Enrolled in Specialized Courses	51236	136889	37734
成人本专科	Adult Undergraduates and College Students	30656	87970	28548
本科	Enrolled in Full Undergraduate Courses	13053	40475	11520
专科	Enrolled in Specialized Courses	17603	47495	17028
其他高等学历教育	Other Degree of Higher Education Employees	14223	59855	103543
在职人员攻读博士、硕士学位	Enrolled in Graduate Programs Leading to Doctor or Master Degrees	2496	5707	
网络本专科生	Students Enrolled in Internet-based Courses	6456	10851	1064
本科	Enrolled in Full Undergraduate Courses	5340	8992	896
专科	Enrolled in Specialized Courses	1116	1859	168
学历文凭考试	Students Taking Exam Leading to Diploma			
自学考试	Students Taking Unified Exams after Completing Self-learning Programs			
其他	Others	5271	43297	102479
中等教育	**Students Received Secondary Education**	**851038**	**2408545**	**734761**
高中阶段教育	Senior Secondary Education	364632	985725	281278
高中	Senior Secondary Schools	210511	618729	194485
普通高中	Regular Senior Secondary Schools	210511	618253	194146
成人高中	Adult Senior Secondary Schools		476	339
中等职业教育	Vocational Secondary Education	154121	366996	86793
普通中专	Regular Specialized Secondary Schools	49574	137918	39556
成人中专	Adult Specialized Secondary Schools	7861	15583	6266
职业高中	Vocational Senior Secondary Schools	72416	155864	29667
技工学校	Technical Schools	24270	57631	11304
初中阶段教育	Junior Secondary Education	486406	1422820	453483
普通初中	Regular Junior Secondary Schools	486386	1420194	451348
职业初中	Junior Secondary Vocational Schools	20	45	20
成人初中	Adult Junior Secondary Schools		2581	2115
初等教育	**Students Received Primary Education**	**411003**	**3063052**	**824361**
普通小学	Regular Primary Schools	411003	2689631	485899
成人小学	Adult Primary Schools		373421	338462
#扫盲班	Literacy Courses		214723	188296
工读学校	**Schools for Juvenile Delinquents**			
特殊教育	**Students Received Special Education**	**2051**	**14628**	**1664**
学前教育	**Students Received Pre-school Education**	**211117**	**337843**	**146164**

注：特殊教育学生数中包括普通中小学随班就读的学生。

a) Students received special education include those learning in the same classes of formal regular junior and primary schools.

16-3 研究生教育基本情况

Basic Statistics of Doctor and Master Students

单位：人 (person)

年份 Year	招生数 New Enrollment	在校学生数 Total Enrollment	硕士 Master's Degree	博士 Doctor's Degree	毕业生数 Graduates	硕士 Master's Degree	博士 Doctor's Degree
1995	689	1873	1512	361	416	340	76
1996	780	2146	1706	440	484	413	71
1997	884	2350	1855	495	601	508	93
1998	875	2563	2040	523	623	496	127
1999	1075	2874	2277	597	706	567	139
2000	1558	3579	2815	764	801	671	130
2001	2147	4781	3118	963	1096	813	283
2002	2703	6403	5167	1236	940	772	168
2003	3634	8555	6961	1594	1349	1131	218
2004	6073	11496	9509	1986	1965	1675	290
2005	6146	14895	12575	2320	2484	2106	378
2006	6710	18069	15486	2583	3201	2727	474
2007	7117	20034	17269	2765	4831	4236	595
2008	7502	21580	18627	2953	5649	5049	600

16-4 普通高等学校基本情况

Basic Statistics on Regular Institutions of Higher Education

单位:人 (person)

年份 Year	学校数（所） Number of Schools (unit)	专任教师 Full-time Teachers	毕业生数 Graduates	#本科 Full Undergraduate Courses	招生数 New Enrollment	#本科 Full Undergraduate Courses	在校学生数 Total Enrollment	#本科 Full Undergraduate Courses
1995	17	6284	14288	5299	15119	7105	45480	25499
1996	17	6282	13314	5594	15567	7959	47578	27870
1997	17	6403	13140	5639	16313	9017	50678	31263
1998	17	6505	13251	6175	16813	10157	54014	35183
1999	18	6899	14007	6991	23010	12647	62637	40603
2000	18	7208	13971	7892	33425	16583	81734	49051
2001	25	8826	17000	8833	45382	22332	110898	62569
2002	25	10021	21647	10109	53079	26266	143009	80212
2003	31	12274	29582	12067	60069	31771	173391	100392
2004	31	13727	39390	17412	66182	35463	200282	118955
2005	33	14816	49886	23861	71572	37783	229459	136915
2006	33	16105	57381	28470	90373	47849	263691	154845
2007	34	17439	63315	32312	98569	51758	295992	173344
2008	34	18581	75051	37317	110889	59653	331895	195006

16-5 历年普通中学基本情况

Basic Statistics on Regular Secondary Schools

单位：人 (person)

年 份 Year	学校数（所） Number of Schools (unit)	毕业生数 Graduates	招生数 New Enrollment	在校学生数 Total Enrollment	初 中 Junior Second Schools	高 中 Senior Secondary Schools	专任教师 Full-time Teachers
1995	1626	252360	337758	915263	746674	168589	62669
1996	1657	256098	354996	966394	789950	176444	63912
1997	1656	274961	375656	1021024	840989	180035	66124
1998	1666	291067	404014	1079819	893873	185946	67774
1999	1667	305292	455111	1185891	984753	201138	70711
2000	1689	327787	508648	1314710	1085210	229500	74082
2001	1979	351876	547593	1459845	1183272	276573	78439
2002	2004	402829	590617	1606592	1260298	346294	82709
2003	2031	456044	621290	1733035	1306024	427011	87753
2004	2054	506391	657600	1844406	1344797	499609	93024
2005	2050	561654	691600	1943839	1377671	566168	99150
2006	2155	595637	711676	2047947	1444489	603458	106106
2007	2130	628548	678575	2036640	1422734	613906	110204
2008	2103	645494	696897	2038447	1420194	618253	114963

16-6 历年普通小学基本情况

Basic Statistics on Primary Schools

单位：人 (person)

年 份 Year	学校数（所） Number of Schools (unit)	毕业生数 Graduates	招生数 New Enrollment	在校学生数 Total Enrollment	专任教师 Full-time Teachers	学龄儿童入学率（%） Enrollment Ratio of Primary Schools(%)
1995	23718	319684	525875	2737059	130032	96.9
1996	23658	336205	548661	2857986	129823	97.3
1997	22848	355832	563443	2992795	130628	97.7
1998	22634	383938	546980	3092488	131473	98.2
1999	22560	424250	538695	3131747	128839	98.8
2000	21557	459255	552740	3164603	125172	98.0
2001	17477	488961	601257	3189816	122038	98.0
2002	16648	486101	609934	3229371	124017	98.6
2003	15635	481495	572321	3227592	126740	98.0
2004	15347	488842	508787	3155535	128725	98.3
2005	14963	502605	461894	3035794	130841	98.9
2006	14685	506371	481721	2984425	135491	98.9
2007	14002	478740	435661	2846312	137149	98.9
2008	13424	485899	411003	2689631	141371	99.1

16-7 平均每万人口在校学生数和大中小学学生构成

Number of Students Per 10 000 Population and It's Composition

年 份 Year	平均每万人口在校学生数（人）Students Enrollment Per 10 000 Persons (person)			大、中、小学学生占学生总数（%）Students of Different Level as Percentage to Total Students (%)		
	大学生 University and College Students	中学生 Secondary School Students	小学生 Primary School Students	大学生 University and College Students	中学生 Secondary School Students	小学生 Primary School Students
1995	19	383	1146	0.88	16.90	50.50
1996	20	398	1177	0.82	16.00	47.20
1997	21	416	1218	0.82	15.80	46.30
1998	22	435	1245	0.88	16.80	48.20
1999	25	466	1232	1.01	18.30	48.30
2000	32	514	1238	1.26	19.40	46.70
2001	42	588	1239	2.09	27.44	59.95
2002	55	681	1246	2.57	28.91	58.13
2003	67	725	1240	3.05	33.26	56.85
2004	76	769	1205	3.73	37.49	58.78
2005	88	818	1170	4.26	39.38	56.36
2006	101	868	1145	4.78	41.06	54.16
2007	113	778	1088	5.72	39.33	54.95
2008	126	776	1023	6.56	40.29	53.15

16-8 各级学校教师负担学生数

Student-Teacher Ratio of School by Level

单位：人 (person)

年 份 Year	平均每个教师负担学生数 Students Taught Each Teacher			
	普通高等学校 Institutions of Higher Education	普通中等专业学校 Secondary Schools	普通中学 Regular Secondary Schools	普通小学 Primary School
1995	7	9	15	21
1996	8	10	15	22
1997	8	10	15	23
1998	8	11	16	24
1999	9	11	17	24
2000	12	12	18	25
2001	13	14	19	26
2002	14	16	19	26
2003	14	17	20	25
2004	15	18	19	25
2005	15	20	20	23
2006	16	22	19	22
2007	17	22	18	21
2008	18		18	19

16-9 普通高校分性质类别学生数

Number of Students of Regular Institutions of High Education by Field of Study

单位：人 (2008) (person)

各类学校	Type	学校数（所）Number of Schools (unit)	毕业生数 Graduates	#本科 Regular College Course	招生数 New Student Enrollment	#本科 Regular College Course	在校学生数 Student Enrollment	#本科 Regular College Course
普通高等学校	Regular Institutions of Higher Education	34	75051	37317	110889	59653	331895	195006
#本科院校	Universities with Full Undergraduate Courses	13	37317	37317	59653	59653	195006	195006
专科院校	Colleges with Specialized Courses	21	37734		51236		136889	
#高等职业	Vocational and Technical Colleges	14	15817		28966		73475	
#综合大学	Comprehensive Universities	7	17206	7617	21457	13063	65681	40609
理工院校	Institute of Technology	12	21711	9452	35475	15281	104806	51112
农业院校	Agriculture College	3	4040	2751	6755	3619	19746	12248
林业院校	Forestry	1	1783		2971		6865	
医药院校	Medical College	3	2884	900	5217	1162	14115	3906
师范院校	Nomal School	6	12251	7388	18625	10565	54448	36331
财经院校	Economics and Finance	3	5034	4129	8441	8441	25749	24371
政法院校	University of Pilitical Science and Law	2	2825	2146	3561	2849	11880	9673
民族院校	Nationality Schools	1	3023	2934	4673	4673	16802	16756

16-10 高等学校本、专科分学科学生数

Number of Students of Regular Undergraduates by Field of Study and College Students

单位：人 (2008) (person)

类别	Item	毕业生数 Graduates	#本科 Regular College Course	招生人数 New Student Enrollment	#本科 Regular College Course	在校学生数 Student Enrollment	#本科 Regular College Course
总计	**Total**	**75051**	**37317**	**110889**	**59653**	**331895**	**195006**
哲学	Philosophy	30	30	34	34	129	129
经济学	Economy	2984	2119	4717	3944	13188	10676
法学	Law	3819	2652	4738	3355	16071	12216
教育学	Education	10366	1523	13179	2591	35923	8879
文学	Literature	9146	6429	13147	10934	42757	35817
# 外语	Foreign language	3123	2098	4250	3123	14178	10841
历史学	History	499	499	841	841	2920	2920
理学	Science	5691	5561	9030	8780	29277	28704
工学	Engineering	24712	9760	39516	16680	116001	54423
农学	Agriculture	2465	984	3833	1711	10287	5101
医学	Medicine	5049	2695	6265	2210	18594	8339
管理学	Management	10290	5065	15589	8573	46748	27802

16-11 网络本、专科分学科学生数

Number of Students Enrolled in Internet-based Courses by Field of Study

单位：人　　(2008)　　(person)

类 别	Item	毕业生数 Graduates	#本科 Regular College Course	招生人数 New Student Enrollment	#本科 Regular College Course	在校学生数 Student Enrollment	#本科 Regular College Course
总 计	**Total**	**1064**	**896**	**6456**	**5340**	**10851**	**8992**
哲 学	Philosophy						
经济学	Economy	2	2	835	811	837	813
法 学	Law	87	87	864	804	1415	1343
教育学	Education						
文 学	Literature	155	155	452	452	852	852
# 外语	Foreign language	1	1			1	1
历史学	History						
理 学	Science			38	38	38	38
工 学	Engineering			762	724	762	724
农 学	Agriculture						
医 学	Medicine	97	43	873	420	1632	720
管理学	Management	723	609	2632	2091	5315	4502

16-12 中等职业教育基本情况

Basic Statistics on Vocational Secondary Education

单位：人　　(2008)　　(person)

类 别	Item	学校数（所） Number of Schools (unit)	毕业生数 Graduates	招生数 New Student Enrollment	在校学生数 Student Enrollment	教职员工 Number of Staff and Teachers	# 专任教师 Number of Full-time Teachers
合 计	**Total**	**371**	**86793**	**154121**	**366996**	**19534**	**18032**
普通中专	Regular Specialized Secondary Schools	86	39556	49574	137918	8083	5272
成人中专	Adult Specialized Secondary Schools	40	6266	7861	15583	1832	974

16-13 职业中学和技工学校基本情况

Basic Statistics of Secondary Vocational Shcools and Technical Worker Schools

单位：人　　(2008)　　(person)

类 别	Item	学校数（所） Number of Schools (unit)	毕业生数 Graduates	招生数 New Student Enrollment	在校学生数 Student Enrollment	教职员工 Number of Staff and Teachers	# 专任教师 Number of Full-time Teachers
职业中学	Vocational Secondary Schools	181	29687	72436	15909	9389	7470
技工学校	Technical Worker Schools	75	11304	24270	57631		4147

16-14 普通中学基本情况

Basic Statistics of Regular Secondary Shcools

单位：人　　(2008)　　(person)

类 别	Item	学校数（所） Number of Schools (unit)	毕业生数 Graduates	招生数 New Student Enrollment	在校学生数 Student Enrollment	教职员工 Number of Staff and Teachers	#专任教师 Number of Full-time Teachers
普通中学	Regular Secondary Shcools	2103	645494	696897	2038447	127143	114963
高中	Senior Secondary Schools	480	194146	210511	618253		35524
初中	Junior Secondary Schools	1623	451348	486386	1420194	127143	79439

注:普通初中教职工数包含普通高中的教职工数。

a)Number of Staff and Teachers in Regular Junior Second Schools includes Regular Senior Second Schools

16-15 普通小学及幼儿园情况

Basic Statistics on Regular Primary Schools and Kindergartens

单位：人　　(2008)　　(person)

类 别	Item	学校数（所） Number of Schools (unit)	毕业生数 Graduates	招生数 New Student Enrollment	在校学生数 Student Enrollment	专任教师 Number of Full-time Teachers	幼儿园数（所） Number of Kindergarten (unit)	在园儿童数 Number of Children Enrolled in Kindergarten	学龄儿童入学率（%） School-age Children Enrollment Rate (%)
普通小学	Primary Schools	13424	485899	411003	2689631	141371			99.14
幼儿园	Kindergartens						2405	337843	

16-16 各级各类成人教育基本情况

Basic Statistics of Adult Education at Various Levels

单位：人　　(2008)　　(person)

类 别	Item	学校数（所） Number of Schools (unit)	毕业生数 Graduates	招生数 New Student Enrollment	在校学生数 Student Enrollment	教职员工 Number of Staff and Teachers	#专任教师 Number of Full-time Teachers
总 计	**Total**	**5123**	**1015638**	**41676**	**1082341**	**18304**	**10450**
成人高等教育	Adult Education Schools	10	30506	33815	94982	1712	1140
广播电视大学	Radio and TV Universities	1	784	2113	4144	214	98
职工高等学校	Staff Higher Education Schools	8	555	684	1610	1207	825
教育学院	Education Academy	1	619	362	1258	291	217
函 授	Correspondence Education		14258	19423	57867		
夜 大	Evening College Education		3373	6777	16242		
成人脱产	Off-job Adult Education		10917	4456	13861		
成人中等专业学校	Secondary Schools for Adults	40	6266	7861	15583	1832	974
成人中学	Adult Middle School	68	2454		3057	233	103
成人技术培训学校	Adults Technical Secondary Schools	5005	976412		968719	14527	8233

16-17 各地县普通中学基本情况

Basic Statistics of Regular Primary Schools by Prefecture, County

单位：人 （2008） (person)

地　区	Region	普通中学学校数（所） Number of Schools (unit)	毕业生数 Graduates	招生数 New Student Enrollment	高中在校学生数 Senior Secondary Schools	初中在校学生数 Junior Secondary Schools	专任教师 Number of Full-time Teachers
兰州市	**Lanzhou**	**224**	**69875**	**69610**	**74674**	**133304**	**13425**
城关区	Chengguan	44	16915	17941	20577	31983	3481
七里河区	Qilihe	29	8256	7691	7147	16045	1609
西固区	Xigu	25	7344	8237	10450	13947	1631
安宁区	Anning	16	3494	4172	4996	6804	777
红古区	Honggu	15	3055	3179	3411	6121	896
永登县	Yongdeng	44	13829	12433	12454	26159	2204
皋兰县	Gaolan	17	5665	5574	5558	11278	931
榆中县	Yuzhong	34	11317	10383	10081	20967	1896
嘉峪关市	**Jiayuguan**	**11**	**4476**	**5086**	**6913**	**8746**	**903**
金昌市	**Jinchang**	**29**	**11030**	**12171**	**15597**	**21466**	**2164**
金川区	Jinchuan	14	4283	5650	6871	10291	1003
永昌县	Yongchang	15	6747	6521	8726	11175	1161
白银市	**Baiyin**	**176**	**63574**	**65640**	**61243**	**135065**	**10868**
白银区	Baiyin	21	8504	8898	10502	16058	1575
平川区	Pingchuan	24	7152	7277	6443	15686	1430
靖远县	Jingyuan	53	17256	18078	15867	35802	2777
会宁县	Huining	56	21933	22772	19443	49655	3624
景泰县	Jingtai	22	8729	8615	8988	17864	1462
天水市	**Tianshui**	**272**	**91200**	**80142**	**75645**	**194971**	**14999**
秦州区	Qinzhou	35	16287	14674	14066	30570	2798
麦积区	Maiji	51	14451	11745	12434	25571	2724
清水县	Qingshui	31	7076	6235	5611	16952	1167
秦安县	Qinan	41	17238	12573	14727	37590	2759
甘谷县	Gangu	57	17815	17303	14819	42159	2661
武山县	Wushan	36	10861	8432	8623	21966	1802
张家川县	Zhangjiachuan	21	7472	9180	5365	20163	1088
武威市	**Wuwei**	**155**	**52346**	**57982**	**54240**	**111764**	**8823**
凉州区	Liangzhou	80	28353	28491	26109	57376	4519
民勤县	Minqin	23	9978	11509	11938	21083	1569
古浪县	Gulang	30	9237	12261	11059	22093	1643
天祝县	Tianzhu	22	4778	5721	5134	11212	1092
张掖市	**Zhangye**	**100**	**29041**	**31019**	**30325**	**60898**	**5630**

16-17 续表 1 continued

单位：人 (person)

地　区	Region	普通中学学校数（所） Number of Schools (unit)	毕业生数 Graduates	招生数 New Student Enrollment	高中在校学生数 Senior Secondary Schools	初中在校学生数 Junior Secondary Schools	专任教师 Number of Full-time Teachers
甘州区	Ganzhou	40	11820	13012	13155	25380	2414
肃南县	Sunan	8	358	738	394	1611	162
民乐县	Minle	12	7170	6507	7324	12643	1030
临泽县	Linze	11	3054	3209	2705	5846	611
高台县	Gaotai	11	3279	3578	2717	7522	693
山丹县	Shandan	18	3360	3975	4030	7896	720
平凉市	**Pingliang**	**168**	**56560**	**65119**	**54205**	**128894**	**10195**
崆峒区	Kongtong	37	10038	9900	10226	17530	1895
泾川县	Jingchuan	24	7764	9646	7205	20046	1538
灵台县	Lingtai	18	4686	6581	4769	12654	959
崇信县	Chongxin	11	2482	3304	1921	6839	454
华亭县	Huating	13	3425	5007	3845	9875	964
庄浪县	Zhuanglang	28	13211	13807	10596	28876	1940
静宁县	Jingning	37	14954	16874	15643	33074	2445
酒泉市	**Jiuquan**	**86**	**19585**	**24590**	**21913**	**48360**	**4479**
肃州区	Suzhou	34	8233	10322	10120	18795	1775
金塔县	Jinta	5	3690	3906	3829	7718	625
瓜州县	Guazhou	12	1348	2855	2118	6509	593
肃北县	Subei	2	200	250	299	398	86
阿克塞县	Akesai	1	192	214	163	378	65
玉门市	Yumen	17	2505	3288	1986	7247	631
敦煌市	Dunhuang	15	3417	3755	3398	7315	704
庆阳市	**Qingyang**	**197**	**63556**	**72553**	**56612**	**149968**	**11142**
西峰区	Xifeng	29	10586	12071	13925	19770	2029
庆城县	Qingcheng	23	5498	6293	4361	13047	1105
环　县	Huanxian	28	8401	10494	7754	23725	1502
华池县	Huachi	14	2146	3149	3059	6471	576
合水县	Heshui	14	3726	4971	3039	9235	694
正宁县	Zhengning	17	5942	6365	4997	13990	1106
宁　县	Ningxian	35	12663	13974	8621	30880	2003
镇原县	Zhenyuan	37	14594	15236	10856	32850	2127
定西市	**Dingxi**	**291**	**81512**	**79307**	**76874**	**166882**	**13534**
安定区	Anding	69	18602	15700	20128	25508	2636
通渭县	Tongwei	45	14778	11605	12786	26580	2193

16–17 续表 2 continued

单位：人 (person)

地区	Region	普通中学学校数（所） Number of Schools (unit)	毕业生数 Graduates	招生数 New Student Enrollment	高中在校学生数 Senior Secondary Schools	初中在校学生数 Junior Secondary Schools	专任教师 Number of Full-time Teachers
陇西县	Longxi	51	13077	16213	11523	33086	2344
渭源县	Weiyuan	34	8990	7303	9758	16239	1540
临洮县	Lintao	50	12434	16707	13849	31336	2358
漳　县	Zhangxian	16	4858	4367	3047	10706	728
岷　县	Minxian	26	8773	7412	5783	23427	1735
陇南市	**Longnan**	**228**	**57496**	**71216**	**48355**	**140430**	**10237**
武都区	Wudu	37	12925	17125	9466	29667	2251
宕昌县	Tanchang	29	5565	7110	5540	15146	1095
成　县	Chengxian	24	4682	6750	5127	12880	930
康　县	Kangxian	24	4662	5770	4116	14171	804
文　县	Wenxian	18	3952	4110	3430	8705	753
西和县	Xihe	25	8697	9452	6599	23907	1533
礼　县	Lixian	39	10932	14900	8145	24449	1816
两当县	Liangdang	25	5166	4670	4887	9071	814
徽　县	Huixian	7	915	1329	1045	2434	241
临夏州	**Linxia**	**112**	**32353**	**46091**	**31087**	**84320**	**6127**
临夏市	linxia	11	2461	5618	6842	12113	1089
临夏县	linxia	22	9001	8936	4838	20192	1125
康乐县	Kangle	16	5022	6486	3816	9825	735
永靖县	Yongjing	19	5390	6191	6473	8963	1007
广河县	Guanghe	9	2625	5488	1702	11574	508
和政县	Hezheng	9	3124	4983	2772	7336	518
东乡县	Dongxiang	17	1580	3079	1712	6990	455
积石山县	Jishishan	9	3150	5310	2932	7327	690
甘南州	**Gannan**	**54**	**12890**	**16371**	**10570**	**35126**	**2437**
合作市	Hezuo	4	2068	2728	2490	4660	406
临潭县	Lintan	11	3456	4233	2663	9308	532
卓尼县	Zhuoni	13	1723	2281	1189	5278	321
舟曲县	Zhouqu	12	2592	3241	2072	7285	459
迭部县	Diebu	6	1007	1121	853	2457	234
玛曲县	Maqu	2	315	593	246	1321	134
碌曲县	Luqu	2	284	576	346	1127	109
夏河县	Xiahe	4	1445	1598	711	3690	242

16-18 各地县普通小学基本情况

Basic Statistics of Primary Schools and Kindergartens by Prefecture, County

(2008)

地　区	Region	学龄儿童入学率(%) School-age Children Enrollment Rate (%)	学校数(所) Number of Schools (unit)	在校学生数(人) Student Enrollment (person)	专任教师数(人) Number of Full-time Teachers (person)
兰州市	**Lanzhou**	**99.99**	**786**	**234637**	**14121**
城关区	Chengguan	100.00	84	66239	3026
七里河区	Qilihe	99.95	82	35039	2073
西固区	Xigu	100.00	62	24328	1600
安宁区	Anning	100.00	19	11806	667
红古区	Honggu	100.00	39	10524	959
永登县	Yongdeng	100.00	223	39222	2551
皋兰县	Gaolan	100.00	68	15443	939
榆中县	Yuzhong	100.00	209	32036	2306
嘉峪关市	**Jiayuguan**	**100.00**	**21**	**16724**	**825**
金昌市	**Jinchang**	**99.99**	**145**	**38556**	**2298**
金川区	Jinchuan	100.00	42	18126	978
永昌县	Yongchang	99.99	103	20430	1320
白银市	**Baiyin**	**99.84**	**870**	**183642**	**11847**
白银区	Baiyin	100.00	59	23817	1582
平川区	Pingchuan	100.00	69	20589	1671
靖远县	Jingyuan	99.81	219	48994	3286
会宁县	Huining	99.89	385	68738	3624
景泰县	Jingtai	99.42	138	21504	1684
天水市	**Tianshui**	**99.80**	**2046**	**413990**	**18502**
秦州区	Qinzhou	99.83	344	69920	3467
麦积区	Maiji	99.97	314	59152	3156
清水县	Qingshui	99.80	210	34177	1582
秦安县	Qinan	99.87	373	73084	3048
甘谷县	Gangu	99.82	346	80678	3244
武山县	Wushan	99.32	209	53458	1902
张家川县	Zhangjiachuan	99.91	250	43521	2103
武威市	**Wuwei**	**95.94**	**1008**	**179137**	**11186**
凉州区	Liangzhou	94.54	402	87913	5605
民勤县	Minqin	99.95	203	26400	1775
古浪县	Gulang	97.07	224	48159	2093
天祝县	Tianzhu	93.78	179	16665	1713
张掖市	**Zhangye**	**100.00**	**580**	**103784**	**6227**

16–18 续表 1 continued

地　区	Region	学龄儿童入学率（%）School-age Children Enrollment Rate(%)	学校数（所）Number of Schools (unit)	在校学生数（人）Student Enrollment (person)	专任教师数（人）Number of Full-time Teachers (person)
甘州区	Ganzhou	100.00	110	41392	2360
肃南县	Sunan	100.00	11	2915	259
民乐县	Minle	100.00	159	21303	973
临泽县	Linze	100.00	102	11441	740
高台县	Gaotai	100.00	109	12504	767
山丹县	Shandan	100.00	89	14229	1128
平凉市	**Pingliang**	**99.76**	**1499**	**236508**	**12979**
崆峒区	Kongtong	99.93	221	51783	2412
泾川县	Jingchuan	99.20	225	35298	1931
灵台县	Lingtai	99.92	181	21316	1297
崇信县	Chongxin	99.51	67	8727	527
华亭县	Huating	99.93	110	15637	1366
庄浪县	Zhuanglang	99.76	352	52821	2409
静宁县	Jingning	99.92	343	50926	3037
酒泉市	**Jiuquan**	**100.00**	**339**	**91853**	**4876**
肃州区	Suzhou	100.00	154	33809	1748
金塔县	Jinta	100.00	32	15254	815
瓜州县	Guazhou	100.00	67	13528	679
肃北县	Subei	100.00	4	930	120
阿克塞县	Akesai	100.00	1	697	73
玉门市	Yumen	100.00	37	13548	717
敦煌市	Dunhuang	100.00	44	14087	724
庆阳市	**Qingyang**	**99.06**	**1547**	**249855**	**15271**
西峰区	Xifeng	99.80	121	34904	2531
庆城县	Qingcheng	96.07	195	23712	1577
环　县	Huanxian	99.70	308	39274	1933
华池县	Huachi	99.75	143	11662	857
合水县	Heshui	98.73	91	15627	927
正宁县	Zhengning	99.67	109	20266	1428
宁　县	Ningxian	98.68	273	47794	3115
镇原县	Zhenyuan	99.46	307	56616	2903
定西市	**Dingxi**	**99.35**	**1701**	**304027**	**14979**
安定区	Anding	99.89	264	35132	2618
通渭县	Tongwei	99.03	291	57996	2428

16–18 续表 2 continued

地　　区	Region	学龄儿童入学率（%）School-age Children Enrollment Rate(%)	学校数（所）Number of Schools (unit)	在校学生数（人）Student Enrollment (person)	专任教师数（人）Number of Full-time Teachers (person)
陇西县	Longxi	99.71	269	54416	2902
渭源县	Weiyuan	99.48	209	36102	1836
临洮县	Lintao	98.80	341	43772	2605
漳　县	Zhangxian	99.75	134	27270	992
岷　县	Minxian	99.18	193	49339	1598
陇南市	**Longnan**	**98.92**	**1361**	**308532**	**13820**
武都区	Wudu	99.30	214	62066	2679
宕昌县	Tanchang	99.89	156	23270	1566
成　县	Chengxian	99.12	161	25522	1308
康　县	Kangxian	95.02	110	31817	1029
文　县	Wenxian	99.84	84	17401	1035
西和县	Xihe	99.15	182	60145	2163
礼　县	Lixian	99.24	212	65892	2559
两当县	Liangdang	99.45	178	18210	1143
徽　县	Huixian	99.49	64	4209	338
临夏州	**Linxia**	**97.90**	**888**	**238066**	**9384**
临夏市	linxia	99.67	54	21549	1150
临夏县	linxia	97.94	147	39994	1638
康乐县	Kangle	97.83	129	30321	1224
永靖县	Yongjing	97.26	120	18440	1258
广河县	Guanghe	98.71	101	33207	959
和政县	Hezheng	98.27	72	22038	958
东乡县	Dongxiang	97.13	127	37298	1245
积石山县	Jishishan	97.03	138	35219	952
甘南州	**Gannan**	**98.48**	**633**	**90320**	**5056**
合作市	Hezuo	99.20	42	8981	611
临潭县	Lintan	98.94	125	21420	891
卓尼县	Zhuoni	98.81	129	11659	771
舟曲县	Zhouqu	98.05	148	20894	861
迭部县	Diebu	98.67	92	7182	541
玛曲县	Maqu	96.81	12	6050	357
碌曲县	Luqu	98.03	26	4677	405
夏河县	Xiahe	98.36	59	9457	619

16-19 企事业单位分行业各类专业技术人员

Professional and Technical Personnel in Enterprises and Institutions

单位：人 (2008) (person)

行业	Sector	总计 Total	#工程技术人员 Engineer-ing	#农业技术人员 Agricul-ture	#科学研究人员 Scientific Research	#卫生技术人员 Health Care	#教学人员 Teach-ing
总 计	**Total**	**496499**	**60177**	**25050**	**1813**	**62115**	**301549**
农林牧渔业	Farming,Forestry,Animal Husbadry and Fishery	33469	6356	23717	194	403	488
交通运输、仓储和邮政业	Transport, Storage, Post and Telecom-munication Services	7859	4103	2		38	12
信息传输计算机服务和软件业	Information Transmission,Computer Service and Software	202	170		10		
金融业	Financial Intermediation	5056	75				2
租凭和商务服务业	Leasing and Commercial Services	258	59	3		3	1
科学研究技术服务和地质勘查业	Scientific Research,Technical Services and Geological Prospecting	8867	5794	321	919	254	273
水利环境和公共设施管理业	Management of Water Conservancy, Environment,and Public Facilities	8700	7545	274		36	8
居民服务和其他服务业	Resident and Other Services	573	237	3		35	7
教育	Education	302304	1000	56	447	506	297993
卫生社会保障和社会福利业	Health Care,Social Security, Social Welface	58710	159	78	46	56571	787
文化体育和娱乐业	Culture,Sports and Recreations	10937	1336	23	16	36	163
采矿业	Mining	14107	7207	8		1773	1181
制造业	Manufacturing	20698	11645	200	51	1444	490
电力燃气及水的生产和供应业	Electric Power, Gas and Water Production and Supply	2488	1999	16		10	8
建筑业	Construction	13444	9188		128	586	34
批发和零售业	Wholesale and Retail Trade	2487	364	1		39	3
住宿和餐饮业	Hotel and Catering Services	118	9			5	
房地产业	Real Estate	336	162			3	6
其他行业	Other Sector	5886	2769	348	2	373	93

16-20 科技活动基本情况

Basic Statistics of Scientific and Technological Activities

(2008)

类别	Category	单位数（个） Number of Institutions (unit)	#有科技活动单位 Institutionswith Scientific Technological Activities	科技活动人员（人） Persons Engaged In Research (person)	#科学家和工程师 Scientists and Engineers
总计	**Total**	**2707**	**602**	**56202**	**39265**
按数据来源分组	By Data Source				
科技部	Ministry of Science and Technology	123	123	11352	8640
科研机构	Scientific and Research Institutions	104	104	7968	5950
转制企业	Restructuring of enterprises	13	13	2794	2253
综合技术服务机构	Comprehensive technical service institutions	6	6	590	437
国防科工委	Minstry of Science Technology and Industry for National Defense	2	2	1459	840
教育部	The Ministry of Education	34	23	5185	4536
理工农医院校	Engineering, agriculture and medicine College and university	23	23	3025	2418
人文社科院校	Humanities, Academy of Social Sciences College and university	19	19	2160	2118
大中型工业企业	Large and Medium-scale Industrial Enterprises	283	100	27976	18251
规模以上小型工业企业	Small-scale Industrial Enterprises Above Designated Size	1660	109	2949	1704
软件开放单位	Open software unit	23	23	1513	1178
其他	Others	554	203	5768	4116
按执行部门分组	By executive departments division				
科研机构	Scientific and Research Institutions	106	106	9427	6790
高等院校	Institutions of Higher Education	34	23	5185	4536
企业	Enterprises	2176	308	37131	24634
#工业企业	Industrial enterprises	2101	272	34139	22323
其他	Others	363	146	4459	3305
按隶属关系分组	By Subordination				
中央	Center	138	64	16146	12367
地方	Local	2569	538	40056	26898

16-20 续表 continued

类 别	Category	科技经费内部支出（万元） Intramural Expenditures on S&T Activities(10 000 yuan)	#R&D 经费内部支出 R&D	项目（课题）参加人员折合全时当量（人/年） Projects (Subjects) Participants Amount to Full-time Equivalent unit(person/year)	#科学家和工程师 Scientists and Engineers	项目（课题）实际经费支出（万元） Actual Expenses of Projects (Subjects)(10 000 yuan)
总计	**Total**	**665667.0**	**325005.0**	**29311**	**22124**	**429192.3**
按数据来源分组	By Data Source					
科技部	Ministry of Science and Technology	185105.0	79846.0	5420	4079	57183.0
科研机构	Scientific and Research Institutions	129165.0	70896.0	4700	3536	46383.0
转制企业	Restructuring of enterprises	41966.0	8190.0	616	464	10329.0
综合技术服务机构	Comprehensive technical service institutions	13974.0	760.0	104	79	471.0
国防科工委	Minstry of Science Technology and Industry for National Defense	22704.0	22320.0	1023	642	16257.0
教育部	The Ministry of Education	48149.0	37308.0	2433	2424	40020.0
理工农医院校	Engineering, agriculture and medicine College and university	43863.0	33022.0	1815	1814	36965.0
人文社科院校	Humanities, Academy of Social Sciences College and university	4286.0	4286.0	618	610	3055.0
大中型工业企业	Large and Medium-scale Industrial Enterprises	351716.0	168607.0	16282	11822	283301.0
规模以上小型工业企业	Small-scale Industrial Enterprises Above Designated Size	29916.0	3764.0	1361	1015	17743.0
软件开放单位	Open software unit	5025.0	2825.0	419	380	1973.0
其他	Others	23051.0	10335.0	2373	1762	12715.3
按执行部门分组	By executive departments division					
科研机构	Scientific and Research Institutions	151869.0	93216.0	5723	4178	62640.0
高等院校	Institutions of Higher Education	48149.0	37308.0	2433	2424	40020.0
企业	Enterprises	435588.0	188595.0	19396	14205	317473.0
#工业企业	Industrial enterprises	409447.0	183564.0	18747	13664	313304.8
其他	Others	30060.0	5886.0	1759	1317	9059.3
按隶属关系分组	By Subordination					
中央	Center	218968.0	125374.6	6254	4992	132031.6
地方	Local	446700.0	199631.9	23057	17132	297160.7

16-21 科技活动情况

Basic Statistics of Scientific and Technological Activities

指　　标	Item	2000	2005	2007	2008
科技活动单位数（个）	Number of Scientific Technological Activities Institutions (unit)	1588	2587	2599	2707
#科研单位	Scientific Research Institutions	150	107	106	106
大中型工业企业	Large and Medium Industrial Enterprises	195	228	250	283
高等院校	College and university	18	56	33	34
科技活动人员数（万人）	Number of Persons Engaged in Scientific and Technological Activities (10 000 persons)	7.10	5.04	5.27	5.62
#科学家和工程师	Scientists and Engineers	4.40	3.42	3.56	3.93
科技活动经费筹集总额（亿元）	Funding for Scientific and Technological Activities (100 million yuan)	22.80	44.36	72.17	78.35
#自筹资金	Funds Self-raising	8.70	26.05	48.68	51.3
银行贷款	Bank Loan	2.60	0.45	0.98	0.7
科技活动经费内部支出总额（亿元）	Expenditures for Scientific and Technological Activities (100 million yuan)	22.10	37.23	60.21	66.57
#劳务费	Service Fees	7.60	8.72	13.57	15.1
固定资产构建支出	Purchases of Fixed Assets	4.90	11.83	17.31	19.37
#研究与发展经费内部支出	Research and Development Expenses	7.50	19.49	25.60	32.50
研究与发展经费支出占生产总值比重（%）	Proportion of Research and Development Expenses to Gross Regional Product (%)	0.71	1.01	0.95	1.02

16-22 科技活动经费情况

Funds of Scientific and Technical Activities

单位：万元　　（2008）　　(10 000yuan)

项　目	Item	总计 Total	科研机构 Scientific and Research Institutions	高等院校 College	大中型工业企业 Large and Medium Scale Industrial Enterprises	其他 Others	按隶属关系分 Grouped by Subordination: 中央 Central	地方 Local
科技经费筹集额	Funds of Science and Technology	783503	173546	50377	471570	26736	228442	555060
#政府资金	Government	228998	150012	27614	14993	19207	142802	86195
企业资金	Enterprise	512967	2013	21000	452759	1537	67058	445910
事业单位资金	Undertaking	17913	14319	1697		1852	11257	6655
金融机构贷款	Loans	6992			1803	1160	500	6492
国外资金	Foreign Funds	855	378	56	20	401	325	529
其他资金	Other	15779	6823	10	1995	2579	6499	9279
科技活动经费支出额	Expenditures for Scientific and Technological Activities	815160	151869	49794	496992	23299	225632	589529
内部支出	Inner Expenditures	665667	151869	48149	351716	23051	218968	446700
#科研基建支出	For Capital Construction	57799	14314	140	27475	1415	20631	37170
设备购置	Purchase Equipment	157943	27750	4863	98150	2581	52372	105572
外部支出	Exterior Expenditure	149493		1645	145276	248	6664	142829

16-23 科技活动机构情况

Basic Statistics on Scientific and Technological Institutions

(2008)

行 业	Sector	机构数（个）Number of Institutions(unit)	机构从事科技活动人员（人）Persons Engaged In Research (person)	#科学家和工程师 Scientist and Engineer	机构科技经费内部支出（万元）Expenditure (10000yuan)	#R&D经费 R&D
总计	**Total**	**394**	**26434**	**18167**	**355357.0**	**112553.0**
#科研机构	Scientific Research Institutions	106	9427	6790	151869.0	93215.0
高等院校	Institutions of Higher Education	59	1075	663	9955.9	7999.8
大中型工业企业	Large and Medium Industrial Enterprises	111	10718	6920	127149.0	
其他	Others	22	836	646	16095.6	2382.0
按学科分组	**By Subject**					
自然科学	Natural Science	20	3031	2752	73544.0	48978.0
农业科学	Agriculture	70	3203	2177	36100.8	14838.0
医药科学	Medicine	23	838	574	9415.8	2123.8
工程与技术科学	Engineering and technique	250	18052	11901	218905.8	38838.4
人文与社会科学	Humanities and Social Science	31	1310	763	17390.9	7775.8
按服务的国民经济行业分组	**By Sector**					
农、林、牧、渔业	Farming,Forestry,Animal Husbandry and Fishery	63	2951	2030	32533.0	12730.0
采矿业	Mining	7	364	265	5267.0	2323.0
制造业	Manufacturing	206	13688	8948	157231.5	8383.4
电力、煤气及水的生产和供应业	Electric Power, Gas and Water Production and Supply	12	703	474	5298.0	2043.0
建筑业	Construction	7	610	403	4330.0	3013.0
交通运输、仓储和邮政业	Transport, Storage, Post and Telecommunication Services	1	6	3	12.0	12.0
信息传输、计算机服务和软件业	Information Transmission,Computer Services and Software	4	85	56	1259.0	158.0
批发和零售业	Wholesale and Retail Trade					
住宿和餐营业	Hotel and Catering Services					

16-23 续表 continued

行 业	Sector	机构数（个） Number of Institutions (unit)	机构从事科技活动人员（人） Persons Engaged In Research (person)	#科学家和工程师 Scientist and Engineer	机构科技经费内部支出（万元） Expenditure (10000yuan)	#R&D经费 R&D
金融业	Financial Intermediation					
房地产业	Real Estate					
租赁和商务服务业	Leasing and Commercial Services	2	43	40	620.0	168.0
科学研究、技术服务业和地质勘查业	Scientific Research, Technology Services and Geological Prospecting	48	6618	4966	134253.8	80231.4
水利、环境和公共设施管理业	Management of Water Conservancy, Environment,and Public Facilities	4	324	222	2951.0	280.0
居民服务和其他服务业	Resident and Other Services					
教育	Education	16	173	164	1230.9	241.8
卫生、社会保障和社会福利业	Health Care,Social Security,Social Welface	20	729	504	8354.8	1729.8
文化、体育和娱乐业	Culture,Sports and Recreations	4	140	92	2018.0	1243.0
公共管理和社会组织	Public Administration and Entertainment Social Organizations					
按机构类型分组	**By Institutions**					
与境外机构合办	Cooperation With Oversea Institutions					
与国内高等学校合办	Cooperation With College	1	6	4	9.0	9.0
与国内独立科研机构合办	Cooperation With Scientific research					
与境内注册外商独资企业合办	Cooperation With Foreign Funded Enterprises					
与境内注册其他企业合办	Cooperation With Others					
单位自办	Self	384	24910	17281	331690.2	89318.7
其他	Others	9	1518	882	23660.1	23225.7
按隶属关系分	**By Subordination**					
中央	Central	77	9049	7208	165599.1	87227.5
地方	Local	317	17385	10959	189757.2	25326.8

16-24 各地区科技活动情况
Basic Statistics of Science Technology by Prefecture

（2008）

地　区	Region	机构数（个） Institutions (unit)	机构科技活动人员（人） Personnel Engaged in Scientific and Technological Activity (person)	#科学家和工程师 Scientist and engineer	机构科技经费内部支出（万元） Inner Expenditures of Scientific and Technological Activity (10 000yuan)	#R&D经费内部支出 R&D Inner Expenditures
兰州市	Lanzhou	182	14914	11060	235897.1	99228.1
嘉峪关市	Jiayuguan	18	1327	697	6762.0	
金昌市	Jinchang	11	1634	1506	43877.8	
白银市	Baiyin	21	1391	923	12038.1	2405.5
天水市	Tianshui	40	3036	1533	14163.6	1196.8
武威市	Wuwei	14	412	299	7328.1	501.7
张掖市	Zhangye	29	707	365	3784.4	990.3
平凉市	Pingliang	15	542	339	5403.6	2063.4
酒泉市	Jiuquan	28	1358	797	15052.0	5188.3
庆阳市	Qingyang	6	261	156	1842.2	129.5
定西市	Dingxi	13	357	193	4663.4	427.8
陇南市	Longnan	6	107	68	2110.0	160.0
临夏州	Linxia	6	202	132	1024.0	58.0
甘南州	Gannan	5	186	99	1413.0	206.0

16-25 研究与实验发展（R&D）情况
Basic Statistics on R&D

（2008）

项　目	Item	总 计 Total	科研机构 Scientific and Research Institutions	高等院校 College	大中型工业企业 Large and Medium Scale Industrial Enterprises	其 他 Others	按隶属关系分 by Subordination 中 央 Central	地 方 Local
有R&D活动的单位数（个）	Number of Units (unit)	391	73	42	57	102	50	341
R&D人员折合全时人员（人年）	Full-time Equivalent of R&D Personnel (personyear)	20287	5203	2281	9466	1135	6081	14205
# 科学家和工程师	Scientists and Engineers	15721	3691	2270	7163	852	5005	10717
全时人员	Full-time Personnel	16069	4840	694	7863	851	4866	11204
#基础研究	Fundamental Research	2132	1375	752			1602	530
应用研究	Applied Research	5750	1171	1496	1876	579	1758	3992
实验发展	Experimental Development	12405	2657	33	7590	556	2720	9684
经费内部支出（万元）	Inner Expenditures (10 000yuan)	325006	93216	37308	168607	5886	125375	199632
#经常费支出	Regular Expenditures	309720	81732	37203	167747	5743	114563	195159
科研基建支出	For Capital Construction	15286	11484	105	860	143	10812	4473
#固定资产购建	Investment in Fixed Assets	83290	26425	7201	42791	955	35178	48113
#设备购置	Purchase Equipment	72929	22298	3844	42256	852	30764	42165
经费外部支出（万元）	Exterior Expenditure (10 000yuan)	78663		1105	76091	6	2637	76025

16-26 各地区研究与实验发展（R&D）情况

Basic Statistics on R&D by Prefecture

（2008）

地 区	Region	有R&D活动的单位数（个） Number of Units (unit)	R&D人员折合全时人员（人/年） Full-time Equivalent of R&D Personnel (person/year)	#科学家和工程师 Scientists and Engineer	#全时人员 Full-time Staffs	基础研究 Fundamental Research	应用研究 Applied Research	实验发展 Experimental Development
兰州市	Lanzhou	157	10033	8351	7777	1875	3283	4876
嘉峪关市	Jiayuguan	1	1862	1281	1583		1161	701
金昌市	Jinchang	8	2203	1635	1526		68	2135
白银市	Baiyin	31	1052	822	635		95	957
天水市	Tianshui	52	2175	1698	1892	85	414	1677
武威市	Wuwei	17	154	115	143	5	19	130
张掖市	Zhangye	25	364	258	316	4	49	310
平凉市	Pingliang	15	482	265	435		159	323
酒泉市	Jiuquan	35	1165	708	1095	150	80	935
庆阳市	Qingyang	8	151	140	78	12	79	60
定西市	Dingxi	13	466	307	437		324	142
陇南市	Longnan	7	20	13	11		4	16
临夏州	Linxia	17	121	102	119		12	109
甘南州	Gannan	5	38	29	20	2	3	33

16-26 续表 continued

地 区	Region	R&D经费内部支出（万元） Number of Units (10 000yuan)	经常费支出 Regular Expenditures	科研基建支出 For Capital Construction	固定资产购建 Investement in Fixed Assets	设备购置 Purchase Equipment	R&D经费外部支出（万元） Exterior Expenditure (10000yuan)
兰州市	Lanzhou	157500	34984	12794	45490	36788	3593
嘉峪关市	Jiayuguan	34508	6414	129	8398	8329	34516
金昌市	Jinchang	74293	11738	650	17740	17427	36858
白银市	Baiyin	8643	2678	160	2888	2819	2192
天水市	Tianshui	13108	3956	396	3117	2895	792
武威市	Wuwei	654	530	57	81	47	0
张掖市	Zhangye	2628	728	140	633	566	86
平凉市	Pingliang	4665	1620	4	1171	1167	222
酒泉市	Jiuquan	9014	4130	867	2816	1956	136
庆阳市	Qingyang	344	247	2	42	39	1
定西市	Dingxi	2219	971	1	266	266	34
陇南市	Longnan	669	90	0	178	177	52
临夏州	Linxia	1310	409	12	388	376	181
甘南州	Gannan	171	136	75	86	81	0

16-27 大中型工业企业技术开发机构情况

Technical Development Institutions of Large and Medium Industrial Enterprises

(2008)

类别	Item	企业数(个) Number of Enterprise (unit)	企业办技术开发机构数(个) Technical Development Institutions in Enterprises (unit)	技术开发机构参加项目人员(人) Technical Development Personnel (person)	# 科学家和工程师 Scientists and Engineers	技术开发机构经费支出(万元) Expenditures of Technical Development (10000 yuan)
总计	**Total**	**283**	**111**	**10718**	**6920**	**127149**
按隶属关系分	**Grouped by Subordination**					
中央	Central		33	1757	1270	19167
地方	Local		78	8961	5650	107982
按登记注册类型分	**By Registration Categories**					
国有企业	State-owned					
集体企业	Collective-owned					
其他单位	Other					
# 中外合资	Sino-foreign Joint-owned					
按工业行业大类分组	**By Sector**					
煤炭开采和洗选业	Coal Mining and Dressing	18	4	156	114	891
石油和天然气开采业	Petroleum and Natural Gas Extraction	2				
黑色金属矿采选业	Ferrous Metals, Mining and Dressing	4				
有色金属矿采选业	Nonferrous Metals Mining and Dressing	10	1	11	6	106
非金属矿采选业	Nonmetal Minerals Mining and Dressing					
其他采矿业	Mining and Dressing of Other Minerals					
农副食品加工业	Agriculture and Sideline Food Production	13	3	46	43	265
食品制造业	Food Production	6	1	66	31	386
饮料制造业	Beverage Production	15				
烟草制品业	Tobacco Processing	2	1	59	59	957
纺织业	Textile Industry	2	1	107	36	1327
纺织服装、鞋、帽制造业	Textile,Garment,Shoes,Caps	2				
皮革、毛皮、羽毛(绒)及其制品业	Leather, Furs, Down and Related Products	2				
木材加工及木、竹、藤、棕、草制品业	Timber Processing,Bamboo,Cane,Palm Fiber and Straw Products	1				
家具制造业	Furniture Manufacturing					
造纸及纸制品业	Papermaking and Paper Products	4				

16-27 续表 continued

类别	Item	企业数（个） Number of Enterprise (unit)	企业办技术开发机构数（个） Technical Development Institutions in Enterprises (unit)	技术开发机构参加项目人员（人） Technical Development Personnel (person)	# 科学家和工程师 Scientists and Engineers	技术开发机构经费支出（万元） Expenditures of Technical Development (10000 yuan)
印刷业和记录媒介的复制	Printing and Record Medium Reproduction	4				
文教体育用品制造业	Cultural, Educational and Sports Goods					
石油加工、炼焦及核燃料加工业	Petroleum Processing , Coking and Nuclear Fuel Processing	5	3	250	250	1650
化学原料及化学制品制造业	Raw Chemical Materials and Chemical Products	33	13	838	585	9746
医药制造业	Medical and Pharmaceutical Products	9	11	385	227	7325
化学纤维制造业	Chemical Fiber	2	2	49	46	97
橡胶制品业	Rubber Products					
塑料制品业	Plastic Products	5	1	108	108	380
非金属矿物制品业	Nonmetal Mineral Products	26	4	582	191	4149
黑色金属冶炼及压延加工业	Smelting and Pressing of Ferrous Metals	10	14	1296	678	10489
有色金属冶炼及压延加工业	Smelting and Pressing of Nonferrous Metals	19	15	2884	2184	55642
金属制品业	Metal Products	4	1	15	6	28
通用设备制造业	General Purposes Equipment Manufacturing	13	6	521	218	2642
专用设备制造业	Equipment Manufacturing For Special Purposes	13	10	1368	752	15583
交通运输设备制造业	Transport Equipment Manufacturing	7	2	49	31	427
电气机械及器材制造业	Electric Equipment and Machinery	12	5	780	598	5273
通信设备、计算机及其他电子设备制造业	Telecommunication Equipment,Computer and Other Elctronic Equipment	5	5	696	480	8210
仪器仪表及文化、办公用机械制造业	Instruments,Meters,Cultural and Office Machinery	1				
工艺品及其他制造业	Arts and Other Manufacturing	1				
废弃资源和废旧材料回收加工业	Waste Resources and Materials Recycling and Processing	1				
电力、热力的生产和供应业	Electric Power, Gas and Water Production and Supply	29	4	72	51	406
燃气生产和供应业	Production and Supply of Gas	1				
水的生产和供应业	Production and Supply of Water	2	4	380	226	1170

16-28 大中型工业企业技术开发项目与技术开发经费情况

Projects and Expenditure of Technology Development Project in Large and Medium-Size Industry Enterprises

(2008)

类别	Item	经费筹集总额（万元） Total Funds (10000 yuan)	#企业自筹 Self Raising	经费内部支出总额（万元） Total Expenditures (10 000 yuan)	#开发新产品 New Product of Development	开发项目数合计（项） Total Development Projects (unit)	#研究与发展项目 R&D Projects
总　计	**Total**	**471570.0**	**452759.0**	**351716**	**1673588.0**	**1877**	**819**
按隶属关系分	**Grouped by Subordination**						
中央	Central						
地方	Local						
按登记注册类型分	**By Registration Categories**						
国有企业	State-owned	29593.4	26538.4	32123.3	21282.6	321	86
集体企业	Collective-owned	1303.0	1298.0	4819.0	1084.0	16	1
其他单位	Other	439064.4	424813.4	312964.5	1650552.5	1534	729
# 中外合资	Sino-foreign Joint-owned	1609.2	109.2	1809.2	669.2	6	3
按工业行业大类分	**By Sector**						
煤炭开采和洗选业	Coal Mining and Dressing	12334.5	12270.5	7687.9	383.0	121	38
石油和天然气开采业	Petroleum and Natural Gas Extraction						
黑色金属矿采选业	Ferrous Metals Mining and Dressing			360.0			
有色金属矿采选业	Nonferrous Metals Mining and Dressing	105.8	105.8	105.8		1	
非金属矿采选业	Nonmetal Minerals Mining and Dressing						
其他采矿业	Mining and Dressing of Other Minerals						
农副食品加工业	Agriculture and Sideline Food Production	283.0	250.5	940.8	250.0	18	
食品制造业	Food Production	689.8	575.0	670.1	371.0	27	5
饮料制造业	Beverage Production	15.9	15.9	304.0	11.0	1	
烟草制品业	Tobacco Processing	1987.0	1987.0	977.0	215.0	10	4
纺织业	Textile Industry	1327.3	1297.3	1340.2	225.0	8	
纺织服装、鞋、帽制造业	Textile,Garment,Shoes,Caps						
皮革、毛皮、羽毛(绒)及其制品业	Leather, Furs, Down and Related Products						
木材加工及木、竹、藤、棕、草制品业	Timber Processing,Bamboo,Cane,Palm Fiberand Straw Products						
家具制造业	Furniture Manufacturing						
造纸及纸制品业	Papermaking and Paper Products						

注：开发项目数为立项经费在10万元及以上的项目数。

a) Number of technology development project only includes the numbers above 100,000 yuan in funds.

16–28续表 continued

类别	Item	经费筹集总额（万元）Total Funds (10000 yuan)	#企业自筹 #Self Raising	经费内部支出总额（万元）Total Expenditures (10 000 yuan)	#开发新产品 #New Product of Development	开发项目数合计（项）Total Development Projects (unit)	#研究与发展项目 #R&D Projects
印刷业和记录媒介的复制	Printing and Record Medium Reproduction						
文教体育用品制造业	Cultural, Educational and Sports Goods						
石油加工、炼焦及核燃料加工业	Petroleum Processing, Coking and Nuclear Fuel Processing	5179.0	5171.0	5079.0	1012.0	44	22
化学原料及化学制品制造业	Raw Chemical Materials and Chemical Products	19515.5	17270.5	17136.9	10856.9	139	57
医药制造业	Medical and Pharmaceutical Products	12279.4	11496.7	10314.9	9135.7	81	29
化学纤维制造业	Chemical Fiber	1415.4	1201.4	1555.4	1414.0	8	
橡胶制品业	Rubber Products						
塑料制品业	Plastic Products	497.8	38738.0	497.8	220.0	4	2
非金属矿物制品业	Nonmetal Mineral Products	5770.7	5507.6	5555.7	4457.5	34	7
黑色金属冶炼及压延加工业	Smelting and Pressing of Ferrous Metals	165916.5	165916.5	89045.9	38259.0	180	100
有色金属冶炼及压延加工业	Smelting and Pressing of Nonferrous Metals	183368.2	182513.2	138667.3	57559.8	332	178
金属制品业	Metal Products	433.9	433.9	207.9	157.9	3	2
通用设备制造业	General Purpose Equipment Manufacturing	5792.2	4596.2	7229.9	4567.5	91	57
专用设备制造业	Equipment Manufacturing For Special Purposes	17655.2	15214.2	21932.4	15822.4	241	18
交通运输设备制造业	Transport Equipment Manufacturing	2720.2	1220.2	2920.2	1780.2	19	5
电气机械及器材制造业	Electric Equipment and Machinery	16455.7	14780.4	18614.2	10694.2	235	200
通信设备、计算机及其他电子设备制造业	Telecommunication Equipment,Computer and Other Elctronic Equipment	11417.4	5237.4	13322.3	7332.6	191	79
仪器仪表及文化、办公用机械制造业	Instruments,Meters,Cultural and Office Machinery						
工艺品及其他制造业	Arts and Other Manufacturing	1162.7	93.0	1503.8		1	
废弃资源和废旧材料回收加工业	Waste Resources and Materials Recycling and Processing						
电力、热力的生产和供应业	Electric Power, Gas and Water Production and Supply	3747.2	3747.2	3842.0	2058.8	83	16
燃气生产和供应业	Production and Supply of Gas						
水的生产和供应业	Production and Supply of Water	1500.0	1470.0	1905.0	575.0	5	

16-29 各地区科技项目（课题）情况

Statistics of Science and Technology Projiects (Subjects)

(2008)

地 区	Region	项目（课题）数(项) Number of Projiects (Subjects)(unit)	项目（课题）参加人数(人) Projiects (Subjects) Participant (person)	#科学家和工程师 Scientists and Engineers	项目（课题）实际经费支出（万元） Actual Expenses of Projiects (Subjects) (10 000 yuan)
甘肃省	Total	10691	29311	22124	429192.3
兰州市	Lanzhou	7797	12396	10330	179079.6
嘉峪关市	Jiayuguan	175	3104	1766	58492
金昌市	Jinchang	231	2560	1964	100417
白银市	Baiyin	329	2314	1758	25993.8
天水市	Tianshui	924	2618	1908	20924.9
武威市	Wuwei	96	342	268	6247.6
张掖市	Zhangye	298	836	540	7719.9
平凉市	Pingliang	179	1102	515	8801.2
酒泉市	Jiuquan	236	2666	2136	13459.9
庆阳市	Qingyang	143	193	179	454.2
定西市	Dingxi	97	727	476	2933.1
陇南市	Longnan	25	39	22	1467.2
临夏州	Linxia	76	327	216	2684.8
甘南州	Gannan	85	86	45	518.2

16-30 科技成果情况

Achievements in Scientific and Technological Research

指 标	Item	2000	2005	2007	2008
基本情况（项）	**Basic Condition (unit)**				
鉴定项目数	Number of Appraisal Projects	517	577	635	672
登记项目数	Number of Book in Projects	554	634	748	788
奖励项目数	Number of Prized Projects	157	156	180	181
成果水平（项）	**Apprais of Scientific Achievenments(unit)**				
国际领先	Keep Ahead at International Level	6	15	17	12
国际先进	International Advanced Level	30	65	79	95
国内领先	Keep Ahead at Domestically Level	225	361	446	442
国内先进	Domestically Advanced Level	257	145	124	138
其他	Other	36	6		6
应用领域（项）	**Applied Field (unit)**				
工业（交通、邮电、建筑、地质）	Industry (Transportation, Post and Telecommunications, Construction, Geology)	98	163	154	208
农业（林、牧、渔）	Agriculture (Forestry, Animal Husbandry and Fishery)	167	185	211	162
已应用项目数（项）	**Number of Adopted Project (unit)**	429	497	514	546

16-31 获国家级科学技术奖

Number of National Scientific and Technological Prizes Awarded

单位：项 (unit)

指　标	Item	2000	2005	2007	2008
获国家级科学技术奖	Number of National Scientific and Technological Prizes Awarded	3	3	5	11
#获国家自然科学奖	Natural Science			2	2
获国家发明奖	National Invention Prizes Awarded				
获国家科技进步奖	National Scientific and Technological Progress Prizes Awarded	3	3	3	9

16-32 各类技术合同签订情况

Statistics of Signing Technical Contract

（2008）

指　标	Item	合同数（项） Number of Contracts (unit)	合同成交金额（万元） Amount of Contracts (10 000 yuan)	#技术交易额 Revenue for Technique Trade
技术开发合同	Technical Development	521	81447.02	61911.22
技术转让合同	Technical Transfer	67	10323.23	10302.23
技术咨询合同	Technical Advisory	617	24865.03	18269.79
技术服务合同	Technical Service	1101	180925.17	138704.7

16-33 专利申请及授权情况

Statistics of Patent Application and Grant

单位：项 (unit)

指　标	Item	申请量 Applications Examined		授权量 Applications Granted	
		2007	2008	2007	2008
总　计	**Total**	**1608**	**2178**	**1025**	**1047**
按种类分	By Category				
发明专利	Inventions	600	952	180	211
实用新型	Utility Models	781	970	656	675
外观设计	Designs	227	256	189	161
按对象分	By Object				
大专院校	Universities and Colleges	190	265	85	84
科研单位	Research Instituions	163	338	89	96
工矿企业	Industrial and Mineral Enterprises	497	663	328	380
机关团体	Government Agencies and Organizations	5	31	9	0
个人	Individual	753	884	514	487

16-34 广播电视事业基本情况

Basic Statistics of Broadcasting and Television

项　　目	Item	2000	2005	2007	2008
广播电台（座）	Number of Broadcasting Stations (set)	7	5	4	4
中短波广播发射和转播台（座）	Medium and Short Wave Transmission Stations and Relay Stations (set)	24	26	30	30
中短波广播发射功率（千瓦）	Medium and Short Wave Transmission Power (kw)	634	696	695	701
发射台及转播台（座）	Transmission Stations and Relay Stations (set)	681	697	784	807
发射机功率（千瓦）	Power of Transmitters (kw)	140	146	183	225
节目（套）	Number of Programs (set)	9	74	84	84
平均每日播出时间（时、分）	Broadcasting Hours Per Day/Week (hour)	120	537	638	679
制作广播节目（小时）	Production of Broadcasting (hour)	58238	100567	99464	99723
#新闻节目	News Programs	6237	20222	20176	20252
专题节目	Special Subject Programs	11606	31937	32707	7949
文艺节目	Entertainment Programs	11665	30472	28173	28623
服务节目	Service Programs	13039	5871	6570	29277
县广播电视台（座）	County Broadcasting Stations (set)	26	72	73	73
广播人口覆盖率（%）	Listener Percentage (%)	85.6	90.5	91.2	92.0
电视台（座）	Television Stations (set)	14	12	10	9
发射台及转播台（座）	Transmission Stations and Relay Stations (set)	2763	3078	3205	3126
发射机功率（千瓦）	Power of Transmitters (kw)	172	168	203	331
节目（套）	Number of Programs (set)	18	95	104	103
平均每日播出时间（时、分）	Broadcasting Hours Per Day (hour, minite)	1074	905	1029	1047
制作电视节目（小时）	Production of Tv Programs (hour)	11493	70718	63642	59385
#新闻节目	News Programs	1747	20150	17835	18747
专题节目	Special Subject Programs	1648	13600	16088	7201
文艺节目	Entertainment Programs	1004	9738	9759	8628
服务节目	Service Programs	2094	11552	6499	14983
电视人口覆盖率（%）	Viewer Percentage (%)	86.1	90.8	91.5	91.9
有线电视入户率（%）	CATV Coverage of Household (%)		26.5	26.5	26.2

16-35 图书、杂志、报纸出版数量

Number of Books, Magazines and Newspapers Published

项　　目	Item	2000	2005	2007	2008
图书出版	**Books Published**				
种数（种）	Number of Publications (kind)	1190	1111	1233	1277
# 出版	New Publications	603	834	871	775
总印数（万册）	Printed Sheets (10 000 copies)	7218	5895	6967	6463
总印张（千印张）	Printed Sheets (1 000 sheets)	335033	335038	462151	411168
杂志出版	**Magazines Publised**				
种数（种）	Number of Publications (kind)	127	128	128	131
总印数（万册）	Printed Volumes (10 000 copies)	8064	14766	13688	12741
总印张（千印张）	Printed Sheets (1 000 sheets)	299876	592000	549905	529901
报纸出版	**Newspapers Publised**				
种数（种）	Number of Publications (kind)	63	68	68	56
总印数（万份）	Printed Sheets (10 000 copies)	25661	37900	37365	38379
总印张（千印张）	Printed Sheets (1 000 sheets)	46782	1198299	1142998	1149684

16-36 文化事业基本情况

Basic Statistics of Culture

项　　目	Item	2000	2005	2007	2008
文化事业机构数（个）	Number of Institution (unit)	4099	7531	6927	6149
文化部门	Culture Institution	783	1609	1625	1704
其他部门	Other Institution	3316	5922	5302	4445
文化事业人员数（人）	Number of Persons Engaged (person)	22876	30515	31775	28592
文化部门	Culture Institution	11109	11537	13536	13262
其他部门	Other Institution	11767	18978	18239	15330
各类文化艺术事业单位数（个）	Number of Culture and Art Institution (unit)				
文化馆、艺术馆	Cultural Centers and Art Station	98	100	100	100
公共图书馆	Public Libraries	91	92	92	92
博物馆	Museum	65	69	73	81
电影院	Cinema				
艺术表演场所	Art Performance Places	46	30	27	31
艺术表演团体	Art Performance Troupes	76	76	77	82

主要统计指标解释

普通高等学校 指按照国家规定的设置标准和审批程序批准举办的，通过全国普通高等学校统一招生考试，招收高中毕业生为主要培养对象，实施高等教育的全日制大学、独立设置的学院和高等专科学校、高等职业学校和其他机构。

成人高等学校 指按照国家规定的设置标准和审批程序批准举办的，通过全国成人高等学校统一招生考试，招收具有高中毕业或同等学历的在职从业人员为主要培养对象，利用函授、业余、脱产等多种形式对其实施高等学历教育的学校。包括职工高等学校、农民高等学校、管理干部学院、教育学院、独立函授学院、广播电视大学、其他机构等。其他机构是承担国家成人招生计划任务不计校数的机构。

科技活动人员 指直接从事科技活动、以及专门从事科技活动管理和为科技活动提供直接服务，累计的实际工作时间占全年制度工作时间10%及以上的人员。(1)直接从事科技活动的人员包括：在独立核算的科学研究与技术开发机构、高等学校、各类企业及其他事业单位内设的研究室、实验室、技术开发中心及中试车间(基地)等机构中从事科技活动的研究人员、工程技术人员、技术工人及其它人员；虽不在上述机构工作，但编入科技活动项目(课题)组的人员；科技信息与文献机构中的专业技术人员；从事论文设计的研究生等。(2)专门从事科技活动管理和为科技活动提供直接服务的人员，包括：独立核算的科学研究与技术开发机构、科技信息与文献机构、高等学校、各类企业及其他事业单位主管科技工作的负责人，专门从事科技活动的计划、行政、人事、财务、物资供应、设备维护、图书资料管理等工作的各类人员，但不包括保卫、医疗保健人员、司机、食堂人员、茶炉工、水暖工、清洁工等为科技活动提供间接服务的人员。该指标用来反映投入科技活动人力的规模。

科学家与工程师 指科技活动人员中具有高、中级技术职称(职务)的人员和不具有高、中级技术职称(职务)的大学本科及以上学历人员。该指标用来反映投入科技活动人力的素质。

研究与试验发展(R&D) 指在科学技术领域，为增加知识总量，以及运用这些知识去创造新的应用进行的系统的创造性的活动，包括基础研究、应用研究、试验发展三类活动。国际上通常采用R&D活动的规模和强度指标反映一国的科技实力和核心竞争力。

研究与试验发展人员 指参与研究与试验发展项目研究、管理和辅助工作的人员，包括项目(课题)组人员，企业科技行政管理人员和直接为项目(课题)活动提供服务的辅助人员。反映投入从事拥有自主知识产权的研究开发活动的人力规模。

专业技术人员 指从事专业技术工作和专业技术管理工作的人员，即企事业单位中已经聘任专业技术职务从事专业技术工作和专业技术管理工作的人员，以及未聘任专业技术职务，现在专业技术岗位上工作的人员。包括工程技术人员，农业技术人员，科学研究人员，卫生技术人员，教学人员，经济人员，会计人员，统计人员，翻译人员，图书资料、档案、文博人员，新闻出版人员，律师、公证人员，广播电视播音人员，工艺美术人员，体育人员，艺术人员及企业政治思想工作人员，共十七个专业技术职务类别。用来反映科技人力资源情况。

科技活动经费筹集 指从各种渠道筹集到的计划用于科技活动的经费，包括政府资金、企业资金、事业单位资金、金融机构贷款、国外资金和其他资金等。反映各社会经济主体对促进科技进步所做的努力。

科技活动经费内部支出 指报告年内用于科技活动的实际支出，包括劳务费、科研业务费、科研管理费，非基建投资购建的固定资产、科研基建支出以及其他用于科技活动的支出。不包括生产性活动支出、归还贷款支出及转拨外单位支出。反映科技投入实际完成情况。

专利 是专利权的简称，是对发明人的发明创造经审查合格后，由专利局依据专利法授予发明人和设计人对该项发明创造享有的专有权。包括发明、实用新型和外观设计。反映拥有自主知识产权的科技和设计成果情况。

文化事业机构 指从事专业文化工作和为专业文化工作服务的独立建制的单位。不包括这些单位另外举办独立核算的其他机构和各部门的业余文化组织。该指标主要反映文化事业机构发展规模水平。

卫生 社会福利及其他 17

SOCIAL WELFARE AND OTHERS

简要说明

一、本篇资料主要内容

本篇资料主要包括卫生、民政事业、劳动保障及其他社会统计情况。

卫生主要包括:卫生机构、卫生技术人员、床位数、医院诊疗人次及入院人数等。

民政事业和劳动保障主要包括社会福利事业机构、人员和社会救济情况、社会保障、婚姻登记等情况。

二、本篇资料来源

本篇资料由甘肃省统计局社会科技处搜集、加工整理。

1.卫生资料由省卫生厅提供。

2.民政事业、劳动保障及其他社会统计情况数据来源于省民政厅、省劳动和社会保障厅、省委统战部、省妇联、省总工会。

17-1 医疗卫生机构基本情况

Basic Statistics of Health Institutions

项　目	Item	2007	2008
卫生机构数（个）	**Number of Health Institutions (unit)**	**12006**	**10534**
#医院	Hospitals	379	377
#县级以上医院小计	At and Above County level	379	377
#综合医院	Comprehensive Hospital	269	262
中医医院	Hospitals of Traditional Chinese Medicine	69	70
中西医结合医院	Hospitals of Combination of Chinese and Western Medicine	1	1
专科医院	Special Illness Hospital	30	34
社区卫生服务中心(站)	Community Health-care Service Centers (Stations)	42	320
卫生院	Rural Township Hospitals	1338	1333
门诊部	Clinics	86	82
妇幼保健院(所、站)	Women and Children Care Agencies	99	100
专科疾病防治院(所、站)	Specialized Disease Prevention & Treatment Institute	7	7
疾病预防控制中心（防疫站）	Disease Prevention and Contral Centers	105	104
医学科学研究机构	Institutions of Medical Science	5	5
床位（张）	**Beds (unit)**	**70358**	**76663**
#医院	Hospitals	50459	53847
#县级以上医院小计	At and Above County level	50459	53847
#综合医院	Comprehensive Hospital	39539	41984
中医医院	Hospitals of Traditional Chinese Medicine	7515	8330
中西医结合医院	Hospitals of Combination of Chinese and Western Chinese	87	92
专科医院	Special Illness Hospital	2915	3059
社区卫生服务中心(站)	Community Health-care Service Centers (Stations)	1004	1359
卫生院	Rural Township Hospitals	16035	18468
门诊部	Clinics	290	160
妇幼保健院(所、站)	Women and Children Care Agencies	1804	1911
专科疾病防治院(所、站)	Specialized Disease Prevention & Treatment Institute	214	14
疾病预防控制中心（防疫站）	Disease Prevention and Control Centers	67	82
医学科学研究机构	Institutions of Medical Sciences		
卫生技术人员（人）	**Medical Technical Personnel (person)**	**85471**	**87633**
执业医师	Medical Practioners Senior	27538	29015
执业助理医师	Assistant Practitioner	7620	7161
注册护士	Registered Nurses	23999	24950
药剂人员	Pharmacists	4969	4859
检验人员	Laboratory Technicians	4747	5148
其　他	Others	16598	16500
每万人口执业(助理)医师（人）	Number of Licensed (Assistant) Doctors per 10 000 Population	13.4	13.76
每万人口注册护士（人）	Number of Registered Nurses per 10 000 Population	9.17	9.50

17-2 卫生机构数

Number of Health Institutions

单位：个 (unit)

年份 Year	总计 Total	#医院 Hospitals	#县及县以上医院 At and Above County level	#卫生院 Rural Township Hospitals	#门诊部、诊所 Clinics	#专科疾病防治院(所、站) Specialized Disease Prevention & Treatment Institute	#卫生防疫机构 Sanitation and Antiepidemic Agencies	#妇幼保健院(所、站) Women and Children Care Agencies	#医学科学研究机构 Research Institutes of Medical Sciences
1995	4131	354	351	1489	1854	27	108	92	9
1996	2377	369	368	1481	66	27	107	90	10
1997	2401	374	373	1487	69	26	106	90	11
1998	2416	367	366	1503	70	26	106	90	11
1999	2415	366	363	1507	71	25	105	90	10
2000	2402	365	361	1502	67	24	105	90	10
2001	2393	366	362	1501	66	21	107	91	9
2002	2333	382	382	1486	127	12	102	99	7
2003	2324	384	384	1477	96	10	103	97	5
2004	2294	376	376	1442	91	8	105	100	4
2005	2219	383	383	1358	88	7	103	99	4
2006	2226	381	381	1351	92	7	106	99	4
2007	2470	379	379	1338	86	7	105	99	5
2008	2476	377	377	1333	82	7	104	100	5

注：本表不含县区诊所、卫生所、医务室、社区卫生服务站。

a) The table don't include the clinics,Infirmaries and Nurse Station.

17-3 卫生机构人员数

Number of Employed Personnel in Health Institutions

单位：人 (person)

年份 Year	总计 Total	#卫生技术人员 Medical Technical Personnel	#执业(助理)医师 Licensed (Assistant) Doctors	#注册护士 Registered Nurses	每万人口执业(助理)医师 Number of Doctors per 10 000 Person
1995	100283	82831	38823	19355	15.9
1996	97710	80426	37615	20421	15.2
1997	99219	81526	38077	20983	15.3
1998	99276	81907	38304	21129	15.2
1999	99809	82551	38795	21499	15.3
2000	95050	79201	37695	21606	14.7
2001	95699	80208	37408	22376	14.5
2002	95504	81175	34780	22380	13.4
2003	96878	82620	35206	22460	13.5
2004	96423	81932	34451	22283	13.2
2005	97140	83017	35246	22403	13.6
2006	99431	85581	30238	20425	11.6
2007	101903	85471	35158	23999	13.4
2008	104179	87633	36176	24950	13.8

注：2001年及以前执业(助理)医师系医生数，注册护士系护师(士)数,17-5同口径。

a) Licensed (assistant) doctors refer to the general doctors, registered nurses refer to senior and junior nurses before 2001.Table 17-5 is the same.

17-4 卫生机构床位数
Number of Beds in Health Institutions

单位：张 (unit)

年份 Year	总计 Total	医院 Hospitals	#县及县以上医院 At and Above County Level	卫生院 Rural Township Hospitals	疗养院 Sanatoriums	其他卫生机构 Other Health Institutions	每万人口医院、卫生院床位 Number of Beds of Hospitals and Health Centers per 10 000 Population
1995	56378	41065	41005	11723	1017	440	23.1
1996	56362	41783	41753	12134	1067	526	22.8
1997	57060	42284	42224	12126	1080	646	22.9
1998	58287	42893	42833	12582	1044	720	23.1
1999	58992	43410	43300	12683	1094	696	23.2
2000	59441	43511	43336	13046	985	675	23.2
2001	60336	44303	44148	13072	913	827	23.4
2002	60936	44698	44698	13443	652	423	23.5
2003	61223	44387	44387	12715	1032	535	23.5
2004	61801	45123	45123	12906	950	2822	23.6
2005	63638	47073	47073	12783	850	2932	24.5
2006	66197	48779	48779	13672	782	2964	25.4
2007	70358	50459	50459	16035	540	3324	26.9
2008	76663	53847	53847	18468	810	3538	29.2

17-5 按市县分卫生机构床位数和卫生技术人员
Beds and Medical Technical Personnel in Health Care Institutions by City and County Areas

年份 Year	卫生机构床位数（张） Beds (unit)		卫生技术人员（人） Number of Medical Technical Personnel (person)		#执业(助理)医师 Licensed (Assistant) Doctors		#注册护士 Registered Nurses	
	市 City	县 County	市 City	县 County	市 City	县 County	市 City	县 County
1995	30193	26185	43891	38940	19113	19710	12645	6711
1996	29823	26539	46476	31002	18815	19272	11636	6702
1997	29992	27068	36956	31863	15017	15335	11918	6933
1998	30816	27471	36757	32443	14925	15654	11775	7222
1999	31189	27803	36765	33079	14968	16102	11953	7414
2000	31287	28154	35977	33341	15037	16614	11924	7526
2001	32146	28190	37069	33214	15485	16885	12440	7780
2002	32317	28619	34808	31806	14494	15331	12518	7647
2003	32877	28346	35344	31899	14692	15232	12318	7846
2004	33455	28346	35004	31499	14697	14718	12296	7758
2005	35673	27965	36444	30482	15357	14344	12470	7611
2006	37327	28870	36876	31631	15633	14605	12707	7718
2007	39500	30858	47721	37750	19977	15181	16042	7957
2008	42447	34216	48611	39022	20507	15669	16524	8426

注：2001年及以前按市县分的卫生机构床位数为医院、卫生院床位数。

a) Number of beds in health care institutions by city and county before 2001 referred to hospital beds.

17-6 医院、卫生院基本情况

Basic Statistics of Hospital and Rural Township Hospital

(2008)

项　目	Item	医院数（个） Hospitals (unit)	床位数（张） Beds (unit)	人员数（人） Personnel (person)	#卫生技术人员 Medical Technical Personnel	执业医师 Practitioner Doctors
总　计	**Total**	**1710**	**72315**	**73820**	**61664**	**20685**
医院	Hospitals	377	53847	56197	46226	16459
县及县以上医院小计	At and Above County level	377	53847	56197	46226	16459
市	City	203	34681	37158	30163	10798
县	County	174	19166	19039	16063	5661
卫生院	Rural Township Hospitals	1333	18468	17623	15438	4226

17-6 续表 continued

项　目	Item	执业助理医师 Assistant Practitioner Doctors	注册护士 Registered Nurses	药剂人员 Pharmacists	检验人员 Laboratory Technicians	其他 Others
总　计	**Total**	**4952**	**20373**	**4133**	**3882**	**7639**
医院	Hospitals	2252	17491	3272	3236	3516
县及县以上医院小计	At and Above County level	2252	17491	3272	3236	3516
市	City	1142	12063	2122	2222	1816
县	County	1110	5428	1150	1014	1700
卫生院	Rural Township Hospitals	2700	2882	861	646	4123

17-7 医院、卫生院诊疗人次及入院人数

Number of Hospital Patients

(2008)

项 目	Item	诊疗人次（万人次）Total Number of Patients Treated (10000 person-times)	#门、急诊 Out-patients and Emergency Patients	入院人数（万人）Hospital Admissions (10 000 patients)	每百诊次的入院人数（人）Hospital Amissions per 100 Patient-Times (person)	每百门、急诊次的入院人数（人）Hospital Admissions per 100 Out-Patient times and Emergency Patient-Times (person)
医院、卫生院合计	**Total**	**3979.96**	**3782.21**	**168.80**	**4.24**	**4.46**
县及县以上医院合计	Hospitals at and above County Level	2390.25	2279.10	115.94	4.85	5.10
卫生院	Rural Township Hospitals	1589.71	1503.11	52.86	3.32	3.50

17-8 各地区医院、卫生院基本情况

Basic Statistics of Hospital and Rural Township Hospital by Prefecture

(2008)

地 区	Region	医院、卫生院数（个）Number of Hospitals (unit)	医院、卫生院床位数（张）Number of Hospital Beds (unit)	医院、卫生院技术人员数（人）Number of Medical Techniceal Personnel (person)
兰州市	Lanzhou	160	14159	13797
嘉峪关市	Jiayuguan	8	1252	1145
金昌市	Jinchang	21	1701	1766
白银市	Baiyin	92	5379	4362
天水市	Tianshui	169	7673	5899
武威市	Wuwei	131	5634	4444
张掖市	Zhangye	112	4545	3228
平凉市	Pingliang	126	5821	4894
酒泉市	Jiuquan	92	4367	3791
庆阳市	Qingyang	148	5412	3951
定西市	Dingxi	155	5986	4783
陇南市	Longnan	238	4359	4842
临夏州	Linxia	141	4526	2927
甘南州	Gannan	117	1501	1835

17-9 各地区卫生机构基本情况

Basic Statistics of Health Institutions by Prefecture ,County

(2008)

地区	Region	卫生机构数（个） Number of Health Institutions (unit)	#医院 Hospitals	卫生机构床位数（张） Number of Hospital Beds (unit)	卫生机构人员数（人） Number of Persons Engaged in Health Institutions (person)	#卫生技术人员 Medical Technical Personnel	#执业(助理)医师 Licensed (Assistant) Doctors	#注册护士 Registered Nurses
兰州市	Lanzhou	1393	91	15312	25233	20541	8882	7354
嘉峪关市	Jiayuguan	38	5	1353	1780	1493	603	567
金昌市	Jinchang	373	9	1807	3063	2669	1079	842
白银市	Baiyin	555	24	5741	6763	5659	2440	1793
天水市	Tianshui	770	35	8661	9249	7766	3210	1964
武威市	Wuwei	371	21	5801	6550	5594	2477	1626
张掖市	Zhangye	398	27	4782	5354	4437	1849	1245
平凉市	Pingliang	1129	24	6033	8188	6918	2754	1815
酒泉市	Jiuquan	334	27	4480	5905	5015	2033	1790
庆阳市	Qingyang	1324	28	5680	7378	6203	2502	1472
定西市	Dingxi	622	22	6126	7085	6032	2866	1497
陇南市	Longnan	2270	28	4552	8951	7964	2413	1314
临夏州	Linxia	708	17	4714	5526	4545	1741	1068
甘南州	Gannan	249	19	1621	3154	2797	1327	603

17-10 妇联组织及干部基本情况

Basic Conditions of Women's Federation

指标	Item	2000	2005	2007	2008
乡及乡以上妇联组织机构（个）	Women's Federation Institution of Township and Above Township (unit)	1723	2615	1464	1466
乡及乡以上妇联干部（人）	Cadres of Township and Race's above Township (person)	2007	1805	1865	1890
在干部中少数民族干部数（人）	Number of Minority Cadres (person)	206	254	253	302
占干部总数（%）	Minority Race's Cadres as Percentage to the Total (%)	10.3	14.0	13.6	16.0

17-11 各党派党员(成员)数

Number of Different Parties Member

项目	Item	2000	2005	2007	2008
中国共产党（万人）	Communist Party of China (10000 persons)	115	129	137	139
中国国民党革命委员会（人）	Revolutionary Committee of Kuomingdan (person)	1687	2088	2278	2390
中国民主同盟（人）	Democracy League (person)	4743	5402	5793	5967
中国民主建国会（人）	China Democratic National Construction Association (person)	1526	1867	2088	2186
中国民主促进会（人）	China Association Promoting Democracy (person)	1714	2117	2394	2527
中国农工民主党（人）	Chinese Peasants' and Workers'Demoncratic Party (person)	1001	1472	1672	1836
九三学社（人）	Jiu San Society (person)	1780	2329	2532	2645

17-12 工会组织情况

Basic Statistics on Trade Unions

年份 Year	工会基层组织数（个） Number of Grassroots Unions (unit)	已建立工会组织的基层单位职工与会员人数（万人） Membership and Number of Staff and Workers in Grassroots Unions(10000 person)				工会专职干部人员数（人） Number of Full-time Personnel of Unions (person)
		职工人数 Number of Staff and Workers	#女职工 Female	会员人数 Membership	#女会员 Female	
1995	12251	194.29	68.44	173.91	62.31	11532
1996	12052	196.34	71.72	175.78	63.88	10020
1997	10596	173.33	61.80	155.82	54.46	8601
1998	10519	173.68	62.45	159.78	57.14	9073
1999	9788	177.23	60.71	157.06	55.36	9554
2000	10768	168.25	60.86	154.69	55.16	8714
2001	14675	177.76	63.50	163.40	56.00	6257
2002	15320	222.27	75.81	209.00	70.25	5789
2003	24291	206.12	69.16	190.43	63.72	5861
2004	23061	206.42	71.29	195.35	67.31	6279
2005	17522	219.05	75.67	207.14	70.49	5475
2006	19328	238.70	83.80	225.35	79.50	5051
2007	21642	268.76	93.14	256.68	89.44	4895
2008	24366	294.22	102.26	281.12	99.18	4890

17-13 婚姻登记和离婚情况
Number of Marriages and Divorces

年 份 Year	准予登记结婚（对） Registered Marriages (couples)	初 婚(万人) First Marriages (10 000 persons)	再 婚(万人) Remarriages (10 000 persons)	离 婚（对） Divorces (couples)	离婚率（‰） Divorce Rate (‰)
1995	155553	302938	8168	4541	0.38
1996	170379	331815	8943	4855	0.40
1997	154302	298654	9950	4409	0.36
1998	136978	262488	11468	5061	0.41
1999	133121	255203	11039	5241	0.42
2000	127799	244975	10623	5541	0.43
2001	126045	239734	12656	5790	0.45
2002	122033	227496	16570	6224	0.48
2003	118476	222219	14573	23000	1.77
2004	121187	225150	17008	21499	1.64
2005	114554	209947	19161	22260	1.72
2006	132615	245015	20215	23287	1.76
2007	115761	218565	12957	10296	1.68
2008	118023	223252	12794	10911	2.51

注：从2003年起离婚人数包含法院判决离婚人数。
a)the number of divorce has included the number of divorce Sentenced by the courts Since 2003.

17-14 社会福利事业单位基本情况
Basic Statistics on Social Welfare Institutions

(2008)

项 目	Item	院 数（个） Number of Homes (unit)	工作人员（人） Number of Staff and Workers (person)	床 位（张） Number of Beds (unit)	收养人员（人） Number of Persons Housed (person)
全省合计	**Total**				
优抚事业单位	Administration Agencies for Martyrs	78	577		
复退军人精神病院	Asylum for Demobilized Soldiers	3	112	337	134
国家办光荣院	Homes for the Disabled Veterans	3	15	58	14
社会福利事业单位	Social Welfare Enterprises				
社会福利院	Social Welfare Homes	2	92	250	187
儿童福利院	Baby Welfare Homes				
社会福利精神病院	Psychopathy Welfare Homes	23	292	1990	1382
城镇、乡村集体办养老院	Urban and Rural Collective Beadhouse	25	353	2127	1318

17-15 社会保障基本情况

Basic Statistics of Social Security

项　　目	Item	2005	2007	2008
参加保险职工人数（万人）	Number of Employees Participated in Insurance (10 000 persons)			
养老保险	Endowment insurance	142.18	147.80	157.00
失业保险	Unemployment Insurance	159.70	162.80	162.99
医疗保险	Medical Insurance	130.40	159.87	180.10
工伤保险	Work injury insurance	70.07	98.17	108.88
生育保险	Maternity Insurance	40.02	53.31	59.14
城镇低保人数（万人）	Number of Persons Receiving Lowest Living-cost in Urban Area (10 000 persons)	68.04	72.93	89.90
农村低保人数（万人）	Number of Persons Receiving Lowest Living-cost in Rural Area (10 000 persons)	2.32	172.37	323.50

17-16 抚恤及社会福利救济费用

Basic Statistics on Pensions and Social Welfare Relief Funds

单位:万元　　(2008)　　(10 000 yuan)

地　区	Region	抚　恤 Pensions	城市居民最低生活保障 Urban Rural and Other Social Relief	农村最低生活保障线救济费 Rural Basic Provision Proetction	自然灾害生活救助 Living Relief for Natural Disasters	#生活救济费 Living Relief
全省总计	**Total**	**27538.5**	**134032.3**	**86105.8**	**722314.2**	**343.2**
兰州市	Lanzhou	4367.2	25000.5	3338.7	3310.3	94.3
嘉峪关市	Jiayuguan	142.8	868.0	32.3	61.4	1.0
金昌市	Jinchang	387.3	3225.7	515.2	479.0	
白银市	Baiyin	2079.8	11097.1	7772.1	12747.2	4.0
天水市	Tianshui	3338.8	17798.4	7635.3	79581.0	35.2
武威市	Wuwei	2167.9	8674.2	4477.6	4160.4	5.6
张掖市	Zhangye	2129.2	8842.6	3756.8	1638.0	8.0
平凉市	Pingliang	2103.6	9184.5	8930.1	31578.2	3.5
酒泉市	Jiuquan	1162.1	7403.1	3039.3	1356.0	30.1
庆阳市	Qingyang	3325.7	9200.5	12167.3	37623.7	
定西市	Dingxi	2025.2	9019.5	4732.1	11613.3	89.0
陇南市	Longnan	2463.6	8699.0	13858.8	493842.7	42.0
临夏州	Linxia	1350.4	9209.7	8809.4	4343.5	0.5
甘南州	Gannan	494.9	5809.5	7040.8	39979.5	30.0

17-17 各地区参加基本养老保险职工人数

Number of Staff and works Participated in Basic Pension Insurance by Region

单位：万人　(10 000 persons)

地　区	Region	2005	2007	2008
兰 州 市	Lanzhou	19.39	20.88	22.68
嘉峪关市	Jiayuguan	4.21	4.32	4.58
金 昌 市	Jinchang	1.83	1.87	2.02
白 银 市	Baiyin	5.25	5.72	6.02
天 水 市	Tianshui	10.25	10.50	10.82
武 威 市	Wuwei	4.80	5.42	5.70
张 掖 市	Zhangye	4.38	4.56	5.48
平 凉 市	Pingliang	5.23	5.38	6.15
酒 泉 市	Jiuquan	4.10	4.52	5.12
庆 阳 市	Qingyang	2.49	2.76	4.90
定 西 市	Dingxi	4.40	4.64	5.20
陇 南 市	Longnan	3.21	3.82	3.94
临 夏 州	Linxia	2.48	2.60	2.82
甘 南 州	Gannan	1.17	1.27	1.26

17-18 各地区参加基本医疗保险职工人数

Number of Staff and works Participated in Basic Medical Care Insurance by Region

单位：万人　(10 000 persons)

地　区	Region	2005	2007	2008
兰 州 市	Lanzhou	33.62	40.89	45.05
嘉峪关市	Jiayuguan	3.81	4.68	5.30
金 昌 市	Jinchang	5.24	6.01	5.89
白 银 市	Baiyin	11.70	11.26	12.49
天 水 市	Tianshui	10.77	13.80	16.30
武 威 市	Wuwei	6.30	7.26	8.17
张 掖 市	Zhangye	5.55	6.25	7.97
平 凉 市	Pingliang	6.05	7.23	8.88
酒 泉 市	Jiuquan	6.10	7.80	8.81
庆 阳 市	Qingyang	6.44	7.04	9.12
定 西 市	Dingxi	5.38	6.28	8.80
陇 南 市	Longnan	6.15	7.19	7.76
临 夏 州	Linxia	5.82	6.18	6.87
甘 南 州	Gannan	2.64	3.13	3.71

17-19 各地区城乡居民最低生活保障情况

Basic Statistics on Receiving Lowest Cost-of-Living in Urban and Rural Area

(2008)

地　区	Region	城镇低保人数（人） Number of Persons Receiving Lowest Living-cost in Urban Area(person)	#“三无”对象 Personnel of No Identity,No Address and No Source of Income	#失业人员 Unemployment	农村低保人数（人） Number of Persons Receiving Lowest Living-cost in Rural Area (person)
全省总计	**Total**	**898325**	**20065**	**257645**	**3235036**
兰州市	Lanzhou	165886	1035	32818	116900
嘉峪关市	Jiayuguan	3853	57	611	384
金昌市	Jinchang	21508	502	4709	37400
白银市	Baiyin	84042	897	29243	218600
天水市	Tianshui	125656	1472	38447	342000
武威市	Wuwei	55465	1300	10900	260749
张掖市	Zhangye	56839	4273	31816	129800
平凉市	Pingliang	60971	1502	12700	255592
酒泉市	Jiuquan	47985	970	12405	127600
庆阳市	Qingyang	60872	1672	22932	297300
定西市	Dingxi	62683	1621	26163	442938
陇南市	Longnan	57636	1038	22211	490900
临夏州	Linxia	60769	3328	8859	335000
甘南州	Gannan	34160	398	3831	179873

17-20 各地区城镇社区服务和农村服务网络情况

Basic Statistics on Urban Welfare Facilities and Rural Social Security Network

(2008)

地　区	Region	城镇社区服务设施数(个) Number of Urban Welfare Facilities (unit)	从业人员数（人） Number of employee (person)	#安置下岗人员数 Number of Reemployed	城镇便民利民服务网点（个） Number of Urban Service Points for Civilian (unit)	社区服务志愿者组织数(个) Number of Institution of Social Service Volunteer (unit)	社区服务志愿者人数（个） Number of Social Volunteer (unit)
兰州市	Lanzhou	334	412	122	33		
嘉峪关市	Jiayuguan	59	286	43	56	89	2679
金昌市	Jinchang	26	52	14			
白银市	Baiyin	169	146	38	17		
天水市	Tianshui	147	372		5104	25	247
武威市	Wuwei	138	839	432	86	57	14803
张掖市	Zhangye	320	2702	1126	2600	405	936
平凉市	Pingliang	49	94	35	11	18	199
酒泉市	Jiuquan	41	82	27			
庆阳市	Qingyang	71	70	22	5		
定西市	Dingxi	92	116	110	38		
陇南市	Longnan	87	30	6			
临夏州	Linxia	12	24	7			
甘南州	Gannan	72	15	5			

注：数据资料由省民政厅提供。a) Data provided by provincial Civil Affairs Department.

主要统计指标解释

卫生机构 指从卫生行政部门取得《医疗机构执业许可证》，或从民政、工商行政、机构编制管理部门取得法人单位登记证书，为社会提供医疗保健、疾病控制、卫生监督服务或从事医学科研和教育等工作的单位。卫生机构包括医院、疗养院、社区卫生服务中心(站)、卫生院、门诊部、诊所(卫生所、医务室)、急救中心(站)、采供血机构、妇幼保健院(所、站)、专科疾病防治院(所、站)、疾病预防控制中心(防疫站)、卫生监督所、卫生监督检验(监测、检测)机构、医学科研机构、医学在职培训机构、健康教育所(站)等其他卫生机构。

医疗机构 指从卫生行政部门取得《医疗机构执业许可证》的机构，包括医院、疗养院、社区卫生服务中心(站)、卫生院、门诊部、诊所(卫生所、医务室)、妇幼保健院(所、站)、专科疾病防治院(所、站) 、急救中心(站)和临床检验中心。

医院 包括综合医院、中医医院、中西医结合医院、民族医院、各类专科医院和护理院。

卫生技术人员 指卫生机构中医生、护理人员 、药剂人员、检验人员等卫生技术人员。

执业医师 指具有《医师执业证》及其“级别”为“执业医师”且实际从事医疗、预防保健工作的人员，不包括实际从事管理工作的执业医师。执业医师类别分为临床、中医、口腔和公共卫生。

执业助理医师 指具有《医师执业证》及其“级别”为“执业助理医师”且实际从事医疗、预防保健工作的人员，不包括实际从事管理工作的执业助理医师。执业助理医师类别同样分为临床、中医、口腔和公共卫生四类。

基本养老保险（参保）职工人数 指报告期末按照国家法律、法规和有关政策规定参加基本养老保险并在社保经办机构已建立缴费记录档案的职工人数，包括中断缴费但未终止养老保险关系的职工人数，不包括只登记未建立缴费记录档案的人数。

基本医疗保险参保人数 指报告期末按国家有关规定参加基本医疗保险的人数。包括参加保险的职工人数和退休人员人数。

失业保险参保人数 指报告期末按照国家法律、法规和有关政策规定参加了失业保险的城镇企业事业单位的职工及地方政府规定参加失业保险的其他人员的人数。

工伤保险参加保险人数 指报告期末依据国家有关规定参加工伤保险的职工人数。

生育保险参保人数 指报告期末依据有关规定参加生育保险的职工人数。

城镇居民最低生活保障人数 指报告期末家庭平均收入在当地规定的最低生活保障线以下的城镇居民数。包括“三无”对象、失业人员和在职、下岗、退休人员等。

农村居民最低生活保障人数 指报告期末在建立农村最低生活保障制度的地区，得到当地政府或集体给予最低生活保障的农业人口家庭人数。

少數民族 18

MINORITY NATIONALITY

简要说明

一、本篇资料主要内容

本篇资料反映甘肃省2个少数民族自治州、5个少数民族自治县的经济社会发展情况。重点反映了民族自治地方农牧业的发展状况；教育、卫生方面的情况。

二、本篇资料来源

本篇资料由省统计局国民经济综合处搜集、加工整理。数据来源于相关处、部门的统计资料，人口数据为公安年报户籍统计数。

18-1 民族自治地方年末人口与人口自然变动情况

Total Population at Year-end and It's Natural Changes in Minority Nationality Autonomous Areas

单位：人、‰ (person,‰)

年 份 Year	总人口 Total Population	在总人口中 Total Population 农业人口 Agricultural Population	 非农业人口 Non-Agricultural Population	出生率 Birth Rate	死亡率 Death Rate	自然增长率 Natural Growth Rate
1990	2726312	2452043	274269	30.58	5.74	24.84
1991	2757251	2477247	280004	16.89	5.11	11.78
1992	2790679	2504620	286059	16.48	4.99	11.49
1993	2838884	2542518	296366	17.38	5.13	12.25
1994	2877087	2569276	307811	17.26	5.07	12.19
1995	2913587	2580629	332958	17.06	5.46	11.60
1996	2963493	2629755	333738	17.90	5.55	12.35
1997	3004069	2655603	348466	16.77	5.40	11.37
1998	3049881	2692435	357446	15.72	4.55	11.17
1999	3082724	2716475	366249	14.14	5.27	8.87
2000	3116106	2741955	374151	15.72	5.98	9.74
2001	3135771	2751346	384425	12.17	4.33	7.84
2002	3155142	2740379	414763	11.28	4.40	6.88
2003	3180164	2752057	428107	12.27	4.22	8.05
2004	3192637	2750532	442105	11.94	4.67	7.27
2005	3227405	2775809	451596			
2006	3239685	2746304	493381			
2007	3282247	2756619	525628	14.70	5.33	9.37
2008	3348117	2790942	557175	23.10	6.96	16.14

18-2 民族自治地方财政金融

Finance and Banking in Minority Nationality Autonomous Areas

单位：万元 (10 000 yuan)

指 标	Item	2000	2005	2007	2008
财 政	**Public Finance**				
地方财政收入	Local Goverment Revenue	30078	43701	71232	98975
地方财政支出	Local Government Expenditures	159599	462323	860776	1171001
	Science & Health Care				
金 融	**Finance**				
金融机构存款余额	Deposit Balance in Banking	572953	1244463	1766780	2390489
金融机构贷款余额	Loan Balance in Banking	439492	659572	868562	1002388
城乡居民储蓄存款	Saving Deposit Balance of Urban and Rural Residents	425710	802981	1073513	1408108

18-3 民族自治地方农牧业生产基本情况

Basic Statistic on Farming and Animal Husbandry in Minority Nationality Autonomous Areas

指　标	Item	2000	2005	2007	2008	2008年比2007年增长% Increase Rate in 2008 over 2007(%)
农业总产值（万元）	**Output Value of Farming (10 000 yuan)**	281567.88	445735.54	558780.11	599046.60	
农业	Farming	170471.14	223298.52	279105.07	316013.01	
林业	Forestry	10343.08	13281.80	16537.82	19114.60	
牧业	Animal Husbandry	100001.21	185226.27	235267.13	247022.69	
渔业	Fishery	752.45	1023.83	1383.99	1520.59	
耕地面积（千公顷）	**Cultivated Area (1 000 hectares)**	**278.60**	**274.51**	**274.65**	**275.13**	**0.17**
#有效灌溉面积	Irrigated Area	68.76	71.45	72.16	71.69	−0.65
总播种面积（千公顷）	**Total Sown Area (1 000 hectares)**	**294.60**	**289.61**	**291.22**	**292.25**	**0.35**
#粮食作物	Sown Area of Grain Crops	237.23	209.40	209.44	205.73	−1.77
主要农作物产量	**Yield of Major Farm Crops**					
粮食（万吨）	Grain Crops (10 000 tons)	64.84	72.24	73.79	77.27	4.72
油料（吨）	Oil-bearing (ton)	33217.65	60634.28	65665.42	71140.42	8.34
甜菜（吨）	Beetroots (ton)	5536.98	10400.32	11711.17	11329.29	−3.26
畜牧业产品产量（吨）	**Yield of Stockbreeding Produce (ton)**					
猪肉产量	Pork	31677.0	40411.5	44567.5	32392	**-27.32**
牛肉产量	Beef	25928.6	38333.5	45790.4	38657.4	−15.58
羊肉产量	Mutton	23768.0	37140.8	43198.9	38887.9	−9.98
牛奶产量	Cow Milk	68909.2	90627.9	104101.5	98585.8	−5.30
羊毛产量	Wool	5721.6	6647.5	7304.8	8139.81	11.43
当年造林面积（公倾）	**Total Afforested Area in the Year (hectare)**	**17246.67**	**30366.67**	**23853.33**	**26093.33**	**9.39**
农机、用电、化肥	**Agricultural Machinery,Electricity and Chemical Fertilizer**					
农业机械总动力（万千瓦特	Total Power of Agricultural Machinery (10 000 kw)	87.60	105.50	113.44	120.68	**6.38**
农村用电量（万千瓦时）	Electricity Consumed in Rural Area (10 000 kwh)	26078.69	41444.8	44507.25	45202.00	**1.56**
化肥施用量（万吨）	Chemical Fertilizer Cosumption (10 000 tons)					
按实物量计算	Consumtion of Chemical Fertilizer	9.13	10.02	11.07	11.51	**3.97**
按折纯量计算	Convert to pure amount	2.08	2.96	3.19	3.27	**2.51**

注：2008年农业总产值数据为农业普查衔接数。

a)Gross output value of agriculture in 2008 was adjusted according to the National Agricultural Census

18-4 民族自治地方农、林、牧、渔业总产值及增加值

Gross Output value and value-added of Farming,Forestry,Animal Husbandry and Fishery in Minority Nationality Autonomous Area

单位：万元 （2008） (10 000 yuan)

地县	Region and County	农、林、牧、渔业总产值 Gross Output Value of Farming,Forestry, Animal Husbandry and Fishery	农业 Farming	林业 Forestry	牧业 Animal Husbandry	渔业 Fishery	农、林、牧、渔业总产值指数（上年=100） Indices	农、林、牧、渔业增加值 Value Added
民族自治地方合计	**Total**	**599046.60**	**316013.01**	**19114.60**	**247022.69**	**1520.59**		**393625.41**
临夏回族自治州	Linxia	292712.24	189533.40	12649.69	79971.55	1411.38	107.15	186757.09
甘南藏族自治州	Gannan	172385.34	57543.04	5049.52	107800.13	66.00	105.82	128438.59
肃北蒙古族自治县	Subei	6620.16	1479.38	70.36	5017.98		104.88	3135.02
阿克塞哈萨克族自治县	Akesai	3695.26	677.18		2983.08		113.78	2380.33
肃南裕固族自治县	Sunan	30956.46	8713.62	47.12	20667.72		102.30	19548.12
天祝藏族自治县	Tianzhu	44574.79	19798.89	174.73	22230.96	5.21	106.67	25649.96
张家川回族自治县	Zhangjiachuan	48102.35	38267.50	1123.18	8351.27	38.00	119.05	27716.30

18-5 民族自治地方牲畜头数

Number of Domestic Animals in Minority Nationality Autonomous Areas

年份 Year	大牲畜年末数（百头） Large Animals (year-end)	牛 Cows	马 Horses	驴 Donkeys	骡 Mules	骆驼 Camels	羊年末数（百只） Sheep and Goats(year-end) (hundred): 山羊 Goats	绵羊 Sheep	猪年末数（百头） Hogs (year-end) (hundred)
1990	17009	13949	1379	932	628	121	7166	30920	4474
1991	16887	13864	1353	920	641	109	7179	29405	4575
1992	16994	13917	1359	940	684	94	7410	29754	4802
1993	16954	13862	1367	938	707	80	7578	29915	5048
1994	17022	13914	1368	929	738	73	7958	30472	5198
1995	17119	14016	1362	916	754	71	8204	30462	5333
1996	17126	13995	1366	910	786	69	8325	30559	5410
1997	16985	13878	1360	893	784	70	8555	30633	5542
1998	15522	13180	946	617	717	58	8107	30094	4256
1999	15418	13122	916	573	749	58	8172	28199	4393
2000	15356	13020	902	603	778	53	8444	28001	4648
2001	15137	12804	864	628	789	52	8555	27882	4797
2002	15235	12913	897	641	740	44	8581	28448	5200
2003	15330	13103	877	636	669	45	8491	29602	5464
2004	15619	13371	864	639	698	47	8414	30702	5839
2005	16435	14185	848	648	701	53	8988	32288	6146
2006	16971	14734	835	665	679	58	9368	34027	6232
2007	17776	15522	827	676	690	61	9828	36611	6077
2008	18953	16906	709	633	641	64	9165	41916	4694

注：2008年数据为农业普查衔接数。

a)Data in 2008 was adjusted according to the National Agricultural Census.

18-6 民族自治地方牲畜增长率

Increasing Ratio of Livestock in Minority Nationality Autonomous Areas

单位：% (%)

年份 Year	大牲畜 Large Animals	牛 Cows	马 Horses	驴 Donkeys	骡 Mules	骆驼 Camels	羊 Sheep and Goats 山羊 Goats	绵羊 Sheep	猪 Hogs
"一五"时期	7.40	9.13	3.79	2.67	4.79	3.19	11.03	3.99	15.28
"二五"时期	−6.59	−4.89	−10.63	−15.96	−6.35	0.36	−3.50	0.04	−8.50
1963−1965年	11.60	11.73	11.08	13.80	0.33	10.94	18.10	15.06	−23.51
"三五"时期	2.89	2.73	5.66		4.21	5.59	−0.27	0.41	4.39
"四五"时期	2.47	2.19	4.53	0.90	5.01	6.37	1.56	5.38	1.87
"五五"时期	2.69	2.96	−0.01	4.35	3.13	1.23	−0.94	3.48	−0.19
"六五"时期	3.95	4.54	1.42	0.91	6.69	−6.96	−1.45	−0.24	3.51
"七五"时期	1.04	1.31	−1.01	1.72	10.17	2.68	3.73	0.88	2.08
"八五"时期	0.13	−0.48	−0.25	−0.35	3.72	−10.11	2.74	−0.30	3.58
"九五"时期	−2.15	−1.46	−7.91	−8.02	0.63	−5.68	0.58	−1.67	−2.71
"十五"时期	1.37	1.73	−1.23	1.45	−2.06		1.26	2.89	5.75
2006−2008	4.87	6.02	−5.79	−0.78	−2.94	6.49	0.65	9.09	−8.59

18-7 民族自治地方牲畜存栏及畜产品产量占全省比重

Proportion to whole Gansu of Number of Livestock in Stock and Output of Livestock Products in Minority Nationality Autonomous Areas

单位：% (%)

年份 Year	存栏数 Amount of livestock on hand 大牲畜 Large Animals	羊 Sheep and Goats	猪 Hogs	畜产品产量 Output of Livestock Products 牛肉 Pork	羊肉 Beef	猪肉 Mutton
1990	29.12	34.32	7.52	49.28	36.81	6.70
1991	28.86	35.87	7.66	47.47	33.40	6.52
1992	28.77	36.72	7.66	43.95	35.21	6.74
1993	28.43	36.56	7.83	42.78	32.83	7.88
1994	28.00	35.68	7.73	39.86	35.69	6.54
1995	27.72	34.32	7.75	32.12	32.99	6.39
1996	27.12	33.10	7.66	33.79	33.38	6.29
1997	26.82	33.39	7.93	35.39	31.81	6.83
1998	28.48	32.36	7.51	36.54	31.95	6.11
1999	28.09	32.29	7.78	36.82	33.28	7.29
2000	27.28	31.33	7.85	32.99	31.61	7.74
2001	26.75	31.07	8.05	33.37	32.42	7.40
2002	26.52	31.05	8.37	34.02	31.56	7.40
2003	26.31	29.62	8.53	33.60	30.40	7.48
2004	26.23	27.76	8.90	31.60	29.10	7.54
2005	26.74	26.94	8.96	30.30	28.32	7.51
2006	26.97	27.58	8.78	29.24	27.92	7.84
2007	27.67	28.20	9.00	29.25	28.20	8.16
2008	31.71	31.00	8.11	26.72	25.17	7.50

注：2008年数据为农业普查衔接数。

a)Data in 2008 was adjusted according to the National Agricultural Census.

18-8 民族自治地方社会消费品零售总额
Total Retail Sale of Consumer Goods in Minority Nationality Autonomous Areas

单位：万元 (2008) (10 000 yuan)

地 区	Region and County	社会消费品零售总额 Total Retail Sale of Consumer Goods	贸易业 Wholesale and Retail sale	餐饮业 Catering Trade	其他行业 Other
民族自治地方合计	**Total**	**524072**	**408375**	**101939**	**13758**
临夏回族自治州	Linxia	247151	187770	49160	10222
甘南藏族自治州	Gannan	142582	110902	29812	1868
肃北蒙古族自治县	Subei	7565	6571	644	350
阿克塞哈萨克族自治县	Akesai	6845	5499	1347	
肃南裕固族自治县	Sunan	17798	15497	2300	
天祝藏族自治县	Tianzhu	80589	66069	14284	236
张家川回族自治县	Zhangjiachuan	21541	16068	4392	1082

18-9 民族自治地方教育情况
Basic Statistics on Education in Minority Nationality Autonomous Areas

单位：所，人 (unit,person)

指 标	Item	2000	2005	2007	2008
高等学校所数	Institutions of Higher Education	1	1	1	1
专任教师数	Number of Full-time Teachers	173	262	317	358
在校学生数	Student Enrollment	1572	4095	5800	7098
中等学校所数	Number of Secondary Schools	12	10	9	8
专任教师数	Number of Full-time Teachers	507	521	657	494
在校学生数	Student Enrollment	4587	6029	6819	5725
普通中学数	Regular Secondary Schools	165	214	155	220
专任教师数	Number of Full-time Teachers	6230	8897	10051	11057
在校学生数（万人）	Student Enrollment（10000person）	9.37	17.46	19.10	20.62
小学校所数	Number of Primary School	2557	2015	2018	1966
专任教师数	Number of Full-time Teachers	15497	17313	17850	18708
在校学生数（万人）	Student Enrollment（10000person）	38.08	39.04	40.67	39.31

18-10 民族自治地方医疗卫生机构床位数

Number of Health Institutions and Beds in Minority Nationality Autonomous Areas

(2008)

指 标	Item	机构数（个）Health Institutions (unit)	#卫生部门 Health Departments	床位数（张）Beds (bed)	#卫生部门 Health Departments
总 计	**Total**	**1213**	**385**	**7824**	**7090**
#医院	Hospitals	47	36	4688	4141
市	City	5	5	1467	1467
县	Counties	42	31	3221	2674
卫生院合计	Township Hospitals	286	265	2781	2662

注:本表含诊所,卫生所,医务室,下表同。

a) Date in this table include clinics, medical station and infirmary, the same as the following table.

18-11 民族自治地方专业卫生人员数

Number of Medical Personnel in Minority Nationality Autonomous Areas

单位：人 (2008) (person)

指 标	Item	总计 Total	市 City	县 Counties	#卫生部门 Health Departments	市 City	县 Counties
卫生人员数	Medical Personnel	10655	2722	7933	8855	2479	6376
# 卫生技术人员	Medical Technical Personnel	9049	2107	6942	7355	1873	5482

企业集团及企业景气指数 19

ENTERPRISE GROUP AND

ECONOMIC INDICATORS OF ENTERPRISE

简要说明

一、本章资料的主要内容及范围

本章资料包括企业集团调查及企业景气调查两大部分。

企业集团调查范围包括：一是由甘肃省人民政府及主管部门批准的企业集团；二是年资产总计在1亿元及以上的其他各类企业集团，不包括国务院及国务院主管部门批准成立的企业集团。企业集团的统计调查单位是以母公司为整体的企业集团，即包括企业集团的母子公司、在中国境内和境外的全资子公司（单位）、绝对控股子公司（单位）和相对控股子公司（单位）；不包括参股和协作企业（单位）。

企业景气调查包括工业、建筑业、交通运输仓储和邮政业、批发和零售业、房地产业、社会服务业、信息传输、计算机服务和软件业、住宿和餐饮业等行业的具有法人资格的企业及其负责人（如厂长、总经理等）以及依照法人单位进行统计的产业活动单位及其负责人。

二、本章资料的来源

本章资料来源于企业（集团）统计年报和企业景气调查，由国家统计局甘肃调查总队统计监测处提供。

19-1 企业家信心指数

Entrepreneur Confidence Survey Index

(2008)

指 标	Item	一季度 1st.Quarter	二季度 2nd.Quarter	三季度 3st.Quarter	四季度 4th.Quarter
全省企业家信心指数	**Entrepreneur Confidence Survey Index**	**138.1**	**133.3**	**129.1**	**104.8**
按登记注册类型分	**Grouped by Type of Enterprises Registered**				
国有企业	State-owned Enterprises	132.6	136.0	131.9	117.6
集体企业	Collective-owned Enterprises	118.9	106.1	98.0	98.1
股份合作企业	Cooperative Enterprises	104.7	115.8	115.8	111.1
有限责任公司	Limited Liability Corporations	143.2	128.7	124.3	98.0
股份有限公司	Share-holding Corporations Ltd.	166.6	152.5	156.2	104.6
私营企业	Private Enterprises	125.0	113.3	133.3	135.7
外商及港、澳、台商投资企业	Enterprises With Investment from Foreign Countries,Hong Kong, Macao and Taiwan	153.1	146.8	138.8	98.4
按行业门类分	**By Sector**				
工业	Industry	144.1	139.4	130.3	91.1
#采掘业	Mining and Quarrying	179.9	173.2	141.9	101.9
制造业	Manufacturing	140.2	136.0	129.7	89.1
电力、煤气及水的生产和供应业	Production and Supply of Electric Power, Gas and Water	161.8	152.1	133.7	128.5
建筑业	Construction	115.2	117.1	118.3	106.5
交通运输业、仓储及邮政业	Transportation Post and Telecommunications	144.9	127.5	132.2	123.0
批发和零售业	Wholesale,Retail Services	151.7	146.6	144.5	141.4
房地产业	Real Estate	134.4	121.9	121.9	103.1
社会服务业	Social Services	111.1	100.0	100.0	100.0
信息传输、计算机服务软件业	Information Transmission,Computer Services and software	134.3	132.4	159.2	145.0
住宿和餐饮业	Hotel and Catering Services	127.7	119.4	112.6	112.8
按企业规模分	**Grouped by Size of Enterprises**				
特大型及大型企业	Oversize and Large	167.0	160.3	149.3	93.6
#特大型	Oversize	191.2	191.2	191.1	114.3
大 型	Large-sized	135.9	120.8	95.7	67.0
中 型	Medium-sized	126.2	121.8	119.2	108.7
小 型	Small-sized	131.7	121.9	123.3	107.6
附：国家重点联系企业	Main Contact Enterprises by Nation	140.9	125.0	81.8	68.7
乡镇企业	Township and Village Enterprises	133.4	135.9	124.9	131.9
上市公司	Share Listed Companies	127.0	116.1	72.9	61.3
国有及国有控股企业	State-owned and State Share-held Enterprises	142.2	140.6	133.6	104.2

19-2 企业景气指数

Business Climate Index

（2008）

指　　标	Item	一季度 1st.Quarter	二季度 2nd.Quarter	三季度 3st.Quarter	四季度 4th.Quarter
全省企业景气指数	**Business Climate Index**	**129.3**	**129.7**	**120.7**	**106.5**
按登记注册类型分	**Grouped by Type of Enterprises Registered**				
国有企业	State-owned Enterprises	129.7	134.2	127.0	119.3
集体企业	Collective-owned Enterprises	101.6	96.2	102.0	95.9
股份合作企业	Cooperative Enterprises	100.0	115.8	111.1	71.4
有限责任公司	Limited Liability Corporations	133.2	126.9	125.5	93.8
股份有限公司	Share-holding Corporations Ltd.	169.1	150.1	89.0	107.2
私营企业	Private Enterprises	125.0	106.7	126.7	128.6
外商及港、澳、台投资企业	Enterprises With Investment from Foreign Countries,Hong Kong, Macao and Taiwan	140.3	146.8	118.8	88.0
按行业门类分	**By Sector**				
工业	Industry	136.2	136.0	115.6	94.6
# 采掘业	Mining and Quarrying	163.2	158.6	133.6	114.5
制造业	Manufacturing	132.7	134.2	114.1	91.8
电力、煤气及水的生产和供应业	Production and Supply of Electric Power, Gas and Water	153.8	141.4	130.4	128.3
建筑业	Construction	111.0	107.7	124.6	116.7
交通运输业、仓储及邮政业	Transportation Post and Telecommunication	136.7	131.8	124.8	124.7
批发和零售业	Wholesale,Retail Sales	126.9	148.2	131.3	129.8
房地产业	Real Estate	134.4	125.0	121.9	103.1
社会服务业	Services	100.0	85.2	96.3	92.6
信息传输、计算机服务软件业	Information Transmission,Computer software	134.3	115.3	133.3	122.1
住宿和餐饮业	Accommodation and Catering	121.1	115.1	127.5	112.5
按企业规模分	**Grouped by Size of Enterprises**				
特大型及大型企业	Oversize and Large	171.0	165.5	124.3	99.8
# 特大型	Oversize	195.7	190.5	118.0	116.2
大　型	Large-sized	139.4	133.4	132.3	78.7
中　型	Medium-sized	117.3	115.4	116.2	105.2
小　型	Small-sized	112.5	113.5	108.3	98.3
附：国家重点联系企业	Main Contact Enterprises by Nation	114.4	112.5	128.4	41.2
乡镇企业	Township and Village Enterprises	128.6	97.5	104.4	114.0
上市公司	Share Listed Companies	115.8	105.9	118.1	49.6
国有及国有控股企业	State-owned and State Share-held Enterprises	137.8	138.9	120.7	103.1

19-3 企业生产总量景气指数

Gross Output Climate Index

(2008)

指　　标	Item	一季度 1st.Quarter	二季度 2nd.Quarter	三季度 3st.Quarter	四季度 4th.Quarter
全省企业生产总量景气指数	**Gross Output Climate Index**	**93.9**	**116.4**	**113.6**	**82.0**
按登记注册类型分	**Grouped by Type of Enterprises Registered**				
国有企业	State-owned Enterprises	100.9	124.0	127.7	96.1
集体企业	Collective-owned Enterprises	95.8	93.6	109.7	82.0
股份合作企业	Cooperative Enterprises	82.5	106.4	55.6	55.6
有限责任公司	Limited Liability Corporations	97.5	116.0	110.1	78.4
股份有限公司	Share-holding Corporations Ltd.	107.6	70.8	86.3	76.7
私营企业	Private Enterprises	106.3	120.0	93.3	71.4
外商及港、澳、台投资企业	Enterprises With Investment from Foreign Countries,Hong Kong, Macao and Taiwan	96.1	120.1	101.8	102.0
按行业门类分	**By Sector**				
工业	Industry	89.8	114.9	103.8	79.3
#采掘业	Mining and Quarrying	113.4	120.5	116.9	84.6
制造业	Manufacturing	87.3	117.0	103.4	78.6
电力、煤气及水的生产和供应业	Production and Supply of Electric Power, Gas and Water	107.2	83.5	106.8	91.1
建筑业	Construction	56.4	132.1	133.7	74.8
交通运输业、仓储及邮政业	Transportation Post and Telecommunication	151.8	109.2	121.2	115.2
批发和零售业	Wholesale,Retail Sales	131.4	116.4	117.3	87.7
房地产业	Real Estate	115.3	103.3	118.8	96.9
社会服务业	Services	114.8	70.4	100.0	92.6
信息传输、计算机服务软件业	Information Transmission,Computer software	101.8	138.1	136.5	104.2
住宿和餐饮业	Accommodation and Catering	85.4	94.1	112.4	57.9
按企业规模分	**Grouped by Size of Enterprises**				
特大型及大型企业	Oversize and Large	90.4	123.3	94.7	63.5
#特大型	Oversize	105.2	117.3	68.1	61.1
大　型	Large-sized	71.4	131.1	129.0	66.6
中　型	Medium-sized	100.4	101.7	116.7	86.1
小　型	Small-sized	105.8	100.0	105.8	96.6
附：国家重点联系企业	Main Contact Enterprises by Nation	79.7	86.5	100.6	26.8
乡镇企业	Township and Village Enterprises	134.7	135.2	106.3	90.9
上市公司	Share Listed Companies	70.4	95.7	105.4	40.1
国有及国有控股企业	State-owned and State Share-held Enterprises	94.6	112.1	108.6	81.4

19-4 企业税后利润景气指数

After-tax Profits Climate Index

（2008）

指　　　标	Item	一季度 1st.Quarter	二季度 2nd.Quarter	三季度 3st.Quarter	四季度 4th.Quarter
全省企业税后利润景气指数	**After-tax Profits Climate Index**	**98.9**	**97.1**	**94.7**	**89.3**
按登记注册类型分	**Grouped by Type of Enterprises Registered**				
国有企业	State-owned Enterprises	99.0	101.5	106.3	96.8
集体企业	Collective-owned Enterprises	101.2	91.9	111.3	99.4
股份合作企业	Cooperative Enterprises	77.8	55.6	55.6	50.8
有限责任公司	Limited Liability Corporations	114.4	92.8	85.4	65.5
股份有限公司	Share-holding Corporations Ltd.	60.9	69.4	64.4	89.8
私营企业	Private Enterprises	93.8	93.3	100.0	92.9
外商及港、澳、台投资企业	Enterprises With Investment from Foreign Countries,Hong Kong, Macao and Taiwan	136.1	145.8	119.7	95.8
按行业门类分	**By Sector**				
工业	Industry	101.4	91.4	84.6	72.7
# 采掘业	Mining and Quarrying	112.9	112.3	88.1	51.9
制造业	Manufacturing	98.3	89.3	83.2	72.8
电力、煤气及水的生产和供应业	Production and Supply of Electric Power, Gas and Water	143.4	125.8	132.2	106.5
建筑业	Construction	91.3	104.5	104.3	113.7
交通运输业、仓储及邮政业	Transportation Post and Telecommunication	100.3	98.5	83.6	98.6
批发和零售业	Wholesale,Retail Sales	109.4	118.0	122.2	125.1
房地产业	Real Estate	102.9	90.6	96.9	93.8
社会服务业	Services	81.5	59.3	74.1	70.4
信息传输、计算机服务软件业	Information Transmission,Computer software	90.3	104.1	112.6	94.6
住宿和餐饮业	Accommodation and Catering	76.8	87.5	106.2	72.8
按企业规模分	**Grouped by Size of Enterprises**				
特大型及大型企业	Oversize and Large	116.4	83.2	66.9	62.4
# 特大型	Oversize	110.7	36.8	32.8	63.9
大　型	Large-sized	123.7	142.9	110.8	60.5
中　型	Medium-sized	93.3	93.6	97.0	87.0
小　型	Small-sized	87.5	87.4	96.7	91.6
附：国家重点联系企业	Main Contact Enterprises by Nation	168.9	173.5	103.4	65.5
乡镇企业	Township and Village Enterprises	145.9	148.8	153.8	147.3
上市公司	Share Listed Companies	166.5	170.3	103.4	54.7
国有及国有控股企业	State-owned and State Share-held Enterprises	99.0	87.3	86.0	81.2

19-5 企业流动资金景气指数

Liquidity Climate Index

(2008)

指　　标	Item	一季度 1st.Quarter	二季度 2nd.Quarter	三季度 3st.Quarter	四季度 4th.Quarter
全省企业流动资金景气指数	**Liquidity Climate Index**	**78.4**	**78.1**	**71.6**	**73.2**
按登记注册类型分	**Grouped by Type of Enterprises Registered**				
国有企业	State-owned Enterprises	69.6	69.8	65.4	67.7
集体企业	Collective-owned Enterprises	69.2	52.0	48.2	56.2
股份合作企业	Cooperative Enterprises	60.3	39.7	49.2	49.2
有限责任公司	Limited Liability Corporations	88.1	87.0	76.8	72.2
股份有限公司	Share-holding Corporations Ltd.	120.7	116.4	119.5	111.7
私营企业	Private Enterprises	56.3	33.3	33.3	50.0
外商及港、澳、台投资企业	Enterprises With Investment from Foreign Countries,Hong Kong, Macao and Taiwan	103.0	103.3	61.5	99.1
按行业门类分	**By Sector**				
工业	Industry	89.9	92.6	80.0	81.1
# 采掘业	Mining and Quarrying	112.5	80.0	107.0	84.2
制造业	Manufacturing	86.7	92.6	75.3	79.2
电力、煤气及水的生产和供应业	Production and Supply of Electric Power, Gas and Water	112.1	101.5	118.1	91.7
建筑业	Construction	42.4	38.2	37.5	37.5
交通运输业、仓储及邮政业	Transportation Post and Telecommunication	80.4	71.0	65.6	77.7
批发和零售业	Wholesale,Retail Sales	82.5	97.2	101.5	109.0
房地产业	Real Estate	75.2	71.9	50.0	47.1
社会服务业	Services	81.5	66.7	66.7	59.3
信息传输、计算机服务软件业	Information Transmission,Computer software	103.3	86.8	85.8	65.9
住宿和餐饮业	Accommodation and Catering	67.7	37.9	54.9	55.3
按企业规模分	**Grouped by Size of Enterprises**				
特大型及大型企业	Oversize and Large	135.0	136.3	118.8	121.1
# 特大型	Oversize	172.7	172.4	173.0	174.5
大　型	Large-sized	86.4	90.0	49.2	52.4
中　型	Medium-sized	63.3	58.6	51.3	53.0
小　型	Small-sized	70.8	61.3	70.0	63.0
附：国家重点联系企业	Main Contact Enterprises by Nation	101.4	112.5	40.7	44.1
乡镇企业	Township and Village Enterprises	48.3	52.0	33.3	52.0
上市公司	Share Listed Companies	87.6	88.4	32.2	35.1
国有及国有控股企业	State-owned and State Share-held Enterprises	94.1	92.9	85.5	85.8

19-6 企业货款拖欠景气指数

Loan Delinquency Climate Index

（2008）

指标	Item	一季度 1st.Quarter	二季度 2nd.Quarter	三季度 3st.Quarter	四季度 4th.Quarter
全省企业货款拖欠景气指数	**Loan Delinquency Climate Index**	**103.3**	**98.3**	**95.1**	**81.5**
按登记注册类型分	**Grouped by Type of Enterprises Registered**				
国有企业	State-owned Enterprises	106.9	101.9	96.8	86.6
集体企业	Collective-owned Enterprises	132.3	113.7	116.1	88.0
股份合作企业	Cooperative Enterprises	122.2	109.5	111.1	111.1
有限责任公司	Limited Liability Corporations	110.7	105.5	103.2	78.2
股份有限公司	Share-holding Corporations Ltd.	103.7	102.3	110.9	93.7
私营企业	Private Enterprises	87.5	100.0	113.3	100.0
外商及港、澳、台投资企业	Enterprises With Investment from Foreign Countries,Hong Kong, Macao and Taiwan	88.5	134.8	105.4	107.4
按行业门类分	**By Sector**				
工业	Industry	104.4	106.9	99.8	77.5
# 采掘业	Mining and Quarrying	121.6	120.8	124.7	79.1
制造业	Manufacturing	101.8	105.8	96.5	77.4
电力、煤气及水的生产和供应业	Production and Supply of Electric Power, Gas and Water	134.7	123.4	131.6	74.0
建筑业	Construction	81.9	50.0	55.7	49.6
交通运输业、仓储及邮政业	Transportation Post and Telecommunication	116.3	109.2	106.8	104.5
批发和零售业	Wholesale,Retail Sales	117.0	120.0	116.3	111.0
房地产业	Real Estate	128.5	131.4	131.3	115.8
社会服务业	Services	129.6	100.0	114.8	88.9
信息传输、计算机服务软件业	Information Transmission,Computer software	69.4	96.3	124.6	112.2
住宿和餐饮业	Accommodation and Catering	112.4	93.6	78.5	97.2
按企业规模分	**Grouped by Size of Enterprises**				
特大型及大型企业	Oversize and Large	108.2	104.8	107.3	62.3
# 特大型	Oversize	106.1	106.0	105.9	56.4
大　型	Large-sized	111.0	103.3	109.2	70.0
中　型	Medium-sized	110.1	106.4	100.4	91.3
小　型	Small-sized	104.2	100.8	98.3	100.8
附：国家重点联系企业	Main Contact Enterprises by Nation	86.9	124.9	112.4	28.3
乡镇企业	Township and Village Enterprises	134.4	134.1	90.4	113.5
上市公司	Share Listed Companies	109.2	112.8	112.4	35.7
国有及国有控股企业	State-owned and State Share-held Enterprises	105.4	104.8	97.9	81.6

19-7 企业用工景气指数

Labor Climate Index

(2008)

指　　标	Item	一季度 1st.Quarter	二季度 2nd.Quarter	三季度 3st.Quarter	四季度 4th.Quarter
全省企业用工景气指数	**Labor Climate Index**	**96.4**	**110.9**	**110.5**	**81.0**
按登记注册类型分	**Grouped by Type of Enterprises Registered**				
国有企业	State-owned Enterprises	92.9	108.5	104.6	82.9
集体企业	Collective-owned Enterprises	105.6	95.8	99.9	90.1
股份合作企业	Cooperative Enterprises	49.2	84.2	66.7	49.2
有限责任公司	Limited Liability Corporations	107.2	105.2	103.6	81.2
股份有限公司	Share-holding Corporations Ltd.	105.6	108.0	109.7	103.1
私营企业	Private Enterprises	137.5	126.7	140.0	92.9
外商及港、澳、台投资企业	Enterprises With Investment from Foreign Countries,Hong Kong, Macao and Taiwan	66.7	92.5	101.8	80.5
按行业门类分	**By Sector**				
工业	Industry	96.5	103.5	102.5	81.6
# 采掘业	Mining and Quarrying	106.8	103.8	75.5	105.4
制造业	Manufacturing	97.1	104.2	105.4	80.9
电力、煤气及水的生产和供应业	Production and Supply of Electric Power, Gas and Water	64.3	80.7	69.9	57.6
建筑业	Construction	83.9	145.1	144.0	52.2
交通运输业、仓储及邮政业	Transportation Post and Telecommunication	106.8	105.5	107.3	106.9
批发和零售业	Wholesale,Retail Sales	101.9	96.3	95.7	100.6
房地产业	Real Estate	109.4	112.1	112.3	87.5
社会服务业	Services	118.5	88.9	100.0	88.9
信息传输、计算机服务软件业	Information Transmission,Computer software	94.7	95.3	103.9	93.3
住宿和餐饮业	Accommodation and Catering	101.5	115.4	114.5	86.8
按企业规模分	**Grouped by Size of Enterprises**				
特大型及大型企业	Oversize and Large	99.0	106.2	105.3	79.7
# 特大型	Oversize	94.5	95.5	96.8	93.0
大　型	Large-sized	104.7	120.0	116.2	62.7
中　型	Medium-sized	100.4	106.0	107.7	83.0
小　型	Small-sized	107.5	103.4	100.0	97.5
附：国家重点联系企业	Main Contact Enterprises by Nation	86.0	84.7	100.0	42.5
乡镇企业	Township and Village Enterprises	124.5	135.2	98.6	53.9
上市公司	Share Listed Companies	97.0	95.2	98.5	39.8
国有及国有控股企业	State-owned and State Share-held Enterprises	96.9	107.9	106.1	83.1

19-8 企业固定资产投资景气指数

Climate Index of Fixed Assets Investment

(2008)

指　　标	Item	一季度 1st.Quarter	二季度 2nd.Quarter	三季度 3st.Quarter	四季度 4th.Quarter
全省企业固定资产投资景气指数	**Fixed Assets Investment Climate Index**	**94.1**	**111.9**	**112.0**	**92.2**
按登记注册类型分	**Grouped by Type of Enterprises Registered**				
国有企业	State-owned Enterprises	109.2	118.9	119.3	102.6
集体企业	Collective-owned Enterprises	94.2	96.0	98.0	90.3
股份合作企业	Cooperative Enterprises	88.9	111.1	122.2	111.1
有限责任公司	Limited Liability Corporations	105.0	110.1	115.0	89.6
股份有限公司	Share-holding Corporations Ltd.	77.1	109.5	115.0	105.2
私营企业	Private Enterprises	112.5	106.7	120.0	107.1
外商及港、澳、台投资企业	Enterprises With Investment from Foreign Countries,Hong Kong, Macao and Taiwan	85.8	109.5	109.7	81.8
按行业门类分	**By Sector**				
工业	Industry	93.9	112.0	118.4	88.9
#采掘业	Mining and Quarrying	96.7	92.9	128.5	91.0
制造业	Manufacturing	91.4	111.7	115.9	86.3
电力、煤气及水的生产和供应业	Production and Supply of Electric Power, Gas and Water	135.3	132.2	148.8	143.8
建筑业	Construction	73.6	106.7	93.3	66.5
交通运输业、仓储及邮政业	Transportation Post and Telecommunication	125.3	127.1	116.7	131.8
批发和零售业	Wholesale,Retail Sales	98.5	113.6	112.6	115.1
房地产业	Real Estate	125.0	118.6	112.5	100.2
社会服务业	Services	100.0	96.3	100.0	100.0
信息传输、计算机服务软件业	Information Transmission,Computer software	101.0	111.8	121.2	120.1
住宿和餐饮业	Accommodation and Catering	93.0	104.5	104.5	95.5
按企业规模分	**Grouped by Size of Enterprises**				
特大型及大型企业	Oversize and Large	90.8	127.5	129.9	87.1
#特大型	Oversize	108.2	109.9	107.6	101.8
大　型	Large-sized	68.6	150.2	158.6	68.2
中　型	Medium-sized	96.2	103.4	105.6	99.6
小　型	Small-sized	111.7	104.2	110.8	95.8
附：国家重点联系企业	Main Contact Enterprises by Nation	52.2	158.2	156.9	66.8
乡镇企业	Township and Village Enterprises	121.4	123.1	117.3	96.7
上市公司	Share Listed Companies	54.6	166.9	165.1	63.5
国有及国有控股企业	State-owned and State Share-held Enterprises	96.0	113.4	115.2	94.3

19-9 企业产品订货景气指数

Product Orders Climate Index

(2008)

指　　标	Item	一季度 1st.Quarter	二季度 2nd.Quarter	三季度 3st.Quarter	四季度 4th.Quarter
全省企业产品订货景气指数	**Product Orders Climate Index**	**104.8**	**115.0**	**105.5**	**87.9**
按登记注册类型分	**Grouped by Type of Enterprises Registered**				
国有企业	State-owned Enterprises	109.8	118.1	115.9	99.1
集体企业	Collective-owned Enterprises	94.2	89.9	79.7	79.7
股份合作企业	Cooperative Enterprises	60.3	79.4	88.9	88.9
有限责任公司	Limited Liability Corporations	108.0	106.5	100.1	78.2
股份有限公司	Share-holding Corporations Ltd.	109.4	107.8	104.1	95.8
私营企业	Private Enterprises	118.8	120.0	113.3	78.6
外商及港、澳、台投资企业	Enterprises With Investment from Foreign Countries,Hong Kong, Macao and Taiwan	99.8	113.9	91.5	73.4
按行业门类分	**By Sector**				
工业	Industry	113.1	114.3	105.0	86.2
# 采掘业	Mining and Quarrying	125.1	121.1	107.1	95.5
制造业	Manufacturing	112.4	114.8	105.5	85.1
电力、煤气及水的生产和供应业	Production and Supply of Electric Power, Gas and Water	110.2	103.5	100.2	97.6
建筑业	Construction	77.4	128.6	102.7	75.7
交通运输业、仓储及邮政业	Transportation Post and Telecommunication	135.3	113.9	120.8	107.9
批发和零售业	Wholesale,Retail Sales	112.5	113.6	110.9	112.3
房地产业	Real Estate	81.3	90.8	78.3	68.8
社会服务业	Services	92.6	85.2	85.2	74.1
信息传输、计算机服务软件业	Information Transmission,Computer software	105.8	117.2	126.0	106.5
住宿和餐饮业	Accommodation and Catering	81.5	100.5	104.1	74.9
按企业规模分	**Grouped by Size of Enterprises**				
特大型及大型企业	Oversize and Large	117.5	124.4	112.9	90.9
# 特大型	Oversize	147.0	147.4	114.8	106.7
大　型	Large-sized	79.6	94.9	110.5	70.6
中　型	Medium-sized	97.5	102.1	99.6	85.2
小　型	Small-sized	107.5	98.3	92.5	79.8
附：国家重点联系企业	Main Contact Enterprises by Nation	67.3	39.3	88.1	39.6
乡镇企业	Township and Village Enterprises	95.9	110.2	98.6	114.0
上市公司	Share Listed Companies	51.9	46.5	87.0	34.0
国有及国有控股企业	State-owned and State Share-held Enterprises	106.0	112.9	105.5	87.7

19-10 企业融资景气指数

Financing Climate Index

(2008)

指　标	Item	一季度 1st.Quarter	二季度 2nd.Quarter	三季度 3st.Quarter	四季度 4th.Quarter
全省企业融资景气指数	**Financing Climate Index**	**74.3**	**68.8**	**66.4**	**66.0**
按登记注册类型分	**Grouped by Type of Enterprises Registered**				
国有企业	State-owned Enterprises	73.0	62.7	59.9	67.6
集体企业	Collective-owned Enterprises	53.8	38.2	46.2	54.3
股份合作企业	Cooperative Enterprises	77.8	77.8	66.7	33.3
有限责任公司	Limited Liability Corporations	82.0	77.4	71.9	67.0
股份有限公司	Share-holding Corporations Ltd.	89.4	84.4	90.9	83.3
私营企业	Private Enterprises	66.7	53.3	60.0	64.3
外商及港、澳、台投资企业	Enterprises With Investment from Foreign Countries,Hong Kong, Macao and Taiwan	85.8	80.9	68.8	64.3
按行业门类分	**By Sector**				
工业	Industry	83.3	76.4	69.4	69.7
#采掘业	Mining and Quarrying	99.6	84.4	91.2	89.6
制造业	Manufacturing	79.8	73.6	67.0	65.9
电力、煤气及水的生产和供应业	Production and Supply of Electric Power, Gas and Water	107.7	100.6	59.0	97.2
建筑业	Construction	50.6	45.0	48.5	44.9
交通运输业、仓储及邮政业	Transportation Post and Telecommunication	71.3	64.3	59.5	64.3
批发和零售业	Wholesale,Retail Sales	79.9	90.4	93.6	95.8
房地产业	Real Estate	68.9	53.3	43.9	40.6
社会服务业	Services	59.3	44.4	66.7	55.6
信息传输、计算机服务软件业	Information Transmission,Computer software	99.0	70.5	83.2	60.0
住宿和餐饮业	Accommodation and Catering	52.5	44.9	52.8	59.6
按企业规模分	**Grouped by Size of Enterprises**				
特大型及大型企业	Oversize and Large	117.1	112.5	101.4	103.4
#特大型	Oversize	137.0	131.2	132.2	136.2
大　型	Large-sized	91.6	88.4	61.9	61.0
中　型	Medium-sized	61.2	53.9	52.1	50.4
小　型	Small-sized	60.8	50.4	60.0	58.0
附：国家重点联系企业	Main Contact Enterprises by Nation	113.8	98.5	53.4	40.9
乡镇企业	Township and Village Enterprises	42.9	28.9	28.9	59.7
上市公司	Share Listed Companies	92.9	86.5	41.8	36.6
国有及国有控股企业	State-owned and State Share-held Enterprises	85.4	79.4	76.2	76.1

19-11 企业集团主要经济指标
Main Economic Indicators of Business Group

单位：万元 （2008） (10 000 yuan)

分组标志	Item	集团数（个） Number of Group (unit)	年末资产总计 Total Assets	年末负债合计 Total Liabilities	年末股东（所有者）权益合计 Ownership Interest	营业收入 Major Business Revenue
总　计	**Total**	**27**	**14891816**	**8515274**	**6376542**	**12348979**
按控股情况分	By Share Holding					
国有控股	State-holding Enterprises	20	14218266	8112239	6106027	12075930
集体控股	Collective-holding Enterprises	3	310658	208956	101702	140325
私人控股	Private-holding Enterprises	4	362892	194079	168813	132724
港澳台商控股	Enterprises from HongKong,Macao & TaiWan					
外商控股	Foreign-holding Enterprises					
按主营行业分	By Major Business					
第一产业	Primary Industry					
农、林、牧、渔业	Farming, Forestry, Animal Husbandry and Fishery					
第二产业	Secondary Industry	24	14620352	8322106	6298246	12058964
工业	Industry	22	14475965	8193823	6282142	11942510
采矿业	Excavation	2	1071176	690482	380694	651056
制造业	Manufacturing	20	13404789	7503341	5901448	11291454
电力、燃气及水的生产和供应业	Production and Supply of Electricity, Gas and Water					
建筑业	Construction	2	144387	128283	16104	116454
第三产业	Tertiary Industry	3	271464	193168	78296	290015
交通运输、仓储和邮政业	Transport, Storage and Post	1	99071	54472	44599	46479
信息传输、计算机服务和软件业	Information Transmission, Computer Services and Software					
批发和零售业	Wholesale and Retail Trade	2	172393	138696	33697	243536
住宿和餐饮业	Hotels and Catering Services					
金融业	Financial Intermediation					
房地产业	Real Estate Trade					
其他	Others					
按登记注册类型分	By Registration Categories					
国有企业	State-owned					
公司制企业	Enterprise of Company System	26	14871958	8505558	6366400	12333158
国有独资企业	State-owned Monopoly Venture	6	1975604	1113478	862126	1132596
其他有限责任公司	Other Limited-Liability Company	15	11944034	6821826	5122208	10719578
股份有限公司	Stock-holding Companies with Limited Liabilties	4	810693	499708	310985	377285
中外合资企业	Sino-Foreign Joint Venture					
外商投资股份有限公司	Share-holding Corporations Ltd. with Foreign Investment	1	141627	70546	71081	103699
港澳台合资企业	Hong Kong ,Macao & Taiwan Funded					
港澳台商投资股份有限公司	Share-holding Corporations Ltd. with Investment from Hong Kong, Macau and Taiwan					
其他	Others	1	19858	9716	10142	15821

19-11 续表 continued

单位：万元 (10 000 yuan)

分组标志	Item	利润总额 Total Profits	应交所得税 Income Tax Payable	应交增值税 Added Tax Payable	年末从业人员（人） Employed at Year-end (person)
总　计	**Total**	**531476**	**108322**	**367324**	**174005**
按控股情况分	By Share Holding				
国有控股	State-holding Enterprises	519842	107477	355315	163576
集体控股	Collective-holding Enterprises	3058	−10	9596	6558
私人控股	Private-holding Enterprises	8576	855	2413	3871
港澳台商控股	Enterprises from HongKong,Macao & TaiWan				
外商控股	Foreign-holding Enterprises				
按主营行业分	By Major Business				
第一产业	Primary Industry				
农、林、牧、渔业	Farming, Forestry, Animal Husbandry and Fishery				
第二产业	Secondary Industry	529052	107537	365122	162677
工业	Industry	525081	107417	365122	157653
采矿业	Excavation	58597	20058	57519	19619
制造业	Manufacturing	466484	87359	307603	138034
电力、燃气及水的生产和供应业	Production and Supply of Electricity, Gas and Water				
建筑业	Construction	3971	120		5024
第三产业	Tertiary Industry	2424	785	2202	11328
交通运输、仓储和邮政业	Transport, Storage and Post	−1717			8223
信息传输、计算机服务和软件业	Information Transmission, Computer Services and Software				
批发和零售业	Wholesale and Retail Trade	4141	785	2202	3105
住宿和餐饮业	Hotels and Catering Services				
金融业	Financial Intermediation				
房地产业	Real Estate Trade				
其他	Others				
按登记注册类型分	By Registration Categories				
国有企业	State-owned				
公司制企业	Enterprise of Company System	527609	108228	367324	173556
国有独资企业	State-owned Monopoly Venture	66319	20359	64910	44609
其他有限责任公司	Other Limited-Liability Company	408933	78420	272275	114967
股份有限公司	Stock-holding Companies with Limited Liabilties	47771	9449	22627	9629
中外合资企业	Sino-Foreign Joint Venture				
外商投资股份有限公司	Share-holding Corporations Ltd. with Foreign Investment	4586		7512	4351
港澳台合资企业	Hong Kong ,Macao & Taiwan Funded				
港澳台商投资股份有限公司	Share-holding Corporations Ltd. with Investment from Hong Kong, Macau and Taiwan				
其他	Others	3867	94		449

主要统计指标解释

企业景气调查 也称为经济周期调查或短期经济观测调查，是以企业家为调查对象，采用问卷方式，定期收集有关宏观经济和企业生产经营景气状况变动判断的一种统计调查。简言之，企业景气调查就是调查企业家对宏观经济态势，对企业生产经营状况所做出的判断和预期。调查采用重点调查和抽样调查相结合的方法，调查范围覆盖国民经济八个主要行业，即：工业、建筑业、交通运输仓储和邮政业、批发和零售业、房地产业、社会服务业、信息传输计算机服务和软件业、住宿和餐馆业。

景气指数 又称景气度，它是对企业景气调查中的定性指标通过定量方法加以汇总，综合反映某一特定调查群体或某一社会经济现象所处的状态或发展趋势的一种指标。企业的景气指数是根据调查企业中，选择“好”或“上升”或“乐观”的企业与选择“差”或“下降”或“不乐观”的企业的所占份额(一般以主营业务收入对比重加权，下同)之差来计算的，统一用纯正数形式表示，以 100 作为景气指数的临界值，其数值范围在 0---200 之间；当景气指数大于 100 时，表明经济状况趋于上升或改善，处于景气状态；当景气指数小于 100 时，表明经济状况趋于下降或恶化，处于不景气状态。其具体计算方法为：(选择“好”的企业份额—选择“差”的企业份额）×100+100。

企业家信心指数 是根据企业家对企业外部市场经济环境与宏观政策的认识、看法、判断与预期（通常为对“乐观”、“一般”、“不乐观”的选择）而编制的指数，用以综合反映企业家对宏观经济环境的感受与信心。

企业景气指数 是根据企业家对本企业综合生产经营情况的判断与预期(通常为对“良好”、“一般”、“不佳”的选择)而编制的指数，用以综合反映企业的生产经营状况。

各单项景气指数 是在单项指标名称之后加景气指数四个字表示，如由产品订货指标综合而成的景气指数则称之为“产品订货景气指数”。用来表示各单项指标的景气状况。

企业集团 是指以资本为主要纽带的母子公司为主体，以集团章程为共同行为规范的母公司、子公司、参股公司及其他成员企业或机构共同组成的具有一定规模的企业法人联合体。企业集团不具有企业法人资格。企业集团由母公司、子公司、参股公司以及其他成员单位组建而成。事业单位法人、社会团体法人也可以成为企业集团成员。

后　记

《甘肃年鉴》创刊于 1994 年，是甘肃省人民政府按年连续出版的大型综合性年刊。《2009 甘肃年鉴》是创刊以来的第 16 卷，它以大量翔实的资料，全面记载了甘肃政治、经济、军事、法律及社会发展情况，多年来，为各级党政领导、社会各界了解甘肃改革和发展状况提供了可靠的信息和基本资料。

根据 2006 年国务院颁布的《地方志工作条例》和甘肃省人民政府有关文件精神，从 2010 年开始，现《甘肃年鉴》将更名为《甘肃发展年鉴》，编纂方式和内容与原《甘肃年鉴》保持不变，《甘肃年鉴》编委会随之更名为《甘肃发展年鉴》编委会。

《甘肃年鉴》自创刊以来，得到了撰稿单位和广大读者的关心和支持，在此深表谢意。希望更名后的《甘肃发展年鉴》继续得到各级领导和社会各界的大力支持。

《甘肃年鉴》编辑部

2009 年 8 月

（京）新登字041号

图书在版编目（CIP）数据

甘肃年鉴. 2009/《甘肃年鉴》编委会编.—北京：中国统计出版社，2009.9
ISBN 978-7-5037-5680-1

Ⅰ.甘… Ⅱ.甘… Ⅲ.统计资料-甘肃省-2009-年鉴
Ⅳ.C832.42-54

中国版本图书馆CIP数据核字(2009)第050487号

甘肃年鉴—2009

作　　者/ 甘肃年鉴编委会
责任编辑/ 郑淼淼　罗　浩
E-mail / yearbook@stats.gov.cn
封面设计/ 高双增
出版发行/ 中国统计出版社
通信地址/ 北京市西城区三里河月坛南街57号　中国统计出版社
邮　　编/ 100826
电　　话/ (010)63376907
印　　刷/ 香港爱达彩色印刷有限公司
经　　销/ 新华书店
开　　本/ 890×1240毫米 1/16
字　　数/ 150万字
印　　张/ 48印张
印　　数/ 1-2000
版　　别/ 2009 年9月第 1 版
版　　次/ 2009 年9月第 1 次印刷
书　　号/ ISBN 978-7-5037-5680-1/C•2207
定　　价/ 328.00 元

甘肃省统计局

Statistical Bureau of Gansu Province

全省统计工作会议上，省委常委、副省长冯健身(右)与省统计局局长樊怀玉交流工作。

At the provincial statistical working conference, Feng Jianshen (right), the Standing Committee member of Party Committee and Vice Governor of Gansu, was exchanged with Director of the Provincial Statistical Bureau Fan Huaiyu.

开展2008年度处级岗位竞争上岗活动.

Take up to divisional leve job through competetion in 2008.

全省统计基层基础建设试点工作在庄浪开展，图为庄浪县统计局介绍经验。

The experimental work of foundational construction for statistical grass-roots around the Gansu were carried out at Zhuanglang, the picture shows that the experi-ences we

省统计局职工向“5.12”地震灾区捐款。

Cadres and staff of the Provincial Statistical Bureau donated money to “5.12” earthquake-stricken areas.

召开学习实践科学发展观心得交流会。

Holding Experience-exchanging meeting of studing the scien-tific approach to the economic and social development.

地址：甘肃省兰州市东方红广场南路13号

Add:No. 13. South Road. Dongfang Hong Square, Lanzhou, Cansu

电话：0931-8416779 Tel:0931-8416779

邮编：730030 Post Code:730030